Optionen, Futures und andere Derivate

Optionen, Futures und andere Derivate

9., aktualisierte Auflage

John C. Hull

Fachliche Betreuung der deutschen Übersetzung
durch Dr. Wolfgang Mader und Dr. Marc Wagner

Bibliografische Information der Deutschen Nationalbibliothek

Die Deutsche Nationalbibliothek verzeichnet diese Publikation in der Deutschen Nationalbibliografie; detaillierte bibliografische Daten sind im Internet über <http://dnb.dnb.de> abrufbar.

Die Informationen in diesem Buch werden ohne Rücksicht auf einen eventuellen Patentschutz veröffentlicht. Warennamen werden ohne Gewährleistung der freien Verwendbarkeit benutzt. Bei der Zusammenstellung von Texten und Abbildungen wurde mit größter Sorgfalt vorgegangen. Trotzdem können Fehler nicht ausgeschlossen werden. Verlag, Herausgeber und Autoren können für fehlerhafte Angaben und deren Folgen weder eine juristische Verantwortung noch irgendeine Haftung übernehmen. Für Verbesserungsvorschläge und Hinweise auf Fehler sind Verlag und Herausgeber dankbar.

Alle Rechte vorbehalten, auch die der fotomechanischen Wiedergabe und der Speicherung in elektronischen Medien. Die gewerbliche Nutzung der in diesem Produkt gezeigten Modelle und Arbeiten ist nicht zulässig. Fast alle Produktbezeichnungen und weitere Stichworte und sonstige Angaben, die in diesem Buch verwendet werden, sind als eingetragene Marken geschützt. Da es nicht möglich ist, in allen Fällen zeitnah zu ermitteln, ob ein Markenschutz besteht, wird das ®-Symbol in diesem Buch nicht verwendet.

Authorized translation from the English language edition, entitled OPTIONS, FUTURES, AND OTHER DERIVATIVES, 9th Edition by JOHN HULL, published by Pearson Education, Inc., Copyright © 2015 by Pearson Education, Inc.

All rights reserved. No part of this book may be reproduced or transmitted in any form or by any means, electronic or mechanical, including photocopying, recording or by any information storage retrieval system, without permission from Pearson Education, Inc.

GERMAN language edition published by PEARSON DEUTSCHLAND GMBH, Copyright © 2015.

10 9 8 7 6 5 4 3 2

19 18 17

ISBN 978-3-86894-274-3 (Buch)
ISBN 978-3-86326-780-3 (E-Book)

© 2015 by Pearson Deutschland GmbH
Lilienthalstraße 2, D-85399 Hallbergmoos/Germany
Alle Rechte vorbehalten
www.pearson.de
A part of Pearson plc worldwide

Übersetzung: Hendrik Hoffmann für die le-tex publishing services GmbH
Fachlektorat: Dr. Wolfgang Mader
            Dr. Marc Wagner
Programmleitung: Martin Milbradt, mmilbradt@pearson.de
Lektorat: Elisabeth Prümm, epruemm@pearson.de
Korrektorat: Petra Kienle
Coverbild: Rawpixel, © shutterstock
Herstellung: Philipp Burkart, pburkart@pearson.de
Satz: le-tex publishing services GmbH, Leipzig
Druck und Verarbeitung: DZS-Grafik d.o.o., Ljubljana

Printed in Slovenia

Inhaltsübersicht

Vorwort		19
Kapitel 1	Einführung	23
Kapitel 2	Futures-Märkte	51
Kapitel 3	Absicherungsstrategien mit Futures	81
Kapitel 4	Zinssätze	113
Kapitel 5	Bestimmung von Forward- und Futures-Preisen	145
Kapitel 6	Zins-Futures	179
Kapitel 7	Swaps	203
Kapitel 8	Verbriefungen und die Kreditkrise von 2007	241
Kapitel 9	OIS-Diskontierung, Kreditaspekte und Finanzierungskosten	259
Kapitel 10	Optionsmärkte	275
Kapitel 11	Eigenschaften von Aktienoptionen	301
Kapitel 12	Handelsstrategien mit Optionen	325
Kapitel 13	Binomialbäume	349
Kapitel 14	Wiener-Prozesse und Itôs Lemma	381
Kapitel 15	Das Black-Scholes-Merton-Modell	403
Kapitel 16	Mitarbeiteroptionen	443
Kapitel 17	Optionen auf Aktienindizes und Währungen	459
Kapitel 18	Optionen auf Futures	479
Kapitel 19	Sensitivitäten von Optionspreisen	499
Kapitel 20	Volatility Smiles	537
Kapitel 21	Numerische Verfahren: Grundlagen	559
Kapitel 22	Value at Risk	609
Kapitel 23	Schätzung von Volatilitäten und Korrelationen	641
Kapitel 24	Kreditrisiko	667
Kapitel 25	Kreditderivate	699
Kapitel 26	Exotische Optionen	731
Kapitel 27	Modellierung und numerische Verfahren: Vertiefung	761
Kapitel 28	Martingale und Wahrscheinlichkeitsmaße	797
Kapitel 29	Zinsderivate: Die Standard-Markt-Modelle	819
Kapitel 30	Anpassungen: Konvexität, Zahlungstermine und Quantos	843
Kapitel 31	Zinsderivate: Die Short-Rate-Modelle	859
Kapitel 32	Das HJM-, das LIBOR-Market-Modell und mehrere Zinsstrukturkurven	899

Kapitel 33	Mehr zu Swaps	923
Kapitel 34	Energie- und Rohstoffderivate	943
Kapitel 35	Realoptionen	963
Kapitel 36	Große Verluste bei Derivatgeschäften und ihre Lehren	979
Glossar der Fachbegriffe		995
Die DerivaGem-Software		1021
Die wichtigsten Börsen für Futures und Optionen		1027
Wertetabelle der Standardnormalverteilung $N(x)$ für $x \leq 0$		1029
Wertetabelle der Standardnormalverteilung $N(x)$ für $x \geq 0$		1031
Register		1033

Inhaltsverzeichnis

Vorwort	19
Kapitel 1 Einführung	23
1.1 Börsenhandel	25
1.2 Over-the-Counter-Handel	27
1.3 Forward-Kontrakte	29
1.4 Futures-Kontrakte	31
1.5 Optionen	32
1.6 Händlertypen	35
1.7 Absicherer	36
1.8 Spekulanten	38
1.9 Arbitrageure	41
1.10 Gefahren	42
Zusammenfassung	44
Literaturempfehlungen	44
Praktische Fragestellungen	45
Kapitel 2 Futures-Märkte	51
2.1 Hintergrund	52
2.2 Spezifikation eines Futures-Kontrakts	54
2.3 Annäherung des Futures-Kurses an den Spotkurs	56
2.4 Wirkung von Margin-Konten	57
2.5 OTC-Märkte	61
2.6 Marktnotierungen	65
2.7 Lieferung	67
2.8 Händler- und Ordertypen	68
2.9 Regulierung	70
2.10 Bilanzierung und Steuern	71
2.11 Forward- versus Futures-Kontrakte	73
Zusammenfassung	74
Literaturempfehlungen	75
Praktische Fragestellungen	76
Kapitel 3 Absicherungsstrategien mit Futures	81
3.1 Grundprinzipien	82
3.2 Argumente für und gegen Absicherungen	84
3.3 Basisrisiko	88
3.4 Cross Hedging	92
3.5 Aktienindex-Futures	97
3.6 Absicherung über lange Horizonte	103

Zusammenfassung 105
Literaturempfehlungen 106
Praktische Fragestellungen 107
Anhang: Das Capital Asset Pricing Model 111

Kapitel 4 Zinssätze 113

4.1 Arten von Zinssätzen 114
4.2 Zinsrechnung 116
4.3 Zerobond-Zinssätze 119
4.4 Anleihebewertung 119
4.5 Bestimmung der Treasury Spot Rates 121
4.6 Forward Rates 123
4.7 Forward Rate Agreements 126
4.8 Duration 129
4.9 Konvexität 133
4.10 Zinsstrukturtheorien 134
Zusammenfassung 137
Literaturempfehlungen 138
Praktische Fragestellungen 138

Kapitel 5 Bestimmung von Forward- und Futures-Preisen 145

5.1 Investitions- versus Konsumgüter 146
5.2 Leerverkäufe 146
5.3 Annahmen und Notation 148
5.4 Forward-Preis für ein Investitionsgut 149
5.5 Bekannter Ertrag 152
5.6 Bekannte Rendite 154
5.7 Bewertung von Forward-Kontrakten 155
5.8 Stimmen Forward- und Futures-Kurse überein? 158
5.9 Futures-Kurse von Aktienindizes 159
5.10 Forward- und Futures-Kontrakte auf Währungen 161
5.11 Futures auf Rohstoffe 165
5.12 Cost of Carry 168
5.13 Liefermöglichkeiten 168
5.14 Futures-Kurse und der erwartete zukünftige Spotkurs 169
Zusammenfassung 172
Literaturempfehlungen 173
Praktische Fragestellungen 173

Kapitel 6 Zins-Futures 179

6.1 Konventionen der Tagzählung und der Notierung 180
6.2 Treasury-Bond-Futures 183
6.3 Eurodollar-Futures 188

6.4	Durationsbasierte Hedging-Strategien	194
6.5	Absicherung von Portfolios aus Assets und Verbindlichkeiten	196
	Zusammenfassung	197
	Literaturempfehlungen	198
	Praktische Fragestellungen	198

Kapitel 7   Swaps   203

7.1	Zinsswaps	204
7.2	Tagzählung	211
7.3	Confirmations	211
7.4	Komparative Vorteile	213
7.5	Swap Rates	216
7.6	Bestimmung von LIBOR/Swap Spot Rates	217
7.7	Bewertung von Zinsswaps	218
7.8	Auswirkungen auf die Laufzeitstruktur	222
7.9	Fixed-for-Fixed-Währungsswaps	222
7.10	Bewertung von Fixed-for-Fixed-Währungsswaps	226
7.11	Weitere Währungsswaps	229
7.12	Kreditrisiko	230
7.13	Weitere Arten von Swaps	233
	Zusammenfassung	235
	Literaturempfehlungen	236
	Praktische Fragestellungen	236

Kapitel 8   Verbriefungen und die Kreditkrise von 2007   241

8.1	Verbriefung	242
8.2	Der US-amerikanische Immobilienmarkt	246
8.3	Was ging schief?	250
8.4	Die Nachwehen	253
	Zusammenfassung	254
	Literaturempfehlungen	255
	Praktische Fragestellungen	255

Kapitel 9   OIS-Diskontierung, Kreditaspekte und Finanzierungskosten   259

9.1	Der risikolose Zinssatz	260
9.2	Der Overnight-Satz	262
9.3	Bewertung von Swaps und FRAs mit OIS-Diskontierung	265
9.4	OIS oder LIBOR – welcher Zinssatz ist der richtige?	267
9.5	Kreditrisiko: CVA und DVA	268
9.6	Finanzierungskosten	270
	Zusammenfassung	271
	Literaturempfehlungen	272
	Praktische Fragestellungen	273

Kapitel 10 Optionsmärkte 275
10.1 Arten von Optionen 276
10.2 Optionspositionen 278
10.3 Underlyings 281
10.4 Spezifikation von Aktienoptionen 282
10.5 Der Handel 287
10.6 Provisionen 288
10.7 Marginanforderungen 289
10.8 Die Options Clearing Corporation 291
10.9 Regulierung 292
10.10 Besteuerung 292
10.11 Optionsscheine, Mitarbeiteroptionen und Wandelanleihen 294
10.12 Over-the-Counter-Optionsmärkte 295
Zusammenfassung 295
Literaturempfehlungen 296
Praktische Fragestellungen 296

Kapitel 11 Eigenschaften von Aktienoptionen 301
11.1 Einflussfaktoren auf Optionspreise 302
11.2 Annahmen und Notation 306
11.3 Wertober- und Wertuntergrenzen von Optionen 306
11.4 Put-Call-Parität 310
11.5 Calls auf eine dividendenlose Aktie 314
11.6 Puts auf eine dividendenlose Aktie 316
11.7 Die Auswirkung von Dividenden 318
Zusammenfassung 319
Literaturempfehlungen 321
Praktische Fragestellungen 321

Kapitel 12 Handelsstrategien mit Optionen 325
12.1 Kapitalgarantierte Produkte 326
12.2 Handel mit einer Option und dem Underlying 328
12.3 Spreads 330
12.4 Kombinationen aus Calls und Puts 340
12.5 Andere Auszahlungsprofile 343
Zusammenfassung 344
Literaturempfehlungen 345
Praktische Fragestellungen 345

Kapitel 13 Binomialbäume 349
13.1 Das Einperioden-Binomialmodell und ein No-Arbitrage-Argument 350
13.2 Risikoneutrale Bewertung 354
13.3 Zweiperiodige Binomialbäume 357

13.4	Beispiel für einen Put	360
13.5	Amerikanische Optionen	361
13.6	Options-Delta	362
13.7	Anpassung von u und d an die Volatilität	363
13.8	Die Formeln für Binomialbäume	365
13.9	Erhöhung der Anzahl an Zeitschritten	366
13.10	Verwendung von DerivaGem	367
13.11	Optionen auf andere Assets	367
	Zusammenfassung	372
	Literaturempfehlungen	372
	Praktische Fragestellungen	373
	Anhang: Herleitung der Black-Scholes-Merton-Formel zur Optionsbepreisung aus einem Binomialbaum	377

Kapitel 14 Wiener-Prozesse und Itôs Lemma 381

14.1	Die Markov-Eigenschaft	382
14.2	Stochastische Prozesse in stetiger Zeit	383
14.3	Der Prozess für Aktienkurse	389
14.4	Die Parameter	392
14.5	Korrelierte Prozesse	393
14.6	Itôs Lemma	394
14.7	Lognormalverteilte Aktienkurse	395
	Zusammenfassung	396
	Literaturempfehlungen	397
	Praktische Fragestellungen	398
	Anhang: Herleitung des Lemmas von Itô	401

Kapitel 15 Das Black-Scholes-Merton-Modell 403

15.1	Die Lognormalverteilung von Aktienkursen	404
15.2	Die Verteilung von Aktienrenditen	407
15.3	Die erwartete Rendite	407
15.4	Die Volatilität	409
15.5	Die Idee der Black-Scholes-Merton- Differentialgleichung	414
15.6	Herleitung der Black-Scholes-Merton- Differentialgleichung	415
15.7	Risikoneutrale Bewertung	418
15.8	Bewertungsformeln nach Black-Scholes-Merton	420
15.9	Kumulierte Normalverteilungsfunktion	423
15.10	Optionsscheine und Mitarbeiteroptionen	424
15.11	Implizite Volatilitäten	426
15.12	Dividenden	428
	Zusammenfassung	432
	Literaturempfehlungen	434
	Praktische Fragestellungen	435

Anhang: Beweis der Black-Scholes-Merton-Formel
mithilfe der risikoneutralen Bewertung 439

Kapitel 16 Mitarbeiteroptionen 443

16.1 Vertragliche Regelungen 444
16.2 Bringen Optionen die Interessen von
Aktionären und Managern in Einklang? 446
16.3 Bilanzierungsaspekte 447
16.4 Bewertung 449
16.5 Rückdatierungsskandale 454
Zusammenfassung 456
Literaturempfehlungen 456
Praktische Fragestellungen 456

Kapitel 17 Optionen auf Aktienindizes und Währungen 459

17.1 Optionen auf Aktienindizes 460
17.2 Währungsoptionen 462
17.3 Ergebnisse für Aktien mit bekannter Dividendenrendite 465
17.4 Bewertung europäischer Optionen auf Aktienindizes 468
17.5 Bewertung von europäischen Währungsoptionen 470
17.6 Amerikanische Optionen 472
Zusammenfassung 473
Literaturempfehlungen 474
Praktische Fragestellungen 474

Kapitel 18 Optionen auf Futures 479

18.1 Futures-Optionen 480
18.2 Gründe für die Popularität von Futures-Optionen 483
18.3 Europäische Spot- und Futures-Optionen 484
18.4 Put-Call-Parität 484
18.5 Wertgrenzen für Futures-Optionen 485
18.6 Bewertung von Futures-Optionen mithilfe von Binomialbäumen ... 486
18.7 Drift von Futures-Preisen in einer risikoneutralen Welt 489
18.8 Bewertung von Futures-Optionen mithilfe des Modells von Black .. 490
18.9 Amerikanische Futures- und Spot-Optionen 492
18.10 Futures-Style-Optionen 493
Zusammenfassung 494
Literaturempfehlungen 494
Praktische Fragestellungen 494

Kapitel 19 Sensitivitäten von Optionspreisen 499

19.1 Veranschaulichung 500
19.2 Ungedeckte und gedeckte Positionen 500
19.3 Eine Stop-Loss-Strategie 501
19.4 Delta-Hedging 503

19.5	Theta	510
19.6	Gamma	513
19.7	Beziehung zwischen Delta, Theta und Gamma	517
19.8	Vega	517
19.9	Rho	520
19.10	Hedging in der Praxis	520
19.11	Szenarioanalyse	521
19.12	Erweiterung der Formeln	522
19.13	Portfolio-Insurance	524
19.14	Volatilität des Aktienmarkts	528
	Zusammenfassung	529
	Literaturempfehlungen	530
	Praktische Fragestellungen	530
	Anhang: Taylorreihen-Entwicklungen und Sensitivitäten	535

Kapitel 20   Volatility Smiles   537

20.1	Identische Volatility Smiles für Calls und Puts	538
20.2	Währungsoptionen	540
20.3	Aktienoptionen	543
20.4	Alternative Darstellung des Volatility Smiles	545
20.5	Volatilitätsstrukturen	546
20.6	Greeks	547
20.7	Die Bedeutung des Modells	548
20.8	Erwartete Kurssprünge	548
	Zusammenfassung	550
	Literaturempfehlungen	551
	Praktische Fragestellungen	551
	Anhang: Bestimmung impliziter risikoneutraler Verteilungen aus Volatility Smiles	554

Kapitel 21   Numerische Verfahren: Grundlagen   559

21.1	Binomialbäume	560
21.2	Verwendung von Binomialbäumen für Optionen auf Indizes, Währungen und Futures-Kontrakte	568
21.3	Binomialmodell für eine Aktie, die Dividenden ausschüttet	571
21.4	Alternative Verfahren zur Konstruktion von Bäumen	577
21.5	Zeitabhängige Parameter	579
21.6	Die Monte-Carlo-Simulation	580
21.7	Varianzreduzierende Verfahren	588
21.8	Finite-Differenzen-Methoden	592
	Zusammenfassung	602
	Literaturempfehlungen	603
	Praktische Fragestellungen	604

Kapitel 22 Value at Risk — 609

- 22.1 Das VaR-Maß — 610
- 22.2 Historische Simulation — 613
- 22.3 Modellbildungsansatz — 618
- 22.4 Lineares Modell — 621
- 22.5 Das quadratische Modell — 626
- 22.6 Monte-Carlo-Simulation — 629
- 22.7 Vergleich der Ansätze — 630
- 22.8 Stress Testing und Back Testing — 630
- 22.9 Hauptkomponentenanalyse — 631
- Zusammenfassung — 635
- Literaturempfehlungen — 636
- Praktische Fragestellungen — 636

Kapitel 23 Schätzung von Volatilitäten und Korrelationen — 641

- 23.1 Schätzung der Volatilität — 642
- 23.2 Das Modell der exponentiell gewichteten gleitenden Durchschnitte — 644
- 23.3 Das GARCH(1,1)-Modell — 646
- 23.4 Modellauswahl — 648
- 23.5 Maximum-Likelihood-Methode — 648
- 23.6 Prognose der zukünftigen Volatilität mittels GARCH(1,1) — 654
- 23.7 Korrelationen — 657
- 23.8 Anwendung des EWMA-Modells auf das Vier-Index-Beispiel — 660
- Zusammenfassung — 662
- Literaturempfehlungen — 662
- Praktische Fragestellungen — 663

Kapitel 24 Kreditrisiko — 667

- 24.1 Credit Ratings — 668
- 24.2 Historische Ausfallwahrscheinlichkeiten — 668
- 24.3 Recovery Rates — 670
- 24.4 Schätzung von Ausfall- wahrscheinlichkeiten aus Credit Spreads — 671
- 24.5 Vergleich der Schätzer für Ausfallwahrscheinlichkeiten — 674
- 24.6 Verwendung des Wertes des Eigenkapitals zur Schätzung von Ausfallwahrscheinlichkeiten — 678
- 24.7 Kreditrisiko in Derivategeschäften — 680
- 24.8 Ausfallkorrelation — 687
- 24.9 Credit VaR — 691
- Zusammenfassung — 693
- Literaturempfehlungen — 694
- Praktische Fragestellungen — 695

Kapitel 25 Kreditderivate — 699

- 25.1 Credit Default Swaps — 701

25.2	Bewertung von Credit Default Swaps	705
25.3	Indizes für Kreditderivate	709
25.4	Die Verwendung von festen Kupons	710
25.5	Forward-Kontrakte und Optionen auf CDS	711
25.6	Basket Credit Default Swaps	711
25.7	Total Return Swaps	712
25.8	Collateralized Debt Obligations	713
25.9	Die Rolle der Korrelation bei Basket CDS und CDO	715
25.10	Bewertung einer synthetischen CDO	716
25.11	Alternativen zum Marktstandard	724
	Zusammenfassung	726
	Literaturempfehlungen	727
	Praktische Fragestellungen	727

Kapitel 26 Exotische Optionen   731

26.1	Packages	732
26.2	Unbefristete amerikanische Call- und Put- Optionen	733
26.3	Amerikanische Nichtstandardoptionen	734
26.4	Gap Options	734
26.5	Forward Start Options	736
26.6	Cliquet Options	736
26.7	Compound Options	736
26.8	Chooser Options	737
26.9	Barrier Options	738
26.10	Digitale Optionen	741
26.11	Lookback Options	742
26.12	Shout Options	744
26.13	Asiatische Optionen	744
26.14	Exchange Options	746
26.15	Optionen auf mehrere Assets	747
26.16	Volatility Swaps und Varianz-Swaps	748
26.17	Statische Nachbildung von Optionen	751
	Zusammenfassung	754
	Literaturempfehlungen	755
	Praktische Fragestellungen	756

Kapitel 27 Modellierung und numerische Verfahren: Vertiefung   761

27.1	Alternativen zum Black-Scholes-Merton-Modell	762
27.2	Modelle mit stochastischer Volatilität	768
27.3	Das IVF-Modell	770
27.4	Wandelanleihen	771
27.5	Pfadabhängige Derivate	775
27.6	Barrier Options	779
27.7	Optionen auf zwei korrelierte Assets	783

| 27.8 | Monte-Carlo-Simulation und amerikanische Optionen | 786 |

Zusammenfassung 790
Literaturempfehlungen 791
Praktische Fragestellungen 793

Kapitel 28 Martingale und Wahrscheinlichkeitsmaße 797

28.1	Der Marktpreis des Risikos	799
28.2	Mehrere Zustandsvariablen	802
28.3	Martingale	803
28.4	Alternative Möglichkeiten für das Numeraire	805
28.5	Erweiterung auf mehrere Faktoren	809
28.6	Mehr zum Black-Modell	810
28.7	Exchange Options	811
28.8	Austausch des Numeraires	812

Zusammenfassung 814
Literaturempfehlungen 814
Praktische Fragestellungen 815

Kapitel 29 Zinsderivate: Die Standard-Markt-Modelle 819

29.1	Anleiheoptionen	820
29.2	Zinscaps und Zinsfloors	825
29.3	Europäische Swaptions	832
29.4	OIS-Diskontierung	837
29.5	Hedging von Zinsderivaten	837

Zusammenfassung 839
Literaturempfehlungen 839
Praktische Fragestellungen 839

Kapitel 30 Anpassungen: Konvexität, Zahlungstermine und Quantos 843

30.1	Konvexitätsanpassungen	844
30.2	Anpassung an die Zahlungstermine	848
30.3	Quantos	850

Zusammenfassung 854
Literaturempfehlungen 854
Praktische Fragestellungen 854
Anhang: Beweis der Formel für die Konvexitätsanpassung 857

Kapitel 31 Zinsderivate: Die Short-Rate-Modelle 859

31.1	Hintergrund	860
31.2	Gleichgewichtsmodelle	861
31.3	No-Arbitrage-Modelle	869
31.4	Optionen auf Anleihen	874
31.5	Volatilitätsstrukturen	875
31.6	Zinsbäume	876

31.7	Ein allgemeines Verfahren zur Konstruktion von Bäumen	878
31.8	Kalibrierung	890
31.9	Hedging mit einem Einfaktor-Modell	891
	Zusammenfassung	892
	Literaturempfehlungen	892
	Praktische Fragestellungen	893

Kapitel 32   Das HJM-, das LIBOR-Market-Modell und mehrere Zinsstrukturkurven   899

32.1	Das Modell von Heath, Jarrow und Morton	900
32.2	Das LIBOR-Market-Modell	903
32.3	Die Behandlung mehrerer Zinsstruktur- kurven	914
32.4	Agency Mortgage-Backed Securities	916
	Zusammenfassung	918
	Literaturempfehlungen	919
	Praktische Fragestellungen	920

Kapitel 33   Mehr zu Swaps   923

33.1	Varianten von Plain-Vanilla-Swaps	924
33.2	Compounding Swaps	926
33.3	Währungsswaps	928
33.4	Komplexere Swaps	929
33.5	Equity Swaps	933
33.6	Swaps mit eingebetteten Optionen	934
33.7	Andere Swaps	937
	Zusammenfassung	939
	Literaturempfehlungen	939
	Praktische Fragestellungen	940

Kapitel 34   Energie- und Rohstoffderivate   943

34.1	Landwirtschaftsprodukte	944
34.2	Metalle	945
34.3	Energiederivate	945
34.4	Modellierung von Warenpreisen	948
34.5	Wetterderivate	954
34.6	Versicherungsderivate	955
34.7	Bepreisung von Wetter- und Versicherungsderivaten	956
34.8	Wie ein Energieerzeuger Risiken absichern kann	958
	Zusammenfassung	959
	Literaturempfehlungen	959
	Praktische Fragestellungen	960

Kapitel 35   Realoptionen   963

35.1	Investitionsbewertung	964
35.2	Verallgemeinerung der risikoneutralen Bewertung	965

35.3	Schätzung des Marktpreises des Risikos	967
35.4	Bewertung eines Geschäftsgebietes	968
35.5	Bewertung von Optionen in Investitionsmöglichkeiten	970
	Zusammenfassung	976
	Literaturempfehlungen	976
	Praktische Fragestellungen	977

Kapitel 36   Große Verluste bei Derivatgeschäften und ihre Lehren   979

36.1	Allgemeine Lehren für Nutzer von Derivaten	983
36.2	Lehren für Finanzinstitute	985
36.3	Lehren für andere Organisationen	991
	Zusammenfassung	993
	Literaturempfehlungen	993

Glossar der Fachbegriffe   995

Die DerivaGem-Software   1021

Die wichtigsten Börsen für Futures und Optionen   1027

Wertetabelle der Standardnormalverteilung $N(x)$ für $x \leq 0$ 1029

Wertetabelle der Standardnormalverteilung $N(x)$ für $x \geq 0$ 1031

Register   1033

Vorwort

Manchmal kann ich kaum glauben, dass die erste, 1988 veröffentlichte Auflage dieses Buches nur 330 Seiten und 13 Kapitel umfasste! Das Buch ist ständig erweitert und angepasst worden, um mit den Entwicklungen auf den Derivatemärkten Schritt zu halten.

Wie die früheren Auflagen bedient das vorliegende Buch verschiedene Zielgruppen. Es ist zugeschnitten auf Hauptstudiumskurse in Betriebswirtschaft, Wirtschaftswissenschaften und Financial Engineering. Für fortgeschrittene Grundstudiumskurse kann es verwendet werden, wenn die Studierenden ausgeprägte analytische Fähigkeiten besitzen. Darüber hinaus werden viele Praktiker, die sich Fachwissen über die Analyse von Derivaten aneignen wollen, das Buch nützlich finden. Es freut mich, dass die Hälfte der Käufer dieses Buches Analysten, Händler und weitere Profis im Bereich Derivate und Risikomanagement sind.

Eine der grundlegenden Entscheidungen, die ein Autor, der ein Buch auf dem Gebiet der Derivate schreibt, treffen muss, betrifft den Einsatz der Mathematik. Ist das mathematische Niveau zu hoch, so wird das Buch sicherlich vielen Studierenden und Praktikern unzugänglich bleiben. Ist das Niveau zu niedrig, werden einige bedeutende Aspekte unweigerlich nur oberflächlich behandelt. In diesem Buch habe ich versucht, bei der Verwendung der Mathematik und der Notation besonders sorgfältig vorzugehen. Mathematisches Material, welches nicht direkt notwendig ist, wurde entweder weggelassen oder in Anhänge am Ende des jeweiligen Kapitels bzw. in die Technical Notes auf meiner Homepage verschoben. Konzepte, die den meisten Lesern wahrscheinlich neu sein werden, werden ausführlich erklärt, und es wurden zahlreiche numerische Beispiele aufgenommen.

Beim Leser werden Grundkenntnisse in Finanzwirtschaft sowie in Wahrscheinlichkeitsrechnung und Statistik vorausgesetzt. Vorwissen über Optionen, Terminkontrakte, Swaps usw. wird nicht erwartet. Es ist daher nicht notwendig, dass Studierende zunächst einen Kurs über Investments belegen, bevor sie einen Kurs besuchen, der auf diesem Buch basiert.

Das Buch kann sowohl in einem Einführungskurs als auch in einem fortgeschrittenen Kurs über Derivate verwendet werden. Es kann auf viele verschiedene Arten im Unterricht eingesetzt werden. In einem Einführungskurs über Derivate werden sich die Dozenten die meiste Zeit mit der ersten Hälfte des Buchs beschäftigen, während in fortgeschrittenen Kursen verschiedene Kombinationen von Kapiteln aus der zweiten Hälfte verwendet werden können. Der Inhalt von Kapitel 36 kann meines Erachtens sowohl am Ende des Einführungs- als auch des fortgeschrittenen Kurses behandelt werden.

Was ist neu?

Das gesamte Buch wurde aktualisiert und inhaltlich verbessert. Die Änderungen in der neunten Auflage beinhalten u. a.:

1. An verschiedenen Stellen des Buches befindet sich neues Material über den Gebrauch der Overnight-Diskontierungssätze durch die Industrie.

2. Ein neues Kapitel ist Diskontierungssätzen, Kreditrisiko und Finanzierungskosten gewidmet.
3. Das Buch enthält neues Material über die Regulierung der OTC-Derivatemärkte.
4. Central Clearing, Marginanforderungen und Swapausübung werden eingehender untersucht.
5. Es werden die von der CBOE gehandelten DOOM-Optionen und CEBOs behandelt.
6. Die Bestandteile der Black-Scholes-Merton-Formeln werden auf eine neue Art und Weise erläutert, die auf Abstraktionen verzichtet.
7. Es werden wiederkehrende Optionen und Derivate behandelt.
8. Das Material zu Kreditrisiko und Kreditderivaten wurde erweitert und aktualisiert. Die Hauptprodukte und wesentlichen Probleme werden frühzeitig im Buch vorgestellt.
9. Die Einfaktor-Gleichgewichtsmodelle der Zinsstrukturkurve werden umfassender behandelt.
10. Die DerivaGem-Software liegt in einer neuen Version mit vielen neuen Möglichkeiten vor (siehe unten).
11. Der Aufgabenpool für Dozenten wurde verbessert.
12. An den Kapitelenden wurden viele neue Aufgaben hinzugefügt.

Software

Dieses Buch enthält auf der begleitenden Website zum Buch, unter www.pearson-studium.de die Software DerivaGem. Sie besteht aus zwei Excel-Anwendungen: dem *Options Calculator* und dem *Applications Builder*. Der Options Calculator ist eine einfach zu handhabende Software zur Bewertung einer breiten Palette von Optionen. Der Applications Builder besteht aus einer Reihe von Excel-Funktionen, aus denen die Benutzer eigene Anwendungen erzeugen können. Er enthält einige Beispielanwendungen und versetzt die Studierenden in die Lage, numerische Verfahren und die Eigenschaften von Optionen einfacher zu untersuchen. Außerdem können damit interessantere Übungsaufgaben gestellt werden. Studierende können den Code für die zugrunde liegenden Funktionen von DerivaGem einsehen.

DerivaGem bietet eine Vielzahl neuer Möglichkeiten. Man kann nun europäische Optionen mit dem CEV-Modell, dem gemischten Jump-Diffusions-Modell nach Merton und dem Varianz-Gamma-Modell (siehe Kapitel 27) bewerten. Monte-Carlo-Simulationen sind ebenfalls durchführbar. LIBOR- und OIS-Strukturkurven lassen sich anhand von Marktdaten ermitteln. Swaps und Anleihen können bewertet werden. Bei der Bewertung von Swaps, Caps und Swaptions kann entweder OIS- oder LIBOR-Diskontierung verwendet werden.

Die Software wird am Ende des Buches eingehender beschrieben. Sie kann von der Webseite www.www.pearsonhighered.com/hull heruntergeladen werden.

Folien

Einige hundert PowerPoint-Folien sind beim Instructor Resource Center von Pearson bzw. auf meiner Homepage verfügbar. Dozenten, die den Text übernehmen, dürfen gerne die Folien ihren eigenen Bedürfnissen anpassen. Deutsche Folien können auf der Companion Website unter www.pearson-studium.de heruntergeladen werden.

Übungsbuch

Die Aufgaben am Kapitelende sind in zwei Gruppen geteilt worden: „Fragen und Probleme" sowie „Zur weiteren Vertiefung". Die Lösungen zu den „Fragen und Problemen" finden sich in *Optionen, Futures und andere Derivate 9e: Das Übungsbuch*. Die Fragen „Zur weiteren Vertiefung" haben keine Lösungen und dienen als Diskussionsanregung in der Vorlesung.

Dozentenhandbuch

Das englischsprachige Dozentenhandbuch wird von Pearson online für Dozenten angeboten. Es enthält die Lösungen zu **allen** Übungsfragen (einschließlich der Vertiefungsfragen). Es beinhaltet darüber hinaus auch Anmerkungen zur Behandlung eines jeden Kapitels, zur Kurs-Strukturierung, Multiple-Choice-Fragen sowie einige relevante Excel-Arbeitsblätter. Es ist auf dem Pearson Instructor Resource Center verfügbar.

Technical Notes

Technical Notes vertiefen im Text gemachte Aussagen. Es wird dort auf die Notes verwiesen, welche unter www-2.rotman.utoronto.ca/~hull/ofod/index.html heruntergeladen werden können. Durch den Verzicht auf die Technical Notes im Buch konnte die Präsentation des Materials leserfreundlicher gestaltet werden.

Danksagungen

Zahlreiche Personen haben einen Anteil an der Entwicklungsgeschichte dieses Buches. Tatsächlich ist die Liste derjenigen, die mir Rückmeldungen zum Buch gegeben haben, mittlerweile so lang geworden, dass es nicht mehr möglich ist, jeden zu erwähnen. Ich habe von den Ratschlägen vieler Akademiker, welche mit diesem Buch unterrichten, und den Kommentaren vieler Derivate-Praktiker profitiert. Den Studenten meiner Kurse an der Universität Toronto gilt für ihre zahlreichen Vorschläge zur Verbesserung des Materials ebenfalls mein Dank. Eddie Mizzi (The Geometric Press) hat bei der Erstellung des Endmanuskripts und der Seitengestaltung ausgezeichnete Arbeit geleistet. Emilio Barone (Luiss Guido Carli Universität Rom) steuerte zahlreiche detaillierte Anmerkungen bei.

Alan White, mein Kollege an der Universität Toronto, verdient eine besondere Erwähnung. Alan und ich haben seit über 30 Jahren gemeinsam Forschung und Beratung auf dem Gebiet der Derivate und des Risikomanagement betrieben. In dieser Zeit haben wir unzählige Stunden damit verbracht, die wesentlichen Aspekte zu diskutieren. Viele neue Ideen in diesem Buch ebenso wie neue Wege, alte Ideen auszudrücken, stammen in gleichem Maße von Alan wie von mir. Alan hat auch die meiste Entwicklungsarbeit an der DerivaGem-Software geleistet.

Speziellen Dank schulde ich den vielen Mitarbeitern von Pearson, insbesondere Donna Battista, Alison Kalil und Erin McDonagh für ihren Enthusiasmus, ihren Rat und ihre Unterstützung.

Anmerkungen zum Buch nehme ich gerne entgegen. Meine E-Mail-Adresse lautet: hull@rotman.utoronto.ca

John C. Hull
Joseph L. Rotman School of Management
Universität Toronto

Einführung

1.1	**Börsenhandel**	25
1.2	**Over-the-Counter-Handel**	27
1.3	**Forward-Kontrakte**	29
1.4	**Futures-Kontrakte**	31
1.5	**Optionen**	32
1.6	**Händlertypen**	35
1.7	**Absicherer**	36
1.8	**Spekulanten**	38
1.9	**Arbitrageure**	41
1.10	**Gefahren**	42
	Zusammenfassung	44
	Literaturempfehlungen	44
	Praktische Fragestellungen	45

ÜBERBLICK

Einführung

In den letzten 30 Jahren haben Derivate in der Finanzwelt immer größere Bedeutung erlangt. Futures und Optionen werden heute intensiv an vielen Börsen der Welt gehandelt.

Viele verschiedene Arten von Forward-Kontrakten, Swaps, Optionen und anderen Derivaten werden regelmäßig durch Finanzinstitute, Fondsmanager und Finanzmanager auf dem Over-the-Counter-Markt (OTC-Markt) gehandelt. Derivate werden Anleiheemissionen beigefügt, finden Verwendung bei der Vergütung des Managements, sind bei bestimmten Anlageformen eingebettet, werden zur Übertragung von Hypothekenrisiken von den ursprünglichen Kreditgebern auf die Investoren eingesetzt usw. Inzwischen ist ein Punkt erreicht, an dem jeder, der im Finanzbereich tätig ist, und viele, die in anderen Bereichen arbeiten, wissen sollten, wie Derivate funktionieren, wie sie eingesetzt und wie sie bewertet werden.

Egal, ob man Derivate hasst oder liebt – ignorieren kann man sie nicht. Der Derivatemarkt ist riesig – in Bezug auf die Zahl der zugrunde liegenden Assets viel größer als der Aktienmarkt. Der Wert der den offenen Derivatetransaktionen zugrunde liegenden Assets übersteigt das Bruttoinlandsprodukt der gesamten Welt um das Mehrfache. Wie wir in diesem Kapitel sehen werden, können Derivate für Absicherungs-, Spekulations- oder Arbitragezwecke benutzt werden. Ihnen kommt bei der Übertragung einer breiten Palette von Risiken von einem Wirtschaftssubjekt auf ein anderes eine Schlüsselrolle zu.

Ein Derivat kann definiert werden als Finanzinstrument, dessen Wert von den Werten anderer grundlegenderer Variablen abhängt (d. h. aus ihnen abgeleitet wird). Sehr oft sind die den Derivaten zugrunde liegenden Variablen die Kurse gehandelter Vermögensgegenstände. Eine Aktienoption ist zum Beispiel ein Derivat, dessen Wert vom Kurs einer Aktie abhängig ist. Allerdings können Derivate von so gut wie jeder Variablen abhängen, vom Preis von Schweinen bis zur Schneemenge, die in einem bestimmten Skigebiet fällt.

Seit der Veröffentlichung der ersten Auflage dieses Buches im Jahr 1988 hat es viele Entwicklungen an den Derivatemärkten gegeben. So gibt es mittlerweile einen intensiven Handel mit Kredit-, Elektrizitäts-, Wetter- oder Versicherungsderivaten. Viele neue Arten von Zins-, Devisen- und Aktienderivaten wurden geschaffen. Im Bereich von Risikomanagement und Risikomessung sind viele neue Ideen hinzugekommen. Die Einschätzung von Kapitalinvestitionen beinhaltet mittlerweile auch die Bewertung so genannter Realoptionen. OTC-Derivate werden mittlerweile auf vielfältige Weise reguliert. All diese Entwicklungen werden im vorliegenden Buch berücksichtigt.

Aufgrund der Rolle, welche sie in der 2007 beginnenden Kreditkrise spielten, sind Derivatemärkte ins Kreuzfeuer der Kritik geraten. Aus Portfolien riskanter US-Hypotheken wurden durch Verbriefung Derivateprodukte geschaffen. Viele dieser so strukturierten Produkte wurden beim Verfall der Immobilienpreise wertlos. Finanzinstitute und Investoren in der ganzen Welt verloren sehr viel Geld und die Menschheit wurde von der schwersten Rezession seit Generationen heimgesucht. Das neue Kapitel 8 erklärt die Funktionsweise der Verbriefung und die Ursache der riesigen Verluste. Im Ergebnis der Kreditkrise sind die Derivatemärkte nun stärker reguliert als früher. So müssen die Banken mehr Kapital zur Abdeckung ihrer Risiken vorhalten und der Liquidität größere Aufmerksamkeit schenken.

Die Bewertung von Derivaten durch Banken hat sich im Laufe der Zeit entwickelt. Besicherungs- (auch Collateral-)vereinbarungen und Kreditaspekten wird nun weitaus mehr Aufmerksamkeit entgegengebracht als in der Vergangenheit. Obwohl die theoretische Rechtfertigung nicht gegeben ist, haben viele Banken ihren Alternativzinssatz für den risikolosen Zinssatz so angepasst, dass die Finanzierungskosten berücksichtigt werden. Das neue Kapitel 9 befasst sich mit diesen Entwicklungen. Kredit- und Collateralaspekte werden im Kapitel 24 eingehender untersucht.

In diesem Anfangskapitel werfen wir einen ersten Blick auf Derivatemärkte und ihren Wandel. Wir beschreiben Forward-, Futures- und Optionsmärkte und geben eine Übersicht darüber, wie diese von Absicherern (Hedgern), Spekulanten und Arbitrageuren genutzt werden. Spätere Kapitel enthalten mehr Details und führen diese Themen weiter aus.

1.1 Börsenhandel

Eine Derivatebörse ist ein Marktplatz, auf dem Marktteilnehmer standardisierte Kontrakte handeln, deren Bedingungen die jeweilige Börse bestimmt. Solche Börsen existieren schon lange. Das Chicago Board of Trade (CBOT, www.cbot.com) wurde 1848 gegründet, um Landwirte und Kaufleute zusammenzuführen. Ursprünglich bestand ihre Hauptaufgabe darin, Qualität und Quantität des gehandelten Getreides zu standardisieren. Innerhalb weniger Jahre wurde der erste Futures-ähnliche Kontrakt entwickelt, der *To-arrive-Kontrakt*. Bald schon interessierten sich Spekulanten für diesen Kontrakt und sahen im Handel mit diesem Kontrakt eine verlockende Alternative zum Handel mit Getreide selbst. Eine konkurrierende Terminbörse, die Chicago Mercantile Exchange (CME), öffnete 1919. Heute gibt es überall auf der Welt Terminbörsen (siehe die Tabelle am Ende des Buches auf S. 1027). CME und CBOT haben zur CME Group www.cmegroup.com fusioniert, welche auch die New York Mercantile Exchange, die Warenterminbörse COMEX und die Kansas City Board of Trade (KCBT) mit einschließt.

Die Chicago Board Options Exchange (CBOE, www.cboe.com) begann 1973 mit dem Handel von Kaufoptionen auf 16 Aktien. Optionen wurden auch schon vor 1973 gehandelt, doch die CBOE verstand es, einen geordneten Markt mit sinnvoll definierten Kontrakten zu schaffen. Seit 1977 werden auch Verkaufsoptionen an dieser Börse gehandelt. Mittlerweile handelt die CBOE Optionen auf über 2500 Aktien und viele verschiedene Aktienindizes. Wie die Futures haben sich die Optionen als äußerst populäre Kontrakte erwiesen. Viele andere Börsen der Welt handeln heute mit Optionen (siehe die Tabelle auf S. 1027). Die Underlyings umfassen Währungen und Futures-Kontrakte ebenso wie Aktien und Aktienindizes.

Haben zwei Händler ein Geschäft vereinbart, dann wird dieses über die Clearingstelle der Börse abgewickelt. Die Clearingstelle ist ein Intermediär zwischen den beiden Händlern und managt die Risiken. Nehmen wir an, dass sich Händler A zum Kauf von 100 Unzen Gold von Händler B für 1450 \$ je Unze zu einem zukünftigen Zeitpunkt verpflichtet hat. Dies bedeutet, dass A mit der Clearingstelle einen Kontrakt über den Kauf von 100 Unzen Gold zum Preis von 1450 \$ je Unze abgeschlossen hat und B einen Kontrakt über den Verkauf von 100 Unzen Gold zum Preis von 1450 \$ je Unze. Der Vorteil dieses Vorgehens liegt darin, dass sich die Händler nicht um die Kreditwürdigkeit der Gegenpartei zu sorgen brauchen. Die Clearingstelle managt das Kreditrisiko, indem sie von beiden Händlern eine solche Einlage (Margin) fordert, dass die Händler ihren Verpflichtungen nachkommen. Marginanforderungen und die Funktionsweise der Clearingstellen werden in Kapitel 2 näher erläutert.

Elektronischer Handel

Traditionell benutzten die Derivatebörsen das so genannte *Open Outcry System*. Hierbei trafen sich die Händler persönlich auf dem Börsenparkett und übermittelten ihre Handelsabsichten mittels Zurufs und eines komplizierten Systems von Handzeichen. In zunehmendem Maße haben die Börsen das Open Outcry System durch den *elektronischen Handel* ersetzt. Bei diesem geben die Händler ihre Aufträge mittels Tastatur in einen Computer ein, der Käufer und Verkäufer zusammenführen soll. Zwar hat auch das Open Outcry System Befürworter, im Lauf der Zeit wird es immer ungebräuchlicher.

Der elektronische Handel hat zu einer Zunahme von hochfrequentem und algorithmischem Handel geführt. Dabei werden Computerprogramme zum Auslösen von Trades eingesetzt, bei denen oftmals keine menschliche Intervention stattfindet. Diese Art des Handels ist ein wesentlicher Bestandteil auf Derivatemärkten geworden.

Business Snapshot 1.1 – Der Konkurs von Lehman Brothers

Am 15. September 2008 meldete Lehman Brothers Konkurs an. Dieser Konkurs war der bisher größte in der US-Geschichte und seine Konsequenzen waren auf allen Derivatemärkten zu spüren. Bis kurz vor Schluss hatte es so ausgesehen, als ob Lehman eine gute Überlebenschance gehabt hätte. Eine Reihe von Unternehmen (z. B. die koreanische Development Bank, die britische Barclays Bank und die Bank of America) hatten Interesse an einer Übernahme geäußert, es kam jedoch zu keinerlei Übereinkunft. Allgemein herrschte die Auffassung, dass Lehman „zu groß zum Scheitern" sei und notfalls von der US-Regierung gerettet werden müsste, falls sich kein Käufer finden würde. Diese Meinung stellte sich als falsch heraus.

Was war geschehen? Es handelte sich um eine Kombination aus hohem Fremdfinanzierungsanteil, riskanten Anlagen und Liquiditätsproblemen. Geschäftsbanken, die Einlagen annehmen, unterliegen hinsichtlich der Höhe des vorzuhaltenden Kapitals gewissen Regulierungen. Als Investmentbank unterlag Lehman diesen Regulierungen nicht. Bis 2007 war der Fremdfinanzierungsanteil der Bank auf 31:1 angewachsen, d.h. ein Wertrückgang der Assets um 3–4% konnte das gesamte Kapital vernichten. Dick Fuld, der Vorstandsvorsitzende von Lehman, förderte eine Kultur, die auf Geschäftsabschlüsse und das Eingehen von Risiken gerichtet war. Man erzählt sich, dass er zu den Vorstandsmitgliedern gesagt habe: „Jeder Tag ist ein Gefecht. Und der Feind muss getötet werden." Lehmans Chief Risk Officer war eine kompetente Person, nur hatte er nicht allzuviel Einfluss und wurde dann 2007 sogar aus dem Vorstand entfernt. Die von Lehman eingegangenen Risiken beinhalteten gewaltige Positionen in Instrumenten, die aus Subprime-Hypotheken (siehe Kapitel 8) gebildet wurden. Der größte Teil der Geschäftstätigkeit von Lehman wurde mit kurzfristigen Schulden finanziert. Als das Vertrauen in das Unternehmen sank, weigerten sich die Kreditgeber, diese Finanzierungen zu verlängern, und es kam zum Konkurs von Lehman.

> Lehman war sehr aktiv in den Over-the-Counter-Derivatemärkten. Es bestanden mehr als eine Million offener Transaktionen mit etwa 8000 verschiedenen Geschäftspartnern. Diese Geschäftspartner mussten oftmals Sicherheiten hinterlegen, welche von Lehman in vielen Fällen für die verschiedensten Zwecke verwendet wurden. Man kann sich leicht vorstellen, dass in einer derartigen Situation die korrekte Zuordnung, wer wem wieviel schuldet, einen Albtraum darstellt.

1.2 Over-the-Counter-Handel

Nicht jeder Handel wird an einer Börse durchgeführt. Der *Over-the-Counter-Handel* (OTC-Handel) stellt eine bedeutende Alternative zum Börsenhandel dar. Banken, andere große Finanzinstitute, Fondsmanager und Unternehmen sind die Hauptakteure an den OTC-Derivatemärkten. Wenn ein OTC-Geschäft abgeschlossen wurde, können die beiden Parteien sich entweder an eine zentrale Gegenpartei (central counterparty, CCP) wenden oder das Geschäft bilateral abwickeln. Eine CCP entspricht der Clearingstelle an einer Börse. Sie tritt als Intermediär zwischen den beiden Parteien auf, so dass keine Partei den Ausfall der Gegenpartei befürchten muss. Bei der bilateralen Abwicklung gibt es im Normalfall eine schriftliche Vereinbarung, die alle gegenseitigen Transaktionen abdeckt. In einer solchen Vereinbarung ist festgelegt, unter welchen Bedingungen offene Transaktionen vorzeitig gekündigt werden können, wie die Abrechnungskosten in einem solchen Fall berechnet werden und wie die von jeder Partei ggf. zu hinterlegende Sicherheit ermittelt wird. CCPs und bilaterale Abrechnung werden in Kapitel 2 eingehender untersucht.

Traditionell kontaktieren sich die Teilnehmer an den OTC-Derivatemärkten per Telefon und E-Mail oder bedienen sich sogenannter Interdealer Broker, um eine Gegenpartei für ihr Geschäft zu finden. Oftmals treten Banken als Market Maker für die häufiger gehandelten Papiere auf. Das heißt, sie sind immer bereit, sowohl ein Kaufangebot (Bid-Preis: der Preis, zu dem sie zu kaufen bereit sind) als auch ein Verkaufsangebot (Offer-Preis, Ask-Preis: der Preis, zu dem sie verkaufen wollen) abzugeben.

Vor der 2007 einsetzenden Kreditkrise (Näheres in Kapitel 8) waren die OTC-Derivatemärkte größtenteils unreguliert. Nach der Kreditkrise und dem Zusammenbruch von Lehman Brothers (siehe Business Snapshot 1.1) haben wir die Entwicklung vieler neuer Regeln für die OTC-Märkte beobachten können. Durch die Regulierung soll die Transparenz an den OTC-Märkten erhöht, die Markteffizienz verbessert und das Systemrisiko (siehe Business Snapshot 1.2) reduziert werden. Dadurch wird der Over-the-Counter-Markt gezwungen, sich in einiger Hinsicht dem Börsenhandel anzugleichen. Drei bedeutende Änderungen sind im Folgenden angeführt:

1. In den USA müssen OTC-Standardderivate wenn möglich über sogenannte Swap Execution Facilities (SEFs) gehandelt werden. SEFs sind Plattformen, auf denen Marktteilnehmer Ankaufs- und Verkaufsgebote platzieren und durch Annahme der Gebote anderer Marktteilnehmer Geschäfte abschließen können.
2. Fast überall in der Welt müssen die meisten Standardderivate-Transaktionen über eine zentrale Gegenpartei, CCP, abgewickelt werden.
3. Alle Geschäfte müssen in einem zentralen Register erfasst werden.

1 Einführung

> **Business Snapshot 1.2 – Systemrisiko**
>
> Systemrisiko ist das Risiko, dass der Ausfall einer Finanzinstitution eine „Kettenreaktion" weiterer Ausfälle auslöst und somit die Stabilität des Finanzsystems gefährdet. Zwischen Banken existiert eine riesige Anzahl an OTC-Transaktionen. Wenn Bank A ausfällt, könnte Bank B auf ihre Transaktionen mit Bank A einen großen Verlust erleiden, der zum Ausfall der Bank B führen könnte. Bank C, die viele Transaktionen mit den Banken A und B offen hat, erleidet dadurch einen großen Verlust und gerät in ernsthafte finanzielle Schwierigkeiten, usw.
>
> Das Finanzsystem hat Ausfälle wie den von Drexel im Jahr 1990 und Lehman Brothers im Jahr 2008 gut verkraftet, doch die Behörden bleiben besorgt. Während der Marktturbulenzen 2007 und 2008 wurden viele große Finanzinstitutionen aufgefangen, anstatt sie in Konkurs gehen zu lassen, da die Regierungen Angst wegen des Systemrisikos hatten.

Größe der Märkte

Sowohl im Over-the-Counter-Handel als auch im Börsenhandel mit Derivaten werden enorme Umsätze getätigt. An den OTC-Märkten ist die Anzahl der Derivatetransaktionen pro Jahr geringer als beim Börsenhandel, dafür ist das durchschnittliche Handelsvolumen wesentlich höher. Obwohl die vorliegenden Zahlen für die beiden Märkte nicht exakt vergleichbar sind, steht fest, dass der Over-the-Counter-Handel deutlich größer ist als der Börsenhandel. Die Bank für internationalen Zahlungsausgleich (www.bis.org) begann im Jahr 1998, Daten über die Märkte zu erfassen. Abbildung 1.1 vergleicht die geschätzten Gesamtnominalbeträge, welche den offe-

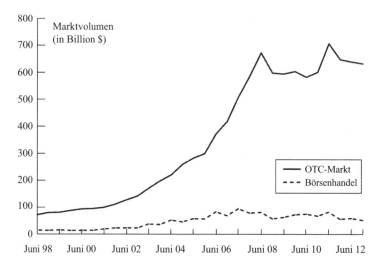

Abbildung 1.1: Größe des Over-the-Counter-Marktes und des Börsenhandels in Derivaten

nen Transaktionen auf dem OTC-Markt zwischen Juni 1998 und Dezember 2012 entsprechen, mit dem geschätzten Gesamtwert der Assets, welche den an den Börsen gehandelten Kontrakten in diesem Zeitraum zugrunde lagen. Wir können erkennen, dass bis Dezember 2012 der OTC-Markt auf ein Volumen von 632,6 Billionen $ angewachsen ist und der Börsenhandel auf ein Volumen von 52,6 Billionen $.[1]

Bei der Interpretation dieser Zahlen sollten wir jedoch beachten, dass der Nominalbetrag, der einem OTC-Geschäft zugrunde liegt, nicht dem Wert des Geschäfts entspricht. Nehmen wir als Beispiel für einen OTC-Kontrakt eine Verpflichtung über den Kauf von 100 Millionen $ mit Britischen Pfund zu einem vorher festgelegten Wechselkurs in einem Jahr. Der gesamte Nominalbetrag für diese Transaktion beträgt 100 Millionen $. Der Wert des Kontrakts kann dagegen nur 1 Million $ betragen. Die Bank für internationalen Zahlungsausgleich beziffert den Brutto-Marktwert aller im Dezember 2012 offenen OTC-Kontrakte auf etwa 24,7 Billionen $.[2]

1.3 Forward-Kontrakte

Ein relativ einfaches Derivat ist der *Forward-Kontrakt*. Dabei handelt es sich um die Vereinbarung, ein Gut zu einem bestimmten zukünftigen Zeitpunkt zu einem bestimmten Kurs zu kaufen bzw. zu verkaufen. Der Terminkontrakt ist das Gegenstück zum Kassageschäft, welches die Vereinbarung, ein Gut nahezu sofort zum gegenwärtigen Kurs (Spotkurs) zu kaufen oder zu verkaufen, darstellt. Forwards werden außerbörslich gehandelt – gewöhnlich zwischen zwei Finanzinstituten oder zwischen einem Finanzinstitut und einem seiner Klienten.

Bei einem Forward-Kontrakt nimmt eine der Vertragsparteien eine *Long-Position* ein und verpflichtet sich, das Underlying zu einem festgelegten Zeitpunkt in der Zukunft zu einem festgelegten Preis zu kaufen. Die andere Partei nimmt die Verkaufsposition (*Short-Position*) ein. Sie verpflichtet sich, das Gut genau zu diesem Zeitpunkt zum festgelegten Preis zu verkaufen.

Sehr populär sind Devisen-Forward-Kontrakte. Viele große Banken beschäftigen sowohl Spot-Trader als auch Forward-Trader. Wie wir in einem späteren Kapitel sehen werden, besteht ein Zusammenhang zwischen Forward-Kursen, Spotkursen und den Zinssätzen für die beiden Währungen. Tabelle 1.1 zeigt die Wechselkurse zwischen britischem Pfund (GBP) und US-Dollar (USD), die eine große internationale Bank am 6. Mai 2013 angegeben haben könnte. Die Kurse nennen jeweils den Gegenwert eines britischen Pfunds in USD. Die erste Zeile besagt, dass die Bank bereit ist, GBP auf dem Kassamarkt (d. h. bei sofortiger Lieferung) zum Kurs von 1,5541 $ pro GBP zu kaufen und für 1,5545 $ pro GBP zu verkaufen. Die Zeilen 2–4 besagen, dass die Bank in 1, 3 und 6 Monaten GBP für 1,5538 $, 1,5533 $ bzw. 1,5526 $ pro GBP kaufen und für 1,5543 $, 1,5538 $ bzw. 1,5532 $ pro GBP verkaufen wird.

Forward-Kontrakte können zur Absicherung von Währungsrisiken eingesetzt werden. Angenommen, der Finanzmanager eines US-Unternehmens weiß am 6. Mai 2013, dass das Unternehmen in sechs Monaten (d. h. am 6. November 2013) eine Zahlung von 1 Million GBP leisten wird, und er möchte sich gegen Wechselkursschwankungen absichern. Mithilfe der Kurse aus Tabelle 1.1 kann der Finanzma-

---

[1] Eine OTC-Transaktion unter Einbeziehung einer CCP wird von der BIS als zwei Transaktionen behandelt.
[2] Ein Kontrakt, der für eine Seite den Wert 1 Million $ und für die andere Seite den Wert −1 Million $ hat, besitzt dabei einen Brutto-Marktwert von 1 Million $.

Einführung

	Ankauf	Verkauf
Spotkurs	1,5541	1,5545
1-Monats-Forward-Kurs	1,5538	1,5543
3-Monats-Forward-Kurs	1,5533	1,5538
6-Monats-Forward-Kurs	1,5526	1,5532

Tabelle 1.1: Spot- und Terminkurse für den USD-GBP-Wechselkurs am 6. Mai 2013 (GBP = britisches Pfund, USD = US-Dollar; Kursangabe in USD pro GBP)

nager den Kauf von 1 Million GBP in sechs Monaten zum Wechselkurs von 1,5532 vereinbaren. Das Unternehmen besetzt somit die Long-Position in einem Forward-Kontrakt auf GBP. Es verpflichtet sich, am 6. November 2013 von der Bank 1 Million GBP für 1,5532 Millionen USD zu kaufen. Die Bank hat einen Terminverkauf von GBP getätigt. Am 6. November 2013 wird sie 1 Million GBP für 1,5532 Millionen USD verkaufen. Beide Seiten sind eine verbindliche Vereinbarung eingegangen.

Auszahlung bei Forward-Kontrakten

Betrachten wir einmal die Position des Unternehmens in dem eben beschriebenen Geschäft. Welche Ergebnisse sind möglich? Der Kontrakt verpflichtet das Unternehmen, 1 Million GBP für 1 553 200 $ zu kaufen. Ist der Kassawechselkurs am Ende der sechs Monate z. B. auf 1,6000 gestiegen, dann wäre der Kontrakt für das Unternehmen 46 800 $ (= 1 600 000 $ − 1 553 200 $) wert. Er würde nämlich den Kauf von 1 Million GBP zum Kurs von 1,5532 statt 1,6000 ermöglichen. Auf ähnliche Weise ergibt sich, wenn der Wechselkurs am Ende der sechs Monate auf 1,5000 fallen würde, für das Unternehmen ein negativer Wert (−53 200 $) des Kontrakts, denn das Unternehmen müsste gegenüber dem Marktpreis für GBP 53 200 $ mehr bezahlen.

Im Allgemeinen ist die Auszahlung für eine Einheit eines Vermögensgegenstands aus einer Long-Position in einem Terminkontrakt

$$S_T - K,$$

wobei K den Abrechnungspreis für den Vermögensgegenstand und S_T den Spotkurs bei Fälligkeit des Kontrakts repräsentiert. Der Grund dafür ist, dass der Kontraktinhaber verpflichtet ist, ein Gut, das den Wert S_T besitzt, zum Preis K zu kaufen. Auf ähnliche Weise ergibt sich für die Auszahlung aus der Short-Position in einem Terminkontrakt je Einheit eines Vermögensgegenstands der Betrag

$$K - S_T.$$

Die Auszahlung kann, wie in Abbildung 1.2 dargestellt ist, positiv oder negativ sein. Da der Abschluss eines Terminkontraktes nichts kostet, stellt die Auszahlung zugleich den Gesamtgewinn oder -verlust des Händlers aus diesem Kontrakt dar.

Im oben betrachteten Beispiel beträgt $K = 1,5532$. Das Unternehmen besetzt die Long-Position. Falls $S_T = 1,6000$, beträgt die Auszahlung 0,0468 $ je GBP; bei $S_T = 1,5000$ beträgt sie − 0,0532 $ je GBP.

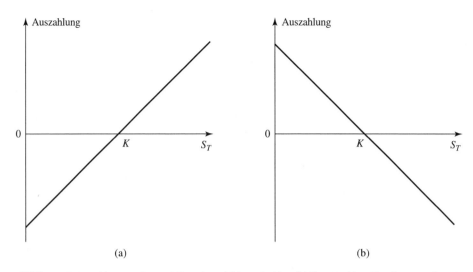

Abbildung 1.2: Auszahlung aus Forward-Kontrakten: (a) Long-Position, (b) Short-Position. Abrechnungspreis $= K$, Preis des Assets bei Fälligkeit $= S_T$

Forward-Preis und Spotkurs

In Kapitel 5 werden wir die Relation von Spot- und Forward-Kurs etwas näher untersuchen. Als kurze Vorüberlegung, warum zwischen den beiden Kursen ein Zusammenhang besteht, betrachten wir eine Aktie ohne Dividendenzahlung mit einem Wert von 60 $. Kreditaufnahme und Kapitalanlage für ein Jahr sind zu 5% möglich. Welchen 1-Jahres-Forward-Kurs soll die Aktie aufweisen?

Die Antwort lautet: 60 $ verzinst mit 5% für ein Jahr, also 63 $. Wäre der Forward-Kurs höher, etwa 67 $, könnte man einen Kredit von 60 $ aufnehmen, eine Aktie kaufen und diese für 67 $ weiterverkaufen. Nach Rückzahlung des Darlehens würde ein Nettogewinn von 4 $ in einem Jahr verbleiben. Wäre der Forward-Kurs niedriger als 63 $, etwa 58 $, würde ein Anleger, in dessen Portfolio sich die Aktie befindet, diese Aktie für 60 $ verkaufen und einen Forward-Kontrakt über den Rückkauf in einem Jahr zum Preis von 58 $ abschließen. Die Einkünfte aus dem Verkauf würden zu 5% investiert werden und in einem Jahr 3 $ erbringen. Der Anleger würde sich um 5 $ besser stellen, als wenn er die Aktie in diesem Jahr in seinem Portfolio belassen hätte.

1.4 Futures-Kontrakte

Ebenso wie der Forward-Kontrakt ist der Futures-Kontrakt eine Übereinkunft zwischen zwei Parteien, ein Gut zu einem bestimmten zukünftigen Zeitpunkt zu einem bestimmten Preis zu kaufen bzw. zu verkaufen. Im Gegensatz zu den Forward-Kontrakten werden Futures im Regelfall an einer Börse gehandelt. Um den Handel zu ermöglichen, legt die Börse bestimmte einheitliche Merkmale für solche Kontrakte fest. Da sich die beiden Kontraktparteien nicht unbedingt kennen müssen, stellt die Börse einen Mechanismus bereit, der den beiden Parteien die Erfüllung des Kontrakts garantiert.

Die größten Börsen, an denen Futures-Kontrakte gehandelt werden können, sind die Chicago Board of Trade (CBOT) und die Chicago Mercantile Exchange (CME). Ein sehr breites Spektrum an Wirtschafts- und Finanzgütern bildet die Grundlage für die verschiedenen Kontrakte an diesen und anderen Börsen auf der ganzen Welt. Zu den Wirtschaftsgütern bzw. Rohstoffen zählen Schweinebäuche, Lebendrind, Zucker, Wolle, Bauholz, Kupfer, Aluminium, Gold und Zinn. Bei den Finanzgütern handelt es sich u. a. um Aktienindizes, Währungen und Schatzanleihen. Futures-Kurse werden regelmäßig in der Finanzpresse veröffentlicht. Nehmen wir an, dass am 1. September der Dezember-Futures-Kurs von Gold mit 1380 $ angegeben wird. Dies ist, ohne Berücksichtigung von Gebühren, der Kurs, zu dem Händler Gold zur Lieferung im Dezember kaufen bzw. verkaufen können. Er wird auf dem Börsenparkett genauso wie die anderen Kurse bestimmt (d. h. nach den Gesetzen von Angebot und Nachfrage). Falls mehr Händler Long-Positionen als Short-Positionen eingehen wollen, steigt der Kurs. Im umgekehrten Fall sinkt der Kurs.

Weitere Einzelheiten zu Aspekten wie Margins, Verfahren der täglichen Abrechnung, Lieferverfahren, Ankauf-Verkauf-Spreads und der Rolle der Clearingstelle der Börse werden in Kapitel 2 behandelt.

1.5 Optionen

Optionen werden sowohl an der Börse als auch OTC (außerbörslich) gehandelt. Es gibt zwei grundsätzliche Arten von Optionen. Eine *Kaufoption* (Call) gibt ihrem Besitzer das Recht, das Underlying an oder bis zu einem bestimmten Zeitpunkt zu einem festgelegten Kurs zu kaufen. Eine *Verkaufsoption* (Put) gibt ihrem Besitzer das Recht, das Underlying an oder bis zu einem bestimmten Zeitpunkt zu einem festgelegten Kurs zu verkaufen. Dieser Kurs wird als *Ausübungspreis* bzw. *Basispreis* bezeichnet. Das im Kontrakt festgelegte Datum heißt *Verfallsdatum* oder auch *Fälligkeit*. Eine *amerikanische Option* kann bis zum Verfallsdatum jederzeit ausgeübt werden, eine *europäische Option* nur am Verfalltag selbst.[3] Die meisten der an Börsen gehandelten Optionen sind amerikanischen Typs. Bei börsengehandelten Aktienoptionen stellt ein Kontrakt im Normalfall die Vereinbarung dar, 100 Anteile zu kaufen bzw. zu verkaufen. Europäische Optionen lassen sich im Allgemeinen einfacher analysieren als amerikanische Optionen. Häufig werden einige Eigenschaften einer amerikanischen Option aus denen des europäischen Gegenstücks hergeleitet.

Es soll noch einmal hervorgehoben werden, dass eine Option ihrem Inhaber das Recht gibt, etwas zu tun. Der Inhaber muss dieses Recht nicht ausüben. Dies unterscheidet Optionen von Forwards und Futures, bei denen der Inhaber verpflichtet ist, das betreffende Gut zu kaufen bzw. zu verkaufen. Man beachte, dass der Erwerb einer Option Kosten verursacht, im Gegensatz zum Abschluß eines Forward- oder Futures-Kontrakts.

Die größte Börse der Welt für den Optionshandel ist die Chicago Board Options Exchange (CBOE; www.cboe.com). Tabelle 1.2 zeigt den Durchschnitt von Kauf- und Verkaufspreisen einiger Kaufoptionen auf Google (Tickersymbol: GOOG) vom 8. Mai 2013. Tabelle 1.3 zeigt die Daten für Verkaufsoptionen am gleichen Tag. Die Preise stammen von der CBOE-Webseite. Zu dieser Zeit lag der Kurs der Google-Aktie bei

---

[3] Man beachte, dass die Begriffe *amerikanisch* und *europäisch* sich nicht auf den Ort der Option oder der Börse beziehen. Einige der an nordamerikanischen Börsen gehandelten Optionen sind europäischen Typs.

Basispreis ($)	Juni 2013 Geldkurs	Briefkurs	September 2013 Geldkurs	Briefkurs	Dezember 2013 Geldkurs	Briefkurs
820	56,00	57,50	76,00	77,80	88,00	90,30
840	39,50	40,70	62,90	63,90	75,70	78,00
860	25,70	26,50	51,20	52,30	65,10	66,40
880	15,00	15,60	41,00	41,60	55,00	56,30
900	7,90	8,40	32,10	32,80	45,90	47,20
920	k.A.	k.A.	24,80	25,60	37,90	39,40

Tabelle 1.2: Preise für Kaufoptionen auf Google-Aktien am 8. Mai 2013; Aktienkurs: Geldkurs 871,23 $, Briefkurs 871,37 $ (*Quelle:* CBOE)

Basispreis ($)	Juni 2013 Geldkurs	Briefkurs	September 2013 Geldkurs	Briefkurs	Dezember 2013 Geldkurs	Briefkurs
820	5,00	5,50	24,20	24,90	36,20	37,50
840	8,40	8,90	31,00	31,80	43,90	45,10
860	14,30	14,80	39,20	40,10	52,60	53,90
880	23,40	24,40	48,80	49,80	62,40	63,70
900	36,20	37,30	59,20	60,90	73,40	75,00
920	k.A.	k.A.	71,60	73,50	85,50	87,40

Tabelle 1.3: Preise für Verkaufsoptionen auf Google-Aktien am 8. Mai 2013; Aktienkurs: Geldkurs 871,23 $, Briefkurs 871,37 $ (*Quelle:* CBOE)

871,23 (Geldkurs) bzw. 871,37 (Briefkurs). Die Geld-Brief-Spanne einer Option ist gewöhnlich größer als die der zugrunde liegenden Aktie und hängt vom Handelsvolumen ab. Die Basispreise der Optionen in den Tabellen 1.2 und 1.3 betragen 820 $, 840 $, 860 $, 880 $, 900 $ und 920 $. Die Verfalltermine sind Juni 2013, September 2013 und Dezember 2013. Die Juni-Optionen verfallen am 22. Juni 2013, die September-Optionen am 21. September 2013 und die Dezember-Optionen am 21. Dezember 2013.

Die Tabellen veranschaulichen einige Eigenschaften von Optionen. Der Preis eines Calls sinkt mit steigendem Basispreis, der Preis eines Puts hingegen steigt. Beide Optionsarten werden im Allgemeinen wertvoller, je später ihre Fälligkeit ist. Diese Eigenschaften von Optionen werden in Kapitel 11 weiter diskutiert.

Angenommen, ein Anleger beauftragt einen Broker mit dem Erwerb eines Calls auf Google mit einem Basispreis von 880 $ und Verfalldatum Dezember. Der Broker gibt diese Instruktion an einen Händler an der CBOE weiter und der Handel wird durchgeführt. Der Preis beträgt, wie in Tabelle 1.2 ausgewiesen, 56,30 $. Für diesen Preis kann man eine Option auf den Kauf einer Aktie erwerben. In den USA stellt ein Aktienoptions-Kontrakt einen Kontrakt über den Kauf oder Verkauf von 100 Aktien dar. Daher muss der Anleger über den Broker die Überweisung von 5630 $ an die

Börse veranlassen. Die Börse sorgt dann dafür, dass dieser Betrag an die Gegenseite dieser Transaktion weitergeleitet wird.

In unserem Beispiel erhielt der Anleger zum Preis von 5630 $ das Recht auf den Kauf von 100 Google-Aktien zu je 880 $. Steigt der Kurs von Google bis zum 21. Dezember 2013 nicht über 880 $, wird die Option nicht ausgeübt und der Anleger verliert 5630 $[4]. Entwickelt sich der Kurs der Google-Aktie dagegen positiv und wird die Option ausgeübt, wenn der Briefkurs bei 1000 $ liegt, ist der Anleger berechtigt, 100 Aktien zum Preis von 880 $ je Aktie zu kaufen und sie sofort zum Preis von 1000 $ zu verkaufen. Dies führt zu einem Gewinn von 12 000 $ bzw. 6370 $ bei Berücksichtigung der anfänglichen Kosten für die Optionen.[5]

Eine Alternative für den Anleger würde der Verkauf eines September-Puts mit Basispreis 840 $ zum Geldkurs von 31 $ darstellen. Das würde zu einem sofortigen Geldzufluss von $100 \times 31{,}00 = 3100$ $ führen. Bleibt der Aktienkurs von Google über 840 $, wird die Option nicht ausgeübt und der Investor realisiert einen Gewinn in dieser Höhe. Wenn aber der Aktienkurs fällt und die Option bei einem Aktienkurs von 800 $ ausgeübt wird, dann ergibt sich ein Verlust. Der Investor muss 100 Aktien zum Preis von je 840 $ kaufen, obwohl sie nur noch 800 $ wert sind. Dadurch entsteht ein Verlust von 4000 $ bzw. von 900 $, wenn man den zu Beginn erhaltenen Betrag für den Optionskontrakt berücksichtigt.

Bei den an der CBOE gehandelten Optionen handelt es sich um Optionen amerikanischen Typs. Wenn wir der Einfachheit halber annehmen, dass sie europäischen Typs sind, d. h. dass sie nur zum Fälligkeitszeitpunkt ausgeübt werden können, zeigt Abbildung 1.3 den Gewinn des Anlegers als Funktion des Aktienkurses bei Fälligkeit für die beiden betrachteten Geschäfte.

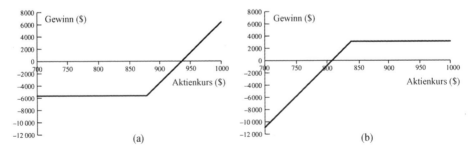

Abbildung 1.3: Nettogewinn pro Aktie aus (a) dem Erwerb eines Kontrakts über 100 Dezember-Calls auf Google mit Basispreis 520 $ und (b) dem Verkauf eines Kontrakts über 100 September-Puts auf Google mit Basispreis 840 $

Weitere Details über die Funktionsweise von Optionsmärkten und die Bestimmung von Preisen wie den in den Tabellen 1.2 und 1.3 angegebenen folgen in späteren Kapiteln. Zum jetzigen Zeitpunkt stellen wir fest, dass es vier grundlegende Typen von Marktteilnehmern in Optionsmärkten gibt:

1. Käufer von Calls
2. Verkäufer von Calls

---

4 Bei den Berechnungen vernachlässigen wir hier vom Anleger gezahlte Aufschläge.
5 Bei diesen Berechnungen haben wir Diskontierungseffekte ignoriert. Theoretisch müsste man bei der Berechnung des Gewinns den Betrag von 8000 $ vom Ausübungszeitpunkt auf den Erwerbszeitpunkt diskontieren.

3. Käufer von Puts
4. Verkäufer von Puts

Die Käufer bezeichnet man als Inhaber der *Long-Position*, die Verkäufer als Inhaber der *Short-Position*. Im Englischen wird der Verkauf einer Option auch als *writing* bezeichnet.

1.6 Händlertypen

Derivatemärkte sind ausgesprochen erfolgreich. Der Hauptgrund dafür ist, dass sie viele verschiedene Händlertypen anziehen und häufig über eine hohe Liquidität verfügen. Möchte ein Anleger eine bestimmte Position in einem Kontrakt einnehmen, findet sich im Normalfall problemlos eine Gegenpartei, die bereit ist, die Gegenposition einzunehmen.

Drei Hauptkategorien von Händlern lassen sich unterscheiden: Absicherer (Hedger), Spekulanten und Arbitrageure. Absicherer benutzen Futures, Forwards und Optionen, um das Risiko, dass ihnen aus der möglichen zukünftigen Veränderung einer Marktvariablen erwächst, abzufedern. Spekulanten benutzen Derivate, um auf die zukünftige Entwicklung einer Marktvariablen zu wetten. Arbitrageure nehmen sich ausgleichende Positionen in zwei oder mehr Papieren ein, um einen Gewinn festzuschreiben. Wie in Business Snapshot 1.3 beschrieben, setzen Hedgefonds Derivate in großem Ausmaß für alle drei Zwecke ein.

In den nächsten Abschnitten werden wir etwas näher auf die Aktivitäten dieser Händlertypen eingehen.

Business Snapshot 1.3 – Hedgefonds

Hedgefonds setzen mittlerweile Derivate in großem Stil für Hedging, Spekulation und Arbitrage ein. Sie ähneln herkömmlichen Investmentfonds (engl. mutual funds) darin, dass auch sie Vermögen im Auftrag von Kunden anlegen. Allerdings akzeptieren sie nur Vermögen von wohlhabenden Personen und bieten ihre Wertpapiere nicht öffentlich an. Investmentfonds unterliegen Regulierungen, die verlangen, dass die Anteile jederzeit einlösbar sind, die Anlagestrategien offen gelegt werden, nur in begrenztem Maß Fremdkapital eingesetzt werden darf usw. Hedgefonds sind relativ frei von diesen Regulierungen. Damit besitzen sie einen großen Freiraum zur Entwicklung ausgeklügelter, unkonventioneller und proprietärer Anlagestrategien. Die von Hedgefonds-Managern erhobenen Gebühren hängen von der Performance des Fonds ab und sind relativ hoch – typischerweise 1% bis 2% des angelegten Betrages plus 20% der Erträge. Die Popularität von Hedgefonds ist in den letzten Jahren stark gestiegen. Etwa 2 Billionen $ werden für Kunden aus aller Welt investiert. Es wurden Dachfonds („Funds of Funds") aufgelegt, bei denen man in ein Portfolio verschiedener Hedgefonds investieren kann.

Oft besteht die von einem Hedgefonds-Manager verfolgte Anlagestrategie darin, mit Hilfe von Derivaten eine Spekulations- oder eine Arbitrage-Position einzugehen. Steht die Strategie einmal fest, dann hat der Hedgefonds-Manager folgende Aufgaben:

1. Bewertung der Risiken, denen der Fonds ausgesetzt ist
2. Entscheidung darüber, welche Risiken akzeptabel sind und welche abgesichert werden
3. Entwurf von Strategien (in der Regel unter Verwendung von Derivaten) zur Absicherung der nicht akzeptablen Risiken

Im Folgenden finden sich einige Beispiele für typische Handelsstrategien von Hedgefonds:

Long/Short Equities: Kauf von Aktien, die als unterbewertet angesehen werden, und Leerverkauf solcher, die als überbewertet angesehen werden, auf eine Weise, dass das Exposure gegenüber der Gesamttendenz des Marktes gering ist.

Convertible Arbitrage: Einnahme der Long-Position in einer vermeintlich unterbewerteten Wandelanleihe in Kombination mit einer aktiv gemanagten Short-Position in der zugrunde liegenden Aktie.

Distressed Securities: Kauf von Wertpapieren insolventer oder nahezu insolventer Unternehmen.

Emerging Markets: Anlage in Fremdkapital und Eigenkapital von Unternehmen in Entwicklungs- oder Schwellenländern und in Fremdkapital der Staaten selbst.

Global Macro: Ausführung von Transaktionen, welche antizipierte globale makroökonomische Trends widerspiegeln.

Merger Arbitrage: Handel nach Ankündigung einer möglichen Fusion oder Übernahme, so dass nach Realisierung der Ankündigung ein Gewinn erzielt wird.

1.7 Absicherer

In diesem Abschnitt zeigen wir, wie Absicherer (Hedger) ihre Risiken mithilfe von Forward-Kontrakten und Optionen reduzieren können.

Beispiel 1.1   **Hedging mit Forward-Kontrakten**

Angenommen, wir haben den 6. Mai 2013, und ImportCo, eine in den USA beheimatete Firma, weiß, dass sie am 6. August 2013 10 Millionen GBP für Waren von einem britischen Zulieferer zu bezahlen hat. Die Wechselkurse einer Bank sind in Tabelle 1.1 gegeben. ImportCo kann ihr Devisenrisiko absichern, indem sie von der Bank britische Pfund auf dem 3-Monats-Terminmarkt zum Kurs von 1,5538 kauft. Damit ist die an den britischen Exporteur zu zahlende Summe auf 15 538 000 \$ festgelegt.

Betrachten wir nun eine andere US-amerikanische Firma, ExportCo, die Waren nach Großbritannien exportiert. Am 6. Mai 2013 weiß diese Firma, dass sie drei Monate später 30 Millionen GBP erhalten wird. ExportCo kann ihr Devisenrisiko durch den Verkauf von 30 Millionen GBP auf dem 3-Monats-Terminmarkt zum Wechselkurs von 1,5533 absichern. Dies würde dazu führen, dass ein sicherer Erlös von 46 599 000 $ erzielt wird.

Man beachte, dass die Firmen finanziell besser gestellt sein könnten, wenn sie sich nicht absichern würden. Es könnte aber auch schlechter kommen. Betrachten wir noch einmal ImportCo. Steht der Wechselkurs am 6. August bei 1,4000 und die Firma hat sich nicht abgesichert, dann kosten die zu zahlenden 10 Millionen GBP 14 000 000 $, also weniger als 15 538 000 $. Andererseits würden die 10 Millionen Pfund bei einem Wechselkurs von 1,6000 16 000 000 $ kosten – und die Firma würde sich wünschen, dass sie sich abgesichert hätte! Bei ExportCo ist die Lage bei Nichtabsicherung umgekehrt. Liegt der Wechselkurs im August unter 1,5533, hätte sich die Firma besser abgesichert. Liegt der Wechselkurs über 1,5533, wird sie mit der Nichtabsicherung zufrieden sein.

Dieses Beispiel illustriert einen Schlüsselaspekt des Absicherns. Der Betrag, den man für das Underlying zahlt bzw. erhält, ist sicher. Es gibt jedoch keine Garantie, dass das Ergebnis mit Absicherung besser ist als das Ergebnis ohne Absicherung.

Beispiel 1.2   **Hedging mit Optionen**

Optionen können ebenfalls zur Absicherung eingesetzt werden. Wir betrachten einen Anleger, der im Mai im Besitz von 1000 Anteilen eines bestimmten Unternehmens ist. Der aktuelle Kurs liegt bei 28 $ pro Anteil. Der Anleger befürchtet einen möglichen Kursrückgang in den nächsten zwei Monaten und möchte sich davor schützen. Er könnte zehn Verkaufsoptions-Kontrakte mit Verfall im Juli und einem Basispreis von 27,50 $ kaufen. Damit hätte der Anleger das Recht, 1000 Anteile für 27,50 $ pro Anteil zu verkaufen. Liegt der Optionspreis bei 1 $, dann kostet jeder Optionskontrakt $100 \cdot 1\,\$ = 100\,\$$, die Gesamtkosten der Absicherungsstrategie wären $10 \cdot 100\,\$ = 1000\,\$$.

Diese Strategie kostet 1000 $, aber sie stellt sicher, dass die Anteile, solange die Option läuft, für mindestens 27,50 $ je Anteil verkauft werden können. Fällt der Aktienkurs unter 27,50 $, können die Optionen ausgeübt werden, sodass 27 500 $ für den gesamten Aktienbesitz realisiert werden. Bei Anrechnung der Optionskosten beträgt der Erlös 26 500 $. Bleibt der Kurs über 27,50 $, dann werden die Optionen nicht ausgeübt und verfallen wertlos. In diesem Fall ist jedoch der Wert des Aktienpakets jederzeit größer als 27 500 $ (bzw. größer als 26 500 $ bei Einbeziehung der Optionskosten). Abbildung 1.4 zeigt den Nettowert des Portfolios (nach Abzug der Kosten für die Option) als Funktion des Kurses der Aktie in zwei Monaten. Die gestrichelte Linie gibt den Wert des Portfolios ohne Absicherung an.

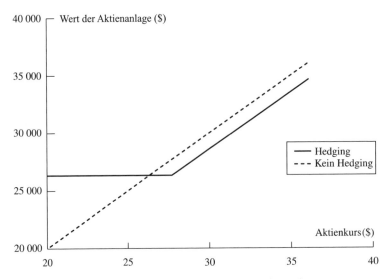

Abbildung 1.4: Wert der Aktienanlage in zwei Monaten mit und ohne Hedging

Vergleich

Zwischen dem Gebrauch von Forward-Kontrakten und dem von Optionen zum Zweck der Absicherung besteht ein grundlegender Unterschied. Forward-Kontrakte sollen das Risiko dadurch neutralisieren, dass der Preis, den der Absicherer für das betreffende Gut zahlt/erhält, festgelegt wird. Optionskontrakte stellen eine Versicherung dar. Sie geben Anlegern eine Möglichkeit, sich gegen ungünstige zukünftige Kursentwicklungen zu schützen und gleichzeitig von günstigen Kursentwicklungen zu profitieren. Im Gegensatz zu Forward-Kontrakten verlangen Optionskontrakte die Zahlung der Optionsprämie im Voraus.

1.8 Spekulanten

Wir gehen nun dazu über, die Verwendung der Termin- und Optionsmärkte durch Spekulanten zu betrachten. Während Absicherer vermeiden wollen, ungünstigen Kursentwicklungen eines Gutes ausgesetzt zu sein, möchten die Spekulanten eine bestimmte Position auf dem Markt einnehmen. Entweder wetten sie darauf, dass der Kurs steigt, oder sie wetten darauf, dass er fällt.

Spekulation mit Futures-Kontrakten

Wir betrachten einen US-amerikanischen Spekulanten, der im Februar glaubt, dass das britische Pfund in den nächsten zwei Monaten gegenüber dem US-Dollar gewinnt. Er ist bereit, auf diese Ahnung einen Betrag von 250 000 GBP zu setzen. Eine Alternative für den Spekulanten wäre der Kauf von 250 000 GBP in der Hoffnung, dass diese später mit Gewinn verkauft werden können. Der gekaufte Pfundbetrag wird in der Zwischenzeit auf einem zinsbringenden Konto angelegt. Eine andere Möglichkeit wäre die Einnahme der Long-Position in vier April-Futures-Kontrak-

	Mögliche Geschäfte	
	Kauf von 250 000 GBP, Spotkurs = 1,5470	Kauf von 4 Futures-Kontrakten Futures-Kurs = 1,5410
Anlagebetrag	386 750 $	20 000 $
Gewinn bei Spotkurs 1,6000 im April	13 250 $	14 750 $
Gewinn bei Spotkurs 1,5000 im April	−11 750 $	−10 250 $

Tabelle 1.4: Spekulation unter Verwendung von Kassageschäften und Futures-Kontrakten. Ein Futures-Kontrakt umfasst 62 500 GBP. Initial Margin für vier Futures-Kontrakte = 20 000 $

ten auf britische Pfund an der CME. (Jeder Futures-Kontrakt umfasst dabei den Kauf von 62 500 GBP.) Tabelle 1.4 fasst die beiden Alternativen unter der Annahme zusammen, dass der aktuelle Wechselkurs bei 1,5470 Dollar je GBP und der April-Futures-Kurs bei 1,5410 Dollar je GBP liegt. Falls der Wechselkurs im April bei 1,6000 Dollar je GBP liegt, verhilft der Futures-Kontrakt dem Spekulanten zu einem Gewinn von $(1{,}6000 - 1{,}5410) \cdot 250\,000 = 14\,750\,\$$. Die Alternative, am Kassamarkt zu agieren, führt dazu, dass 250 000 Einheiten eines Assets im Februar zu je 1,5470 \$ gekauft und im April zu je 1,6000 \$ verkauft werden, sodass ein Gewinn von $(1{,}6000 - 1{,}5470) \cdot 250\,000 = 13\,250\,\$$ realisiert wird. Falls hingegen der Wechselkurs auf 1,5000 Dollar je GBP fällt, erbringt der Futures-Kontrakt einen Verlust von $(1{,}5410 - 1{,}5000) \cdot 250\,000 = 10\,250\,\$$, während am Kassamarkt ein Minus von $(1{,}5470 - 1{,}5000) \cdot 250\,000 = 11\,750\,\$$ realisiert wird. Die Alternative Kassamarkt ergibt scheinbar für beide Szenarien ein leicht schlechteres Resultat. Allerdings beziehen diese Berechnungen die gezahlten oder erhaltenen Zinsen nicht mit ein.

Worin liegt dann aber der Unterschied zwischen den beiden Alternativen? Die erste Alternative (Pfundkauf) verlangt eine Vorabinvestition von 386 750 \$ ($= 250\,000 \cdot 1{,}5470$). Die zweite Alternative benötigt dagegen nur einen kleinen Geldbetrag, der vom Spekulanten auf einem so genannten Margin-Konto (Einschusskonto) hinterlegt werden muss. (In Kapitel 2 werden wir die Funktionsweise von Margin-Konten erläutern.) In Tabelle 1.4 wird angenommen, dass die Initial Margin (anfänglicher Einschuss) 5000 \$ je Kontrakt (also insgesamt 20 000 \$) betragen muss. Der Futures-Markt ermöglicht dem Spekulanten die Erzielung einer Hebelwirkung (Leverage). Mit relativ geringen Anfangskosten ist der Investor in der Lage, eine große spekulative Position einzunehmen.

Spekulation mit Optionen

Auch Optionen können zu Spekulationszwecken eingesetzt werden. Angenommen, es ist Oktober und der Spekulant denkt, dass eine bestimmte Aktie ihren Wert in den nächsten zwei Monaten steigern kann. Der Aktienkurs liege bei derzeit 20 \$, die Zweimonats-Kaufoption mit einem Basispreis von 22,50 \$ koste zur Zeit 1 \$. Tabelle 1.5 zeigt zwei mögliche Alternativen unter der Annahme, dass der Spekulant 2000 \$ investieren will. Die erste Alternative wäre der Kauf von 100 Aktien, die zweite der Erwerb von 2000 Kaufoptionen (d. h. von 20 Kaufoptions-Kontrakten). Hat der Spekulant das richtige Gefühl und der Kurs der Aktien steigt bis Dezember

	Aktienkurs im Dezember	
Anlagestrategie	15 $	27 $
Kauf von 1000 Aktien	−500 $	700 $
Erwerb von 2000 Kaufoptionen	−2000 $	7000 $

Tabelle 1.5: Vergleich der Gewinne (Verluste) für zwei alternative Strategien, mit 2000 $ auf die Entwicklung einer Aktie zu spekulieren, deren Kurs im Oktober bei 20 $ liegt

auf 27 $, ergibt die erste Alternative, Aktienkauf, einen Gewinn von

$$100 \cdot (27\,\$ - 20\,\$) = 700\,\$.$$

Die zweite Alternative ist jedoch noch viel profitabler. Eine Kaufoption auf die Aktie mit einem Basispreis von 22,50 $ liefert eine Auszahlung von 4,50 $, da sie den Erwerb eines Vermögensgegenstands mit dem Wert 27 $ für 22,50 $ ermöglicht. Die Gesamtauszahlung aus den 2000 Optionen, die bei Wahl der zweiten Alternative erworben wurden, beträgt

$$2000 \cdot 4{,}50\,\$ = 9000\,\$.$$

Nach Abzug der anfänglichen Kosten der Optionen verbleibt ein Nettogewinn von

$$9000\,\$ - 2000\,\$ = 7000\,\$.$$

Damit bringt die Optionsstrategie gegenüber dem Aktienkauf einen zehnfachen Gewinn.

Optionen verursachen allerdings auch einen potenziell höheren Verlust. Nehmen wir an, der Aktienkurs fällt bis Dezember auf 15 $. Im Fall des Aktienkaufs entsteht ein Verlust von

$$100 \cdot (20\,\$ - 15\,\$) = 500\,\$.$$

Da die Kaufoptionen ohne Ausübung verfallen, würde die Optionsstrategie zu einem Verlust von 2000 $ führen – das ist der Betrag der für die Optionen auf gewendet wurde. Abbildung 1.5 zeigt Gewinn bzw. Verlust der beiden Strategien als Funktion des Aktienkurses in zwei Monaten.

Optionen bieten ähnlich wie Futures eine Hebelwirkung. Für eine gegebene Anlage vergrößert der Einsatz von Optionen die finanziellen Konsequenzen. Gute Ergebnisse werden noch besser, während schlechte Ergebnisse zum Verlust des ursprünglichen Investments führen!

Vergleich

Futures und Optionen sind für Spekulanten ähnliche Wertpapiere, da sie beide eine Art von Hebelwirkung (Leverage) bieten. Zwischen den beiden gibt es jedoch einen wichtigen Unterschied. Bei Futures sind potenzieller Verlust und potenzieller Gewinn für den Spekulanten sehr groß. Bei Optionen ist der Verlust des Spekulanten auf die Optionskosten beschränkt, unabhängig davon, wie schlecht sich die Dinge entwickeln.

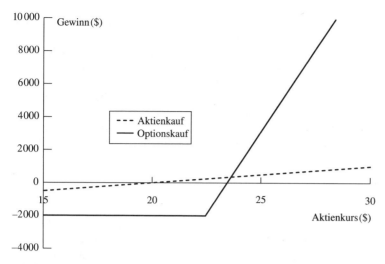

Abbildung 1.5: Gewinn bzw. Verlust der beiden alternativen Strategien zur Spekulation auf den Kurs einer Aktie mit gegenwärtigem Kurs 20 $

1.9 Arbitrageure

Arbitrageure sind eine dritte bedeutende Teilnehmergruppe an Futures-, Forward- und Optionsmärkten. Arbitrage zielt auf die Realisierung eines risikolosen Gewinns durch die gleichzeitige Ausführung von Transaktionen auf zwei oder mehr Märkten ab. In späteren Kapiteln werden wir sehen, wie Arbitrage manchmal möglich ist, wenn der Futures-Kurs eines Vermögensgegenstands nicht mehr mit dem Spotkurs in Einklang ist. Wir werden ebenfalls untersuchen, wie Arbitrage auf Optionsmärkten genutzt werden kann. Dieser Abschnitt illustriert das Prinzip der Arbitrage an einem sehr einfachen Beispiel.

Wir betrachten eine Aktie, die sowohl an der New York Stock Exchange (www.nyse.com) als auch an der London Stock Exchange (www.stockex.co.uk) gehandelt wird. Angenommen, der Aktienkurs beträgt 150 $ in New York und 100 GBP in London und der Wechselkurs liegt bei 1,5300 $ pro Pfund. Ein Arbitrageur könnte gleichzeitig 100 Aktienanteile in New York kaufen und sie in London verkaufen und damit ohne Risiko einen Gewinn von

$$100 \cdot [(1{,}53\,\$ \cdot 100) - 150\,\$]\,,$$

also 300 $, erzielen, wobei hier Transaktionskosten nicht mit berücksichtigt sind. Bei einem Kleinanleger würden die Transaktionskosten wahrscheinlich den Gewinn aufbrauchen. Große Investmentgesellschaften müssen jedoch weder auf dem Aktienmarkt noch auf dem Devisenmarkt hohe Transaktionskosten entrichten. Daher würden sie die Arbitragemöglichkeit sehr attraktiv finden und versuchen, so viel Gewinn wie möglich daraus zu schlagen.

Arbitragemöglichkeiten wie die eben beschriebene können nicht lange ausgenutzt werden. Wenn Arbitrageure in New York Aktien kaufen, werden die Kräfte von Angebot und Nachfrage den Kurs des Dollars in die Höhe treiben. Analog fällt der Pfundkurs in London, wenn sie dort die Aktien verkaufen. Die beiden Kurse werden sich unter dem aktuellen Wechselkurs sehr schnell angleichen. Tatsächlich macht es die Existenz von profithungrigen Arbitrageuren unwahrscheinlich, dass zwischen dem GBP-Kurs und dem Dollarkurs überhaupt eine große Ungleichheit besteht. In Verallgemeinerung dieses Beispiels können wir sagen, dass bereits die Existenz von Arbitrageuren bedeutet, dass in der Praxis nur sehr kleine Arbitragemöglichkeiten in den Kursen der meisten Finanzmärkte beobachtet werden können. Die meisten Aussagen dieses Buches über Futures- und Forward-Kurse sowie die Bewertung von Optionskontrakten werden wir unter der Annahme treffen, dass keine Arbitragemöglichkeiten existieren.

1.10 Gefahren

Derivate stellen sehr vielseitige Instrumente dar. Wie wir gesehen haben, können sie zur Absicherung, zur Spekulation und für Arbitragegeschäfte eingesetzt werden. Gerade ihre Vielseitigkeit kann jedoch auch Probleme verursachen. Es kommt vor, dass Händler, die den Auftrag zur Risikoabsicherung oder zur Verfolgung einer Arbitragestrategie haben, (bewusst oder unbewusst) zu Spekulanten werden. Das kann verheerende Folgen haben, wie das Beispiel von Jérôme Kerviel und der Société Générale zeigt (siehe Business Snapshot 1.4).

Um derartige Probleme, wie sie bei der Société Générale aufgetreten sind, zu vermeiden, ist es sowohl für Finanz- als auch für Nichtfinanz-Unternehmen wichtig, Kontrollmechanismen einzuführen, die sicherstellen, dass Derivate für den beabsichtigten Zweck eingesetzt werden. Es sollten Risikogrenzen vorgegeben werden und die Aktivitäten der Händler sollten täglich überwacht werden, um sicherzustellen, dass die Risikobegrenzungen auch eingehalten werden.

Leider können große Fehler auch passieren, wenn die Händler die festgelegten Risikolimits einhalten. So stellten sich einige Aktionen von Händlern auf dem Derivatemarkt im Vorfeld der im Juli 2007 einsetzenden Kreditkrise als viel riskanter heraus, als sich das die Finanzinstitute der betreffenden Händler vorgestellt hatten. Wie in Kapitel 8 diskutiert werden wird, waren die Immobilienpreise in den USA rasant gestiegen. Die meisten Menschen nahmen an, dass die Preise weiterhin steigen – oder schlimmstenfalls stagnieren – würden. Nur wenige waren auf den in Wirklichkeit einsetzenden starken Verfall der Preise vorbereitet. Außerdem war auch kaum jemand auf die hohe Korrelation der Hypotheken-Ausfallraten in verschiedenen Teilen des Landes eingestellt. Einige Risikomanager hatten durchaus angesichts des Exposures ihrer Unternehmen gegenüber dem Immobilienmarkt Befürchtungen geäußert. Doch in (scheinbar) guten Zeiten herrscht der unglückliche Trend vor, Risikomanager zu ignorieren. Genau das geschah in vielen Finanzinstituten im Zeitraum 2006/07. Die wichtigste Lehre aus der Kreditkrise lautet daher, dass sich Finanzinstitute immer leidenschaftslos fragen sollten: „Was kann schiefgehen?" und dass sie daran gleich die Frage „Wieviel werden wir verlieren, wenn es schiefgeht?" anschließen sollten.

Business Snapshot 1.4 – Der große Verlust von SocGen im Jahr 2008

Derivate sind sehr vielseitige Instrumente. Sie können zur Absicherung, zur Spekulation und für Arbitragegeschäfte eingesetzt werden. Eines der Risiken für ein Unternehmen bei einem Handel mit Derivaten besteht darin, dass ein Angestellter, der einen Auftrag zur Absicherung oder zum Aufdecken von Arbitragemöglichkeiten hat, zum Spekulanten werden kann.

Im Jahr 2000 trat Jérôme Kerviel bei der Société Générale (SocGen) eine Stelle im Compliance-Bereich an. 2005 wurde er befördert und arbeitete fortan als Junior Trader im Delta-One-Products-Team der Bank. Er handelte mit Aktienindizes wie z. B. dem DAX, dem französischen CAC 40 und dem EuroStoxx 50. Er hatte die Aufgabe, nach Arbitragemöglichkeiten zu suchen. Diese können entstehen, wenn ein Futures-Kontrakt auf einen Aktienindex an zwei verschiedenen Börsen zu verschiedenen Preisen gehandelt wird. Arbitrage ist ebenfalls möglich, falls die Preise der Aktienindex-Futures nicht konsistent mit den Preisen der zugrunde liegenden Aktien sind. (Diese Art der Arbitrage diskutieren wir in Kapitel 4.)

Kerviel nutzte seine Kenntnisse über die Abläufe innerhalb der Bank, um zu spekulieren, während es nach außen den Anschein hatte, dass er Arbitragegeschäfte betreiben würde. Er nahm große Positionen in Aktienindizes ein und schuf fingierte Trades, wodurch seine Positionen abgesichert erschienen. Tatsächlich aber setzte er große Summen auf die Entwicklung der Indizes. Seine ungesicherte Position wuchs mit der Zeit auf einen zweistelligen Milliardenbetrag an.

Im Januar 2008 wurde sein nicht autorisierter Handel von der SocGen aufgedeckt. Innerhalb von drei Tagen löste die Bank seine Position auf und erlitt dabei einen Verlust von 4,9 Milliarden Euro. Zum damaligen Zeitpunkt bedeutete diese Summe den größten Verlust durch betrügerische Aktivität in der Finanzgeschichte. (Im selben Jahr kamen dann noch die weitaus größeren Verluste durch Bernard Madoffs Schneeballsystem ans Tageslicht.)

Verluste durch betrügerische Händler waren auch schon vor 2008 im Bankwesen nicht unbekannt. So hatte z. B. in den 1990er Jahren Nick Leeson, Angestellter der Barings Bank, einen ähnlichen Auftrag wie Jérôme Kerviel. Sein Job war die Arbitrage zwischen den Notierungen von Nikkei 225-Futures in Singapur und Osaka. Stattdessen entdeckte er jedoch eine Möglichkeit, mithilfe von Futures und Optionen umfangreiche Wetten auf die Entwicklung des Nikkei 225 einzugehen. Im Ergebnis verlor er 1 Milliarde Dollar und ruinierte die 200 Jahre alte Barings Bank. 2002 stellte sich heraus, dass John Rusnak der Allied Irish Bank durch nicht autorisierte Fremdwährungsgeschäfte einen Verlust von 700 Millionen Dollar beschert hatte. Die Lehre aus diesen Verlusten ist die Relevanz der Festlegung von eindeutigen Risikogrenzen für Händler und der sorgfältigen Überwachung ihres Handelns, um sicherzugehen, dass diese Grenzen auch eingehalten werden.

ZUSAMMENFASSUNG

Eine der aufregendsten Entwicklungen im Finanzwesen in den letzten 30 Jahren ist das Wachstum von Derivatemärkten. Oftmals ist es sowohl für Absicherer als auch für Spekulanten attraktiver, ein Derivat eines Vermögensgegenstands zu handeln, als den Vermögensgegenstand selbst. Einige Derivate werden an Börsen gehandelt. Andere werden von Finanzinstitutionen, Fondsmanagern und Unternehmen am OTC-Markt gehandelt oder zu Neuemissionen von Fremd- und Eigenkapitalinstrumenten hinzugefügt. Ein Großteil des Buches beschäftigt sich mit der Bewertung von Derivaten mit dem Ziel, einen Rahmen zu liefern, innerhalb dessen alle Derivate – nicht nur Optionen und Futures – bewertet werden können.

In diesem Kapitel haben wir zunächst einen Blick auf Forward-, Futures- und Optionskontrakte geworfen. Forward- und Futures-Kontrakte beinhalten die Verpflichtung, ein Gut zu einem bestimmten zukünftigen Zeitpunkt zu einem festgelegten Preis zu kaufen bzw. zu verkaufen. Optionen werden in zwei Typen unterschieden: Kaufoptionen (Calls) und Verkaufsoptionen (Puts). Eine Kaufoption gibt dem Inhaber das Recht, einen Vermögensgegenstand an oder bis zu einem bestimmten Datum zu einem festgelegten Preis zu kaufen. Eine Verkaufsoption gibt dem Inhaber das Recht, einen Vermögensgegenstand an oder bis zu einem bestimmten Datum zu einem festgelegten Preis zu verkaufen. Forwards, Futures und Optionen gibt es für eine Vielzahl von Underlyings.

Derivate haben sich als sehr erfolgreiche Innovationen auf Kapitalmärkten erwiesen. Drei wesentliche Händlertypen können unterschieden werden: Absicherer, Spekulanten und Arbitrageure. Absicherer sehen sich dem Kursrisiko eines Gutes ausgesetzt. Sie benutzen Derivate, um dieses Risiko zu verkleinern oder auszuschalten. Spekulanten wollen auf zukünftige Bewegungen des Preises eines Vermögensgegenstands wetten. Sie nutzen die Hebelwirkung von Derivaten. Arbitrageure wollen Vorteile aus unterschiedlichen Kursen auf verschiedenen Märkten ziehen. Wenn sie z. B. bemerken, dass der Futures-Kurs eines Gutes nicht mehr im Einklang mit dem Spotkurs steht, werden sie ausgleichende Positionen in den beiden Märkten einnehmen und dabei einen Gewinn realisieren.

Literaturempfehlungen

Chancellor, E., *Devil Take the Hindmost—A History of Financial Speculation*. New York: Farra Straus Giroux, 2000.

Merton, R.C., „Finance Theory and Future Trends: The Shift to Integration", *Risk*, 12, 7 (Juli 1999): 48–51.

Miller, M.H., „Financial Innovation: Achievements and Prospects", *Journal of Applied Coroporate Finance*, 4 (Winter 1992): 4–11.

Zingales, L., „Causes and Effects of the Lehman Bankruptcy". Aussage vor dem Ausschuss zur Kontrolle und Reform der Regierung, Repräsentantenhaus, 6. Oktober 2008.

Praktische Fragestellungen

1.1 Worin besteht der Unterschied zwischen einer Long-Position und einer Short-Position in einem Forward-Kontrakt?

1.2 Erläutern Sie den Unterschied zwischen Absicherung, Spekulation und Arbitrage.

1.3 Was ist der Unterschied zwischen der Einnahme einer Long-Position in einem Forward-Kontrakt bei einem Forward-Kurs von 50 $ und der Einnahme einer Long-Position in einer Kaufoption mit einem Bezugspreis von 50 $?

1.4 Erläutern sie den Unterschied zwischen dem Verkauf einer Kaufoption und dem Erwerb einer Verkaufsoption.

1.5 Ein Händler geht eine Short-Position in einem Forward-Kontrakt über den Verkauf von 100 000 Britischen Pfund für US-Dollar zu einem Wechselkurs von 1,5000 $ pro Pfund ein. Wie hoch ist der Gewinn bzw. der Verlust des Händlers, wenn der Wechselkurs bei Kontraktende bei (a) 1,4900 bzw. (b) 1,5200 liegt?

1.6 Ein Händler geht eine Short-Position in einem Forward-Kontrakt auf Baumwolle zu einem Futures-Kurs von 50 Cent pro Pfund ein. Der Kontrakt umfasst die Lieferung von 50 000 Pfund Baumwolle. Wie hoch ist der Gewinn bzw. der Verlust des Händlers, wenn der Kurs für Baumwolle bei Kontraktende bei (a) 48,20 Cent pro Pfund bzw. (b) 51,30 Cent pro Pfund liegt?

1.7 Nehmen Sie an, Sie würden einen Put mit einem Basispreis von 40 $ verkaufen, der in drei Monaten verfällt. Der aktuelle Aktienkurs liegt bei 41 $, der Kontrakt umfasst 100 Anteile. Wozu haben Sie sich verpflichtet? Wie viel können Sie gewinnen oder verlieren?

1.8 Worin besteht der Unterschied zwischen dem Over-the-Counter-Handel und dem Börsenhandel? Was sind die Kauf- und Verkaufsangebote von Market-Makern auf dem OTC-Markt?

1.9 Sie möchten auf den Anstieg eines bestimmten Aktienkurses spekulieren, der zur Zeit bei 29 $ liegt. Ein 3-Monats-Call mit einem Bezugspreis von 30 $ kostet 2,90 $. Ihnen stehen 5800 $ zum Investieren zur Verfügung. Nennen Sie zwei alternative Strategien, von denen eine die Investition in Aktien, die andere die Investition in Optionen beinhaltet. Wie hoch sind die jeweils möglichen Gewinne oder Verluste?

1.10 Nehmen Sie an, Sie besitzen 5000 Aktien im Wert von je 25 $. Wie können Sie Verkaufsoptionen als Versicherung gegen eine Wertminderung ihres Aktienbesitzes in den nächsten vier Monaten nutzen?

1.11 Bei ihrer Erstausgabe erbringt eine Aktie für ein Unternehmen verfügbares Kapital. Gilt dies auch für Aktienoptionen? Begründen Sie Ihre Antwort!

1.12 Erläutern Sie, warum ein Terminkontrakt sowohl zur Spekulation als auch zur Absicherung eingesetzt werden kann.

1.13 Nehmen Sie an, dass ein im März fälliger Call auf den Kauf einer Aktie für 50 $ 2,50 $ kostet und bis zum März gehalten wird. Unter welchen Umständen erzielt der Optionsinhaber einen Gewinn? Unter welchen Bedingungen wird die Option ausgeübt? Zeichnen Sie ein Diagramm, welches die Abhängigkeit des Gewinns aus der Long-Position vom Aktienkurs bei Fälligkeit der Option zeigt.

1.14 Nehmen Sie an, dass ein im Juni fälliger Put auf den Verkauf einer Aktie für 60 $ 4 $ kostet und bis zum Juni gehalten wird. Unter welchen Umständen erzielt der Optionsverkäufer (d. h. der Inhaber der Short-Position) einen Gewinn? Unter welchen Bedingungen wird die Option ausgeübt? Zeichnen Sie ein Diagramm, welches die Abhängigkeit des Gewinns aus der Short-Position vom Aktienkurs bei Fälligkeit der Option zeigt.

1.15 Ein Händler verkauft einen im September fälligen Call mit einem Bezugspreis von 20 $. Zur Zeit sei Mai, der Aktienkurs betrage 18 $, der Optionspreis 2 $. Beschreiben Sie den Cash Flow des Händlers, falls er die Option bis September hält und der Aktienkurs dann bei 25 $ liegt.

1.16 Ein Händler verkauft einen im Dezember fälligen Put mit einem Bezugspreis von 30 $. Der Optionspreis beträgt 4 $. Unter welchen Umständen erzielt der Händler einen Gewinn?

1.17 Ein Unternehmen weiß, dass es in vier Monaten einen bestimmten Geldbetrag in Fremdwährung erhalten wird. Welcher Optionskontrakt ist zu Absicherungszwecken geeignet?

1.18 Ein US-Unternehmen muss in sechs Monaten 1 Million kanadische Dollar zahlen. Erläutern Sie, wie das Währungsrisiko durch Nutzung (a) eines Terminkontrakts oder (b) einer Option abgesichert werden kann.

1.19 Ein Händler geht eine Short-Position in einem Forward-Kontrakt auf 100 Millionen Yen zu einem Wechselkurs von 0,0090 $ pro Yen ein. Wie hoch ist der Gewinn bzw. der Verlust des Händlers, wenn der Wechselkurs bei Kontraktende bei (a) 0,0084 $ pro Yen bzw. (b) 0,0101 $ pro Yen liegt?

1.20 Die CME Group bietet einen Futures-Kontrakt auf langfristige Schatzanleihen an. Beschreiben Sie die Marktteilnehmer, die diesen Kontrakt wahrscheinlich nutzen werden.

1.21 „Optionen und Futures sind Nullsummenspiele." Was ist Ihrer Meinung nach mit dieser Aussage gemeint?

1.22 Beschreiben Sie den Gewinn aus folgendem Portfolio: eine Long-Position in einem Forward-Kontrakt und einem europäischen Put auf dasselbe Underlying mit dem gleichen Fälligkeitsdatum wie der Terminkontrakt und einem Bezugspreis, der dem Forward-Kurs des Gutes zum Zeitpunkt der Aufstellung des Portfolios entspricht.

1.23 In den 1980er Jahren entwickelte Bankers Trust so genannte *Index Currency Option Notes* (ICONs). Dabei handelt es sich um Anleihen, bei denen der Betrag, den der Inhaber bei Fälligkeit bekommt, an einen Devisenwechselkurs gekoppelt ist. Ein Beispiel stellte das Geschäft von Bankers Trust mit der Long Term Credit Bank of Japan dar. In dem ICON wurde festgelegt, dass der Inhaber der Anleihe 1000 $ bekommt, falls der Yen-USD-Wechselkurs S_T bei Fälligkeit (im Jahr 1995) über 169 Yen pro Dollar liegt. Liegt der Kurs unter 169 Yen pro Dollar, dann erhält der Halter den Betrag

$$1000 - \max\left[0, 1000\left(\frac{169}{S_T} - 1\right)\right].$$

Bei einem Wechselkurs unter 84,5 bekommt der Halter zur Fälligkeit nichts. Zeigen Sie, dass dieser ICON eine Kombination aus einer Standardanleihe und zwei Optionen ist.

1.24 Am 1. Juli 2011 schließt ein Unternehmen einen Terminkontrakt über den Kauf von 10 Millionen Yen am 1. Januar 2012 ab. Am 1. September 2011 schließt es einen Terminkontrakt über den Verkauf von 10 Millionen Yen am 1. Januar 2012 ab. Beschreiben Sie die Auszahlung für diese Strategie.

1.25 Nehmen Sie an, dass der Wechselkurs GBP-USD folgende Spot- und Terminkurse hat:

Spotkurs:	1,5580
90-Tages-Forward-Kurs:	1,5556
180-Tages-Forward-Kurs:	1,5518

Welche Möglichkeiten stehen einem Arbitrageur in den folgenden Situationen zur Verfügung? (a) Ein europäischer 180-Tage-Call für den Kauf von 1 GBP für 1,52 $ kostet 2 Cent. (b) Ein europäischer 90-Tage-Put für den Verkauf von 1 GBP für 1,59 $ kostet 2 Cent.

1.26 Ein Händler kauft für 3 $ einen Call mit einem Basispreis von 30 $. Wird der Händler jemals bei der Ausübung der Option einen Verlust erleiden? Begründen Sie Ihre Antwort.

1.27 Ein Händler verkauft für 5 $ einen Put mit einem Basispreis von 40 $. Wie hoch sind Maximalgewinn und -verlust des Händlers? Wie ändert sich Ihre Antwort, wenn es sich um einen Call handelt?

1.28 „Der Kauf einer Put-Option auf eine Aktie im Portfolio ist eine Art Versicherung." Erläutern Sie diese Aussage.

Zur weiteren Vertiefung

1.29 Am 8. Mai 2013 betrug der Spot-Briefkurs der Google-Aktie 871,37 $ und der Briefkurs für einen Call mit Basispreis von 880 $ und Verfall im September 41,60 $. Ein Händler wägt zwei Alternativen ab: den Kauf von 100 Aktienanteilen und den Kauf von 100 September-Calls. Ermitteln Sie für jede der beiden Alternativen (a) die Vorabinvestition, (b) den Gesamtgewinn, falls der Aktienkurs im September bei 950 $ liegt, und (c) den Gesamtverlust, falls der Aktienkurs im September bei 800 $ liegt. Nehmen Sie dabei an, dass die Option nicht vor September ausgeübt wird und dass die ggf. gekauften Aktien im September wieder verkauft werden.

1.30 Was ist Arbitrage? Erläutern Sie die Arbitragemöglichkeit anhand einer Bergbauaktie, die an der New York Stock Exchange für 50 $ (USD) und an der Toronto Stock Exchange für 52 $ (CAD) gehandelt wird. Es werde ein Wechselkurs von 1 $ (USD) für 1,01 $ (CAD) unterstellt. Erläutern Sie die wahrscheinliche Kursentwicklung, wenn Händler diese Möglichkeit nutzen.

1.31 Händler A geht einen Forward-Kontrakt über den Kauf eines Assets für 1000 $ je Unze in einem Jahr ein. Händler B kauft eine Call-Option über den Kauf des Assets für 1000 $ je Unze in einem Jahr. Die Option kostet 100 $ je Unze. Worin unterscheiden sich die Positionen der Händler? Beschreiben Sie für beide Händler den Gewinn je Unze als Funktion des Goldpreises.

1.32 Im März beauftragt ein US-Anleger einen Broker, einen Juli-Put auf eine Aktie zu verkaufen. Der Aktienkurs liegt bei 42 $, der Basispreis beträgt 40 $. Eine Option kostet 3 $. Erläutern Sie wozu sich der Anleger verpflichtet hat. Unter welchen Bedingungen wird das Geschäft einen Gewinn abwerfen? Welches sind die Risiken?

1.33 Ein US-Unternehmen weiß, dass es in drei Monaten 3 Millionen Euro zu bezahlen hat. Der aktuelle Wechselkurs liegt bei 1,3500 $ je Euro. Diskutieren Sie, wie das Unternehmen sein Exposure mithilfe von Forwards und Optionen absichern kann.

1.34 Der Kurs einer Aktie liege bei 29 $. Ein Anleger kauft eine Call-Option auf die Aktie mit einem Basispreis von 30 $ und verkauft eine Call-Option auf die Aktie mit einem Basispreis von 32,50 $. Die Marktpreise der Optionen betragen 2,75 $ bzw. 1,50 $. Die Optionen haben dassebe Fälligkeitsdatum. Beschreiben Sie die Position des Anlegers.

1.35 Der Goldkurs beträgt derzeit 1400 $ pro Unze. Der 1-Jahres-Forward-Kurs steht bei 1500 $. Ein Arbitrageur kann Geld zu einem Zinssatz von 4% per annum leihen. Welche Strategie sollte er verfolgen? (Annahme: Gold verursacht keine Lagerkosten und erbringt kein Einkommen.)

1.36 Der Spotkurs einer Aktie ist 94 $, 3-Monats-Calls mit einem Bezugspreis von 95 $ werden derzeit für 4,70 $ verkauft. Ein Anleger, der glaubt, dass der Aktienkurs steigen wird, möchte entscheiden, ob er 100 Anteile oder 2000 Calls (= 20 Kontrakte) kaufen soll. Jede der Strategien erfordert eine Investition von 9400 $. Welchen Rat würden Sie geben? Wie hoch muss der Aktienkurs steigen, damit die Optionsstrategie die gewinnträchtigere ist?

1.37 Am 8. Mai 2013 besitzt ein Anleger 100 Google-Aktien. Wie in Tabelle 1.3 ausgewiesen, beträgt der Aktienkurs etwa 871 $ und ein Dezember-Put mit Basispreis 820 $ kostet 37,50 $. Der Anleger wägt zwei Alternativen zur Begrenzung des Risikos eines Kursrückgangs gegeneinander ab. Die erste Möglichkeit wäre der Kauf eines Dezember-Puts mit einem Basispreis von 820 $. Die zweite Möglichkeit ist der Auftrag an einen Broker, die 100 Aktien zu verkaufen, sobald der Google-Kurs 820 $ erreicht. Diskutieren Sie Vor- und Nachteile der beiden Strategien.

1.38 Eine Anleiheemission von Standard Oil hatte folgende Konditionen: Der Inhaber erhielt keine Zinsen. Das Unternehmen versprach, zur Fälligkeit der Obligation 1000 $ sowie einen Zusatzbetrag in Abhängigkeit vom zu dieser Zeit gültigen Ölpreis auszuzahlen. Der Zusatzbetrag ergab sich aus dem Produkt von 170 und dem Überschuss (so vorhanden) des Ölpreises pro Barrel zur Fälligkeit über 25 $, maximal aber 2550 $ (was einem Barrelpreis von 40 $ entspricht). Zeigen Sie, dass die Anleihe eine Kombination aus einer Standardanleihe, einer Long-Position in Kaufoptionen auf Öl mit einem Basispreis von 25 $ und einer Short-Position in Kaufoptionen auf Öl mit einem Basispreis von 40 $ ist.

1.39 Angenommen, die Situation von Tabelle 1.1 liegt vor und ein Finanzmanager sagt: „In sechs Monaten muss ich 1 Million GBP verkaufen. Liegt der Wechselkurs unter 1,52, möchte ich zum Kurs von 1,52 verkaufen. Liegt der Wechselkurs über 1,58, so gebe ich mich mit einem Kurs von 1,58 zufrieden. Liegt der Wechselkurs zwischen 1,52 und 1,58, dann verkaufe ich den GBP-Betrag zum Wechselkurs." Wie können Sie mittels Optionen die Bedürfnisse des Finanzmanagers erfüllen?

1.40 Beschreiben Sie, auf welche Weise man Devisenoptionen zur Absicherung in der Situation von Abschnitt 1.7 verwenden kann, sodass (a) ImportCo ein Wechselkurs von höchstens 1,5700 und (b) ExportCo ein Wechselkurs von mindestens 1,5300 garantiert ist. Berechnen Sie mit Hilfe von DerivaGem die Kosten der Absicherung in beiden Fällen. Gehen Sie dabei von einer Wechselkurs-Volatilität von 12%, einem US-Zinssatz von 5% und einem Zinssatz von 5,7% in Großbritannien aus. Der aktuelle Wechselkurs sei der Mittelwert zwischen Ankauf- und Verkaufspreis in Tabelle 1.1.

1.41 Ein Händler kauft europäische Calls und verkauft europäische Puts. Den Optionen liegt dasselbe Underlying zugrunde, sie haben denselben Bezugspreis und dasselbe Fälligkeitsdatum. Beschreiben Sie die Position des Händlers. Unter welchen Umständen sind Call-Preis und Put-Preis identisch?

Futures-Märkte

2.1	Hintergrund	52
2.2	Spezifikation eines Futures-Kontrakts	54
2.3	Annäherung des Futures-Kurses an den Spotkurs	56
2.4	Wirkung von Margin-Konten	57
2.5	OTC-Märkte	61
2.6	Marktnotierungen	65
2.7	Lieferung	67
2.8	Händler- und Ordertypen	68
2.9	Regulierung	70
2.10	Bilanzierung und Steuern	71
2.11	Forward- versus Futures-Kontrakte	73
	Zusammenfassung	74
	Literaturempfehlungen	75
	Praktische Fragestellungen	76

2 Futures-Märkte

In Kapitel 1 haben wir ausgeführt, dass Futures- und Forward-Kontrakte Vereinbarungen über den Kauf oder Verkauf eines Gutes zu einem bestimmten zukünftigen Zeitpunkt zu einem festgelegten Preis darstellen. Futures-Kontrakte werden an organisierten Börsen gehandelt, und die Vertragsbedingungen sind durch die jeweilige Börse standardisiert. Im Gegensatz dazu werden Forward-Kontrakte am Over-the-Counter-Markt gehandelt und ihre Bedingungen können den Vorstellungen der Vertragsparteien angepasst werden.

Dieses Kapitel behandelt die Funktionsweise von Futures-Märkten. Wir untersuchen Themen wie die Spezifikation von Kontrakten, den Einsatz von Margin-Konten, die Organisation von Börsen, die Regulierung von Märkten, die Art der Preisangabe und die bilanzielle und steuerliche Behandlung von Futures-Transaktionen. Außerdem erläutern wir, wie einige der ursprünglich an den Futures-Märkten entwickelte Ideen mittlerweile von den Over-the-Counter-Märkten adaptiert wurden.

2.1 Hintergrund

Wie wir in Kapitel 1 gesehen haben, werden Futures-Kontrakte heutzutage überall auf der Welt sehr aktiv gehandelt. Das Chicago Board of Trade, die Chicago Mercantile Exchange und die New York Mercantile Exchange haben sich zur CME Group (www.cmegroup.com) zusammengeschlossen. Weitere große Börsen sind die InterContinental Exchange (www.theice.com), welche die NYSE Euronext (www.euronext.com) übernommen hat, Eurex (www.eurexchange.com), BM&F BOVESPA (www.bmfbovespa.com.br) und die Tokyo Financial Exchange (www.tfx.co.jp). Eine umfassende Aufzählung befindet sich am Ende des Buches.

Um das Zustandekommen eines Terminkontrakts zu untersuchen, betrachten wir den Maisfutures-Kontrakt, der von der CME Group gehandelt wird. So könnte etwa am 5. Juni ein Anleger aus New York einen Makler anrufen und ihn beauftragen, 5000 Bushel Mais, die im September desselben Jahres geliefert werden sollen, zu kaufen. Der Makler würde diesen Auftrag sofort an einen Händler weiterleiten. Er würde die Long-Position in einem einzelnen Kontrakt nachfragen, denn ein Maiskontrakt umfasst genau 5000 Bushel. Ungefähr zur gleichen Zeit könnte ein anderer Anleger aus Kansas einen Makler mit dem Verkauf von 5000 Bushel zur Lieferung im September desselben Jahres beauftragen. Dieser Makler würde an einen Händler auf dem CBOT-Parkett den Auftrag für eine Short-Position übermitteln. Die beiden Händler würden sich treffen, einen Preis vereinbaren, der im Juli für den Mais gezahlt werden soll, und der Handel wäre perfekt. Beim traditionellen Open-Outcry-System hatten sich Parketthändler physisch an der Börse getroffen und den Preis festgelegt. Beim elektronischen Handel leistet ein Computer diese Arbeit.

Der New Yorker Anleger, welcher sich zum Kauf bereit erklärt hat, nimmt die *Long-Position* in einem Futures-Kontrakt ein, der Anleger aus Kansas, welcher sich zum Verkauf bereit erklärt hat, nimmt die *Short-Position* in einem Futures-Kontrakt ein. Der vereinbarte Preis ist der *Futures-Kurs*. Wir wollen annehmen, dass dieser Preis bei 600 Cent pro Bushel liegt. Wie jeder andere Kurs auch wird er durch die Gesetze von Angebot und Nachfrage bestimmt. Wenn zu einem bestimmten Zeitpunkt mehr Händler September-Mais verkaufen als September-Mais kaufen wollen, wird der Kurs sinken. Dann werden neue Käufer in den Markt eintreten, sodass ein Gleichgewicht zwischen Käufern und Verkäufern erreicht wird. Wenn mehr Händler September-Mais kaufen als September-Mais verkaufen wollen, wird der Kurs steigen. Neue Verkäufer treten in den Markt ein, und es stellt sich ein Gleichgewicht zwischen Käufern und Verkäufern ein.

Das Schließen von Positionen

Die breite Mehrheit von Futures-Kontrakten führt nicht zur Lieferung. Der Grund dafür ist, dass die meisten Händler ihre Positionen vor dem im Kontrakt festgelegten Liefertermin schließen. Das Schließen einer Position bedeutet, einen zum ursprünglichen Geschäft entgegengesetzten Handel zu tätigen. So kann z. B. der New Yorker Anleger, der am 5. Juni einen September-Mais-Futures-Kontrakt gekauft hat, seine Position durch den Verkauf eines September-Mais-Futures-Kontrakts am 20. Juli schließen. Der Anleger aus Kansas, der am 5. Juni September-Mais verkauft hat, kann seine Position durch den Kauf eines September-Mais-Futures-Kontrakts am 25. August schließen. In beiden Fällen wird der Gesamtgewinn oder -verlust des Anlegers durch die Änderung des Futures-Kurses vom 5. Juni bis zum Schließen der Position bestimmt.

Die Lieferung ist so unüblich, dass Händler mitunter vergessen, wie der Lieferprozess funktioniert (siehe Business Snapshot 2.1). Nichtsdestotrotz werden wir uns in diesem Kapitel auch den Liefervereinbarungen in Futures-Kontrakten widmen. Es ist nämlich gerade die Möglichkeit der tatsächlichen Lieferung, welche die Verbindung von Futures-Kurs und Spotkurs darstellt.[1]

Business Snapshot 2.1 – Unerwartete Lieferung bei einem Futures-Kontrakt

Diese Geschichte (die sich nicht unbedingt tatsächlich zugetragen haben muss) wurde dem Autor vor langer Zeit von einem leitenden Angestellten eines Finanzinstituts erzählt. Sie handelt von einem neuen Angestellten dieses Instituts, der vorher noch nicht im Finanzsektor tätig war. Ein Kunde des Finanzinstituts nahm regelmäßig zu Absicherungszwecken die Long-Position in einem Futures-Kontrakt auf Lebendrind ein und erteilte die Anweisung, diese Position jeweils am letzten Handelstag zu schließen. (Futures auf Lebendrind werden von der CME Group gehandelt und jeder Kontrakt bezieht sich auf 40 000 Pfund Rind). Der neue Angestellte wurde mit der Betreuung dieses Kunden beauftragt.

Als die Zeit heranrückte, den Kontrakt zu schließen, bemerkte der Angestellte, dass der Kunde die Long-Position in einem Kontrakt inne hatte, und er beauftragte einen Händler an der Börse, die Long-Position (nicht die Short-Position) in einem Kontrakt einzunehmen. Als Ergebnis dieses Versehens besaß das Finanzinstitut nun die Long-Position in zwei Futures-Kontrakten auf Lebendrind. Als der Irrtum bemerkt wurde, war der Handel in diesem Kontrakt bereits eingestellt. Für den Fehler war das Finanzinstitut (nicht der Kunde) verantwortlich. Folglich begann es, sich mit den Details der Liefervereinbarungen für Lebendrind-Kontrakte zu befassen – das hatte es noch nie getan. Gemäß den Kontraktbestimmungen konnte Rind durch den Inhaber der Short-Position an

---

1 Wie in Kapitel 1 erwähnt, stellt der Spotkurs den Preis für die (fast) sofortige Lieferung dar.

verschiedenen Orten innerhalb der USA geliefert werden. Da es sich in der Long-Position befand, blieb dem Finanzinstitut nichts anderes übrig, als darauf zu warten, dass eine Partei mit der Short-Position eine verbindliche Absichtserklärung zur Lieferung an die Börse sandte und die Börse dem Finanzinstitut diese Erklärung zukommen ließ.

Die Erklärung traf schließlich ein, und das Finanzinstitut stellte fest, dass es die Rinder am darauf folgenden Dienstag an einem 2000 Meilen entfernten Ort empfangen würde. Der neue Angestellte wurde zur Abwicklung des Geschäfts an diesen Ort geschickt. Es stellte sich nun heraus, dass an diesem Ort jeden Dienstag eine Viehauktion stattfand. Die Partei in der Short-Position kaufte die Rinder auf der Auktion und lieferte diese dann unmittelbar aus. Unglücklicherweise konnten die Rinder erst bei der Auktion am darauf folgenden Dienstag wieder verkauft werden. Somit musste der Angestellte sich um Unterbringung und Fütterung der Rinder für eine Woche kümmern. Wahrlich ein idealer Start in den ersten Job in der Finanzbranche.

2.2 Spezifikation eines Futures-Kontrakts

Wenn eine Börse einen neuen Kontrakt entwickelt, muss sie die genaue Gestalt des Abkommens zwischen den beiden Parteien im Detail angeben. Insbesondere muss sie den Vermögensgegenstand, die Kontraktgröße (auf wie viele Einheiten des Vermögensgegenstands sich ein Kontrakt bezieht), den Lieferort und den Liefertermin festlegen.

Manchmal werden für die Qualität des zu liefernden Gutes oder für den Lieferort mehrere Möglichkeiten angegeben. Normalerweise ist es der Inhaber der Short-Position (derjenige, der das Gut verkaufen wird), der aus den von der Börse vorgegebenen Alternativen auswählt.[2] Wenn der Inhaber der Short-Position zur Lieferung bereit ist, legt er an der Börse eine *verbindliche Absichtserklärung zur Lieferung* (Notice of Intention to Deliver) vor. Diese Mitteilung beschreibt detailliert die Qualität der zu liefernden Ware und den Lieferort.

Das Underlying

Handelt es sich beim Underlying um einen Rohstoff, dann kann es deutliche Qualitätsunterschiede am Markt geben. Bei der Spezifikation des Underlyings ist es daher wichtig, dass die Börse einen oder mehrere akzeptable Qualitätsgrade verbindlich vorgibt. Die Intercontinental Exchange (ICE) hat z. B. in ihrem Orangensaft-Futures-Kontrakt die Ware spezifiziert als gefrorenes Konzentrat mit US-Qualitätsgrad A und einem Brixwert von mindestens 62,5°.

Einige Rohstoffe können in einer Reihe von Qualitätsstufen geliefert werden, der erhaltene Preis hängt dann von der gewählten Qualität ab. Beispielsweise ist der Standardgrad eines Mais-Terminkontrakts der CME Group „Nr. 2 Gelb". Hier sind jedoch auch andere Qualitäten erlaubt, wobei die Preisanpassung durch die Börse

---

2 Es gibt auch Ausnahmen. Wie von J.E. Newsome, G.H.F. Wang, M.E. Boyd und M.J. Fuller in „Contract Modifications and the Basic Behavior of Live Cattle Futures", *Journal of Futures Markets*, 24, 6 (2004): 557–590, dargelegt wird, offerierte die CME 1995 bei Lebendrind-Futures dem Käufer einige Lieferoptionen.

geregelt ist. Nr. 1 Gelb ist für einen Mehrbetrag von 1,5 Cent pro Bushel lieferbar, Nr. 3 Gelb kostet pro Bushel 1,5 Cent weniger.

Finanzgüter als Underlying für Futures-Kontrakte sind im Allgemeinen eindeutig definiert. So besteht z. B. keine Notwendigkeit, die Qualität des japanischen Yen festzulegen. Es gibt jedoch einige interessante Merkmale bei Treasury Bonds und Treasury Notes, welche an der Chicago Board of Trade gehandelt werden. Einem Futures-Kontrakt über einen Treasury Bond liegt eine beliebige langfristige US-Schatzanleihe zugrunde, die in 15–25 Jahren fällig wird. Einem Futures-Kontrakt über eine Treasury Note liegt eine beliebige US-Schatzanweisung zugrunde, deren Fälligkeit zwischen 6,5 und 10 Jahren beträgt. In beiden Fällen besitzt die Börse einen Preisanpassungs-Mechanismus, in Abhängigkeit von Zinssatz und Fälligkeitsdatum der bereitgestellten Anleihe. Dies wird in Kapitel 6 diskutiert.

Kontraktgröße

Die Kontraktgröße legt fest, welche Menge eines Vermögensgegenstands für einen Kontrakt geliefert werden muss. Dies stellt eine bedeutende Entscheidung für die Börse dar. Ist die Kontraktgröße zu hoch, werden viele Anleger, die sich gegen relativ kleine Verlustrisiken absichern oder relativ kleine Spekulationsgewinne mitnehmen wollen, nicht in der Lage sein, diese Börse zu nutzen. Ist die Kontraktgröße andererseits zu niedrig, kann das Handeln teuer werden, da mit jedem gehandelten Kontrakt Kosten verbunden sind.

Die richtige Größe eines Kontrakts hängt zweifellos von den voraussichtlichen Nutzern ab. Während bei einem Futures-Kontrakt auf ein Landwirtschaftsprodukt Lieferungen im Wert von 10 000 $ bis 20 000 $ vorkommen können, haben Finanz-Futures teilweise einen weitaus höheren Wert. Beispielsweise werden beim Treasury-Bond-Futures-Kontrakt der CME Group Papiere mit einem Nennwert von 100 000 $ gehandelt.

In einigen Fällen haben Börsen „Mini"-Kontrakte eingeführt, um Kleinanleger anzuziehen. So bezieht sich z. B. der Mini-Nasdaq-100-Kontrakt der CME Group auf das zwanzigfache des Nasdaq-100-Index, während der normale Kontrakt das hundertfache umfasst. (In Kapitel 3 werden wir ausführlicher auf Index-Futures eingehen.)

Liefervereinbarungen

Der Lieferort muss von der Börse bestimmt werden. Dies ist insbesondere bei Rohstoffen mit hohen Transportkosten wichtig. Beim Kontrakt auf gefrorenen Orangensaftkonzentrat der ICE erfolgt die Lieferung an börsenlizenzierte Lagerhäuser in Florida, New Jersey oder Delaware.

Wenn verschiedene Lieferorte ausgewiesen sind, ist der Preis, den die Partei mit der Short-Position erzielt, manchmal an die Wahl des Ortes durch diese Partei angepasst. Der Preis ist meist umso höher, je weiter der Lieferort vom Ursprungsort des Rohstoffs entfernt ist.

Liefermonate

Ein Futures-Kontrakt wird durch seinen Liefermonat festgelegt. Die Börse muss den genauen Zeitraum innerhalb des Monats angeben, in dem die Lieferung erfolgen kann. Bei vielen Futures-Kontrakten ist der gesamte Monat Lieferzeitraum.

Die Liefermonate sind für verschiedene Kontrakte unterschiedlich und werden von der Börse so gewählt, dass sie den Bedürfnissen der Marktteilnehmer entsprechen. So weisen z. B. Mais-Futures, die am Chicago Board of Trade gehandelt werden, die Liefermonate Januar, März, Mai, Juli, September und Dezember auf. Zu jedem Zeitpunkt werden Kontrakte zum nächstmöglichen Liefertermin sowie einer Reihe folgender Liefertermine gehandelt. Die Börse legt fest, wann der Handel für einen Kontrakt eines bestimmten Monats beginnen soll. Außerdem bestimmt sie auch den letzten Tag, an dem ein Handel mit einem bestimmten Kontrakt erfolgen kann. Der Handel wird im Allgemeinen ein paar Tage vor dem letztmöglichen Liefertermin eingestellt.

Preisangabe

Die Börse legt fest, wie Futures-Preise notiert werden. So werden z. B. in den USA die Kurse für Rohöl-Futures in Dollar und Cent angegeben. Die Futures-Kurse von Treasury Bonds und Treasury Notes werden dagegen in Dollar und zweiunddreißigstel Dollar angegeben.

Preis- und Positionsgrenzen

Für viele Kontrakte legt die Börse Grenzen der täglichen Preisschwankung (Preislimits) fest. Wenn der Kurs um einen Betrag fällt, der dem täglichen Preislimit entspricht, sagt man, der Kontrakt sei am *unteren Limit*. Steigt er um dieses Limit, sagt man, er sei am *oberen Limit*. Eine *Limitbewegung* ist eine Bewegung in eine der beiden Richtungen in Höhe der Grenze der täglichen Preisschwankung. Wenn ein Kontrakt die Ober- oder Untergrenze erreicht hat, wird der Handel für diesen Tag normalerweise ausgesetzt. In einigen Fällen hat die Börse jedoch die Möglichkeit einzuschreiten und die Grenzen zu ändern.

Der Sinn der täglichen Preislimits liegt darin, große Preisschwankungen infolge spekulativer Übertreibungen zu verhindern. Wenn der Kurs eines Underlyings jedoch schnell steigt oder fällt, können die Grenzen zu einem künstlichen Hindernis für den Handel werden. Ob Preislimits alles in allem gut für Futures-Märkte sind, ist umstritten.

Positionsgrenzen bezeichnen die maximale Anzahl an Kontrakten, die ein Spekulant eingehen kann. Zweck dieser Grenzen ist es, unerwünschten Einfluss von Spekulanten auf dem Markt zu verhindern.

2.3 Annäherung des Futures-Kurses an den Spotkurs

Wenn der Liefermonat eines Futures-Kontrakts heranrückt, konvergiert der Futures-Kurs gegen den Spotkurs des Underlyings. Beim Erreichen des Lieferzeitraums sind Futures-Kurs und Spotkurs identisch oder liegen zumindest sehr nahe beieinander.

Um einzusehen, warum das der Fall ist, nehmen wir zunächst an, dass der Futures-Kurs während des Lieferzeitraums über dem Spotkurs liegt. Dann haben Marktteilnehmer eine offensichtliche Arbitragemöglichkeit:

1. Verkauf eines Futures-Kontrakts,
2. Kauf des Underlyings,
3. Lieferung des Underlyings.

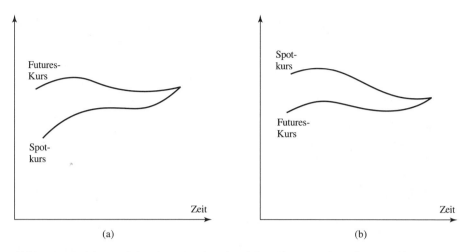

Abbildung 2.1: Beziehung zwischen Futures- und Spotkurs bei Annäherung an den Liefermonat. (a) Futures-Kurs liegt über Spotkurs; (b) Futures-Kurs liegt unter Spotkurs

Diese Schritte führen mit Sicherheit zu einem Gewinn in Höhe des Unterschieds zwischen Futures- und Spotkurs. Durch die Ausnutzung dieser Arbitragemöglichkeit wird der Futures-Kurs fallen. Nehmen wir nun an, dass der Futures-Kurs während des Lieferzeitraums unter dem Spotkurs liegt. Unternehmen, die gerne das Underlying erwerben würden, werden es attraktiv finden, die Long-Position in einem Futures-Kontrakt einzunehmen und auf die Lieferung des Vermögensgegenstands zu warten. Indem sie dies tun, wird der Futures-Kurs steigen.

Im Ergebnis liegen Futures-Kurs und Spotkurs während des Lieferzeitraums sehr nahe beieinander. Abbildung 2.1 veranschaulicht die Konvergenz von Futures-Kurs und Spotkurs. In Abbildung 2.1a liegt der Futures-Kurs vor dem Liefermonat über dem Spotkurs, in Abbildung 2.1b darunter. Die Voraussetzungen, unter denen diese beiden Muster auftreten, werden später in diesem Kapitel sowie in Kapitel 5 behandelt.

2.4 Wirkung von Margin-Konten

Wenn zwei Anleger miteinander direkt Kontakt aufnehmen und ein zukünftiges Geschäft mit einem Vermögensgegenstand zu einem bestimmten Preis vereinbaren, sind damit offensichtliche Risiken verbunden. Einer der Anleger könnte den Handel bereuen und versuchen zurückzutreten. Oder es könnte sein, dass er nicht über die finanziellen Ressourcen zur Erfüllung der Vereinbarung verfügt. Eine der Schlüsselrollen einer Börse ist die Organisation des Handels, sodass Zahlungsausfälle vermieden werden. Hier kommen die so genannten Margin-Konten (Einschusskonten) ins Spiel.

Tägliche Bewertung

Zur Veranschaulichung der Wirkung von Margin-Konten betrachten wir einen Anleger, der seinen Makler kontaktiert, um zwei im Dezember fällige Gold-Futures-Kontrakte an der New York Commodity Exchange (COMEX), einem Geschäftsbereich der New York Mercantile Exchange (NYMEX), die Teil der CME Group ist, zu kaufen. Wir nehmen an, der gegenwärtige Futures-Kurs stehe bei 1450 $ je Unze. Da die Kontraktgröße 100 Unzen beträgt, hat sich der Anleger zum Kauf von insgesamt 200 Unzen zu diesem Kurs verpflichtet. Der Makler wird vom Anleger die Hinterlegung von Kapital auf einem *Margin-Konto* (*Einschusskonto*) verlangen. Der Betrag, der zu Kontraktbeginn eingezahlt werden muss, heißt *Initial Margin* oder *anfänglicher Einschuss*. Wir nehmen an, dass dieser 6000 $ pro Kontrakt, also insgesamt 12 000 $, beträgt. Am Ende jedes Börsentags wird das Margin-Konto angepasst und es weist dann den Gewinn bzw. den Verlust des Anlegers aus. Dies wird *mit Marking to Market* (*Bewertung zu Marktpreisen*) bezeichnet.

Nehmen wir z. B. an, dass der Futures-Kurs am Ende des ersten Tages um 9 $ von 1450 $ auf 1441 $ gefallen ist. Der Anleger hat 1800 $ (= 200 · 9 $) verloren, da die 200 Unzen Dezember-Gold, zu deren Kauf für 1450 $ je Unze sich der Anleger verpflichtet hat, jetzt nur für 1441 $ verkauft werden können. Der Saldo des Einschusskontos würde daher um 1800 $ auf 10 200 $ verringert werden. Analog würde sich der Saldo um 1800 $ auf 13 800 $ erhöhen, falls der Kurs von Dezember-Gold am Ende dieses ersten Tages auf 1459 $ angestiegen wäre. Die erste Bewertung zu Marktpreisen findet am Ende des Tages statt, an dem der Handel stattgefunden hat. Am Ende jedes weiteren Handelstages wird eine solche Bewertung zu Marktpreisen erneut durchgeführt.

Man beachte, dass diese tägliche Bewertung nicht nur eine Vereinbarung zwischen dem Broker und seinem Kunden darstellt. Wenn ein Kursrückgang des Futures auftritt, sodass das Margin-Konto eines Anlegers in der Long-Position mit 1800 $ belastet wird, dann muss der Broker des Anlegers 1800 $ an die Clearingstelle der Börse zahlen, welche das Geld an den Broker des Anlegers mit der Short-Position weiterleitet. Analog zahlen Broker von Parteien in der Short-Position Geldbeträge an die Clearingstelle, falls der Futures-Kurs steigt. Broker von Anlegern in der Long-Position erhalten dann Geld von der Clearingstelle. Wie dies genau vonstatten geht, werden wir später untersuchen.

Der Anleger darf jeden Betrag auf dem Margin-Konto, der über dem anfänglichen Einschuss, der Initial Margin, liegt, abheben. Um zu gewährleisten, dass der Saldo dieses Kontos niemals negativ wird, wird für das Margin-Konto ein *Mindestsaldo* (Maintenance Margin) festgelegt, der ein wenig unter der Initial Margin liegt. Fällt der Saldo des Einschusskontos unter den Mindestsaldo, erhält der Anleger eine *Nachschussforderung*, den so genannten *Margin Call*. Er muss dann das Konto am nächsten Tag auf das Niveau der Initial Margin aufstocken. Das zusätzlich eingezahlte Kapital heißt *Variation Margin (Nachschusszahlung)*. Leistet der Anleger keine Nachschusszahlung, schließt der Broker die Position durch den Verkauf des Kontrakts. Im Fall des oben betrachteten Anlegers würde das Schließen der Position die Neutralisation des bestehenden Kontrakts durch den Verkauf von 200 Unzen Gold mit Fälligkeit im Dezember bedeuten.

Tabelle 2.1 illustriert das Prinzip des Margin-Kontos mit einer möglichen Folge von Futures-Kursen für den oben betrachteten Anleger. Zur Illustration wird ein Mindestsaldo von 4500 $ je Kontrakt, also insgesamt 9000 $, angenommen. Am 7. Tag sinkt der Saldo des Margin-Kontos um 1020 $ unter diese Maintenance Margin. Dieser Fall löst eine Nachschussforderung des Brokers über zusätzliche 4020 $ aus, um das Konto wieder auf den Stand der Initial Margin von 12 000 $ zu bringen. Es wird unterstellt, dass der Anleger tatsächlich diese Margin bis zum Handelsende

2.4 Wirkung von Margin-Konten

Tag	Markt-preis	Abrechnungs-kurs (in $)	Tagesgewinn bzw. -verlust (in $)	Kumulierter Gewinn	Saldo des Margin-Kontos (in $)	Margin Call (in $)
1	1450,00				12 000	
1		1441,00	−1800	−1800	10 200	
2		1438,30	−540	−2340	9660	
3		1444,60	1260	−1080	10 920	
4		1441,30	−660	−1740	10 260	
5		1440,10	−240	−1980	10 020	
6		1436,20	−780	−2760	9240	
7		1429,90	−1260	−4020	7980	4020
8		1430,80	180	−3840	12 180	
9		1425,40	−1080	−4920	11 100	
10		1428,10	540	−4380	11 640	
11		1411,00	−3420	−7800	8220	3780
12		1411,00	0	−7800	12 000	
13		1414,30	660	−7140	12 660	
14		1416,10	360	−6780	13 020	
15		1423,00	1380	−5400	14 400	
16	1426,90		780	−4620	15 180	

Tabelle 2.1: Funktionsweise von Margins für eine Long-Position in zwei Futures-Kontrakten auf Gold. Die Initial Margin beträgt 6000 $ pro Kontrakt, also 12 000 $ insgesamt, die Maintenance Margin beträgt 4500 $ pro Kontrakt, also 9000 $ insgesamt. Der Kontrakt wurde am 1. Tag für 1450 $ abgeschlossen und am 16. Tag bei einem Wert von 1426,90 $ glattgestellt.

des 8. Tages einzahlt. Am 11. Tag fällt der Saldo wiederum unter das Mindestniveau, und es ergeht eine Nachschussforderung über 3780 $. Der Anleger stellt diesen Nachschuss bis zum Handelsende des 12. Tages bereit. Am 16. Tag entscheidet sich der Anleger zur Schließung seiner Position durch den Verkauf der beiden Kontrakte. Der Futures-Kurs steht an diesem Tag bei 1426,90 $, der Anleger macht einen Gesamtverlust von 4620 $. Man beachte, dass der Anleger am 8., 13., 14. und 15. Tag einen Überschuss gegenüber der Initial Margin hat. Es wird unterstellt, dass dieser Überschuss nicht abgehoben wird.

Weitere Einzelheiten

Viele Broker bezahlen Anlegern Zinsen auf den Guthabenstand des Margin-Kontos. Unter der Annahme, dass diese Zinsen auf dem Marktniveau liegen, entstehen durch die Kapitalbindung auf dem Margin-Konto keine Kosten. Zur Erfüllung der anfänglichen Einschussforderungen (aber nicht für Nachschussforderungen) kann ein Anleger gelegentlich auch Wertpapiere beim Broker hinterlegen. An Stelle von Geld werden häufig kurzfristige Staatspapiere akzeptiert. Diese werden zumeist mit 90% ihres Nennwertes angesetzt. Von manchen Brokern werden auch Aktien an Stelle von Geld akzeptiert – allerdings nur zu rund 50% ihres Marktwerts.

Während ein Forward-Kontrakt nur am Ende seiner Laufzeit glattgestellt wird, geschieht dies beim Futures-Kontrakt täglich. Am Ende eines jeden Tages wird der Gewinn (Verlust) des Anlegers zum Margin-Konto hinzuaddiert (bzw. von diesem Konto abgezogen), sodass der Kontrakt wieder einen Wert von null besitzt. Ein Futures-Kontrakt wird somit eigentlich jeden Tag abgerechnet und zu einem neuen Kurs abgeschlossen.

Die Clearingstelle der Börse legt Minimalniveaus für die Initial Margin und die Maintenance Margin fest. Einzelne Broker können von ihren Kunden höhere Margins als die von der Clearingstelle spezifizierten Mindestbeträge verlangen. Das Niveau der Mindestmargins bestimmt sich durch die Variabilität der Kurse des jeweiligen Underlyings und wird bei Bedarf angepasst. Je höher die Variabilität ist, umso höher sind die Margins. Der Mindestsaldo beträgt gewöhnlich 75% der Initial Margin.

Einschusssätze können von den Zielen des Händlers abhängen. Ein Absicherer, wie z. B. ein Unternehmen, welches das dem Futures-Kontrakt zugrunde liegende Gut herstellt, hat meist geringere Einschusssätze zu leisten als ein Spekulant. Begründet wird dies damit, dass bei dem Absicherer das Risiko des Zahlungsausfalls geringer eingeschätzt wird. Day Trades und Spread-Geschäfte geben oft Anlass zu noch niedrigeren Einschusssätzen als bei Transaktionen zu Absicherungszwecken. Bei einem Day Trade tut der Händler dem Broker die Absicht kund, die Position am selben Tag wieder zu schließen. Bei einem Spread-Geschäft nimmt der Händler gleichzeitig die Long-Position in einem Kontrakt auf ein Underlying für einen bestimmten Liefermonat und die Short-Position in einem Kontrakt auf das gleiche Underlying für einen anderen Liefermonat ein.

Man beachte, dass die Einschusssätze für Short-Positionen in Futures dieselben sind wie für Long-Positionen in Futures. Denn man kann genauso leicht die Short-Position wie die Long-Position in einem Futures-Kontrakt einnehmen. Auf dem Kassamarkt existiert diese Symmetrie nicht. Die Long-Position auf dem Kassamarkt bedeutet den Kauf des Gutes bei sofortiger Lieferung und ist daher unproblematisch. Die Einnahme einer Short-Position bedeutet, dass ein Vermögensgegenstand verkauft wird, den man nicht besitzt. Das ist eine komplexere Transaktion, die auf verschiedenen Märkten möglich oder auch nicht möglich sein kann. In Kapitel 5 wird näher auf dieses Thema eingegangen.

Clearing

Die *Clearingstelle* fungiert als Schnittstelle bei Futures-Transaktionen. Sie garantiert die Erfüllung der Geschäfte durch die Parteien. Die Clearingstelle hat eine Reihe von Mitgliedern. Broker, die selbst nicht Mitglied der Clearingstelle sind, müssen ihre Geschäfte über ein Mitglied abwickeln lassen. Die Hauptaufgabe der Clearingstelle ist die Aufzeichnung aller an einem Tag ablaufenden Transaktionen, sodass sie die Nettoposition jedes Mitglieds ermitteln kann.

Ein Mitglied der Clearingstelle muss Initial Margin (auch als Clearing Margin bezeichnet) in Übereinstimmung mit der Anzahl der über die Clearingstelle laufenden Kontrakte einzahlen. Für Mitglieder der Clearingstelle gibt es allerdings keinen Mindestsaldo. An jedem Tag werden die Transaktionen des Mitglieds über die Clearingstelle abgerechnet. Wenn durch die Transaktionen insgesamt ein Verlust eingetreten ist, muss das Mitglied eine Nachschusszahlung an die Clearingstelle leisten. Ist ein Gewinn eingetreten, dann erhält das Mitglied eine Zahlung von der Clearingstelle.

Zur Bestimmung der Initial Margin wird die Anzahl der noch in Umlauf befindlichen Kontrakte auf Nettobasis ermittelt. Dabei werden die Short- und Long-Positionen, die das Clearingstellenmitglied im Auftrag seiner Kunden einnimmt, miteinander verrechnet. Angenommen, ein Mitglied der Clearingstelle hat zwei Kunden; einer davon hat die Long-Position in 20 Kontrakten inne, der andere hält die Short-Position in 15 Kontrakten. Die Initial Margin würde auf der Basis von fünf Kontrakten bestimmt werden. Die Mitglieder der Clearingstelle müssen in einen Garantiefonds einzahlen. Dieser findet Verwendung, wenn ein Mitglied eine erforderliche Nachschusszahlung nicht leisten kann und beim Schließen der Positionen dieses Mitglieds Verluste entstehen.

Kreditrisiko

Der Zweck des Margin-Systems besteht darin, sicherzustellen, dass die Händler nicht von ihren Verpflichtungen abweichen. Das System zeigt großen Erfolg. Die Kontrakte von Anlegern an großen Börsen sind immer erfüllt worden. Am 19. Oktober 1987 wurden die Futures-Börsen auf die Probe gestellt, als der S&P-500-Index um mehr als 20% fiel und Anleger mit einer Long-Position in S&P Futures feststellten, dass sich ihr Margin-Konto aktuell im Minus befand. Einige Anleger verließen ihre Positionen (obwohl sie gesetzlich dazu verpflichtet waren, ihre Kontrakte auszugleichen). Dies hatte zur Folge, dass einige Broker zahlungsunfähig wurden, da sie, ohne das Geld ihrer Kunden, nicht in der Lage waren, Margin Calls auf Kontrakte, die sie im Namen ihrer Kunden eingegangen waren, nachzukommen. Demgegenüber wurden alle Inhaber einer Short-Position in S&P 500 Futures ausbezahlt.

2.5 OTC-Märkte

In den in Kapitel 1 vorgestellten Over-the-Counter-Märkten wickeln Unternehmen Derivate-Transaktionen ohne Einbeziehung einer Börse ab. Kreditrisiko ist daher ein traditionelles Merkmal von OTC-Derivatemärkten. Betrachten wir dazu zwei Unternehmen A und B, die eine Reihe von Derivate-Transaktionen miteinander unterhalten. Kann A seinen Verpflichtungen nicht nachkommen und ist der Nettowert der offenen Transaktionen positiv für B, dann erleidet B einen Verlust. Analog erleidet A einen Verlust, wenn B seinen Verpflichtungen nicht nachkommen kann und der Nettowert der offenen Transaktionen positiv für A ist. Es ist interessant, dass der OTC-Markt mittlerweile einige Ideen von den geregelten Börsenmärkten entlehnt hat. Dies werden wir nun untersuchen.

Zentrale Gegenparteien

Wir haben CCPs in Abschnitt 1.2 kurz erwähnt. Hierbei handelt es sich um Clearingstellen für OTC-Standardtransaktionen, welche im Prinzip die gleichen Aufgaben wahrnehmen wie die Clearingstellen der Börsen. Mitglieder der CCP müssen ebenso wie die Mitglieder einer Börsen-Clearingstelle Initial und Variation Margin hinterlegen sowie in den Garantiefonds einzahlen.

Wird zwischen zwei Parteien A und B eine OTC-Derivatetransaktion vereinbart, wird diese einer CCP zur Kenntnis gebracht. Wenn die CCP die Transaktion akzeptiert, wird sie jeweils zur Gegenpartei von A und B. (Auf ähnliche Weise wird die Clearingstelle einer Futures-Börse zur Gegenpartei für jede der beiden Partien bei einem Futures-Trade.) Handelt es sich bei der Transaktion etwa um einen Forward-Kontrakt, bei dem sich A verpflichtet hat, ein Asset in einem Jahr zu einem bestimmten Preis von B zu kaufen, dann verpflichtet sich die CCP,

1. in einem Jahr das Asset von B zum festgelegten Preis zu kaufen und
2. zum selben Zeitpunkt das Asset zum festgelegten Preis an A zu verkaufen.

Sie trägt dabei das Kreditrisiko von A und B.

Alle Mitglieder der CCP sind zur Hinterlegung einer Initial Margin verpflichtet. Die Transaktionen werden täglich bewertet und es gibt Variation-Margin-Zahlungen vom bzw. an das Mitglied. Ist ein OTC-Marktteilnehmer nicht Mitglied einer CCP, so kann er seine Geschäfte über ein CCP-Mitglied abwickeln, welches dann seine Verpflichtungen gegenüber der CCP erfüllt. Die Beziehung zwischen Nichtmitglied und Mitglied entspricht im Wesentlichen der Beziehung zwischen einem Broker und einem Mitglied der Clearingstelle einer Futures-Börse.

Im Zuge der 2007 einsetzenden Kreditkrise ist die Sorge der Regulierungsbehörden hinsichtlich des Systemrisikos (siehe Business Snapshot 1.2) gestiegen. Wie in Abschnitt 1.2 ausgeführt wurde, wurden daher Gesetze auf den Weg gebracht, die für die meisten OTC-Standardtransaktionen eine Abwicklung über CCPs vorsehen.

Bilaterales Clearing

OTC-Transaktionen, die nicht über CCPs abgewickelt werden, werden bilateral abgerechnet. Dabei schließen die beiden Unternehmen A und B gewöhnlich ein Masteragreement ab.[3] Eine solche Vereinbarung enthält oft einen Kreditsicherungsanhang (Credit Support Annex, CSA), welcher A und/oder B zur Hinterlegung von Collateral (Sicherheiten) verpflichtet. Dieses Collateral entspricht den Margins bei Clearingstellen und CCPs.

Collateralvereinbarungen in CSAs erfordern im Allgemeinen eine tägliche Bewertung der Transaktionen. Eine einfache beidseitige Vereinbarung zwischen A und B könnte etwa so aussehen: Wenn der Wert der Transaktionen zwischen A und B von einem Tag zum nächsten für A um den Betrag X steigt (und folglich für B um den Betrag X sinkt), muss B an A Collateral der Höhe X zahlen. Wenn im umgekehrten Fall der Wert der Transaktionen zwischen A und B von einem Tag zum nächsten für B um den Betrag X steigt (und für A um den Betrag X sinkt), muss A an B Collateral der Höhe X zahlen. (An einer Börse würde man X als Variation Margin bezeichnen.) Collateralvereinbarungen und die Art der Bewertung des Kreditrisikos für bilateral abgerechnete Transaktionen werden in Kapitel 25 thematisiert.

Traditionell wurden in CSAs nur selten Initial Margins verlangt. Dies ändert sich derzeit. Die 2012 eingeführten neuen Bestimmungen erfordern die Hinterlegung von Initial und Variation Margin bei bilateral abgerechneten Transaktionen zwischen

---

3 Am meisten verbreitet ist das Masteragreement der International Swaps and Derivatives Association (ISDA-Masteragreement).

Finanzinstituten.[4] Die Initial Margin wird gewöhnlich von anderen Sicherheiten getrennt und bei einer Drittpartei hinterlegt.

Collateralzahlungen reduzieren das Kreditrisiko auf dem bilateral abgerechneten OTC-Markt erheblich. (Wenn die neuen Regelungen bezüglich der Hinterlegung einer Initial Margin bei Transaktionen von Finanzinstituten in Kraft treten, wird sich dieser Effekt noch verstärken.) In den 1990er-Jahren verwendete der Hedgefonds Long-Term Capital Management (LTCM) Collateralvereinbarungen für seine bilateral abgerechneten Derivate. Durch diese Vereinbarungen war LTCM in hohem Maße fremdfinanziert. Dies bedeutete einerseits Kreditschutz, setzte den Fonds jedoch, wie in Business Snapshot 2.2 beschrieben, anderen Risiken aus.

Business Snapshot 2.2 – Der große Verlust von Long-Term Capital Management

Der in der Mitte der 1990er Jahre gegründete Hedgefonds Long-Term Capital Management besicherte durchweg seine bilateral abgerechneten Transaktionen. Er verfolgte die Anlagestrategie der Convergence Arbitrage. Ein einfaches Beispiel soll diese Strategie erläutern. Man finde zwei von demselben Unternehmen emittierte Anleihen, X und Y, die dieselbe Auszahlung versprechen. Dabei sei X weniger liquide (d. h. weniger aktiv gehandelt) als Y. Da der Markt Liquidität positiv bewertet, hat X einen geringeren Preis als Y. LTCM kaufte daher immer X, tätigte einen Leerverkauf von Y und wartete darauf, dass die Preise der beiden Anleihen zu einem zukünftigen Zeitpunkt konvergieren würden.

Würden die Zinssätze steigen, so erwartete das Unternehmen, dass die Preise beider Anleihen um etwa denselben Betrag sinken würden, sodass die für die Anleihe X zu zahlende Sicherheit in etwa der für die Anleihe Y erhaltenen Sicherheit entsprechen würde. Auf ähnliche Weise erwartete LTCM bei einem Rückgang der Zinssätze, dass die Preise beider Anleihen um etwa denselben Betrag steigen würden, sodass die für die Anleihe X erhaltene Sicherheit in etwa der für die Anleihe Y zu zahlenden Sicherheit entsprechen würde. Folglich nahm das Unternehmen an, dass es infolge seiner Besicherungsvereinbarungen keine nennenswerten Kapitalabflüsse geben könne.

Im August 1998 kam Russland seinen Zahlungsverpflichtungen nicht mehr nach, was an den Kapitalmärkten zu einer „Flucht in Qualitätspapiere" führte. Ein Resultat davon war, dass Anleger liquide Instrumente überdurchschnittlich hoch bewerteten und sich die Spannen zwischen den Preisen liquider und illiquider Instrumente im Portfolio von LTCM dramatisch erhöhten. Die Preise der von LTCM gekauften Anleihen sanken, während die Preise der leerverkauften Anleihen stiegen. Dies machte die Hinterlegung von Sicherheiten für beide Anleihetypen notwendig. Das Unternehmen war sehr stark fremdfinanziert und nicht mehr in der Lage, die durch die Besicherungsvereinbarungen festgelegten

---

4 Bei diesen Bestimmungen umfasst der Begriff „Finanzinstitute" Banken, Versicherungen, Pensionsfonds und Hedgefonds, ebenso wie bei den Bestimmungen zur Abwicklung von Standardtransaktionen von Finanzinstituten über CCPs. Transaktionen mit Nichtfinanz-Instituten sowie einige Transaktionen an ausländischen Börsen sind von diesen Bestimmungen ausgenommen.

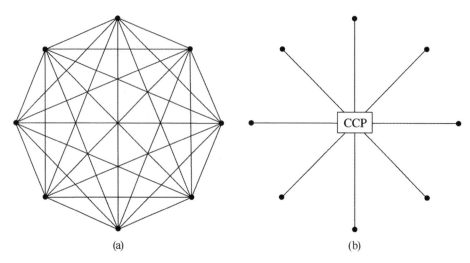

Abbildung 2.2: (a) Traditionelle Funktionsweise der OTC-Märkte: viele bilaterale Vereinbarungen zwischen Marktteilnehmern; (b) potenzielle Funktionsweise von OTC-Märkten mit einer CCP als Clearingstelle

> Zahlungen zu leisten. Die Positionen mussten geschlossen werden und es entstand ein Gesamtverlust von etwa 4 Milliarden Dollar. Wäre das Unternehmen nicht so stark fremdfinanziert gewesen, hätte es eventuell die Flucht in Qualitätspapiere überstehen und darauf warten können, dass sich die Preise liquider und illiquider Anleihen wieder annähern.

Abbildung 2.2 zeigt (mit der vereinfachenden Annahme, dass es nur acht Marktteilnehmer und eine CCP gibt), wie bilaterale und zentrale Abrechnung funktionieren. Bei bilateraler Abrechnung gibt es eine Fülle von verschiedenen Vereinbarungen zwischen den Marktteilnehmern. Dies wird in Abbildung 2.2a verdeutlicht. Würden alle OTC-Kontrakte über eine einzige CCP abgewickelt, ergäbe sich die Situation von Abbildung 2.2b. Da nicht alle OTC-Transaktionen in der Realität über CCPs laufen und es mehr als eine CCP gibt, weist der OTC-Markt Merkmale sowohl von Abbildung 2.2a als auch von Abbildung 2.2b auf.

Futures- und OTC-Geschäfte

Unabhängig von der Abrechnungsweise der Transaktionen erzielt eine bar hinterlegte Initial Margin in der Regel Zinseinkommen. Die von den Mitgliedern einer Clearingstelle täglich eingezahlte Variation Margin für Futures-Kontrakte erzielt kein Zinseinkommen, da sie die Abrechnung für einen bestimmten Tag darstellt. Die (bilateral oder über eine CCP abgewickelten) Transaktionen auf dem OTC-Markt werden gewöhnlich nicht täglich abgerechnet. Aus diesem Grund erzielt die von einem CCP-Mitglied oder aufgrund einer CSA eingezahlte tägliche Variation Margin Zinseinkommen, falls sie bar hinterlegt wird.

Zur Erfüllung von Collateral- oder Marginforderungen können oft Wertpapiere verwendet werden.[5] Zur Ermittlung ihres Wertes für den Hinterlegungszweck wird ein gewisser Betrag von ihrem Marktwert abgezogen. Dieser Abschlag heißt *Haircut*.

2.6 Marktnotierungen

Notierungen von Futures werden von den Börsen und diversen Online-Quellen veröffentlicht. Tabelle 2.2 setzt sich aus von der CME Group vorgelegten Notierungen für eine Reihe von verschiedenen Rohstoffen vom 14. Mai 2013 ca. 12:00 Uhr zusammen. Analoge Kurse für Index-, Währungs- und Zins-Futures werden in den Kapiteln 3, 5 bzw. 6 angegeben.

Die dem Futures-Kontrakt zugrunde liegenden Vermögensgegenstände, die Kontraktgröße und die Art der Preisangabe stehen zu Beginn eines jeden Abschnitts von Tabelle 2.2. Die erste Ware ist Gold. Die Kontraktgröße beträgt 100 Unzen, der Preis ist in Dollar pro Unze angegeben. Die Fälligkeitsmonate der Kontrakte sind in der ersten Spalte der Tabelle aufgelistet.

Kurse

Die ersten drei Zahlen in jeder Zeile von Tabelle 2.2 zeigen den Eröffnungskurs, den Höchstkurs und den Tiefstkurs während des bisherigen Handelstages. Der Eröffnungskurs steht für die Preise, zu welchen die Kontrakte unmittelbar nach Handelsbeginn am 14. Mai 2013 gehandelt wurden. Für den Gold-Kontrakt mit Fälligkeit im Juni 2013 betrug der Eröffnungskurs am 14. Mai 2013 1429,5 $ pro Unze, der Höchstkurs 1444,9 $ und der Tiefstkurs 1419,7 $ pro Unze.

Settlement-Preis

Der *Settlement-Preis* bzw. *Abrechnungspreis* wird für die Berechnung der täglichen Gewinne und Verluste sowie der Margin-Anforderungen verwendet. Er wird gewöhnlich als derjenige Preis, zu dem der Kontrakt unmittelbar vor Handelsschluss gehandelt wurde, ermittelt. Die vierte Zahl in Tabelle 2.2 bezeichnet den Abrechnungspreis des Vortags, also vom 13. Mai 2013. Die fünfte Zahl gibt den Preis des zuletzt getätigten Trades an. Die sechste Zahl ist die Veränderung gegenüber dem Abrechnungspreis des Vortags. Für den Gold-Futures-Kontrakt mit Fälligkeit im Juni 2013 betrug der Abrechnungspreis am 13. Mai 2013 1434,3 $, der aktuellste Trade wurde für 1425,3 $ getätigt, was 9 $ unter dem Abrechnungspreis des vorherigen Handelstags liegt. Sollte es am 14. Mai 2013 beim Abrechnungspreis von 1425,3 $ bleiben, hätte sich der Saldo des Margin-Kontos eines Anlegers in der Long-Position am 14. Mai um 900 $ verringert. Analog würde sich der Saldo des Margin-Kontos bei einem Anleger in der Short-Position an diesem Tag um 900 $ erhöhen.

Handelsvolumen und Open Interest

Die letzte Spalte in Tabelle 2.2 gibt das Handelsvolumen des Tages für jeden Kontrakt an. Das Handelsvolumen stellt die Anzahl der gehandelten Kontrakte dar. Dem lässt sich das *Open Interest* gegenüberstellen, welches die Gesamtzahl aller im Umlauf

---

[5] Wie bereits erwähnt, muss die Variation Margin für Futures-Kontrakte bar hinterlegt werden.

Futures-Märkte

	Eröffnungskurs	Tageshöchstkurs	Tagestiefstkurs	Vorheriger Abrechnungskurs	Letzter Kurs	Veränderung	Handelsvolumen
Gold 100 Unzen, Dollar pro Unze							
Juni 2013	1429,5	1444,9	1419,7	1434,3	1425,3	−9,0	147 943
Aug. 2013	1431,5	1446,0	1421,3	1435,6	1426,7	−8,9	13 469
Okt. 2013	1440,0	1443,3	1424,9	1436,6	1427,8	−8,8	3522
Dez. 2013	1439,9	1447,1	1423,6	1437,7	1429,5	−8,2	4353
Juni 2014	1441,9	1441,9	1441,9	1440,9	1441,9	+1,0	291
Rohöl 1000 Barrel, Dollar pro Barrel							
Juni 2013	94,93	95,66	94,50	95,17	94,72	−0,45	162 901
Aug. 2013	95,24	95,92	94,81	95,43	95,01	−0,42	37 830
Dez. 2013	93,77	94,37	93,39	93,89	93,60	−0,29	27 179
Dez. 2014	89,98	90,09	89,40	89,71	89,62	−0,09	9606
Dez. 2015	86,99	87,33	86,94	86,99	86,94	−0,05	2181
Mais 5000 Bushel, Cent pro Bushel							
Juli 2013	655,00	657,75	646,50	655,50	652,50	−3,00	48 615
Sep. 2013	568,50	573,25	564,75	568,50	570,00	+1,50	19 388
Dez. 2013	540,00	544,00	535,25	539,25	539,50	+0,25	43 290
März 2014	549,25	553,50	545,50	549,25	549,25	0,00	2638
Mai 2014	557,00	561,25	553,50	557,00	557,00	0,00	1980
Juli 2014	565,00	568,50	560,25	564,25	563,50	−0,75	1086
Sojabohnen 5000 Bushel, Cent pro Bushel							
Juli 2013	1418,75	1426,00	1405,00	1419,25	1418,00	−1,25	56 425
Aug. 2013	1345,00	1351,25	1332,25	1345,00	1345,75	+0,75	4232
Sep. 2013	1263,75	1270,00	1255,50	1263,00	1268,00	+5,00	1478
Nov. 2013	1209,75	1218,00	1203,25	1209,75	1216,75	+7,00	29 890
Jan. 2014	1217,50	1225,00	1210,75	1217,50	1224,25	+6,75	4488
März 2014	1227,50	1230,75	1216,75	1223,50	1230,25	+6,75	1107
Weizen 5000 Bushel, Cent pro Bushel							
Juli 2013	710,00	716,75	706,75	709,75	710,00	+0,25	30 994
Sep. 2013	718,00	724,75	715,50	718,00	718,50	+0,50	10 608
Dez. 2013	735,00	741,25	732,25	735,00	735,00	0,00	11 305
März 2014	752,50	757,50	749,50	752,50	752,50	0,00	1321
Lebendrind 40 000 (amerikan.) Pfund, Cent pro Pfund							
Juni 2012	120,550	121,175	120,400	120,575	120,875	+0,300	17 628
Aug. 2012	120,700	121,250	120,200	120,875	120,500	−0,375	13 922
Okt. 2012	124,100	124,400	123,375	124,125	123,800	−0,325	2704
Dez. 2013	125,500	126,025	125,050	125,650	125,475	−0,175	1107

Tabelle 2.2: Rohstoff-Futures-Notierungen für ausgewählte Kontrakte der CME Group vom 14. Mai 2013

befindlichen Kontrakte, also die Anzahl aller Long-Positionen bzw. die Anzahl aller Short-Positionen beschreibt.

Wenn es große Aktivitäten von Day Tradern (Händler, die während des Tages aufgebaute Positionen noch vor dem Ende des Handelstages wieder schließen) gibt, kann es vorkommen, dass das Handelsvolumen an einem Tag größer ist als die Anzahl der offenen Positionen sowohl am Anfang als auch am Ende dieses Tages.

Muster von Futures

Futures-Kurse können verschiedene Muster aufweisen. In Tabelle 2.2 ist der Futures-Kurs von Gold, Weizen und Lebendrind eine steigende Funktion der Restlaufzeit. Dies wird als *normaler Markt* bezeichnet. Wenn der Futures-Kurs eine fallende Funktion der Restlaufzeit ist, spricht man vom *inversen Markt*.[6] Für Rohstoffe wie Rohöl, Mais und Sojabohnen zeigten die Futures-Kurse am 14. Mai 2013 ein gemischtes Muster aus normalem und inversem Markt.

2.7 Lieferung

Wie bereits erwähnt führen nur sehr wenige der ursprünglich eingegangenen Futures-Kontrakte zu einer Lieferung des Underlyings. Die meisten Positionen werden vorzeitig geschlossen. Trotzdem ist es die Möglichkeit einer letztendlichen Lieferung, die den Futures-Kurs bestimmt. Daher ist das Verständnis von Lieferbedingungen von Bedeutung.

Der Zeitraum, in welchem eine Lieferung erfolgen kann, wird von der Börse vorgegeben und ist von Kontrakt zu Kontrakt unterschiedlich. Die Entscheidung über die Lieferung fällt der Inhaber der Short-Position, den wir als Anleger A bezeichnen wollen. Wenn A sich für die Lieferung entscheidet, übermittelt A's Broker die *verbindliche Absichtserklärung zur Lieferung* an die Clearingstelle. Diese Mitteilung gibt Auskunft über die Anzahl der Kontrakte, die geliefert werden, und spezifiziert im Fall von Waren, wo die Lieferung erfolgt und welche Qualität geliefert wird. Die Börse wählt dann eine Partei mit einer Long-Position, die die Lieferung akzeptieren muss.

Nehmen wir an, dass die Gegenposition des Futures-Kontrakts von Anleger A beim Abschluss durch Anleger B eingenommen wurde. Es ist wichtig zu verstehen, dass es keinen Grund zu der Erwartung gibt, dass Anleger B derjenige ist, der die Lieferung annehmen wird. B kann genauso gut seine Position durch einen Handel mit Anleger C geschlossen haben, C kann seinerseits seine Position mit Anleger D geschlossen haben usw. Die üblicherweise von der Börse angewendete Regel besagt, dass die Erklärung über die Andienungsabsicht an die Partei mit der ältesten offenen Long-Position weitergereicht wird. Inhaber von Long-Positionen müssen diese Mitteilungen akzeptieren. Sind die Erklärungen jedoch übertragbar, haben die Inhaber der Long-Position eine kurze Zeitspanne, normalerweise eine halbe Stunde, zur Verfü-

---

[6] Mitunter wird die Situation, dass der Futures-Kurs eine steigende Funktion der Restlaufzeit ist, mit dem Begriff *Contango* beschrieben, während die Situation, dass der Futures-Kurs eine fallende Funktion der Restlaufzeit ist, als *Backwardation* bezeichnet wird. Genau genommen beziehen sich diese Begriffe, wie wir in Kapitel 5 erläutern werden, darauf, ob erwartet wird, dass der Kurs des Underlyings mit der Zeit steigt oder fällt.

gung, innerhalb derer sie eine andere Partei mit einer Long-Position finden können, die bereit ist, die Lieferung an ihrer Statt anzunehmen.

Bei Waren bedeutet Lieferungsübernahme gewöhnlich die Annahme einer Lagerhausquittung gegen sofortige Bezahlung. Die übernehmende Seite ist danach für alle Lagerkosten verantwortlich. Für Lebendvieh können z. B. Kosten für Futter und Pflege anfallen. Für Finanz-Futures erfolgt die Lieferung normalerweise elektronisch. Bei allen Kontrakten entspricht der gezahlte Preis gewöhnlich dem Schlusswert unmittelbar vor Erklärung über die Andienungsabsicht. Bei Bedarf wird dieser Preis an die Qualität, den Lieferort usw. angepasst. Der gesamte Lieferprozess von der verbindlichen Absichtserklärung zur Lieferung bis zur tatsächlichen Lieferung dauert im Allgemeinen zwei bis drei Tage.

Für einen Kontrakt gibt es drei kritische Tage. Diese sind der erste Ankündigungstag, der letzte Ankündigungstag und der letzte Handelstag. Der *erste Ankündigungstag* ist der erste Tag, an welchem die Erklärung über die Andienungsabsicht an der Börse vorgelegt werden kann. Der *letzte Ankündigungstag* ist der letzte derartige Tag. Der *letzte Handelstag* liegt im Allgemeinen einige Tage vor dem letzten Ankündigungstag. Um das Risiko einer Lieferungsübernahme zu vermeiden, sollte ein Anleger mit einer Long-Position diese vor dem ersten Ankündigungstag schließen.

Barabwicklung

Einige Finanz-Futures, wie z. B. jene in Kapitel 3 diskutierten Futures auf Aktienindizes, werden bar abgewickelt, da es unbequem oder unmöglich ist, die Underlyings zu liefern. Beispielsweise würde im Fall eines Futures-Kontrakts auf den S&P 500 die Lieferung des Underlyings die Lieferung eines Portfolios von 500 Aktien bedeuten. Wird ein Kontrakt bar abgewickelt, wird er einfach am letzten Handelstag zu Marktpreisen bewertet, und alle Positionen werden für geschlossen erklärt. Um sicherzustellen, dass sich der Futures-Kurs dem Spotkurs angleicht, wird der Schlusswert des Kontrakts am letzten Handelstag dem Spotkurs des Underlyings entweder zu Beginn oder zum Ende des Handelstages gleichgesetzt. Für den von der CME Group gehandelten S&P-500-Futures-Kontrakt basiert der Settlement-Preis z. B. auf dem Eröffnungskurs am dritten Freitag des Liefermonats.

2.8 Händler- und Ordertypen

Es gibt zwei Haupttypen von Händlern, die Geschäfte ausführen: *Auftragsbroker* (Futures Commission Merchants, FCMs) und Eigenhändler (Locals). FCMs folgen den Anweisungen ihrer Klienten und erheben dafür eine Gebühr. *Locals* handeln auf eigene Rechnung.

Die Investoren, die Marktpositionen einnehmen, egal ob sie Eigenhändler oder Klienten von FCMs sind, lassen sich, wie schon in Kapitel 1 ausgeführt wurde, als Absicherer, Spekulanten oder Arbitrageure einordnen. Spekulanten können noch einmal in Scalper, Day Trader und Positionsspekulanten unterteilt werden. *Scalper* halten nach sehr kurzfristigen Trends Ausschau und versuchen Gewinn aus kleinen Änderungen im Kontrakt-Kurs zu erzielen. Sie halten ihre Positionen meist nur für einige Minuten. *Day Trader* halten ihre Positionen für weniger als einen Handelstag. Sie sind nicht bereit, das Risiko über Nacht auftretender nachteiliger Neuigkeiten einzugehen. Händler, die ihre Positionen wesentlich länger halten, werden als

Position Trader bezeichnet. Sie hoffen darauf, beträchtliche Gewinne aus größeren Marktbewegungen realisieren zu können.

Orders

Der einfachste Auftrag an einen Makler ist ein *unlimitierter Auftrag*, eine so genannte Market-Order. Dieser Auftrag sieht vor, dass ein Geschäft sofort und zum besten auf dem Markt verfügbaren Kurs getätigt wird. Es gibt jedoch viele andere Arten von Aufträgen. Wir betrachten hier die am häufigsten gebrauchten Auftragsarten.

Eine *Limit-Order* legt einen bestimmten Kurs fest. Die Order kann nur zu diesem oder einem für den Anleger noch günstigeren Kurs ausgeführt werden. Wenn also das Limit für einen Anleger, der eine Long-Position einnehmen will, bei 30 $ liegt, dann wird die Order nur bei einem Kurs von 30 $ oder weniger ausgeführt. Natürlich gibt es keine Garantie dafür, dass die Order überhaupt ausgeführt wird, da es sein kann, dass der Limit-Kurs nie erreicht wird.

Eine *Stop-Order* oder auch *Stop-Loss-Order* legt ebenfalls einen bestimmten Kurs fest. Nachdem ein Gebot oder Angebot zu diesem oder einem ungünstigeren Preis erfolgt, wird die Order zum besten verfügbaren Kurs ausgeführt. Nehmen wir an, es wird eine Stop-Order zum Verkauf bei 30 $ aufgegeben, als der Marktpreis bei 35 $ liegt. Diese wird zu einem Verkaufsauftrag, sobald der Kurs auf 30 $ fällt. Eine Stop-Order wird daher zu einem unlimitierten Auftrag, sobald der festgelegte Kurs erreicht wird. Der Sinn der Stop-Order ist gewöhnlich die Schließen einer Position für den Fall unvorteilhafter Kursschwankungen. Sie begrenzt den auftretenden Verlust.

Eine *Stop-Limit-Order* ist eine Kombination von Stop-Order und Limit-Order. Sobald ein Gebot oder Angebot zum Stop-Preis oder einem ungünstigeren Preis erfolgt, wird der Auftrag zur Limit-Order. Bei einer Stop-Limit-Order müssen zwei Kurse spezifiziert werden: der Stop-Preis und der Limit-Preis. Nehmen wir an, dass zu einer Zeit, da der Marktpreis bei 35 $ liegt, eine Stop-Limit-Order zum Kauf mit einem Stop-Preis von 40 $ und einem Limit-Preis von 41 $ abgegeben wird. Sobald ein Gebot oder Angebot über 40 $ abgegeben wird, wird die Stop-Limit-Order zu einer Limit-Order bei 41 $. Stimmen Stop-Preis und Limit-Preis überein, wird dieser Auftrag manchmal auch *Stop-and-Limit-Order* genannt.

Eine *Market-If-Touched-Order* (MIT-Order) wird zum besten verfügbaren Preis ausgeführt, nachdem ein Handel zu einem festgelegten Preis oder einem Preis, der noch günstiger als der festgelegte ist, getätigt wurde. Wenn der festgelegte Preis einmal erreicht wurde, wird die MIT-Order also zum unlimitierten Auftrag. Die MIT-Order wird auch als *Board-Order* bezeichnet. Betrachten wir einen Anleger, der die Long-Position in einem Futures-Kontrakt einnimmt und Instruktionen erteilt, die zur Schließung der Position führen könnten. Eine Stop-Order begrenzt den auftretenden Verlust im Fall ungünstiger Kursentwicklungen. Im Gegensatz dazu sichert die MIT-Order die Realisierung von Gewinnen, falls eine hinreichend günstige Kursentwicklung eintritt.

Ein *interessewahrender Auftrag* (Market-Not-Held-Order) wird wie ein unlimitierter Auftrag behandelt, nur dass die Ausführung im Ermessen des Brokers verzögert werden kann, um zu versuchen, einen besseren Preis zu erzielen.

Einige Auftragsarten spezifizieren Zeitbedingungen. Wenn nicht anders vermerkt, ist eine Order ein Tagesauftrag und verfällt am Ende des Handelstages. Eine *Time-Of-Day-Order (Tageszeit-Order)* legt eine bestimmte Zeitspanne während eines Tages fest, in der die Order ausgeführt werden kann. Eine *Good-Till-Cancelled-Order* oder *Open-Order* ist bis zu ihrer Ausführung oder bis zum Ende des Handels mit dem entsprechenden Kontrakt in Kraft. Eine *Fill-Or-Kill-Order* (Auftrag zur sofortigen Ausführung) kann nur, wie die Bezeichnung nahe legt, sofort nach Empfang oder überhaupt nicht ausgeführt werden.

2.9 Regulierung

Die Futures-Märkte in den Vereinigten Staaten werden zur Zeit auf Bundesebene von der 1974 gegründeten Commodity Futures Trading Commission (CFTC, www.cftc.gov) beaufsichtigt.

Die CFTC achtet auf die Umsetzung öffentlicher Interessen. Sie ist dafür verantwortlich sicherzustellen, dass Kurse öffentlich bekannt gegeben werden und dass die Futures-Händler ihre offenen Positionen anzeigen, wenn diese ein bestimmtes Niveau überschreiten. Weiterhin lizenziert sie alle Personen, die der Öffentlichkeit ihre Dienste im Futures-Handel anbieten. Die Hintergründe dieser Personen werden untersucht, außerdem gibt es Mindestkapitalanforderungen. Die CFTC bearbeitet eingereichte Beschwerden und stellt nötigenfalls die Ergreifung von Disziplinarmaßnahmen sicher. Sie ist autorisiert, Börsen dazu zu zwingen, gegen Mitglieder, die die Regeln der Börse verletzen, Disziplinarverfahren einzuleiten.

Mit der Gründung der National Futures Association (NFA, www.nfa.futures.org) im Jahr 1982 wurden einige Befugnisse der CFTC auf die Futures-Branche selbst übertragen. Die NFA ist eine Organisation von in der Futures-Branche tätigen Personen. Ihr Ziel ist die Unterbindung von Betrug und die Sicherstellung, dass der Markt im besten Interesse der Allgemeinheit arbeitet. Von ihren Mitgliedern fordert die NFA das Bestehen einer Prüfung. Sie darf den Handel überwachen und gegebenenfalls Disziplinarmaßnahmen ergreifen. Die Gesellschaft hat ein gut funktionierendes System zur Schlichtung von Streitigkeiten zwischen ihren Mitgliedern und anderen Personen geschaffen.

Der Dodd-Frank Act, der 2010 in Kraft getreten ist, hat das Aufgabengebiet der CFTC erweitert. Sie ist für die Regelungen verantwortlich, welche vorsehen, dass Standard-OTC-Derivate an *Swap Execution Facilities* (SEF) gehandelt und über CCPs abgerechnet werden.

Handelsverstöße

Zumeist arbeiten die Futures-Märkte effizient und im öffentlichen Interesse. Hin und wieder kommen jedoch Handelsverstöße ans Licht. Eine Variante ist der Versuch einer Anlegergruppe, den Markt zu beherrschen.[7] Diese Gruppe nimmt eine sehr große Long-Position ein und versucht gleichzeitig, teilweise Kontrolle über das Angebot des Underlyings zu gewinnen. Wenn das Fälligkeitsdatum der Futures-Kontrakte näher kommt, schließt die Gruppe ihre Position nicht, sodass die Zahl der offenen Futures-Kontrakte die lieferbare Menge des Rohstoffs möglicherweise übersteigt. Die Inhaber von Short-Positionen bemerken, dass sie Schwierigkeiten mit der Lieferung haben werden, und wollen schnellstens ihre Positionen schließen. Dies führt zu einem starken Anstieg sowohl des Futures- als auch des Spotkurses. Dieser Art der

---

7 Das bekannteste Beispiel bilden wahrscheinlich die Aktivitäten der Hunt-Brüder auf dem Silbermarkt 1979–1980. Diese führten zwischen Mitte 1979 und Anfang 1980 zu einem Kursanstieg von 6 $ je Unze auf 50 $ je Unze.

Marktmanipulation wird seitens der Regulierungsstelle gewöhnlich durch die Erhöhung von Einschusssätzen, die Aufstellung strengerer Positionsgrenzen, das Verbot von Geschäften, die die offenen Positionen eines Spekulanten weiter erhöhen, sowie den Druck auf Marktteilnehmer, ihre Positionen zu schließen, begegnet.

An anderen Arten von Handelsverstößen sind die Händler auf dem Börsenparkett beteiligt. Anfang 1989 gab es einiges Aufsehen, als bekannt wurde, dass das FBI unter Einsatz von verdeckten Ermittlern eine zweijährige Untersuchung des Handels an der Chicago Board of Trade und der Chicago Mercantile Exchange durchgeführt hatte. Beschwerden eines großen Agrarkonzerns hatten die Ermittlungen ausgelöst. Die Vergehen waren u. a. die Ausstellung von überhöhten Rechnungen an Kunden, das Nichtauszahlen der kompletten Einkünfte aus Verkäufen an Kunden und die Ausnutzung des Wissens über Kundenaufträge für den Eigenhandel (ein als *Front Running* bekanntes Vergehen).

2.10 Bilanzierung und Steuern

Es ginge über den Rahmen dieses Buches hinaus, sämtliche Details der bilanziellen und steuerlichen Behandlung von Futures-Kontrakten zu beleuchten. Händler, die weiterführende Informationen zu diesen Themengebieten benötigen, sollten Experten konsultieren. Dieser Abschnitt stellt allgemeine Hintergrundinformationen bereit.

Bilanzierung

Bilanzierungsstandards verlangen, dass Änderungen im Marktwert eines Futures-Kontrakts unmittelbar berücksichtigt werden, falls es sich bei dem Kontrakt nicht um eine reine Absicherung handelt. In diesem Fall werden Gewinne oder Verluste zu Bilanzierungszwecken in dem Zeitraum berücksichtigt, in dem die Gewinne oder Verluste aus der abgesicherten Position berücksichtigt werden. Diese letztere Verfahrensweise wird als *Hedge Accounting* bezeichnet.

Wir betrachten ein Unternehmen mit Geschäftsjahresende im Dezember. Im September 2014 nimmt es die Long-Position in einem Mais-Futures-Kontrakt für März 2015 ein und schließt die Position Ende Februar 2015. Angenommen, der Futures-Kurs beträgt 650 Cent pro Bushel bei Abschluss des Kontrakts, 670 Cent pro Bushel am Ende des Jahres 2014 und 680 Cent pro Bushel bei Schließung der Position. Ein Kontrakt umfasst die Lieferung von 5000 Bushel. Ist der Kontrakt keine Absicherung, so sind seine bilanziellen Gewinne

$$5000 \cdot (6{,}70 - 6{,}50) = 1000\,\$ \text{ im Jahr 2014 und}$$
$$5000 \cdot (6{,}80 - 6{,}70) = 500\,\$ \text{ im Jahr 2015.}$$

Falls das Unternehmen den Erwerb der 5000 Bushel Mais im Februar 2015 absichern möchte, sodass der Kontrakt im Rahmen des Hedge Accounting erfasst werden kann, wird der gesamte Gewinn von 1500 $ für Bilanzierungszwecke erst im Jahr 2015 realisiert.

Die Behandlung der Absicherung von Gewinnen und Verlusten im Rahmen des Hedge Accounting ist sinnvoll. Wenn das Unternehmen den Kauf von 5000 Bushel Mais im Februar 2015 absichern möchte, besteht der Zweck des Futures-Kontrakts darin, sicherzustellen, dass der gezahlte Preis nahe bei 650 Cent pro Bushel liegt. Die bilanzielle Behandlung spiegelt die Tatsache wider, dass dieser Preis im Jahr 2015 gezahlt wird.

Im Juni 1998 veröffentlichte das Financial Accounting Standards Board sein Statement Nr. 133, Accounting for Derivative Instruments and Hedging Activities (FAS 133). FAS 133 gilt für alle Derivattypen (darunter Futures, Forwards, Swaps und Optionen). Es verlangt, dass alle Derivate zum Marktwert in die Bilanz einbezogen werden.[8] Das Statement erhöht die Anforderungen zur Offenlegung und lässt damit den Unternehmen weitaus weniger Spielraum für Hedge Accounting. Damit Hedge Accounting angewendet werden kann, muss die Effektivität des Absicherungsinstruments, d. h. der Ausgleich von Verlustrisiken, gewährleistet sein. Eine Abschätzung dieser Effektivität muss alle drei Monate erfolgen. Mittlerweile wurde vom International Accounting Standards Board eine ähnliche Regelung (IAS 39) veröffentlicht.

Steuern

Zwei Schlüsselthemen der US-Steuergesetzgebung sind die Art eines steuerpflichtigen Gewinns/Verlustes und der Zeitpunkt seiner Realisierung. Gewinne oder Verluste werden grundsätzlich entweder als Kapitalerträge oder als Teil der ordentlichen Erträge eingestuft.

Für Körperschaftssteuerpflichtige sind Kapitalerträge steuerlich ordentlichen Erträgen gleichgestellt, wodurch die Möglichkeit zur Absetzung von Verlusten eingeschränkt wird. Negative Kapitalerträge sind nur bis zur Höhe der positiven Kapitalerträge abzugsfähig. Ein Unternehmen kann allerdings negative Kapitalerträge bis zu drei Jahre rücktragen oder bis zu fünf Jahre vortragen. Bei nicht körperschaftssteuerpflichtigen Steuerzahlern werden kurzfristige Kapitalerträge wie ordentliche Erträge behandelt, langfristige Kapitalerträge allerdings zu einem geringeren Satz versteuert. (Langfristige Kapitalerträge sind Gewinne aus dem Verkauf eines Wertpapiers, das länger als ein Jahr gehalten wurde. Kurzfristige Kapitalerträge sind Gewinne aus dem Verkauf eines Wertpapiers, welches kürzer als ein Jahr gehalten wurde.) Der Taxpayer Relief Act von 1997 vergrößerte den Unterschied der Sätze für ordentliche Erträge und langfristige Kapitalerträge. Der nicht körperschaftssteuerpflichtige Steuerzahler kann negative Kapitalerträge bis zur Höhe der positiven Kapitalerträge zuzüglich anderer Einkünfte in Höhe von bis zu 3000 $ geltend machen und diese beliebig vortragen.

Im Allgemeinen werden Positionen in Futures-Kontrakten so behandelt, als ob sie am letzten Tag des Steuerjahres geschlossen würden. Für nicht Körperschaftssteuerpflichtige hat das zur Folge, dass Kapitalerträge unabhängig von der Haltefrist so behandelt werden, als ob sie zu 60% aus langfristigen und zu 40% aus kurzfristigen Instrumenten erwirtschaftet werden. Dies wird als „60/40"-Regel bezeichnet. Ein nicht körperschaftssteuerpflichtiger Steuerzahler kann Nettoverluste aus der 60/40-Regel für drei Jahre zurücktragen, um damit die auf Basis dieser Regel erzielten Gewinne der vergangenen drei Jahre auszugleichen.

Absicherungstransaktionen unterliegen dieser Regelung nicht. Die Definition einer Absicherungstransaktion zu Steuerzwecken unterscheidet sich von der für Bilanzierungszwecke. Die Steuerregelungen definieren eine Absicherungstransaktion als

---

[8] Davor bestand die Attraktivität von Derivaten teilweise darin, dass sie „bilanzunwirksam" waren.

Transaktion, welche im normalen Geschäftsleben vorrangig aus einem der beiden folgenden Gründe durchgeführt wird:

1. Reduzierung des Risikos von Kurs oder Währungsschwankungen durch den Steuerzahler in Bezug auf gehaltenes oder noch zu erwerbendes Eigentum, und dies mit der Absicht, normales Einkommen zu erzielen.
2. Reduzierung des Risikos von Kurs- oder Zinsänderungen sowie Währungsschwankungen in Bezug auf vom Steuerzahler aufgenommene Darlehen.

Wenn man eine Absicherungstransaktion durchführt, muss diese ausdrücklich und rechtzeitig in den Unterlagen des Unternehmens als solche ausgewiesen werden. Gewinne oder Verluste aus Absicherungstransaktionen zählen als ordentliche Erträge. Der Zeitpunkt der Realisierung von Gewinnen oder Verlusten aus Absicherungstransaktionen stimmt im Allgemeinen mit dem Zeitpunkt der Realisierung von Erträgen oder Aufwendungen aus dem abgesicherten Gegenstand überein.

2.11 Forward- versus Futures-Kontrakte

Die wesentlichen Unterschiede zwischen Forward- und Futures-Kontrakten sind in Tabelle 2.3 zusammengefasst. Beide Kontrakte stellen die Verpflichtung dar, eine Ware zu einem bestimmten Preis zu einem festgelegten zukünftigen Zeitpunkt zu kaufen bzw. zu verkaufen. Ein Forward-Kontrakt wird auf dem OTC-Markt gehandelt, und es existieren keinerlei Standardkontraktgrößen oder einheitliche Lieferbedingungen. Gewöhnlich wird ein einziger Liefertag festgesetzt und der Kontrakt wird bis zur Fälligkeit gehalten und dann abgerechnet. Ein Futures-Kontrakt ist ein standardisierter an der Börse gehandelter Kontrakt. Meist gibt es einen spezifizierten Lieferzeitraum. Der Kontrakt wird täglich abgerechnet und gewöhnlich vor Fälligkeit geschlossen.

Gewinne aus Forward- und Futures-Kontrakten

Angenommen, der Wechselkurs für britische Pfund eines Forward-Kontrakts mit einer Fälligkeit in 90 Tagen steht bei 1,5000 und ein Futures-Kontrakt zur Lieferung

Forward	Futures
Privater Vertrag zweier Parteien	Handel an der Börse
nicht standardisiert	standardisiert
gewöhnlich ein spezifizierter Liefertag	Lieferzeitraum von mehreren Tagen
Abrechnung bei Kontraktende	tägliche Abrechnung
gewöhnlich Lieferung oder bare Endabrechnung	gewöhnlich Schließung des Kontrakts vor Fälligkeit
geringes Kreditrisiko	im Prinzip kein Kreditrisiko

Tabelle 2.3: Vergleich von Forward- und Futures-Kontrakten

in genau 90 Tagen hat denselben Preis. Welchen Unterschied in Gewinn/Verlust weisen die beiden Kontrakte auf?

Beim Forward-Kontrakt wird der gesamte Gewinn bzw. Verlust zum Ende der Laufzeit realisiert. Beim Futures-Kontrakt werden Gewinne und Verluste aufgrund der täglichen Abrechnung jeden Tag realisiert. Angenommen, Händler A hält die Long-Position in einem 90-Tages-Forward über 1 Million GBP und Händler B die Long-Position in einem 90-Tages-Futures-Kontrakt über 1 Million GBP. (Da jeder Futures-Kontrakt den Kauf/Verkauf von 62 500 GBP umfasst, muss Händler B insgesamt 16 Kontrakte kaufen.) Nach 90 Tagen sei der Kassawechselkurs bei 1,7000 $ pro GBP angelangt. Händler A macht am 90. Tag einen Gewinn von 200 000 $. Der Gewinn von Händler B ist ebenso groß – allerdings über den 90-Tage-Zeitraum verteilt. An einigen Tagen kann es einen Verlust für B geben, während er an anderen Tagen Gewinne erzielt. Wenn jedoch die Verluste gegen die Gewinne aufgerechnet werden, verbleibt für den 90-Tage-Zeitraum ein Gewinn von 200 000 $.

Angabe von Devisenkursen

Es herrscht ein reger Handel sowohl von Forward- als auch von Futures-Kontrakten auf Devisen. Es gibt jedoch einen Unterschied in der Angabe der Wechselkurse zwischen den beiden Märkten. Futures-Kurse werden immer als Anzahl US-Dollar bzw. US-Cent pro Einheit Fremdwährung angegeben. Forward-Kurse werden wie Kurse am Kassamarkt angegeben. Das bedeutet, dass für Britische Pfund, Euro, Australische und Neuseeländische Dollar die Angabe der Anzahl US-Dollar oder US-Cent pro Einheit Fremdwährung erfolgt und somit ein direkter Vergleich mit dem Futures-Kurs möglich ist. Für andere wichtige Währungen wird der Forward-Kurs als Anzahl Fremdwährung pro US-Dollar (USD) angegeben, etwa beim Kanadischen Dollar (CAD). Eine Futures-Kurs-Angabe von 0,9500 USD pro CAD entspricht einer Forward-Notierung von 1,0526 CAD pro USD (1,0526 = 1/0,9500).

ZUSAMMENFASSUNG

Ein sehr hoher Anteil der gehandelten Futures-Kontrakte führt nicht zur Lieferung des Underlyings. Die Händler treten oftmals in ausgleichende Kontrakte ein, um ihre Positionen vor Beginn des Lieferzeitraums zu schließen. Es besteht jedoch die Möglichkeit einer Lieferung am Ende der Laufzeit, die die Bestimmung des Futures-Kurses steuert. Für jeden Futures-Kontrakt gibt es einen Zeitraum, innerhalb dessen die Lieferung erfolgen kann, und ein eindeutig definiertes Lieferverfahren. Manche Kontrakte, wie die auf Aktienindizes, werden anstelle einer Lieferung des Underlyings bar abgerechnet.

Die Spezifizierung von Kontrakten stellt eine wichtige Aufgabe für eine Terminbörse dar. Beide Seiten des Kontrakts müssen wissen, was geliefert werden kann, wo und wann die Lieferung erfolgen kann. Des Weiteren benötigen sie Wissen über Einzelheiten wie Handelszeiten, die Art der Preisangabe, die Grenzen der täglichen Preisschwankung usw. Neue Kontrakte müssen von der Commodity Futures Trading Commission zugelassen sein, bevor der Handel mit ihnen beginnen kann.

Ein bedeutender Aspekt von Futures-Märkten sind Margin-Konten. Ein Anleger unterhält bei seinem Broker ein Margin-Konto. Das Konto wird aufgrund von

Gewinnen oder Verlusten täglich angepasst. Von Zeit zu Zeit kann der Broker bei Auftreten von ungünstigen Kursentwicklungen Nachschusszahlungen auf das Konto fordern. Der Broker muss entweder Mitglied der Clearingstelle sein oder bei einem solchen ein Margin-Konto unterhalten. Jedes Mitglied der Clearingstelle hat ein Margin-Konto bei der Clearingstelle. Dieses wird täglich angepasst, um die Gewinne und Verluste für die Geschäfte auszuweisen, für die das Mitglied der Clearingstelle verantwortlich ist.

Transaktionen auf OTC-Derivatemärkten werden entweder bilateral ode zentral abgerechnet. Bei bilateraler Abrechnung müssen meist eine oder beide Parteien Collateral hinterlegen, um das Kreditrisiko zu reduzieren. Bei zentraler Abrechnung steht eine zentrale Gegenpartei (CCP) zwischen den beiden Seiten. Die CCP verlangt von jeder Seite die Einzahlung einer Margin und funktioniert im Prinzip wie die Clearingstelle einer Börse.

Forward-Kontrakte unterscheiden sich in vielerlei Hinsicht von Futures-Kontrakten. Sie stellen private Verträge zwischen zwei Parteien dar, während Futures-Kontrakte an Börsen gehandelt werden. Es gibt im Allgemeinen bei Forwards einen einzigen Liefertag, bei Futures-Kontrakten ist es meist ein Bereich von mehreren Liefertagen. Da Forward-Kontrakte nicht an Börsen gehandelt werden, müssen sie nicht standardisiert werden. Sie werden im Normalfall nicht vor Laufzeitende abgerechnet. Die meisten Forward-Kontrakte führen dann tatsächlich zur Lieferung des Underlyings oder zur Barabrechnung.

In den nächsten Kapiteln werfen wir einen Blick auf die Preisbestimmung für Forward- und Futures-Kontrakte. Wir werden auch genauer untersuchen, wie Forward- und Futures-Kontrakte zu Absicherungszwecken eingesetzt werden können.

ZUSAMMENFASSUNG

Literaturempfehlungen

Duffie, D., und H. Zhu, „Does a Central Clearing Counterparty Reduce Counterparty Risk?", Review of Asset Pricing Studies, 1, 1 (2011): 74–95.

Gastineau, G.L., D.J. Smith und R. Todd, *Risk Management, Derivatives, and Financial Analysis under SFAS No. 133*, The Research Foundation of AIMR and Blackwell Series in Finance, 2001.

Hull, J., „CCPs, Their Risks and How They Can Be Reduced", Journal of Derivatives, 20, 1 (Herbst 2012): 26–29.

Jorion, P., „Risk Management Lessons from Long-Term Capital Management", European Financial Management, 6, 3 (September 2000): 277–300.

Kleinman, G., *Trading Commodities and Financial Futures*. Upper Saddle River, NJ: Pearson, 2013.

Lowenstein, R., *When Genius Failed: The Rise and Fall of Long-Term Capital Management*, New York: Random House, 2000.

Panaretou, A., M.B. Shackleton und P.A. Taylor, „Corporate Risk Management and Accounting", Contemporary Accounting Research, 30, 1 (Frühling 2013): 116–139.

Praktische Fragestellungen

2.1 Unterscheiden Sie die Begriffe *Open Interest* und *Handelsvolumen*.

2.2 Worin besteht der Unterschied zwischen einem *Eigenhändler* (Local) und einem *Auftragsbroker* (FCM)?

2.3 Nehmen Sie an, Sie gehen an der New York Commodity Exchange einen Futures-Kontrakt zum Verkauf von Silber im Juli für 17,20 $ pro Unze ein. Die Kontraktgröße beträgt 5000 Unzen, die Initial Margin 4000 $, die Maintenance Margin 3000 $. Welche Änderung des Futures-Kurses führt zu einer Nachschussforderung? Was passiert, wenn Sie der Nachschussforderung nicht nachkommen?

2.4 Angenommen, ein Unternehmen nimmt im September 2015 die Long-Position in einem Rohöl-Futures-Kontrakt für Mai 2016 ein. Es schließt seine Position im März 2016. Der Futures-Kurs (pro Barrel) steht bei 88,30 $, wenn das Unternehmen in den Kontrakt eintritt, bei 90,50 $, wenn es seine Position schließt und bei 89,10 $ Ende Dezember 2015. Ein Kontrakt umfasst die Lieferung von 1000 Barrel. Wie hoch ist der Gesamtgewinn des Unternehmens? Wann wird er realisiert? Wie wird er steuerlich behandelt, wenn das Unternehmen (a) ein Absicherer bzw. (b) ein Spekulant ist? Gehen Sie davon aus, dass das Steuerjahr am 31. Dezember endet.

2.5 Was bedeutet eine Stop-Order zum Verkauf bei 2 $? Wann könnte sie eingesetzt werden? Was bedeutet eine Limit-Order zum Verkauf bei 2 $? Wann könnte sie eingesetzt werden?

2.6 Worin besteht der Unterschied in der Führung eines Margin-Kontos bei einer Clearingstelle im Vergleich zu Margin-Konten bei einem Broker?

2.7 Welche unterschiedlichen Arten der Preisangabe gibt es auf dem Devisen-Futures-Markt, dem Devisen-Kassamarkt und dem Devisen-Forward-Markt?

2.8 Der Inhaber der Short-Position in einem Futures-Kontrakt hat manchmal Wahlmöglichkeiten, z. B. wo und wann die Lieferung erfolgen soll oder welche Warenqualität geliefert werden soll. Erhöhen oder verringern diese Wahlmöglichkeiten den Futures-Kurs? Begründen Sie Ihre Meinung.

2.9 Was sind die wichtigsten Aspekte bei der Festlegung eines neuen Futures-Kontrakts?

2.10 Erläutern Sie, wie Margin-Konten Anleger vor der Möglichkeit eines Zahlungsausfalls schützen.

2.11 Ein Anleger kauft zwei Futures-Kontrakte auf gefrorenen Orangensaft. Jeder Kontrakt umfasst die Lieferung von 15 000 Pfund. Der Futures-Kurs beträgt derzeit 160 Cent pro Pfund, die Initial Margin je Kontrakt beträgt 6000 $, der Mindestsaldo des Margin-Kontos 4500 $ je Kontrakt. Welche Kursänderung würde eine Nachschussforderung auslösen? Unter welchen Umständen könnte der Anleger 2000 $ vom Margin-Konto abheben?

2.12 Zeigen Sie, dass Arbitrage möglich ist, wenn während des Lieferzeitraums der Futures-Kurs einer Ware über dem Spotkurs liegt. Wäre Arbitrage auch möglich, wenn der Futures-Kurs unter dem Spotkurs liegt? Erläutern Sie Ihre Antwort.

2.13 Erläutern Sie den Unterschied zwischen einer Market-If-Touched-Order (MIT-Order) und einer Stop-Order.

2.14 Erläutern Sie, was eine Stop-Limit-Order zum Verkauf bei 20,30 mit einem Limit von 20,10 aussagt.

2.15 Am Ende eines Tages nimmt ein Mitglied der Clearingstelle die Long-Position in 100 Kontrakten ein. Der Settlement-Preis eines Kontrakts ist jeweils 50 000 $. Die Initial Margin beträgt 2000 $ pro Kontrakt. Am folgenden Tag muss das Mitglied 20 weitere Long-Kontrakte, in die er zum Preis von 51 000 $ je Kontrakt eintrat, verrechnen. Der Settlement-Preis am Ende dieses Tages ist 50 200 $. Welchen Betrag muss das Mitglied der Clearingstelle auf sein Margin-Konto bei der Clearingstelle einzahlen?

2.16 Erläutern Sie, warum es in Folge der neuen Regelungen nach der Kreditkrise von 2008 auf dem OTC-Markt höhere Collateralforderungen geben wird.

2.17 Der 45-Tage-Forward-Kurs auf Schweizer Franken steht bei 1,1000. Der Futures-Kurs für einen 45-Tage-Kontrakt beträgt 0,9000. Erläutern Sie diese beiden Preisangaben. Welcher Kurs ist für einen Anleger, der Schweizer Franken verkaufen will, günstiger?

2.18 Stellen Sie sich vor, Sie rufen Ihren Broker an und geben Anweisungen, einen Juli-Kontrakt auf Schweine zu verkaufen. Beschreiben Sie die Folgen des Handels.

2.19 „Spekulation auf Futures-Märkten ist reines Glücksspiel. Es ist nicht im öffentlichen Interesse, Spekulanten zum Börsenhandel von Futures zuzulassen." Diskutieren Sie diese Aussage.

2.20 Erläutern Sie den Unterschied zwischen bilateraler und zentraler Abrechnung von OTC-Derivaten.

2.21 Was würde Ihrer Meinung nach passieren, wenn eine Börse den Handel eines Kontrakts beginnt, bei dem die Qualität des Underlyings unzureichend spezifiziert wurde?

2.22 „Wenn ein Futures-Kontrakt auf dem Börsenparkett gehandelt wird, kann sich die Zahl der offenen Positionen (Open Interest) um eins erhöhen, gleich bleiben oder um eins verringern." Erklären Sie diese Aussage.

2.23 Nehmen Sie an, ein Unternehmen verkauft am 24. Oktober 2015 einen Futures-Kontrakt auf Lebendrind mit Fälligkeit im April 2016. Es schließt seine Position am 21. Januar 2016. Der Futures-Kurs (pro Pfund) liegt bei 121,20 Cent, wenn das Unternehmen in den Kontrakt eintritt, bei 118,30 Cent, wenn es seine Position schließt und bei 118,80 Cent Ende Dezember 2015. Ein Kontrakt umfasst die Lieferung von

40 000 Pfund Rind. Wie hoch ist der Gesamtgewinn? Wie wird er steuerlich behandelt, wenn das Unternehmen (a) ein Absicherer bzw. (b) ein Spekulant ist? Gehen Sie davon aus, dass das Steuerjahr am 31. Dezember endet.

2.24 Ein Rinderzüchter rechnet damit, in drei Monaten 120 000 Pfund Lebendrind zu verkaufen. Der Futures-Kontrakt der CME Group auf Lebendrind umfasst 40 000 Pfund Rind. Wie kann der Rinderzüchter diesen Kontrakt zur Absicherung einsetzen? Was sind aus seiner Sicht die Vor- und Nachteile der Absicherung?

2.25 Es sei jetzt Juli 2014. Ein Goldminenbetreiber hat gerade ein kleines Goldvorkommen entdeckt. Die Errichtung einer Mine dauert sechs Monate, danach wird das Gold für ein Jahr mehr oder weniger kontinuierlich abgebaut. Gold-Futures sind an der New York Commodity Exchange verfügbar. Von August 2014 bis Dezember 2015 ist jeder zweite Monat ein möglicher Liefermonat. Jeder Kontrakt umfasst die Lieferung von 100 Unzen Gold. Diskutieren Sie, wie der Minenbetreiber die Futures-Märkte zur Absicherung nutzen kann.

2.26 Erläutern Sie die Funktionsweise von CCPs. Welche Vorteile ergeben sich für das Finanzsystem durch die Forderung nach Abrechnung aller Standard-Derivatetransaktionen über CCPs?

Zur weiteren Vertiefung

2.27 Händler A geht einen Futures-Kontrakt über den Kauf von 1 Million Euro für 1,3 Millionen Dollar in drei Monaten ein. Händler B schließt für den gleichen Handel einen Forward-Kontrakt ab. Der Wechselkurs (Dollar pro Euro) fällt in den ersten beiden Monaten stark ab, steigt im dritten Monat an und beträgt bei Fälligkeit 1,3300. Welchen jeweiligen Gesamtgewinn erzielen die Händler, wenn tägliche Abrechnung vernachlässigt wird? Welcher Händler fährt besser, wenn die Auswirkungen der täglichen Abrechnung berücksichtigt werden?

2.28 Erklären Sie, was Open Interest bedeutet. Warum sinkt der Open Interest im Normalfall im Monat vor dem Liefermonat? An einem bestimmten Tag finden für einen bestimmten Futures-Kontrakt 2000 Trades statt. Das bedeutet, es gibt 2000 Käufer (welche die Long-Position einnehmen) und 2000 Verkäufer (welche die Short-Position einnehmen). Von den 2000 Käufern schließen 1400 ihre Positionen, 600 eröffnen neue Positionen. Von den 2000 Verkäufern schließen 1200 ihre Positionen, 800 eröffnen neue Positionen. Welche Auswirkung hat der Handel dieses Tages auf den Open Interest?

2.29 Ein Orangensaft-Futures-Kontrakt umfasst 15 000 Pfund gefrorenes Konzentrat. Angenommen, ein Unternehmen verkauft im September 2014 einen Orangensaft-Futures-Kontrakt mit Fälligkeit im März 2016 für 120 Cent pro Pfund. Im Dezember 2014 beträgt der Futures-Kurs 140 Cent, im Dezember 2015 110 Cent, bei der Glattstellung im Februar 2016 125 Cent. Das Steuerjahr des Unternehmens endet am 31. Dezember. Wie hoch ist der Gewinn/Verlust des Unternehmens aus diesem Kontrakt? Wie wird er realisiert? Wie wird er buchungstechnisch und steuerlich behandelt, wenn das Unternehmen (a) als Absicherer bzw. (b) als Spekulant einzustufen ist?

2.30 Ein Unternehmen tritt in einen Futures-Kontrakt über den Verkauf von 5000 Bushel Weizen zum Preis von 750 Cent je Bushel ein. Die Initial Margin beträgt 3000 $, der Mindestsaldo des Margin-Kontos 2000 $. Welche Kursänderung würde eine Nachschussforderung auslösen? Unter welchen Umständen könnte das Unternehmen 1500 $ vom Margin-Konto abheben?

2.31 Angenommen, die Lagerung von Rohöl verursacht keine Kosten und der risikolose Zinssatz für Kreditaufnahme bzw. Kapitalanlage beträgt 5% per annum. Wie können Sie durch den Handel von Juni- und Dezember-Futures, welche 80 bzw. 86 $ kosten, Gewinne erzielen?

2.32 Welche Position ist gleichwertig mit einem Long-Forward-Kontrakt zum Kauf eines Assets für K an einem bestimmten Termin und einer Put Option zum Verkauf des Assets für K an diesem Termin?

2.33 Ein Unternehmen unterhält Derivatetransaktionen mit den Banken A, B und C, welche für das Unternehmen einen Wert von +20 Millionen Dollar, −15 Millionen Dollar bzw. −25 Millionen Dollar besitzen. Entscheiden Sie für die beiden folgenden Situationen, wie viel Margin bzw. Collateral das Unternehmen hinterlegen muss:

a. Die Transaktionen werden bilateral abgerechnet und unterliegen einseitigen Collateralvereinbarungen, bei denen das Unternehmen Variation Margin hinterlegt, aber keine Initial Margin. Die Banken müssen kein Collateral hinterlegen.
b. Die Transaktionen werden zentral über die gleiche CCP abgerechnet, welche eine Initial Margin von insgesamt 10 Millionen Dollar verlangt.

2.34 Die Derivatetransaktionen einer Bank mit einer Gegenpartei haben für die Bank einen Wert von +10 Millionen Dollar und werden bilateral abgerechnet. Die Gegenpartei hat 10 Millionen Dollar Collateral in bar hinterlegt. Welchem Kredit-Exposure ist die Bank ausgesetzt?

2.35 Die Homepage des Autors (www.rotman.utoronto/~hull/data) enthält die täglichen Schlusskurse für Rohöl-Futures-Kontrakte und Gold-Futures-Kontrakte. Laden Sie die Daten herunter und beantworten Sie die folgenden Fragen:

a. Schätzen Sie die tägliche Kursänderung, welche mit einer Wahrscheinlichkeit von 99% nicht überschritten wird. Nehmen Sie dabei an, dass die täglichen Kursschwankungen normalverteilt mit Mittelwert 0 sind.
b. Angenommen, die Börse möchte den Mindestsaldo so festlegen, dass sie zu 99% sicher sein kann, dass dieser nicht durch eine 2-Tages-Preisschwankung aufgezehrt wird. (Die Zwei-Tage-Spanne wird gewählt, da Margin Calls am Ende eines Tages erfolgen und der Trader bis zum Ende des nächsten Handelstages entscheiden kann, ob er weitere Margin hinterlegt.)
c. Angenommen, der Mindestsaldo wird wie in b. berechnet und er beträgt 75% der Initial Margin. Wie oft würde Margin im von den Daten abgedeckten Zeitraum für einen Trader in der Long-Position aufgezehrt werden? Was lässt sich anhand Ihrer Ergebnisse über die Eignung der Normalverteilungsannahme aussagen?

Absicherungsstrategien mit Futures

3.1 Grundprinzipien 82
3.2 Argumente für und gegen Absicherungen ... 84
3.3 Basisrisiko 88
3.4 Cross Hedging 92
3.5 Aktienindex-Futures 97
3.6 Absicherung über lange Horizonte 103
Zusammenfassung 105
Literaturempfehlungen 106
Praktische Fragestellungen 107
Anhang: Das Capital Asset Pricing Model 111

3 Absicherungsstrategien mit Futures

Viele der Händler auf Futures-Märkten sind Absicherer (Hedger). Ihr Ziel ist die Nutzung von Futures-Märkten zur Reduzierung bestimmter Risiken, denen sie ausgesetzt sind. Dieses Risiko kann den Ölpreis, Wechselkurse, das Niveau des Aktienmarktes oder andere Variablen betreffen. Eine perfekte Absicherung *(engl. Perfect Hedge) eliminiert das Risiko vollständig. In der Praxis sind perfekte Absicherungen selten anzutreffen. Eine Untersuchung der Absicherung mit Futures-Kontrakten wird sich daher meist darauf konzentrieren, wie Absicherungen konstruiert werden können, damit sie möglichst wenig vom Idealzustand einer perfekten Absicherung abweichen.*

In diesem Kapitel betrachten wir eine Reihe allgemeiner Themen, die mit Absicherungen zusammenhängen. Wann ist die Short-Position in einem Futures-Kontrakt sinnvoll? Wann die Long-Position? Welcher Futures-Kontrakt soll genutzt werden? Wie kann die optimale Größe der Futures-Position zur Risikoreduktion ermittelt werden? An diesem Punkt wollen wir unsere Aufmerksamkeit auf Strategien richten, die als Hedge-and-Forget*-Strategien bezeichnet werden können. Wir setzen voraus, dass die Absicherung, nachdem sie einmal in Kraft getreten ist, nicht mehr verändert wird. Der Absicherer nimmt einfach die Futures-Position zu Beginn des Absicherungszeitraums ein und schließt diese am Ende des Zeitraums. In Kapitel 19 werden wir dynamische Absicherungsstrategien untersuchen, bei denen die Absicherung genau überwacht wird und häufig Anpassungen vorgenommen werden.*

Am Anfang des Kapitels werden Futures-Kontrakte als Forward-Kontrakte angesehen (d. h., die tägliche Abrechnung wird ignoriert). Später wird das „tailing" eingeführt, eine Anpassung, die den Unterschied zwischen Futures und Forwards berücksichtigt.

3.1 Grundprinzipien

Wenn eine Person oder ein Unternehmen sich dafür entscheidet, zur Absicherung eines Risikos Futures-Märkte zu nutzen, besteht das Ziel gewöhnlich darin, eine Position einzunehmen, die das Risiko so weit wie möglich ausgleicht. Betrachten wir ein Unternehmen, welches weiß, dass es 10 000 $ gewinnt, wenn der Kurs eines Rohstoffs in den nächsten drei Monaten um 1 Cent steigt, und 10 000 $ verliert, wenn der Kurs im gleichen Zeitraum um 1 Cent fällt. Zur Absicherung sollte der Finanzmanager die Short-Position in einem Futures-Kontrakt einnehmen, die zum Ausgleich des Risikos führt. Die Futures-Position sollte zu einem Verlust von 10 000 $ führen, wenn der Kurs des Rohstoffs in den drei Monaten um 1 Cent steigt, und zu einem Gewinn von 10 000 $, wenn der Kurs im gleichen Zeitraum um 1 Cent fällt. Wenn der Rohstoffkurs sinkt, gleicht der Gewinn aus der Futures-Position den Verlust aus dem Unternehmensgeschäft aus. Steigt der Rohstoffkurs, wird der Verlust aus der Futures-Position durch den Gewinn aus dem Unternehmensgeschäft neutralisiert.

Short Hedge

Ein *Short Hedge* (Verkaufsabsicherung) ist eine Form der Absicherung, die, wie die eben beschriebene, die Short-Position in einem Futures-Kontrakt enthält. Ein Short Hedge ist sinnvoll, wenn der Absicherer bereits ein Asset besitzt und denkt, dass er dieses zu einem zukünftigen Zeitpunkt verkaufen wird. So könnte z. B. ein Short Hedge von einem Schweinezüchter genutzt werden, der weiß, dass die Tiere in zwei Monaten auf dem Inlandsmarkt verkauft werden können. Ein Short Hedge kann auch verwendet werden, wenn man die fragliche Ware jetzt noch nicht besitzt, aber zu einem zukünftigen Zeitpunkt besitzen wird. Betrachten wir z. B. einen US-Exporteur, der weiß, dass er in drei Monaten einen Betrag in Euro erhalten wird. Er wird einen Gewinn realisieren, wenn der Euro gegenüber dem Dollar an Wert zulegt, und Verlust erleiden, wenn der Euro gegenüber dem Dollar an Wert einbüßt. Die Short-Position in einem Futures-Kontrakt führt zu einem Verlust, wenn der Euro an Wert gewinnt, und zu einem Gewinn, wenn er an Wert verliert. Sie hat den Effekt, dass das Risiko des Exporteurs ausgeglichen wird.

Für eine detailliertere Darstellung der Wirkung eines Short Hedge nehmen wir an, dass heute der 15. Mai ist und ein Ölproduzent soeben einen Kontrakt über den Verkauf von 1 Million Barrel Rohöl ausgehandelt hat. Es wurde vereinbart, dass der Marktpreis vom 15. August als der für das Öl zu zahlende Preis gilt. Der Ölproduzent ist daher in der oben betrachteten Situation, in der er bei einer 1-Cent-Kurssteigerung in den nächsten drei Monaten 10 000 $ gewinnt und beim Fallen des Kurses um 1 Cent in diesem Zeitraum 10 000 $ verliert. Der Spotkurs am 15. Mai sei 80 $ pro Barrel und der Futures-Kurs für August-Rohöl stehe bei 79 $. Da jeder Futures-Kontrakt 1000 Barrel umfasst, kann das Unternehmen sein Verlustrisiko durch Einnahme der Short-Position in 1000 August-Futures absichern. Wenn der Ölproduzent seine Position am 15. August schließt, sollte das Ergebnis der Strategie sein, dass der erzielte Preis pro Barrel ungefähr 79 $ beträgt.

Zum Beispiel nehmen wir an, dass der Spotkurs am 15. August bei 75 $ pro Barrel steht. Das Unternehmen erhält 55 Millionen $ durch den Verkauf des Öls. Da der August der Liefermonat für den Futures-Kontrakt ist, sollte der Futures-Kurs am 15. August nahe beim Spotkurs dieses Tages von 75 $ liegen. Das Unternehmen erzielt daher ungefähr

$$79\, \$ - 75\, \$ = 4\, \$$$

pro Barrel, also insgesamt 4 Millionen $, aus der Short-Position des Futures-Kontrakts. In Summe beträgt der erwirtschaftete Betrag aus Futures-Position und Verkauf also 79 $ pro Barrel bzw. 79 Millionen $ insgesamt.

Nehmen wir nun noch einen anderen Fall an, nämlich dass der Ölkurs am 15. August bei 85 $ pro Barrel liegt. Das Unternehmen erhält 85 $ pro Barrel für das Öl und verliert etwa

$$85\, \$ - 79\, \$ = 6\, \$$$

pro Barrel aus der Futures-Position. Der erwirtschaftete Gesamtbetrag beträgt wiederum ungefähr 79 Millionen $. Es ist leicht einzusehen, dass das Unternehmen in jedem Fall etwa 79 Millionen $ erhält.

Long Hedge

Absicherungen, die in der Einnahme der Long-Position in einem Futures-Kontrakt bestehen, heißen *Long Hedge* (Kaufabsicherung). Ein Long Hedge bietet sich an, wenn ein Unternehmen weiß, dass es eine bestimmte Ware in der Zukunft kaufen und bereits jetzt einen verlässlichen Preis fixieren möchte.

Angenommen, es sei jetzt der 15. Januar. Ein Kupferverarbeiter weiß, dass er am 15. Mai 100 000 Pfund Kupfer benötigt, um einen Vertrag zu erfüllen. Der Spotkurs von Kupfer ist 340 Cent pro Pfund, der Mai-Futures-Kurs 320 Cent pro Pfund. Die Firma kann ihre Lage durch die Einnahme der Long-Position in vier Futures-Kontrakten an der COMEX (einem Geschäftsbereich der CME Group) und deren Schließen am 15. Mai absichern. Jeder einzelne Kontrakt umfasst dabei die Lieferung von 25 000 Pfund Kupfer. Die Strategie setzt den Preis des benötigten Kupfers bei ungefähr 320 Cent pro Pfund fest.

Nehmen wir an, dass der Kupfer-Preis am 15. Mai 325 Cent pro Pfund beträgt. Da der Mai der Liefermonat für den Futures-Kontrakt ist, sollte der Futures-Kurs zumindest nahe bei 325 Cent liegen. Das Unternehmen erhält daher etwa

$$100\,000 \cdot (3{,}25\,\$ - 3{,}20\,\$) = 5000\,\$$$

aus den Futures-Kontrakten. Es zahlt $100\,000 \cdot 3{,}25\,\$ = 325\,000\,\$$ für das Kupfer, was zu Gesamtkosten von circa $325\,000\,\$ - 5000\,\$ = 320\,000\,\$$ führt. Sehen wir uns alternativ an, was herauskommt, wenn der Futures-Kurs am 15. Mai bei 305 Cent notiert. Das Unternehmen verliert dann ungefähr

$$100\,000 \cdot (3{,}20\,\$ - 3{,}05\,\$) = 15\,000\,\$$$

aus den Futures-Kontrakten und zahlt $100\,000 \cdot 3{,}05\,\$ = 305\,000\,\$$ für das Kupfer. Die Gesamtkosten betragen wiederum 320 000 $ bzw. 320 Cent pro Pfund.

Beachten Sie, dass für das Unternehmen die Nutzung der Futures-Kontrakte in diesem Fall gegenüber dem Kauf von Kupfer auf dem Spotmarkt am 15. Januar vorteilhaft ist. Würde es Letzteres tun, müsste es 340 Cent statt 320 Cent pro Pfund bezahlen und außerdem noch Zins- und Lagerhaltungskosten entrichten. Für ein Unternehmen, das regelmäßig Kupfer verarbeitet, würden diese Nachteile durch die Convenience Yield, d.h. den Nutzen aus der unmittelbaren Verfügbarkeit von Kupfer, ausgeglichen werden.[1] Ein Unternehmen, das genau weiß, dass es Kupfer nicht vor dem 15. Mai benötigt, wird jedoch eher die Alternative eines Futures-Kontrakts bevorzugen.

In den betrachteten Beispielen haben wir vorausgesetzt, dass die Futures-Position im Liefermonat geschlossen wird. Im Prinzip führt die Absicherung zum gleichen Ergebnis, wenn man die Lieferung zulässt. Eine Lieferung kann jedoch teuer sein. Aus diesem Grund erfolgt meist keine Lieferung, selbst wenn der Absicherer den Futures-Kontrakt bis zum Liefermonat hält. Wie später diskutiert wird, vermeiden Absicherer mit Long-Positionen gewöhnlich jegliches Lieferrisiko, indem sie ihre Positionen vor dem Lieferzeitraum schließen.

In den beiden betrachteten Beispielen haben wir außerdem vorausgesetzt, dass ein Futures-Kontrakt dasselbe ist wie ein Forward-Kontrakt. In der Realität wird die Absicherung durch die tägliche Bewertung zu Marktpreisen beeinflusst. Wie in Kapitel 2 erläutert wurde, heißt dies, dass die Auszahlung aus einem Futures-Kontrakt an jedem Tag der Laufzeit der Absicherung geschieht, anstatt auf einen Schlag am Ende.

3.2 Argumente für und gegen Absicherungen

Die Argumente zugunsten der Absicherung sind so offenkundig, dass sie kaum genannt werden müssen. Viele Nichtfinanz-Unternehmen sind im verarbeitenden oder dienstleistenden Sektor, im Einzel- oder Großhandel tätig. Sie haben keine besonderen Fertigkeiten oder Kenntnisse in der Prognose von Variablen wie Zinssätzen, Wechselkursen und Rohstoffkursen. Für sie ist es sinnvoll, die mit diesen

---

1 Eine Diskussion von Convenience Yields erfolgt in Abschnitt 5.10.

Variablen verbundenen Risiken abzusichern. Die Unternehmen können sich dann auf ihr Hauptgeschäft konzentrieren, in welchem sie vermutlich besondere Fertigkeiten und Kenntnisse besitzen. Durch die Absicherung vermeiden sie unerfreuliche Überraschungen wie zum Beispiel den plötzlichen Anstieg eines Rohstoffpreises.

In der Praxis werden viele Risiken nicht abgesichert. Im restlichen Abschnitt werden wir einige Gründe dafür untersuchen.

Absicherung und Aktionäre

Ein Argument, das bisweilen vorgebracht wird, ist, dass die Aktionäre, wenn sie wollen, selbst die Absicherung vornehmen könnten. Sie bräuchten dazu nicht das Unternehmen. Dieses Argument ist jedoch fraglich. Es setzt voraus, dass die Aktionäre genauso viele Informationen über die bestehenden Risiken eines Unternehmens besitzen wie die Unternehmensführung. Dies trifft in den meisten Fällen nicht zu. Des Weiteren ignoriert diese Erklärung Transaktionskosten. Diese sind prozentual für größere Absicherungstransaktionen geringer als für kleinere. Daher ist die Absicherung sicher billiger, wenn sie durch das Unternehmen und nicht durch Einzelaktionäre durchgeführt wird. Tatsächlich macht das Volumen von Futures-Kontrakten die Absicherung durch Einzelaktionäre oftmals unmöglich.

Eines können Aktionäre allerdings viel einfacher umsetzen als Unternehmen: die Streuung von Risiken. Ein Aktionär mit einem gut diversifizierten Aktienbestand kann gegen viele Risiken eines Unternehmens gewappnet sein. So kann z. B. ein Aktionär mit breit diversifiziertem Portfolio, der Aktien eines kupferverarbeitenden Unternehmens hält, zusätzlich Aktien eines Kupferlieferanten halten, sodass gegenüber dem Preis von Kupfer ein sehr kleines Exposure besteht. Unter dem Exposure wird die Abhängigkeit gegenüber einem bestimmten Risikofaktor verstanden, in diesem Fall gegenüber dem Preis von Kupfer. Wenn Unternehmen im besten Interesse der gut diversifizierten Aktionäre handeln würden, könnte man behaupten, dass Absicherung in vielen Situationen nicht nötig wäre. In welchem Ausmaß jedoch die Unternehmen in der Realität von diesem Argument beeinflusst sind, ist eine offene Frage.

Absicherung und Konkurrenten

Wenn Absicherung in einem bestimmten Wirtschaftszweig nicht üblich ist, kann es sein, dass es für ein Unternehmen keinen Sinn hat, sich anders als die Wettbewerber verhalten zu wollen. Der Konkurrenzdruck innerhalb der Branche kann dazu führen, dass die Preise der produzierten Güter und Dienstleistungen so schwanken wie die Rohmaterialkosten, die Zinssätze, die Wechselkurse usw. Ein Unternehmen, das sich nicht absichert, kann erwarten, dass seine Gewinnspannen in etwa konstant bleiben. Ein Unternehmen, das sich absichert, kann jedoch erwarten, dass seine Gewinnspannen schwanken!

Um dies zu veranschaulichen, betrachten wir zwei Hersteller von Goldschmuck, die Firmen SafeandSure und TakeaChance. Wir nehmen an, dass sich die meisten Schmuckhersteller nicht gegen Bewegungen des Goldkurses abgesichert haben und dass TakeaChance keine Ausnahme macht. SafeandSure hat sich jedoch entschieden, sich anders als die Konkurrenz zu verhalten, und benutzt Futures-Kontrakte, um seine Goldkäufe der nächsten 18 Monate abzusichern. Hat SafeandSure sein Risiko reduziert? Wenn der Goldkurs steigt, werden ökonomische Zwänge zu einem

3 Absicherungsstrategien mit Futures

Änderung des Goldpreises	Auswirkung auf Preis von Goldschmuck	Auswirkung auf Gewinne von TakeaChance	Auswirkung auf Gewinne von SafeandSure
Anstieg	Anstieg	keine	Anstieg
Rückgang	Rückgang	keine	Rückgang

Tabelle 3.1: Gefahren einer Absicherung, wenn Wettbewerber nicht absichern

entsprechenden Anstieg des Großhandelspreises von Schmuck führen, sodass die Gewinnspanne von TakeaChance nicht betroffen ist. Die Gewinnspanne von SafeandSure wird dagegen steigen, wenn man den Einfluss der Absicherung mit einbezieht. Wenn der Goldkurs sinkt, werden ökonomische Zwänge zu einer entsprechenden Verringerung des Großhandelspreises von Schmuck führen. Wiederum ist die Gewinnspanne von TakeaChance nicht betroffen. Die Gewinnspanne von SafeandSure wird jedoch fallen. Im Extremfall kann die Gewinnspanne von SafeandSure infolge der „Absicherung" sogar negativ werden! Die Konstellation ist in Tabelle 3.1 zusammengefasst.

Dieses Beispiel betont die Wichtigkeit, bei einer geplanten Absicherung die allgemeine Situation zu betrachten. Sämtliche Folgen der Kursänderungen auf die Ertragslage eines Unternehmens sollten einbezogen werden, wenn man eine Absicherungsstrategie zum Schutz gegen die Preisänderungen entwirft.

Hedging kann zu einem schlechteren Ergebnis führen

Es ist wichtig zu verstehen, dass eine Absicherung durch Futures-Kontrakte eine Verringerung oder eine Erhöhung des Unternehmensgewinns im Vergleich zu dem Fall, dass nicht abgesichert wird, zum Ergebnis haben kann. Im weiter oben betrachteten Beispiel des Ölproduzenten verliert das Unternehmen nach einem Fallen des Ölkurses beim Verkauf der 1 Million Barrel Öl, und die Futures-Position sorgt für den ausgleichenden Gewinn. Man kann dem Finanzmanager zu seiner vorausschauenden Absicherungsmaßnahme gratulieren. Das Unternehmen steht eindeutig besser da, als wenn es nicht abgesichert hätte. Andere Führungskräfte in der Organisation werden hoffentlich den Beitrag des Finanzmanagers zu schätzen wissen. Steigt der Ölkurs, dann erzielt das Unternehmen beim Verkauf des Öls einen Gewinn, und die Futures-Position sorgt für den ausgleichenden Verlust. Das Unternehmen hätte ohne Absicherung ein besseres Ergebnis erzielt. Obwohl die Absicherungsentscheidung absolut logisch war, kann es sein, dass der Finanzmanager in der Realität Erklärungsschwierigkeiten haben wird. Nehmen wir an, der Ölkurs liegt zum Schluss der Absicherungsperiode bei 89 $, das Unternehmen verliert also 10 $ pro Barrel durch den Futures-Kontrakt. Die folgende Konversation zwischen dem Finanzmanager und dem Vorstand des Unternehmens kann man sich leicht vorstellen.

Vorstand: Das ist ja furchtbar. Wir haben in nur drei Monaten 10 Millionen $ auf dem Futures-Markt verloren. Wie konnte das passieren? Ich erwarte eine umfassende Erklärung.

Finanzmanager:	Der Zweck der Futures-Kontrakte war die Absicherung unseres Verlustrisikos aus der Ölpreisentwicklung – und nicht die Gewinnerzielung. Vergessen Sie bitte nicht, dass wir etwa 10 Millionen $ Gewinn durch die vorteilhafte Ölpreisentwicklung realisiert haben.
Vorstand:	Was hat das damit zu tun? Als ob wir uns keine Sorgen machen müssten, wenn die Verkäufe in Kalifornien schlecht laufen, nur weil sie in New York gut laufen.
Finanzmanager:	Wenn aber der Ölpreis gefallen wäre ...
Vorstand:	Es interessiert mich nicht, was passiert wäre, wenn der Ölpreis gefallen wäre. Fakt ist, er ist nicht gefallen. Ich weiß wirklich nicht, was diese Spielereien am Futures-Markt sollen. Unsere Aktionäre werden in diesem Quartal ein besonders gutes Ergebnis von uns erwarten. Ich werde ihnen erklären müssen, dass Ihr Handeln den Gewinn um 10 Millionen $ verringert hat. Ich fürchte, das bedeutet dieses Jahr keine Bonuszahlung für Sie.
Finanzmanager:	Das ist ungerecht. Ich habe nur ...
Vorstand:	Ungerecht? Sie können von Glück sagen, dass Sie nicht gefeuert werden. Sie haben 10 Millionen $ in den Sand gesetzt.
Finanzmanager:	Das hängt alles davon ab, wie man die Sache betrachtet ...

Verständlich, dass viele Finanzmanager nur ungern absichern. Die Absicherung reduziert das Risiko für das Unternehmen. Sie kann jedoch die Risiken für den Finanzmanager erhöhen, wenn andere den Vorgang nicht vollständig verstehen. Die einzig sinnvolle Lösung für dieses Problem besteht darin sicherzustellen, dass alle Führungskräfte des Unternehmens das Wesen der Absicherung voll und ganz begriffen haben, bevor eine Absicherungsstrategie gestartet wird. Idealerweise werden Absicherungsstrategien vom Gesamtvorstand aufgestellt und sowohl das Management als auch die Aktionäre in eindeutiger Weise darüber informiert. (Siehe auch Business Snapshot 3.1 für eine Diskussion des Hedgings bei Betreibern von Goldminen.)

Business Snapshot 3.1 – Hedging im Goldbergbau

Es ist nur logisch, dass ein im Goldbergbau tätiges Unternehmen eine Absicherung gegen Änderungen des Goldpreises in Betracht zieht. Es dauert im Normalfall einige Jahre, bis eine Goldmine vollständig ausgebeutet ist. Entschließt sich ein Unternehmen zum Abbau in einer bestimmten Mine, unterliegt es einem großen Exposure gegenüber dem Goldpreis. In der Tat kann eine anfänglich profitabel erscheinende Mine unprofitabel werden, wenn der Goldpreis stark fällt.

Betreiber von Goldminen hüten sich davor, ihre Absicherungsstrategien potenziellen Aktionären zu erklären. Einige Unternehmen sichern sich überhaupt nicht ab. Sie wollen Anleger anziehen, die Goldaktien kaufen, weil sie einen Kursanstieg erwarten, wenn der Preis von Gold steigt. Andererseits müssen diese Anleger bereit sein, das Risiko eines Verlusts bei einem Rückgang des Goldkurses zu tragen. Andere Unternehmen entscheiden sich für eine Absicherung. Sie schätzen für die nächsten Jahre die Goldmenge, die sie in jedem Monat fördern werden, ab und nehmen die Short-Position in Futures- oder Forward-Kontrakten ein, um den zu erhaltenden Preis ganz oder teilweise festzuschreiben.

Nehmen Sie an, Sie seien Goldman Sachs und haben gerade einen Forward-Kontrakt mit einem Betreiber einer Goldmine abgeschlossen, bei dem Sie sich zur Abnahme einer großen Goldmenge zu einem bestimmten Preis verpflichten. Wie sichern Sie Ihr Risiko ab? Die Antwort lautet: Sie leihen sich das Gold bei einer Zentralbank, verkaufen das Gold sofort auf dem Spotmarkt legen den Erlös zum risikolosen Zinssatz an. Am Laufzeitende des Forward-Kontrakts kaufen Sie das Gold von der Mine und benutzen es zur Rückzahlung an die Zentralbank. Der festgelegte Forwardpreis für das Gold spiegelt den risikolosen Zinssatz und die von der Zentralbank für den Goldkredit festgelegte Gebühr (Gold Lease Rate) wider.

3.3 Basisrisiko

Die Absicherungen in den bis jetzt betrachteten Beispielen waren fast zu gut, um wahr zu sein. Der Absicherer war imstande, den genauen Tag in der Zukunft zu bestimmen, an dem eine Ware gekauft oder verkauft wird. Außerdem war er in der Lage, durch Futures-Kontrakte fast das gesamte Risiko, welches vom Preis der Ware an diesem Tag ausgeht, auszuschließen. In der Praxis ist die Absicherung oft nicht so unkompliziert. Einige Gründe dafür sind:

1. Das Asset, dessen Preisrisiko man absichern will, ist eventuell nicht das gleiche, das dem Futures-Kontrakt zugrunde liegt.
2. Es kann sein, dass der Absicherer nicht genau weiß, an welchem Tag genau die Ware gekauft bzw. verkauft wird.
3. Die Absicherung kann erfordern, dass die Futures-Position lange vor dem Verfalltag geschlossen wird.

Diese Probleme führen zum so genannten *Basisrisiko*. Diesen Begriff wollen wir jetzt erläutern.

Die Basis

Die *Basis* in einer Absicherungssituation ist die folgende:[2]

$$\text{Basis} = \text{Spotkurs des abzusichernden Assets} - \text{Futures-Kurs des verwendeten Kontrakts}.$$

Falls das abzusichernde Asset und das dem Futures-Kontrakt unterliegende Asset identisch sind, sollte die Basis bei Verfall des Futures-Kontrakts null sein. Davor

---

2 Dies ist die übliche Definition. Die alternative Definition

$$\text{Basis} = \text{Futures-Kurs} - \text{Spotkurs}$$

wird jedoch gelegentlich verwendet, besonders wenn sich der Futures-Kontrakt auf ein Wertpapier bezieht.

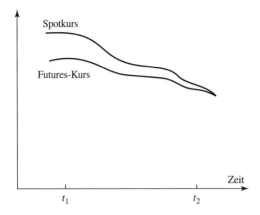

Abbildung 3.1: Veränderungen der Basis im Zeitverlauf

kann sie sowohl negativ als auch positiv sein. Der Spotkurs sollte dem Futures-Preis für einen Kontrakt mit sehr kurzer Laufzeit entsprechen. Aus Tabelle 2.2 wird ersichtlich, dass am 14. Mai 2013 die Basis für Gold negativ und für Mais- und Sojabohnen-Kontrakte mit kurzer Restlaufzeit positiv war.

Spotkurs und Futures-Kurs müssen sich im Zeitverlauf nicht um den gleichen Betrag ändern. Im Ergebnis ändert sich die Basis. Wenn der Spotkurs stärker ansteigt als der Futures-Kurs, wächst die Basis. Steigt der Futures-Kurs stärker als der Spotkurs, wird die Basis kleiner. Abbildung 3.1 veranschaulicht die Änderungen, die eine Basis im Lauf der Zeit erfahren kann, wenn die Basis vor dem Auslaufen des Futures-Kontrakts positiv ist.

Zur Untersuchung des Basisrisikos benutzen wir folgende Notation:

S_1: Spotkurs zum Zeitpunkt t_1

S_2: Spotkurs zum Zeitpunkt t_2

F_1: Futures-Kurs zum Zeitpunkt t_1

F_2: Futures-Kurs zum Zeitpunkt t_2

b_1: Basis zum Zeitpunkt t_1

b_2: Basis zum Zeitpunkt t_2

Wir nehmen an, dass eine Absicherung zum Zeitpunkt t_1 begonnen und zum Zeitpunkt t_2 beendet wird. Wir betrachten exemplarisch die folgende Situation: Zum Beginn der Absicherung seien Spotkurs und Futures-Kurs 2,50 $ und 2,20 $, am Ende seien die Werte 2,00 $ und 1,90 $. Es ist also $S_1 = 2{,}50$, $F_1 = 2{,}20$, $S_2 = 2{,}00$ und $F_2 = 1{,}90$.

Gemäß der Definition der Basis gilt

$$b_1 = S_1 - F_1 \quad \text{und} \quad b_2 = S_2 - F_2 \,,$$

in unserem Beispiel also $b_1 = 0{,}30$ und $b_2 = 0{,}10$.

Betrachten wir zunächst den Fall eines Absicherers, der weiß, dass die Ware zum Zeitpunkt t_2 verkauft wird und daher zum Zeitpunkt t_1 die Short-Position in einem Futures-Kontrakt einnimmt. Der erzielte Preis für die Ware ist S_2, der Ertrag aus der

Futures-Position $F_1 - F_2$. Der tatsächliche, mit Berücksichtigung der Absicherung erzielte Preis für die Ware beträgt also

$$S_2 + F_1 - F_2 = F_1 + b_2 \;.$$

In unserem Beispiel sind das 2,30 $. Der Wert F_1 ist zum Zeitpunkt t_1 bekannt. Wenn b_2 ebenfalls bekannt wäre, hätte dies eine perfekte Absicherung zur Folge. Das Absicherungsrisiko besteht in der mit b_2 verbundenen Unsicherheit und wird als *Basisrisiko* bezeichnet. Betrachten wir nun den Fall, dass ein Unternehmen weiß, dass es die Ware zum Zeitpunkt t_2 kaufen wird und daher zum Zeitpunkt t_1 einen Long Hedge initiiert. Der für die Ware gezahlte Preis beträgt S_2, der Verlust aus der Absicherung ist $F_1 - F_2$. Der tatsächlich gezahlte Preis inklusive der Absicherung ist dann

$$S_2 + F_1 - F_2 = F_1 + b_2 \;.$$

Das ist derselbe Ausdruck wie oben, im Beispiel sind dies wieder 2,30 $. Der Wert von F_1 ist zum Zeitpunkt t_1 bekannt, der Term b_2 verkörpert das Basisrisiko.

Zu beachten ist, dass Änderungen der Basis sowohl zu einer Verbesserung als auch zu einer Verschlechterung der Lage eines Absicherers beitragen können. Betrachten wir ein Unternehmen, das einen Short Hedge verwendet, da es das Underlying verkaufen will. Wird die Basis unerwartet gestärkt, verbessert sich die Lage des Unternehmens, da es nach Berücksichtigung von Futures-Verlusten oder -Gewinnen einen höheren Preis für das Underlying erzielt. Bei einer unvorhergesehenen Schwächung der Basis verschlechtert sich die Lage des Unternehmens. Für ein Unternehmen, welches ein Long Hedge verwendet, da es das Underlying kaufen will, gilt das Gegenteil. Wird die Basis unerwartet gestärkt, verschlechtert sich die Lage des Unternehmens, da es nach Berücksichtigung von Futures-Verlusten oder -Gewinnen einen höheren Preis für das Underlying bezahlt. Bei einer unvorhergesehenen Schwächung der Basis verbessert sich die Lage des Unternehmens.

Das Asset, welches für den Absicherer ein Verlustrisiko mit sich bringt, ist manchmal vom Underlying des zur Absicherung verwendeten Futures-Kontrakts verschieden. Das Basisrisiko ist dann größer. Sei S_2^* der Preis des dem Futures-Kontrakt zugrunde liegenden Assets zum Zeitpunkt t_2. S_2 sei, wie zuvor, der Preis des abgesicherten Assets zum Zeitpunkt t_2. Durch die Absicherung stellt des Unternehmen sicher, dass der zu zahlende oder zu erhaltende Preis für das Asset

$$S_2 + F_1 - F_2$$

beträgt. Dies kann man als

$$F_1 + (S_2^* - F_2) + (S_2 - S_2^*)$$

schreiben. Die Ausdrücke $S_2^* - F_2$ und $S_2 - S_2^*$ stellen die beiden Bestandteile der Basis dar. Der Ausdruck $S_2^* - F_2$ wäre die Basis, wenn das abgesicherte Asset auch dem Futures-Kontrakt zugrunde liegen würde. Der Ausdruck $S_2 - S_2^*$ ist die Basis, die durch den Unterschied der beiden Güter entsteht.

Wahl des Kontrakts

Ein Schlüsselfaktor für das Basisrisiko ist die Wahl des zur Absicherung benutzten Futures-Kontrakts. Diese Wahl hat zwei Komponenten:

1. Die Wahl des dem Futures-Kontrakt zugrunde liegenden Assets
2. Die Wahl des Liefermonats

Falls das abzusichernde Asset mit dem Underlying des Futures-Kontrakts exakt übereinstimmt, ist die erste Wahl ziemlich einfach. Andernfalls ist eine sorgfältige Analyse notwendig, um herauszufinden, welcher der zur Verfügung stehenden Futures-Kontrakte Preise aufweist, die eng mit dem Preis des abzusichernden Assets korrelieren.

Die Wahl des Liefermonats wird von mehreren Faktoren beeinflusst. In den weiter oben in diesem Kapitel angegebenen Beispielen hatten wir angenommen, dass, wenn das Ende der Absicherung mit einem Liefermonat zusammenfällt, der Kontrakt mit diesem Liefermonat gewählt wird. In der Realität wird unter diesen Umständen gewöhnlich ein Kontrakt mit einem späteren Liefermonat vorgezogen. Der Grund ist, dass Futures-Kurse in einigen Fällen während des Liefermonats stark schwanken. Außerdem läuft ein Long Hedger Gefahr, das Underlying annehmen zu müssen, wenn der Kontrakt während des Liefermonats noch gehalten wird. Die Annahme einer solchen Lieferung kann teuer und umständlich sein. (Long Hedger ziehen es normalerweise vor, den Futures-Kontrakt glattzustellen und das Asset von ihrem Standardlieferanten zu beziehen.)

Im Allgemeinen steigt das Basisrisiko mit wachsendem Abstand zwischen Absicherungsende und Liefermonat. Eine gute Faustregel ist daher die Wahl des nächstmöglichen Liefermonats nach Absicherungsende. Angenommen, die Liefermonate für einen Futures-Kontrakt auf ein bestimmtes Asset seien März, Juni, September und Dezember. Läuft die Absicherung im Dezember, Januar oder Februar aus, wird der März-Kontrakt ausgewählt, bei einem Absicherungsende im März, April oder Mai verwendet man den Juni-Kontrakt usw. Diese Faustregel geht davon aus, dass alle Kontrakte eine ausreichende Liquidität besitzen, um die Anforderungen des Absicherers zu erfüllen. In der Praxis tendieren Kontrakte mit kurzfristigen Laufzeiten dazu, die größte Liquidität zu haben. Daher kann der Absicherer in einigen Situationen dazu neigen, kurzfristige Kontrakte zu verwenden und diese zu prolongieren. Diese Strategie werden wir später in diesem Kapitel diskutieren.

Beispiel 3.1 Wir schreiben den 1. März. Ein US-Unternehmen erwartet Ende Juli den Eingang von 50 Millionen Yen. Futures-Kontrakte der CME Group auf den Yen haben die Liefermonate März, Juni, September und Dezember. Ein Kontrakt umfasst die Lieferung von 12,5 Millionen Yen. Das Unternehmen verkauft daher am 1. März vier September-Futures-Kontrakte auf den Yen. Wenn der Yen-Betrag Ende Juli eingeht, schließt das Unternehmen seine Position. Wir nehmen an, der Futures-Kurs am 1. März stehe bei 0,9800 Cent pro Yen. Der Spotkurs und der Futures-Kurs bei Schließung der Position seien 0,9200 und 0,9250 Cent pro Yen.

Der Erlös aus dem Futures-Kontrakt beträgt $0,9800 - 0,9250 = 0,0550$ Cent pro Yen. Die Basis steht bei $0,9200 - 0,9250 = -0,0050$, wenn die Position geschlossen wird. Der tatsächlich erzielte Preis in Cent pro Yen ist der Kassaschlusskurs zuzüglich des Futures-Erlöses:

$$0,9200 + 0,0550 = 0,9750.$$

Dies kann man auch als Summe von anfänglichem Futures-Kurs und der Basis beim Schließen der Position ausdrücken:

$$0{,}9800 - 0{,}0050 = 0{,}7750\,.$$

Insgesamt erhält das Unternehmen für die 50 Million Yen $50 \cdot 0{,}00975$ Millionen Dollar, also 487 500 \$.

Beispiel 3.2 Wir haben den 8. Juni. Ein Unternehmen weiß, dass es irgendwann im Oktober oder November 20 000 Barrel Rohöl kaufen muss. Futures-Kontrakte auf Öl werden zur Zeit an der NYMEX für Lieferung in jedem Monat gehandelt, die Kontraktgröße beträgt 1000 Barrel. Das Unternehmen entscheidet sich daher für den Dezember-Kontrakt zur Absicherung und nimmt die Long-Position in 20 Kontrakten ein. Am 8. Juni steht der Futures-Kurs bei 88,00 \$ pro Barrel. Am 10. November ist das Unternehmen bereit, das Rohöl zu erwerben. Daher schließt es seinen Futures-Kontrakt an diesem Tag. Spotkurs und Futures-Kurs liegen am 10. November bei 90,00 \$ und 89,10 \$ pro Barrel.

Der Erlös aus dem Futures-Kontrakt beträgt 89,10 \$ − 88,00 \$ = 1,10 \$ pro Barrel. Bei Schließen der Kontrakte steht die Basis bei 90,00 \$ − 89,10 \$ = 0,90 \$. Der tatsächlich gezahlte Preis (in Dollar pro Barrel) ist die Differenz aus dem letzten Spotkurs und dem Futures-Erlös:

$$90{,}00 - 1{,}10 = 88{,}90\,.$$

Dies kann man wieder als Summe von anfänglichem Futures-Kurs und der Basis beim Schließen der Position ausdrücken:

$$88{,}00 + 0{,}90 = 88{,}90\,.$$

Der Gesamtaufwand beträgt $20\,000 \cdot 88{,}90\,\$ = 1\,778\,000\,\$$.

3.4 Cross Hedging

In den Beispielen 3.1 und 3.2 war das Underlying des Futures-Kontrakts stets identisch mit dem Asset, dessen Preis abgesichert werden sollte. *Cross Hedging* liegt vor, wenn sich die beiden Assets unterscheiden. Betrachten wir beispielsweise eine Fluggesellschaft, die einen Anstieg des zukünftigen Preises für Flugzeugkraftstoff befürchtet. Da es keinen Futures-Kontrakt auf Flugzeugkraftstoff gibt, könnte sich die Gesellschaft für einen Kontrakt auf Heizöl entscheiden, um ihr Exposure abzusichern.

Die *Hedge Ratio* (Absicherungsquotient) ist das Verhältnis der Höhe der in den Futures-Kontrakten eingenommenen Positionen zur Höhe des ursprünglichen Exposures. Ist das dem Futures-Kontrakt zugrunde liegende Asset dasselbe wie das, welches abgesichert werden soll, ist es natürlich, eine Hedge Ratio von 1,0 zu verwenden. Diese Hedge Ratio wurde auch in den bisherigen Beispielen verwendet. In

Beispiel 3.2 belief sich das Exposure auf 20 000 Barrel Rohöl und man trat in Futures-Kontrakte zur Lieferung genau dieser Menge Öl ein.

Wenn es sich um einen Cross Hedge handelt, ist es nicht immer optimal, die Hedge Ratio auf 1,0 zu setzen. Der Absicherer sollte den Wert für die Hedge Ratio so wählen, dass die Varianz des Werts der abgesicherten Position minimiert wird. Wir werden uns nun ansehen, wie ein Hedger dies bewerkstelligen kann.

Berechnung der Minimum-Varianz-Hedge-Ratio

Die Minimum-Varianz-Hedge-Ratio hängt von der Beziehung zwischen den Änderungen des Spotkurses und den Änderungen des Futures-Kurses ab. Wir verwenden folgende Notation:

ΔS: Änderung des Spotkurses S während eines Zeitraums, der der Dauer der Absicherung entspricht,

ΔF: Änderung des Futures-Kurses F während eines Zeitraums, der der Dauer der Absicherung entspricht.

Wir bezeichnen die Minimum-Varianz-Hedge Ratio mit h^*. Man kann zeigen, dass h^* die Steigung der Regressionsgeraden ist, wenn man ΔS gegen ΔF abträgt (siehe Abbildung 3.2). Dieses Resultat ergibt sich intuitiv, da wir ja erwarten, dass h^* das Verhältnis der durchschnittlichen Änderung von S zu einer bestimmten Änderung von F ist.

Die Formel für h^* lautet

$$h^* = \rho \frac{\sigma_S}{\sigma_F}, \qquad (3.1)$$

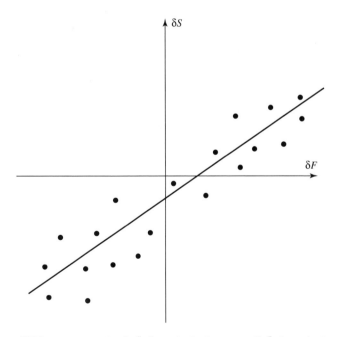

Abbildung 3.2: Regression der Änderung im Spotkurs gegen die Änderung im Futures-Kurs

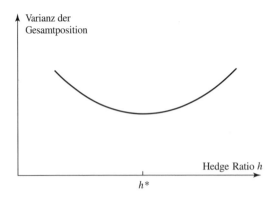

Abbildung 3.3: Abhängigkeit der Varianz der Gesamtposition von der Hedge Ratio

wobei σ_S die Standardabweichung von ΔS bezeichnet, σ_F die Standardabweichung von ΔF und ρ den Korrelationskoeffizienten zwischen diesen beiden Größen.

Gleichung (3.1) besagt, dass der optimale Absicherungsquotient das Produkt aus dem Korrelationskoeffizienten von ΔS und ΔF und dem Quotienten der Standardabweichungen von ΔS und ΔF ist. Abbildung 3.3 zeigt, wie die Varianz des Wertes der Gesamtposition von der gewählten Hedge Ratio abhängt.

Ist $\rho = 1$ und $\sigma_F = \sigma_S$, dann hat der optimale Absicherungsquotient den Wert 1,0. Dieses Resultat war auch zu erwarten, denn in diesem Fall spiegelt der Futures-Kurs den Spotkurs perfekt wider. Für $\rho = 1$ und $\sigma_F = 2\sigma_S$ gilt $h^* = 0{,}5$. Auch dieses Ergebnis konnte man erwarten, denn in diesem Fall ändert sich der Futures-Kurs immer um doppelt so viel wie der Spotkurs.

Die Effektivität der Absicherung (*Hedge Effectiveness*) kann als der Anteil der Varianz definiert werden, der durch die Absicherung eliminiert wird. Dies ist die Größe R^2 aus der Regression von ΔS gegen ΔF und ist gleich ρ^2. Die Parameter ρ, σ_F und σ_S in Gleichung (3.1) werden gewöhnlich aus den historischen Daten für δS und δF bestimmt. (Dabei wird implizit angenommen, dass die Zukunft in gewisser Hinsicht wie die Vergangenheit sein wird.) Man wählt eine Anzahl gleich langer, sich nicht überlagernder Zeitintervalle aus und ermittelt die ΔS- und ΔF-Werte für jedes dieser Intervalle. Im Idealfall stimmt die Länge jedes Zeitintervalls mit der Länge des Absicherungszeitraums überein. In der Realität schränkt dies mitunter die Anzahl der möglichen Beobachtungen erheblich ein, sodass man zu kürzeren Zeitintervallen übergeht.

Optimale Anzahl an Kontrakten

Wir definieren folgende Variablen:

Q_A: Größe der abzusichernden Position (in Einheiten),
Q_F: Größe eines Futures-Kontrakts (in Einheiten),
N^*:   Optimale Anzahl von Futures-Kontrakten zur Absicherung.

Die Futures-Kontrakte sollten einen Nennwert von h^*Q_A besitzen. Daher ergibt sich die benötigte Anzahl an Futures-Kontrakten zu

$$N^* = \frac{h^*Q_A}{Q_F} \,. \tag{3.2}$$

Beispiel 3.3 zeigt, wie die Ergebnisse dieses Abschnitts von einer Fluggesellschaft zur Absicherung beim Kauf von Flugzeugkraftstoff eingesetzt werden können.[3]

Beispiel 3.3 Eine Fluggesellschaft will in einem Monat 2 Millionen Gallonen Flugzeugkraftstoff kaufen und entscheidet sich, Heizöl-Futures zur Absicherung einzusetzen. Wir nehmen an, dass Tabelle 3.2 für 15 aufeinander folgende Monate Daten über die Veränderungen ΔS im Kraftstoffpreis pro Gallone und die entsprechenden Änderungen ΔF im Futures-Kurs für den Kontrakt auf Heizöl, der zur Absicherung von Kursschwankungen in diesem Monat genutzt wird, angibt. Damit ergeben sich mit den üblichen Berechnungsformeln die Werte für Standardabweichung und Korrelation zu $\sigma_F = 0{,}0313$, $\sigma_S = 0{,}0263$ und $\rho = 0{,}928$.

Nach Gleichung (3.1) beträgt die Minimum-Varianz-Hedge-Ratio h^* somit

$$0{,}928 \cdot \frac{0{,}0263}{0{,}0313} = 0{,}78 \,.$$

An der NYMEX umfasst jeder gehandelte Heizölkontrakt 42 000 Gallonen Heizöl. Mit Gleichung (3.2) ist die optimale Anzahl Kontrakte

$$\frac{0{,}78 \cdot 2\,000\,000}{42\,000} \,,$$

also auf die nächste ganze Zahl gerundet 37.

Monat i	Änderung im Futures-Kurs für Heizöl pro Gallone ($= \Delta F$)	Änderung im Flugzeugkraftstoffpreis pro Gallone ($= \Delta S$)
1	0,021	0,029
2	0,035	0,020
3	−0,046	−0,044
4	0,001	0,008
5	0,044	0,026
6	−0,029	−0,019
7	−0,026	−0,010
8	−0,029	−0,007
9	0,048	0,043
10	−0,006	0,011

---

3 Es gibt auch Derivate, deren Auszahlungen vom Preis für Flugzeugkraftstoff abhängen, doch werden oft Heizöl-Futures als Absicherung gegenüber Änderungen im Flugzeugkraftstoffpreis verwendet, da sie liquider sind.

Monat i	Änderung im Futures-Kurs für Heizöl pro Gallone (= ΔF)	Änderung im Flugzeugkraftstoffpreis pro Gallone (= ΔS)
11	−0,036	−0,036
12	−0,011	−0,018
13	0,019	0,009
14	−0,027	−0,032
15	0,029	0,023

Tabelle 3.2: Daten zur Berechnung der Minimum-Varianz-Hedge-Ratio bei Verwendung eines Heizöl-Futures-Kontraktes zur Absicherung des Erwerbs von Flugzeugkraftstoff

Tailing

Die bisher durchgeführten Kalkulationen sind korrekt, sofern zur Absicherung Forward-Kontrakte eingesetzt werden. Der Grund dafür ist, dass wir uns in diesem Fall dafür interessieren, wie stark die Änderung im Forward-Preis mit der Änderung im Spotpreis während der Laufzeit der Absicherung korreliert.

Werden Futures-Kontrakte zur Absicherung eingesetzt, findet eine tägliche Abrechnung statt. Es handelt sich demnach um eine ganze Reihe von Ein-Tages-Absicherungen. Analysten berechnen daher mitunter die Korrelation zwischen den prozentualen Änderungen im Futures- und im Spotpreis an einem Tag. Wir bezeichnen diese Korrelation mit $\hat{\varrho}$ und mit $\hat{\sigma}_S$ bzw. $\hat{\sigma}_F$ die Standardabweichungen in den prozentualen Änderungen im Spot- bzw. Futurespreis an einem Tag.

Stehen S und F für den aktuellen Spot- bzw. Futurespreis, dann sind $S\hat{\sigma}_S$ und $F\hat{\sigma}_F$ die Standardabweichungen der Preisänderungen an einem Tag und mit Gleichung (3.1) gilt für die 1-Tages-Hedge Ratio

$$\hat{\varrho} \frac{S\hat{\sigma}_S}{F\hat{\sigma}_F} .$$

Gemäß Gleichung (3.2) beträgt die Anzahl der benötigten Kontrakte zur Absicherung für den nächsten Tag

$$N^* = \hat{\varrho} \frac{S\hat{\sigma}_S Q_A}{F\hat{\sigma}_F Q_F} .$$

Diese kleine Anpassung wird Tailing genannt.[4] Wir können das Resultat auch so formulieren:

$$N^* = \frac{\hat{h} * V_A}{V_F} . \tag{3.3}$$

Hierbei bezeichnet V_A den Wert (in Dollar, = SQ_A) der abzusichernden Position und V_F den Wert (in Dollar, = FQ_F) eines Futures-Kontrakts (Produkt aus Futures-Kurs und Q_F). $\hat{h}$ ist analog zu h^* als

$$\hat{h} = \hat{\varrho} \frac{\hat{\sigma}_S}{\hat{\sigma}_F}$$

---

[4] In Aufgabe 5.23 wird Tailing noch einmal im Kontext der Währungsabsicherung thematisiert.

definiert. Theoretisch sollte die Futures-Position täglich an die aktuellen Werte von Spotkurs und Futures-Kurs angepasst werden, doch in der Realität sind die täglichen Änderungen für die Absicherung sehr gering und werden gewöhnlich ignoriert.

3.5 Aktienindex-Futures

Im Folgenden betrachten wir Aktienindex-Futures und ihre Anwendung für Absicherungszwecke bzw. für das Management des Exposures gegenüber Aktienkursen.

Ein *Aktienindex* bildet die Änderungen im Wert eines hypothetischen Aktienportfolios nach. Das Gewicht einer Aktie im Portfolio entspricht dem Anteil des Portfolios, welches in dieser Aktie angelegt wurde. Der prozentuale Anstieg eines Aktienindex über einen kleinen Zeitraum wird dem prozentualen Anstieg des Wertes des hypothetischen Portfolios gleichgesetzt. Dividenden fließen gewöhnlich nicht in die Berechnung mit ein, sodass der Index den Kursgewinn/-verlust aus der Anlage in das Portfolio wiedergibt.[5]

Wenn das hypothetische Portfolio von Aktien fix bleibt, so ändern sich die Gewichtungen der einzelnen Aktien innerhalb des Portfolios. Steigt der Kurs einer bestimmten Aktie stärker als der von anderen, erhält diese Aktie automatisch eine höhere Gewichtung. Einige Indizes basieren auf einem hypothetischen Portfolio, das aus jeweils einer Aktie der enthaltenen Gesellschaften besteht. Die den Aktien zugeordneten Gewichtungen sind dann proportional zu ihren Marktpreisen, wobei bei Aktiensplits Anpassungen erfolgen. Andere Indizes sind so konstruiert, dass die Gewichtungen proportional zur Marktkapitalisierung (Aktienkurs × Anzahl der im Umlauf befindlichen Aktien) sind. Das zugrunde liegende Portfolio passt sich dann automatisch bei Aktiensplits, Kapitalerhöhungen aus Gesellschaftsmitteln und Neuemissionen an.

Aktienindizes

Tabelle 3.3 zeigt die Futures-Kurse für drei verschiedene Aktienindizes vom 14. Mai 2013.

Der *Dow Jones Industrial Average* basiert auf einem Portfolio von 30 Standardwerten (Blue Chips) der Vereinigten Staaten. Die Aktien sind entsprechend ihrer Kurse gewichtet. Die CME Group handelt zwei Futures-Kontrakte auf den Index. Der eine umfasst das Zehnfache des Index in Dollar, der andere (Mini DJ Industrial Average) das Fünffache des Index in Dollar. Der Mini-Kontrakt wird häufiger gehandelt.

Der *Standard & Poor's 500 Index* (S&P 500) beruht auf einem Portfolio von 500 verschiedenen Aktien: 400 Industriewerte, 40 Versorgungswerte, 20 Transportunternehmen und 40 Finanzinstitutionen. Die Gewichtungen der Aktien im Portfolio sind zu jedem Zeitpunkt proportional zu den jeweiligen Marktkapitalisierungen. Es handelt sich um Aktien großer Publikumsgesellschaften, welche an der NYSE Euronext oder der Nasdaq OMX gehandelt werden. Die CME Group handelt zwei Futures-Kontrakte auf den S&P 500. Der eine umfasst das 250fache des Indexstands in Dollar, der andere (Mini-S&P-500-Kontrakt) das Fünfzigfache des Indexstands in Dollar. Der Mini-Kontrakt wird häufiger gehandelt.

---

5 Eine Ausnahme bildet ein *Total Return Index* bzw. Performance-Index. Dieser wird berechnet unter der Annahme, dass Dividenden auf das hypothetische Portfolio wieder in das Portfolio reinvestiert werden.

	Eröff-nungs-kurs	Tages-höchst-kurs	Tages-tiefst-kurs	Vorheriger Abrechnungs-kurs	Letzter Kurs	Ver-ände-rung	Handels-volumen
Mini Dow Jones Industrial Average, 5 $-faches des Index							
Juni 2013	15 055	15 159	15 013	15 057	15 152	+95	88 510
Sep. 2013	14 982	15 089	14 947	14 989	15 081	+92	34
Mini S&P 500, 50 $-faches des Index							
Juni 2013	1630,75	1647,50	1626,50	1630,75	1646,00	+15,25	1 397 446
Sep. 2013	1625,00	1641,50	1620,50	1625,00	1640,00	+15,00	4360
Dez. 2013	1619,75	1635,00	1615,75	1618,50	1633,75	+15,25	143
Mini Nasdaq-100, 20 $-faches des Index							
Juni 2013	2981,25	3005,00	2971,25	2981,00	2998,00	+17,00	126 821
Sep. 2013	2979,50	2998,00	2968,00	2975,50	2993,00	+17,50	337

Tabelle 3.3: Von der CME Group angegebene Notierungen für Index-Futures vom 14. Mai 2013.

Der *Nasdaq 100* basiert auf 100 Aktien unter Verwendung des National Association of Securities Dealers Automatic Quotation Service. Die CME Group handelt zwei Kontrakte. Der eine umfasst das Hundertfache des Indexstands in Dollar, der andere (Mini-Nasdaq-100-Kontrakt) das Zwanzigfache des Indexstands in Dollar. Der Mini-Kontrakt wird häufiger gehandelt.

Wie bereits in Kapitel 2 erwähnt, werden Futures-Kontrakte auf Aktienindizes bar abgewickelt und nicht durch die Lieferung des Underlyings. Alle Kontrakte werden am letzten Handelstag entweder zum Eröffnungskurs oder zum Schlusskurs des Index bewertet, danach gelten die Positionen als geschlossen. So werden z. B. Kontrakte auf den S&P 500 zum Eröffnungskurs des dritten Freitags im Liefermonat geschlossen.

Hedging eines Aktienportfolios

Futures auf Aktienindizes können dazu verwendet werden, ein Aktienportfolio abzusichern. Wir definieren:

V_A: Aktueller Wert des Portfolios,

V_F: Aktueller Wert eines Futures-Kontrakts (Futureskurs mal Kontraktgröße).

Wenn das Portfolio ein Spiegelbild des Index darstellt, ist die Annahme einer Hedge Ratio von 1,0 angemessen. Gleichung (3.3) zeigt, dass die Zahl der Futures-Kontrakte, die in diesem Fall verkauft werden sollten,

$$N^* = \frac{V_A}{V_F} \qquad (3.4)$$

beträgt. Nehmen wir z. B. an, dass ein Portfolio im Wert von 5 050 000 $ den S&P 500 widerspiegelt. Der aktuelle Wert des Index ist 1010 und ein Futures-Kontrakt umfasst das 250fache des Indexwertes in Dollar. Damit ist in diesem Fall $V_A = 5\,050\,000$ und $V_F = 1010 \cdot 250 = 252\,500$, sodass zur Absicherung des Portfolios 20 Futures-Kontrakte verkauft werden sollten.

Bildet das Portfolio den Index nicht exakt ab, so können wir das Capital Asset Pricing Model (CAPM) verwenden (siehe Anhang an dieses Kapitel). Der Parameter Beta (β) aus dem CAPM ist der Anstieg der Regressionsgeraden, die sich bei einer Regression der über dem risikolosen Zinssatz liegenden Überrenditen des Portfolios gegen die über dem risikolosen Zinssatz liegenden Überrenditen des Marktes ergibt. Für $\beta = 1{,}0$ spiegelt die Rendite aus dem Portfolio in etwa die Rendite aus dem Markt wider. Ist $\beta = 2{,}0$, dann sind die Überrenditen aus dem Portfolio ungefähr doppelt so hoch wie jene aus dem Markt; ist $\beta = 0{,}5$, dann sind sie etwa halb so hoch, usw.

Ein Portfolio mit einem β von 2,0 reagiert doppelt so stark auf Bewegungen des Index wie ein Portfolio mit β 1,0. Daher sind doppelt so viele Kontrakte zur Absicherung des Portfolios nötig. Analog reagiert ein Portfolio mit einem β von 0,5 halb so empfindlich auf Marktbewegungen wie ein Portfolio mit β 1,0, und wir sollten zu seiner Absicherung halb so viele Kontrakte verwenden. Allgemein gilt

$$N^* = \beta \frac{V_A}{V_F} \, . \qquad (3.5)$$

Diese Formel setzt voraus, dass die Fälligkeit des Futures-Kontrakts nahe an der Fälligkeit der Absicherung liegt.

Vergleicht man Gleichung (3.5) mit Gleichung (3.3), ergibt sich die Schlussfolgerung $\hat{h} = \beta$. Dies kommt nicht überraschend. Die Hedge Ratio $\hat{h}$ ist der Anstieg der Regressionsgeraden, die sich bei einer Regression der Änderungen im Portfolio gegen die prozentualen 1-Tages-Änderungen des Futures-Kurses für den Index ergibt. Beta (β) ist der Anstieg der Regressionsgeraden, die sich bei einer Regression des Portfolioerlöses gegen den Erlös aus dem Index ergibt.

Dass diese Formel sinnvolle Resultate liefert, zeigen wir an einer Erweiterung eines bereits gezeigten Beispiels. Wir nehmen an, dass ein Futures-Kontrakt mit viermonatiger Laufzeit in den nächsten drei Monaten zur Absicherung des Portfolios benutzt wird. Es liege folgende Situation vor:

$$\text{Stand des S\&P 500-Index} = 1000$$
$$\text{S\&P 500-Index-Futures-Kurs} = 1010$$
$$\text{Wert des Portfolios} = 5\,050\,000\,\$$$
$$\text{Risikoloser Zinssatz} = 4\%\ \text{per annum}$$
$$\text{Dividendenrendite auf den Index} = 1\%\ \text{per annum}$$
$$\text{Beta des Portfolios} = 1{,}5 \, .$$

Ein Futures-Kontrakt umfasst das 250fache des Indexwertes in Dollar. Daraus folgt, dass $F = 250 \cdot 1010 = 252\,500$. Nach Gleichung (3.5) ist die Anzahl der Futures-Kontrakte, die zur Absicherung des Portfolios verkauft werden sollen,

$$1{,}5 \cdot \frac{5\,050\,000}{252\,500} = 30 \, .$$

Angenommen, der Index steht in drei Monaten bei 900 und der Futures-Kurs bei 902. Der Gewinn aus der Short-Position ist dann

$$30 \cdot (1010 - 902) \cdot 250 = 810\,000\,\$ \, .$$

3 Absicherungsstrategien mit Futures

Der Verlust auf den Index beträgt 10%. Der Index zahlt eine Dividende von 1% per annum, also 0,25% in drei Monaten. Unter Berücksichtigung der Dividenden würde ein Anleger in diesen Index also −9,75% in dem Dreimonatszeitraum erwirtschaften. Da das Portfolio ein Beta von 1,5 aufweist, gilt

Erwartete Rendite des Portfolios − risikoloser Zinssatz
$$= 1{,}5 \cdot (\text{Rendite des Index} - \text{risikoloser Zinssatz}).$$

Der risikolose Zinssatz für drei Monate beträgt ungefähr 1%. Daraus folgt, dass die erwartete Rendite (in %) des Portfolios in den drei Monaten bei einer 3-Monats-Rendite des Index von −9,75%

$$1{,}0 + [1{,}5 \cdot (-9{,}75 - 1{,}0)] = -15{,}125$$

beträgt. Der erwartete Wert des Portfolios (einschließlich der Dividenden) am Ende der drei Monate ist daher

$$5\,050\,000\,\$ \cdot (1 - 0{,}15125) = 4\,286\,187\,\$.$$

Der erwartete Wert der Gesamtposition ergibt sich, einschließlich des Ertrags der Absicherung, folglich zu

$$4\,286\,187\,\$ + 810\,000\,\$ = 5\,096\,187\,\$.$$

Tabelle 3.4 fasst diese Berechnungen zusammen und gibt außerdem ähnliche Berechnungen für andere Indexstände bei Fälligkeit an. Wie man sieht, ist der Wert der Gesamtposition nach drei Monaten fast völlig unabhängig vom Wert des Index.

Stand des Index in drei Monaten	900	950	1000	1050	1100
Aktueller Futures-Kurs des Index	1010	1010	1010	1010	1010
Futures-Kurs des Index in drei Monaten	902	952	1003	1053	1103
Gewinn aus der Futures-Position	810 000	435 000	52 500	−322 500	−697 500
Marktrendite	−9,750%	−4,750%	0,250%	5,250%	10,250%
Erwartete Portfoliorendite	−15,125%	−7,625%	−0,125%	7,375%	14,875%
Erwarteter Wert des Portfolios (einschl. Dividenden) in drei Monaten	4 286 187	4 664 937	5 043 687	5 422 437	5 801 187
Erwarteter Wert der Gesamtposition in drei Monaten	5 096 187	5 099 937	5 096 187	5 099 937	5 103 687

Tabelle 3.4: Performance einer Aktienindex-Absicherung

In diesem Beispiel haben wir die Beziehung zwischen Futures- und Spotkurs ausgeklammert. In Kapitel 5 werden wir sehen, dass der angenommene aktuelle Futures-Kurs von 1010 in etwa unserer Erwartung angesichts des gegebenen Zinssatzes und der gegebenen Dividende entspricht. Dasselbe gilt für die Futures-Kurse in drei Monaten, die in Tabelle 3.4 abgebildet sind.[6]

Gründe für die Absicherung eines Aktienportfolios

Tabelle 3.4 zeigt, dass die Absicherung den Wert der Gesamtposition am Ende der drei Monate um etwa 1% gegenüber dem Beginn des Zeitraums wachsen lässt. Dies ist nicht überraschend. Der risikolose Zinssatz beträgt 4% per annum bzw. 1% pro Quartal. Die Absicherung sorgt also für ein Anwachsen der Gesamtposition um den risikolosen Zinssatz.

Das wirft natürlich die Frage auf, warum sich ein Absicherer dem Aufwand aus dem Einsatz von Futures-Kontrakten aussetzen sollte. Um den risikolosen Zinssatz zu erwirtschaften, könnte er einfach das Portfolio verkaufen und die Erlöse in Staatsanleihen anlegen.

Eine Antwort auf diese Frage ist, dass die Absicherung ihre Berechtigung hat, wenn der Absicherer der Meinung ist, dass die Aktien in seinem Portfolio gut ausgewählt sind. Unter diesen Umständen kann der Absicherer zwar sehr unsicher bezüglich der Performance des Marktes insgesamt sein, aber überzeugt, dass die Aktien in seinem Portfolio den Markt übertreffen werden (nachdem entsprechende Anpassungen für das Beta des Portfolios durchgeführt wurden). Eine Absicherung durch Index-Futures beseitigt das aus den Bewegungen des Gesamtmarktes resultierende Risiko und setzt den Absicherer nur der relativen Performance seines Portfolios gegenüber dem Markt aus. Ein weiterer Grund für die Absicherung mag sein, dass der Absicherer die Absicht hat, sein Portfolio langfristig zu halten, und in einer unklaren Marktsituation kurzfristige Sicherheit benötigt. Die alternative Strategie des Verkaufs und späteren Rückkaufs des Portfolios kann prohibitiv hohe Transaktionskosten mit sich bringen.

Änderung des Beta eines Portfolios

Im Beispiel von Tabelle 3.4 ist das Beta des Gesamtportfolios auf null reduziert worden. (Die erwartete Rendite des Hedgers ist unabhängig von der Performance des Index.) Manchmal werden Futures-Kontrakte dazu verwendet, das Beta eines Portfolios auf einen von null abweichenden Wert zu ändern. Wir setzen unser früher betrachtetes Beispiel fort:

$$\text{Stand des S\&P 500-Index} = 1000$$
$$\text{S\&P 500-Index-Futures-Kurs} = 1010$$
$$\text{Wert des Portfolios} = 5\,050\,000\,\$$$
$$\text{Beta des Portfolios} = 1{,}5\,.$$

---

[6] Die Berechnungen in Tabelle 3.4 gehen davon aus, dass die Dividendenrendite des Index prognostizierbar ist, dass der risikolose Zinssatz konstant bleibt und dass die Rendite des Index in dem Dreimonatszeitraum perfekt mit der Rendite des Portfolios korreliert ist. Diese Annahmen sind in der Realität nicht vollständig erfüllt. Die Absicherung wird daher etwas weniger gut funktionieren als in Tabelle 3.4 ausgewiesen.

Wie oben ist $V_F = 250 \cdot 1010 = 252\,500$ und die Anzahl der zu verkaufenden Kontrakte zur vollständigen Absicherung des Portfolios beträgt

$$1{,}5 \cdot \frac{5\,050\,000}{252\,500} = 30 \, .$$

Um das Beta von 1,5 auf 0,75 reduzieren zu können, müsste die Anzahl der verkauften Kontrakte 15 statt 30 betragen. Um das Beta des Portfolios auf 2,0 zu erhöhen, müsste man die Long-Position in zehn Kontrakten einnehmen, usw. Im Allgemeinen ist die Einnahme der Short-Position in

$$(\beta - \beta^*) \frac{V_A}{V_F}$$

Kontrakten notwendig, um das Beta des Portfolios von β nach β^* ($\beta > \beta^*$) zu ändern. Falls $\beta < \beta^*$, dann ist die Long-Position in

$$(\beta^* - \beta) \frac{V_A}{V_F}$$

Kontrakten zielführend.

Realisierung von Gewinnen beim Stock Picking

Angenommen, Sie schätzen sich als erfolgreichen Stock Picker ein. Sie halten eine Aktie bzw. ein kleines Portfolio von Aktien. Sie können die Performance des Marktes in den nächsten Monaten nicht vorhersagen, sind aber zuversichtlich, dass Ihr Portfolio besser abschneidet als der Markt. Welches Vorgehen ist für Sie empfehlenswert?

Die Anzahl der Index-Futures-Kontrakte, die Sie verkaufen sollten, beträgt $\beta V_A / V_F$, wobei β das Beta der Ihres Portfolios, V_A der Gesamtwert des Portfolios und V_F der aktuelle Wert eines Index-Futures-Kontrakts ist. Weist Ihr Portfolio eine bessere Performance auf als ein breit gestreutes Portfolio mit dem gleichen Beta, dann erzielen Sie einen Gewinn.

Wir betrachten einen Anleger, der im April 20 000 Unternehmensaktien mit einem Wert von je 100 $ hält. Der Anleger glaubt, dass der Markt während des nächsten Monats sehr volatil sein wird. Er nimmt aber an, dass das Unternehmen eine gute Chance hat, den Markt zu übertreffen. Er entscheidet sich dafür, den August-Futures-Kontrakt auf den S&P 500 zu benutzen, um seine Position für den kommenden Monat abzusichern. Das Beta der Unternehmensaktie wird auf 1,1 geschätzt. Der gegenwärtige Futures-Kurs für den August-Kontrakt auf den S&P 500 liege bei 1500. Jeder Kontrakt umfasst das 250fache des Indexwertes in Dollar. Somit ist $V_A = 20\,000 \cdot 100 = 2\,000\,000$ und $V_F = 1500 \cdot 250 = 375\,000$. Die Anzahl der Kontrakte, die verkauft werden sollten, ist daher

$$1{,}1 \cdot \frac{2\,000\,000}{375\,000} = 5{,}87 \, .$$

Auf die nächste ganze Zahl gerundet, verkauft der Absicherer sechs Kontrakte und schließt die Short-Position im Juli. Angenommen, der Wert der Unternehmensaktie fällt während des Monats auf 90 $ und der Futures-Kurs des S&P 500 auf 1300. Der Anleger verliert $20\,000 \cdot (100\,\$ - 90\,\$) = 200\,000\,\$$ durch die Unternehmensaktien, gleichzeitig gewinnt er $6 \cdot 250 \cdot (1500 - 1300) = 300\,000\,\$$ über die Futures-Kontrakte.

In diesem Fall beträgt der Gesamtgewinn für den Anleger 100 000 $, da der Aktienkurs nicht so stark fiel wie ein gut gestreutes Portfolio mit einem Beta von 1,1. Hätte der Markt einen Aufschwung erlebt und wäre der Aktienkurs (so wie es der Anleger erwartete) stärker gestiegen als der des Streu-Portfolios, wäre ebenfalls ein Gewinn angefallen.

3.6 Absicherung über lange Horizonte

Manchmal liegt das Enddatum einer Absicherung hinter den Lieferterminen aller verfügbaren Futures-Kontrakte. Dann muss der Absicherer die Absicherung prolongieren, indem er einen Futures-Kontrakt schließt und dieselbe Position in einem Futures-Kontrakt mit späterem Lieferdatum einnimmt. Dies wird auch als Prolongieren (Rollover) der Absicherung bezeichnet. Absicherungen können mittels so genanntem *Stack and Roll* mehrfach prolongiert werden. Wir betrachten ein Unternehmen, dass einen Short Hedge benutzen möchte, um das Risiko, welches mit dem zum Zeitpunkt T zu erzielenden Preis für eine Ware verbunden ist, zu vermindern. Falls es Futures-Kontrakte $1, 2, 3, \ldots, n$ (die zum jetzigen Zeitpunkt nicht unbedingt schon existieren müssen) mit jeweils immer späteren Lieferterminen gibt, dann kann das Unternehmen folgende Strategie anwenden:

t_1: Verkauf von Kontrakt 1.

t_2: Schließen von Kontrakt 1. Verkauf von Kontrakt 2.

t_3: Schließen von Kontrakt 2. Verkauf von Kontrakt 3.

$\vdots$

t_n: Schließen von Kontrakt $n-1$. Verkauf von Kontrakt n.

T: Schließen von Kontrakt n.

Angenommen, ein Unternehmen weiß im April 2014, dass es im Juni 2015 100 000 Barrel Öl verkaufen muss, und entscheidet sich zur Absicherung seines Risikos mit der Hedge Ratio von 1,0. (Wir wenden bei diesem Beispiel nicht die in Abschnitt 3.4 beschriebene „Tailing"-Anpassung an.) Der aktuelle Spotkurs steht bei 89 $. Obwohl Rohöl-Futures mit Laufzeiten von bis zu mehreren Jahren gehandelt werden, wollen wir annehmen, dass nur die ersten sechs Liefermonate über ausreichend Liquidität verfügen, um den Anforderungen des Unternehmens gerecht zu werden. Das Unternehmen geht daher die Short-Position in 100 Kontrakten mit Liefertermin Oktober 2014 ein. Im September 2014 prolongiert es die Absicherung in März-2015-Kontrakte. Im Februar 2015 prolongiert es die Absicherung noch einmal in Juli-2015-Kontrakte.

Ein mögliches Szenario ist in Tabelle 3.5 dargestellt. Der Oktober-2014-Kontrakt ist für 88,20 $ pro Barrel verkauft und bei 87,40 $ pro Barrel geschlossen worden, was einen Gewinn von 0,80 $ pro Barrel ergibt. Der März-2015-Kontrakt ist für 87,00 $ pro Barrel verkauft und bei 86,50 $ pro Barrel geschlossen worden (Gewinn 0,50 $ pro Barrel). Der Juli-2015-Kontrakt ist für 86,30 $ pro Barrel verkauft und bei 85,90 $ pro Barrel geschlossen worden (Gewinn 0,40 $ pro Barrel). Der Spotkurs liegt zum Schluss bei 86 $.

Der Gewinn pro Barrel Öl aus den Futures-Kontrakten beträgt

$$(88{,}20 - 87{,}40) + (87{,}00 - 86{,}50) + (86{,}30 - 85{,}90) = 1{,}70 \, .$$

Datum	April 2014	September 2014	Februar 2015	Juni 2015
Oktober-2014-Futures-Kurs	88,20	87,40		
März-2015-Futures-Kurs		87,00	86,50	
Juli-2015-Futures-Kurs			86,30	85,90
Spotkurs	89,00			86,00

Tabelle 3.5: Beispiel zum Prolongieren der Öl-Absicherung

Der Ölpreis fiel von 89 $ auf 86 $. Es mag nicht zufrieden stellend klingen, dass man nur 1,70 $ als Kompensation für einen Kursrückgang von 3 $ erhält. Doch wenn die Futures-Kurse unterhalb der Spotkurse liegen, können wir keine vollständige Kompensation erwarten. Bestenfalls können wir darauf hoffen, den Futures-Kurs festzuschreiben, der einem aktiv gehandelten Juni-2015-Kontrakt entsprechen würde.

In der Realität besitzt ein Unternehmen im Normalfall jeden Monat ein Exposure gegenüber dem Underlying und verwendet einen 1-Monats-Futures-Kontrakt zur Absicherung, da dieser die meiste Liquidität bietet. Zu Beginn schließt es hinreichend viele Kontrakte ab („Stacking"), um sein Exposure bis zum Ende seines Absicherungshorizonts abzudecken. Einen Monat später werden alle Kontrakte glattgestellt und in neue 1-Monats-Kontrakte rolliert usw.

Wie in Business Snapshot 3.2 beschrieben, befolgte das deutsche Unternehmen Metallgesellschaft diese Strategie zu Beginn der 1990er Jahre, um Kontrakte abzusichern, die es zum Zweck der Preisfixierung der von ihm angebotenen Rohstoffe eingegangen war. Das Unternehmen geriet in Schwierigkeiten, da die Rohstoffpreise fielen, was unmittelbare Geldabflüsse über die Futures und die Erwartung eventueller Gewinne auf die Kontrakte zur Folge hatte. Dieses Missverhältnis zwischen den Cash Flows für die Absicherung einerseits und den Cash Flows aus der abgesicherten Position führte zu unlösbaren Liquiditätsproblemen. Hieraus lässt sich die Lehre ziehen, dass bei der Planung einer Absicherungsstrategie potenzielle Liquiditätsprobleme mit einkalkuliert werden müssen.

Business Snapshot 3.2 – Metallgesellschaft: fehlgeschlagenes Hedging

Die Prolongation einer Absicherung kann unter Umständen zu einem Liquiditätsengpass führen. Dieses Problem wurde auf drastische Weise durch die Aktivitäten eines deutschen Unternehmens, der Metallgesellschaft (MG), Anfang der 1990er illustriert.

MG verkaufte an seine Kunden ein riesiges Volumen an 5- bis 10-Jahres-Kontrakten über die Lieferung von Heizöl und Benzin zu einem Festpreis, der 6 bis 8 Cent über den Marktpreisen lag. Sie sicherte ihr Verlustrisiko durch Long-Positionen in kurzfristigen Futures-Kontrakten ab, welche prolongiert wurden. Wie sich zeigte, fiel der Ölpreis, und es gab Nachschussforderungen für die Futures-Positionen. MG hatte beträchtliche kurzfristige Liquiditätsprobleme. Die Entwickler der Absicherungsstrategie argumentierten, dass diese Abflüsse durch positive Zuflüsse ausgeglichen werden würden, die letztlich über die langfristigen Festpreiskontrakte zustande kämen. Doch die Führung des Unternehmens und dessen Banken waren über den gewaltigen Abfluss liquider Mittel beunruhigt. Daraufhin schloss das Unternehmen alle Absicherungspositionen und vereinbarte mit seinen Kunden die Auflösung der Festpreiskontrakte. Das Resultat für MG war ein Verlust von 1,33 Milliarden $.

ZUSAMMENFASSUNG

Dieses Kapitel beschreibt verschiedene Möglichkeiten, wie ein Unternehmen Positionen in Futures-Kontrakten einnehmen kann, um ein Exposure gegenüber dem Preis eines Assets auszugleichen. Ist das Exposure so beschaffen, dass das Unternehmen von einer Kurssteigerung profitiert und bei einem Sinken des Kurses Verluste erleidet, ist ein Short Hedge angebracht. Ist das Exposure genau entgegengesetzt geartet (d. h. das Unternehmen profitiert vom Sinken des Kurses und erleidet einen Verlust bei einem Anstieg des Kurses), ist ein Long Hedge sinnvoll.

Absicherung ist ein Weg zur Reduzierung von Risiken. Daher wird Hedging von den meisten Führungskräften begrüßt. In der Realität gibt es eine Fülle theoretischer und praktischer Gründe, dass Unternehmen auf eine Absicherung verzichten. Auf der theoretischen Ebene können wir argumentieren, dass Aktieninhaber durch das Halten gut diversifizierter Portfolios viele der Risiken, denen ein Unternehmen ausgesetzt ist, eliminieren können. Sie verlangen nicht vom Unternehmen, die Risiken abzusichern. Auf der praktischen Ebene kann es vorkommen, dass ein Unternehmen durch Absicherung sein Risiko eher steigert als reduziert, wenn die Wettbewerber nicht absichern. Außerdem könnte ein Finanzmanager Kritik von anderen Führungskräften befürchten, wenn das Unternehmen aus den Kursbewegungen des zugrunde liegenden Assets einen Gewinn erzielt und aus der Absicherung einen Verlust.

Ein wichtiges Konzept bei der Absicherung ist das Basisrisiko. Die Basis ist die Differenz zwischen Spotkurs eines Assets und seinem Futures-Kurs. Das Basisrisiko entsteht aus der Ungewissheit über den Wert der Basis bei Fälligkeit der Absicherung.

Die Hedge Ratio ist das Verhältnis aus der Höhe der in den Futures-Kontrakten eingenommenen Positionen zur Höhe des Exposures. Es ist nicht immer optimal, eine Hedge Ratio von 1,0 zu verwenden. Möchte der Absicherer die Varianz einer Position minimieren, kann eine von 1,0 abweichende Hedge Ratio angebracht sein. Die optimale Hedge Ratio entspricht dem Anstieg der Regressionsgeraden, die sich im Rahmen einer Regression der Änderungen im Spotkurs gegen Änderungen im Futures-Kurs ergibt.

Futures auf Aktienindizes können zur Absicherung des systematischen Risikos in einem Aktienportfolio benutzt werden. Die Anzahl der benötigten Futures-Kontrakte ist das Produkt aus dem Beta des Portfolios und dem Quotienten aus dem Wert des Portfolios und dem Wert eines Futures-Kontrakts. Außerdem können Futures auf Aktienindizes dazu verwendet werden, das Beta eines Portfolios zu ändern, ohne die Zusammensetzung des Portfolios anzupassen.

Wenn es keinen liquiden Futures-Kontrakt gibt, dessen Fälligkeit nach dem geplanten Ende der Absicherung liegt, kann eine so genannte Rollover-Strategie angebracht sein. Diese beinhaltet das Eintreten in eine Folge von Futures-Kontrakten. Steht der erste Futures-Kontrakt kurz vor der Fälligkeit, so wird er geschlossen und der Absicherer tritt in einen zweiten Kontrakt mit späterem Liefermonat ein. Kurz vor der Fälligkeit des zweiten Kontraktes wird auch dieser geschlossen und der Absicherer tritt in einen dritten Kontrakt mit wiederum späterem Liefermonat ein usw. Im Ergebnis entsteht durch den Handel mit einer Serie von kurzfristigen Kontrakten ein langfristiger Futures-Kontrakt.

ZUSAMMENFASSUNG

Literaturempfehlungen

Adam, T., S. Dasgupta und S. Titman. „Financial Constraints, Competition, and Hedging in Industry Equilibrium", *Journal of Finance*, 62, 5 (Oktober 2007): 2445–2473.

Adam, T. und C.S. Fernando. „Hedging, Speculation, and Shareholder Value", *Journal of Financial Economics*, 81, 2 (August 2006): 283–309.

Allayannis, G. und J. Weston, „The Use of Foreign Currency Derivatives and Firm Market Value", *Review of Financial Studies*, 14, 1 (Frühjahr 2001): 243–276.

Brown, G.W., „Managing Foreign Exchange Risk with Derivatives", *Journal of Financial Economics*, 60 (2001): 401–448.

Campbell, J.Y., K. Serfaty-de Medeiros und L.M. Viceira, „Global Currency Hedging", *Journal of Finance*, 65, 1 (Februar 2010): 87–121.

Campello, M., C. Lin, Y. Ma und H. Zou. „The Real and Financial Implications of Corporate Hedging", *Journal of Finance*, 66, 5 (Oktober 2011): 1615–1647.

Cotter, J. und J. Hanly, „Hedging: Scaling and the Investor Horizon", *Journal of Risk*, 12, 2 (Winter 2009/10): 49–77.

Culp, C. und M.H. Miller, „Metallgesellschaft and the Economics of Synthetic Storage", *Journal of Applied Corporate Finance*, 7, 4 (Winter 1995): 62–76.

Edwards, F.R. und M.S. Canter, „The Collapse of Metallgesellschaft: Unhedgeable Risks, Poor Hedging Strategy, or Just Bad Luck?" *Journal of Applied Corporate Finance*, 8, 1 (Frühjahr 1995): 86–105.

Graham, J.R. und C.W. Smith jr., „Tax Incentives to Hedge", *Journal of Finance* 54, 6 (1999): 2241–2262.

Haushalter, G.D., „Financing Policy, Basis Risk, and Corporate Hedging: Evidence from Oil and Gas Producers", *Journal of Finance*, 55, 1 (2000): 107–152.

Jin, Y. und P. Jorion. „Firm Value and Hedging: Evidence from US Oil and Gas Producers", *Journal of Finance*, 61, 2 (April 2006): 893–919.

Mello, A.S. und J.E. Parsons, „Hedging and Liquidity", *Review of Financial Studies*, 13 (Frühjahr 2000): 127–153.

Neuberger, A.J., „Hedging Long-Term Exposures with Multiple Short-Term Futures Contracts", *Review of Financial Studies*, 12 (1999):429–459.

Petersen, M.A. und S.R. Thiagarajan, „Risk Management and Hedging: With and Without Derivatives", *Financial Management*, 29, 4 (Winter 2000): 5–30.

Rendleman, R., „A Reconciliation of Potentially Conflicting Approaches to Hedging with Futures", *Advances in Futures and Options*, 6 (1993): 81–92.

Stulz, R.M., „Optimal Hedging Policies", *Journal of Financial and Quantitative Analysis*, 19 (Juni 1984), 127–140.

Tufano, P., „Who Manages Risk? An Empirical Examination of Risk Management Practices in the Gold Mining Industry", *Journal of Finance*, 51, 4 (1996): 1097–1138.

Praktische Fragestellungen

3.1 Unter welchen Umständen ist (a) ein Short Hedge und (b) ein Long Hedge angebracht?

3.2 Erläutern Sie, was mit dem Begriff *Basisrisiko* gemeint ist, wenn Futures-Kontrakte zur Absicherung eingesetzt werden.

3.3 Erläutern Sie den Begriff *perfekte Absicherung* (Perfect Hedge). Führt eine perfekte Absicherung immer zu einem besseren Ergebnis als eine nicht perfekte Absicherung? Begründen Sie Ihre Antwort.

3.4 Unter welchen Umständen bringt ein Minimum-Varianz-Hedge-Portfolio überhaupt keinen Absicherungseffekt?

3.5 Nennen Sie drei Gründe, warum der Finanzmanager eines Unternehmens ein bestimmtes Exposure gegenüber einem Risikofaktor nicht absichern würde.

3.6 Angenommen, die Standardabweichung der vierteljährlichen Änderungen im Preis eines Rohstoffes ist 0,65 \$, die Standardabweichung der vierteljährlichen Änderungen im Futures-Kurs des Rohstoffes ist 0,81 \$ und der Korrelationskoeffizient zwischen den beiden Änderungen beträgt 0,8. Welches ist die optimale Hedge Ratio für einen Dreimonatskontrakt? Was bedeutet dieses Ergebnis?

3.7 Ein Unternehmen hält ein Portfolio im Wert von 20 Millionen \$ mit einem Beta von 1,2. Es möchte zur Absicherung des Risikos Futures-Kontrakte auf einen Aktienindex verwenden. Der Index steht gegenwärtig bei 1080, jeder Futures-Kontrakt umfasst das 250fache des Indexstandes in Dollar. Welche Absicherung minimiert das Risiko? Was sollte das Unternehmen tun, wenn es das Beta des Portfolios auf 0,6 reduzieren will?

3.8 Beim Mais-Futures-Kontrakt der Chicago Board of Trade sind folgende Liefermonate verfügbar: März, Mai, Juli, September und Dezember. Nennen Sie den Kontrakt, der zur Absicherung genutzt werden sollte, wenn die Absicherung (a) im Juni, (b) im Juli und (c) im Januar endet.

3.9 Hat eine perfekte Absicherung immer zur Folge, dass für eine zukünftige Transaktion der gegenwärtige Spotkurs eines Assets erzielt wird? Begründen Sie Ihre Antwort.

3.10 Erläutern Sie, warum sich die Position im Rahmen eines Short Hedge bei unerwarteter Stärkung der Basis verbessert und bei unerwarteter Schwächung der Basis verschlechtert.

3.11 Stellen Sie sich vor, Sie seien Finanzmanager eines japanischen Unternehmens, das elektronisches Zubehör in die USA exportiert. Erörtern Sie, wie Sie eine Absicherungsstrategie für das Wechselkursrisiko entwerfen würden und mit welchen Argumenten Sie diese Strategie der Unternehmensleitung verkaufen würden.

3.12 Angenommen, das Unternehmen in Beispiel 3.2 von Abschnitt 3.3 entscheidet sich für eine Hedge Ratio von 0,8. Auf welche Weise beeinflusst diese Entscheidung die Art der Absicherung und ihr Ergebnis?

3.13 „Wenn die Minimum-Varianz-Hedge-Ratio mit 1,0 errechnet wird, muss die Absicherung perfekt sein." Stimmt diese Aussage? Begründen Sie Ihre Antwort.

3.14 „Wenn es kein Basisrisiko gibt, hat die Minimum-Varianz-Hedge-Ratio immer den Wert 1,0." Stimmt diese Aussage? Begründen Sie Ihre Antwort.

3.15 „Für ein Asset, dessen Futures-Kurs gewöhnlich unter dem Spotkurs liegt, sind Long Hedges tendenziell besonders attraktiv." Erläutern Sie diese Aussage.

3.16 Die Standardabweichung der monatlichen Änderungen im Spotkurs von Lebendrind ist 1,2 (in Cent pro Pfund). Die Standardabweichung der monatlichen Änderungen im Futures-Kurs von Lebendrind für den jeweils nächstfälligen Kontrakt ist 1,4. Der Korrelationskoeffizient zwischen den Futures-Kurs-Änderungen und den Spotkurs-Änderungen beträgt 0,7. Wir haben jetzt den 15. Oktober. Ein Rindfleischproduzent hat sich zum Kauf von 200 000 Pfund Lebendrind am 15. November verpflichtet. Er möchte zur Absicherung seines Risikos Dezember-Futures-Kontrakte auf Lebendrind benutzen. Jeder Kontrakt umfasst die Lieferung von 40 000 Pfund Lebendrind. Welche Strategie sollte der Rindfleischproduzent einsetzen?

3.17 Ein Maisfarmer behauptet: „Ich verwende keine Futures-Kontrakte zur Absicherung. Das wahre Risiko besteht für mich nicht im Preis für Mais, sondern darin, dass meine gesamte Ernte vom Wetter vernichtet wird." Erörtern Sie diesen Standpunkt. Sollte der Farmer seine erwartete Maisproduktion abschätzen und versuchen, durch eine Absicherung einen Preis für die erwartete Produktion festzuschreiben?

3.18 Am 1. Juli hält ein Anleger 50 000 Anteile einer bestimmten Aktie. Der Marktpreis beträgt 30 $ je Anteil. Der Anleger ist daran interessiert, sich gegen Marktbewegungen im nächsten Monat abzusichern, und entscheidet sich für den September-Mini S&P-500-Futures-Kontrakt. Der Index steht gegenwärtig bei 1500 und ein Kontrakt umfasst das Fünfzigfache des Indexstandes in Dollar. Das Beta der Aktie beträgt 1,3. Welche Strategie sollte der Investor verfolgen? Unter welchen Umständen wird diese Strategie profitabel sein?

3.19 Angenommen, in Tabelle 3.5 entscheidet sich das Unternehmen für eine Hedge Ratio von 1,5. Auf welche Weise beeinflusst diese Entscheidung die Art der Absicherung und ihr Ergebnis?

3.20 Ein Futures-Kontrakt wird für das Hedging verwendet. Erklären Sie, warum das Marking to Market des Kontrakts zu Cash-Flow-Problemen führen kann.

3.21 Ein Manager einer Fluggesellschaft behauptet: „Es hat keinen Sinn, dass wir Öl-Futures verwenden. Die Wahrscheinlichkeit, dass der Ölpreis in der Zukunft unter dem Futures-Kurs liegt, ist genauso groß wie die Chance, dass er über dem Futures-Kurs liegt." Diskutieren Sie die Ansicht des Managers.

3.22 Angenommen, die einjährige Leihgebühr für Gold beträgt 1,5 % und der einjährige risikolose Zinssatz ist 5,0 %. Beide Sätze sind bei jährlicher Verzinsung angegeben. Beachten Sie Business Snapshot 3.1 und berechnen Sie den maximalen einjährigen Forward-Preis, den Goldman Sachs für Gold angeben sollte, wenn der Spotkurs bei 1200 $ liegt.

3.23 Die erwartete Rendite auf den S&P 500 beträgt 12 %, der risikolose Zinssatz liegt bei 5 %. Wie hoch ist die erwartete Rendite auf eine Anlage mit einem Beta von (a) 0,2, (b) 0,5 und (c) 1,4?

Zur weiteren Vertiefung

3.24 Ein Unternehmen weiß im Juni, dass es im September 5000 Barrel Rohöl verkaufen wird. Zur Absicherung des Erlöses verwendet es einen Oktober-Futures-Kontrakt der CME Group. Ein Kontrakt umfasst dabei 1000 Barrel „light sweet crude". Welche Position sollte das Unternehmen einnehmen? Welchen Preisrisiken ist es auch nach Einnahme der Position ausgesetzt?

3.25 Ein Exposure gegenüber dem Silberpreis wird mit 60 Futures-Kontrakten abgesichert. Ein Kontrakt umfasst dabei 5000 Unzen Silber. Als die Position geschlossen wird, steht die Basis bei 0,20 $ pro Unze. Welchen Effekt hat die Basis auf die Position des Absicherers, wenn (a) der Kauf von Silber bzw. (b) der Verkauf von Silber abgesichert wurde?

3.26 Eine Händlerin besitzt 55 000 Einheiten eines Assets und entscheidet sich für eine Absicherung des Wertes ihrer Position mittels Futures-Kontrakten auf ein anderes verwandtes Asset. Ein Kontrakt umfasst dabei 5000 Einheiten. Der Spotpreis des ursprünglichen Assets beträgt 28 $, die Standardabweichung der Preisänderung während der Laufzeit der Absicherung wird auf 0,43 geschätzt. Für das verwandte Asset beträgt der Futures-Preis 27 $, die Standardabweichung der Preisänderung während der Laufzeit der Absicherung wird auf 0,40 geschätzt. Der Korrelationskoeffizient zwischen Spotpreisänderung und Futures-Preisänderung beträgt 0,95.

a. Wie hoch ist die Minimum-Varianz-Hedge Ratio?
b. Sollte die Händlerin eine Long- oder eine Short-Position einnehmen?
c. Wie hoch ist die optimale Zahl der Futures-Kontrakte ohne Tailing?
d. Wie hoch ist die optimale Zahl der Futures-Kontrakte mit Tailing?

3.27 Ein Unternehmen möchte sein Exposure gegenüber einem neuen Kraftstoff, dessen Preisänderung eine Korrelation von 0,6 mit der Preisänderung von Benzin-Futures aufweist, absichern. Für jeden Cent, den der Gallonen-Preis des neuen Kraftstoffs in den nächsten drei Monaten ansteigt, verliert das Unternehmen 1 Million Dollar. Die Preisänderung des neuen Kraftstoffs besitzt eine Standardabweichung, die 50% größer ist als die Preisänderung bei Benzin-Futures. Welche Hedge Ratio ist sinnvoll, wenn Benzin-Futures für die Absicherung eingesetzt werden? Wie hoch ist das Exposure des Unternehmens in Gallonen des neuen Kraftstoffs? Wie viele Kontrakte der Benzin-Futures sollten gehandelt werden. Ein Kontrakt umfasst dabei 42 000 Gallonen.

3.28 Ein Portfolio-Manager verwaltet aktiv ein Portfolio mit einem Beta von 0,2. Während des vergangenen Jahres betrug der risikolose Zinssatz 5%, während Aktien mit einer Rendite von −30% sehr schlecht abschnitten. Der Portfolio-Manager erzielte eine Rendite von −10% und behauptet, dass dies unter den Umständen eine gute Performance gewesen sei. Diskutieren Sie diese Behauptung.

3.29 Die folgende Tabelle liefert Daten über die monatlichen Änderungen in Kassa- und Futures-Kurs eines bestimmten Rohstoffs. Berechnen Sie unter Verwendung dieser Daten die Minimum-Varianz-Hedge-Ratio.

Spotkursänderung	+0,50	+0,61	−0,22	−0,35	+0,79
Futures-Kurs-Änderung	+0,56	+0,63	−0,12	−0,44	+0,60
Spotkursänderung	+0,04	+0,15	+0,70	−0,51	−0,41
Futures-Kurs-Änderung	−0,06	+0,01	+0,80	−0,56	−0,46

3.30 Wir schreiben den 16. Juli. Ein Unternehmen hält ein Aktienportfolio im Wert von 100 Millionen $. Das Beta des Portfolios ist 1,2. Das Unternehmen möchte den CME-Dezember-Futures-Kontrakt auf einen Aktienindex benutzen, um das Beta für die Zeit vom 16. Juli bis 16. November auf 0,5 zu verringern. Der Index steht zurzeit bei 1000; jeder Futures-Kontrakt umfasst das 250fache des Indexstandes in Dollar.

a. Welche Position sollte das Unternehmen einnehmen?

b. Angenommen, das Unternehmen ändert seine Auffassung und entscheidet sich, das Beta von 1,2 auf 1,5 zu erhöhen. Welche Position sollte es nun in den Futures-Kontrakten einnehmen?

3.31 Ein Fondsmanager besitzt ein Portfolio im Wert von 50 Millionen $ mit einem Beta von 0,87. Er ist besorgt über die Marktentwicklung während der nächsten zwei Monate und plant, Dreimonats-Futures-Kontrakte auf den S&P 500 zur Absicherung seines Risikos einzusetzen. Der gegenwärtige Wert des Index beträgt 1250, ein Kontrakt umfasst das 250fache des Indexstandes in Dollar, der risikolose Zinssatz liegt bei 6% per annum und die Dividendenrendite auf den Index bei 3% per annum. Der gegenwärtige Preis für den Dreimonats-Futures-Kontrakt beträgt 1259.

a. Welche Position sollte der Vermögensverwalter einnehmen, um das gesamte Exposure gegenüber dem Markt in den nächsten zwei Monaten zu eliminieren?

b. Berechnen Sie die Auswirkungen Ihrer Strategie auf die Renditen des Fondmanagers, wenn der Index in zwei Monaten bei 1000, 1100, 1200, 1300 bzw. 1400 steht. Nehmen Sie an, dass der 1-Monats-Futures-Kurs immer 0,25% über dem jeweiligen Indexstand liegt.

3.32 Wir befinden uns im Oktober 2014. Ein Unternehmen rechnet damit, dass es in den Monaten Februar 2015, August 2015, Februar 2016 und August 2016 jeweils 1 Million Pfund Kupfer erwerben wird. Es hat sich dazu entschieden, das Risiko durch Futures-Kontrakte, die an der COMEX (einem Geschäftsbereich der NYMEX) gehandelt werden, abzusichern. Ein Kontrakt umfasst die Lieferung von 25 000 Pfund Kupfer. Die Initial Margin beträgt 2000 $ pro Kontrakt, die Maintenance Margin 1500 $ pro Kontrakt. Das Unternehmen möchte 80% des Exposures absichern. Kontrakte mit Fälligkeiten von bis zu 13 Monaten werden als ausreichend liquide angesehen, um die Bedürfnisse des Unternehmens zu erfüllen. Erstellen Sie eine Absicherungsstrategie für dass Unternehmen. Die in Abschnitt 3.4 beschriebene „Tailing"-Anpassung können Sie vernachlässigen.

Gehen Sie dabei von folgenden Marktdaten für heute und die Zukunft aus:

Datum	Okt 2014	Feb 2015	Aug 2015	Feb 2016	Aug 2016
Spotkurs	372,00	369,00	365,00	377,00	388,00
März-2015-Futures-Kurs	372,30	369,10			
Sept.-2015-Futures-Kurs	372,80	370,20	364,80		
März-2016-Futures-Kurs		370,70	364,30	376,70	
Sept.-2016-Futures-Kurs			364,20	376,50	388,20

Welche Auswirkungen hat die von Ihnen vorgeschlagene Strategie auf den Preis, den das Unternehmen für Kupfer zahlt? Wie hoch ist die Initial Margin im Oktober 2014? Ist das Unternehmen irgendwann einmal Nachschussforderungen ausgesetzt?

Anhang: Das Capital Asset Pricing Model

Mit dem Capital Asset Pricing Model (CAPM) lässt sich die erwartete Rendite eines Assets zum Risiko der Rendite in Beziehung setzen. Dieses Risiko wird dabei in zwei Kategorien eingeteilt. Das *systematische Risiko* ist an die Rendite aus dem Gesamtmarkt-Portfolio gekoppelt und kann nicht durch Diversifizierung eliminiert werden. Das *unsystematische Risiko* hingegen ist dem Asset eigen und kann durch die Wahl eines geeignet großen Portfolios aus verschiedenen Assets eliminiert werden. Das CAPM besagt, dass die Rendite nur vom systematischen Risiko abhängig sein sollte. Die CAPM-Formel lautet[7]

$$\text{erwartete Rendite auf das Asset} = R_F + \beta(R_M - R_F). \quad (3.6)$$

Hierbei bezeichnet R_M die Rendite auf das Portfolio aller verfügbaren Instrumente, R_F die Rendite einer risikolosen Anlage und der griechische Buchstabe β ist ein Parameter, der das systematische Risiko beschreibt.

---
[7] Wenn die Marktrendite nicht bekannt ist, wird in der Formel R_M durch den Erwartungswert von R_M ersetzt.

Die Rendite R_M auf das Portfolio aller verfügbaren Instrumente wird als *Marktrendite* bezeichnet und gewöhnlich durch die Rendite eines gut gestreuten Aktienindex, wie z. B. den S&P 500, approximiert. Das Beta (β) eines Assets beschreibt die Sensitivität seiner Rendite gegenüber der Marktrendite. Es kann mit historischen Daten als Anstieg der Regressionsgerade ermittelt werden, die sich ergibt, wenn man die Überrendite des Assets über dem risikolosen Zinssatz gegen die Überrendite des Markts über dem risikolosen Zinssatz abträgt. Ist $\beta = 0$, dann ist die Rendite des Assets in keiner Weise an die Marktrendite gekoppelt. Das Asset besitzt in diesem Falle kein systematisches Risiko und Gleichung (3.6) zeigt, dass die Renditeerwartung dem risikolosen Zinssatz entspricht. Ist $\beta = 0{,}5$, dann ist die Überrendite des Assets über dem risikolosen Zinssatz durchschnittlich halb so hoch wie die Überrendite des Markts über dem risikolosen Zinssatz. Ist $\beta = 1$, dann ist die Überrendite des Assets über dem risikolosen Zinssatz gleich der Überschussrendite des Markts über dem risikolosen Zinssatz, usw.

Angenommen, der risikolose Zinssatz R_F beträgt 5 % und die Marktrendite 13 %. Gemäß Gleichung (3.6) weist ein Asset mit einem Beta von null eine Renditeerwartung von 5 % auf. Ist $\beta = 0{,}75$, dann beträgt die Renditeerwartung $0{,}05 + 0{,}75 \cdot (0{,}13 - 0{,}05) = 0{,}11$, also 11 %.

Die Herleitung des CAPM geschieht mit einer Reihe von Annahmen[8], von denen hier die wichtigsten aufgeführt seien:

1. Investoren achten nur auf die erwartete Rendite und die Standardabweichung der Rendite eines Assets.
2. Die Renditen zweier Assets sind untereinander nur über ihre Korrelation mit der Marktrendite korreliert. Diese Aussage ist äquivalent zur Annahme, dass die Renditen nur von einem Faktor gesteuert werden.
3. Investoren fokussieren sich nur auf Renditen über einen bestimmten Zeitraum im Auge haben und dieser Zeitraum ist für alle Investoren gleich lang.
4. Investoren können bei Kreditaufnahme und -vergabe den gleichen risikofreien Zinssatz ansetzen.
5. Steuern habe auf Anlageentscheidungen keinen Einfluss.
6. Alle Investoren verwenden die gleichen Schätzer für erwartete Renditen, deren Standardabweichungen und die Korrelationen zwischen den Renditen.

Diese Annahmen sind bestenfalls annähernd zutreffend. Das CAPM erweist sich dennoch als brauchbares Werkzeug für Portfolio-Manager und wird oft herangezogen, wenn deren Performance beurteilt werden soll.

Handelt es sich bei dem Asset um eine einzelne Aktie, dann ist die durch Gleichung (3.6) gegebene Renditeerwartung kein guter Prädiktor für die tatsächliche Rendite. Wenn es sich aber bei dem Asset um ein gut diversifiziertes Portfolio handelt, liefert Gleichung (3.6) ein belastbares Ergebnis. Folglich kann die Gleichung

$$\text{Rendite auf diversifiziertes Portfolio} = R_F + \beta(R_M - R_F)$$

als Basis für die Absicherung eines diversifizierten Portfolios verwendet werden (siehe Abschnitt 3.5). Der in der Gleichung vorkommende Parameter β ist das Beta des Portfolios. Es wird berechnet als der gewichtete Durchschnitt der Betas aller Aktien des Portfolios.

---

[8] Details der Herleitung finden sich z. B. in J. Hull, *Risikomanagement*, 3. Aufl. München: Pearson Studium, 2014, Kap. 1.

Zinssätze

- 4.1 Arten von Zinssätzen 114
- 4.2 Zinsrechnung 116
- 4.3 Zerobond-Zinssätze 119
- 4.4 Anleihebewertung 119
- 4.5 Bestimmung der Treasury Spot Rates 121
- 4.6 Forward Rates 123
- 4.7 Forward Rate Agreements 126
- 4.8 Duration 129
- 4.9 Konvexität 133
- 4.10 Zinsstrukturtheorien 134
- Zusammenfassung 137
- Literaturempfehlungen 138
- Praktische Fragestellungen 138

4

ÜBERBLICK

4 Zinssätze

Zinssätze beeinflussen die Bewertung nahezu aller Derivate und spielen eine wichtige Rolle für die Inhalte im Rest des Buches. In diesem Kapitel behandeln wir einige Grundlagen zur Messung und Analyse von Zinssätzen. Wir erklären die zur Definition eines Zinssatzes verwendete Verzinsungshäufigkeit und die Bedeutung von stetigen Zinssätzen, welche bei der Analyse von Derivaten zumeist zugrunde gelegt werden. Wir gehen auf Spot Rates, Par Yields und Renditekurven ein, diskutieren die Bewertung von Anleihen und skizzieren ein Verfahren zur Ermittlung von Treasury Rates, welches unter Derivatehändlern weit verbreitet ist. Wir betrachten Forward Rates und Forward Rate Agreements und die verschiedenen Zinsstrukturtheorien. Schließlich erklären wir die Verwendung von Durations- und Konvexitätsmaßen zur Bestimmung der Sensitivität von Anleihepreisen gegenüber Zinsänderungen.

Kapitel 6 befasst sich mit Zins-Futures und zeigt, wie die Duration zur Absicherung von Zins-Exposures eingesetzt werden kann. Zur Vereinfachung der Darstellung werden wir in diesem Kapitel die Konventionen der Tagzählung nicht beachten. Diese Konventionen und ihr Einfluss auf Berechnungen wird in den Kapiteln 6 und 7 diskutiert.

4.1 Arten von Zinssätzen

Ein Zinssatz in einer bestimmten Situation legt den Geldbetrag fest, den ein Kreditnehmer dem Kreditgeber zu zahlen verspricht. Für jede beliebige Währung werden regelmäßig viele verschiedene Arten von Zinssätzen angegeben, z. B. Hypothekenzinsen, Einlagenzinsen, Kreditzinsen usw. Der in einer bestimmten Situation geltende Zinssatz hängt vom Kreditrisiko ab. Dieses ist das Risiko, dass der Kreditnehmer seinen Zahlungsverpflichtungen nicht nachkommen kann und Zinsen sowie Nominalbetrag nicht wie vorgesehen an den Kreditgeber gezahlt werden. Je höher das Kreditrisiko, desto höher der Zinssatz, der vom Kreditnehmer versprochen wird.

Zinssätze werden oft in Basispunkten angegeben. Ein Basispunkt entspricht dabei 0,01 % per annum.

Treasury Rates

Treasury Rates (Notenbankzinssätze) sind die Zinssätze, die ein Anleger in Treasury Bills und Treasury Bonds erzielt. Diese sind Instrumente, die eine Regierung benutzt, um in ihrer eigenen Währung Kredit aufzunehmen. Japanische Treasury Rates sind die Zinssätze, zu denen die japanische Regierung Yen-Kredite aufnehmen kann. US Treasury Rates sind die Zinssätze, zu denen die US-Regierung Dollar-Kredite aufnehmen kann, usw. Für gewöhnlich kommt es nicht vor, dass eine Regierung bei einer Verbindlichkeit in eigener Währung in Zahlungsverzug gerät. Aus diesem Grund stellen Treasury Rates völlig risikolose Zinssätze in dem Sinne dar, dass ein Anleger in Treasury Bills oder Treasury Bonds sicher sein kann, dass die Zahlungen von Zins und Nominalbetrag wie versprochen erfolgen.

LIBOR

LIBOR steht für *London Interbank Offered Rate*. Es handelt sich hierbei um einen nicht verbrieften kurzfristigen Kreditzins zwischen Banken. Traditionell werden LIBOR-Sätze einmal je Handelstag für zehn Währungen und 15 verschiedene Zeiträume angegeben. Die LIBOR-Sätze sind die Referenzzinssätze für Transaktionen in der ganzen Welt, deren Volumen Hunderte Billionen Dollar ausmacht. Eine populäre Derivate-Transaktion unter Verwendung des LIBOR ist ein Zinsswap (siehe Kapitel 7). Die LIBOR-Sätze werden um 11:30 Uhr britischer Zeit von der British Bankers' Association (BBA) herausgegeben. Die BBA erfragt von verschiedenen Banken eine Schätzung des Zinssatzes, zu welchem sie kurz vor 11:00 Uhr britischer Zeit Kredit aufnehmen konnten. Von den so erhaltenen Angaben für jede Währung werden das obere und das untere Viertel vernachlässigt. Über die verbleibenden Werte wird jeweils der Mittelwert gebildet und so werden die LIBOR-Sätze für einen Tag festgelegt. Typischerweise weisen die in diesen Prozess involvierten Banken AA-Kreditrating auf.[1] Der LIBOR wird daher als Schätzer für den nicht verbrieften kurzfristigen Kreditzins für Finanzinstitute mit AA-Rating angesehen.

Die Fed Funds Rate

In den USA müssen Finanzinstitute einen bestimmten Betrag (die Reserve) bei der US-Notenbank bar hinterlegen. Die Höhe des Betrags hängt von den offenen Vermögenswerten und Verbindlichkeiten der jeweiligen Bank ab. Am Ende eines Handelstages weisen einige Finanzinstitute auf ihrem Konto bei der US-Notenbank einen Überschuss auf, während andere eine Unterdeckung ausgleichen müssen. Dies führt über Nacht zu Kreditgeschäften. Der für diese Geschäfte geltende Zinssatz heißt in den USA *Federal Funds Rate*. Gewöhnlich führt ein Broker Kreditgeber und -nehmer zusammen. Der gewichtete Durchschnitt der Zinssätze der auf diese Weise zustande gekommenen Transaktionen ist die *effektive Federal Funds Rate*. Die Gewichtung erfolgt dabei über die Größe der jeweiligen Transaktion. Diese Overnight Rate wird von der Zentralbank überwacht, welche mit eigenen Transaktionen versuchen kann, diesen Zinssatz zu beeinflussen. Andere Staaten verfügen über ähnliche Systeme. So stellt etwa SONIA (Sterling OverNight Index Average) das britische Pendant dar; EONIA (Euro OverNight Index Average) ist das europäische Pendant usw.

Sowohl LIBOR als auch Federal Funds Rate sind nicht verbriefte Kreditzinssätze. Im Schnitt lag der Overnight-LIBOR, mit Ausnahme des chaotischen Zeitraums zwischen August 2007 und Dezember 2008, etwa sechs Basispunkte (0,06 %) über der effektiven Federal Funds Rate. Diese Differenz lässt sich durch Zeiteffekte, die unterschiedlichen Zusammensetzung der Kreditnehmerschaft in London und New York sowie die verschiedenen Abrechnungsmechanismen in den beiden Städten erklären.[2]

Repo-Zinssatz

Im Gegensatz zu LIBOR und Federal Funds Rates sind Repo-Zinssätze besicherte Kredizinssätze. Eine *Rückkaufvereinbarung* (*Repo*) ist ein Vertrag, in dem ein Finanzinstitut vereinbart, Papiere aus seinem Besitz jetzt zu verkaufen und später zu einem geringfügig höheren Preis zurückzukaufen. Das Finanzinstitut erhält also ein Darlehen, dessen Zinssatz gerade die Differenz zwischen dem Verkaufspreis und dem Rückkaufspreis der Papiere ist. Dieser Zinssatz wird als *Repo-Zinssatz* (Repo Rate) bezeichnet.

---

[1] AAA ist die beste Kreditrating-Kategorie, AA die zweitbeste.
[2] Siehe L. Bartolini, S. Hilton und A. Prati, „Money Market Integration", *Journal of Money, Credit and Banking*, 40, 1 (Februar 2008), 193–213.

Wurde sie sorgfältig strukturiert, so hat eine Rückkaufvereinbarung ein sehr geringes Kreditrisiko. Wenn der ursprüngliche Besitzer der Papiere die Vereinbarung nicht einhält, behält das Unternehmen die Papiere einfach. Erfüllt das kreditgebende Unternehmen seinen Teil der Vereinbarung nicht, behält der ursprüngliche Eigentümer der Papiere das Geld des Kreditgebers. Die am häufigsten vorkommende Form einer Rückkaufvereinbarung ist die *kurzfristige Rückkaufvereinbarung* (Overnight Repo), welche von Tag zu Tag prolongiert werden kann. Längerfristige Rückkaufvereinbarungen (*Term Repo*) werden jedoch auch teilweise getroffen. Des es sich bei Repo Rates um besicherte Zinssätze handelt, liegen sie geringfügig unter den entsprechenden Federal Funds Rates.

Der „risikolose" Zinssatz

Derivate werden gewöhnlich bewertet, indem man ein risikofreies Portfolio erstellt und dann argumentiert, dass die Rendite auf dieses Portfolio der risikolose Zinssatz ist. Der risikolose Zinssatz spielt folglich eine Schlüsselrolle bei der Bewertung von Derivaten. In diesem Buch werden wir uns meist auf den „risikolosen" Zinssatz beziehen, ohne genauer zu beschreiben, welchen Zinssatz wir verwenden. Denn eigentlich kommen bei Derivaten einige verschiedene alternative Zinssätze für den risikolosen Zinssatz zum Einsatz. Traditionell wird der LIBOR als risikoloser Zinssatz verwendet – obwohl er nicht komplett risikolos ist, da eine kleine Wahrscheinlichkeit existiert, dass ein Finanzinstitut mit AA-Rating ein kurzfristiges Darlehen nicht bedienen kann. Dieser Ansatz ist jedoch derzeit Veränderungen ausgesetzt. In Kapitel 9 werden wir uns mit den Aspekten beschäftigen, die derzeit in der Praxis bei der Auswahl des „risikolosen" Zinssatzes zu beachten sind. Wir beleuchten auch die theoretische Seite dieses Sachverhalts.

4.2 Zinsrechnung

Die Aussage einer Bank, dass der Zinssatz für 1-Jahres-Einlagen bei 10% per annum liegt, mag klar und eindeutig klingen. Tatsächlich hängt ihre genaue Bedeutung aber davon ab, wie der Zinssatz berechnet wird.

Wenn der Zinssatz mit jährlicher Verzinsung angegeben wird, bedeutet die Bankaussage, dass der Zinssatz 10% beträgt, dass 100 \$ am Ende eines Jahres auf

$$100\,\$ \cdot 1{,}1 = 110\,\$$$

anwachsen. Ist der Zinssatz mit halbjährlicher Verzinsung festgelegt, bedeutet dies, dass wir alle 6 Monate 5% erhalten, wobei der Zins reinvestiert wird. In diesem Fall werden aus 100 \$

$$100\,\$ \cdot 1{,}05 \cdot 1{,}05 = 110{,}25\,\$$$

am Ende eines Jahres. Ist der Zinssatz mit vierteljährlicher Verzinsung angegeben, erhalten wir nach der Bankaussage alle drei Monate 2,5% bei Reinvestition des Zinses. Aus 100 \$ werden demnach

$$100\,\$ \cdot 1{,}025^4 = 110{,}38\,\$$$

Verzinsungshäufigkeit	Wert von 100 $ am Ende eines Jahres ($)
jährlich ($m = 1$)	110,00
halbjährlich ($m = 2$)	110,25
vierteljährlich ($m = 4$)	110,38
monatlich ($m = 12$)	110,47
wöchentlich ($m = 52$)	110,51
täglich ($m = 365$)	110,52

Tabelle 4.1: Auswirkung der Verzinsungshäufigkeit auf den Wert von 100 $ am Ende eines Jahres bei einem Zinssatz von 10% per annum

am Ende eines Jahres. Tabelle 4.1 zeigt die Auswirkung einer weiteren Erhöhung der Verzinsungshäufigkeit.

Die Verzinsungshäufigkeit gibt die Zeiteinheiten an, in denen der Zinssatz gemessen wird bzw. nach denen die Zinszahlungen dem Kapital zugeschlagen werden. Ein Zinssatz ausgedrückt mit einer bestimmten Verzinsungshäufigkeit kann in einen äquivalenten Zinssatz mit einer anderen Verzinsungshäufigkeit umgerechnet werden. Zum Beispiel sehen wir in Tabelle 4.1, dass 10,25% bei jährlicher Verzinsung äquivalent sind mit 10% bei halbjährlicher Verzinsung. Wir können uns den Unterschied zwischen zwei Verzinsungshäufigkeiten als den Unterschied zwischen Kilometern und Meilen vorstellen. Sie stellen zwei verschiedene Maßeinheiten dar.

Zur Verallgemeinerung unserer Resultate nehmen wir an, dass ein Betrag A für n Jahre zu einem Zinssatz R per annum angelegt wird. Bei jährlicher Verzinsung beträgt der Endwert der Anlage

$$A(1 + R)^n .$$

Wird m-mal jährlich verzinst, dann beträgt der Endwert der Anlage

$$A\left(1 + \frac{R}{m}\right)^{mn} . \tag{4.1}$$

Für $m = 1$ wird der Zinssatz auch als äquivalenter Jahreszins bezeichnet.

Stetige Verzinsung

Der Grenzwert für m gegen unendlich ($m \to \infty$) wird *stetige Verzinsung* genannt.[3] Man kann zeigen, dass bei stetiger Verzinsung ein Betrag A, der für n Jahre zu einem Zinssatz R angelegt ist, auf

$$Ae^{Rn} \tag{4.2}$$

anwächst, wobei $e = 2{,}71828$. Die Funktion e^x ist in die meisten Taschenrechner integriert, sodass die Berechnung des Ausdrucks in Gleichung (4.2) kein Problem

---

[3] In der Versicherungsmathematik wird der stetige Zinssatz auch als *force of interest* bezeichnet.

darstellt. Im Beispiel von Tabelle 4.1 ist $A = 100$, $n = 1$ und $R = 0{,}1$, sodass A bei stetiger Verzinsung auf

$$100\mathrm{e}^{0,1} = 110{,}52\,\$$$

anwächst. Dies ist (auf zwei Dezimalstellen) derselbe Wert wie bei täglicher Verzinsung. Für die meisten praktischen Zwecke kann man daher stetige Verzinsung mit täglicher Verzinsung gleichsetzen. Aufzinsung einer Geldsumme mit einem stetigen Zinssatz R über n Jahre bedeutet also Multiplikation mit e^{Rn}. Abzinsung mit einem stetigen Zinssatz R über n Jahre bedeutet Multiplikation mit e^{-Rn}.

In diesem Buch werden Zinssätze immer mit stetiger Verzinsung gemessen, falls es nicht anders angemerkt ist. Leser, die an die Arbeit mit jährlicher, halbjährlicher oder mit einer anderen Verzinsung gewöhnt sind, werden dies vielleicht anfänglich etwas gewöhnungsbedürftig finden. Doch stetige Zinssätze werden in einem solchen Ausmaß bei der Bepreisung von Derivaten verwendet, dass es sinnvoll ist, sich jetzt mit ihrer Handhabung vertraut zu machen.

Sei R_C der Zinssatz bei stetiger Verzinsung und R_m der äquivalente Satz bei m-maliger Verzinsung pro Jahr. Aus Gleichung (4.1) und Gleichung (4.2) ergibt sich

$$A\mathrm{e}^{R_C n} = A\left(1 + \frac{R_m}{m}\right)^{mn}$$

bzw.

$$\mathrm{e}^{R_C} = \left(1 + \frac{R_m}{m}\right)^m .$$

Das bedeutet, dass

$$R_C = m \ln\left(1 + \frac{R_m}{m}\right) \qquad (4.3)$$

und

$$R_m = m(\mathrm{e}^{R_C/m} - 1) . \qquad (4.4)$$

Diese Gleichungen können zur Umrechnung eines Zinssatzes mit m-maliger Verzinsung pro Jahr in einen stetigen Zinssatz und umgekehrt verwendet werden. Die in den meisten Taschenrechnern verfügbare Funktion „natürlicher Logarithmus" (ln) ist die Umkehrfunktion der Exponentialfunktion, d. h. falls $y = \ln x$, dann gilt $x = \mathrm{e}^y$.

Beispiel 4.1 Wir betrachten einen Zinssatz von 10% per annum bei halbjährlicher Verzinsung. Nach Gleichung (4.3) mit $m = 2$ und $R_m = 0{,}1$ beträgt der äquivalente Zinssatz bei stetiger Verzinsung

$$2 \ln\left(1 + \frac{0{,}1}{2}\right) = 0{,}09758 ,$$

also 9,758% per annum.

> **Beispiel 4.2** Angenommen, ein Kreditgeber legt den Zinssatz für Darlehen auf 8% per annum bei stetiger Verzinsung fest. Tatsächlich werden aber vierteljährlich Zinsen gezahlt. Nach Gleichung (4.4) mit $m = 4$ und $R_c = 0{,}08$ beträgt der äquivalente Zinssatz bei vierteljährlicher Verzinsung
>
> $$4(e^{0{,}08/4} - 1) = 0{,}0808 \,,$$
>
> also 8,08% per annum. Das heißt, dass auf ein 1000 $-Darlehen Zinszahlungen von 20,20 $ in jedem Quartal erforderlich sind.

4.3 Zerobond-Zinssätze

Der n-Jahres-*Zerobond-Zinssatz* (Zerobond-Effektivverzinsung oder Spot-Rate) ist der Zinssatz, den man mit einer Anlage erwirtschaftet, die heute beginnt und n Jahre dauert. Das Kapital und der Zins werden am Ende der n Jahre ausbezahlt. Zwischenzeitlich gibt es keine Zahlungen. Der n-Jahres-Zerobond-Zinssatz wird auch als n-Jahres-*Spot-Rate* bezeichnet. Angenommen, die 5-Jahres-Spot-Rate mit stetiger Verzinsung wird mit 5% per annum angegeben. Das bedeutet, dass 100 $, die zu diesem Zinssatz für fünf Jahre angelegt werden, auf

$$100 \cdot e^{0{,}05 \cdot 5} = 128{,}40$$

anwachsen würden. Viele Zinssätze, die wir am Markt beobachten können, sind keine reinen Zerobond-Zinssätze. Nehmen wir eine 5-jährige Staatsanleihe, die einen Zinssatz von 6% bietet. Der Preis dieser Anleihe bestimmt die 5-Jahres-Spot-Rate nicht genau, da ein Teil der Erträge auf die Anleihe in Form von Zinsen vor dem Ende des fünften Jahres erzielt wird. Wir werden in diesem Kapitel später noch erörtern, wie man Spot Rates aus den Marktpreisen von Kupon-Anleihen bestimmen kann.

4.4 Anleihebewertung

Die meisten Anleihen zahlen regelmäßig Kupons an den Inhaber. Den Nominalbetrag (Nennwert) der Anleihe erhält man am Ende der Laufzeit. Der theoretische Preis einer Anleihe kann berechnet werden als Barwert aller zukünftigen Zahlungen, die dem Halter zufließen werden. Anleihehändler verwenden mitunter denselben Diskontierungszinssatz für alle Cash Flows, die einer Anleihe zugrunde liegen. Ein genauerer Ansatz besteht allerdings darin, für jeden Cash Flow eine eigene Spot Rate anzusetzen.

Zur Veranschaulichung betrachten wir eine Situation, in der die in Tabelle 4.2 angegebenen Treasury Spot Rates (bei stetiger Verzinsung) gelten (ihre Berechnung aus Staatsanleihen erläutern wir später). Angenommen, ein 2-Jahres-Treasury-Bond mit einem Nominalbetrag von 100 $ liefert halbjährliche Kupons zu einem Satz von 6% per annum. Um den Barwert der ersten Zinszahlung von 3 $ zu ermitteln, diskontieren wir diese mit 5,0% über sechs Monate; um den Barwert der zweiten Zinszahlung von 3 $ zu ermitteln, diskontieren wir diese mit 5,8% über zwölf

Laufzeit (in Jahren)	Spot Rate (%) (stetige Verzinsung)
0,5	5,0
1,0	5,8
1,5	6,4
2,0	6,8

Tabelle 4.2: Treasury Spot Rates

Monate usw. Der theoretische Preis der Anleihe ist daher

$$3e^{-0{,}05\cdot 0{,}5} + 3e^{-0{,}058\cdot 1{,}0} + 3e^{-0{,}064\cdot 1{,}5} + 103e^{-0{,}068\cdot 2{,}0} = 98{,}39 \,,$$

also 98,39 $.

Effektivverzinsung von Anleihen

Die Effektivverzinsung (häufig als Rendite bezeichnet) einer Anleihe ist derjenige einzelne Diskontierungszinssatz, der bei Anwendung auf alle Cash Flows einen Anleihewert ergibt, der dem Marktpreis der Anleihe entspricht. Angenommen, der theoretische Preis von 98,39 $ der eben betrachteten Anleihe ist auch ihr Marktwert (d. h. der Anleihepreis des Marktes stimmt exakt mit den Daten von Tabelle 4.2 überein). Bezeichnen wir die Effektivverzinsung der Anleihe bei stetiger Verzinsung mit y, so muss

$$3e^{-y\cdot 0{,}5} + 3e^{-y\cdot 1{,}0} + 3e^{-y\cdot 1{,}5} + 103e^{-y\cdot 2{,}0} = 98{,}39$$

gelten. Diese Gleichung kann man mit einem iterativen Verfahren („trial-and-error") lösen, es ergibt sich $y = 6{,}76\%$.[4]

Par Yield

Die *Par Yield* für eine bestimmte Laufzeit ist jener Kupon-Zinssatz, der den Anleihewert dem Nennwert (engl.: par value oder principal value) gleichsetzt. Für die Anleihen wird hier eine halbjährliche Kuponauszahlung angenommen. Der Kupon auf eine 2-Jahres-Anleihe in unserem Beispiel betrage c per annum (bzw. $\frac{1}{2}c$ für sechs Monate). Mit den Zerobond-Zinssätzen von Tabelle 4.2 ist der Wert der Anleihe gleich ihrem Nennwert, falls

$$\frac{c}{2}e^{-0{,}05\cdot 0{,}5} + \frac{c}{2}e^{-0{,}058\cdot 1{,}0} + \frac{c}{2}e^{-0{,}064\cdot 1{,}5} + \left(100 + \frac{c}{2}\right)e^{-0{,}068\cdot 2{,}0} = 100 \,.$$

Diese Gleichung kann direkt gelöst werden, und man erhält $c = 6{,}87$. Die 2-Jahres-Par-Yield ist also 6,87% per annum. Dabei kommt eine halbjährliche Verzinsung zur

---

4 Ein Verfahren zur Lösung nichtlinearer Gleichungen der Form $f(y) = 0$, wie z. B. diese hier, ist die Newton-Raphson-Methode. Wir beginnen mit einem Schätzwert y_0 für die Lösung und erzeugen fortlaufend bessere Schätzungen $y_1, y_2, y_3, \ldots$ durch Verwendung der Formel $y_{i+1} = y_i - f(y_i)/f'(y_i)$, wobei $f'(y)$ die Ableitung von f nach y bezeichnet.

Anwendung, da die Kuponzahlungen gemäß Annahme alle sechs Monate erfolgen. Bei stetiger Verzinsung ergäbe sich eine 2-Jahres-Par-Yield von 6,75%.

Allgemeiner ausgedrückt: Ist d der Barwert von 1 $ zu Laufzeitende, A der Barwert einer Annuität, die an jedem Ausschüttungstermin 1 $ zahlt, und m die Anzahl der Kupons pro Jahr, muss die Par Yield c die Gleichung

$$100 = A\frac{c}{m} + 100d$$

erfüllen, mit anderen Worten: Es muss

$$c = \frac{(100 - 100d)m}{A}$$

gelten. In unserem Beispiel ist $m = 2$, $d = e^{-0{,}068 \cdot 2} = 0{,}87284$ und

$$A = e^{-0{,}05 \cdot 0{,}5} + e^{-0{,}058 \cdot 1{,}0} + e^{-0{,}064 \cdot 1{,}5} + e^{-0{,}068 \cdot 2{,}0} = 3{,}70027\,.$$

Die Formel bestätigt, dass die Par Yield 6,87% per annum beträgt.

4.5 Bestimmung der Treasury Spot Rates

Eine Möglichkeit der Bestimmung von Treasury Spot Rates, wie sie in Tabelle 4.2 angegeben werden, ist die Beobachtung der Renditen auf „Strips". Strips sind Zerobonds, die von Händlern künstlich geschaffen werden, wenn sie Kupons auf Treasury Bonds getrennt vom Nominalkapital verkaufen.

Ein weiterer Weg der Bestimmung von Treasury Spot Rates ist Verwendung der Kurse von Treasury Bills und Kupon-Anleihen. Einen Ansatz liefert die *Bootstrap-Methode*. Zur Veranschaulichung betrachten wir die in Tabelle 4.3 angegebenen Daten für fünf Anleihen. Da die ersten drei Anleihen keine Kupons zahlen, können die Zerobond-Zinssätze oder Spot Rates, die zu den jeweiligen Laufzeiten gehören, einfach ermittelt werden. Die 3-Monats-Anleihe bringt einen Ertrag von 2,5 in drei Monaten auf eine Anfangsinvestition von 97,5. Der stetige 3-Monats-Zinssatz ist daher die Lösung der Gleichung

$$100 = 97{,}5 e^{R \cdot 0{,}25}\,,$$

Nennwert der Anleihe (in $)	Zeit bis zur Fälligkeit (in Jahren)	jährlicher Kupon* (in $)	Anleihepreis (in $)
100	0,25	0	97,5
100	0,50	0	94,9
100	1,00	0	90,0
100	1,50	8	96,5
100	2,00	12	101,6

* Es wird angenommen, dass alle sechs Monate die Hälfte des angegebenen Kupons gezahlt wird.

Tabelle 4.3: Daten für die Bootstrap-Methode

also 10,127% per annum. Der stetige 6-Monats-Zinssatz ergibt sich analog als Lösung der Gleichung

$$100 = 94{,}9 e^{R \cdot 0{,}5}\,,$$

also 10,469% per annum. Analog erhält man für den stetigen 1-Jahres-Zinssatz

$$100 = 90 e^{R \cdot 1{,}0}\,,$$

also 10,536% per annum.

Die vierte Anleihe läuft 1,5 Jahre. Folgende Zahlungen werden geleistet:

6 Monate:	4 $
1 Jahr:	4 $
1,5 Jahre:	104 $

Aus unseren obigen Berechnungen wissen wir, dass der Diskontierungssatz für die Zahlung nach sechs Monaten 10,469% und der Diskontierungssatz für die Zahlung nach einem Jahr 10,536% beträgt. Wir wissen außerdem, dass der Preis der Anleihe, 96 $, dem Barwert aller Zahlungen entspricht, die dem Anleiheninhaber zukünftig zustehen. Daraus folgt, wenn wir die 1,5-Jahres-Spot-Rate mit R bezeichnen,

$$4 e^{-0{,}10469 \cdot 0{,}5} + 4 e^{-0{,}10536 \cdot 1{,}0} + 104 e^{-R \cdot 1{,}5} = 96\,.$$

Diese Gleichung reduziert sich auf

$$e^{-1{,}5 R} = 0{,}85196$$

bzw.

$$R = -\frac{\ln 0{,}85196}{1{,}5} = 0{,}10681\,.$$

Die 1,5-Jahres-Spot-Rate beträgt also 10,681%. Dies ist die einzige Spot Rate, die mit dem 6-Monats-Zinssatz, dem 1-Jahres-Zinssatz und den Daten von Tabelle 4.3 vereinbar ist.

Die 2-Jahres-Spot Rate kann auf ähnliche Weise aus den 6-Monats-, 1-Jahres- und 1,5-Jahres-Spot-Rates und den Informationen über die letzte Anleihe in Tabelle 4.3 berechnet werden. Bezeichnet R die 2-Jahres-Spot-Rate, dann gilt:

$$6 e^{-0{,}10469 \cdot 0{,}5} + 6 e^{-0{,}10536 \cdot 1{,}0} + 6 e^{-0{,}10681 \cdot 1{,}5} + 106 e^{-R \cdot 2{,}0} = 101{,}6\,.$$

Man erhält $R = 0{,}10808 = 10{,}808\%$.

Die ermittelten Zinssätze sind in Tabelle 4.4 zusammengefasst. Ein Diagramm, welches den Zerobond-Zinssatz als Funktion der Laufzeit darstellt, heißt *Zinsstrukturkurve* bzw. genauer *Spot-Rate-Strukturkurve*. Eine verbreitete Annahme ist, dass sich die Zinsstrukturkurve zwischen den durch die Bootstrap-Methode bestimmten Punkten linear verhält. (D. h. der 1,25-Jahres-Zerobond-Zinssatz ist $0{,}5 \cdot 10{,}536 + 0{,}5 \cdot 10{,}681 = 10{,}6085\%$ in unserem Beispiel.) Üblicherweise wird weiter angenommen, dass die Zinsstrukturkurve vor dem ersten Punkt und nach dem letzten Punkt horizontal verläuft. Abbildung 4.1 zeigt die Zinsstrukturkurve für unsere Daten. Bei der Verwendung von Anleihen mit längeren Laufzeiten hätte

Laufzeit (in Jahren)	Spot Rate (in %) (stetig verzinst)
0,25	10,127%
0,50	10,469%
1,00	10,536%
1,50	10,681%
2,00	10,808%

Tabelle 4.4: Stetig verzinste Spot Rates für die Daten in Tabelle 4.3

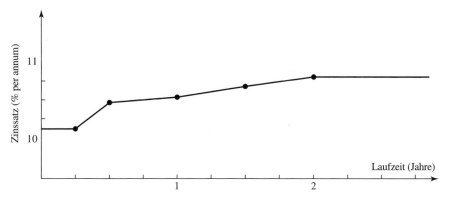

Abbildung 4.1: Durch die Bootstrap-Methode ermittelte Spot-Rates

die Zinsstrukturkurve über den Zeitraum von zwei Jahre hinaus präziser bestimmt werden können.

In der Praxis haben die Anleihen gewöhnlich keine Laufzeiten von exakt 1,5 Jahren, 2 Jahren, 2,5 Jahren usw. Der oft von Analysten benutzte Ansatz besteht darin, zwischen die Anleihepreisdaten zu interpolieren, bevor mit diesen die Zinsstrukturkurve ermittelt wird. Wenn sie z. B. wissen, dass eine 2,3-Jahres-Anleihe mit einem Kupon von 6% den Kurs 98 hat und eine 2,7-Jahres-Anleihe mit einem Kupon von 6,5% den Kurs 99, dann könnten sie annehmen, eine 2,5-Jahres-Anleihe mit einem Kupon von 6,25% habe den Kurs 98,5.

4.6 Forward Rates

Terminzinssätze oder Forward Rates sind die zukünftigen Zinssätze, die aus den gegenwärtigen Spot Rates für zukünftige Zeiträume abgeleitet werden. Zur Veranschaulichung ihrer Berechnung nehmen wir an, dass sich die LIBOR Spot Rates so verhalten wie in der zweiten Spalte von Tabelle 4.5. Es soll sich dabei um stetige Zinssätze handeln. Der 3%-Zinssatz per annum für ein Jahr bedeutet also, dass der Anleger als Auszahlung für eine Investition von 100 $ zum heutigen Tag in einem Jahr $100e^{0,03 \cdot 1} = 103,05$ $ erhält; der 4%-Zinssatz per annum für zwei Jahre bedeu-

4 Zinssätze

Jahr (n)	Spot Rate für eine n-Jahres-Investition (% per annum)	Forward Rate für das n-te Jahr (% per annum)
1	3,0	
2	4,0	5,0
3	4,6	5,8
4	5,0	6,2
5	5,3	6,5

Tabelle 4.5: Berechnung von Forward Rates

tet, dass der Anleger als Auszahlung für eine Investition von 100 $ zum heutigen Tag in zwei Jahren $100e^{0,04 \cdot 2} = 108{,}33$ $ erhält, usw.

Die Forward Rate für das Jahr 2 in Tabelle 4.5 ist 5% per annum. Dieser Zinssatz wird durch die Spot Rates für den Zeitraum vom Ende des ersten Jahres bis zum Ende des zweiten Jahres bestimmt. Sie kann aus der 1-Jahres-Spot-Rate von 3% per annum und der 2-Jahres-Spot-Rate von 4% per annum berechnet werden. Es ist genau jener Zinssatz für das Jahr 2, welcher – kombiniert mit den 3% per annum für Jahr 1 – den Gesamtzinssatz 4% für die zwei Jahre ergibt. Um zu zeigen, dass 5% per annum die richtige Antwort ist, nehmen wir an, dass 100 $ angelegt werden. Ein Zinssatz von 3% für das erste Jahr und 5% für das zweite Jahr ergibt einen Wert von

$$100e^{0,03 \cdot 1} e^{0,05 \cdot 1} = 108{,}33 \text{ \$}$$

am Ende des zweiten Jahres. Ein Zinssatz von 4% per annum über zwei Jahre erbringt

$$100e^{0,04 \cdot 2},$$

also ebenfalls 108,33 $. Dieses Beispiel veranschaulicht das allgemeine Resultat, dass, wenn Zinssätze aufeinander folgender Zeiträume (bei stetiger Verzinsung) kombiniert werden, der äquivalente Gesamtzinssatz einfach das arithmetische Mittel der Zinssätze über den gesamten Zeitraum ist. (In unserem Beispiel mitteln sich 3% für das erste Jahr und 5% für das zweite Jahr zu 4% für die beiden Jahre.) Dieses Resultat gilt nur annähernd, falls die Verzinsung nicht stetig erfolgt.

Die Forward Rate für das Jahr 3 ist der Zinssatz, der durch die 2-Jahres-Spot-Rate von 4% per annum und die 3-Jahres-Spot-Rate von 4,6% per annum bestimmt wird. Sie beträgt 5,8% per annum. Der Grund dafür ist, dass eine 2-Jahres-Investition zu 4% per annum in Verbindung mit einer 1-Jahres-Investition zu 5,8% per annum eine Gesamtrendite von 4,6% per annum für die drei Jahre ergibt. Die anderen Forward Rates können analog berechnet werden und sind in der dritten Spalte von Tabelle 4.5 angegeben. Im Allgemeinen gilt für die Forward Rate R_F im Zeitraum zwischen den Zeitpunkten T_1 und T_2

$$R_F = \frac{R_2 T_2 - R_1 T_1}{T_2 - T_1}, \qquad (4.5)$$

wobei R_1 und R_2 die Spot Rates für die Laufzeiten T_1 bzw. T_2 bezeichnen. Zur Verdeutlichung dieser Formel betrachten wir die Berechnung der Forward Rate für das

Jahr 4 aus den Daten von Tabelle 4.5: Es ist $T_1 = 3, T_2 = 4, R_1 = 0{,}046, R_2 = 0{,}05$ und die Formel liefert $R_F = 0{,}062$.

Gleichung (4.5) kann auch folgendermaßen geschrieben werden:

$$R_F = R_2 + (R_2 - R_1)\frac{T_1}{T_2 - T_1}\,. \tag{4.6}$$

Daraus lässt sich ablesen, dass $R_F > R_2$, wenn die Zinsstrukturkurve zwischen T_1 und T_2 ansteigt ($R_2 > R_1$), d. h. die Forward Rate ist in dem Zeitraum mit Endpunkt T_2 größer als die Spot Rate zum Zeitpunkt T_2. Analog gilt $R_F < R_2$, wenn die Zinsstrukturkurve zwischen T_1 und T_2 fällt ($R_1 > R_2$), d. h. die Forward Rate ist kleiner als die Spot Rate zum Zeitpunkt T_2. Bei einem Grenzübergang durch die Annäherung von T_2 an T_1 in Gleichung (4.6) (wir bezeichnen den gemeinsamen Wert mit T) erhalten wir

$$R_F = R + T\frac{\partial R}{\partial T}\,,$$

wobei R der Zerobond-Zinssatz für die Laufzeit T ist. Der auf diese Weise erhaltene Wert für R_F heißt *kurzfristige (instantaneous) Forward Rate* für die Laufzeit T. Dieser Zinssatz gilt für einen sehr kurzen zukünftigen Zeitraum, der zum Zeitpunkt T beginnt. Sei $P(0, T)$ der Preis eines Zero-Bonds mit Fälligkeit zum Zeitpunkt T. Wegen $P(0, T) = e^{-RT}$ kann die Gleichung für die kurzfristige Forward Rate auch folgendermaßen geschrieben werden:

$$R_F = -\frac{\partial}{\partial T}\ln P(0, T)\,.$$

Durch Kreditaufnahme und Geldanlage zu den LIBOR Spot Rates von Tabelle 4.5 kann ein großes Finanzinstitut die Forward Rates festschreiben. Es kann z. B. 100 \$ zu 3 % für ein Jahr aufnehmen und das Geld zu 4 % für zwei Jahre anlegen. Dann ergibt sich ein Mittelabfluss von $100e^{0{,}03\cdot 1} = 103{,}05$ \$ am Ende von Jahr 1 und ein Zufluss von $100e^{0{,}04\cdot 2} = 108{,}33$ \$ am Ende von Jahr 2. Wegen $108{,}33 = 103{,}05 e^{0{,}05}$ wurde auf den Betrag von 103,05 \$ im zweiten Jahr eine Rendite in Höhe der Forward Rate (5 %) erzielt. Das Finanzinstitut kann alternativ 100 \$ zu 5 % für vier Jahre aufnehmen und sie zu 4,6 % für drei Jahre anlegen. Am Ende des dritten Jahres gibt es einen Mittelzufluss von $100e^{0{,}046\cdot 3} = 114{,}80$ \$ und am Ende des vierten Jahres einen Mittelabfluss von $100e^{0{,}05\cdot 4} = 122{,}14$ \$. Wegen $122{,}14 = 114{,}80 e^{0{,}062}$ wird das Geld für das vierte Jahr zur Forward Rate von 6,2 % aufgenommen.

Für einen Anleger, der der Meinung ist, dass die zukünftigen Zinssätze von den heutigen Forward Rates abweichen, gibt es viele attraktive Handelsstrategien (siehe Business Snapshot 4.1). Eine der Möglichkeiten ist der Abschluss eines so genannten *Forward Rate Agreements*. Die Funktionsweise dieses Kontrakts und seine Bewertung wollen wir nun diskutieren.

> **Business Snapshot 4.1 –
> Die „yield curve plays" von Orange County**
>
> Angenommen, ein Anleger kann zu den in Tabelle 4.5 angegebenen Zinssätzen Geld aufnehmen bzw. anlegen und denkt, dass sich die 1-Jahres-Zinssätze in den nächsten fünf Jahren nicht deutlich verändern werden. Der Anleger kann Kapital für ein Jahr aufnehmen und dieses für fünf Jahre anlegen. Der einjährige Kredit kann jeweils am Ende des ersten, zweiten, dritten und vierten Jahres in einen weiteren einjährigen Kredit prologiert werden. Wenn die Zinssätze annähernd stabil bleiben, erbringt diese Strategie einen Gewinn von etwa 2,3% per annum, da Zinseinnahmen von 5,3% Zinszahlungen von 3% gegenüberstehen. Diese Handelsstrategie trägt den Namen „yield curve plays". Der Anleger spekuliert darauf, dass die zukünftigen Zinssätze sich von den aktuell beobachtbaren Forward Rates unterscheiden werden. (In unserem Beispiel waren Forward Rates von 5%, 5,8%, 6,2% und 6,5% für zukünftige 1-Jahres-Zeiträume am Markt zu beobachten.)
>
> Robert Citron wendete in den Jahren 1992 und 1993 ähnliche Strategien sehr erfolgreich an. Der Gewinn aus Citrons Geschäften trug wesentlich zum Budget von Orange County bei, was seiner Wiederwahl förderlich war. (Niemand hörte auf seinen Wahlwidersacher, der darauf hingewiesen hatte, dass diese Handelsstrategie zu riskant sei.)
>
> 1994 weitete Robert Citron seine Strategie aus. Er investierte enorme Summen in *Inverse Floater*. Diese zahlen einen festen Zinssatz abzüglich eines variablen Zinssatzes. Durch Kreditaufnahme am Repo-Markt hebelte er seine Position. Wären die Zinssätze stabil geblieben oder gesunken, hätte Citron weiter Gewinne erzielt. Jedoch stiegen im Laufe des Jahres 1994 die Zinsen stark an. Am 1. Dezember 1994 gab Orange County bekannt, dass sein Investment-Portfolio 1,5 Milliarden Dollar verloren habe. Einige Tage später beantragte die Gemeinde Gläubigerschutz.

4.7 Forward Rate Agreements

Ein Forward Rate Agreement (FRA, Zinsterminkontrakt) ist eine außerbörsliche Transaktion, die für Aufnahme oder Anlage eines bestimmten Nominalkapitals während eines festgelegten zukünftigen Zeitraums einen bestimmten Zinssatz festschreibt. Diesem Kontrakt liegt gewöhnlich die Annahme zugrunde, dass Kredit normalerweise zum LIBOR aufgenommen oder gewährt wird.

Liegt der vereinbarte Zinssatz über dem tatsächlichen LIBOR-Satz für diesen Zeitraum, so zahlt der Kreditnehmer an den Kreditgeber den Differenzzins auf das Nominalkapital. Im umgekehrten Fall zahlt der Kreditgeber an den Kreditnehmer den Differenzzins auf das Nominalkapital. Da die Zinszahlungen nachschüssig erfolgen, wird der Differenzzins am Ende des festgelegten Zeitraums gezahlt. Der Barwert der Zahlung erfolgt jedoch, wie Beispiel 4.3 zeigt, zu Beginn dieses Zeitraums.

4.7 Forward Rate Agreements

Beispiel 4.3 Angenommen, ein Unternehmen schließt ein FRA ab, das festlegt, dass es für einen in drei Jahren beginnenden 3-Monats-Zeitraum einen Festzins von 4% auf ein Nominalkapital von 100 Millionen Dollar erhält. Das FRA beinhaltet also einen Austausch von LIBOR gegen den festen Zinssatz von 4% für den betreffenden 3-Monats-Zeitraum dar. Stellt sich heraus, dass der 3-Monats-LIBOR für diesen Zeitraum bei 4,5% liegt, beträgt der Cash Flow für den Kreditgeber

$$100\,000\,000 \cdot (0{,}04 - 0{,}045) \cdot 0{,}25 = -125\,000\,\$$$

nach 3,25 Jahren. Dies entspricht einem Cash Flow von

$$-\frac{125\,000}{1 + 0{,}045 \cdot 0{,}25} = -123\,609\,\$$$

nach drei Jahren. Für die Gegenpartei in dieser Transaktion würde der Cash Flow $+125\,000\,\$$ nach 3,25 Jahren bzw. $+123\,609\,\$$ nach 3 Jahren betragen. (Alle Zinssätze in diesem Beispiel sind bei vierteljährlicher Verzinsung angegeben.)

Wir betrachten ein FRA, bei dem sich ein Unternehmen X verpflichtet, dem Unternehmen Y im Zeitraum zwischen T_1 und T_2 einen Kredit zu gewähren. Wir definieren:

R_K: Im FRA vereinbarter Zinssatz

R_F: LIBOR-Forward Rate für den Zeitraum zwischen T_1 und T_2 gemäß heutiger Berechnung[5]

R_M: tatsächlicher am Markt beobachtbarer LIBOR-Zinssatz zum Zeitpunkt T_1 für den Zeitraum zwischen T_1 und T_2

L: Nominalbetrag, der dem Kontrakt zugrunde liegt

Wir wollen von unserer üblichen Annahme der stetigen Verzinsung abweichen und annehmen, dass R_K, R_F und R_M mit einer Verzinsung gemäß ihren Geltungszeiträumen angegeben werden. Das heißt, falls $T_2 - T_1 = 0{,}5$, so werden die Größen mit halbjährlicher Verzinsung angegeben; falls $T_2 - T_1 = 0{,}25$, so werden die Größen mit vierteljährlicher Verzinsung angegeben, usw. (Diese Annahme korrespondiert mit der üblichen Marktpraxis bei FRAs.)

Normalerweise würde das Unternehmen X bei einem LIBOR-Darlehen die Rendite R_M erwirtschaften. Im FRA beträgt die Rendite R_K. Der (möglicherweise negative) zusätzliche Zinssatz, den es durch den Abschluss des FRA erzielt, beträgt $R_K - R_M$. Der Zinssatz gilt ab dem Zeitpunkt T_1 und wird zum Zeitpunkt T_2 gezahlt. Für Unternehmen X führt der zusätzliche Zinssatz folglich zu einem Cash Flow von

$$L(R_K - R_M)(T_2 - T_1). \qquad (4.7)$$

Analog ergibt sich für Unternehmen Y zum Zeitpunkt T_2 ein Cash Flow von

$$L(R_M - R_K)(T_2 - T_1). \qquad (4.8)$$

---

[5] Die Berechnung von LIBOR Forward Rates wird in den Kapiteln 7 und 9 dargestellt.

Aus den Gleichungen (4.7) und (4.8) erkennen wir, dass man ein FRA auch auf andere Weise interpretieren kann. Es stellt eine Vereinbarung dar, bei der Unternehmen X im Zeitraum von T_1 bis T_2 einen Festzins in Höhe von R_K auf ein Nominalkapital erhält und den tatsächlichen Marktzins R_M bezahlt. Unternehmen Y zahlt zwischen T_1 und T_2 den Festzins R_K und erhält den Marktzins R_M. Diese Interpretation eines FRA ist wichtig für die Betrachtung von Zinsswaps in Kapitel 7.

Wie schon erwähnt, werden FRAs gewöhnlich bereits zum Zeitpunkt T_1 anstatt zum Zeitpunkt T_2 abgerechnet. Die Auszahlung muss dann noch vom Zeitpunkt T_2 auf den Zeitpunkt T_1 diskontiert werden. Zum Zeitpunkt T_1 beträgt die Auszahlung für Unternehmen X

$$\frac{L(R_K - R_M)(T_2 - T_1)}{1 + R_M(T_2 - T_1)}$$

und für Unternehmen Y

$$\frac{L(R_M - R_K)(T_2 - T_1)}{1 + R_M(T_2 - T_1)}.$$

Bewertung

Der Wert eines FRA ist immer null, falls der feste Zinssatz R_K gleich der Forward Rate R_F ist.[6] Bei Vertragsabschluss wird R_K mit dem aktuellen Wert von R_F gleichgesetzt, so dass der Kontrakt für beide Seiten den Wert null besitzt.[7] Im Lauf der Zeit ändern sich die Zinssätze, so dass der Wert nicht null bleibt.

Der Marktwert eines Derivates zu einem bestimmten Zeitpunkt wird als *Mark-to-Market*-Wert (MTM-Wert) bezeichnet. Zur Berechnung des MTM-Wertes eines FRA, bei dem man einen festen Zinssatz erhält, stellen wir uns ein Portfolio aus zwei FRAs vor. Das erste verspricht den Ertrag des Forward-Satzes R_K auf ein Nominalkapital L zwischen den Zeitpunkten T_1 und T_2, das zweite verspricht den Ertrag des Zinssatzes R_F auf das gleiche Nominalkapital im selben Zeitraum. Die Auszahlung aus dem ersten FRA zum Zeitpunkt T_2 beträgt $L(R_K - R_M)(T_2 - T_1)$, die Auszahlung aus dem zweiten FRA $L(R_M - R_F)(T_2 - T_1)$. Die gesamte Auszahlung beträgt dann $L(R_K - R_F)(T_2 - T_1)$, ihr Wert steht zum Zeitpunkt T_1 bereits fest. Das Portfolio stellt also eine risikolose Anlage dar und sein jetziger Wert entspricht der mit dem risikolosen Zinssatz diskontierten Auszahlung zum Zeitpunkt T_2:

$$L(R_K - R_F)(T_2 - T_1)e^{-R_2 T_2},$$

wobei R_2 der stetige Zinssatz für die Laufzeit T_2 ist.[8] Da der Wert des zweiten FRA, das den Zinssatz R_F erbringt, null ist, ist der Wert des ersten FRA, das den Zins-

---

6 Dies kann man als Definition des Forward LIBOR auffassen. In einer Idealsituation, wenn eine Bank zum LIBOR-Satz Kapital aufnehmen oder anlegen kann, kann sie auf künstliche Weise einen Kontrakt erzeugen, bei dem sie, wie in Abschnitt 4.6 gezeigt, den Forward LIBOR erzielen kann. Die Bank kann z. B. sicherstellen, dass sie die Forward Rate für das Jahr 3 erhält, indem sie einen Kredit in einer bestimmten Höhe für zwei Jahre aufnimmt und diese Summe für drei Jahre anlegt. Auf ähnliche Weise kann sie sicherstellen, dass sie die Forward Rate für das Jahr 3 bezahlt, indem sie einen Kredit in einer bestimmten Höhe für drei Jahre aufnimmt und diese Summe für zwei Jahre verleiht.

7 In der Praxis stimmt dies nicht ganz. Eine Bank wird als Market Maker einen Ankaufs- und einen Verkaufskurs für R_K angeben. Der Ankaufskurs gilt, wenn sie R_K bezahlt, und der Verkaufskurs, wenn sie R_K erhält. Ein FRA wird daher zu Beginn für die Bank einen kleinen positiven Wert besitzen, für die Gegenpartei einen kleinen negativen Wert.

8 Zu beachten ist, dass R_K, R_M und R_F mit einer Verzinsungshäufigkeit gemäss $T_2 - T_1$ angegeben werden, während R_2 bei stetiger Verzinsung angegeben wird.

satz R_K erbringt,
$$V_{\text{FRA}} = L(R_K - R_F)(T_2 - T_1)e^{-R_2 T_2} . \tag{4.9}$$

Analog ergibt sich als Wert des FRA, wenn R_K gezahlt wird,
$$V_{\text{FRA}} = L(R_F - R_K)(T_2 - T_1)e^{-R_2 T_2} . \tag{4.10}$$

Aus dem Vergleich der Gleichungen (4.7) und (4.8) bzw. (4.9) und (4.10) erkennen wir, dass ein FRA bewertet werden kann, indem wir

1. die Auszahlung unter der Annahme berechnen, dass die Forward Rates realisiert werden, d. h. dass $R_M = R_F$ gilt,
2. die Auszahlung mit dem risikolosen Zinssatz diskontieren.

Beispiel 4.4 Angenommen, der Forward-LIBOR-Satz für den Zeitraum zwischen 1,5 und zwei Jahren in der Zukunft beträgt 5% (bei halbjährlicher Verzinsung) und ein Unternehmen ist vor einiger Zeit einen FRA eingegangen, bei dem es in diesem Zeitraum auf ein Nominalkapital von 100 Millionen $ 5,8% (bei halbjährlicher Verzinsung) erhält und LIBOR zahlt. Der risikolose 2-Jahres-Zinssatz sei 4% (bei stetiger Verzinsung). Aus Gleichung (4.9) folgt, dass der Wert des FRA

$$100\,000\,000 \cdot (0{,}058 - 0{,}050) \cdot 0{,}5 e^{-0{,}04 \cdot 2} = 369\,200\,\$$$

beträgt.

4.8 Duration

Die *Duration* einer Anleihe ist, wie der Name vermuten lässt, ein Maß dafür, wie lange ein Anleiheinhaber im Durchschnitt auf Zahlungen warten muss. Ein Zerobond mit einer Laufzeit von n Jahren hat eine Duration von n Jahren. Die Duration einer zinstragenden Anleihe mit einer Laufzeit von n Jahren beträgt jedoch weniger als n Jahre, da der Inhaber einige Zahlungen bereits vor dem Jahr n erhält.

Angenommen, eine Anleihe bringt dem Inhaber Zahlungen der Höhe c_i zum Zeitpunkt t_i ($1 \leq i \leq n$). Der Preis B und die Rendite y (stetige Verzinsung) sind durch die Beziehung

$$B = \sum_{i=1}^{n} c_i e^{-y t_i} \tag{4.11}$$

verknüpft. Die Duration D der Anleihe wird definiert als

$$D = \frac{\sum_{i=1}^{n} t_i c_i e^{-y t_i}}{B} . \tag{4.12}$$

Dies kann auch so geschrieben werden:

$$D = \sum_{i=1}^{n} t_i \left[\frac{c_i e^{-y t_i}}{B} \right] .$$

Der Ausdruck in eckigen Klammern gibt das Verhältnis des Barwertes der Zahlung zum Zeitpunkt t_i zum Anleihepreis an. Dieser Anleihepreis entspricht dem Barwert aller zukünftigen Zahlungen. Die Duration ist somit das gewichtete Mittel der Zeitpunkte, zu denen Zahlungen erfolgen, wobei das dem Zeitpunkt t_i beigemessene Gewicht gleich dem Anteil der Zahlung zum Zeitpunkt t_i am gegenwärtigen Gesamtwert der Anleihe ist. Die Summe der Gewichte ist 1,0. Man beachte, dass zum Zweck der Definition der Duration die Diskontierung mit dem festen Effektivzinssatz y vorgenommen wurde (also nicht mit einem unterschiedlichen Zerobond-Zinssatz für jeden Cash Flow wie in Abschnitt 4.4 beschrieben).

Für eine kleine Änderung Δy der Rendite gilt näherungsweise

$$\Delta B = \frac{\mathrm{d}B}{\mathrm{d}y} \Delta y . \tag{4.13}$$

Nach Gleichung (4.11) erhalten wir hieraus

$$\Delta B = -\Delta y \sum_{i=1}^{n} c_i t_i e^{-y t_i} . \tag{4.14}$$

(Man beachte, dass es einen negativen Zusammenhang zwischen B und y gibt. Steigen die Anleiherenditen, so fallen die Anleihepreise und umgekehrt.) Aus den Gleichungen (4.12) und (4.14) erhalten wir die Beziehung der Duration

$$\Delta B = -BD\Delta y \tag{4.15}$$

bzw.

$$\frac{\Delta B}{B} = -D\Delta y . \tag{4.16}$$

Gleichung (4.16) liefert näherungsweise einen Zusammenhang zwischen prozentualen Änderungen des Anleihepreises und Änderungen der Anleiherendite. Die Formel ist einfach in ihrer Anwendung. Darin liegt der Grund, dass die Duration, die zuerst 1938 von Frederick Macaulay vorgeschlagen wurde, solch ein populäres Maß geworden ist.

Wir betrachten eine dreijährige 10%-Kupon-Anleihe mit einem Nennwert von 100 $ und nehmen eine Anleiherendite von 12% per annum bei stetiger Verzinsung

Zeit (Jahre)	Zahlung ($)	Barwert	Gewicht	Zeit · Gewicht
0,5	5	4,709	0,050	0,025
1,0	5	4,435	0,047	0,047
1,5	5	4,176	0,044	0,066
2,0	5	3,933	0,042	0,083
2,5	5	3,704	0,039	0,098
3,0	105	73,256	0,778	2,333
Gesamt	130	94,213	1,000	2,653

Tabelle 4.6: Berechnung der Duration

an, d. h. $y = 0{,}12$. Alle sechs Monate erfolgen die Kupon-Ausschüttungen in Höhe von 5 \$. Tabelle 4.6 veranschaulicht die für die Bestimmung der Anleihe-Duration notwendigen Berechnungen. Die Barwerte der Zahlungen sind in Spalte 3 angegeben, wobei die Rendite als Diskontsatz verwendet wurde (so ist z. B. der Barwert der ersten Zahlung $5e^{-0{,}12 \cdot 0{,}5} = 4{,}709$). Die Summe der Zahlen in Spalte 3 ergibt den Anleihepreis 94,213. Die Gewichte erhält man durch Division der Zahlen aus Spalte 3 durch 94,213. Die Summe der Zahlen aus Spalte 5 liefert die Duration von 2,653 Jahren.

DV01 beschreibt die Preisänderung aufgrund einer Erhöhung aller Zinssätze um einen Basispunkt. Gamma gibt die Änderung von DV01 aufgrund einer Erhöhung aller Zinssätze um einen Basispunkt wieder. Im folgenden Beispiel untersuchen wir die Genauigkeit der Durationsbeziehung in Gleichung (4.15).

Beispiel 4.5 Die Anleihe in Tabelle 4.6 hat den Preis 94,213 und die Duration 2,653. Gleichung (4.15) ergibt also

$$\Delta B = -94{,}213 \cdot 2{,}653\, \Delta y$$

bzw.

$$\Delta B = -249{,}95\, \Delta y\,.$$

Eine Erhöhung der Rendite um 10 Basispunkte ($= 0{,}1\%$) entspricht $\Delta y = +0{,}001$. Die Durationsbeziehung sagt voraus, dass $\Delta B = -249{,}95 \cdot 0{,}001 = -0{,}250$. Mit anderen Worten, der Anleihepreis fällt auf $94{,}213 - 0{,}250 = 93{,}963$. Wie genau ist diese Abschätzung? Bei einer Erhöhung der Anleiherendite um 10 Basispunkte auf 12,1% beträgt der Anleihepreis

$$5e^{-0{,}121 \cdot 0{,}5} + 5e^{-0{,}121} + 5e^{-0{,}121 \cdot 1{,}5} + 5e^{-0{,}121 \cdot 2{,}0} + 5e^{-0{,}121 \cdot 2{,}5}$$
$$+ 105e^{-0{,}121 \cdot 3{,}0} = 93{,}963\,,$$

was (auf drei Dezimalstellen) mit dem über die Durationsbeziehung ermittelten Preis übereinstimmt.

Modified Duration

Die vorangegangene Analyse geht davon aus, dass y bei stetiger Verzinsung ausgedrückt wird. Falls y mit jährlicher Verzinsung ausgedrückt wird, kann man zeigen, dass jetzt analog zu Gleichung (4.15) eine Näherungsbeziehung

$$\Delta B = -\frac{BD\,\Delta y}{1+y}$$

gilt. Allgemein gilt, wenn y mit einer Verzinsungshäufigkeit von m-mal pro Jahr angegeben wird,

$$\Delta B = -\frac{BD\,\Delta y}{1+y/m}\,.$$

Setzt man

$$D^* = \frac{D}{1+y/m}\,,$$

dann ist D^* eine Variable, die gelegentlich als *Modified Duration* der Anleihe bezeichnet wird. Mit ihr kann man die Durationsbeziehung zu

$$\Delta B = -BD^* \Delta y \qquad (4.17)$$

vereinfachen, wobei y mit einer Verzinsungshäufigkeit von m-mal pro Jahr ausgedrückt wird. Das folgende Beispiel erkundet die Genauigkeit der modifizierten Durationsbeziehung.

Beispiel 4.6 Die Anleihe von Tabelle 4.6 hat einen Preis von 94,213 und eine Duration von 2,653. Die Rendite, ausgedrückt mit halbjährlicher Verzinsung, beträgt 12,3673%. Die Modified Duration D^* ergibt sich als

$$D^* = \frac{2,653}{1 + 0,123673/2} = 2,499 \, .$$

Aus Gleichung (4.17) erhält man

$$\Delta B = -94,213 \cdot 2,4985 \, \Delta y$$

bzw.

$$\Delta B = -235,39 \, \Delta y \, .$$

Wenn die (halbjährlich verzinste) Rendite um 10 Basispunkte (0,1%) steigt, ist $\Delta y = +0,001$. Gemäß der Durationsbeziehung erwarten wir für ΔB den Wert $-235,39 \cdot 0,001 = -0,235$, sodass der Anleihekurs auf $94,213 - 0,235 = 93,978$ absinkt. Wie genau ist diese Näherung? Wenn die (halbjährlich verzinste) Rendite um 10 Basispunkte auf 12,4673% steigt (bzw. auf 12,0941% bei stetiger Verzinsung), zeigt eine exakte Berechnung analog zum vorhergehenden Beispiel, dass der neue Anleihekurs 93,978 beträgt. Die Berechnung mit Hilfe der Modified Duration besitzt also eine annehmbare Genauigkeit für kleine Renditeschwankungen.

Ein anderer hin und wieder benutzter Begriff ist die *Dollar-Duration*. Diese ergibt sich aus dem Produkt von Modified Duration und Anleihewert. Es gilt also $\Delta B = -D_\$ \Delta y$, wobei $D_\$$ die Dollar-Duration ist.

Anleihe-Portofolios

Die Duration D eines Anleihe-Portfolios kann man als gewichtetes Mittel der Durationen der einzelnen Anleihen im Portofolio definieren, wobei die Gewichte proportional zu den Anleihekursen sind. Dann gelten die Gleichungen (4.15) bis (4.17) mit B als Wert des Anleihe-Portfolios. Sie schätzen die Änderung im Wert des Anleihe-Portfolios bei einer bestimmten Änderung Δy in den Renditen aller Anleihen.

Es ist wichtig, sich vor Augen zu halten, dass bei der Anwendung der Duration auf Anleihe-Portfolios die implizite Annahme getroffen wird, dass sich die Renditen aller Anleihen um denselben Betrag ändern. Haben die Anleihen stark unterschiedliche Laufzeiten, kann dies nur bei einer Parallelverschiebung der Spot-Rate-Strukturkurve der Fall sein. Daher sollten wir die Gleichungen (4.15) bis (4.17) in der Weise interpretieren, dass sie Abschätzungen des Einflusses einer Parallelverschiebung Δy der Spot-Rate-Strukturkurve auf den Preis eines Anleihe-Portfolios liefern.

Durch eine solche Wahl des Portfolios, bei der die Duration der Assets gleich der Duration der Verbindlichkeiten ist (die Netto-Duration folglich null), eliminiert ein Finanzinstitut sein Exposure gegenüber geringen Parallelverschiebungen der Spot-Rate-Strukturkurve. Großen oder nichtparallelen Verschiebungen ist es nach wie vor ausgesetzt.

4.9 Konvexität

Die Durationsbeziehung gilt nur bei kleinen Änderungen in den Renditen. Dies wird in Abbildung 4.2 illustriert, in der der Zusammenhang zwischen prozentualer Änderung des Wertes und Änderung der Rendite für zwei Anleihe-Portfolios mit der gleichen Duration angegeben wird. Im Ursprung stimmen die Steigungen der beiden Kurven überein. Das bedeutet, dass hier der Wert beider Portfolios bei einer kleinen Änderung der Rendite die gleiche prozentuale Änderung erfährt, was mit Gleichung (4.16) übereinstimmt. Bei großen Renditeänderungen verhalten sich die Portfolios allerdings unterschiedlich. Portfolio X hat bezüglich seiner Rendite eine größere Krümmung als Portfolio Y. Ein Faktor, die *Konvexität*, misst diese Krümmung und kann zur genaueren Abschätzung der Beziehung aus Gleichung (4.16) verwendet werden.

Ein Maß für die Konvexität ist der Ausdruck

$$C = \frac{1}{B}\frac{\mathrm{d}^2 B}{\mathrm{d}y^2} = \frac{\sum_{i=1}^{n} c_i t_i^2 e^{-yt_i}}{B}.$$

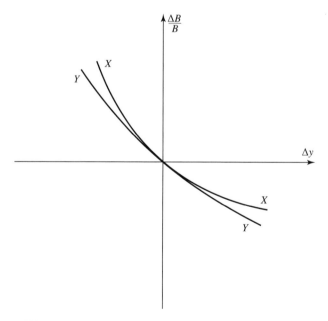

Abbildung 4.2: Zwei Anleihe-Portfolios mit der gleichen Duration

Über eine Taylor-Reihenentwicklung kann man einen genaueren Ausdruck als in Gleichung (4.13) erhalten, nämlich

$$\Delta B = \frac{dB}{dy} \Delta y + \frac{1}{2} \frac{d^2 B}{dy^2} \Delta y^2 \ .$$

Hieraus ergibt sich

$$\frac{\Delta B}{B} = -D\Delta y + \frac{1}{2} C (\Delta y)^2 \ .$$

Die Konvexität eines Anleihe-Portfolios ist am größten, wenn die Zahlungen aus dem Portfolio gleichmäßig über einen längeren Zeitraum erfolgen. Sie ist am kleinsten, wenn sich die Zahlungen um einen einzelnen Zeitpunkt konzentrieren. Ein Finanzinstitut kann sich gegenüber relativ großen Parallelverschiebungen der Spotkurve immunisieren, indem es sein Portfolio aus Forderungen (Assets) und Verbindlichkeiten (Liabilities) so zusammenstellt, dass Nettokonvexität und Nettoduration jeweils null betragen. Es bleibt jedoch nach wie vor dem Risiko von nichtparallelen Verschiebungen ausgesetzt.

4.10 Zinsstrukturtheorien

Es stellt sich die Frage, wodurch die Gestalt der Zinsstrukturkurve bestimmt wird. Warum ist sie manchmal steigend, manchmal fallend, manchmal teils steigend, teils fallend? Verschiedene Erklärungen wurden dafür vorgeschlagen. Die einfachste ist die *Erwartungstheorie*, welche vermutet, dass langfristige Zinssätze die erwarteten zukünftigen kurzfristigen Zinssätze widerspiegeln sollten. Genauer gesagt, behauptet sie, dass die Forward Rate für einen bestimmten zukünftigen Zeitraum gleich der erwarteten zukünftigen Spot Rate für diesen Zeitraum ist. Die *Marktsegmentierungstheorie* nimmt an, dass zwischen kurz-, mittel- und langfristigen Zinssätzen kein Zusammenhang bestehen muss. Gemäss dieser Theorie investiert ein Großanleger, wie z. B. ein großer Pensionsfonds oder ein Versicherungsunternehmen, in Anleihen mit bestimmter Laufzeit und wechselt nicht ohne weiteres von einer Laufzeit zu einer anderen. Der kurzfristige Zinssatz wird durch Angebot und Nachfrage auf dem kurzfristigen Rentenmarkt bestimmt, der mittelfristige Zinssatz durch Angebot und Nachfrage auf dem mittelfristigen Rentenmarkt usw.

Die ansprechendste Theorie ist die *Liquiditätspräferenztheorie*, welche behauptet, dass die Forward Rates immer über den erwarteten zukünftigen Spot Rates liegen sollten. Die Hauptannahme dieser Theorie besteht darin, dass Anleger es vorziehen, ihre Liquidität zu erhalten, und Kapital nur für kurze Zeiträume anlegen. Andererseits bevorzugen Kreditnehmer gewöhnlich die Kreditaufnahme zu einem festen Zinssatz für einen langen Zeitraum. Die Liquiditätspräferenztheorie führt zu einer Situation, in der Forward Rates größer sind als die erwarteten zukünftigen Spot Rates. Sie ist auch vereinbar mit dem empirischen Resultat, dass Zinsstrukturen mit zunehmender Laufzeit häufiger steigen als fallen.

Die Behandlung von Netto-Zins-Einkommen

Zum Verständnis der Liquiditätspräferenztheorie ist es nützlich, das Zinsrisiko zu betrachten, welches Banken bei der Annahme von Einlagen und der Vergabe von

Restlaufzeit (Jahre)	Einlagenzinssatz	Hypothekenzinssatz
1	3%	6%
5	3%	6%

Tabelle 4.7: Beispiel für angebotene Zinssätze einer Bank

Darlehen eingehen. Das *Netto-Zins-Einkommen* der Bank ist die Differenz zwischen erhaltenen und gezahlten Zinsen und muss sorgfältig gemanagt werden.

Wir betrachten eine einfache Situation: Eine Bank bietet den Kunden jeweils einen Ein-Jahres- und einen Fünf-Jahres-Zinssatz auf Einlagen wie auf Immobilienkredite an (siehe Tabelle 4.7). Wir nehmen vereinfachend an, dass der erwartete Ein-Jahres-Zinssatz für zukünftige Zeitperioden dem gegenwärtigen Ein-Jahres-Zinssatz entspricht. Salopp formuliert bedeutet dies, dass der Markt zukünftige Zinssteigerungen für genauso wahrscheinlich hält wie zukünftige Zinssenkungen. Im Resultat sind die in Tabelle 4.7 angegebenen Zinssätze „fair", da sie die Erwartungen des Marktes wiedergeben (d. h., sie korrespondieren mit der Erwartungswerttheorie). Eine Ein-Jahres-Investition gefolgt von vier weiteren Ein-Jahres-Investitionen erzielt den gleichen Ertrag wie die einmalige Investition für den gesamten Fünf-Jahres-Zeitraum. Analog weist ein Ein-Jahres-Kredit, der in den nächsten vier Jahren refinanziert wird, dieselben Gesamtfinanzierungskosten auf wie ein einzelner Fünf-Jahres-Kredit.

Angenommen, Sie wollen Geld anlegen und schließen sich der vorherrschenden Meinung an, dass zukünftige Zinssteigerungen genauso wahrscheinlich sind wie zukünftige Zinssenkungen. Würden Sie das Geld zu 3% per annum für ein Jahr oder für fünf Jahre anlegen? Wahrscheinlich würden Sie ein Jahr wählen, da dies Ihnen eine größere finanzielle Flexibilität verschafft – Ihre Beträge sind für einen kürzeren Zeitraum gebunden.

Nehmen wir nun an, Sie möchten eine Hypothek aufnehmen. Wieder stimmen Sie mit der vorherrschenden Meinung überein, dass zukünftige Zinssteigerungen genauso wahrscheinlich sind wie zukünftige Zinssenkungen. Würden Sie für 6% die Ein-Jahres-Hypothek oder die Fünf-Jahres-Hypothek wählen? Wahrscheinlich würden Sie die Fünf-Jahres-Hypothek wählen, da dies ihren Kreditzinssatz für die nächsten fünf Jahre festschreibt und Sie somit einem geringeren Refinanzierungsrisiko ausgesetzt sind.

Wenn die Bank Zinssätze wie in Tabelle 4.7 festlegt, wird die Mehrheit der Sparer einjährige Einlagen und die Mehrheit der Kreditnehmer Fünf-Jahres-Kredite wählen. Dadurch ergibt sich für die Bank eine Differenz zwischen Assets und Verbindlichkeiten, welche sie Risiken aussetzt. Falls die Zinssätze sinken, besteht kein Problem. Die Bank finanziert die 6%igen Fünf-Jahres-Darlehen mit Einlagen, die zukünftig weniger als 3% kosten, und das Netto-Zins-Einkommen steigt. Wenn jedoch die Zinssätze steigen, kosten die Einlagen, die die 6%igen Fünf-Jahres-Darlehen finanzieren, zukünftig mehr als 3% und das Netto-Zins-Einkommen sinkt. Eine 3%-Steigerung der Zinssätze würde das Netto-Zins-Einkommen auf null reduzieren.

Es ist üblicherweise die Aufgabe des Bereichs „Asset/Liability Management" sicherzustellen, dass die Restlaufzeiten der Forderungen, auf die Zinsen eingenommen werden, und die Restlaufzeiten der Verbindlichkeiten, auf die Zinsen gezahlt werden, aufeinander abgestimmt sind. Eine Möglichkeit dazu ist die Erhöhung der Fünf-Jahres-Zinssätze sowohl für Einlagen als auch für Hypotheken. Die Bank könnte beispielsweise die Situation von Tabelle 4.8 herbeiführen, indem sie den

Restlaufzeit (Jahre)	Einlagenzinssatz	Hypothekenzinssatz
1	3%	6%
5	4%	7%

Tabelle 4.8: Erhöhung der Fünf-Jahres-Zinssätze, um die Restlaufzeiten von Forderungen und Verbindlichkeiten anzugleichen

Fünf-Jahres-Zinssatz für Einlagen auf 4% und den für Hypotheken auf 7% erhöht. Dadurch erhöht sich die Attraktivität von fünfjährigen Einlagen und von einjährigen Hypotheken. Einige Kunden, die zu den Bedingungen von Tabelle 4.7 einjährige Einlagen gewählt hatten, werden nun zu Fünf-Jahres-Einlagen wechseln. Analog werden einige Kunden, die zu den Bedingungen von Tabelle 4.7 fünfjährige Hypotheken aufgenommen hatten, nun zu Ein-Jahres-Immobilienkrediten wechseln. Das kann dazu führen, dass die Restlaufzeiten der Forderungen und Verbindlichkeiten übereinstimmen. Besteht immer noch ein Ungleichgewicht – Anleger tendieren zur Ein-Jahres-Einlage, Kreditnachfrager bevorzugen Fünf-Jahres-Darlehen –, können die Fünf-Jahres-Zinssätze für Einlagen und Hypotheken noch weiter erhöht werden. Es wird sich schließlich ein Gleichgewicht einstellen.

Wenn sich alle Banken auf die eben beschriebene Weise verhalten, ergibt sich die Liquiditätspräferenztheorie. Langfristige Zinssätze sind zumeist höher als jene, die mittels erwarteter zukünftiger kurzfristiger Zinssätze vorhergesagt werden. Die Spot-Rate-Strukturkurve ist zumeist ansteigend. Nur wenn der Markt einen wirklich heftigen Rückgang der kurzfristigen Zinssätze erwartet, weist sie eine inverse Struktur auf.

Viele Banken verfügen heute über ausgeklügelte Systeme zur Erfassung von Kundenentscheidungen und können Feinabstimmungen an den Zinssätzen vornehmen, sobald sie kleine Unterschiede zwischen den Restlaufzeiten der Forderungen und denen der Verbindlichkeiten feststellen. Manchmal werden auch Derivate wie Zins-Swaps (siehe Kapitel 7) zur Verringerung des Exposures verwendet. Im Ergebnis stabilisiert sich das Netto-Zins-Einkommen. Es hat sich gezeigt, dass dies nicht immer der Fall sein muss. Das Versagen der US-Sparkassen in den 1980er Jahren und die Zahlungsunfähigkeit von Continental Illinois im Jahr 1984 beruhten größtenteils darauf, dass die Restlaufzeiten von Assets und Verbindlichkeiten nicht synchronisiert worden waren. Dies kam den US-Steuerzahler teuer zu stehen.

Liquidität

Zusätzlich zu den bereits geschilderten Problemen können auch Liquiditätsprobleme auftreten, wenn die Laufzeiten der Instrumente in einem Portfolio nicht aufeinander abgestimmt sind. Betrachten wir ein Finanzinstitut, welches 5-Jahres-Darlehen zum festen Zinssatz mit Bankkrediten finanziert, welche nur drei Monate laufen. Das Exposure gegenüber steigenden Zinssätzen werde erkannt und entsprechend (etwa mit den bereits erwähnten Zinsswaps) abgesichert. Dennoch bleibt ein Liquiditätsrisiko bestehen. Andere Banken können aus irgendeinem Grund das Vertrauen in das Finanzinstitut verlieren und keine weiteren kurzfristigen Kredite vergeben. Selbst wenn das Finanzinstitut mit genügend Eigenkapital ausgestattet ist, wird es ein ernstes Liquiditätsproblem bekommen, dass zu seinem Zusammenbruch führen kann.

Business Snapshot 4.2 beschreibt, dass diese Art von Liquiditätsproblemen einigen Bankpleiten während der 2007 beginnenden Krise zugrunde lag.

> **Business Snapshot 4.2 – Liquidität und die Finanzkrise von 2007–2009**
>
> Während der Kreditkrise, die im Juli 2007 begann, war eine „Flucht in Qualität" zu verzeichnen, bei der Finanzinstitute und andere Anleger sichere Anlagen nachfragten und die Risikobereitschaft nachließ. Finanzinstitute, die sich auf kurzfristige Kreditaufnahme verlassen hatten, bekamen Liquiditätsprobleme. Ein Beispiel hierfür stellt das britische Unternehmen Northern Rock dar, welches sein Hypothekenportfolio zum großen Teil mit Bankkrediten finanzierte, die zum Teil nur drei Monate Laufzeit besaßen. Ab September 2007 wurden die Kreditgeber nervös und verweigerten die Rollierung der Beträge, die sie Northern Rock zur Verfügung stellten, d. h., am Ende eines 3-Monats-Zeitraums gewährten sie keinen weiteren 3-Monats-Kredit. Dadurch war Northern Rock nicht in der Lage, seine Assets zu finanzieren. Zu Beginn des Jahres 2008 wurde Northern Rock von der britischen Regierung übernommen. In den USA erlebten Finanzinstitute wie Bear Stearns oder Lehman Brothers ähnliche Liquiditätsprobleme, da sie die Finanzierung ihrer Geschäfte teilweise auf kurzfristigen Krediten aufgebaut hatten.

ZUSAMMENFASSUNG

Für Derivatehändler gibt es zwei bedeutende Zinssätze: Treasury Rates und LIBOR-Rates. Treasury Rates sind die Zinssätze, zu denen die Regierung eines Landes Kredit in eigener Währung aufnimmt. Die LIBOR-Sätze sind die kurzfristigen Kredit-Zinssätze, die von Banken am Interbankenmarkt angeboten werden. Derivatehändler nehmen traditionell den LIBOR-Satz als kurzfristigen risikolosen Zinssatz an, zu welchem Kredite aufgenommen bzw. gewährt werden können.

Die für einen Zinssatz benutzte Verzinsungshäufigkeit legt fest, in welcher Einheit er gemessen wird. Der Unterschied zwischen jährlicher und vierteljährlicher Verzinsung entspricht im Wesen dem Unterschied zwischen einer Entfernungsangabe in Meilen und in Kilometern. Bei der Analyse von Optionen und komplexeren Derivaten verwenden die Händler meist die stetige Verzinsung.

Viele verschiedene Zinssätze werden an den Finanzmärkten notiert und von Analysten berechnet. Der Zerobond-Zinssatz für n Jahre (n-Jahres-Spot-Rate) ist der Zinssatz, der für eine n-jährige Anlage gilt, wobei die gesamten Erträge am Ende der Laufzeit realisiert werden. Forward Rates sind die aus den heutigen Spot Rates für zukünftige Zeiträume abgeleiteten Zinssätze. Die Par Yield einer Anleihe mit bestimmter Laufzeit ist der Kupon-Satz, der dafür sorgt, dass die Anleihe zu ihrem Nennwert notiert.

> Die am häufigsten verwendete Methode zur Ermittlung von Spot Rates ist die so genannte Bootstrap-Methode. Dabei startet man mit den kurzfristigen Instrumenten und geht dann zu immer längerfristigen Instrumenten über, wobei sichergestellt wird, dass die berechneten Spot Rates mit den jeweiligen Preisen der Instrumente übereinstimmen. Das Verfahren wird täglich an den Trading Desks zur Bestimmung der Treasury-Spot-Rate-Strukturkurve angewendet.
>
> Ein Forward Rate Agreement (FRA) ist eine außerbörsliche Vereinbarung, dass während eines festgelegten zukünftigen Zeitraums für einen variablen Zinssatz (meist LIBOR) ein bestimmter fester Zinssatz gelten soll. Ein FRA kann bewertet werden, indem man annimmt, dass die Forward Rates realisiert werden, und die resultierende Auszahlung diskontiert.
>
> Ein wichtiges Konzept auf Zinsmärkten ist die *Duration*. Sie misst die Sensitivität des Wertes eines Anleihe-Portfolios gegenüber einer kleinen Parallelverschiebung der Spot-Rate-Strukturkurve. Insbesondere gilt
>
> $$\Delta B = -BD\Delta y,$$
>
> wobei B der Wert des Anleihe-Portfolios ist, D die Duration des Portfolios, Δy die kleine Parallelverschiebung der Spot-Rate-Strukturkurve und ΔB die resultierende Auswirkung auf den Wert des Anleihe-Portfolios.
>
> Die Liquiditätspräferenztheorie kann erklären, wie die in der Praxis beobachtbaren Zinsstrukturen zustande kommen. Die Theorie postuliert, dass die meisten Wirtschaftssubjekte Geld langfristig leihen und kurzfristig verleihen möchten. Um die Restlaufzeiten von Kreditgebern und -nachfragern anpassen zu können, müssen Finanzinstitute die langfristigen Zinssätze anheben, sodass die Forward-Zinssätze über den erwarteten zukünftigen Spot Rates liegen.
>
> **ZUSAMMENFASSUNG**

Literaturempfehlungen

Fabozzi, F.J., *Bond Markets, Analysis and Strategies*, 8. Aufl., Upper Saddle River, NJ: Pearson, 2012.

Grinblatt, M. und F.A. Longstaff, „Financial Innovation and the Role of Derivatives Securities: An Empirical Analysis of the Treasury Stripes Program", *Journal of Finance*, 55, 3 (2000): 1415–1436.

Jorion, P., *Big Bets Gone Bad: Derivatives and Bankruptcy in Orange County*, New York: Academic Press, 1995.

Stigum, M. und A. Crescenzi, *Money Markets*, 4. Aufl., New York: McGraw-Hill, 2007.

Praktische Fragestellungen

4.1 Eine Bank gibt Ihnen einen Zinssatz von 14% per annum mit vierteljährlicher Verzinsung an. Wie hoch ist der zugehörige Zinssatz (a) bei stetiger Verzinsung und (b) bei jährlicher Verzinsung?

4.2 Was bedeuten LIBOR und LIBID? Welcher der beiden Zinssätze ist höher?

4.3 Die 6-Monats- und die 1-Jahres-Spot Rate betragen jeweils 10% per annum. Die Rendite einer 18-monatigen Anleihe, die einen Kupon von 8% per annum zahlt (eine Ausschüttung hat gerade stattgefunden), ist 10,4% per annum. Wie hoch ist der Preis der Anleihe? Welche Höhe hat der 18-Monats-Zerobond-Zinssatz? Alle Sätze sind bei halbjährlicher Verzinsung angegeben.

4.4 Ein Anleger erhält aus einer einjährigen Anlage 1100 $, wenn er heute 1000 $ investiert. Berechnen Sie die prozentuale Rendite per annum bei

a. jährlicher Verzinsung,

b. halbjährlicher Verzinsung,

c. monatlicher Verzinsung,

d. stetiger Verzinsung.

4.5 Es seien folgende Spot Rates bei stetiger Verzinsung gegeben:

Laufzeit (Monate)	Zinssatz (% per annum)
3	8,0
6	8,2
9	8,4
12	8,5
15	8,6
18	8,7

Berechnen Sie die Forward Rates für das zweite, dritte, vierte, fünfte und sechste Quartal.

4.6 Angenommen, eine Bank kann zu den Spot Rates aus Aufgabe 4.5 Kapital aufnehmen oder anlegen. Welchen Wert hat für sie ein FRA, der sie in die Lage versetzt, für einen in einem Jahr beginnenden 3-Monats-Zeitraum 9,5% auf ein Nominalkapital von 1 000 000 $ zu erzielen? Der Zinssatz ist bei vierteljährlicher Verzinsung angegeben.

4.7 Die Zinsstruktur ist ansteigend. Ordnen Sie der Größe nach:

a. 5-Jahres-Spot-Rate,

b. Rendite einer 5-Jahres-Anleihe mit Kupon,

c. Forward Rate für den Zeitraum zwischen 4,75 und 5 Jahren von jetzt an.

Wie würde die Antwort ausfallen, wenn die Zinsstruktur fallend wäre?

4.8 Was drückt die Duration hinsichtlich der Sensitivität eines Anleihe-Portfolios gegenüber den Zinssätzen aus? Wo liegen die Grenzen des Durations-Maßes?

4.9 Welcher stetige Zinssatz entspricht 15% per annum bei monatlicher Verzinsung?

4 Zinssätze

4.10 Auf ein Sparkonto werden 12% Zinsen per annum (bei stetiger Verzinsung) gewährt, die Auszahlung der Zinsen erfolgt jedoch in Wirklichkeit vierteljährlich. Wie viele Zinsen werden in jedem Vierteljahr auf eine 10 000 $-Einlage gezahlt?

4.11 Angenommen, die stetigen 6-Monats-, 12-Monats-, 18-Monats-, 24-Monats- und 30-Monats-Spot-Rates betragen 4%, 4,2%, 4,4%, 4,6% bzw. 4,8% per annum. Schätzen Sie den Preis einer Anleihe ab, deren Nennwert 100 beträgt, die in 30 Monaten fällig ist und die halbjährlich einen Kupon von 4% zahlt.

4.12 Eine 3-Jahres-Anleihe erzielt halbjährlich einen 8% Kupon und hat einen Preis von 104. Wie hoch ist die Rendite der Anleihe?

4.13 Angenommen, die 6-Monats-, 12-Monats-, 18-Monats- und 24-Monats-Spot-Rates betragen 5%, 6%, 6,5% bzw. 7% per annum. Wie hoch ist die 2-Jahres-Par-Yield?

4.14 Es seien folgende Spot Rates bei stetiger Verzinsung gegeben:

Laufzeit (Jahre)	Zinssatz (% per annum)
1	2,0
2	3,0
3	3,7
4	4,2
5	4,5

Berechnen Sie die Forward Rates für das zweite, dritte, vierte und fünfte Jahr.

4.15 Die 9- bzw. 12-Monats-LIBOR-Sätze seien 2,0% bzw. 2,3%. Welcher Forward-LIBOR-Satz gilt für den Zeitraum zwischen neun und zwölf Monaten? Welchen Wert besitzt ein FRA, bei dem man in diesem Zeitraum auf ein Nominalkapital von 10 Millionen Dollar 3% erhält und LIBOR zahlt? Alle Zinssätze sind bei vierteljährlicher Verzinsung angegeben. Gehen Sie davon aus, dass LIBOR als risikoloser Zinssatz verwendet wird.

4.16 Eine 10-Jahres-8%-Kupon-Anleihe wird zurzeit für 90 $ verkauft, eine 10-Jahres-4%-Kupon-Anleihe kostet zurzeit 80 $. Wie hoch ist die 10-Jahres-Spot-Rate? (*Hinweis*: Betrachten Sie die Einnahme der Long-Position in zwei 4%-Kupon-Anleihen und der Short-Position in einer 8%-Kupon-Anleihe.)

4.17 Erläutern Sie ausführlich, warum die Liquiditätspräferenztheorie mit der Beobachtung konform geht, dass die Zinsstruktur öfter steigt als fällt.

4.18 „Wenn die Zinsstrukturkurve ansteigt, ist der Zerobond-Zinssatz für eine bestimmte Laufzeit größer als die Par Yield für diese Laufzeit. Wenn die Zinsstrukturkurve fällt, trifft das Gegenteil zu." Erklären Sie, warum dies zutrifft.

4.19 Warum sind die US-amerikanischen Treasury Rates signifikant niedriger als andere Zinssätze, die nahezu risikolos sind?

4.20 Warum beinhaltet ein Kredit am Repo-Markt nur ein sehr kleines Kreditrisiko?

4.21 Erklären Sie, warum ein FRA auch als Austausch eines variablen Zinssatzes gegen ein festen Zinssatz angesehen werden kann.

4.22 Eine 5-Jahres-Anleihe mit einer Rendite von 11% (bei stetiger Verzinsung) zahlt am Ende jeden Jahres einen 8%-Kupon.
a. Wie hoch ist der Preis der Anleihe?
b. Welche Höhe hat die Duration der Anleihe?
c. Verwenden Sie die Duration zur Berechnung des Effekts eines Rückgangs der Rendite der Anleihe um 0,2%.
d. Berechnen Sie den Preis der Anleihe noch einmal auf der Basis einer Rendite von 10,8% per annum und überprüfen Sie, ob das Ergebnis mit Ihrer Antwort für (c) in Einklang steht.

4.23 Die Preise der 6-Monats- und 1-Jahres-Schatzwechsel sind 94,0 und 89,0. Eine 1,5-Jahres-Anleihe, die halbjährlich Kupons von 4 $ auszahlt, kostet derzeit 94,84 $. Eine 2-Jahres-Anleihe, die halbjährlich Kupons von 5 $ auszahlt, kostet derzeit 97,12 $. Berechnen Sie die 6-Monats-, 1-Jahres-, 1,5-Jahres- und 2-Jahres-Spot-Rates.

4.24 „Ein Zinsswap, bei dem der 6-Monats-LIBOR für fünf Jahre gegen einen festen Zinssatz von 5% auf einen Nominalbetrag von 100 Millionen Dollar ausgetauscht wird, beinhaltet einen bekannten Cash Flow und ein Portfolio von neun FRAs." Erläutern Sie diese Aussage.

Zur weiteren Vertiefung

4.25 Bei jährlicher Verzinsung beträgt ein Zinssatz 11%. Welche Höhe hat er bei (a) halbjährlicher Verzinsung, (b) vierteljährlicher Verzinsung, (c) monatlicher Verzinsung, (d) wöchentlicher Verzinsung und (e) täglicher Verzinsung?

4.26 Die nachfolgende Tabelle gibt Zerobond-Zinssätze und Cashflows für einen Treasury Bond an. Die Spot Rates sind bei stetiger Verzinsung angegeben.
a. Wie hoch ist der theoretische Preis des Treasury Bonds?
b. Wie hoch ist die Rendite des Treasury Bonds?

Laufzeit (Monate)	Zerobond-Zinssatz	Kuponzahlung	Nominalkapital
0,5	2,0%	20 $	
1,0	2,3%	20 $	
1,5	2,7%	20 $	
2,0	3,2%	20 $	1000 $

4.27 Eine fünfjährige Anleihe bietet einen Kupon von 5% per annum, der halbjährlich ausgezahlt wird. Ihr Preis liegt bei 104. Wie hoch ist die Anleiherendite? Benutzen Sie bei Bedarf die Solver-Funktion von Excel.

4.28 Angenommen, die LIBOR-Sätze für Laufzeiten von ein, zwei, drei, vier, fünf und sechs Monaten betragen 2,6%, 2,9%, 3,1%, 3,2%, 3,25% und 3,3% bei stetiger Verzinsung. Wie sehen die Forward Rates für zukünftige 1-Monats-Zeiträume aus?

4.29 Eine Bank kann Kredit zum LIBOR aufnehmen bzw. gewähren. Der 2-Monats-LIBOR liegt bei 0,28% per annum bei stetiger Verzinsung. Welche Arbitragemöglichkeit ergibt sich, wenn der 3-Monats-LIBOR 0,1% beträgt und man annehmen kann, dass die Zinssätze nicht negativ sein können? Wie klein kann der 3-Monats-LIBOR werden, ohne dass sich Arbitragemöglichkeiten ergeben?

4.30 Eine Bank kann Kredit zum LIBOR aufnehmen bzw. gewähren. Der 6-Monats-Zinssatz liegt bei 5%, der 9-Monats-Zinssatz bei 6%. Mit einem FRA kann der Zinssatz für den Zeitraum der Monate sieben bis neun zu 7% festgeschrieben werden. Welche Arbitragemöglichkeiten ergeben sich für die Bank? Alle Zinssätze sind bei stetiger Verzinsung angegeben.

4.31 Es wird ein Zinssatz von 5% per annum bei halbjährlicher Verzinsung angegeben. Welchem Zinssatz entspricht dies bei (a) jährlicher Verzinsung, (b) monatlicher Verzinsung und (c) stetiger Verzinsung?

4.32 Die 6-Monats-, 12-Monats-, 18-Monats- und 24-Monats-Spot-Rates betragen 4%, 4,5%, 4,75% bzw. 5,0% per annum bei halbjährlicher Verzinsung.

a. Welchen Zinssätzen bei stetiger Verzinsung entspricht dies?
b. Wie lautet die Forward Rate für den in 18 Monaten beginnenden 6-Monats-Zeitraum?
c. Welchen Wert besitzt ein FRA, das die Zahlung von 6% (bei halbjährlicher Verzinsung) auf ein Nominalkapital von 1 Million Dollar für den in 18 Monaten beginnenden 6-Monats-Zeitraum verspricht?

4.33 Wie hoch ist die 2-Jahres-Par-Yield, wenn Spot Rates wie in Aufgabe 4.32 vorliegen? Welche Rendite hat eine Anleihe, die einen Kupon in Höhe der Par Yield zahlt?

4.34 Die folgende Tabelle zeigt Anleihepreise.

Nominalkapital der Anleihe (in $)	Zeit bis zur Fälligkeit (in Jahren)	jährlicher Kupon* (in $)	Anleihepreis (in $)
100	0,50	0,0	98
100	1,00	0,0	95
100	1,50	6,2	101
100	2,00	8,0	104

Es wird angenommen, dass alle sechs Monate die Hälfte des angegebenen Kupons gezahlt wird.

a. Berechnen Sie die Spot Rates für Laufzeiten von 6, 12, 18 und 24 Monaten.
b. Wie hoch sind die Forward Rates für die Zeiträume 6–12 Monate, 12–18 Monate, 18–24 Monate?
c. Wie hoch sind die 6-Monats-, 12-Monats-, 18-Monats- bzw. 24-Monats-Par-Yields für Anleihen mit halbjährlichen Kupon-Ausschüttungen?
d. Bestimmen Sie Preis und Rendite für eine 2-Jahres-Anleihe mit einer halbjährlichen Kupon-Ausschüttung von 7% per annum.

4.35 Das Portfolio A besteht aus einem 1-Jahres-Zerobond mit einem Nennwert von 2000 $ und einem 10-Jahres-Zerobond mit einem Nennwert von 6000 $. Das Portfolio B besteht aus einem 5,95-Jahres-Zerobond mit einem Nennwert von 5000 $. Die gegenwärtige Rendite beträgt für alle Anleihen 10% per annum.

a. Zeigen Sie, dass beide Portfolios die gleiche Duration besitzen.
b. Zeigen Sie, dass die prozentualen Änderungen in den Werten der Portfolios bei einer Steigerung der Rendite von 0,1% per annum gleich sind.
c. Welche prozentualen Änderungen in den Werten der beiden Portfolios werden durch eine Erhöhung der Rendite um 5% per annum verursacht?

4.36 Verifizieren Sie, dass DerivaGem 3.00 den Anleihepreis aus Abschnitt 4.4 ermittelt. Prüfen Sie, wie gut DV01 den Effekt einer Veränderung aller Zinssätze um einen Basispunkt vorhersagt. Bestimmen Sie mithilfe von DV01 die Duration der Anleihe. Ergründen Sie unter Zuhilfenahme von DV01 und Gamma die Auswirkungen einer Erhöhung aller Zinssätze um 200 Basispunkte. Bestimmen Sie mithilfe von Gamma die Konvexität der Anleihe.
(*Hinweis*: In DerivaGem steht DV01 für den Quotienten dB/dy. Dabei bezeichnet B den Preis der Anleihe und y ihre Rendite in Basispunkten. Gamma ist d^2B/dy^2, wobei y in Prozent gemessen wird.)

Bestimmung von Forward- und Futures-Preisen

5.1 Investitions- versus Konsumgüter 146
5.2 Leerverkäufe 146
5.3 Annahmen und Notation 148
5.4 Forward-Preis für ein Investitionsgut 149
5.5 Bekannter Ertrag 152
5.6 Bekannte Rendite 154
5.7 Bewertung von Forward-Kontrakten 155
5.8 Stimmen Forward- und Futures-Kurse überein? 158
5.9 Futures-Kurse von Aktienindizes 159
5.10 Forward- und Futures-Kontrakte auf Währungen 161
5.11 Futures auf Rohstoffe 165
5.12 Cost of Carry 168
5.13 Liefermöglichkeiten 168
5.14 Futures-Kurse und der erwartete zukünftige Spotkurs 169
Zusammenfassung 172
Literaturempfehlungen 173
Praktische Fragestellungen 173

In diesem Kapitel untersuchen wir, in welcher Beziehung Forward- und Futures-Preise zum Spotkurs des Underlyings stehen. Forward-Kontrakte sind leichter zu analysieren als Futures-Kontrakte, da es keine tägliche Abrechnung gibt – nur eine einzige Zahlung zur Fälligkeit. Deswegen beginnen wir dieses Kapitel mit der Betrachtung des Zusammenhangs zwischen Forward-Preis und Kassapreis. Glücklicherweise kann gezeigt werden, dass Forward- und Futures-Preis eines Assets sehr nahe beieinander liegen, falls die Fälligkeitstermine der beiden Kontrakte dieselben sind. Diese Erkenntnis ist nützlich, denn sie besagt, dass die für Forwards erhaltenen Resultate auch für Futures gelten.

Im ersten Teil dieses Kapitels leiten wir einige bedeutende allgemeine Ergebnisse über den Zusammenhang von Forward- (bzw. Futures-) und Kassapreisen her. Diese Ergebnisse verwenden wir dann, um die Beziehung zwischen Futures- und Kassapreisen für Kontrakte auf Aktienindizes, Währungen und Rohstoffe zu untersuchen. Zinsfutures-Kontrakte behandeln wir im nächsten Kapitel.

5.1   Investitions- versus Konsumgüter

Bei der Betrachtung von Termin- und Futures-Geschäften ist es wichtig, zwischen Investitions- und Konsumgütern zu unterscheiden. *Investitionsgüter* werden zumindest von einigen Händlern zu Anlagezwecken gehalten. Aktien und Obligationen zählen mit Sicherheit zu den Investitionsgütern, Gold und Silber sind weitere Beispiele dafür. Man beachte, dass ein Investitionsgut nicht ausschließlich zu Anlagezwecken gehalten werden muss. Silber zum Beispiel kann auf mehrere Arten industriell verarbeitet werden. Die Bedingung für ein Investitionsgut ist allerdings, dass es von einigen Händlern einzig und allein zu Anlagezwecken gehalten wird. Ein *Konsumgut* wird vorrangig für den Verbrauch gehalten und normalerweise nicht zu Anlagezwecken genutzt. Beispiele für Verbrauchsgüter sind Kupfer, Rohöl, Mais und Schweinebäuche.

Wie wir in diesem Kapitel noch sehen werden, können wir Arbitrageargumente nutzen, um Forward- und Futures-Preise eines Investitionsguts aus seinem Spotkurs und anderen beobachtbaren Marktvariablen zu bestimmen. Für Forward- und Futurespreise von Konsumgütern ist dies nicht möglich.

5.2   Leerverkäufe

Einige der in diesem Kapitel vorgestellten Arbitragestrategien beinhalten *Leerverkäufe*. Bei dieser Handelsform, meist einfach „Shorting" genannt, wird ein Asset verkauft, das man nicht besitzt. Dies ist möglich für einige, aber nicht alle Investitionsgüter. Wir illustrieren den Sachverhalt anhand eines Leerverkaufs von Aktien.

Angenommen, ein Anleger beauftragt einen Broker mit dem Leerverkauf von 500 Aktien des Unternehmens X. Der Broker wird die Anweisung ausführen, indem er die Anteile von einem Aktionär leiht und sie auf übliche Weise am Markt verkauft. Zu einem bestimmten späteren Zeitpunkt wird der Anleger jedoch seine Position durch den Kauf von 500 X-Anteilen am Markt schließen. Diese ersetzen dann die geliehenen Anteile, so dass die Short-Position geschlossen wird. Falls der Aktienkurs gefallen ist, erzielt der Anleger einen Gewinn, falls der Kurs gestiegen ist, hat er Verlust gemacht. Wenn der Broker irgendwann während der Laufzeit des Kontrakts die geliehenen Anteile zurückgeben muss und keine anderen Anteile mehr leihen kann, wird der Anleger aufgefordert, seine Position umgehend zu schließen, auch wenn er dazu eigentlich nicht bereit ist. In der Regel muss der Leerverkäufer eine Gebühr für die Wertpapierleihe entrichten.

Ein Anleger in einer Short-Position muss dem Broker jeden Ertrag, der normalerweise auf die leerverkauften Wertpapiere gezahlt werden würde, wie z. B. Dividenden oder Zinsen, erstatten. Der Broker transferiert diese Beträge auf das Konto des Kunden, von dem die Wertpapiere geliehen wurden. Wir betrachten die Position eines Anlegers, der im April 500 IBM-Aktien leerverkauft, als der Aktienkurs bei 120 $ liegt, und seine Position im Juli, als der Kurs bei 100 $ liegt, durch Rückkauf schließt. Nehmen wir weiter an, im Mai sei eine Dividende von 1 $ pro Aktie gezahlt worden. Der Anleger erhält im April $500 \cdot 120\,\$ = 60\,000\,\$$, wenn die Short-Position geöffnet wird. Die Dividende führt im Mai zu einer Zahlung von $500 \cdot 1\,\$ = 500\,\$$ durch den Anleger. Weiterhin zahlt der Anleger $500 \cdot 100\,\$ = 50\,000\,\$$ bei Schließung der Position im Juli. Der Nettogewinn ist daher

$$60\,000\,\$ - 500\,\$ - 50\,000\,\$ = 9500\,\$,$$

wobei angenommen wird, dass keine Gebühren für das Leihen der Aktien fällig werden. Tabelle 5.1 veranschaulicht dieses Beispiel und zeigt, dass die Cash Flows aus dem Leerverkauf das Spiegelbild der Cash Flows aus dem Kauf der Aktien im April und ihrem Verkauf im Juli darstellen. Wiederum wird angenommen, dass keine Leihgebühren fällig werden.

Der Anleger muss bei seinem Broker ein Margin-Konto unterhalten. Dieses enthält Bargeld oder Wertpapiere, welche der Anleger hinterlegt, um sicherzustellen, dass er die Short-Position nicht aufgibt, wenn der Aktienkurs steigt. Das Konto funktioniert ähnlich wie das in Kapitel 2 diskutierte Margin-Konto für Futures-Kontrakte. Es ist eine Initial Margin notwendig, und bei ungünstigen Bewegungen (d. h. bei einem Anstieg) des Preises des leerverkauften Assets wird ein Nachschuss gefordert.

	Aktienkauf	
April:	Kauf von 500 Aktien zu je 120 $	−60000 $
Mai:	Einnahme der Dividende	+500 $
Juli:	Verkauf von 500 Aktien zu je 100 $	+50000 $
		Nettogewinn = −9500 $
	Aktien-Leerverkauf	
April:	Leihe von 500 Aktien und Verkauf zu je 120 $	+60000 $
Mai:	Zahlung der Dividende	−500 $
Juli:	Kauf von 500 Aktien zu je 100 $	−50000 $
	Ersatz der geliehenen Aktien	
	und Schließen der Short-Position	
		Nettogewinn = +9500 $

Tabelle 5.1: Cash Flows aus Leerverkauf und Kauf von Aktien

Wird der Nachschuss nicht geleistet, so wird die Short-Position geschlossen. Für den Anleger stellt das Margin-Konto allerdings keinen Kostenfaktor dar, da gewöhnlich Zinsen auf das Konto gezahlt werden bzw., falls der angebotene Zinssatz nicht akzeptabel ist, verkäufliche Papiere wie Treasury Bills zur Begleichung der Margin-Anforderungen herangezogen werden können. Die Einkünfte aus dem Verkauf des Assets gehören dem Anleger und bilden im Regelfall einen Teil der Initial Margin.

Die Bestimmungen für Leerverkäufe werden von Zeit zu Zeit modifiziert. 1938 wurde die Uptick-Regel eingeführt. Unter dieser Regel waren Leerverkäufe nur erlaubt, wenn die letzte Bewegung des Aktienkurses ein Anstieg (= uptick) war. Die SEC hat die „Uptick-Regel" in den USA im Juli 2007 aufgehoben. Allerdings führte sie im Februar 2010 eine alternative Uptick-Regel ein. Mit dieser Regel treten beim Rückgang eines Aktienkurses um mehr als 10% an einem Tag Restriktionen für Leerverkäufe an diesem und dem nächsten Tag in Kraft. Diese Restriktionen besagen, dass Aktien nur zu einem Preis leerverkauft werden dürfen, der über dem günstigsten aktuellen Geldkurs liegt. Gelegentlich treten temporäre Leerverkaufsverbote auf. Dies geschah 2008 in einer Reihe von Ländern, da man der Ansicht war, dass die spürbar hohe Volatilität des Marktes von Leerverkäufen mitverursacht wurde.

5.3 Annahmen und Notation

In diesem Kapitel nehmen wir für einige Marktteilnehmer Folgendes an:

1. Den Marktteilnehmern entstehen beim Handel keine Transaktionskosten.
2. Die Marktteilnehmer unterliegen für alle Handelsgewinne demselben Steuersatz.
3. Die Marktteilnehmer können Kapital zu demselben risikolosen Zinssatz aufnehmen und verleihen.
4. Die Marktteilnehmer nutzen Arbitragemöglichkeiten aus, sobald solche auftreten.

Man beachte, dass wir nicht verlangen, dass diese Annahmen für alle Marktteilnehmer gelten. Es ist nur vonnöten, dass sie (zumindest annähernd) für die wichtigsten Marktteilnehmer, wie z. B. große Investmentbanken, gelten. Dies ist nicht unvernünftig. Es sind nämlich die Aktivitäten genau dieser Marktteilnehmer und ihr Bestreben, auftretende Arbitragemöglichkeiten zu ihren Gunsten zu nutzen, welche die Beziehung zwischen Forward- und Spotkurs bestimmen.

In diesem Kapitel wird folgende Notation benutzt:

T: Zeit bis zum Liefertermin in einem Forward- oder Futures-Kontrakt (in Jahren)

S_0: aktueller Kurs des dem Forward- oder Futures-Kontrakt zugrunde liegenden Assets

F_0: aktueller Forward- oder Futures-Kurs

r: risikolose Spot Rate per annum (stetige Verzinsung) einer zum Liefertermin fälligen Anlage (d. h. in T Jahren)

Der risikolose Zinssatz r ist der Theorie nach der Satz, zu dem Kapital aufgenommen oder angelegt werden kann, wenn kein Kreditrisiko besteht, d. h. wenn das Kapital mit Sicherheit zurückgezahlt wird. Wie in Kapitel 4 erwähnt verwenden Finanzinstitute und andere Teilnehmer am Derivatemarkt traditionell LIBOR als risikolosen Zinssatz, aber die Ereignisse während der Kreditkrise haben dazu geführt, dass in einigen Fällen zu Alternativen gewechselt wird (Genaueres in Kapitel 9).

5.4 Forward-Preis für ein Investitionsgut

Am einfachsten zu bewerten ist ein Forward-Kontrakt auf ein Investitionsgut, für das der Inhaber keine Erträge erhält. Aktien ohne Dividendenzahlungen und Zerobonds sind Beispiele für solche Investitionsgüter.

Wir betrachten die Long-Position in einem Forward-Kontrakt zum Kauf einer dividendenlosen Aktie in drei Monaten.[1] Der aktuelle Aktienkurs liege bei 40 $ und der risikolose Zinssatz für dreimonatige Anlagen bei 5% per annum.

Zunächst soll der Forward-Preis mit 43 $ relativ hoch liegen. Der Arbitrageur kann 40 $ zum risikolosen Zinssatz von 5% per annum leihen, eine Aktie kaufen und einen Forward-Kontrakt zum Verkauf einer Aktie in drei Monaten eingehen. Nach Ablauf der drei Monate liefert der Arbitrageur die Aktie und erhält 43 $. Zur Tilgung des Darlehens benötigt er

$$40e^{0,05 \cdot 3/12} = 40{,}50 \text{ \$}.$$

Bei Befolgung dieser Strategie erwirtschaftet der Arbitrageur am Ende der drei Monate einen Gewinn von 43,00 $ − 40,50 $ = 2,50 $.

Nehmen wir nun an, dass der Forward-Preis relativ niedrig bei 39 $ liegt. Ein Arbitrageur kann eine Aktie leerverkaufen, die Einkünfte aus diesem Leerverkauf für drei Monate zu 5% per annum anlegen und eine Long-Position in einem Forward-Kontrakt mit einer Fälligkeit in drei Monaten einnehmen. Die Einkünfte aus dem Leerverkauf wachsen in den drei Monaten auf $40e^{0,05 \cdot 3/12}$, also 40,50 $, an. Nach Ablauf der drei Monate bezahlt der Arbitrageur 39 $, erhält eine Aktie aus dem Forward-

Forward-Preis = 43 $	Forward-Preis = 39 $
Heute	*Heute*
Aufnahme von 40 $ zu 5% für 3 Monate	Leerverkauf einer Einheit des Assets, Einnahme von 40 $
Kauf einer Einheit des Assets	Anlage der 40 $ zu 5% für 3 Monate
Abschluss eines Forward-Kontrakts über den Verkauf	Abschluss eines Forward-Kontrakts über den Kauf
des Assets in 3 Monaten für 43 $	des Assets in 3 Monaten für 39 $
In 3 Monaten	*In 3 Monaten*
Verkauf des Assets für 43 $	Kauf des Assets für 39 $
Rückzahlung des Darlehens mit Zinsen (40,50 $)	Schließen der Short-Position, 40,50 $ Erlös aus der Anlage
Realisierter Gewinn = 2,50 $	Realisierter Gewinn = 1,50 $

Tabelle 5.2: Arbitragemöglichkeiten bei einem dividendenlosen Asset, wenn Forward-Preis und Kassapreis nicht im richtigen Verhältnis zueinander stehen (Assetpreis = 40 $, Zinssatz = 5%, Laufzeit des Forward-Kontrakts = 3 Monate)

---

[1] Forward-Kontrakte auf einzelne Aktien kommen relativ selten vor. Sie sind jedoch gute Beispiele für die Herleitung unserer Ideen. Futures auf Einzelaktien werden in den USA seit November 2002 gehandelt.

Kontrakt und nutzt diese, um seine Short-Position zu schließen. Es ergibt sich folglich ein Nettogewinn von

$$40{,}50\,\$ - 39{,}00\,\$ = 1{,}50\,\$$$

am Ende der drei Monate. Die beiden Handelsstrategien sind in Tabelle 5.2 zusammengefasst.

Unter welchen Umständen existieren keine Arbitragemöglichkeiten wie die in Tab. 5.2 dargestellten? Die erste Arbitrage ist möglich, wenn der Forward-Preis größer als 40,50 $ ist, die zweite Arbitrage funktioniert bei einem Forward-Preis unter 40,50 $. Daraus schließen wir, dass der Forward-Preis exakt bei 40,50 $ liegen muss, damit keine Arbitrage möglich ist.

Verallgemeinerung

Zur Verallgemeinerung dieses Beispiels betrachten wir einen Forward-Kontrakt auf ein Investitionsgut mit Kurs S_0, welches keine zusätzlichen Erträge generiert. Mit unserer Notation ist T die Zeit bis zur Fälligkeit, r der risikolose Zinssatz und F_0 der Forward-Preis. Zwischen F_0 und S_0 besteht die Beziehung

$$F_0 = S_0 e^{rT}. \tag{5.1}$$

Falls $F_0 > S_0 e^{rT}$, können Arbitrageure das Asset kaufen und Forward-Kontrakte auf das Asset verkaufen. Falls $F_0 < S_0 e^{rT}$, können sie das Asset leerverkaufen und Forward-Kontrakte darauf abschließen.[2] In unserem Beispiel ist $S_0 = 40$, $r = 0{,}05$, $T = 0{,}25$, sodass sich nach Gleichung (5.1)

$$F_0 = 40 e^{0{,}05 \cdot 0{,}25} = 40{,}50\,\$$$

ergibt, was mit unserer obigen Berechnung übereinstimmt.

Die Long-Position in einem Forward-Kontrakt führt ebenso wie ein Spotkauf dazu, dass man das Asset zum Zeitpunkt T besitzt. Der Forward-Kurs liegt wegen der Finanzierungskosten für den Spotkauf während der Laufzeit des Forward-Kontrakts über dem Spotkurs. Diese Tatsache wurde von Kidder Peabody im Jahr 1994 übersehen (siehe Business Snapshot 5.1).

Business Snapshot 5.1 – Der peinliche Fehler von Kidder Peabody

Investmentbanken haben einen Weg zur Generierung von Zerobonds (so genannten *Strips*) aus kupontragenden Treasury Bonds entwickelt, indem sie jeden der dem Bond zugrunde liegenden Cash Flows als eigenständiges Wertpapier

---

[2] Um die Gültigkeit von Gleichung (5.1) auf einem anderen Weg einzusehen, betrachten wir die folgende Strategie: Kauf einer Einheit des Assets und Eintritt in die Short-Position in einem Forward-Kontrakt, um das Asset zum Zeitpunkt T für F_0 zu verkaufen. Dieser Vorgang kostet den Betrag S_0 und führt mit Sicherheit zum Ertrag F_0 zum Zeitpunkt T. Folglich muss S_0 gleich dem Barwert von F_0 sein, also $S_0 = F_0 e^{-rT}$ bzw. $F_0 = S_0 e^{rT}$.

verkauften. Der für Kidder Peabody tätige Händler Joseph Jett verfolgte eine relativ einfache Handelsstrategie. Er kaufte Strips und verkaufte diese auf dem Forward-Markt. Wie Gleichung (5.1) zeigt, liegt der Forward-Preis eines dividendenlosen Wertpapiers immer über dem Kassapreis. Nehmen wir z. B. an, der 3-Monats-Zinssatz beträgt 5% per annum und der Kassapreis eines Strips liegt bei 70 $. Der 3-Monats-Forward-Preis beträgt dann $70e^{0,04 \cdot 3/12} = 70{,}70$ $.

Das Computersystem von Kidder Peabody wies für jedes von Jett getätigte Geschäft einen Gewinn in Höhe des Überschusses des Forward- über den Kassapreis aus (in unserem Beispiel 0,70 $). Tatsächlich bedeutete dieser Gewinn nichts anderes als die Kosten zur Finanzierung des Stripkaufs. Durch Rollieren der Kontrakte konnte Jett jedoch verhindern, dass ihm diese Kosten zugerechnet wurden.

Im Ergebnis errechnete das System einen Gewinn von 100 Millionen $ durch Jetts Handel (Jett erhielt eine hohe Bonuszahlung), doch in Wirklichkeit hatte sich ein Verlust von etwa 350 Millionen $ ergeben. Dieses Beispiel zeigt also, dass selbst große Finanzinstitute einfache Fehler begehen können!

Beispiel 5.1 Wir betrachten einen viermonatigen Forward-Kontrakt auf den Kauf eines Zerobonds, der in genau einem Jahr fällig sein wird. (Das heißt, dass der Bond noch eine Restlaufzeit von acht Monaten hat, wenn der Forward-Kontrakt fällig ist.) Der Spotkurs des Bonds ist 930 $. Wir nehmen an, dass der viermonatige risikolose Zinssatz (bei stetiger Verzinsung) 6% per annum beträgt. Da Zerobonds keinen laufenden Ertrag bringen, können wir Gleichung (5.1) mit $T = 4/12$, $r = 0{,}06$ und $S_0 = 930$ benutzen. Der Forward-Preis F_0 ergibt sich zu

$$F_0 = 930e^{0,06 \cdot 4/12} = 948{,}79\ \$ \ .$$

Dies wäre der Abrechnungspreis in einem heute geschlossenen Kontrakt.

Was passiert, wenn keine Leerverkäufe möglich sind?

Nicht für alle Investitionsgüter sind Leerverkäufe möglich. Außerdem ist mitunter eine Gebühr fällig. Dies ist aber, wie sich zeigt, kein Problem. Um Gleichung (5.1) herzuleiten, müssen wir nicht in der Lage sein, das Asset leerzuverkaufen. Alles, was wir benötigen, ist die Tatsache, dass es Marktteilnehmer gibt, die das Asset nur zu Anlagezwecken halten (nach Definition trifft dies auf ein Investitionsgut immer zu). Ist der Forward-Preis zu niedrig, werden sie das Asset verkaufen und die Long-Position in einem Forward-Kontrakt einnehmen.

Angenommen, für das Investitionsgut fallen keine Lagerkosten oder Erträge an. Falls $F_0 > S_0 e^{rT}$, kann ein Anleger folgende Strategie anwenden:

1. Kreditaufnahme von S_0 Dollar zum Zinssatz r für T Jahre.
2. Kauf einer Einheit des Assets.
3. Verkauf eines Forward-Kontrakts auf eine Einheit des Assets.

Zum Zeitpunkt T wird das Asset für F_0 verkauft. Um das Darlehen zu diesem Zeitpunkt zurückzuzahlen, wird der Betrag $S_0 e^{rT}$ benötigt. Der Anleger macht einen Gewinn von $F_0 - S_0 e^{rT}$.

Nehmen wir nun an, dass $F_0 < S_0 e^{rT}$. In diesem Fall kann ein Anleger, der das Asset besitzt,

1. das Asset für S_0 verkaufen,
2. die Einnahmen zum Zinssatz r für T Jahre anlegen,
3. die Long-Position in einem Forward-Kontrakt auf eine Einheit des Assets einnehmen.

Zum Zeitpunkt T ist das angelegte Kapital auf den Betrag $S_0 e^{rT}$ angewachsen. Das Asset wird für F_0 zurückgekauft. Der Anleger erzielt einen Gewinn von $S_0 e^{rT} - F_0$ im Vergleich zu der Position, in der er gewesen wäre, wenn er das Asset gehalten hätte.

Wie im weiter oben betrachteten Fall der dividendenlosen Aktie können wir erwarten, das sich der Forward-Preis so anpasst, dass keine der zwei angeführten Arbitragemöglichkeiten existiert. Das bedeutet, dass die Beziehung Gleichung (5.1) gelten muss.

5.5 Bekannter Ertrag

In diesem Abschnitt betrachten wir einen Forward-Kontrakt auf ein Investitionsgut, welches dem Halter einen sicher vorhersagbaren Ertrag bietet. Beispiele sind Aktien mit bekannter Dividendenzahlung und Kupon-Anleihen. Wir wenden die gleiche Herangehensweise wie im letzten Abschnitt an. Zunächst werfen wir einen Blick auf ein Zahlenbeispiel, dann untersuchen wir die formellen Aspekte.

Wir betrachten einen Forward-Kontrakt auf den Kauf einer Kupon-Anleihe, deren aktueller Kurs bei 900 $ liegt. Wir nehmen an, dass der Forward-Kontrakt eine Laufzeit von neun Monaten hat. Weiterhin nehmen wir an, dass eine Zinszahlung von 40 $ nach vier Monaten erwartet wird. Die risikolosen (stetigen) Zinssätze für 4-Monats- bzw. 9-Monats-Geld seien 3 % bzw. 4 % per annum.

Als Erstes nehmen wir an, dass der Forward-Preis relativ hoch bei 910 $ liegt. Ein Arbitrageur kann 900 $ aufnehmen, um die Anleihe zu kaufen, und die Short-Position in einem Forward-Kontrakt einnehmen. Die Zinszahlung hat einen Barwert von $40 e^{-0{,}03 \cdot 4/12} = 39{,}60$ $. Von den 900 $ werden somit 39,60 $ zu einem Zinssatz von 3 % per annum für vier Monate aufgenommen und können mit der Kupon-Zahlung zurückgezahlt werden. Die verbleibenden 860,40 $ werden mit einem Zinssatz von 4 % für neun Monate aufgenommen. Am Ende des 9-Monats-Zeitraums sind $860{,}40 e^{0{,}04 \cdot 0{,}75} = 886{,}60$ $ an Schulden aufgelaufen. 910 $ erhält der Arbitrageur aus dem Forward-Kontrakt. Er macht daher einen Nettogewinn von

$$910\,\$ - 886{,}60\,\$ = 23{,}40\,\$\,.$$

Nehmen wir nun an, dass der Forward-Preis relativ niedrig bei 870 $ liegt. Ein Anleger kann nun die Anleihe leerverkaufen und die Long-Position in einem Forward-Kontrakt einnehmen. Von den aus dem Leerverkauf erhaltenen 900 $ werden 39,60 $ für vier Monate zu 3 % per annum angelegt, woraus ein Betrag resultiert, der gleich der zu erwartenden Kupon-Zahlung für die Anleihe ist. Die verbleibenden 860,40 $

Forward-Preis = 910 $	Forward-Preis = 870 $
Heute	*Heute*
Aufnahme von 900 $:	Leerverkauf einer Einheit des Assets, Einnahme von 900 $
davon 39,60 $ für 4 Monate	Anlage von 39,60 $ für 4 Monate
und 860,40 $ für 9 Monate	und von 860,40 $ für 9 Monate
Kauf einer Einheit des Assets	
Abschluss eines Forward-Kontrakts über den Verkauf	Abschluss eines Forward-Kontrakts zum Kauf
des Assets in 9 Monaten für 910 $	des Assets in 9 Monaten für 870 $
In 4 Monaten	*In 4 Monaten*
Erhalt von 40 $ Einkommen auf das Asset	Erhalt von 40 $ aus der 4-Monats-Anlage
Rückzahlung des Darlehens einschl. Zinsen mit den 40 $	Zahlung des Ertrags von 40 $ auf das Asset
In 9 Monaten	*In 9 Monaten*
Verkauf des Assets für 910 $	Erhalt von 886,60 $ aus der 9-Monats-Anlage
Rückzahlung des zweiten Darlehens einschl. Zinsen	Kauf des Assets für 870 $
für 886,60 $	Schließen der Short-Position
Realisierter Gewinn = 23,40 $	Realisierter Gewinn = 16,60 $

Tabelle 5.3: Arbitragemöglichkeiten bei einem Asset mit bekanntem Ertrag, wenn der 9-Monats-Forward-Preis und der Kassapreis nicht im richtigen Verhältnis zueinander stehen (Assetpreis = 900 $, nach 4 Monaten wird ein Ertrag von 40 $ gezahlt, 4-Monats-Zinssatz = 3% per annum, 9-Monats-Zinssatz = 4% per annum)

werden für neun Monate zu 4% per annum angelegt und wachsen auf 886,60 $ an. 870 $ werden für die Erfüllung des Forward-Kontrakts gezahlt, damit ist die Short-Position geschlossen. Der Anleger erhält daher

$$886,60\,\$ - 870,00\,\$ = 16,60\,\$ \,.$$

Die beiden Strategien sind in Tabelle 5.3 dargestellt.[3] Wenn der Forward-Preis über 886,60 $ liegt, liefert die erste Strategie in Tabelle 5.3 einen Gewinn, liegt er unter 886,60 $, führt die zweite Strategie zu einem Gewinn. Daraus folgt, dass der Forward-Preis bei 886,60 $ liegen muss, damit es keine Arbitragemöglichkeiten gibt.

---

3 Falls es nicht möglich ist, die Anleihe leerzuverkaufen, werden Anleger, die die Anleihe bereits halten, diese verkaufen und einen Forward-Kontrakt auf die Anleihe kaufen, womit sich der Wert ihrer Position um 16,60 $ erhöht. Diese Strategie ähnelt der für das Asset in Abschnitt 5.4 beschriebenen Vorgehensweise.

Verallgemeinerung

Wir können dieses Beispiel verallgemeinern und argumentieren, dass, wenn ein Investitionsgut während der Laufzeit eines Forward-Kontrakts einen Ertrag mit Barwert I bietet,

$$F_0 = (S_0 - I)e^{rT} \tag{5.2}$$

gilt. In unserem Beispiel ist $S_0 = 900{,}00$, $I = 40e^{-0{,}03 \cdot 4/12} = 39{,}60$, $r = 0{,}04$ und $T = 0{,}75$, sodass

$$F_0 = (900{,}00 - 39{,}60)e^{0{,}04 \cdot 0{,}75} = 886{,}60\,\$\,.$$

Dies stimmt mit unserer obigen Berechnung überein. Gleichung (5.2) trifft auf jedes Asset zu, das einen bekannten Ertrag erwirtschaftet.

Falls $F_0 > (S_0 - I)e^{rT}$, könnte ein Arbitrageur Gewinn erzielen, indem er das Asset kauft und die Short-Position in einem Forward-Kontrakt auf das Asset einnimmt. Falls $F_0 < (S_0 - I)e^{rT}$, könnte ein Arbitrageur Gewinn erzielen, indem er das Asset leerverkauft und die Long-Position in einem Forward-Kontrakt einnimmt. Falls Leerverkäufe nicht möglich sind, wird ein Anleger, der den betrachteten Vermögensgegenstand besitzt, es als vorteilhaft erachten, das Asset zu verkaufen und einen langfristigen Forward-Kontrakt aufzunehmen.[4]

Beispiel 5.2 Wir betrachten einen 10-Monats-Forward-Kontrakt auf eine Aktie mit dem Kurs 50 $ und nehmen einen risikolosen (stetigen) Zinssatz von 8% per annum für alle Laufzeiten an. Weiterhin nehmen wir an, dass nach drei, sechs und neun Monaten jeweils eine Dividende von 0,75 $ ausgezahlt wird. Der Barwert I dieser Dividenden ist gegeben durch

$$I = 0{,}75e^{-0{,}08 \cdot 3/12} + 0{,}75e^{-0{,}08 \cdot 6/12} + 0{,}75e^{-0{,}08 \cdot 9/12} = 2{,}162\,.$$

T beträgt zehn Monate. Somit ergibt sich nach Gleichung (5.2) der Forward-Preis

$$F_0 = (50 - 2{,}162)e^{0{,}08 \cdot 10/12} = 51{,}14\,\$\,.$$

Wäre der Forward-Preis niedriger, würde ein Arbitrageur die Aktie leerverkaufen und Forward-Kontrakte kaufen; wäre er höher, würde ein Arbitrageur Forward-Kontrakte verkaufen und die Aktie kaufen.

5.6 Bekannte Rendite

Wir betrachten nun den Fall, dass das einem Forward-Kontrakt zugrunde liegende Asset kein festes Einkommen, sondern eine bekannte Rendite erzielt. Das bedeutet,

---

[4] Um die Gültigkeit von Gleichung (5.2) auf einem anderen Weg einzusehen, betrachten wir die folgende Strategie: Kauf einer Einheit des Assets und Eintritt in eine Short-Position in einem Forward-Kontrakt, um das Asset zum Zeitpunkt T für F_0 zu verkaufen. Dieser Vorgang kostet den Betrag S_0 und führt mit Sicherheit zu einem Zufluss F_0 zum Zeitpunkt T und einem Ertrag mit Barwert I. Der Abfluss liegt bei S_0, der Barwert des Zuflusses ist $I + F_0 e^{-rT}$. Folglich ist $S_0 = I + F_0 e^{-rT}$ bzw. $F_0 = (S_0 - I)e^{rT}$.

dass der Ertrag als Prozentsatz des Kurses zum Zeitpunkt der Zahlung dieses Ertrags bekannt ist. Angenommen, ein Asset würde eine Rendite von 5% per annum einbringen. Das könnte bedeuten, dass einmal im Jahr ein Ertrag in Höhe von 5% des zu diesem Zeitpunkt gültigen Kurses gezahlt wird. Die Rendite würde dann 5% bei jährlicher Verzinsung betragen. Es könnte aber auch alternativ heißen, dass zweimal im Jahr ein Ertrag in Höhe von 2,5% des jeweiligen Kurses gezahlt wird, die Rendite würde dann 5% mit halbjährlicher Verzinsung betragen. In Abschnitt 4.2 wurde dargestellt, dass im Normalfall Zinssätze mit stetiger Verzinsung angeben werden. Analog werden Renditen ebenfalls mit stetiger Verzinsung angegeben. Die Formeln für die Umrechnung einer mit einer bestimmten Verzinsungshäufigkeit ermittelten Rendite in eine Rendite mit anderer Verzinsungshäufigkeit sind die gleichen wie die in Abschnitt 4.2 entwickelten Formeln für Zinssätze.

Sei q die Durchschnittsrendite per annum eines Assets während der Laufzeit eines Forward-Kontrakts. Dann kann gezeigt werden (siehe Aufgabe 5.20), dass

$$F_0 = S_0 e^{(r-q)T} .\qquad (5.3)$$

Beispiel 5.3 Wir betrachten einen 6-Monats-Forward-Kontrakt auf ein Asset, welches in dieser Zeit eine einmalige Rendite von 2% des Kurses abwerfen soll. Der risikolose (stetige) Zinssatz liege bei 10% per annum, der Kurs des Assets bei 25 $. In diesem Fall haben wir $S_0 = 25$, $r = 0,10$ und $T = 0,5$. Die Rendite beträgt 4% per annum mit halbjährlicher Verzinsung. Nach Gleichung (4.3) entspricht dies 3,96% bei stetiger Verzinsung. Somit ist $q = 0,0396$, und der Forward-Preis F_0 ist nach Gleichung (5.3) gegeben durch

$$F_0 = 25 e^{(0,10-0,0396)\cdot 0,5} = 25{,}77\, \$.$$

5.7 Bewertung von Forward-Kontrakten

Der Wert eines Forward-Kontrakts ist zum Zeitpunkt des Abschlusses nahezu null. Später kann der Wert positiv oder negativ sein. Für Banken und andere Finanzinstitute ist es wichtig, den Kontrakt an jedem Tag neu zu bewerten. (Dies wird als Marking to Market des Kontrakts bezeichnet.) Mit der weiter oben eingeführten Notation nehmen wir F_0 als den aktuellen Forward-Preis für einen vor einiger Zeit ausgehandelten Forward-Kontrakt an. Das Lieferdatum sei in T Jahren, r der risikolose Zinssatz für T Jahre. Die Variable F_0 bezeichnet den Forward-Preis, der gelten würde, wenn wir den Kontrakt heute abschließen würden. Wir definieren außerdem f als Wert der Long-Position eines Forward-Kontrakts zum jetzigen Zeitpunkt.

Es ist von großer Wichtigkeit, dass man sich über die Bedeutung der Variablen F_0, K und f im Klaren ist. Zu Beginn des Forward-Kontraktes ist der Lieferpreis (K) dem Forward-Preis zu jenem Zeitpunkt (F_0) gleichgesetzt und der Wert des Kontraktes (f) ist 0. Im Zeitverlauf bleibt K (als Teil der Kontraktbestimmungen) konstant, der Forward-Preis aber ändert sich, und damit kann der Wert des Kontraktes positiv oder negativ werden.

Ein allgemeines, für alle Forward-Kontrakte (sowohl auf Investitions- als auch auf Konsumgüter) gültiges Resultat ist

$$f = (F_0 - K)e^{-rT} \,. \tag{5.4}$$

Um die Gültigkeit von Gleichung (5.4) zu erkennen, verwenden wir eine Argumentation analog zu jener, die wir bei Forward Rate Agreements in Abschnitt 4.7 benutzt haben. Wir bilden zum heutigen Zeitpunkt ein Portfolio aus einem Forward-Kontrakt über den Kauf des Underlying für den Preis K zum Zeitpunkt T und einem Forward-Kontrakt über den Verkauf für den Preis F_0 zum Zeitpunkt T. Das Portfolio liefert zum Zeitpunkt T die Auszahlungen $S_T - K$ aus dem ersten Kontrakt und $F_0 - S_T$ aus dem zweiten Kontrakt. Die gesamte Auszahlung beträgt $F_0 - K$, ihr Wert steht zum heutigen Zeitpunkt bereits fest. Das Portfolio stellt also eine risikolose Anlage dar und sein jetziger Wert entspricht der mit dem risikolosen Zinssatz diskontierten Auszahlung zum Zeitpunkt T, also $(F_0 - K)e^{-rT}$. Der Wert des Forward-Kontrakts über den Verkauf zum Preis F_0 ist null, da F_0 gerade der Forward-Preis eines heute abgeschlossenen Forward-Kontrakts ist. Daraus folgt, dass die Long-Position im Forward-Kontrakt über den Kauf des Underlying für den Preis K den Wert $(F_0 - K)e^{-rT}$ besitzt. Analoge Überlegungen ergeben den Wert für die Short-Position in einem Forward-Kontrakt über den Kauf des Underlying für den Preis K als $(K - F_0)e^{-rT}$.

> **Beispiel 5.4** Vor einiger Zeit sei ein Forward-Kontrakt über den Kauf einer dividendenlosen Aktie abgeschlossen worden, der in sechs Monaten fällig ist. Der risikolose (stetige) Zinssatz liege bei 10% per annum, der Aktienkurs sei 25 \$, der Lieferpreis 24 \$. Damit ist $S_0 = 25$, $r = 0{,}10$, $T = 0{,}5$ und $K = 24$. Nach Gleichung (5.1) ist der 6-Monats-Forward-Preis F_0 gegeben durch
>
> $$F_0 = 25e^{0{,}1 \cdot 0{,}5} = 26{,}28 \,\$ \,.$$
>
> Mit Gleichung (5.4) ergibt sich für den Wert des Forward-Kontrakts
>
> $$f = (26{,}28 - 24)e^{-0{,}1 \cdot 0{,}5} = 2{,}17 \,\$ \,.$$

Gleichung (5.4) zeigt, dass wir die Long-Position eines Forward-Kontrakts auf ein Asset durch die Annahme bewerten können, dass der Preis des Assets bei Fälligkeit mit dem Forward-Preis übereinstimmt. Aus dieser Annahme lässt sich ableiten, dass eine Long-Position eines Forward-Kontrakts zum Zeitpunkt T eine Auszahlung $F_0 - K$ vorsieht. Diese hat einen Barwert von $(F_0 - K)e^{-rT}$, was dem Wert von f in Gleichung (5.4) entspricht. Analog können wir den Wert einer Short-Position in einem Forward-Kontrakt bestimmen, indem wir annehmen, dass der aktuelle Forward-Preis des Vermögensgegenstandes realisiert wird. Dieses Ergebnis befindet sich in Einklang mit dem Ergebnis aus Abschnitt 4.7, dass wir ein Forward Rate Agreement unter der Annahme bewerten können, dass die Forward Rates realisiert werden.

Der Gebrauch von Gleichung (5.4) in Verbindung mit Gleichung (5.1) ergibt den folgenden Ausdruck für den Wert eines Forward-Kontrakts über den Kauf eines Investitionsguts, welches keinen Ertrag erbringt:

$$f = S_0 - Ke^{-rT}.$$

Analog liefert Gleichung (5.4) zusammen mit Gleichung [...] Ausdruck für den Wert eines Forward-Kontrakts über den [...]ionsguts, welches einen bekannten Ertrag mit Barwert I bringt:

$$f = S_0 - I - Ke^{-rT}. \qquad (5.6)$$

Schließlich gibt Gleichung (5.4) in Verbindung mit Gleichung (5.3) den folgenden Ausdruck für den Wert eines Forward-Kontrakts über den Kauf eines Investitionsguts, welches eine bekannte Rendite q abwirft:

$$f = S_0 e^{-qT} - Ke^{-rT}. \qquad (5.7)$$

Ändert sich ein Futures-Preis, so wird der Gewinn (oder Verlust) aus einem Futures-Kontrakt berechnet, indem man die Änderung im Futures-Preis mit der Größe der Position multipliziert. Dieser Gewinn wird aufgrund des Marking to Market der Futures-Kontrakte unmittelbar erzielt. Gleichung (5.4) zeigt, dass der Gewinn (oder Verlust) bei einer Änderung des Forward-Preises dem Barwert der Änderung des Forward-Preises multipliziert mit der Größe der Position entspricht. Der Unterschied zwischen den Gewinnen (Verlusten) auf Futures- bzw. Forward-Kontrakte kann bei Händlern zu Konfusionen führen (siehe Business Snapshot 5.2).

Business Snapshot 5.2 – Systemfehler?

Ein für eine Bank tätiger Devisenhändler nimmt die Long-Position in einem 3-Monats-Forward-Kontrakt über den Kauf von 1 Million GBP zu einem Wechselkurs von 1,5000 ein. Gleichzeitig nimmt ein Kollege die Long-Position in 16 3-Monats-Futures-Kontrakten auf Britische Pfund ein. Der Futures-Kurs steht bei 1,5000 und ein Kontrakt umfasst 62 500 GBP. Die Forward- bzw. Futures-Positionen stimmen somit überein. Wenige Minuten nach Handelsabschluss steigen sowohl Futures- als auch Forward-Kurs auf 1,5040. Das Computersystem der Bank zeigt zwar, dass der Futures-Händler einen Gewinn von 4000 $ erzielt hat, dass aber der Gewinn des Forward-Händlers nur 3900 $ beträgt. Der Forward-Händler ruft umgehend bei der Computerabteilung der Bank an, um sich zu beschweren. Ist seine Beschwerde gerechtfertigt?

Die Antwort lautet: Nein! Die tägliche Abrechnung von Futures-Kontrakten stellt sicher, dass der Futures-Händler einen nahezu sofortigen Gewinn entsprechend dem Anstieg des Futures-Preises erzielt. Würde der Forward-Händler seine Position durch die Einnahme der Short-Position in einem Kontrakt zum Kurs 1,5040 schließen, dann hätte er sich verpflichtet, in drei Monaten 1 Million GBP zum Kurs von 1,5000 zu kaufen und in drei Monaten 1 Million GBP zum Kurs von 1,5040 zu verkaufen. Dies ergibt einen Gewinn von 4000 $ – allerdings nicht jetzt, sondern in drei Monaten. Der Gewinn des Forward-Händlers stellt den Barwert von 4000 $ dar. Das stimmt mit Gleichung (5.4) überein.

> Der Forward-Händler kann sich damit trösten, dass Gewinne und Verluste auf gleiche Weise behandelt werden. Würden Forward- und Futures-Kurs auf 1,4960 fallen, anstatt auf 1,5040 zu steigen, dann würde der Futures-Händler einen Verlust von 4000 $ erleiden, während der Forward-Händler nur 3900 $ verlieren würde.

5.8 Stimmen Forward- und Futures-Kurse überein?

Die Technical Note 24 auf www.rotman.utoronto.ca/~hull/ofod/index.html liefert ein Arbitrageargument, um zu zeigen, dass der Kurs eines Forward-Kontrakts mit einem bestimmten Lieferdatum theoretisch mit dem Kurs eines Futures-Kontrakts mit dem gleichen Lieferdatum übereinstimmt, falls der kurzfristige risikolose Zinssatz konstant ist. Die Argumentation im Anhang kann erweitert werden, um Situationen zu erfassen, in denen der Zinssatz eine bekannte Funktion der Zeit ist.

Ändern sich die Zinssätze unvorhersehbar (wie es in der realen Welt geschieht), dann stimmen Forward- und Futures-Kurs in der Theorie nicht mehr überein. Wir können uns einen Begriff von der Art der Beziehung zwischen den beiden Kursen machen, indem wir eine Situation betrachten, in der der Kurs S des Underlyings stark positiv mit den Zinssätzen korreliert. Steigt S, macht ein Inhaber der Long-Position in einem Futures-Kontrakt wegen des Verfahrens der täglichen Abrechnung (Marking to Market) einen sofortigen Gewinn. Die positive Korrelation zeigt an, dass die Zinssätze wahrscheinlich auch gestiegen sind. Der Gewinn wird daher wohl zu einem überdurchschnittlich hohen Zinssatz wieder angelegt. Analog erfährt der Anleger, wenn S fällt, einen unmittelbaren Verlust. Dieser wird vermutlich zu einem unterdurchschnittlichen Zinssatz finanziert. Ein Anleger, der einen Forward-Kontrakt statt eines Futures-Kontrakts hält, ist hingegen nicht von Zinsschwankungen betroffen. Daraus folgt, dass eine Long-Position in einem Futures-Kontrakt etwas attraktiver ist als eine Long-Position in einem Forward-Kontrakt. Also wird der Futures-Kurs bei stark positiver Korrelation von S mit den Zinssätzen tendenziell höher als der Forward-Kurs sein. Wenn S stark negativ mit den Zinssätzen korreliert, zeigt ein ähnlicher Gedankengang, dass der Forward-Kurs tendenziell leicht über dem Futures-Kurs liegen wird.

Die theoretisch bestehenden Unterschiede zwischen Forward- und Futures-Kursen sind für Kontrakte mit nur wenigen Monaten Laufzeit meist vernachlässigbar klein. In der Praxis können weitere, in theoretischen Modellen nicht erfasste, Faktoren auftreten, die zu Unterschieden zwischen Forward- und Futures-Kursen führen, so z. B. Steuern, Transaktionskosten und Margin-Forderungen. Das Risiko eines Zahlungsausfalls der Gegenpartei ist im Allgemeinen wegen der Rolle der Clearingstelle bei einem Futures-Kontrakt geringer. Außerdem sind Futures-Kontrakte in einigen Fällen liquider und einfacher zu handeln als Forward-Kontrakte. Ungeachtet dieser Tatsachen ist es für die meisten Zwecke sinnvoll anzunehmen, dass Forward- und Futures-Kurs übereinstimmen. Diese Annahme werden wir in diesem Buch gewöhnlich treffen. Wir werden das Symbol F_0 verwenden, um sowohl Futures- als auch Forward-Kurs eines Assets zum aktuellen Zeitpunkt zu repräsentieren.

Eine Ausnahme von der Regel, dass Futures- und Forward-Kontrakte als gleich angesehen werden können, bilden Eurodollar-Futures. Diese werden in Abschnitt 6.3 untersucht.

5.9 Futures-Kurse von Aktienindizes

Wir haben Futures auf Aktienindizes in Abschnitt 3.5 eingeführt und gezeigt, warum ein Aktienindex-Futures-Kontrakt ein nützliches Instrument für das Management von Aktien-Portfolios ist. Tabelle 3.3 zeigt die Futures-Preise für verschiedene Indizes. Wir sind jetzt in der Lage, uns mit der Bestimmung von Futures-Preisen auf Indizes zu beschäftigen.

Ein Aktienindex kann als der Kurs eines Investitionsgutes mit Dividendenausschüttung angesehen werden.[5] Das Investitionsgut ist das Portfolio der dem Index zugrunde liegenden Aktien. Die durch das Investitionsgut gezahlten Dividenden entsprechen den Dividenden, die der Inhaber dieses Portfolios erhalten würde. Gewöhnlich wird davon ausgegangen, dass die Dividenden eine bekannte Rendite anstatt eines bekannten Einkommens bieten. Bezeichnet q die Dividendenrendite, so liefert Gleichung (5.3) den Futures-Kurs F_0 als

$$F_0 = S_0 e^{(r-q)T}. \tag{5.8}$$

Der Futures-Kurs steigt also mit der Rate $r - q$ mal Restlaufzeit des Futures-Kontraktes. In Tabelle 3.3 liegt der Abrechnungskurs für Dezember-Futures des S&P 500 etwa 0,7% unter dem Abrechnungskurs für Juni-Futures. Das bedeutet, dass der kurzfristige risikolose Zinssatz r am 14. Mai 2013 um etwa 1,5% pro Jahr unter der Dividendenrendite q lag.

> **Business Snapshot 5.3 –**
> **Der CME-Nikkei-225-Futures-Kontrakt**
>
> Die Argumentation in diesem Kapitel zur Bestimmung von Index-Futures-Preisen verlangt, dass der Index den Wert eines Investitionsgutes darstellt. Er muss also dem Wert eines Portfolios von Assets, welche gehandelt werden können, entsprechen. Das Asset, welches dem Futures-Kontrakt der Chicago Mercantile Exchange auf den Nikkei 225 Index zugrunde liegt, erfüllt diese Bedingung nicht. Die Begründung dafür ist ziemlich subtil. Sei S der Wert des Nikkei 225 Index, so ist S der Wert eines Portfolios von 225 japanischen Aktien in Yen. Die Variable, welche dem CME-Futures-Kontrakt auf den Nikkei 225 Index zugrunde liegt, hat einen *Dollar-Wert* von $5S$. Mit anderen Worten basiert der Futures-Kontrakt auf einer Variable, die in Yen gemessen wird, und behandelt sie, als wären es Dollar.
>
> Wir können nicht in ein Portfolio investieren, dessen Wert immer $5S$ Dollar beträgt. Alles, was wir tun können, ist die Anlage in ein Portfolio, das immer $5S$ Yen wert ist, oder in eines, dass immer den Wert $5QS$ Dollar hat, wobei Q der Dollarwert von 1 Yen ist. Die Variable $5S$ Dollar stellt daher nicht den Wert eines Investitionsguts dar, und Gleichung (5.8) trifft nicht zu.

---

5 Dies ist nicht immer der Fall: siehe Business Snapshot 5.3.

Der Nikkei-225-Futures-Kontrakt der CME ist ein Beispiel für einen *Quanto*. Ein Quanto ist ein Derivat, bei dem das Underlying in einer Währung und die Auszahlung in einer anderen Währung angegeben wird. Quantos werden in Kapitel 29 weiter diskutiert.

Beispiel 5.5 Wir betrachten einen 3-Monats-Futures-Kontrakt auf einen Index und nehmen an, dass die Aktien, die dem Index zugrunde liegen, eine Dividendenrendite von 1% per annum erbringen. Der aktuelle Stand des Index ist 1300 und der stetige risikolose Zinssatz beträgt 5% per annum. In diesem Fall haben wir $r = 0{,}05$, $S_0 = 1300$, $T = 0{,}25$ und $q = 0{,}01$. Damit gilt für den Futures-Kurs

$$F_0 = 1300 e^{(0{,}05 - 0{,}01) \cdot 0{,}25} = 1313{,}07 \, \$ \, .$$

In der Praxis verändert sich die Dividendenrendite auf das einem Index zugrunde liegende Portfolio Woche für Woche, das ganze Jahr über. Beispielsweise wird ein Großteil der Dividenden auf NYSE-Aktien in der ersten Woche des Februar, Mai, August und November ausgeschüttet. Der für q gewählte Wert sollte der durchschnittlichen annualisierten Dividendenrendite während der Laufzeit des Kontrakts entsprechen. Zur Schätzung von q sollten jene Dividenden verwendet werden, deren Ausschüttungstermin in der Laufzeit des Kontrakts liegt.

Index-Arbitrage

Falls $F_0 > S_0 e^{(r-q)T}$, kann Gewinn durch den sofortigen Kauf der Aktien, die dem Index zugrunde liegen, bei gleichzeitiger Einnahme der Short-Position in Futures-Kontrakten erzielt werden. Falls $F_0 < S_0 e^{(r-q)T}$, kann Gewinn durch den umgekehrten Prozess erzielt werden, d. h. (Leer-)Verkauf der Aktien, die dem Index zugrunde liegen, bei gleichzeitiger Einnahme der Long-Position in Futures-Kontrakten. Diese Strategien sind als *Index-Arbitrage* bekannt. Wenn $F_0 < S_0 e^{(r-q)T}$, kann diese Index-Arbitrage von Pensionsfonds, die ein indexiertes Aktienportfolio besitzen, durchgeführt werden. Wenn $F_0 > S_0 e^{(r-q)T}$, geschieht dies oft durch Banken oder Unternehmen, die kurzfristige Geldmarktanlagen halten. Bei Indizes, die viele Aktien enthalten, wird diese Index-Arbitrage manchmal durch den Handel mit einer relativ kleinen repräsentativen Auswahl von Aktien, deren Bewegungen die Indexschwankungen widerspiegeln, erreicht. Index-Arbitrage wird oft über *Handelssysteme* realisiert, bei denen ein automatisiertes Computersystem für die Durchführung der Transaktionen eingesetzt wird.

Zumeist führen die Aktivitäten von Arbitrageuren dazu, dass Gleichung (5.8) gültig ist. Gelegentlich ist jedoch keine Arbitrage möglich, und der Futures-Preis steht nicht mehr im richtigen Verhältnis zum Spotkurs (siehe Business Snapshot 5.4).

> **Business Snapshot 5.4 –
> Indexarbitrage im Oktober 1987**
>
> Um Index-Arbitrage durchführen zu können, muss ein Händler in der Lage sein, sowohl den Index-Futures-Kontrakt als auch das dem Index zugrunde liegende Aktienportfolio sehr schnell zu den angegebenen Kursen zu handeln. Unter normalen Marktbedingungen ist dies mit computergestützten Handelssystemen möglich, und die Beziehung von Gleichung (5.8) ist gültig. Beispiele für Tage, an denen die Marktbedingungen alles andere als normal waren, sind der 19. und 20. Oktober 1987. Am so genannten „Schwarzen Montag", dem 19. Oktober 1987, fiel der Markt um über 20% und die an der New York Stock Exchange gehandelten 604 Millionen Aktien stellten eine historische Höchstmarke dar. Die Systeme der Börse waren völlig überlastet. Wenn man an diesem Tag eine Order zum Kauf oder Verkauf einer Aktie platzierte, konnte es bis zu zwei Stunden dauern, bevor die Order ausgeführt wurde.
>
> Den größten Teil des 19. Oktober 1987 lagen die Futures-Kurse beträchtlich unter den zugehörigen Indexwerten. Beispielsweise lag bei Handelsschluss der S&P 500 Index bei 225,06 (−57,88 an diesem Tag), während der Dezember-Futures-Kurs auf S&P 500 bei 201,50 (−80,75 an diesem Tag) lag. Dies war vor allem darauf zurückzuführen, dass die Verzögerungen in der Orderausführung Index-Arbitrage verhinderten. Am nächsten Tag, Dienstag, den 20. Oktober 1987, stellte die New York Stock Exchange zeitweilige Beschränkungen für den computergestützten Handel auf. Dies erschwerte Index-Arbitrage ebenfalls erheblich, und der Zusammenbruch der traditionellen Verflechtung von Aktienindizes und Aktienindex-Futures hielt an. Zeitweise lag der Futures-Kurs für den Dezember-Kontrakt auf den S&P 500 18% unter dem S&P 500 Index. Nach einigen Tagen kehrte der Markt jedoch wieder zur Normalität zurück und die Aktivitäten von Arbitrageuren gewährleisteten die Wiederherstellung der Beziehung zwischen Futures- und Spotkursen von Indizes gemäß Gleichung (5.8).

5.10 Forward- und Futures-Kontrakte auf Währungen

Wir betrachten nun Forward- und Futures-Kontrakte auf Fremdwährungen. Das Underlying in derartigen Kontrakten ist eine Einheit der betreffenden Währung. Aus diesem Grund wollen wir S_0 als den aktuellen Spotkurs einer Einheit Fremdwährung in Dollar und F_0 als den Forward- oder Futures-Kurs einer Einheit Fremdwährung in Dollar definieren. Dies geht konform mit der Art und Weise, wie wir S_0 und F_0 für andere Underlyings von Forward- und Futures-Kontrakten definiert haben. Wir haben jedoch bereits in Kapitel 2 gesehen, dass Wechselkurse durchaus anders angegeben werden können. Wechselkurse einiger wichtiger Währungen (außer Britischem Pfund, Euro, Australischem Dollar oder Neuseeländischem Dollar) werden im Normalfall als Betrag der Fremdwährung angegeben, die einem US-Dollar entspricht.

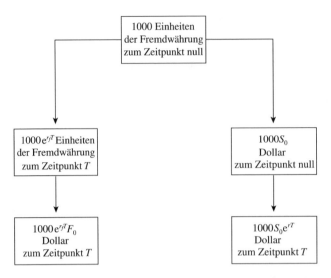

Abbildung 5.1: Zwei Möglichkeiten des Umtauschs von 1000 Einheiten einer Fremdwährung in Dollar zum Zeitpunkt T. Hierbei bezeichnet S_0 den Kassawechselkurs, F_0 den Forward-Wechselkurs, r und r_f sind die in- und ausländischen risikolosen Zinssätze.

Fremdwährungen haben die Eigenschaft, dass ihr Inhaber Zinseinkünfte zum in diesem Land vorherrschenden risikolosen Zinssatz erzielen kann. So kann der Inhaber die Mittel in einer auf die fremde Währung lautende Anleihe anlegen. Wir definieren r_f als den ausländischen risikolosen Zinssatz für Geld, das für die Zeit T angelegt wird. Wie gehabt bezeichnet r den inländischen risikolosen Zinssatz für während dieses Zeitraums angelegtes Geld in US-Dollar.

Die Beziehung zwischen F_0 und S_0 ist

$$F_0 = S_0 e^{(r-r_f)T}. \tag{5.9}$$

Dies ist die bekannte Zinsparitätsbedingung. Abbildung 5.1 zeigt, warum dieser Zusammenhang gilt. Angenommen, eine Person beginnt mit 1000 Einheiten der Fremdwährung. Es gibt zwei Möglichkeiten, diese zum Zeitpunkt T in Dollar umzutauschen. Die eine besteht darin, den Betrag für T Jahre zum Zinssatz r_f anzulegen und einen Forward-Kontrakt abzuschließen, der den Umtausch der Einnahmen zum Zeitpunkt T gewährleistet. Das Ergebnis sind $1000 e^{r_f T} F_0$ Dollar. Die andere Möglichkeit ist der Umtausch des Fremdwährungsbetrages in Dollar am Spotmarkt und die Anlage der Einnahmen für T Jahre zum Zinssatz r. Hierbei ergibt sich ein Betrag von $1000 S_0 e^{rT}$ Dollar. Wenn keine Arbitragemöglichkeiten bestehen, müssen die beiden Strategien dasselbe Ergebnis liefern, d. h. es gilt

$$1000 e^{r_f T} F_0 = 1000 S_0 e^{rT}$$

bzw.

$$F_0 = S_0 e^{(r-r_f)T}.$$

5.10 Forward- und Futures-Kontrakte auf Währungen

Beispiel 5.6 Angenommen, die 2-Jahres-Zinssätze in Australien und den USA betragen 3% bzw. 1% und der aktuelle Wechselkurs ist 0.9800 USD je AUD. Gemäß Gleichung (5.9) sollte der 2-Jahres-Forward-Wechselkurs

$$0{,}9800 e^{(0{,}01-0{,}03) \cdot 2} = 0{,}9416$$

betragen.

Angenommen, der 2-Jahres-Forward-Wechselkurs beträgt weniger, etwa 0,9300. Dann kann ein Arbitrageur

1. 1000 AUD zu 3% per annum für zwei Jahre aufnehmen, diese in 980 USD umtauschen und die US-Dollar zu 1% anlegen (beide Zinssätze werden als stetig angesehen),
2. in einen Forward-Kontrakt zum Kauf von 1061,84 AUD für $1061{,}84 \cdot 0{,}93 = 987{,}51$ USD eintreten.

Die zu 1% angelegten 980 USD wachsen in den zwei Jahren auf $980 e^{0{,}01 \cdot 2} = 999{,}80$ USD an. Davon werden 987,51 USD zum Erwerb von 1061,84 AUD unter den Bedingungen des Forward-Kontrakts genutzt. Das ist genau der benötigte Betrag, um Kapital und Zinsen der geliehenen 1000 AUD ($1000 e^{0{,}03 \cdot 2} = 1061{,}84$) zurückzuzahlen. Die Strategie führt also zu einem risikolosen Gewinn von $999{,}80 - 987{,}51 = 12{,}29$ USD. Falls dies nicht beeindruckend genug ist, stellen Sie sich eine analoge Strategie für den Betrag von 100 Millionen AUD vor!

Nehmen wir nun an, dass der 2-Jahres-Forward-Wechselkurs 0,9600 (also mehr als der in Gleichung (5.9) ermittelte Wert von 0,9416) beträgt. Dann kann ein Arbitrageur

1. 1000 USD zu 1% per annum für zwei Jahre aufnehmen, diese in $1000/0{,}9800 = 1020{,}41$ AUD umtauschen und die AUD zu 3% anlegen,
2. in einen Forward-Kontrakt zum Verkauf von 1083,51 AUD für $1083{,}51 \cdot 0{,}96 = 1040{,}17$ USD eintreten.

Die zu 3% angelegten 1020,41 AUD wachsen in den zwei Jahren auf $1020{,}41 e^{0{,}03 \cdot 2}$
$= 1083{,}51$ AUD an. Durch den Forward-Kontrakt werden diese in 1040,17 USD umgetauscht. Der benötigte Betrag, um das USD-Darlehen zurückzuzahlen, ist $1000 e^{0{,}01 \cdot 2} = 1020{,}20$ USD. Die Strategie führt also zu einem risikolosen Gewinn von $1040{,}17 - 1020{,}20 = 19{,}97$ USD.

Tabelle 5.4 zeigt die Kurse von Währungs-Futures vom 14. Mai 2013. Die Angaben erfolgen in US-Dollar (oder -Cent) pro Fremdwährungseinheit. Für den japanischen Yen erfolgt die Angabe in Dollar je 100 Yen. Dies entspricht der üblichen Konvention für die Notierung von Futures-Kontrakten. In Gleichung (5.9) entspricht r dabei dem risikolosen Zinssatz in den USA und r_f dem ausländischen risikolosen Zinssatz.

Am 14. Mai 2013 lagen die kurzfristigen Zinssätze für den Japanischen Yen, den Schweizer Franken und den Euro unter dem kurzfristigen Zinssatz für US-Dollar. Dies entspricht der Situation $r > r_f$ und erklärt, warum die Futures-Preise dieser Währungen in Tabelle 5.4 mit wachsender Laufzeit steigen.

Bestimmung von Forward- und Futures-Preisen

	Eröff-nungskurs	Tages-höchstkurs	Tages-tiefstkurs	Vorheriger Abrechnungskurs	Letzter Kurs	Verän-derung	Handels-volumen
Australischer Dollar, 100 000 $, USD pro AUD							
Juni 2013	0,9930	0,9980	0,9862	0,9930	0,9870	−0,0060	118 000
Sep. 2013	0,9873	0,9918	0,9801	0,9869	0,9808	−0,0061	535
Britisches Pfund, 62 500 $, USD pro GBP							
Juni 2013	1,5300	1,5327	1,5222	1,5287	1,5234	−0,0053	112 406
Sep. 2013	1,5285	1,5318	1,5217	1,5279	1,5224	−0,0055	214
Kanadischer Dollar, 100 000 $, USD pro CAD							
Juni 2013	0,9888	0,9903	0,9826	0,9886	0,9839	−0,0047	63 452
Sep. 2013	0,9867	0,9881	0,9805	0,9865	0,9819	−0,0046	564
Dez. 2013	0,9844	0,9859	0,9785	0,9844	0,9797	−0,0047	101
Euro, 125 000 Euro, USD pro EUR							
Juni 2013	1,2983	1,3032	1,2932	1,2973	1,2943	−0,0030	257 103
Sep. 2013	1,2990	1,3039	1,2941	1,2981	1,2950	−0,0031	621
Dez. 2013	1,3032	1,3045	1,2953	1,2989	1,2957	−0,0032	81
Japanischer Yen, 12 500 000 Yen, USD pro 100 Yen							
Juni 2013	0,9826	0,9877	0,9770	0,9811	0,9771	−0,0040	160 395
Sep. 2013	0,9832	0,9882	0,9777	0,9816	0,9777	−0,0039	341
Schweizer Franken, 125 000 CHF, USD pro CHF							
Juni 2013	1,0449	1,0507	1,0358	1,0437	1,0368	−0,0069	41 463
Sep. 2013	1,0467	1,0512	1,0370	1,0446	1,0376	−0,0070	16

Tabelle 5.4: Notierungen für eine Auswahl an Währungs-Futures der CME Group vom 14. Mai 2013

Auf den Australischen Dollar, das Britische Pfund und den Kanadischen Dollar waren die kurzfristigen Zinsen höher als in den Vereinigten Staaten. Dies entspricht der Situation $r_f > r$ und erklärt, warum die Futures-Abrechnungs-Kurse für diese Währungen mit wachsender Laufzeit sinken.

> **Beispiel 5.7** In Tabelle 5.4 liegt der September-Abrechnungspreis für Australische Dollar etwa 0,6% unter dem Juni-Abrechnungspreis. Dies deutet darauf hin, dass die Futures-Kurse mit etwa 2,4% pro Jahr abnehmen. Nach Gleichung (5.9) ist dies der geschätzte Betrag, um welchen am 14. Mai 2013 die kurzfristigen Zinssätze in den USA unter den kurzfristigen Zinssätzen in Australien lagen.

Eine Fremdwährung als Asset mit bekannter Rendite

Beachten Sie, dass Gleichung (5.9) mit Gleichung (5.3) identisch ist, wenn man q durch r_f ersetzt. Dies ist kein Zufall. Eine Fremdwährung kann als Investitionsgut mit bekannter Rendite aufgefasst werden. Die Rendite ist der risikolose Zinssatz in der Fremdwährung.

Dabei hängt der Wert der in Fremdwährung gezahlten Zinsen vom Wert der Fremdwährung ab. Angenommen, der Zinssatz auf Britische Pfund beträgt 5% per annum. Für einen US-Anleger liefert das Britische Pfund ein Einkommen in Höhe von 5% des Wertes des Britischen Pfunds per annum. Mit anderen Worten ist das Pfund ein Asset mit einer bekannten Rendite von 5% per annum.

5.11 Futures auf Rohstoffe

Wir wenden uns nun der Betrachtung von Futures-Kontrakten auf Rohstoffe zu. Zunächst untersuchen wir die Auswirkungen der Lagerhaltung auf die Futures-Kurse von Rohstoffen, die wie z. B. Gold oder Silber Investitionsgüter darstellen.[6] Wir setzen voraus, dass auf die Rohstoffe keine Erträge erzielt werden.

Einkommen und Lagerhaltungskosten

Wie in Business Snapshot 3.1 erläutert, führen die Hedging-Strategien der Betreiber von Goldminen dazu, dass Investmentbanken Gold aufnehmen müssen. Die Besitzer von Gold, wie z. B. die Zentralbanken, erheben für den Verleih von Gold einen Zins, der als *Gold Lease Rate* bekannt ist. Für Silber trifft das Gleiche zu. Daher können Gold und Silber ihren Eigentümern Einkommen verschaffen. Wie bei anderen Rohstoffen treten auch bei ihnen Lagerhaltungskosten auf.

Nach Gleichung (5.1) beträgt der Forward-Kurs eines als Investitionsgut gehaltenen Rohstoffs ohne Lagerkosten

$$F_0 = S_0 e^{rT} . \qquad (5.10)$$

Lagerhaltungskosten können als negative Erträge behandelt werden. Bezeichnet U den Barwert aller Lagerhaltungskosten, die während der Laufzeit eines Forward-Kontrakts anfallen, folgt aus Gleichung (5.2)

$$F_0 = (S_0 + U)e^{rT} . \qquad (5.11)$$

Beispiel 5.8 Wir betrachten einen 1-Jahres-Futures-Kontrakt auf ein Asset ohne Einkommen und nehmen an, dass die Lagerung des Assets 2 \$ pro Einheit und Jahr kostet, wobei die Bezahlung am Ende des Jahres erfolgt. Weiterhin nehmen wir an, dass der Spotkurs bei 450 \$ pro Einheit liegt und der risikolose Zinssatz 7% für alle Laufzeiten beträgt. Damit ist $r = 0{,}07$, $S_0 = 450$, $T = 1$ und

$$U = 2e^{-0{,}07 \cdot 1} = 1{,}865 .$$

---

[6] Denken Sie daran, dass ein Asset nicht ausschließlich zu Anlagezwecken gehalten werden muss, um als Investitionsgut zu gelten. Erforderlich ist nur, dass einige Personen das Asset zu Anlagezwecken halten und dass diese Personen bereit sind, ihre Assets zu verkaufen und Long-Positionen in Forward-Kontrakten einzunehmen, falls Letzteres attraktiver erscheint. Daher wird Silber trotz seiner Bedeutung für die Industrie als Investitionsgut angesehen.

Mit Gleichung (5.11) gilt dann

$$F_0 = (450 + 1{,}865)e^{0{,}07 \cdot 1} = 484{,}63\,\$\,.$$

Ist der tatsächliche Futures-Kurs größer als 484,63, könnte ein Arbitrageur das Asset kaufen und 1-Jahres-Futures verkaufen, um einen risikolosen Gewinn zu erzielen. Ist der tatsächliche Futures-Kurs kleiner als 484,63, könnte ein Anleger, der das Asset bereits besitzt, seinen Gewinn vergrößern, indem er das Asset verkauft und 1-Jahres-Futures kauft.

Sind die zu irgendeiner Zeit anfallenden, um Einkommenseffekte bereinigten Lagerhaltungskosten proportional zum Kurs des Rohstoffs, können sie als negative Rendite aufgefasst werden. In diesem Fall folgt aus Gleichung (5.3)

$$F_0 = S_0 e^{(r+u)T}, \tag{5.12}$$

wobei u die Lagerhaltungskosten per annum als Anteil des Spotkurses abzüglich aller auf das Asset erzielter Renditen bezeichnet.

Konsum-Rohstoffe

Rohstoffe, die eher Konsumgüter als Investitionsgüter darstellen, erzielen im Regelfall kein Einkommen, können aber signifikante Lagerhaltungskosten aufweisen. Wir überprüfen nun gründlich die Arbitrageargumente, die zur Bestimmung von Futures-Kursen aus Spotkursen dienten.[7] Nehmen wir an, dass anstelle von Gleichung (5.11)

$$F_0 > (S_0 + U)e^{rT} \tag{5.13}$$

gilt. Um daraus Kapital zu schlagen, kann ein Arbitrageur folgende Strategie befolgen:

1. Aufnahme eines Betrages $S_0 + U$ zum risikolosen Zinssatz r sowie Erwerb einer Einheit der Ware und Bezahlung der Lagerkosten.
2. Einnahme einer Short-Position in einem Futures-Kontrakt auf eine Einheit der Ware.

Betrachten wir den Futures-Kontrakt als Forward-Kontrakt, so dass keine tägliche Abrechnung erfolgt, dann führt diese Strategie zu einem Profit von $F_0 - (S_0 + U)e^{rT}$ zum Zeitpunkt T. Die Umsetzung dieser Strategie ist für jede beliebige Ware problemlos möglich. Wenn jedoch Arbitrageure solchermaßen vorgehen, wird S_0 wachsen und F_0 fallen, bis Gleichung (5.13) nicht mehr zutrifft. Gleichung (5.13) kann daher nicht für einen längeren Zeitraum gelten.

Nehmen wir nun an, dass

$$F_0 < (S_0 + U)e^{rT}. \tag{5.14}$$

Ist der Rohstoff ein Investitionsgut, könnten wir argumentieren, dass viele Anleger den Rohstoff ausschließlich zu Anlagezwecken halten. Wenn sie ein Ungleichgewicht wie in Gleichung (5.14) bemerken, werden sie es als profitabel ansehen,

---

[7] Bei einigen Rohstoffen hängt der Spotkurs vom Lieferort ab. Wir nehmen an, dass der Lieferort für Kassa- und Futures-Geschäfte der gleiche ist.

1. den Rohstoff zu verkaufen, die Lagerhaltungskosten einzusparen und den Erlös zum risikolosen Zinssatz anzulegen,
2. die Long-Position in einem Futures-Kontrakt einzunehmen.

Das Ergebnis ist ein risikoloser Gewinn von $(S_0 + U)e^{rT} - F_0$ bei Fälligkeit; im Vergleich zu der Lage, in der der Anleger gewesen wäre, hätte er den Rohstoff gehalten. Daraus folgt, dass Ungleichung (5.14) nicht für lange Zeit gelten kann. Da nun weder Gleichung (5.13) noch Gleichung (5.14) über einen längeren Zeitraum zutreffen können, muss $F_0 = (S_0 + U)e^{rT}$ gelten.

Diese Argumentation ist auf Rohstoffe, die eher als Konsumgut denn als Investitionsgüter gehalten werden, nicht anwendbar. Personen und Firmen, die einen Konsum-Rohstoff besitzen, haben im Normalfall einen Plan zu dessen Verwendung. Sie sind nicht gewillt, den Rohstoff zu verkaufen und in Forward- oder Futures-Kontrakte einzutreten, da Forward- und Futures-Kontrakte nicht konsumiert werden können (Öl-Futures etwa können keine Raffinerie speisen). Also gibt es keinen Grund, warum Gleichung (5.14) nicht zutreffen sollte. Für ein Konsumgut ist daher nur gesichert, dass

$$F_0 \leq (S_0 + U)e^{rT} . \tag{5.15}$$

Werden die Lagerhaltungskosten als Anteil u des Spotkurses ausgedrückt, lautet das entsprechende Ergebnis

$$F_0 \leq S_0 e^{(r+u)T} . \tag{5.16}$$

Convenience Yield

In Gleichung (5.15) und Gleichung (5.16) muss nicht unbedingt eine Gleichheit gelten, da ein Nutzer eines Rohstoffs die Auffassung vertreten könnte, dass der Besitz der Ware einen Nutzen aufweist, der einem Besitzer eines Futures-Kontrakts nicht zukommt. Es ist z. B. unwahrscheinlich, dass ein Betreiber einer Ölraffinerie einen Futures-Kontrakt auf Rohöl als ein Äquivalent zum Besitz von Rohöl im Bestand ansieht. Das in seinem Bestand befindliche Rohöl kann er dem Raffinierungsprozess zuführen, während ein Futures-Kontrakt zu diesem Zweck nicht verwendet werden kann. Generell versetzt der Besitz einer Ware einen Erzeuger in die Lage, die Produktion am Laufen zu halten und eventuell von temporären örtlichen Engpässen zu profitieren. Ein Futures-Kontrakt kann dies nicht leisten. Der Nutzen aus der Lagerhaltung einer Ware wird auch als dessen *Convenience Yield* bezeichnet. Ist der Dollar-Betrag der Lagerhaltungskosten bekannt mit einem Barwert von U, ist die Convenience Yield y so definiert, dass

$$F_0 e^{yT} = (S_0 + U)e^{rT} .$$

Sind die Lagerhaltungskosten pro Einheit ein konstanter Anteil u des Spotkurses, dann gilt für y

$$F_0 e^{yT} = S_0 e^{(r+u)T}$$

oder

$$F_0 = S_0 e^{(r+u-y)T} . \tag{5.17}$$

Die Convenience Yield gibt einfach an, um wie viel die linke Seite in Gleichung (5.15) oder (5.16) kleiner ist als die rechte. Für Investitionsgüter muss die Convenience Yield null sein, da es sonst Arbitragemöglichkeiten gibt. Abbildung 2.2 in Kapitel 2 zeigt, dass die Futures-Kurse von Sojabohnen am 14. Mai 2013 mit wachsender Kontraktfälligkeit von Juli 2013 bis November 2013 fielen. Dieses Muster deutet an, dass die Convenience Yield y in diesem Zeitraum größer ist als $r + u$.

Die Convenience Yield gibt die Markterwartung über die zukünftige Verfügbarkeit des Rohstoffs an. Je höher die Wahrscheinlichkeit, dass Engpässe auftreten, desto höher ist die Convenience Yield. Wenn die Rohstoffverbraucher große Bestände vorhalten, so sind in der nächsten Zeit keine Engpässe zu erwarten und die Convenience Yield wird niedrig sein. Geringe Bestände führen dagegen zu hohen Convenience Yields, da Engpässe wahrscheinlicher werden.

5.12 Cost of Carry

Die Beziehung zwischen Futures- und Spotkursen lässt sich durch die Cost of Carry (Nettofinanzierungskosten) zusammenfassen. Diese beinhalten die Lagerhaltungskosten und die Zinsen zur Finanzierung des Assets abzüglich der auf das Asset erzielten Erträge. Bei einer dividendenlosen Aktie betragen die Cost of Carry r, da es weder Lagerhaltungskosten noch Erträge gibt. Bei einem Aktienindex sind sie $r - q$, da auf das Asset Erträge mit einem Anteil q erzielt werden. Für Währungen ergibt sich $r - r_f$; für einen Rohstoff mit Einkommen q und Lagerhaltungskosten in Höhe von u erhält man $r - q + u$ usw.

Bezeichnet man die Cost of Carry mit c, dann gilt für den Kurs eines Investitionsguts

$$F_0 = S_0 e^{cT} \tag{5.18}$$

und für den Kurs eines Konsumguts

$$F_0 = S_0 e^{(c-y)T}, \tag{5.19}$$

wobei y die Convenience Yield ist.

5.13 Liefermöglichkeiten

Während ein Forward-Kontrakt im Normalfall einen genauen Liefertermin festlegt, erlaubt ein Futures-Kontrakt dem Inhaber der Short-Position häufig, den Liefertag innerhalb eines bestimmten Zeitraums frei zu wählen. (Üblicherweise muss diese Partei einige Tage im Voraus eine verbindliche Absichtserklärung zur Lieferung abgeben.) Durch diese Wahlmöglichkeit ergibt sich eine Schwierigkeit für die Bestimmung von Futures-Kursen. Soll die Fälligkeit des Futures-Kontrakts am Anfang, in der Mitte oder am Ende der Lieferperiode angenommen werden? Auch wenn die meisten Futures-Kontrakte vor Fälligkeit geschlossen werden, ist es wichtig zu wissen, wann die Lieferung stattgefunden hätte, damit der theoretische Futures-Kurs ermittelt werden kann.

Falls der Futures-Kurs eine wachsende Funktion der Zeit bis zur Fälligkeit ist, folgt aus Gleichung (5.19), dass $c > y$, d. h. der Nutzen aus dem Halten des Assets (inklusive Convenience Yield und abzüglich Lagerhaltungskosten) ist geringer als der risikolose Zinssatz. In einem solchen Fall ist es für den Inhaber der Short-Position meist am besten, so früh wie möglich zu liefern, da die Zinsen auf den erhaltenen Erlös den Nutzen aus dem Besitz des Assets überwiegen. In der Regel sollten Futures-Kurse unter diesen Bedingungen auf der Basis berechnet werden, dass die Lieferung zu

Beginn der Lieferperiode erfolgt. Falls die Futures-Kurse mit wachsender Kontraktlaufzeit fallen ($c < y$), trifft das Gegenteil zu. Es ist dann gewöhnlich für den Inhaber der Short-Position optimal, so spät wie möglich zu liefern. Die Futures-Kurse sollten dann unter dieser Annahme ermittelt werden.

5.14 Futures-Kurse und der erwartete zukünftige Spotkurs

Die durchschnittliche Ansicht der Marktteilnehmer über die Höhe des Spotkurses eines Vermögensgegenstands zu einem bestimmten zukünftigen Zeitpunkt wollen wir als *erwarteten zukünftigen Kurs* des Vermögensgegenstands zu diesem Zeitpunkt bezeichnen. Angenommen, es ist jetzt Juni und der Futures-Kurs für September-Mais liegt bei 350 Cent. Von Interesse ist nun die Frage, wie hoch der erwartete zukünftige Kurs für Mais im September sein wird. Liegt er unter 350 Cent, über 350 Cent oder bei genau 350 Cent? Wie in Abbildung 2.1 gezeigt, nähert sich der Futures-Kurs bei Fälligkeit dem Spotkurs an. Liegt der erwartete zukünftige Spotkurs unter 350 Cent, dann erwartet der Markt offenbar, dass der Kurs des September-Futures sinkt und somit Inhaber von Short-Positionen Gewinne realisieren, während Inhaber von Long-Positionen Verluste hinnehmen müssen. Liegt dagegen der erwartete zukünftige Spotkurs über 350 Cent, muss das Gegenteil der Fall sein. Der Markt scheint zu erwarten, dass der Kurs des September-Futures steigt und somit Inhaber von Long-Positionen Gewinne realisieren, während Inhaber von Short-Positionen Verluste schreiben.

Keynes und Hicks

Die Ökonomen John Maynard Keynes und John Hicks argumentierten, dass der Futures-Kurs unter dem erwarteten zukünftigen Spotkurs liegen wird, wenn die Absicherer (Hedger) zur Einnahme der Short-Position und die Spekulanten zur Einnahme der Long-Position neigen.[8] Dies ist der Fall, da Spekulanten Kompensation für die Übernahme von Risiko fordern. Sie werden daher nur einen Handel eingehen, wenn sie im Durchschnitt einen Gewinn erwarten können. Absicherer werden hingegen im Durchschnitt Verluste erleiden, doch sie sind wahrscheinlich bereit, dies zu akzeptieren, da der Futures-Kontrakt ihr Risiko reduziert. Falls Absicherer zur Einnahme der Long-Position und Spekulanten zur Einnahme der Short-Position neigen, argumentierten Keynes und Hicks, dass der Futures-Kurs aus ähnlichen Gründen über dem erwarteten zukünftigen Spotkurs liegen wird.

Risiko und Rendite

Der moderne Ansatz zur Erklärung der Beziehung zwischen Futures-Kursen und erwarteten zukünftigen Spotkursen lässt sich aus der Betrachtung der Beziehung zwischen Risiko und erwarteter Rendite gewinnen. Im Allgemeinen ist die von einem Anleger erwartete Rendite umso höher, je höher das Risiko dieser Anlage ist. Das im Appendix zu Kapitel 3 erläuterte Capital Asset Pricing Model weist aus, dass es in der Wirtschaft zwei Arten von Risiko gibt: systematisches und unsystematisches

---

8 Siehe J.M. Keynes, *A Treatise on Money*. London: Macmillan, 1930; und J.R. Hicks, *Value and Capital*. Oxford, Clarendon Press, 1939.

Risiko. Das unsystematische Risiko sollte für einen Anleger nicht von Bedeutung sein. Durch das Halten eines gut diversifizierten Portfolios kann es fast vollständig eliminiert werden. Ein Anleger sollte daher nicht aufgrund der Übernahme von unsystematischen Risiken eine höhere erwartete Rendite fordern. Systematisches Risiko kann hingegen nicht diversifiziert werden. Es erwächst aus der Korrelation der Renditen einer Anlage mit den Renditen des gesamten Wertpapiermarkts. Ein Anleger fordert im Allgemeinen für die Übernahme von systematischen Risiken eine höhere erwartete Rendite als den risikolosen Zinssatz. Ebenso ist er bereit, eine niedrigere erwartete Rendite als den risikolosen Zinssatz zu akzeptieren, wenn das systematische Risiko einer Anlage negativ ist.

Das Risiko in einer Futures-Position

Wir wollen einen Spekulanten betrachten, der die Long-Position in einem Futures-Kontrakt in der Hoffnung einnimmt, dass bei Fälligkeit der Spotkurs über dem Futures-Kurs liegt. Wir nehmen an, dass der Spekulant den Barwert des Futures-Kurses in eine risikolose Anlage investiert und gleichzeitig in eine Long-Position eines Futures eintritt. Wir nehmen weiter an, dass der Futures-Kontrakt wie ein Forward-Kontrakt behandelt werden kann. Die Einkünfte aus der risikolosen Anlage werden zum Kauf des Assets am Liefertag verwendet. Das Asset wird dann sofort zu seinem Marktpreis verkauft. Die Cash Flows des Spekulanten sind

heute: $-F_0 e^{-rT}$,

am Ende des Futures-Kontrakts: $+S_T$,

wobei F_0 der heutige Futures-Preis ist, S_T der Preis des Assets zum Zeitpunkt T bei Fälligkeit des Futures-Kontrakts und r die risikolose Rendite auf Kapital, welches für die Zeit T angelegt wird.

Wie bewerten wir dieses Investment? Der Diskontierungssatz, welchen wir für den erwarteten Cash Flow zum Zeitpunkt T ansetzen sollten, ist gleich der von Anlegern geforderten Rendite auf die Investition. Nehmen wir an, die von den Anlegern verlangte Rendite auf diese Investition sei k. Der Barwert der Investition beträgt dann

$$-F_0 e^{-rT} + E(S_T) e^{-kT},$$

wobei E den Erwartungswertoperator bezeichnet. Wir können unterstellen, dass an Wertpapiermärkten alle Anlagen einen Kapitalwert von null haben. Damit gilt

$$-F_0 e^{-rT} + E(S_T) e^{-kT} = 0$$

bzw.

$$F_0 = E(S_T) e^{(r-k)T}. \qquad (5.20)$$

Wie gerade diskutiert, hängen die von Anlegern geforderten Renditen auf eine Investition von deren systematischem Risiko ab. Die betrachtete Investition stellt im Prinzip eine Investition in ein Asset, welches einem Futures-Kontrakt zugrunde liegt, dar.

Sind die Renditen aus diesem Asset unkorreliert mit dem Aktienmarkt, ist der korrekte Zinssatz der risikolose Zinssatz r und wir sollten $k = r$ setzen. Gleichung (5.20) liefert dann

$$F_0 = E(S_T).$$

Underlying	Zusammenhang zwischen erwarteter Rendite k auf das Asset und risikolosem Zinssatz r	Zusammenhang zwischen Futures-Kurs F und erwartetem zukünftigen Spotkurs $E(S_T)$
kein systematisches Risiko	$k = r$	$F_0 = E(S_T)$
positives systematisches Risiko	$k > r$	$F_0 < E(S_T)$
negatives systematisches Risiko	$k < r$	$F_0 > E(S_T)$

Tabelle 5.5: Zusammenhang zwischen Futures-Kurs und erwartetem zukünftigen Spotkurs

Der Futures-Kurs ist also ein unverzerrter Schätzer des erwarteten zukünftigen Spotkurses, wenn die Rendite des Underlyings nicht mit den Renditen des Aktienmarktes korreliert ist.

Korreliert die Rendite des Assets positiv mit den Renditen des Aktienmarktes, so gilt $k > r$ und Gleichung (5.20) liefert $F_0 < E(S_T)$. Das zeigt, dass wir erwarten können, dass der Futures-Kurs die Höhe des erwarteten zukünftigen Spotkurses untertreibt, wenn das Underlying des Futures-Kontrakts ein positives systematisches Risiko aufweist. Ein Beispiel für ein Asset mit positivem systematischen Risiko ist ein Aktienindex. Die erwartete Rendite von Anlegern in Aktien, die dem Index zugrunde liegen, liegt im Allgemeinen über dem risikolosen Zinssatz r. Die Dividenden erbringen die Rendite q. Der erwartete Anstieg des Index muss daher größer als $r - q$ sein. Gleichung (5.8) stimmt folglich mit der Prognose überein, dass der Futures-Kurs die Höhe des erwarteten zukünftigen Spotkurses untertreibt.

Ist die Rendite aus dem Asset negativ korreliert mit den Renditen des Aktienmarktes, so gilt $k < r$ und Gleichung (5.20) liefert $F_0 > E(S_T)$. Das zeigt, dass wir erwarten können, dass der Futures-Kurs die Höhe des erwarteten zukünftigen Spotkurses übertreibt, wenn das Underlying des Futures-Kontrakts ein negatives systematisches Risiko aufweist.

Diese Resultate sind in Tabelle 5.5 zusammengefasst.

Normal Backwardation und Contango

Wenn der Futures-Kurs unter dem erwarteten zukünftigen Spotkurs liegt, wird diese Situation als *Normal Backwardation* bezeichnet. Wenn der Futures-Kurs über dem erwarteten zukünftigen Spotkurs liegt, spricht man von *Contango*. Es sollte jedoch beachtet werden, dass diese Begriffe sich manchmal darauf beziehen, ob der Futures-Kurs unter oder über dem aktuellen Spotkurs (anstelle des erwarteten zukünftigen Spotkurses) liegt.

ZUSAMMENFASSUNG

In den meisten Fällen kann der Futures-Kurs eines Kontrakts mit einem bestimmten Lieferdatum als identisch zum Forward-Kurs eines Kontraktes mit demselben Lieferdatum angesehen werden. Man kann zeigen, dass die beiden Kurse in der Theorie exakt gleich sind, wenn die Zinssätze vollständig prognostizierbar sind.

Zum Verständnis von Futures- (bzw. Forward-)Kursen ist es sinnvoll, Futures-Kontrakte in zwei Kategorien einzuteilen: solche, in denen das Underlying zumindest von einigen Händlern zu Anlagezwecken gehalten wird, und solche, in denen das Underlying hauptsächlich zu Konsumzwecken gehalten wird.

Für Investitionsgüter haben wir drei unterschiedliche Situationen betrachtet:

1. Das Asset erbringt keine Erträge.
2. Das Asset erbringt einen fixen Ertrag.
3. Das Asset erbringt eine feste Rendite.

Die Ergebnisse sind in Tabelle 5.6 festgehalten. Sie ermöglichen die Ermittlung von Futures-Kursen für Kontrakte auf Aktienindizes, Währungen, Gold und Silber. Lagerhaltungskosten können als negative Erträge angesehen werden.

Bei Konsumgütern ist es nicht möglich, den Futures-Kurs als Funktion des Spotkurses und anderer beobachtbarer Variablen auszudrücken. Hier spielt noch ein Parameter, die so genannte Convenience Yield, eine wichtige Rolle. Diese gibt an, in welchem Ausmaß Rohstoffverbraucher Nutzen in dem Besitz der Ware sehen, der von den Haltern von Futures-Kontrakten nicht erzielt werden kann. Dieser Nutzen kann sich in der Möglichkeit zeigen, von kurzzeitigen lokalen Engpässen zu profitieren, oder in der Fähigkeit, einen Produktionsprozess am Laufen zu halten. Mit Arbitrageargumenten können wir eine obere Grenze für den Futures-Kurs von Verbrauchsgütern angeben, eine Gleichheitsbeziehung zwischen Futures- und Spotkurs lässt sich jedoch nicht fixieren.

Asset	Forward-/ Futures-Preis	Wert der Long-Position eines Forward-Kontrakts mit Abrechnungs K
ohne Erträge	$S_0 e^{rT}$	$S_0 - K e^{-rT}$
mit bekanntem Ertrag (Barwert I)	$(S_0 - I) e^{rT}$	$S_0 - I - K e^{-rT}$
mit bekannter Rendite q	$S_0 e^{(r-q)T}$	$S_0 e^{-qT} - K e^{-rT}$

Tabelle 5.6: Übersicht der Ergebnisse für einen Kontrakt mit Laufzeit T auf ein Investitionsgut mit Kurs S_0, wenn der risikolose Zins für T Jahre r beträgt

Gelegentlich ist die Idee der Cost of Carry nützlich. Die Cost of Carry beinhalten die Lagerhaltungskosten und die Zinsen zur Finanzierung des Assets abzüglich der auf das Asset erzielten Erträge. Bei Investitionsgütern liegt der Futures-Kurs um einen Betrag über dem Spotkurs, der die Cost of Carry wiedergibt. Bei Konsumgütern liegt der Futures-Kurs um einen Betrag über dem Spotkurs, der die Cost of Carry abzüglich der Convenience Yield wiedergibt.

> Wenn wir die Gültigkeit des CAPM voraussetzen, hängt die Beziehung zwischen Futures-Kurs und erwartetem zukünftigen Spotkurs davon ab, ob die Rendite der Assets positiv oder negativ mit der Rendite des Aktienmarkts korreliert. Positive Korrelation wird zu einem Futures-Kurs unter dem erwarteten zukünftigen Spotkurs führen, negative Korrelation zu einem Futures-Kurs über dem erwarteten zukünftigen Spotkurs. Nur wenn die Korrelation null beträgt, wird der theoretische Futures-Kurs gleich dem erwarteten zukünftigen Spotkurs sein.
>
> **ZUSAMMENFASSUNG**

Literaturempfehlungen

Cox, J.C., J.E. Ingersoll und S.A. Ross, „The Relation between Forward Prices and Futures Prices", *Journal of Financial Economics*, 9 (Dezember 1981), 321–346.

Jarrow, R.A. und G.S. Oldfield, „Forward Contracts and Futures Contracts", *Journal of Financial Economics*, 9 (Dezember 1981), 373–382.

Richard, S. und M. Sundaresan, „A Continuous-Time Model of Forward and Futures Interest Prices in a Multigood Economy", *Journal of Financial Economics*, 9 (Dezember 1981), 347–372.

Routledge, B.R., D.J. Seppi und C.S. Spatt, „Equilibrium Forward Curves for Commodities", *Journal of Finance*, 55, 3 (2000): 1297–1338.

Praktische Fragestellungen

5.1 Erläutern Sie, was geschieht, wenn ein Anleger eine bestimmte Aktie leerverkauft.

5.2 Was ist der Unterschied zwischen dem Forward-Preis und dem Wert eines Forward-Kontrakts?

5.3 Nehmen Sie an, Sie würden in einen 6-Monats-Forward-Kontrakt auf eine dividendenlose Aktie eintreten. Der Aktienkurs sei 30 $ und der risikolose Zinssatz (bei stetiger Verzinsung) liege bei 12% per annum. Welchen Wert hat der Forward-Kurs?

5.4 Ein Aktienindex steht derzeit bei 350. Der risikolose Zinssatz beträgt 8% per annum (bei stetiger Verzinsung) und die Dividendenrendite auf den Index liegt bei 4%. Welchen Wert sollte der Futures-Kurs für einen 4-Monats-Kontrakt haben?

5.5 Erläutern Sie, warum der Futures-Kurs für Gold aus seinem Spotkurs und anderen beobachtbaren Variablen errechnet werden kann, während dies für den Futures-Kurs für Kupfer nicht möglich ist.

5.6 Erläutern Sie die Bedeutung der Begriffe *Convenience Yield* und *Cost of Carry*. In welcher Beziehung stehen Futures-Kurs, Spotkurs, Convenience Yield und Cost of Carry zueinander?

5.7 Erklären Sie, warum man eine Fremdwährung als Asset mit bekannter Rendite behandeln kann.

5.8 Liegt der Futures-Kurs auf einen Aktienindex über oder unter dem erwarteten zukünftigen Wert des Index? Begründen Sie Ihre Antwort.

5.9 In einem Forward-Kontrakt auf eine dividendenlose Aktie wird die Long-Position eingenommen, als der Kurs bei 40 $ und der risikolose stetige Zinssatz bei 10% per annum liegt.
 a. Bestimmen Sie den Forward-Kurs und den Anfangswert des Forward-Kontrakts.
 b. Sechs Monate später steht der Aktienkurs bei 45 $, der risikolose Zinssatz beträgt nach wie vor 10%. Bestimmen Sie den aktuellen Forward-Kurs und den Wert des Forward-Kontrakts.

5.10 Der risikolose Zinssatz beträgt 7% per annum bei stetiger Verzinsung, die Dividendenrendite auf einen Aktienindex liegt bei 3,2% per annum. Der aktuelle Wert des Index ist 150. Wie hoch ist der 6-Monats-Futures-Kurs?

5.11 Angenommen, der risikolose stetige Zinssatz beträgt 9% per annum und die Dividendenrendite auf einen Aktienindex variiert im Verlauf eines Jahres. In den Monaten Februar, Mai, August und November werden Dividenden von 5% per annum ausgeschüttet, in den anderen Monaten von 2% per annum. Der Index habe am 31. Juli den Wert 1300. Welchen Preis hat ein Futures-Kontrakt, der am 31. Dezember desselben Jahres fällig wird?

5.12 Nehmen wir an, der risikolose Zinssatz beträgt 10% per annum bei stetiger Verzinsung, die Dividendenrendite auf einen Aktienindex liegt bei 4% per annum. Der Index steht gerade bei 400, der Futures-Kurs für einen 4-Monats-Kontrakt beträgt 405. Welche Arbitragemöglichkeiten eröffnen sich dadurch?

5.13 Ermitteln Sie aus den Informationen von Tabelle 5.4 den Unterschied zwischen den kurzfristigen Zinssätzen in Kanada und den USA am 14. Mai 2013.

5.14 Die 2-Monats-Zinssätze in der Schweiz und den USA betragen 1% bzw. 2% per annum bei stetiger Verzinsung. Der Spotkurs des Schweizer Franken beträgt 1,0500 $. Der Futures-Kurs für einen 2-Monats-Kontrakt steht ebenfalls bei 1,0500 $. Welche Arbitragemöglichkeiten eröffnen sich dadurch?

5.15 Der gegenwärtige Kurs von Silber ist 25 $ pro Unze. Die Lagerhaltungskosten betragen 0,24 $ pro Unze und Jahr, zahlbar vierteljährlich im Voraus. Berechnen Sie den Futures-Kurs für einen 9-Monats-Kontrakt auf Silber unter der Annahme, dass ein Zinssatz von 5% für alle Laufzeiten gilt.

5.16 F_1 und F_2 seien die Kurse zweier Futures-Kontrakte auf den gleichen Rohstoff mit Laufzeiten t_1 bzw. t_2, wobei $t_2 > t_1$. Beweisen Sie, dass

$$F_2 \leq F_1 e^{r(t_2 - t_1)}$$

gilt, wobei r den (als konstant angenommenen) Zinssatz bezeichnet und keine Lagerhaltungskosten entstehen. Sie können für diese Aufgabe voraussetzen, dass Futures-Kontrakt und Forward-Kontrakt identisch sind.

5.17 Wenn ein bekannter zukünftiger Kapitalabfluss in Fremdwährung durch ein Unternehmen mit einem Forward-Kontrakt abgesichert wird, ist das Wechselkursrisiko ausgeschlossen. Wird er mit Futures-Kontrakten abgesichert, so bleibt für das Unternehmen wegen des Verfahrens der täglichen Bewertung zu Marktpreisen (Marking to Market) ein Restrisiko. Erläutern Sie dieses Risiko. Schätzen Sie insbesondere ab, ob für das Unternehmen ein Futures-Kontrakt vorteilhafter ist als ein Forward-Kontrakt, wenn

a. der Wert der Fremdwährung während der Kontraktlaufzeit rapide fällt,
b. der Wert der Fremdwährung während der Kontraktlaufzeit rapide steigt,
c. die Fremdwährung zunächst steigt und dann wieder auf den Ausgangswert fällt,
d. die Fremdwährung zunächst fällt und dann wieder auf den Ausgangswert steigt.

Gehen Sie davon aus, dass Forward-Kurs und Futures-Kurs übereinstimmen.

5.18 Es wird manchmal behauptet, mit dem Forward-Wechselkurs sei eine unverzerrte Prognose des künftigen Wechselkurses möglich. Unter welchen Umständen trifft dies zu?

5.19 Zeigen Sie, dass die Wachstumsrate im Futures-Kurs eines Index der Überschussrendite des Portfolios, welches dem Index zugrunde liegt, über den risikolosen Zinssatz entspricht. Risikoloser Zinssatz und Dividendenrendite können als konstant angesehen werden.

5.20 Zeigen Sie die Gültigkeit von Gleichung (5.3) durch Betrachtung einer Investition in das Asset, kombiniert mit der Short-Position in einem Futures-Kontrakt. Nehmen Sie dabei an, dass alle Einkünfte aus dem Asset umgehend wieder in das Asset reinvestiert werden. Benutzen Sie die Argumentation der Fußnoten 2 und 4 in diesem Kapitel und erläutern Sie ausführlich, wie ein Arbitrageur vorgehen sollte, falls Gleichung (5.3) nicht gelten würde.

5.21 Erläutern Sie ausführlich, was unter dem erwarteten Preis eines Rohstoffs zu einem bestimmten zukünftigen Zeitpunkt verstanden wird. Unterstellen Sie, dass der Futures-Kurs für Rohöl mit zunehmender Restlaufzeit des Kontrakts mit 2% pro Jahr abnimmt. Angenommen, Spekulanten neigen zu Short-Positionen in Rohöl-Futures und Hedger zu Long-Positionen in Rohöl-Futures. Welche Folgerungen liefert die Argumentation von Keynes und Hicks über den erwarteten zukünftigen Preis von Rohöl?

5.22 Der Value Line Index wurde geschaffen, um die Veränderungen in einem Portfolio von über 1600 gleichgewichteten Aktien wiederzugeben. Vor dem 9. März 1988 wurde die Veränderung im Indexwert als das *geometrische* Mittel der Änderungen der zugrunde liegenden Aktienkurse berechnet. Gibt Gleichung (5.8) unter diesen Voraussetzungen die Beziehung zwischen Futures-Kurs und Spotkurs des Index korrekt wieder? Falls nicht, wird der Futures-Kurs über- oder unterbewertet?

5.23 Ein US-Unternehmen möchte von der CME Group gehandelte Futures verwenden, um sein Exposure gegenüber dem Australischen Dollar abzusichern. Wir definieren r als den Zinssatz (für alle Laufzeiten) auf US-Dollar und r_f als den Zinssatz (für alle Laufzeiten) auf Australische Dollar. Die beiden Zinssätze seien konstant. Wir nehmen an, dass das Unternehmen einen zum Zeitpunkt T fälligen Kontrakt verwendet, um sein Exposure zum Zeitpunkt t abzusichern ($T > t$).

a. Zeigen Sie, dass die optimale Hedge Ratio $e^{(r_f-r)(T-t)}$ beträgt.
b. Zeigen Sie, dass die optimale Hedge Ratio fast exakt S_0/F_0 beträgt, wenn t für 1 Tag steht. Hierbei bezeichnet S_0 den aktuellen Spotkurs der Währung und F_0 den aktuellen Futures-Preis der Währung für einen zum Zeitpunkt T fälligen Kontrakt.
c. Zeigen Sie, dass das Unternehmen die tägliche Abrechnung von Futures-Kontrakten für eine Absicherung, die länger als einen Tag dauert, berücksichtigen kann, indem sie die Hedge Ratio so anpasst, dass diese immer gleich dem Spotkurs der Währung geteilt durch den Futures-Kurs der Währung ist.

5.24 Wodurch zeichnet sich (a) ein Investitionsgut und (b) ein Konsumgut aus? Warum ist die Unterscheidung in Investitions- und Konsumgüter bei der Bestimmung von Forward- und Futures-Kursen von Bedeutung?

5.25 Was sind die Cost of Carry

a. für eine dividendenlose Aktie,
b. für einen Aktienindex,
c. für einen Rohstoff mit Lagerhaltungskosten
d. für eine Fremdwährung?

Zur weiteren Vertiefung

5.26 Anfang 2012 stand der Spot-Wechselkurs zwischen dem Schweizer Franken und dem US-Dollar bei 1,0404 ($ je Franken). Die Zinssätze in den USA und der Schweiz betrugen 0,25% bzw. 0% per annum bei stetiger Verzinsung. Der 3-Monats-Forward-Wechselkurs betrug 1,0300 ($ je Franken). Welche Arbitragestrategie war möglich? Wie ändert sich Ihre Antwort, wenn der Forward-Wechselkurs 1,0500 ($ je Franken) betragen hätte?

5.27 Ein Index steht bei 1200. Der dreimonatige risikolose Zinssatz beträgt 3% per annum und die Dividendenrendite für die nächsten drei Monate 1,2% per annum. Der sechsmonatige risikolose Zinssatz beträgt 3,5% per annum und die Dividendenrendite für die nächsten sechs Monate 1% per annum. Geben Sie einen Schätzer für den Futures-Kurs des Index für Drei- und Sechs-Monats-Kontrakte an. Alle Zinssätze und Dividendenrenditen sind als stetige Verzinsung angegeben.

5.28 Der aktuelle Wechselkurs USD/Euro betrage 1,4000 Dollar pro Euro. Der 6-Monats-Forward-Wechselkurs betrage 1,3950. Der 6-Monats-Zinssatz auf den Dollar beträgt 1% per annum (bei stetiger Verzinsung). Geben Sie einen Schätzer für den 6-Monatszinssatz auf den Euro an.

5.29 Der Kassakurs von Öl liegt bei 80 $ je Barrel. Die Lagerkosten für ein Jahr betragen 3 $ pro Barrel und sind am Ende des jeweiligen Jahres zu zahlen. Der risikolose Zinssatz beträgt 5% per annum (bei stetiger Verzinsung). Geben Sie eine obere Grenze für den 1-Jahres-Futures-Kurs von Öl an.

5.30 Bei einer Aktie sind Dividendenausschüttungen von 1 $ in zwei Monaten und in fünf Monaten zu erwarten. Der Aktienkurs beträgt 50 $, der risikolose stetige Zinssatz liegt bei 8% per annum für alle Laufzeiten. Ein Anleger hat gerade die Short-Position in einem 6-Monats-Forward-Kontrakt auf die Aktie eingenommen.

a. Bestimmen Sie den Forward-Kurs und den Anfangswert des Forward-Kontrakts.

b. Drei Monate später steht der Aktienkurs bei 48 $, der risikolose Zinssatz beträgt nach wie vor 8%. Bestimmen Sie den aktuellen Forward-Kurs und den Wert der Short-Position im Forward-Kontrakt.

5.31 Eine Bank bietet einem Firmenkunden die Wahl an zwischen einem Gelddarlehen zu einem Zinssatz von 11% per annum und einem Golddarlehen zu 2% per annum. (Bei einer Aufnahme von Gold müssen die Zinsen in Gold zurückgezahlt werden. Die Aufnahme von 100 Unzen Gold zum heutigen Tag würde also die Rückzahlung von 102 Unzen Gold in einem Jahr erfordern.) Der risikolose Zinssatz beträgt 9,25% per annum, die Lagerhaltungskosten belaufen sich auf 0,5% per annum. Diskutieren Sie, ob der Zinssatz für das Golddarlehen im Vergleich zum Zinssatz auf den Geldkredit zu hoch oder zu niedrig ist. Die Zinssätze der beiden Darlehen sind mit jährlicher Verzinsung angegeben. Der risikolose Zinssatz und die Lagerhaltungskosten beziehen sich dagegen auf stetige Verzinsung.

5.32 Ein Unternehmen, das sich nicht sicher ist, an welchem Tag es einen Betrag in Fremdwährung empfängt oder bezahlt, kann versuchen, mit seiner Bank einen Forward-Kontrakt auszuhandeln, der einen Lieferzeitraum spezifiziert. Das Unternehmen möchte sich das Recht zur Wahl des genauen Liefertermins sichern, damit der Termin auf die eigenen Cash Flows abgestimmt ist. Versetzen Sie sich in die Lage der Bank. Welchen Preis würden Sie für das vom Unternehmen nachgefragte Produkt ansetzen?

5.33 Ein Händler hält einen Rohstoff ohne Einkünfte und Lagerkosten als Teil seines langfristigen Anlageportfolios. Er kann den Rohstoff für 1250 $ pro Unze kaufen und für 1249 $ pro Unze verkaufen. Weiterhin kann er Kapital zu 6% per annum aufnehmen und für 5,5% per annum verleihen (beide Zinssätze sind bei jährlicher Verzinsung angegeben). Für welchen Bereich von 1-Jahres-Forward-Preisen gibt es für den Händler keine Arbitragemöglichkeiten? Nehmen Sie an, dass es keine Geld-Brief-Spanne für Forward-Preise gibt.

5.34 Ein Unternehmen schließt mit einer Bank einen Forward-Kontrakt über den Verkauf von Fremdwährung der Höhe K_1 zum Zeitpunkt T_1 ab. Zum Zeitpunkt T_1 steht der Wechselkurs bei S_1 ($> K_1$). Das Unternehmen fragt bei der Bank nach, ob es den Kontrakt bis zum Zeitpunkt T_2 ($> T_1$) verlängern könne, anstatt ihn zum Zeitpunkt T_1 abzurechnen. Die Bank vereinbart einen neuen Lieferpreis K_2. Erläutern Sie, wie K_2 berechnet werden sollte.

Zins-Futures

6.1 Konventionen der Tagzählung
und der Notierung 180
6.2 **Treasury-Bond-Futures**................ 183
6.3 **Eurodollar-Futures**..................... 188
6.4 **Durationsbasierte Hedging-Strategien** 194
6.5 **Absicherung von Portfolios
aus Assets und Verbindlichkeiten** 196

Zusammenfassung 197

Literaturempfehlungen...................... 198

Praktische Fragestellungen 198

6 Zins-Futures

Bisher wurden Futures-Kontrakte auf Rohstoffe, Aktienindizes und Währungen behandelt. Wir haben ihre Funktionsweise, ihre Einsatzbereiche im Rahmen des Hedgings und die Bestimmung von Futures-Kursen betrachtet. Im Folgenden werden wir nun näher auf Zins-Futures eingehen.

In diesem Kapitel erläutern wir die populären Treasury Bond- und Eurodollar-Futures, welche in den USA gehandelt werden. Viele andere Zins-Futures auf der ganzen Welt sind nach dem Vorbild dieser beiden Kontrakte gestaltet worden. Wir zeigen außerdem, wie Zins-Futures-Kontrakte in Verbindung mit dem in Kapitel 4 eingeführten Durations-Maß zur Absicherung des Exposures eines Unternehmens gegenüber Zinsänderungen verwendet werden können.

6.1 Konventionen der Tagzählung und der Notierung

Zunächst beschäftigen wir uns mit Konventionen der Tagzählung (engl. Day Count Conventions) und der Kursnotierung, welche bei Anleihen und anderen zinsabhängigen Instrumenten Anwendung finden.

Tagzählung

Die Tagzählung bestimmt die Art und Weise, in der die Zinsen im Verlauf der Zeit berücksichtigt werden. Im Allgemeinen wissen wir, welcher Zins in einem Referenzzeitraum (z. B. dem Zeitraum zwischen zwei Ausschüttungsterminen einer Anleihe) erzielt wird, und wollen wissen, welcher Zins in einem anderen (beliebigen) Zeitraum anfällt.

Die Konvention der Tagzählung wird gewöhnlich mit X/Y ausgedrückt. Wenn wir den Zins zwischen zwei Zeitpunkten berechnen, beschreibt X, wie die Anzahl Tage des betreffenden Zeitraums ermittelt wird, und Y, wie die Gesamtzahl der Tage im Referenzzeitraum ermittelt wird. Der im betrachteten Zeitraum erzielte Zins ist

$$\frac{\text{Anzahl der Tage im betrachteten Zeitraum}}{\text{Anzahl der Tage im Referenzzeitraum}} \cdot \text{Zinsertrag im Referenzzeitraum} \,.$$

Die drei in den Vereinigten Staaten gebräuchlichen Konventionen der Tagzählung sind:

1. Actual/Actual (in period),
2. 30/360,
3. Actual/360.

Die Tagzählung Actual/Actual (in period) wird bei den US Treasury Bonds verwendet.

Das bedeutet, dass der zwischen zwei Zeitpunkten erzielte Zins auf dem Quotienten der tatsächlich vergangenen Tage zu der tatsächlichen Anzahl Tage im Zeitraum zwischen den Ausschüttungen beruht. Nehmen wir an, das Nominalkapital einer Anleihe beträgt 100 $, die Zinszahlungen erfolgen am 1. März und am 1. September und der Anleihezins beträgt 8% per annum. Wir möchten wissen, welcher Zins zwischen dem 1. März und dem 3. Juli erzielt wurde. Der Referenzzeitraum erstreckt sich zwischen 1. März und 1. September. Dieser Zeitraum hat 184 Tage; in ihm werden Zinsen in Höhe von 4 $ erwirtschaftet. Vom 1. März bis 3. Juli vergehen 124 Tage.

Daher beträgt der zwischen 1. März und 3. Juli erzielte Zinsgewinn

$$\frac{124}{184} \cdot 4 = 2{,}6957 \;.$$

Die Tagzählung 30/360 wird bei US-Unternehmensanleihen und US-Municipal Bonds (US-Bundesstaats- und Kommunalanleihen) herangezogen. Das bedeutet, dass wir bei den Berechnungen 30 Tage pro Monat und 360 Tage pro Jahr unterstellen. Mit 30/360 beträgt die Gesamtzahl der Tage zwischen 1. März und 1. September 180. Die Zahl der Tage zwischen 1. März und 3. Juli ist $(4 \cdot 30) + 2 = 122$. Bei einer Unternehmensanleihe mit denselben Parametern wie bei dem eben betrachteten Treasury Bond wäre der Zinsgewinn für die Zeit vom 1. März bis 3. Juli daher

$$\frac{122}{180} \cdot 4 = 2{,}7111 \;.$$

Wie Business Snapshot 6.1 zeigt, hat die 30/360-Tagzählung manchmal überraschende Konsequenzen.

Business Snapshot 6.1 – Auswirkung der Tagzählung

Sie haben zwischen dem 28. Februar 2015 und dem 1. März 2015 die Wahl zwischen einer US-Staatsanleihe und einer US-Unternehmensanleihe. Die Anleihen zahlen denselben Kupon und haben denselben Kurs. Welches Papier würden Sie bevorzugen, wenn kein Ausfallrisiko besteht?

Es sieht eigentlich so aus, als ob kein Unterschied zwischen den Anleihen bestehen sollte. Tatsächlich sollte man sich aber für die Unternehmensanleihe entscheiden. Bei der für Unternehmensanleihen verwendeten 30/360-Tagzählung liegen zwischen dem 28. Februar 2015 und dem 1. März 2015 drei Tage. Bei der Tagzählung Actual/Actual (in period) für Staatsanleihen ist es nur ein Tag. Mit der Unternehmensanleihe würde man also ungefähr das Dreifache an Zinsen erhalten!

Die Tagzählung Actual/360 kommt in den USA bei Geldmarktinstrumenten zur Anwendung. Der Referenzzeitraum umfasst folglich 360 Tage. Der Zinsertrag für einen Teil des Jahres berechnet sich durch die Division der Anzahl tatsächlich vergangener Tage durch 360 und anschließender Multiplikation mit dem Zinssatz. Der Zinsertrag für 90 Tage beträgt daher genau ein Viertel des angegebenen Zinssatzes. Zu beachten ist, dass der Zinsertrag eines ganzen Jahres von 365 Tagen das 365/360-fache des angegebenen Zinssatzes beträgt.

Konventionen sind von Land zu Land sowie von Instrument zu Instrument unterschiedlich. So wird für Geldmarktinstrumente in Australien, Kanada und Neuseeland die Tagzählung Actual/365 verwendet. Beim LIBOR wird für alle Währungen außer dem britischen Pfund (Actual/365) die Tagzählung Actual/360 herangezogen. Bei Anleihen in Euro oder britischen Pfund kommt gewöhnlich die Tagzählung Actual/Actual zur Anwendung.

Kursnotierung von US Treasury Bills

Die Kurse für Geldmarktinstrumente werden manchmal unter Verwendung eines *Diskontierungssatzes* notiert. Hierbei wird der Zins als Anteil des Nennwerts bei Fälligkeit statt als Anteil des ursprünglich für das Instrument bezahlten Preises angegeben. US Treasury Bills sind ein Beispiel dafür. Wird der Preis eines 91-Tage-Treasury-Bill mit 8 angegeben, bedeutet dies, dass der auf ein Jahr bezogene Zinssatz 8% des Nennwerts beträgt. Angenommen, der Nennwert ist 100 $. Für die 91-tägige Laufzeit ergeben sich Zinsen in Höhe von 2,0222 $ ($= 100\$ \cdot 0{,}08 \cdot 91/360$). Das entspricht einem tatsächlichen Zinssatz von $2{,}0222/(100 - 2{,}0222) = 2{,}064\%$ für den 91-Tages-Zeitraum. Allgemein besteht der folgende Zusammenhang zwischen Clean Price je 100 $ Nennwert und Dirty Price eines US Treasury Bill:

$$P = \frac{360}{n}(100 - Y),$$

wobei P den Dirty Price, Y den Clean Price und n die Restlaufzeit des Treasury Bill in Kalendertagen bezeichnen. Wenn z. B. der Clean Price eines 90-Tage-Treasury-Bill 99 beträgt, so ist der Dirty Price 4.

Kursnotierung von US Treasury Bonds

Kurse von Treasury Bonds werden in den USA in Dollar und zweiunddreißigstel Dollar angegeben. Der angegebene Preis bezieht sich auf einen Nennwert von 100 $. Die Notierung 90-05 oder $90\frac{5}{32}$ zeigt daher an, dass der Preis (Clean Price) für eine Anleihe mit dem Nennwert 100 000 $ bei 90 156,25 $ liegt.

Der angegebene Kurs ist nicht dasselbe wie der Preis, den der Käufer zahlt. Im Allgemeinen gilt

Dirty Price = Clean Price + aufgelaufene Zinsen seit der letzten Kuponzahlung.

Zur Veranschaulichung dieser Formel nehmen wir an, es ist der 5. März 2015 und die betrachtete Anleihe ist eine Anleihe mit 11%-Kupon und einem Kurs von 95-16 (= 95,50 $), welche bis zum 10. Juli 2038 läuft. Da die Ausschüttungen auf US-Staatsanleihen halbjährlich erfolgen, fand die letzte Ausschüttung am 10. Januar 2015 statt, die nächste erfolgt am 10. Juli 2015. Vom 10. Januar 2015 bis zum 5. März 2015 sind es 54 Tage, während vom 10. Januar 2015 bis zum 10. Juli 2015 181 Tage vergehen. Auf eine Anleihe mit dem Nennwert 100 $ betragen die Ausschüttungen am 10. Januar und 10. Juli jeweils 5,50 $. Der aufgelaufene Zins (Stückzinsen) zum 5. März 2015 ist der Teil der Ausschüttung zum 10. Juli, der dem Anleiheinhaber am 5. März 2015 zusteht. Da für Schatzanleihen in den USA Actual/Actual (in period) zur Anwendung kommt, beträgt dieser Anteil

$$\frac{54}{181} \cdot 5{,}5\,\$ = 1{,}64\,\$.$$

Der Dirty Price einer Anleihe mit 100 $ Nennwert ist daher

$$95{,}5\,\$ + 1{,}64\,\$ = 97{,}14\,\$.$$

Der Dirty Price einer 100 000 $-Anleihe ist somit 97 140 $.

6.2 Treasury-Bond-Futures

Tabelle 6.1 zeigt die Kursangaben für Zins-Futures aus dem *Wall Street Journal* vom 14. Mai 2013. Einer der populärsten Zins-Futures-Kontrakte ist der Treasury-Bond-Futures-Kontrakt, der von der CME Group gehandelt wird. Bei diesem Kontrakt kann jede US-Schatzanleihe, die am ersten Tag des Liefermonats noch eine Restlaufzeit von 15 bis 25 Jahren hat, geliefert werden. 2010 hat die CME Group damit begonnen, Ultra-T-Bond-Kontrakte zu handeln, bei denen jede US-Schatzanleihe mit einer Restlaufzeit von mehr als 25 Jahren geliefert werden kann.

Der 10-Jahres-, 5-Jahres- und der 2-Jahres-Treasury-Note-Futures-Kontrakt werden in den USA ebenfalls rege gehandelt. Beim 10-Jahres-Treasury-Note-Futures-Kontrakt kann jede US-Schatzanleihe oder Treasury-Note mit einer Laufzeit zwischen $6\frac{1}{2}$ und 10 Jahren geliefert werden. Beim 5-Jahres- und 2-Jahres-Treasury-Note-Futures-Kontrakt muss die gelieferte Anleihe eine Restlaufzeit zwischen ca. fünf bzw. zwei Jahren besitzen, die ursprüngliche Laufzeit darf höchstens 5,25 Jahre betragen.

Wie wir in diesem Abschnitt noch erläutern werden, hat die Börse ein Verfahren entwickelt, den Preis, den die Partei in der Short-Position bezahlt, anhand der gewählten Anleihe festzulegen. Der restliche Teil dieses Abschnitts konzentriert sich auf Treasury-Bond-Futures. Viele andere Kontrakte in den USA und dem Rest der Welt sind auf ähnliche Weise gestaltet wie die Treasury-Bond-Futures der CBOT, sodass viele der Aussagen, die wir machen werden, auch auf diese Kontrakte zutreffen.

Kursangaben

Kurse von Ultra-T-Bond- und Treasury-Bond-Futures werden genauso wie die Kurse von Treasury Bonds in Dollar und zweiunddreißigstel Dollar und angegeben. In Tabelle 6.1 ist der Schlusskurs des Juni-2013-Treasury-Bond-Futures-Kontrakts mit 144-20 angegeben, dies entspricht $144\frac{20}{32}$ bzw. 144,625. Der Schlusskurs des 10-Jahres-Treasury-Note-Futures-Kontrakts ist mit einer Genauigkeit von einem halben Zweiunddreißigstel angegeben. Der Wert 131-025 für den Schlusskurs des September-2013-Kontrakts bedeutet also $131\frac{2,5}{32}$ bzw. 131,078125. Der Schlusskurs der 5- und 2-Jahres-Treasury-Note-Futures-Kontrakte ist noch exakter angegeben, nämlich mit einer Genauigkeit von einem viertel Zweiunddreißigstel. Der Wert 123-307 für den Schlusskurs des Juni-5-Jahres-Treasury-Note-Futures-Kontrakts entspricht demnach $123\frac{30,75}{32}$ bzw. 123,9609375. Der Wert 123-122 für den Schlusskurs des September-Kontrakts entspricht analog $123\frac{12,25}{32}$ bzw. 123,3828125.

Konversionsfaktoren

Der Treasury-Bond-Futures-Kontrakt erlaubt, wie bereits erwähnt, der Partei mit der Short-Position die Wahl, eine beliebige Anleihe mit 15–25 Jahren Restlaufzeit zu liefern. Wird dann eine bestimmte Anleihe geliefert, so bestimmt ein Parameter, ihr *Konversionsfaktor*, den Preis, den die Partei mit der Short-Position erzielt. Der für die Lieferung zu entrichtende Preis ist das Produkt aus Konversionsfaktor und aktuellem Futures-Kurs. Unter Berücksichtigung aufgelaufener Zinsen (wie in Abschnitt 6.1 beschrieben) ist der je 100 $ Nennwert der gelieferten Anleihe erzielte Betrag

(Aktueller Abrechnungspreis · Konversionsfaktor) + aufgelaufene Zinsen .

6 Zins-Futures

	Eröff- nungs- kurs	Tages- höchst- kurs	Tages- tiefst- kurs	Vorheriger Abrechnungs- kurs	Letzter Abschluss	Verän- derung	Handels- volumen
Ultra-T-Bonds 100 000 $							
Juni 2013	158-08	158-31	156-31	158-08	157-00	−1-08	45 040
Sep. 2013	157-12	157-15	155-16	156-24	155-18	−1-06	176
Treasury Bonds 100 000 $							
Juni 2013	144-22	145-04	143-26	144-20	143-28	−0-24	346 878
Sep. 2013	143-28	144-08	142-30	143-24	142-31	−0-25	2455
10-Jahres-Treasury Notes 100 000 $							
Juni 2013	131-315	132-050	131-205	131-310	131-210	−0-100	1 151 825
Sep. 2013	131-040	131-080	130-240	131-025	130-240	−0-105	20 564
5-Jahres-Treasury Notes 100 000 $							
Juni 2013	123-310	124-015	123-267	123-307	123-267	−0-040	478 993
Sep. 2013	123-177	123-192	123-122	123-165	123-122	−0-042	4808
2-Jahres-Treasury Notes 100 000 $							
Juni 2013	110-080	110-085	110-075	110-080	110-075	−0-005	98 142
Sep. 2013	110-067	110-072	110-067	110-070	110-067	−0-002	13 103
30-Tages-Fed Funds Rate 5 000 000 $							
Sep. 2013	99,875	99,880	99,875	99,875	99,875	0,000	956
Juli 2014	99,830	99,835	99,830	99,830	99,830	0,000	1030
Eurodollar 1 000 000 $							
Juni 2013	99,720	99,725	99,720	99,725	99,720	−0,005	107 167
Sep. 2013	99,700	99,710	99,700	99,705	99,700	−0,005	114 055
Dez. 2013	99,675	99,685	99,670	99,675	99,670	−0,005	144 213
Dez. 2015	99,105	99,125	99,080	99,100	99,080	−0,020	96 933
Dez. 2017	97,745	97,770	99,675	97,730	97,680	−0,005	14 040
Dez. 2019	96,710	96,775	96,690	96,760	96,690	−0,007	23

Tabelle 6.1: Futures-Notierungen für ausgewählte Zinskontrakte der CME Group vom 14. Mai 2013

Jeder Kontrakt umfasst die Lieferung von Anleihen zum Nennwert von 100 000 $. Angenommen, der aktuelle Futures-Kurs ist 90-00, der Konversionsfaktor der gelieferten Anleihe 1,3800 und der aufgelaufene Zins zum Zeitpunkt der Lieferung beträgt 3 $ je 100 $ Nennwert. Der Geldbetrag, den die Partei mit der Short-Position erhält (und den die Partei mit der Long-Position bezahlt) ist somit

$$(1{,}3800 \cdot 90{,}00) + 3{,}00 = 127{,}20 \,\$$$

je 100 \$ Nennwert. Die Partei mit der Short-Position in einem Kontrakt würde Anleihen mit dem Nennwert 100 000 \$ liefern und 127 200 \$ erhalten.

Der Konversionsfaktor einer Anleihe ist gleich dem Wert der Anleihe je Dollar Nominalkapital am ersten Tag des Liefermonats unter der Annahme, dass der Zinssatz für alle Laufzeiten 6% per annum (bei halbjährlicher Verzinsung) beträgt. Die Anleihelaufzeit und die Zeiten bis zu den Zinsausschüttungsterminen werden für die Berechnung auf Jahresbruchteile mit 0, 3, 6 und 9 Monaten abgerundet. Diese Standardisierung versetzt die CBOT in die Lage, umfassende Tabellen zu erstellen. Wenn die Anleihe nach dem Runden noch ein ganzes Vielfaches von 6-Monats-Zeiträumen läuft, wird angenommen, dass die erste Zinszahlung in sechs Monaten erfolgt. Wenn die Anleihe nach dem Runden nicht ein ganzes Vielfaches von 6-Monats-Zeiträumen als Restlaufzeit aufweist (d. h. sie läuft zusätzliche drei Monate), wird angenommen, dass die erste Zinsauszahlung nach drei Monaten erfolgt und der aufgelaufene Zins abgezogen wird.

Als erstes Beispiel für diese Regelungen betrachten wir eine 10%-Kupon-Anleihe mit 20 Jahren und zwei Monaten bis zur Fälligkeit. Für die Berechnung des Konversionsfaktors wird angenommen, dass die Anleihe noch genau 20 Jahre läuft. Die erste Zinsauszahlung wird nach sechs Monaten erfolgen. Weitere Ausschüttungen werden alle sechs Monate angenommen, bis zum Ende der 20 Jahre, wenn das Nominalkapital ausgezahlt wird. Der Nennwert sei 100 \$. Bei einem Diskontierungssatz von 6% per annum bei halbjährlicher Verzinsung (also 3% pro sechs Monate) ist der Wert der Anleihe

$$\sum_{i=1}^{40} \frac{5}{1{,}03^i} + \frac{100}{1{,}03^{40}} = 146{,}23 \,\$ \,.$$

Nach Division durch den Nennwert ergibt sich ein Konversionsfaktor von 1,4623.

Als zweites Beispiel für die Regelungen betrachten wir eine 8%-Kupon-Anleihe mit 18 Jahren und vier Monaten Restlaufzeit. Für die Kalkulation des Konversionsfaktors wird die Restlaufzeit auf genau 18 Jahre und drei Monate gesetzt. Die Diskontierung aller Zahlungen auf den Zeitpunkt heute in drei Monaten mit 6% per annum bei halbjährlicher Verzinsung ergibt einen Wert von

$$4 + \sum_{i=1}^{36} \frac{4}{1{,}03^i} + \frac{100}{1{,}03^{36}} = 125{,}83 \,\$ \,.$$

Der Zinssatz für den Zeitraum von drei Monaten beträgt $\sqrt{1{,}03} - 1$, also 1,4889%. Die Diskontierung auf das heutige Datum ergibt somit den Wert der Anleihe als $125{,}83/1{,}014889 = 123{,}99\,\$$. Nach Abzug der aufgelaufenen Zinsen von 2,0 verbleiben 121,99 \$. Der Konversionsfaktor beträgt daher 1,2199.

Cheapest-to-Deliver-Anleihe

Zu jedem beliebigen Zeitpunkt während des Liefermonats gibt es viele Anleihen, die in einem Treasury-Bond-Futures-Kontrakt geliefert werden können. Sie weisen in Bezug auf Kupon und Laufzeit große Unterschiede auf. Die Partei in der Short-Position kann sich aussuchen, welche der verfügbaren Anleihen die „günstigste" für die Lieferung [engl.: cheapest to deliver (CtD)] ist. Da die Partei in der Short-Position

$$(\text{Aktueller Abrechnungspreis} \cdot \text{Konversionsfaktor}) + \text{aufgelaufene Zinsen}$$

erhält und die Kosten des Anleihekaufs

$$\text{Clean Price der Anleihe} + \text{aufgelaufene Zinsen}$$

betragen, ist die CtD-Anleihe diejenige, für die

$$\text{Clean Price der Anleihe} - (\text{Aktueller Abrechnungspreis} \cdot \text{Konversionsfaktor})$$

minimal wird. Hat sich die Partei in der Short-Position zur Lieferung entschlossen, kann sie die CtD-Anleihe durch Analyse aller verfügbarer Anleihen ermitteln.

> **Beispiel 6.1** Die Partei in der Short-Position hat sich zur Lieferung entschlossen und möchte zwischen den drei in Tabelle 6.2 dargestellten Anleihen wählen. Wir nehmen an, der gegenwärtige Futures-Kurs sei 93-08, also 93,25. Die Kosten für die Lieferung der Anleihen ergeben sich wie folgt:
>
> **Anleihe 1:** $99{,}50 - (93{,}25 \cdot 1{,}0382) = 2{,}69\,\$$
> **Anleihe 2:** $143{,}50 - (93{,}25 \cdot 1{,}5188) = 1{,}87\,\$$
> **Anleihe 3:** $119{,}75 - (93{,}25 \cdot 1{,}2615) = 2{,}12\,\$$
>
> Die CtD-Anleihe ist Anleihe 2.
>
> | Anleihe | Clean Price | Konversionsfaktor |
> |---|---|---|
> | 1 | 99,50 | 1,0382 |
> | 2 | 143,50 | 1,5188 |
> | 3 | 119,75 | 1,2615 |
>
> Tabelle 6.2: Lieferbare Anleihen

Die CtD-Anleihe wird von einer Reihe von Faktoren bestimmt. Wenn die Anleiherenditen über 6% liegen, neigen die Konversionsfaktoren dazu, die Lieferung von langfristigen Anleihen mit geringen Kupons zu begünstigen. Wenn die Renditen unter 6% liegen, wird eher die Lieferung von kurzfristigen Anleihen mit hohen Kupons favorisiert. Außerdem geht die Tendenz bei einer steigenden Zinsstruktur zu langfristigen Anleihen, während eine fallende Zinsstruktur kurzfristige Anleihen favorisiert.

Zusätzlich zum Recht der Wahl der CtD-Anleihe hat die Partei mit der Short-Position noch die so genannte Wild-Card-Option, die in Business Snapshot 6.2 vorgestellt wird.

Business Snapshot 6.2 – Die Wild-Card-Option

Der Abrechnungspreis des Treasury-Bond-Futures-Kontrakts der CME Group ist der um 14.00 Uhr Chicagoer Zeit geltende Preis. Treasury Bonds werden jedoch auch noch später gehandelt. Darüber hinaus kann ein Händler in der Short-Position seine Lieferabsicht ebenfalls später erklären. Bei Veröffentlichung der Absichtserklärung zur Lieferung wird der Rechnungspreis auf der Basis des Tagesschlusskurses des Futures berechnet.

Dieser Ablauf hat eine Optionalität zur Folge, die man *Wild-Card-Option* nennt. Falls die Anleihekurse nach 14.00 Uhr fallen, kann die Partei in der Short-Position die Lieferabsicht erklären und dazu übergehen, CtD-Anleihen für den Verkauf zu dem aus dem 14.00-Uhr-Futures-Kurs ermittelten Preis zu kaufen. Fällt der Anleihekurs nicht, hält die Partei in der Short-Position ihre Position offen und wartet bis zum nächsten Tag, an welchem diese Strategie wieder angewendet werden kann.

Wie bei anderen Wahlmöglichkeiten, die der Partei in der Short-Position offen stehen, ist auch die Wild-Card-Option nicht kostenlos. Ihre Bewertung ist bereits im Futures-Kurs enthalten, der höher wäre, wenn es diese Wahlmöglichkeit nicht gäbe.

Bestimmung des Futures-Kurses

Ein exakter theoretischer Futures-Kurs für einen Treasury-Bond-Kontrakt ist schwierig zu bestimmen, da die Möglichkeiten der Partei in der Short-Position hinsichtlich des Zeitpunkts der Lieferung und der Wahl der zu liefernden Anleihe nicht einfach zu bewerten sind. Wenn wir jedoch voraussetzen, dass sowohl die CtD-Anleihe und das Lieferdatum bekannt sind, wird der Treasury-Bond-Futures-Kontrakt zu einem Futures-Kontrakt auf ein Wertpapier (nämlich die Anleihe), das dem Inhaber einen bekannten Ertrag sichert.[1] Gleichung (5.2) zeigt dann, dass der Futures-Kurs F_0 mit dem Spotpreis S_0 über

$$F_0 = (S_0 - I)e^{rT} \qquad (6.1)$$

zusammenhängt, wobei I der Barwert der Kupons während der Laufzeit des Futures-Kontrakts ist, T die Zeit bis zur Fälligkeit des Futures-Kontrakts und r der risikolose Zinssatz für einen Zeitraum der Länge T.

Beispiel 6.2 Angenommen, es ist bekannt, dass die CtD-Anleihe in einem Treasury Bond-Futures-Kontrakt eine 12%-Kupon-Anleihe mit einem Konversionsfaktor von 1,6000 sein wird. Weiterhin ist bekannt, dass die Lieferung in 270 Tagen erfolgen wird. Die Zinszahlungen auf die Anleihe erfolgen halbjährlich. Wie in Abbildung 6.1 dargestellt, liegt die letzte Zahlung 60 Tage zurück, die nächste erfolgt in 122 Tagen, die übernächste in 305 Tagen.

---

[1] In der Realität nehmen die Analysten zur Ermittlung der CtD-Anleihe gewöhnlich an, dass die Spot Rates bei Fälligkeit des Futures-Kontrakts gleich den heutigen Forward Rates sein werden.

6 Zins-Futures

Die Zinsstruktur ist flach und der stetige Zinssatz beträgt 10% per annum. Der gegenwärtige Kurs für die Anleihe ist 115 $. Der Dirty Price der Anleihe ergibt sich aus der Summe dieses Kurses und des Anteils der nächsten Ausschüttung, der beim Inhaber aufgelaufen ist. Er beträgt daher

$$115 + \frac{60}{60 + 122} \cdot 6 = 116{,}978 \, .$$

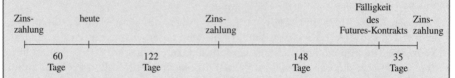

Abbildung 6.1: Zeitstrahl für Beispiel 6.2

Nach 122 Tagen (= 0,3342 Jahre) erfolgt die Zahlung von 6 $. Der Barwert dieses Kupons ist

$$6e^{-0{,}1 \cdot 0{,}3342} = 5{,}803 \, .$$

Der Futures-Kontrakt hat eine Laufzeit von 270 Tagen (0,7397 Jahre). Der Futures-Preis, wenn sich der Kontrakt auf die 12%-Kupon-Anleihe bezieht, wäre dann

$$(116{,}978 - 5{,}803)e^{0{,}1 \cdot 0{,}7397} = 119{,}711 \, .$$

Zum Zeitpunkt der Lieferung sind Zinsen für 148 Tage aufgelaufen. Der Futures-Kurs, wenn der Kontrakt auf die 12%-Kupon-Anleihe ausgestellt wäre, wird durch den Abzug der aufgelaufenen Zinsen berechnet:

$$119{,}711 - 6 \cdot \frac{148}{148 + 35} = 114{,}859 \, .$$

Nach Definition des Konversionsfaktors werden zu jeder 12%-Kupon-Anleihe 1,6000 Standardanleihen als äquivalent angesehen. Der Futures-Kurs sollte daher

$$\frac{114{,}859}{1{,}6000} = 71{,}79$$

betragen.

6.3 Eurodollar-Futures

Der populärste US-Zins-Futures-Kontrakt ist der 3-Monats-Eurodollar-Futures-Kontrakt der von der CME Group gehandelt wird. Ein Eurodollar ist ein Dollar, welcher bei einer US-amerikanischen oder einer ausländischen Bank außerhalb der USA angelegt wird. Der Eurodollar-Zinssatz ist der Zinssatz, den eine Bank durch die Einlage von Eurodollar-Beträgen bei einer anderen Bank erzielt. Er stimmt im Wesentlichen mit dem in Kapitel 4 eingeführten LIBOR überein.

3-Monats-Eurodollar-Futures sind Futures-Kontrakte auf den Zinssatz, der von jemandem, der zum Eurodollar-Zinssatz Kredit aufnimmt auf eine Million Dollar für einen zukünftigen 3-Monats-Zeitraum gezahlt wird. Damit kann ein Anleger auf den zukünftigen 3-Monats-Zinssatz spekulieren oder sein Exposure gegenüber dem zukünftigen 3-Monats-Zinssatz absichern. Die Kontrakte beinhalten die Liefermonate März, Juni, September und Dezember für bis zu zehn Jahre in der Zukunft. Das bedeutet, ein Anleger kann im Jahr 2014 Eurodollar-Futures bis zum Jahr 2024 zur Fixierung von Zinssätzen für 3-Monatszeiträume verwenden. Kurzfristige Kontrakte können Fälligkeiten in anderen Monaten als März, Juni, September und Dezember haben.

Für ein Verständnis der Funktionsweise von Eurodollar-Futures betrachten wir den Juni-2013-Kontrakt aus Tabelle 6.1. Dieser hat am 13. Mai 2013 einen notierten Abrechnungspreis von 99,725. Der Kontrakt wird zwei Tage vor dem dritten Mittwoch des Liefermonats zum letzten Mal gehandelt; in diesem Fall wäre das der 17. Juni 2013. Der Kontrakt wird bis zu diesem Datum auf die übliche Weise täglich zu Marktpreisen bewertet. Am 17. Juni 2013, 11.00 Uhr, wird der finale Abrechnungspreis auf $100 - R$ gesetzt, wobei R das 3-Monats-LIBOR-Fixing an jenem Tag ist, ausgedrückt bei vierteljährlicher Verzinsung und auf Basis der Actual/360-Tagzählung. Der Schlussabrechnungspreis würde daher 99,250 betragen, wenn der 3-Monats-Eurodollar-Zinssatz am 17. Juni 2013 0,75 % (Actual/360 mit vierteljährlicher Verzinsung) betragen würde. Nachdem eine Schlussabrechnung stattgefunden hat, werden alle Kontrakte geschlossen.

Der Kontrakt ist so ausgestaltet, dass eine Veränderung um einen Basispunkt in der Futures-Notierung ($= 0.01$) einem Gewinn oder Verlust von 25 \$ je Kontrakt entspricht. Steigt die Notierung von Eurodollar-Futures um einen Basispunkt, gewinnt ein Händler mit einer Long-Position eines Kontrakts 25 \$, ein Händler mit einer Short-Position verliert 25 \$. Analog verliert ein Händler mit einer Long-Position 25 \$, wenn die Notierung von Eurodollar-Futures um einen Basispunkt fällt, während ein Händler mit einer Short-Position 25 \$ gewinnt. Nehmen wir beispielsweise an, dass der Abrechnungspreis von 99,725 auf 99,685 fällt. Händler mit einer Long-Position verlieren $4 \cdot 25 = 100$ \$ pro Kontrakt; Händler mit einer Short-Position erzielen 100 \$ pro Kontrakt. Ändert sich die Futures-Notierung um einen Basispunkt, dann ändert sich der zugrunde liegende Zinssatz um 0,01 %. Dies wiederum führt zu einer Änderung um

$$1\,000\,000 \cdot 0{,}0001 \cdot 0{,}25 = 25 \, ,$$

also 25 \$ in den Zinsen, die auf eine Million Dollar in drei Monaten erzielt werden. Die Regelung, dass ein Basispunkt 25 \$ entspricht, ist somit konsistent mit einer früheren Aussage: Der Kontrakt schreibt einen Zinssatz auf 1 Million Dollar für drei Monate fest.

Da die Futures-Notierung 100 minus dem Futures-Zinssatz beträgt, machen Inhaber der Long-Position Gewinn, wenn die Zinssätze fallen, während Inhaber der Short-Position von einem Anstieg der Zinssätze profitieren. Tabelle 6.3 zeigt eine mögliche Entwicklung für den Juni-2013-Kontrakt aus Tabelle 6.1 für einen Händler, der zum Abrechnungspreis vom 13. Mai 2013 die Long-Position einnimmt.

Der Kontrakt-Preis ist definiert als

$$10\,000[100 - 0{,}25(100 - Q)] \, , \qquad (6.2)$$

wobei Q die Notierung bezeichnet. Der Abrechnungspreis von 99,725 für den Juni-2013-Kontrakt in Tabelle 6.1 entspricht also einem Kontraktpreis von

$$10\,000[100 - 0{,}25(100 - 99{,}725)] = 999\,312{,}5\,\$\,.$$

In Tabelle 6.3 beträgt der Endpreis des Kontrakts

$$10\,000[100 - 0{,}25(100 - 99{,}615)] = 999\,037{,}5\,\$\,.$$

Die Differenz zwischen Anfangs- und Endpreis des Kontrakts beträgt 275 $. Dies stimmt wiederum mit dem in Tabelle 6.3 ermittelten Verlust überein, bei dem der Ansatz „25 $ je Basispunkt" verwendet wurde.

Beispiel 6.3 Ein Anleger möchte den Zinssatz, den er für einen 3-Monats-Zeitraum, beginnend zwei Tage vor dem dritten Mittwoch im September, auf 100 Millionen Dollar erzielt, fixieren. Wir nehmen an, dass die Notierung für September-Eurodollar-Futures-Kontrakte 96,50 beträgt, d. h. der Anleger kann einen Zinssatz von $100 - 96{,}5 = 3{,}5$ festschreiben. Er sichert sich durch den Kauf von 100 Kontrakten ab. Angenommen, zwei Tage vor dem dritten Mittwoch im September beträgt der 3-Monats-Eurodollar-Zinssatz 2,6%, sodass der Schlussabrechnungspreis bei 97,40 liegt. Der Anleger gewinnt wegen

$$100 \cdot 25 \cdot (9740 - 9650) = 225\,000$$

225 000 $ aus den Eurodollar-Futures-Kontrakten. Die für drei Monate erzielten Zinsen betragen

$$100\,000\,000 \cdot 0{,}25 \cdot 0{,}026 = 650\,000\,,$$

also 650 000 $. Einschließlich des Gewinns aus den Futures-Kontrakten ergeben sich 875 000 $. Dieser Gewinn entspricht dem Zinsertrag bei einem Zinssatz von 3,5% ($100\,000\,000 \cdot 0{,}25 \cdot 0{,}035 = 875\,000$).

Es scheint, als würde unter allen Umständen durch den Handel der Futures-Kontrakte ein Zinssatz von genau 3,5% festgeschrieben. Tatsächlich ist die Absicherung jedoch nicht perfekt, da (a) die Futures-Kontrakte täglich (und nicht am Ende)

Datum	Futures-Abrechnungskurs	Änderung	Gewinn pro Kontrakt (in $)
13. Mai 2013	99,725		
14. Mai 2013	99,720	−0,0050	−12,50
15. Mai 2013	99,670	−0,050	−125,00
⋮	⋮	⋮	⋮
17. Juni 2013	99,615	+0,010	+25,00
Gesamt		−0,110	−275,00

Tabelle 6.3: Möglicher Kursverlauf für den Juni-2013-Eurodollar-Futures-Kontrakt

neu bewertet werden und (b) die Schlussabrechnung für den Futures-Kontrakt zum Laufzeitende durchgeführt wird, während die Zinszahlung für die Anlage erst drei Monate später erfolgt. Den zweiten Aspekt kann man näherungsweise berücksichtigen, indem man die Absicherung so anpasst, dass die Differenz zwischen dem im September erhaltenen Betrag und dem drei Monate später erhaltenen Betrag einberechnet wird. In unserem Fall würden wir einen Zinssatz von 3,5 % für den 3-Monats-Zeitraum unterstellen und die Zahl der Kontrakte mit $1/(1 + 0{,}035 \cdot 0{,}25) = 0{,}9913$ multiplizieren. Das würde dazu führen, dass 99 statt 100 Kontrakte erworben würden.

Tabelle 6.1 zeigt, dass im Mai 2013 für die US-Zinsstrukturkurve ein positiver Anstieg vorlag. Gemäß der Spalte „Vorheriger Abrechnungskurs" betrug der Futures-Zinssatz für einen 3-Monats-Zeitraum beginnend am 17. Juni 2013, 16. September 2013, 16. Dezember 2013, 14. Dezember 2015, 18. Dezember 2017 bzw. 16. Dezember 2019 0,275 %, 0,295 %, 0,325 %, 0,900 %, 2,270 % bzw. 3,240 %.

Beispiel 6.3 zeigt, wie ein Anleger Eurodollar-Futures-Kontrakte einsetzen kann, um einen Zins, den er für einen zukünftigen 3-Monats-Zeitraum erhält, abzusichern. Man beachte, dass die Terminierung der Cash Flows aus der Absicherung nicht exakt mit der Terminierung der Zinszahlungen übereinstimmt, da der Kontrakt täglich neu bewertet wird. Außerdem findet die Schlussabrechnung im September statt, während die Zinszahlungen auf die Anlage erst drei Monate später eingehen. Wie im Beispiel angedeutet, kann die Absicherungsposition geringfügig angepasst werden, um diesen Aspekt näherungsweise zu berücksichtigen.

Andere Kontrakte, die dem CME-Group-Eurodollar-Futures-Kontrakt ähnlich sind, werden auf Zinssätze in anderen Währungen gehandelt. Die CME Group handelt Euroyen-Kontrakte, die London International Financial Futures and Options Exchange (LIFFE) (als Geschäftsbereich von Euronext) 3-Monats-Euribor-Kontrakte (d. h. Kontrakte auf den 3-Monats-Satz für Euroeinlagen bei Banken in der Eurozone) und 3-Monats-Euroswiss-Futures.

Forward- versus Futures-Zinssätze

Der Eurodollar-Futures-Kontrakt entspricht einem Forward Rate Agreement (FRA, siehe Abschnitt 4.7) dahingehend, dass er den Zinssatz für einen zukünftigen Zeitraum festschreibt. Für kurze Laufzeiten (bis zu etwa einem Jahr) können die beiden Kontrakte als gleich angesehen werden, d. h. der Eurodollar-Futures-Zinssatz stimmt mit der entsprechenden Forward Rate überein. Für Kontrakte mit längerer Laufzeit gewinnen die Unterschiede zwischen den Kontrakten an Bedeutung. Wir vergleichen einen Eurodollar-Futures-Kontrakt auf einen Zinssatz für den Zeitraum zwischen den Zeitpunkten T_1 und T_2 mit einem FRA für den gleichen Zeitraum. Der Eurodollar-Kontrakt wird täglich abgerechnet. Die letzte Abrechnung erfolgt zum Zeitpunkt T_1 gemäß dem tatsächlich realisierten Zinssatz für den Zeitraum zwischen den Zeitpunkten T_1 und T_2. Demgegenüber wird das FRA nicht täglich abgerechnet, und die Schlussabrechnung, gemäß dem für den Zeitraum zwischen T_1 und T_2 realisierten Zinssatz, erfolgt zum Zeitpunkt T_2.[2]

Damit gibt es zwei Unterschiede zwischen einem Eurodollar-Futures-Kontrakt und einem FRA, nämlich:

---

[2] Wie in Abschnitt 4.7 erwähnt, kann die Abrechnung zum Zeitpunkt T_1 erfolgen, dann jedoch zum Barwert der Auszahlung des Forward-Kontrakts zum Zeitpunkt T_2.

1. Unterschied zwischen einem Eurodollar-Futures-Kontrakt und einem entsprechenden Kontrakt ohne tägliche Abrechnung. Letzterer stellt einen hypothetischen Forward-Kontrakt dar, bei dem zum Zeitpunkt T_1 eine Auszahlung in Höhe der Differenz zwischen der Forward Rate und dem realisierten Zinssatz erfolgt.
2. Unterschied zwischen einem hypothetischen Forward-Kontrakt mit Abrechnung zum Zeitpunkt T_1 und einem echten Forward-Kontrakt mit Abrechnung zum Zeitpunkt T_2 in Höhe der Differenz zwischen Forward-Zinssatz und tatsächlichem Zinssatz.

Diese beiden Komponenten sorgen in der Realität für einige Verwirrung. Beide reduzieren die Forward Rate im Vergleich zur Futures Rate, jedoch ist für langfristige Kontrakte die Reduktion, die durch die zweite Komponente hervorgerufen wird, weitaus geringer als die Reduktion infolge der ersten Komponente. Warum der erste Unterschied (tägliche Abrechnung) die Forward Rate verringert, folgt aus der Argumentation von Abschnitt 5.8. Angenommen, es liegt ein Kontrakt vor, dessen Auszahlung $R_M - R_F$ zum Zeitpunkt T_1 beträgt, wobei R_F ein vorher festgelegter Zinssatz für den Zeitraum zwischen T_1 und T_2 ist und R_M der realisierte Zinssatz für diesen Zeitraum. Nehmen wir an, Sie haben die Option, auf eine tägliche Abrechnung überzugehen. In diesem Fall führt die tägliche Abrechnung bei hohen Zinssätzen tendenziell zu Mittelzuflüssen und bei niedrigen Zinssätzen zu Mittelabflüssen. Der Übergang zu täglicher Abrechnung wird daher attraktiv erscheinen, da man tendenziell mehr Geld auf dem Margin-Konto hat, wenn die Zinssätze hoch sind. Demzufolge würde der Markt R_F für die Alternative mit täglicher Abrechnung höher setzen (und damit die erwartete kumulierte Auszahlung verringern). Oder andersherum ausgedrückt, verkleinert der Übergang von täglicher Abrechnung zur Abrechnung zum Zeitpunkt T_1 den Zinssatz R_F.

Zum Verständnis, warum der zweite Unterschied die Forward Rate reduziert, nehmen wir an, dass die Auszahlung von $R_M - R_F$ zum Zeitpunkt T_2 statt T_1 erfolgt (wie es für ein Standard-FRA der Fall ist). Ist R_M hoch, dann ist die Auszahlung positiv. Da die Zinssätze hoch sind, entstehen hohe Kosten für den Erhalt der Auszahlung zum späteren Zeitpunkt T_2 statt T_1. Ist R_M klein, dann ist die Auszahlung negativ. Da die Zinssätze niedrig sind, ist der Nutzen der Auszahlung zum späteren Zeitpunkt T_2 statt T_1 relativ gering. Man würde daher generell eine Zahlung zum Zeitpunkt T_1 bevorzugen. Erfolgt sie zum späteren Zeitpunkt T_2, ist eine Kompensation durch Reduktion von R_F notwendig.[3]

Konvexitätsanpassung

Analysten verwenden eine so genannte *Konvexitätsanpassung* (convexity adjustment), um den Unterschied zwischen den beiden Zinssätzen zu berücksichtigen. Eine populäre Variante der Anpassung ist:[4]

$$\text{Forward Rate} = \text{Futures-Zinssatz} - \frac{1}{2}\sigma^2 T_1 T_2 \,, \qquad (6.3)$$

wobei wie oben T_1 die Zeit bis zur Fälligkeit des Futures-Kontrakts, T_2 die Zeit bis zur Fälligkeit des dem Futures-Kontrakt zugrunde liegenden Zinssatzes darstellt. Die

---
[3] Eine Quantifizierung der Auswirkung dieser zeitlichen Unterschiede auf den Wert eines Derivats wird in Kapitel 29 diskutiert.
[4] Zum Beweis dieser Formel siehe Technical Note 1 auf der Homepage des Autors.

Variable σ ist die Standardabweichung der Änderung des kurzfristigen Zinssatzes in einem Jahr. Beide Zinssätze sind für stetige Verzinsung angegeben.[5]

Beispiel 6.4 Wir betrachten eine Situation mit $\sigma = 0{,}012$ und wollen die Forward Rate berechnen, wobei wir wissen, dass der 8-Jahres-Eurodollar-Futures-Kurs bei 94 liegt. In diesem Fall ist $T_1 = 8$, $T_2 = 8{,}25$ und die Konvexitätsanpassung beträgt

$$\frac{1}{2} \cdot 0{,}012^2 \cdot 8 \cdot 8{,}25 = 0{,}00475\,,$$

also 0,475% (47,5 Basispunkte). Der Futures-Zinssatz ist 6% per annum auf Actual/360-Basis mit vierteljährlicher Verzinsung. Dies entspricht 1,5% in 90 Tagen bzw. einer jährlichen Verzinsung von $(365/90)\ln 1{,}015 = 6{,}038\%$ auf Actual/365-Basis mit stetiger Verzinsung. Als Schätzer der Forward Rate ergibt sich daher gemäß Gleichung (6.3) $6{,}038 - 0{,}475 = 5{,}563\%$ per annum bei stetiger Verzinsung. Die folgende Tabelle zeigt, wie die Höhe der Anpassung mit steigender Laufzeit wächst.

Laufzeit der Futures (in Jahren)	Konvexitätsanpassung (in Basispunkten)
2	3,2
4	12,2
6	27,0
8	47,5
10	73,8

Aus der Tabelle ersehen wir, dass die Höhe der Anpassung ungefähr proportional zum Quadrat der Laufzeit des Kontrakts ist. Wenn sich die Laufzeit von 2 auf 4 Jahre verdoppelt, dann vervierfacht sich in etwa die Konvexitätsanpassung.

Die Bestimmung der LIBOR-Zinsstrukturkurve mit Eurodollar-Futures-Kontrakten

Die LIBOR-Zinsstrukturkurve bis zu einem Jahr wird durch die LIBOR-Sätze für 1, 3, 6 und 12 Monate bestimmt. Nach einmal durchgeführter Konvexitätsanpassung werden oft Eurodollar-Futures zur weiteren Bestimmung der Zinsstrukturkurve verwendet. Angenommen, der i-te Eurodollar-Futures-Kontrakt ist zum Zeitpunkt T_i ($i = 1, 2, \ldots$) fällig. Wir setzen gewöhnlich voraus, dass die aus diesem Futures-Kontrakt berechnete Forward Rate für den gesamten Zeitraum von T_i bis T_{i+1} gilt. (In der Realität ist dies nahezu korrekt.) Das erlaubt die Anwendung eines Bootstrap-

---

[5] Die Formel basiert auf dem Ho-Lee-Zinsmodell, das in Kapitel 31 diskutiert wird. Siehe T.S.Y. Ho und S.-B. Lee, „Term structure movements and pricing interest rate contingent claims", *Journal of Finance*, 41 (Dezember 1986), 1011–1029.

Verfahrens zur Bestimmung der Spot Rates. Angenommen, F_i ist die aus dem i-ten Eurodollar-Futures-Kontrakt berechnete Forward Rate und R_i die Spot Rate für die Laufzeit T_i. Nach Gleichung (4.5) gilt

$$F_i = \frac{R_{i+1} T_{i+1} - R_i T_i}{T_{i+1} - T_i}$$

und somit

$$R_{i+1} = \frac{F_i(T_{i+1} - T_i) + R_i T_i}{T_{i+1}} \ . \tag{6.4}$$

Andere Euro Rates wie Euroswiss, Euroyen und Euribor werden auf die gleiche Weise angewendet.

> **Beispiel 6.5** Für die 400-Tage-LIBOR-Spot-Rate wurde ein Wert von 4,8% bei stetiger Verzinsung errechnet. Aus der Eurodollar-Futures-Notierung wurde (a) für den in 400 Tagen beginnenden Zeitraum von 90 Tagen eine Forward Rate von 5,30% bei stetiger Verzinsung, (b) für den in 491 Tagen beginnenden Zeitraum von 90 Tagen eine Forward Rate von 5,50% bei stetiger Verzinsung und (c) für den in 589 Tagen beginnenden Zeitraum von 90 Tagen eine Forward Rate von 5,60% bei stetiger Verzinsung ermittelt. Unter Verwendung von Gleichung (6.4) erhalten wir für den 491-Tage-Zinssatz
>
> $$\frac{0{,}053 \cdot 91 + 0{,}048 \cdot 400}{491} = 0{,}04893 \ ,$$
>
> also 4,893%. Analog können wir die zweite Forward Rate verwenden, um den 589-Tage-Zinssatz zu erhalten:
>
> $$\frac{0{,}055 \cdot 98 + 0{,}04893 \cdot 491}{589} = 0{,}04994 \ ,$$
>
> also 4,994%. Die nächste Forward Rate würde man zur Bestimmung der Zinsstrukturkurve bis zur Fälligkeit des nächsten Eurodollar-Futures-Kontrakts heranziehen. (Auch wenn der einem Eurodollar-Futures-Kontrakt zugrunde liegende Zinssatz ein 90-Tage-Zinssatz ist, wird davon ausgegangen, dass er für den Zeitraum von 91 oder 98 Tagen, der zwischen den Fälligkeitsterminen der Eurodollar-Kontrakte liegt, gilt.)

6.4 Durationsbasierte Hedging-Strategien

Das Konzept der Duration wurde in Abschnitt 4.8 behandelt. Wir betrachten die Situation, in der eine Position in einem zinsabhängigen Asset wie einem Anleihe-Portfolio oder einem Geldmarktpapier durch einen Zins-Futures-Kontrakt abgesichert wird. Wir definieren:

F_C: Kurs des Zins-Futures-Kontraktes

D_F: Duration des dem Futures-Kontrakt zugrunde liegenden Assets bei Fälligkeit des Futures-Kontraktes

P: Forward-Wert des abgesicherten Portfolios bei Ende der Absicherung (in der Realität wird meist angenommen, dass dieser Wert dem heutigen Wert des Portfolios entspricht)

D_P: Duration des Portfolios bei Fälligkeit der Absicherung

Wenn wir annehmen, dass die Renditeänderung Δy für alle Laufzeiten gleich ist, also nur Parallelverschiebungen der Zinsstruktur auftreten können, dann gilt näherungsweise

$$\Delta P = -PD_P \Delta y \; .$$

Als Näherung gilt ebenfalls

$$\Delta F_C = -F_C D_F \Delta y \; .$$

Die Anzahl der zur Absicherung gegen ein unbekanntes Δy benötigten Kontrakte ist daher

$$N^* = \frac{PD_P}{F_C D_F} \; . \tag{6.5}$$

N^* ist die *durationsbasierte Hedge Ratio*. Sie wird manchmal auch als *Preissensitivitäts-Hedge-Ratio* bezeichnet.[6] Ihre Verwendung führt dazu, dass die Duration der gesamten Position null gesetzt wird.

Falls das Absicherungsinstrument ein Treasury-Bond-Futures-Kontrakt ist, muss der Absicherer D_F unter der Annahme ermitteln, dass eine bestimmte Anleihe geliefert wird. Das bedeutet, er muss zu Beginn der Absicherung abschätzen, welche der verfügbaren Anleihen wahrscheinlich die am günstigsten zu liefernde (d. h. die CtD-Anleihe) sein wird. Wenn sich in der Folgezeit die Zinsen so verändern, dass es aussieht, als ob eine andere Anleihe die CtD-Anleihe sein wird, muss die Absicherung angepasst werden, und das Ergebnis der Absicherung kann schlechter werden als angenommen.

Wenn Absicherungen unter Verwendung von Zins-Futures umgesetzt werden, ist es wichtig, im Hinterkopf zu behalten, dass sich Zinssätze und Futures-Kurse in entgegengesetzte Richtungen bewegen. Steigen die Zinssätze, fällt der Kurs eines Zins-Futures. Fallen die Zinssätze, trifft das Gegenteil zu; der Kurs des Zins-Futures steigt. Folglich sollte ein Unternehmen, das bei einem Sinken der Zinssätze Geld verlieren würde, sich durch Einnahme der Long-Position in Futures-Kontrakten absichern. Analog sollte ein Unternehmen, das bei einem Steigen der Zinssätze Geld verlieren würde, sich durch Einnahme der Short-Position in Futures-Kontrakten absichern.

Ein Absicherer versucht, den Futures-Kontrakt so zu wählen, dass seine Duration möglichst nahe an der Duration des abgesicherten Assets liegt. Bei Exposures im kurzfristigen Bereich werden vorrangig Eurodollar-Futures verwendet, während Ultra-T-Bond-, Treasury-Bond- und Treasury-Note-Futures im längerfristigen Bereich eingesetzt werden.

---

6 Eine ausführlichere Diskussion von Gleichung (6.5) findet sich in R. Rendleman, „Duration-Based Hedging with Treasury-Bond Futures", *Journal of Fixed Income*, 9, Nr. 1 (Juni 1999), 84–91.

> **Beispiel 6.6** Heute ist der 2. August. Ein Fondsmanager, der 10 Millionen $ in Staatsanleihen investiert hat, befürchtet, dass die Zinssätze in den nächsten drei Monaten stark schwanken werden. Er entscheidet sich, einen Dezember-Treasury-Bond-Futures-Kontrakt einzusetzen, um den Wert seines Portfolios abzusichern. Der gegenwärtige Futures-Kurs ist 93-02 (93,0625). Da jeder Kontrakt die Lieferung von Anleihen zum Nennwert von 100 000 $ umfasst, beträgt der Preis des Futures-Kontrakts 93 062,50 $.
>
> Angenommen, die Duration des Anleihe-Portfolios in drei Monaten liegt bei 6,80 Jahren. Als CtD-Anleihe für den Treasury-Bond-Futures-Kontrakt wird eine 20-Jahres-12%-Kupon-Anleihe erwartet. Die Rendite auf diese Anleihe beträgt zur Zeit 8,80% per annum, bei Fälligkeit des Futures-Kontrakts wird die Anleihe eine Duration von 9,20 haben.
>
> Der Fondsmanager benötigt zur Absicherung des Anleihe-Portfolios eine Short-Position in Treasury-Bond-Futures-Kontrakten. Falls die Zinssätze steigen, wird die Short-Position einen Gewinn aufweisen und das Anleihe-Portfolio einen Verlust verzeichnen. Falls die Zinssätze fallen, wird die Short-Position einen Verlust erzielen, aber es wird sich ein Gewinn auf das Anleihe-Portfolio einstellen. Die Anzahl der Futures-Kontrakte, in denen der Fondsmanager die Short-Position einnehmen sollte, beträgt gemäß Gleichung (6.5)
>
> $$\frac{10\,000\,000}{93\,062,50} \cdot \frac{6,80}{9,20} = 79,42 \,.$$
>
> Nach Rundung auf die nächste ganze Zahl sollte der Fondsmanager 79 Kontrakte verkaufen.

6.5 Absicherung von Portfolios aus Assets und Verbindlichkeiten

Finanzinstitute versuchen sich manchmal gegen das Zinsrisiko abzusichern, indem sie sicherstellen, dass die Duration ihrer Aktiva gleich der Duration ihrer Passiva ist. (Die Passiva können als Short-Positionen in Anleihen betrachtet werden.) Diese Strategie wird als *Duration Matching* oder *Portfolio-Immunisierung* bezeichnet. Wird sie angewendet, stellt sie sicher, dass eine kleine Parallelverschiebung der Zinssätze geringe Auswirkungen auf den Wert des Portfolios aus Aktiva und Passiva hat. Der Gewinn (Verlust) auf die Aktiva sollte durch den Verlust (Gewinn) auf die Passiva ausgeglichen werden.

Das Duration Matching immunisiert ein Portfolio allerdings nur gegen parallele Verschiebungen in der Zinsstrukturkurve. Dies ist eine Schwäche des Ansatzes. In der Praxis schwanken die kurzfristigen Zinssätze stärker als die langfristigen; die kurz- und langfristigen Zinssätze sind auch nicht perfekt korreliert. Es passiert häufiger, dass sich kurz- und langfristige Zinssätze in entgegengesetzte Richtungen bewegen. Das Duration Matching ist daher nur ein erster Schritt. Finanzinstitute haben andere Tools entwickelt, die ihnen beim Management ihres Zins-Exposures helfen. Siehe Business Snapshot 6.3.

Business Snapshot 6.3 – Asset-Liability Management bei Banken

Heutzutage überwachen die so genannten Asset-Liability-Management (ALM) Komitees der Banken ihr Exposure gegenüber den Zinssätzen sehr genau. Das Duration Matching von Assets und Liabilities ist dabei ein erster Schritt, der die Bank aber noch nicht gegen nichtparallele Verschiebungen der Renditekurve schützt. Ein populärer Ansatz ist das *GAP Management*. Hierbei wird die Spot-Rate-Strukturkurve in Segmente, so genannte *Buckets*, aufgeteilt. Das erste Bucket könnte von 0 bis 1 Monat gehen, das zweite von 1 bis 3 Monate usw. Das ALM-Komitee untersucht nun die Auswirkung einer Änderung der Zinssätze innerhalb eines Buckets auf die Werte der Assets und Verbindlichkeiten, wobei die Zinssätze der anderen Buckets konstant gehalten werden.

Bei einem Ungleichgewicht wird gewöhnlich eine Korrektur durchgeführt. Diese kann in einer Änderung der Kreditzinssätze, wie in Abschnitt 4.10 beschrieben, bestehen. Weiterhin können Instrumente wie z. B. Swaps, FRA, Anleihe-Futures, Eurodollar-Futures und weitere Zinsderivate zur Anwendung gelangen.

ZUSAMMENFASSUNG

Zwei sehr beliebte Zinskontrakte sind Treasury-Bond- und Eurodollar-Futures-Kontrakte, welche in den USA gehandelt werden. In Treasury-Bond-Futures-Kontrakten hat die Partei in der Short-Position eine Reihe interessanter Lieferoptionen:

1. Die Lieferung kann an jedem Tag des Liefermonats erfolgen.
2. Es gibt verschiedene Anleihen, die geliefert werden können.
3. An jedem Tag des Liefermonats kann die Erklärung über die Andienungsabsicht zum 14.00-Uhr-Schlusskurs noch später bekannt gegeben werden.

All diese Optionen führen zu Reduzierungen im Futures-Kurs.

Der Eurodollar-Futures-Kontrakt ist ein Kontrakt auf den 3-Monats-Eurodollar-Zinssatz zwei Tage vor dem dritten Mittwoch des Liefermonats. Eurodollar-Futures dienen häufig der Ermittlung der LIBOR Forward Rates bei der Konstruktion der LIBOR-Zinsstrukturkurve. Werden dazu langfristige Kontrakte verwendet, ist die Durchführung einer Konvexitätsanpassung wichtig, um den Unterschied zwischen Eurodollar-Futures und FRAs zu berücksichtigen.

Das Konzept der Duration spielt bei der Absicherung des Zinsrisikos eine wichtige Rolle. Es gibt dem Absicherer die Möglichkeit, die Sensitivität eines Anleihe-Portfolios gegenüber kleinen Parallelverschiebungen der Renditekurve zu beurteilen. Weiterhin kann er damit die Sensitivität eines Zins-Futures-Kurses gegenüber kleinen Änderungen der Renditekurve einschätzen. Damit ist er in der Lage, die Anzahl der zur Absicherung des Anleihe-Portfolios gegenüber kleinen Parallelverschiebungen der Renditekurve notwendigen Futures-Kontrakte zu berechnen.

Die Grundvoraussetzung für eine Absicherung auf Basis der Duration ist, dass sich alle Zinssätze um den gleichen Betrag ändern. Es werden also nur Parallelverschiebungen in der Zinsstruktur berücksichtigt. In der Praxis schwanken kurzfristige Zinssätze gewöhnlich stärker als langfristige Zinssätze. Das Absicherungsergebnis verschlechtert sich, falls die Duration der dem Futures-Kontrakt zugrunde liegenden Anleihe deutlich von der Duration des abgesicherten Assets abweicht.

ZUSAMMENFASSUNG

Literaturempfehlungen

Burghardt, G. und W. Hoskins, „The Convexity Bias in Eurodollar Futures", *Risk*, 8, 3 (1995): 63–70.

Grinblatt, M. und N. Jegadeesh, „The Relative Price of Eurodollar Futures and Forward Contracts", *Journal of Finance*, 51, 4 (September 1996): 1499–1522.

Praktische Fragestellungen

6.1 Ein US-Treasury Bond zahlt am 7. Januar und am 7. Juli einen Kupon von 7%. Wie viel Zinsen laufen pro 100 $ Nominalbetrag für einen Anleiheinhaber zwischen dem 7. Juli 2014 und dem 8. August 2014 auf? Inwieweit würde sich Ihre Antwort ändern, wenn es sich um eine Unternehmensanleihe handelte?

6.2 Wir haben den 9. Januar 2015. Der Kurs eines Treasury Bonds mit 12% Kupon, fällig am 12. Oktober 2030, notiert bei 102-07. Wie hoch ist der Dirty Price?

6.3 Wie wird der Konversionsfaktor einer Anleihe der CME Group ermittelt? Wie wird er verwendet?

6.4 Ein Eurodollar-Futures-Kurs ändert sich von 96,76 zu 96,82. Welchen Gewinn oder Verlust macht ein Anleger, der in zwei Kontrakten die Long-Position einnimmt?

6.5 Zu welchem Zweck werden an Eurodollar-Futures-Rates Konvexitätsanpassungen vorgenommen? Warum ist die Konvexitätsanpassung notwendig?

6.6 Der 350-Tage-LIBOR-Satz beträgt 3% bei stetiger Verzinsung. Die aus einem Eurodollar-Futures-Kontrakt mit 350 Tagen Laufzeit berechnete Forward Rate beträgt 3,2% bei stetiger Verzinsung. Ermitteln Sie die 440-Tage-Spot-Rate.

6.7 Es sei der 30. Januar. Sie verwalten ein Anleihe-Portfolio im Wert von 6 Millionen $. Die Duration des Portfolios wird in sechs Monaten 8,2 Jahre betragen. Der Kurs des September-Treasury-Bond-Futures steht zur Zeit bei 108-15, die CtD-Anleihe wird im September eine Duration von 7,6 Jahren aufweisen. Wie sollten Sie sich gegen Zinsänderungen in den nächsten sechs Monaten absichern?

6.8 Der Preis eines 90-Tage-Treasury-Bills wird mit 10,00 angegeben. Welchen Ertrag (bei stetiger Verzinsung, auf Actual/365-Basis) erzielt ein Anleger für den 90-Tage-Zeitraum?

6.9 Am 5. Mai 2014 beträgt der Kurs einer Staatsanleihe mit 12% Kupon, die am 27. Juli 2024 fällig ist, 110-17. Wie hoch ist der für die Anleihe zu zahlende Preis?

6.10 Angenommen, der Treasury-Bond-Futures-Kurs beträgt 101-12. Welche der nachstehenden vier Anleihen kommt als CtD-Anleihe in Frage?

Anleihe	Preis	Konversionsfaktor
1	125-05	1,2131
2	142-15	1,3792
3	115-31	1,1149
4	144-02	1,4026

6.11 Wir haben den 30. Juli 2015. Die CtD-Anleihe für einen September-2015-Treasury-Bond-Futures-Kontrakt ist eine 13%-Kupon-Anleihe, die Lieferung wird für den 30. September 2015 erwartet. Die Kupon-Ausschüttungen erfolgen jedes Jahr am 4. Februar und am 4. August. Die Zinsstruktur ist flach, der Zinssatz beträgt 12% per annum bei halbjährlicher Verzinsung. Der Konversionsfaktor der Anleihe ist 1,5. Der gegenwärtige Anleihekurs beträgt 110 $. Berechnen Sie den Futures-Kurs für den Kontrakt.

6.12 Ein Anleger sucht nach Arbitragemöglichkeiten auf dem Treasury-Bond-Futures-Markt. Welche Komplikationen erwachsen aus der Tatsache, dass die Partei in der Short-Position jede Anleihe mit einer Laufzeit zwischen 15 und 25 Jahren zur Lieferung wählen kann?

6.13 Angenommen, der 9-Monats-LIBOR-Zinssatz beträgt 8% per annum und der 6-Monats-LIBOR-Zinssatz 7,5% per annum (jeweils mit Actual/365-Tagzählung bei stetiger Verzinsung). Bestimmen Sie den Eurodollar-Futures-Kurs für einen in sechs Monaten fälligen Kontrakt.

6.14 Angenommen, die 300-Tage-LIBOR-Spot-Rate beträgt 4%. Die Notierungen für Eurodollar-Kontrakte mit Restlaufzeiten von 300, 398 bzw. 489 Tagen betragen 95,83, 95,62 und 95,48. Berechnen Sie die 398-Tage- und die 489-Tage-LIBOR-Spot-Rate. Unterstellen Sie für Ihre Berechnungen, dass keine Unterschiede zwischen Forward Rates und Futures Rates bestehen.

6.15 Angenommen, ein Anleihe-Portfolio mit einer Duration von zwölf Jahren wird unter Verwendung eines Futures-Kontrakts abgesichert, dessen Underlying eine Duration von vier Jahren hat. Was ist die anzunehmende Auswirkung auf die Absicherung, wenn der 12-Jahres-Satz weniger volatil ist als der 4-Jahres-Satz?

6.16 Angenommen, wir haben den 20. Februar. Ein Finanzmanager stellt fest, dass das Unternehmen am 17. Juli 5 Millionen $ in festverzinslichen Wertpapieren mit einer Laufzeit von 180 Tagen emittieren muss. Würden die Papiere heute ausgegeben, so würde das Unternehmen einen Preis von 4 820 000 $ erzielen. (Mit anderen Worten, das Unternehmen würde für die Papiere 4 820 000 $ erhalten und müsste sie in 180 Tagen für 5 000 000 $ zurückkaufen.) Der September-Eurodollar-Futures-Kurs notiert bei 92,00. Wie sollte der Finanzmanager das Exposure des Unternehmens absichern?

6.17 Am 1. August hat ein Portfolio-Manager ein Anleihe-Portfolio im Wert von 10 Millionen $. Im Oktober wird die Duration des Portfolios 7,1 Jahre betragen. Der Dezember-Treasury-Bond-Futures-Kurs steht momentan bei 91-12 und die CtD-Anleihe wird bei seiner Fälligkeit eine Duration von 8,8 Jahren haben. Wie sollte der Portfolio-Manager das Portfolio gegen Zinsänderungen während der nächsten zwei Monate absichern?

6.18 Wie kann der Portfolio-Manager die Duration des Portfolios in Aufgabe 6.17 auf 3,0 Jahre ändern?

6.19 Zwischen dem 30. Oktober 2015 und dem 1. November 2015 haben Sie die Wahl zwischen dem Besitz einer 12%-Kupon-US-Staatsanleihe und einer 12%-Kupon-US-Unternehmensanleihe. Betrachten Sie sorgfältig die in diesem Kapitel besprochenen Konventionen der Tagzählung und entscheiden Sie sich, welche Anleihe Sie lieber besitzen würden. Das Kreditrisiko soll vernachlässigt werden.

6.20 Die Notierung für den Eurodollar-Futures sei 88 für einen Kontrakt mit einer Restlaufzeit von 60 Tagen. Wie hoch ist die LIBOR-Forward-Rate für den Zeitraum von Tag 60 bis Tag 150? Ignorieren Sie bei dieser Frage den Unterschied zwischen Futures und Forwards.

6.21 Der 3-Monats-Eurodollar-Futures-Kurs für einen in sechs Jahren fälligen Kontrakt beträgt 95,20. Die Standardabweichung der Änderung des kurzfristigen Zinssatzes in einem Jahr beträgt 1,1%. Bestimmen Sie die LIBOR-Forward-Rate für den zukünftigen Zeitraum von 6,00 bis 6,25 Jahren.

6.22 Erläutern Sie, warum die Forward Rate unter dem zugehörigen Futures-Zinssatz liegt, der aus einem Eurodollar-Futures-Kontrakt berechnet wurde.

Zur weiteren Vertiefung

6.23 Am 7. April 2014 beträgt der Dirty Price einer US-Staatsanleihe mit einem jährlichen Kupon von 6% per annum (halbjährliche Zahlung) 120-00. Laufzeitende ist der 27. Juli 2023. Wie hoch ist der Clean Price? Wie ändert sich Ihre Antwort, wenn es sich um eine Unternehmensanleihe handelt?

6.24 Der Kurs eine Treasury-Bond-Futures beträgt 103-12. Drei lieferbare Anleihen haben die Kurse 115-06, 135-12 bzw. 155-28. Ihre Konversionsfaktoren sind 1,0679, 1,2264 bzw. 1,4169. Welche der Anleihen kommt als CtD-Anleihe in Frage?

6.25 Der Dezember-Eurodollar-Futures-Kontrakt notiert bei 98,40. Ein Unternehmen plant die Aufnahme eines 8-Millionen-Dollar-Kredits zu LIBOR plus 0,5% für drei Monate ab Dezember.

a. Welchen Zinssatz kann das Unternehmen durch die Verwendung des Eurodollar-Futures-Kontrakts festschreiben?
b. Welche Position sollte das Unternehmen in den Kontrakten einnehmen?
c. Wie hoch ist der Schlussabrechnungskurs der Futures-Kontrakte, wenn der tatsächliche 3-Monats-Zinssatz 1,3% beträgt?

Erläutern Sie, wie die Effektivität der Absicherung beeinträchtigt wird, wenn keine zeitliche Übereinstimmung der Kontrakte vorliegt.

6.26 Ein Eurodollar-Futures-Kontrakt notiert bei 97,1 für den Zeitraum zwischen 5,1 und 5,35 Jahren. Die Standardabweichung der Änderung des kurzfristigen Zinssatzes in einem Jahr beträgt 1,4%. Schätzen Sie den Forward-Zinssatz für ein FRA ab.

6.27 Wir schreiben den 10. März 2014. Die Cheapest-to-Deliver-Anleihe für einen Treasury-Bond-Futures-Kontrakt mit Fälligkeit im Dezember 2014 ist eine Anleihe mit einem 8%-Kupon, die Lieferung wird für den 31. Dezember 2014 erwartet. Die Kuponzahlungen auf die Anleihe erfolgen jedes Jahr am 1. März und am 1. September. Der Zinssatz (bei stetiger Verzinsung) beträgt 5% für alle Laufzeiten. Der Konversionsfaktor für die Anleihe beträgt 1,2191. Die Anleihe notiert gegenwärtig mit 137 $. Berechnen Sie, zu welchem Kurs der Futures-Kontrakt notiert.

6.28 Nehmen Sie an, eine Bank kann auf dem LIBOR-Markt zum selben Zinssatz Kapital aufnehmen und anlegen. Der Zinssatz für 90 Tage beträgt 10% per annum und der Zinssatz für 180 Tage 10,2% per annum, jeweils bei stetiger Verzinsung. Der Eurodollar-Futures-Kurs für einen in 91 Tagen fälligen Kontrakt ist mit 89,5 angegeben. Welche Arbitragemöglichkeiten bieten sich der Bank?

6.29 Ein kanadisches Unternehmen möchte aus einem US-Eurodollar-Futures-Kontrakt und Währungs-Forward-Kontrakten einen kanadischen LIBOR-Futures-Kontrakt konstruieren. Erläutern Sie an einem Beispiel, wie das Unternehmen vorgehen sollte. Nehmen Sie dabei im Rahmen dieser Aufgabe an, ein Futures-Kontrakt sei dasselbe wie ein Forward-Kontrakt.

6.30 Am 25. Juni 2014 beträgt der Futurespreis für einen Juni-2014-Anleihe-Futures-Kontrakt 118-23.

a. Berechnen Sie den Konversionsfaktor für eine Anleihe, welche am 1. Januar 2030 fällig ist und einen Kupon von 10% zahlt.
b. Berechnen Sie den Konversionsfaktor für eine Anleihe, welche am 1. Oktober 2035 fällig ist und einen Kupon von 7% zahlt.
c. Angenommen, die Kursnotierungen (Clean Prices) der Anleihen aus a. und b. betragen 169,00 und 136,00. Welche Anleihe ist die CtD-Anleihe?
d. Angenommen, es kommt zu einer Lieferung der CtD-Anleihe am 25. Juni 2014. Wie hoch ist der für die Anleihe realisierte Dirty Price?

6.31 Ein Portfolio-Manager plant die Verwendung eines Treasury-Bond-Futures-Kontraktes zur Absicherung eines Anleihe-Portfolios über die nächsten drei Monate. Das Portfolio hat einen Wert von 100 Millionen $ und wird in drei Monaten eine Duration von 4,0 Jahren aufweisen. Der Futures-Kurs beträgt 122, jeder Futures-Kontrakt umfasst 100 000 $ Nominalkapital. Die erwartete CtD-Anleihe wird bei Fälligkeit des Futures-Kontrakts eine Duration von 9,0 Jahren haben. Welche Position in den Futures-Kontrakten wird benötigt?

a. Welche Anpassungen der Absicherung sind notwendig, wenn nach einem Monat eine andere CtD-Anleihe mit einer Duration von sieben Jahren erwartet wird?

b. Nehmen Sie an, dass alle Zinssätze im Verlauf der drei Monate steigen, der langfristige Zinssatz allerdings weniger als der kurz- und der mittelfristige Zinssatz. Welche Auswirkungen hat dies auf das Ergebnis der Absicherung?

Swaps

7.1	Zinsswaps	204
7.2	Tagzählung	211
7.3	Confirmations	211
7.4	Komparative Vorteile	213
7.5	Swap Rates	216
7.6	Bestimmung von LIBOR/Swap Spot Rates	217
7.7	Bewertung von Zinsswaps	218
7.8	Auswirkungen auf die Laufzeitstruktur	222
7.9	Fixed-for-Fixed-Währungsswaps	222
7.10	Bewertung von Fixed-for-Fixed-Währungsswaps	226
7.11	Weitere Währungsswaps	229
7.12	Kreditrisiko	230
7.13	Weitere Arten von Swaps	233
	Zusammenfassung	235
	Literaturempfehlungen	236
	Praktische Fragestellungen	236

7 Swaps

Die Geburtsstunde des Over-the-Counter-Swapmarkts lässt sich auf einen Währungsswap zurückführen, den IBM und Weltbank 1981 miteinander vereinbarten. Die Weltbank hatte Kredite in US-Dollar aufgenommen, während IBM Kredite in Deutschen Mark und Schweizer Franken aufgenommen hatte. Die Weltbank (die DM- und SFr-Kredite nur in begrenztem Umfang direkt aufnehmen konnte) übernahm Zinszahlungen auf die IBM-Kredite, IBM im Gegenzug Zinszahlungen auf die Weltbank-Kredite.

Seit dieser ersten Swap-Transaktion 1981 hat der Swapmarkt ein gewaltiges Wachstum erfahren. Mittlerweile haben Swaps zentrale Bedeutung auf den OTC-Derivatemärkten erlangt. Die von der Bank für Internationalen Zahlungsausgleich vorgelegten Statistiken zeigen, dass 58,5 % aller Over-the-Counter-Derivate Zinsswaps und weitere 4 % Währungsswaps sind. Der größte Teil dieses Kapitels ist daher diesen beiden Swaparten gewidmet. Weitere Swaps werden am Ende des Kapitels kurz erwähnt und in späteren Kapiteln (insbesondere in den Kapiteln 25 und 33) näher betrachtet.

Ein Swap [swap (engl.) = Tausch] ist eine Over-the-Counter-Vereinbarung zwischen zwei Unternehmen, in der Zukunft Cash Flows auszutauschen. Die Vereinbarung legt die Termine fest, zu denen die Zahlungen zu leisten sind, sowie die Art und Weise, wie diese berechnet werden. Gewöhnlich beinhaltet die Berechnung der Cash Flows die zukünftigen Werte eines Zinssatzes, eines Wechselkurses oder einer anderen Marktvariablen.

Ein Forward-Kontrakt kann als einfaches Beispiel für einen Swap angesehen werden. Angenommen, es ist der 1. März 2016 und ein Unternehmen schließt einen Forward-Kontrakt über den Kauf von 100 Unzen Gold für 1500 $ je Unze in einem Jahr ab. Das Unternehmen kann das Gold in einem Jahr sofort nach Erhalt wieder verkaufen. Der Forward-Kontrakt ist daher äquivalent mit einem Swap, bei dem das Unternehmen vereinbart, am 1. März 2017 150 000 $ zu zahlen und 100S zu erhalten, wobei S der Marktpreis einer Unze Gold an jenem Tag ist.

Beim am meisten verbreiteten („Plain Vanilla") Zinsswap wird LIBOR gegen einen festen Zinssatz ausgetauscht. Bei der Bewertung von Swaps benötigen wir einen risikolosen Zinssatz zur Diskontierung der Cashflows. LIBOR wird, wie in Abschnitt 4.1 erwähnt, traditionell als gute Näherung für den risikolosen Zinssatz verwendet. Es zeigt sich, dass sich die Bewertung von Plain-Vanilla-Zinsswaps dadurch erheblich vereinfacht, da der Diskontierungssatz mit dem Referenzzinssatz des Swaps übereinstimmt. Seit der Kreditkrise von 2008 sind andere risikofreie Zinssätze in Gebrauch, vor allem für Transaktionen mit Collateral. In diesem Kapitel unterstellen wir, dass LIBOR als der risikolose Zinssatz verwendet wird. In Kapitel 9 werden wir diese Annahme noch einmal aufgreifen und die Wahl des risikofreien Zinssatzes sowie dessen Einfluss auf die Bewertung von Zinsswaps diskutieren.

7.1 Zinsswaps

Bei einem Zinsswap verpflichtet sich ein Unternehmen, an ein anderes Unternehmen Cash Flows in Höhe des Zinses zu einem vorher festgelegten Zinssatz auf einen fiktiven Nominalbetrag für eine bestimmte Anzahl von Jahren zu leisten. Im Gegenzug erhält es von einem anderen Unternehmen Zinsen zu einem variablen Satz auf das gleiche fiktive Nominalkapital für den gleichen Zeitraum. Daher werden diese Standard-Zinsswaps auch als „Fixed-for-Floating"-Zinsswaps bezeichnet.

LIBOR

In vielen Zinsswap-Kontrakten ist der variable Zinssatz die London Interbank Offered Rate (LIBOR). Diese haben wir in Kapitel 4 eingeführt. Der LIBOR ist der Zinssatz, zu welchem eine Bank mit AA-Kreditrating in der Lage ist, Kredit von anderen Banken aufzunehmen.

Während die Prime Rate als Zinssatz für Kreditnehmer bester Bonität häufig ein Maßstab für variabel verzinsliche inländische Kredite ist, bietet der LIBOR solch einen Anhaltspunkt bei internationalen Kreditgeschäften. Um seine Anwendung zu verstehen, betrachten wir ein 5-Jahres-Darlehen, dessen Zinssatz als 6-Monats-LIBOR + 0,5 % per annum festgelegt ist. Die Laufzeit des Darlehens ist in zehn jeweils sechs Monate lange Perioden unterteilt. Für jede Periode wird der Zinssatz auf 0,5 % über dem 6-Monats-LIBOR-Satz zu Beginn der jeweiligen Periode gesetzt. Die Zinszahlung erfolgt am Ende der Periode.

Einen Swap, bei dem LIBOR gegen einen festen Zinssatz ausgetauscht wird, werden wir als „LIBOR-for-Fixed"-Swap bezeichnen.

Veranschaulichung

Wir betrachten einen hypothetischen 3-Monats-Swap zwischen Microsoft und Intel, der am 5. März 2014 beginnt. Wir nehmen an, dass Microsoft sich verpflichtet, einen Zinssatz von 5 % auf ein Nominalkapital von 100 Millionen $ an Intel zu zahlen. Im Gegenzug verpflichtet sich Intel, auf das gleiche Nominalkapital den 6-Monats-LIBOR-Satz an Microsoft zu zahlen. Wir unterstellen, dass die Vereinbarung festlegt, dass die Zahlungen alle sechs Monate auszutauschen sind und der Zinssatz von 5 % mit halbjährlicher Verzinsung angegeben wird. Dieser Swap ist schematisch in Abbildung 7.1 dargestellt.

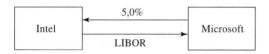

Abbildung 7.1: Zinsswap zwischen Microsoft und Intel

Der erste Zahlungsaustausch würde am 5. September 2014 stattfinden, sechs Monate nach Inkrafttreten der Vereinbarung. Microsoft würde 2,5 Millionen $ an Intel zahlen. Dies entspricht dem Zins von 5 % auf den 100-Millionen-$-Nennbetrag für sechs Monate. Intel würde an Microsoft den Zins auf den 100-Millionen-$-Nennbetrag zu dem 6-Monats-LIBOR-Satz zahlen, der sechs Monate vor dem 5. September 2014, also am 5. März 2014, gilt. Angenommen, am 5. März 2014 beträgt der 6-Monats-LIBOR-Satz 4,2 %. Intel zahlt $0{,}5 \cdot 0{,}042 \cdot 100\,\$ = 2{,}1$ Millionen $ an Microsoft.[1] Beachten Sie, dass es keine Unsicherheit bei diesem ersten Austausch von Zahlungen gibt, da er vom LIBOR-Satz zum Zeitpunkt des Inkrafttretens des Kontrakts bestimmt wird.

Der zweite Austausch von Zahlungen würde am 5. März 2015 stattfinden, ein Jahr nach Inkrafttreten der Vereinbarung. Microsoft würde 2,5 Millionen $ an Intel bezahlen. Intel würde an Microsoft den Zins auf den 100-Millionen-$-Nennwert zu dem 6-Monats-LIBOR-Satz zahlen, der sechs Monate vor dem 5. März 2015, also

---

[1] Die Berechnungen sind hier etwas ungenau, da Konventionen der Tagzählung ignoriert werden. Dieser Punkt wird im Verlauf des Kapitels noch ausführlicher behandelt.

Datum	6-Monats-LIBOR-Satz (%)	erzielter variabler Cash Flow	gezahlter fixer Cash Flow	Netto Cash Flow
5. März 2014	4,20			
5. September 2014	4,80	+2,10	−2,50	−0,40
5. März 2015	5,30	+2,40	−2,50	−0,10
5. September 2015	5,50	+2,65	−2,50	+0,15
5. März 2016	5,60	+2,75	−2,50	+0,25
5. September 2016	5,90	+2,80	−2,50	+0,30
5. März 2017		+2,95	−2,50	+0,45

Tabelle 7.1: Cash Flows (in Millionen Dollar) an Microsoft in einem 3-Jahres-Zinsswap auf 100 Millionen Dollar, bei Zahlung eines festen Zinssatzes von 5% und Erhalt des LIBOR-Satzes

am 5. September 2014, gilt. Angenommen, der 6-Monats-LIBOR-Satz beträgt am 5. September 2014 4,8%. Dann bezahlt Intel $0,5 \cdot 0,048 \cdot 100\,\$ = 2,4$ Millionen \$ an Microsoft.

Insgesamt führt der Swap zu einem Austausch von sechs Zahlungen. Die festen Zahlungen belaufen sich immer auf 2,5 Millionen \$. Die Zahlungen auf den variablen Zinssatz werden unter Verwendung des 6-Monats-LIBOR-Satzes berechnet, der sechs Monate vor dem Zahlungstermin galt. Ein Zinsswap ist im Allgemeinen so aufgebaut, dass eine Seite die Differenz der beiden zu leistenden Zahlungen an die andere Seite überweist. In unserem Beispiel würde Microsoft am 5. September 2014 0,4 Millionen \$ (= 2,5 Millionen \$ − 2,1 Millionen \$) an Intel bezahlen und am 5. März 2015 0,1 Millionen \$ (= 2,5 Millionen \$ − 2,4 Millionen \$).

Tabelle 7.1 zeigt ein Beispiel der bei diesem Swap geleisteten Zahlungen für bestimmte Werte der 6-Monats-LIBOR-Sätze. Die Swap-Zahlungen sind aus der Sicht von Microsoft dargestellt. Beachten Sie, dass das Nominalkapital von 100 Millionen \$ nur als Basis für die Berechnung der Zinszahlungen dient. Das Nominalkapital wird selbst nicht ausgetauscht. Deswegen wird es auch als fiktives oder hypothetisches Nominalkapital bezeichnet.

Würde der Nennwert am Ende der Swap-Laufzeit ausgetauscht werden, würde sich das Wesen des Geschäftes in keiner Weise ändern. Der Nennbetrag ist der gleiche sowohl für die festen als auch für die variablen Zahlungen. Der Austausch von 100 Millionen \$ gegen 100 Millionen \$ bei Ablauf des Swaps ist eine Transaktion, die weder für Microsoft noch für Intel einen finanziellen Wert hat. Tabelle 7.2 zeigt die Cash Flows von Tabelle 7.1 mit zusätzlichem Austausch des Nominalwerts zum Schluss. Dies erlaubt eine interessante Sichtweise auf den Swap. Die Cash Flows in der dritten Spalte dieser Tabelle sind die Cash Flows aus der Long-Position in einer variabel verzinslichen Anleihe. Die Cash Flows in der vierten Spalte der Tabelle sind die Cash Flows aus der Short-Position in einer festverzinslichen Anleihe. Die Tabelle zeigt, dass der Swap als Austausch einer festverzinslichen Anleihe gegen eine variabel verzinsliche Anleihe angesehen werden kann. Microsoft, dessen Position in Tabelle 7.2 beschrieben wird, hat die Long-Position in einer variabel verzinslichen Anleihe und die Short-Position in einer festverzinslichen Anleihe inne. Intel

Datum	6-Monats-LIBOR-Satz (%)	erzielter variabler Cash Flow	gezahlter fixer Cash Flow	Netto-Cash Flow
5. März 2014	4,20			
5. September 2014	4,80	+2,10	−2,50	−0,40
5. März 2015	5,30	+2,40	−2,50	−0,10
5. September 2015	5,50	+2,65	−2,50	+0,15
5. März 2016	5,60	+2,75	−2,50	+0,25
5. September 2016	5,90	+2,80	−2,50	+0,30
5. März 2017		+102,95	−102,50	+0,45

Tabelle 7.2: Cash Flows (in Millionen Dollar) von Tabelle 7.1 mit Austausch des Nominalkapitals zum Schluss

besitzt die Long-Position in einer festverzinslichen Anleihe und die Short-Position in einer variabel verzinslichen Anleihe.

Diese Beschreibung der Cash Flows erleichtert die Erklärung, weshalb der variable Zinssatz im Swap sechs Monate vor der Zahlung festgelegt wird. Bei einer variabel verzinslichen Anleihe wird der Zins gewöhnlich zu Beginn des Zeitraums, für den er gelten soll, festgelegt und am Ende dieses Zeitraums gezahlt. Die Berechnung der zinsvariablen Zahlungen in einem „Plain Vanilla"-Zinsswap wie in Tabelle 7.2 spiegelt dies wider.

Verwendung von Swaps zur Anpassung von Verbindlichkeiten

Microsoft könnte den Swap dazu nutzen, ein zinsvariables Darlehen in ein festverzinsliches Darlehen umzuwandeln. Angenommen, Microsoft hat eine Kreditaufnahme von 100 Millionen $ zum LIBOR-Satz zuzüglich zehn Basispunkten in die Wege geleitet. (Ein Basispunkt entspricht einem Hundertstel von 1%, der Zinssatz ist also LIBOR plus 0,1%.) Nachdem Microsoft den Swap abgeschlossen hat, fallen drei Arten von Zahlungen an:

1. Es zahlt den LIBOR-Satz plus 0,1% an seine externen Kreditgeber.
2. Es erhält den LIBOR-Satz gemäß den Bedingungen des Swaps.
3. Es zahlt 5% gemäß den Bedingungen des Swaps.

Diese drei Arten von Cash Flows ergeben insgesamt eine Zinszahlung von 5,1%. Für Microsoft könnte der Swap also den Effekt einer Transformation eines Kredits mit einem variablen Zinssatz von LIBOR plus zehn Basispunkten in einen Kredit mit einem festen Zinssatz von 5,1% haben.

Für Intel könnte der Swap den Effekt einer Transformation eines Kredits mit einem festen Zinssatz in einen Kredit mit einem variablen Zinssatz haben. Angenommen, Intel hat einen 3-Jahres-Kredit von 100 Millionen $ aufgenommen, auf den es 5,2% zahlt. Nachdem es den Swap abgeschlossen hat, fallen drei Arten von Zahlungen an:

Abbildung 7.2: Microsoft und Intel nutzen den Swap zur Anpassung einer Verbindlichkeit

1. Es zahlt 5,2% an seine externen Kreditgeber.
2. Es zahlt den LIBOR-Satz gemäß den Bedingungen des Swaps.
3. Es erhält 5% gemäß den Bedingungen des Swaps.

Diese drei Arten von Cash Flows ergeben insgesamt eine Zinszahlung von LIBOR plus 0,2% (LIBOR plus 20 Basispunkte). Für Intel könnte der Swap also den Effekt einer Transformation eines Kredits mit einem festen Zinssatz von 5,2% in einen Kredit mit einem variablen Zinssatz von LIBOR plus 20 Basispunkten haben. Diese potenzielle Verwendung des Swaps durch Intel und Microsoft wird in Abbildung 7.2 illustriert.

Verwendung von Swaps zur Anpassung von Assets

Swaps können auch zur Anpassung der Zahlungsstruktur von Vermögensgegenständen (Assets) dienen. Betrachten wir in unserem Beispiel Microsoft. Der Swap könnte den Effekt haben, ein Asset, das einen festen Zinssatz erzielt, in ein Asset, das einen variablen Zinssatz erzielt, umzuwandeln. Nehmen wir an, dass Microsoft 100 Millionen $ in Anleihen hält, welche in den nächsten drei Jahren einen Zins von 4,7% per annum erbringen. Nachdem Microsoft den Swap abgeschlossen hat, ergeben sich drei Arten von Zahlungen:

1. Es erhält 4,7% auf die Anleihen.
2. Es erhält den LIBOR-Satz gemäß den Bedingungen des Swaps.
3. Es zahlt 5% gemäß den Bedingungen des Swaps.

Diese drei Arten von Cash Flows ergeben einen Zufluss zu einem Zinssatz von LIBOR minus 30 Basispunkten. Somit stellt die Umwandlung eines Vermögensgegenstandes, der 4,7% Ertrag erzielt, in einen Vermögensgegenstand, der LIBOR minus 30 Basispunkte erzielt, für Microsoft eine mögliche Verwendung des Swaps dar.

Betrachten wir nun Intel. Der Swap könnte den Effekt haben, einen Vermögensgegenstand, der ein variables Zinseinkommen erzielt, in einen Vermögensgegenstand zu transformieren, der einen festen Zinssatz erzielt. Nehmen wir an, dass Intel 100 Millionen $ angelegt hat, welche den LIBOR-Satz minus 20 Basispunkte als Rendite erbringen. Nachdem es den Swap abgeschlossen hat, ergeben sich drei Gruppen von Cash Flows:

1. Es erhält den LIBOR-Satz minus 20 Basispunkte auf seine Anlage.
2. Es zahlt den LIBOR-Satz gemäß den Bedingungen des Swaps.
3. Es erhält 5% gemäß den Bedingungen des Swaps.

Diese drei Gruppen von Cash Flows ergeben einen Zufluss zu einem Zinssatz von 4,8%. Somit stellt die Umwandlung eines Vermögensgegenstandes, der LIBOR minus

7.1 Zinsswaps

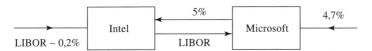

Abbildung 7.3: Microsoft und Intel nutzen den Swap zur Anpassung eines Assets

20 Basispunkte erzielt, in einen Vermögensgegenstand, der 4,8% erzielt, für Intel eine mögliche Verwendung des Swaps dar. In Abbildung 7.3 sind diese Einsatzmöglichkeiten des Swaps durch Intel und Microsoft noch einmal dargestellt.

Die Rolle von Finanzintermediären

Normalerweise treten zwei Unternehmen wie Intel und Microsoft nicht direkt miteinander in Verbindung, um einen Swap, wie er in den Abbildungen 7.2 und 7.3 dargestellt ist, abzuschließen. Jeder von ihnen tätigt seine Geschäfte mit einem Finanzintermediär, also mit einer Bank oder einem anderen Finanzdienstleister. LIBOR-for-Fixed-Swaps auf US-Zinssätze sind gewöhnlich so aufgebaut, dass der Finanzdienstleister etwa drei bis vier Basispunkte (0,03% bis 0,04%) an zwei sich ausgleichenden Transaktionen verdient.

Abbildung 7.4 zeigt, welche Rolle der Finanzdienstleister in der Situation von Abbildung 7.2 spielen könnte. Das Institut tritt in zwei sich ausgleichende Swap-Transaktionen mit Intel und Microsoft ein. Vorausgesetzt, dass beide zahlungsfähig bleiben, erzielt das Finanzinstitut einen sicheren Gewinn von 0,03% (3 Basispunkte) pro Jahr auf das Nominalkapital von 100 Millionen $. (Das ergibt 30 000 $ pro Jahr für den 3-Jahres-Zeitraum.) Microsoft nimmt letztlich einen Kredit zu 5,115% auf (statt, wie in Abbildung 7.2, zu 5,1%); Intel leiht zum LIBOR-Satz plus 21,5 Basispunkte (anstatt, wie in Abbildung 7.2, zum LIBOR-Satz plus 20 Basispunkte).

Abbildung 7.5 veranschaulicht die Rolle des Finanzdienstleisters in der Situation von Abbildung 7.3. Der Swap ist derselbe wie zuvor, und das Finanzinstitut erzielt einen sicheren Gewinn von drei Basispunkten, wenn keines der beiden Unternehmen zahlungsunfähig wird. Microsoft realisiert letztlich den LIBOR-Satz minus 31,5 Basispunkte (statt, wie in Abbildung 7.3, den LIBOR-Satz minus 30 Basispunkte); Intel erzielt einen Ertrag von 4,785% (anstatt, wie in Abbildung 7.2, 4,8%).

Zu beachten ist, dass das Finanzinstitut in jedem Fall zwei separate Kontrakte abschließt, einen mit Intel und den anderen mit Microsoft. Intel wird oftmals nicht einmal wissen, dass das Finanzinstitut einen ausgleichenden Swap mit Microsoft

Abbildung 7.4: Zinsswap von Abbildung 7.2 bei Einschaltung eines Finanzinstituts

Abbildung 7.5: Zinsswap von Abbildung 7.3 bei Einschaltung eines Finanzinstituts

abgeschlossen hat, und umgekehrt. Kommt eines der Unternehmen seinen Zahlungsverpflichtungen nicht nach, muss das Finanzinstitut trotzdem die Vereinbarung mit dem anderen Unternehmen einhalten. Die Spanne von drei Basispunkten, die der Finanzdienstleister erwirtschaftet, soll zum Teil die Übernahme des Ausfallrisikos der beiden Unternehmen bezüglich der Swap-Zahlungen kompensieren.

Market Maker

In der Realität ist es unwahrscheinlich, dass zwei Unternehmen zur gleichen Zeit in Kontakt mit einem Finanzinstitut treten, um entgegengesetzte Positionen in demselben Swap einzunehmen. Aus diesem Grund agieren viele große Finanzinstitute als Market Maker für Swaps. Das bedeutet, sie sind bereit, in einen Swap einzutreten, ohne einen ausgleichenden Swap mit einer anderen Gegenseite abgeschlossen zu haben.[2] Market Maker müssen die Risiken, die sie eingehen, sorgfältig bestimmen und absichern. Anleihen, Zinsterminkontrakte (FRA) und Zins-Futures sind Beispiele von Instrumenten, die Market Maker zur Absicherung verwenden können. Tabelle 7.3 zeigt Notierungen für Standard-US-Dollar-Swaps, die ein Market Maker bereitgestellt haben könnte.[3] Wie schon erwähnt, beträgt die Geld-Brief-Spanne drei bis vier Basispunkte. Den Mittelwert der Ankauf- und Verkaufssätze für die Festzinsseite bezeichnet man als *Swap Rate*. Diese ist in der letzten Spalte von Tabelle 7.3 angegeben.

Wir betrachten einen neuen Swap, dessen fester Zinssatz der Swap Rate entspricht. Wir können vernünftigerweise annehmen, dass der Wert dieses Swaps null beträgt. (Warum würde ein Market Maker sonst Ankaufs- und Verkaufsgebot mit der Swap Rate als Mittelwert festlegen?) Aus Tabelle 7.2 kann man ersehen, dass ein Swap als Differenz zwischen einer festverzinslichen und einer variabel verzinslichen Anleihe charakterisiert werden kann. Wir definieren:

Laufzeit (Jahre)	Ankauf (%)	Verkauf (%)	Swapsatz (%)
2	6,03	6,06	6,045
3	6,21	6,24	6,225
4	6,35	6,39	6,370
5	6,47	6,51	6,490
7	6,65	6,68	6,665
10	6,83	6,87	6,850

Tabelle 7.3: Ankauf- und Verkaufssätze der Festzinsseite auf dem Swapmarkt sowie Swap Rates (in Prozent per annum)

---

[2] Hierfür existiert im Englischen auch die Bezeichnung Swap „Warehousing".
[3] Unter einem US-amerikanischen Standard-Swap werden feste halbjährliche Zahlungen gegen variable vierteljährliche Zahlungen getauscht. In Tabelle 7.1 haben wir unterstellt, dass feste und variable Zahlungen halbjährlich erfolgen.

B_{fix}: Wert der festverzinslichen Anleihe, die dem Swap zugrunde liegt
B_{fl}: Wert der variabel verzinslichen Anleihe, die dem Swap zugrunde liegt

Da der Wert des Swaps null ist, folgt

$$B_{\text{fix}} = B_{\text{fl}} \ . \qquad (7.1)$$

Wir werden dieses Ergebnis später verwenden, wenn wir die Bestimmung der LIBOR/ Swap-Spot-Rate-Kurve diskutieren.

7.2 Tagzählung

Wir haben die Konventionen der Tagzählung bereits in Abschnitt 6.1 behandelt. Diese Konventionen beeinflussen die Zahlungen auf einen Swap. Einige der Zahlen, die wir in den angeführten Beispielen berechnet haben, geben diese Konventionen nicht exakt wieder. Betrachten wir etwa die Zahlungen für den 6-Monats-LIBOR-Satz in Tabelle 7.1. Als Geldmarktsatz wird der 6-Monats-LIBOR-Satz im Allgemeinen auf Actual/360-Basis angegeben. Die erste variable Zahlung in Tabelle 7.1, auf einem LIBOR-Satz von 4,2% basierend, wird mit 2,10 Millionen $ angegeben. Da zwischen dem 5. März 2012 und dem 5. September 2012 184 Tage liegen, müsste sie

$$100 \cdot 0{,}042 \cdot \frac{184}{360} = 2{,}1467 \text{ Millionen \$}$$

betragen. Allgemein wird ein variabler Cash Flow auf Basis des LIBOR-Satzes an einem Zahlungstermin eines Swaps als $LRn/360$ berechnet, wobei L der Nennwert ist, R der relevante LIBOR-Satz und n die Zahl der Tage seit dem letzten Zahlungstermin.

Der feste Satz, der in einer Swap-Transaktion gezahlt wird, wird auf ähnliche Weise auf Basis einer bestimmten Tagzählung angegeben. Dadurch kann es vorkommen, dass die festen Zahlungen nicht zu jedem Zahlungstermin gleich sind. Der feste Satz wird gewöhnlich auf Actual/365- oder 30/360-Basis angegeben. Er ist nicht direkt mit dem LIBOR-Satz vergleichbar, da er für das volle Jahr gilt. Um die Zinssätze in etwa vergleichbar zu machen, muss man den 6-Monats-LIBOR-Satz mit 365/360 bzw. den Festzins mit 360/365 multiplizieren.

Zur Erleichterung der Darstellung werden wir die Problematik der Tagzählung für den Rest des Kapitels in den Beispielen nicht berücksichtigen.

7.3 Confirmations

Eine *Confirmation* ist die einem Swap zugrunde liegende rechtskräftige Vereinbarung, die von Vertretern beider Seiten unterzeichnet wird. Das Verfassen von Confirmations wird durch die Arbeit der International Swaps and Derivatives Association (ISDA; www.isda.org) in New York erleichtert. Diese Organisation hat eine Reihe von Rahmenvereinbarungen (Master Agreements) erstellt. Hier finden sich relativ detaillierte Bestimmungen, welche Terminologie in Swap-Vereinbarungen benutzt wird, was im Fall eines Zahlungsverzuges einer Seite geschieht, usw. Master Agreements decken alle offen stehenden Transaktionen zwischen zwei Parteien ab. In Business Snapshot 7.1 zeigen wir einen möglichen Auszug aus einer Confirmation für den in Abbildung 7.4 dargestellten Swap zwischen Microsoft und einem Finanzinstitut (wir haben hier Goldman Sachs gewählt). Vermutlich würde die komplette Confirmation vorsehen, dass für den Kontrakt die Bestimmungen einer ISDA-Rahmenvereinbarung gelten.

Business Snapshot 7.1 – Auszug aus einer hypothetischen Swap Confirmation

Abschlusstag	27. Februar 2014
Zeitpunkt des Inkrafttretens	5. März 2014
Geschäftstagskonvention (für alle Termine)	nächster Geschäftstag
Feiertagskalender	US
Endtag	5. März 2017
Festzinsseite des Swaps	
Zahler des fixen Zinssatzes	Microsoft
Fiktiver Nominalbetrag für den Festzins	100 Millionen USD
Festzins	5,015% per annum
Festzins-Tagzählungskonvention	Actual/365
Festzins-Zahlungstermine	5. März und 5. September, beginnend am 5. September 2014 bis einschließlich 5. März 2017
Variabel verzinsliche Seite des Swaps	
Zahler des variablen Zinssatzes	Goldman Sachs
Fiktiver Nominalbetrag für den variablen Zinssatz	100 Millionen USD
Variabler Zinssatz	6-Monats-LIBOR-Satz für USD
Tagzählungskonvention für den variablen Zinssatz	Actual/360
Zahlungstermine für den variablen Zinssatz	5. März und 5. September, beginnend am 5. September 2014 bis einschließlich 5. März 2017

Die Confirmation legt fest, dass die Konvention des nächsten Geschäftstages (Following Business Day Convention) gelten soll und dass der US-Kalender bestimmt, welche Tage Geschäfts- und welche Feiertage sind. Das bedeutet, dass die Zahlung am nächsten Geschäftstag erfolgt, falls der Zahlungstermin auf ein Wochenende oder einen US-Feiertag fällt.[4] Der 5. März 2016 ist ein Samstag. Die für diesen Tag vorgesehene Zahlung findet daher am 7. März 2016 statt.

7.4 Komparative Vorteile

Eine häufig angeführte Erklärung für die Beliebtheit von Swaps betrifft komparative Vorteile. Wir betrachten die Verwendung eines Zinsswaps zur Anpassung einer Verbindlichkeit. Es wird argumentiert, dass einige Unternehmen einen komparativen Vorteil bei der Kreditaufnahme auf Märkten für festverzinsliche Wertpapiere haben, während andere Unternehmen einen komparativen Vorteil bei der Kreditaufnahme auf Märkten für variabel verzinsliche Geschäfte haben. Um einen neuen Kredit aufzunehmen, ist es für ein Unternehmen sinnvoll, an den Markt zu gehen, auf dem es einen komparativen Vorteil besitzt. Folglich kann es sein, dass das Unternehmen einen Kredit mit Festzinsvereinbarung aufnimmt, obwohl es einen zinsvariablen Kredit wollte, oder einen zinsvariablen Kredit, obwohl es einen Kredit mit festem Zinssatz wollte. Der Swap wird zur Transformation eines festverzinslichen in einen variabel verzinslichen Kredit verwendet und umgekehrt.

Angenommen, zwei Unternehmen, AAACorp und BBBCorp, wollen beide einen Kredit über 10 Millionen $ für fünf Jahre aufnehmen und bekommen die in Tabelle 7.4 ausgewiesenen Zinssätze angeboten. AAACorp besitzt ein AAA-Rating, BBBCorp besitzt ein BBB-Rating.[5] Wir unterstellen, dass BBBCorp einen Kredit mit einem festen Zinssatz aufnehmen möchte, während AAACorp einen Kredit mit einem variablen Zinssatz aufnehmen möchte, der an den 6-Monats-LIBOR-Satz gekoppelt ist. Da BBBCorp ein schlechteres Rating als AAACorp aufweist, zahlt es sowohl auf Märkten für Festzinsgeschäfte als auch auf Märkten für zinsvariable Geschäfte einen höheren Zinssatz.

	fest	variabel
AAACorp	4,0%	6-Monats-LIBOR −0,1%
BBBCorp	5,2%	6-Monats-LIBOR +0,6%

Tabelle 7.4: Kreditzinssätze, die die Basis für komparative Vorteile bilden

Ein wesentliches Merkmal der Zinssätze, die AAACorp und BBBCorp angeboten werden, ist die größere Differenz zwischen den festen Zinssätzen im Vergleich zu den variablen Zinssätzen. An den Festzins-Märkten zahlt BBBCorp 1,2% mehr als AAACorp, an Märkten für zinsvariable Geschäfte nur 0,7% mehr als AAACorp. BBBCorp hat anscheinend einen komparativen Vorteil an Märkten für zinsvariable Geschäfte,

---

4 Eine weitere Geschäftstagskonvention ist die *modifizierte Konvention des nächsten Geschäftstages*, die dasselbe besagt wie die Konvention des nächsten Geschäftstages mit der Ausnahme, dass die Zahlung am direkt vorhergehenden Geschäftstag erfolgt, wenn der auf den festgelegten Termin folgende Geschäftstag zu einem anderen Monat gehören würde. Auf analoge Weise sind die Konvention des vorhergehenden Geschäftstages und die modifizierte Konvention des vorhergehenden Geschäftstages definiert.

5 Die Kredit-Ratings von S&P für Unternehmen lauten (mit absteigender Kreditwürdigkeit): AAA, AA, A, BBB, BB, B, CCC, CC und C. Die entsprechenden Ratings von Moody's haben die Bezeichnungen Aaa, Aa, A, Baa, Ba, B, Caa, Ca bzw. C.

Abbildung 7.6: Swap-Vereinbarung zwischen AAACorp und BBBCorp zu den Zinssätzen von Tabelle 7.4

während AAACorp einen komparativen Vorteil an den Festzins-Märkten hat.[6] Diese scheinbare Anomalie ist es, die zum Abschluss eines Swaps führen kann. AAACorp nimmt Kapital zu einem festen Zins von 4% per annum auf. BBBCorp nimmt variabel verzinsliches Kapital zum LIBOR-Satz plus 0,6% per annum auf. Dann schließen beide eine Swap-Vereinbarung ab, um sicherzustellen, dass AAACorp ein variabel verzinsliches Darlehen und BBBCorp ein Darlehen mit Festzins besitzt.

Zum Verständnis der Funktionsweise dieses Swaps nehmen wir zunächst an, dass AAACorp und BBBCorp direkt miteinander in Kontakt treten. Der von ihnen möglicherweise ausgehandelte Swap ist in Abbildung 7.6 dargestellt. Er ähnelt unserem Beispiel von Abbildung 7.2. AAACorp verpflichtet sich zur Zinszahlung in Höhe des 6-Monats-LIBOR-Satzes auf 10 Millionen $ an BBBCorp. Im Gegenzug verpflichtet sich BBBCorp zur Zinszahlung mit einem festen Satz von 4,35% per annum auf 10 Millionen $ an AAACorp.

Für AAACorp fallen drei Arten von Zahlungen an:

1. Es zahlt 4% per annum an seine externen Kreditgeber.
2. Es erhält 4,35% per annum von BBBCorp.
3. Es zahlt den LIBOR-Satz an BBBCorp.

Diese drei Arten von Cash Flows ergeben eine Zinszahlung durch AAACorp in Höhe des LIBOR-Satzes minus 0,35% per annum. Das liegt um 0,25% per annum unter dem Zinssatz, den es zahlen würde, wenn es direkt an Märkten für zinsvariable Geschäfte Kredit aufnehmen würde. Für BBBCorp fallen ebenfalls drei Arten von Zahlungen an:

1. Es zahlt den LIBOR-Satz plus 0,6% per annum an seine externen Kreditgeber.
2. Es erhält den LIBOR-Satz von AAACorp.
3. Es zahlt 4,35% an AAACorp.

Diese drei Arten von Cash Flows ergeben eine Zinszahlung durch BBBCorp von 4,95% per annum. Das liegt um 0,25% per annum unter dem Zinssatz, den es zahlen würde, wenn es direkt an den Festzinsmärkten Kredit aufnehmen würde.

In unserem Beispiel ist der Swap so ausgestaltet, dass beide Seiten um denselben Betrag, 0,25%, besser gestellt sind. Dies muss nicht immer der Fall sein. Der scheinbare Gesamtgewinn aus einer derartigen Swap-Vereinbarung beträgt immer $a-b$, wobei a die Zinsdifferenz für die beiden Unternehmen an den Festzinsmärkten bezeichnet und b die Zinsdifferenz für die beiden Unternehmen an Märkten für zins-

---

[6] Zu beachten ist, dass der komparative Vorteil von BBBCorp an Märkten für zinsvariable Geschäfte nicht bedeutet, dass BBBCorp dort weniger zahlt als AAACorp. Er drückt nur aus, dass der zusätzliche Betrag, den BBBCorp zu dem von AAACorp gezahlten Betrag leistet, an diesem Markt geringer ist. Diese Situation charakterisierte einer meiner Studierenden so: „AAACorp zahlt an Festzinsmärkten mehr weniger; BBBCorp zahlt an zinsvariablen Märkten weniger mehr."

7.4 Komparative Vorteile

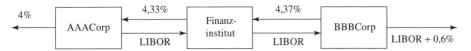

Abbildung 7.7: Swap-Vereinbarung zwischen AAACorp und BBBCorp zu den Zinssätzen von Tabelle 7.4 unter Einschaltung eines Finanzintermediärs

variable Geschäfte. Im vorliegenden Fall galt $a = 1{,}2\%$ und $b = 0{,}7\%$. Der Gesamtgewinn beträgt also 0,5%.

Falls AAACorp und BBBCorp nicht direkt miteinander gehandelt und ein Finanzinstitut eingeschaltet haben, könnte sich eine Vereinbarung wie die in Abbildung 7.7 abgebildete ergeben. (Diese ist dem Beispiel von Abbildung 7.4 sehr ähnlich.) In diesem Fall nimmt AAACorp letztlich Kredit zum LIBOR-Satz minus 0,33% auf, BBBCorp nimmt Kapital zu 4,97% auf und das Finanzinstitut erzielt eine Spanne von vier Basispunkten pro Jahr. Der Gewinn beträgt für AAACorp 0,23%, für BBBCorp 0,23% und für das Finanzinstitut 0,04%. Der Gesamtgewinn für alle drei Seiten ist wiederum 0,50%.

Kritik am Argument des komparativen Vorteils

Das eben dargestellte Argument des komparativen Vorteils zur Erklärung der Attraktivität von Zinsswaps ist umstritten. Warum sollte in Tabelle 7.4 die Differenz zwischen den Zinssätzen, die AAACorp und BBBCorp angeboten werden, auf Märkten für fest- und variabel verzinsliche Geschäfte unterschiedlich sein? Da der Swapmarkt nun schon seit geraumer Zeit existiert, könnten wir vernünftigerweise erwarten, dass diese Unterschiede durch Arbitrage eliminiert wurden.

Dass unterschiedliche Differenzen zu existieren scheinen, liegt in der Art der Kontrakte begründet, welche für die Unternehmen auf Märkten für fest- und variabel verzinsliche Geschäfte verfügbar sind. Die 4,0%- und 5,2%-Zinssätze für AAACorp bzw. BBBCorp an Festzinsmärkten sind 5-Jahres-Sätze (z. B. die Sätze, zu denen Unternehmen festverzinsliche Anleihen mit einer Laufzeit von fünf Jahren ausgeben können). Die für AAACorp und BBBCorp an Märkten für variabel verzinsliche Geschäfte gültigen Zinssätze LIBOR −0,1% bzw. LIBOR +0,6% sind 6-Monats-Zinssätze. An diesen Märkten hat der Kreditgeber gewöhnlich die Möglichkeit, seine variablen Zinssätze alle sechs Monate zu überprüfen. Wenn sich die Kreditwürdigkeit (Bonität) von AAACorp oder BBBCorp verschlechtert hat, kann der Kreditgeber die über den LIBOR hinausgehende Zinsspanne (Spread) erhöhen. Im Extremfall kann er auch den Rollover des Kredits gänzlich ablehnen. Die Anbieter festverzinslicher Finanzierungsformen können die Bedingungen ihrer Kredite nicht auf diese Weise anpassen.[7]

Die Differenzen zwischen den Zinssätzen, die AAACorp und BBBCorp angeboten werden, geben den Grad der Wahrscheinlichkeit wieder, dass BBBCorp im Vergleich zu AAACorp seinen Zahlungsverpflichtungen eher nicht nachkommen kann. In den nächsten sechs Monaten gibt es nur eine sehr geringe Wahrscheinlichkeit, dass AAACorp oder BBBCorp ihren Zahlungen nicht nachkommen werden. Wenn wir weiter in die Zukunft blicken, nimmt die Wahrscheinlichkeit eines Zahlungsausfalls für ein Unternehmen mit relativ schlechter Bonität (wie BBBCorp) voraussichtlich schneller

---

7 Wenn die zinsvariablen Kredite so aufgebaut sind, dass der über den LIBOR-Satz hinausgehende Spread im Voraus unabhängig von Änderungen der Bonität garantiert wird, gibt es in der Praxis einen geringen oder gar keinen komparativen Vorteil.

zu als die Wahrscheinlichkeit eines Zahlungsausfalls für ein Unternehmen mit relativ guter Bonität (wie AAACorp). Deshalb ist die Differenz zwischen den 5-Jahres-Sätzen größer als zwischen den 6-Monats-Sätzen.

Nachdem BBBCorp einen zinsvariablen Kredit zum LIBOR-Satz plus 0,6% abgeschlossen hat und in den in Abbildung 7.7 abgebildeten Swap eingetreten ist, scheint es einen Festzins-Kredit zu 4,97% zu bekommen. Die eben angeführten Argumente belegen, dass dies nicht wirklich der Fall ist. In der Realität beträgt der gezahlte Zinssatz nur dann 4,97%, wenn BBBCorp die ganze Zeit über zinsvariables Kapital zu 0,6% über dem LIBOR-Satz aufnehmen kann. Wenn z. B. die Bonität von BBBCorp sinkt, sodass der zinsvariable Kredit zum Zinssatz LIBOR + 1,6% rolliert wird, erhöht sich der von BBBCorp gezahlte Zinssatz auf 5,97%. Da die über den 6-Monats-LIBOR-Satz hinausgehende Zinsspanne eher steigen als fallen wird, ist der erwartete durchschnittliche Zinssatz für BBBCorp bei Abschluss des Swaps größer als 4,97%.

Der Swap in Abbildung 7.7 schreibt für AAACorp den Zinssatz LIBOR − 0,33% für die nächsten fünf Jahre fest, nicht nur für die nächsten sechs Monate. Das scheint ein gutes Geschäft für AAACorp zu sein. Die Kehrseite ist, dass das Unternehmen das Risiko eines Zahlungsausfalls des Finanzinstituts auf den Swap trägt. Würde es ein zinsvariables Darlehen auf dem üblichen Weg aufnehmen, müsste es dieses Risiko nicht tragen.

7.5 Swap Rates

Es ist nun an der Zeit, die Eigenschaften von Swap Rates und den Zusammenhang von Swap- und LIBOR-Märkten zu untersuchen. In Abschnitt 4.1 hatten wir ausgeführt, dass LIBOR der Zinssatz ist, zu dem Banken mit AA-Rating für Zeiträume von bis zu zwölf Monaten Kredite bei anderen Banken aufnehmen. Wie Tabelle 7.3 zeigt, stellt die Swap Rate darüber hinaus den Mittelwert aus (a) dem festen Zinssatz, den ein Swap Market Maker im Austausch für LIBOR zu zahlen bereit ist (Ankaufsatz) und (b) dem festen Zinssatz, den er im Austausch für LIBOR erhalten möchte (Verkaufssatz), dar.

Wie die LIBOR-Sätze sind auch Swap Rates nicht risikolos. Sie können allerdings bei normalen Marktbedingungen als nahezu risikolos angesehen werden. Ein Finanzinstitut kann die 5-Jahres-Swap-Rate auf ein bestimmtes Nominalkapital durch folgende Strategie erzielen:

1. Verleihen des Nominalkapitals an einen Kreditnehmer mit AA-Rating für die ersten sechs Monate, danach Verleihen für weitere 6-Monats-Zeiträume an andere AA-Kreditnehmer.

2. Abschluss eines Swaps zum Austausch der Einnahmen in Höhe von LIBOR gegen die 5-Jahres-Swap Rate.

Damit enthält die 5-Jahres-Swap-Rate ein Kreditrisiko, welches der Situation von zehn aufeinander folgenden 6-Monats-Darlehen an Unternehmen mit AA-Rating entspricht. Analog weist die 7-Jahres-Swap-Rate ein Kreditrisiko auf, welches der Situation von 14 aufeinander folgenden 6-Monats-Darlehen an Unternehmen mit AA-Rating entspricht. Swap Rates anderer Laufzeiten können auf die gleiche Weise interpretiert werden.

Man beachte, dass 5-Jahres-Swap Rates niedriger sind als 5-Jahres-AA-Kreditzinssätze. Es ist natürlich viel attraktiver, Kapital für aufeinander folgende 6-Monats-

Zeiträume an Kreditnehmer zu verleihen, die zu Beginn des jeweiligen Zeitraums immer ein AA-Rating aufweisen, als das Kapital für volle fünf Jahre an einen Kreditnehmer zu verleihen, bei dem man nur mit Sicherheit weiß, dass er am Beginn der fünf Jahre ein AA-Rating besitzt.

In der Diskussion dieser Thematik bezeichnen Collin-Dufesne und Solnik Swap Rates als „stetig aktualisierte" LIBOR-Sätze.[8]

7.6 Bestimmung von LIBOR/Swap Spot Rates

LIBOR-Sätze lassen sich nur für Laufzeiten von bis zu zwölf Monaten direkt beobachten. Wie in Abschnitt 6.3 beschrieben, besteht eine Möglichkeit der Erweiterung der LIBOR-Spot-Rate-Strukturkurve über zwölf Monate hinaus in der Verwendung von Eurodollar-Futures. Normalerweise wird die LIBOR-Spot-Rate-Strukturkurve über Eurodollar-Futures für bis zu zwei Jahre bestimmt – manchmal auch für bis zu fünf Jahre. Für darüber hinausgehende Zeiträume setzen Händler Swap Rates ein, um die LIBOR-Spot-Rate-Strukturkurve zu erweitern. Die entstehende Zinsstrukturkurve wird manchmal als LIBOR-Spot-Rate-Strukturkurve und manchmal als Swap-Spot-Rate-Strukturkurve bezeichnet. Um Verwechslungen zu vermeiden, werden wir die Kurve als *LIBOR/Swap-Spot-Rate-Strukturkurve* bezeichnen. Wir werden nachfolgend beschreiben, welche Rolle Swap Rates bei der Bestimmung der LIBOR/Swap-Spot-Rate-Strukturkurve spielen.

Als Erstes gilt es festzuhalten, dass der Wert einer neu emittierten variabel verzinslichen Anleihe, die den 6-Monats-LIBOR zahlt, immer ihrem Nennwert entsprechen muss, wenn zur Diskontierung die LIBOR/Swap-Spot-Rate-Strukturkurve verwendet wird.[9] Grund dafür ist, dass die Anleihe Zinsen in Höhe des LIBOR bezahlt und LIBOR gleichzeitig der Diskontierungssatz ist. Damit entsprechen die Zinsen auf die Anleihe exakt dem Diskontierungssatz, so dass die Anleihe zum Nennwert bepreist ist.

In Gleichung (7.1) haben wir gezeigt, dass für einen neu emittierten Swap, dessen fester Zinssatz gleich der Swap Rate ist, $B_{fix} = B_{fl}$ gilt. Gerade eben konnten wir zeigen, dass B_{fl} gleich dem fiktiven Nominalbetrag ist. Daraus folgt, dass auch B_{fix} gleich dem fiktiven Nominalbetrag des Swaps ist. Daher definieren Swap Rates eine Reihe von Par-Yield-Anleihen. Beispielsweise können wir aus Tabelle 7.3 herleiten, dass die 2-Jahres-LIBOR/Swap-Par-Yield 6,045% beträgt, die 3-Jahres-LIBOR/Swap-Par-Yield 6,225% usw.[10]

Abschnitt 4.5 zeigte, wie man die Bootstrap-Methode zur Ermittlung der Treasury-Spot-Rate-Strukturkurve verwenden kann. Auf ähnliche Weise kann sie zusammen mit Swap Rates eingesetzt werden, um die LIBOR/Swap-Spot-Rate-Strukturkurve zu erweitern.

---

8 Siehe P. Collin-Dufesne und B. Solnik, „On the Term Structure of Default Premia in the Swap and Libor Market", *Journal of Finance*, 56, 3 (Juni 2001).

9 Das gilt auch für eine neu emittierte Anleihe, die 1-Monats-, 3-Monats- oder 12-Monats-LIBOR zahlt.

10 Oftmals interpolieren Analysten zwischen den Swap Rates, bevor sie die Strukturkurve ermitteln, sodass sie über Swap Rates für Laufzeiten in 6-Monats-Intervallen verfügen. Mit den Daten von Tabelle 7.3 würde die 2,5-Jahres-Swap-Rate mit 6,135% angenommen werden, die 7,5-Jahres-Swap-Rate mit 6,696% usw.

> **Beispiel 7.1** Angenommen, die 6-Monats-, 12-Monats- und 18-Monats-LIBOR/ Swap-Spot-Rates betragen 4%, 4,5% und 4,8% per annum bei stetiger Verzinsung. Die 2-Jahres-Swap-Rate (für einen Swap mit halbjährlichen Zahlungen) sei 5%. Die 5%-Swap Rate bedeutet, dass eine Anleihe mit einem Nominalwert von 100 $ und einem halbjährlichen Kupon von 5% per annum zum Nennwert notiert. Daraus folgt, dass mit R als 2-Jahres-Spot-Rate
>
> $$2{,}5e^{-0{,}04\cdot 0{,}5} + 2{,}5e^{-0{,}045\cdot 1{,}0} + 2{,}5e^{-0{,}048\cdot 1{,}5} + 102{,}5e^{-2R} = 100$$
>
> gelten muss. Daraus ergibt sich $R = 4{,}953\%$. (Man beachte, dass diese Berechnung Konventionen der Tagzählung und Feiertage nicht berücksichtigt. Siehe Abschnitt 7.2.)

7.7 Bewertung von Zinsswaps

Wir wenden uns nun der Bewertung von Zinsswaps zu. Bei Abschluss hat ein Zinsswap den Wert null oder nahezu null. Nach einer gewissen Laufzeit kann sein Wert positiv oder negativ werden. Es gibt zwei Ansätze für die Bewertung, wenn LIBOR/Swap Rates als Diskontierungssätze verwendet werden. Der erste sieht den Swap als Differenz zweier Anleihen an, der zweite als Portfolio von FRAs. Mit DerivaGem 3.00 kann man den Swap entweder mit LIBOR- oder mit OIS-Diskontierung bewerten.

Bewertung über Anleihepreise

Bei einem Zinsswap werden die Nominalbeträge nicht ausgetauscht. Wie Tabelle 7.2 jedoch zeigt, können wir annehmen, dass die Nominalbeträge bei Ablauf des Swaps gezahlt bzw. eingenommen werden, ohne dass sich der Wert des Swaps ändert. Wenn wir so vorgehen, kann der Swap aus der Sicht des variablen Zinszahlers als Long-Position in einer festverzinslichen Anleihe und Short-Position in einer variabel verzinslichen Anleihe aufgefasst werden. Damit gilt

$$V_{\text{swap}} = B_{\text{fix}} - B_{\text{fl}},$$

wobei V_{swap} den Wert des Swaps bezeichnet, B_{fl} den Wert der variabel verzinslichen Anleihe (entsprechend den geleisteten Zahlungen) und B_{fix} den Wert der festverzinslichen Anleihe (entsprechend den erhaltenen Zahlungen). Analog stellt aus der Sicht des Festzinszahlers der Swap eine Long-Position in einer variabel verzinslichen Anleihe und eine Short-Position in einer festverzinslichen Anleihe dar, womit der Wert des Swaps durch

$$V_{\text{swap}} = B_{\text{fl}} - B_{\text{fix}}$$

ausgedrückt wird.

7.7 Bewertung von Zinsswaps

Der Wert der festverzinslichen Anleihe kann wie in Abschnitt 4.4 dargestellt werden. Zur Bewertung der variabel verzinslichen Anleihe ist anzumerken, dass der Wert der Anleihe direkt nach einer Zinszahlung ihrem (fiktiven) Nominalbetrag entspricht, weil die Anleihe zu diesem Zeitpunkt ein „faires Geschäft" darstellt, bei dem der Kreditnehmer für jede folgende Zinsperiode LIBOR zahlt.

Sei L der fiktive Nominalbetrag, der nächste Zahlungsaustausch erfolge zum Zeitpunkt t^*, und die variable Zahlung zum Zeitpunkt t^* (welche am vorhergehenden Zahlungstermin festgelegt wurde) sei k^*. Unmittelbar nach der Zahlung gilt, wie gerade erläutert, $B_{fl} = L$. Folglich gilt unmittelbar vor der Zahlung $B_{fl} = L + k^*$. Die variabel verzinsliche Anleihe kann daher als Wertpapier mit einem einzelnen Cash Flow in Höhe von $L + k^*$ zum Zeitpunkt t^* aufgefasst werden. Durch Diskontierung ergibt sich als heutiger Wert der variabel verzinslichen Anleihe $(L+k^*)e^{-r^*t^*}$, wobei r^* die LIBOR/Swap Spot Rate für die Laufzeit t^* bezeichnet. Dieser Gedankengang ist in Abbildung 7.8 dargestellt.

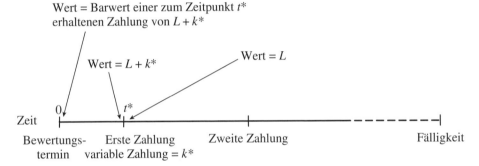

Abbildung 7.8: Bewertung einer variabel verzinslichen Anleihe mit fiktivem Nominalbetrag L, deren nächste Zahlung der Höhe k^* zum Zeitpunkt t^* erfolgt

Beispiel 7.2 Angenommen, ein Finanzinstitut hat sich vor einiger Zeit verpflichtet, auf einen Swap mit einem fiktiven Grundkapital von 100 Millionen \$ 3% per annum (bei halbjährlicher Verzinsung) zu zahlen und erhält den 6-Monats-LIBOR-Satz. Der Swap hat eine Restlaufzeit von 1,25 Jahren. Die LIBOR-Sätze für 3-monatige, 9-monatige und 15-monatige Laufzeiten betragen 2,8%, 3,2% und 3,4% bei stetiger Verzinsung. Am letzten Zahlungstermin betrug der 6-Monats-LIBOR-Satz 2,9% bei halbjährlicher Verzinsung.

Die Rechenschritte zur Bewertung des Swaps mittels Anleihen sind in Tabelle 7.5 zusammengefasst. Für die festverzinsliche Anleihe ergeben sich an den drei Zahlungsterminen Cash Flows von 1.5, 1.5 und 101.5. Die Diskontierungsfaktoren für diese Cash Flows lauten $e^{-0{,}028 \cdot 0{,}25}$, $e^{-0{,}032 \cdot 0{,}75}$ und $e^{-0{,}034 \cdot 1{,}25}$. Sie sind in der 4. Spalte von Tabelle 7.5 aufgeführt. Laut Tabelle ist der Wert der festverzinslichen Anleihe (in Millionen Dollar) 100,2306.

Zeitpunkt	B_{fix} Cash Flow	B_{fl} Cash Flow	Diskontie- rungsfaktor	Barwert des B_{fix} Cash Flow	Barwert des B_{fl} Cash Flow
0,25	1,5	101,4500	0,9930	1,4895	100,7423
0,75	1,5		0,9763	1,4644	
1,25	101,5		0,9584	97,2766	
Gesamt:				100,2306	100,7423

Tabelle 7.5: Bewertung eines Swaps über Anleihepreise (in Millionen Dollar). Hierbei ist B_{fix} die dem Swap zugrunde liegende Festzinsanleihe und B_{fl} die dem Swap zugrunde liegende variabel verzinsliche Anleihe.

In diesem Beispiel gilt $L = 100$ Millionen \$, $k^* = 0{,}5 \cdot 0{,}029 \cdot 100 = 1{,}4500$ Millionen \$ und $t^* = 0{,}25$, sodass die variabel verzinsliche Anleihe bewertet werden kann, als würde sie in drei Monaten einen Cash Flow von 101,4500 Millionen \$ verursachen. Die Tabelle weist (in Millionen Dollar) für die variabel verzinsliche Anleihe einen Wert von $101{,}4500 \cdot 0{,}9930 = 100{,}7423$ aus.

Der Wert des Swaps ergibt sich als Differenz der beiden Anleihepreise:

$$100{,}7423 - 100{,}2306 = 0{,}5117,$$

also $+0{,}5117$ Millionen \$. Hätte die Bank die Gegenposition eingenommen, also feste Zinsen gezahlt und variable Zinsen erhalten, wäre der Wert des Swaps $-0{,}5117$ Millionen \$. Man beachte, dass Konventionen der Tagzählung und Feiertage in unseren Berechnungen nicht berücksichtigt sind.

Bewertung durch Forward Rate Agreements

Ein Swap kann als Portfolio von FRAs charakterisiert werden. Wir betrachten den Swap von Abbildung 7.1 zwischen Intel und Microsoft. Es handelt sich um ein 3-Jahres-Geschäft mit halbjährlichen Zahlungen, abgeschlossen am 5. März 2014. Der erste Austausch ist zur Zeit des Swap-Abschlusses bekannt. Der Austausch der anderen fünf Zahlungen kann jeweils als FRA aufgefasst werden. Der Austausch am 5. März 2015 ist ein FRA, bei dem der Zinssatz von 5% gegen den 6-Monats-Marktzinssatz vom 5. September 2014 ausgetauscht wird. Der Austausch am 5. September 2015 ist ein FRA, bei dem der Zinssatz von 5% gegen den 6-Monats-Marktzinssatz vom 5. März 2015 ausgetauscht wird, usw.

Wie am Ende von Abschnitt 4.7 gezeigt, kann ein FRA unter der Annahme, dass die Forward Rates tatsächlich eintreten, bewertet werden. Da es sich um nichts anderes als ein FRA-Portfolio handelt, kann man den Standard-Zinsswap ebenfalls unter der Annahme bewerten, dass die Forward Rates eintreten werden. Dabei wird folgendes Verfahren angewandt:

1. Berechnung der Forward Rates für jeden LIBOR-Satz, der Cash Flows des Swaps bestimmt, mit Hilfe der LIBOR/Swap-Spot-Rate-Strukturkurve,
2. Berechnung der Cash Flows des Swaps unter der Annahme, dass LIBOR-Sätze und Forward-Sätze übereinstimmen,

7.7 Bewertung von Zinsswaps

3. Diskontierung dieser Swap Cash Flows (mit Hilfe der LIBOR/Swap-Spot-Rate-Strukturkurve), woraus sich der Wert des Swaps ergibt.

Beispiel 7.3 Wir betrachten wieder die Situation aus Beispiel 7.2. Gemäß den Swap-Bedingungen hat sich ein Finanzinstitut bereit erklärt, auf ein fiktives Nominalkapital von 100 Millionen $ 3% (bei halbjährlicher Verzinsung) per annum zu zahlen und den 6-Monats-LIBOR einzunehmen. Der Swap hat eine Restlaufzeit von 1,25 Jahren. Die LIBOR-Sätze (bei stetiger Verzinsung) für Laufzeiten von drei, neun und 15 Monaten betragen 2,8%, 3,2% und 3,4%. Beim letzten Zahlungstermin betrug der 6-Monats-LIBOR 2,9% (bei halbjährlicher Verzinsung).

Zeitpunkt	Fester Cash Flow	Variabler Cash Flow	Netto Cash Flow	Diskontierungs-faktor	Barwert des Netto Cash Flows
0,25	−1,5000	+1,4500	−0,0500	0,9930	−0,0497
0,75	−1,5000	+1,7145	+0,2145	0,9763	+0,2094
1,25	−1,5000	+1,8672	+0,3672	0,9584	+0,3519
Gesamt:					+0,5117

Tabelle 7.6: Bewertung eines Swaps über FRAs (die variablen Cash Flows werden unter der Annahme berechnet, dass die Forward Rates tatsächlich realisiert werden)

Die Berechnungen sind in Tabelle 7.6 zusammengefasst. Die erste Zeile gibt die ausgetauschten Cash Flows nach drei Monaten an. Diese stehen bereits fest. Der feste Zinssatz von 3% führt zu einem Mittelabfluss von $100 \cdot 0,03 \cdot 0,5 = 1,5$ Millionen $. Der variable Zinssatz von 2,9% (der drei Monate vorher festgelegt wurde) führt zu einer Einnahme von $100 \cdot 0,029 \cdot 0,5 = 1,45$ Millionen $. Die zweite Zeile zeigt die Cash Flows, die in neun Monaten ausgetauscht werden, unter der Annahme, dass die Forward Rates tatsächlich eintreten werden. Die Auszahlung beträgt wie zuvor 1,5 Millionen $. Für die Ermittlung der Einzahlung müssen wir zunächst die Forward Rate für den Zeitraum zwischen drei und neun Monaten berechnen. Nach Gleichung (4.5) beträgt diese

$$\frac{0,032 \cdot 0,75 - 0,028 \cdot 0,25}{0,5} = 0,034 \, ,$$

also 3,4% bei stetiger Verzinsung. Daraus ergibt sich mit Gleichung (4.4) die Forward Rate von 3,429% mit halbjährlicher Verzinsung. Also beträgt die Einzahlung $100 \cdot 0,03429 \cdot 0,5 = 1,7145$ Millionen $. Die dritte Zeile zeigt entsprechend die Cash Flows, die in 15 Monaten ausgetauscht werden, wiederum unter der Annahme, dass die Forward Rates tatsächlich eintreten werden. Die Diskontierungsfaktoren für die drei Zahlungstermine betragen

$$e^{-0,028 \cdot 0,25}, \quad e^{-0,032 \cdot 0,75}, \quad e^{-0,034 \cdot 1,25} \, .$$

Der Barwert des Zahlungsaustauschs in drei Monaten liegt bei −0,0497 Millionen $. Die Werte der FRAs, die die Tauschgeschäfte in neun bzw. 15 Monaten repräsentieren, sind +0,2094 Millionen $ und +0,3519 Millionen $. Der

Gesamtwert des Swaps beträgt +0,5117 Millionen $. Dies stimmt mit dem Ergebnis in Beispiel 7.2 überein, das wir durch Zerlegung des Swaps in Anleihen erhielten.

7.8 Auswirkungen auf die Laufzeitstruktur

Der anfängliche Wert eines Swaps beträgt in etwa null. Das bedeutet, dass bei Abschluss des Swap-Geschäfts die Summe der Werte der zugrunde liegenden FRAs nahe null liegt, aber nicht, dass der Wert jedes einzelnen FRA null ist. Im allgemeinen Fall werden einige FRAs einen positiven, andere einen negativen Wert besitzen.

Wir betrachten die FRAs, die dem Swap zwischen Microsoft und Intel in Abbildung 7.1 zugrunde liegen:

Wert des FRA für Microsoft > 0, falls Forward Rate > 5,0%

Wert des FRA für Microsoft = 0, falls Forward Rate = 5,0%

Wert des FRA für Microsoft < 0, falls Forward Rate < 5,0%

Angenommen, die Laufzeitstruktur der Zinssätze weist bei Abschluss des Swaps eine positive Steigung (normale Zinsstruktur) auf. Das bedeutet, dass die Forward Rates mit wachsender Laufzeit der FRAs steigen. Da die Summe der FRAs null ergeben soll, müssen die Forward Rates für die frühen Zahlungstermine unter 5,0% und für spätere Zahlungstermine über 5,0% liegen. Für Microsoft ist daher der Wert der zu den früheren Zahlungsterminen gehörigen FRAs negativ, während die zu den späteren Zahlungsterminen gehörigen FRAs einen positiven Wert haben. Falls die Terminstruktur der Zinssätze bei Abschluss des Swaps eine negative Steigung aufweist, trifft das Gegenteil zu. Die Auswirkungen der Gestalt der Zinsstruktur auf die Werte der Forward-Kontrakte, welche dem Swap zugrunde liegen, werden in Abbildung 7.9 zusammengefasst.

7.9 Fixed-for-Fixed-Währungsswaps

Ein weiteres populäres Swap-Geschäft ist der *Fixed-for-Fixed-Währungsswap*. Er beinhaltet er den Austausch von Nominalbetrag und festen Zinszahlungen in einer Währung gegen Nominalbetrag und festen Zinszahlungen in einer anderen Währung.

In einer Währungsswap-Vereinbarung muss der Nominalwert in beiden Währungen spezifiziert werden. Die Nominalbeträge in der jeweiligen Währung werden gewöhnlich zu Beginn und am Ende der Laufzeit des Swaps ausgetauscht. In der Regel wählt man ungefähr äquivalente Nominalbeträge unter Verwendung des Wechselkurses, der bei Abschluss des Swaps gilt. Beim Austausch am Ende des Swap-Geschäfts kann der Wert dieser Beträge deutlich unterschiedlich sein.

Veranschaulichung

Wir betrachten einen hypothetischen 5-Jahres-Währungsswap zwischen IBM und British Petroleum, der am 1. Februar 2014 beginnt. Wir nehmen an, dass IBM einen festen Zinssatz von 5% in Britischen Pfund zahlt und einen festen Zinssatz von 6%

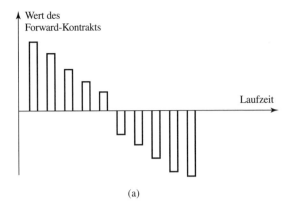

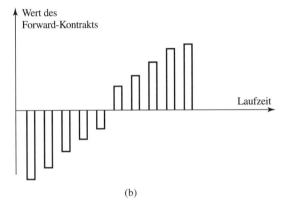

Abbildung 7.9: Wert der Forward Rate Agreements, die einem Swap zugrunde liegen, als Funktion der Laufzeit. In (a) hat die Zinsstruktur eine positive Steigung und wir erhalten feste Zahlungen, oder sie hat eine negative Steigung und wir erhalten variable Zahlungen. In (b) hat die Zinsstruktur eine positive Steigung und wir erhalten variable Zahlungen, oder sie hat eine negative Steigung und wir erhalten feste Zahlungen.

in Dollar von British Petroleum erhält. Die Zinszahlungen erfolgen einmal pro Jahr, die Nominalbeträge sind 15 Millionen $ und 10 Millionen GBP. Ein solcher Swap wird *Fixed-for-Fixed*-Währungsswap genannt, da der Zinssatz für beide Währungen fest ist. Der Swap ist in Abbildung 7.10 dargestellt. Zu Beginn fließen die Nominalbeträge in entgegengesetzter Richtung zu den Pfeilen von Abbildung 7.10. Die Zinszahlungen während der Laufzeit des Swaps und die abschließende Zahlung des Nominalbetrags fließen in Richtung der Pfeile. Demzufolge zahlt IBM zu Beginn des Swaps 15 Millionen $ und erhält 10 Millionen GBP. Während der Laufzeit des Swaps erhält IBM jedes Jahr 0,90 Millionen $ (= 6% von 15 Millionen $) und zahlt 0,50 Millionen GBP (= 5% von 10 Millionen GBP). Bei Ende des Swap-Geschäfts zahlt IBM 10 Millionen GBP und erhält 15 Millionen $. Diese Zahlungen sind in Tabelle 7.7 ausgewiesen.

Abbildung 7.10: Ein Währungsswap

Datum	Dollar Cash Flow (Millionen)	GBP Cash Flow (Millionen)
1. Februar 2014	−15,00	+10,00
1. Februar 2015	+0,90	−0,50
1. Februar 2016	+0,90	−0,50
1. Februar 2017	+0,90	−0,50
1. Februar 2018	+0,90	−0,50
1. Februar 2019	+15,90	−10,50

Tabelle 7.7: Cash Flows für IBM im Währungsswap

Verwendung von Währungsswaps zur Anpassung von Verbindlichkeiten und Assets

Ein Swap wie der eben beschriebene kann zur Umwandlung von Krediten in einer Währung in Kredite in einer anderen Währung benutzt werden. Angenommen, IBM kann 15 Millionen $ in auf USD lautenden Anleihen zu einem Zins von 6% emittieren. Durch den Swap wird diese Transaktion für IBM zu einer Fremdkapitalaufnahme von 10 Millionen GBP zu 5%. Der anfängliche Austausch des Nominalbetrags konvertiert den Gegenwert der Anleiheemission von USD in GBP. Der Austausch der folgenden Zahlungen des Swaps bewirkt, dass Zins- und Nominalkapitalzahlungen von Dollar- in Pfundbeträge umgetauscht werden.

Der Swap kann auch zur Anpassung von Vermögensgegenständen verwendet werden. Angenommen, IBM kann in Großbritannien 10 Millionen GBP für die nächsten fünf Jahre zu 5% anlegen, ist aber der Meinung, dass der US-Dollar gegenüber dem Britischen Pfund stärker werden wird, und zieht eine auf US-Dollar lautende Anlage vor. Der Swap hat den Effekt, dass die Anlage in Großbritannien in eine 15-Millionen-Dollar-Anlage mit 6% Rendite in den USA transformiert wird.

Komparativer Vorteil

Währungsswaps können durch komparativen Vorteil motiviert sein. Zur Veranschaulichung betrachten wir ein weiteres hypothetisches Beispiel. Angenommen, für General Electric und Qantas Airways gelten feste 5-Jahres-Zinssätze für die Kapitalaufnahme in US-Dollar (USD) und Australischem Dollar (AUD) wie in Tabelle 7.8 ausgewiesen. Die Tabellendaten deuten an, dass die australischen Zinssätze über den US-Zinssätzen liegen. Außerdem weist General Electric eine höhere Bonität auf als Qantas Airways, da es in beiden Währungen einen günstigeren Zinssatz angeboten bekommt. Aus der Perspektive eines Swap-Händlers besteht der interessante Aspekt von Tabelle 7.8 darin, dass die Zinsspannen zwischen General Electric und Qantas

7.9 Fixed-for-Fixed-Währungsswaps

	USD*	AUD*
General Electric	5,0%	7,6%
Qantas Airways	7,0%	8,0%

Die Zinsnotierungen wurden angepasst, um den unterschiedlichen Einfluss von Steuern zu berücksichtigen.

Tabelle 7.8: Kredit-Zinssätze als Basis für einen Währungsswap

Airways auf den beiden Märkten unterschiedlich sind. Auf dem US-Dollar-Markt zahlt Qantas Airways 2% mehr Zinsen als General Electric, auf dem AUD-Markt dagegen nur 0,4% mehr.

Diese Situation ist analog zu der von Tabelle 7.4. General Electric hat einen komparativen Vorteil auf dem USD-Markt, während Qantas Airways einen komparativen Vorteil auf dem AUD-Markt hat. Bei der Betrachtung des Plain-Vanilla-Zinsswaps in Tabelle 7.4 argumentierten wir, dass komparative Vorteile größtenteils eine Illusion seien. Jetzt vergleichen wir Zinssätze, die in zwei verschiedenen Währungen angeboten werden, und es ist wahrscheinlicher, dass die komparativen Vorteile wirklich bestehen. Eine mögliche Ursache für einen komparativen Vorteil sind Steuern. Es könnte sein, dass General Electric bei Aufnahme von USD-Kapital weniger Steuern auf seine weltweiten Erträge entrichten muss als bei Aufnahme von AUD-Kapital. Für Qantas Airways könnte das Gegenteil zutreffen. (Beachten Sie, dass wir annehmen, dass die Zinssätze in Tabelle 7.8 so angepasst sind, dass die unterschiedlichen Steuervorteile reflektiert werden.)

Wir nehmen an, dass General Electric Kapital in Höhe von 20 Millionen AUD aufnehmen möchte und Qantas Airways Kapital in Höhe von 18 Millionen USD. Der aktuelle Wechselkurs (USD pro AUD) liegt bei 0,9000. Eine perfekte Konstellation für einen Währungsswap ist gegeben. General Electric und Qantas Airways nehmen jeweils Kapital auf dem Markt auf, auf dem sie einen komparativen Vorteil haben; d. h. General Electric nimmt USD und Qantas Airways AUD auf. Danach benutzen sie einen Währungsswap, um das Darlehen von General Electric in ein AUD-Darlehen und das Darlehen von Qantas Airways in ein USD-Darlehen umzuwandeln.

Wie bereits erwähnt, beträgt die Differenz in den Dollar-Zinssätzen 2%, die Differenz in den AUD-Zinssätzen dagegen 0,4%. In Analogie zum Zinsswap erwarten wir einen Gesamtgewinn für alle Seiten von $2{,}0 - 0{,}4 = 1{,}6\%$ per annum.

Für die Organisation des Swaps gibt es viele Möglichkeiten. Abbildung 7.11 zeigt einen Weg auf, wie Swaps mit einem Finanzdienstleister abgeschlossen werden können. General Electric nimmt Kapital in USD, Qantas Airways in AUD auf. Durch den Swap wird der USD-Zinssatz von 5% per annum für General Electric in einen AUD-Zinssatz von 6,9% per annum umgewandelt. Im Ergebnis ist General Electric um 0,7% besser gestellt, als wenn es direkt auf dem AUD-Markt Kapital aufgenommen hätte. Auf ähnliche Weise tauscht Qantas Airways eine Kapitalaufnahme in AUD zu 8% per annum in eine Kapitalaufnahme in USD zu 6,3% per annum und ist um 0,7% besser gestellt, als wenn es direkt auf dem USD-Markt Kapital aufgenommen hätte. Das Finanzinstitut gewinnt 1,3% per annum auf seine USD Cash Flows und verliert 1,1% per annum auf seine AUD Cash Flows. Bei Vernachlässigung der Unterschiede

Abbildung 7.11: Währungsswap auf Basis eines komparativen Vorteils

Abbildung 7.12: Alternative Gestaltung des Währungsswaps: Qantas Airways trägt ein gewisses Wechselkursrisiko

Abbildung 7.13: Alternative Gestaltung des Währungsswaps: General Electric trägt ein gewisses Wechselkursrisiko

zwischen beiden Währungen erzielt das Finanzinstitut einen Nettogewinn von 0,2% per annum. Der Gesamtgewinn für alle Seiten beträgt wie vorhergesagt 1,6% per annum.

In jedem Jahr erzielt das Finanzinstitut einen Gewinn von 234 000 USD (= 1,3% von 18 Millionen USD) und erleidet einen Verlust von 220 000 AUD (= 1,1% von 20 Millionen AUD). Durch den jährlichen Kauf von 220 000 AUD auf dem Forward-Markt während der Laufzeit des Swaps kann das Finanzinstitut das Wechselkursrisiko vermeiden und einen Nettogewinn in USD festschreiben.

Es ist möglich, den Swap auf eine Weise neu zu gestalten, dass der Finanzdienstleister einen Spread von 0,2% in USD erzielt. Die Abbildungen 7.12 und 7.13 präsentieren zwei Alternativen. Diese werden in der Praxis kaum zur Anwendung kommen, da sie weder General Electric noch Qantas Airways vom Wechselkursrisiko befreien.[11] In Abbildung 7.12 trägt Qantas Airways ein gewisses Wechselkursrisiko, denn es zahlt 1,1% per annum in AUD und 5,2% per annum in USD. In Abbildung 7.13 trägt General Electric ein gewisses Wechselkursrisiko, denn es erhält 1,1% per annum in USD und zahlt 8% per annum in AUD.

7.10 Bewertung von Fixed-for-Fixed-Währungsswaps

Ebenso wie Zinsswaps kann man Fixed-for-Fixed-Währungsswaps entweder in die Differenz zweier Anleihen oder in ein Portfolio von Währungs-Forward-Kontrakten zerlegen.

Bewertung über Anleihepreise

Definieren wir V_swap als den Wert (in Dollar) eines Swaps, bei dem Dollarbeträge eingenommen und Fremdwährungsbeträge gezahlt werden, dann gilt

$$V_\text{swap} = B_D - S_0 B_F ,$$

---

[11] Es ist gewöhnlich sinnvoll, dass das Finanzinstitut das Wechselkursrisiko trägt, da es dieses Risiko am besten absichern kann.

wobei B_F der Wert – gemessen in Fremdwährung – der zugrunde liegenden und auf die Fremdwährung lautende Anleihe ist, B_D der Wert der zugrunde liegenden US-Dollar-Anleihe und S_0 der Kassawechselkurs (ausgedrückt in Einheiten der inländischen Währung je Einheit der Fremdwährung). Der Swap-Wert kann daher aus den Zinssätzen beider Währungen und dem Kassawechselkurs bestimmt werden.

Analog ergibt sich der Wert eines Swaps, bei dem Fremdwährungsbeträge eingenommen und Dollarbeträge gezahlt werden, als

$$V_{\text{swap}} = S_0 B_F - B_D.$$

Beispiel 7.4 Angenommen, die Zinsstruktur ist flach, sowohl für Japan als auch für die USA. Der Zinssatz beträgt in Japan 4% per annum, in den USA 9% (jeweils bei stetiger Verzinsung). Ein Finanzinstitut ist vor einiger Zeit in einen Währungsswap eingetreten, bei dem es einmal pro Jahr 5% per annum in Yen erhält und 8% per annum in Dollar bezahlt. Die Nominalbeträge sind 10 Millionen $ und 1200 Millionen Yen. Der Swap läuft noch drei Jahre und der gegenwärtige Wechselkurs steht bei 110 Yen für 1 $.

Die Rechenschritte sind in Tabelle 7.9 zusammengefasst. Die Cash Flows aus der dem Swap zugrunde liegenden Dollar-Anleihe sind in der zweiten Spalte erfasst. Der Barwert der Cash Flows bei Verwendung eines Dollar-Diskontierungssatzes von 9% ist in der dritten Spalte abgebildet. In der vierten Spalte findet man die Cash Flows aus der dem Swap zugrunde liegenden Yen-Anleihe. Der Barwert dieser Cash Flows unter Verwendung eines Yen-Diskontierungssatzes von 4% ist in der letzten Spalte dargestellt.

Der Wert B_D der Dollar-Anleihe beträgt 9,6439 Millionen Dollar, der Wert der Yen-Anleihe 1230,55 Millionen Yen. Der Dollar-Wert des Swaps beträgt somit

$$\frac{1230{,}55}{110} - 9{,}644 = 1{,}543 \text{ Millionen}.$$

Zeitpunkt	Cash Flows aus der Dollar-Anleihe ($)	Barwert ($)	Cash Flows aus der Yen-Anleihe (Yen)	Barwert (Yen)
1	0,8	0,7311	60	57,65
2	0,8	0,6682	60	55,39
3	0,8	0,6107	60	53,22
3	10,0	7,6338	1200	1064,30
Gesamt:		9,6439		1230,55

Tabelle 7.9: Bewertung eines Währungsswaps über Anleihepreise (Beträge jeweils in Millionen)

Bewertung als Portfolio von Forward-Kontrakten

Jeder Austausch von Zahlungen in einem Fixed-for-Fixed-Währungsswap entspricht einem Forward-Kontrakt. In Abschnitt 5.7 wurden Währungs-Forward-Kontrakte bewertet, indem man annahm, dass die Forward Rates tatsächlich realisiert werden. Daher kann die gleiche Annahme auch bei Währungsswaps getroffen werden.

Beispiel 7.5 Wir betrachten wiederum die Konstellation aus Beispiel 7.4. Die LIBOR/Swap-Zinsstruktur sei flach sowohl für Japan als auch für die USA. Der japanische Zinssatz beträgt 4% per annum, der US-amerikanische 9% (jeweils bei stetiger Verzinsung). Ein Finanzinstitut hat vor einiger Zeit einen Währungsswap abgeschlossen, bei dem es einmal pro Jahr 5% per annum in Yen erhält und 8% per annum in Dollar bezahlt. Die Nominalbeträge sind 10 Millionen $ und 1200 Millionen Yen. Der Swap läuft noch drei Jahre und der gegenwärtige Wechselkurs steht bei 110 Yen für 1 $.

Die Berechnungen sind in Tabelle 7.10 zusammengefasst. Das Finanzinstitut zahlt jedes Jahr $0{,}08 \cdot 10 = 0{,}8$ Millionen $ und erhält $0{,}05 \cdot 1200 = 60$ Millionen Yen. Außerdem wird am Ende des dritten Jahres ein Nominalkapital von 10 Millionen $ gezahlt und ein Nominalkapital von 1200 Millionen Yen eingenommen. Der gegenwärtige Spotkurs steht bei 0,009091 $ pro Yen. Es gilt $r = 9\%$ und $r_f = 4\%$, und aus Gleichung (5.9) erhalten wir als 1-Jahres-Forward-Rate

$$0{,}009091 e^{0{,}09 - 0{,}04 \cdot 1} = 0{,}009557 \ .$$

Die 2-Jahres- und 3-Jahres-Forward-Rates in Tabelle 7.10 wurden auf die gleiche Weise ermittelt. Die dem Swap zugrunde liegenden Forward-Kontrakte können unter der Annahme bewertet werden, dass die Forward Rates tatsächlich realisiert werden. Wird die 1-Jahres-Forward-Rate realisiert, dann hat der Yen Cash Flow des Jahres 1 den Wert $60 \cdot 0{,}009557 = 0{,}5734$ Millionen $ und der Netto Cash Flow am Ende des ersten Jahres beträgt $0{,}5734 - 0{,}8 = -0{,}2266$ Millionen Dollar. Sein Barwert ist

$$-0{,}2266 e^{-0{,}09 \cdot 1} = -0{,}2071 \text{ Millionen Dollar} \ .$$

Diesen Wert hat der dem Austausch der Cash Flows am Ende des ersten Jahres entsprechende Forward-Kontrakt. Für die anderen Forward-Kontrakte kann der Wert auf analoge Weise berechnet werden. Wie Tabelle 7.10 zeigt, beträgt der Gesamtwert der Forward-Kontrakte 1,543 Millionen $. Dies stimmt mit dem Wert überein, den wir für den Swap in Beispiel 7.4 durch Zerlegung in Anleihen ermittelt haben.

Zeitpunkt	Dollar Cash Flow	Yen Cash Flow	Forward Rate	Dollar-Wert des Yen Cash Flow	Netto Cash Flow ($)	Barwert
1	−0,8	60	0,009557	0,5734	−0,2266	−0,2071
2	−0,8	60	0,010047	0,6028	−0,1972	−0,1647
3	−0,8	60	0,010562	0,6337	−0,1663	−0,1269
4	−10,0	1200	0,010562	12,6746	+2,6746	2,0417
Gesamt:						1,5430

Tabelle 7.10: Bewertung eines Währungsswaps als Portfolio von Forward-Kontrakten (Beträge jeweils in Millionen)

Bei seinem Abschluss ist der Wert des Swaps im Normalfall nahe null. Sind die beiden Nominalbeträge zu Beginn des Swaps gleichviel wert, dann ist der Wert des Swaps auch unmittelbar nach dem anfänglichen Austausch der Nominalbeträge nahe null. Wie bei den Zinsswaps muss dies jedoch nicht bedeuten, dass jeder einzelne Forward-Kontrakt, der dem Swap zugrunde liegt, einen Wert nahe null besitzt. Man kann zeigen, dass bei bedeutenden Unterschieden in den Zinssätzen der beiden Währungen für den Zahler der Hochzinswährung die Forward-Kontrakte zu den ersten Cash Flows negative Werte besitzen und der Forward-Kontrakt zum abschließenden Austausch des Nominalkapitals einen positiven Wert hat. Der Zahler der Niedrigzinswährung befindet sich in der entgegengesetzten Lage; d. h. die zum Austausch der ersten Zahlungen korrespondierenden Forward-Kontrakte haben jeweils einen positiven Wert und der Forward-Kontrakt zum abschließenden Austausch des Nominalkapitals einen negativen Wert. Diese Resultate sind bei der Bestimmung des Kreditrisikos des Swaps von Bedeutung.

7.11 Weitere Währungsswaps

Die folgenden Währungsswaps sind ebenfalls populär:

1. Fixed-for-Floating: Ein variabler Zinssatz in einer Währung wird gegen einen festen Zinssatz in einer anderen Währung ausgetauscht.
2. Floating-for-Floating: Ein variabler Zinssatz in einer Währung wird gegen einen variablen Zinssatz in einer anderen Währung ausgetauscht.

Ein Beispiel für den ersten Typ wäre ein Austausch, bei dem Sterling LIBOR auf ein Nominalkapital von 7 Millionen GBP gezahlt und 3% auf ein Nominalkapital von 10 Millionen USD eingenommen werden. Analog zum Fixed-for-Fixed-Währungsswap erfolgt hierbei zu Beginn ein Austausch der Nominalbeträge in entgegengesetzter Richtung der Zinszahlungen und zum Schluss ein Austausch der Nominalbeträge in Richtung der Zinszahlungen. Der Swap in unserem Beispiel kann somit aufgefasst werden als (a) ein Swap, bei dem 3% auf ein Nominalkapital von 10 Millionen USD eingenommen und z. B. 4% auf ein Nominalkapital von 7 Millionen GBP gezahlt werden, plus (b) einem Zinsswap, bei dem auf ein Nominalkapital von 7 Millionen GBP 4% eingenommen und LIBOR gezahlt wird.

Für die Bewertung des von uns betrachteten Swaps können wir den Wert der Dollar-Zahlungen durch Diskontierung zum risikolosen Dollar-Zinssatz ermitteln. Den Wert der GBP-Zahlungen können wir mit der Annahme, dass die Forward Rates sich realisieren, und anschließender Diskontierung der Cash Flows zum risikolosen Sterling-Zinssatz ermitteln. Der Wert des Swaps ist dann die Differenz zwischen den beiden Zahlungsströmen zum aktuellen Umtauschkurs.

Ein Beispiel für den zweiten Typ wäre ein Austausch, bei dem Sterling LIBOR auf ein Nominalkapital von 7 Millionen GBP gezahlt und Dollar LIBOR auf ein Nominalkapital von 10 Millionen USD eingenommen wird. Wie in den anderen von uns betrachteten Fällen erfolgen hierbei zu Beginn ein Austausch der Nominalbeträge in entgegengesetzter Richtung der Zinszahlungen und zum Schluss ein Austausch der Nominalbeträge in Richtung der Zinszahlungen. Ein Floating-for-Floating-Swap kann aufgefasst werden als Portfolio aus (a) einem Swap, bei dem z. B. 3% auf ein Nominalkapital von 10 Millionen USD eingenommen und z. B. 4% auf ein Nominalkapital von 7 Millionen GBP gezahlt werden, plus (b) einem Zinsswap, bei dem auf ein Nominalkapital von 7 Millionen GBP 4% eingenommen und Sterling LIBOR gezahlt wird, plus (c) einem Zinsswap, bei dem auf ein Nominalkapital von 10 Millionen USD 3% gezahlt und Dollar LIBOR eingenommen wird.

Ein Floating-for-Floating-Swap kann bewertet werden, indem man annimmt, dass in beiden Währungen die Forward Rates sich realisieren und die Cash Flows zum jeweiligen risikolosen Zinssatz diskontiert werden. Der Wert des Swaps ist dann die Differenz zwischen den beiden Zahlungsströmen zum aktuellen Umtauschkurs.

7.12 Kreditrisiko

Transaktionen, die wie Swaps Verträge zwischen zwei Unternehmen darstellen, bringen ein Kreditrisiko mit sich. Wir betrachten ein Finanzinstitut, das in sich ausgleichende Transaktionen mit zwei Unternehmen eingetreten ist (siehe Abbildung 7.4, 7.5 oder 7.7). Gerät keine der beiden Seiten in Zahlungsschwierigkeiten, ist das Finanzinstitut vollständig abgesichert. Ein Absinken des Wertes der einen Transaktion wird immer durch ein Ansteigen des Wertes der anderen Transaktion ausgeglichen werden. Es besteht jedoch die Möglichkeit, dass eine Seite in finanzielle Schwierigkeiten gerät und somit ihren Zahlungsverpflichtungen nicht nachkommen kann. Das Finanzinstitut muss dann trotzdem den Kontrakt mit der anderen Seite erfüllen.

Angenommen, die Transaktion mit Microsoft in Abbildung 7.4 hat einige Zeit nach Abschluss der Transaktionen einen positiven Wert für das Finanzinstitut, während die Transaktion mit Intel einen negativen Wert hat. Weiterhin nehmen wir an, dass das Finanzinstitut keine weiteren Transaktionen mit diesen Unternehmen besitzt und dass kein Collateral hinterlegt wird. (Die Auswirkungen von Netting in Portfolios und Collateral-Vereinbarungen werden in Kapitel 24 untersucht.) Falls Microsoft seinen Verpflichtungen nicht nachkommt, läuft das Finanzinstitut Gefahr, den gesamten positiven Wert in dieser Transaktion zu verlieren. Um eine abgesicherte Position zu behalten, müsste sie eine dritte Partei finden, die Microsofts Position übernehmen möchte. Damit die dritte Partei die Position übernimmt, müsste das Finanzinstitut ihr einen Betrag zahlen, der in etwa dem Wert des Kontrakts mit Microsoft vor dem Zahlungsausfall entspricht.

Für das Finanzinstitut besteht in einem Swap definitiv ein Kreditausfallrisiko, wenn der Wert des Swaps für das Finanzinstitut positiv ist. Was geschieht, wenn dieser Wert negativ ist und die Gegenpartei in finanzielle Schwierigkeiten gerät? Theoretisch könnte das Finanzinstitut einen unerwarteten Gewinn realisieren, da es sich durch den Zahlungsausfall einer Verbindlichkeit entledigen könnte. In der Praxis würde die Gegenpartei wahrscheinlich die Transaktion an eine dritte Partei verkaufen oder ihre Geschäft so reorganisieren, dass der positive Wert der Transaktion nicht verloren geht. Die realistischste Annahme für das Finanzinstitut ist daher die folgende: Wenn die Gegenpartei in Konkurs geht, ergibt sich ein Verlust, falls der Wert des Swaps für das Finanzinstitut positiv ist, und es ändert sich nichts an der Position der Finanzinstitution, falls der Wert des Swaps für das Finanzinstitut negativ ist. Diese Konstellation wird in Abbildung 7.14 zusammengefasst.

Bei Swaps tritt mitunter der Fall ein, dass die ersten Zahlungsaustauschvorgänge einen positiven Wert und spätere Zahlungsaustauschtransaktionen einen negativen Wert aufweisen. (Dies wäre z. B. der Fall in Abbildung 7.9a und bei einem Währungsswap, bei dem die Währung mit dem kleineren Zinssatz gezahlt wird.) Derartige

7.12 Kreditrisiko

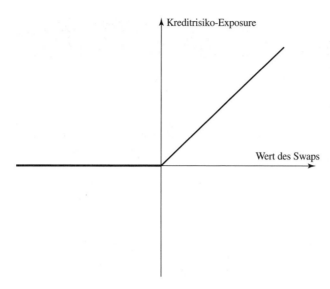

Abbildung 7.14: Kreditrisiko-Exposure eines Portfolios, das aus einem einzelnen, unbesicherten Swap besteht

Swaps tendieren dazu, den größten Teil ihrer Laufzeit negative Werte aufzuweisen. Sie beinhalten daher ein geringeres Kreditrisiko als Swaps, bei denen das Umgekehrte zutrifft.

Die möglichen Verluste durch Zahlungsausfall sind bei einem Swap viel geringer als bei einem Darlehen mit demselben Nominalkapital, weil der Wert des Swaps gewöhnlich nur einen kleinen Bruchteil des Wertes des Darlehens darstellt. Bei einem Währungsswap sind die potenziellen Verluste durch Zahlungsausfall größer als bei einem Zinsswap. Das liegt darin begründet, dass der Währungsswap einen größeren Wert als der Zinsswap haben kann, da bei seinem Ablauf die Nominalkapitalbeträge in zwei verschiedenen Währungen ausgetauscht werden.

Man muss bei jedem Kontrakt unbedingt zwischen dem Kreditrisiko und dem Marktrisiko für ein Finanzinstitut unterscheiden. Wie bereits früher erörtert wurde, erwächst das Kreditrisiko aus der Möglichkeit eines Zahlungsausfalls der Gegenpartei, wenn der Wert des Kontrakts für das Finanzinstitut positiv ist. Das Marktrisiko entsteht dagegen aus der Möglichkeit, dass sich Marktvariablen wie Zinssätze oder Wechselkurse in einer Weise entwickeln, dass der Wert eines Kontrakts für das Finanzinstitut negativ wird. Marktrisiken können relativ einfach durch den Eintritt in ausgleichende Kontrakte abgesichert werden, Kreditrisiken sind nicht so leicht abzusichern.

Eine eher bizarre Begebenheit auf dem Swap-Markt ist in Business Snapshot 7.2 skizziert. Es geht um die britische Gebietskörperschaft Hammersmith and Fulham und es wird deutlich, dass Banken, die mit Swaps handeln, neben dem Markt- und dem Kreditrisiko manchmal auch ein rechtliches Risiko tragen.

> ### Business Snapshot 7.2 – Hammersmith and Fulham
>
> Zwischen 1987 und 1989 schloss der Londoner Stadtbezirk Hammersmith and Fulham etwa 600 Zinsswaps und verwandte Instrumente mit einem Nominalwert von insgesamt etwa 6 Milliarden Pfund ab. Die Transaktionen wurden scheinbar eher zu Spekulations- als zu Absicherungszwecken durchgeführt. Die beiden für die Geschäfte zuständigen Verwaltungsmitarbeiter besaßen nur oberflächliches Wissen über die eingegangenen Risiken und die Funktionsweise der von ihnen gehandelten Produkte.
>
> Bis 1989 hatten Hammersmith and Fulham aufgrund der Veränderungen des Pfund-Zinssatzes einige Hundert Millionen Pfund in den Swaps verloren. Für die Banken auf der anderen Seite der Transaktionen besaßen die Swaps einen Wert von mehreren Hundert Millionen Pfund. Daher waren die Banken über das Kreditrisiko besorgt. Sie hatten als Gegengeschäfte Swaps zur Absicherung ihres Zinsrisikos abgeschlossen. Bei einem Zahlungsausfall von Hammersmith and Fulham würden die Banken immer noch ihre Verpflichtungen aus den Gegengeschäften erfüllen müssen und damit große Verluste erleiden.
>
> Tatsächlich geschah jedoch etwas anderes. Der Kassenprüfer von Hammersmith and Fulham beantragte, die Geschäfte für null und nichtig zu erklären, da Hammersmith and Fulham nicht befugt gewesen seien, derartige Geschäfte abzuschließen. Die britischen Gerichte schlossen sich dieser Auffassung an. Der Fall durchlief alle Instanzen bis zum House of Lords, dem höchsten britischen Gericht. Dessen letztinstanzliche Entscheidung lautete, dass Hammersmith and Fulham nicht zum Abschluss derartiger Geschäfte befugt gewesen seien, aber in Zukunft zum Zwecke des Risikomanagements die Erlaubnis dazu bekommen sollten. Es braucht nicht betont zu werden, dass die Banken massiv erbost darüber waren, wie ihre Kontrakte von den Gerichten für ungültig erklärt wurden.

Zentrales Clearing

Wie wir in Kapitel 2 ausführten, versuchen die Regulierungsbehörden das Kreditrisiko in Over-the-Counter-Märkten zu reduzieren, indem sie die Abrechnung von OTC-Derivaten über zentrale Gegenparteien (CCPs) verlangen. Eine CCP fungiert als Intermediär zwischen den beiden in einer Transaktion involvierten Parteien. Sie verlangt ebenso wie bei Futures-Kontrakten Einschuss (Initial Margin) und Veränderungen von Nachschussleistungen (Variation Margin). LCH.Clearnet (ein Zusammenschluss von London Clearing House und dem in Paris sitzenden Unternehmen Clearnet) ist die größte CCP für Zinsswaps. 2013 wurden hier Swaps mit einem Gesamtnennwert von über 350 Billionen Dollar abgerechnet.

Credit Default Swaps

Ein Swap, der seit dem Jahr 2000 an Bedeutung gewonnen hat, ist der *Credit Default Swap* (CDS). Dieser Swap erlaubt es Unternehmen, Kreditrisiken analog zu Marktrisiken über Jahre hinaus abzusichern. Ein CDS funktioniert wie ein Versicherungskontrakt, der bei Ausfall eines bestimmten Unternehmens oder Staates auszahlt. Dieses Unternehmen bzw. der Staat sind der *Referenzschuldner*. Der Käufer des Kreditschutzes zahlt an den Verkäufer für den Zeitraum bis zum Laufzeitende bzw. bis zum Ausfall des Referenzschuldners eine Versicherungsprämie, den sogenannten *CDS Spread*. Angenommen, einem CDS liegt ein Nominalbetrag von 100 Millionen Dollar zugrunde und der CDS Spread für ein 5-Jahres-Geschäft liegt bei 120 Basispunkten. Die Versicherungsprämie würde 1,2 Millionen Dollar (120 Basispunkte angewandt auf 100 Millionen Dollar) pro Jahr betragen. Fällt der Referenzschuldner innerhalb der nächsten fünf Jahre nicht aus, dann erfolgt keine Auszahlung. Fällt der Referenzschuldner aber aus und seine Anleihen bringen 40 Cent je Dollar Nennwert ein, dann muss der Verkäufer des Kreditschutzes dem Käufer 60 Millionen Dollar zahlen. Dahinter steckt die Idee, dass der Wert eines Portfolios mit Anleihen des Referenzschuldners mit einem Nominalbetrag von 100 Millionen Dollar durch die Auszahlung wieder auf 100 Millionen Dollar gebracht wird.

Credit Default Swaps werden in Kapitel 25 näher untersucht.

7.13 Weitere Arten von Swaps

Wir haben in diesem Kapitel Zinsswaps betrachtet, bei welchen LIBOR gegen einen festen Zinssatz ausgetauscht wird, und Währungsswaps, bei welchen ein fester Zinssatz in einer Währung gegen einen festen Zinssatz in einer anderen Währung ausgetauscht wird. Es werden noch viele weitere Arten von Swaps gehandelt. Einige von ihnen werden wir in späteren Kapiteln, z. B. Kapitel 25, Kapitel 29 und Kapitel 33, ausführlich diskutieren. Wir wollen aber bereits an dieser Stelle einen Überblick geben.

Variationen des Standard-Zinsswaps

In Fixed-for-Floating-Zinsswaps wird zumeist der LIBOR als variabler Referenzzinssatz verwendet. In den Beispielen dieses Kapitels betrug die Zeitspanne zwischen den Zinsanpassungen (Tenor) des LIBOR sechs Monate, aber ebenso geläufig sind Swaps mit einem LIBOR-Tenor von einem, drei oder 12 Monaten. Der Tenor der variablen Seite muss nicht mit dem Tenor der Festzinsseite übereinstimmen. (Wie in Fußnote 3 beschrieben, stehen bei einem Standard-Zinsswap in den USA halbjährlichen Festzinszahlungen vierteljährliche LIBOR-Zahlungen gegenüber.) LIBOR ist der verbreitetste variable Zinssatz, doch werden gelegentlich auch andere Zinssätze wie die Commercial Paper (CP) Rate verwendet. Manchmal werden auch so genannte Basis Swaps gehandelt. So könnte beispielsweise die 3-Monats-CP-Rate plus zehn Basispunkte gegen den 3-Monats-LIBOR ausgetauscht werden, wobei sich beide Zinssätze auf dasselbe Nominalkapital beziehen. (Mit einem solchen Geschäft könnte ein Unternehmen sein Exposure absichern, das sich aus verschiedenen variablen Zinssätzen für Assets und Verbindlichkeiten ergibt.)

Der Nominalbetrag in einer Swap-Vereinbarung kann sich während der Laufzeit ändern, um den Bedürfnissen der Gegenpartei zu entsprechen. Bei einem *Amortizing Swap* verringert sich der Nominalbetrag auf vorher festgelegte Weise. (Damit könnte man etwa dem Tilgungsplan eines Kredits entsprechen.) Bei einem *Step-up Swap* erhöht sich der Nominalbetrag auf vorher festgelegte Weise. (Damit könnte man etwa der steigenden Inanspruchnahme bei einer Kreditvereinbarung entsprechen.) *Deferred Swaps* oder *Forward Swaps*, bei denen die Parteien erst ab einem bestimmten zukünftigen Zeitpunkt Zahlungen austauschen, sind ebenfalls denkbar.

Manchmal werden Swaps gehandelt, bei denen sich der Nominalbetrag, auf den sich die Festzinszahlungen beziehen, von dem Nominalbetrag für die variablen Zinszahlungen unterscheidet.

Ein *Constant Maturity Swap* (CMS) ist eine Vereinbarung über den Austausch von LIBOR gegen eine Swap Rate. Ein Beispiel wäre eine Vereinbarung über den Austausch des 6-Monats-LIBOR auf einen bestimmten Nominalbetrag gegen die Swap Rate auf denselben Nominalbetrag alle sechs Monate für die nächsten fünf Jahre. Ein Constant Maturity Treasury Swap (CMT Swap) stellt dementsprechend eine Vereinbarung zum Austausch von LIBOR gegen eine bestimmte Treasury Rate (z. B. die 10-Jahres-Treasury-Rate) dar.

Bei einem *Compounding Swap* werden die Zinsen auf einer oder auf beiden Seiten bis zum Laufzeitende entsprechend vorher vereinbarter Regeln aufgezinst. Es erfolgt nur eine einzige Zahlung am Ende der Laufzeit des Swaps. Beim *LIBOR-In Arrears Swap*, wird der an einem Zahlungstermin beobachtete LIBOR-Satz zur Berechnung der Zahlung an diesem Datum verwendet. (Wie in Abschnitt 7.1 erläutert, wird bei einem Standardswap der LIBOR-Satz zu einem Zahlungstermin dazu benutzt, die Zahlung zum nächsten Zahlungstermin zu bestimmen.) Bei einem *Accrual Swap* fallen Zinszahlungen auf einer Seite nur dann an, wenn sich der variable Referenzzinssatz in einem bestimmten Bereich befindet.

Diff Swaps

Manchmal wird der für eine Währung gültige Zinssatz auf einen Nominalbetrag in einer anderen Währung angewendet. Ein solches Geschäft könnte der Austausch des 3-Monats-LIBOR in den USA gegen den 3-Monats-LIBOR in Großbritannien darstellen, bei dem sich beide Zinssätze auf einen Nominalbetrag von 10 Millionen GBP beziehen. Diesen Swap bezeichnet man als *Diff Swap* bzw. *Quanto*. Er wird in Kapitel 29 behandelt.

Equity Swaps

Bei einem *Equity Swap* handelt es sich um eine Vereinbarung über den Austausch der Gesamtrendite (Dividenden und Kapitalgewinne) eines Aktienindex gegen einen festen oder einen variablen Zinssatz. Beispielsweise könnte man die Gesamtrendite des S&P 500 in aufeinander folgenden 6-Monats-Zeiträumen gegen den LIBOR austauschen, wobei beide Zinssätze auf den gleichen Nominalbetrag angewendet werden. Portfolio-Manager können Equity Swaps dazu einsetzen, Renditen aus Anlagen mit festem oder variablem Zins in Renditen aus Aktienindizes umzuwandeln und umgekehrt. Equity Swaps werden in Kapitel 33 behandelt.

Optionen

Gelegentlich werden Optionen in eine Swap-Vereinbarung eingebettet. So hat beispielsweise bei einem *Extendable Swap* eine Partei die Option, die Laufzeit des Swaps zu verlängern. Bei einem *Puttable Swap* kann eine Partei den Swap vorzeitig kündigen. Optionen auf Swaps, so genannte *Swaptions*, sind ebenfalls verfügbar. Diese geben einer Seite das Recht, zu einem zukünftigen Zeitpunkt einen Swap abzuschließen, bei dem ein vorher festgelegter fester Zinssatz gegen einen variablen ausgetauscht wird. Swaptions werden in Kapitel 30 behandelt.

Commodity Swaps, Volatilitätsswaps und andere exotische Instrumente

Commodity Swaps sind im Prinzip eine Reihe von Forward-Kontrakten auf einen Rohstoff mit unterschiedlichen Laufzeiten und identischen Abrechnungspreisen. Bei einem *Volatilitätsswap* wird eine Reihe aufeinander folgender Zeiträume betrachtet. Am Ende jeder Periode zahlt eine Seite eine vorher festgelegte Volatilität, während die andere Seite die während des Zeitraums angefallene Volatilität bezahlt. Die beiden Volatilitäten werden bei der Berechnung der Zahlungen mit dem gleichen fiktiven Nominalbetrag multipliziert. Volatilitätsswaps werden in Kapitel 26 behandelt.

Nur die Kreativität der Financial Engineers und die Bedürfnisse der Finanz- und Fondsmanager nach innovativen Risikomanagement-Instrumenten stellen Grenzen für Swaps dar. In Kapitel 33 beschreiben wir den berühmten 5/30-Swap zwischen Procter and Gamble und Bankers Trust, bei dem die Zahlungen auf komplexe Weise durch die 30-Tages-CP-Rate, den Preis eines 30-jährigen Treasury Bonds und die Rendite auf einen fünfjährigen Treasury Bond bestimmt wurden.

ZUSAMMENFASSUNG

Die zwei gebräuchlichsten Arten von Swaps sind Zinsswaps und Währungsswaps. Bei einem Zinsswap verpflichtet sich eine Partei zur Zahlung eines festen Zinses auf ein fiktives Nominalkapital für einen gewissen Zeitraum an eine andere Partei. Im Gegenzug erhält sie einen variablen Zins auf das gleiche fiktive Nominalkapital für den gleichen Zeitraum. Bei einem Währungsswap verpflichtet sich eine Partei zur Zinszahlung auf einen Nominalbetrag in einer Währung. Als Gegenleistung erhält es Zinsen auf einen Nominalbetrag in einer anderen Währung.

Die Nominalbeträge werden bei einem Zinsswap gewöhnlich nicht ausgetauscht. Bei einem Währungsswap werden die Nominalbeträge im Normalfall sowohl zu Beginn als auch am Ende der Laufzeit des Swaps ausgetauscht. Die Partei, die Zinsen in Fremdwährung bezahlt, erhält den ausländischen Nominalbetrag und zahlt den Nominalbetrag in Binnenwährung bei Abschluss des Swaps. Am Ende der Swap-Laufzeit zahlt sie das ausländische Nominalkapital und erhält den einheimischen Nennwert zurück.

Ein Zinsswap kann zur Umwandlung von variabel verzinslichen Krediten in Kredite mit festem Zinssatz verwendet werden und umgekehrt. Man kann mit ihm auch eine zinsvariable Anlage in eine festverzinsliche Anlage transformieren und umgekehrt. Einen Währungsswap kann man zur Umwandlung einer Kapitalaufnahme in einer Währung in eine Kapitalaufnahme in einer anderen Währung benutzen. Es ist mit ihm außerdem möglich, eine auf eine bestimmte Währung lautende Anlage in eine auf eine andere Währung lautende Anlage zu überführen.

Es gibt zwei Wege zur Bewertung von Zins- und Währungsswaps. Beim ersten wird der Swap zerlegt in die Long-Position einer Anleihe und die Short-Position einer anderen Anleihe. Beim zweiten wird er als Portfolio von Forward-Kontrakten aufgefasst.

Wenn ein Finanzinstitut in ein Paar sich ausgleichender Swaps mit verschiedenen Gegenparteien eintritt, ist es einem Kreditrisiko ausgesetzt. Hat der Swap mit einer der Gegenparteien einen positiven Wert und diese Gegenpartei kommt ihren Zahlungsverpflichtungen nicht nach, so verliert das Finanzinstitut Geld, weil es trotzdem die Swap-Vereinbarung mit der anderen Gegenpartei erfüllen muss. Das Ausfallrisiko der Gegenpartei, Collateral und die Auswirkung von Netting werden in Kapitel 24 behandelt.

Z U S A M M E N F A S S U N G

Literaturempfehlungen

Alm, J. und F. Lindskog, „Foreign Currency Interest Rate Swaps in Asset–Liability Management for Insurers", *European Actuarial Journal*, 3 (2013): 133–158.

Corb, H., *Interest Rate Swaps and Other Derivatives*. New York: Columbia University Press, 2012.

Flavell, R., *Swaps and Other Instruments*. Chichester: Wiley, 2002.

Klein, P., „Interest Rate Swaps: Reconciliation of Models", *Journal of Derivatives*, 12, 1 (Herbst 2004): 46–57.

Litzenberger, R.H., „Swaps: Plain and Fanciful", *Journal of Finance*, 47, 3 (1992), 831–850.

Memmel, C. und A. Schertler. „Bank Management of the Net Interest Margin: New Measures", *Financial Markets and Portfolio Management*, 27, 3 (2013): 275–297.

Purnanandan, A., „Interest Rate Derivatives at Commercial Banks: An Empirical Investigation", *Journal of Monetary Economics*, 54 (2007): 1769–1808.

Praktische Fragestellungen

7.1 Den Unternehmen A und B werden folgende Zinssätze per annum für einen fünfjährigen 20-Millionen-Dollar-Kredit angeboten:

	fester Zinssatz	variabler Zinssatz
Unternehmen A	5,0%	LIBOR +0,1%
Unternehmen B	6,4%	LIBOR +0,6%

Unternehmen A benötigt einen variabel verzinslichen Kredit, Unternehmen B einen Kredit zu einem festen Zinssatz. Entwerfen Sie einen Swap, der einer als Intermediär auftretenden Bank einen Nettogewinn von 0,1% per annum verschafft und der für beide Seiten gleichermaßen attraktiv ist.

7.2 Das Unternehmen X möchte ein US-Dollar-Darlehen zu einem festen Zinssatz aufnehmen, Unternehmen Y möchte ein Yen-Darlehen zu einem festen Zinssatz aufnehmen. Die von den beiden Unternehmen nachgefragten Kapitalbeträge sind zum gegenwärtigen Wechselkurs ungefähr gleich. Den Unternehmen werden folgende Zinssätze angeboten, die an die steuerlichen Auswirkungen angepasst sind:

	Yen	Dollar
Unternehmen X	5,0%	9,6%
Unternehmen Y	6,5%	10,0%

Entwerfen Sie einen Swap, der einer als Intermediär auftretenden Bank einen Nettogewinn von 50 Basispunkten per annum verschafft. Der Swap soll für beide Seiten gleichermaßen attraktiv sein. Das gesamte Wechselkursrisiko soll bei der Bank liegen.

7.3 Ein 100-Millionen-$-Zinsswap hat eine Restlaufzeit von zehn Monaten. Unter den Bedingungen des Swaps wird der 6-Monats-LIBOR-Satz gegen 7% per annum (bei halbjährlicher Verzinsung) ausgetauscht. Der Mittelwert von Ankaufs- und Verkaufssatz, welche in Swaps aller Laufzeiten gegen den 6-Monats-LIBOR-Satz getauscht werden, beträgt zur Zeit 5% per annum bei stetiger Verzinsung. Vor zwei Monaten betrug der 6-Monats-LIBOR-Satz 4,6% per annum. Wie hoch ist der gegenwärtige Wert des Swaps für die Seite, die die variablen Zahlungen leistet? Wie hoch ist der gegenwärtige Wert des Swaps für die Seite, die die festen Zahlungen leistet?

7.4 Erläutern Sie den Begriff Swap Rate. Welche Beziehung besteht zwischen Swap Rates und Par Yields?

7.5 Ein Währungsswap hat eine Restlaufzeit von 15 Monaten. Er beinhaltet den jährlichen Austausch von 10% Zinsen auf 20 Millionen GBP gegen 6% Zinsen auf 30 Millionen $. Die Zinsstruktur ist gegenwärtig sowohl in Großbritannien als auch in den USA flach. Würde der Swap heute abgeschlossen werden, würden die Zinssätze 4% für Dollar und 7% für Britische Pfund betragen. Alle Zinssätze sind bei jährlicher Verzinsung angegeben. Der aktuelle Wechselkurs (Dollar je Britischem Pfund) steht bei 1,5500. Wie hoch ist der gegenwärtige Wert des Swaps für die Seite, die Zahlungen in Pfund leistet? Wie hoch ist der gegenwärtige Wert des Swaps für die Seite, die Zahlungen in Dollar leistet?

7.6 Erläutern Sie den Unterschied zwischen Kreditrisiko und Marktrisiko in einem Finanzkontrakt.

7.7 Ein Finanzmanager erzählt Ihnen, dass er gerade einen 5-Jahres-Kredit zu einem günstigen festen Zinssatz von 5,2% abgeschlossen hat. Er erläutert, dass er dies durch Kapitalaufnahme zu LIBOR plus 150 Basispunkte und einen Swap von LIBOR gegen 3,7% erreicht habe. Weiterhin behauptet er, dass dies möglich gewesen sei, weil sein Unternehmen einen komparativen Vorteil auf dem variablen Zinsmarkt besitze. Was hat der Finanzmanager dabei übersehen?

7.8 Erklären Sie, warum eine Bank einem Kreditrisiko ausgesetzt ist, wenn sie in zwei sich ausgleichende Swap-Kontrakte eintritt.

7.9 Den Unternehmen X und Y werden folgende Zinssätze per annum für eine 10-jährige 5-Millionen-Dollar-Anlage angeboten:

	fester Zinssatz	variabler Zinssatz
Unternehmen X	8,0%	LIBOR
Unternehmen Y	8,8%	LIBOR

Unternehmen X fragt eine festverzinsliche Anlage nach, Unternehmen Y eine Anlage mit variabler Verzinsung. Entwerfen Sie einen Swap, der einer als Intermediär auftretenden Bank einen Nettogewinn von 0,2% per annum verschafft und der für beide Seiten gleichermaßen attraktiv ist.

7.10 Ein Finanzinstitut hat einen Zinsswap mit dem Unternehmen X abgeschlossen. Gemäß den Bedingungen des Swaps erhält sie für fünf Jahre 10% per annum und zahlt den 6-Monats-LIBOR-Satz auf ein Nominalkapital von 10 Millionen $. Die Zahlungen erfolgen alle sechs Monate. Angenommen, Unternehmen X kann beim sechsten Termin (Ende des dritten Jahres) seinen Zahlungsverpflichtungen nicht nachkommen. Die LIBOR/Swap Rate (halbjährliche Verzinsung) steht zu diesem Zeitpunkt bei 8% per annum für alle Laufzeiten. Welchen Verlust erleidet das Finanzinstitut? Nehmen Sie an, dass der 6-Monats-LIBOR-Satz Mitte des dritten Jahres bei 9% per annum liegt.

7.11 Die Unternehmen A und B sehen sich folgenden (an die unterschiedlichen Auswirkungen der Steuern angepassten) Zinssätzen gegenüber:

	A	B
US-Dollar (variabler Zinssatz)	LIBOR +0,5%	LIBOR +1,0%
Kanadische Dollar (fester Zinssatz)	5,0%	6,5%

Angenommen, A möchte einen variabel verzinslichen US-Dollar-Kredit aufnehmen und B einen Festzinskredit in Kanadischen Dollar. Ein Finanzinstitut plant, hierfür einen Swap zu arrangieren, und verlangt einen Spread von 50 Basispunkten. Welche Zinssätze müssen A und B zahlen, wenn der Swap für beide Unternehmen gleich attraktiv sein soll?

7.12 Ein Finanzinstitut hat einen 10-Jahres-Währungsswap mit dem Unternehmen Y abgeschlossen. Unter den Bedingungen des Swaps erhält es 3% Zinsen per annum in Schweizer Franken und zahlt 8% Zinsen per annum in US-Dollar. Die Zinszahlungen werden einmal pro Jahr ausgetauscht. Die jeweiligen Nominalbeträge sind 7 Millionen Dollar bzw. 10 Millionen Schweizer Franken. Angenommen, Unternehmen Y wird am Ende des sechsten Jahres zahlungsunfähig. Der Wechselkurs liegt zu diesem Zeitpunkt bei 0,80 $ je Schweizer Franken. Welche Kosten entstehen dem Finanzinstitut? Nehmen Sie an, dass am Ende des sechsten Jahres die Zinssätze für alle Laufzeiten bei 3% per annum für Schweizer Franken und 8% per annum für US-Dollar liegen. Alle Zinssätze sind bei jährlicher Verzinsung angegeben.

7.13 Ist der durchschnittliche Spread des Finanzinstituts in Abbildung 7.11, nachdem es sich mit Forward-Kontrakten gegen das Wechselkursrisiko abgesichert hat, eher größer oder eher kleiner als 20 Basispunkte? Begründen Sie Ihre Antwort.

7.14 „Unternehmen mit hohem Kreditrisiko sind diejenigen, welche keinen direkten Zugang zum Markt für festverzinsliche Wertpapiere haben. Diese Unternehmen werden in einem Zinsswap meist die fixen Zahlungen leisten und die variablen Zahlungen erhalten." Setzen Sie voraus, dass diese Aussage zutrifft. Denken Sie, dass sich dadurch das Risiko für das Swap-Portfolio eines Finanzinstituts erhöht oder verringert? Nehmen Sie an, dass die Wahrscheinlichkeit eines Zahlungsausfalls der Unternehmen bei hohen Zinssätzen größer ist.

7.15 Warum ist der erwartete Verlust durch einen Zahlungsausfall bei einem Swap kleiner als bei einem Darlehen an die gleiche Gegenpartei mit dem gleichen Nominalkapital?

7.16 Eine Bank ist der Meinung, dass ihre Aktiva und Passiva nicht gut aufeinander abgestimmt sind. Sie nimmt zinsvariable Einlagen herein und vergibt Darlehen zu festen Zinssätzen. In welcher Weise können Swaps zum Ausgleich des Risikos verwendet werden?

7.17 Erläutern Sie, wie Sie einen Swap bewerten würden, der einen variablen Zinssatz in einer Währung in einen festen Zinssatz in einer anderen Währung umwandelt.

7.18 Die LIBOR-Spot-Rate-Strukturkurve ist flach für 1,5 Jahre bei konstant 5% (stetige Verzinsung). Die Swap-Sätze für 2-Jahres- und 3-Jahres-Swaps mit halbjährlichen Zahlungen betragen 5,4% bzw. 5,6%. Bestimmen Sie die LIBOR-Spot-Rates für die Laufzeiten von 2,0, 2,5 und 3,0 Jahren. (Nehmen Sie an, dass der 2,5-Jahres-Swap-Satz der Mittelwert eines 2-Jahres- und 3-Jahres-Swap-Satz ist.)

7.19 Wie würden Sie die Dollar Duration eines Swaps bestimmen?

Zur weiteren Vertiefung

7.20

a. Dem Unternehmen A werden die in Tabelle 7.3 abgebildeten Zinssätze angeboten. Es kann einen 3-Jahres-Kredit zum festen Zinssatz von 6,45% aufnehmen. Welchen variablen Zinssatz kann das Unternehmen dafür eintauschen?

b. Dem Unternehmen B werden die in Tabelle 7.3 abgebildeten Zinssätze angeboten. Es kann einen 5-Jahres-Kredit zu LIBOR plus 75 Basispunkten aufnehmen. Welchen festen Zinssatz kann das Unternehmen für diesen variablen Zinssatz eintauschen?

7.21

a. Dem Unternehmen X werden die in Tabelle 7.3 abgebildeten Zinssätze angeboten. Es kann Geld für 4 Jahre zum festen Zinssatz von 5,5% anlegen. Welchen variablen Zinssatz kann das Unternehmen dafür eintauschen?

b. Dem Unternehmen Y werden die in Tabelle 7.3 abgebildeten Zinssätze angeboten. Es kann Geld für 10 Jahre zu LIBOR minus 50 Basispunkten anlegen. Welchen festen Zinssatz kann das Unternehmen für diesen variablen Zinssatz eintauschen?

7 Swaps

7.22 Der 1-Jahres-LIBOR-Satz beträgt 11 %. Eine Bank handelt mit Swaps, bei denen ein fester Zinssatz gegen den 12-Monats-LIBOR-Satz getauscht wird. Die Zahlungen werden einmal pro Jahr ausgetauscht. Die 2-Jahres- und 3-Jahres-Swap-Sätze (bei jährlicher Verzinsung) liegen bei 11 % bzw. 12 % per annum. Bestimmen Sie die 2- und 3-Jahres-LIBOR-Spot Rates.

7.23 Gemäß den Bedingungen eines Zinsswaps hat sich ein Finanzinstitut verpflichtet, auf ein fiktives Nominalkapital von 100 Millionen $ 10 % zu zahlen und im Gegenzug den 3-Monats-LIBOR-Satz zu erhalten. Die Zahlungen erfolgen alle drei Monate. Der Swap hat eine Restlaufzeit von 14 Monaten. Der Mittelwert der Ankaufs- und Verkaufs-Swap-Rates, welche gegenwärtig in Swaps gegen den 3-Monats-LIBOR-Satz getauscht werden, beträgt 12 % per annum für alle Laufzeiten. Vor einem Monat betrug der 3-Monats-LIBOR-Satz 11,8 % per annum. Alle Zinssätze sind mit vierteljährlicher Verzinsung angegeben. Wie hoch ist der Wert des Swaps?

7.24 Das britische Unternehmen A möchte einen US-Dollar-Kredit zu einem festen Zinssatz aufnehmen. Unternehmen B, ein multinationaler Konzern, möchte Britische Pfund zu einem festen Zinssatz aufnehmen. Ihnen werden folgende (an die unterschiedlichen Auswirkungen der Steuern angepasste) Zinssätze angeboten:

	Brit. Pfund	Dollar
Unternehmen A	11,0 %	7,0 %
Unternehmen B	10,6 %	6,2 %

Entwerfen Sie einen Swap, der einer als Intermediär auftretenden Bank einen Nettogewinn von 10 Basispunkten per annum verschafft und beiden Seiten einen Gewinn von jeweils 15 Basispunkten einbringt.

7.25 Angenommen, die Zinsstruktur in Australien und den USA ist flach. Der USD-Zinssatz beträgt 7 % per annum, der AUD-Zinssatz 9 % per annum. Der derzeitige Gegenwert eines AUD ist 0,62 USD. Gemäß den Bedingungen einer Swap-Vereinbarung zahlt ein Finanzinstitut 8 % per annum in AUD und erhält 4 % per annum in USD. Die Nominalalbeträge in den beiden Währungen betragen 12 Millionen USD bzw. 20 Millionen AUD. Zahlungen erfolgen einmal im Jahr, wobei gerade eben eine Zahlung erfolgt ist. Der Swap läuft weitere zwei Jahre. Wie hoch ist der Wert des Swaps für das Finanzinstitut? Nehmen Sie an, dass alle Zinssätze mit stetiger Verzinsung angegeben sind.

7.26 Das Unternehmen X mit Sitz in Großbritannien möchte gerne einen 50-Millionen-$-Kredit für fünf Jahre zu einem festen Zinssatz aufnehmen. Da das Unternehmen in den USA nicht allzu bekannt ist, hat sich dieser Plan als undurchführbar erwiesen. Das Unternehmen hat jedoch für einen 5-Jahres-Kredit in GBP einen festen Zinssatz von 12 % angeboten bekommen. Das Unternehmen Y sitzt in den USA und möchte gern einen Kredit mit einem Gegenwert von 50 Millionen $ in Pfund für fünf Jahre zu einem festen Zinssatz aufnehmen. Es konnte kein Angebot bekommen, allerdings wurde ihm Dollar-Kapital für 10,5 % per annum offeriert. 5-Jahres-Staatsanleihen erzielen derzeit 9,5 % per annum in den USA und 10,5 % in Großbritannien. Schlagen Sie einen angemessenen Währungsswap vor, der einem Finanzintermediär einen Nettogewinn von 0,5 % per annum einbringt.

Verbriefungen und die Kreditkrise von 2007

8.1 Verbriefung 242
8.2 Der US-amerikanische Immobilienmarkt 246
8.3 Was ging schief? 250
8.4 Die Nachwehen 253
Zusammenfassung 254
Literaturempfehlungen 255
Praktische Fragestellungen 255

8

ÜBERBLICK

Derivate, wie z. B. Forwards, Futures, Swaps und Optionen, bewirken einen Risikotransfer von einem Wirtschaftssubjekt auf ein anderes. In den ersten sieben Kapiteln haben wir Forwards, Futures und Swaps betrachtet. Bevor wir uns mit Optionen befassen, wollen wir noch eine andere wichtige Möglichkeit des Risikotransfers beleuchten: die Verbriefung.

Verbriefungen sind aufgrund ihrer Rolle in der Kreditkrise 2007–2009 von besonderem Interesse. Die Krise hatte ihren Ursprung in Finanzprodukten, die aus US-Hypotheken geschaffen worden waren. Sie breitete sich jedoch rasch von den USA auf andere Länder und von den Finanzmärkten auf die Realwirtschaft aus. Einige Finanzinstitute wurden insolvent, weitere mussten von staatlicher Seite aufgefangen werden. Das erste Jahrzehnt des 21. Jahrhunderts war zweifelsohne für den Finanzsektor ein katastrophaler Zeitraum.

In diesem Kapitel untersuchen wir die Wirkungsweise von Verbiefungen und ihre Rolle in der Krise. Im Verlauf des Kapitels werden wir Details über den US-Hypothekenmarkt, Asset-Backed Securities (ABSs), Collateralized Debt Obligations (CDOs), Wasserfälle und die Wichtigkeit von Anreizen auf Finanzmärkten erfahren.

8.1 Verbriefung

Traditionell haben die Banken ihre Kredite hauptsächlich aus Einlagen finanziert. In den 1960er Jahren stellten die US-Banken fest, dass sie auf diese Weise nicht mit der Nachfrage nach Privathypotheken Schritt halten würden. Dies führte zur Herausbildung eines Marktes für Mortgage Backed Securities (MBS, mit Hypotheken besicherte Anleihen). Hypotheken wurden zu Portfolios zusammengefasst und die aus den Portfolios generierten Cash Flows (Zins- und Tilgungszahlungen) wurden in Wertpapiere verpackt („verbrieft") und an Anleger verkauft. Die US-Regierung etablierte 1968 die Government National Mortgage Association (GNMA, „Ginnie Mae"). Diese Organisation garantierte (gegen eine Gebühr) die Zins- und Tilgungszahlungen für geeignete Hypotheken und stellte die Wertpapiere zusammen, welche an Anleger verkauft wurden.

Auf diese Weise eliminierten die Banken die von ihnen ausgegebenen („originierten") Hypotheken aus ihren Bilanzen. Die Verbriefung ermöglichte es ihnen, mehr Kredite ohne Wachstum der Einlagen zu vergeben. Die Garantie der GNMA schützte MBS-Anleger vor Ausfällen der Kreditnehmer.[1]

In den 1980er Jahren wurden die für den Hypothekenmarkt entwickelten Verbriefungsmechanismen in den USA auf andere Assetklassen wie Autokredite oder Kreditkarteneinkünfte ausgeweitet. Außerdem stieg die Popularität von Verbriefungen auch in anderen Teilen der Welt an. Mit dem Anwachsen des Verbriefungsmarkts gewöhnten sich die Anleger daran, dass es nicht immer eine Garantie gegen den Ausfall der Kreditnehmer gab.

---

[1] MBS-Anleger haben jedoch Ungewissheit gegenüber vorfälligen Hypothekenrückzahlungen. Diese sind am höchsten, wenn das Zinsniveau niedrig ist und den Anlegern keine attraktiven Anlagealternativen zur Verfügung stehen. In den Kindertagen der MBS erzielten viele Anleger niedrigere Renditen als erwartet, da sie dies nicht berücksichtigt hatten.

Asset Backed Securities

Abbildung 8.1 zeigt ein einfaches Verbriefungsarrangement, wie es im Zeitraum 2000–2007 zur Anwendung kam. Die Bezeichnung dafür lautet *Asset Backed Security* (ABS). Ein Portfolio von Cash Flow erzeugenden Assets (z. B. von Krediten) wird von Banken an eine Zweckgesellschaft (Special Purpose Vehicle, SPV) verkauft und die Cash Flows aus den Assets werden auf Tranchen aufgeteilt. Die typischen Arrangements waren aufgrund der Vielzahl von Tranchen relativ komplex. In der vereinfachten Darstellung von Abbildung 8.1 gibt es nur drei Tranchen, die Senior-Tranche, die Mezzanine-Tranche und die Equity-Tranche. Das Portfolio hat ein Nominalkapital von 100 Millionen Dollar, welches folgendermaßen aufgeteilt wird: 80 Millionen Dollar für die Senior-Tranche, 15 Millionen Dollar für die Mezzanine-Tranche und 5 Millionen Dollar für die Equity-Tranche. Der Senior-Tranche wird eine Rendite von LIBOR plus 60 Basispunkten in Aussicht gestellt, der Mezzanine-Tranche LIBOR plus 250 Basispunkte und der Equity-Tranche LIBOR plus 2000 Basispunkte.

Das klingt, als ob die Equity-Tranche das beste Investment darstellt, doch das muss nicht unbedingt stimmen. Zins- und Tilgungszahlungen sind nämlich nicht garantiert. Bei der Equity-Tranche besteht gegenüber den anderen Tranchen ein größeres Risiko, dass ein Teil des Anlagebetrags ausfällt, sowie eine geringere Chance, dass die versprochene Rendite tatsächlich realisiert wird. Die Cash Flows werden auf die Tranchen nach dem Wasserfallprinzip aufgeteilt. Die allgemeine Wirkungsweise dieses Prinzips ist in Abbildung 8.2 dargestellt. Zins- und Tilgungszahlungen werden dabei getrennt betrachtet. Die Tilgungszahlungen werden zunächst solange der Senior-Tranche zugewiesen, bis das gesamte Nominal für die Senior-Tranche zurückgezahlt ist. Danach werden Tilgungszahlungen der Mezzanine-Tranche zugewiesen, bis auch diese voll ausbezahlt ist. Erst dann fließen Tilgungszahlungen der Equity-Tranche zu. Zinszahlungen werden zuerst der Senior-Tranche zugewiesen, bis die gesamte Senior-Tranche die versprochene Rendite erhalten hat. Wenn die Senior-Tranche die in Aussicht gestellte Rendite erhalten kann, werden weitere Cash Flows der Mezzanine-Tranche zugewiesen. Wenn die Mezzanine-Tranche ihre versprochene Rendite erhält und noch Mittel übrig sind, werden diese der Equity-Tranche zugewiesen.

In welcher Höhe die Tranchen ihr Nominal zurück erhalten, hängt von den Verlusten der zugrunde liegenden Assets ab. Im Großen und Ganzen hat der Wasserfall

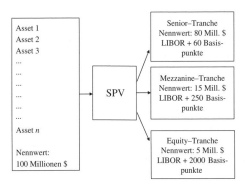

Abbildung 8.1: Eine (vereinfachte) Asset Backed Security; BP = Basispunkte (1 BP = 0,01%)

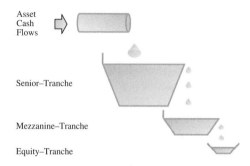

Abbildung 8.2: Der Wasserfall in einer Asset Backed Security

folgenden Effekt: Die ersten 5 % der Verluste werden von der Equity-Tranche getragen. Übersteigen die Verluste 5 %, verliert die Equity-Tranche das gesamte Nominalkapital und die Mezzanine-Tranche wird herangezogen. Übersteigen die Verluste 20 %, verliert die Mezzanine-Tranche das gesamte Nominalkapital und die Senior-Tranche wird herangezogen, um Ausfälle zu tragen.

Es gibt also zwei Perspektiven. Eine bezieht sich auf den Wasserfall in Abbildung 8.2. Cash Flows gehen zuerst an die Senior-Tranche, danach an die Mezzanine-Tranche und dann an die Equity-Tranche. Die andere Perspektive ist die der Verluste. Verluste im Nominalkapital werden zuerst von der Equity-Tranche getragen, danach von der Mezzanine-Tranche und dann der Senior-Tranche. Ratingagenturen wie z. B. Moody's, S&P und Fitch spielten eine tragende Rolle bei Verbriefungen. Die ABS in Abbildung 8.1 ist so beschaffen, dass die Senior-Tranche das höchstmögliche Rating erhält. Die Mezzanine-Tranche weist typischerweise ein BBB-Rating (deutlich unter AAA, aber immer noch Investment Grade) auf, während die Equity-Tranche kein Rating erhält.

Diese Beschreibung einer ABS ist etwas vereinfacht. In der Realität werden mehr als drei Tranchen mit einer Vielzahl von Ratings geschaffen. In den Wasserfall-Regeln, wie wir sie beschrieben haben, erfolgt die Zuweisung der Cash Flows sequentiell in dem Sinne, dass immer bei der hochwertigsten Senior-Tranche begonnen wird, danach die nächstniedrigere Senior-Tranche an der Reihe ist, usw. Die tatsächlichen Wasserfall-Regeln sind etwas komplizierter und werden daher in einem offiziellen Dokument zusammengefasst, welches üblicherweise mehrere hundert Seiten umfasst. Als weitere Komplikation konnte es oftmals zu einer Überbesicherung kommen, wenn das Gesamtnominal der Tranchen kleiner war als das Gesamtnominal der zugrunde liegenden Assets. Außerdem lag die gewichtete durchschnittliche Rendite der Tranchen unter der gewichteten durchschnittlichen Rendite der Assets.[2]

ABS CDOs

Anleger zu finden, die die Senior-Tranchen der ABSs mit AAA-Rating kauften, war keine große Schwierigkeit, denn diese Tranchen versprachen im Vergleich zu Anleihen mit AAA-Rating attraktive Renditen. Die Equity-Tranchen wurden meist vom Originator der Hypotheken einbehalten oder an einen Hedgefonds verkauft.

---

[2] Hierdurch und durch die Überbesicherung wurde das Arrangement für den Originator potenziell einträglicher.

8.1 Verbriefung

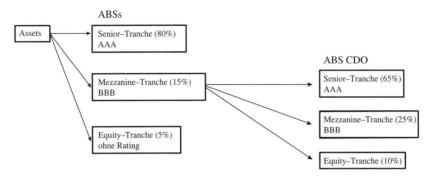

Abbildung 8.3: Erzeugen einer ABS und einer ABS CDO aus Asset-Portfolios (vereinfachte Darstellung)

Die Schwierigkeit bestand darin, Anleger für die Mezzanine-Tranchen zu finden. Aus diesem Grund wurden ABS von ABS geschaffen (siehe Abbildung 8.3): Viele verschiedene Mezzanine-Tranchen, die auf die in Abbildung 8.1 dargestellte Weise geschaffen wurden, werden hier zu einem Portfolio zusammengefasst. Die Cash-Flow-Risiken für dieses Portfolio werden genauso über Tranchen strukturiert wie die Risiken für die Assets-Cash-Flows in Abbildung 8.1. Die resultierende Struktur wird als *ABS CDO* oder auch *Mezz ABS CDO* bezeichnet. In Abbildung 8.3 entfallen 65 % des Nominals der ABS-Mezzanine-Tranche auf die Senior-Tranche der ABS CDO, 25 % auf die Mezzanine-Tranche der ABS CDO und die restlichen 10 % auf die Equity-Tranche der ABS CDO. Das Derivat ist so beschaffen, dass die Senior-Tranche der ABS CDO das höchste Rating (AAA) besitzt. Das bedeutet, dass die in unserem Beispiel erzeugten AAA-Instrumente insgesamt etwa 90 % (80 % plus 65 % von 15 %) des Nominalbetrags der zugrunde liegenden Portfolios ausmachen. Das erscheint hoch – eine weitere Verbriefung mittels einer ABS aus den Mezzanine-Tranchen der ABS CDOs (Dies hat es tatsächlich gegeben!) würde diesen Prozentsatz aber noch steigern.

Im Beispiel von Abbildung 8.3 kann die AAA-Tranche der ABS erwarten, dass sie die versprochene Rendite erzielt und ihr Nominal zurückerhält, wenn die Verluste auf das zugrunde liegende Asset-Portfolio unter 20 % liegen, da dann alle Verluste des Nominalkapitals von den nachrangigen Tranchen aufgefangen werden. Die AAA-Tranche der ABS CDO in Abbildung 8.3 ist viel riskanter. Sie bekommt die versprochene Rendite und ihr Nominal ausbezahlt, wenn die Verluste auf das zugrunde liegende Portfolio 10,25 % oder weniger betragen. Ein Verlust von 10,25 % bedeutet, dass die Mezzanine-Tranchen der ABSs Verluste in Höhe von 5,25 % des Nominalkapitals auffangen müssen. Da das gesamte Nominalkapital der ABS CDO 20 % des Nominals der ABS beträgt, beträgt ihr Verlust $5{,}25/15 \approx 35\,\%$. Die Equity-Tranche und die Mezzanine-Tranche der ABS CDO würden aufgezehrt werden, die Senior-Tranche bleibt aber unversehrt.

Die Senior-Tranche einer ABS CDO erleidet Verluste, wenn die Verluste auf das zugrunde liegende Portfolio mehr als 10,25 % betragen. Betrachten wir z. B. die Situation, wenn die Verluste auf das zugrunde liegende Portfolio 17 % betragen. Von den 17 % werden 5 % von der Equity-Tranche der ABS und 12 % von der Mezzanine-Tranche der ABS getragen. Daher betragen die Verluste der Mezzanine-Tranchen $12/15 = 80\,\%$ ihres Nominals. Die ersten 35 % werden von Equity- und Mezzanine-

Verluste der zugrunde liegenden Assets	Verluste der Mezzanine-Tranche der ABS	Verluste der Equity-Tranche der ABS CDO	Verluste der Mezzanine-Tranche der ABS CDO	Verluste der Senior-Tranche der ABS CDO
10%	33,3%	100%	93,3%	0,0%
13%	53,3%	100%	100%	28,2%
17%	80%	100%	100%	69,2%
20%	100%	100%	100%	100%

Tabelle 8.1: Verluste für AAA-Tranchen der ABS CDO aus Abbildung 8.3

Tranche der ABS CDO aufgefangen. Die Senior-Tranche der ABS CDO verliert daher noch $45/65 \approx 69{,}2\%$ ihres Wertes. Dieses Resultat und andere sind in Tabelle 8.1 zusammengefasst. Bei unseren Berechnungen haben wir angenommen, dass alle ABS-Portfolios die gleiche Default Rate besitzen.

8.2 Der US-amerikanische Immobilienmarkt

Abbildung 8.4 zeigt den S&P/Case-Shiller Composite Index für Immobilienpreise in den USA zwischen Januar 1987 und Februar 2013, welcher eine Indikation zu den Immobilienpreisen der Top Ten-Ballungsgebiete in den USA liefert. Man sieht, dass etwa um das Jahr 2000 herum die Immobilienpreise viel schneller zu steigen begannen, als sie dies im Jahrzehnt zuvor getan hatten. Das sehr niedrige Zinsniveau zwischen 2002–2005 leistete sicher einen bedeutenden Beitrag, doch die Blase der Immobilienpreise beruhte hauptsächlich auf der Praxis der Hypothekenvergabe.

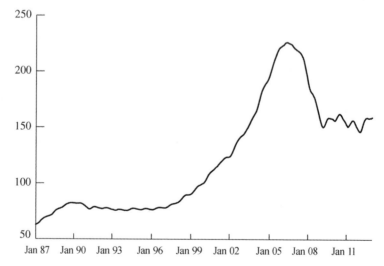

Abbildung 8.4: Der S&P/Case-Shiller Composite-10 Index für Immobilienpreise in den USA zwischen 1987 und 2013

Der Zeitraum 2000 bis 2006 war gekennzeichnet durch einen sehr starken Anstieg der so genannten Subprime-Hypothekenkredite. Subprime-Hypotheken sind Hypotheken, deren Risiko signifikant über dem Durchschnitt liegt. Vor dem Jahr 2000 waren die meisten Hypotheken der Subprime-Kategorie Zweithypotheken. Dies änderte sich ab 2000, als Finanzinstituten die Vergabe von Subprime-Ersthypotheken immer besser gefiel.

Lockerung der Vergabestandards

Durch die Lockerung ihrer Vergabestandards und das Anwachsen der Subprime-Hypotheken konnten Familien, die zuvor für eine Hypothek als nicht kreditwürdig genug angesehen waren, ein Haus kaufen. Die Nachfrage nach Immobilien stieg an und mit ihr die Preise. Hypothekenmakler und -geber fanden die Vergabe von immer mehr Hypotheken attraktiv, insbesondere wenn daraus höhere Immobilienpreise resultierten. Mehr Hypotheken bedeuteten einen größeren Gewinn und höhere Immobilienpreise bedeuteten, dass die Hypothek durch die zugrunde liegende Sicherheit gut abgedeckt war. Fiel der Kreditnehmer aus, dann führte die resultierende Zwangsvollstreckung kaum zu einem Verlust.

Hypothekenmakler und -geber wollten natürlich ihre Profite weiter steigern. Ihr Problem bestand darin, dass Erstkäufer durch die steigenden Immobilienpreise Schwierigkeiten hatten, sich ein Haus zu leisten. Um weitere Neulinge an den Immobilienmarkt zu locken, mussten sie Wege finden, die Vergabestandards noch weiter zu lockern – und genau das taten sie auch. Man erhöhte den prozentualen Anteil des Kredits am Kaufpreis. Variable Hypotheken (adjustable rate mortgages, ARMs) wurden entwickelt, bei denen in den ersten zwei, drei Jahren ein „Lock"-Zinssatz galt, danach aber ein wesentlich höherer.[3] Ein typischer Lockzinssatz betrug etwa 6%, der Zinssatz nach Ablauf der Startphase lag typischerweise beim 6-Monats-LIBOR plus 6%.[4] Es wurden jedoch auch Startzinssätze im Bereich von 1%–2% beobachtet. Auch wurden die Hypothekengeber bei der Begutachtung von Hypothekenanträgen zunehmend ungezwungener. Tatsächlich kam es häufig vor, dass das Einkommen des Antragstellers und andere Antragsangaben nicht überprüft wurden.

Die Verbriefung von Subprime-Hypotheken

Subprime-Hypotheken wurden häufig auf die in den Abbildungen 8.1–8.3 dargestellte Weise verbrieft. Die Anleger in die aus Subprime-Hypotheken gebildeten Tranchen hatten gewöhnlich keine Garantie dafür, dass Zinsen und Nominalbetrag gezahlt werden würden. Die Verbriefung spielt bei der Krise eine zentrale Rolle. Das Verhalten der Hypothekenoriginatoren war von dem Wissen beeinflusst, dass die Hypotheken verbrieft werden würden.[5] Wenn neue Hypothekenanträge begutachtet wurden, lautete die Frage nicht „Ist dies ein Kreditrisiko, das wir eingehen

---

3 Bei steigenden Immobilienpreisen erwarteten die Hypothekengeber, dass die Kreditnehmer vorzeitig zurückzahlen und am Ende der Startphase eine neue Hypothek aufnehmen würden. Die Strafen für eine vorzeitige Rückzahlung waren jedoch für Subprime-Hypotheken ziemlich hoch (im Gegensatz zu erstklassigen Hypotheken, wo sie meist null waren).
4 Bei einem „2/28" ARM war beispielsweise der Zinssatz für die ersten zwei Jahre festgeschrieben, in den restlichen 28 Jahren war er variabel.
5 Siehe B.J. Keys, T. Mukherjee, A. Seru und V. Vig, „Did Securitization Lead to Lax Screening? Evidence from Subprime Loans", *Quarterly Journal of Economics*, 125, 1 (Februar 2010): 307–362.

können?", sondern „Ist dies eine Hypothek, die uns Geld bringt, indem wir sie weiterverkaufen?"

Wenn ein Hypotheken-Portfolio verbrieft wurde, waren die Käufer der aus ihnen gebildeten Produkte der Meinung, dass sie ausreichend informiert waren, wenn sie den Loan-to-Value-Wert (LTV, Quotient von Kredithöhe zum Schätzwert der Immobilie) und den FICO-Score[6] des Kreditnehmers kannten. Oftmals prüften die Kreditgeber andere Informationen der Kreditanträge nicht nach, da sie diese für irrelevant hielten. Von Bedeutung war für die Kreditgeber nur, ob die Hypothek weiterverkauft werden konnte – und dies hing hauptsächlich vom LTV-Wert und dem FICO-Score des Antragstellers ab.

Eine interessante Randbemerkung ist, dass sowohl LTV als auch FICO-Score eine zweifelhafte Qualität aufwiesen. Die Immobilienbewerter, welche den Wert einer Immobilie zum Zeitpunkt eines Hypothekenantrags bestimmten, gaben mitunter dem Druck der Kreditgeber nach und setzten hohe Preise fest. Potenziellen Kreditnehmern wurde geraten, bestimmte Aktivitäten zu entfalten, die ihren FICO-Score verbesserten.[7]

Warum wirkte die Regierung nicht regulierend auf die Hypothekengeber ein, mag man fragen. Die US-Regierung hat seit den 1990er Jahren versucht Wohneigentum zu fördern und unter anderem Hypothekengeber dazu angehalten vermehrt Kredite an Menschen mit geringen oder mittleren Einkommen zu vergeben. Einige Bundesstaaten (z. B. Ohio und Georgia) hatten Bedenken bei dieser Vorgehensweise und wollten die lockere Kreditvergabe (Predatory Lending) begrenzen.[8] Gerichte entschieden jedoch, dass die nationalen Standards Bestand haben sollten.

Die Hypothekenvergabe im Zeitraum vor der Kreditkrise hat verschiedene Bezeichnungen gefunden. Ein Begriff ist der des „Liar Loan" (Lügnerkredit). Er entstand, da Personen, die einen Hypothekenantrag stellten oftmals falsche Angaben machten, da sie wussten, dass diese nicht überprüft wurden. Eine weitere Bezeichnung für einige Kreditnehmer war „NINJA" (No Income, No Job, no Assets).

Das Platzen der Blase

Alle Blasen zerplatzen einmal, und diese Blase war keine Ausnahme. 2007 stellten viele Hypothekeninhaber fest, dass sie nach dem Ende der Startphase ihre Hypothekenraten nicht mehr bezahlen konnten. Dies führte zu Zwangsversteigerungen, wodurch eine große Zahl von Immobilien auf den Markt gelangte. Daraufhin fielen die Immobilienpreise. Andere Hypothekeninhaber, die bis zu 100% des Wertes ihrer Immobilie als Kredit aufgenommen hatten, standen mit ihrem Eigenkapital plötzlich im Minus.

Ein Merkmal des US-amerikanischen Immobilienmarktes ist, dass Hypotheken in vielen Bundesstaaten als „Non-Recourse Loans" vergeben werden. Das bedeutet, dass der Kreditgeber bei einem Ausfall des Kreditnehmers die Immobilie in Besitz nehmen kann, auf andere Assets des Kreditnehmers aber keinen Zugriff hat. Der Kreditnehmer hat also eine Put-Option amerikanischen Typs. Er kann die Immobilie

---

6 FICO ist ein Kreditpunktesystem der Fair Isaac Corporation, das in den USA weit verbreitet ist. Es kann Werte zwischen 300 und 850 annehmen.
7 Eine solche Aktivität waren z. B. regelmäßige Einzahlungen auf ein Kreditkartenkonto über mehrere Monate.
8 Predatory Lending beschreibt die Situation, wenn ein Kreditgeber in trügerischer Absicht Kreditnehmer zu unfairen und missbräuchlichen Kreditklauseln überredet.

jederzeit an den Kreditgeber zum noch ausstehenden Nominalbetrag der Hypothek veräußern. Diese Möglichkeit ließ Raum für spekulatives Verhalten und trug zu der Immobilienblase bei. Die Marktteilnehmer erkannten zu spät, wie teuer und destabilisierend eine solche Put-Option sein kann. Wenn der Kreditnehmer negatives Eigenkapital aufwies, bestand die optimale Entscheidung im Tausch der Immobilie gegen den ausstehenden Nominalbetrag der Hypothek. Die Immobilie wurde dann vom Kreditgeber verkauft, was den Druck auf die Immobilienpreise noch verstärkte.

Man darf nun aber nicht annehmen, dass jeder, dessen Hypothek ausfiel, sich in der gleichen Position befand. Manche Personen konnten ihren Hypothekenzahlungen nicht nachkommen und mussten ihr Wohneigentum aufgeben. Doch viele Schuldner waren einfach Spekulanten, die Mehrfamilienhäuser zur Weitervermietung erworben hatten und nun ihre Put-Option ausübten. Den Schaden hatten dann ihre Mieter. Es wird auch von kreativen Mitteln berichtet, zu denen einige Immobilienbesitzer (keine Spekulanten) griffen, um aus ihren Put-Optionen Kapital zu schlagen. Nachdem sie dem Kreditgeber die Schlüssel ihrer Immobilie ausgehändigt hatten, kauften sie (teilweise zu Schnäppchenpreisen) andere Immobilien bei Zwangsversteigerungen. Man stelle sich zwei Personen vor, die nebeneinander in zwei identischen Häusern wohnen. Die Hypothek auf jedes Haus beträgt jeweils 250 000 $. Die Häuser haben einen Wert von jeweils 200 000 $ und man kann erwarten, dass sie in einer Zwangsversteigerung für 170 000 $ verkauft werden. Wie sieht nun die optimale Strategie der Hauseigentümer aus? Die Antwort lautet, dass beide Personen die Put-Option ausüben und jeweils das Haus des Nachbarn kaufen sollten.

Die USA waren bei dem Rückgang der Immobilienpreise nicht allein. In vielen anderen Ländern fielen die Preise ebenfalls. Besonders stark traf es Großbritannien.

Die Verluste

Als die Anzahl der Zwangsversteigerungen anwuchs, stiegen auch die Verluste auf Hypotheken. Man könnte nun meinen, ein Rückgang der Immobilienpreise um 35% hätte einen Nominalverlust von höchstens 35% auf ausfallende Hypotheken zur Folge. Tatsächlich waren die Verluste jedoch weitaus höher. Die betreffenden Immobilien befanden sich meist in schlechtem Zustand und wurden zu einem Bruchteil ihres vormaligen Wertes verkauft. In einigen Fällen wurden Hypothekenverluste von bis zu 75% im Zuge von Zwangsversteigerungen in den Jahren 2008 und 2009 ausgewiesen.

Anleger in Tranchen, die aus den Hypotheken gebildet wurden, erlitten große Verluste. Der Wert von ABS-Tranchen, die aus Subprime-Hypotheken gebildet wurden, wurde durch eine Reihe von Indizes, den ABX, reflektiert. Gemäß dieser Indizes hatten ursprünglich mit BBB bewertete Tranchen bis zum Ende des Jahres 2007 80% ihres Wertes eingebüßt, bis Mitte 2009 sogar 97%. Der Wert von ABS-CDO-Tranchen, die aus BBB-Tranchen bestanden, wurde durch eine andere Reihe von Indizes, den TABX, reflektiert. Gemäß dieser Indizes hatten ursprünglich mit AAA bewertete Tranchen bis zum Ende des Jahres 2007 80% ihres Wertes eingebüßt, Mitte 2009 waren sie praktisch wertlos.

Finanzinstitute wie UBS, Merrill Lynch und Citigroup besaßen große Positionen in einigen Tranchen. Ihre Verluste waren sehr groß, ebenso die des Versicherungsriesen AIG, der Versicherungen gegen Verluste aus ABS-CDO-Tranchen mit ursprünglichem AAA-Rating angeboten hatte. Viele Finanzinstitute mussten staatliche Hilfen in Anspruch nehmen. In der Finanzgeschichte gibt es wenige Jahre, die schlimmer waren als das Jahr 2008. Bear Stearns wurde von JP Morgan Chase übernommen, Merrill Lynch von der Bank of America. Goldman Sachs und Morgan Stanley, ursprünglich reine Investmentbanken, wurden zu Bank-Holdings mit Tätigkeit als Geschäftsbank und Investmentbank. Lehman Brothers musste Insolvenz anmelden (siehe Business Snapshot 1.1).

Die Kreditkrise

Die Verluste auf Wertpapiere, die sich auf Privathypotheken stützten, führte zu einer ernsthaften Kreditkrise. 2006 verfügten die Banken über ausreichendes Kapital, Kredite waren einigermaßen bequem zu bekommen und die Credit Spreads (Differenz des Darlehenszinssatzes über den risikolosen Zinssatz) waren niedrig. Bis 2008 hatte sich die Situation grundlegend gewandelt. Die Kapitalausstattung der Banken hatte durch deren Verluste stark gelitten. Ihre Risikoaversion war angestiegen, was zu zögerlichen Kreditvergaben führte. Vertrauenswürdige Kreditnehmer hatten es schwer, einen Kredit aufzunehmen. Die Credit Spreads hatten sich enorm vergrößert. Es herrschte die schwerste globale Rezession seit mehreren Generationen. Ein Indiz dafür lieferte der TED Spread, der die Differenz des Zinssatzes für 3-Monats-Eurodollar-Einlagen über die 3-Monats-Treasury-Rate angibt. Unter normalen Marktbedingungen liegt er bei 30–50 Basispunkten, im Oktober 2008 jedoch betrug er 450 Basispunkte.

8.3 Was ging schief?

Der Begriff „irrationaler Überschwang" wurde von Alan Greenspan, dem Chef der US-Notenbank, geprägt, als er das Anlegerverhalten während des Bullenmarktes in den 1990er Jahren beschrieb. Der Begriff lässt sich auf den Zeitraum vor der Kreditkrise übertragen. Hypothekengeber, die Anleger in ABS- und ABS-CDO-Tranchen, die aus Privathypotheken strukturiert wurden, aber auch die Unternehmen, die Versicherungen auf die Tranchen anboten, nahmen an, dass die guten Zeiten ewig andauern würden, d. h., dass die Immobilienpreise in den USA immer weiter steigen würden. In der einen oder anderen Region war auch ein Rückgang denkbar, doch die Möglichkeit eines flächendeckenden Einbruchs der Immobilienpreise, wie sie Abbildung 8.4 zeigt, wurde von den meisten Personen nicht in Betracht gezogen.

Zu der 2007 einsetzenden Finanzkrise haben viele Faktoren beigetragen. Originatoren von Hypotheken verwendeten laxe Vergabestandards. Es wurden Produkte entwickelt, die es den Hypothekenoriginatoren erlaubten, das Kreditrisiko mit Gewinn an Anleger weiterzugeben. Ratingagenturen entfernten sich von ihrem eigentlichen Geschäft, der Bewertung von Anleihen, in welchem sie eine gewisse Kompetenz aufwiesen, hin zur Bewertung von strukturierten Produkten, welche relativ neu waren und für die es kaum historische Daten gab. Die Produkte, die die Anleger kauften, waren komplex und in vielen Fällen besaßen Anleger und Ratingagenturen nur ungenaue oder unvollständige Informationen über die Qualität der zugrunde liegenden Assets. Wer in die strukturierten Produkte investierte, meinte, eine Geldmaschine gefunden zu haben und verließ sich auf die Ratingagenturen, anstatt sich selbst eine Meinung über die zugrunde liegenden Risiken zu bilden. Die von den AAA-Produkten versprochene Rendite war im Vergleich zu AAA-Anleihen hoch.

Strukturierte Produkte wie die in den Abbildungen 8.1 und 8.3 sind hochgradig abhängig von der Ausfallkorrelation zwischen den zugrunde liegenden Assets. Die Ausfallkorrelation ist ein Maß für die Tendenz, dass verschiedene Kreditnehmer etwa zum gleichen Zeitpunkt ausfallen. Bei geringer Ausfallkorrelation der zugrunde liegenden Assets in Abbildung 8.1 ist es sehr unwahrscheinlich, dass die AAA-Tranchen Verluste erleiden. Mit steigender Ausfallkorrelation nimmt ihre Anfälligkeit zu. Die Tranchen der ABS CDOs in Abbildung 8.3 hängen noch stärker von der Ausfallkorrelation ab.

Wenn Hypotheken, wie es normal der Fall ist, eine geringe Ausfallkorrelation aufweisen, ist die Wahrscheinlichkeit einer hohen Gesamtausfallrate sehr gering und die AAA-Tranchen sowohl der ABS als auch der ABS CDOs, welche aus Hypotheken gebildet wurden, sind einigermaßen sicher. Wie viele Anleger jedoch am eigenen Leibe erfahren mussten, nehmen die Ausfallkorrelationen bei schwierigen Marktbedingungen zu, so dass hohe Ausfallraten entstehen können.

Es bestand die Tendenz, eine Tranche mit einem bestimmten Rating analog zu einer Anleihe mit dem gleichen Rating zu behandeln. Die Ratingagenturen veröffentlichten die Kriterien, welche sie zur Bewertung der Tranchen verwendeten. S&P und Fitch bewerteten eine Tranche, indem sie sicherstellten, dass die Verlustwahrscheinlichkeit der Tranche der Verlustwahrscheinlichkeit einer analog bewerteten Anleihe entsprach. Bei der Tranchenbewertung von Moody's entsprach der erwartete Verlust der Tranche dem erwarteten Verlust einer analog bewerteten Anleihe.[9] Die Verfahren der Ratingagenturen waren also derart beschaffen, dass sie jeweils einen Aspekt der Verlustverteilungen von Tranchen und Anleihen in Einklang brachten. Die übrigen Aspekte der Verteilungen waren jedoch oft sehr unterschiedlich ausgeprägt.

Die Unterschiede zwischen Tranchen und Anleihen wurden dadurch verschärft, dass die Tranchen oftmals recht dünn waren. Die AAA-Tranchen machten, wie in Abbildung 8.1, häufig etwa 80% des Nominalbetrags aus, doch es war nicht unüblich, dass daneben noch 15 bis 20 weitere Tranchen existierten, von denen jede etwa 1% oder 2% breit war. Bei solch dünnen Tranchen besteht im Prinzip nur die Möglichkeit, dass gar kein Verlust oder der Totalverlust eintritt. Dass Anleger einen Teil ihrer Einlage zurückerhalten (was für Anleihebesitzer der Normalfall ist), kommt selten vor. Betrachten wir etwa eine BBB-Tranche, die für die Verluste im Bereich zwischen 5% und 6% verantwortlich ist. Betragen die Verluste auf das zugrunde liegende Portfolio weniger als 5%, dann ist die Tranche sicher. Sind die Verluste größer als 6%, wird die Tranche aufgezehrt. Eine teilweise Rückzahlung findet nur dann statt, wenn die Verluste zwischen 5% und 6% liegen.

Der Unterschied zwischen einer dünnen Tranche mit BBB-Rating und einer BBB-Anleihe wurde von vielen Anlegern nicht beachtet. Dieser Unterschied lässt die Tranchen von ABS CDOs, die aus BBB-Tranchen von ABSs gebildet werden, viel riskanter ausfallen als Tranchen, die auf analoge Art aus BBB-Anleihen gebildet werden. Man darf durchaus annehmen, dass die Verluste auf ein Portfolio aus BBB-Anleihen selbst bei schwierigsten Marktbedingungen 25% nicht überschreiten. Tabelle 8.1 zeigt dagegen, dass ganz leicht Verluste von 100% auf ein Portfolio von BBB-Tranchen auftreten können – umso mehr, wenn die Tranchen, nur 1% oder 2% breit sind.

---

9 Eine Diskussion der von Ratingagenturen verwendeten Kriterien und der Angemessenheit der Ratings findet sich in J. Hull und A. White, „Ratings Arbitrage and Structured Products", *Journal of Derivatives*, 20, 1 (Herbst 2012): 80–86, und „The Risk of the Tranches Created from Mortgages", *Financial Analysts Journal*, 66, 5 (2010): 54–67.

Regulatorische Arbitrage

Viele Hypotheken wurden von Banken ausgegeben. Und Banken waren auch die Hauptanleger in die aus Hypotheken gebildeten Tranchen. Welchen Grund gab es für die Banken, Hypotheken zu verbriefen und die verbrieften Produkte dann wieder zu kaufen? Die Antwort kann mit dem Begriff der *regulatorischen Arbitrage* gegeben werden. Das regulatorische Kapital, welches Banken für die Tranchen eines Hypothekenportfolios vorhalten mussten, war deutlich geringer als das regulatorische Kapital, welches für die Hypotheken selbst erforderlich war.

Anreize

Eine der Lehren aus der Krise ist die Bedeutsamkeit von Anreizen. Von Wirtschaftswissenschaftlern wird der Begriff „Agency Costs" benutzt, um die Kosten zu beschreiben, die auftreten, wenn bei einer Geschäftsbeziehung die Interessen der beiden Parteien nicht vollständig angeglichen werden. Der Prozess von Hypothekenoriginierung, -verbriefung und -verkauf an Anleger war leider mit erheblichen Agency Costs verbunden.

Das Motiv der Hypothekenoriginatoren bestand darin, Darlehen zu vergeben, die von den Strukturierern der ABS- und ABS-CDO-Tranchen akzeptiert wurden. Die Gutachter, welche die Immobilien bewerteten, hatten das Ziel den Kreditgeber zufrieden zu stellen, indem sie eine möglichst hohe Bewertung vornahmen, so dass die LTV-Ratio so gering wie möglich ausfiel. Ein zufriedener Kreditgeber bedeutete potenzielle weitere Geschäfte. Die größte Sorge der Tranchenstrukturierer betraf die Bewertung ihrer Tranchen. Ihr Ziel war es, dass möglichst viel Volumen ein AAA-Rating erhielt, und man fand unter Verwendung der öffentlich zugänglichen Kriterien der Ratingagenturen Mittel und Wege, dieses Ziel zu erreichen. Die Ratingagenturen wurden von den Emittenten der Wertpapiere, welche sie zu bewerten hatten, bezahlt. Rund die Hälfte ihrer Einkünfte stammten aus strukturierten Produkten.

Eine weitere Quelle von Agency Costs sind die Finanzinstitute und ihre Angestellten. Die Kompensation der Angestellten setzt sich aus drei Kategorien zusammen: reguläres Gehalt, Jahresendprämien (Bonus) und Aktien bzw. Aktienoptionen. In Finanzinstituten erhalten viele Angestellte auf allen Hierarchieebenen, besonders aber Trader, einen Großteil ihrer Entlohnung in Form von Boni. Diese Form der Kompensation zielt auf kurzfristige Performance ab. Wenn ein Angestellter in einem Jahr riesige Gewinne erwirtschaftet und im nächsten Jahr für spürbare Verluste verantwortlich zeichnet, erhält er oft am Ende des ersten Jahres einen großen Bonus und muss im nächsten nichts davon zurückzahlen. Er kann infolge der Verluste im zweiten Jahr seinen Job verlieren, doch nicht einmal das ist wirklich schlimm. Finanzinstituten scheint es erstaunlicherweise nichts auszumachen, Personen einzustellen, die bereits einmal für Verluste verantwortlich waren.

Nehmen wir einmal an, Sie sind bei einem Finanzinstitut angestellt und investieren 2006 in ABS CDOs, welche aus Hypotheken gebildet wurden. Mit Sicherheit haben Sie erkannt, dass der US-Immobilienmarkt überhitzt ist und dass diese Blase früher oder später platzen muss. Es ist allerdings möglich, dass Sie sich trotzdem zur Fortführung der Investitionen in ABS CDOs entscheiden. Wenn die Blase bis zum 31. Dezember 2006 noch nicht platzt, erhalten Sie nämlich Ende 2006 immer noch einen netten Bonus.

8.4 Die Nachwehen

Vor Ausbruch der Krise waren Over-the-Counter-Derivatemärkte weitgehend unreguliert. Dies hat sich geändert. Wie in den vorherigen Kapiteln erwähnt, ist es mittlerweile Pflicht, die meisten Standard-OTC-Derivate über zentrale Gegenparteien (CCPs) abzurechnen. Sie werden somit analog zu Börsenderivaten wie Futures behandelt. Gewöhnlich sind Banken Mitglieder bei einer oder mehreren CCPs. Beim Handel mit Standardderivaten müssen sie Initial Margin und Variation Margin bei der CCP hinterlegen sowie in den Garantiefonds einzahlen. Bei Transaktionen, die weiterhin bilateral abgerechnet werden, werden die Collateralvereinbarungen gesetzlich geregelt, anstatt sie den beiden Parteien zu überlassen.

Die von Banken gezahlten Boni werden sorgfältiger beobachtet. Es ist vorstellbar, dass es in einigen Ländern Obergrenzen für die Höhe der gezahlten Boni geben wird. Auch die Art der Bonuszahlung ändert sich. Vor der Krise wurde der Händlerbonus zumeist am Ende eines Jahres voll ausgezahlt und konnte nicht zurückgefordert werden. Mittlerweile ist es üblicher, die Auszahlung des Bonus über mehrere Jahre zu verteilen. Er kann einbehalten werden, wenn die Ergebnisse in den Folgejahren schlecht ausfallen.

Der Dodd-Frank Act in den USA und ähnliche Gesetze in der EU gewährleisten eine bessere Übersicht über die Aktivitäten der Finanzinstitute. So sind z. B. Eigenhandel und weitere ähnliche Aktivitäten von Einlagen annehmenden Kreditinstituten erschwert worden. (Diese Regelung wird in den USA „Volcker rule" genannt, da sie vom früheren Chef der US-Notenbank, Paul Volcker, vorgeschlagen wurde. Analog hat in Großbritannien ein unabhängiger Ausschuss unter dem Vorsitz von Sir John Vickers empfohlen, dass die Retailgeschäfte von Banken isoliert betrachtet werden. In der EU strebt der Liikanen-Ausschuss die Trennung von normalen Bankgeschäften vom Hochrisikohandel an.) Weiterhin wird von jedem als systemrelevant eingestuften Finanzinstitut ein Notfallplan, ein sogenanntes *Testament* (Living Will), verlangt, welcher darlegt, wie es im Insolvenzfall sicher abgewickelt werden kann. Darüber hinaus müssen Emittenten von Verbriefungen (mit einigen Ausnahmen) 5 % jedes geschaffenen Produkts behalten.

Überall auf der Welt werden Banken durch den Basler Ausschuss für Bankenaufsicht reguliert.[10] Vor der Krise hatte der Ausschuss die Basel-I- und Basel-II-Regelungen implementiert (siehe Business Snapshot 8.1). Nach der Krise wurde „Basel II.5" implementiert. Dabei wurden höhere Kapitalanforderungen für das Marktrisiko eingeführt. Basel III wurde 2010 veröffentlicht und soll bis 2019 implementiert sein. Diese Regelungen erhöhen den Betrag des Kapitals, welches Banken vorhalten müssen, und stellen gleichzeitig Anforderungen an die Art dieses Kapitals. Die Banken müssem außerdem gewisse Liquiditätsanforderungen erfüllen. Wie in Business Snapshot 4.2 diskutiert, bestand eine Ursache der Probleme während der Kreditkrise darin, dass die Banken sich zu sehr auf die Verwendung von kurzfristigen Verbindlichkeiten für langfristige Finanzierungen verließen. Die Liquiditätsanforderungen sollen derartige Praktiken erschweren.

---

10 Zu Details über die Arbeit des Basler Ausschusses und die regulatorischen Anforderungen an Banken siehe J. Hull, *Risikomanagement*, 3. Aufl. München: Pearson Studium, 2014.

Business Snapshot 8.1 – Der Basler Ausschuss

Durch die zunehmende Globalisierung der Bankaktivitäten in den 1980er Jahren entstand für die Regulierungsbehörden in verschiedenen Ländern die Notwendigkeit, gemeinsam einen internationalen regulatorischen Rahmen zu schaffen. Dies führte zur Bildung des Basler Ausschusses für Bankenaufsicht. Der Ausschuss veröffentlichte 1988 ein Regelwerk zum Kapital, welches Banken aufgrund ihres Kreditrisikos vorzuhalten hatten. Diese Kapitalanforderungen sind als Basel I bekannt geworden. 1995 wurden sie durch die Einbeziehung des Nettings von Transaktionen modifiziert. 1996 kamen neue Kapitalanforderungen für das Marktrisiko hinzu, welche 1998 in Kraft traten. 1999 wurden erhebliche Änderungen für die Berechnung des regulatorische Kapitals für das Kreditrisiko vorgeschlagen und Kapitalanforderungen für das operationelle Risiko eingeführt. Diese Regeln werden als Basel II bezeichnet. Basel II ist wesentlich komplexer als Basel I und seine Implementierung wurde bis 2007 (in einigen Staaten noch länger) hinausgeschoben. Während der Kreditkrise und kurz danach führte der Basler Ausschuss unter dem Namen Basel II.5 neue regulatorische Anforderungen ein, welche höhere Kapitalanforderungen für das Marktrisiko stellten. Darauf folgte Basel III mit verschärften Kapitalanforderungen und neu eingeführten Liquiditätsanforderungen.

ZUSAMMENFASSUNG

Verbriefung ist ein Prozess, bei dem Banken aus Darlehen und anderen Cash Flow erzeugenden Assets Wertpapiere erzeugen, welche dann an Anleger verkauft werden. Dadurch verschwinden die Kredite aus den Bankbilanzen, und die Banken können mehr Kredite vergeben. Die ersten Darlehen, welche verbrieft wurden, waren US-Hypotheken in den 1960er und 1970er Jahren. Anleger, die MBS kauften, waren keinem Ausfallrisiko ausgesetzt, da die Government National Mortgage Association für Darlehen garantierte. Später wurden Automobilkredite, Unternehmenskredite, Kreditkarteneinkünfte und Subprime-Hypotheken verbrieft. Anleger in Wertpapieren aus diesen Instrumenten waren in den meisten Fällen nicht gegen Ausfälle abgesichert.

Verbriefungen spielten eine Rolle in der Kreditkrise, die 2007 begann. Aus Subprime-Hypotheken waren Tranchen gebildet worden, aus denen wiederum neue Tranchen entstanden. Die Ursprünge der Krise lassen sich dem US-Immobilienmarkt zuordnen. Die US-Regierung wollte Wohneigentum fördern. Die Zinsen waren niedrig. Hypothekenbroker und Hypothekengeber lockerten die Vergabestandards, um mehr Abschlüsse tätigen zu können. Durch die Verbriefungen wurde das Kreditrisiko von den ursprünglichen Kreditgebern an die Anleger weitergegeben. Die Ratingagenturen stuften die entstehenden Senior-Tranchen mit AAA ein. An Käufern für diese AAA-Tranchen mangelte es nicht, wiesen sie doch höhere Renditen als andere AAA-Wertpapiere auf. Die Banken verließen sich auf ein Andauern der „guten Zeiten". Da auch ihre Provisionsregelungen auf kurzfristige Profite abzielten, ignorierten sie die Immobilienblase und ihre potenziellen Auswirkungen auf die von ihnen gehandelten, teilweise hochkomplexen Produkte.

Die Immobilienpreise stiegen, da viele Erstkäufer, aber auch viele Spekulanten in den Markt einstiegen. Einige Hypotheken enthielten einen „Lock"-Zins für die ersten zwei bis drei Jahre. Danach stieg der Zinssatz für einige Kreditnehmer erheblich an. Da sie die erhöhten Zahlungen vielfach nicht leisten konnten, kam es zu Kreditausfällen, Zwangsversteigerungen und einem erhöhten Angebot an Immobilien. Die Preisanstiege von 2000 bis 2006 kehrten sich um. Spekulanten und andere Marktteilnehmer, die nun feststellten, dass die ausstehende Hypothek über dem Wert ihrer Immobilien lag (sie folglich ein negatives Eigenkapital aufwiesen), stellten ebenfalls die Zahlungen aus den Krediten ein. Der Preisverfall wurde dadurch beschleunigt.

Die Banken zahlen jetzt einen Preis für die Krise. Neue Gesetze und Regulierungen werden ihre Profitablität einschränken. So werden z. B. die Kapitalanforderungen erhöht, Liquiditätsanforderungen eingeführt und OTC-Derivate viel strenger reguliert.

ZUSAMMENFASSUNG

Literaturempfehlungen

Gorton, G., „The Subprime Panic", *European Financial Management*, 15, 1 (2008): 10–46.

Hull, J.C., „The Financial Crisis of 2007: Another Case of Irrational Exuberance", in: *The Finance Crisis and Rescue: What Went Wrong? Why? What Lessons Can be Learned*. University of Toronto Press, 2008.

Hull, J.C. und A. White, „Ratings Arbitrage and Structured Products", *Journal of Derivatives*, 20, 1 (Herbst 2012): 80–86.

Keys, B.J., T. Mukherjee, A. Seru und V. Vig, „Did Securitization Lead to Lax Screening? Evidence from Subprime Loans", *Quarterly Journal of Economics*, 125, 1 (Februar 2010): 307–362.

Krinsman, A.N, „Subprime Mortgage Meltdown: How Did It Happen and How Will It End", *Journal of Structured Finance*, Sommer 2007, 13–19.

Mian, A. und A. Sufi, „The Consequences of Mortgage Credit Expansion: Evidence from the U.S. Mortgage Default Crisis", *Quarterly Journal of Economics*, 124, 4 (November 2009): 1449–1496.

Zimmerman, T., „The Great Subprime Meltdown", *Journal of Structured Finance*, Herbst 2007, 7–20.

Praktische Fragestellungen

8.1 Welche Rolle spielte die GNMA (Ginnie Mae) im MBS-Markt der 1970er Jahre?

8.2 Erläutern Sie die Begriffe (a) ABS und (b) ABS CDO.

8.3 Was ist eine Mezzanine-Tranche?

8.4 Was bedeutet der Begriff Wasserfall bei Verbriefungen?

8.5 Welche Werte liefert Tabelle 8.1, wenn die Verlustrate (a) 12% und (b) 15% beträgt?

8.6 Was ist eine Subprime-Hypothek?

8.7 Warum wird Ihrer Meinung nach der Anstieg der Immobilienpreise in den Jahren 2000 bis 2007 als Blase bezeichnet?

8.8 Warum überprüften die Hypothekengeber zwischen 2000 und 2007 oftmals nicht die Informationen der potenziellen Kreditnehmer in den Hypothekenanträgen?

8.9 Auf welche Weise wurden die Risiken in ABS CDOs vom Markt falsch eingeschätzt?

8.10 Was bedeutet der Begriff „Agency Costs"? Welche Rolle spielten Agency Costs in der Kreditkrise?

8.11 Wie wird eine ABS CDO geschaffen? Welche Motivation steht dahinter?

8.12 Erläutern Sie den Einfluss eines Anstiegs der Ausfallkorrelation auf die Risiken der Senior-Tranche einer ABS. Welchen Einfluss hat der Anstieg auf die Risiken der Equity-Tranche?

8.13 Erläutern Sie, warum die AAA-Tranche einer ABS CDO ein höheres Risiko aufweist als die AAA-Tranche einer ABS.

8.14 Erklären Sie, warum die Jahresendprämie als „kurzfristige Bezahlung" angesehen wird.

8.15 Ergänzen Sie in Tabelle 8.1 Zeilen, die zu den Verlusten der zugrunde liegenden Assets in Höhe von (a) 2%, (b) 6%, (c) 14% und (d) 18% gehören.

Zur weiteren Vertiefung

8.16 Angenommen, in Abbildung 8.3 werden den Senior-, Mezzanine- und Equity-Tranchen sowohl der ABS als auch der ABS CDO 70%, 20% und 10% des Nominalwerts zugewiesen. Welcher Unterschied ergibt sich zu Tabelle 8.1?

8.17 „Die Weiterverbriefung war eine fehlerbehaftete Idee. Die AAA-Tranchen aus den Mezzanine-Tranchen von ABSs haben eine höhere Ausfallwahrscheinlichkeit als AAA-Tranchen von ABSs." Diskutieren Sie diese Aussage.

8.18 Angenommen, die Mezzanine-Tranchen von ABS CDOs wie in Abbildung 8.3 werden zu einer sogenannten „CDO Squared" weiterverbrieft. Wie bei den aus den ABSs erzeugten Tranchen in Abbildung 8.3 werden 65% des Nominalbetrags einer AAA-Tranche zugeordnet, 25% einer BBB-Tranche und 10% der Equity-Tranche.

Wie hoch muss der Verlustanteil der zugrunde liegenden Assets sein, damit die derart erzeugte AAA-Tranche Verluste erleidet? (Unterstellen Sie, dass alle zur Erzeugung der ABSs verwendeten Asset-Portfolios die gleiche Verlustrate besitzen.)

8.19 Untersuchen Sie, was passiert, wenn die Breite der Mezzanine-Tranche der ABS in Abbildung 8.3 reduziert wird und der reduzierte Nominalbetrag zu gleichen Teilen der Senior- und der Equity-Tranche zugewiesen wird. Was ergibt sich insbesondere für Tabelle 8.1?

8.20 Angenommen, die ABS in Abbildung 8.1 wird im Jahr 2000 erzeugt und besteht zehn Jahre lang. Bis zum Ende des achten Jahres geschehen keine Ausfälle in den zugrunde liegenden Assets. Dann verfallen 17% des Nominalkapitals aufgrund von Ausfällen im Zuge der Kreditkrise. In den verbleibenden zwei Jahren gibt es keine weiteren Verluste. Vor Ablauf der zehn Jahre erfolgen keine Tilgungszahlen. Ermitteln Sie die relative Performance der Tranchen. Unterstellen Sie einen konstanten LIBOR-Satz von 3%. Berücksichtigen Sie Zins- und Tilgungszahlungen.

OIS-Diskontierung, Kreditaspekte und Finanzierungskosten

9.1	Der risikolose Zinssatz	260
9.2	Der Overnight-Satz	262
9.3	Bewertung von Swaps und FRAs mit OIS-Diskontierung	265
9.4	OIS oder LIBOR – welcher Zinssatz ist der richtige?	267
9.5	Kreditrisiko: CVA und DVA	268
9.6	Finanzierungskosten	270
Zusammenfassung		271
Literaturempfehlungen		272
Praktische Fragestellungen		273

9 OIS-Diskontierung, Kreditaspekte und Finanzierungskosten

Dieses Kapitel beschäftigt sich mit einer Reihe von Aspekten, die seit der Kreditkrise von 2007 an den Derivatemärkten an Bedeutung gewonnen haben. Zunächst geht es um die Auswahl des risikolosen Diskontierungssatzes. Dies ist wichtig, denn, wie wir in späteren Kapiteln sehen werden, die Bewertung von fast allen Derivaten erfordert die Diskontierung der erwarteten Cash Flows zu einem risikolosen Zinssatz. Vor dem Ausbruch der Krise verwendeten die Marktteilnehmer üblicherweise LIBOR/Swap Rates als Näherung für die risikolosen Zinssätze. Sie ermittelten aus den LIBOR-Sätzen und den LIBOR-for-Fixed Swap Rates eine Spot-Rate-Strukturkurve wie in Abschnitt 7.6 beschrieben und lasen daraus risikolose Zinssätze ab. Man hat nun begonnen, bei bestimmten Konstellationen andere Größen als risikolose Zinssätze zu verwenden.

Im zweiten Teil des Kapitels geht es um das Kreditrisiko. Dieses ist zu einem zunehmend bedeutenderen Aspekt für Derivatemärkte geworden. An Börsen hat man das Kreditrisiko traditionell gut im Griff. (Kapitel 2 erklärt z. B., wie das Kreditrisiko beim Futures-Handel minimiert wird.) OTC-Derivate werden, wie in Abschnitt 2.5 ausgeführt, entweder bilateral oder zentral abgerechnet. Die zentrale Abrechnung verläuft ähnlich wie an der Börse und ist, bei vernünftiger Handhabung, genauso effektiv in Bezug auf die Minimierung des Kreditrisikos. Die bilaterale Abrechnung beinhaltet ein größeres Kreditrisiko als die zentrale Abrechnung. Es ist demnach für die Marktteilnehmer eine Schlüsselfrage, wie das Kreditrisiko bei der Bewertung von bilateral abgerechneten Derivaten berücksichtigt werden soll. In diesem Kapitel geben wir einen Einstieg in das Thema. Weitere Details liefert Kapitel 32.

Zum Abschluss des Kapitels betrachten wir Finanzierungskosten. Sollten Finanzierungskosten bei der Bewertung von Derivaten eine Rolle spielen? Dieser Aspekt wird kontrovers diskutiert. Einige Analysten argumentieren für die Verwendung einer Bewertungsanpassung für die Finanzierung (funding value adjustment, FVA) bei der Bepreisung von Derivaten. Andere halten eine FVA für ungerechtfertigt, sie sehen dadurch die Gefahr von Arbitragemöglichkeiten.

9.1 Der risikolose Zinssatz

Beim Standardverfahren zur Bewertung eines Derivates wird ein risikoloses Portfolio gebildet und dann argumentiert, dass dieses in einer arbitragefreien Welt den risikolosen Zinssatz erbringen sollte. Unsere Bewertung von FRAs in Abschnitt 4.7 und Forward-Kontrakten in Abschnitt 5.7 stellt eine einfache Anwendung dieser Idee dar. Swaps sind Portfolios von FRAs oder Forward-Kontrakten. Folglich basiert ihre Bewertung ebenfalls auf der risikolosen Diskontierung. Tatsächlich werden wir mit unserem wachsenden Verständnis von Derivaten feststellen, dass fast bei jedem Derivat risikolose Diskontierung benötigt wird. Die Wahl des risikolosen Zinssatzes ist daher von großer Bedeutung.

In den USA könnte man annehmen, dass die Zinssätze für Treasury Bills, Treasury Notes und Treasury Bonds natürliche Kandidaten für den risikolosen Zinssatz darstellen. Diese Instrumente werden von der US-Regierung in US-Dollar emittiert. Die meisten Analysten halten es für extrem unwahrscheinlich, dass die US-Regierung jemals ihren Zahlungsverpflichtungen auf diese Instrumente nicht nachkommen kann, da sie immer die Möglichkeit besitzt, die Geldmenge zu erhöhen (was man sich als „Drucken von Geld" vorstellen kann), um ihre Gläubiger auszubezahlen. Für die Instrumente anderer Regierungen in ihrer jeweiligen Währung können ähnliche Argumente angeführt werden.[1]

Allerdings verwenden die Teilnehmer am Derivatemarkt die Treasury Rates nicht als risikolose Zinssätze. Grund dafür ist, dass diese im Allgemeinen als künstlich niedrig angesehen werden. In Business Snapshot 9.1 sind einige Gründe dafür angeführt. Vor 2008 verwendeten die Marktteilnehmer LIBOR-Sätze und LIBOR-for-Fixed/Swap Rates als risikolose Zinssätze.

LIBOR ist, wie in Abschnitt 4.1 beschrieben, der Zinssatz, zu welchem kreditwürdige Banken (die im Allgemeinen mindestens AA-Rating aufweisen) von anderen Banken kurzfristig (für bis zu einem Jahr) Kredite aufnehmen können. Vor der 2007 einsetzenden Kreditkrise wurde der LIBOR als nahezu risikolos eingestuft. Die Wahrscheinlichkeit, dass eine Bank mit mindestens AA-Rating ein höchstens einjähriges Darlehen nicht zurückzahlen kann, wurde als sehr gering eingeschätzt.

Während der Kreditkrise schnellten die LIBOR-Sätze in die Höhe, da die Banken untereinander nur noch zögerlich Kredite gewährten. Wie in Kapitel 8 erwähnt, beträgt der TED Spread, der den Überschuss des Zinssatzes für 3-Monats-Eurodollar-Einlagen (welcher wie der 3-Monats-LIBOR ein Kreditverrechnungs-Zinssatz zwischen Banken ist) über die 3-Monats-US-Treasury Bill Rate angibt, unter normalen Marktbedinungen weniger als 50 Basispunkte. Zwischen Oktober 2007 und Mai 2009 lag dieser Wert jedoch selten unter 100 Basispunkten, bei einem Spitzenwert von über 450 Basispunkten im Oktober 2008. In diesem Zeitraum haben Banken Darlehen an andere Banken definitiv nicht als risikolos eingestuft!

Business Snapshot 9.1 – Wie ist der risikolose Zinssatz beschaffen?

Derivatehändler meinen, dass die aus Treasury Bills und Treasury Bonds ermittelten Zinssätze künstlich niedrig sind, weil:

1. Treasury Bills und Treasury Bonds von den Finanzinstituten aufgrund vieler regulatorischer Anforderungen erworben werden müssen. Dadurch erhöht sich die Nachfrage nach diesen Notenbankinstrumenten, der Preis wird nach oben getrieben und die Rendite verringert sich.

2. der Kapitalbetrag, den eine Bank zur Unterstützung von Anlagen in Treasury Bills und Treasury Bonds vorhalten muss, beträchtlich kleiner ist als der Betrag zur Unterstützung einer ähnlichen Anlage in anderen risikoarmen Instrumenten.

3. in den USA Notenbankinstrumente gegenüber anderen festverzinslichen Anlagen steuerbegünstigt sind, da sie nicht auf Bundesstaatebene besteuert werden.

Traditionell haben Derivatehändler unterstellt, dass die LIBOR-Sätze risikolos sind. Genau das haben wir bei der Bewertung von Swaps in Kapitel 7 auch

---

[1] Man beachte jedoch, dass dieses Argument für die EU-Staaten, deren Währung der Euro ist, nicht zutrifft, da keines der Länder, wie etwa Italien oder Spanien, die Hoheit über die Europäische Zentralbank besitzt.

> getan. Aber die LIBOR-Sätze sind eben nicht völlig risikolos. In der Folge der 2007 einsetzenden Kreditkrise gingen viele Händler dazu über, die Overnight Indexed Swap (OIS) Rates als risikolose Zinssätze zu verwenden – zumindest für besicherte Transaktionen. Dieses Kapitel beschäftigt sich mit den OIS Rates und ihrer Verwendung.

Man sollte meinen, dass die Erfahrungen während der Kreditkrise die Marktteilnehmer dazu veranlasst haben, sich bei der Bewertung von Derivaten nach einem besseren Wert für den risikolosen Zinssatz umzusehen. Dies ist jedoch nicht direkt der Fall. Viele Banken haben nach der Kreditkrise bei besicherten Transaktionen LIBOR durch Overnight Indexed Swap (OIS) Rates (Overnight-Sätze, siehe den folgenden Abschnitt) als risikolosen Zinssatz ersetzt. Für unbesicherte Transaktionen wird jedoch weiterhin LIBOR oder sogar ein höherer Diskontierungssatz benutzt. (Besicherung wird in Abschnitt 2.5 diskutiert.) Dies reflektiert die Überzeugung, dass der von einer Bank für ein Derivat verwendete Diskontierungssatz dessen durchschnittliche Finanzierungskosten widerspiegeln sollte und nicht den risikolosen Zinssatz. Die durchschnittlichen Finanzierungskosten für ein unbesichertes Derivat werden als mindestens so hoch wie der LIBOR angesehen. Besicherte Derivate werden durch das Collateral finanziert. Die OIS Rates liefern, wie wir noch sehen werden, einen Schätzer der Finanzierungskosten für diese Geschäfte.

9.2 Der Overnight-Satz

Wie in Abschnitt 4.1 erläutert, ist die Fed Funds Rate ein nicht besicherter Overnight-Zinssatz zwischen Finanzinstituten in den USA. Kreditnehmer und Kreditgeber werden gewöhnlich durch einen Broker zusammengeführt. Der gemäß der Größe der jeweiligen Transaktion gewichtete Durchschnitt der Zinssätze der auf diese Weise zustande gekommenen Transaktionen ist die Effective Federal Funds Rate. Andere Staaten verfügen über ähnliche Systeme. So stellt etwa SONIA (Sterling OverNight Index Average) das britische Pendant dar; EONIA (Euro OverNight Index Average) ist das Pendant der Eurozone usw. Der Overnight-Zinssatz wird von der Zentralbank überwacht, welche mit eigenen Transaktionen versuchen kann, diesen Zinssatz zu beeinflussen.

Ein Overnight Indexed Swap (OIS) ist ein Swap, bei welchem ein fester Zinssatz für einen gewissen Zeitraum (etwa einen Monat oder drei Monate) gegen das geometrische Mittel der Overnight-Zinssätze während dieses Zeitraums ausgetauscht wird. (Die Overnight-Zinssätze sind der oben beschriebene gewichtete Durchschnitt der durch Broker vermittelten Transaktionen.) Wenn die Bank über einen bestimmten Zeitraum Kredit zum Overnight-Zinssatz aufnimmt (und diesen jeden Tag rolliert), dann entspricht der Effektivzinssatz gerade dem geometrischen Mittel der Overnight-Zinssätze für diesen Zeitraum. Dies gilt analog auch bei einer Kreditvergabe. Ein OIS ermöglicht also den Austausch einer Kreditaufnahme/-vergabe zu täglich schwankenden Zinssätzen gegen einen Kredit mit festem Zinssatz. Dieser wird als *Overnight-Satz* bezeichnet. Liegt das geometrische Mittel der Overnight-Zinssätze für den Zeitraum unter dem festen Zinssatz, erfolgt eine Zahlung vom Festzinszahler an den

Zahler der variablen Zinsen. Im umgekehrten Fall erfolgt die Zahlung vom Zahler der variablen Zinsen an den Festzinszahler.

> **Beispiel 9.1** Angenommen, in einem 3-Monats-OIS in den USA beträgt das Nominalkapital 100 Millionen Dollar und der feste Zinssatz (d.h. der Overnight-Satz) 3% per annum. Liegt das geometrische Mittel der Overnight Effective Funds Rates während der drei Monate bei 2,8% per annum, hat der Festzinszahler $0{,}25 \cdot (0{,}030 - 0{,}028) \cdot 100\,000\,000\,\$ = 50\,000\,\$$ an den Zahler der variablen Zinsen zu zahlen. (Tagzählungskonventionen wurden bei dieser Berechnung nicht berücksichtigt.)

Overnight Indexed Swaps haben relativ kurze Laufzeiten (meist drei Monate oder weniger). Allerdings nimmt die Zahl von längerfristigen Transaktionen mit Laufzeiten von fünf bis zehn Jahren zu. Ein OIS, der länger als ein Jahr dauert, wird üblicherweise in 3-Monats-Abschnitte unterteilt. Am Ende jedes Abschnitts wird das geometrische Mittel der Overnight-Zinssätze für diesen Abschnitt gegen den Overnight-Satz ausgetauscht. In Abschnitt 7.5 haben wir erläutert, dass die Swap Rate in einem Plain Vanilla LIBOR-for-Fixed-Swap ein stetig aktualisierter LIBOR-Satz (d.h. der Zinssatz, den man auf eine Reihe von kurzfristigen Darlehen an Finanzinstitute mit AA-Rating erzielen kann) ist. Analog dazu ist der Overnight-Satz ein stetig aktualisierter Overnight-Zinssatz (d.h. der Zinssatz, den ein Finanzinstitut auf eine Reihe von Overnight-Darlehen an andere Finanzinstitute erzielen kann).

Angenommen, Bank A schließt folgende Transaktionen ab:

1. Aufnahme von 100 Millionen Dollar am Overnight-Markt für drei Monate, tägliche Rollierung von Zins und Tilgung.
2. Vergabe eines 3-Monats-Darlehens von 100 Millionen Dollar an Bank B zum LIBOR-Satz.
3. Austausch des Overnight-Kredits gegen einen Kredit zum 3-Monats-Overnight-Satz mittels eines OIS.

Das führt dazu, dass Bank A den 3-Monats-LIBOR-Satz erhält und den 3-Monats-Overnight-Satz bezahlt (vorausgesetzt, ihre Kreditwürdigkeit am Overnight-Markt bleibt akzeptabel). Wir könnten folglich erwarten, dass der 3-Monats-Overnight-Satz dem 3-Monats-LIBOR-Satz entspricht. Er ist jedoch im Allgemeinen kleiner, da Bank A eine Kompensation für das Risiko eines eventuellen Ausfalls von Bank B auf das 3-Monats-LIBOR-Darlehen erwarten darf. Die Overnight-Kreditgeber an Bank A tragen ein deutlich geringeres Risiko als Bank A bei ihrer Kreditvergabe an Bank B, da sie bei Rückgang der Kreditwürdigkeit von Bank A die Kreditgewährung an A einstellen können.

Die Differenz zwischen dem 3-Monats-LIBOR-Satz und dem 3-Monats-Overnight-Satz wird als 3-Monats-LIBOR-OIS Spread bezeichnet. Er gilt an Finanzmärkten als Indikator für die herrschenden Bedingungen. Abbildung 9.1 zeigt seine Werte zwischen 2002 und 2013. Unter normalen Marktbedingungen liegt er bei etwa zehn Basispunkten. Er stieg jedoch während der Kreditkrise 2007–2009 stark an, da die Banken immer weniger bereit waren, untereinander 3-Monats-Kredite zu vergeben. Im Oktober 2008 erreichte der Spread ein Allzeithoch von 364 Basispunkten. Ein Jahr später war er wieder auf das normale Niveau zurückgegangen. Seitdem ist

9 OIS-Diskontierung, Kreditaspekte und Finanzierungskosten

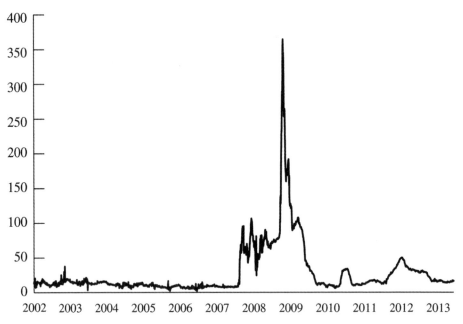

Abbildung 9.1: Der LIBOR-OIS Spread für den Zeitraum von Januar 2002 bis Mai 2013

er allerdings aufgrund von Ungewissheiten und schwierigen Bedingungen an den Finanzmärkten wieder gestiegen. So stieg er z. B. Ende Dezember 2011, aufgrund von Befürchtungen über die Wirtschaftslage in europäischen Ländern wie Griechenland, auf etwa 50 Basispunkte.

Der Overnight-Satz ist ein guter Näherungswert für den risikolosen Zinssatz. Er ist nicht völlig, aber doch nahezu risikolos. Es lassen sich zwei, sehr kleine, Risikoquellen ausmachen. Zum einen kann es einen Ausfall auf ein Overnight-Darlehen zwischen zwei Finanzinstituten geben. Die Wahrscheinlichkeit dafür ist sehr gering, da das geringste Anzeichen eines akuten Kreditproblems zum Ausschluss des betreffenden Finanzinstituts vom Overnight-Markt führen würde. Zum anderen besteht die Möglichkeit des Ausfalls auf den OIS selbst. Die Anpassung des Overnight-Satzes an Ausfallwahrscheinlichkeiten ist jedoch im Allgemeinen sehr gering (insbesondere, wenn der OIS besichert ist).

Bestimmung der OIS-Zinsstrukturkurve

In Abschnitt 7.6 haben wir beschrieben, wie die Bootstrap-Methode zur Berechnung der LIBOR-Spot-Rate-Strukturkurve verwendet werden kann. Wir haben gesehen, dass LIBOR-for-Fixed/Swap Rates eine Folge von Par-Yield-Anleihen definieren. Damit die Swap Rates solch eine Reihe an Par-Yield-Anleihen definieren, müssen die gebootstrappten Zinsen den zur Diskontierung benutzten Zinssätzen entsprechen.

Das Verfahren zur Bestimmung der OIS-Zinsstrukturkurve mithilfe der Diskontierung über Overnight-Sätze weist Ähnlichkeit mit dem Verfahren zur Bestimmung der LIBOR-Zinsstrukturkurve mithilfe der Diskontierung über LIBOR-Sätze auf. Der

1-Monats-Overnight-Satz bestimmt die 1-Monats-Spot Rate, der 3-Monats-Overnight-Satz die 3-Monats-Spot Rate usw. Wenn der OIS-Kontrakt periodische Abrechnungen vorsieht, definiert der Overnight-Satz eine Par-Yield-Anleihe. Nehmen wir an, der 5-Jahres-Overnight-Satz beträgt 3,5% bei vierteljährlichen Abrechnungen. Das bedeutet, dass am Ende jedes Quartals $0{,}25 \cdot 3{,}5\% = 0{,}875\%$ gegen das geometrische Mittel der Overnight-Zinssätze für dieses Quartal ausgetauscht wird. Eine 5-Jahres-Anleihe mit einer vierteljährlichen Kuponzahlung von 3,5% per annum würde zum Nennwert gehandelt werden.

Obwohl Overnight Indexed Swaps an Liquidität gewonnen haben, werden sie nicht zu so langen Laufzeiten gehandelt wie die gebräuchlicheren LIBOR-for-Fixed-Zinsswaps. Will man eine OIS-Zinsstrukturkurve für lange Laufzeiten erstellen, liegt es nahe, anzunehmen, dass der Spread zwischen Overnight-Satz und zugehöriger LIBOR/Swap Rate am Ende so hoch ist wie für die längste OIS-Laufzeit, für die noch verlässliche Daten vorliegen. Angenommen, es gibt keine verlässlichen Daten für OIS mit Laufzeiten von über fünf Jahren. Wenn der 5-Jahres-Overnight-Satz 4,7% beträgt und die 5-Jahres-LIBOR-for-Fixed Swap Rate 4,9%, kann man annehmen, dass die Overnight-Sätze für alle Laufzeiten von mehr als fünf Jahren 20 Basispunkte unter den zugehörigen LIBOR/Swap Rates liegen. Ein anderer Ansatz zur Erweiterung der OIS-Zinsstrukturkurve ist die Verwendung von Basisswaps, bei denen 3-Monats-LIBOR gegen die durchschnittliche Fed Funds Rate ausgetauscht wird. Diese Swaps besitzen in den USA Laufzeiten von bis zu 30 Jahren.[2]

9.3 Bewertung von Swaps und FRAs mit OIS-Diskontierung

Hat man die OIS-Zinsstrukturkurve ermittelt, kann man viele Arten von Derivaten unter der Annahme der Overnight-Sätze als risikolose Diskontierungssätze bewerten. So kann z. B. der Wert eines Forward-Kontrakts auf ein Asset mithilfe von Gleichung (5.5) ermittelt werden, wobei r der Overnight Spot Rate für eine Laufzeit von T Jahren entspricht.[3] Die Bewertung von Swaps und FRAs erfordert einen etwas größeren Aufwand. Zunächst muss man den Forward-LIBOR mit OIS-Diskontierung bestimmen.

---

2 Wenn die Swap Rate für einen 30-Jahres-LIBOR-Zinsswap 5% beträgt und LIBOR gegen die durchschnittliche Fed Funds Rate plus 20 Basispunkte ausgetauscht wird, kann man annehmen, dass der 30-Jahre-Overnight-Satz 4,8% beträgt (unter der Voraussetzung, dass die erforderlichen Anpassungen an die Tagzählungskonvention vorgenommen wurden). Diese Annahme ist leider ungenau, da der Austausch der Fed Funds Rate gegen LIBOR den Austausch des arithmetischen (und nicht des geometrischen) Mittels der Overnight-Zinssätze während eines Zeitraums gegen den LIBOR-Satz für diesen Zeitraum bedeutet. Dies macht in der Theorie eine „Konvexitätsanpassung" notwendig. Siehe z. B. K. Takada, „Valuation of Arithmetic Average of Fed Funds Rates and Construction of the US Dollar Swap Yield Curve," 2011, SSRN-id981668.

3 Um Gleichung (5.5) anwenden zu können, wird der Forward-Kurs F_0 für die Laufzeit T benötigt. Dieser wird typischerweise durch Interpolation von am Markt beobachteten Forward-Kursen gewonnen.

9 OIS-Diskontierung, Kreditaspekte und Finanzierungskosten

Bestimmung der Forward-LIBOR-Sätze mit OIS-Diskontierung

LIBOR-for-Fixed-Swaps kann man bewerten, indem man annimmt, dass die Forward-LIBOR-Sätze realisiert werden. LIBOR-for-Fixed-Swaps, die zu den aktuellen Mid-Market Swap Rates ausgeführt werden, besitzen den Wert null. Aus dieser Tatsache lassen sich die Forward-LIBOR-Sätze ermitteln. Die Forward-LIBOR-Sätze mit OIS-Diskontierung unterscheiden sich von denen, die durch LIBOR-Diskontierung gewonnen werden, wie die folgende einfache Situation zeigt. In Beispiel 9.2 berechnen wir einen Forward-LIBOR-Satz, wobei die LIBOR-Sätze zur Diskontierung verwendet werden. In Beispiel 9.3 berechnen wir den gleichen Forward-LIBOR-Satz, wobei die Overnight-Sätze zur Diskontierung verwendet werden.

> **Beispiel 9.2** Angenommen, der 1-Jahres-LIBOR-Satz beträgt 5 % und die 2-Jahres-LIBOR-for-Fixed Swap Rate mit jährlichen Zahlungen 6 %, jeweils bei jährlicher Verzinsung. Eine Bank benutzt die LIBOR-Sätze zur Diskontierung. Da eine Anleihe mit einem Kupon von 6 % eine Par-Yield-Anleihe ist (siehe Abschnitt 7.6), muss
>
> $$\frac{6}{1{,}05} + \frac{106}{(1+R)^2} = 100 \, .$$
>
> gelten, wobei R die 2-Jahres-LIBOR/Swap Spot Rate ist. Wir erhalten $R = 6{,}030\,\%$. Sei F der Forward-LIBOR-Satz für einen Zeitraum von einem Jahr, der in einem Jahr beginnt. Wir können F aus den Spot Rates ermitteln:
>
> $$F = \frac{1{,}06030^2}{1{,}05} - 1 = 7{,}0707\,\% \, .$$
>
> Dieses Ergebnis können wir überprüfen, indem wir F so ermitteln, dass der Wert des Swaps null wird. Der Austausch in einem Jahr hat für die Seite, die den festen Zins erhält, einen Wert von +1 je 100 Einheiten des Nominals, da sie 6 Einheiten erhält und 5 bezahlt. Unter der Annahme, dass die Forward Rates realisiert werden, beträgt der Austausch in zwei Jahren $6 - 100F$ je 100 Einheiten des Nominalwertes. Der Wert des Swaps ist daher
>
> $$\frac{1}{1{,}05} + \frac{6 - 100F}{1{,}06030^2}$$
>
> je 100 Einheiten des Nominals. Wenn wir diesen Wert null setzen und nach F auflösen, erhalten wir wiederum $F = 7{,}0707\,\%$.

> **Beispiel 9.3** Wie in Beispiel 9.2 nehmen wir an, dass der 1-Jahres-LIBOR-Satz 5 % und die 2-Jahres-LIBOR-for-Fixed Swap Rate mit jährlichen Zahlungen 6 % beträgt, jeweils bei jährlicher Verzinsung. Eine Bank benutzt die Overnight-Sätze zur Diskontierung. Wir unterstellen, dass die OIS-Zinsstrukturkurve wie in Abschnitt 9.2 beschrieben ermittelt wurde und dass die 1- und 2-Jahres-Overnight-Sätze 4,5 % bzw. 5,5 % bei jährlicher Verzinsung

betragen. (Die Overnight-Sätze liegen hier also etwa 50 Basispunkte unter den LIBOR-Sätzen.) F sei der Forward-LIBOR-Satz für einen 1-Jahres-Zeitraum mit Beginn in einem Jahr. Swaps können bewertet werden, indem man annimmt, dass die Forward-LIBOR-Sätze realisiert werden. Da ein Swap, bei dem man 6% erhält und LIBOR zahlt, den Wert null besitzt, muss

$$\frac{1}{1{,}045} + \frac{6 - 100F}{1{,}055^2} = 0$$

gelten. Dies liefert $F = 7{,}0651\%$.

In den Beispielen 9.2 und 9.3 ändert sich der Forward LIBOR von 7,0707% auf 7,0651%, wenn wir von der LIBOR-Diskontierung zur OIS-Diskontierung übergehen. Der Unterschied beträgt etwas mehr als einen Basispunkt. Das ist relativ wenig, aber kein so kleiner Wert, als dass ihn Händler ignorieren könnten. In der Praxis hängt die Auswirkung des Wechsels vom Anstieg der Zinsstrukturkurve und der Laufzeit der Forward Rate ab (siehe DerivaGem 3.00).

Berechnungen der Art, wie wir sie in Beispiel 9.3 vorgestellt haben, ermöglichen die Konstruktion einer Forward-LIBOR-Strukturkurve mit OIS-Diskontierung. Mit einer Folge von Swaps, bei denen alle drei Monate Zahlungen ausgetauscht werden, lassen sich die 3-Monats-Forward Rates als Funktion der Laufzeit (genauer gesagt als Funktion der Startzeitunkte der 3-Monats-Zeiträume) angeben. Mit einer Folge von Swaps, bei denen alle sechs Monate Zahlungen ausgetauscht werden, lassen sich die 6-Monats-Forward Rates als Funktion der Laufzeit angeben.[4] Für die Ermittlung der kompletten Forward-LIBOR-Strukturkurven wird zwischen den Forward Rates interpoliert.

Bei der Bewertung eines Swaps mit OIS-Diskontierung ermittelt man die zu den Cash Flows des Swaps korrespondierenden Forward Rates aus den entsprechenden Forward-LIBOR-Strukturkurven. Die Cash Flows des Swaps werden dann unter der Annahme berechnet, dass sich diese Forward-Sätze realisieren, und mit den zughörigen Overnight-Sätzen diskontiert.

9.4 OIS oder LIBOR – welcher Zinssatz ist der richtige?

Wie schon erwähnt, benutzen die meisten Derivatehändler mittlerweile Diskontierungssätze, die auf Overnight-Sätzen beruhen, wenn sie besicherte Derivate (d. h. Derivate, bei denen es eine Besicherungsvereinbarung wie in Abschnitt 2.5 gibt) bewerten, und Diskontierungssätze, die auf LIBOR beruhen, wenn sie unbesicherte Derivate bewerten.[5] Hierfür wird zumeist das Argument der Finanzierungskosten angeführt. Besicherte Derivate werden durch das Collateral finanziert und die Fed Funds Rate (die, wie wir erläutert haben, an den Overnight-Satz gekoppelt ist) ist der

---

4 Basisswaps, bei denen z. B. 1-Monats-LIBOR gegen 6-Monats-LIBOR ausgetauscht wird, liefern zusätzliche Informationen bei der Erstellung der Gesamtheit der Forward-LIBOR-Strukturkurven für verschiedene Zeiträume.

5 LCH.Clearnet ist eine große CCP, die 2013 Zinsswap-Transaktionen mit einem Gesamtvolumen von über 350 Billionen Dollar abgerechnet hat. Ihre Transaktionen sind mit Initial Margin und Variation Margin besichert. Den Händlergepflogenheiten folgend hat man LIBOR-Diskontierung durch OIS-Diskontierung ersetzt.

Overnight-Zinssatz, der gewöhnlich auf das Collateral gezahlt wird. Bei unbesicherten Transaktionen wird argumentiert, dass die Finanzierungskosten größer sind und sich dies im Diskontierungssatz niederschlagen soll.

Wie wir noch erläutern werden, ist das Argument der Finanzierungskosten fragwürdig, da eines der Grundprinzipien in der Finanzwirtschaft lautet, dass die Bewertung einer Investition nicht von der Art ihrer Finanzierung abhängen sollte. Von Bedeutung sind nur das Risiko der Investition und die erwarteten Cash Flows. Folglich sollte man gemäß der Finanztheorie immer den besten verfügbaren Näherungswert für den risikolosen Zinssatz zur Diskontierung wählen, wenn risikolose Portfolios gebildet wurden. Die OIS-Zinsstrukturkurve ist wohl die beste Näherung an die risikolose Strukturkurve. Sie sollte daher zur Diskontierung verwendet werden, unabhängig davon, ob die Transaktion besichert ist.[6]

9.5 Kreditrisiko: CVA und DVA

Es soll an dieser Stelle betont werden, dass bei der Bewertung eines Derivats der Diskontierungssatz nicht das Kreditrisiko berücksichtigt. Der Zweck der bisher beschriebenen Bewertungen (egal, ob mit OIS- oder LIBOR-Diskontierung) war die Ermittlung des Werts eines Derivates unter der Annahme, dass keine der beiden Seiten ausfällt. (Wir bezeichnen diesen Wert als „"No-Default"-Wert" des Derivats.) Das Kreditrisiko wird im Allgemeinen duch eine separate Rechnung berücksichtigt. Wir beschreiben hier das Wesen dieser Berechnung und gehen in Kapitel 24 genauer darauf ein.

Angenommen, eine Bank und eine Gegenpartei haben ein Portfolio von Derivategeschäften strukturiert, die bilateral abgerechnet werden. Zunächst merken wir an, dass die Vereinbarung zwischen Bank und Gegenpartei mit ziemlicher Sicherheit besagt, dass Netting Anwendung findet. Das bedeutet, dass bei einem Ausfall alle noch offenen Transaktionen als ein einziges Derivat aufgefasst werden. Wenn eine Seite Insolvenz anmeldet bzw. Collateral- oder andere Vereinbarungen nicht einhält, wird die andere Seite einen Ausfall melden. Dies führt zur vorzeitigen Schließung des Portfolios der noch offenen Derivatetransaktionen.

Gehen wir zuerst davon aus, dass kein Collateral hinterlegt wird. Hat das Portfolio bei der vorzeitigen Schließung einen positiven Wert für die Bank und einen negativen für die Gegenpartei, hat die Bank den Status eines Gläubigers der Stufe Unsecured auf einen Betrag in Höhe des Portfoliowertes. Sie wird vermutlich einen Verlust erleiden, da sie nicht den vollen Wert des Portfolios erhalten wird. In der umgekehrten Situation, d. h., das Portfolio hat bei der vorzeitigen Schließung einen negativen Wert für die Bank und einen positiven für die Gegenpartei, leistet die Bank eine Glattstellungszahlung an die Gegenpartei (oder ihre Insolvenzverwalter) und es entsteht kein Verlust.

Die Bewertungsanpassung (*Credit Value Adjustment*, CVA) stellt den Schätzer der Bank für den Barwert der erwarteten Kosten für die Bank bei einem Ausfall der Gegenpartei dar. Angenommen, die Restlaufzeit der längsten offenen Derivatetransaktion zwischen Bank und Gegenpartei ist T Jahre. Zur Ermittlung des CVA teilt die Bank diesen Zeitraum in Intervalle ein und berechnet für jedes Intervall

---

6 Siehe hierzu detailliert J. Hull und A. White, „LIBOR vs. OIS: The Derivatives Discounting Dilemma", *Journal of Investment Management*, 11, 3 (2013), 14–27.

1. die Wahrscheinlichkeit q_i einer vorzeitigen Beendigung in diesem Intervall durch einen Ausfall der Gegenpartei,
2. den Barwert v_i des erwarteten Verlusts im Derivateportfolio bei vorzeitiger Beendigung in der Mitte des Intervalls.

Der CVA berechnet sich dann als

$$\text{CVA} = \sum_{i=1}^{N} q_i v_i \,,$$

wobei N die Anzahl der Intervalle ist. Diese Formel sieht scheinbar einfach aus, doch die Berechnungsverfahren, insbesondere diejenigen zur Bestimmung der v_i, sind ziemlich kompliziert. Sie werden in Kapitel 24 erläutert.

Wir bezeichnen den Nichtausfallwert des Derivate-Portfolios für die Bank mit f_{nd}. Dies ist der Wert des Portfolios unter der Annahme, dass keine der beiden Seiten ausfallen wird. (Die meisten Formeln zur Bewertung von Derivaten, einschließlich der in diesem Buch vorgestellten, befassen sich mit der Berechnung solcher „No-Default"-Werte.) Berücksichtigt man die Ausfallmöglichkeit der Gegenpartei, ändert sich der Wert des Portfolios zu

$$f_{\text{nd}} - \text{CVA} \,.$$

Aber das ist noch nicht alles. Die Bank selbst könnte auch ausfallen, wodurch die Gegenpartei einen Verlust erleidet und die Bank somit einen „Gewinn" in gleicher Höhe erzielt. Die Schuldenbewertung (*debit/debt value adjustment*, DVA) beschreibt den erwarteten Gewinn der Bank aus ihrem eigenen Ausfall. Das DVA wird analog zum CVA berechnet:

$$\text{DVA} = \sum_{i=1}^{N} q_i^* v_i^* \,.$$

Hierbei bezeichnet q_i^* die Ausfallwahrscheinlichkeit der Bank im i-ten Intervall und v_i^* den Barwert des Bankgewinns (bzw. des Verlusts der Gegenpartei), wenn die Bank zur Mitte des i-ten Intervalls ausfällt. Bei Berücksichtigung von CVA und DVA ist der Wert des Portfolios für die Bank

$$f_{\text{nd}} - \text{CVA} + \text{DVA} \,.$$

Collateral

Wenn die Vereinbarung zwischen beiden Seiten die Hinterlegung von Collateral vorsieht, gestalten sich die Berechnungen aus zwei Gründen schwieriger. Erstens beeinflusst das Collateral die Berechnung von CVA und DVA. Zweitens kann der auf bar hinterlegtes Collateral gezahlte Zinssatz die Bewertungen beeinflussen.

Zur Berechnung von v_i und v_i^* muss die Bank das Collateral ermitteln, das die Bank oder ihre Gegenpartei zum Zeitpunkt der vorzeitigen Schließung hinterlegt hat. Diese Berechnung ist gewöhnlich recht kompliziert, da man im Normalfall davon ausgeht, dass die ausfallende Seite die Hinterlegung von Collateral und die Rückzahlung von überschüssigem Collateral bereits einige Tage vor der vorzeitigen Schließung einstellt.

Das Collateral kann sich üblicherweise aus Bargeld und marktfähigen Wertpapieren zusammensetzen. (Die akzeptierten marktfähigen Wertpapiere und die zugehörigen Haircuts werden in der Besicherungsvereinbarung festgelegt. Auf Barcollateral werden im Allgemeinen Zinsen gezahlt. Liegt der risikolose Zinssatz zugrunde, ist keine Anpassung der Bewertung nötig. Kommt ein anderer Zinssatz zur Anwendung, muss man den Barwert der Differenz zwischen den tatsächlich gezahlten Nettozinsen auf das Barcollateral und den hypothetischen Nettozinsen zum risikolosen Zinssatz schätzen. Diesen Wert bezeichnen wir als Collateralanpassung (*Collateral Rate Adjustment*, CRA). Das CRA kann positiv oder negativ sein. Wird es bei der Bewertung berücksichtigt, ergibt sich als Wert des Portfolios

$$f_{nd} - CVA + DVA - CRA \ .$$

Wie bereits erwähnt, wählen Banken zunehmend den Overnight-Satz als risikolosen Zinssatz für besicherte Transaktionen. Wird auf Collateral-Tagesgeldeinlagen die Effective Fed Funds Rate (welche, wie schon erläutert, dem Overnight-Satz zugrunde liegt) gezahlt, ist kein CRA notwendig.

9.6 Finanzierungskosten

Angenommen, der risikolose Zinssatz beträgt 5% und die durchschnittlichen Finanzierungskosten einer Bank betragen 7%. Soll die Bank ein Projekt in Angriff nehmen, das einen risikolosen Gewinn von 6% verspricht? Die Antwort lautet: ja. Der anzuwendende Diskontierungssatz für die Cash Flows des Projekts beträgt 5%. Das Projekt hat somit einen positiven Barwert. Das Argument, die Finanzierungskosten der Bank seien 7% und sie sollte daher nur Pojekte starten, die mehr als 7% einbringen, ist nicht korrekt. Im Durchschnitt sollten die Projekte der Bank mehr als 7% abwerfen, andernfalls würde die Bank mit Verlust arbeiten. Das bedeutet jedoch nicht, dass dies für jedes einzelne Projekt der Bank zutreffen muss.

Um zu verstehen, warum die Finanzierungskosten von 7% für die Bewertung des Projekts nicht relevant sind, untersuchen wir, was passiert, wenn die Bank ein risikoloses Projekt in Angriff nimmt. Es stellt sich nämlich heraus, dass die Kosten zur Finanzierung eines zusätzlichen risikolosen Projekts 5% (und nicht 7%) betragen. Wir zeigen das an einem Extrembeispiel. Angenommen, die von uns betrachtete Bank verdoppelt ihre Größe, indem sie ausschließlich risikolose Projekte unternimmt. Die inkrementellen Finanzierungskosten der Bank betragen dann 6% (als Durchschnitt der 7% für die alten Projekte und 5% für die neuen Projekte). Die Finanzierungskosten für neue Projekte betragen dann 5%.

Allgemeiner ausgedrückt: Wenn ein Unternehmen seine durchschnittlichen Finanzierungskosten als Schwellenwert für alle Projekte ansetzt, werden Projekte mit geringem Risiko weniger attraktiv erscheinen als Projekte mit hohem Risiko. Demzufolge wird das Unternehmen sich eher Projekten mit hohem Risiko zuwenden.

Nicht alle Derivatespezialisten werden diesen Argumenten zustimmen. Tatsächlich ist es, wie bereits erwähnt, gängige Praxis in vielen Banken, dass besicherte Derivate mit OIS-Diskontierung behandelt werden, während für unbesicherte Derivate ein höherer Diskontierungssatz verwendet wird. Als Grund werden die Finanzierungskosten angeführt (welche, wie wir gezeigt haben, nicht relevant sein sollten). Besicherte Derivate werden zum Zinssatz, der auf das Collateral gezahlt wird, finanziert. Dies ist häufig die Fed Funds Rate. Bei unbesicherte Derivaten nimmt man an, dass sie zu den durchschnittlichen Gesamtfinanzierungskosten der Bank finanziert werden.

Die Banken, die Finanzierungskosten als relevant für die Derivatebewertung ansehen, führen manchmal eine Finanzierungsanpassung (*Funding Value Adjustment*, FVA) für unbesicherte Derivate durch. Ein FVA ändert den Wert eines Derivates zu demjenigen, der sich ergeben würde, wenn die durchschnittlichen Finanzierungskosten der Bank als „risikoloser" Diskontierungssatz zugrunde gelegt werden würden. Wenn die durchschnittlichen Finanzierungskosten der Bank z. B. 3,8% betragen und der von der Bank benutzte risikolose Zinssatz 3%, drückt das FVA die Auswirkungen einer Erhöhung des Diskontierungssatzes um 80 Basispunkte aus.[7]

FVA-Anpassungen werden kontrovers diskutiert. Es bleibt abzuwarten, ob sie sich in der Praxis durchsetzen. Wir haben bereits dargelegt, dass Finanzierungskosten keinen Einfluss auf die Bewertung einer Investition haben sollten. Der Risikograd der Investition ist das Entscheidende. CVA- und DVA-Anpassungen sollten umgesetzt werden. Die FVA-Debatte scheint jedoch größtenteils aus der schwierigen Abgrenzung zwischen FVA und DVA zu resultieren. Banken mit hohen Finanzierungskosten, die FVA verwenden, werden für Derivate (wie z. B. den Optionsverkauf), die Erträge generieren, günstige Kurse anbieten, während Banken mit niedrigen Finanzierungskosten, die FVA verwenden, günstige Kurse für Derivate, die eine Finanzierung benötigen, anbieten werden. Das FVA kann Arbitragemöglichkeiten generieren. So könnte ein Endverbraucher Optionen von Händlern mit hohen Finanzierungskosten kaufen und diese Optionen an Händler mit niedrigen Finanzierungskosten verkaufen.[8]

Natürlich sollten die für Banken tätigen Händler in der Wahl der Verfahren für die Bestimmung der Kurse, zu denen sie zum Handel bereit sind, freie Hand haben. Zu Buchungs- und weiteren Zwecken müssen die Transaktionen jedoch täglich bewertet werden (Marking-to-Market). Die Buchhalter einer Bank streben danach, Transaktionen zu ihrem Exit-Preis zu bewerten. Dies ist der Preis, zu welchem die Bank eine Glattstellung durchführen kann. Der Exit-Preis sollte jederzeit dazu führen, dass Angebot und Nachfrage am Markt in Übereinstimmung gebracht werden. Er sollte nicht von den Finanzierungskosten der Bank abhängen, welche das Derivat hält.

ZUSAMMENFASSUNG

In den vorherigen Kapiteln hatten wir gesehen, dass die 2007 einsetzende Kreditkrise dazu geführt hat, dass die Over-the-Counter-Derivatemärkte viel stärker reguliert werden als zuvor. In diesem Kapitel haben wir gesehen, dass darüber hinaus die Teilnehmer an den Derivatemärkten ihre Geschäftspraktiken einer sorgfältigen Überprüfung unterzogen haben. Vor der Kreditkrise wurde LIBOR als vernünftiger Näherungswert für den risikolosen Zinssatz angesehen. Dies war bequem. Wie in Kapitel 7 gezeigt, erleichterte diese Annahme die Bewer-

---

[7] Wie wir in späteren Kapiteln sehen werden, spielen Zinssätze eine zweifache Rolle bei der Bewertung von Derivaten. Sie definieren den Diskontierungssatz und sie definieren die Wachstumsrate des Underlying in einer risikoneutralen Welt. Wir erhöhen den Zinssatz, wenn er für den ersten Zweck verwendet wird, nicht aber für den zweiten. Der Grund dafür ist, dass die Positionen im Underlying, die zur Absicherung des Derivates verwendet werden, als Repos weiterverkauft und daher fast genau zum risikolosen Zinssatz finanziert werden können. Für Positionen in Derivaten ist dies nicht möglich.

[8] Eine detaillierte Diskussion dieser Aspekte findet sich in J. Hull und A. White, „Valuing Derivatives: Funding Value Adjustments and Fair Value", *Financial Analysts Journal*, in Druck.

tung von Zinsswaps, bei denen LIBOR gegen einen festen Zinssatz ausgetauscht wird, erheblich. Seit der Kreditkrise ist man dazu übergegangen, statt LIBOR den Overnight-Satz als Näherungswert für den risikolosen Zinssatz zu verwenden – zumindest für besicherte Derivatetransaktionen.

Der Overnight-Satz wird gegen das geometrische Mittel der Overnight-Zinssätze ausgetauscht. Er ist nicht vollständig risikolos, da immer ein Ausfall auf ein Tagesgelddarlehen oder den Swap möglich ist. Er ist jedoch wesentlich risikoloser als LIBOR.

Die Verwendung von Overnight-Sätzen statt LIBOR zur Diskontierung bewirkt eine Änderung der Schätzwerte für die Forward-LIBOR-Sätze. Bei OIS-Diskontierung müssen die Forward-LIBOR-Sätze so geschätzt werden, dass alle LIBOR-for-Fixed-Swaps, in die man heute zur Mid-Markt Swap Rate eintreten würde, den Wert null haben.

Seit vielen Jahren besteht für Banken und andere Derivatehändler das Problem des Kreditrisikos der Gegenpartei. Bei bilateral abgerechneten Transaktionen werden derzeit zwei Anpassungen vorgenommen. Die Bewertungsanpassung (Credit Value Adjustment, CVA) berücksichtigt die Möglichkeit eines Ausfalls der Gegenpartei und reduziert den Wert eines Derivateportfolios. Die Schuldenbewertung (Debit/Debt Value Adjustment, DVA) berücksichtigt die Möglichkeit des Eigenausfalls und erhöht den Wert des Derivateportfolios. Bei besicherten Portfolios kann eine weitere Anpassung notwendig sein, falls auf bar hinterlegtes Collateral nicht der risikolose Zinssatz gezahlt wird.

Laut Finanztheorie sollte die Finanzierungsart eines Projektes seine Bewertung nicht beeinflussen. Dennoch verwenden einige Banken eine sogenannte Finanzierungsanpassung (Funding Value Adjustment, FVA), so dass der Wert eines Derivateportfolios, das Finanzierung benötigt (generiert), um einen negativen (positiven) Betrag geändert wird, welcher die durchschnittlichen Finanzierungskosten der Bank wiedergibt. FVAs werden kontrovers aufgefasst. Sie können potenziell zu Unstimmigkeiten zwischen Buchhaltern, Analysten und Händlern führen.

ZUSAMMENFASSUNG

Literaturempfehlungen

Demiralp, S., B. Preslopsky und W. Whitesell, „Overnight Interbank Loan Markets", Manuscript, Board of Governors of the Federal Reserve, 2004.

Filipovic, D. und A. Trolle, „The Term Structure of Interbank Risk", *Journal of Financial Economics*, 109, 3 (September 2013): 707–733.

Hull, J. und A. White, „The FVA Debate", *Risk*, 25th anniversary edition (Juli 2012): 83–85.

Hull, J. und A. White, „LIBOR vs. OIS: The Derivatives Discounting Dilemma", *Journal of Investment Management*, 11, 3 (2013): 14–27.

Hull, J. und A. White, „OIS Discounting and the Pricing of Interest Rate Derivatives", Working Paper, University of Toronto, 2013.

Smith, D. „Valuing Interest Rate Swaps Using OIS Discounting", *Journal of Derivatives*, 20, 4 (Sommer 2013): 49–59.

Praktische Fragestellungen

9.1 Erklären Sie, was (a) der 3-Monats-LIBOR-Satz und (b) der 3-Monats-Overnight-Satz darstellen. Welcher Zinssatz ist der höhere und warum?

9.2 „Wenn Banken untereinander weniger Kredite vergeben, steigt der 3-Monats-LIBOR-OIS-Spread." Erläutern Sie diese Aussage.

9.3 Angenommen, in Beispiel 9.2, wo LIBOR-Diskontierung verwendet wird, beträgt die 3-Jahres-LIBOR-for-Fixed Swap Rate 7%. Welchen Betrag hat die 3-Jahres-LIBOR/Swap Zero Rate? Welchen Betrag hat der Forward-LIBOR-Satz im dritten Jahr?

9.4 Angenommen, in Beispiel 9.3, wo OIS-Diskontierung verwendet wird, beträgt die 3-Jahres-LIBOR-for-Fixed Swap Rate 7%. Der 3-Jahres-Overnight-Satz beträgt 6,5% (jährliche Verzinsung). Welchen Betrag hat der Forward-LIBOR-Satz im dritten Jahr?

9.5 Warum verwenden Derivatehändler manchmal mehr als eine risikolose Zinsstrukturkurve für die Diskontierung?

9.6 Erläutern Sie, was CVA und DVA messen.

9.7 Was passiert mit dem DVA einer Bank, wenn der Markt der Meinung ist, dass ihre Ausfallwahrscheinlichkeit gestiegen ist? Welche Auswirkungen hat dies auf ihre Gewinn- und Verlustrechnung?

9.8 Erläutern Sie das Collateral Rate Adjustment. Unter welchen Bedingungen ist es nicht null?

9.9 Die durchschnittlichen Finanzierungskosten einer Bank liegen bei 5% per annum, der risikolose Zinssatz bei 3%. Derzeit laufen Projekte mit einem Wert von 9 Millionen Dollar. Die Bank möchte diesem Portfolio risikolose Projekte mit einem Wert von 1 Million Dollar hinzufügen. Was passiert nach Ihrer Meinung mit den durchschnittlichen Finanzierungskosten?

9.10 Die Overnight-Sätze seien für alle Laufzeiten mit 3,4% per annum geschätzt worden. Der 3-Monats-LIBOR betrage 3,5% per annum. Die Swap Rate für einen 6-Monats-Swap, bei dem alle drei Monate Zahlungen ausgetauscht werden, sei 3,6% per annum. Alle Zinssätze sind mit vierteljährlicher Verzinsung ausgedrückt. Wie lautet der Forward-LIBOR-Satz für die zweiten Teilperiode (vierter bis sechster Monat), wenn OIS-Diskontierung zur Anwendung kommt?

9.11 Erläutern Sie, warum CVA und DVA für das Gesamtportfolio an Transaktionen, das eine Bank mit einer Gegenpartei unterhält, ermittelt werden, und nicht für jede einzelne Transaktion.

Zur weiteren Vertiefung

9.12 Angenommen, der 1-Jahres-LIBOR-Satz beträgt 4% und die 2-Jahres-, 3-Jahres- und 4-Jahres LIBOR-for-Fixed Swap Rates mit jährlicher Zahlung betragen 4,2%, 4,4% bzw. 4,5%. Alle Zinssätze sind mit jährlicher Verzinsung gegeben.

a. Wie lauten die LIBOR/Swap Zero Rates für die Laufzeiten von zwei, drei und vier Jahren, wenn LIBOR für die Diskontierung verwendet wird?

b. Wie lauten die Forward-LIBOR-Sätze für das zweite, dritte und vierte Jahr, wenn LIBOR für die Diskontierung verwendet wird?

c. Wie lauten die Forward-LIBOR-Sätze für das zweite, dritte und vierte Jahr, wenn Overnight-Sätze für die Diskontierung verwendet werden und die Overnight Zero Rates für die Laufzeiten von ein, zwei, drei und vier Jahren 3,6%, 3,8%, 4% bzw. 4,1% per annum bei jährlicher Verzinsung betragen?

9.13 Die 1-Jahres LIBOR Zero Rate beträgt 3% per annum and der Forward-LIBOR-Satz für das zweite Jahr beträgt 3,2%. Die 3-Jahres-Swap Rate für einen Swap mit jährlichen Zahlungen beträgt 3,2%. Alle Zinssätze sind mit jährlicher Verzinsung gegeben. Wie lautet der Forward-LIBOR-Satz für das dritte Jahr, wenn Overnight-Sätze für die Diskontierung verwendet werden und die Overnight Zero Rates für die Laufzeiten von ein, zwei und drei Jahren 2,5%, 2,7% bzw. 2,9% betragen. Welchen Wert besitzt ein 3-Jahres-Swap, bei dem man auf ein Nominal von 100 Millionen Dollar 4% erhält und LIBOR zahlt?

9.14 Angenommen, die 1-Jahres- und 10-Jahres-LIBOR-for-Fixed Swap Rates betragen 3% bzw. X% (bei jährlichen Zahlungen). Die 1-Jahres- und 10-Jahres-Overnight-Sätze liegen 50 Basispunkte unter den zugehörigen LIBOR-for-Fixed Swap Rates. Erkunden Sie mit Hilfe des Arbeitsblatts „Zero Curve" von DerivaGem den Unterschied zwischen der 10-Jahres-LIBOR Zero Rate bei OIS-Diskontierung und der 10-Jahres-LIBOR Zero Rate bei LIBOR-Diskontierung. Untersuchen Sie insbesondere, was geschieht, wenn der Prozentsatz X von 3 auf 10 anwächst.

Optionsmärkte

10

10.1	**Arten von Optionen**	276
10.2	**Optionspositionen**	278
10.3	**Underlyings**	281
10.4	**Spezifikation von Aktienoptionen**	282
10.5	**Der Handel**	287
10.6	**Provisionen**	288
10.7	**Marginanforderungen**	289
10.8	**Die Options Clearing Corporation**	291
10.9	**Regulierung**	292
10.10	**Besteuerung**	292
10.11	**Optionsscheine, Mitarbeiteroptionen und Wandelanleihen**	294
10.12	**Over-the-Counter-Optionsmärkte**	295
	Zusammenfassung	295
	Literaturempfehlungen	296
	Praktische Fragestellungen	296

ÜBERBLICK

Optionen hatten wir in Kapitel 1 vorgestellt. In diesem Kapitel erläutern wir die Funktionsweise von Optionsmärkten, die verwendete Terminologie, wie Kontrakte gehandelt werden, wie Margin-Forderungen festgelegt werden usw. In späteren Kapiteln werden wir Handelsstrategien mit Optionen, die Bewertung von Optionen und die Möglichkeiten zur Absicherung von Options-Portfolios behandeln. Dieses Kapitel ist vorrangig Aktienoptionen gewidmet, liefert aber auch eine Einführung in Währungs-, Index- und Futures-Optionen. Weitere Einzelheiten zu diesen Instrumenten finden sich in den Kapiteln 17 und 18.

Optionen unterscheiden sich grundlegend von den Forward-, Futures- und Swap-Kontrakten, welche in den vorangegangenen Kapiteln betrachtet wurden. Eine Option gibt ihrem Inhaber das Recht etwas zu tun. Dieser muss das Recht aber nicht ausüben. Im Gegensatz dazu verpflichten sich in einem Forward-, Futures- oder Swap-Kontrakt die beiden Parteien zu bestimmten Aktivitäten. Es kostet einen Händler nichts (außer den Margin- und Collateral-Forderungen), einen Forward- oder Futures-Kontrakt abzuschließen, während der Erwerb einer Option die Bezahlung der Optionsprämie bedingt.

Bei der Erstellung von Abbildungen, welche Gewinne und Verluste aus Optionspositionen ausweisen, wird üblicherweise der Zeitwert des Geldes vernachlässigt, d. h. der Profit ergibt sich als Differenz aus Gesamtauszahlung und anfänglichen Kosten. Wir werden in diesem Kapitel dieser Praxis folgen.

10.1 Arten von Optionen

Es gibt, wie in Kapitel 1 erwähnt, zwei grundsätzliche Arten von Optionen. Eine *Kaufoption* (Call) gibt ihrem Besitzer das Recht, das Underlying bis zu einem bestimmten Zeitpunkt zu einem festgelegten Kurs zu kaufen. Eine *Verkaufsoption* (Put) gibt ihrem Besitzer das Recht, das Underlying bis zu einem bestimmten Zeitpunkt zu einem festgelegten Kurs zu verkaufen. Das im Kontrakt festgelegte Datum heißt *Verfalldatum* oder auch *Fälligkeit*. Der festgelegte Kurs wird als *Ausübungspreis* bzw. *Basispreis* bezeichnet.

Optionen können entweder amerikanisch oder europäisch sein, eine Unterscheidung, die nicht auf den geographischen Gegebenheiten beruht. Eine *amerikanische Option* kann bis zum Verfalldatum jederzeit ausgeübt werden, eine *europäische Option* nur am Verfalltag selbst. Die meisten der an Börsen gehandelten Optionen sind amerikanischen Typs. Europäische Optionen lassen sich jedoch im Allgemeinen einfacher analysieren als amerikanische Optionen; oft werden Eigenschaften einer amerikanischen Option aus denen des europäischen Gegenstücks hergeleitet.

Kaufoptionen

Wir betrachten die Situation eines Anlegers, der eine europäische Kaufoption auf den Erwerb von 100 Anteilen einer bestimmten Aktie mit einem Basispreis von 100 $ kauft. Wir nehmen an, dass der aktuelle Aktienkurs bei 98 $ liegt, das Verfalldatum der Option sei in vier Monaten, der Preis einer Option auf einen Anteilschein sei 5 $. Die Anfangsinvestition liegt somit bei 500 $. Da es sich um eine europäische Option handelt, kann der Anleger diese nur am Verfalltag ausüben. Liegt der Aktienkurs an diesem Tag unter 100 $, dann wird der Anleger sicher auf sein Recht verzichten. (Es hat keinen Sinn, eine Aktie, deren Wert unter 100 $ liegt, für 100 $ zu kaufen.) Unter

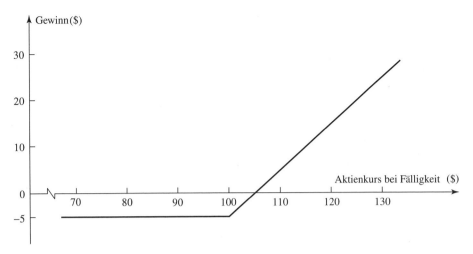

Abbildung 10.1: Gewinn aus dem Kauf einer europäischen Kaufoption auf einen Aktienanteil. Optionspreis = 5 $; Basispreis = 100 $

diesen Umständen verliert der Anleger seine gesamte Anfangsinvestition von 500 $. Liegt der Aktienkurs am Verfalltag über 100 $, wird die Option ausgeübt. Nehmen wir z. B. an, dass der Kurs bei 115 $ liegt. Durch die Ausübung der Option kann der Anleger 100 Anteile zum Stückpreis von 100 $ kaufen. Bei sofortigem Weiterverkauf realisiert er einen Gewinn von 15 $ pro Anteil, also insgesamt 1500 $ (bei Vernachlässigung der Transaktionskosten). Nach Abzug der Kosten für die Anfangsinvestition verbleibt dem Anleger ein Nettogewinn von 1000 $.

Abbildung 10.1 zeigt, wie sich bei diesem Beispiel der Nettogewinn bzw. -verlust des Anlegers in einer Aktienoption in Abhängigkeit vom Aktienendkurs ändert. (Bei der Berechnung des Profits vernachlässigen wir den Zeitwert des Geldes.) Es ist wichtig zu verstehen, dass ein Anleger manchmal trotz Ausübung einer Option insgesamt Verlust macht. Nehmen wir an, dass in obigem Beispiel der Aktienkurs am Verfalltag der Option bei 102 $ liegt. Der Anleger würde die Option ausüben und damit einen Zwischengewinn von $100 \cdot (102\,\$ - 100\,\$) = 200\,\$$ erzielen, insgesamt jedoch bei Anrechnung der Anfangsinvestition einen Verlust von 300 $ machen. Es liegt nun nahe zu sagen, der Anleger solle in diesem Fall die Option nicht ausüben. Dies würde jedoch zu einem Gesamtverlust von 500 $ führen, was den Anleger gegenüber der Ausübung der Option (300 $ Verlust) schlechter stellt. Generell gilt, dass Kaufoptionen zum Verfalltag immer ausgeübt werden sollten, wenn der Aktienkurs über dem Basiskurs liegt.

Verkaufsoptionen

Während der Käufer einer Kaufoption damit rechnet, dass der Aktienkurs steigt, hofft der Käufer einer Verkaufsoption auf ein Fallen des Kurses. Wir betrachten einen Anleger, der eine europäische Verkaufsoption auf 100 Anteilscheine einer bestimmten Aktie mit einem Basispreis von je 70 $ erwirbt. Der aktuelle Aktienkurs liege bei 65 $, das Verfalldatum der Option sei in drei Monaten, der Preis einer Option für einen Anteilschein sei 7 $. Die Anfangsinvestition beträgt also 700 $. Da es sich wieder um eine europäische Option handelt, wird sie nur dann ausgeübt werden, falls

10 Optionsmärkte

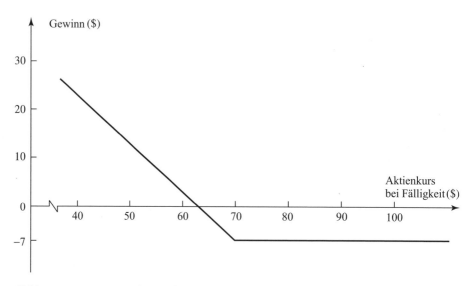

Abbildung 10.2: Gewinn aus dem Kauf einer europäischen Verkaufsoption auf einen Aktienanteil. Optionspreis = 7 $, Basispreis = 70 $

der Aktienkurs am Verfalltag unter 70 $ liegt. Nehmen wir an, dass er an diesem Tag bei 55 $ liegt. Der Anleger kann dann 100 Anteile zum Stückpreis von 55 $ kaufen und diese zu den Bedingungen der Verkaufsoption für 70 $ pro Anteil verkaufen, was ihm einen Stückgewinn von 15 $ bzw. insgesamt 1500 $ einbringt (wiederum bei Vernachlässigung der Transaktionskosten). Nach Abzug der Anfangsinvestition verbleibt dem Anleger ein Nettogewinn von 800 $. Es gibt keine Garantie dafür, dass der Anleger einen Gewinn erzielt. Falls der Aktienkurs bei Fälligkeit über 70 $ liegt, verfällt die Verkaufsoption ungenutzt und der Anleger verliert 700 $. Abbildung 10.2 zeigt, wie sich bei diesem Beispiel der Nettogewinn bzw. -verlust des Anlegers einer Aktienoption in Abhängigkeit vom Aktienkurs bei Fälligkeit verhält.

Vorzeitige Ausübung

Wie bereits erwähnt, werden an den Börsen eher amerikanische als europäische Optionen gehandelt. Das heißt in den eben betrachteten Beispielen hätte der Anleger mit der Ausübung der Option nicht unbedingt bis zum Verfalltag warten müssen. In späteren Kapiteln werden wir sehen, dass es Situationen gibt, in denen es vorteilhaft ist, amerikanische Optionen vor dem Verfalltag auszuüben.

10.2 Optionspositionen

Jeder Optionskontrakt hat zwei Seiten. Die eine Seite bildet der Anleger, welcher die Long-Position eingenommen hat, d. h. die Option gekauft hat. Auf der anderen Seite steht der Anleger mit der Short-Position, d. h. er hat die Option verkauft. Der Optionsverkäufer erhält im Voraus eine Prämie, hat aber eventuell später Verbindlichkeiten. Der Gewinn oder Verlust des Verkäufers ist dem des Optionskäufers entgegengesetzt. Die Abbildungen 10.3 und 10.4 zeigen die Veränderung von

10.2 Optionspositionen

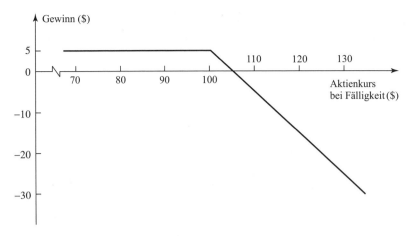

Abbildung 10.3: Gewinn aus dem Verkauf einer europäischen Kaufoption auf einen Aktienanteil. Optionspreis = 5 $, Basispreis = 100 $

Gewinn/Verlust des Optionsverkäufers in Abhängigkeit vom Aktienkurs bei Fälligkeit für die in den Abbildungen 10.1 und 10.2 betrachteten Optionen.

Es gibt vier Arten von Optionspositionen:

1. Long-Position in einer Kaufoption,
2. Long-Position in einer Verkaufsoption,
3. Short-Position in einer Kaufoption,
4. Short-Position in einer Verkaufsoption.

Oftmals ist es nützlich, die Positionen europäischer Optionen durch ihre Auszahlungen an den Optionskäufer zu charakterisieren. In diese Berechnung gehen die

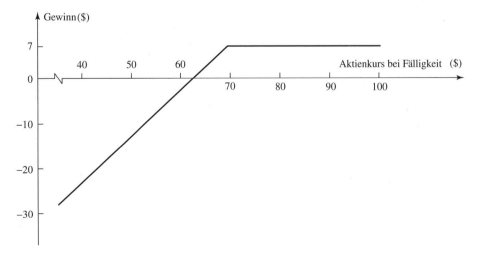

Abbildung 10.4: Gewinn aus dem Verkauf einer europäischen Verkaufsoption auf einen Aktienanteil. Optionspreis = 7 $, Basispreis = 70 $

Anfangskosten der Option nicht mit ein. Bezeichnen wir den Bezugspreis des Underlyings mit K und seinen Endpreis mit S_T, dann beträgt die Auszahlung einer Long-Position in einer europäischen Kaufoption

$$\max(S_T - K, 0).$$

Dies entspricht der Tatsache, dass die Option ausgeübt wird, falls $S_T > K$, und nicht ausgeübt wird, falls $S_T \leq K$. Die Auszahlung an den Inhaber der Short-Position dieser Kaufoption ist dann

$$-\max(S_T - K, 0) = \min(K - S_T, 0).$$

Die Auszahlung an den Inhaber der Long-Position in einer europäischen Verkaufsoption ist

$$\max(K - S_T, 0)$$

und die Auszahlung an den Inhaber der Short-Position in dieser Verkaufsoption

$$-\max(K - S_T, 0) = \min(S_T - K, 0).$$

Abbildung 10.5 zeigt diese Auszahlungsprofile.

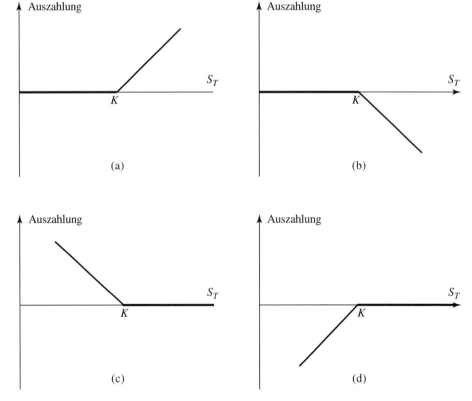

Abbildung 10.5: Auszahlungen aus den Positionen in europäischen Optionen. (a) Long Call, (b) Short Call, (b) Long Put, (d) Short Put. Basispreis = K; Kurs des Assets bei Fälligkeit = S_T

10.3 Underlyings

Dieser Abschnitt wirft einen ersten Blick darauf, wie Optionen auf Aktien, Währungen, Aktienindizes und Futures-Kontrakte an Börsen gehandelt werden.

Aktienoptionen

Aktienoptionen werden meist an Börsen gehandelt. Die wesentlichen Börsen, welche in den USA Aktienoptionen handeln, sind die Chicago Board Options Exchange (www.cboe.com), NYSE Euronext (www.euronext.com), welche 2008 die American Stock Exchange übernommen hatte, die International Securities Exchange (www.iseoptions.com) und die Boston Options Exchange (www.bostonoptions.com). Es werden Optionen auf mehrere Tausend Aktien gehandelt. Ein Kontrakt räumt dem Besitzer das Recht ein, 100 Aktien zu einem festgelegten Bezugspreis zu kaufen bzw. zu verkaufen. Diese Kontraktgröße ist zweckmäßig, da die Aktien selbst gewöhnlich in Vielfachen von 100 gehandelt werden.

Währungsoptionen

Ein Großteil des Handels mit Währungsoptionen wird mittlerweile auf dem Over-the-Counter-Markt getätigt, es findet aber auch ein Börsenhandel statt. Eine wichtige Börse für den Handel mit Währungsoptionen ist die NASDAQ OMX (www.nasdaqtrader.com), welche 2008 die Philadelphia Stock Exchange übernommen hatte. Sie bietet europäische Optionskontrakte auf eine Vielzahl verschiedener Währungen an. Ein Kontrakt gibt dem Besitzer das Recht, 10 000 Einheiten (bzw. 1 000 000 Einheiten beim japanischen Yen) einer Fremdwährung für einen bestimmten Dollarbetrag zu kaufen bzw. zu verkaufen. Währungsoptionen werden in Kapitel 17 weiter erörtert.

Indexoptionen

Derzeit werden auf der ganzen Welt viele verschiedene Indexoptionen gehandelt. Die beliebtesten Kontrakte in den USA sind die auf den S&P 500 Index (SPX), den S&P 100 Index (OEX), den Nasdaq 100 Index (NDX) und den Dow Jones Industrial Index (DJX). Diese werden alle an der Chicago Board Options Exchange gehandelt. Es gibt sowohl europäische als auch amerikanische Indexoptionen. Der Kontrakt auf den S&P 500 ist z. B. europäisch, der Kontrakt auf den S&P 100 dagegen amerikanisch. Ein Kontrakt umfasst den Kauf oder Verkauf des hundertfachen Wertes des Index zum festgelegten Basispreis. Die Abrechnung erfolgt immer bar anstatt durch Lieferung des dem Index zugrunde liegenden Portfolios. Betrachten wir z. B. einen Kontrakt auf einen Index mit dem Basispreis 980. Wird diese Option ausgeübt, wenn der Index bei 992 steht, zahlt der Optionsverkäufer an den Inhaber $(992 - 980) \cdot 100 = 1200\,\$$. Indexoptionen werden in Kapitel 17 weiter erörtert.

Futures-Optionen

Wenn eine Börse einen bestimmten Futures-Kontrakt handelt, dann handelt sie häufig auch amerikanische Optionen auf diesen Kontrakt. Die Laufzeit einer Futures-Option endet gewöhnlich kurz vor der Beendigung des Handels im zugrunde liegenden Futures-Kontrakt. Wenn eine Kaufoption ausgeübt wird, erwirbt der Besitzer vom Optionsverkäufer die Long-Position im zugrunde liegenden Futures-Kontrakt zuzüglich eines Geldbetrages in Höhe der Differenz von Futures-Preis und Basispreis. Wenn eine Verkaufsoption ausgeübt wird, erwirbt der Besitzer vom Optionsverkäufer die Short-Position im zugrunde liegenden Futures-Kontrakt zuzüglich eines Geldbetrages in Höhe der Differenz von Basispreis und Futures-Preis. Futures-Optionskontrakte werden in Kapitel 18 weiter erörtert.

10.4 Spezifikation von Aktienoptionen

Im restlichen Kapitel werden wir uns zumeist auf börsengehandelte Aktienoptionen konzentrieren. Wie bereits erwähnt, ist eine börsengehandelte Standardaktienoption in den USA ein Optionskontrakt amerikanischen Typs über den Kauf oder Verkauf von 100 Aktien. Einzelheiten des Kontrakts (Verfalltag, Basispreis, was passiert, wenn Dividenden ausgeschüttet werden, welche Größe kann die Position eines Anlegers annehmen, usw.) werden von der Börse festgelegt.

Verfalltermine

Einer der Faktoren, die zur Beschreibung einer Aktienoption benutzt werden, ist der Monat, in welchem der Verfalltag liegt. Ein Januar-Call auf IBM ist demzufolge eine Kaufoption auf IBM mit einem Verfalltag im Januar. Der exakte Verfalltermin ist 22.59 Uhr Central Time am dritten Samstag des Verfallmonats. Der letzte Tag, an dem die Optionen gehandelt werden, ist der dritte Freitag des Verfallmonats. Ein Anleger in der Long-Position hat normalerweise an diesem Freitag bis 16.30 Uhr Zeit, seinen Broker zur Ausübung der Option anzuweisen. Der Broker muss dann bis 22.59 Uhr des Folgetags die Unterlagen angefertigt haben, die die Börse von der Ausübung der Option unterrichten.

In den USA gibt es Aktienoptionen im Januar-, Februar- oder März-Zyklus. Der Januar-Zyklus besteht aus den Monaten Januar, April, Juli, Oktober, der Februar-Zyklus aus Februar, Mai, August und November, der März-Zyklus aus März, Juni, September und Dezember. Solange der Verfalltag im laufenden Monat noch nicht erreicht ist, werden Optionen mit Verfalltagen im laufenden Monat, im nächsten Monat und in den folgenden beiden Monaten des Verfallzyklus gehandelt. Ist der Verfalltag des laufenden Monats bereits vorüber, werden Optionen mit Verfalltagen im nächsten Monat, im übernächsten Monat und in den folgenden beiden Monaten des Verfallzyklus gehandelt. IBM befindet sich z. B. im Januar-Zyklus. Anfang Januar werden IBM-Optionen mit Verfall im Januar, Februar, April und Juli gehandelt, Ende Januar Optionen mit Verfall im Februar, März, April und Juli, Anfang Mai Optionen mit Verfall im Mai, Juni, Juli und Oktober usw. Sobald eine Option das Verfalldatum erreicht hat, beginnt der Handel mit einer anderen Option. Auf einige Aktien werden auch langfristigere Optionen, so genannte LEAPS (engl.: long-term equity anticipation securities), gehandelt. Diese haben Verfalltage bis zu 39 Monate in der Zukunft. Die Verfalltage für LEAPS auf Aktien liegen immer im Januar.

Basispreise

Die Börse legt im Normalfall die Basispreise so fest, dass sie 2,50 $, 5 $ oder 10 $ auseinander liegen. Üblicherweise beträgt der Abstand 2,50 $ für Aktienkurse zwischen 5 $ und 25 $, 5 $ für Aktienkurse zwischen 25 $ und 200 $ und 10 $ für Aktienkurse oberhalb 200 $. Wie wir später sehen werden, können Aktiensplits und Kapitalerhöhungen aus Gesellschaftsmitteln (Gratisaktien) zu nicht standardisierten Basispreisen führen.

Wird ein neues Verfalldatum eingeführt, werden üblicherweise die zwei oder drei Basispreise, die dem aktuellen Aktienpreis am nächsten liegen, von der Börse ausgewählt. Falls sich der Aktienpreis jenseits des Bereichs bewegt, der durch den kleinsten und den größten Basispreis begrenzt wird, wird der Handel mit einer Option mit einem neuen Basispreis aufgenommen. Um diese Regelungen zu veranschaulichen, nehmen wir an, dass der Aktienpreis zum Start des Handels mit Oktober-Optionen bei 84 $ liegt. Zunächst würden wahrscheinlich Calls und Puts mit den Basispreisen 80 $, 85 $ und 90 $ angeboten werden. Würde der Aktienpreis über 90 $ steigen, würde sicher auch der Basispreis 95 $ angeboten werden; würde der Aktienpreis unter 80 $ fallen, würde auch der Basispreis 75 $ angeboten werden, usw.

Terminologie

Für jeden Vermögensgegenstand können zu beliebiger Zeit viele verschiedene Optionskontrakte gehandelt werden. Angenommen, für eine bestimmte Aktie existieren vier Verfalltage und fünf Basispreise. Werden Kauf- und Verkaufsoptionen zu jedem Verfalltag und jedem Basispreis gehandelt, so gibt es insgesamt 40 verschiedene Kontrakte. Alle Optionen desselben Typs (Kauf- bzw. Verkaufsoptionen) auf eine Aktie werden als *Optionsklasse* bezeichnet. So sind z. B. IBM-Calls eine Klasse, während IBM-Puts eine andere Klasse bilden. Eine *Optionsserie* besteht aus allen Optionen einer gegebenen Klasse mit gleichem Verfalltag und gleichem Basispreis. Eine Optionsserie bezeichnet also einen bestimmten gehandelten Kontrakt, wie z. B. IBM-70-Oktober-Calls (d. h. IBM-Calls mit Verfallmonat Oktober und Basispreis 70 $).

Optionen können sich *im Geld* (in the money), *am Geld* (at the money) oder *aus dem Geld* (out of the money) befinden. Eine Option im Geld würde ihrem Inhaber bei sofortiger Ausübung einen positiven Cash Flow einbringen, eine am Geld befindliche Option würde zu keinem Cash Flow führen, und eine Option aus dem Geld würde einen negativen Cash Flow erzielen. Bezeichnen wir den Aktienkurs mit S und den Basispreis mit K, dann ist eine Kaufoption bei $S > K$ im Geld, bei $S = K$ am Geld und bei $S < K$ aus dem Geld. Eine Verkaufsoption ist bei $S < K$ im Geld, bei $S = K$ am Geld und bei $S > K$ aus dem Geld. Zweifellos wird eine Option nur ausgeübt, wenn sie sich im Geld befindet. Wenn keine Transaktionskosten anfallen, wird eine In-the-money-Option immer am Verfalltag ausgeübt werden, wenn dies nicht schon vorher geschehen ist.[1]

Der *innere Wert* einer Option ist definiert als der Wert, den die Option hätte, wenn die Laufzeit jetzt zu Ende wäre, so dass die Ausübungsentscheidung unmittelbar anstünde. Für eine Kaufoption beträgt der innere Wert daher $\max(S - K, 0)$, für eine Verkaufsoption $\max(K - S, 0)$. Eine amerikanische In-the-money-Option muss mindestens so viel wert sein wie ihr innerer Wert, weil der Inhaber das Recht zur soforti-

---

[1] In Abschnitt 20.4 werden alternative Definitionen für die Begriffe im Geld, am Geld und aus dem Geld gegeben, welche von den Händlern oft benutzt werden.

gen Ausübung hat. Für den Inhaber einer amerikanischen In-the-money-Option ist es oft optimal zu warten, statt die Option sofort auszuüben. Man sagt dann, die Option habe einen *Zeitwert*. Man kann sich den Gesamtwert einer Option als Summe ihres inneren Wertes und ihres Zeitwertes vorstellen.

Flex-Optionen

Die Chicago Board Options Exchange bietet Flex-Optionen (Flexible Exchange Options) auf Aktien und Aktienindizes an. Dies sind Optionen, bei denen sich die Händler auf nicht standardisierte Bedingungen einigen. Diese Bedingungen können einen anderen als den gewöhnlich von der Börse angebotenen Basispreis oder einen anderen Verfalltag aufweisen. Es kann auch vorkommen, dass die Option europäischen statt amerikanischen Typs ist. Flex-Optionen sind ein Versuch von Optionsbörsen, Geschäft von den OTC-Märkten zurückzugewinnen. Die Börse gibt für den Handel von Flex-Optionen eine Mindestgröße (z. B. 100 Kontrakte) vor.

Weitere Produkte

Neben Flex-Optionen handelt die CBOE noch weitere Nichtstandardprodukte, z. B.:

1. Optionen auf börsengehandelte Fonds/ETFs.[2]
2. *Weeklys*. Diese Optionen werden an einem Donnerstag begeben und verfallen am Freitag der darauf folgenden Woche.
3. Binäre Optionen. Diese Optionen liefern eine feste Auszahlung von 100 $, wenn der Basispreis erreicht wird. So liefert z. B. ein Binary Call mit einem Basispreis von 50 $ eine Auszahlung von 100 $, wenn der Kurs des Underlying am Verfallsdatum über 50 $ liegt. Ein Binary Put mit einem Basispreis von 50 $ liefert eine Auszahlung von 100 $, wenn der Kurs des Underlying am Verfallsdatum unter 50 $ liegt.
4. CEBOs (*Credit Event Binary Options*). Diese Optionen liefern eine feste Auszahlung, wenn ein bestimmtes Unternehmen (der Referenzschuldner) vor dem Fälligkeitstermin ein Kreditereignis (*Credit Event*) erleidet. Kreditereignisse sind Insolvenz, Umschuldung und Zahlungsausfall auf Zinsen oder Tilgung. Die Fälligkeit ist im Dezember eines bestimmten Jahres und die eventuellen Auszahlungen finden zum Fälligkeitstermin statt. Eine CEBO ist eine Variante des Credit Default Swaps. (CDS wurden in Abschnitt 7.12 vorgestellt und werden in Kapitel 25 ausführlich behandelt.)
5. DOOM-Optionen (*deep-out-of-the-money*). Dabei handelt es sich um Put-Optionen mit niedrigem Basispreis. Sie kosten daher auch nur sehr wenig. Eine Auszahlung erfolgt nur, wenn der Kurs des Underlying stark fällt. DOOM-Optionen bieten die gleiche Art von Schutz wie Credit Default Swaps.

---

[2] Börsengehandelte Fonds (*Exchange-Traded Funds*, ETFs) sind für Anleger zu einer populären Alternative gegenüber Investmentfonds geworden. Sie werden wie Aktien gehandelt und sind so beschaffen, dass ihre Kurse den Wert der Assets im Fonds annähernd genau widerspiegeln.

Dividenden und Aktiensplits

Die Optionen auf den frühen OTC-Märkten waren dividendengeschützt. Wenn ein Unternehmen eine Dividende ankündigte, wurde der Basispreis für Optionen auf die Aktie des Unternehmens am Ausschüttungstag um den Betrag der Dividende verringert. Börsengehandelte Optionen werden normalerweise nicht um die Dividendenzahlungen bereinigt. Das bedeutet mit anderen Worten, dass es keine Anpassungen des Optionskontraktes gibt, wenn eine Ausschüttung auftritt. Bei großen Ausschüttungen wird allerdings gelegentlich eine Ausnahme gemacht (siehe Business Snapshot 10.1)

Business Snapshot 10.1 – Die hohe Dividende der Gucci Group

Wenn eine hohe Dividendenausschüttung (typischerweise mehr als 10% des Aktienkurses) vorliegt, kann die Option Clearings Corporation (OCC) der Chicago Board Options Exchange veranlassen, dass die Konditionen der an der Börse gehandelten Optionen angepasst werden.

Am 28. Mai 2003 kündigte die Gucci Group NV (GUC) eine Dividendenausschüttung von 13,50 Euro (etwa 15,88 $) pro Aktie an, was durch die Hauptversammlung am 16. Juli 2003 bestätigt wurde. Zum Zeitpunkt der Ankündigung betrug diese Dividende etwa 16% des Aktienpreises. Die OCC entschied sich in diesem Fall, die Konditionen der Gucci-Optionen anzupassen. Infolgedessen zahlte der Inhaber eines Calls bei Ausübung 100-mal den Basispreis und erhielt zusätzlich zu den 100 Aktien noch 1588 $. Der Inhaber eines Puts erhielt bei Ausübung 100-mal den Basispreis und zahlte zusätzlich zur Lieferung von 100 Aktien noch 1588 $. Die Anpassungen reduzierten praktisch den Basispreis um 15,88 $.

Nicht immer werden bei großen Dividenden Anpassungen der Optionsbedingungen vorgenommen. Die Deutsche Terminbörse zog es beispielsweise vor, die Optionen nicht anzupassen, als Daimler-Benz den Markt am 10. März 1998 mit einer Dividende von 12% des damaligen Aktienkurses überraschte.

Börsengehandelte Optionen werden bei Aktiensplits angepasst. Ein Aktiensplit tritt auf, wenn die bestehenden Aktien in mehr Anteile „gesplittet" werden. Bei einem Aktiensplit im Verhältnis 3 zu 1 werden z. B. drei neue Anteile als Ersatz für eine existierende Aktie emittiert. Da ein Aktiensplit die Aktiva oder die Ertragsfähigkeit eines Unternehmens nicht verändert, sollten wir erwarten, dass er auch keinen Effekt auf das Vermögen der Aktieninhaber hat. Unter sonst gleichen Bedingungen sollte der 3-zu-1-Split ein Fallen des Aktienkurses auf ein Drittel seines vorherigen Wertes nach sich ziehen. Allgemein sollte ein n-zu-m-Aktiensplit den Aktienkurs auf m/n des vorherigen Wertes fallen lassen. Die Bedingungen der Optionskontrakte werden angepasst, um die erwarteten Änderungen im Aktienkurs nach einem Aktiensplit zu erfassen. Nach einem n-zu-m-Aktiensplit wird der Basispreis auf m/n seines vorherigen Wertes reduziert, die Anzahl der von einem Kontrakt abgedeckten Aktienanteile vergrößert sich auf n/m des vorherigen Wertes. Fällt der Aktienkurs auf die erwartete Weise, bleiben die Positionen von Verkäufer und Käufer eines Optionskontrakts unverändert.

> **Beispiel 10.1** Wir betrachten eine Option auf den Kauf von 100 Aktien eines Unternehmens für 30 $ pro Aktie. Angenommen, das Unternehmen vollzieht einen 2-zu-1-Aktiensplit. Die Bedingungen des Optionskontrakts werden dann so geändert, dass er dem Inhaber das Recht auf den Kauf von 200 Aktien für 15 $ pro Aktie gibt.

Aktienoptionen werden bei einer Kapitalerhöhung aus Gesellschaftsmitteln angepasst. Diese Form der Kapitalerhöhung bringt die Ausgabe von so genannten Gratisaktien (engl. *Stock Dividends*) an die Aktieninhaber mit sich. Gratisaktien haben ebenso wie ein Aktiensplit weder Auswirkungen auf die Aktiva noch auf die Ertragsfähigkeit eines Unternehmens. Im Ergebnis einer Kapitalerhöhung aus Gesellschaftsmitteln kann man erwarten, dass der Aktienkurs sinkt. Die Emission von einer Gratisaktie je fünf Altaktien wäre im Grunde ein 6-zu-5-Aktiensplit. Unter sonst gleichen Bedingungen sollte dies ein Fallen des Aktienkurses auf 5/6 seines vorherigen Wertes nach sich ziehen. Die Bedingungen von Optionen werden auf dieselbe Art und Weise zur Wiedergabe des durch die Gratisaktien erwarteten Kursabfalls angepasst wie bei einem Aktiensplit.

> **Beispiel 10.2** Wir betrachten eine Option auf den Verkauf von 100 Aktien eines Unternehmens für 15 $ pro Aktie. Angenommen, das Unternehmen verkündet die Emission von einer Gratisaktie je vier Altaktien. Dies entspricht einem 5-zu-4-Aktiensplit. Die Bedingungen der Option werden so geändert, dass sie nun dem Inhaber das Recht gibt, 125 Aktien für 12 $ zu verkaufen.

Bei Bezugsrechtsemissionen werden ebenfalls Anpassungen vorgenommen. Beim Standardverfahren wird der theoretische Preis der Bezugsrechte ermittelt und vom Basispreis abgezogen.

Positionsobergrenzen und Ausübungsgrenzen

Die Chicago Board Options Exchange legt häufig eine *Positionsobergrenze* für Optionskontrakte fest. Diese definiert die maximale Anzahl von Optionskontrakten, die ein Anleger auf einer Seite des Marktes besitzen kann. Zu diesem Zweck werden Long-Positionen in Kaufoptionen und Short-Positionen in Verkaufsoptionen als zu derselben Seite des Marktes gehörig angesehen. Genauso werden Short-Positionen in Kaufoptionen und Long-Positionen in Verkaufsoptionen als zu derselben Seite des Marktes gehörig angesehen. Die Ausübungsgrenze ist genauso hoch wie die Positionsobergrenze. Sie definiert die maximale Anzahl von Optionen, die von einer Person (oder einer Gruppe gemeinsam agierender Personen) an fünf aufeinander folgenden Geschäftstagen ausgeübt werden kann. Optionen auf die größten und am meisten gehandelten Aktien haben Positionsobergrenzen von 250 000 Kontrakten. Aktien mit geringerer Kapitalisierung haben Positionsobergrenzen von 200 000, 75 000, 50 000 oder 25 000 Kontrakten.

Positionsobergrenzen und Ausübungsgrenzen werden aufgestellt, um zu verhindern, dass der Markt unangemessen dem Einfluss eines einzelnen Anlegers oder einer Anlegergruppe unterliegt. Ob die Grenzen jedoch tatsächlich notwendig sind, ist ein kontrovers diskutiertes Thema.

10.5 Der Handel

Traditionell mussten die Börsen einen Platz bereitstellen, damit Personen sich treffen und Optionsgeschäfte tätigen konnten. Mittlerweile ist ein Wandel eingetreten. Viele Derivatebörsen sind vollelektronisch organisiert, die Händler müssen sich also nicht mehr persönlich treffen. Die International Securities Exchange (www.iseoptions.com) startete im Mai 2000 den ersten vollelektronischen Optionsmarkt in den USA. An der Chicago Board Options Exchange werden mehr als 95 % der Transaktionen elektronisch abgearbeitet. Bei dem Rest handelt es sich zumeist um sehr große oder komplexe Orders von institutionellen Marktteilnehmern, welche die Fähigkeiten von Händlern benötigen.

Market Maker

Die meisten Optionsbörsen ermöglichen den Handel mit Market Makers. Ein Market Maker für eine bestimmte Option nennt auf Anfrage sowohl einen Ankaufs- als auch einen Verkaufskurs. Der Ankaufskurs (Geldkurs) gibt den Preis an, zu dem der Market Maker zum Kauf bereit ist, der Verkaufskurs (Briefkurs) ist der Preis, zu dem der Market Maker zum Verkauf bereit ist. Zum Zeitpunkt der Abgabe seiner Ankaufs- und Verkaufsgebote weiß der Market Maker nicht, ob der nachfragende Händler die Option kaufen oder verkaufen möchte. Das Verkaufsgebot liegt immer über dem Kaufgebot, der Differenzbetrag zwischen Verkaufs- und Ankaufsgebot wird als Geld-Brief-Spanne bezeichnet. Die Börse setzt für die Geld-Brief-Spanne Obergrenzen fest. Sie könnte zum Beispiel spezifizieren, dass die Spanne nicht mehr als 0,25 $ für Optionen mit einem Preis unter 0,50 $ betragen darf, 0,50 $ für Optionen mit einem Preis zwischen 0,50 $ und 10 $, 0,75 $ für Optionen mit einem Preis zwischen 10 $ und 20 $ und 1 $ für Optionen mit einem Preis über 20 $.

Die Existenz der Market Maker stellt sicher, dass Kauf- und Verkaufsorders immer ohne Verzögerung zu einem bestimmten Preis ausgeführt werden können. Market Maker steigern daher die Liquidität am Markt. Sie selbst erzielen ihren Gewinn mit der Geld-Brief-Spanne. Sie verwenden einige der in Kapitel 19 erörterten Verfahren, um ihre Risiken abzusichern.

Glattstellungsorder

Ein Anleger, der Optionen erworben hat, kann die Position schließen, indem er eine Glattstellungsorder zum Verkauf derselben Anzahl an Optionen erteilt. Analog kann ein Anleger, der eine Option verkauft hat, seine Position schließen, indem er eine Glattstellungsorder zum Kauf derselben Anzahl an Optionen erteilt. (In dieser Hinsicht ähneln sich Options- und Futures-Märkte.) Wenn nach Abschluss eines Optionskontraktes keiner der beiden Anleger eine bestehende Position glattstellt, erhöht sich die Zahl der offenen Positionen um einen Kontrakt. Schließt ein Anleger eine bestehende Position und der andere nicht, bleibt die Zahl der offenen Positionen konstant. Gleichen beide Anleger bestehende Positionen aus, dann verringert sich die Anzahl der offenen Positionen um einen Kontrakt.

10.6 Provisionen

Beim Optionshandel sind die Aufträge, die einem Broker erteilt werden können, ähnlich denen beim Futures-Handel (siehe Abschnitt 2.8). Ein unlimitierter Auftrag muss sofort ausgeführt werden; eine Limit-Order legt den ungünstigsten Preis fest, zu welchem die Order ausgeführt werden kann usw.

Für einen Privatanleger variieren die Provisionen von Broker zu Broker beträchtlich. Discount-Broker verlangen im Allgemeinen niedrigere Provisionen als ein Broker mit umfassenden Serviceleistungen. Der Betrag, der tatsächlich in Rechnung gestellt wird, wird meist als Fixkosten plus Teil des Umsatzes des Geschäftes berechnet. Tabelle 10.1 zeigt eine Gebührenübersicht, die von einem Discount-Broker angeboten werden könnte. Beim Kauf von acht Kontrakten würde nach diesem Schema bei einem Optionspreis von 3 $ eine Provision von 20 $ + (0,02 · 2400 $) = 68 $ anfallen.

Wird eine Optionsposition durch Glattstellung geschlossen, muss die Provision für das Ausgleichsgeschäft erneut gezahlt werden. Wird die Option ausgeübt, ist die Provision genauso hoch, wie sie wäre, wenn der Anleger den Auftrag geben würde, die zugrunde liegende Aktie zu kaufen bzw. zu verkaufen.

Wir betrachten einen Anleger, der einen Kaufoptionskontrakt mit einem Basispreis von 50 $ erwirbt, als der Aktienkurs bei 49 $ liegt. Wir nehmen an, dass der Optionspreis 4,50 $ beträgt, sodass der Kontrakt 450 $ kostet. Unter dem Gebührenschema in Tabelle 10.1 kostet der Kauf/Verkauf eines Kontrakts jeweils 30 $ (da sowohl Maximal- als auch Minimalprovision für den ersten Kontrakt 30 $ betragen). Wir nehmen an, dass der Aktienkurs steigt und die Option ausgeübt wird, wenn die Aktie bei 60 $ angelangt ist. Unter der Annahme, dass der Anleger 0,75% Provision auf die Ausübung der Option und weitere 0,75% Provision für den Verkauf der Aktien zahlt, ergeben sich zusätzliche Kosten in Höhe von

$$2 \cdot 0{,}0075 \cdot 60\,\$ \cdot 100 = 90\,\$ \,.$$

Umsatz des Geschäftes	Provision[*]	
< 2500 $	20 $ + 2%	des Umsatzes
2500–10000 $	45 $ + 1%	des Umsatzes
> 10000 $	120 $ + 0,25%	des Umsatzes

[*] *Die Maximalprovision beträgt* 30 $ *je Kontrakt für die ersten fünf Kontrakte plus* 20 $ *für jeden weiteren Kontrakt. Die Minimalprovision beträgt* 30 $ *für den ersten Kontrakt plus* 2 $ *für jeden weiteren Kontrakt.*

Tabelle 10.1: Beispiel eines Gebührenschemas für einen Discount-Broker

Die Gesamtprovision beträgt somit 120 $, der Nettogewinn des Anlegers ergibt sich zu
$$1000\,\$ - 450\,\$ - 120\,\$ = 430\,\$\,.$$
Beachten Sie, dass der Anleger bei Verkauf der Option für 10 $ gegenüber der Ausübung der Option 60 $ Provision einsparen würde. (Die zu leistende Provision beim Optionsverkauf beträgt in unserem Beispiel nur 30 $.) Im Allgemeinen neigen Privatanleger aufgrund der jeweiligen Provisionen eher zum Verkauf von Optionen als zu deren Ausübung.

Ein versteckter Kostenpunkt im Optionshandel (und im Aktienhandel) ist die Geld-Brief-Spanne des Market Maker. Angenommen, zum Zeitpunkt des Optionskaufs im gerade betrachteten Beispiel lag das Kaufgebot bei 4,00 $ und das Verkaufsgebot bei 4,50 $. Wir können vernünftigerweise annehmen, dass ein „gerechter" Preis für die Option genau zwischen Kauf- und Verkaufsgebot liegt, also bei 4,25 $. Die Kosten für den Käufer oder Verkäufer im Market-Maker-System entsprechen der Differenz zwischen dem fairen Preis und dem bezahlten Preis, hier also 0,25 $ pro Option bzw. 25 $ pro Kontrakt.

10.7 Marginanforderungen

In den USA kann ein Anleger beim Aktienkauf über ein Margin-Konto (Einschusskonto) Kredit aufnehmen. (Dies wird als *Buying on Margin* bezeichnet.) Die Initial Margin (anfänglicher Einschuss) beträgt gewöhnlich 50% des Aktienwertes. Sinkt der Aktienkurs, sodass der Kredit wesentlich mehr als 50% des aktuellen Aktienwertes ausmacht, erfolgt ein Margin Call, bei dem der Broker verlangt, dass der Investor einen Nachschuss zahlt. Kommt der Investor dieser Aufforderung nicht nach, verkauft der Broker die Aktie.

Wenn Kauf- bzw. Verkaufsoptionen mit Laufzeiten unter neun Monaten gekauft werden, muss der volle Optionspreis bezahlt werden. Anleger dürfen Optionen nicht mittels eines Margin-Kontos erwerben, da Optionen bereits einen beträchtlichen Leverage, in Form einer impliziten Fremdkapitalaufnahme, haben. Buying on Margin würde diese Fremdkapitalaufnahme auf ein zu hohes Niveau anheben. Für Optionen mit einer Laufzeit von mehr als neun Monaten ist Buying on Margin möglich. Dabei kann Kapital in Höhe von bis zu 25% des Optionswertes aufgenommen werden.

Ein Händler, der Optionen verkauft, muss Kapital auf seinem Margin-Konto halten. Sowohl der Broker des Händlers als auch die Börse wollen sichergehen, dass der Händler bei Ausübung der Option seinen Verpflichtungen nachkommen kann. Die Höhe des geforderten Einschusses hängt jeweils von der Position des Händlers ab.

Verkauf von ungedeckten Optionen

Eine *ungedeckte Option* (Naked Option) ist eine Option, die nicht mit einer (ausgleichenden) Position in der zugrunde liegenden Aktie kombiniert ist. Die von der CBOE geforderte Initial und Maintenance Margin für eine verkaufte ungedeckte Kaufoption ist der größere der beiden folgenden Werte:

1. 100% der Erlöse des Verkaufs zuzüglich 20% des Kurses der zugrunde liegenden Aktie ggf. abzüglich des Betrages, um welchen die Option aus dem Geld liegt,

2. 100% der Options-Erlöse zuzüglich 10% des Kurses der zugrunde liegenden Aktie.

Für eine verkaufte ungedeckte Verkaufsoption ist die Initial Margin der größere Wert von

1. 100% der Erlöse des Verkaufs zuzüglich 20% des Kurses der zugrunde liegenden Aktie ggf. abzüglich des Betrages, um welchen die Option aus dem Geld liegt,
2. 100% der Options-Erlöse zuzüglich 10% des Basispreises.

Der 20%-Summand in den obigen Berechnungen wird für Optionen auf einen breiten Aktienindex durch 15% ersetzt, da ein Aktienindex gewöhnlich weniger schwankt als eine einzelne Aktie.

Beispiel 10.3 Ein Anleger verkauft vier ungedeckte Kaufoptionen auf eine Aktie. Der Optionspreis beträgt 5 $, der Basispreis 40 $, der Aktienkurs 38 $. Da die Option um 2 $ aus dem Geld ist, ergibt die erste Berechnung

$$400(5 + 0{,}2 \cdot 38 - 2) = 4240\,\$\,.$$

Die zweite Berechnung liefert

$$400(5 + 0{,}1 \cdot 38) = 3520\,\$\,.$$

Die Initial-Margin-Forderung beträgt damit 4240 $. Beachten Sie, dass, wenn es sich um eine Verkaufsoption handeln würde, diese um 2 $ im Geld liegen und die Margin-Forderung

$$400(5 + 0{,}2 \cdot 38) = 5040\,\$$$

betragen würde. In beiden Fällen können die Verkaufserlöse dazu verwendet werden, einen Teil des Margin-Kontos zu bilden.

Eine ähnliche Berechnung (mit dem aktuellen Marktpreis des Kontrakts statt mit den Verkaufserlösen) wird täglich wiederholt. Wenn die Berechnung ergibt, dass die geforderte Margin kleiner ist als der gegenwärtige Kontostand auf dem Margin-Konto, kann Kapital abgezogen werden. Ergibt die Berechnung, dass eine größere Margin benötigt wird, erfolgt ein Margin Call (Nachschussforderung).

Weitere Regelungen

In Kapitel 13 werden wir uns mit Optionsstrategien wie Covered Calls, Protective Puts, Spreads, Combinations, Straddles und Strangles befassen. Wenn diese Handelsstrategien angewendet werden, legt die CBOE spezielle Regeln zur Festlegung der Margin-Forderungen zugrunde. Diese sind im *CBOE Margin Manual*, erhältlich auf der CBOE-Homepage (www.cboe.com), beschrieben.

Beispielhaft für diese Regeln betrachten wir einen Anleger, der einen Covered Call verkauft. Beim Covered Call besitzt der Verkäufer der Option die Aktie, die er eventuell liefern muss, bereits zum Zeitpunkt des Verkaufs. Covered Calls sind weitaus weniger riskant als Naked Calls, da der Anleger schlimmstenfalls bereits in seinem Besitz befindliche Aktien unterhalb ihres Marktwerts verkaufen muss. Für die verkaufte Option wird keine Margin verlangt. Der Anleger kann jedoch nur einen Kapitalbetrag in Höhe von $0{,}5 \min(S, K)$ anstatt der üblichen $0{,}5S$ auf die Aktienposition als Kredit aufnehmen.

10.8 Die Options Clearing Corporation

Die Options Clearing Corporation (OCC) übt auf Optionsmärkten fast die gleiche Funktion aus wie die Clearingstelle auf Futures-Märkten (siehe Kapitel 2). Diese Clearingstelle der Optionsbörsen garantiert, dass Optionsverkäufer ihren Verpflichtungen aus den Optionskontrakten nachkommen, und führt Buch über alle Long- und Short-Positionen. Die OCC hat viele Mitglieder, und alle Optionsgeschäfte müssen über ein Mitglied abgewickelt werden. Ist ein Broker selbst nicht Mitglied der OCC einer Börse, muss er die Begleichung seiner Geschäfte über ein Mitglied organisieren. Von den Mitgliedern wird verlangt, dass sie einen Mindestkapitalbetrag besitzen und Mittel zu einem Spezialfonds beisteuern, der verwendet wird, falls ein Mitglied bei einer Optionsverpflichtung in Zahlungsverzug gerät.

Der Kaufbetrag für eine Option muss bis zum Beginn des nächsten Geschäftstages bei der OCC hinterlegt werden. Der Verkäufer der Option unterhält, wie an früherer Stelle beschrieben, bei einem Broker ein Margin-Konto.[3] Der Broker unterhält ein Margin-Konto bei einem OCC-Mitglied, das seine Geschäfte begleicht. Das OCC-Mitglied unterhält wiederum ein Margin-Konto bei der OCC.

Ausübung einer Option

Wenn ein Anleger einem Broker mit der Ausübung einer Option beauftragt, leitet der Broker dies an das OCC-Mitglied weiter, das seine Geschäfte abwickelt. Dieses Mitglied platziert dann eine Ausübungsorder bei der OCC. Die OCC wählt nun per Zufall ein Mitglied mit einer offenen Short-Position in derselben Option aus. Das Mitglied wählt nach einem vorher festgelegten Verfahren einen bestimmten Anleger aus, der die Option verkauft hat. Handelt es sich um eine Kaufoption, so muss der Anleger Aktien zum Basispreis verkaufen. Ist es eine Verkaufsoption, so muss der Anleger Aktien zum Basispreis kaufen. Der ausgewählte Anleger wird als „assigned" bezeichnet. Die Kauf-/Verkauftransaktion findet am dritten Handelstag nach dem Ausübungsauftrag statt. Bei Ausübung einer Option verringert sich die Anzahl der offenen Positionen (Open Interest) um eins.

Bei Fälligkeit einer Option sollten alle Optionen, die im Geld liegen, ausgeübt werden, es sei denn, die damit verbundenen Transaktionskosten sind so hoch, dass sie die Auszahlung aus der Option übersteigen. Einige Broker üben zum Verfalltag Optionen für ihre Klienten automatisch aus, wenn es in deren Interesse liegt. Auch besitzen viele Börsen Regeln zur Ausübung von Optionen, die zum Verfalltag im Geld liegen.

---

3 Die im vorigen Abschnitt beschriebenen Margin-Forderungen sind die durch die OCC festgelegten Mindest-Margin-Forderungen. Ein Broker kann von seinen Kunden eine höhere Margin verlangen, jedoch keinesfalls eine niedrigere. Einige Broker erlauben Privatanlegern überhaupt keinen Verkauf von ungedeckten Optionen.

10.9 Regulierung

Optionsmärkte werden auf verschiedene Weise reguliert. Sowohl die Börse als auch ihre Clearingstelle besitzen Regeln zur Lenkung des Händlerverhaltens. Darüber hinaus gibt es in den USA noch Regulierungsbehörden auf Bundes- und Bundesstaatenebene. Im Großen und Ganzen haben Optionsmärkte eine Bereitschaft zur Selbstregulierung bewiesen. Es gab keine größeren Skandale oder Zahlungsausfälle von OCC-Mitgliedern. Anleger können in die Art und Weise, wie der Markt geregelt ist, hohes Vertrauen setzen.

Die Securities and Exchange Commission (SEC) ist auf Bundesebene zuständig für die Regulierung der Optionsmärkte für Aktien, Aktienindizes, Währungen und Bonds. Die Commodity Futures Trading Commission (CFTC) ist für die Regulierung der Märkte für Futures-Optionen zuständig. Die bedeutendsten Optionsmärkte befinden sich in den US-Bundesstaaten Illinois und New York. Diese Staaten setzen ihre Gesetze gegen unzulässige Geschäftspraktiken konsequent durch.

10.10 Besteuerung

Die Bestimmung steuerlicher Auswirkungen von Optionsstrategien kann sich kompliziert gestalten. Ein Anleger, der sich diesbezüglich nicht sicher ist, sollte einen Steuerexperten konsultieren. In den USA ist es in der Regel so, dass Gewinne und Verluste aus dem Handel mit Aktienoptionen als Kapitalerträge besteuert werden (wenn der Steuerzahler kein professioneller Händler ist). Die Besteuerung von Kapitalerträgen haben wir bereits in Abschnitt 2.10 erörtert. Sowohl für den Inhaber als auch für den Verkäufer einer Aktienoption wird ein Gewinn oder Verlust anerkannt, wenn (a) die Option ohne Ausübung verfällt oder (b) die Optionsposition geschlossen wird. Wird die Option ausgeübt, so wird der Gewinn oder Verlust aus der Option in die Position, die man in der Aktie einnimmt, übertragen und verrechnet, wenn die Aktienposition geschlossen wird. Wenn z. B. eine Kaufoption ausgeübt wird, nimmt man für die Partei in der Long-Position an, dass sie die Aktie zum Basispreis plus dem Kaufoptionspreis gekauft hat. Auf dieser Grundlage wird der Gewinn oder Verlust der Partei berechnet, wenn die Aktie letztlich verkauft wird. Analog nimmt man für die Partei in der Short-Position an, dass sie die Aktie zum Kaufoptionspreis plus dem Basispreis verkauft hat. Wird eine Verkaufsoption ausgeübt, nimmt man für den Verkäufer an, dass er die Aktie zum Basispreis minus dem Verkaufsoptionspreis gekauft hat, und für den Käufer, dass er die Aktie zu diesem Preis verkauft hat.

Die Wash-Sale-Regel

Einen steuerlichen Gesichtspunkt beim Optionshandel in den USA stellt die Wash-Sale-Regel (Scheingeschäft-Regel) dar. Um diese Regel zu verstehen, betrachten wir einen Anleger, der eine Aktie zum Preis von 60 $ kauft und plant, diese langfristig zu halten. Wenn der Aktienkurs auf 40 $ fällt, könnte er versucht sein, die Aktie zu verkaufen und sofort wieder zu kaufen, sodass er für steuerliche Zwecke einen Verlust von 20 $ erzielt hat. Um so etwas zu verhindern, haben die Steuergesetzgeber festgelegt, dass Verluste auf Verkäufe nicht absetzbar sind, wenn ein Rückkauf innerhalb von 30 Tagen um den Verkauf (d. h. im Zeitraum 30 Tage vor dem Verkauf bis 30 Tage nach dem Verkauf) geschieht. Dieses Abzugsverbot trifft ebenfalls zu, wenn der Steuerzahler innerhalb dieser 61-Tage-Periode eine Option oder einen ähnlichen Kontrakt zum Erwerb der Aktie abschließt. Somit wird der Aktienverkauf mit Verlust nebst Erwerb einer Kaufoption innerhalb eines 30-Tage-Zeitraums zu einem nicht abzugsfähigen Verlust führen.

Constructive Sales

Wenn ein US-Steuerzahler vor 1997 in einem Wertpapier die Short-Position einging, während er in einem im Wesentlichen identischen Papier die Long-Position einnahm, wurde so lange kein Gewinn oder Verlust anerkannt, wie er die Short-Position innehatte. Dies wurde als Constructive Sale (verdeckter Verkauf) bezeichnet. Das heißt, Short-Positionen konnten zur Verschiebung eines steuerlichen Gewinns benutzt werden. Der Tax Relief Act von 1997 veränderte die Situation. Eine im Wert gestiegene Anlage wird nun als „verdeckt verkauft" behandelt, wenn der Besitzer eine der folgenden Handlungen tätigt:

1. Abschluss eines Leerverkaufs derselben oder in einer im Wesentlichen identischen Sache,
2. Abschluss eines Futures- oder Forward-Kontrakts über die Lieferung derselben oder in einer im Wesentlichen identischen Sache,
3. Eintritt in eine oder mehrere Positionen, die im Wesentlichen den gesamten Verlust und die Gewinnmöglichkeiten eliminieren.

Es sollte beachtet werden, dass Transaktionen, welche nur das Verlustrisiko oder nur die Gewinnmöglichkeiten einschränken, nicht als verdeckte Verkäufe zählen sollten. Damit kann ein Anleger, der die Long-Position in einer Aktie hält, im Geld befindliche Verkaufsoptionen auf die Aktie erwerben, ohne unter die Constructive-Sales-Regelung zu fallen.

Steuerexperten verwenden mitunter Optionen zur Minimierung der Steuerzahlungen oder zur Maximierung der Steuervorteile (siehe Business Snapshot 10.2). Die Steuerbehörden haben in vielen Bereichen Gesetze vorgeschlagen, die den Gebrauch von Derivaten zur Steueroptimierung bekämpfen sollen. Vor dem Abschluss einer steuerlich motivierten Transaktion sollten Finanzmanager wie auch Privatanleger gründlich untersuchen, wie die aufgesetzte Struktur im Fall von rechtlichen Änderungen rückgängig gemacht werden kann und welche Kosten dies verursachen würde.

> ## Business Snapshot 10.2 – Steueroptimierung unter Verwendung von Optionen
>
> Als einfaches Beispiel einer Steueroptimierungsstrategie unter Verwendung von Optionen nehmen wir an, dass Land A eine Steuergesetzgebung mit niedrigen Steuersätzen auf Zinsen und Dividenden sowie einen hohen Steuersatz auf Kapitalgewinne hat. Land B hat hingegen eine Steuergesetzgebung mit hohen Steuersätzen auf Zinsen und Dividenden sowie einen niedrigen Steuersatz auf Kapitalgewinne. Für ein Unternehmen wäre es vorteilhaft, Einkommen aus

Wertpapieren im Land A und eventuelle Kapitalgewinne im Land B zu realisieren. Kapitalverluste würde das Unternehmen im Land A belassen, wo sie zur Minderung von Kapitalgewinnen aus anderen Produkten verwendet werden könnten. All dies könnte man erreichen, indem ein Tochterunternehmen im Land A der rechtliche Eigentümer des Wertpapiers ist und ein Tochterunternehmen im Land B vom Unternehmen im Land A eine Kaufoption auf das Wertpapier mit Basispreis gleich dem gegenwärtigen Kurs des Wertpapiers erwirbt. Während der Laufzeit der Option wird das Einkommen aus dem Wertpapier im Land A realisiert. Steigt der Kurs dieses Wertpapiers stark an, wird die Option ausgeübt und der Kapitalgewinn im Land B erzielt. Fällt der Kurs dieses Wertpapiers deutlich, wird die Option nicht ausgeübt und der Kapitalverlust im Land A erzielt.

10.11 Optionsscheine, Mitarbeiteroptionen und Wandelanleihen

Optionsscheine (Warrants) werden sowohl von Finanzinstituten als auch von anderen Unternehmen herausgegeben. Ein Finanzinstitut kann z. B. Put-Optionsscheine über 1 Million Unzen Gold auflegen und dann einen Markt für diese Optionsscheine schaffen. Um einen Optionsschein auszuüben, kontaktiert der Inhaber das Finanzinstitut. Unternehmen setzen häufig Optionsscheine bei Anleiheemissionen ein. Sie legen Kaufoptionen auf die eigene Aktie auf und fügen diese der Anleiheemission bei, um sie attraktiver zu gestalten.

Mitarbeiteroptionen sind Kaufoptionen, die von Unternehmen an ihre Mitarbeiter ausgegeben werden, um sie zu motivieren, im besten Interesse der Aktionäre zu handeln (siehe Kapitel 16). Zum Zeitpunkt ihrer Auflage liegen Mitarbeiteroptionen gewöhnlich am Geld. Mittlerweile werden sie in den meisten Ländern als Aufwand in der Gewinn- und Verlustrechnung verbucht.

Wandelanleihen (Convertibles) sind von einem Unternehmen emittierte Anleihen, die zu bestimmten Zeitpunkten zu einem vorher festgelegten Wechselverhältnis in Aktien umgewandelt werden können. Sie stellen daher eine Anleihe mit integrierter Kaufoption auf die Aktien des Unternehmens dar.

Ein gemeinsames Merkmal von Optionsscheinen, Mitarbeiteroptionen und Wandelanleihen ist, dass eine im Vorfeld festgelegte Anzahl Optionen emittiert wird. Im Gegensatz dazu ist die Anzahl der an der CBOE oder einer anderen Börse gehandelten Optionen auf eine bestimmte Aktie nicht vorher festgelegt. Je mehr Personen eine bestimmte Optionsserie handeln, desto höher ist die Zahl der offenen Optionen. Wenn Positionen geschlossen werden, nimmt die Zahl wieder ab. Optionsscheine auf Aktien des Emittenten, Mitarbeiteroptionen und Wandelanleihen weisen noch einen weiteren wichtigen Unterschied zu börsengehandelten Optionen auf. Werden diese Instrumente ausgeübt, dann emittiert das Unternehmen weitere Aktien und verkauft sie an den Optionsinhaber zum Basispreis. Die Ausübung eines solchen Instruments führt daher zu einer Erhöhung der Anzahl in Umlauf befindlicher Aktien des Unternehmens. Wenn hingegen eine börsengehandelte Call-Option ausgeübt wird, kauft die Partei mit der Short-Position bereits emittierte Anteile und verkauft diese zum

Basispreis an die Partei mit der Long-Position. Das Unternehmen, dessen Aktie das Underlying bildet, ist dabei in keinster Weise involviert.

10.12 Over-the-Counter-Optionsmärkte

Ein Großteil dieses Kapitels konzentrierte sich auf börsengehandelte Optionen. Seit Beginn der 1980er Jahre ist der Over-the-Counter-Markt (OTC-Markt) für Optionen immer bedeutender geworden; er ist mittlerweile größer als der Markt für börsengehandelte Optionen. Wie in Kapitel 1 erläutert, sind hauptsächlich Finanzinstitute, Finanzmanager und Fondmanager Teilnehmer am OTC-Markt. Es gibt ein breites Spektrum an Underlyings für die Optionen. OTC-Optionen auf Währungen und Zinssätze sind besonders beliebt. Der potenzielle Hauptnachteil des OTC-Marktes ist, dass der Optionsverkäufer seinen Verpflichtungen möglicherweise nicht nachkommt. Das bedeutet, der Käufer unterliegt einem gewissen Kreditrisiko. Um diesen Nachteil zu überwinden, führen die Marktteilnehmer (und die Regulierungsbehörden) eine Reihe von Maßnahmen ein, z. B. die Forderung zur Hinterlegung von Sicherheiten durch die Gegenpartei. Dies wurde in Abschnitt 2.5 erläutert.

Die auf dem OTC-Markt gehandelten Instrumente sind oft von Finanzinstituten konstruiert, um die Bedürfnisse ihrer Kunden exakt zu erfüllen. Dies beinhaltet mitunter die Wahl von Ausübungsterminen, Basispreisen und Kontraktgrößen, die sich von denen der börsengehandelten Optionen unterscheiden. In anderen Fällen unterscheidet sich der Aufbau der Option von Standard-Calls und -Puts. Die Option wird dann als *exotische Option* bezeichnet. Kapitel 26 beleuchtet verschiedene Arten von exotischen Optionen.

ZUSAMMENFASSUNG

Es gibt zwei Arten von Optionen: Kaufoptionen (Calls) und Verkaufsoptionen (Puts). Eine Kaufoption verbrieft ihrem Inhaber das Recht, das Underlying an oder bis zu einem festgelegten Tag zu einem bestimmten Preis zu kaufen. Eine Verkaufsoption verbrieft ihrem Inhaber das Recht, das Underlying an oder bis zu einem festgelegten Tag zu einem bestimmten Preis zu verkaufen. Auf Optionsmärkten gibt es vier mögliche Positionen: eine Long-Position in einer Kaufoption, eine Short-Position in einer Kaufoption, eine Long-Position in einer Verkaufsoption und eine Short-Position in einer Verkaufsoption. Die Einnahme der Short-Position in einer Option bedeutet deren Verkauf. Zur Zeit werden Optionen auf Aktien, Aktienindizes, Währungen, Futures-Kontrakte und weitere Assets gehandelt.

Eine Börse muss die Bedingungen ihrer Optionskontrakte spezifizieren. Insbesondere muss sie die Kontraktgröße, das genaue Verfalldatum und den Basispreis festlegen. In den USA gibt ein Aktienoptions-Kontrakt dem Inhaber das Recht, 100 Aktien zu kaufen bzw. verkaufen. Ein Aktienoptions-Kontrakt verfällt am Samstag, der direkt auf den dritten Freitag des Verfallmonats folgt, um 22.59 Uhr Central Time. Zu jeder Zeit werden Optionen mit verschiedenen Verfallterminen gehandelt. Die Basispreise werden abhängig vom Aktienpreis in Intervallen von 2,50 \$, 5 \$ oder 10 \$ festgelegt. Der Basispreis befindet sich zu Beginn des Handels mit einer Option ziemlich nahe am aktuellen Aktienpreis.

Die Bedingungen einer Aktienoption werden im Normalfall nicht um Dividendenzahlungen bereinigt. Dies geschieht jedoch bei einer Kapitalerhöhung aus Gesellschaftsmitteln, Aktiensplits und Bezugsrechtsemissionen. Das Ziel einer solchen Anpassung besteht darin, die Position von Optionsverkäufer und -käufer unverändert zu belassen.

Die meisten Optionsbörsen verwenden Market Maker. Ein Market Maker ist eine Person, welche bereit ist, sowohl einen Ankaufskurs (Preis, zu welchem er kaufbereit ist) als auch einen Verkaufskurs (Preis, zu welchem er verkaufsbereit ist) zu nennen. Market Maker verbessern die Liquidität des Markts und stellen sicher, dass bei der Ausführung von Aufträgen keine Verzögerungen entstehen. Sie selbst erzielen ihren Gewinn aus der Differenz zwischen ihrem Ankauf- und dem Verkaufskurs. Die Börse besitzt Richtlinien zur Festsetzung von Obergrenzen für diese Geld-Brief-Spanne (engl. Bid-Offer-Spread oder Bid-Ask-Spread).

Optionsverkäufer sehen sich möglicherweise Verbindlichkeiten gegenüber und müssen daher bei ihrem Broker Margins hinterlegen. Ist der Broker kein Mitglied der Clearingstelle, dann unterhält er ein Margin-Konto bei einem Mitglied. Diese Firma wird wiederum ein Margin-Konto bei der Clearingstelle unterhalten. Die Clearingstelle ist verantwortlich, Aufzeichnungen über alle in Umlauf befindlichen Kontrakte zu machen, Ausübungsanweisungen abzuwickeln usw.

Nicht alle Optionsgeschäfte werden an Börsen getätigt, viele Optionen werden auf dem OTC-Markt gehandelt. Ein Vorteil von OTC-Optionen besteht darin, dass sie von Finanzinstitutionen auf die besonderen Bedürfnisse eines Finanzmanagers oder Fondsmanagers zugeschnitten werden können.

ZUSAMMENFASSUNG

Literaturempfehlungen

Chicago Board Options Exchange, *Characteristics and Risks of Standardized Options*. Verfügbar unter `www.optionsclearing.com/about/publications/character-risks.jsp`. Erstveröffentlichung 1994, letztes Update 2012.

Chicago Board Options Exchange, *Margin Manual*. Verfügbar unter `www.cboe.com/LearnCenter/workbench/pdfs/MarginManual2000.pdf`. 2000.

Praktische Fragestellungen

10.1 Ein Anleger kauft für 3 $ einen europäischen Put auf eine Aktie. Der Aktienkurs liegt bei 42 $, der Basispreis beträgt 40 $. Unter welchen Umständen erzielt der Händler einen Gewinn? Unter welchen Bedingungen wird die Option ausgeübt? Zeichnen Sie ein Diagramm, welches die Veränderung des Gewinns in Abhängigkeit vom Aktienkurs bei Fälligkeit der Option aus Anlegersicht zeigt.

10.2 Ein Anleger verkauft für 4 $ einen europäischen Call auf eine Aktie. Der Aktienkurs liegt bei 47 $, der Basispreis beträgt 50 $. Unter welchen Umständen erzielt der Händler einen Gewinn? Unter welchen Bedingungen wird die Option ausgeübt? Zeichnen Sie ein Diagramm, welches die Veränderung des Gewinns in Abhängigkeit vom Aktienkurs bei Fälligkeit der Option aus Anlegersicht zeigt.

10.3 Ein Anleger verkauft einen europäischen Call mit Basispreis K und Laufzeit T sowie einen europäischen Put mit dem gleichen Basispreis und der gleichen Laufzeit. Beschreiben Sie die Position des Anlegers.

10.4 Erläutern, Sie warum Margins verlangt werden, wenn Kunden Optionen verkaufen, aber nicht, wenn sie Optionen kaufen.

10.5 Eine Aktienoption befindet sich im Februar-Mai-August-November-Zyklus. Welche Optionen werden (a) am 1. April und (b) am 30. Mai gehandelt?

10.6 Ein Unternehmen verkündet einen 3-zu-1-Aktiensplit. Erläutern Sie, wie sich die Bedingungen für eine Kaufoption mit dem Basispreis 60 $ ändern.

10.7 „Von einem Unternehmen herausgegebene Mitarbeiteroptionen unterscheiden sich von normalen börsengehandelten Kaufoptionen auf die Unternehmensaktie, da sie die Kapitalstruktur des Unternehmens beeinflussen können." Erläutern Sie diese Aussage.

10.8 Ein Finanzmanager entwickelt eine Absicherungsstrategie, welche Währungsoptionen einschließt. Welches sind die Vor- und Nachteile bei Verwendung (a) der NASDAQ OMX und (b) des OTC-Markts für dieses Geschäft?

10.9 Angenommen, ein europäischer Call zum Erwerb einer Aktie zum Preis von 100 $ kostet 5 $ und wird bis zur Fälligkeit gehalten. Unter welchen Umständen erzielt der Optionsinhaber einen Gewinn? Unter welchen Bedingungen wird die Option ausgeübt? Zeichnen Sie ein Diagramm, welches den Gewinn aus einer Long-Position in der Option in Abhängigkeit vom Aktienkurs bei Fälligkeit der Option zeigt.

10.10 Angenommen, ein europäischer Put zum Verkauf einer Aktie zum Preis von 60 $ kostet 8 $ und wird bis zur Fälligkeit gehalten. Unter welchen Umständen erzielt der Optionsverkäufer (die Partei mit der Short-Position) einen Gewinn? Unter welchen Bedingungen wird die Option ausgeübt? Zeichnen Sie ein Diagramm, welches den Gewinn aus einer Short-Position in der Option in Abhängigkeit vom Aktienkurs bei Fälligkeit der Option zeigt.

10.11 Beschreiben Sie den Endwert des folgenden Portfolios: eine gerade eingenommene Long-Position in einem Forward-Kontrakt auf ein Asset und eine Long-Position in einem europäischen Put auf das Asset mit der gleichen Laufzeit wie der Forward-Kontrakt und einem Basispreis, der dem Forward-Preis des Assets zum Zeitpunkt der Zusammenstellung des Portfolios entspricht. Zeigen Sie, dass der europäische Put denselben Wert besitzt wie ein europäischer Call mit gleichem Basispreis und gleicher Laufzeit.

10.12 Ein Händler kauft einen Call mit Basispreis 45 $ und einen Put mit Basispreis 40 $. Beide Optionen haben dieselbe Laufzeit. Der Call kostet 3 $, der Put 4 $. Zeichnen Sie ein Diagramm, welches den Händlergewinn in Abhängigkeit vom Assetpreis zeigt.

10.13 Erklären Sie, warum eine amerikanische Option immer mindestens so viel wert ist wie eine europäische Option auf dasselbe Underlying mit dem gleichen Basispreis und dem gleichen Verfalltermin.

10.14 Erklären Sie, warum eine amerikanische Option immer mindestens so viel wert ist wie ihr innerer Wert.

10.15 Erläutern Sie ausführlich den Unterschied zwischen dem Verkauf einer Verkaufsoption und dem Kauf einer Kaufoption.

10.16 Ein Finanzmanager möchte zwischen Optionen und Forward-Kontrakten zur Absicherung des Währungsrisikos der Gesellschaft wählen. Erörtern Sie die jeweiligen Vor- und Nachteile.

10.17 Wir betrachten einen börsengehandelten Kaufoptions-Kontrakt auf den Kauf von 500 Aktien zum Basispreis von 40 $ und einer Laufzeit von vier Monaten. Erläutern Sie, wie sich die Bedingungen des Optionskontrakts ändern, wenn

a. Gratisaktien in Höhe von 10% des Grundkapitals emittiert werden,

b. eine Dividende in Höhe von 10% des Aktienkurses ausgeschüttet wird oder

c. ein 4-zu-1-Aktiensplit durchgeführt wird.

10.18 „Wenn die meisten Kaufoptionen auf eine Aktie im Geld liegen, ist der Aktienkurs wahrscheinlich in den letzten Monaten zusehends gestiegen." Erörtern Sie diese Aussage.

10.19 Welchen Effekt hat eine unerwartete Dividendenzahlung auf (a) den Preis einer Kaufoption und (b) den Preis einer Verkaufsoption?

10.20 Optionen auf General Motors befinden sich im März-Juni-September-Dezember-Zyklus. Welche Optionen werden (a) am 1. März, (b) am 30. Juni und (c) am 5. August gehandelt?

10.21 Erklären Sie, warum die Geld-Brief-Spanne des Market Maker für Optionsanleger echte Kosten darstellt.

10.22 Ein US-Anleger verkauft fünf ungedeckte Kaufoptions-Kontrakte (Naked Calls). Der Optionspreis beträgt 3,50 $, der Basispreis 60 $, der Aktienkurs 57 $. Wie hoch ist die Initial Margin?

Zur weiteren Vertiefung

10.23 Berechnen Sie aus den Mid-Market-Notierungen (Mittelwert von Geld- und Briefkurs) den inneren und den Zeitwert für die September-2013-Calls in Tabelle 1.2 und für die September-2013-Puts in Tabelle 1.3. Nehmen Sie jeweils an, dass der Mid-Market-Aktienkurs 871,30 $ beträgt.

10.24 Ein Händler hält eine Put-Option über den Verkauf von 100 Aktienanteilen zu einem Basispreis von 60 $. Welchen Effekt auf den Kontrakt hat

a. die Ankündigung einer Dividende von 2 $,
b. die Ausschüttung einer Dividende von 2 $,
c. ein 5-zu-2-Aktiensplit,
d. die Emission von Gratisaktien in Höhe von 5 % des Grundkapitals?

10.25 Ein Händler verkauft fünf ungedeckte Put-Optionen über je 100 Aktienanteile. Der Optionspreis beträgt 10 $, die Restlaufzeit 6 Monate und der Basispreis 64 $.

a. Welche Margin wird gefordert, wenn der Aktienkurs 58 $ beträgt?
b. Wie ändert sich die Antwort auf Frage a., wenn die Regelungen für Indexoptionen Anwendung finden?
c. Wie ändert sich die Antwort auf Frage a., wenn der Aktienkurs 58 $ betragen würde?
d. Wie ändert sich die Antwort auf Frage a., wenn der Händler die Optionen kaufen (und nicht verkaufen) würde?

10.26 Der Preis einer Aktie beträgt 40 $. Der Preis einer europäischen 1-Jahres-Verkaufsoption mit einem Basispreis von 30 $ wird mit 7 $ angegeben, der Preis einer europäischen 1-Jahres-Kaufoption mit einem Basispreis von 50 $ mit 5 $. Angenommen, ein Anleger kauft 100 Aktien, verkauft 100 Kaufoptionen und erwirbt 100 Verkaufsoptionen. Zeichnen Sie ein Diagramm, welches die Veränderung von Gewinn/Verlust des Anlegers in Abhängigkeit vom Aktienkurs während des nächsten Jahres veranschaulicht. Was passiert, wenn der Anleger 100 Aktien kauft, 200 Kaufoptionen verkauft und 200 Verkaufsoptionen erwirbt?

10.27 „Wenn ein Unternehmen sich nicht besser entwickelt als seine Konkurrenten, der Aktienmarkt aber zulegt, dann schneiden die Führungskräfte mit ihren Aktienoptionen gut ab. Das ergibt keinen Sinn." Diskutieren Sie diesen Standpunkt. Können Sie sich Alternativen zum üblichen Aktienoptionsprogramm für Mitarbeiter vorstellen, die diesen Standpunkt berücksichtigen?

10.28 Berechnen Sie unter Verwendung von DerivaGem den Wert einer amerikanischen Verkaufsoption auf eine Aktie, welche keine Dividende zahlt, bei einem Aktienkurs von 30 $, einem Basispreis von 32 $, einem risikolosen Zinssatz von 5 %, einer Volatilität von 30 % und einer Laufzeit von 1,5 Jahren. (Wählen Sie Binomial American als „option type" und 50 Zeitschritte.)

a. Wie hoch ist der innere Wert der Option?
b. Wie hoch ist der Zeitwert der Option?
c. Was würde ein Zeitwert von null bedeuten? Wie hoch ist der Wert einer Option mit Zeitwert null?
d. Berechnen Sie mit einem Trial-and-Error-Ansatz, wie niedrig der Aktienkurs liegen müsste, damit der Zeitwert der Option null ist.

10.29 Am 20. Juli 2004 überraschte Microsoft den Markt mit der Ankündigung einer Dividende von 3 \$. Der Ex-Dividende-Zeitpunkt war der 17. November 2004 und der Zahlungstermin der 2. Dezember 2004. Der Aktienkurs betrug damals etwa 28 \$. Weiterhin änderte Microsoft die Konditionen für seine Mitarbeiteroptionen, sodass der Basispreis auf

$$\text{vorheriger Basispreis} \cdot \frac{\text{Schlusskurs} - 3\,\$}{\text{Schlusskurs}}$$

reduziert wurde. Die Anzahl der Aktien, die durch eine in Umlauf befindliche Aktienoption abgedeckt wurde, erhöhte sich auf

$$\text{Anzahl der Aktien vor Dividende} \cdot \frac{\text{Schlusskurs}}{\text{Schlusskurs} - 3\,\$}.$$

„Schlusskurs" bezeichnet dabei den offiziellen NASDAQ-Schlusskurs einer Microsoft-Aktie am letzten Handelstag vor dem Ex-Dividende-Datum. Bewerten Sie diese Anpassung und vergleichen Sie sie mit dem System, welches Börsen zur Anpassung bei außergewöhnlichen Dividenden (siehe Business Snapshot 10.1) verwenden.

Eigenschaften von Aktienoptionen

11.1 Einflussfaktoren auf Optionspreise 302
11.2 Annahmen und Notation 306
11.3 Wertober- und Wertuntergrenzen von Optionen... 306
11.4 Put-Call-Parität 310
11.5 Calls auf eine dividendenlose Aktie............ 314
11.6 Puts auf eine dividendenlose Aktie 316
11.7 Die Auswirkung von Dividenden 318
Zusammenfassung 319
Literaturempfehlungen....................................... 321
Praktische Fragestellungen 321

In diesem Kapitel betrachten wir die Faktoren, welche die Preise von Aktienoptionen beeinflussen. Zur Untersuchung der Beziehungen zwischen den Preisen europäischer und amerikanischer Optionen sowie ihrer Relation zu dem zugrunde liegenden Aktienpreis verwenden wir eine Reihe verschiedener Arbitrageargumente. Die bedeutendste dieser Beziehungen ist die Put-Call-Parität, eine Beziehung zwischen den Preisen von europäischen Kauf- und europäischen Verkaufsoptionen sowie dem Kurs des Underlyings. Dieses Kapitel untersucht, ob amerikanische Optionen vorzeitig ausgeübt werden sollten. Es zeigt, dass es niemals optimal ist, eine amerikanische Kaufoption auf eine dividendenlose Aktie vor dem Verfall der Option auszuüben. Die vorzeitige Ausübung einer amerikanischen Verkaufsoption auf eine solche Aktie kann dagegen optimal sein. Wenn es Dividenden gibt, kann die vorzeitige Ausübung sowohl von Calls als auch von Puts optimal sein.

11.1 Einflussfaktoren auf Optionspreise

Sechs Faktoren beeinflussen den Preis einer Aktienoption:

1. Der aktuelle Aktienkurs S_0,
2. der Basispreis K,
3. die Restlaufzeit (bzw. der Verfalltermin) T,
4. die Volatilität des Aktienkurses, σ,
5. der risikolose Zinssatz r,
6. die erwarteten Dividendenzahlungen.

In diesem Abschnitt prüfen wir, was mit den Optionspreisen geschieht, wenn sich einer dieser Faktoren ändert, während alle anderen konstant bleiben. Die Ergebnisse sind in Tabelle 11.1 zusammengefasst.

Variable	europäischer Call	europäischer Put	amerikanischer Call	amerikanischer Put
aktueller Aktienkurs	+	−	+	−
Basispreis	−	+	−	+
Restlaufzeit	?	?	+	+
Volatilität	+	+	+	+
risikoloser Zinssatz	+	−	+	−
Dividenden	−	+	−	+

    * + bedeutet, dass eine Erhöhung im Wert der Variablen eine Erhöhung des Optionspreises zur Folge hat.
    − bedeutet, dass eine Erhöhung im Wert der Variablen eine Verringerung des Optionspreises zur Folge hat.
    ? bedeutet, dass der Zusammenhang nicht eindeutig ist.

Tabelle 11.1: Zusammenfassung der Auswirkungen auf den Preis einer Aktienoption bei Erhöhung einer Variablen, wenn alle anderen Variablen konstant bleiben*

11.1 Einflussfaktoren auf Optionspreise

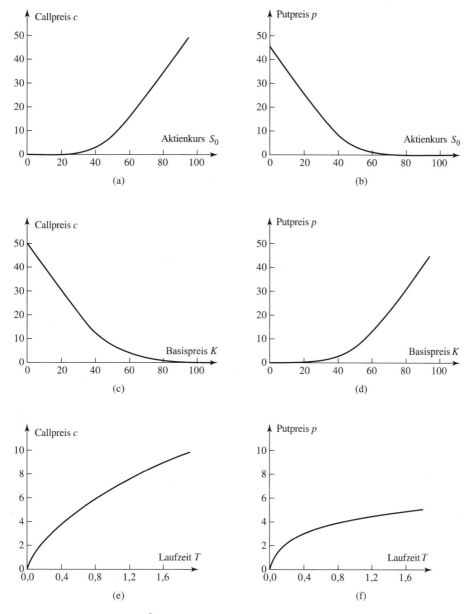

Abbildung 11.1: Auswirkung von Änderungen im Aktienpreis, Basispreis und Verfalldatum auf die Optionspreise, wenn $S_0 = 50$, $K = 50$, $r = 5\%$, $\sigma = 30\%$, $T = 1$

Die Abbildungen 11.1 und 11.2 zeigen die Abhängigkeit des Preises einer europäischen Kaufoption bzw. Verkaufsoption von den ersten fünf Faktoren, wenn folgende Konstellation gegeben ist: $S_0 = 50$, $K = 50$, $r = 5\%$ per annum, $\sigma = 30\%$ per annum, $T = 1$ Jahr, Dividenden werden nicht ausgeschüttet. In diesem Fall beträgt der Preis der Kaufoption 7,116 und der Preis der Verkaufsoption 4,677.

11 Eigenschaften von Aktienoptionen

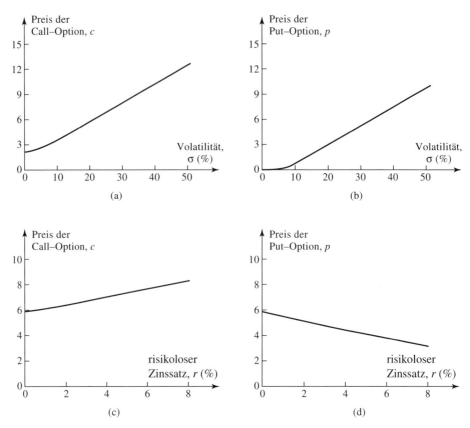

Abbildung 11.2: Auswirkung von Änderungen in der Volatilität und im risikolosen Zinssatz auf die Optionspreise, wenn $S_0 = 50$, $K = 50$, $r = 5\%$, $\sigma = 30\%$, $T = 1$

Aktienkurs und Basispreis

Wird eine Kaufoption (Call) zu einem zukünftigen Zeitpunkt ausgeübt, dann ist die Auszahlung der Betrag, um welchen der Aktienkurs über dem Basispreis liegt. Daher steigen Kaufoptionen im Wert, wenn der Aktienkurs steigt, und verlieren an Wert, wenn der Basispreis steigt. Für eine Verkaufsoption (Put) ist die Auszahlung bei Ausübung der Betrag, um welchen der Basispreis den Aktienpreis übersteigt. Puts verhalten sich somit entgegengesetzt zu Calls. Sie verlieren an Wert, wenn der Aktienkurs steigt, und steigen im Wert, wenn der Basispreis steigt. Die Abbildung 11.1a–d veranschaulicht, auf welche Weise Call- und Put-Preise von Aktien- bzw. Basispreis abhängen.

Laufzeit

Wir betrachten nun die Auswirkung des Verfalltermins. Wenn die (Rest-)Laufzeit wächst, steigen amerikanische Kauf- und Verkaufsoptionen im Wert (zumindest sinkt der Wert nicht). Wir betrachten zwei Optionen, welche sich nur in ihrem Verfalltermin unterscheiden. Der Inhaber der langfristigen Option verfügt neben den Ausübungsmöglichkeiten des Inhabers der kurzfristigen Option über zusätzliche Ausübungsmöglichkeiten. Die langfristige Option muss daher immer mindestens so viel wert sein wie die kurzfristige.

Auch wenn europäische Puts und Calls mit steigender Laufzeit gewöhnlich an Wert gewinnen (siehe Abbildung 11.1e,f), muss dies nicht immer zutreffen. Wir betrachten zwei europäische Calls auf eine Aktie. Die eine Option hat einen Verfalltermin in einem Monat, die andere einen Verfalltermin in zwei Monaten. Angenommen, in sechs Wochen wird eine sehr große Dividendenzahlung erwartet. Diese Dividende wird einen Rückgang des Aktienkurses verursachen, sodass die Option mit der kürzeren Laufzeit mehr wert sein könnte als die Option mit der längeren Laufzeit.[1]

Volatilität

Die genaue Definition der Volatilität wird in Kapitel 15 vorgenommen. Grob gesprochen, ist die *Volatilität* des Aktienkurses ein Maß für die Unsicherheit der zukünftigen Bewegungen des Aktienkurses. Mit steigender Volatilität wächst die Wahrscheinlichkeit, dass die Aktie stark steigt oder stark fällt. Für einen Aktieninhaber gleichen sich diese Bewegungen tendenziell aus. Dies gilt jedoch nicht für den Inhaber einer Kauf- oder Verkaufsoption. Der Besitzer einer Kaufoption profitiert von Kursanstiegen, hat aber ein begrenztes Risiko im Fall eines Kursrückgangs, da er im Höchstfall den Optionspreis verlieren kann. Analog profitiert der Besitzer einer Verkaufsoption von einem Kursrückgang, hat aber ein begrenztes Risiko im Fall eines Kursanstiegs. Daher steigen die Werte sowohl von Calls als auch von Puts, wenn die Volatilität zunimmt (siehe Abbildung 11.2a,b).

Risikoloser Zinssatz

Der risikolose Zinssatz beeinflusst den Preis einer Option in weniger eindeutiger Weise. Wenn die Zinssätze in einer Wirtschaft steigen, steigt tendenziell die Renditeforderung der Anleger für die Aktie. Außerdem sinkt der Barwert jeder zukünftigen Einzahlung für den Optionsinhaber. Die kombinierte Wirkung dieser beiden Effekte führt dazu, dass der Wert von Verkaufsoptionen sinkt und der Wert von Kaufoptionen steigt (siehe Abbildung 11.2c,d).

Es ist wichtig zu betonen, dass wir in Tabelle 11.1 annehmen, dass sich die Zinssätze ändern, während alle anderen Variablen, insbesondere auch der Aktienkurs, gleich bleiben. In der Praxis neigen die Aktienkurse dazu zu steigen (fallen), wenn die Zinssätze fallen (steigen). Der kombinierte Effekt eines Zinsanstiegs und des begleitenden Rückganges des Aktienkurses könnte sein, dass eine Kaufoption im Wert fällt und eine Verkaufsoption im Wert steigt. Analog könnte der kombinierte Effekt einer Zinssenkung und des begleitenden Anstiegs des Aktienkurses sein, dass eine Kaufoption im Wert steigt und eine Verkaufsoption im Wert fällt.

Zukünftige Dividendenzahlungen

Dividenden bewirken eine Reduktion des Aktienpreises am Ausschüttungstag. Das ist schlecht für den Wert von Kaufoptionen und gut für den Wert von Verkaufsoptionen. Betrachten wir eine Dividende, deren Ausschüttungstag in der Laufzeit

---

[1] Dabei unterstellen wir, dass die Dividendenhöhen und ihre Ausschüttungszeitpunkte unverändert bleiben, auch wenn sich die Laufzeit der Option ändert.

einer Option liegt. Der Wert der Option hängt negativ von der Höhe der erwarteten zukünftigen Dividenden ab, wenn die Option ein Call ist, und positiv, wenn die Option ein Put ist.

11.2 Annahmen und Notation

In diesem Kapitel unterstellen wir ähnliche Annahmen wie bei der Herleitung von Forward- und Futures-Preisen in Kapitel 5. Wir nehmen an, dass es einige Marktteilnehmer wie etwa große Investmentbanken gibt, für welche die folgenden Aussagen gelten:

1. Es existieren keine Transaktionskosten.
2. Alle Handelsgewinne (um die Handelsverluste bereinigt) unterliegen demselben Steuersatz.
3. Kapitalaufnahme und -anlage ist zum risikolosen Zinssatz möglich.

Wir setzen voraus, dass diese Marktteilnehmer bereit sind, Arbitragemöglichkeiten bei deren Auftreten auszunutzen. Wie in den Kapiteln 1 und 5 ausgeführt, bedeutet dies, dass jegliche auftretende Arbitragemöglichkeit schnell wieder verschwindet. Für die Zwecke unserer Analysen ist es daher vernünftig anzunehmen, dass keine Arbitragemöglichkeiten existieren.

Wir benutzen folgende Notation:

S_0: aktueller Aktienkurs

K: Basispreis der Option

T: Laufzeit der Option

S_T: Aktienkurs bei Fälligkeit

r: stetiger risikoloser Zinssatz für eine Anlage mit Laufzeit T

C: Wert einer amerikanischen Kaufoption auf eine Aktie

P: Wert einer amerikanischen Verkaufsoption auf eine Aktie

c: Wert einer europäischen Kaufoption auf eine Aktie

p: Wert einer europäischen Verkaufsoption auf eine Aktie

Zu beachten ist, dass r den Nominalzins und nicht den Realzins angibt. Wir können $r > 0$ voraussetzen, sonst würde eine risikolose Anlage gegenüber Bargeld keine Vorteile aufweisen. (Tatsächlich wäre Bargeld im Fall $r < 0$ einer risikolosen Anlage vorzuziehen.)

11.3 Wertober- und Wertuntergrenzen von Optionen

In diesem Abschnitt leiten wir Wertober- und Wertuntergrenzen für Optionen her. Diese Preisgrenzen hängen nicht von besonderen Annahmen über die in Abschnitt 11.1 erwähnten Faktoren ab (außer $r > 0$). Übersteigt eine Option die Wertobergrenze oder fällt unter die Wertuntergrenze, ergeben sich gewinnträchtige Gelegenheiten für Arbitrageure.

Wertobergrenze

Eine amerikanische oder europäische Kaufoption gibt dem Inhaber das Recht, eine Aktie zu einem bestimmten Preis zu erwerben. Egal was passiert, die Option kann niemals mehr wert sein als die Aktie. Der Aktienkurs ist folglich eine Wertobergrenze für die Option

$$c \leq S_0 \quad \text{und} \quad C \leq S_0 \,. \tag{11.1}$$

Würden diese Beziehungen nicht gelten, könnte ein Arbitrageur leicht einen risikolosen Gewinn erzielen, indem er die Aktie kauft und gleichzeitig einen Call verkauft.

Eine amerikanische Verkaufsoption gibt dem Inhaber das Recht, eine Aktie zum Preis K zu verkaufen. Ganz gleich, wie niedrig der Aktienkurs fällt, die Option kann nie mehr wert sein als K. Folglich gilt

$$p \leq K \quad \text{und} \quad P \leq K \,. \tag{11.2}$$

Wir wissen, dass der Wert einer europäischen Verkaufsoption bei Fälligkeit nicht über K liegen kann. Daraus folgt, dass er heute nicht über dem Barwert von K liegen kann:

$$p \leq K e^{-rT} \,. \tag{11.3}$$

Würde dies nicht zutreffen, könnte ein Arbitrageur einen risikolosen Profit erzielen, indem er die Option verkauft und den Erlös zum risikolosen Zinssatz anlegt.

Wertuntergrenze für Kaufoptionen auf dividendenlose Aktien

Eine Wertuntergrenze einer europäischen Kaufoption auf eine dividendenlose Aktie ist

$$S_0 - K e^{-rT} \,.$$

Wir betrachten zunächst ein numerisches Beispiel und wenden uns dann einer allgemeineren Begründung zu.

Angenommen, $S_0 = 20\,\$$, $K = 18\,\$$, $r = 10\%$ per annum und $T = 1$ Jahr. Dann gilt

$$S_0 - K e^{-rT} = 20 - 18 e^{-0{,}1} = 3{,}71 \,.$$

Wir betrachten den Fall, dass der Preis des europäischen Calls 3,00 $ beträgt, was unter dem theoretischen Minimum von 3,71 $ liegt. Ein Arbitrageur kann die Kaufoption erwerben und die Aktie leerverkaufen, was zu einem Mittelzufluss von 20,00 $ − 3,00 $ = 17,00 $ führt. Dieser Betrag, für ein Jahr zu 10% per annum angelegt, wächst auf $17 e^{0{,}1} = 18{,}79\,\$$ an. Am Ende des Jahres läuft die Option aus. Liegt der Aktienpreis über 18,00 $, dann übt der Arbitrageur die Option auf den Kauf der Aktie für 18,00 $ aus, schließt die Short-Position und erzielt einen Profit von

$$18{,}79\,\$ - 18{,}00\,\$ = 0{,}79\,\$ \,.$$

Liegt der Kurs unter 18,00 $, wird die Aktie am Markt gekauft und die Short-Position geschlossen. Der Arbitrageur erzielt dann sogar einen noch größeren Profit. Wenn z. B. der Aktienkurs bei 17,00 $ steht, beträgt der Gewinn des Arbitrageurs

$$18{,}79\,\$ - 17{,}00\,\$ = 1{,}79\,\$ \,.$$

Für eine allgemeinere Begründung betrachten wir die folgenden beiden Portfolios:

Portfolio A: ein europäischer Call und ein Zerobond mit einer Auszahlung von K zum Zeitpunkt T

Portfolio B: ein Aktienanteil

In Portfolio A wird der Zerobond während der Zeit T auf den Betrag K anwachsen, wenn er zum risikolosen Zinssatz angelegt wird. Falls $S_T > K$, wird die Option bei Fälligkeit ausgeübt und das Portfolio A hat den Wert S_T. Falls $S_T < K$, verfällt die Option bei Fälligkeit und das Portfolio hat den Wert K. Zum Zeitpunkt T hat das Portfolio A demnach den Wert

$$\max(S_T, K) .$$

Portfolio B hat zum Zeitpunkt T den Wert S_T. Folglich ist Portfolio A bei Fälligkeit der Option immer mindestens so viel wert wie Portfolio B. Daraus folgt, dass dies, wenn keine Arbitragemöglichkeiten existieren, auch heute gelten muss. Der Zerobond besitzt aktuell den Wert Ke^{-rT}. Folglich gilt

$$c + Ke^{-rT} \geq S_0$$

bzw.

$$c \geq S_0 - Ke^{-rT} .$$

Da eine Kaufoption schlimmstenfalls ungenutzt verfällt, kann ihr Wert nicht negativ werden. Also gilt $c \geq 0$ und

$$c \geq \max(S_0 - Ke^{-rT}, 0) . \tag{11.4}$$

Beispiel 11.1 Wir betrachten eine europäische Kaufoption auf eine dividendenlose Aktie. Der Aktienkurs beträgt 51 \$, der Basispreis 50 \$, die Restlaufzeit sechs Monate, der risikolose Zinssatz 12% per annum. In diesem Fall gilt $S_0 = 51$, $K = 50$, $T = 0{,}5$ und $r = 0{,}12$. Gemäß Gleichung (11.4) ist $S_0 - Ke^{-rT}$ die Wertuntergrenze für die Option, also

$$51 - 50e^{-0{,}12 \cdot 0{,}5} = 3{,}91 \text{ \$} .$$

Wertuntergrenze für europäische Verkaufsoptionen auf dividendenlose Aktien

Eine Wertuntergrenze einer europäischen Verkaufsoption auf eine dividendenlose Aktie ist

$$Ke^{-rT} - S_0 .$$

Wir betrachten wiederum zunächst ein numerisches Beispiel und wenden uns dann einer allgemeineren Begründung zu.

Angenommen, $S_0 = 37$ \$, $K = 40$ \$, $r = 5\%$ per annum und $T = 0{,}5$ Jahre. Dann gilt

$$Ke^{-rT} - S_0 = 40e^{-0{,}05 \cdot 0{,}5} - 37 = 2{,}01 \text{ \$} .$$

11.3 Wertober- und Wertuntergrenzen von Optionen

Wir betrachten den Fall, dass der Preis des europäischen Puts 1,00 $ beträgt, was unter dem theoretischen Minimum von 2,01 $ liegt. Ein Arbitrageur kann einen Kredit von 38,00 $ für sechs Monate aufnehmen, um die Verkaufsoption und die Aktie zu erwerben. Nach Ablauf der sechs Monate muss der Arbitrageur dafür $38e^{0,05 \cdot 0,5} = 38,96$ $ zurückzahlen. Liegt der Aktienpreis unter 40,00 $, dann übt der Arbitrageur die Option auf den Verkauf der Aktie für 40,00 $ aus, zahlt den Kredit zurück und erzielt einen Profit von

$$40{,}00\,\$ - 38{,}96\,\$ = 1{,}04\,\$\,.$$

Liegt der Kurs über 40,00 $, verfällt die Option wertlos, der Arbitrageur verkauft die Aktie und erzielt nach Rückzahlung des Kredits sogar einen noch größeren Profit. Wenn z. B. der Aktienkurs bei 42,00 $ steht, beträgt der Gewinn des Arbitrageurs

$$42{,}00\,\$ - 38{,}96\,\$ = 3{,}04\,\$\,.$$

Für eine allgemeinere Begründung betrachten wir die folgenden zwei Portfolios:

Portfolio C: eine europäische Verkaufsoption und eine Aktie

Portfolio D: ein Zerobond mit einer Auszahlung von K zum Zeitpunkt T

Falls $S_T < K$, wird die Option im Portfolio C bei Fälligkeit ausgeübt und das Portfolio hat den Wert K. Falls $S_T > K$, verfällt die Option ungenutzt und das Portfolio hat den Wert S_T. Zum Zeitpunkt T hat das Portfolio C demnach den Wert

$$\max(S_T, K)\,.$$

Das Portfolio D hat zum Zeitpunkt T den Wert K. Folglich ist Portfolio C zum Zeitpunkt T immer mindestens so viel wert wie Portfolio D. Daraus folgt, dass, wenn keine Arbitragemöglichkeiten existieren, auch heute Portfolio C mindestens den Wert von Portfolio D haben muss:

$$p + S_0 \geq Ke^{-rT}$$

bzw.

$$p \geq Ke^{-rT} - S_0\,.$$

Da ein Put schlimmstenfalls ungenutzt verfällt, kann sein Wert nicht negativ werden. Also gilt

$$p \geq \max(Ke^{-rT} - S_0, 0)\,. \tag{11.5}$$

Beispiel 11.2 Wir betrachten eine europäische Verkaufsoption auf eine dividendenlose Aktie. Der Aktienkurs beträgt 38 $, der Basispreis 40 $, die Restlaufzeit drei Monate, der risikolose Zinssatz 10% per annum. In diesem Fall gilt $S_0 = 38$, $K = 40$, $T = 0{,}25$ und $r = 0{,}10$. Gemäß Gleichung (11.5) ist $Ke^{-rT} - S_0$ die Wertuntergrenze für die Option, also

$$40e^{-0{,}1 \cdot 0{,}25} - 38 = 1{,}01\,\$\,.$$

11.4 Put-Call-Parität

Wir leiten nun eine bedeutende Beziehung zwischen den Preisen eines europäischen Call und eines europäischen Put mit den gleichen Basispreisen und der gleichen Laufzeit her. Wir betrachten die beiden folgenden Portfolios, die im vorangegangenen Abschnitt verwendet wurden:

Portfolio A: eine europäische Kaufoption und ein Zerobond mit einer Auszahlung in Höhe von K zum Zeitpunkt T

Portfolio C: eine europäische Verkaufsoption und ein Aktienanteil

Wir nehmen auch weiterhin an, dass die Aktie keine Dividende abwirft. Call und Put haben den gleichen Basispreis K und die gleiche Restlaufzeit T.

Wie im vorigen Abschnitt erläutert wurde, hat der Zerobond im Portfolio A zum Zeitpunkt T den Wert K. Liegt der Aktienkurs S_T zum Zeitpunkt T über K, dann wird die Call-Option im Portfolio A ausgeübt. Unter diesen Bedingungen hat das Portfolio A demnach zum Zeitpunkt T den Wert $(S_T - K) + K = S_T$. Liegt S_T unter K, dann verfällt die Call-Option im Portfolio A und das Portfolio hat zum Zeitpunkt T den Wert K.

Im Portfolio C wird der Aktienanteil zum Zeitpunkt T den Wert S_T besitzen. Liegt S_T unter K, dann wird die Put-Option im Portfolio C ausgeübt. Unter diesen Bedingungen hat das Portfolio C zum Zeitpunkt T den Wert $(K - S_T) + S_T = K$. Liegt S_T über K, dann verfällt die Put-Option im Portfolio C und das Portfolio weist zum Zeitpunkt T den Wert S_T auf.

Tabelle 11.2 fasst den Sachverhalt zusammen. Falls $S_T > K$, beträgt der Wert beider Portfolios zum Zeitpunkt T jeweils S_T, falls $S_T < K$, beträgt der Wert jeweils K. Mit anderen Worten haben beide beim Verfall der Optionen zum Zeitpunkt T den Wert

$$\max(S_T, K).$$

Da es sich bei beiden um europäische Optionen handelt, können sie nicht vor dem Verfalltag ausgeübt werden. Da die Portfolios zum Zeitpunkt T den gleichen Wert besitzen, müssen sie auch heute einen identischen Wert haben. Andernfalls könnte ein Arbitrageur das günstigere Portfolio kaufen und das andere verkaufen. Da die Portfolios zum Zeitpunkt T einander entsprechen, würde diese Strategie zu einem Arbitragegewinn in Höhe der Differenz zwischen den Werten der beiden Portfolios führen.

		$S_T > K$	$S_T < K$
Portfolio A	Call	$S_T - K$	0
	Zerobond	K	K
	gesamt	S_T	K
Portfolio C	Put	0	$K - S_T$
	Aktienanteil	S_T	S_T
	gesamt	S_T	K

Tabelle 11.2: Werte der Portfolios A und C zum Zeitpunkt T

Die Komponenten des Portfolios A weisen heute die Werte c bzw. Ke^{-rT} auf, die Komponenten des Portfolios C die Werte p und S_0. Das bedeutet, dass

$$c + Ke^{-rT} = p + S_0 \tag{11.6}$$

gilt. Diese Beziehung wird als *Put-Call-Parität* bezeichnet. Sie zeigt, dass der Wert einer europäischen Kaufoption mit gegebenem Basispreis und Verfalldatum aus dem Wert einer europäischen Verkaufsoption mit gleichem Basispreis und Verfalldatum abgeleitet werden kann und umgekehrt.

Wenn Gleichung (11.6) nicht zutrifft, gibt es Arbitragemöglichkeiten. Angenommen, der Kurs der Aktie steht bei 31 \$, der Basispreis bei 30 \$. Der risikolose Zinssatz beträgt 10 % per annum, der Preis eines europäischen 3-Monats-Calls 3,00 \$ und der Preis eines europäischen 3-Monats-Puts 2,25 \$. In diesem Fall gilt

$$c + Ke^{-rT} = 3 + 30e^{-0{,}1 \cdot 3/12} = 32{,}26\,\$$$

und

$$p + S_0 = 2{,}25 + 31 = 33{,}25\,\$ \,.$$

Portfolio C ist gegenüber Portfolio A überbewertet. Ein Arbitrageur kann die Wertpapiere von Portfolio A kaufen und die Short-Position in den Wertpapieren von Portfolio C einnehmen. Diese Strategie bringt den Erwerb einer Kaufoption und die jeweilige Short-Position in einer Verkaufsoption und einer Aktie mit sich, wodurch ein positiver Cash Flow von

$$-3 + 2{,}25 + 31 = 30{,}25\,\$$$

vorab entsteht. Zum risikolosen Zinssatz angelegt, wächst dieser Betrag in drei Monaten an auf

$$30{,}25 e^{0{,}1 \cdot 0{,}25} = 31{,}02\,\$ \,.$$

Wenn der Aktienkurs bei Verfall der Option größer als 30 \$ ist, wird die Kaufoption ausgeübt. Ist er kleiner als 30 \$, wird die Verkaufsoption ausgeübt. In jedem Fall kauft der Anleger letztlich einen Aktienanteil für 30 \$. Mit diesem Anteil kann er die Short-Position schließen. Der Reingewinn beträgt somit

$$31{,}02\,\$ - 30{,}00\,\$ = 1{,}02\,\$ \,.$$

Als alternative Konstellation nehmen wir an, dass der Preis der Kaufoption 3 \$ und der Preis der Verkaufsoption 1 \$ beträgt. In diesem Fall gilt

$$c + Ke^{-rT} = 3 + 30e^{-0{,}1 \cdot 3/12} = 32{,}26\,\$$$
$$p + S_0 = 1 + 31 = 32{,}00\,\$ \,.$$

Portfolio A ist gegenüber Portfolio C überbewertet. Ein Arbitrageur kann in den Wertpapieren von Portfolio A die Short-Position einnehmen (Short-Call und Kapitalaufnahme) und die Wertpapiere von Portfolio C kaufen, womit er einen Gewinn festschreibt. Diese Strategie bringt die Short-Position in einer Kaufoption sowie den Erwerb einer Verkaufsoption und der Aktie mit sich, wodurch eine Anfangsinvestition von

$$31\,\$ + 1\,\$ - 3\,\$ = 29\,\$$$

Putpreis = 2,25 $	Putpreis = 1 $
Heute	**Heute**
Kauf des Calls für 3 $	Aufnahme von 29 $ für 3 Monate
Verkauf des Puts, Erlös von 2,25 $	Verkauf des Calls, Erlös von 3 $
(Leer-)Verkauf der Aktie, Erlös von 31 $	Kauf des Puts für 1 $
Anlage von 30,25 $ für 3 Monate	Kauf der Aktie für 31 $
In 3 Monaten, falls $S_T > 30$	**In 3 Monaten, falls $S_T > 30$**
Erlös von 31,02 $ aus der Anlage	Call wird ausgeübt: Verkauf der Aktie für 30 $
Ausübung des Calls, Kauf der Aktie für 30 $	Rückzahlung des Darlehens mit 29,73 $
Nettogewinn 1,02 $	Nettogewinn 0,27 $
In 3 Monaten, falls $S_T < 30$	**In 3 Monaten, falls $S_T < 30$**
Erlös von 31,02 $ aus der Anlage	Ausübung des Puts, Verkauf der Aktie für 30 $
Put wird ausgeübt: Kauf der Aktie für 30 $	Rückzahlung des Darlehens mit 29,73 $
Nettogewinn 1,02 $	Nettogewinn 0,27 $

Tabelle 11.3: Arbitragemöglichkeiten, wenn die Put-Call-Parität nicht erfüllt ist. Aktienkurs = 31 $, Zinssatz = 10%, Callpreis = 3 $. Put und Call haben jeweils den Basispreis 30 $ und eine Restlaufzeit von 3 Monaten.

entsteht. Zum risikolosen Zinssatz finanziert, ist nach drei Monaten eine Rückzahlung $29e^{0,1 \cdot 0,25} = 29,73$ $ fällig. Wie im vorigen Fall wird entweder Call oder Put ausgeübt. Die Short-Position im Call und die Long-Position im Put führen dazu, dass die Aktie für 30 $ verkauft wird. Der Reingewinn beträgt daher

$$30,00\,\$ - 29,73\,\$ = 0,27\,\$\,.$$

Diese Beispiele sind in Tabelle 11.3 noch einmal zusammengefasst. Business Snapshot 11.1 zeigt, wie Optionen und die Put-Call-Parität zum Verständnis der Positionen von Fremdkapitalgebern und Eigenkapitalgebern eines Unternehmens beitragen können.

Business Snapshot 11.1 – Put-Call-Parität und Kapitalstruktur

Fischer Black, Myron Scholes und Robert Merton waren die Wegbereiter der Optionsbewertung. Sie zeigten außerdem bereits in den frühen 1970er Jahren, dass Optionen zur Charakterisierung der Kapitalstruktur eines Unternehmens verwendet werden können. Heute wird dieses Modell häufig von Finanzinstituten zur Ermittlung des Kreditrisikos von Unternehmen eingesetzt.

Zur Veranschaulichung des Modells betrachten wir ein Unternehmen, dessen Assets durch Zerobonds und Eigenkapital finanziert werden. Angenommen, die

Anleihen sind in fünf Jahren fällig und es muss dann ein Nominalbetrag der Höhe K gezahlt werden. Das Unternehmen schüttet keine Dividenden aus. Sind die Assets in fünf Jahren mehr wert als K, dann werden die Eigenkapitalgeber die Anleiheinhaber auszahlen. Sind die Assets weniger wert als K, dann werden die Eigenkapitalgeber Konkurs anmelden und die Anleiheinhaber im Ergebnis das Unternehmen übernehmen.

Daher beträgt der Wert des Eigenkapitals des Unternehmens in fünf Jahren $\max(A_T - K, 0)$, wobei A_T den Wert der Assets des Unternehmens zu diesem Zeitpunkt bezeichnet. Die Eigenkapitalgeber (Aktionäre) besitzen also eine fünfjährige europäische Kaufoption auf die Assets des Unternehmens mit dem Basispreis K. Wie ist aber die Situation der Eigenkapitalgeber? Sie erhalten in fünf Jahren $\min(A_T, K)$. Das entspricht $K - \max(K - A_T, 0)$. Die Anleiheinhaber haben also den Eigenkapitalgebern das Recht eingeräumt, ihnen die Assets des Unternehmens in fünf Jahren zum Preis K zu verkaufen. Die Anleihen haben daher einen Wert in Höhe des Barwerts (BW) von K abzüglich des Werts eines fünfjährigen europäischen Puts auf die Assets mit Basispreis K.

Mit c und p als Wert von Call- bzw. Put-Option auf die Assets des Unternehmens kann man also zusammenfassend feststellen, dass

Wert des Eigenkapitals des Unternehmens = c
Wert der Verbindlichkeiten des Unternehmens = $BW(K) - p$.

Der aktuelle Wert der Assets des Unternehmens sei A_0. Der Wert der Assets muss dem Gesamtwert der Instrumente zur Finanzierung der Assets entsprechen. Das bedeutet, dass der Wert der Assets der Summe aus Wert des Eigenkapitals und Wert der Verbindlichkeiten entsprechen muss, also

$$A_0 = c + [BW(K) - p]$$

gelten muss. Durch Umstellen der Gleichung erhalten wir

$$c + BW(K) = p + A_0 .$$

Dies ist die Put-Call-Parität aus Gleichung (11.6) für Calls und Puts auf die Assets eines Unternehmens.

Amerikanische Optionen

Die Put-Call-Parität gilt nur für europäische Optionen. Es ist jedoch möglich, einige Aussagen für die Preise amerikanischer Optionen herzuleiten. Man kann z. B. zeigen (siehe Aufgabe 11.18), dass

$$S_0 - K \leq C - P \leq S_0 - Ke^{-rT} . \tag{11.7}$$

> **Beispiel 11.3** Eine amerikanische Kaufoption auf eine dividendenlose Aktie mit Basispreis 20 $, welche in fünf Monaten verfällt, hat einen Wert von 1,50 $. Angenommen, der aktuelle Aktienkurs liegt bei 19,00 $ und der risikolose Zinssatz beträgt 10% per annum. Nach Gleichung (11.7) gilt
>
> $$19 - 20 \leq C - P \leq 19 - 20e^{-0{,}1 \cdot 5/12}$$
>
> bzw.
>
> $$1 \geq P - C \geq 0{,}18\,,$$
>
> d. h. $P - C$ liegt zwischen 1,00 $ und 0,18 $. Mit $C = 1{,}50$ $ muss P zwischen 1,68 $ und 2,50 $ liegen. Mit anderen Worten, die obere und die untere Grenze für den Preis einer amerikanischen Verkaufsoption mit dem gleichen Basispreis und dem gleichen Verfalldatum wie die amerikanische Kaufoption beträgt 2,50 $ und 1,68 $.

11.5 Calls auf eine dividendenlose Aktie

In diesem Abschnitt zeigen wir zunächst, dass die Ausübung einer amerikanischen Option auf eine dividendenlose Aktie vor dem Verfalltag niemals optimal ist.

Um die Allgemeingültigkeit dieses Arguments zu veranschaulichen, betrachten wir eine amerikanische Kaufoption auf eine dividendenlose Aktie einen Monat vor ihrem Verfall. Der Aktienpreis beträgt 70 $, der Basispreis 40 $. Die Option befindet sich tief im Geld, und der Anleger, der die Option hält, könnte versucht sein, diese sofort auszuüben. Falls er jedoch plant, die Aktie länger als einen Monat zu halten, ist dies nicht die beste Strategie. Eine bessere Vorgehensweise ist das Halten der Option und ihre Ausübung am Ende des Monats. Der Bezugspreis von 40 $ wird dann einen Monat später gezahlt als bei der sofortigen Ausübung, sodass auf die 40 $ noch Zinsen für einen Monat erzielt werden. Da die Aktie keine Dividenden zahlt, wird auch kein Einkommen aus der Aktie verschenkt. Ein weiterer Vorteil des Abwartens gegenüber der sofortigen Ausübung besteht darin, dass es eine (wenn auch geringe) Wahrscheinlichkeit dafür gibt, dass der Aktienpreis in einem Monat unter 40 $ fällt. In diesem Fall wird der Anleger die Option verfallen lassen und froh sein, dass er sich nicht für eine vorzeitige Ausübung entschieden hat!

Diese Argumentation zeigt, dass die vorzeitige Ausübung keine Vorteile bringt, wenn der Anleger plant, die Aktie für die Restlaufzeit der Option (in diesem Fall für einen Monat) zu behalten. Was aber ist, wenn der Anleger denkt, dass die Aktie zur Zeit überbewertet ist, und sich fragt, ob er die Option ausüben und die Aktie verkaufen soll. In diesem Fall schneidet der Anleger besser ab, indem er die Option verkauft anstatt sie auszuüben.[2] Die Option wird von einem anderen Anleger erworben, der die Aktie behalten will. Ein solcher Anleger muss existieren, da sonst der Aktienkurs nicht bei 70 $ liegen würde. Aus den bereits genannten Gründen ist der für die Option erhaltene Preis größer als ihr innerer Wert von 30 $.

---

[2] Alternativ kann der Anleger die Option behalten und die Aktie leerverkaufen, um einen höheren Profit als 30 $ festzuschreiben.

11.5 Calls auf eine dividendenlose Aktie

Für eine allgemeinere Argumentation können wir Gleichung (11.4) verwenden:

$$c \geq S_0 - Ke^{-rT}.$$

Da der Inhaber einer amerikanischen Kaufoption alle Ausübungsmöglichkeiten hat, die auch dem Inhaber einer entsprechenden europäischen Kaufoption offen stehen, muss $C \geq c$ gelten, also auch

$$C \geq S_0 - Ke^{-rT}.$$

Wegen $r > 0$ folgt $C > S_0 - K$ für $T > 0$. C ist also immer größer als der innere Wert der Option vor ihrem Laufzeitende. Wenn es optimal wäre, vorzeitig auszuüben, würde C gleich dem inneren Wert der Option sein. Wir folgern daraus, dass die vorzeitige Ausübung zu keiner Zeit optimal sein kann.

Zusammenfassend kann man sagen, dass es zwei Gründe gibt, warum man eine amerikanische Option auf eine dividendenlose Aktie nicht vorzeitig ausüben sollte. Der erste betrifft die Versicherungsleistung, die sie bietet. Ein Call, der anstatt der Aktie selbst gehalten wird, versichert den Inhaber in Wirklichkeit gegen das Sinken des Aktienkurses unter den Basispreis. Ist die Option erst einmal ausgeübt und der Basispreis gegen den Aktienpreis eingetauscht worden, verschwindet diese Versicherung. Der andere Grund bezieht sich auf den Zeitwert des Geldes. Aus Sicht des Optionsinhabers ist es besser, den Basispreis so spät wie möglich zu bezahlen.

Schranken

Da amerikanische Optionen auf dividendenlose Aktien niemals vorzeitig ausgeübt werden sollten, entsprechen sie europäischen Optionen. Es gilt dann also $C = c$. Aus den Gleichungen (11.1) und (11.4) folgen die oberen und unteren Schranken:

$$\max(S_0 - Ke^{-rT}, 0) \quad \text{und} \quad S_0.$$

Diese Schranken sind in Abbildung 11.3 dargestellt.

Abbildung 11.4 skizziert allgemein, wie sich der Preis der Kaufoption mit S_0 und K verändert. Steigen r, T oder die Volatilität, bewegt sich die Kurve, die den Zusammenhang zwischen Aktienkursänderungen und Kaufoptionspreis wiedergibt, in Richtung der Pfeile (d. h. weg vom inneren Wert).

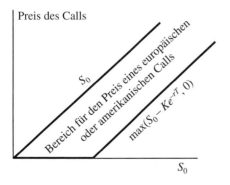

Abbildung 11.3: Schranken für europäische und amerikanische Kaufoptionen, wenn keine Dividenden gezahlt werden

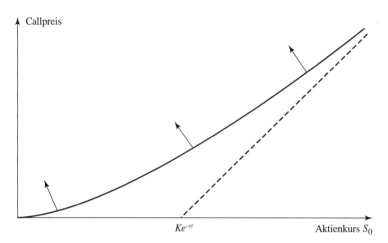

Abbildung 11.4: Preisänderung einer amerikanischen oder europäischen Kaufoption auf eine dividendenlose Aktie in Abhängigkeit vom Aktienkurs S_0

11.6 Puts auf eine dividendenlose Aktie

Es kann optimal sein, eine amerikanische Verkaufsoption auf eine dividendenlose Aktie vorzeitig auszuüben. Tatsächlich sollte ein Put zu einem beliebigen Zeitpunkt (vorzeitig) ausgeübt werden, wenn er sich ausreichend tief im Geld befindet.

Zur Veranschaulichung betrachten wir eine extreme Konstellation. Angenommen, der Basispreis beträgt 10 $ und der Aktienpreis ist so gut wie null. Durch sofortige Ausübung erzielt ein Anleger einen Sofortgewinn von 10 $. Falls er wartet, könnte der Gewinn durch die Ausübung kleiner als 10 $ werden, er kann aber keinesfalls 10 $ übersteigen, da negative Aktienpreise unmöglich sind. Außerdem ist der Erhalt von 10 $ zum jetzigen Zeitpunkt dem Erhalt von 10 $ in der Zukunft vorzuziehen. Es folgt, dass die Option sofort ausgeübt werden sollte.

Ebenso wie eine Kaufoption kann man auch eine Verkaufsoption als Versicherung ansehen. Eine Verkaufsoption sichert, wenn sie zusammen mit der Aktie gehalten wird, den Inhaber dagegen ab, dass der Aktienpreis unter ein bestimmtes Niveau fällt. Ein Put unterscheidet sich jedoch von einem Call dadurch, dass es für den Anleger optimal sein kann, auf diese Versicherung zu verzichten und die Option vorzeitig auszuüben, um den Basispreis sofort zu realisieren. Im Allgemeinen wird die vorzeitige Ausübung einer Verkaufsoption attraktiver, wenn S_0 fällt oder r steigt oder die Volatilität sinkt.

Schranken

Mit den Gleichungen (11.3) und (11.5) sind die untere und obere Schranke für einen europäischen Put ohne Dividendenzahlung gegeben durch

$$\max(Ke^{-rT} - S_0, 0) \leq p \leq Ke^{-rT}.$$

Für eine amerikanische Verkaufsoption auf eine dividendenlose Aktie muss die Bedingung

$$P \geq K - S_0$$

11.6 Puts auf eine dividendenlose Aktie

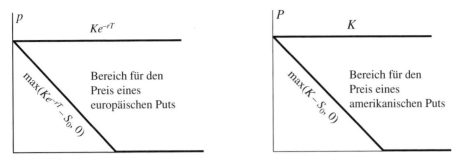

Abbildung 11.5: Schranken für europäische und amerikanische Verkaufsoptionen, wenn keine Dividenden gezahlt werden

gelten, da die sofortige Ausübung zu jeder Zeit möglich ist. Diese Bedingung ist strenger als die für eine europäische Verkaufsoption aus Gleichung (11.5). Unter Verwendung des Resultats von Gleichung (11.2) ergibt sich für die Schranken einer amerikanischen Verkaufsoption

$$\max(K - S_0, 0) \leq P \leq K.$$

Abbildung 11.5 illustriert den Sachverhalt.
Abbildung 11.6 skizziert, wie sich der Preis der Verkaufsoption in Abhängigkeit von S_0 verändert. Wie wir bereits dargelegt haben, ist es unter der Voraussetzung $r > 0$ immer optimal, eine amerikanische Verkaufsoption sofort auszuüben, wenn der Aktienkurs ausreichend niedrig ist. Ist die vorzeitige Ausübung optimal, beträgt der Wert der Option $K - S_0$. Die Kurve, die den Wert des Puts repräsentiert, fällt daher für genügend kleine Werte von S_0 mit dem inneren Wert des Puts, $K - S_0$ zusammen. In Abbildung 11.6 bezeichnet Punkt A diesen Wert von S_0. Die Linie, die den Putpreis

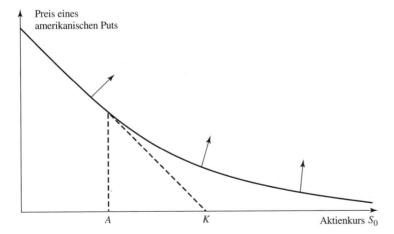

Abbildung 11.6: Preisänderung einer amerikanischen oder europäischen Verkaufsoption in Abhängigkeit vom Aktienkurs. Die Kurve bewegt sich in Pfeilrichtung, wenn es einen Anstieg beim Zinssatz, bei der Restlaufzeit oder der Volatilität des Aktienkurses gibt.

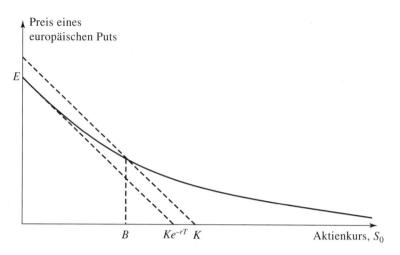

Abbildung 11.7: Preisänderung einer europäischen Verkaufsoption in Abhängigkeit vom Aktienkurs S_0

in Abhängigkeit vom Aktienpreis zeigt, bewegt sich in die von den Pfeilen angezeigte Richtung, falls r fällt oder die Volatilität steigt oder T steigt.

Da es Situationen gibt, in denen die vorzeitige Ausübung einer amerikanischen Verkaufsoption erstrebenswert ist, hat eine amerikanische Verkaufsoption immer einen höheren Wert als die entsprechende europäische Verkaufsoption. Daraus folgt, da der Wert einer amerikanischen Verkaufsoption manchmal ihrem inneren Wert entspricht (siehe Abbildung 11.6), dass der Wert einer europäischen Verkaufsoption bisweilen unter ihrem inneren Wert liegen muss. Folglich muss die Kurve für die Beziehung zwischen Put-Preis und Aktienpreis einer europäischen Option unter der entsprechenden Kurve für eine amerikanische Option liegen.

Abbildung 11.7 demonstriert die Preisänderung einer europäischen Verkaufsoption mit dem Aktienkurs. Beachten Sie, dass der Punkt B in Abbildung 11.7, bei welchem der Wert der Option ihrem inneren Wert entspricht, einen höheren Wert des Aktienkurses darstellen muss als der Punkt A in Abbildung 11.6, da die Kurve in Abbildung 11.7 unterhalb der Kurve in Abbildung 11.6 verläuft. Im Punkt E in Abbildung 11.7 ist $S_0 = 0$ und der Preis der europäischen Verkaufsoption beträgt Ke^{-rT}.

11.7 Die Auswirkung von Dividenden

Bei den Ergebnissen, die wir bis jetzt in diesem Kapitel erhielten, nahmen wir an, dass es sich stets um Optionen auf dividendenlose Aktien handelte. In diesem Abschnitt untersuchen wir die Auswirkungen von Dividenden. Wir unterstellen, dass die während der Laufzeit einer Option zu zahlenden Dividenden bekannt sind. Die meisten börsengehandelten Aktienoptionen haben eine Laufzeit von weniger als einem Jahr, so dass diese Annahme in vielen Situationen sinnvoll ist. Wir werden mit D den Barwert der Dividenden während der Laufzeit der Option bezeichnen. Bei der Berechnung von D setzen wir voraus, dass eine Dividende an ihrem Ausschüttungstag gezahlt wird.

Wertuntergrenzen für Calls und Puts

Wir können die Portfolios A und B folgendermaßen umdefinieren:

Portfolio A: eine europäische Kaufoption und ein Geldbetrag in Höhe von $D+Ke^{-rT}$
Portfolio B: eine Aktie

Eine ähnliche Argumentation wie bei der Herleitung von Gleichung (11.4) führt zu

$$c \geq \max(S_0 - D - Ke^{-rT}, 0) . \qquad (11.8)$$

Wir können ebenfalls die Portfolios C und D umdefinieren:

Portfolio C: eine europäische Verkaufsoption und eine Aktie
Portfolio D: ein Geldbetrag in Höhe von $D + Ke^{-rT}$

Eine ähnliche Argumentation wie bei der Herleitung von Gleichung (11.5) führt zu

$$p \geq \max(D + Ke^{-rT} - S_0, 0) . \qquad (11.9)$$

Vorzeitige Ausübung

Wenn Dividendenzahlungen erwartet werden, können wir nicht mehr behaupten, dass eine amerikanische Kaufoption nicht vorzeitig ausgeübt wird. Es ist manchmal optimal, eine amerikanische Kaufoption direkt vor dem Ausschüttungstag auszuüben. Zu anderen Zeitpunkten ist die Ausübung der Kaufoption nie optimal. Diese Thematik wird in Abschnitt 15.12 gründlicher behandelt.

Put-Call-Parität

Ein Vergleich der Werte der neu definierten Portfolios A und C bei Fälligkeit der Optionen zeigt, dass die Put-Call-Parität aus Gleichung (11.6) mit Dividenden zu

$$c + D + Ke^{-rT} = p + S_0 \qquad (11.10)$$

wird. Wegen der Dividenden muss Gleichung (11.7) folgendermaßen modifiziert werden (siehe Aufgabe 11.19):

$$S_0 - D - K \leq C - P \leq S_0 - Ke^{-rT} . \qquad (11.11)$$

ZUSAMMENFASSUNG

Sechs Faktoren beeinflussen den Wert einer Aktienoption: der aktuelle Aktienkurs, der Basispreis, der Verfallzeitpunkt, die Volatilität des Aktienkurses, der risikolose Zinssatz und die erwarteten Dividenden während der Laufzeit der Option. Der Wert einer Kaufoption wächst gewöhnlich, wenn der aktuelle Aktienkurs, die Laufzeit, die Volatilität und der risikolose Zinssatz ansteigen. Der Wert einer Kaufoption sinkt, wenn der Basispreis und die erwarteten Dividenden ansteigen. Der Wert einer Verkaufsoption steigt gewöhnlich, wenn der Basispreis, die Laufzeit, die Volatilität und die erwarteten Dividenden ansteigen. Der

Wert einer Verkaufsoption sinkt, wenn der gegenwärtige Aktienkurs und der risikolose Zinssatz ansteigen.

Man kann zu einigen Schlussfolgerungen über den Wert von Aktienoptionen gelangen, ohne Annahmen über die Volatilität des Aktienpreises treffen zu müssen. So muss z. B. der Preis einer Kaufoption immer unter dem Preis der Aktie selbst liegen. Analog muss der Preis einer Verkaufsoption auf eine Aktie immer unter dem Basispreis der Option liegen.

Eine europäische Kaufoption auf eine dividendenlose Aktie muss mindestens den Wert

$$\max(S_0 - Ke^{-rT}, 0)$$

haben. Hierbei bezeichnet S_0 den Aktienkurs, K den Basispreis, r den risikolosen Zinssatz und T die Laufzeit. Der Wert einer europäischen Verkaufsoption auf eine dividendenlose Aktie ist mindestens

$$\max(Ke^{-rT} - S_0, 0) .$$

Werden Dividenden mit einem Barwert D gewährt, so ist die Wertuntergrenze für eine Kaufoption

$$\max(S_0 - D - Ke^{-rT}, 0)$$

und die Wertuntergrenze für eine Verkaufsoption

$$\max(Ke^{-rT} + D - S_0, 0) .$$

Die Put-Call-Parität ist eine Beziehung zwischen dem Preis c einer europäischen Kaufoption auf eine Aktie und dem Preis p einer europäischen Verkaufsoption auf eine Aktie. Für eine dividendenlose Aktie ergibt sich

$$c + Ke^{-rT} = p + S_0 .$$

Für eine Aktie mit Dividendenzahlung lautet die Put-Call-Parität

$$c + D + Ke^{-rT} = p + S_0 .$$

Die Put-Call-Parität gilt nicht für amerikanische Optionen. Es ist jedoch möglich, mit Arbitrageargumenten obere und untere Grenzen für die Differenz zwischen dem Preis einer amerikanischen Kaufoption und dem Preis einer amerikanischen Verkaufsoption zu erhalten.

In Kapitel 15 werden wir die Analysen dieses Kapitels weiterführen, indem wir spezifische Annahmen über das Wahrscheinlichkeitsverhalten der Aktienkurse treffen. Diese Untersuchung wird uns in die Lage versetzen, exakte Bewertungen für europäische Aktienoptionen herzuleiten. In den Kapiteln 13 und 21 werden wir sehen, wie man den Preis für amerikanische Optionen mit Hilfe numerischer Verfahren bestimmen kann.

Z U S A M M E N F A S S U N G

Literaturempfehlungen

Broadie, M. und J. Detemple, „American Option Valuation: New Bounds, Approximations, and a Comparison of Existing Methods", *Review of Financial Studies*, 9, 4 (1996): 1211–1250.

Merton, R.C., „On the Pricing of Corporate Debt: The Risk Structure of Interest Rates", *Journal of Finance*, 29, 2 (1974), 449–470.

Merton, R.C., „The Relationship between Put and Call Prices: Comment", *Journal of Finance*, 28 (März 1973), 183–184.

Stoll, H.R., „The Relationship between Put and Call Option Prices", *Journal of Finance*, 24 (Dezember 1969), 801–824.

Praktische Fragestellungen

11.1 Nennen Sie die sechs Faktoren, welche die Preise von Aktienoptionen beeinflussen.

11.2 Was ist eine Wertuntergrenze einer europäischen Kaufoption mit vier Monaten Restlaufzeit auf eine dividendenlose Aktie, wenn der Aktienkurs 28 $ beträgt, der Basispreis 25 $ und der risikolose Zinssatz 8% per annum?

11.3 Was ist eine Wertuntergrenze einer europäischen Verkaufsoption mit einem Monat Restlaufzeit auf eine dividendenlose Aktie, wenn der Aktienkurs 12 $ beträgt, der Basispreis 15 $ und der risikolose Zinssatz 6% per annum?

11.4 Geben Sie zwei Gründe an, warum die vorzeitige Ausübung von amerikanischen Calls nicht optimal ist. Der erste Grund sollte den Zeitwert des Geldes einbeziehen. Der zweite sollte sogar zutreffen, wenn die Zinssätze bei null liegen.

11.5 „Die vorzeitige Ausübung einer amerikanischen Verkaufsoption ist ein Tradeoff zwischen dem Zeitwert des Geldes und dem Versicherungswert des Puts." Erläutern Sie diese Aussage.

11.6 Warum ist der Wert einer amerikanischen Kaufoption immer mindestens genau so hoch wie ihr innerer Wert? Gilt dies auch für eine europäische Kaufoption? Begründen Sie Ihre Antwort.

11.7 Der Preis einer dividendenlosen Aktie liegt bei 19 $, der Preis eines europäischen Calls mit drei Monaten Restlaufzeit auf die Aktie mit Basispreis 20 $ beträgt 1 $. Der risikolose Zinssatz beträgt 4% per annum. Welchen Preis hat ein europäischer Put mit Basispreis 20 $ und Restlaufzeit drei Monate?

11.8 Erklären Sie, warum die Argumente, die zur Put-Call-Parität für europäische Optionen führen, nicht zur Herleitung eines ähnlichen Resultates für amerikanische Optionen verwendet werden können.

11.9 Was ist eine untere Grenze für den Wert einer Kaufoption mit sechs Monaten Restlaufzeit auf eine dividendenlose Aktie, wenn der Aktienkurs 80 $ beträgt, der Basispreis 75 $ und der risikolose Zinssatz 10% per annum?

Eigenschaften von Aktienoptionen

11.10 Was ist eine untere Grenze für den Wert einer europäischen Verkaufsoption mit zwei Monaten Restlaufzeit auf eine dividendenlose Aktie, wenn der Aktienkurs 58 $ beträgt, der Basispreis 65 $ und der risikolose Zinssatz 5% per annum?

11.11 Eine europäische Kaufoption mit vier Monaten Restlaufzeit auf eine Aktie mit Dividendenzahlung wird zurzeit für 5 $ verkauft. Der Aktienkurs beträgt 64 $, der Basispreis 60 $ und in einem Monat wird eine Dividende von 0,80 $ erwartet. Der risikolose Zinssatz liegt bei 12% für alle Laufzeiten. Welche Möglichkeiten existieren für einen Arbitrageur?

11.12 Eine europäische Verkaufsoption mit einem Monat Restlaufzeit auf eine dividendenlose Aktie wird zur Zeit für 2,50 $ verkauft. Der Aktienkurs beträgt 47 $, der Basispreis 50 $, der risikolose Zinssatz liegt bei 6% für alle Laufzeiten. Welche Möglichkeiten existieren für einen Arbitrageur?

11.13 Geben Sie eine intuitive Erklärung dafür, dass die vorzeitige Ausübung eines amerikanischen Puts attraktiver wird, wenn der risikolose Zinssatz steigt und die Volatilität sinkt.

11.14 Der Preis einer europäischen Kaufoption, die in sechs Monaten verfällt und einen Basispreis von 30 $ hat, ist 2 $. Der Preis der zugrunde liegenden Aktie beträgt 29 $ und es wird in zwei und in fünf Monaten jeweils eine Dividende von 0,50 $ erwartet. Es existiert eine flache Zinsstrukturkurve, alle risikolosen Zinssätze betragen 10%. Wie hoch ist der Preis einer europäischen Verkaufsoption, die in sechs Monaten verfällt und einen Basispreis von 30 $ hat?

11.15 Erläutern Sie die Arbitragemöglichkeiten in Aufgabe 11.14, falls der Preis der europäischen Verkaufsoption 3 $ beträgt.

11.16 Der Preis eines amerikanischen Calls auf eine dividendenlose Aktie ist 4 $. Der Aktienkurs beträgt 31 $, der Basispreis 30 $. Die Option verfällt in drei Monaten; der risikolose Zinssatz liegt bei 8%. Leiten Sie die obere und untere Grenze für den Wert einer amerikanischen Verkaufsoption auf dieselbe Aktie mit demselben Basispreis und demselben Verfallzeitpunkt ab.

11.17 Erläutern Sie ausführlich die Arbitragemöglichkeiten in Aufgabe 11.16, falls der Preis des amerikanischen Puts über der errechneten oberen Grenze liegt.

11.18 Beweisen Sie Gleichung (11.7). (*Hinweis*: Betrachten Sie für den ersten Teil der Beziehung (a) ein Portfolio, das aus einer europäischen Kaufoption und einem Geldbetrag der Höhe K besteht, und (b) ein Portfolio, das aus einer amerikanischen Verkaufsoption und einer Aktie besteht.)

11.19 Beweisen Sie Gleichung (11.11). (*Hinweis*: Betrachten Sie für den ersten Teil der Beziehung (a) ein Portfolio, das aus einer europäischen Kaufoption und einem Geldbetrag der Höhe $D + K$ besteht, und (b) ein Portfolio, das aus einer amerikanischen Verkaufsoption und einer Aktie besteht.)

11.20 Betrachten Sie eine Mitarbeiteroption mit 5 Jahres-Laufzeit auf eine Aktie, die keine Dividenden ausschüttet. Die Option kann nach Ablauf des ersten Jahres jederzeit ausgeübt werden. Im Gegensatz zu regulären börsengehandelten Optionen kann die Mitarbeiteroption nicht verkauft werden. Welchen Einfluss auf die Entscheidung über eine vorzeitige Ausübung wird diese Beschränkung voraussichtlich haben?

11.21 Verifizieren Sie unter Verwendung der DerivaGem-Software, dass die Abbildungen 11.1 und 11.2 korrekt sind.

Zur weiteren Vertiefung

11.22 Calls wurden zeitlich früher an Börsen gehandelt als Puts. Wie hätte man zu jener Zeit synthetisch eine europäische Put-Option auf eine dividendenlose Aktie erzeugen können?

11.23 Die Preise für europäische Call- und Put-Optionen auf eine dividendenlose Aktie mit Verfalldatum in zwölf Monaten und einem Basispreis von 120 $ betragen 20 $ bzw. 5 $. Der aktuelle Aktienkurs ist 130 $. Wie hoch ist der dadurch implizierte risikolose Zinssatz?

11.24 Eine Kaufoption und eine Verkaufsoption (beide europäischen Typs) auf eine Aktie haben beide einen Basispreis von 20 $ und verfallen in drei Monaten. Ihr Preis beträgt jeweils 3 $. Der risikolose Zinssatz liegt bei 10% per annum, der derzeitige Aktienkurs ist 19 $, und in einem Monat wird eine Dividende von 1 $ erwartet. Stellen Sie fest, welche Arbitragemöglichkeit einem Händler offen steht.

11.25 Angenommen, c_1, c_2 und c_3 sind die Preise von europäischen Kaufoptionen mit den jeweiligen Basispreisen K_1, K_2 bzw. K_3, wobei $K_3 > K_2 > K_1$ und $K_3 - K_2 = K_2 - K_1$. Alle Optionen haben die gleiche Laufzeit. Zeigen Sie, dass

$$c_2 \leq 0{,}5(c_1 + c_3).$$

(*Hinweis*: Betrachten Sie ein Portfolio mit der Long-Position in jeweils einer Option mit dem Basispreis K_1 bzw. K_3 und der Short-Position in zwei Optionen mit dem Basispreis K_2.)

11.26 Welches ist das mit Aufgabe 11.25 korrespondierende Resultat für europäische Verkaufsoptionen?

11.27 Sie sind der Manager und alleinige Inhaber eines größtenteils fremdfinanzierten Unternehmens. Die gesamten Verbindlichkeiten sind in einem Jahr fällig. Wenn der Wert des Unternehmens zu jenem Zeitpunkt über dem Nennwert des Fremdkapitals liegt, werden Sie die Schuld abbezahlen. Ist der Wert des Unternehmens kleiner als der Nennwert des Fremdkapitals, werden Sie in Konkurs gehen und die Gläubiger werden das Unternehmen übernehmen.

a. Drücken Sie Ihre Position als Option auf den Wert des Unternehmens aus.
b. Drücken Sie die Position der Gläubiger mit Hilfe von Optionen auf den Wert des Unternehmens aus.
c. Was können Sie tun, um den Wert ihrer Position zu erhöhen?

11.28 Wir betrachten eine Option auf eine Aktie bei einem Aktienkurs von 41 $, einem Basispreis von 40 $, einem risikolosen Zinssatz von 6%, einer Volatilität von 35% und einer Laufzeit von einem Jahr. Nach sechs Monaten wird eine Dividende von 0,50 $ erwartet.

a. Bewerten Sie mit Hilfe von DerivaGem die Option als europäische Kaufoption.
b. Bewerten Sie mit Hilfe von DerivaGem die Option als europäische Verkaufsoption.
c. Verifizieren Sie, dass die Put-Call-Parität gilt.
d. Erkunden Sie mit DerivaGem, was mit dem Preis der Optionen geschieht, wenn die Laufzeit sehr groß wird. Nehmen Sie dazu an, dass keine Dividenden gezahlt werden. Erläutern Sie die erhaltenen Resultate.

11.29 Wir betrachten eine Verkaufsoption auf eine dividendenlose Aktie bei einem Aktienkurs von 40 $, einem Basispreis von 42 $, einem risikolosen Zinssatz von 2%, einer Volatilität von 25% per annum und einer Laufzeit von drei Monaten. Bestimmen Sie mit Hilfe von DerivaGem die folgenden Größen:

a. Preis einer europäischen Option (Einstellung Black-Scholes: European)
b. Preis einer amerikanischen Option (Einstellung Binomial: American mit 100 Schritten)
c. Punkt B in Abbildung 11.7.

11.30 Abschnitt 11.1 zeigt ein Beispiel für einen europäischen Call, dessen Wert mit wachsender Restlaufzeit sinkt. Beschreiben Sie eine Situation, in der dasselbe für einen europäischen Put passiert.

Handelsstrategien mit Optionen

12.1	Kapitalgarantierte Produkte	326
12.2	Handel mit einer Option und dem Underlying	328
12.3	Spreads	330
12.4	Kombinationen aus Calls und Puts	340
12.5	Andere Auszahlungsprofile	343
	Zusammenfassung	344
	Literaturempfehlungen	345
	Praktische Fragestellungen	345

Handelsstrategien mit Optionen

In Kapitel 10 haben wir das Gewinnprofil bei einer Investition in eine einzelne Option diskutiert. In diesem Kapitel untersuchen wir Profile, wenn eine Option zusammen mit anderen Assets gehandelt wird. Insbesondere beleuchten wir die Eigenschaften von Portfolios, welche aus Positionen in (a) einer Option und einem Zerobond, (b) einer Option und der zugrunde liegenden Aktie und (c) zwei oder mehr verschiedenen Optionen auf ein und dieselbe Aktie bestehen.

Es stellt sich natürlich die Frage, warum ein Händler die hier diskutierten Gewinnprofile erreichen will. Die Antwort ist, dass die Entscheidungen eines Händlers von seiner Einschätzung der Preisbewegungen und seiner Risikoaffinität abhängen. Die in Abschnitt 12.1 behandelten kapitalgarantierten Produkte sprechen risikoaverse Individuen an. Diese wünschen kein Risiko für den Nominalbetrag. Sie haben jedoch eine Meinung darüber, ob ein bestimmtes Asset an Wert gewinnt oder verliert und sind bereit, die Rendite auf das Nominalkapital von der Richtigkeit ihrer Auffassung abhängen zu lassen. Ein Händler, der größere Risiken eingehen möchte, könnte einen Bull Spread oder einen Bear Spread wählen (siehe Abschnitt 12.3). Ein noch größeres Risiko wäre das Eingehen einer Long-Position in einer Kauf- oder Verkaufsoption.

Angenommen, ein Händler hat das Gefühl, dass sich der Preis eines Assets stark ändern wird. Er weiß allerdings nicht, ob es eine Aufwärts- oder eine Abwärtsbewegung sein wird. Für diesen Fall gibt es verschiedene Handelsstrategien. Ein risikoaverser Händler könnte sich für den in Abschnitt 12.3 behandelten Butterfly Spread entscheiden, der einen kleinen Gewinn abwirft, wenn sich seine Ahnung bewahrheitet, und einen kleinen Verlust, falls nicht. Ein aggressiverer Anleger könnte einen Straddle oder einen Strangle wählen (Abschnitt 12.4), bei denen größere Gewinne oder Verluste möglich sind.

Weitere Handelsstrategien mit Optionen werden in späteren Kapiteln betrachtet. Kapitel 17 zeigt beispielsweise, wie Optionen auf Aktienindizes zur Risikoabsicherung bei einem Aktienportfolio verwendet werden können. In diesem Kapitel wird auch erklärt, wie Range-Forward-Kontrakte zur Absicherung des Währungsrisikos eingesetzt werden können. Kapitel 19 beschäftigt sich mit den Sensitivitätskennzahlen beim Derivatehandel. Kapitel 26 behandelt exotische Optionen und die so genannte statische Nachbildung von Optionen.

12.1 Kapitalgarantierte Produkte

Häufig werden mit Hilfe von Optionen kapitalgarantierte Produkte für Privatkunden geschaffen. Hierbei handelt es sich um Produkte, welche vor allem konservative Anleger ansprechen. Der Erlös des Anlegers hängt von der Performance einer Aktie, eines Aktienindex oder eines anderen risikobehafteten Assets ab, doch der ursprüngliche Nominalbetrag ist sicher. Ein Beispiel zeigt, wie ein einfaches kapitalgarantiertes Produkt gebildet werden kann.

Beispiel 12.1 Angenommen, der 3-Jahres-Zinssatz beträgt 6% bei stetiger Verzinsung. Das bedeutet, dass $1000e^{-0,06 \cdot 3} = 835{,}27$ \$ in drei Jahren auf 1000 \$ anwachsen. Die Differenz zwischen 1000 und 835,27 \$ beträgt 164,73 \$. Ein Aktienportfolio habe ebenfalls einen Wert von 1000 \$ und werfe eine Dividendenrendite von 1,5% per annum ab. Nehmen wir außerdem noch

> an, dass ein europäischer, am Geld befindlicher 3-Jahres-Call auf das Aktienportfolio für weniger als 164,73 $ gekauft werden kann. (Mit DerivaGem kann man verifizieren, dass dies der Fall ist, falls die Volatilität des Portfoliowertes weniger als 15% beträgt.) Eine Bank kann ihren Kunden eine Anlagemöglichkeit für 1000 $ anbieten, die folgendermaßen aussieht:
>
> 1. ein 3-Jahres-Zerobond mit einem Nominalwert von 1000 $,
> 2. ein europäischer, am Geld liegender 3-Jahres-Call auf das Aktienportfolio
>
> Wenn der Wert des Portfolios steigt, erhält der Anleger den Wert, auf den die in das Portfolio investierten 1000 $ angewachsen sind. (Denn der Zerobond zahlt 1000 $, was genau dem Basispreis der Option entspricht.) Sinkt der Wert des Portfolios, verfällt die Option. Die Auszahlung aus dem Zerobond stellt jedoch sicher, dass der Anleger sein investiertes Kapital von 1000 $ zurückerhält.

Die Attraktivität eines kapitalgarantierten Produkts besteht darin, dass ein Anleger eine risikobehaftete Position einnehmen kann, ohne den Nominalbetrag zu gefährden. Das Schlimmste, was passieren kann, ist, dass der Anleger während der Laufzeit der Anleihe keine Zinsen, Dividenden oder andere Einkünfte auf seine Investition erhält.

Es gibt viele Varianten von kapitalgarantierten Produkten. Ein Anleger, der annimmt, dass der Preis eines Assets sinken wird, kann ein kapitalgarantiertes Produkt kaufen, welches aus einem Zerobond und einer Verkaufsoption besteht. Die Auszahlung für den Anleger nach drei Jahren beträgt dann 1000 $ zuzüglich der eventuellen Auszahlung aus der Verkaufsoption.

Ist ein kapitalgarantiertes Produkt aus der Sicht eines Privatanlegers ein gutes Geschäft? Eine Bank wird bei der Strukturierung eines kapitalgarantierten Produkts immer einen Profit für sich einbauen. Das bedeutet für Beispiel 12.1, dass Zerobond plus Call die Bank immer weniger als 1000 $ kosten. Hinzu kommt für die Anleger das Risiko, dass die Bank zum Laufzeitende nicht in der Lage ist, die Auszahlung für das kapitalgarantierte Produkt zu leisten. (Beim Zusammenbruch von Lehman Brothers im Jahr 2008 verloren einige Privatanleger Geld aus kapitalgarantierten Produkten.) Es gibt daher Situationen, in welchen es für Anleger günstiger ist, die zugrunde liegende Option auf herkömmliche Weise zu kaufen und den Restbetrag zum risikolosen Zinssatz anzulegen. Allerdings ist dies nicht immer der Fall. Der Anleger wird vermutlich auf die Option eine größere Geld-Brief-Spanne in Kauf nehmen müssen als die Bank und er wird auch einen geringeren Zinssatz erzielen. Es kann daher vorkommen, dass die Bank, obwohl sie selbst Profit erzielt, auch noch für den Anleger einen Vorteil bietet.

Betrachten wir nun kapitalgarantierte Produkte aus der Perspektive der Bank. Die ökonomische Rentabilität der Struktur aus Beispiel 12.1 hängt wesentlich vom Zinsniveau und der Volatilität des Portfolios ab. Beträgt der Zinssatz statt 6% nur 3%, verfügt die Bank nur noch über $1000 - 1000e^{-0{,}03 \cdot 3} = 86{,}07$ $ für den Kauf des Calls. Beträgt der Zinssatz 6%, die Volatilität jedoch 25% statt 15%, dann würde die Option ungefähr 221 $ kosten. Unter solchen Rahmenbedingungen kann die Bank das in Beispiel 12.1 beschriebene Produkt nicht Gewinn bringend anbieten. Es gibt jedoch eine Reihe von anderen Möglichkeiten für die Bank, ein rentables 3-Jahres-Produkt zu strukturieren. So könnte man etwa den Basispreis der Option heraufsetzen, so dass der Wert des Portfolios um z. B. 15% wachsen muss, bevor der Anleger Gewinn erzielt; die Rendite des Anlegers könnte nach oben begrenzt werden (Capping); die Rendite des Anlegers könnte vom durchschnittlichen Kurs anstatt vom Schlusskurs abhängig gemacht werden; man könnte auch eine Knockout-Barriere festlegen. Die in einigen dieser Alternativen verwendeten Derivate werden in diesem Buch noch behandelt werden. (Das Capping der Option entspricht der Schaffung eines Bull Spreads für den Anleger – darauf kommen wir in diesem Kapitel noch einmal zurück.)

Eine weitere Möglichkeit für eine Bank, bei niedrigen Zinssätzen oder hoher Volatilität ein profitables kapitalgarantiertes Produkt zu erzeugen, besteht in der Verlängerung der Laufzeit. Betrachten wir noch einmal die Situation von Beispiel 12.1, wenn (a) der Zinssatz statt 6% nur 3% beträgt und (b) das Aktienportfolio eine Volatilität von 15% aufweist und eine Dividendenrendite von 1,5% abwirft. Mit DerivaGem ermittelt man, dass eine europäische, am Geld liegende 3-Jahres-Option etwa 119 $ kostet. Zum Kauf einer solchen Option stehen aber nur $1000 - 1000e^{-0,03 \cdot 3} = 86,07$ \$ zur Verfügung. Eine am Geld liegende 10-Jahres-Option kostet etwa 217 $. Zum Kauf einer solchen Option stehen $1000 - 1000e^{-0,03 \cdot 10} = 259,18$ \$ zur Verfügung, diese Struktur ist also profitabel. Wird die Laufzeit auf 20 Jahre ausgeweitet, kostet die Option etwa 281 $, was deutlich unter den für ihren Erwerb zur Verfügung stehenden $1000 - 1000e^{-0,03 \cdot 20} = 451,19$ \$ liegt. Die Struktur ist dann noch profitabler.

In unserem Beispiel stellt die Dividendenrendite für die Bank eine wichtige Variable dar. Je höher sie ist, desto Gewinn bringender ist das Produkt für die Bank. Wäre die Dividendenrendite gleich null, dann kann das kapitalgarantierte Produkt in Beispiel 12.1 für die Bank nicht profitabel sein, egal wie groß die Laufzeit ist. (Dies folgt aus Gleichung (11.4).)

12.2 Handel mit einer Option und dem Underlying

Der Einfachheit halber werden wir für das restliche Kapitel annehmen, dass das Asset, welches den betrachteten Optionen zugrunde liegt, eine Aktie ist. (Für andere Underlyings lassen sich analoge Handelsstrategien entwickeln.) Wir werden außerdem wie üblich den Profit einer Strategie als Differenz von Gesamtauszahlung und anfänglichen Kosten ohne Diskontierung zu ermitteln.

Es gibt eine Reihe unterschiedlicher Handelsstrategien, die eine einzelne Option auf eine Aktie und die Aktie selbst beinhalten. Die resultierenden Gewinnprofile sind in Abbildung 12.1 dargestellt. In dieser sowie in den anderen Abbildungen dieses Kapitels zeigt die gestrichelte Linie den Zusammenhang zwischen Gewinn und Aktienkurs für die einzelnen Wertpapiere, die das Portfolio beinhaltet, während die durchgezogene Linie denselben Zusammenhang für das gesamte Portfolio darstellt.

In Abbildung 12.1a besteht das Portfolio aus einer Long-Position in einer Aktie und einer Short-Position in einer europäischen Kaufoption. Dies ist als das *Schreiben eines Covered Call* bekannt. Die Long-Position in Aktien sichert den Anleger gegen die Auszahlung des Short Call ab, wenn der Aktienkurs deutlich ansteigt. In Abbildung 12.1b ist eine Short-Position in einer Aktie mit einer Long-Position in einer Kaufoption kombiniert. Dies ist das genaue Gegenteil zum Schreiben eines Covered Call. In Abbildung 12.1c enthält die Anlagestrategie den Erwerb einer Verkaufsoption auf eine Aktie sowie der Aktie selbst. Diese Methode wird als *Protective Put* bezeichnet. In Abbildung 12.1d ist eine Short-Position in einer Verkaufsoption mit

12.2 Handel mit einer Option und dem Underlying

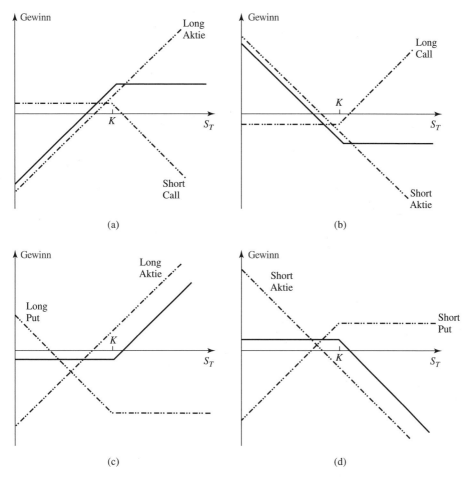

Abbildung 12.1: Gewinnprofile: (a) Long-Position in einer Aktie, kombiniert mit einer Short-Position in einer Kaufoption; (b) Short-Position in einer Aktie, kombiniert mit einer Long-Position in einer Kaufoption; (c) Long-Position in einer Verkaufsoption, kombiniert mit einer Long-Position in einer Aktie; (d) Short-Position in einer Verkaufsoption, kombiniert mit einer Short-Position in einer Aktie

einer Short-Position in einer Aktie kombiniert. Dies entspricht dem Gegenteil eines Protective Put.

Die Gewinnprofile in Abbildung 12.1a–d haben die gleiche Form wie die in Kapitel 10 diskutierten Profile für Short Put, Long Put, Long Call und Short Call. Die Put-Call-Parität liefert hierzu eine Erklärung. Rufen wir uns aus Kapitel 11 in Erinnerung, dass die Beziehung der Put-Call-Parität mit

$$p + S_0 = c + Ke^{-rT} + D \qquad (12.1)$$

beschrieben wird, wobei p der Preis einer europäischen Verkaufsoption, S_0 der Aktienkurs und c der Kurs einer europäischen Kaufoption ist. K ist der Basispreis sowohl der Kauf- als auch der Verkaufsoption, r der risikolose Zinssatz, T die Laufzeit von Kauf- und Verkaufsoption und D der Barwert der während der Laufzeit der Optionen erwarteten Dividenden.

Gleichung (12.1) zeigt, dass eine Long-Position in einem europäischen Put, kombiniert mit einer Long-Position in einer Aktie, äquivalent mit einer Long-Position in einer europäischen Kaufoption plus einem bestimmten Geldbetrag ($= Ke^{-rT} + D$) ist. Dies erklärt, weshalb das Gewinnprofil in Abbildung 12.1c dem Gewinnprofil einer Long-Call-Position ähnlich ist. Die Position in Abbildung 12.1d ist das Gegenteil von jener in Abbildung 12.1c und führt deshalb zu einem der Short-Call-Position ähnlichen Gewinnprofil.

Gleichung (12.1) kann umgeformt werden zu

$$S_0 - c = Ke^{-rT} + D - p.$$

Somit ist eine Long-Position in einer Aktie, kombiniert mit einer Short-Position in einem europäischen Call, äquivalent mit einem europäischen Short-Put plus einem bestimmten Geldbetrag ($= Ke^{-rT} + D$). Diese Übereinstimmung erklärt, weshalb das Gewinnprofil in Abbildung 12.1a dem Gewinnprofil einer Short-Put-Position ähnelt. Die Position in Abbildung 12.1b ist das Gegenteil von jener in Abbildung 12.1a und führt deshalb zu einem der Long-Put-Position ähnlichen Gewinnprofil.

12.3 Spreads

Eine Spread-Handelsstrategie beinhaltet die Einnahme einer Position in zwei oder mehr Optionen desselben Typs (dies bedeutet zwei oder mehr Calls bzw. zwei oder mehr Puts).

Bull Spreads

Eine der populärsten Arten von Spreads ist der *Bull Spread*. Er kann durch den Erwerb einer europäischen Kaufoption auf eine Aktie mit einem bestimmten Basispreis und Verkauf einer europäischen Kaufoption auf dieselbe Aktie mit einem höheren Basispreis erzeugt werden. Beide Optionen haben den gleichen Verfalltermin. Die Strategie ist in Abbildung 12.2 dargestellt. Der Gewinn der beiden Optionspositionen ist separat mit gestrichelten Linien dargestellt. Der Gewinn der gesamten Strategie ergibt sich aus der Summe der gestrichelten Linien und ist mit einer durchgezogenen Linie gekennzeichnet. Da der Preis eines Calls immer fällt, wenn der Basis-

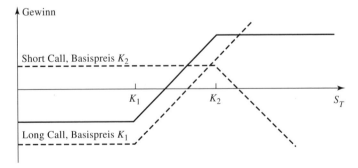

Abbildung 12.2: Gewinn aus einem Bull Spread mit Kaufoptionen

12.3 Spreads

Aktienkurs	Auszahlung aus dem Long-Call	Auszahlung aus dem Short-Call	Gesamtauszahlung
$S_T \leq K_1$	0	0	0
$K_1 < S_T < K_2$	$S_T - K_1$	0	$S_T - K_1$
$S_T \geq K_2$	$S_T - K_1$	$-(S_T - K_2)$	$K_2 - K_1$

Tabelle 12.1: Auszahlung aus einem Bull Spread mit Kaufoptionen

preis steigt, ist der Wert der verkauften Option stets geringer als der der gekauften. Ein aus Kaufoptionen erzeugter Bull Spread erfordert daher eine Anfangsinvestition.

Angenommen, K_1 ist der Basispreis einer erworbenen Kaufoption, K_2 der Basispreis einer verkauften Kaufoption und S_T der Aktienkurs zum Verfalltermin der Optionen. Tabelle 12.1 zeigt die bei einem Bull Spread unter verschiedenen Voraussetzungen zu erzielenden Auszahlungen. Wenn sich der Aktienkurs gut entwickelt und höher ist als der größere der beiden Basispreise, dann entspricht die Auszahlung der Differenz zwischen den beiden Basispreisen, also $K_2 - K_1$. Wenn der Aktienkurs zum Verfalltermin zwischen den beiden Basispreisen liegt, ist die Auszahlung $S_T - K_1$. Befindet sich der Aktienkurs zum Verfalltermin unterhalb des niedrigeren der beiden Basispreise, dann ist die Auszahlung null. Der Gewinn in Abbildung 12.2 ist unter Abzug der Anfangsinvestition von der Auszahlung berechnet worden.

Eine Bull-Spread-Strategie begrenzt sowohl die Gewinnchancen des Anlegers als auch seine Verlustrisiken. Die Strategie kann beschrieben werden, indem man sagt, dass der Anleger eine Kaufoption mit einem Basispreis K_1 hat, und sich entscheidet, einen Teil seines Gewinnpotenzials durch den Verkauf einer Kaufoption mit dem Basispreis K_2 ($K_2 > K_1$) abzugeben. Als Gegenwert für die Abgabe des Gewinnpotenzials erhält der Anleger den Preis der Option mit dem Basispreis K_2. Drei Typen von Bull Spreads können unterschieden werden:

1. Beide Kaufoptionen sind am Anfang aus dem Geld.
2. Eine Kaufoption liegt am Anfang im Geld, die andere Kaufoption ist aus dem Geld.
3. Beide Kaufoptionen liegen am Anfang im Geld.

Die aggressivsten Bull Spreads sind vom Typ 1. Das Eingehen der Positionen kostet wenig, und sie haben eine geringe Wahrscheinlichkeit, eine relativ hohe Auszahlung zu erzielen (= $K_2 - K_1$). Beim Wechsel von Typ 1 zu Typ 2 sowie von Typ 2 zu Typ 3 werden die Spreads zunehmend konservativer.

Beispiel 12.2 Ein Anleger erwirbt für 3 $ einen europäischen 3-Monats-Call mit einem Basispreis von 30 $ und verkauft für 1 $ einen europäischen 3-Monats-Call mit einem Basispreis von 35 $. Die Auszahlung dieser Bull-Spread-Strategie beträgt 5 $, wenn der Aktienkurs über 35 $ liegt, oder null, wenn er sich unter 30 $ befindet. Wenn der Aktienkurs zwischen 30 $ und 35 $ liegt, ist die Auszahlung gleich dem Betrag, um den der Aktienkurs 30 $ überschreitet. Die Kosten dieser Strategie betragen 3 $ − 1 $ = 2 $. Der Gewinn ergibt sich deshalb wie folgt:

Aktienkurs	Gewinn
$S_T \leq 30$	−2
$30 < S_T < 35$	$S_T - 32$
$S_T \geq 35$	3

Bull Spreads können, wie in Abbildung 12.3 dargestellt, auch durch den Erwerb einer europäischen Verkaufsoption mit einem niedrigen Basispreis und den Verkauf eines europäischen Puts mit einem hohen Basispreis gebildet werden. Im Gegensatz zu Bull Spreads, die sich aus Kaufoptionen zusammensetzen, produzieren aus Verkaufsoptionen erzeugte Bull Spreads vorab einen positiven Cash Flow für den Anleger (von Margin-Anforderungen abgesehen) sowie eine Auszahlung, die entweder negativ oder null ist.

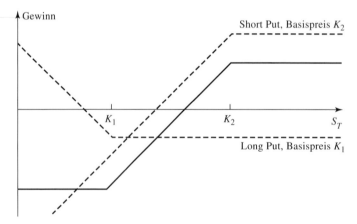

Abbildung 12.3: Gewinn aus einem Bull Spread mit Verkaufsoptionen

Bear Spreads

Ein Anleger, der in Bull Spreads investiert, hofft darauf, dass der Aktienkurs steigen wird. Im Gegensatz dazu ist ein Anleger, der in einen *Bear Spread* einsteigt, daran interessiert, dass der Aktienkurs fallen wird. Bear Spreads können durch den Erwerb einer europäischen Kaufoption mit einem bestimmten Basispreis und den Verkauf einer europäischen Kaufoption mit einem anderen Basispreis erzeugt werden. Der Basispreis der gekauften Option ist höher als jener der verkauften Option (im Gegensatz zum Bull Spread, bei dem der Basispreis der gekauften Option immer niedriger ist als jener der verkauften Option). In Abbildung 12.4 ist der Gewinn des Spreads als durchgezogene Linie dargestellt. Ein Bear Spread, der aus Puts gebildet wird, führt zu einem anfänglichen Mittelabfluss, da der Preis des verkauften Puts niedriger als

12.3 Spreads

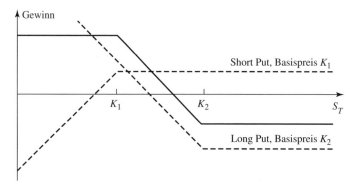

Abbildung 12.4: Gewinn aus einem Bear Spread mit Verkaufsoptionen

Aktienkurs	Auszahlung aus dem Long-Put	Auszahlung aus dem Short-Put	Gesamtauszahlung
$S_T \leq K_1$	$K_2 - S_T$	$-(K_1 - S_T)$	$K_2 - K_1$
$K_1 < S_T < K_2$	$K_2 - S_T$	0	$K_2 - S_T$
$S_T \geq K_2$	0	0	0

Tabelle 12.2: Auszahlung aus einem Bear Spread mit Verkaufsoptionen

jener des erworbenen Puts ist. Im Endeffekt hat der Anleger eine Verkaufsoption mit einem bestimmten Basispreis erworben und entschieden, einen Teil seiner Gewinnchancen durch Verkauf einer Verkaufsoption mit einem niedrigeren Basispreis aufzugeben. Als Gegenleistung für die aufgegebenen Gewinnchancen erhält der Anleger den Preis der verkauften Option.

Angenommen, die Basispreise seien K_1 und K_2, mit $K_1 < K_2$. Tabelle 12.2 zeigt die Auszahlungen, die von einem Bear Spread unter verschiedenen Voraussetzungen erzielt werden. Falls der Aktienkurs höher als K_2 ist, ergibt sich eine Auszahlung von null. Wenn der Aktienkurs niedriger als K_1 ist, ist die Auszahlung $K_2 - K_1$. Wenn der Aktienkurs zwischen K_1 und K_2 liegt, ist die Auszahlung $K_2 - S_T$. Der Gewinn ergibt sich durch Subtraktion des anfänglichen Mittelabflusses von der Auszahlung.

Beispiel 12.3 Ein Anleger erwirbt für 3 $ eine europäische 3-Monats-Verkaufsoption mit einem Basispreis von 35 $ und verkauft für 1 $ eine europäische 3-Monats-Verkaufsoption mit einem Basispreis von 30 $. Die Auszahlung dieser Bear-Spread-Strategie ist null, wenn der Aktienkurs über 35 $ liegt, und 5 $, wenn er sich unter 30 $ befindet. Wenn der Aktienkurs zwischen 30 $ und 35 $ liegt, beträgt die Auszahlung $35 - S_T$. Die anfänglichen Kosten der Optionen betragen 3 $ − 1 $ = 2 $. Der Gewinn ergibt sich hieraus wie folgt:

Aktienkurs	Gewinn
$S_T \leq 30$	+3
$30 < S_T < 35$	$33 - S_T$
$S_T \geq 35$	-2

Ebenso wie Bull Spreads begrenzen Bear Spreads sowohl die Gewinnchancen nach oben als auch die Risiken nach unten. Bear Spreads können auch unter Verwendung von Calls anstelle von Puts erzeugt werden. Der Anleger erwirbt, wie in Abbildung 12.5 dargestellt, eine Kaufoption mit einem hohen Basispreis und verkauft eine Kaufoption mit einem niedrigen Basispreis. Bear Spreads, die mit Calls gebildet werden, beinhalten einen anfänglichen Mittelzufluss (bei Vernachlässigung von Margin-Forderungen).

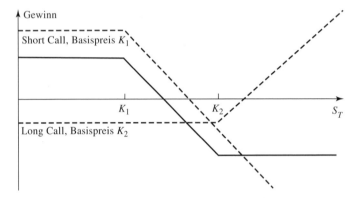

Abbildung 12.5: Gewinn aus einem Bear Spread mit Kaufoptionen

Box Spreads

Ein Box Spread ist eine Kombination aus einem Bull Call Spread mit den Basispreisen K_1 und K_2 und einem Bear Put Spread mit denselben Basispreisen. Wie

Aktienkurs	Auszahlung aus dem Bull Call Spread	Auszahlung aus dem Bear Put Spread	Gesamtauszahlung
$S_T \leq K_1$	0	$K_2 - K_1$	$K_2 - K_1$
$K_1 < S_T < K_2$	$S_T - K_1$	$K_2 - S_T$	$K_2 - K_1$
$S_T \geq K_2$	$K_2 - K_1$	0	$K_2 - K_1$

Tabelle 12.3: Auszahlung aus einem Box Spread

12.3 Spreads

Tabelle 12.3 zeigt, beträgt die Auszahlung aus einem Box Spread immer $K_2 - K_1$. Der Wert eines Box Spread entspricht daher jederzeit dem Barwert dieser Auszahlung, also $(K_2 - K_1)e^{-rT}$. Bei einem anderen Wert existieren Arbitragemöglichkeiten. Ist der Marktpreis des Box Spread zu niedrig, dann sollte man diesen kaufen. Dabei erwirbt man einen Call mit Basispreis K_1 sowie einen Put mit Basispreis K_2 und verkauft einen Call mit Basispreis K_2 sowie einen Put mit Basispreis K_1. Ist der Marktpreis des Box Spread zu hoch, dann sollte man diesen verkaufen. Dabei erwirbt man einen Call mit Basispreis K_2 sowie einen Put mit Basispreis K_1 und verkauft einen Call mit Basispreis K_1 sowie einen Put mit Basispreis K_2.

Man sollte unbedingt beachten, dass Box-Spread-Arbitrage nur mit europäischen Optionen möglich ist. Die meisten börsengehandelten Optionen sind dagegen amerikanischen Typs. Wie in Business Snapshot 12.1 gezeigt wird, können unerfahrene Händler, die amerikanische Optionen als europäische behandeln, viel Geld verlieren.

Business Snapshot 12.1 – Verluste aus Box Spreads

Angenommen, eine Aktie kostet 50 $ und ihre Volatilität beträgt 30 %. Es werden keine Dividenden erwartet, der risikolose Zinssatz beträgt 8 %. Ein Händler bietet Ihnen die Möglichkeit an, an der CBOE einen 2-Monats-Box-Spread mit den Basispreisen 55 $ und 60 $ für 5,10 $ zu verkaufen. Sollten Sie das Geschäft tätigen?

Das Geschäft hört sich wirklich gut an. Es gilt $K_1 = 55$, $K_2 = 60$, und in zwei Monaten erfolgt eine sichere Auszahlung von 5 $. Durch den Verkauf des Box Spread und die Anlage des Erlöses für zwei Monate hätten Sie mehr als ausreichend Kapital zur Begleichung der Auszahlung von 5 $ in zwei Monaten zur Verfügung. Der theoretische heutige Wert des Box Spread ist $5 \cdot e^{0,08 \cdot 2/12} = 4,93$ $.

Optionstyp	Basispreis	Preis der europäischen Option	Preis der amerikanischen Option
Call	60	0,26	0,26
Call	55	0,96	0,96
Put	60	9,46	10,00
Put	55	5,23	5,44

Leider hat die Sache einen Haken. An der CBOE werden amerikanische Aktienoptionen gehandelt. Die Auszahlung von 5 $ aus dem Box Spread basiert jedoch auf der Annahme, dass die verwendeten Optionen europäischen Typs sind. Die (mit DerivaGem errechneten) Optionspreise für dieses Beispiel zeigt die Tabelle. Ein Bull CallSpread mit den Basispreisen 55 $ und 60 $ kostet $0,96 - 0,26 = 0,70$ $. (Dies trifft sowohl für europäische als auch für amerikanische Optionen zu, denn wie wir bereits in Kapitel 11 sehen konnten, ist der Preis eines europäischen Calls gleich dem Preis eines amerikanischen Calls, falls keine Dividendenzahlungen anfallen.) Ein Bear Put Spread mit den gleichen Basispreisen kostet $9,46 - 5,23 = 4,23$ $ bei europäischen Optionen und $10,00 - 5,44 = 4,56$ $ bei amerikanischen Optionen. Der kombinierte Wert beider Spreads beträgt $0,70 + 4,23 = 4,93$ $, wenn sie aus europäischen Optionen gebildet werden. Dies entspricht dem oben errechneten theoretischen Preis des Box Spread. Werden die Spreads aber aus amerikanischen Optionen gebildet, beträgt der kombinierte Wert $0{,}70 + 4{,}56 = 5{,}26$ \$. Der Verkauf eines aus amerikanischen Optionen gebildeten Box Spread für 5,10 \$ wäre demnach kein gutes Geschäft. Dieses Geschäft beinhaltet den Verkauf eines Puts mit Basispreis 60 \$ und dieser wird unmittelbar, nachdem Sie ihn verkauft haben, ausgeübt werden.

Butterfly Spreads

Ein *Butterfly Spread* enthält Positionen in Optionen mit drei verschiedenen Basispreisen. Er kann gebildet werden durch den Erwerb einer europäischen Kaufoption mit einem relativ niedrigen Basispreis K_1, den Erwerb einer europäischen Kaufoption mit einem relativ hohen Basispreis K_3 und den Verkauf zweier europäischer Kaufoptionen mit dem Basispreis K_2, welcher genau zwischen K_1 und K_3 liegt. Im Allgemeinen befindet sich K_2 in der Nähe des aktuellen Aktienkurses. Das Gewinnprofil dieser Strategie ist in Abbildung 12.6 dargestellt. Ein Butterfly Spread erzielt einen Gewinn, wenn der Aktienkurs nahe bei K_2 bleibt, verursacht aber einen geringen Verlust, wenn eine deutliche Bewegung des Aktienkurses in beliebiger Richtung

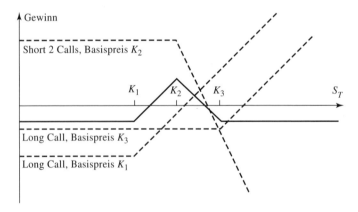

Abbildung 12.6: Gewinn aus einem Butterfly Spread mit Kaufoptionen

Aktienkurs	Auszahlung erster Long-Call	Auszahlung zweiter Long-Call	Auszahlung Short-Calls	Gesamtauszahlung*
$S_T \leq K_1$	0	0	0	0
$K_1 < S_T < K_2$	$S_T - K_1$	0	0	$S_T - K_1$
$K_2 < S_T < K_3$	$S_T - K_1$	0	$-2(S_T - K_2)$	$K_3 - S_T$
$S_T \geq K_3$	$S_T - K_1$	$S_T - K_3$	$-2(S_T - K_2)$	0

* Diese Auszahlungen wurden mithilfe der Beziehung $K_2 = 0{,}5(K_1 + K_3)$ berechnet.

Tabelle 12.4: Auszahlung aus einem Butterfly Spread

eintritt. Er ist deshalb eine geeignete Strategie für einen Anleger, der große Bewegungen des Aktienkurses für unwahrscheinlich hält. Die Strategie erfordert eine geringe Anfangsinvestition. Die Auszahlung eines Butterfly Spread wird in Tabelle 12.4 gezeigt.

Angenommen, eine bestimmte Aktie ist gegenwärtig 61 $ wert. Wir betrachten einen Anleger, der eine deutliche Kursbewegung in den nächsten sechs Monaten für unwahrscheinlich hält. Angenommen, die Marktpreise von sechsmonatigen europäischen Kaufoptionen sind wie folgt:

Basispreis ($)	Call-Preis ($)
55	10
60	7
65	5

Der Anleger könnte einen Butterfly Spread bilden, indem er eine Kaufoption mit einem Basispreis von 55 $ sowie eine Kaufoption mit einem Basispreis von 60 $ erwirbt und zwei Kaufoptionen mit einem Basispreis von 60 $ verkauft. Die Kosten für das Eingehen des Butterfly Spread betragen $10\,\$ + 5\,\$ - (2 \times 7\,\$) = 1\,\$$. Wenn der Aktienkurs in sechs Monaten höher als 65 $ oder niedriger als 55 $ liegt, ist die gesamte Auszahlung null und der Anleger erleidet einen Nettoverlust von 1 $. Wenn sich der Aktienkurs zwischen 56 $ und 64 $ befindet, wird ein Gewinn erzielt. Der maximale Gewinn von 4 $ tritt ein, wenn der Aktienkurs in sechs Monaten bei 60 $ liegt.

Butterfly Spreads können auch unter Verwendung von Verkaufsoptionen dargestellt werden. Der Anleger erwirbt zwei europäische Verkaufsoptionen, eine mit einem niedrigen Basispreis und eine mit einem hohen Basispreis und verkauft zwei europäische Verkaufsoptionen mit einem mittleren Basispreis, wie in Abbildung 12.7 dargestellt. Der Butterfly Spread im eben betrachteten Beispiel würde durch den Erwerb einer Verkaufsoption mit einem Basispreis von 55 $, den Erwerb einer Verkaufsoption mit einem Basispreis von 65 $ und dem Verkauf zweier Verkaufsoptionen mit einem Basispreis von 60 $ gebildet. Wenn alle Optionen europä-

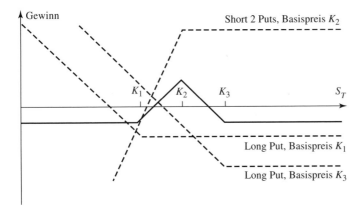

Abbildung 12.7: Gewinn aus einem Butterfly Spread mit Verkaufsoptionen

ischen Typs sind, läuft die Verwendung von Verkaufsoptionen auf exakt denselben Spread hinaus wie die Verwendung von Kaufoptionen. Mithilfe der Put-Call-Parität kann man zeigen, dass die Anfangsinvestition in beiden Fällen dieselbe ist.

Ein Butterfly Spread kann verkauft werden, indem man der umgekehrten Strategie folgt. Optionen werden mit den Basispreisen K_1 und K_3 verkauft und zwei Optionen werden mit dem mittleren Basispreis K_2 erworben. Diese Strategie erzielt einen geringen Gewinn, wenn eine deutliche Bewegung des Aktienkurses eintritt.

Calendar Spreads

Bisher haben wir angenommen, dass die zum Bilden eines Spread verwendeten Optionen alle zum gleichen Zeitpunkt fällig werden. Wir wenden uns nun *Calendar Spreads* zu, in denen die Optionen den gleichen Basispreis, aber unterschiedliche Fälligkeitstermine aufweisen.

Ein Calendar Spread kann durch den Verkauf einer europäischen Kaufoption mit einem bestimmten Basispreis und den Erwerb einer europäischen Kaufoption mit längerer Laufzeit, aber gleichem Basispreis eingegangen werden. Je länger die Laufzeit der Option ist, umso teurer ist sie gewöhnlich. Deshalb erfordert ein Calendar Spread üblicherweise eine Anfangsinvestition. Gewinnprofile für Calendar Spreads werden gewöhnlich so dargestellt, dass sie den Gewinn für den Fälligkeitstermin der Option mit der kurzen Laufzeit zeigen unter der Annahme, dass die Option mit der langen Laufzeit zu diesem Zeitpunkt verkauft wird. Ein solches Gewinnprofil für einen aus Kaufoptionen erzeugten Calendar Spread ist in Abbildung 12.8 dargestellt. Das Muster ähnelt dem Gewinn aus dem Butterfly Spread in Abbildung 12.6. Der Anleger erzielt einen Gewinn, wenn der Aktienkurs bei Fälligkeit der Option mit einer kurzen Laufzeit nahe am Basispreis dieser Option liegt. Es entsteht jedoch ein Verlust, wenn sich der Aktienkurs deutlich oberhalb oder unterhalb des Basispreises befindet.

Um das Gewinnprofil eines Calendar Spread zu verstehen, wollen wir zunächst untersuchen, was passiert, wenn der Aktienkurs bei Fälligkeit der Option mit kurzer

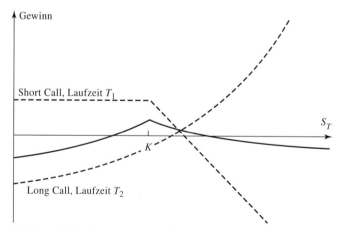

Abbildung 12.8: Gewinn aus einem Calendar Spread mit zwei Kaufoptionen. Berechnung für den Zeitpunkt, zu dem der Call mit der kurzen Laufzeit verfällt

12.3 Spreads

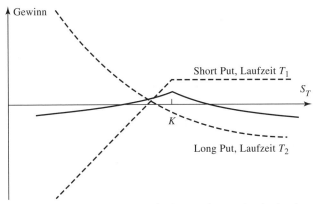

Abbildung 12.9: Gewinn aus einem Calendar Spread mit zwei Verkaufsoptionen. Berechnung für den Zeitpunkt, zu dem der Put mit der kurzen Laufzeit verfällt

Laufzeit sehr niedrig ist. Diese Option ist dann wertlos und der Wert der Option mit langer Laufzeit ist nahe null. Der Anleger erleidet daher einen Verlust in der Größenordnung der Kosten für die anfängliche Einrichtung des Spread. Überlegen wir nun, was passiert, wenn der Aktienkurs S_T bei Fälligkeit der Option mit kurzer Laufzeit sehr hoch ist. Die Option mit kurzer Laufzeit kostet den Anleger $S_T - K$ und die Option mit langer Laufzeit ist etwas mehr als $S_T - K$ wert (unter der Annahme, dass eine vorzeitige Ausübung nicht optimal ist). Dabei ist K der Basispreis der Optionen. Wiederum macht der Anleger einen geringen Nettoverlust in der Größenordnung der Kosten für das anfängliche Eingehen des Calendar Spread. Wenn S_T nahe K liegt, kostet die Option mit kurzer Laufzeit den Anleger entweder einen geringen Betrag oder gar nichts. Die Option mit langer Laufzeit jedoch ist immer noch ziemlich werthaltig. In diesem Fall wird ein deutlicher Nettoprofit erzielt.

In einem *neutralen Calendar Spread* wird ein Basispreis in der Nähe des aktuellen Aktienkurses gewählt. Ein *Bull Calendar Spread* erfordert einen höheren Basispreis, während ein *Bear Calendar Spread* einen niedrigeren Basispreis hat.

Calendar Spreads können sowohl mit Puts als auch mit Calls eingegangen werden. Der Anleger erwirbt eine Verkaufsoption mit langer Laufzeit und verkauft eine Verkaufsoption mit kurzer Laufzeit. Wie in Abbildung 12.9 gezeigt, ähnelt das Gewinnprofil jenem, das man bei der Verwendung von Kaufoptionen erhält.

Ein *umgekehrter (reverse) Calendar Spread* ist das Gegenteil des in den Abbildungen 12.8 und 12.9 dargestellten. Der Anleger kauft eine Option mit kurzer Laufzeit und verkauft eine Option mit langer Laufzeit. Ein geringfügiger Gewinn ergibt sich, wenn der Aktienkurs bei Fälligkeit der Option mit kurzer Laufzeit erheblich über oder unter dem Basispreis dieser Option liegt.

Diagonal Spreads

Bull, Bear und Calendar Spreads können alle über eine Long-Position in einer Kaufoption und eine Short-Position in einer anderen Kaufoption gebildet werden. Im Falle von Bull und Bear Spreads haben die Kaufoptionen unterschiedliche Basispreise und dasselbe Fälligkeitsdatum. Im Falle von Calendar Spreads haben die Kaufoptionen denselben Basispreis und unterschiedliche Fälligkeitstermine.

In einem *Diagonal Spread* unterscheiden sich sowohl die Fälligkeitstermine als auch die Basispreise der beiden Kaufoptionen. Dies vergrößert die Palette der möglichen Gewinnprofile.

12.4 Kombinationen aus Calls und Puts

Eine Kombination aus Calls und Puts (*Combination*) ist eine Handelsstrategie mit Optionen, die die Einnahme einer Position sowohl in Kauf- als auch Verkaufsoptionen auf dieselbe Aktie beinhaltet. Wir wollen Straddles, Strips, Straps und Strangles näher betrachten.

Straddle

Eine verbreitete Combination ist ein *Straddle*, welcher den Erwerb einer europäischen Kaufoption und einer europäischen Verkaufsoption mit demselben Basispreis und Fälligkeitsdatum beinhaltet. Das Gewinnprofil ist in Abbildung 12.10 dargestellt. Der Basispreis wird mit K bezeichnet. Wenn der Aktienkurs zur Fälligkeit der beiden Optionen in der Nähe dieses Basispreises liegt, führt der Straddle zu einem Verlust. Wenn jedoch eine ausreichend große Bewegung in beliebiger Richtung auftritt, ergibt sich ein deutlicher Gewinn. Die Auszahlung eines Straddle ist in Tabelle 12.5 berechnet.

Ein Straddle ist sinnvoll, wenn der Anleger eine große Bewegung des Aktienkurses erwartet, ohne zu wissen, in welche Richtung die Bewegung gehen wird. Wir betrachten einen Anleger, der damit rechnet, dass sich der Kurs einer bestimmten Aktie, die gegenwärtig mit 69 $ am Markt bewertet ist, in den nächsten drei Monaten deutlich bewegen wird. Der Anleger könnte einen Straddle bilden, indem er sowohl

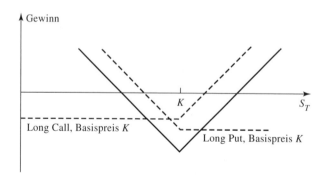

Abbildung 12.10: Gewinn aus einem Straddle

Aktienkurs	Auszahlung aus dem Call	Auszahlung aus dem Put	Gesamtauszahlung
$S_T \leq K$	0	$K - S_T$	$K - S_T$
$S_T > K$	$S_T - K$	0	$S_T - K$

Tabelle 12.5: Auszahlung aus einem Straddle

eine Verkaufs- als auch eine Kaufoption mit einem Basispreis von 70 $ und einem Fälligkeitsdatum in drei Monaten erwirbt. Wir nehmen an, dass die Kaufoption 4 $ und die Verkaufsoption 3 $ kostet. Wenn der Aktienkurs bei 69 $ bleibt, kostet diese Strategie, wie man leicht sieht, den Anleger 6 $. (Es ist eine Vorabinvestition von 7 $ erforderlich, der Call verfällt wertlos und der Put endet mit dem Wert 1 $). Wenn der Aktienkurs auf 70 $ steigt, ergibt sich ein Verlust von 7 $. (Dies ist der schlimmste Fall, der eintreten kann.) Wenn der Aktienkurs jedoch auf 90 $ klettert, wird ein Gewinn von 13 $ erzielt; wenn der Aktienkurs auf 55 $ fällt, wird ein Gewinn von 8 $ erzielt usw. Wie Business Snapshot 12.2 zeigt, sollte ein Anleger sorgfältig untersuchen, ob der von ihm erwartete Kurssprung bereits in den Optionen eingepreist ist, bevor er einen Straddle eingeht.

> ## Business Snapshot 12.2 –
> ## Wie man Geld mit Straddle-Geschäften verdient
>
> Angenommen, es wird ein Kurssprung für die Aktie eines Unternehmens erwartet, etwa weil ein Übernahmeangebot vorliegt oder ein für das Unternehmen wichtiges Gerichtsurteil verkündet wird. Sollten Sie einen Straddle eingehen?
>
> Ein Straddle scheint in diesem Fall eine nahe liegende Handelsstrategie zu sein. Wenn jedoch Ihre Ansicht über die Situation des Unternehmens im Großen und Ganzen mit der Ansicht anderer Marktteilnehmer übereinstimmt, spiegelt sich diese Erwartung in den Optionspreisen wider. Optionen auf die Aktie werden deutlich teurer sein als Optionen auf eine vergleichbare Aktie, für die kein Kurssprung erwartet wird. Das V-förmige Gewinnprofil aus Abbildung 12.10 wird sich nach unten verschoben haben, sodass für ein Erreichen der Gewinnzone eine noch größere Bewegung des Aktienpreises nötig ist.
>
> Damit ein Straddle eine effektive Strategie sein kann, müssen Sie daran glauben, dass große Bewegungen im Aktienkurs wahrscheinlich sind, und in diesem Glauben müssen Sie sich von den anderen Marktteilnehmern unterscheiden. Marktpreise berücksichtigen die Erwartungen der Marktteilnehmer. Um Geld mit einer Anlagestrategie verdienen zu können, müssen Sie eine andere Erwartung haben als die meisten anderen Marktteilnehmer – und Sie müssen Recht behalten!

Der Straddle in Abbildung 12.10 wird mitunter als *Bottom Straddle* oder *Straddle Purchase* bezeichnet. Ein *Top Straddle* oder *Straddle Write* entspricht der entgegengesetzten Position. Er wird gebildet durch den Verkauf einer Kauf- sowie einer Verkaufsoption mit demselben Basispreis und Fälligkeitsdatum. Dies ist eine Strategie mit hohem Risiko. Wenn der Aktienkurs bei Fälligkeit in der Nähe des Basispreises liegt, wird ein deutlicher Gewinn erzielt. Der Verlust allerdings, der bei einer großen Bewegung in beliebiger Richtung entsteht, ist unbegrenzt.

Strips und Straps

Ein *Strip* besteht aus einer Long-Position in einer europäischen Kaufoption und zwei europäischen Verkaufsoptionen mit demselben Basispreis und Fälligkeitsdatum. Ein

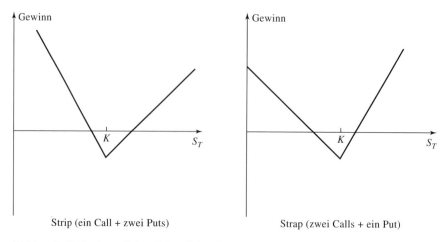

Abbildung 12.11: Gewinnprofil eines Strip und eines Strap

Strap besteht aus einer Long-Position in zwei europäischen Kaufoptionen und einer europäischen Verkaufsoption mit demselben Basispreis und Fälligkeitsdatum. Das Gewinnprofil für Strips und Straps ist in Abbildung 12.11 dargestellt. Bei einem Strip setzt der Anleger darauf, dass eine starke Bewegung des Aktienkurses eintreten wird, und hält ein Fallen des Aktienpreises für wahrscheinlicher als ein Ansteigen. Bei einem Strap setzt der Anleger ebenfalls darauf, dass eine große Bewegung des Aktienkurses eintreten wird. In diesem Fall jedoch hält er ein Ansteigen des Aktienkurses für wahrscheinlicher als ein Fallen.

Strangles

Bei einem *Strangle*, mitunter auch als *Bottom Vertical Combination* bezeichnet, erwirbt ein Anleger einen europäischen Put sowie einen europäischen Call mit demselben Fälligkeitsdatum und unterschiedlichen Basispreisen. Das Gewinnprofil ist in Abbildung 12.12 dargestellt. Der Basispreis K_2 der Kaufoption ist höher als der Basispreis K_1 der Verkaufsoption. Die Auszahlungsfunktion für einen Strangle ist in Tabelle 12.6 berechnet.

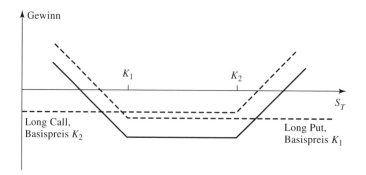

Abbildung 12.12: Gewinn aus einem Strangle

Aktienkurs	Auszahlung aus dem Call	Auszahlung aus dem Put	Gesamtauszahlung
$S_T \leq K_1$	0	$K_1 - S_T$	$K_1 - S_T$
$K_1 < S_T < K_2$	0	0	0
$S_T \geq K_2$	$S_T - K_2$	0	$S_T - K_2$

Tabelle 12.6: Auszahlung aus einem Strangle

Ein Strangle ist eine dem Straddle ähnliche Strategie. Der Anleger setzt darauf, dass eine starke Kursbewegung stattfindet, ist aber unsicher, ob es sich um ein Ansteigen oder Fallen handeln wird. Wenn wir die Abbildungen 12.10 und 12.12 vergleichen, so sehen wir, dass sich der Aktienpreis in einem Strangle stärker als in einem Straddle bewegen muss, damit der Anleger einen Gewinn erzielt. Wenn sich der Aktienkurs bei Fälligkeit jedoch auf einem mittleren Wert befindet, ist das Verlustrisiko bei einem Strangle geringer.

Das Gewinnprofil, das man für einen Strangle erhält, hängt davon ab, wie dicht beieinander sich die Basispreise befinden. Je weiter sie auseinander liegen, umso geringer ist das Verlustrisiko und umso mehr muss sich der Aktienkurs bewegen, damit ein Gewinn erzielt wird.

Der Verkauf eines Strangle wird mitunter als *Top-Vertical-Combination* bezeichnet. Er kann für einen Anleger geeignet sein, der große Aktienkursbewegungen für unwahrscheinlich hält. Allerdings ist dies ebenso wie der Verkauf eines Straddles eine riskante Strategie, die die Möglichkeit eines unbegrenzten Verlustes für den Anleger beinhaltet.

12.5 Andere Auszahlungsprofile

Dieses Kapitel hat nur einige der Möglichkeiten aufgezeigt, wie Optionen eingesetzt werden können, um unterschiedliche Beziehungen zwischen Aktienkurs und Gewinn zu erhalten. Wenn europäische Optionen, die zum Zeitpunkt T fällig werden, mit jedem beliebigen Basispreis verfügbar wären, könnte man theoretisch jede mögliche Auszahlungsfunktion zum Zeitpunkt T erhalten. Dies lässt sich am einfachsten an Butterfly Spreads illustrieren. Erinnern wir uns, dass ein Butterfly Spread durch den Erwerb von Optionen mit den Aktienkursen K_1 und K_3 sowie den Verkauf zweier Optionen mit dem Basispreis K_2 gebildet wird, wobei $K_1 < K_2 < K_3$ und

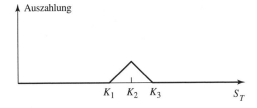

Abbildung 12.13: Auszahlung eines Butterfly Spread „Spike", die als Grundbaustein für andere Auszahlungsprofile verwendet werden kann

$K_3 - K_2 = K_2 - K_1$ gilt. Abbildung 12.13 zeigt die Auszahlung eines Butterfly Spread. Dieses Muster kann als Spitze (Spike) beschrieben werden. Wenn sich K_1 und K_3 näher aufeinander zu bewegen, wird die Spitze schmaler. Durch eine geschickte Kombination einer großen Anzahl sehr kleiner Spitzen kann jede beliebige Auszahlungsfunktion mit der gewünschten Genauigkeit approximiert werden.

ZUSAMMENFASSUNG

Kapitalgarantierte Produkte können aus einem Zerobond und einem europäischen Call gebildet werden. Ihre Attraktivität für bestimmte Anleger liegt darin, dass der Emittent des Produkts garantiert, dass der Käufer sein Kapital unabhängig von der Performance des Underlyings zurückerhält.

Eine Reihe gebräuchlicher Handelsstrategien beinhaltet eine einzelne Option und das Underlying. Beispielsweise enthält das Schreiben eines Covered Call den Erwerb einer Aktie sowie den Verkauf einer Kaufoption auf diese Aktie; ein Protective Put umfasst den Erwerb einer Verkaufsoption und den Kauf der Aktie. Ersteres ähnelt dem Verkauf einer Verkaufsoption, Letzteres dem Erwerb einer Kaufoption.

Spreads beinhalten entweder die Einnahme einer Position in zwei oder mehr Kaufoptionen oder in zwei oder mehr Verkaufsoptionen. Ein Bull Spread kann gebildet werden durch den Erwerb eines Call (Put) mit einem niedrigen Basispreis sowie durch den Verkauf eines Call (Put) mit einem hohen Basispreis. Ein Bear Spread kann gebildet werden durch den Erwerb eines Put (Call) mit einem hohen Basispreis sowie durch den Verkauf eines Put (Call) mit einem niedrigen Basispreis. Ein Butterfly Spread beinhaltet den Erwerb von Calls (Puts) mit einem hohen und einem niedrigen Basispreis sowie den Verkauf zweier Calls (Puts) mit einem mittleren Basispreis. Ein Calendar Spread wird gebildet durch den Verkauf eines Call (Put) mit einer kurzen Restlaufzeit sowie dem Erwerb eines Call (Put) mit einer längeren Frist bis zur Fälligkeit. Ein Diagonal Spread enthält eine Long-Position in einer Option und eine Short-Position in einer anderen Option, wobei sich sowohl Basispreis als auch Fälligkeitsdatum unterscheiden.

Kombinationen aus Calls und Puts (Combinations) beinhalten die Einnahme einer Position sowohl in Kauf- als auch in Verkaufsoptionen derselben Aktie. Eine Straddle-Kombination besteht aus einer Long-Position in einer Kaufoption und einer Long-Position in einer Verkaufsoption mit demselben Basispreis und Fälligkeitsdatum. Ein Strip besteht aus einer Long-Position in einer Kaufoption und zwei Verkaufsoptionen mit demselben Basispreis und Fälligkeitsdatum. Ein Strap beinhaltet eine Long-Position in zwei Kaufoptionen und einer Verkaufsoption mit demselben Basispreis und Fälligkeitsdatum. Ein Strangle besteht aus einer Long-Position in einer Kauf- und einer Verkaufsoption mit unterschiedlichen Basispreisen und gleichem Fälligkeitsdatum. Es gibt eine Vielzahl anderer Wege, um mit Optionen interessante Auszahlungen zu erzielen. Es überrascht nicht, dass der Handel mit Optionen ständig an Popularität gewinnt und die Anleger weiterhin fasziniert.

ZUSAMMENFASSUNG

Literaturempfehlungen

Bharadwaj, A. und J.B. Wiggins, „Box Spread and Put-Call Parity Tests for the S&P Index LEAPS Markets", *Journal of Derivatives*, 8, 4 (Sommer 2001): 62–71.

Chaput, J.S. und L.H. Ederington, „Option Spread and Combination Trading," *Journal of Derivatives*, 10, 4 (Sommer 2003): 70–88.

McMillan, L.G., *Options as a Strategic Investment*, 5. Aufl., Upper Saddle River, NJ: Prentice Hall, 2012.

Rendleman, R.J., „Covered Call Writing from an Expected Utility Perspective", *Journal of Derivatives*, 8, 3 (Frühjahr 2001): 63–75.

Ronn, A.G. und E.I. Ronn, „The Box-Spread Arbitrage Conditions", *Review of Financial Studies*, 2, 1 (1989): 91–108.

Praktische Fragestellungen

12.1 Was ist ein Protective Put? Welche Position in Kaufoptionen ist äquivalent mit einem Protective Put?

12.2 Erläutern Sie zwei Methoden, mit denen Bear Spreads erzeugt werden können.

12.3 Wann empfiehlt es sich für einen Anleger, einen Butterfly Spread zu erwerben?

12.4 Kaufoptionen auf eine Aktie sind zu Basispreisen von 15 \$, $17\frac{1}{2}$ \$ und 20 \$ erhältlich und das Fälligkeitsdatum liegt in drei Monaten. Sie kosten 4 \$, 2 \$ bzw. $\frac{1}{2}$ \$. Erläutern Sie, wie die Optionen genutzt werden können, um das Auszahlungsprofil eines Butterfly Spread zu erzeugen. Erstellen Sie eine Tabelle, die zeigt, wie sich der Gewinn für den Butterfly Spread mit dem Aktienkurs ändert.

12.5 Welche Handelsstrategie erzeugt einen umgekehrten (reverse) Calendar Spread?

12.6 Was ist der Unterschied zwischen einem Strangle und einem Straddle?

12.7 Ein Call mit einem Basispreis von 50 \$ kostet 2 \$. Ein Put mit einem Basispreis von 45 \$ kostet 3 \$. Erläutern Sie, wie mit diesen beiden Optionen ein Strangle erstellt werden kann. Wie sieht das Gewinnprofil dieses Strangle aus?

12.8 Verwenden Sie die Put-Call-Parität, um die Anfangsinvestition für einen Bull Spread, der Kaufoptionen benutzt, mit der Anfangsinvestition für einen Bull Spread in Beziehung zu bringen, der Verkaufsoptionen verwendet.

12.9 Erläutern Sie, wie ein aggressiver Bear Spread gebildet werden kann, der Verkaufsoptionen benutzt.

12.10 Angenommen, Verkaufsoptionen auf eine Aktie mit Basispreisen von 30 \$ und 35 \$ kosten 4 \$ bzw. 7 \$. Wie können diese Optionen benutzt werden, um (a) einen Bull Spread und (b) einen Bear Spread zu erzeugen? Erstellen Sie eine Tabelle, die die Auszahlung und die Gewinne beider Spreads widergibt.

12.11 Zeigen Sie mithilfe der Put-Call-Parität, dass die Kosten eines mit europäischen Verkaufsoptionen gebildeten Butterfly Spread identisch mit den Kosten eines aus europäischen Kaufoptionen erstellten Butterfly Spread sind.

12.12 Ein Call mit einem Basispreis von 60 $ kostet 6 $. Ein Put mit demselben Basispreis und Fälligkeitsdatum kostet 4 $. Erstellen Sie eine Tabelle, die den Gewinn eines Straddle zeigt. Für welchen Bereich des Aktienkurses würde der Straddle zu einem Verlust führen?

12.13 Erstellen Sie eine Tabelle, die die Auszahlung eines Bull Spread zeigt, wenn Verkaufsoptionen mit den Basispreisen K_1 und K_2 ($K_2 > K_1$) verwendet werden.

12.14 Ein Anleger glaubt, dass ein großer Sprung in einem Aktienkurs auftreten wird, ist sich aber über die Richtung unsicher. Bestimmen Sie sechs verschiedene Strategien, die der Anleger verfolgen kann, und erläutern Sie die Unterschiede zwischen ihnen.

12.15 Wie kann aus Optionen ein Forward-Kontrakt auf eine Aktie mit einem bestimmten Abrechnungspreis und Liefertermin konstruiert werden?

12.16 „Ein Box Spread besteht aus vier Optionen. Aus zweien kann man die Long-Position in einem Forward-Kontrakt bilden, aus den beiden anderen die Short-Position in einem Forward-Kontrakt." Erläutern Sie diese Aussage.

12.17 Welches Ergebnis erhält man, wenn in einem Strangle der Basispreis der Verkaufsoption höher als der Basispreis der Kaufoption ist?

12.18 Eine Fremdwährung sei gegenwärtig mit 0,64 $ bewertet. Unter Verwendung europäischer Kaufoptionen mit Basispreisen von 0,60 $, 0,65 $ und 0,70 $ wird ein einjähriger Butterfly Spread gebildet. Die risikolosen Zinssätze in den USA und dem anderen Land betragen 5 % bzw. 4 %, die Volatilität des Wechselkurses liegt bei 15 %. Benutzen Sie die DerivaGem-Software, um die Kosten der Butterfly-Spread-Position zu berechnen. Zeigen Sie, dass die Kosten dieselben sind, wenn anstelle der europäischen Kaufoptionen europäische Verkaufsoptionen verwendet werden.

12.19 Ein Index bietet eine Dividendenrendite von 1 % und besitzt eine Volatilität von 20 %. Der risikolose Zinssatz liegt bei 4 %. Welche Laufzeit muss ein wie in Beispiel 12.1 gebildetes kapitalgarantiertes Produkt besitzen, damit dieses für die emittierende Bank profitabel ist? Verwenden Sie DerivaGem.

Zur weiteren Vertiefung

12.20 Ein Händler bildet einen Bear Spread, indem er einen 6-Monats-Put mit einem Basispreis von 25 $ für 2,15 $ verkauft und einen 6-Monats-Put mit einem Basispreis von 29 $ für 4,75 $ kauft. Welche Höhe hat die anfängliche Investition? Wie hoch ist die Gesamtauszahlung (ohne Anfangsinvestition), wenn der Aktienkurs in sechs Monaten bei (a) 23 $, (b) 28 $ oder (c) 33 $ liegt?

12.21 Ein Händler verkauft einen Strangle, indem er einen europäischen 6-Monats-Call mit einem Basispreis von 50 $ für 3 $ und einen europäischen 6-Monats-Put mit einem Basispreis von 40 $ für 4 $ verkauft. In welchem Bereich müssen sich die Preise des Underlying in sechs Monaten befinden, damit der Händler einen Gewinn erzielt?

12.22 Drei Verkaufsoptionen auf eine Aktie haben dasselbe Fälligkeitsdatum und Basispreise von 55 $, 60 $ und 65 $. Die Marktpreise betragen 3 $, 5 $ bzw. 8 $. Erläutern Sie, wie ein Butterfly Spread konstruiert werden kann. Erstellen Sie eine Tabelle, die den Gewinn dieser Strategie aufzeigt. Für welchen Bereich von Aktienkursen würde der Butterfly Spread zu einem Verlust führen?

12.23 Ein Diagonal Spread wird gebildet durch den Erwerb einer Kaufoption mit dem Basispreis K_2 und dem Fälligkeitsdatum T_2 sowie den Verkauf einer Kaufoption mit dem Basispreis K_1 und dem Fälligkeitsdatum T_1 ($T_2 > T_1$). Zeichnen Sie ein Diagramm, das den Gewinn für (a) $K_2 > K_1$ und (b) $K_2 < K_1$ zeigt.

12.24 Zeichnen Sie ein Diagramm, das Gewinn und Verlust eines Anlegers in Abhängigkeit vom Aktienkurs bei Fälligkeit darstellt, wenn das Portfolio aus folgenden Komponenten besteht:

a. Eine Aktie und eine Short-Position in einer Kaufoption

b. Zwei Aktien und eine Short-Position in einer Kaufoption

c. Eine Aktie und eine Short-Position in zwei Kaufoptionen

d. Eine Aktie und eine Short-Position in vier Kaufoptionen

Nehmen Sie jeweils an, dass die Kaufoption einen Ausübungspreis gleich dem aktuellen Aktienkurs hat.

12.25 Angenommen, der Preis einer dividendenlosen Aktie beträgt 32 $, ihre Volatilität ist 20% und die risikolose Verzinsung für sämtliche Laufzeiten beträgt 5% pro Jahr. Benutzen Sie die DerivaGem-Software, um die Kosten für das Aufstellen der folgenden Positionen zu berechnen.

a. Ein Bull Spread unter Verwendung europäischer Kaufoptionen mit Basispreisen von 25 $ und 30 $ und einer Laufzeit von sechs Monaten

b. Ein Bear Spread unter Verwendung europäischer Verkaufsoptionen mit Basispreisen von 25 $ und 30 $ und einer Laufzeit von sechs Monaten

c. Ein Butterfly Spread unter Verwendung europäischer Kaufoptionen mit Basispreisen von 25 $ und 30 $ und 35 $ und einer Laufzeit von einem Jahr

d. Ein Butterfly Spread unter Verwendung europäischer Verkaufsoptionen mit Basispreisen von 25 $ und 30 $ und 35 $ und einer Laufzeit von einem Jahr

e. Ein Straddle unter Verwendung von Optionen mit einem Basispreis von 30 $ und sechsmonatiger Laufzeit

f. Ein Strangle unter Verwendung von Optionen mit Basispreisen von 25 $ und 35 $ und sechsmonatiger Laufzeit

Legen Sie für jeden Fall eine Tabelle an, die die Beziehung zwischen dem Gewinn und dem Aktienkurs bei Fälligkeit zeigt. Vernachlässigen Sie den Zeitwert des Geldes.

12.26 Welche Handelsposition entsteht aus der Kombination von einem Long Strangle und einem Short Straddle, wenn beide die gleiche Restlaufzeit besitzen? Nehmen Sie dabei an, dass der Basispreis im Straddle in der Mitte zwischen den beiden Basispreisen des Strangles liegt.

12.27 Beschreiben Sie die Position, wenn ein Call mit Basispreis K_2 gekauft wird und ein Put mit Basispreis K_1 verkauft wird, die beide die gleiche Restlaufzeit aufweisen und $K_2 > K_1$ gilt. Was geschieht mit der Position, wenn $K_2 = K_1$?

12.28 Eine Bank entschließt sich zur Strukturierung eines fünfjährigen kapitalgarantierten Produkts auf eine dividendenlose Aktie, indem sie den Anlegern einen Zerobond plus einen aus Calls gebildeten Bull Spread anbietet. Der risikolose Zinssatz beträgt 4% und die Volatilität des Aktienkurses 25%. Wie große ist das maximale Verhältnis von hohem zu niedrigem Basispreis für den Bull Spread? Verwenden Sie DerivaGem.

Binomialbäume

13

13.1 Das Einperioden-Binomialmodell und ein No-Arbitrage-Argument 350

13.2 Risikoneutrale Bewertung 354

13.3 Zweiperiodige Binomialbäume 357

13.4 Beispiel für einen Put 360

13.5 Amerikanische Optionen 361

13.6 Options-Delta 362

13.7 Anpassung von *u* und *d* an die Volatilität ... 363

13.8 Die Formeln für Binomialbäume 365

13.9 Erhöhung der Anzahl an Zeitschritten 366

13.10 Verwendung von DerivaGem 367

13.11 Optionen auf andere Assets 367

Zusammenfassung 372

Literaturempfehlungen 372

Praktische Fragestellungen 373

Anhang: Herleitung der Black-Scholes-Merton-Formel zur Optionsbepreisung aus einem Binomialbaum 377

ÜBERBLICK

13 Binomialbäume

Eine nützliche und weit verbreitete Methode, um Aktienoptionen zu bewerten, ist die Verwendung eines Binomialbaumes. Darunter versteht man eine Darstellung, die verschiedene Pfade aufzeigt, denen der Aktienkurs während der Laufzeit der Option folgen kann. Grundlegende Annahme dabei ist, dass der Aktienkurs einem Random Walk folgt. In jedem Zeitschritt gibt es eine bestimmte Wahrscheinlichkeit, dass sich der Aktienkurs um einen bestimmten Prozentsatz aufwärts bewegt, und eine bestimmte Wahrscheinlichkeit, dass er sich um einen bestimmten Prozentsatz abwärts bewegt. Für die Grenzbetrachtung unendlich kleiner Zeitschritte gleicht dieses Modell dem Black-Scholes-Merton-Modell, das wir in Kapitel 15 diskutieren werden. Wie wir im Anhang zu diesem Kapitel zeigen werden, ist es tatsächlich so, dass der durch den Binomialbaum gegebene Preis einer europäischen Option gegen den Black-Scholes-Merton-Preis konvergiert, wenn die Zeitschritte kleiner werden.

Das Material in diesem Kapitel ist in mehrerer Hinsicht von Bedeutung. Es erklärt erstens die Natur der No-Arbitrage-Argumente für die Bewertung von Optionen und zweitens das Binomialbaumverfahren, welches weithin zur Bewertung amerikanischer Optionen und anderer Derivate benutzt wird. Außerdem wird hier das sehr wichtige Prinzip der risikoneutralen Bewertung eingeführt.

Den Ansatz, den wir hier in diesem Kapitel für die Konstruktion der Bäume wählen, haben Cox, Ross und Rubinstein im Jahre 1979 in einem wichtigen Artikel veröffentlicht. Weitere Details über die Verwendung numerischer Verfahren auf der Basis von Binomialbäumen finden sich in Kapitel 21.

13.1 Das Einperioden-Binomialmodell und ein No-Arbitrage-Argument

Wir beginnen mit einer sehr einfachen Situation. Der aktuelle Aktienkurs beträgt 20 $. Es ist bekannt, dass der Aktienkurs in drei Monaten entweder 22 $ oder 18 $ betragen wird. Wir möchten einen europäischen Call auf den Kauf der Aktie in drei Monaten für 21 $ bewerten. Die Option wird am Ende der drei Monate einen von zwei Werten aufweisen. Wenn der Aktienkurs auf 22 $ steigt, wird die Option 1 $ wert sein; sinkt der Aktienkurs auf 18 $, wird der Wert der Option null sein. Diese Situation ist in Abbildung 13.1 dargestellt.

Es zeigt sich, dass in diesem Fall zur Bewertung der Option eine elegante Argumentation herangezogen werden kann. Die einzige notwendige Annahme besteht

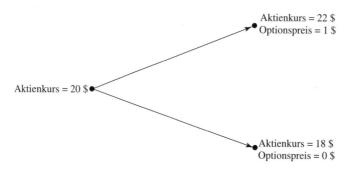

Abbildung 13.1: Aktienkursbewegung für das Beispiel aus Abschnitt 13.1

darin, dass keine Arbitragemöglichkeiten existieren sollen. Wir bilden ein Portfolio aus der Aktie und der Option so, dass es keine Unsicherheit hinsichtlich des Werts des Portfolios am Ende der drei Monate gibt. Dann argumentieren wir, dass die Rendite des Portfolios dem risikolosen Zinssatz entsprechen muss, weil das Portfolio kein Risiko aufweist. Dies erlaubt es uns, die Kosten für das Portfolio und damit den Optionspreis zu bestimmen. Da es zwei Wertpapiere (die Aktie und die Aktienoption) und nur zwei mögliche Zustände für den Aktienkurs gibt, ist es immer möglich, ein risikoloses Portfolio zu bilden.

Betrachten wir ein Portfolio, das aus einer Long-Position in Δ Aktien und einer Short-Position in einer Kaufoption besteht (Δ bezeichnet hierbei die Sensitivitätskennzahl Delta). Wir berechnen den Wert von Δ, der das Portfolio risikolos macht. Wenn der Aktienkurs von 20 \$ auf 22 \$ steigt, ist der Wert der Aktien 22Δ und der Wert der Option eins, sodass der Gesamtwert des Portfolios $22\Delta - 1$ beträgt. Wenn der Aktienkurs von 20 \$ auf 18 \$ fällt, ist der Wert der Aktien 18Δ und der Wert der Option null, sodass der Gesamtwert des Portfolios 18Δ ist. Das Portfolio ist risikolos, wenn der Wert von Δ so gewählt wird, dass der Endwert des Portfolios für beide Alternativen identisch ist. Das heißt, es gilt

$$22\Delta - 1 = 18\Delta$$

oder

$$\Delta = 0{,}25 \ .$$

Ein risikoloses Portfolio ist daher

- Long: 0,25 Aktien,
- Short: 1 Option (Call).

Wenn der Aktienkurs auf 22 \$ steigt, ist der Wert des Portfolios

$$22 \cdot 0{,}25 - 1 = 4{,}5 \ .$$

Wenn der Aktienkurs auf 18 \$ fällt, ist der Wert des Portfolios

$$18 \cdot 0{,}25 = 4{,}5 \ .$$

Ungeachtet dessen, ob der Aktienkurs steigt oder fällt, ist der Wert des Portfolios am Ende der Laufzeit der Option stets 4,5.

Risikolose Portfolios müssen bei Nichtexistenz von Arbitragemöglichkeiten den risikolosen Zinssatz verdienen. Angenommen, der risikolose Zins beträgt in diesem Fall 12% per annum. Daraus folgt, dass der heutige Wert des Portfolios dem Barwert von 4,5 oder

$$4{,}5 e^{-0{,}12 \cdot 3/12} = 4{,}367$$

entsprechen muss.

Es ist bekannt, dass der aktuelle Aktienkurs 20 \$ ist. Der Optionspreis wird mit f bezeichnet. Der heutige Wert des Portfolios beträgt

$$20 \cdot 0{,}25 - f = 5 - f \ .$$

Daraus folgt

$$5 - f = 4{,}367$$

oder

$$f = 0{,}633\ .$$

Dies zeigt, dass bei Nichtexistenz von Arbitragemöglichkeiten der aktuelle Wert der Option 0,633 betragen muss. Wenn der Wert der Option größer als 0,633 wäre, würde die Bildung des Portfolios weniger als 4,367 kosten und mehr als den risikolosen Zinssatz erzielen. Bei einem Wert der Option von weniger als 0,633 würde der Verkauf des Portfolios eine Möglichkeit für die Aufnahme von Kapital zu weniger als dem risikolosen Zinssatz bieten.

Natürlich kann man keine Viertelaktien handeln. Die Argumentation bleibt jedoch die gleiche, wenn wir uns einen Verkauf von 400 Optionen und einen Kauf von 100 Optionen vorstellen. Man muss generell je verkaufter Option Δ Optionen kaufen, um ein risikoloses Portfolio bilden zu können. Der Parameter Δ spielt beim Hedging von Optionen eine wichtige Rolle. Wir werden ihn später in diesem Kapitel und in Kapitel 19 näher betrachten.

Verallgemeinerung

Wir können die eben aufgezeigte No-Arbitrage-Argumentation verallgemeinern, indem wir eine Aktie mit dem Preis S_0 betrachten sowie eine Option auf diese Aktie bzw. ein beliebiges anderes von der Aktie abhängiges Derivat, deren gegenwärtiger Preis f beträgt. Wir nehmen an, dass die Option über die Zeit T läuft und der Aktienkurs während dieser Zeit entweder von S_0 auf den neuen Level $S_0 u$ steigen oder von S_0 auf $S_0 d$ fallen kann, wobei $u > 1$ und $d < 1$ gilt. Der relative Anstieg des Aktienkurses bei einer Aufwärtsbewegung beträgt $u - 1$; die relative Abnahme des Aktienkurses bei eine Abwärtsbewegung beträgt $1 - d$. Wenn der Aktienkurs auf $S_0 u$ steigt, nehmen wir an, dass die Auszahlung der Option f_u beträgt; wenn der Aktienkurs auf $S_0 d$ fällt, nehmen wir an, dass die Auszahlung der Option f_d beträgt. Die Situation ist in Abbildung 13.2 dargestellt.

Wie zuvor betrachten wir ein Portfolio, das aus der Long-Position in Δ Aktienanteilen und der Short-Position in einer Option besteht. Wir berechnen den Wert für Δ, der das Portfolio risikolos werden lässt. Wenn der Aktienkurs steigt, beträgt der Wert des Portfolios am Ende der Laufzeit der Option

$$S_0 u \Delta - f_u\ .$$

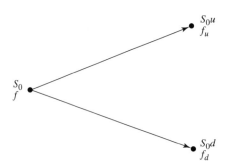

Abbildung 13.2: Aktien- und Optionspreise in einem allgemeinen Einperioden-Baum

Wenn der Aktienkurs fällt, ergibt sich ein Wert von

$$S_0 d \Delta - f_d.$$

Beide Werte sind gleich, wenn

$$S_0 u \Delta - f_u = S_0 d \Delta - f_d,$$

d. h.

$$\Delta = \frac{f_u - f_d}{S_0 u - S_0 d} \qquad (13.1)$$

gilt.

In diesem Fall ist das Portfolio risikolos und muss, damit es keine Arbitragemöglichkeiten gibt, eine Rendite in Höhe des risikolosen Zinssatzes erzielen. Gleichung (13.1) zeigt, dass Δ das Verhältnis der Änderung des Optionspreises zur Änderung des Aktienkurses angibt, wenn wir uns zum Zeitpunkt T zwischen den Knoten bewegen. Bezeichnen wir den risikolosen Zinssatz mit r, ergibt sich der Wert des Portfolios als

$$(S_0 u \Delta - f_u) e^{-rT}.$$

Die Kosten für die Bildung des Portfolios betragen

$$S_0 \Delta - f.$$

Daraus folgt

$$S_0 \Delta - f = (S_0 u \Delta - f_u) e^{-rT},$$

oder

$$f = S_0 \Delta (1 - u e^{-rT}) + f_u e^{-rT}.$$

Das Ersetzen von Δ gemäß Gleichung (13.1) ergibt

$$f = S_0 \left(\frac{f_u - f_d}{S_0 u - S_0 d} \right) (1 - u e^{-rT}) + f_u e^{-rT},$$

bzw.

$$f = \frac{f_u (1 - d e^{-rT}) + f_d (u e^{-rT} - 1)}{u - d}$$

und schließlich

$$f = e^{-rT} [p f_u + (1 - p) f_d], \qquad (13.2)$$

wobei

$$p = \frac{e^{rT} - d}{u - d} \qquad (13.3)$$

gilt.

Die Gleichungen (13.2) und (13.3) ermöglichen die Bewertung einer Option, wenn die Aktienkursbewegungen durch ein Einperioden-Binomialmodell beschrieben werden. Als einzige Bedingung wird die Abwesenheit von Arbitragemöglichkeiten benötigt.

Im oben betrachteten Zahlenbeispiel (siehe Abbildung 13.1) nahmen wir an, dass $u = 1{,}1$, $d = 0{,}9$, $r = 0{,}12$, $T = 0{,}25$, $f_u = 1$ und $f_d = 0$.

Aus Gleichung (13.3) folgt

$$p = \frac{e^{0{,}12 \cdot 3/12} - 0{,}9}{1{,}1 - 0{,}9} = 0{,}6523$$

und aus Gleichung (13.2)

$$f = e^{-0{,}12 \cdot 0{,}25}(0{,}6523 \cdot 1 + 0{,}3477 \cdot 0) = 0{,}633\ .$$

Dieses Ergebnis stimmt mit dem weiter oben erhaltenen Wert überein.

Irrelevanz der erwarteten Aktienrendite

Die Formel für die Optionsbewertung in Gleichung (13.2) enthält keine Wahrscheinlichkeiten für des Steigen oder Fallen des Aktienkurses. Beispielsweise erhalten wir den gleichen Optionspreis, wenn die Wahrscheinlichkeit eines Anstiegs 0,5 oder aber 0,9 beträgt. Dies ist überraschend und nicht ohne weiteres nachvollziehbar. Es ist ganz natürlich anzunehmen, dass der Wert einer Kaufoption auf eine Aktie steigt und der Wert einer Verkaufsoption auf eine Aktie sinkt, wenn die Wahrscheinlichkeit eines Ansteigens des Aktienkurses zunimmt. Dies ist aber nicht der Fall.

Der entscheidende Grund hierfür ist, dass wir die Optionen nicht isoliert bewerten. Wir berechnen ihren Wert im Hinblick auf den Kurs der zugrunde liegenden Aktie. Die Wahrscheinlichkeiten zukünftiger Auf- und Abwärtsbewegungen sind bereits im Aktienkurs berücksichtigt. Es stellt sich heraus, dass wir sie nicht erneut berücksichtigen müssen, wenn wir die Option hinsichtlich des Aktienkurses bewerten.

13.2 Risikoneutrale Bewertung

Wir sind nun in der Lage, ein sehr wichtiges Prinzip für die Bewertung von Derivaten einzuführen – die *risikoneutrale Bewertung*. Diese besagt, dass wir bei der Bewertung eines Derivates die Annahme treffen können, dass sich die Anleger *risikoneutral* verhalten. Diese Annahme bedeutet, dass die Anleger keine höhere Rendite nachfragen, um ein eventuell höheres Risiko einer bestimmten Investition auszugleichen. Eine Welt mit risikoneutralen Anlegern wird als *risikoneutrale Welt* bezeichnet. Unsere Welt ist selbstverständlich nicht risikoneutral. Je höher die Risiken sind, welche von Anlegern eingegangen werden, desto höher sind auch die von ihnen nachgefragten Renditen. Es zeigt sich jedoch, dass die Annahme einer risikoneutralen Welt den korrekten Optionspreis sowohl für unsere Welt als auch für die risikoneutrale Welt liefert. Auf fast schon wundersame Weise wird damit auch das Problem gelöst, dass wir kaum etwas über die Risikoaffinitäten der Optionskäufer und -verkäufer wissen können.

Auf den ersten Blick wirkt die risikoneutrale Bewertung ziemlich überraschend. Optionen sind eigentlich risikobehaftete Anlagen. Sollten dann nicht auch bei der Bewertung die Risikopräferenzen der jeweiligen Anleger eine Rolle spielen? Es zeigt sich, dass die Risikopräferenzen bei der Bewertung einer Option auf der Grundlage des zugrunde liegenden Aktienkurses keine Bedeutung besitzen. Wenn die Anleger zunehmend risikoscheu werden, sinken die Aktienkurse, doch die Formeln zur Ermittlung des Optionspreises mit Hilfe der Aktienkurse bleiben dieselben.

Eine risikoneutrale Welt besitzt zwei Eigenschaften, welche die Bewertung von Derivaten vereinfachen:

1. Die erwartete Rendite auf eine Aktie (oder auf eine andere Anlage) ist der risikolose Zinssatz.
2. Der Diskontierungssatz für die erwartete Auszahlung aus einer Option (oder aus einer anderen Anlage) ist ebenfalls der risikolose Zinssatz.

In Gleichung (13.2) sollte man die Variable p in Gleichung (13.2) als die Wahrscheinlichkeit einer Aufwärtsbewegung des Aktienkurses in einer risikoneutralen Welt interpretieren. Die Variable $1 - p$ entspricht dann der Wahrscheinlichkeit einer Abwärtsbewegung in jener Welt, und der Ausdruck

$$pf_u + (1 - p)f_d$$

ist die erwartete zukünftige Auszahlung der Option in der risikoneutralen Welt. Dann sagt Gleichung (13.2) aus, dass der heutige Wert der Option ihrem erwarteten zukünftigen Wert in einer risikoneutralen Welt, diskontiert mit dem risikolosen Zinssatz, entspricht. Dies ist <u>eine</u> Anwendung des Prinzips der risikoneutralen Bewertung.

Um die Gültigkeit unserer Interpretation von p nachzuweisen, bemerken wir Folgendes: Wenn die Wahrscheinlichkeit eines Kursanstiegs mit p angenommen wird, ist der erwartete Aktienkurs $E(S_T)$ zum Zeitpunkt T gegeben durch

$$E(S_T) = pS_0 u + (1 - p)S_0 d$$

oder

$$E(S_T) = pS_0(u - d) + S_0 d \, .$$

Durch Ersetzen von p gemäß Gleichung (13.3) erhalten wir

$$E(S_T) = S_0 e^{rT} \, , \tag{13.4}$$

was zeigt, dass der Aktienkurs im Durchschnitt mit dem risikolosen Zins wächst, wenn p die Wahrscheinlichkeit einer Aufwärtsbewegung angibt. Mit anderen Worten: Der Aktienkurs verhält sich genau so, wie wir es in einer risikoneutralen Welt von ihm erwarten würden, wenn p die Wahrscheinlichkeit einer Aufwärtsbewegung angibt.

Die risikoneutrale Bewertung ist ein wichtiges allgemeines Prinzip der Bewertung von Derivaten. Dieses Prinzip sagt aus, dass wir bei der Annahme einer risikoneutralen Welt für die Bewertung eines Derivats den Preis für das Derivat für alle Welten, nicht nur für die risikoneutrale Welt, erhalten. Wir haben gezeigt, dass die risikoneutrale Bewertung korrekt ist, wenn ein einfaches Binomialmodell für die Entwicklung der Aktienkurse angenommen wird. Es lässt sich sogar zeigen, dass das Resultat unabhängig von den Annahmen über die Aktienkursentwicklung zutrifft.

Wenn wir die risikoneutrale Bewertung zur Bepreisung eines Derivats verwenden, berechnen wir zunächst die Wahrscheinlichkeiten für verschiedene Resultate, falls die Welt risikoneutral wäre. Dann berechnen wir die erwartete Auszahlung des Derivats und diskontieren diese mit dem risikolosen Zinssatz.

Weitere Überlegungen zum Einperioden-Binomialmodell

Wir kehren nun zum Beispiel in Abbildung 13.1 zurück und zeigen, dass die risikoneutrale Bewertung zum gleichen Ergebnis führt wie No-Arbitrage-Argumente. In Abbildung 13.1 beträgt der gegenwärtige Aktienkurs 20 $ und bewegt sich zum Ende der drei Monate entweder aufwärts auf 22 $ oder abwärts auf 18 $. Die betrachtete Option ist ein europäischer Call mit einem Basispreis von 21 $ und einem Verfalltermin in drei Monaten. Der risikolose Zinssatz beträgt 12% pro Jahr.

Wir definieren p als die Wahrscheinlichkeit einer Aufwärtsbewegung des Aktienkurses in einer risikoneutralen Welt. Wir können p aus Gleichung (13.3) berechnen. Alternativ können wir argumentieren, dass in einer risikoneutralen Welt die erwartete Rendite einer Aktie dem risikolosen Zins von 12% entsprechen muss. Das heißt, p muss

$$22p + 18(1-p) = 20e^{0{,}12 \cdot 3/12}$$

bzw.

$$4p = 20e^{0{,}12 \cdot 3/12} - 18$$

erfüllen. Daraus folgt $p = 0{,}6523$.

Am Ende der drei Monate hat die Kaufoption mit einer Wahrscheinlichkeit von 0,6523 den Wert eins und mit einer Wahrscheinlichkeit von 0,3477 den Wert null. Ihr erwarteter Wert beträgt daher

$$0{,}6523 \cdot 1 + 0{,}3477 \cdot 0 = 0{,}6523\,.$$

In einer risikoneutralen Welt sollte dieser Erwartungswert mit dem risikolosen Zinssatz diskontiert werden. Der heutige Wert der Option ist deshalb $0{,}6523 e^{-0{,}12 \cdot 3/12}$ oder 0,633 $.

Dies ist derselbe Wert, den wir weiter oben erhalten haben, was zeigt, dass No-Arbitrage-Argumente und die risikoneutrale Bewertung zum selben Ergebnis führen.

Reale Welt versus risikoneutrale Welt

Es sollte hervorgehoben werden, dass p die Wahrscheinlichkeit einer Aufwärtsbewegung in einer risikoneutralen Welt ist. Im Allgemeinen entspricht dies nicht der Wahrscheinlichkeit einer Aufwärtsbewegung in der realen Welt. In unserem Beispiel ist $p = 0{,}6523$. Wenn die Wahrscheinlichkeit einer Aufwärtsbewegung 0,6523 ist, entspricht die erwartete Rendite der Aktie dem risikolosen Zins von 12%. Angenommen, die erwartete Rendite der Aktie in der realen Welt beträgt 16% und p^* ist die Wahrscheinlichkeit einer Aufwärtsbewegung in der realen Welt, dann folgt

$$22p^* + 18(1-p^*) = 20e^{0{,}16 \cdot 3/12}$$

und damit $p^* = 0{,}7041$.

Die erwartete Auszahlung aus der Option in der realen Welt beträgt dann

$$p^* \cdot 1 + (1 - p^*) \cdot 0\,.$$

Dies ist 0,7041. Leider ist es nicht einfach, den korrekten Diskontierungssatz zu ermitteln, der für die erwartete Auszahlung in der realen Welt gilt. Die am Markt nachgefragte Aktienrendite beträgt 16% und genau dieser Diskontierungssatz würde für die erwarteten Cash Flows aus dieser Anlage verwendet werden. Eine Position in einer Kaufoption ist riskanter als eine Position in einer Aktie. Demzufolge ist der für die Auszahlung aus dem Call anzuwendende Diskontierungssatz größer als 16%. Ohne den Optionswert zu kennen, können wir nicht wissen, wie viel größer als 16%

der Diskontierungssatz sein sollte.[1] Die Verwendung der risikoneutralen Bewertung ist zweckmäßig, da wir wissen, dass in der risikoneutralen Welt die Rendite auf alle Vermögensgegenstände (und damit der Diskontierungssatz, der auf alle erwarteten Auszahlungen anzuwenden ist) der risikolose Zinssatz ist.

13.3 Zweiperiodige Binomialbäume

Wir können die Analyse auf zweiperiodige Binomialbäume, wie in Abbildung 13.3 gezeigt, ausdehnen. Hier beginnt der Aktienkurs bei 20 $ und in jedem der beiden Schritte steigt oder fällt er um 10%. Jeder Zeitschritt ist drei Monate lang und der risikolose Zinssatz beträgt 12% per annum. Wie vorhin betrachten wir eine Option mit einem Basispreis von 21 $.

Das Ziel der Analyse ist die Berechnung des Optionspreises am Anfangsknoten des Baumes. Dies kann durch Wiederholung der weiter oben beschriebenen Schritte erreicht werden. Abbildung 13.4 zeigt denselben Baum wie Abbildung 13.3, jedoch mit Angabe sowohl des Aktienkurses als auch des Optionspreises an jedem Knoten. (Der Aktienkurs entspricht der oberen Zahl, der Optionspreis ist darunter angegeben.) Die Optionspreise an den Endknoten des Baumes sind einfach zu berechnen. Sie entsprechen den Auszahlungen der Option. Am Knoten D ist der Aktienkurs 24,2 und der Optionspreis $24{,}2 - 21 = 3{,}2$; an den Knoten E und F ist die Option aus dem Geld und ihr Wert folglich null.

Am Knoten C ist der Optionspreis null, denn Knoten C führt entweder zum Knoten E oder zum Knoten F und an diesen beiden Knoten ist der Optionspreis null. Wir berechnen den Optionspreis am Knoten B, indem wir uns auf den in der Abbil-

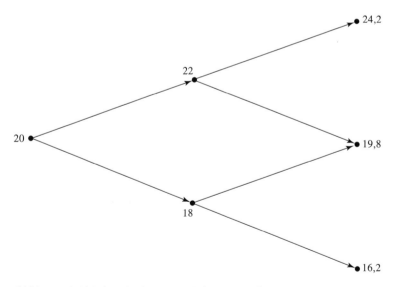

Abbildung 13.3: Aktienkurse in einem zweiperiodigen Binomialbaum

---

[1] Weil wir wissen, dass der korrekte Wert der Option 0,633 ist, können wir schlussfolgern, dass der korrekte Diskontierungssatz in der realen Welt 42,58% beträgt. Dies ist der Fall, da $0{,}633 = 0{,}7041 e^{-0{,}4258 \cdot 3/12}$.

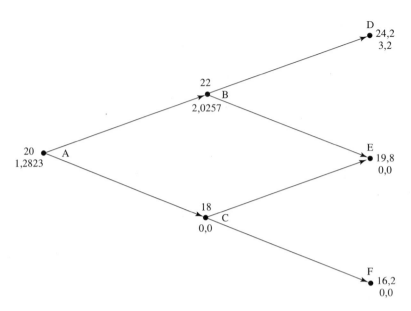

Abbildung 13.4: Aktien- und Optionspreise in einem zweiperiodigen Baum. Die obere Zahl an jedem Knoten gibt den Aktienkurs an; die untere Zahl entspricht dem Optionspreis

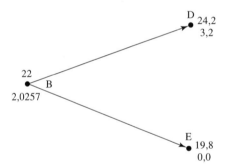

Abbildung 13.5: Ermittlung des Optionspreises an Knoten B in Abbildung 13.4

dung 13.5 gezeigten Teil des Baumes konzentrieren. Mit der weiter oben im Kapitel eingeführten Notation gilt $u = 1{,}1$, $d = 0{,}9$, $r = 0{,}12$ und $T = 0{,}25$, sodass $p = 0{,}6523$ ist. Aus Gleichung (13.2) ergibt sich der Wert der Option am Knoten B als

$$e^{-0{,}12 \cdot 3/12}(0{,}6523 \cdot 3{,}2 + 0{,}3477 \cdot 0) = 2{,}0257\,.$$

Es verbleibt die Berechnung des Optionspreises am Anfangsknoten A. Wir konzentrieren uns dabei auf den ersten Zeitschritt des Baumes. Wir wissen, dass der Wert der Option am Knoten B 2,0257 beträgt und am Knoten C null ist. Mit Gleichung (13.2) ergibt sich folglich der Wert am Knoten A mit

$$e^{-0{,}12 \cdot 3/12}(0{,}6523 \cdot 2{,}0257 + 0{,}3477 \cdot 0) = 1{,}2823\,.$$

Der Wert der Option ist 1,2823 $.

Dieses Beispiel war so konstruiert, dass u und d (die relativen Auf- und Abwärtsbewegungen) an jedem Knoten des Baumes gleich sind und dass die Zeitschritte die gleiche Länge aufweisen. Als Ergebnis erhalten wir, dass die risikoneutrale Wahrscheinlichkeit p, die mit Gleichung (13.3) berechnet wurde, an allen Knoten gleich ist.

Verallgemeinerung

Wir können den Fall von zwei Zeitschritten verallgemeinern, wenn wir die Situation in Abbildung 13.6 betrachten. Der Aktienkurs ist zu Beginn S_0. In jedem Schritt steigt er entweder auf das u-fache oder fällt auf das d-fache des vorangegangenen Wertes. Die Notation für den Wert der Option ist im Baum aufgezeigt. (Beispielsweise ist nach zwei Aufwärtsschritten der Wert der Option f_{uu}.) Wir nehmen an, dass der risikolose Zinssatz r ist und dass die Länge der Zeitschritte Δt Jahre beträgt.

Da die Länge eines Zeitschritts jetzt Δt und nicht T beträgt, werden die Gleichungen (13.2) und (13.3) zu

$$f = e^{-r\Delta t}[pf_u + (1-p)f_d] \tag{13.5}$$

$$p = \frac{e^{r\Delta t} - d}{u - d}. \tag{13.6}$$

Die wiederholte Anwendung von Gleichung (13.5) ergibt

$$f_u = e^{-r\Delta t}[pf_{uu} + (1-p)f_{ud}] \tag{13.7}$$

$$f_d = e^{-r\Delta t}[pf_{ud} + (1-p)f_{dd}] \tag{13.8}$$

$$f = e^{-r\Delta t}[pf_u + (1-p)f_d]. \tag{13.9}$$

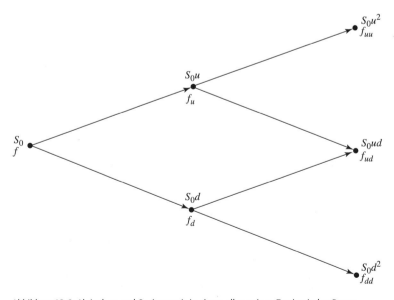

Abbildung 13.6: Aktienkurs und Optionspreis in einem allgemeinen Zweiperioden-Baum

Durch Einsetzen der Gleichungen (13.7) und (13.8) in Gleichung (13.9) erhalten wir

$$f = e^{-2r\Delta t}[p^2 f_{uu} + 2p(1-p)f_{ud} + (1-p)^2 f_{dd}]. \tag{13.10}$$

Dies steht im Einklang mit dem Prinzip der risikoneutralen Bewertung, das wir weiter oben erwähnt haben. Die Variablen p^2, $2p(1-p)$ und $(1-p)^2$ entsprechen den Wahrscheinlichkeiten, dass der obere, der mittlere oder der untere Endknoten erreicht wird. Der Optionspreis ist gleich der erwarteten Auszahlung in einer risikoneutralen Welt, diskontiert mit dem risikolosen Zinssatz.

Auch wenn wir weitere Schritte zum Binomialbaum hinzufügen, bleibt das Prinzip der risikoneutralen Bewertung gültig. Der Optionspreis ist immer gleich der erwarteten Auszahlung in einer risikoneutralen Welt, diskontiert mit dem risikolosen Zinssatz.

13.4 Beispiel für einen Put

Die in diesem Kapitel beschriebenen Verfahren können verwendet werden, um jedes beliebige Derivat zu bewerten, das von einer Aktie abhängt, deren Kursänderungen binomialverteilt sind. Betrachten wir eine europäische Verkaufsoption auf eine Aktie mit einer Laufzeit von zwei Jahren und einem Basispreis von 52 $, deren aktueller Kurs 50 $ beträgt. Wir nehmen an, dass es sich um zwei Zeitschritte von einem Jahr handelt und in jedem Schritt der Aktienkurs entweder um einen Prozentsatz von 20 % steigt oder fällt. Wir nehmen außerdem an, dass der risikolose Zins 5 % beträgt.

Der Baum ist in Abbildung 13.7 dargestellt. In diesem Fall ist $u = 1{,}2$, $d = 0{,}8$, $\Delta t = 1$ und $r = 0{,}05$. Die risikoneutrale Wahrscheinlichkeit p ist gemäß Glei-

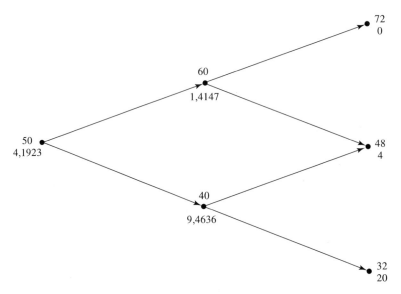

Abbildung 13.7: Verwendung eines Zweiperioden-Baumes zur Bewertung einer europäischen Verkaufsoption. An jedem Knoten entspricht die obere Zahl dem Aktienkurs und die untere dem Optionspreis.

chung (13.6) gegeben durch

$$p = \frac{e^{0{,}05 \cdot 1} - 0{,}8}{1{,}2 - 0{,}8} = 0{,}6282 \ .$$

Die möglichen Aktienkurse bei Fälligkeit sind 72 \$, 48 \$ und 32 \$. In diesem Fall sind $f_{uu} = 0$, $f_{ud} = 4$ und $f_{dd} = 20$. Aus Gleichung (13.10) folgt

$$f = e^{-2 \cdot 0{,}05 \cdot 1}(0{,}6282^2 \cdot 0 + 2 \cdot 0{,}6282 \cdot 0{,}3718 \cdot 4 + 0{,}3718^2 \cdot 20) = 4{,}1923 \ .$$

Der Wert des Puts beträgt 4,1923 \$. Dieses Ergebnis erhält man auch, wenn man Gleichung (13.5) verwendet und sich schrittweise durch den Baum zurückarbeitet. Abbildung 13.7 zeigt die berechneten Optionspreise für alle Knoten des Baumes.

13.5 Amerikanische Optionen

Bisher waren alle betrachteten Optionen europäischen Typs. Wir wollen nun betrachten, wie amerikanische Optionen unter Verwendung von Binomialbäumen wie in den Abbildungen 13.4 und 13.7 bewertet werden können. Das Verfahren besteht darin, sich vom Ende bis zum Anfang des Baumes zurückzuarbeiten und an jedem Knoten zu überprüfen, ob eine vorzeitige Ausübung sinnvoll ist. Der Wert der Option an den Endknoten ist derselbe wie für eine europäische Option. An früheren Knoten ist der Wert der Option das Maximum aus

1. dem durch Gleichung (13.5) angegebenen Wert und
2. der Auszahlung aus der vorzeitigen Ausübung.

Abbildung 13.8 zeigt, wie sich Abbildung 13.7 ändert, wenn die betrachtete Option amerikanischen anstatt europäischen Typs ist. Die Aktienkurse und ihre Wahrscheinlichkeiten bleiben unverändert. Die Werte der Option an den Endknoten bleiben ebenfalls unverändert. Am Knoten B liefert Gleichung (13.5) den Wert 1,4147 für die Option, während die Auszahlung aus einer vorzeitigen Ausübung negativ ist ($= -8$). Offensichtlich ist die vorzeitige Ausübung am Knoten B nicht sinnvoll, und der Wert der Option an diesem Knoten beträgt 1,4147. Am Knoten C liefert Gleichung (13.5) den Wert 9,4636 für die Option, während die Auszahlung bei vorzeitiger Ausübung 12 ist. In diesem Fall ist die vorzeitige Ausübung optimal und der Wert der Option am Knoten beträgt 12. Am Anfangsknoten A ist der durch Gleichung (13.5) gegebene Wert

$$e^{-0{,}05 \cdot 1}(0{,}6282 \cdot 1{,}4147 + 0{,}3718 \cdot 12{,}0) = 5{,}0894$$

und die Auszahlung bei vorzeitiger Ausübung ist 2. In diesem Fall ist die vorzeitige Ausübung nicht optimal. Der Wert der Option ist deshalb 5,0894 \$.

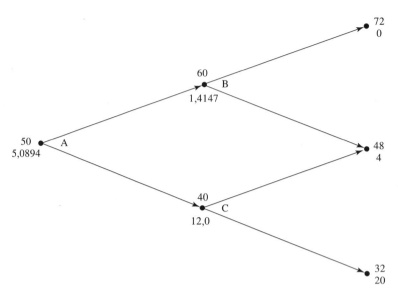

Abbildung 13.8: Verwendung eines Zweiperioden-Baumes zur Bewertung einer amerikanischen Verkaufsoption. An jedem Knoten steht die obere Zahl für den Aktienkurs und die untere für den Optionspreis.

13.6 Options-Delta

An dieser Stelle ist die Diskussion des *Delta-Faktors* angebracht, einem wichtigen Parameter (auch als Sensitivitätskennzahl oder *Greek* bezeichnet) bei der Bewertung und der Absicherung (Hedging) von Optionen.

Das Delta (Δ) einer Aktienoption ist das Verhältnis der Änderung des Optionspreises zur Änderung des zugrunde liegenden Aktienkurses. Dieser entspricht der Anzahl an Aktien, die wir für jede Short-Position in einer Option halten sollten, um ein risikoloses Portfolio zu bilden. Er entspricht dem weiter vorn in diesem Kapitel eingeführten Δ. Das Bilden eines risikolosen Portfolios wird manchmal als *Delta-Hedging* bezeichnet. Der Delta-Faktor einer Kaufoption ist positiv, das Delta einer Verkaufsoption dagegen negativ.

Aus Abbildung 13.1 können wir den Delta-Faktor der betrachteten Kaufoption zu

$$\frac{1-0}{22-18} = 0{,}25$$

berechnen. Dies gilt, weil sich im Falle einer Änderung des Aktienkurses von 18 $ auf 22 $ der Optionspreis von 0 $ auf 1 $ ändert. Der Wert entspricht dem Δ, welches wir in Abschnitt 13.1 berechnet haben.

In Abbildung 13.4 ist der zu den Aktienkursbewegungen im ersten Zeitschritt gehörige Delta-Faktor

$$\frac{2{,}0257 - 0}{22 - 18} = 0{,}5064 \ .$$

Der Delta-Faktor für die Aktienkursbewegungen im zweiten Zeitschritt ist

$$\frac{3{,}2 - 0}{24{,}2 - 19{,}8} = 0{,}7273 \ ,$$

falls es im ersten Zeitabschnitt eine Aufwärtsbewegung gibt, und

$$\frac{0-0}{19{,}8-16{,}2} = 0 \, ,$$

falls es im ersten Zeitabschnitt eine Abwärtsbewegung gibt.

Nach Abbildung 13.7 ist das Delta am Ende des ersten Zeitschritts

$$\frac{1{,}4147 - 9{,}4636}{60 - 40} = -0{,}4024$$

und am Ende des zweiten Zeitschritts entweder

$$\frac{0-4}{72-48} = -0{,}1667$$

oder

$$\frac{4-20}{48-32} = -1{,}0000 \, .$$

Die zweiperiodigen Beispiele zeigen, dass der Delta-Faktor im Zeitablauf variiert. (In Abbildung 13.4 ändert sich Delta von 0,5064 auf entweder 0,7273 oder 0; in Abbildung 13.7 ändert es sich von −0,4024 auf entweder −0,1667 oder −1,000.) Um also ein risikoloses Hedging unter Verwendung einer Option und der zugrunde liegenden Aktie aufrechtzuerhalten, müssen wir unsere Aktienbestände regelmäßig anpassen. Dies ist eine Eigenschaft von Optionen, die wir in Kapitel 19 noch einmal ansprechen werden.

13.7 Anpassung von *u* und *d* an die Volatilität

Die drei notwendigen Parameter für die Konstruktion eines Binomialbaums mit der Schrittlänge Δt sind u, d und p. Wenn u und d bestimmt worden sind, muss p so gewählt werden, dass die erwartete Rendite gleich dem risikolosen Zinssatz r ist. Wir haben bereits gezeigt, dass

$$p = \frac{e^{r\Delta t} - d}{u - d} \qquad (13.11)$$

gilt. Die Parameter u und d sind an die Volatilität anzupassen. Die Volatilität σ einer Aktie (oder eines anderen Assets) ist so definiert, dass die Standardabweichung ihrer Rendite für einen kurzen Zeitschritt Δt gleich $\sigma \sqrt{\Delta t}$ ist. (Wir gehen in Kapitel 15 näher darauf ein.) Damit ist die Varianz der Rendite für den Zeitschritt Δt gleich $\sigma \Delta t$. Allgemein ist die Varianz einer Zufallsgröße X als $E(X^2) - [E(X)]^2$ definiert, wobei E den Erwartungswert bezeichnet. Im Zeitschritt Δt liefert die Aktie mit Wahrscheinlichkeit p die Rendite $u - 1$ und mit Wahrscheinlichkeit $1 - p$ die Rendite $d - 1$. Hieraus folgt, dass die Anpassung an die Volatilität bei Erfüllung der Gleichung

$$p(u-1)^2 + (1-p)(d-1)^2 - [p(u-1) + (1-p)(d-1)]^2 = \sigma^2 \Delta t \qquad (13.12)$$

gegeben ist. Durch Substitution von p gemäß Gleichung (13.11) vereinfacht sich dies zu

$$e^{r\Delta t}(u+d) - ud - e^{2r\Delta t} = \sigma^2 \Delta t \, . \qquad (13.13)$$

Vernachlässigt man die Terme in Δt^2 und die höheren Potenzen von Δt, so lautet eine Lösung von Gleichung (13.13)[2]

$$u = e^{\sigma\sqrt{\Delta t}}$$
$$d = e^{-\sigma\sqrt{\Delta t}}.$$

Hierbei handelt es sich um jene Werte für u und d, die bereits von Cox, Ross und Rubinstein (1979) verwendet wurden.

In der obigen Argumentation haben wir u und d an die Volatilität in der risikoneutralen Welt angepasst. Was passiert, wenn wir sie stattdessen an die Volatilität in der realen Welt anpassen? Wie wir nun zeigen werden, bleiben die Formeln für u und d gleich.

Die Wahrscheinlichkeit einer Aufwärtsbewegung in der realen Welt sei p^* (analog zur Wahrscheinlichkeit p einer Aufwärtsbewegung in der risikoneutralen Welt). Abbildung 13.9 veranschaulicht den Sachverhalt. Die erwartete Rendite in der realen Welt sei μ. Dann muss

$$p^* u + (1 - p^*) d = e^{\mu \Delta t}$$

bzw.

$$p^* = \frac{e^{\mu \Delta t} - d}{u - d} \qquad (13.14)$$

gelten. Es sei σ die Volatilität in der realen Welt. Die Anpassungsgleichung entspricht Gleichung (13.12), nur wird p durch p^* ersetzt. In Kombination mit Gleichung (13.14) erhalten wir

$$e^{\mu \Delta t}(u + d) - ud - e^{2\mu \Delta t} = \sigma^2 \Delta t.$$

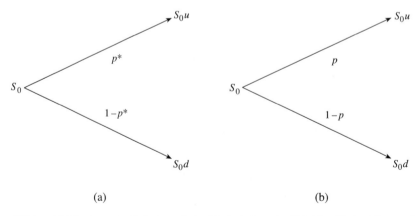

Abbildung 13.9: Änderung des Aktienkurses in der Zeit Δt in der realen Welt (a) und in der risikoneutralen Welt (b)

---

[2] Hierbei verwenden wir die Reihenentwicklung

$$e^x = 1 + x + \frac{x^2}{2!} + \frac{x^3}{3!} + \cdots$$

Dies entspricht Gleichung (13.13), wobei r durch μ ersetzt wurde. Falls Terme in Δt^2 und höhere Potenzen von Δt vernachlässigt werden, ergibt sich die gleiche Lösung wie für Gleichung (13.13):

$$u = e^{\sigma\sqrt{\Delta t}}$$
$$d = e^{-\sigma\sqrt{\Delta t}}.$$

Das Girsanov-Theorem

Die eben hergeleiteten Ergebnisse stehen in enger Beziehung zu einem wichtigen Resultat, das als *Girsanov-Theorem* bekannt ist. Beim Übergang von der realen zur risikoneutralen Welt ändert sich die erwartete Rendite der Aktie, aber die Volatilität bleibt gleich. Allgemeiner gilt: Wenn wir uns von einer Welt mit bestimmten Risikopräferenzen zu einer anderen Welt mit anderen Risikopräferenzen bewegen, verändern sich die erwarteten Wachstumsraten in den Variablen, aber ihre Volatilitäten bleiben dieselben. In Kapitel 28 werden wir den Einfluss von Risikopräferenzen auf das Verhalten der Marktvariablen genauer untersuchen. Der Wechsel von Risikopräferenzen wird mitunter als *Maßwechsel* bezeichnet. Das Maß für die reale Welt wird gelegentlich als *P-Maß* bezeichnet, während das Maß für die risikoneutrale Welt als *Q-Maß* bezeichnet wird.[3]

13.8 Die Formeln für Binomialbäume

Die Analyse im vorigen Abschnitt zeigt, dass wir die Anpassung an die Volatilität erreichen, indem wir für Zeitschritte der Länge Δt die Parameter

$$u = e^{\sigma\sqrt{\Delta t}} \tag{13.15}$$

und

$$d = e^{-\sigma\sqrt{\Delta t}} \tag{13.16}$$

setzen. Aus Gleichung (13.6) haben wir

$$p = \frac{a-d}{u-d}, \tag{13.17}$$

wobei

$$a = e^{r\Delta t}. \tag{13.18}$$

Die Gleichungen (13.15)–(13.18) definieren den Binomialbaum.

Wir betrachten noch einmal den amerikanischen Put in Abbildung 13.8 mit Aktienkurs 50 \$, Basispreis 52 \$, risikolosem Zinssatz 5%, Optionslaufzeit zwei Jahre und zwei Zeitschritten (also $\Delta t = 1$). Die Volatilität σ betrage 30%. Dann gilt mit Gleichung (13.15) bis Gleichung (13.18)

$$u = e^{0{,}3 \cdot 1} = 1{,}3499, \quad d = \frac{1}{1{,}3499} = 0{,}7408, \quad a = e^{0{,}05 \cdot 1} = 1{,}0513$$

---

[3] Mit unserer Notation stellt p die Wahrscheinlichkeit unter dem Q-Maß dar und p^* die Wahrscheinlichkeit unter dem P-Maß.

sowie
$$p = \frac{1{,}0513 - 0{,}7408}{1{,}3499 - 0{,}7408} = 0{,}5097 \, .$$

Der Baum ist in Abbildung 13.10 dargestellt. Der Wert des Puts ist 7,43. Er unterscheidet sich von dem Wert in Abbildung 13.8, als wir $u = 1{,}2$ und $d = 0{,}8$ angenommen hatten. Man beachte, dass die Option am Ende des ersten Zeitschritts ausgeübt wird, wenn der untere Knoten erreicht wurde.

13.9 Erhöhung der Anzahl an Zeitschritten

Das oben vorgestellte Binomialmodell ist unrealistisch einfach. Selbstverständlich kann man nur eine sehr grobe Näherung des Optionspreises erwarten, wenn man annimmt, dass die Aktienkursänderungen während der Laufzeit einer Option einem ein- oder zweiperiodigen Binomialmodell folgen.

Wenn in der Praxis Binomialbäume verwendet werden, wird die Laufzeit der Option typischerweise in 30 oder mehr Zeitschritte zerlegt. In jedem einzelnen Zeitschritt gibt es eine binomiale Aktienkursbewegung. 30 Zeitschritte bedeuten, dass 31 Endknoten von Aktienkursen und 2^{30}, oder etwa eine Milliarde, mögliche Pfade des Aktienkurses betrachtet werden.

Die den Baum bestimmenden Gleichungen sind Gleichung (13.15) bis Gleichung (13.18), unabhängig von der Anzahl der Zeitschritte. Nehmen wir beispielsweise an, dass es in dem Beispiel in Abbildung 13.10 fünf statt zwei Schritte gibt. Die Parameter wären dann $\Delta t = 2/5 = 0{,}4$, $r = 0{,}05$ und $\sigma = 0{,}3$. Mit diesen Werten ergibt sich $u = e^{0{,}3 \cdot \sqrt{0{,}4}} = 1{,}2089$, $d = 1/1{,}2089 = 0{,}8272$, $a = e^{0{,}05 \cdot 0{,}4} = 1{,}0202$ und $p = (1{,}0202 - 0{,}8272)/(1{,}2089 - 0{,}8272) = 0{,}5056$.

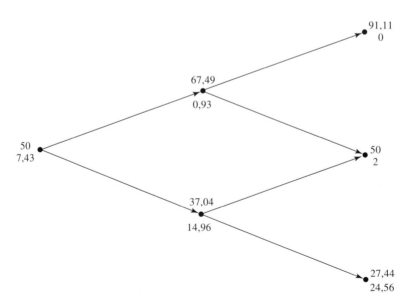

Abbildung 13.10: Zweiperioden-Baum zur Bewertung einer amerikanischen Verkaufsoption mit Aktienkurs 50, einer Restlaufzeit von 2 Jahren, Basispreis 52, risikolosem Zinssatz 5% und Volatilität 30%

Wenn die Anzahl der Zeitschritte erhöht (und Δt kleiner wird), trifft das Binomialbaummodell die gleichen Annahmen über das Verhalten des Aktienkurses wie das Black-Scholes-Merton-Modell, welches in Kapitel 15 behandelt wird. Wenn der Binomialbaum zur Bepreisung einer europäischen Option verwendet wird, konvergiert der Preis erwartungsgemäß mit steigender Anzahl an Zeitschritten gegen den Black-Scholes-Merton-Preis. Dies wird im Anhang an dieses Kapitel bewiesen.

13.10 Verwendung von DerivaGem

DerivaGem, die Software zum Buch, ist ein nützliches Hilfsmittel, um sich mit Binomialbäumen vertraut zu machen. Nach dem Einrichten der Software auf dem am Ende des Buches beschriebenem Wege öffnen Sie das Tabellenblatt *Equity_FX_Index_Futures_Options*. Wählen Sie *Equity* als Underlying und *Binomial American* als Optionstyp. Geben Sie für Stock Price, Volatility, Risk-free Rate, Time to Expiration, Exercise Price und Time Steps die Werte 50, 30 %, 5 %, 2, 52 bzw. 2 ein. Klicken Sie auf *Put* und dann auf *Calculate*. In der mit *Price* bezeichneten Zelle erscheint der Optionspreis 7,428. Wenn Sie nun auf *Display Tree* klicken, sehen Sie das Äquivalent zu Abbildung 13.10. (Die roten Zahlen markieren die Knoten, an denen die Option ausgeübt wird.)

Kehren Sie jetzt zum Tabellenblatt *Equity_FX_Indx_Fut_Opts_Calc* zurück und ändern Sie die Anzahl der Zeitschritte in 5. Betätigen Sie die Eingabetaste und klicken Sie dann auf *Calculate*. Sie werden feststellen, dass sich der Optionswert auf 7,671 ändert. Über *Display Tree* wird der Fünfperioden-Baum angezeigt, zusammen mit den oben berechneten Werten für u, d, a und p. Bäume mit bis zu zehn Zeitschritten können von DerivaGem grafisch dargestellt werden, Berechnungen können sogar für bis zu 500 Zeitschritte durchgeführt werden. In unserem Beispiel ergeben 500 Schritte einen auf zwei Nachkommastellen gerundeten Optionspreis von 7,47. Dies ist ein ziemlich genauer Wert. Durch Änderung des Optionstyps in Binomial European lässt sich der Baum zur Bewertung einer europäischen Option benutzen. Die Verwendung von 500 Zeitschritten ergibt für eine europäische Option mit denselben Parametern wie für die amerikanische Option einen Wert von 6,76. (Durch Änderung des Optionstyps in Black-Scholes European kann man sich den durch die Black-Scholes-Merton-Formel (Kapitel 15) bestimmten Optionswert anzeigen lassen. Er beträgt ebenfalls 6,76.)

Durch Änderung des Underlyingtyps können wir Optionen auf andere Assets als Aktien untersuchen. Diese werden im Folgenden diskutiert.

13.11 Optionen auf andere Assets

Wir haben Optionen auf Indizes, Währungen und Futures-Kontrakte in Kapitel 10 eingeführt und werden diese in Kapitel 17 und 18 detailliert betrachten. Wir können für diese Optionen Binomialbäume exakt in der gleichen Art und Weise wie für Aktienoptionen konstruieren und verwenden, mit dem Unterschied, dass sich die Gleichungen für p ändern. Wie bei Aktienoptionen gilt Gleichung (13.2), d. h. der Wert an einem Knoten (bevor die Möglichkeit einer vorzeitigen Ausübung betrachtet wird) ergibt sich aus der Summe von p-mal dem Wert bei einer Aufwärtsbewegung und $(1 - p)$-mal dem Wert bei einer Abwärtsbewegung, diskontiert mit dem risikolosen Zinssatz.

Optionen auf Aktien mit stetiger Dividendenrendite

Wir betrachten eine Aktie, die eine bekannte Dividendenrendite q liefert. Die Gesamtrendite aus Dividenden und Kapitalgewinnen in einer risikoneutralen Welt beträgt r. Die Dividenden liefern die Rendite q. Daher müssen die Kapitalgewinne eine Rendite von $r - q$ erbringen. Startet die Aktie bei S_0, dann muss sie nach einem Zeitschritt der Länge Δt einen Erwartungswert von $S_0 e^{(r-q)\Delta t}$ haben. Das bedeutet, dass

$$pS_0 u + (1-p)S_0 d = S_0 e^{(r-q)\Delta t},$$

also

$$p = \frac{e^{(r-q)\Delta t} - d}{u - d}.$$

Wie bei den Optionen auf dividendenlose Aktien bilden wir die Volatilität im Binomialbaum ab, indem wir $u = e^{\sigma \sqrt{\Delta t}}$ und $d = 1/u$ setzen. Damit können wir wieder die Gleichungen (13.15) bis (13.18) verwenden, allerdings gilt jetzt $a = e^{(r-q)\Delta t}$.

Optionen auf Aktienindizes

Bei der Berechnung des Futures-Preises für einen Aktienindex in Kapitel 5 haben wir unterstellt, dass die dem Index zugrunde liegenden Aktien eine Dividendenrendite von q aufweisen. Wir treffen nun eine ähnliche Annahme. Die Bewertung einer Option auf einen Aktienindex gestaltet sich somit ziemlich ähnlich der Bewertung einer Option auf eine Aktie mit bekannter Dividendenrendite.

Beispiel 13.1 Ein Aktienindex steht gegenwärtig bei 810, hat eine Volatilität von 20% und eine Dividendenrendite von 2%. Der risikolose Zinssatz beträgt 5%. Abbildung 13.11 zeigt das Ergebnis von DerivaGem für die Bewertung eines europäischen 6-Monats-Calls mit einem Basispreis von 800 unter Verwendung eines Zweiperioden-Baums. In diesem Fall gilt

$$\Delta t = 0{,}25, \qquad u = e^{0{,}20 \cdot \sqrt{0{,}25}} = 1{,}1052,$$

$$d = 1/u = 0{,}9048, \qquad a = e^{(0{,}05 - 0{,}02) \cdot 0{,}25} = 1{,}0075,$$

$$p = (1{,}0075 - 0{,}9048)/(1{,}1052 - 0{,}9048) = 0{,}5126.$$

Der Wert der Option beträgt 53,39.

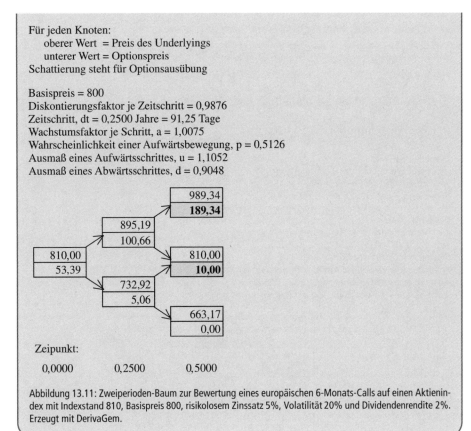

Abbildung 13.11: Zweiperioden-Baum zur Bewertung eines europäischen 6-Monats-Calls auf einen Aktienindex mit Indexstand 810, Basispreis 800, risikolosem Zinssatz 5%, Volatilität 20% und Dividendenrendite 2%. Erzeugt mit DerivaGem.

Optionen auf Währungen

Wie in Abschnitt 5.10 betont, kann eine Fremdwährung als ein Asset angesehen werden, das eine Rendite in Höhe des risikolosen ausländischen Zinssatzes r_f bietet. In Analogie zu Optionen auf Aktienindizes können wir für Optionen auf Währungen mit den Gleichungen (13.15) bis (13.18) und mit $a = e^{(r-r_f)\Delta t}$ einen Baum konstruieren.

Beispiel 13.2 Der Australische Dollar hat gegenwärtig einen Wert von 0,6100 US-Dollar. Dieser Wechselkurs hat eine Volatilität von 12%. Der risikolose Zinssatz beträgt in Australien 7% und in den USA 5%. Abbildung 13.12 zeigt das Ergebnis von DerivaGem für die Bewertung eines amerikanischen 3-Monats-Calls mit einem Basispreis von 0,6000 unter Verwendung eines Dreiperioden-Baums. In diesem Fall gilt

$$\Delta t = 0{,}08333, \quad u = e^{0{,}12 \cdot \sqrt{0{,}08333}} = 1{,}0352,$$
$$d = 1/u = 0{,}9660, \quad a = e^{(0{,}05 - 0{,}07) \cdot 0{,}08333} = 0{,}9983,$$
$$p = (0{,}9983 - 0{,}9660)/(1{,}0352 - 0{,}9660) = 0{,}4673.$$

Der Wert der Option beträgt 0,019.

Für jeden Knoten:
    oberer Wert   = Preis des Underlyings
    unterer Wert   = Optionspreis
Schattierung steht für Optionsausübung

Basispreis = 0,6
Diskontierungsfaktor je Zeitschritt = 0,9958
Zeitschritt, dt = 0,0833 Jahre = 30,42 Tage
Wachstumsfaktor je Schritt, a = 0,9983
Wahrscheinlichkeit einer Aufwärtsbewegung, p = 0,4673
Ausmaß eines Aufwärtsschrittes, u = 1,0352
Ausmaß eines Abwärtsschrittes, d = 0,9660

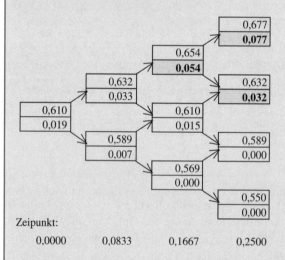

Zeipunkt:
0,0000   0,0833   0,1667   0,2500

Abbildung 13.12: Dreiperioden-Baum zur Bewertung eines amerikanischen 3-Monats-Calls auf eine Währung, deren Wert derzeit 0,6100 beträgt. Der Basispreis liegt bei 0,6000, der risikolose Zinssatz beträgt 5%, die Volatilität ist 12% und der ausländische risikolose Zinssatz 7%. Erzeugt mit DerivaGem.

Optionen auf Futures

Die Einnahme einer Long- oder Short-Position in einem Futures-Kontrakt verursacht keine Kosten. Daraus folgt, dass ein Futures-Kurs in einer risikoneutralen Welt eine erwartete Wachstumsrate von null aufweist. (Wir diskutieren diese Aussage in Abschnitt 18.7 genauer.) Analog zu oben bezeichnen wir mit p die Wahrscheinlichkeit einer Aufwärtsbewegung des Futures-Kurses, mit u die prozentuale Aufwärtsbewegung und mit d die prozentuale Abwärtsbewegung. Ist F_0 der anfängliche Futures-

Kurs, dann sollte der erwartete Futures-Kurs am Ende eines Zeitschritts der Länge Δt ebenfalls F_0 betragen. Damit gilt

$$pF_0 u + (1-p)F_0 d = F_0,$$

also

$$p = \frac{1-d}{u-d},$$

und wir können die Gleichungen (13.15) bis (13.18) mit $a = 1$ anwenden.

Beispiel 13.3 Ein Futures-Kurs beträgt gegenwärtig 31 und hat eine Volatilität von 30%. Der risikolose Zinssatz beträgt 5%. Abbildung 13.13 zeigt das Ergebnis von DerivaGem für die Bewertung eines amerikanischen 9-Monats-Puts mit einem Basispreis von 30 unter Verwendung eines Dreiperioden-Baums. In diesem Fall gilt

Für jeden Knoten:
   oberer Wert = Preis des Underlyings
   unterer Wert = Optionspreis
Schattierung steht für Optionsausübung

Basispreis = 30
Diskontierungsfaktor je Zeitschritt = 0,9876
Zeitschritt, dt = 0,2500 Jahre = 91,25 Tage
Wachstumsfaktor je Schritt, a = 1,000
Wahrscheinlichkeit einer Aufwärtsbewegung, p = 0,4626
Ausmaß eines Aufwärtsschrittes, u = 1,1618
Ausmaß eines Abwärtsschrittes, d = 0,8607

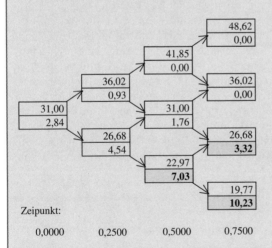

Zeipunkt:
  0,0000   0,2500   0,5000   0,7500

Abbildung 13.13: Dreiperioden-Baum zur Bewertung eines amerikanischen 9-Monats-Puts auf einen Futures-Kontrakt mit Futures-Kurs 31, Basispreis 30, risikolosem Zinssatz 5%, Volatilität 30%. Erzeugt mit DerivaGem.

$$\Delta t = 0,25, \quad u = e^{0,3 \cdot \sqrt{0,25}} = 1,1618,$$
$$d = 1/u = 1/1,1618 = 0,8607, \quad a = 1,$$
$$p = (1 - 0,8607)/(1,1618 - 0,8607) = 0,4626.$$

Der Wert der Option beträgt 2,84.

ZUSAMMENFASSUNG

Dieses Kapitel hat einen ersten Einblick in die Bewertung von Aktienoptionen über Baumstrukturen gegeben. Wenn die Aktienkursbewegungen während der Laufzeit einer Option durch einen Einperioden-Binomialbaum beschrieben werden, ist es möglich, ein aus einer Position in einer Aktienoption und einer Position in der Aktie bestehendes Portfolio zu bilden, das risikolos ist. In einer Welt ohne Arbitragemöglichkeiten müssen risikolose Portfolios den risikolosen Zinssatz erzielen. Interessanterweise sind keine Annahmen hinsichtlich der Wahrscheinlichkeiten von Auf- und Abwärtsbewegungen des Aktienkurses an jedem Knoten des Baumes erforderlich.

Wenn die Bewegungen des Aktienkurses durch einen mehrperiodigen Binomialbaum modelliert werden, können wir jeden Binomialschritt einzeln behandeln und uns vom Ende der Laufzeit der Option zum Beginn zurückarbeiten, um den heutigen Wert der Option zu ermitteln. Wiederum werden nur No-Arbitrage-Argumente herangezogen und es sind keine Annahmen hinsichtlich der Wahrscheinlichkeiten von Auf- und Abwärtsbewegungen des Aktienkurses an jedem Knoten erforderlich.

Ein sehr wichtiges Prinzip besagt, dass wir bei der Bewertung von Optionen eine risikoneutrale Welt unterstellen können. Dieses Kapitel hat sowohl mit numerischen Beispielen als auch formal gezeigt, dass No-Arbitrage-Argumente und die risikoneutrale Bewertung äquivalent sind und zum selben Optionspreis führen.

Der Delta-Faktor Δ einer Aktienoption beschreibt die Auswirkung einer geringfügigen Veränderung des zugrunde liegenden Aktienkurses auf den Optionspreis. Er ist das Verhältnis zwischen Optionspreisänderung und Aktienkursänderung. Für die Einnahme einer risikolosen Position sollte ein Anleger für jede verkaufte Option Δ Aktien erwerben. Die Untersuchung eines typischen Binomialbaumes zeigt, dass sich das Delta während der Laufzeit einer Option verändert. Das bedeutet, um eine bestimmte Optionsposition abzusichern, müssen wir unseren Bestand im Underlying der Option regelmäßig verändern.

Die Konstruktion von Binomialbäumen zur Bewertung von Optionen auf Aktienindizes, Währungen und Futures-Kontrakte entspricht im Großen und Ganzen der Vorgehensweise für Aktienoptionen. In Kapitel 21 werden wir noch einmal auf Binomialbäume zurückkommen und uns umfassender ihrer praktischen Anwendung widmen.

Literaturempfehlungen

Coval, J.E. und T. Shumway, „Expected Option Returns", *Journal of Finance*, 56, 3 (2001), 983–1009.

Cox, J., S. Ross, und M. Rubinstein, „Option Pricing: A Simplified Approach", *Journal of Financial Economics*, 7 (Oktober 1979), 229–64.

Shreve, S.E., *Stochastic Calculus for Finance I: The Binomial Asset Pricing Model*. New York: Springer, 2004.

Rendleman, R., und B. Bartter, „Two State Option Pricing", *Journal of Finance*, 34 (1979), 1092–1110.

Praktische Fragestellungen

13.1 Der aktuelle Aktienkurs beträgt 40 $. Es ist bekannt, dass er nach einem Monat entweder bei 42 $ oder 38 $ liegen wird. Der risikolose Zinssatz beträgt 8 % per annum bei stetiger Verzinsung. Wie hoch ist der Wert einer einmonatigen europäischen Kaufoption mit einem Basispreis von 39 $?

13.2 Erläutern Sie anhand eines einperiodigen Binomialbaumes die Ansätze der No-Arbitrage-Bewertung sowie der risikoneutralen Bewertung, um den Preis einer europäischen Option zu ermitteln.

13.3 Was versteht man unter dem Delta einer Aktienoption?

13.4 Der aktuelle Aktienkurs beträgt 50 $. Es ist bekannt, dass er nach sechs Monaten entweder bei 45 $ oder 55 $ liegen wird. Der risikolose Zinssatz beträgt 10 % per annum bei stetiger Verzinsung. Wie hoch ist der Wert einer sechsmonatigen europäischen Verkaufsoption mit einem Basispreis von 50 $?

13.5 Der aktuelle Aktienkurs beträgt 100 $. Es wird erwartet, dass er während jedem der nächsten beiden Sechs-Monats-Abschnitte entweder um 10 % steigen oder um 10 % fallen wird. Der risikolose Zinssatz beträgt 8 % per annum bei stetiger Verzinsung. Wie hoch ist der Wert eines einjährigen europäischen Calls mit einem Basispreis von 100 $?

13.6 Wie hoch ist der Wert eines einjährigen europäischen Puts für die in Aufgabe 13.5 angenommene Situation, wenn der Basispreis 100 $ beträgt? Weisen Sie nach, dass die Preise für die europäische Kaufoption sowie die europäische Verkaufsoption die Put-Call-Parität erfüllen.

13.7 Wie lauten die Formeln für u und d in Abhängigkeit von der Volatilität?

13.8 Betrachten Sie den Fall, dass Bewegungen des Aktienkurses während der Laufzeit einer europäischen Option durch einen Zweiperioden-Binomialbaum beschrieben werden. Erläutern Sie, warum es nicht möglich ist, eine Position in der Aktie und der Option zu bilden, die während der gesamten Laufzeit der Option risikolos bleibt.

13.9 Der aktuelle Aktienkurs beträgt 50 $. Es ist bekannt, dass er nach zwei Monaten entweder bei 53 $ oder 48 $ liegen wird. Der risikolose Zins beträgt 10 % per annum bei stetiger Verzinsung. Wie hoch ist der Wert einer zweimonatigen europäischen Kaufoption mit einem Basispreis von 49 $? Benutzen Sie No-Arbitrage-Argumente.

13.10 Der aktuelle Aktienkurs beträgt 80 $. Es ist bekannt, dass er nach vier Monaten entweder bei 75 $ oder 85 $ liegen wird. Der risikolose Zins beträgt 5% per annum bei stetiger Verzinsung. Wie hoch ist der Wert einer viermonatigen europäischen Verkaufsoption mit einem Basispreis von 80 $? Benutzen Sie No-Arbitrage-Argumente.

13.11 Der aktuelle Aktienkurs beträgt 40 $. Es ist bekannt, dass er nach drei Monaten entweder bei 45 $ oder 35 $ liegen wird. Der risikolose Zins liegt bei 8% per annum bei vierteljährlicher Verzinsung. Berechnen Sie den Wert eines dreimonatigen europäischen Puts auf eine Aktie mit einem Basispreis von 40 $. Zeigen Sie, dass No-Arbitrage-Argumente und die risikoneutrale Bewertung zum selben Ergebnis führen.

13.12 Der aktuelle Aktienkurs beträgt 50 $. Es wird erwartet, dass er während jedem der nächsten beiden Drei-Monats-Abschnitte entweder um 6% steigen oder um 5% fallen wird. Der risikolose Zins beträgt 5% per annum bei stetiger Verzinsung. Wie hoch ist der Wert eines sechsmonatigen europäischen Calls mit einem Basispreis von 51 $?

13.13 Wie hoch ist der Wert eines sechsmonatigen europäischen Puts für die in Aufgabe 13.12 angenommene Situation, wenn der Basispreis 51 $ beträgt? Zeigen Sie, dass die Preise für die europäische Kaufoption sowie die europäische Verkaufsoption die Put-Call-Parität erfüllen. Wenn es sich um eine Verkaufsoption amerikanischen Typs handeln würde, wäre es dann jemals sinnvoll, die Option an einem der Knoten des Baumes vorzeitig auszuüben?

13.14 Der aktuelle Aktienkurs beträgt 25 $. Es wird erwartet, dass er nach zwei Monaten entweder bei 23 $ oder 27 $ liegen wird. Der risikolose Zins beträgt 10% per annum bei stetiger Verzinsung. Nehmen Sie an, dass S_T der Aktienkurs nach zwei Monaten ist. Welchen Wert hat ein Derivat, das zu diesem Zeitpunkt S_T^2 auszahlt?

13.15 Berechnen Sie u, d und p für einen Binomialbaum zur Bewertung einer Option auf eine Fremdwährung. Die Länge eines Zeitschrittes im Baum beträgt einen Monat, der inländische Zinssatz 5% per annum, der ausländische Zinssatz 8% per annum und die Volatilität 12% per annum.

13.16 Die Volatilität einer dividendenlosen Aktie, deren Kurs bei 78 $ liegt, beträgt 30%. Der risikolose Zinssatz beträgt 3% per annum bei stetiger Verzinsung für alle Laufzeiten. Berechnen Sie die Werte von u, d und p unter der Annahme, dass die Länge eines Zeitschritts zwei Monate ist. Welchen Wert liefert ein Zweiperioden-Binomialbaum für einen viermonatigen europäischen Call mit einem Basispreis von 80 $? Nehmen Sie an, ein Händler verkauft 1000 Optionen (zehn Kontrakte). Welche Position in der Aktie ist nötig, um die Position des Händlers zum Zeitpunkt des Handels abzusichern?

13.17 Ein Aktienindex steht aktuell bei 1500. Seine Volatilität ist 18%. Der risikolose Zinssatz beträgt 4% per annum bei stetiger Verzinsung für alle Laufzeiten. Die Dividendenrendite auf den Index beträgt 2,5%. Berechnen Sie die Werte von u, d und p unter der Annahme, dass die Länge eines Zeitschritts sechs Monate ist. Welchen

Wert liefert ein Zweiperioden-Binomialbaum für einen zwölfmonatigen amerikanischen Put mit einem Basispreis von 1480 $?

13.18 Der Futures-Kurs eines Rohstoffs beträgt 90 $. Ermitteln Sie mit einem Dreiperioden-Binomialbaum (a) den Wert eines neunmonatigen amerikanischen Calls mit einem Basispreis von 93 $ und (b) den Wert eines neunmonatigen amerikanischen Puts mit einem Basispreis von 93 $. Die Volatilität ist 28%, der risikolose Zinssatz beträgt 3% per annum bei stetiger Verzinsung für alle Laufzeiten.

Zur weiteren Vertiefung

13.19 Der aktuelle Kurs einer dividendenlosen Biotechnologie-Aktie beträgt 140 $ mit einer Volatilität von 25%. Der risikolose Zinssatz beträgt 4%, die Länge eines Zeitschritts drei Monate.

a. Wie hoch ist die prozentuale Aufwärtsbewegung?
b. Wie hoch ist die prozentuale Abwärtsbewegung?
c. Wie hoch ist die Wahrscheinlichkeit einer Aufwärtsbewegung in einer risikoneutralen Welt?
d. Wie hoch ist die Wahrscheinlichkeit einer Abwärtsbewegung in einer risikoneutralen Welt?

Ermitteln Sie mit einem Zweiperioden-Binomialbaum den Wert eines sechsmonatigen europäischen Calls und den Wert eines sechsmonatigen europäischen Puts. Der Basispreis beträgt jeweils 150 $.

13.20 Angenommen, in der Situation von Aufgabe 13.19 verkauft ein Händler 10 000 europäische Calls und das Verhalten der Aktie wird mit einem Zweiperioden-Binomialbaum beschrieben. Wie viele Aktienanteile sind nötig, um den sechsmonatigen europäischen Call für die erste und die zweite dreimonatige Periode abzusichern? Untersuchen Sie für die zweite Periode sowohl den Fall einer Aufwärtsbewegung als auch den Fall einer Abwärtsbewegung in der ersten Periode.

13.21 Der aktuelle Aktienkurs beträgt 50 $. Es ist bekannt, dass er nach sechs Monaten entweder bei 60 $ oder 42 $ liegen wird. Der risikolose Zinssatz liegt bei 12% per annum bei stetiger Verzinsung. Berechnen Sie den Wert einer sechsmonatigen europäischen Kaufoption auf eine Aktie mit einem Basispreis von 48 $. Zeigen Sie, dass No-Arbitrage-Argumente und die risikoneutrale Bewertung zum selben Ergebnis führen.

13.22 Der aktuelle Aktienkurs beträgt 40 $. Es wird erwartet, dass er während jedem der nächsten beiden Drei-Monats-Abschnitte entweder um 10% steigen oder um 10% fallen wird. Der risikolose Zinssatz beträgt 12% per annum bei stetiger Verzinsung.

a. Wie hoch ist der Wert eines sechsmonatigen europäischen Puts mit einem Basispreis von 42 $?
b. Wie hoch ist der Wert eines sechsmonatigen amerikanischen Puts mit einem Basispreis von 42 $?

13.23 Schätzen Sie mithilfe eines „Trial-and-Error"-Ansatzes ab, wie hoch in Aufgabe 13.22 der Basispreis sein muss, damit die sofortige Ausübung der Option optimal ist.

13.24 Der aktuelle Aktienkurs beträgt 30 $. Es wird erwartet, dass er während jedem der nächsten beiden Monate entweder um 8% steigen oder um 10% fallen wird. Der risikolose Zins beträgt 5%. Verwenden Sie einen Zweiperioden-Baum, um den Wert eines Derivats zu berechnen, welches $[\max(30-S_T, 0)]^2$ auszahlt, wobei S_T der Aktienkurs in zwei Monaten ist. Sollte das Derivat vorzeitig ausgeübt werden, falls es amerikanischen Typs ist?

13.25 Betrachten Sie eine europäische Kaufoption auf eine dividendenlose Aktie bei einem Aktienkurs von 40 $, einem Basispreis von 40 $, einem risikolosen Zinssatz von jährlich 4%, einer Volatilität von 30% per annum und einer Laufzeit von sechs Monaten.

a. Berechnen Sie u, d und p für einen zweiperiodigen Baum.
b. Bewerten Sie die Option unter Verwendung eines zweiperiodigen Baumes.
c. Weisen Sie nach, dass DerivaGem zum selben Ergebnis führt.
d. Benutzen Sie DerivaGem, um die Option mit 5, 50, 100 und 500 Zeitschritten zu bewerten.

13.26 Wiederholen Sie Aufgabe 13.25 für einen amerikanischen Put auf einen Futures-Kontrakt. Basispreis und Futures-Kurs betragen jeweils 50 $, der risikolose Zinssatz 10%, die Restlaufzeit sechs Monate und die Volatilität 40% per annum.

13.27 Fußnote 1 zeigt, dass der in Abschnitt 13.2 betrachtete korrekte Diskontierungssatz für die erwartete Auszahlung in der realen Welt im Falle einer Kaufoption 42,6% beträgt. Zeigen Sie, dass der Diskontierungssatz −52,5% beträgt, wenn es sich anstelle eines Calls um einen Put handelt. Erläutern Sie, warum die beiden Diskontierungssätze aus der realen Welt so unterschiedlich sind.

13.28 Ein Aktienindex steht gegenwärtig bei 990, der risikolose Zinssatz beträgt 5%, die Dividendenrendite auf den Index beträgt 2%. Bewerten Sie mithilfe eines dreistufigen Baums eine amerikanische 18-Monats-Put-Option mit einem Basispreis von 1000. Die Volatilität wird mit 20% angenommen. Wie viel kann der Optionsinhaber durch das Recht der vorzeitigen Ausübung gewinnen? Wann wird dieser Gewinn realisiert?

13.29 Berechnen Sie den Wert einer neunmonatigen amerikanischen Option auf den Kauf von 1 Millionen Einheiten einer Fremdwährung mithilfe eines dreistufigen Binomialbaums. Der aktuelle Wechselkurs beträgt 0,79, der Basispreis 0,80 (jeweils in Dollar pro Fremdwährungseinheit). Die Volatilität des Wechselkurses beträgt 12% per annum. Der inländische und der ausländische risikolose Zinssatz betragen 2% bzw. 5%. Welche Position in der Fremdwährung ist zu Beginn notwendig, um das Risiko abzusichern?

Anhang: Herleitung der Black-Scholes-Merton-Formel zur Optionsbepreisung aus einem Binomialbaum

Eine Möglichkeit der Herleitung des berühmten Black-Scholes-Merton-Resultats zur Bewertung einer europäischen Option auf eine dividendenlose Aktie besteht darin, die Anzahl der Zeitschritte in einem Binomialbaum gegen unendlich streben zu lassen.

Angenommen, ein Baum mit n Zeitschritten wird zur Bepreisung einer europäischen Kaufoption mit Basispreis K und Laufzeit T verwendet. Jeder Schritt hat die Länge T/n. Gibt es j Aufwärtsbewegungen und $n-j$ Abwärtsbewegungen im Binomialbaum, dann liegt der Schlusskurs der Aktie bei $S_0 u^j d^{n-j}$, wobei u die relative Aufwärtsbewegung bezeichnet, d die relative Abwärtsbewegung und S_0 den anfänglichen Aktienkurs. Die Auszahlung aus einer europäischen Kaufoption beträgt dann

$$\max(S_0 u^j d^{n-j} - K, 0) .$$

Die Wahrscheinlichkeit von genau j Aufwärtsbewegungen und $n-j$ Abwärtsbewegungen beträgt gemäß der Eigenschaften der Binomialverteilung

$$\frac{n!}{(n-j)!j!} p^j (1-p)^{n-j} .$$

Daraus folgt, dass die erwartete Auszahlung aus der Kaufoption

$$\sum_{j=0}^{n} \frac{n!}{(n-j)!j!} p^j (1-p)^{n-j} \max(S_0 u^j d^{n-j} - K, 0)$$

beträgt. Da der Baum Bewegungen in der risikoneutralen Welt repräsentiert, können wir diesen Erwartungswert mit dem risikolosen Zinssatz r diskontieren und erhalten den Optionspreis

$$c = e^{-rT} \sum_{j=0}^{n} \frac{n!}{(n-j)!j!} p^j (1-p)^{n-j} \max(S_0 u^j d^{n-j} - K, 0) . \qquad (13.19)$$

Die Terme in Gleichung (13.19) verschwinden nicht, wenn der Schlusskurs der Aktie über dem Basispreis liegt, d. h.

$$S_0 u^j d^{n-j} > K$$

bzw.

$$\ln(S_0/K) > -j \ln(u) - (n-j) \ln(d) .$$

Wegen $u = e^{\sigma \sqrt{T/n}}$ und $d = e^{-\sigma \sqrt{T/n}}$ ist diese Bedingung gleichbedeutend mit

$$\ln(S_0/K) > n\sigma \sqrt{T/n} - 2j\sigma \sqrt{T/n}$$

bzw.

$$j > \frac{n}{2} - \frac{\ln(S_0/K)}{2\sigma \sqrt{T/n}} .$$

Gleichung (13.19) lässt sich somit schreiben als

$$c = e^{-rT} \sum_{j > \alpha} \frac{n!}{(n-j)!j!} p^j (1-p)^{n-j} (S_0 u^j d^{n-j} - K),$$

wobei

$$\alpha = \frac{n}{2} - \frac{\ln(S_0/K)}{2\sigma \sqrt{T/n}}.$$

Wir führen die vereinfachenden Schreibweisen

$$U_1 = \sum_{j > \alpha} \frac{n!}{(n-j)!j!} p^j (1-p)^{n-j} u^j d^{n-j} \qquad (13.20)$$

und

$$U_2 = \sum_{j > \alpha} \frac{n!}{(n-j)!j!} p^j (1-p)^{n-j} \qquad (13.21)$$

ein, so dass

$$c = e^{-rT} (S_0 U_1 - K U_2). \qquad (13.22)$$

Betrachten wir zunächst U_2. Es ist wohlbekannt, dass die Binomialverteilung gegen die Normalverteilung konvergiert. Speziell gilt, wenn n die Anzahl der Ziehungen bezeichnet und p die Erfolgswahrscheinlichkeit, dass die Wahrscheinlichkeitsverteilung der Erfolgsanzahl näherungsweise durch eine Normalverteilung mit Mittelwert np und Standardabweichung $\sqrt{np(1-p)}$ beschrieben wird. Die Variable U_2 in Gleichung (13.21) gibt die Wahrscheinlichkeit dafür an, dass die Erfolgsanzahl größer als α ist. Aus den Eigenschaften der Normalverteilung folgt, dass für große n

$$U_2 = N\left(\frac{np - \alpha}{\sqrt{np(1-p)}}\right) \qquad (13.23)$$

gilt, wobei N die kumulative Normalverteilungsfunktion bezeichnet. Ersetzen von α ergibt

$$U_2 = N\left(\frac{\ln(S_0/K)}{2\sigma \sqrt{T}\sqrt{p(1-p)}} + \frac{\sqrt{n}(p - \frac{1}{2})}{\sqrt{p(1-p)}}\right). \qquad (13.24)$$

Mit den Gleichungen (13.15) bis (13.18) erhalten wir

$$p = \frac{e^{rT/n} - e^{-\sigma\sqrt{T/n}}}{e^{\sigma\sqrt{T/n}} - e^{-\sigma\sqrt{T/n}}}.$$

Betrachten wir die Reihenentwicklung der Exponentialfunktion, so erkennen wir, dass beim Grenzübergang $n \to \infty$ $p(1-p)$ gegen $\frac{1}{4}$ strebt und $\sqrt{n}(p - \frac{1}{2})$ gegen

$$\frac{(r - \sigma^2/2)\sqrt{T}}{2\sigma}.$$

Folglich liefert der Grenzübergang für Gleichung (13.24):

$$U_2 = N\left(\frac{\ln(S_0/K) + (r - \sigma^2/2)T}{\sigma\sqrt{T}}\right). \quad (13.25)$$

Nun bestimmen wir U_1. Nach Gleichung (13.20) haben wir

$$U_1 = \sum_{j>\alpha} \frac{n!}{(n-j)!j!}(pu)^j[(1-p)d]^{n-j}. \quad (13.26)$$

Wir definieren

$$p^* = \frac{pu}{pu + (1-p)d}. \quad (13.27)$$

Dann gilt

$$1 - p^* = \frac{(1-p)d}{pu + (1-p)d}$$

und wir können Gleichung (13.26) folgendermaßen umschreiben:

$$U_1 = [pu + (1-p)d]^n \sum_{j>\alpha} \frac{n!}{(n-j)!j!}(p^*)^j(1-p^*)^{n-j}.$$

Da die erwartete Rendite in der risikoneutralen Welt dem risikolosen Zinssatz r entspricht, gilt $pu + (1-p)d = e^{rT/n}$ und damit

$$U_1 = e^{rT} \sum_{j>\alpha} \frac{n!}{(n-j)!j!}(p^*)^j(1-p^*)^{n-j}.$$

U_1 beinhaltet also eine Binomialverteilung, bei der die Wahrscheinlichkeit einer Aufwärtsbewegung p^* und nicht p ist. Analog zu Gleichung (13.23) erhalten wir bei Annäherung der Binomialverteilung durch eine Normalverteilung

$$U_1 = e^{rT} N\left(\frac{np^* - \alpha}{\sqrt{np^*(1-p^*)}}\right).$$

Ersetzen von α ergibt analog zu Gleichung (13.24)

$$U_1 = e^{rT} N\left(\frac{\ln(S_0/K)}{2\sigma\sqrt{T}\sqrt{p^*(1-p^*)}} + \frac{\sqrt{n}(p^* - \frac{1}{2})}{\sqrt{p^*(1-p^*)}}\right).$$

Substituiert man in Gleichung (13.27) die Größen u und d, ergibt sich

$$p^* = \left(\frac{e^{rT/n} - e^{-\sigma\sqrt{T/n}}}{e^{\sigma\sqrt{T/n}} - e^{-\sigma\sqrt{T/n}}}\right)\left(\frac{e^{\sigma\sqrt{T/n}}}{e^{rT/n}}\right).$$

Betrachten wir die Reihenentwicklung der Exponentialfunktion, erkennen wir, dass beim Grenzübergang $n \to \infty$ $p^*(1-p^*)$ gegen $\frac{1}{4}$ strebt und $\sqrt{n}(p^* - \frac{1}{2})$ gegen

$$\frac{(r + \sigma^2/2)\sqrt{T}}{2\sigma},$$

woraus sich

$$U_1 = e^{rT} N\left(\frac{\ln(S_0/K) + (r + \sigma^2/2)T}{\sigma\sqrt{T}}\right) \qquad (13.28)$$

ergibt. Mit den Gleichungen (13.22), (13.25) und (13.28) erhalten wir

$$c = S_0 N(d_1) - K e^{-rT} N(d_2)$$

mit

$$d_1 = \frac{\ln(S_0/K) + (r + \sigma^2/2)T}{\sigma\sqrt{T}}$$

und

$$d_2 = \frac{\ln(S_0/K) + (r - \sigma^2/2)T}{\sigma\sqrt{T}} = d_1 - \sigma\sqrt{T}.$$

Dies ist die Black-Scholes-Merton-Formel zur Bepreisung einer europäischen Kaufoption. Sie wird in Kapitel 15 erläutert. Im Anhang an Kapitel 15 geben wir eine alternative Herleitung der Formel an.

Wiener-Prozesse und Itôs Lemma

14.1 Die Markov-Eigenschaft 382
14.2 Stochastische Prozesse in stetiger Zeit 383
14.3 Der Prozess für Aktienkurse 389
14.4 Die Parameter 392
14.5 Korrelierte Prozesse 393
14.6 Itôs Lemma 394
14.7 Lognormalverteilte Aktienkurse 395
Zusammenfassung 396
Literaturempfehlungen 397
Praktische Fragestellungen 398
Anhang: Herleitung des Lemmas von Itô 401

14 Wiener-Prozesse und Itôs Lemma

Jede Variable, deren Wert sich im Lauf der Zeit in unsicherer Weise verändert, kann als stochastischer Prozess *aufgefasst werden. Es gibt stochastische Prozesse in diskreter Zeit oder in stetiger Zeit. Bei einem stochastischen Prozess in diskreter Zeit kann sich der Wert der Variable nur zu bestimmten festgelegten Zeitpunkten ändern, während die Änderungen bei einem stochastischen Prozess in stetiger Zeit jederzeit stattfinden können. Stochastische Prozesse können zudem in Prozesse mit stetigen bzw. kontinuierlichen Variablen oder mit diskreten Variablen unterteilt werden. Bei einem Prozess mit stetigen Variablen kann die zugrunde liegende Variable jeden Wert innerhalb eines bestimmten Bereiches annehmen, bei einem Prozess mit diskreten Variablen sind dagegen nur endlich viele Werte möglich.*

In diesem Kapitel wird für den Aktienpreis ein stochastischer Prozess mit stetigen Variablen in stetiger Zeit entwickelt. Das Verständnis dieses Prozesses ist der erste Schritt zum Verständnis der Preisbildung von Optionen und anderen komplexeren Derivaten. In der Realität können derartige Prozesse mit kontinuierlichem Wertebereich in stetiger Zeit bei Aktienkursen nicht beobachtet werden. Aktienkurse sind vielmehr auf diskrete Werte (z. B. auf Vielfache eines Cent) beschränkt und können sich nur ändern, wenn die Börse für den Handel geöffnet ist. Nichtsdestotrotz ist der stochastische Prozess mit stetigen Variablen in stetiger Zeit für viele Zwecke ein nützliches Modell.

Viele Menschen glauben, dass stochastische Prozesse in stetiger Zeit so kompliziert sind, dass sie besser ausschließlich Genies vorbehalten sein sollten. Dies stimmt aber nicht. Das größte Hindernis für das Verstehen dieser Prozesse ist die Notation. Es wird ein schrittweiser Ansatz präsentiert, um dem Leser über dieses Hindernis hinwegzuhelfen. Zusätzlich erläutern wir ein wichtiges mathematisches Hilfsmittel, das Lemma von Itô, welches zentrale Bedeutung für ein umfassendes Verständnis der Theorie besitzt, die der Preisbildung von Derivaten zugrunde liegt.

14.1 Die Markov-Eigenschaft

Ein *Markov-Prozess* ist ein spezieller stochastischer Prozess, bei welchem nur der aktuelle Wert einer Variablen für die Prognose der zukünftigen Entwicklung relevant ist. Die vergangenen bzw. historischen Werte der Variablen sowie die Art und Weise, wie der aktuelle Wert entstanden ist, sind nicht von Bedeutung.

Man nimmt gewöhnlich an, dass Aktienkurse durch solch einen Markov-Prozess beschrieben werden. Angenommen, der Aktienkurs von IBM steht derzeit bei 100 $. Wenn der Kurs einem Markov-Prozess folgt, sollten unsere Prognosen für die Zukunft nicht vom Preis vor einer Woche, vor einem Monat oder vor einem Jahr beeinflusst werden. Die einzige relevante Information besteht darin, dass der Kurs jetzt bei 100 $ liegt.[1] Die Prognosen für die Zukunft sind unsicher und müssen mit Wahrscheinlichkeitsverteilungen beschrieben werden. Die Markov-Eigenschaft besagt, dass die Wahrscheinlichkeitsverteilung des Kurses zu irgendeinem zukünftigen Zeitpunkt nicht von dem Kursverlauf in der Vergangenheit abhängig ist.

Die Markov-Eigenschaft steht im Einklang mit der schwachen Form der Kapitalmarkteffizienz. Diese besagt, dass der aktuelle Preis einer Aktie die gesamte

---

[1] Statistische Eigenschaften der Historie des Aktienkurses können für die Festlegung von Eigenschaften des stochastischen Prozesses, den der Aktienkurs befolgt (z. B. seine Volatilität), nützlich sein. Der genaue Kursverlauf in der Vergangenheit spielt allerdings keine Rolle.

Information der Preise der Vergangenheit reflektiert. Träfe diese schwache Form der Kapitalmarkteffizienz nicht zu, könnten Wertpapieranalysten durch die Interpretation der Historie von Aktienkursen im Rahmen der technischen Aktienanalyse überdurchschnittliche Renditen erzielen. Es gibt allerdings sehr wenige Anhaltspunkte dafür, dass technische Analysten dazu in der Lage sind.

Es sind die Marktkräfte, welche die Einhaltung der schwachen Form der Kapitalmarkteffizienz und der Markov-Eigenschaft unterstützen. Viele Anleger beobachten den Aktienmarkt sehr genau. Daher sollte der Aktienpreis zu jeder Zeit die Informationen aus den vergangenen Kursen widerspiegeln. Angenommen, ein bestimmtes Muster in einem Aktienkurs hätte stets mit einer Wahrscheinlichkeit von 65 % starke Kursanstiege zur Folge. Anleger würden bei Auftreten dieses Musters umgehend versuchen, eine Aktie zu kaufen, und die Nachfrage nach der Aktie würde sofort steigen. Dies würde wiederum zu einem sofortigen Anstieg ihres Preises führen und der beobachtete Effekt würde ebenso wie andere lukrative Handelsgelegenheiten verschwinden.

14.2 Stochastische Prozesse in stetiger Zeit

Wir betrachten eine Variable, die einem Markov-Prozess folgt. Angenommen, ihr derzeitiger Wert liegt bei 10 und die Wertänderung in einem Jahr wird durch $\phi(0,1)$ beschrieben, wobei $\phi(\mu, v)$ die Normalverteilung mit Erwartungswert μ und Varianz v bezeichnet.[2] Wie sieht die Wahrscheinlichkeitsverteilung der Wertänderung der Variable für zwei Jahre aus?

Die Änderung in zwei Jahren ist die Summe von zwei Normalverteilungen mit Erwartungswert null und Varianz 1,0. Da die Variable die Markov-Eigenschaft besitzt, sind die beiden Wahrscheinlichkeitsverteilungen unabhängig voneinander. Das Resultat der Addition zweier unabhängiger Normalverteilungen ist eine Normalverteilung, deren Erwartungswert die Summe der Erwartungswerte und deren Varianz die Summe der Varianzen ist. Daher ist der Erwartungswert der Änderung über zwei Jahre null und die Varianz dieser Änderung 2,0. Die Änderung der Variablen in zwei Jahren wird somit durch $\phi(0,2)$ beschrieben. Die Standardabweichung der Änderung beträgt $\sqrt{2}$.

Betrachten wir als Nächstes die Änderung der Variablen innerhalb von sechs Monaten. Die Varianz der Änderung des Variablenwertes während eines Jahres entspricht der Summe der Varianz der Änderung während der ersten sechs Monate und der Varianz der Änderung während der zweiten sechs Monate. Diese beiden Varianzen seien identisch. Daraus folgt, dass die Varianz der Änderung im 6-Monats-Zeitraum 0,5 betragen muss. Entsprechend ist die Standardabweichung $\sqrt{0,5}$ und die Wahrscheinlichkeitsverteilung für die Änderung des Variablenwertes in sechs Monaten ist $\phi(0, 0,5)$.

Diese Überlegung ergibt für die Änderung in einem 3-Monats-Zeitraum die Verteilung $\phi(0, 0,25)$. Allgemein ausgedrückt, ist die Wahrscheinlichkeitsverteilung der Änderung in einem Zeitraum T $\phi(0, T)$. Insbesondere erhalten wir für einen sehr kurzen Zeitraum Δt die Verteilung $\phi(0, \Delta t)$.

Man beachte, dass die Varianzen von Änderungen in aufeinander folgenden Zeitabschnitten für Markov-Prozesse additiv sind, was für die Standardabweichungen

---

2 Die Varianz einer Wahrscheinlichkeitsverteilung ist das Quadrat ihrer Standardabweichung. Die Standardabweichung der von uns betrachteten Variablen über ein Jahr ist somit 1,0.

nicht gilt. In unserem Beispiel beträgt die Varianz der Änderung des Variablenwertes 1,0 pro Jahr. Die Varianz der Änderung in zwei Jahren ist demnach 2,0 und die Varianz der Änderung in drei Jahren 3,0. Die Standardabweichungen für die Änderung in zwei bzw. drei Jahren betragen $\sqrt{2}$ bzw. $\sqrt{3}$. (Genau genommen sollten wir die Standardabweichung der Variablen nicht mit 1,0 pro Jahr beschreiben.) Die Resultate erklären, warum die Unsicherheit oft als proportional zur Quadratwurzel der Zeit bezeichnet wird.

Der Wiener-Prozess

Der Prozess, den die soeben betrachtete Variable befolgt, wird *Wiener-Prozess* genannt. Er ist ein spezieller Markov-Prozess mit einer erwarteten Änderung von null und einer Varianz der Änderungen von 1,0 pro Jahr. In der Physik wird er zur Beschreibung der Bewegung von Teilchen genutzt, welche einer Vielzahl kleiner molekularer Stöße ausgesetzt sind. Diese Bewegung wird auch *Brownsche Bewegung* genannt.

Formal ausgedrückt, folgt eine Variable z einem Wiener-Prozess, wenn sie folgende zwei Eigenschaften erfüllt:

Eigenschaft 1. Die Änderung Δz in einem kleinen Zeitraum Δt beträgt

$$\Delta z = \epsilon \sqrt{\Delta t}, \qquad (14.1)$$

wobei ϵ der Standardnormalverteilung $\phi(0,1)$ unterliegt.

Eigenschaft 2. Für zwei beliebige kleine Zeitintervalle Δt sind die Werte von Δz unabhängig.

Aus der ersten Eigenschaft folgt, dass Δz selbst normalverteilt ist mit den Parametern

$$\text{Erwartungswert von } \Delta z = 0$$

$$\text{Standardabweichung von } \Delta z = \sqrt{\Delta t}$$

$$\text{Varianz von } \Delta z = \Delta t.$$

Die zweite Eigenschaft impliziert, dass z die Markov-Eigenschaft besitzt.

Wir betrachten den Anstieg des Wertes von z über einen vergleichsweise langen Zeitraum T. Dieser kann mit $z(T) - z(0)$ bezeichnet werden. Er kann auch als die Summe der Anstiege von z in N kleinen Zeitintervallen der Länge Δt interpretiert werden, wobei

$$N = \frac{T}{\Delta t}.$$

Daher gilt

$$z(T) - z(0) = \sum_{i=1}^{N} \epsilon_i \sqrt{\Delta t}, \qquad (14.2)$$

wobei die ϵ_i ($i = 1, 2, \ldots, N$) standardnormalverteilt sind. Gemäß der zweiten Eigenschaft der Wiener-Prozesse sind die ϵ_i unabhängig voneinander. Aus Gleichung (14.2) folgt somit, dass $z(T) - z(0)$ mit den Parametern

$$\text{Erwartungswert von } [z(T) - z(0)] = 0$$

$$\text{Varianz von } [z(T) - z(0)] = N \Delta t = T$$

$$\text{Standardabweichung von } [z(T) - z(0)] = \sqrt{T}$$

normalverteilt ist. Dies ist im Einklang mit den zu Beginn dieses Abschnitts gemachten Ausführungen.

> **Beispiel 14.1** Angenommen, der Wert einer Variablen z, die einem Wiener-Prozess folgt, beträgt anfänglich 25. Der Wert nach einem Jahr ist normalverteilt mit Erwartungswert 25 und Standardabweichung 1,0. Der Wert nach fünf Jahren ist normalverteilt mit Erwartungswert 25 und Standardabweichung $\sqrt{5}$ bzw. 2,236. Unsere Unsicherheit betreffend dem zukünftigen Wert einer Variablen, die mit der Standardabweichung gemessen wird, wächst mit der Quadratwurzel des Zeitraums, den wir in die Zukunft blicken.

In der Differentialrechnung mit deterministischen Variablen ist es üblich, den Übergang von kleinen Änderungen zum Grenzwert zu vollziehen, indem die kleinen Änderungen gegen null gehen. In diesem Sinne beschreibt die Notation $dx = a\,dt$ den Grenzübergang von $\Delta x = a \Delta t$ für $\Delta t \to 0$. Für die Wahrscheinlichkeitsrechnung verwenden wir ähnliche Notationskonventionen. Wenn wir also dz als Wiener-Prozess bezeichnen, meinen wir damit, dass dz die Eigenschaften des oben angegebenen Δz für den Grenzübergang $\Delta t \to 0$ besitzt.

Abbildung 14.1 veranschaulicht, was mit dem Verlauf von z geschieht, wenn die Grenze $\Delta t \to 0$ erreicht wird. Zu beachten ist der „gezackte" Verlauf. Der Grund dafür ist, dass die Größe der Veränderung von z im Zeitraum Δt proportional zu $\sqrt{\Delta t}$ ist und daher bei kleinem Δt der Wert $\sqrt{\Delta t}$ wesentlich größer als Δt wird. Zwei interessante Eigenschaften von Wiener-Prozessen, die mit dieser $\sqrt{\Delta t}$-Eigenschaft zusammenhängen, sind:

1. Die erwartete Länge des Pfades, den z in einem beliebigen Zeitintervall zurücklegt, ist unendlich.
2. Die erwartete Anzahl der Übereinstimmungen von z mit einem bestimmten Wert ist in einem beliebigen Zeitintervall unendlich.[3]

Allgemeiner Wiener-Prozess

Die mittlere Änderung eines stochastischen Prozesses pro Zeiteinheit wird *Drift* oder *Driftrate* genannt. Die Varianz pro Zeiteinheit wird als Varianzrate bezeichnet. Der einfache Wiener-Prozess dz, der bis jetzt entwickelt wurde, hatte eine Driftrate von null und eine Varianzrate von 1,0. Die Driftrate in Höhe von null bedeutet, dass der Erwartungswert von z zu jedem zukünftigen Zeitpunkt gleich seinem aktuellen Wert ist. Die Varianzrate von 1,0 bedeutet, dass die Varianz der Änderung von z in einem Zeitraum der Länge T gleich T ist. Ein *allgemeiner Wiener-Prozess* für eine Variable x kann mithilfe von dz nun wie folgt definiert werden:

$$dx = a\,dt + b\,dz\,, \qquad (14.3)$$

wobei a und b Konstanten sind.

---
[3] Der Grund dafür ist, dass z jeden beliebigen Wert v im Zeitintervall mit einer gewissen positiven Wahrscheinlichkeit annimmt. Nimmt z zum Zeitpunkt t den Wert v an, dann ist die erwartete Anzahl der Zeitpunkte mit $z = v$ in der unmittelbaren Nähe von t unendlich.

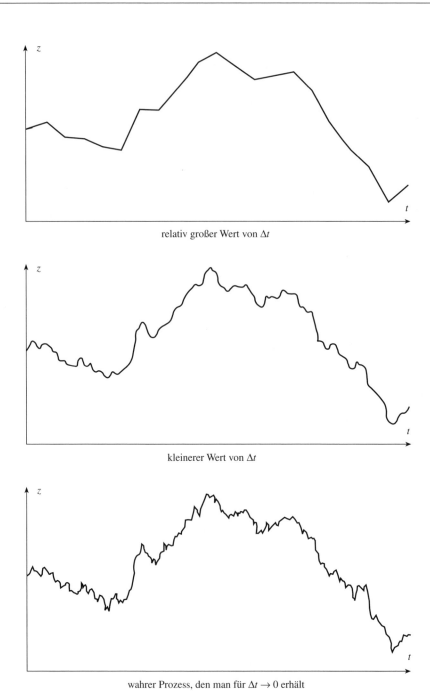

Abbildung 14.1: Veranschaulichung eines Wiener-Prozesses für $\Delta t \to 0$ in Gleichung (14.1)

Um Gleichung (14.3) zu verstehen, ist es nützlich, die beiden Komponenten der rechten Seite getrennt zu untersuchen. Der Term $a\,dt$ impliziert, dass x eine erwartete

Änderung in Höhe von a pro Zeiteinheit aufweist. Ohne den Term $b\,\mathrm{d}z$ lautet die Gleichung

$$\mathrm{d}x = a\,\mathrm{d}t\,,$$

was gleichbedeutend ist mit

$$\frac{\mathrm{d}x}{\mathrm{d}t} = a\,.$$

Integration bezüglich der Zeit ergibt

$$x = x_0 + at$$

mit x_0 als Wert von x zum Zeitpunkt null. In einem Zeitraum der Länge T wächst der Wert von x um den Betrag aT. Der Term $b\,\mathrm{d}z$ auf der rechten Seite von Gleichung (14.3) kann als zusätzliche Interferenz oder Streuung auf dem von x zurückgelegten Weg angesehen werden. Die Höhe der Interferenz oder Streuung ist das b-fache eines Wiener-Prozesses. Ein Wiener-Prozess weist pro Zeiteinheit eine Varianzrate von 1,0 auf. Das b-fache eines Wiener-Prozesses hat demzufolge pro Zeiteinheit eine Varianzrate von b. In einem kleinen Zeitintervall Δt ist die Änderung Δx von x durch die Gleichungen (14.1) und (14.3) gegeben als

$$\Delta x = a\,\Delta t + b\epsilon\sqrt{\Delta t}\,,$$

wobei ϵ wiederum ein zufälliger Wert aus der Standardnormalverteilung $\phi(0,1)$ ist. Daher ist Δx normalverteilt mit den Parametern

$$\text{Erwartungswert von } \Delta x = a\Delta t$$
$$\text{Standardabweichung von } \Delta x = b\sqrt{\Delta t}$$
$$\text{Varianz von } \Delta x = b^2 \Delta t\,.$$

Für die Änderung des Wertes von x in einem beliebigen Zeitintervall T ergibt sich schließlich eine Normalverteilung mit

$$\text{Erwartungswert der Änderung in } x = aT$$
$$\text{Standardabweichung der Änderung in } x = b\sqrt{T}$$
$$\text{Varianz der Änderung in } x = b^2 T\,.$$

Zusammenfassend lässt sich sagen, dass der verallgemeinerte Wiener-Prozess aus Gleichung (14.3) eine erwartete Driftrate (d. h. durchschnittliche Abweichung pro Zeiteinheit) von a und eine Varianzrate (d. h. Varianz pro Zeiteinheit) von b^2 besitzt. Dies ist in Abbildung 14.2 dargestellt.

Beispiel 14.2 Wir betrachten eine Konstellation, bei der die Barliquidität eines Unternehmens, gemessen in Tausend Dollar, einem verallgemeinerten Wiener-Prozess mit einer Drift von 20 pro Jahr und einer Varianzrate von 900 pro Jahr folgt. Die anfängliche Liquidität beträgt 50. Die Liquidität nach einem Jahr ist normalverteilt mit Erwartungswert 70 und Standardabweichung $\sqrt{900}$ bzw. 30. Nach sechs Monaten ist sie normalverteilt mit Erwartungswert 60 und Standardabweichung $30\sqrt{0{,}5} = 21{,}21$. Unsere Unsicherheit über den zukünftigen Wert der Liquidität wächst mit der Quadratwurzel des Zeitraums, den wir in die Zukunft blicken. Die Liquidität kann negativ werden, was als Kreditaufnahme des Unternehmens aufzufassen ist.

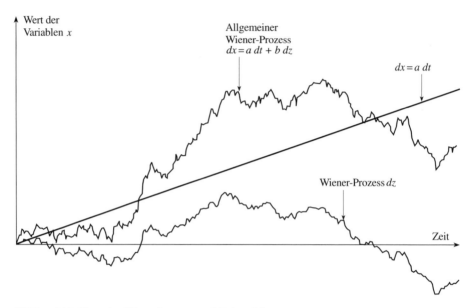

Abbildung 14.2: Allgemeiner Wiener-Prozess: $a = 0{,}3$, $b = 1{,}5$

Itô-Prozess

Man kann einen weiteren Typ stochastischer Prozesse definieren, den so genannten *Itô-Prozess*. Dieser ist ein allgemeiner Wiener-Prozess, bei dem die Parameter a und b Funktionen der zugrunde liegenden Variablen x und der Zeit t sind. Ein Itô-Prozess kann daher durch die Gleichung

$$\mathrm{d}x = a(x,t)\,\mathrm{d}t + b(x,t)\,\mathrm{d}z \qquad (14.4)$$

beschrieben werden. Sowohl die erwartete Driftrate als auch die Varianzrate eines Itô-Prozesses können im Zeitablauf Änderungen unterliegen. In dem kleinen Zeitintervall zwischen t und $t + \Delta t$ ändert sich die Variable von x zu $x + \Delta x$, wobei

$$\Delta x = a(x,t)\Delta t + b(x,t)\epsilon\sqrt{\Delta t}\,.$$

Diese Gleichung beinhaltet eine Approximation. Es wird angenommen, dass Driftrate und Varianzrate von x im Intervall zwischen t und $t + \Delta t$ konstant die Werte vom Zeitpunkt t beibehalten.

Man beachte, dass Gleichung (14.4) einen Markov-Prozess beschreibt, da die Änderung von x zum Zeitpunkt nur vom Wert von x zum Zeitpunkt t nicht aber von seiner Vorgeschichte, abhängt. Erlaubt man, dass a und b in Gleichung (14.4) auch von x-Werten vor dem Zeitpunkt t abhängen, dann lässt sich ein Nicht-Markov-Prozess definieren.

14.3 Der Prozess für Aktienkurse

In diesem Abschnitt erörtern wir den stochastischen Prozess, der gewöhnlich für den Kurs einer dividendenlosen Aktie unterstellt wird.

Es ist verlockend zu behaupten, dass der Kurs einer Aktie einem allgemeinen Wiener-Prozess folgt, d. h. dass dieser eine konstante erwartete Driftrate und eine konstante Varianzrate hat. Dieses Modell berücksichtigt allerdings einen wesentlichen Aspekt von Aktienkursen nicht, nämlich die Tatsache, dass die von Anlegern geforderte prozentuale Rendite aus einer Aktie unabhängig vom Preis der Aktie ist. Fordern die Anleger eine erwartete Rendite von 14% per annum, wenn der Aktienkurs bei 10 $ steht, dann werden sie, *ceteris paribus*, ebenfalls eine erwartete Rendite von 14% per annum fordern, wenn der Aktienkurs bei 50 $ steht.

Die Annahme einer konstanten Drift ist daher ungeeignet und sollte durch die Annahme ersetzt werden, dass die erwartete Rendite (d. h. der Quotient aus erwarteter Drift und Aktienkurs) konstant ist. Ist S der Aktienkurs zum Zeitpunkt t, dann sollte die erwartete Drift von S als μS mit einem konstanten Parameter μ angenommen werden. Das bedeutet, dass der erwartete Anstieg von S in einem kleinen Zeitintervall Δt gleich $\mu S \Delta t$ ist. Der Parameter μ bezeichnet hierbei die erwartete Rendite der Aktie.

Falls der Koeffizient von dz null ist und es folglich keine Unsicherheit gibt, impliziert dieses Modell, dass

$$\Delta S = \mu S \Delta t \, .$$

Beim Grenzübergang $\Delta t \to 0$ ergibt sich

$$dS = \mu S \, dt$$

bzw.

$$\frac{dS}{S} = \mu \, dt \, .$$

Bei Integration über den Bereich zwischen null und dem Zeitpunkt T erhalten wir

$$S_T = S_0 e^{\mu T} \, , \qquad (14.5)$$

wobei S_0 und S_T die Aktienkurse zu den Zeitpunkten null bzw. T bezeichnen. Gleichung (14.5) besagt, dass der Aktienpreis mit stetiger Rate μ je Zeiteinheit steigt, wenn keine Unsicherheit besteht.

In der Realität weist der Kurs einer Aktie natürlich Unsicherheit auf. Eine vernünftige Annahme ist, dass die Variabilität der Rendite in einem kleinen Zeitintervall Δt unabhängig vom Aktienkurs stets identisch ist. Mit anderen Worten, ein Anleger hat über die Rendite bei einem Aktienpreis von 50 $ die gleiche Unsicherheit wie bei einem Aktienpreis von 10 $. Das legt die Annahme nahe, dass die Standardabweichung der Veränderung in einem kleinen Zeitintervall Δt proportional zum Aktienkurs sein sollte, und führt zu dem Modell

$$dS = \mu S \, dt + \sigma S \, dz$$

bzw.

$$\frac{dS}{S} = \mu \, dt + \sigma \, dz \, . \qquad (14.6)$$

Gleichung (14.6) stellt das am weitesten verbreitete Modell für das Verhalten von Aktienkursen dar. Die Variable μ die erwartete Rendite des Aktienkurses, die Variable σ ist die Volatilität. Die Variable σ^2 wird als Varianzrate bezeichnet. Das Modell in Gleichung (14.6) beschreibt den Prozess für den Aktienkurs in der realen Welt. In einer risikoneutralen Welt ist μ gleich dem risikolosen Zinssatz r.

Modell für diskrete Zeitpunkte

Das hier entwickelte Modell für Aktienkurse wird als *geometrische Brownsche Bewegung* bezeichnet. Die Version des Modells für diskrete Zeitpunkte lautet

$$\frac{\Delta S}{S} = \mu \Delta t + \sigma \epsilon \sqrt{\Delta t} \qquad (14.7)$$

bzw.

$$\Delta S = \mu S \Delta t + \sigma S \epsilon \sqrt{\Delta t} \,. \qquad (14.8)$$

Die Variable ΔS beschreibt die Änderung des Aktienkurses, S, in einem kleinen Zeitintervall Δt, und ϵ ist wiederum ein zufälliger Wert aus der Standardnormalverteilung (d. h. einer Normalverteilung mit Erwartungswert null und Standardabweichung 1,0). Der Parameter μ stellt die erwartete Rendite aus der Aktie pro Zeiteinheit dar, der Parameter σ ist die Volatilität des Aktienkurses. Diese beiden Parameter werden als konstant angesehen.

Die linke Seite von Gleichung (14.7) gibt die diskrete Approximation der Rendite an, welche die Aktie in einem kurzen Zeitraum Δt liefert. Der Term $\mu \Delta t$ bezeichnet den Erwartungswert dieser Rendite und der Term $\sigma \epsilon \sqrt{\Delta t}$ gibt die stochastische Komponente der Rendite wieder. Die Varianz der stochastischen Komponente (und damit der gesamten Rendite) ist $\sigma^2 \Delta t$. Das steht mit der in Abschnitt 13.7 angegebenen Definition der Volatilität in Einklang d. h. σ ist so beschaffen, dass $\sigma \sqrt{\Delta t}$ die Standardabweichung der Rendite über einen kurzen Zeitraum Δt darstellt.

Gleichung (14.7) besagt, dass $\Delta S/S$ mit dem Erwartungswert $\mu \Delta t$ und der Standardabweichung $\sigma \sqrt{\Delta t}$ normalverteilt ist. Es gilt also mit anderen Worten

$$\frac{\Delta S}{S} \sim \phi(\mu \Delta t, \sigma \sqrt{\Delta t}) \,. \qquad (14.9)$$

Beispiel 14.3 Wir betrachten eine dividendenlose Aktie mit einer Volatilität von 30% per annum, die eine erwartete Rendite von 15% per annum bei stetiger Verzinsung liefert. In diesem Fall gilt $\mu = 0{,}15$ und $\sigma = 0{,}30$. Der Prozess für den Aktienkurs wird somit beschrieben durch

$$\frac{\mathrm{d}S}{S} = 0{,}15\,\mathrm{d}t + 0{,}30\,\mathrm{d}z \,.$$

Bezeichnet S den Aktienkurs zu einem bestimmten Zeitpunkt und ΔS den Anstieg des Aktienkurses innerhalb des nächsten kleinen Zeitintervalls Δt, dann gilt die diskrete Approximation

$$\frac{\Delta S}{S} = 0{,}15 \Delta t + 0{,}30 \epsilon \sqrt{\Delta t},$$

wobei ϵ ein zufälliger Wert aus der Standardnormalverteilung ist. Betrachten wir ein Zeitintervall von einer Woche, also von 0,0192 Jahren. Dann ist $\Delta t = 0{,}0192$ und die Approximation liefert

$$\frac{\Delta S}{S} = 0{,}15 \cdot 0{,}0192 + 0{,}30 \cdot \sqrt{0{,}0192}\epsilon$$

bzw.

$$\Delta S = 0{,}00288 S + 0{,}0416 S \epsilon \,.$$

Monte-Carlo-Simulation

Die Monte-Carlo-Simulation eines stochastischen Prozesses ist ein Verfahren zur Erzeugung von zufälligen Ergebnissen für den Prozess. Wir werden die Monte-Carlo-Simulation einsetzen, um ein besseres Verständnis für das Wesen des Aktienpreisprozesses in Gleichung (14.6) zu entwickeln.

Wir betrachten die Situation von Beispiel 14.3. Hier beträgt die erwartete Rendite einer Aktie 15% und die Volatilität 30% per annum. Wir haben gezeigt, dass die Änderung des Aktienkurses in einer Woche annähernd durch

$$\Delta S = 0{,}00288 S + 0{,}0416 S \epsilon \qquad (14.10)$$

ausgedrückt wird. Ein möglicher Kursverlauf über 10 Wochen kann durch das wiederholte Ziehen eines zufälligen ϵ aus $\phi(0,1)$ und anschließendes Einsetzen in Gleichung (14.10) ermittelt werden. In Excel erzeugt der Ausdruck =RAND() bzw. =ZUFALLSZAHL() eine Zufallszahl zwischen 0 und 1. Die inverse kumulative Standardnormalverteilung wird durch NORMSINV bzw. STANDNORMINV ausgedrückt. Der Befehl zur Erzeugung einer Zufallszahl aus der Standardnormalverteilung lautet in Excel folglich =NORMSINV(RAND()) bzw. STANDNORMINV(ZUFALLSZAHL()). Tabelle 14.1 zeigt einen Pfad für einen Aktienpreis, der auf diese Weise erzeugt wurde. Der anfängliche Aktienkurs wird mit 100 \$ angenommen. Für den ersten Zeitraum wird $\epsilon = 0{,}52$ ermittelt. Nach Gleichung (14.10) beträgt die Änderung über den ersten Zeitraum

$$\Delta S = 0{,}00288 \cdot 100 + 0{,}0416 \cdot 100 \cdot 0{,}52 = 2{,}45\,.$$

Somit liegt der Aktienkurs zu Beginn des zweiten Zeitraums bei 102,45 \$. Für das nächste ϵ wird der Wert 1,44 ermittelt. Nach Gleichung (14.10) beträgt die Änderung über den zweiten Zeitraum

$$\Delta S = 0{,}00288 \cdot 102{,}45 + 0{,}0416 \cdot 102{,}45 \cdot 1{,}44 = 6{,}43\,.$$

Damit liegt der Aktienpreis zu Beginn des dritten Zeitraums bei 108,88 \$ usw.[4] An dieser Stelle ist zu beachten, dass die ermittelten Zufallszahlen ϵ unabhängig voneinander sind, da wir einen Markov-Prozess simulieren.

---

4 Wie in Abschnitt 21.6 erläutert wird, ist es effizienter, Zufallswerte für $\ln S$ statt für S zu erzeugen.

Aktienkurs zu Beginn des Zeitraums	zufälliger Wert von ϵ	Änderung des Aktienkurses während des Zeitraums
100,00	0,52	2,45
102,45	1,44	6,43
108,88	−0,86	−3,58
105,30	1,46	6,70
112,00	−0,69	−2,89
109,11	−0,74	−3,04
106,06	0,21	1,23
107,30	−1,10	−4,60
102,69	0,73	3,41
106,11	1,16	5,43
111,54	2,56	12,20

Tabelle 14.1: Simulation für den Aktienkurs bei $\mu = 0{,}15$ und $\sigma = 0{,}20$ in wöchentlichen Zeitabständen

Tabelle 14.1 setzt voraus, dass die Aktienpreise mit einer Genauigkeit von 1 Cent angegeben werden. Es ist wichtig, sich vor Augen zu halten, dass die Tabelle nur einen möglichen Verlauf der Aktienpreisentwicklung zeigt. Andere Zufallszahlen würden zu anderen Preisbewegungen führen. In der Simulation kann jedes kleine Zeitintervall Δt verwendet werden. Mit dem Grenzübergang $\Delta t \to 0$ erreicht man die vollständige Beschreibung des stochastischen Prozesses. Der letzte Aktienkurs von 111,54 in Tabelle 14.1 kann als Zufallswert der Aktienpreisverteilung nach Ablauf von zehn Wochen angesehen werden. Durch wiederholte Simulation der Aktienkurse wie in Tabelle 14.1 erhält man eine vollständige Wahrscheinlichkeitsverteilung für den Aktienpreis am Ende dieses Zeitraums. Wir werden die Monte-Carlo-Simulation in Kapitel 21 noch ausführlicher behandeln.

14.4 Die Parameter

Der in diesem Kapitel entwickelte Prozess für Aktienpreise beinhaltet zwei Parameter: μ und σ. Der Parameter μ stellt die erwartete (auf ein Jahr bezogene) Rendite dar, die der Anleger in einem kurzen Zeitraum erzielt. Die meisten Anleger verlangen höhere erwartete Renditen, wenn sie höhere Risiken eingehen. Daraus folgt, dass der Wert von μ vom Risiko der Aktie abhängen sollte.[5] Er sollte außerdem vom jeweiligen Zinsniveau abhängen. Je höher das Zinsniveau ist, desto höher ist die erwartete Rendite, die für eine Aktie verlangt wird.

Glücklicherweise müssen wir uns nicht eingehend mit den Determinanten von μ befassen, da der Wert eines von einer Aktie abhängigen Derivats im Allgemeinen unabhängig von μ ist. Im Gegensatz dazu ist der Parameter σ, die Volatilität des

---

[5] Genauer gesagt hängt μ von dem Teil des Risikos ab, den der Anleger nicht durch Streuung diversifizieren kann.

Aktienpreises, von kritischer Bedeutung für die Bestimmung des Wertes der meisten Derivate. Verfahren zur Bestimmung von σ werden wir in Kapitel 15 diskutieren. Typische σ-Werte für eine Aktie liegen im Bereich 0,20 bis 0,50 (d. h. 20% bis 50%).

Die Standardabweichung der relativen Änderung des Aktienpreises in einem kleinen Zeitintervall Δt beträgt $\sigma\sqrt{\Delta t}$. In grober Näherung ist ihr Wert für einen relativ langen Zeitraum T gleich $\sigma\sqrt{T}$. Das bedeutet, dass die Volatilität näherungsweise als die Standardabweichung der Aktienkursänderung über ein Jahr interpretiert werden kann. In Kapitel 15 werden wir zeigen, dass die Volatilität des Aktienkurses exakt der Standardabweichung der stetig verzinsten Aktienrendite über ein Jahr entspricht.

14.5 Korrelierte Prozesse

Bis jetzt haben wir untersucht, wie der stochastische Prozess für eine einzelne Variable modelliert werden kann. Diese Resultate wollen wir nun auf den Fall ausdehnen, dass zwei oder mehr Variablen einem korrelierten stochastische Prozess folgen. Nehmen wir an, die von zwei Variablen x_1 und x_2 befolgten Prozesse haben die Gestalt

$$dx_1 = a_1\, dt + b_1\, dz_1 \quad \text{und} \quad dx_2 = a_2\, dt + b_2\, dz_2\,,$$

wobei dz_1 und dz_2 Wiener-Prozesse bezeichnen.

Wie bereits erläutert lauten die Approximationen dieser Prozesse für Betrachtungen mit diskreten Zeitpunkten

$$dx_1 = a_1\Delta t + b_1\epsilon_1\sqrt{\Delta t} \quad \text{und} \quad dx_2 = a_2\Delta t + b_2\epsilon_2\sqrt{\Delta t}\,,$$

wobei ϵ_1 und ϵ_2 zufällige Werte der Standardnormalverteilung $\phi(0,1)$ darstellen.

Die Variablen x_1 und x_2 können auf die in Abschnitt 14.3 beschriebene Weise simuliert werden. Sind die Variablen unkorreliert, dann sollten die Zufallswerte ϵ_1 und ϵ_2, die zur Beschreibung der Bewegungen in einem bestimmten Zeitabschnitt Δt verwendet werden, unabhängig voneinander sein.

Besteht zwischen x_1 und x_2 eine Korrelation $\varrho \neq 0$, dann sollten die Zufallswerte ϵ_1 und ϵ_2 zur Beschreibung der Bewegungen in einem bestimmten Zeitabschnitt aus einer zweidimensionalen Normalverteilung gewonnen werden. In der zweidimensionalen Normalverteilung ist jede der Variablen normalverteilt und die Korrelation zwischen den Variablen beträgt ϱ. Eine solche Situation wollen wir beschreiben, indem wir sagen, dass die Wiener-Prozesse dz_1 und dz_2 die Korrelation ϱ besitzen.

Unkorrelierte Zufallswerte für standardnormalverteilte Variablen lassen sich in Excel durch die Eingabe von „STANDNORMINV(ZUFALLSZAHL())" gewinnen. Daraus kann man die standardnormalverteilte Zufallswerte ϵ_1 und ϵ_2 mit einer Korrelation ϱ erzeugen, indem man

$$\epsilon_1 = u \quad \text{und} \quad \epsilon_2 = \varrho u + \sqrt{1-\varrho^2}\,v$$

setzt, wobei u und v unkorrelierte Variablen mit Standardnormalverteilung sind.

Man beachte, dass die Parameter a_1, a_2, b_1 und b_2 in den Prozessen, welche wir für x_1 und x_2 angenommen haben, Funktionen von x_1, x_2 und t sein können. Insbesondere können a_1 und b_1 Funktionen von x_2, aber auch von x_1 und t sein; analog können a_2 und b_2 Funktionen von x_1, aber auch von x_2 und t sein.

Diese Resultate lassen sich verallgemeinern. Folgen drei verschiedene Variablen korrelierten stochastischen Prozessen, dann müssen drei verschiedene ϵ-Zufallswerte erzeugt werden. Diese unterliegen dann einer dreidimensionalen Normalverteilung. Bei n korrelierten Variablen benötigen wir n verschiedene ϵ-Werte, welche aus einer geeigneten mehrdimensionalen Normalverteilung gewonnen werden müssen. Wie dies geschehen kann, erläutern wir in Kapitel 21.

14.6 Itôs Lemma

Der Preis einer Aktienoption ist eine Funktion des Preises der zugrunde liegenden Aktie und der Zeit. Allgemeiner ausgedrückt können wir sagen, dass der Preis eines beliebigen Derivats eine Funktion der dem Derivat zugrunde liegenden stochastischen Variablen und der Zeit ist. Wer Derivate analysiert, muss daher ein gewisses Verständnis für das Verhalten von Funktionen stochastischer Variablen entwickeln. Ein bedeutendes Resultat auf diesem Gebiet wurde 1951 von dem Mathematiker K. Itô entdeckt.[6] Es wird als *Itôs Lemma* bezeichnet.

Angenommen, der Wert einer Variablen x folgt dem Itô-Prozess

$$dx = a(x,t)\,dt + b(x,t)\,dz, \qquad (14.11)$$

wobei dz ein Wiener-Prozess ist und a und b jeweils Funktionen von x und t darstellen. Die Variable x hat die Drift a und die Varianz b^2. Itôs Lemma zeigt, dass eine Funktion G von x und t dem Prozess

$$dG = \left(\frac{\partial G}{\partial x}a + \frac{\partial G}{\partial t} + \frac{1}{2}\frac{\partial^2 G}{\partial x^2}b^2\right)dt + \frac{\partial G}{\partial x}b\,dz \qquad (14.12)$$

folgt, wobei dz derselbe Wiener-Prozess wie in Gleichung (14.11) ist. Daher folgt G ebenfalls einem Itô-Prozess. Dieser hat die Drift

$$\frac{\partial G}{\partial x}a + \frac{\partial G}{\partial t} + \frac{1}{2}\frac{\partial^2 G}{\partial x^2}b^2$$

und eine Varianz

$$\left(\frac{\partial G}{\partial x}\right)^2 b^2.$$

Ein strenger Beweis des Lemmas von Itô würde den Rahmen dieses Buches sprengen. Im Anhang zu diesem Kapitel demonstrieren wir, dass das Lemma als Erweiterung bekannter Resultate der Differentialrechnung angesehen werden kann.

Wir hatten bereits erläutert, dass

$$dS = \mu S\,dt + \sigma S\,dz \qquad (14.13)$$

mit konstanten Parametern μ und σ ein vernünftiges Modell der Aktienkursbewegungen darstellt. Aus dem Lemma von Itô folgt, dass der Prozess, den eine Funktion G von S und t befolgt, durch

$$dG = \left(\frac{\partial G}{\partial S}\mu S + \frac{\partial G}{\partial t} + \frac{1}{2}\frac{\partial^2 G}{\partial S^2}\sigma^2 S^2\right)dt + \frac{\partial G}{\partial S}\sigma S\,dz \qquad (14.14)$$

---

[6] Siehe K. Itô, „On Stochastic Differential Equations", Memoirs of the American Mathematical Society, 4 (1951), 1–51.

beschrieben wird. Hier ist besonders zu beachten, dass sowohl S als auch G mit dz dieselbe Quelle der Unsicherheit aufweisen. Dies wird sich bei der Herleitung der Black-Scholes-Resultate als sehr bedeutsam erweisen.

Anwendung auf Forward-Kontrakte

Zur Veranschaulichung von Itôs Lemma betrachten wir einen Forward-Kontrakt auf eine dividendenlose Aktie. Wir nehmen an, dass der risikolose Zinssatz für alle Laufzeiten gleich r ist. Nach Gleichung (5.1) gilt

$$F_0 = S_0 e^{rT},$$

wobei F_0 den Forward-Preis zum Zeitpunkt null, S_0 den Spotkurs zum Zeitpunkt null und T die Zeit bis zur Fälligkeit des Forward-Kontraktes bezeichnet.

Nun ist von Interesse, was mit dem Forward-Preis im Lauf der Zeit geschieht. Wir definieren F und S als Forward-Preis bzw. Spotkurs zu einem beliebigen Zeitpunkt $t < T$. Zwischen F und S besteht die Beziehung

$$F = S e^{r(T-t)}. \tag{14.15}$$

Unter der Annahme, dass der Prozess für S durch Gleichung (14.13) beschrieben wird, können wir den Prozess für F mithilfe des Lemmas von Itô bestimmen. Aus Gleichung (14.15) erhalten wir

$$\frac{\partial F}{\partial S} = e^{r(T-t)}, \quad \frac{\partial^2 F}{\partial S^2} = 0, \quad \frac{\partial F}{\partial t} = -rS e^{r(T-t)}.$$

Gemäß Gleichung (14.14) ist der Prozess für F durch

$$dF = \left[e^{r(T-t)} \mu S - rS e^{r(T-t)} \right] dt + e^{r(T-t)} \sigma S \, dz$$

gegeben. Setzen wir für $Se^{r(T-t)}$ F ein, erhalten wir

$$dF = (\mu - r) F \, dt + \sigma F \, dz. \tag{14.16}$$

Der Forward-Preis F folgt ebenso wie S einer geometrischen Brownschen Bewegung. Er hat allerdings eine erwartete Wachstumsrate von $\mu - r$ statt μ. Die Wachstumsrate von F ist die Überschussrendite von S über den risikolosen Zinssatz.

14.7 Lognormalverteilte Aktienkurse

Wir benutzen nun Itôs Lemma, um den Prozess herzuleiten, den $\ln S$ befolgt, wenn S durch den Prozess in Gleichung (14.13) beschrieben wird. Wir setzen

$$G = \ln S.$$

Wegen

$$\frac{\partial G}{\partial S} = \frac{1}{S}, \quad \frac{\partial^2 G}{\partial S^2} = -\frac{1}{S^2}, \quad \frac{\partial G}{\partial t} = 0$$

folgt aus Gleichung (14.14), dass der von G befolgte Prozess die Gestalt

$$dG = \left(\mu - \frac{\sigma^2}{2}\right) dt + \sigma\, dz \qquad (14.17)$$

besitzt. Da μ und σ konstant sind, zeigt diese Gleichung, dass $G = \ln S$ einem allgemeinen Wiener-Prozess folgt. Dieser hat die konstante Drift $\mu - \sigma^2/2$ und die konstante Varianz σ^2. Die Änderung in $\ln S$ zwischen dem Zeitpunkt null und einem zukünftigen Zeitpunkt T ist daher normalverteilt mit dem Erwartungswert $\left(\mu - \frac{\sigma^2}{2}\right)T$ und der Varianz $\sigma^2 T$. Das bedeutet, dass

$$\ln S_T - \ln S_0 \sim \phi\left[\left(\mu - \frac{\sigma^2}{2}\right)T,\, \sigma^2 T\right] \qquad (14.18)$$

bzw.

$$\ln S_T \sim \phi\left[\ln S_0 + \left(\mu - \frac{\sigma^2}{2}\right)T,\, \sigma^2 T\right], \qquad (14.19)$$

wobei S_T der Aktienkurs zum Zeitpunkt T ist und S_0 den Aktienpreis zum Zeitpunkt null repräsentiert. $\phi(m, v)$ bezeichnet eine Normalverteilung mit Erwartungswert m und Varianz v.

Gleichung (14.19) zeigt, dass $\ln S_T$ normalverteilt ist. Eine Variable hat eine Lognormalverteilung, wenn ihr natürlicher Logarithmus normalverteilt ist. Das in diesem Kapitel entwickelte Verhaltensmodell für Aktienpreise impliziert daher, dass der Preis einer Aktie zum Zeitpunkt T bei gegebenem gegenwärtigen Preis lognormalverteilt ist. Die Standardabweichung des Logarithmus des Aktienpreises beträgt $\sigma\sqrt{T}$. Sie ist proportional zur Quadratwurzel des Zeitraums, den wir in die Zukunft blicken.

ZUSAMMENFASSUNG

Stochastische Prozesse beschreiben die zufällige Entwicklung des Wertes einer Variablen über die Zeit. Bei einem Markov-Prozess ist allein der gegenwärtige Wert der Variablen relevant für die Voraussage der Zukunft. Die Vergangenheit der Variablen sowie die Art und Weise, wie die Gegenwart aus der Vergangenheit entstanden ist, sind nicht von Bedeutung.

Ein Wiener-Prozess dz ist ein Markov-Prozess, der die Entwicklung einer normalverteilten Variablen beschreibt. Die Drift des Prozesses ist null, die Varianz beträgt 1,0 pro Zeiteinheit. Das bedeutet bei einem Variablenwert x_0 zum Zeitpunkt null, dass der Wert zum Zeitpunkt T mit Erwartungswert x_0 und Standardabweichung $\sqrt{T}$ normalverteilt ist.

Ein allgemeiner Wiener-Prozess beschreibt die Entwicklung einer normalverteilten Variablen mit Drift a pro Zeiteinheit und Varianz b^2 pro Zeiteinheit, wobei a und b Konstanten sind. Das bedeutet, wenn der Ausgangswert der Variablen wiederum x_0 beträgt, dass der Wert der Variablen zum Zeitpunkt T mit einem Erwartungswert von $x_0 + aT$ und einer Standardabweichung von $b\sqrt{T}$ normalverteilt ist.

Ein Itô-Prozess ist ein Prozess, bei welchem die Drift und die Varianz von x Funktionen sowohl von x selbst als auch von der Zeit sein können. In einem sehr kurzen Zeitraum ist die Änderung von x als gute Näherung normalverteilt, die Änderung über längere Zeiträume ist jedoch eher nicht als normalverteilt anzusehen.

Eine Möglichkeit zur Gewinnung eines intuitiven Verständnisses für den stochastischen Prozess einer Variablen ist die Simulation des Variablenverhaltens. Dazu wird ein Zeitintervall in viele kleine Zeitschritte unterteilt und anschließend werden zufällig Stichproben für mögliche Ausprägungen der Variablen im Zeitverlauf genommen. Damit kann die zukünftige Wahrscheinlichkeitsverteilung der Variablen ermittelt werden. Die Monte-Carlo-Simulation wird in Kapitel 21 näher behandelt.

Itôs Lemma bietet eine Möglichkeit, den stochastischen Prozess, den die Funktion einer Variablen befolgt, aus dem stochastischen Prozess, den die Variable selbst befolgt, zu bestimmen. Wie wir in Kapitel 15 sehen werden, spielt Itôs Lemma bei der Preisbildung von Derivaten eine zentrale Rolle. Ein wesentlicher Punkt ist, dass der Wiener-Prozess, der dem stochastischen Prozess für die Variable zugrunde liegt, genau derselbe Wiener-Prozess ist, welcher dem stochastischen Prozess für die Funktion der Variablen zugrunde liegt. Beide sind damit der gleichen zugrunde liegenden Quelle der Unsicherheit ausgesetzt.

Der stochastische Prozess, der gewöhnlich für die Beschreibung von Aktienkursen angenommen wird, ist die geometrische Brownsche Bewegung. Bei diesem Prozess ist die Rendite eines Aktieninhabers in einem kleinen Zeitintervall normalverteilt und die Renditen zweier nicht überlappender Intervalle sind voneinander unabhängig. Der Aktienpreis zu einem zukünftigen Zeitpunkt besitzt eine Lognormalverteilung. Das Black-Scholes-Modell, welches wir im nächsten Kapitel betrachten, basiert auf der Annahme der geometrischen Brownschen Bewegung.

ZUSAMMENFASSUNG

Literaturempfehlungen

Zur Kapitalmarkteffizienz und der Markov-Eigenschaft von Aktienkursen

Brealey, R.A., *An Introduction to Risk and Return from Common Stock*, 2. Aufl., MIT Press, Cambridge, MA, 1986.

Cootner, P.H. (Hrsg.), *The Random Character of Stock Market Prices*, MIT Press, Cambridge, MA, 1964.

Zu stochastischen Prozessen

Cox, D.R. und H.D. Miller, *The Theory of Stochastic Processes*, Chapman & Hall, London, 1977.

Feller, W., *Probability Theory and Its Applications*, Wiley, New York, 1968.

Karlin, S. und H.M. Taylor, *A First Course in Stochastic Processes*, 2. Aufl., Academic Press, New York, 1975.

Shreve, S.E., *Stochastic Calculus for Finance II: Continuous-Time Models*, New York: Springer, 2008.

Praktische Fragestellungen

14.1 Was würde die Behauptung bedeuten, dass die Temperatur an einem bestimmten Ort einem Markov-Prozess folgt? Meinen Sie, dass Temperaturen tatsächlich einem Markov-Prozess folgen?

14.2 Kann eine auf der Historie von Aktienkursen beruhende Handelsstrategie Renditen erwirtschaften, die beständig über dem Durchschnitt liegen? Diskutieren Sie diese Frage.

14.3 Die Liquidität eines Unternehmens (in Millionen Dollar) folgt einem allgemeinen Wiener-Prozess mit einer Drift von 0,5 pro Quartal und einer Varianz von 4,0 pro Quartal. Wie hoch muss die anfängliche Liquidität des Unternehmens sein, damit die Wahrscheinlichkeit für eine negative Liquidität nach einem Jahr kleiner ist als 5%?

14.4 Die Variablen X_1 und X_2 folgen allgemeinen Wiener-Prozessen mit Driftraten μ_1 und μ_2 sowie den Varianzen σ_1^2 und σ_2^2. Welchem Prozess folgt $X_1 + X_2$, wenn

a. die Änderungen von X_1 und X_2 in jedem kleinen Zeitintervall unkorreliert sind,

b. eine Korrelation ρ zwischen den Änderungen von X_1 und X_2 in jedem kleinen Zeitintervall besteht?

14.5 Wir betrachten eine Variable S, welche dem Prozess

$$dS = \mu\,dt + \sigma\,dz$$

folgt. In den ersten drei Jahren gilt $\mu = 2$ und $\sigma = 3$, in den nächsten drei Jahren $\mu = 3$ und $\sigma = 4$. Wie sieht die Wahrscheinlichkeitsverteilung für den Wert der Variablen am Ende des sechsten Jahres aus, wenn der Anfangswert der Variablen 5 beträgt?

14.6 Angenommen, G ist eine Funktion des Preises einer Aktie und der Zeit. σ_S und σ_G seien die Volatilitäten von S und G. Zeigen Sie: Wenn die erwartete Rendite von S um $\lambda\sigma_S$ steigt, dann steigt die Wachstumsrate von G um $\lambda\sigma_S$. Hierbei ist λ eine Konstante.

14.7 Aktie A und Aktie B folgen jeweils einer geometrischen Brownschen Bewegung. Die Änderungen in einem beliebigen kleinen Zeitintervall sind miteinander nicht korreliert. Folgt der Wert des Portfolios, das aus einer Aktie A und einer Aktie B besteht, einer geometrischen Brownschen Bewegung? Erläutern Sie Ihre Antwort.

14.8 Der Prozess für den Aktienkurs in Gleichung (14.8) ist

$$\Delta S = \mu S \Delta t + \sigma S \epsilon \sqrt{\Delta t}$$

mit konstanten μ und σ. Erläutern Sie ausführlich die Unterschiede zwischen diesem Modell und jedem der folgenden Modelle:

$$\Delta S = \mu \Delta t + \sigma \epsilon \sqrt{\Delta t}$$
$$\Delta S = \mu S \Delta t + \sigma \epsilon \sqrt{\Delta t}$$
$$\Delta S = \mu \Delta t + \sigma S \epsilon \sqrt{\Delta t}.$$

Warum ist das Modell aus Gleichung (14.8) ein besseres Verhaltensmodell für den Aktienkurs als jede dieser drei Alternativen?

14.9 Es wird die Meinung vertreten, dass der kurzfristige Zinssatz r einem stochastischen Prozess
$$dr = a(b-r)\,dt + rc\,dz$$
folgt, wobei a, b und c positive Konstanten sind und dz ein Wiener-Prozess ist. Beschreiben Sie das Wesen dieses Prozesses.

14.10 Angenommen, der Preis S einer Aktie folgt einer geometrischen Brownschen Bewegung mit erwarteter Rendite μ und Volatilität σ:
$$dS = \mu S\,dt + \sigma S\,dz.$$
Welchem Prozess folgt die Variable S^n? Zeigen Sie, dass S^n ebenfalls einer geometrischen Brownschen Bewegung folgt.

14.11 Angenommen, x sei die stetig verzinste Rendite eines Zerobonds, der zum Zeitpunkt T 1\$ auszahlt. x möge folgendem Prozess folgen:
$$dx = a(x_0 - x)\,dt + sx\,dz.$$
Dabei sind a, x_0 und s positive Konstanten, dz ist ein Wiener-Prozess. Welchem Prozess folgt der Preis des Zerobonds?

14.12 Eine Aktie mit einem Kurs von 30 \$ besitzt eine erwartete Rendite von 9 % und eine Volatilität von 20 %. Simulieren Sie in Excel unter Verwendung von Zufallswerten aus einer Normalverteilung die Bewegung des Aktienkurses für die nächsten fünf Jahre. Ein Zeitschritt soll dabei einen Monat betragen. Stellen Sie den Pfad des simulierten Aktienkurses tabellarisch dar. Beobachten Sie die Veränderung des Pfades durch Drücken der Taste F9. Das Excel-Arbeitsblatt ist auf der Homepage des Autors zu finden.

Zur weiteren Vertiefung

14.13 Angenommen, eine Aktie besitzt eine erwartete Rendite von 16 % per annum und eine Volatilität von 30 % per annum. Am Ende eines bestimmten Tages liegt der Aktienpreis bei 50 \$. Berechnen Sie

a. den erwarteten Aktienkurs am Ende des nächsten Tages,

b. die Standardabweichung des Aktienkurses am Ende des nächsten Tages,

c. die 95%-Konfidenzgrenzen für den Aktienkurs am Ende des nächsten Tages.

14.14 Die Liquidität eines Unternehmens (in Millionen Dollar) folgt einem allgemeinen Wiener-Prozess mit einer Drift von 0,1 pro Monat und einer Varianz von 0,16 pro Monat. Die anfängliche Liquidität beträgt 2,0.

a. Wie sehen die Wahrscheinlichkeitsverteilungen der Liquidität nach einem Monat, nach sechs Monaten und nach einem Jahr aus?
b. Wie hoch sind Wahrscheinlichkeiten für eine negative Liquidität nach sechs Monaten bzw. einem Jahr?
c. Zu welchem zukünftigen Zeitpunkt ist die Wahrscheinlichkeit einer negativen Liquidität am größten?

14.15 Angenommen, x sei die Rendite einer Staatsanleihe ohne Laufzeitbegrenzung (Perpetual Government Bond), die einen Zins von 1\$ per annum zahlt. Weiterhin nehmen wir an, dass x mit stetiger Verzinsung ausgedrückt wird, der Zins auf die Anleihe kontinuierlich gezahlt wird und x dem Prozess

$$dx = a(x_0 - x)\,dt + sx\,dz$$

folgt. Dabei sind a, x_0 und s positive Konstanten, dz ist ein Wiener-Prozess. Welchem Prozess folgt der Preis der Anleihe? Wie hoch ist der Ertrag (einschließlich Zins- und Kapitalgewinnen) für den Anleiheinhaber?

14.16 Wenn S der geometrischen Brownschen Bewegung aus Gleichung (14.12) folgt, welchem Prozess folgen dann

a. $y = 2S$,
b. $y = S^2$,
c. $y = e^S$,
d. $y = e^{r(T-t)}/S$?

Drücken Sie die Koeffizienten von dt und dz jeweils mit Termen in y statt in S aus.

14.17 Der Preis einer Aktie sei derzeit 50. Die erwartete Rendite und die Volatilität betragen 12% und 30%. Wie hoch ist die Wahrscheinlichkeit, dass der Aktienpreis in zwei Jahren größer als 80 sein wird? (*Hinweis*: Es gilt $S_T > 80$, falls $\ln S_T > \ln 80$.)

14.18 Aktie A mit einem Kurs von 30\$ besitzt eine erwartete Rendite von 11% und eine Volatilität von 25%. Aktie B mit einem Kurs von 40\$ besitzt eine erwartete Rendite von 15% und eine Volatilität von 30%. Die für die Rendite verantwortlichen Prozesse sind mit dem Parameter ϱ korreliert. Simulieren Sie in Excel unter Verwendung von normalverteilten Zufallswerten die Bewegungen der beiden Aktienkurse für die nächsten drei Monate. Ein Zeitschritt soll dabei einen Tag betragen. Stellen Sie die Resultate tabellarisch dar. Beobachten Sie die Veränderung der Pfade durch Drücken der Taste F9. Nehmen Sie für ϱ die Werte 0,25, 0,75 und 0,95 an.

Anhang: Herleitung des Lemmas von Itô

In diesem Anhang zeigen wir, wie das Lemma von Itô als natürliche Erweiterung anderer, einfacherer Resultate angesehen werden kann. Wir betrachten eine stetige, differenzierbare Funktion G einer Variablen x. Bezeichnet Δx eine kleine Änderung in x und ΔG die resultierende kleine Änderung von G, dann lautet ein bekanntes Resultat aus der Differentialrechnung

$$\Delta G \approx \frac{dG}{dx} \Delta x . \tag{14.20}$$

Mit anderen Worten, ΔG ist ungefähr gleich der Änderungsrate von G bezüglich x multipliziert mit Δx. Der Fehler enthält Terme der Ordnung Δx^2. Wird eine größere Genauigkeit verlangt, kann man eine Taylorreihen-Entwicklung von ΔG verwenden:

$$\Delta G = \frac{dG}{dx} \Delta x + \frac{1}{2} \frac{d^2 G}{dx^2} \Delta x^2 + \frac{1}{6} \frac{d^3 G}{dx^3} \Delta x^3 + \cdots .$$

Für eine stetige und differenzierbare Funktion G zweier Variablen x und y beträgt das zu Gleichung (14.20) analoge Resultat

$$\Delta G \approx \frac{\partial G}{\partial x} \Delta x + \frac{\partial G}{\partial y} \Delta y \tag{14.21}$$

und die Taylorreihen-Entwicklung von ΔG ist

$$\Delta G = \frac{\partial G}{\partial x} \Delta x + \frac{\partial G}{\partial y} \Delta y + \frac{1}{2} \frac{\partial^2 G}{\partial x^2} \Delta x^2 + \frac{\partial^2 G}{\partial x \partial y} \Delta x \Delta y + \frac{1}{2} \frac{\partial^2 G}{\partial y^2} \Delta y^2 + \cdots . \tag{14.22}$$

Wenn Δx und Δy gegen null gehen, ergibt sich aus Gleichung (14.22)

$$dG = \frac{\partial G}{\partial x} dx + \frac{\partial G}{\partial y} dy . \tag{14.23}$$

Wir erweitern nun Gleichung (14.23), um Funktionen von Variablen, welche Itô-Prozessen folgen, mit einzubeziehen. Angenommen, eine Variable x folgt dem Itô-Prozess

$$dx = a(x,t) dt + b(x,t) dz , \tag{14.24}$$

und G ist eine Funktion von x und der Zeit t. In Analogie zu Gleichung (14.22) können wir schreiben:

$$\Delta G = \frac{\partial G}{\partial x} \Delta x + \frac{\partial G}{\partial t} \Delta t + \frac{1}{2} \frac{\partial^2 G}{\partial x^2} \Delta x^2 + \frac{\partial^2 G}{\partial x \partial t} \Delta x \Delta t + \frac{1}{2} \frac{\partial^2 G}{\partial t^2} \Delta t^2 + \cdots . \tag{14.25}$$

Gleichung (14.24) kann diskretisiert werden zu

$$\Delta x = a(x,t) \Delta t + b(x,t) \epsilon \sqrt{\Delta t} ,$$

bzw. bei Weglassen der Argumente

$$\Delta x = a \Delta t + b \epsilon \sqrt{\Delta t} . \tag{14.26}$$

Diese Gleichung offenbart einen bedeutenden Unterschied zwischen der Situation in Gleichung (14.25) und der Situation in Gleichung (14.22). Beim Übergang von Gleichung (14.22) zu Gleichung (14.23) wurden Terme in Δx^2 ignoriert, da sie von zweiter Ordnung waren. Nach Gleichung (14.26) haben wir

$$\Delta x^2 = b^2 \epsilon^2 \Delta t + \text{ Terme höherer Ordnung in } \Delta t \,. \tag{14.27}$$

Dies zeigt, dass der Term, welcher Δx^2 in Gleichung (14.25) enthält, eine Komponente der Ordnung Δt beinhaltet und nicht vernachlässigt werden kann.

Die Varianz der Standardnormalverteilung ist 1,0. Das bedeutet, dass

$$E(\epsilon^2) - [E(\epsilon)]^2 = 1 \,,$$

wobei E den Erwartungswert bezeichnet. Wegen $E(\epsilon) = 0$ folgt $E(\epsilon^2) = 1$. Der Erwartungswert von $\epsilon^2 \Delta t$ beträgt daher Δt. Die Varianz von $\epsilon^2 \Delta t$ beträgt aufgrund der Eigenschaften der Standardnormalverteilung $2\Delta t^2$. Wir wissen aber auch, dass die Varianz der Änderung einer Zufallsvariablen im Zeitraum Δt proportional zu Δt, und nicht zu Δt^2 ist. Die Varianz von $\epsilon^2 \Delta t$ ist folglich zu klein, um stochastische Bedeutung zu haben. Daraus resultierend können wir $\epsilon^2 \Delta t$, wenn Δt gegen null geht, so behandeln, als sei der Term nicht stochastisch und gleich seinem Erwartungswert Δt. Aus Gleichung (14.27) folgt, dass Δx^2 nicht stochastisch wird und den Wert $b^2 \Delta t$ annimmt, wenn Δt gegen null geht. Zusammen mit diesem Resultat ergibt der Grenzübergang, wenn Δx und Δt in Gleichung (14.25) gegen null gehen,

$$dG = \frac{\partial G}{\partial x} dx + \frac{\partial G}{\partial t} dt + \frac{1}{2} \frac{\partial^2 G}{\partial x^2} b^2 \, dt \,. \tag{14.28}$$

Dies ist Itôs Lemma. Ersetzen wir dx gemäß Gleichung (14.24), so wird aus Gleichung (14.28)

$$dG = \left(\frac{\partial G}{\partial x} a + \frac{\partial G}{\partial t} + \frac{1}{2} \frac{\partial^2 G}{\partial x^2} b^2 \right) dt + \frac{\partial G}{\partial x} b \, dz \,.$$

Technical Note 29 auf www.rotman.utoronto.ca/~hull/ofod/index.html liefert Beweise für Erweiterungen von Itôs Lemma. Ist G eine Funktion von Variablen $x_1, x_2, \ldots, x_n$ und

$$dx_i = a_i \, dt + b_i \, dz_i \,,$$

dann gilt

$$dG = \left(\sum_{i=1}^{n} \frac{\partial G}{\partial x_i} a_i + \frac{\partial G}{\partial t} + \frac{1}{2} \sum_{i=1}^{n} \sum_{j=1}^{n} \frac{\partial^2 G}{\partial x_i \partial x_j} b_i b_j \varrho_{ij} \right) dt + \sum_{i=1}^{n} \frac{\partial f}{\partial x_i} b_i \, dz_i \,. \tag{14.29}$$

Wenn G die Funktion einer Variablen x mit mehreren Quellen der Stochastik ist, so dass

$$dx = a \, dt + \sum_{i=1}^{m} b_i \, dz_i \,,$$

gilt

$$dG = \left(\frac{\partial G}{\partial x} a + \frac{\partial G}{\partial t} + \frac{1}{2} \frac{\partial^2 G}{\partial x^2} \sum_{i=1}^{m} \sum_{j=1}^{m} b_i b_j \varrho_{ij} \right) dt + \frac{\partial f}{\partial x} \sum_{i=1}^{m} b_i \, dz_i \,. \tag{14.30}$$

In diesen Gleichungen stellt ϱ_{ij} die Korrelation zwischen dz_i und dz_j dar (siehe Abschnitt 14.5).

Das Black-Scholes-Merton-Modell

15.1 Die Lognormalverteilung von Aktienkursen   404
15.2 Die Verteilung von Aktienrenditen   407
15.3 Die erwartete Rendite   407
15.4 Die Volatilität   409
15.5 Die Idee der Black-Scholes-Merton-Differentialgleichung   414
15.6 Herleitung der Black-Scholes-Merton-Differentialgleichung   415
15.7 Risikoneutrale Bewertung   418
15.8 Bewertungsformeln nach Black-Scholes-Merton   420
15.9 Kumulierte Normalverteilungsfunktion   423
15.10 Optionsscheine und Mitarbeiteroptionen   424
15.11 Implizite Volatilitäten   426
15.12 Dividenden   428
Zusammenfassung   432
Literaturempfehlungen   434
Praktische Fragestellungen   435
Anhang: Beweis der Black-Scholes-Merton-Formel mithilfe der risikoneutralen Bewertung   439

15 Das Black-Scholes-Merton-Modell

In den frühen 1970er Jahren gelang Fischer Black, Myron Scholes und Robert Merton ein entscheidender Durchbruch bei der Bewertung von europäischen Aktienoptionen.[1] Sie entwickelten eine später als Black-Scholes-Merton-Modell (oder Black-Scholes-Modell) bekannt gewordene Bewertungsmethodik. Dieses Modell hatte einen großen Einfluss auf die Bewertung und das Hedging von Derivaten durch die Marktteilnehmer. Im Jahre 1997 wurde die Bedeutung des Modells gewürdigt, indem Robert Merton und Myron Scholes der Nobelpreis für Wirtschaftswissenschaften verliehen wurde. Leider verstarb Fischer Black im Jahre 1995, sonst hätte er zweifellos ebenso zu den Preisträgern gehört.

Wie erreichten Black, Scholes und Merton ihr bahnbrechendes Resultat? Forscher hatten auch schon davor ähnliche Annahmen getroffen und die erwartete Auszahlung aus einer europäischen Option korrekt berechnet. Es ist jedoch, wie wir in Abschnitt 13.2 erläutert haben, alles andere als einfach, den korrekten Diskontierungssatz für diese Auszahlung anzugeben. Black und Scholes benutzten das Capital Asset Pricing Model (siehe Anhang zu Kapitel 3), um zwischen der am Markt nachgefragten Optionsrendite und der nachgefragten Aktienrendite einen Zusammenhang herzustellen. Dies gestaltete sich schwierig, da die Beziehung sowohl vom Aktienkurs als auch von der Zeit abhängt. Mertons Ansatz unterschied sich von den Überlegungen von Black und Scholes. Er stellte ein risikoloses Portfolio aus Option und zugrunde liegender Aktie zusammen und argumentierte, dass die Rendite dieses Portfolios über einen kurzen Zeitraum dem risikolosen Zinssatz entsprechen muss. Dieser Ansatz entspricht unserem Vorgehen in Abschnitt 13.1 – ist allerdings komplizierter, da sich das Portfolio im Zeitablauf stetig verändert. Mertons Verfahren stellte einen allgemeineren Ansatz dar, da es im Gegensatz zum Black-Scholes-Verfahren nicht die Annahmen des Capital Asset Pricing Models benötigte.

In diesem Kapitel befassen wir uns mit Mertons Ansatz zur Herleitung des Black-Scholes-Merton-Modells. Wir erläutern, wie die Volatilität entweder aus historischen Daten oder mithilfe des Modells aus Optionspreisen geschätzt wird. Wir zeigen, wie das in Kapitel 13 vorgestellte Konzept der risikoneutralen Bewertung herangezogen werden kann. Zudem werden Erweiterungen des Black-Scholes-Merton-Modells behandelt, um europäische Kauf- oder Verkaufsoptionen auf Aktien mit Dividendenzahlungen zu bewerten, und wir stellen Ergebnisse zur Bewertung amerikanischer Kaufoptionen auf Aktien mit Dividendenzahlungen vor.

15.1 Die Lognormalverteilung von Aktienkursen

Das von Black, Scholes und Merton verwendete Modell für das Verhalten von Aktienkursen ist genau jenes, das wir in Kapitel 14 vorgestellt haben. Es setzt voraus, dass die relativen Änderungen des Aktienkurses in einer sehr kurzen Zeitspanne normalverteilt sind. Wir definieren:

μ: erwartete Rendite einer Aktie

σ: Volatilität des Aktienkurses

---

[1] Siehe F. Black und M. Scholes, „The Pricing of Options and Corporate Liabilities", *Journal of Political Economy*, 81 (Mai/Juni 1973), 637–659; R.C. Merton, „Theory of Rational Option Pricing", *Bell Journal of Economics and Management Science*, 4 (Frühjahr 1973), 141–183.

15.1 Die Lognormalverteilung von Aktienkursen

Der Mittelwert und die Standardabweichung der Rendite im Zeitraum Δt betragen annähernd $\mu \Delta t$ und $\sigma \sqrt{\Delta t}$, sodass

$$\frac{\Delta S}{S} \sim \phi(\mu \Delta t; \sigma^2 \Delta t) \qquad (15.1)$$

gilt. Dabei ist ΔS die Änderung des Aktienkurses S in der Zeitspanne Δt und $\phi(m, v)$ die Normalverteilung mit dem Mittelwert m und der Varianz v. (Dies ist Gleichung (14.9).)

Wie in Abschnitt 14.7 gezeigt wurde, folgt aus dem Modell

$$\ln S_T - \ln S_0 \sim \phi\left[\left(\mu - \frac{\sigma^2}{2}\right)T; \sigma^2 T\right].$$

Daraus folgt

$$\ln \frac{S_T}{S_0} \sim \phi\left[\left(\mu - \frac{\sigma^2}{2}\right)T; \sigma^2 T\right] \qquad (15.2)$$

und

$$\ln S_T \sim \phi\left[\ln S_0 + \left(\mu - \frac{\sigma^2}{2}\right)T; \sigma^2 T\right], \qquad (15.3)$$

wobei S_T den Aktienkurs zu einem zukünftigen Zeitpunkt T und S_0 den Aktienkurs zum Zeitpunkt null angibt. Hierbei gibt es keine Approximation. Die Variable $\ln S_T$ ist normalverteilt, sodass S_T lognormalverteilt ist. Der Mittelwert von $\ln S_T$ beträgt $\ln S_0 + (\mu - \sigma^2/2)T$, die Standardabweichung von $\ln S_T$ ist $\sigma \sqrt{T}$.

Beispiel 15.1 Wir betrachten eine Aktie mit einem Basispreis von 40 \$, einer erwarteten Rendite von 16% per annum und einer Volatilität von 20% per annum. Nach Formel (15.3) ist die Wahrscheinlichkeitsverteilung des Aktienkurses S_T nach einer Zeit von sechs Monaten gegeben durch

$$\ln S_T \sim \phi[\ln 40 + (0{,}16 - 0{,}2^2/2) \cdot 0{,}5; 0{,}2^2 \cdot 0{,}5]$$
$$\ln S_T \sim \phi(3{,}759; 0{,}02).$$

Mit einer Wahrscheinlichkeit von 95% nimmt die normalverteilte Variable einen Wert innerhalb des 1,96fachen der Standardabweichung um ihren Mittelwert an. In unserem Fall beträgt die Standardabweichung $\sqrt{0{,}02} = 0{,}141$. Folglich gilt mit einer Konfidenz von 95%

$$3{,}759 - 1{,}96 \cdot 0{,}141 < \ln S_T < 3{,}759 + 1{,}96 \cdot 0{,}141.$$

Dies kann geschrieben werden als

$$e^{3{,}759 - 1{,}96 \cdot 0{,}141} < S_T < e^{3{,}759 + 1{,}96 \cdot 0{,}141}$$

oder

$$32{,}55 < S_T < 56{,}56.$$

Demzufolge beträgt die Wahrscheinlichkeit 95%, dass der Aktienpreis in sechs Monaten zwischen 32,55 und 56,56 liegen wird.

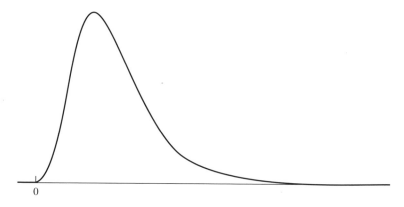

Abbildung 15.1: Die Lognormalverteilung

Eine lognormalverteilte Variable kann jeden Wert zwischen null und unendlich annehmen. Abbildung 15.1 zeigt eine Lognormalverteilung. Im Unterschied zur Normalverteilung ist die Lognormalverteilung schief, d. h. asymmetrisch, und Mittelwert, Median und Modus sind nicht identisch. Aus Gleichung (15.3) sowie den Eigenschaften der Lognormalverteilung kann abgeleitet werden, dass der Erwartungswert $E(S_T)$ von S_T gegeben ist durch

$$E(S_T) = S_0 e^{\mu T}. \tag{15.4}$$

Dies stimmt mit der Definition von μ als erwarteter Rendite überein. Man kann zeigen, dass die Varianz $\text{var}(S_T)$ von S_T durch

$$\text{var}(S_T) = S_0^2 e^{2\mu T}(e^{\sigma^2 T} - 1) \tag{15.5}$$

gegeben ist.[2]

> **Beispiel 15.2** Wir betrachten eine Aktie mit einem aktuellen Kurs von 20 $, einer erwarteten Rendite von 20% per annum und einer Volatilität von 40% per annum. Der in einem Jahr erwartete Aktienkurs $E(S_T)$ und die Varianz des Aktienkurses $\text{var}(S_T)$ sind gegeben durch
>
> $$E(S_T) = 20e^{0,2 \cdot 1} = 24{,}43, \quad \text{und} \quad \text{var}(S_T) = 400e^{2 \cdot 0,2 \cdot 1}(e^{0,4^2 \cdot 1} - 1) = 103{,}54.$$
>
> Die Standardabweichung des Aktienkurses in einem Jahr liegt bei $\sqrt{103{,}54}$ oder 10,18.

---

[2] Zum Beweis der Resultate in den Gleichungen (15.4) und (15.5) siehe Technical Note 2 auf der Homepage des Autors (www.rotman.utoronto.ca/~hull/ofod/index.html). Eine ausführliche Diskussion der Eigenschaften der Lognormalverteilung findet sich in J. Aitchison und J.A.C. Brown, *The Lognormal Distribution*, Cambridge University Press, Cambridge, 1966.

15.2 Die Verteilung von Aktienrenditen

Die Tatsache, dass die Aktienkurse lognormalverteilt sind, kann zur Ermittlung der Wahrscheinlichkeitsverteilung einer bei stetiger Verzinsung zwischen dem Zeitpunkt null und dem Zeitpunkt T erzielten Rendite herangezogen werden. Wir definieren die annualisierte Rendite über diesen Zeitraum von null bis T mit x. Daraus folgt

$$S_T = S_0 e^{xT},$$

und somit

$$x = \frac{1}{T} \ln \frac{S_T}{S_0}. \tag{15.6}$$

Aus Formel (15.2) ergibt sich

$$x \sim \phi\left(\mu - \frac{\sigma^2}{2}; \frac{\sigma^2}{T}\right). \tag{15.7}$$

Demzufolge ist die annualisierte stetige Rendite normalverteilt mit dem Mittelwert $\mu - \sigma^2/2$ und der Standardabweichung $\sigma/\sqrt{T}$. Mit wachsender Zeit T verringert sich die Standardabweichung von x. Um die Ursache dafür zu verstehen, betrachten wir zwei Fälle: $T = 1$ und $T = 20$. Die durchschnittliche jährliche Rendite über einen Zeitraum von 20 Jahren können wir mit größerer Sicherheit vorhersagen als diejenige für ein einziges Jahr.

Beispiel 15.3 Wir betrachten eine Aktie mit einer erwarteten Rendite von 17% per annum und einer Volatilität von 20% per annum. Die Rendite (bei stetiger Verzinsung) über einen Zeitraum von drei Jahren ist normalverteilt mit dem Mittelwert von

$$0{,}17 - \frac{0{,}2^2}{2} = 0{,}15$$

oder 15% per annum sowie einer Standardabweichung von

$$\frac{0{,}2}{\sqrt{3}} = 0{,}1155$$

oder 11,55% per annum. Da eine normalverteilte Variable mit 95%iger Sicherheit innerhalb der 1,96fachen Standardabweichung um ihren Mittelwert liegt, können wir zu 95% sicher sein, dass die durchschnittliche Rendite über einen Zeitraum von drei Jahren zwischen $15 - 1{,}96 \cdot 11{,}55 = -7{,}6\%$ und $15 + 1{,}96 \cdot 11{,}55 = +37{,}6\%$ pro Jahr liegen wird.

15.3 Die erwartete Rendite

Die erwartete Rendite μ, die von Anlegern für eine Aktie gefordert wird, hängt davon ab, wie riskant die Aktie ist. Je höher das Risiko, um so höher ist die erwartete Rendite. Diese Rendite hängt außerdem vom allgemeinen Zinsniveau in der Volkswirtschaft ab. Je höher das Niveau der Zinssätze ist, um so höher ist die erwartete Rendite für eine beliebige Aktie. Zum Glück müssen wir uns nicht im Detail mit den

Determinanten von μ befassen. Es stellt sich heraus, dass der Wert der Aktienoption, wenn er unter Zuhilfenahme des gegenwärtigen Wertes der zugrunde liegenden Aktie ermittelt wird, nicht von μ abhängt. Dessen ungeachtet gibt es einen Aspekt der erwarteten Rendite einer Aktie, der häufig für Verwirrung sorgt und deshalb einer Erklärung bedarf.

Unser Modell des Aktienkurses liefert $\mu \Delta t$ als mittlere Rendite in einem sehr kurzen Zeitabschnitt. Man könnte nun annehmen, dass μ der erwarteten stetigen Rendite für die Aktie entspricht. Dies ist jedoch nicht der Fall. Die bei stetiger Verzinsung über einen relativ langen Zeitabschnitt von T Jahren tatsächlich realisierte Rendite x beträgt mit Gleichung (15.6)

$$x = \frac{1}{T} \ln \frac{S_T}{S_0}$$

und wie in Gleichung (15.7) angedeutet, ist der Erwartungswert $E(x)$ von x gleich $\mu - \sigma^2/2$.

Der Grund für die Abweichung der erwarteten stetig verzinsten Rendite von μ ist subtil, aber nicht unbedeutend. Angenommen, wir betrachten eine sehr große Anzahl sehr kleiner Zeitabschnitte der Länge Δt. Wir definieren S_i als den Aktienkurs am Ende des i-ten Intervalls und ΔS_i als $S_{i+1} - S_i$. Unter den Annahmen, die wir für das Verhalten von Aktienkursen getroffen haben, liegt das Mittel der Renditen aus der Aktie für jedes Intervall nahe bei μ. Mit anderen Worten liegt μ dicht am arithmetischen Mittel der $\Delta S_i/S_i$. Die über den Beobachtungszeitraum erwartete Rendite für eine Verzinsungsperiode Δt liegt jedoch dicht bei $\mu - \sigma^2/2$, nicht bei μ.[3] Business Snapshot 15.1 liefert ein numerisches Beispiel aus dem Bereich der Investmentfonds, um diese Aussage zu illustrieren.

Einen anderen Erklärungsansatz beginnen wir mit Gleichung (15.4):

$$E(S_T) = S_0 e^{\mu T}.$$

Durch Logarithmieren erhalten wir

$$\ln[E(S_T)] = \ln(S_0) + \mu T.$$

Nun ist man versucht, $\ln[E(S_T)] = E[\ln(S_T)]$ zu setzen, sodass $E[\ln(S_T)] - \ln(S_0) = \mu T$ oder $E[\ln(S_T/S_0)] = \mu T$ wäre, was zu $E(x) = \mu$ führt. Wir können diesen Schritt jedoch nicht durchführen, da ln eine nichtlineare Funktion ist. Tatsächlich ist $\ln[E(S_T)] > E[\ln(S_T)]$, sodass $E[\ln(S_T/S_0)] < \mu T$ gilt, was zu $E(x) < \mu$ führt. (Wie oben erwähnt, gilt $E(x) = \mu - \sigma^2/2$.)

Business Snapshot 15.1 – Renditeangaben von Investmentfonds können irreführend sein

Der Unterschied zwischen μ und $\mu - \sigma^2/2$ ist eng mit einem Problem bei den Renditeangaben von Investmentfonds verbunden. Im Folgenden ist eine Reihe

---

[3] Die Ausführungen in diesem Abschnitt zeigen, dass der Begriff *erwartete Rendite* zweideutig ist. Er kann sich entweder auf μ oder auf $\mu - \sigma^2/2$ beziehen. Wenn nichts anderes angegeben ist, wird im gesamten Buch μ als erwartete Rendite bezeichnet.

von jährlichen Renditen für die letzten fünf Jahre aufgeführt, angegeben von einem Fondsmanager (gemessen bei jährlicher Verzinsung):

$$15\%, \quad 20\%, \quad 30\%, \quad -20\%, \quad 25\%\,.$$

Das durch Summierung der Renditen und Division durch 5 berechnete arithmetische Mittel ist 14%. Tatsächlich würde ein Anleger allerdings weniger als 14% per annum erzielen, wenn er das Geld für fünf Jahre in den Fonds investiert hätte. Der Wert von 100 $ wäre am Ende der fünf Jahre

$$100 \cdot 1{,}15 \cdot 1{,}20 \cdot 1{,}30 \cdot 0{,}80 \cdot 1{,}25 = 179{,}40\,\$\,.$$

Im Gegensatz dazu würde eine Rendite von 14% bei jährlicher Verzinsung in

$$100 \cdot 1{,}14^5 = 192{,}54\,\$$$

resultieren. Die Rendite, welche am Ende der fünf Jahre 179,40 $ ergibt, liegt bei 12,4%, denn

$$100 \cdot 1{,}124^5 = 179{,}40\,\$\,.$$

Welche Durchschnittsrendite soll der Fondsmanager angeben? Er wird sicher versucht sein, eine Aussage der Art: „In den letzten fünf Jahren haben wir eine jährliche Durchschnittsrendite von 14% realisiert" zu treffen. Dies stimmt zwar, ist aber trotzdem irreführend. Zutreffender wäre die Aussage: „Die durchschnittliche Rendite für unsere Anleger betrug in den letzten fünf Jahren 12,4% pro Jahr." Fondsmanager sind teilweise gesetzlich verpflichtet, Renditen auf letztere Weise anzugeben.

Dies ist ein Beispiel für ein in der Mathematik wohlbekanntes Resultat. Das geometrische Mittel einer Zahlenfolge ist immer kleiner als das arithmetische Mittel. In unserem Beispiel betragen die Renditefaktoren 1,15, 1,20, 1,30, 0,80 und 1,25. Das arithmetische Mittel dieser Zahlen ist 1,140, das geometrische Mittel dagegen nur 1,124. Das geometrische Mittel ist gleich 1 plus die realisierte Rendite für die fünf Jahre.

15.4 Die Volatilität

Die Volatilität σ einer Aktie ist ein Maß für die Unsicherheit hinsichtlich der mit einer Aktie verbundenen Renditen. Üblicherweise haben Aktien eine Volatilität zwischen 15% und 60%.

Gemäß Gleichung (15.7) kann die Volatilität eines Aktienkurses definiert werden als die Standardabweichung der Aktienrendite über ein Jahr, wenn diese Rendite mit stetiger Verzinsung ausgedrückt wird.

Wenn Δt klein ist, dann folgt aus Gleichung (15.1), dass $\sigma^2 \Delta t$ nahezu der Varianz der relativen Änderung des Aktienkurses im Zeitraum Δt entspricht. Das bedeutet, dass $\sigma\sqrt{\Delta t}$ nahezu der Standardabweichung der relativen Änderung des Aktienkurses im Zeitraum Δt entspricht. Angenommen, die Volatilität beträgt 0,3 oder 30% per annum, und der aktuelle Aktienkurs ist 50 $. Die Standardabweichung der relativen Änderung des Aktienkurses innerhalb einer Woche beträgt ungefähr

$$30 \cdot \sqrt{\frac{1}{52}} = 4{,}16\% \ .$$

Eine Bewegung des Aktienkurses um eine Standardabweichung in einer Woche entspricht deshalb 50 · 0,0416, also 2,08 $.

Unsere Unsicherheit hinsichtlich des zukünftigen Aktienkurses, gemessen durch seine Standardabweichung, nimmt näherungsweise mit der Quadratwurzel des Zeitraums, den wir in die Zukunft blicken, zu. Beispielsweise beträgt die Standardabweichung des Aktienkurses über vier Wochen das Doppelte der Standardabweichung über eine Woche.

Schätzung der Volatilität aus historischen Daten

Um die Volatilität eines Aktienkurses empirisch abzuschätzen, wird der Aktienkurs gewöhnlich über bestimmte feste Zeitintervalle (z. B. Tag, Woche oder Monat) beobachtet.

Wir definieren:

$n + 1$: Anzahl der Beobachtungen

S_i: Aktienkurs am Ende des i-ten ($i = 0, 1, \ldots, n$) Intervalls

τ: Länge des Zeitintervalls in Jahren

und setzen

$$u_i = \ln\left(\frac{S_i}{S_{i-1}}\right)$$

für $i = 1, 2, \ldots, n$.

Der übliche Schätzer s der Standardabweichung von u_i ist mit

$$s = \sqrt{\frac{1}{n-1} \sum_{i=1}^{n} (u_i - \bar{u})^2}$$

oder

$$s = \sqrt{\frac{1}{n-1} \sum_{i=1}^{n} u_i^2 - \frac{1}{n(n-1)} \left(\sum_{i=1}^{n} u_i\right)^2}$$

gegeben, wobei $\bar{u}$ der Mittelwert der u_i ist.[4]

Aus Gleichung (15.2) ergibt sich $\sigma\sqrt{\tau}$ für die Standardabweichung der u_i. Die Variable s ist folglich ein Schätzer für $\sigma\sqrt{\tau}$. Das heißt, dass σ selbst über $\hat{\sigma}$ geschätzt werden kann, wobei

$$\hat{\sigma} = \frac{s}{\sqrt{\tau}}$$

gilt. Man kann zeigen, dass der Standardfehler dieser Schätzung näherungsweise $\hat{\sigma}/\sqrt{2n}$ beträgt.

Die Wahl eines geeigneten Wertes für n ist nicht einfach. Die Verwendung von mehr Daten führt gewöhnlich zu einer höheren Genauigkeit der Schätzung, aber

---

4 Bei der Schätzung historischer Volatilitäten wird oft $\bar{u} = 0$ angenommen.

σ ändert sich im Zeitablauf, und Daten, die zu weit zurückliegen, können für die Prognose der zukünftigen Entwicklung irrelevant sein. Ein Kompromiss, der recht gut zu funktionieren scheint, besteht darin, die täglichen Schlusskurse der letzten 90 bis 180 Tage zu verwenden. Eine häufig benutzte Faustregel empfiehlt, n entsprechend der Anzahl an Tagen zu wählen, über die die geschätzte Volatilität verwendet werden soll. Wenn also die Volatilitätsschätzung eingesetzt werden soll, um eine Option mit zwei Jahren Laufzeit zu bewerten, werden die täglichen Daten der letzten beiden Jahre betrachtet. In Kapitel 23 werden ausgefeiltere Ansätze, wie z.B. GARCH-Modelle, für die Volatilitätsschätzung diskutiert.

Beispiel 15.4 In Tabelle 15.1 ist eine mögliche Entwicklung des Aktienkurses während der letzten 21 aufeinander folgenden Handelstage aufgeführt. In diesem Fall gilt

$$\sum u_i = 0{,}09531 \quad \text{und} \quad \sum u_i^2 = 0{,}00326,$$

und der Schätzer der Standardabweichung der täglichen Rendite beträgt

$$\sqrt{\frac{0{,}00326}{19} - \frac{0{,}09531^2}{380}} = 0{,}01216$$

oder 1,216%. Angenommen, im Jahr gibt es 252 Handelstage, dann gilt $\tau = 1/252$ und die Daten liefern eine Schätzung der Volatilität von $0{,}01216\sqrt{252} = 0{,}193$ oder 19,3% pro Jahr. Der Standardfehler dieser Schätzung beträgt

$$\frac{0{,}193}{\sqrt{2 \cdot 20}} = 0{,}031$$

oder 3,1% pro Jahr.

Tag	Schlusskurs ($)	Kursverhältnis S_i/S_{i-1}	tägliche Rendite $u_i = \ln(S_i/S_{i-1})$
0	20		
1	20,10	1,00500	0,00499
2	19,00	0,99005	−0,01000
3	20,00	1,00503	0,00501
4	20,50	1,02500	0,02469
5	20,25	0,98780	−0,01227
6	20,90	1,03210	0,03159
7	20,90	1,00000	0,00000
8	20,90	1,00000	0,00000
9	20,75	0,99282	−0,00720
10	20,75	1,00000	0,00000

Tag	Schlusskurs ($)	Kursverhältnis S_i/S_{i-1}	tägliche Rendite $u_i = \ln(S_i/S_{i-1})$
11	21,00	1,01205	0,01198
12	21,10	1,00476	0,00475
13	20,90	0,99052	−0,00952
14	20,90	1,00000	0,00000
15	21,25	1,01675	0,01661
16	21,40	1,00706	0,00703
17	21,40	1,00000	0,00000
18	21,25	0,99299	−0,00703
19	21,75	1,02353	0,02326
20	22,00	1,01149	0,01143

Tabelle 15.1: Berechnung der Volatilität

Die vorangegangene Analyse beruht auf der Annahme, dass es sich um eine dividendenlose Aktie handelt. Sie kann aber auch auf Aktien mit Dividendenzahlung angepasst werden. Die Rendite u_i aus einem Zeitintervall, das einen Ausschüttungstag (Ex-Dividende-Tag) enthält, ist gegeben durch

$$u_i = \ln \frac{S_i + D}{S_{i-1}},$$

wobei D der Betrag der Dividende ist. Die Rendite aus den anderen Zeitintervallen ist weiterhin

$$u_i = \ln \frac{S_i}{S_{i-1}}.$$

Da jedoch steuerliche Faktoren bei der Bestimmung der Renditen unter Berücksichtigung einer Dividendenzahlung eine Rolle spielen, ist es wahrscheinlich am besten, auf Daten für Intervalle zu verzichten, die eine Dividendenzahlung enthalten.

Kalendertage und Handelstage

Eine wichtige Frage ist, ob die Zeit in Kalendertagen oder Handelstagen gemessen werden soll, wenn die Volatilitätsparameter geschätzt und verwendet werden. Wie Business Snapshot 15.2 zeigt, haben Untersuchungen ergeben, dass die Volatilität an Handelstagen wesentlich höher ist als an handelsfreien Tagen. Demzufolge neigen die Fachleute dazu, handelsfreie Tage zu ignorieren, wenn sie die Volatilität aus historischen Daten schätzen oder die Laufzeit einer Option berechnen. Die Volatilität per annum wird aus der Volatilität pro Börsentag mithilfe der Formel

$$\text{Volatilität per annum} = \text{Volatilität pro Handelstag} \cdot \sqrt{\text{Anzahl der Handelstage per annum}}$$

berechnet. Genau dies haben wir in Beispiel 15.4 bereits verwendet, als wir die Volatilität aus den Daten von Tabelle 15.1 berechnet haben. Für Aktien wird gewöhnlich angenommen, dass ein Jahr 252 Handelstage umfasst.

Die Laufzeit einer Option wird ebenfalls meist in Handelstagen statt in Kalendertagen angegeben. Sie wird berechnet als

$$T = \frac{\text{Anzahl der Handelstage bis zur Fälligkeit der Option}}{252}.$$

T wird in Jahren angegeben.

> **Business Snapshot 15.2 –**
> **Worin liegen die Ursachen der Volatilität?**
>
> Die Vermutung liegt nahe, dass die Volatilität einer Aktie vom Eintreffen neuer Informationen am Markt verursacht wird. Diese Informationen bringen die Leute dazu, ihre Meinung über den Wert der Aktie zu überdenken. Der Aktienpreis ändert sich und dadurch entsteht Volatilität. Diese Ansicht über die Ursachen der Volatilität wird von Forschungsergebnissen nicht unterstützt. Mit über einen längeren Zeitraum gesammelten Aktienkursen am Ende jedes Handelstages lassen sich folgende Werte berechnen:
>
> 1. die Varianz der Aktienrenditen zwischen dem Handelsschluss eines Tages und dem Handelsschluss des nächsten Tages, wenn kein handelsfreier Tag dazwischenliegt,
> 2. die Varianz der Aktienrenditen zwischen dem Handelsschluss am Freitag und dem darauffolgenden Handelsschluss am Montag.
>
> Die zweite Varianz stellt die Varianz von Renditen über einen 3-Tages-Zeitraum dar, die erste Varianz beschreibt einen 1-Tages-Zeitraum. Man könnte nun erwarten, dass die Varianz im zweiten Fall dreimal so hoch ist wie die Varianz im ersten Fall. Die Untersuchungen von Fama (1965), French (1980) sowie French und Roll (1986) zeigen, dass dies nicht zutrifft. Die drei Studien schätzten die zweite Varianz nur um 22%, 19% bzw. 10,7% höher als die erste Varianz.
>
> Natürlich könnte man noch einwenden, dass sich die Resultate damit erklären lassen, dass mehr Informationen den Markt erreichen, wenn dieser für den Handel geöffnet ist. Doch die Untersuchung von Roll (1984) widerspricht dieser These. Roll beobachtete die Kurse von Orangensaft-Futures. Die mit Abstand wichtigsten Informationen für Orangensaft-Futures sind Wetterinformationen, welche an jedem Tag mit gleicher Wahrscheinlichkeit eintreffen können. Bei einer ähnlichen wie der oben für Aktien beschriebenen Analyse stellte er fest, dass die zweite Varianz (Freitag bis Montag) nur das 1,54fache der ersten betrug.
>
> Die einzig logische Schlussfolgerung aus dem Ganzen ist, dass Volatilität zu einem großen Teil durch den Handel selbst hervorgerufen wird. (Die Händler haben gewöhnlich kein Problem, diese Schlussfolgerung anzuerkennen!)

15.5 Die Idee der Black-Scholes-Merton-Differentialgleichung

Die Black-Scholes-Merton-Differentialgleichung ist eine Gleichung, die vom Preis jedes beliebigen Derivates erfüllt werden muss, das von einer dividendenlosen Aktie abhängt. Die Gleichung wird im nächsten Abschnitt hergeleitet. An dieser Stelle untersuchen wir die Grundlagen der verwendeten Argumente.

Die Argumente ähneln jenen No-Arbitrage-Argumenten, die wir in Kapitel 13 zur Bewertung von Aktienoptionen für den Fall verwendet haben, dass Aktienkurse als binomialverteilt angenommen werden. Sie umfassen die Bildung eines risikolosen Portfolios, das je eine Position in einem Derivat und in einer Aktie beinhaltet. Ohne Arbitragemöglichkeiten muss die Rendite aus dem Portfolio dem risikolosen Zinssatz r entsprechen. Dies führt auf die Black-Scholes-Merton-Differentialgleichung.

Der Grund dafür, dass ein risikoloses Portfolio gebildet werden kann, besteht darin, dass Aktienkurs und Derivatepreis von demselben zugrunde liegenden Unsicherheitsfaktor, nämlich den Schwankungen des Aktienkurses, betroffen sind. In jedem sehr kurzen Zeitabschnitt ist der Preis eines Derivates perfekt mit dem Kurs der zugrunde liegenden Aktie korreliert. Wenn ein geeignetes Portfolio aus der Aktie und dem Derivat zusammengestellt wurde, gleicht der Gewinn oder Verlust aus der Aktienposition immer den Gewinn oder Verlust aus der Derivateposition aus, sodass der Gesamtwert des Portfolios am Ende des kurzen Zeitabschnitts mit Sicherheit bekannt ist.

Wir nehmen beispielsweise an, dass zu einem bestimmten Zeitpunkt die Beziehung zwischen einer kleinen Aktienkursänderung ΔS und der kleinen Änderung im Preis einer europäischen Kaufoption Δc gegeben ist durch

$$\Delta c = 0{,}4 \Delta S \,.$$

Wie in Abbildung 15.2 dargestellt, bedeutet dies, dass die Steigung der Funktion, die die Beziehung zwischen c und S beschreibt, 0,4 beträgt. Ein risikoloses Portfolio besteht aus:

1. einer Long-Position in 40 Anteilen der Aktie,
2. einer Short-Position in 100 Kaufoptionen.

Angenommen, der Aktienkurs steigt um 10 Cent. Dann steigt der Preis einer Option um 4 Cent und der Gewinn von $40 \cdot 10 = 4\,\$$ in Aktien ist gleich dem Verlust von $100 \cdot 0{,}04 = 4\,\$$ aus der Short-Position in den Kaufoptionen.

Hier zeigt sich ein gravierender Unterschied zwischen der Black-Scholes-Merton-Analyse und unserer in Kapitel 13 mithilfe des Binomialmodells durchgeführten Analyse. Im Rahmen der Black-Scholes-Merton-Welt ist die Position in der Aktie und dem Derivat nur für einen sehr kurzen Zeitabschnitt risikolos. (Theoretisch bleibt sie nur für einen Moment risikolos.) Damit die Position risikolos bleibt, muss sie regelmäßig angepasst werden.[5] Die Beziehung zwischen Δc und ΔS in unserem Beispiel kann sich etwa von $\Delta c = 0{,}4 \Delta S$ heute auf $\Delta c = 0{,}5 \Delta S$ morgen ändern. Dies würde bedeuten, dass zehn zusätzliche Aktienanteile je 100 verkaufte Calls erworben werden müssten, um die risikolose Position aufrechtzuerhalten. Dennoch ist es

---

5 Die Anpassung von Portfolios, das so genannte Rebalancing, behandeln wir ausführlicher in Kapitel 19.

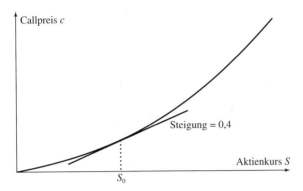

Abbildung 15.2: Beziehung zwischen c und S, der aktuelle Aktienkurs ist S_0

offensichtlich, dass die Rendite aus dem risikolosen Portfolio in einem beliebigen sehr kurzen Zeitabschnitt dem risikolosen Zinssatz entsprechen muss. Dies ist der Schlüssel zum Verständnis der Black-Scholes-Merton-Analyse und führt zu ihren Bewertungsformeln.

Annahmen

Um die Black-Scholes-Merton-Differentialgleichung herzuleiten, legen wir die folgenden Annahmen zugrunde:

1. Der Aktienkurs folgt dem Prozess, der in Kapitel 14 entwickelt wurde, wobei μ und σ konstant sind.
2. Der Leerverkauf von Wertpapieren unter vollständiger Verwendung der resultierenden Einnahmen ist möglich.
3. Es gibt keine Transaktionskosten oder Steuern. Alle Wertpapiere sind ohne Einschränkung teilbar.
4. Während der Laufzeit des Derivates gibt es keine Dividendenzahlungen.
5. Es gibt keine risikolosen Arbitragemöglichkeiten.
6. Der Handel mit Wertpapieren findet fortlaufend statt.
7. Der risikolose Zinssatz r ist konstant und für alle Laufzeiten identisch.

Wie wir in späteren Kapiteln behandeln werden, können einige dieser Annahmen weniger streng formuliert werden. Beispielsweise können σ und r eine bekannte Funktion von t sein. Wir können auch einen stochastischen Zinssatz zulassen, wenn sichergestellt ist, dass die Aktienkurse zum Ende der Laufzeit der Option immer noch lognormalverteilt sind.

15.6 Herleitung der Black-Scholes-Merton-Differentialgleichung

Die Notation in diesem Abschnitt unterscheidet sich vom Rest des Buches. Wir betrachten den Preis eines Derivats zu einem beliebigen, von null verschiedenen

Zeitpunkt t. Bezeichnet T den Fälligkeitszeitpunkt, dann beträgt die Restlaufzeit $T-t$.

Der von uns angenommene Aktienkursprozess ist der in Abschnitt 14.3 entwickelte:

$$dS = \mu S \, dt + \sigma S \, dz. \qquad (15.8)$$

Wir nehmen an, dass f der Preis einer Kaufoption oder eines anderen Derivates von S ist. Die Variable f muss eine Funktion von S und t sein. Damit folgt aus Gleichung (14.14)

$$df = \left(\frac{\partial f}{\partial S}\mu S + \frac{\partial f}{\partial t} + \frac{1}{2}\frac{\partial^2 f}{\partial S^2}\sigma^2 S^2\right) dt + \frac{\partial f}{\partial S}\sigma S \, dz. \qquad (15.9)$$

Die diskreten Versionen der Gleichungen (15.8) und (15.9) sind

$$\Delta S = \mu S \Delta t + \sigma S \Delta z \qquad (15.10)$$

und

$$\Delta f = \left(\frac{\partial f}{\partial S}\mu S + \partial f \partial t + \frac{1}{2}\frac{\partial^2 f}{\partial S^2}\sigma^2 S^2\right)\Delta t + \frac{\partial f}{\partial S}\sigma S \Delta z, \qquad (15.11)$$

wobei Δf und ΔS die Änderungen von f und S in einem kurzen Zeitintervall Δt sind. Wir rufen uns aus der Diskussion von Itôs Lemma aus Abschnitt 14.6 in Erinnerung, dass die f und S zugrunde liegenden Wiener-Prozesse gleich sind. Mit anderen Worten, die Größen $\Delta z (= \epsilon \sqrt{\Delta t})$ aus den Gleichungen (15.10) und (15.11) sind identisch. Daraus folgt, dass man ein Portfolio aus der Aktie und dem Derivat so zusammenstellen kann, dass der Wiener-Prozess eliminiert wird.

Das geeignete Portfolio setzt sich wie folgt zusammen:

-1: Derivat

$+\partial f/\partial S$: Anteile der Aktie.

Der Inhaber dieses Portfolios hat eine Short-Position in einem Derivat sowie eine Long-Position mit $\partial f/\partial S$ Aktien. Wir definieren Π als den Wert des Portfolios. Per definitionem gilt

$$\Pi = -f + \frac{\partial f}{\partial S}S. \qquad (15.12)$$

Die Änderung $\Delta \Pi$ im Wert des Portfolios im Zeitintervall Δt ist gegeben durch

$$\Delta \Pi = -\Delta f + \frac{\partial f}{\partial S}\Delta S. \qquad (15.13)$$

Durch Einsetzen der Gleichungen (15.10) und (15.11) in Gleichung (15.13) ergibt sich

$$\Delta \Pi = \left(-\frac{\partial f}{\partial t} - \frac{1}{2}\frac{\partial^2 f}{\partial S^2}\sigma^2 S^2\right)\Delta t. \qquad (15.14)$$

Weil diese Gleichung Δz nicht enthält, muss das Portfolio über den Zeitraum Δt risikolos sein. Die im vorhergehenden Abschnitt aufgelisteten Annahmen implizieren, dass das Portfolio die gleiche Rendite wie andere kurzfristige risikolose Anlagen erzielen muss. Wenn mehr als diese Rendite verdient werden kann, könnten Arbitrageure einen risikolosen Profit erzielen, indem sie Geld leihen, um das Portfolio zu kaufen. Wird weniger verdient, könnten sie ebenfalls einen risikolosen Profit erzielen, indem sie die Short-Position in dem Portfolio eingehen und von den Einnahmen risikolose Wertpapiere kaufen. Es folgt, dass

$$\Delta \Pi = r \Pi \Delta t \tag{15.15}$$

gilt, wobei r der risikolose Zinssatz ist. Durch Einsetzen der Gleichungen (15.12) und (15.14) in Gleichung (15.15) erhalten wir

$$\left(\frac{\partial f}{\partial t} + \frac{1}{2}\frac{\partial^2 f}{\partial S^2}\sigma^2 S^2\right)\Delta t = r\left(f - \frac{\partial f}{\partial S}S\right)\Delta t$$

und somit

$$\frac{\partial f}{\partial t} + rS\frac{\partial f}{\partial S} + \frac{1}{2}\sigma^2 S^2 \frac{\partial^2 f}{\partial S^2} = rf. \tag{15.16}$$

Gleichung (15.16) ist die Black-Scholes-Merton-Differentialgleichung. Entsprechend den unterschiedlichen Derivaten, die mithilfe von S als zugrunde liegender Variable definiert werden können, hat sie zahlreiche Lösungen. Eine spezielle Lösung für ein bestimmtes Derivat hängt von den jeweiligen *Randbedingungen* (Boundary Conditions) ab. Diese bestimmen die Werte des Derivats an den Grenzen der für S und t möglichen Werte. Im Falle einer europäischen Kaufoption lautet die entscheidende Randbedingung

$$f = \max(S - K, 0), \quad \text{falls } t = T \text{ gilt}.$$

Im Falle einer europäischen Verkaufsoption lautet sie

$$f = \max(K - S, 0), \quad \text{falls } t = T \text{ gilt}.$$

Beispiel 15.5 Ein Forward-Kontrakt auf eine dividendenlose Aktie ist ein von der Aktie abhängiges Derivat, das Gleichung (15.16) erfüllen sollte. Wir wissen aus Gleichung (5.5), dass der Wert f des Forward-Kontraktes zu einer bestimmten Zeit t gegeben ist mit

$$f = S - Ke^{-r(T-t)},$$

wobei K der Abrechnungspreis und S der Aktienkurs ist. Damit gilt

$$\frac{\partial f}{\partial t} = -rKe^{-r(T-t)}, \quad \frac{\partial f}{\partial S} = 1, \quad \frac{\partial^2 f}{\partial S^2} = 0.$$

Setzen wir dies in die linke Seite der Gleichung (15.16) ein, so erhalten wir

$$-rKe^{-r(T-t)} + rS.$$

Dies ist gleich rf, was zeigt, dass Gleichung (15.16) tatsächlich erfüllt ist.

Ein unbefristetes Derivat

Wir betrachten ein unbefristetes Derivat, das einen festen Betrag Q auszahlt, wenn der Aktienkurs zum ersten Mal den Wert H erreicht. In diesem Fall hängt der Wert des Derivats für ein bestimmtes S nicht von t ab. Damit verschwindet der Term $\partial f/\partial t$ und die partielle Differentialgleichung (15.16) wird zu einer gewöhnlichen Differentialgleichung.

Nehmen wir zunächst an, dass $S < H$. Die Randbedingungen für das Derivat lauten $f = 0$ für $S = 0$ und $f = Q$ für $S = H$. Die einfache Lösung $f = QS/H$ erfüllt beide Bedingungen sowie die Differentialgleichung. Sie muss folglich den Wert des Derivats angeben.

Sei nun $S > H$. Die Randbedingungen lauten jetzt $f = 0$ für $S \to \infty$ und $f = Q$ für $S = H$. Der Derivatepreis

$$f = Q\left(\frac{S}{H}\right)^{-\alpha}$$

mit $\alpha > 0$ erfüllt die Randbedingungen. Er erfüllt auch die Differentialgleichung, wenn

$$-r\alpha + \frac{1}{2}\sigma^2\alpha(\alpha+1) - r = 0 \,,$$

d. h. $\alpha = 2r/\sigma^2$. Der Wert des Derivates ist daher

$$f = Q\left(\frac{S}{H}\right)^{-2r/\sigma^2} \tag{15.17}$$

Aufgabe 15.23 zeigt, wie man mithilfe von Gleichung (15.17) einen unbefristeten amerikanischen Put bewerten kann. In Abschnitt 26.2 erweitern wir unsere Untersuchungen und zeigen, wie unbefristete amerikanische Call- und Put-Optionen bewertet werden können, wenn das Underlying eine Rendite q abwirft.

Die Preise gehandelter Derivate

Eine beliebige Funktion $f(S,t)$, welche die Differentialgleichung (15.16) erfüllt, ist der theoretische Preis eines gehandelten Derivates. Wenn ein Derivat mit diesem Preis existieren würde, gäbe es keinerlei Arbitragemöglichkeiten. Umgekehrt kann eine Funktion $f(S,t)$, die die Differentialgleichung (15.16) nicht erfüllt, nicht der Preis für ein Derivat sein, ohne eine Arbitragemöglichkeit für Händler zu bieten.

Um diesen Sachverhalt zu verdeutlichen, betrachten wir zunächst die Funktion e^S, welche die Differentialgleichung (15.16) nicht erfüllt. Sie kommt deshalb für einen vom Aktienkurs abhängigen Preis eines Derivates nicht in Frage. Würde ein Instrument existieren, dessen Preis immer e^S wäre, so würde dies eine Arbitragegelegenheit bieten. Als zweites Beispiel betrachten wir die Funktion

$$\frac{e^{(\sigma^2-2r)(T-t)}}{S} \,.$$

Sie erfüllt die Differentialgleichung und ist deshalb (theoretisch) der Preis eines handelbaren Wertpapiers. (Sie entspricht dem Preis eines Derivates, das $1/S_T$ zum Zeitpunkt T auszahlt.) Weitere Beispiele für handelbare Derivate werden in den Aufgaben 15.11, 15.12, 15.23 und 15.29 beleuchtet.

15.7   Risikoneutrale Bewertung

In Kapitel 13 haben wir die risikoneutrale Bewertung in Verbindung mit dem Binomialmodell vorgestellt. Sie ist ohne Zweifel das bedeutendste Instrument für die

Analyse von Derivaten. Die risikoneutrale Bewertung ergibt sich aus einer wesentlichen Eigenschaft der Black-Scholes-Merton-Differentialgleichung (15.16). Diese Eigenschaft besteht darin, dass in der Gleichung keine Variable vorkommt, die von den Risikopräferenzen des Anlegers abhängt. Die in die Gleichung eingehenden Variablen sind der aktuelle Aktienkurs, die Zeit, die Volatilität des Aktienkurses und der risikolose Zinssatz. Sie alle sind von Risikopräferenzen unabhängig.

Die Black-Scholes-Merton-Differentialgleichung wäre von den Risikopräferenzen abhängig, wenn sie die erwartete Rendite μ aus der Aktie enthalten würde. Dies ist darin begründet, dass der Wert von μ von Risikopräferenzen abhängt. Je stärker die Risikoaversion der Anleger ist, um so größer wird μ für eine beliebige Aktie sein. Erfreulicherweise kann μ bei der Herleitung der Differentialgleichung eliminiert werden.

Da die Black-Scholes-Merton-Differentialgleichung unabhängig von Risikopräferenzen ist, kann eine logische Schlussfolgerung gezogen werden. Wenn Risikopräferenzen nicht in die Gleichung eingehen, können sie auch nicht die Lösung beeinflussen. Es können daher beliebige Risikopräferenzen verwendet werden, um f zu bewerten. Insbesondere kann die einfache Annahme getroffen werden, dass alle Anleger risikoneutral sind.

In einer Welt, in der die Anleger risikoneutral sind, entspricht die erwartete Rendite auf alle Wertpapiere dem risikolosen Zinssatz r. Der Grund hierfür ist, dass risikoneutrale Anleger keine Prämie für die Übernahme von Risiken einfordern. Zudem kann der Barwert jedes beliebigen Cash Flow durch Diskontierung des zugehörigen Erwartungswerts mit dem risikolosen Zinssatz ermittelt werden. Die Annahme einer risikoneutralen Welt vereinfacht deshalb die Analyse von Derivaten erheblich.

Betrachten wir ein Derivat, das eine Auszahlung zu einem bestimmten Zeitpunkt bietet. Es kann über den risikoneutralen Bewertungsansatz folgendermaßen bepreist werden:

1. Wir nehmen an, dass die erwartete Rendite des zugrunde liegenden Vermögensgegenstandes dem risikolosen Zinssatz r entspricht, also $\mu = r$.
2. Wir berechnen die erwartete Auszahlung aus der Option am Ende ihrer Laufzeit.
3. Wir diskontieren die erwartete Auszahlung mit dem risikolosen Zinssatz.

Es ist wichtig, daran zu erinnern, dass die risikoneutrale Bewertung (oder die Annahme, dass alle Anleger risikoneutral sind) nur ein theoretisches Hilfsmittel ist, um zu Lösungen der Black-Scholes-Merton-Differentialgleichung zu gelangen. Die erhaltenen Lösungen sind in allen Welten gültig, nicht nur in jenen, in denen die Anleger risikoneutral sind. Wenn wir uns von einer risikoneutralen Welt zu einer risikoaversen Welt bewegen, passieren zwei Dinge. Es ändern sich die erwarteten Zuwachsraten der Aktienkurse sowie der Diskontierungssatz, der für beliebige Auszahlungen des Derivates verwendet wird. Es zeigt sich, dass sich diese beiden Änderungen stets gegenseitig aufheben.

Anwendung für Forward-Kontrakte auf eine Aktie

Wir haben in Abschnitt 5.7 Forward-Kontrakte auf eine dividendenlose Aktie bewertet. In Beispiel 15.5 wurde nachgewiesen, dass die Bewertungsformel die Black-Scholes-Merton-Differentialgleichung erfüllt. In diesem Abschnitt leiten wir die Bewertungsformel im Rahmen der risikoneutralen Bewertung her. Wir nehmen an, dass die Zinssätze konstant und gleich r sind. Dies bedeutet eine größere Einschränkung als die in Kapitel 5 getroffene Annahme.

Betrachten wir einen Long-Forward-Kontrakt, der zurzeit T mit dem Abrechnungspreis K fällig wird. Wie in Abbildung 1.2 gezeigt wurde, ist der Wert des Kontraktes bei Fälligkeit

$$S_T - K,$$

wobei S_T den Aktienkurs zum Zeitpunkt T bezeichnet. Ausgehend vom Argument der risikoneutralen Bewertung entspricht der Wert des Forward-Kontraktes zum Zeitpunkt null dem Erwartungswert in der risikoneutralen Welt zum Zeitpunkt T, diskontiert mit dem risikolosen Zinssatz. Wenn wir den Wert des Forward-Kontraktes zum Zeitpunkt null mit f bezeichnen, bedeutet dies

$$f = e^{-rT}\hat{E}(S_T - K)$$

wobei $\hat{E}$ der Erwartungswert in einer risikoneutralen Welt ist. Da K konstant ist, geht diese Gleichung über in

$$f = e^{-rT}\hat{E}(S_T) - Ke^{-rT}. \qquad (15.18)$$

Der erwartete Anstieg des Aktienkurses μ wird in der risikoneutralen Welt zu r. Folglich wird aus Gleichung (15.4)

$$\hat{E}(S_T) = S_0 e^{rT}. \qquad (15.19)$$

Das Einsetzen von Gleichung (15.19) in Gleichung (15.18) ergibt

$$f = S_0 - Ke^{-rT}. \qquad (15.20)$$

Dies stimmt mit Gleichung (5.5) überein.

15.8 Bewertungsformeln nach Black-Scholes-Merton

Die bekanntesten Lösungen der Differentialgleichung (15.16) sind die Black-Scholes-Merton-Formeln für die Preise europäischen Kauf- und Verkaufsoptionen. Sie lauten

$$c = S_0 N(d_1) - Ke^{-rT} N(d_2) \qquad (15.21)$$

und

$$p = Ke^{-rT} N(-d_2) - S_0 N(-d_1) \qquad (15.22)$$

mit

$$d_1 = \frac{\ln(S_0/K) + (r + \sigma^2/2)T}{\sigma\sqrt{T}}$$

$$d_2 = \frac{\ln(S_0/K) + (r - \sigma^2/2)T}{\sigma\sqrt{T}} = d_1 - \sigma\sqrt{T}.$$

Die Funktion $N(x)$ ist die kumulative Verteilungsfunktion einer Standardnormalverteilung, also die Wahrscheinlichkeit, dass eine Variable mit einer Standardnormalverteilung $\phi(0,1)$ kleiner als oder gleich x ist. Dies ist in Abbildung 15.3 verdeutlicht. Die verbleibenden Variablen sind bereits bekannt. Die Variablen c und p sind

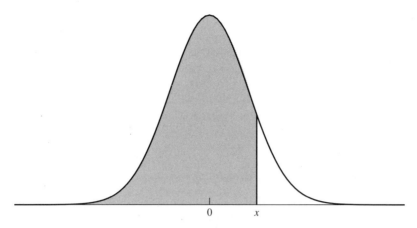

Abbildung 15.3: Der schattierte Bereich entspricht $N(x)$

die Preise der europäischen Kauf- bzw. Verkaufsoptionen, S_0 ist der Aktienkurs zum Zeitpunkt null, K der Basispreis, r der risikolose Zinssatz bei stetiger Verzinsung, σ die Volatilität des Aktienkurses und T die Restlaufzeit der Option.

Eine Möglichkeit der Herleitung der Black-Scholes-Merton-Formeln besteht in der Lösung der Differentialgleichung (15.16) in Abhängigkeit von den in Abschnitt 15.6 erwähnten Randbedingungen.[6] (Für den Beweis, dass der Call-Preis in Gleichung (15.21) die Differentialgleichung erfüllt, siehe Aufgabe 15.17.) Ein anderer Ansatz ist die Verwendung der risikoneutralen Bewertung. Betrachten wir eine europäische Kaufoption. Der Erwartungswert einer Option in einer risikoneutralen Welt beträgt zum Fälligkeitszeitpunkt

$$\hat{E}[\max(S_T - K, 0)],$$

wobei wie bisher $\hat{E}$ der Erwartungswert in einer risikoneutralen Welt ist. Der Preis c der europäischen Kaufoption ist dieser Erwartungswert, diskontiert mit dem risikolosen Zinssatz, d. h.

$$c = e^{-rT} \hat{E}[\max(S_T - K, 0)]. \tag{15.23}$$

Im Anhang dieses Kapitels wird gezeigt, dass diese Gleichung zu dem Ergebnis (15.21) führt.

Die Gleichung (15.21) gibt auch den Wert einer amerikanischen Kaufoption auf eine dividendenlose Aktie an, da es nie optimal ist, eine solche Option vorzeitig auszuüben (siehe Abschnitt 9.5). Leider konnte bislang für den Wert einer amerikanischen Verkaufsoption auf eine dividendenlose Aktie keine exakte analytische Formel gefunden werden. In Kapitel 21 werden numerische Verfahren und analytische Näherungslösungen zur Bewertung amerikanischer Verkaufsoptionen behandelt.

---

6 Die Differentialgleichung gibt die Call- und Put-Preise zu einer Zeit t an. Beispielsweise ist der Preis einer Kaufoption, der die Differentialgleichung erfüllt, $c = SN(d_1) - Ke^{-r(T-t)} N(d_2)$ mit

$$d_1 = \frac{\ln(S/K) + (r + \sigma^2/2)(T-t)}{\sigma \sqrt{T-t}}$$

und $d_2 = d_1 - \sigma \sqrt{T-t}$.

Wenn die Black-Scholes-Merton-Formel in der Praxis angewendet wird, wird der Zinssatz r dem risikolosen Zerobond-Zinssatz für eine Laufzeit von T gleichgesetzt. Wie wir in späteren Kapiteln zeigen werden, ist dies theoretisch korrekt, wenn r eine bekannte Funktion der Zeit ist. Unter Verwendung eines stochastischen Zinssatzes ist dieses Vorgehen ebenfalls theoretisch korrekt, wenn der Aktienkurs zum Zeitpunkt T lognormalverteilt ist und ein sinnvoller Volatilitätsparameter Verwendung findet. Wie bereits erwähnt wird die Zeit normalerweise als Anzahl der verbleibenden Handelstage während der Restlaufzeit der Option geteilt durch die Anzahl der Handelstage eines Jahres angegeben.

Zum Verständnis von $N(d_1)$ und $N(d_2)$

Der Term $N(d_2)$ in Gleichung (15.21) kann ziemlich einfach interpretiert werden. Er bezeichnet die Wahrscheinlichkeit, dass eine Call-Option in einer risikoneutralen Welt ausgeübt wird. Der Term $N(d_1)$ ist dagegen nicht so einfach zu interpretieren. Der Ausdruck $S_0 N(d_1) e^{rT}$ ist der erwartete Aktienkurs in der risikoneutralen Welt zum Zeitpunkt T, wobei Aktienpreise unterhalb des Basispreises gleich null gesetzt werden. Der Basispreis wird nur gezahlt, wenn der Aktienkurs größer ist als K – dies geschieht, wie eben erwähnt, mit Wahrscheinlichkeit $N(d_2)$. Die erwartete Auszahlung in einer risikoneutralen Welt beträgt daher

$$S_0 N(d_1) e^{rT} - K N(d_2).$$

Die Diskontierung auf den heutigen Barwert ergibt die Black-Scholes-Merton-Formel für einen europäischen Call:

$$c = S_0 N(d_1) - K e^{-rT} N(d_2).$$

Eine weitere Interpretation kann aus der folgenden Umstellung der Black-Scholes-Merton-Formel für den Wert eines europäischen Calls abgelesen werden:

$$c = e^{-rT} N(d_2)[S_0 e^{rT} N(d_1)/N(d_2) - K].$$

In dieser Gleichung haben die Terme folgende Bedeutung:

e^{-rT}: Diskontierungsfaktor,

$N(d_2)$: Wahrscheinlichkeit der Ausübung,

$e^{rT} N(d_1)/N(d_2)$: eins plus erwarteter relativer Anstieg des Aktienpreises in einer risikoneutralen Welt, wenn die Option ausgeübt wird,

K: Basispreis, der bei Ausübung der Option gezahlt wird.

Eigenschaften der Black-Scholes-Merton-Formeln

Wir zeigen nun, dass die Black-Scholes-Merton-Formeln vernünftige Eigenschaften besitzen, wenn einige der Parameter Extremwerte annehmen.

Wenn der Aktienkurs S_0 sehr groß wird, ist es nahezu sicher, dass die Kaufoption ausgeübt wird. Sie wird dann einem Forward-Kontrakt mit einem Abrechnungspreis K sehr ähnlich. Nach Gleichung (5.5) erwarten wir einen Callpreis von

$$S_0 - K e^{-rT}.$$

Dies entspricht tatsächlich dem über Gleichung (15.21) berechneten Preis der Kaufoption. Wenn S_0 sehr groß wird, werden sowohl d_1 als auch d_2 sehr groß, und $N(d_1)$ sowie $N(d_2)$ konvergieren beide gegen 1,0. Wenn der Aktienkurs sehr groß wird, geht der Preis p einer europäischen Verkaufsoption gegen null. Dies stimmt mit Gleichung (15.22) überein, da $N(-d_1)$ und $N(-d_2)$ in diesem Fall beide gegen null konvergieren.

Als Nächstes betrachten wir, was passiert, wenn die Volatilität σ gegen null geht. Weil die Aktie nahezu risikolos ist, wird ihr Preis entsprechend dem Zinssatz r auf $S_0 e^{rT}$ zum Zeitpunkt T steigen, und die Auszahlung der Kaufoption beträgt

$$\max(S_0 e^{rT} - K, 0) .$$

Diskontiert mit dem Zinssatz r, ergibt sich als heutiger Wert der Kaufoption

$$e^{-rT} \max(S_0 e^{rT} - K, 0) = \max(S_0 - K e^{-rT}, 0) .$$

Um zu zeigen, dass dies mit Gleichung (15.21) konsistent ist, nehmen wir zunächst an, dass $S_0 > K e^{-rT}$ gilt. Dies bedeutet, dass $\ln(S_0/K) + rT > 0$ ist. Wenn σ gegen null geht, gehen d_1 und d_2 gegen $+\infty$, sodass $N(d_1)$ und $N(d_2)$ gegen 1,0 konvergieren und Gleichung (15.21)

$$c = S_0 - K e^{-rT}$$

liefert. Falls $S_0 < K e^{-rT}$ gilt, folgt $\ln(S_0/K) + rT < 0$. Wenn σ gegen null geht, gehen d_1 und d_2 gegen $-\infty$, sodass $N(d_1)$ und $N(d_2)$ wiederum gegen null gehen und Gleichung (15.21) einen Preis des Calls von null ergibt. Wenn σ gegen null geht, ist der Preis des Calls deshalb immer $\max(S_0 - K e^{-rT}, 0)$. In gleicher Weise kann man zeigen, dass für den Preis des Puts immer $\max(K e^{-rT} - S_0, 0)$ gilt, wenn σ gegen null geht.

15.9 Kumulierte Normalverteilungsfunktion

Bei der Umsetzung der Gleichungen (15.21) und (15.22) müssen Werte der kumulierten Normalverteilungsfunktion $N(x)$ berechnet werden. Am Schluss dieses Buches befinden sich Tabellen für $N(x)$. Die Funktion NORMSDIST bzw. STANDNORMVERT in Excel berechnet $N(x)$ ebenfalls auf bequeme Weise.

Beispiel 15.6 Sechs Monate vor dem Verfall einer Option beträgt der Aktienkurs 42 $, der Basispreis der Option liegt bei 40 $, der risikolose Zinssatz bei 10% per annum und die Volatilität bei 20% per annum. Es gilt also $S_0 = 42$, $K = 40$, $r = 0,1$, $\sigma = 0,2$, $T = 0,5$,

$$d_1 = \frac{\ln(42/40) + (0,1 + 0,2^2/2) \cdot 0,5}{0,2\sqrt{0,5}} = 0,7693$$

$$d_2 = \frac{\ln(42/40) + (0,1 - 0,2^2/2) \cdot 0,5}{0,2\sqrt{0,5}} = 0,6278$$

und

$$K e^{-rT} = 40 e^{-0,05} = 38,049 .$$

Handelt es sich um eine europäische Kaufoption, so ist ihr Wert c durch

$$c = 42N(0{,}7693) - 38{,}049N(0{,}6278)$$

gegeben. Im Fall einer europäischen Verkaufsoption beträgt der Wert p

$$p = 38{,}049N(-0{,}6278) - 42N(-0{,}7693)\,.$$

Unter Verwendung der NORMSDIST- bzw. STANDNORMVERT-Funktion in Excel erhalten wir

$$N(0{,}7693) = 0{,}7791\,, \quad N(-0{,}7693) = 0{,}2209\,,$$
$$N(0{,}6278) = 0{,}7349\,, \quad N(-0{,}6278) = 0{,}2651\,,$$

sodass

$$c = 4{,}76\,, \quad p = 0{,}81\,.$$

Vernachlässigt man den Zeitwert des Geldes, muss der Aktienkurs um 2,76 $ steigen, damit der Erwerber einer europäischen Kaufoption in die Gewinnzone gelangt. Analog muss er um 2,81 $ fallen, damit der Erwerber einer europäischen Verkaufsoption in die Gewinnzone gelangt.

15.10 Optionsscheine und Mitarbeiteroptionen

Die Ausübung eines Plain-Vanilla-Calls auf die Aktien eines Unternehmen hat keine Auswirkungen auf die Anzahl der in Umlauf befindlichen Aktien des Unternehmens. Besitzt der Optionsverkäufer die Aktie des Unternehmens nicht, dann muss er sie ganz normal am Markt kaufen und dann zum Basispreis an den Optionsinhaber verkaufen. Wie in Kapitel 10 erläutert, unterscheiden sich Optionsscheine und Mitarbeiteroptionen von Standard-Calls dadurch, dass ihre Ausübung dazu führt, dass das Unternehmen zusätzliche Aktien herausgibt und diese zum Basispreis an den Optionsinhaber verkauft. Da der Basispreis unter dem Marktpreis liegt, verschlechtert dies die Position der Altaktionäre (Verwässerungseffekt).

Auf welche Weise sollte diese Verschlechterung der Position die Art der Bewertung von im Umlauf befindlichen Optionsscheinen und Mitarbeiteroptionen beeinflussen? Wenn man einen effizienten Kapitalmarkt unterstellt, dann ist die potenzielle Auswirkung aller ausstehenden Optionsscheine und Mitarbeiteroptionen bereits im Aktienkurs enthalten. Dies wird in Business Snapshot 15.3 erklärt.[7]

---

[7] Analysten gehen manchmal davon aus, dass die Summe der Werte der Optionsscheine und der Aktien (anstelle des reinen Aktienwertes) lognormalverteilt ist. Dies führt zu einem der Black-Scholes-Gleichung sehr ähnlichen Ergebnis für den Wert eines Optionsscheins in Abhängigkeit vom Wert des Optionsscheins. Siehe auch Technical Note 3 auf der Homepage des Autors (www.rotman.utoronto.ca/~hull/ofod/index.html), in der dieses Modell erklärt wird.

15.10 Optionsscheine und Mitarbeiteroptionen

> **Business Snapshot 15.3 – Optionsscheine, Mitarbeiteroptionen und der Verwässerungseffekt**
>
> Wir betrachten ein Unternehmen mit 100 000 ausstehenden Aktien zum Wert von je 50 $. Dieses Unternehmen überrascht den Markt mit der Ankündigung, dass es seinen Mitarbeitern 100 000 Aktienoptionen mit einem Basispreis von 50 $ und einer Sperrfrist von drei Jahren gewährt. Sieht der Markt nur einen geringen Nutzen für die Aktionäre aus den Mitarbeiteroptionen in Form von reduzierten Gehältern und höher motivierten Managern, dann wird der Aktienpreis direkt nach der Ankündigung fallen. Fällt er etwa auf 45 $, beträgt der Verwässerungseffekt 5 $ pro Aktie bzw. 500 000 $ insgesamt.
>
> Angenommen, das Unternehmen entwickelt sich während der Sperrfrist sehr positiv, sodass der Aktienpreis am Ende der drei Jahre bei 100 $ liegt. Weiterhin nehmen wir an, dass alle Optionen zu diesem Zeitpunkt ausgeübt werden. Die Auszahlung an die Angestellten beträgt 50 $ pro Option. Man könnte nun versucht sein zu behaupten, dass durch die Vermischung der 100 000 Aktien mit Wert 100 $ mit den 100 000 Aktien mit Wert 50 $ eine weitere Verwässerung eintritt, sodass (a) der Aktienkurs auf 75 $ fällt und (b) die Auszahlung an die Optionsinhaber nur 25 $ beträgt. Diese Argumentation ist jedoch fehlerhaft. Der Markt hat die Ausübung der Optionen antizipiert und dies spiegelt auch der Aktienpreis wider. Die Auszahlung aus jeder ausgeübten Option beträgt 50 $.
>
> Dieses Beispiel verdeutlicht, dass effiziente Kapitalmärkte die Auswirkungen von Mitarbeiteroptionen oder Optionsscheinen bereits bei deren Ankündigung im Aktienkurs reflektieren und diese bei der Bewertung der Optionen nicht noch einmal berücksichtigt werden müssen.

Betrachten wir nun die Lage, in der sich ein Unternehmen befindet, das die Neuemission von Optionsscheinen (oder Mitarbeiteroptionen) in Betracht zieht. Wir nehmen an, dass das Unternehmen die Kosten der Emission berechnen möchte, und setzen voraus, dass keine Ausgleichszahlungen erfolgen. Das Unternehmen habe bereits N Aktien ausgegeben, deren Wert jeweils S_0 beträgt, und die geplante Anzahl an Optionsscheinen sei M, wobei jeder Optionsschein dem Inhaber das Recht zum Kauf von einer Aktie gibt. Der aktuelle Wert des Unternehmens beträgt NS_0. Dieser Wert ändert sich nicht bei Emission der Optionsscheine. Ohne die Emission der Optionsscheine sei der Preis der Aktien bei Fälligkeit der Optionsscheine S_T. Das heißt, dass (mit oder ohne Emission der Optionsscheine) der Gesamtwert von Aktien und Optionsscheinen zu einem Zeitpunkt T gleich S_T ist. Werden die Optionsscheine ausgeübt, gibt es einen Barzufluss durch den Basispreis, der den Gesamtwert auf $NS_T + MK$ ansteigen lässt. Dieser Wert verteilt sich auf $N + M$ Aktien. Damit beträgt der Aktienpreis unmittelbar nach der Ausübung der Option

$$\frac{NS_T + MK}{N + M}.$$

Der Optionsscheininhaber erhält daher bei der Ausübung des Optionsscheins eine Auszahlung von
$$\frac{NS_T + MK}{N + M} - K$$
bzw.
$$\frac{N}{N + M}(S_T - K).$$
Der Wert des Optionsscheins ist demnach der Wert von
$$\frac{N}{N + M}$$
regulären Kaufoptionen auf die Aktie des Unternehmens. Die Gesamtkosten der Optionen sind dann das M-fache dieses Wertes. Da wir annehmen, dass das Unternehmen nicht von der Optionsschein-Emission profitiert, verringert sich der Gesamtwert des Unternehmens zum Zeitpunkt der Bekanntmachung der Entscheidung für die Emission der Optionsscheine um diese Kosten. Der Aktienkurs fällt folglich um den Wert einer regulären Kaufoption (Basispreis K, Laufzeit T) multipliziert mit dem Faktor
$$\frac{MN}{N + M}.$$

> **Beispiel 15.7** Ein Unternehmen mit 1 Million Aktien zum Wert von jeweils 40 $ zieht die Emission von 200 000 Optionsscheinen in Betracht, von denen jeder das Recht auf Kauf einer Aktie zum Basispreis von 60 $ in fünf Jahren beinhaltet. Das Unternehmen möchte die Kosten der Emission ermitteln. Der Zinssatz betrage 3 % per annum, die Volatilität 30 %. Das Unternehmen zahlt keine Dividenden. Nach Gleichung (15.21) beträgt der Wert einer fünfjährigen europäischen Kaufoption auf die Aktie 7,04 $. Es gilt $N = 1\,000\,000$ und $M = 200\,000$, sodass jeder Optionsschein den Wert
> $$\frac{1\,000\,000}{1\,000\,000 + 200\,000 \cdot 1} \cdot 7{,}04 = 5{,}87,$$
> also 5,87 $, hat. Die Gesamtkosten der Optionsscheinausgabe betragen $200\,000 \cdot 5{,}87 = 1{,}17$ Millionen $. In der Annahme, dass die Emission keine weiteren Vorteile mit sich bringt, sollte man erwarten, dass der Aktienpreis um 1,17 $ auf 38,83 $ zurückgeht.

15.11 Implizite Volatilitäten

Ein Parameter der Black-Scholes-Merton-Bewertungsformeln kann nicht direkt beobachtet werden: die Volatilität des Aktienkurses. In Abschnitt 15.4 erörterten wir, wie diese aus historischen Aktienkursen geschätzt werden kann. In der Realität arbeiten die Händler gewöhnlich mit so genannten *impliziten Volatilitäten*. Das sind die Volatilitäten, die in den am Markt beobachteten Optionspreisen enthalten sind.[8]

Zur Veranschaulichung der Berechnung impliziter Volatilitäten nehmen wir an, dass der Wert einer europäischen Kaufoption auf eine dividendenlose Aktie 1,875

---

8 Mit DerivaGem kann man implizite Volatilitäten für europäische und amerikanische Optionen ermitteln.

beträgt, wenn $S_0 = 21$, $K = 20$, $r = 0{,}1$ sowie $T = 0{,}25$. Die implizite Volatilität ist jener Wert von σ, welcher beim Einsetzen in Gleichung (15.21) den Wert $c = 1{,}875$ ergibt. Leider kann man Gleichung (15.21) nicht so umformen, dass σ als Funktion von S_0, K, r, T und c ausgedrückt wird. Man kann jedoch ein iteratives Verfahren benutzen, um das erforderliche σ zu ermitteln. Wir können z. B. mit dem Versuch $\sigma = 0{,}20$ starten. Dies ergibt den Wert $c = 1{,}76$, welcher zu niedrig liegt. Da c eine in σ steigende Funktion ist, wird für σ ein höherer Wert benötigt. Als Nächstes können wir für σ den Wert $0{,}30$ einsetzen. Für c ergibt dies einen Preis von $2{,}10$, der zu hoch ist. Das bedeutet, dass σ zwischen $0{,}20$ und $0{,}30$ liegen muss. Nun testen wir den Wert $0{,}25$ für σ. Dieser stellt sich ebenfalls als zu hoch heraus und zeigt, dass σ zwischen $0{,}20$ und $0{,}25$ liegt. Auf diese Weise kann der Bereich für σ mit jedem Iterationsschritt halbiert und der Wert für σ mit beliebiger Genauigkeit berechnet werden.[9] In diesem Beispiel beträgt die implizite Volatilität $0{,}235$ bzw. $23{,}5\%$ per annum. Ein ähnliches Verfahren kann in Verbindung mit Binomialbäumen angewendet werden, um die impliziten Volatilitäten von amerikanischen Optionen zu ermitteln.

Implizite Volatilitäten werden verwendet, um die Marktmeinung über die Volatilität einer bestimmten Aktie zu beobachten. Während historische Volatilitäten (siehe Abschnitt 15.4) rückwirkend ermittelt werden, blicken implizite Volatilitäten in die Zukunft. Händler verwenden häufig die implizite Volatilität einer Option anstelle ihres Preises. Das ist sehr praktisch, da die implizite Volatilität im Normalfall geringer schwankt als der Optionspreis. Wie wir in Kapitel 20 erläutern werden, werden implizite Volatilitäten von aktiv gehandelten Optionen dazu benutzt, die geeigneten impliziten Volatilitäten anderer Optionen zu schätzen.

Der VIX-Index

Die CBOE veröffentlicht Indizes für implizite Volatilitäten. Der am weitesten verbreitete Index, der SPX VIX, ist ein Index der impliziten Volatilität von 30-Tages-Optionen auf den S&P 500, berechnet über eine große Anzahl von Calls und Puts.[10] Er wird auch als „Angstfaktor" bezeichnet. Ein Indexwert von 15 besagt, dass die implizite Volatilität von 30-Tages-Optionen auf den S&P 500 auf 15% geschätzt wird. Wie der Index berechnet wird, beschreiben wir in Abschnitt 26.16. Der Handel mit Futures auf den VIX begann 2004, Optionen auf den VIX werden seit 2006 gehandelt. Ein Kontrakt umfasst das 1000-fache des Indexwerts.

Beispiel 15.8 Angenommen, ein Händler kauft einen April-Futures-Kontrakt auf den VIX bei einem Futures-Kurs von 18,5 (der einer Volatilität der 30-Tage-Optionen auf den S&P 500 von 18,5% entspricht). Er gleicht die Position bei einem Futures-Kurs von 19,3 (der einer Volatilität der 30-Tage-Optionen auf den S&P 500 von 19,3% entspricht) aus. Der Händler erzielt einen Profit von 800 $.

---

9 Diese Methode haben wir zu Illustrationszwecken verwendet. In der Praxis werden oft bessere Methoden, wie z. B. die Newton-Raphson-Methode, eingesetzt (siehe Fußnote 4 in Kapitel 4).

10 In analoger Weise ist der VXN ein Index der Volatilität des NASDAQ 100-Index und der VXD ein Index der Volatilität des Dow Jones Industrial Average.

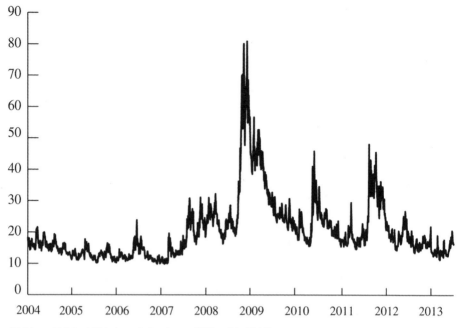

Abbildung 15.4: Der VIX-Index zwischen Januar 2004 und Juni 2013

Ein Handel mit Futures oder Optionen auf den S&P 500 ist ein Geschäft sowohl auf den zukünftigen Stand des S&P 500 als auch auf seine Volatilität. Dagegen stellt ein Futures- oder Optionskontrakt auf den VIX nur eine Wette auf die Volatilität dar. Abbildung 15.4 zeigt den Verlauf des VIX-Index zwischen Januar 2004 und Juni 2013. Von 2004 bis Mitte 2007 bewegte sich der Index im Bereich zwischen 10 und 20. Er stieg im zweiten Halbjahr 2007 auf 30 an und erreichte den Rekordwert von 80 im Oktober/November 2008 nach dem Konkurs von Lehman Brothers. Anfang 2010 war der Index wieder auf Normalwerte zurückgegangen. Im Mai 2010 und der zweiten Hälfte des Jahres 2011 stieg er jedoch aufgrund der Probleme und Unsicherheiten an den Finanzmärkten wieder sprunghaft an.

15.12 Dividenden

Bisher wurden ausschließlich Optionen auf Aktien ohne Dividendenzahlung betrachtet. In diesem Abschnitt erweitern wir das Black-Scholes-Merton-Modell, um Dividenden berücksichtigen zu können. Wir nehmen an, dass der Betrag und die Zeitpunkte der Dividenden während der Laufzeit einer Option mit Sicherheit vorausgesagt werden können. Für kurzfristige Optionen ist dies eine nicht allzu unvernünftige Annahme. (Bei längerfristigen Optionen nimmt man gewöhnlich an, dass statt der Höhe der Dividendenzahlungen die Dividendenrendite bekannt ist. Dann können Optionen so bewertet werden, wie es im nächsten Kapitel beschrieben wird.) Dabei sollte man eine Auszahlung der Dividende zum Ex-Dividende-Zeitpunkt unterstellen. An diesem Tag fällt der Aktienkurs um die Höhe der Dividende.[11]

Europäische Optionen

Europäische Optionen können unter der Annahme analysiert werden, dass der Aktienpreis die Summe zweier Komponenten darstellt: einer risikolosen Komponente, welche den bekannten Dividenden während der Laufzeit der Option entspricht, und einer risikobehafteten Komponente. Die risikolose Komponente entspricht zu jedem beliebigen Zeitpunkt dem Barwert aller während der Optionslaufzeit auftretenden Dividenden, diskontiert mit dem risikolosen Zinssatz über den Zeitraum bis zum Ausschüttungstag. Zum Zeitpunkt der Fälligkeit der Option sind alle Dividenden gezahlt worden und die risikolose Komponente existiert nicht mehr. Daher ist die Black-Scholes-Merton-Formel korrekt, falls S_0 der risikobehafteten Komponente des Aktienkurses entspricht und σ die Volatilität des Prozesses ist, dem die Risikokomponente folgt.[12]

Im Anwendungssinne bedeutet dies, dass die Black-Scholes-Merton-Formeln eingesetzt werden können. Voraussetzung ist, dass der Aktienpreis um den Barwert aller Dividenden während der Optionslaufzeit reduziert wird, wobei die Diskontierung über die Zeiträume bis zu den Ex-Dividende-Tagen mit dem risikolosen Zinssatz erfolgt. Eine Dividende fällt, wie bereits erwähnt wurde, nur dann in die Laufzeit der Option, wenn ihr Ausschüttungstermin innerhalb der Laufzeit der Option liegt.

Beispiel 15.9 Wir betrachten eine europäische Kaufoption auf eine Aktie mit Ex-Dividende-Tagen in zwei und in fünf Monaten. An jedem Ex-Dividende-Tag wird eine Dividende von 0,50 \$ erwartet. Der aktuelle Aktienpreis beträgt 40 \$, der Basispreis beträgt ebenfalls 40 \$, die Volatilität des Aktienkurses liegt bei 30% per annum, der risikolose Zinssatz bei 9% per annum, die Laufzeit beträgt noch sechs Monate. Der Barwert der Dividenden beträgt

$$0{,}5e^{-0{,}1667 \cdot 0{,}09} + 0{,}5e^{-0{,}4167 \cdot 0{,}09} = 0{,}9742\,.$$

Der Optionspreis kann nun mit der Black-Scholes-Formel und den Werten $S_0 = 40 - 0{,}9742 = 39{,}0258$, $K = 40$, $r = 0{,}09$, $\sigma = 0{,}3$ und $T = 0{,}5$ berechnet werden.

---

11 Aus steuerlichen Gründen kann es sein, dass der Aktienpreis um etwas weniger als den vollen Betrag der Dividenden zurückgeht. In Berücksichtigung dieser Tatsache sollte das Wort *Dividende* in diesem Abschnitt interpretiert werden als der durch die Ausschüttung der Dividende am so genannten Ex-Dividende-Tag verursachte Rückgang des Aktienpreises. Wenn also mit einer Dividende von 1 \$ pro Aktie gerechnet wird und der Kurs im Normalfall um 80% der am Ex-Dividende-Tag gezahlten Dividende zurückgeht, sollte im Rahmen der Analyse eine Dividende von 0,80 \$ angenommen werden.

12 Dies entspricht nicht ganz der Volatilität des gesamten Aktienkurses. (Gemäß Theorie können nicht beide Größen einer geometrischen Brownschen Bewegung folgen.) Zum Zeitpunkt null ist die Volatilität der Risikokomponente in etwa gleich der Volatilität des gesamten Aktienkurses multipliziert mit $S_0/(S_0 - D)$, wobei D den Barwert der Dividenden bezeichnet.

Es ist

$$d_1 = \frac{\ln(39{,}0258/40) + (0{,}09 + 0{,}3^2/2) \cdot 0{,}5}{0{,}3\sqrt{0{,}5}} = 0{,}2020$$

$$d_2 = \frac{\ln(39{,}0258/40) + (0{,}09 - 0{,}3^2/2) \cdot 0{,}5}{0{,}3\sqrt{0{,}5}} = -0{,}0102 \, .$$

Unter Verwendung der NORMSDIST- bzw. STANDNORMVERT-Funktion in Excel ergibt sich

$$N(d_1) = 0{,}5800, \quad N(d_2) = 0{,}4959 \, ,$$

womit als Preis der Kaufoption aus Gleichung (15.21)

$$39{,}0258 \cdot 0{,}5800 - 40 e^{-0{,}09 \cdot 0{,}5} \cdot 0{,}4959 = 3{,}67 \, ,$$

also 3,67 $, resultiert.

Einige Wissenschaftler haben diesen Ansatz zur Bewertung einer europäischen Option auf eine Aktie mit Dividendenzahlung kritisiert. Ihrer Meinung nach sollte die Volatilität für den Aktienkurs, und nicht für den um den Barwert der Dividenden bereinigten Aktienkurs, zutreffen. Verschiedene numerische Verfahren sind dafür vorgeschlagen worden.[13] Wenn die Volatilität aus historischen Daten ermittelt wird, kann die Verwendung eines solchen Verfahrens sinnvoll sein. Allerdings wird die zur Bepreisung einer Option benötigte Volatilität in der Praxis fast ausschließlich implizit aus den Preisen anderer Optionen ermittelt. Die entsprechenden Verfahren werden in Kapitel 20 vorgestellt. Wenn ein Analyst das gleiche Modell für die Ermittlung und die Anwendung von Volatilitäten verwendet, sollten die Resultate exakt sein und nicht hochgradig modellabhängig. Ein weiteres bedeutendes Argument ist, dass eine europäische Option in der Praxis gewöhnlich über den Forward-Kurs des zugrunde liegenden Assets bewertet wird (siehe Kapitel 18). Dadurch vermeidet man die explizite Ermittlung der erwarteten Einkünfte aus dem Asset. Die Volatilität des Forward-Kurses ist die Volatilität des um den Barwert der Dividenden bereinigten Aktienkurses.

Das von uns vorgeschlagene Modell der Aufteilung des Aktienkurses in zwei Komponenten ist in sich konsistent und in der Praxis weit verbreitet. Wir werden es auch bei der Bewertung von amerikanischen Optionen in Kapitel 21 verwenden.

Amerikanische Kaufoptionen

Wir betrachten nun amerikanische Kaufoptionen. In Abschnitt 11.5 hatten wir gezeigt, dass diese amerikanische Optionen niemals vorzeitig ausgeübt werden sollten, wenn keine Dividenden gezahlt werden. Wenn Dividendenzahlungen anfallen, veranschaulicht eine Erweiterung dieses Arguments, dass eine Ausübung nur zu einem Zeitpunkt direkt vor einem Ausschüttungstermin optimal ist. Wir nehmen an, dass n Ausschüttungstage erwartet werden und $t_1, t_2, \ldots, t_n$ Zeitpunkte unmittelbar

---

[13] Siehe etwa N. Areal und A. Rodrigues, „Fast Trees for Options with Discrete Dividends", *Journal of Derivatives*, 21, 1 (Herbst 2013), 49–63.

vor den Ex-Dividende-Tagen sind, wobei $t_1 < t_2 < t_3 < \ldots < t_n$. Die zu den jeweiligen Terminen gehörenden Dividenden werden wir mit $D_1, D_2, \ldots, D_n$ bezeichnen.

Wir beginnen mit der Betrachtung einer möglichen vorzeitigen Ausübung unmittelbar vor dem letzten Ex-Dividende-Tag (d. h. zum Zeitpunkt t_n). Wird die Option zum Zeitpunkt t_n ausgeübt, erhält der Anleger

$$S(t_n) - K$$

Wird die Option nicht ausgeübt, fällt der Aktienpreis auf $S(t_n) - D_n$. Wie man aus Gleichung (11.8) erkennen kann, ist der Wert der Option dann größer als

$$S(t_n) - D_n - K e^{-r(T-t_n)}$$

Daraus folgt, dass es im Fall

$$S(t_n) - D_n - K e^{-r(T-t_n)} \geq S(t_n) - K,$$

d. h.

$$D_n \leq K\left(1 - e^{-r(T-t_n)}\right), \tag{15.24}$$

nicht optimal sein kann, die Option zum Zeitpunkt t_n auszuüben. Andererseits kann man zeigen, dass es, falls

$$D_n > K\left(1 - e^{-r(T-t_n)}\right) \tag{15.25}$$

gilt, bei jeder vernünftigen Annahme über den vom Aktienpreis befolgten stochastischen Prozess und einem hinreichend großen Wert von $S(T_n)$ immer optimal ist, die Option zum Zeitpunkt t_n auszuüben. Die Ungleichung (15.25) wird tendenziell eher erfüllt, wenn der letzte Ex-Dividende-Tag nahe am Verfalltag der Option liegt (d. h. $T - t_n$ ist klein) und die Dividende hoch ist.

Betrachten wir nun den Zeitpunkt t_{n-1}, den vorletzten Ex-Dividende-Tag. Wird die Option zum Zeitpunkt t_{n-1} ausgeübt, so erhält der Anleger

$$S(t_{n-1}) - K$$

Wird die Option zum Zeitpunkt t_{n-1} nicht ausgeübt, fällt der Aktienpreis auf $S(t_{n-1}) - D_{n-1}$. Der früheste Zeitpunkt, an dem die Option wieder ausgeübt werden kann, ist t_n. Folglich ist nach Gleichung (11.8)

$$S(t_{n-1}) - D_{n-1} - K e^{-r(t_n - t_{n-1})}$$

eine Wertuntergrenze für den Optionspreis, falls diese nicht zum Zeitpunkt t_{n-1} ausgeübt wird. Hieraus folgt, dass im Fall

$$S(t_{n-1}) - D_{n-1} - K e^{-r(t_n - t_{n-1})} \geq S(t_{n-1}) - K$$

bzw.

$$D_{n-1} \leq K\left(1 - e^{-r(t_n - t_{n-1})}\right)$$

die Ausübung der Option zum Zeitpunkt t_{n-1} nicht optimal ist. Analog gilt für alle $i < n$, dass die Ausübung zum Zeitpunkt t_i nicht optimal ist, falls

$$D_i \leq K\left(1 - e^{-r(t_{i+1} - t_i)}\right) \tag{15.26}$$

Die Ungleichung (15.26) ist annähernd äquivalent mit

$$D_i \leq Kr(t_{i+1} - t_i).$$

Unter der Annahme, dass K ziemlich nahe beim aktuellen Aktienpreis liegt, müsste die Dividendenrendite unter dem risikolosen Zinssatz liegen, damit diese Ungleichung erfüllt ist. Dies ist oft der Fall.

Aus dieser Analyse können wir schlussfolgern, dass in den meisten Fällen der einzige Zeitpunkt, den man für eine vorzeitige Ausübung einer amerikanischen Kaufoption in Betracht ziehen muss, der letzte Ex-Dividende-Tag t_n ist. Darüber hinaus können wir sicher sein, dass eine vorzeitige Ausübung keinesfalls optimal ist, wenn Ungleichung (15.26) für $i = 1, 2, \ldots, n-1$ und zusätzlich Ungleichung (15.24) gelten. In diesem Fall kann die amerikanische Option wie eine europäische Option behandelt werden.

Black-Approximation

Black schlägt ein Näherungsverfahren zur Berücksichtigung der vorzeitigen Ausübung von Kaufoptionen vor.[14] Es umfasst die (in diesem Abschnitt bereits beschriebene) Berechnung der Preise von europäischen Optionen mit den Laufzeiten T und t_n und die anschließende Gleichsetzung des Preises der amerikanischen Option mit dem größeren der beiden Werte.[15] Dies ist eine Approximation, da der Halter der Option zum Zeitpunkt null entscheiden muss, ob er die Option zum Zeitpunkt T oder t_n ausübt.

ZUSAMMENFASSUNG

Wir begannen dieses Kapitel mit der Untersuchung der Eigenschaften des in Kapitel 14 eingeführten Prozesses für Aktienkurse. Der Prozess impliziert für den Kurs einer Aktie zu einem zukünftigen Zeitpunkt bei gegebenem heutigen Aktienpreis eine Lognormalverteilung und für die stetige Rendite einer Aktie über einen bestimmten Zeitraum eine Normalverteilung. Unsere Unsicherheit über zukünftige Aktienkurse steigt, je weiter wir in die Zukunft blicken. Die Standardabweichung des Logarithmus des Aktienpreises entwickelt sich proportional zur Quadratwurzel des Zeitraums, den wir in die Zukunft blicken.

Um die Volatilität σ eines Aktienkurses empirisch zu schätzen, wird dieser in festgelegten Zeitintervallen (z. B. jeden Tag, jede Woche oder jeden Monat) beobachtet. Für jeden der Zeiträume wird der natürliche Logarithmus des Verhältnisses vom Aktienpreis am Ende des Zeitraums zum Aktienpreis zu Beginn

---

14 Siehe F. Black, „Fact and Fantasy in the Use of Options", *Financial Analysts Journal*, 31 (Juli/August 1975), 36–41, 61–72.
15 Eine exakte Formel, welche von Roll, Geske und Whaley zur Bewertung von Calls mit nur einem Ausschüttungstermin vorgeschlagen wurde, findet sich in Technical Note 4 auf der Homepage des Autors (www.rotman.utoronto.ca/~hull/ofod/index.html). Darin kommt die zweidimensionale Normalverteilung vor. Ein Verfahren zur Berechnung dieser Funktion wird in Technical Note 5 ebenfalls auf der Homepage des Autors angegeben. Dort findet sich auch ein Tabellenblatt für die Berechnung der zweidimensionalen Normalverteilung.

des Zeitraumes berechnet. Die Volatilität wird schließlich geschätzt als Standardabweichung dieser Werte dividiert durch die Quadratwurzel der in Jahren ausgedrückten Länge des Zeitraums. Tage, an denen die Börse geschlossen ist, werden gewöhnlich bei der Zeitbemessung für die Berechnung der Volatilität ignoriert.

Die Differentialgleichung für den Preis eines von einer Aktie abhängigen Derivats kann durch die Bildung einer risikolosen Position in der Option und in der Aktie ermittelt werden. Da der Derivatekurs und der Aktienkurs von der gleichen zugrunde liegenden Quelle der Unsicherheit abhängen, ist dies immer möglich. Die auf diesem Weg geschaffene Position bleibt nur für einen sehr kurzen Zeitraum risikolos. Die Rendite solch einer risikolosen Position muss jedoch stets dem risikolosen Zinssatz entsprechen, damit es keine Arbitragemöglichkeiten gibt.

Die erwartete Rendite einer Aktie findet keinen Eingang in die Black-Scholes-Merton-Differentialgleichung. Dies führt zu dem extrem nützlichen, als risikoneutrale Bewertung bekannten Ergebnis. Es besagt, dass wir bei der Bewertung eines Derivats, welches von dem Preis einer Aktie abhängig ist, eine risikoneutrale Welt voraussetzen können. Das bedeutet wiederum, wir können annehmen, dass die erwartete Rendite einer Aktie gleich dem risikolosen Zinssatz ist. Somit sind die zukünftig erwarteten Auszahlungen mit dem risikolosen Zinssatz zu diskontieren. Die Black-Scholes-Merton-Gleichungen für europäische Calls und Puts können entweder durch Lösung ihrer Differentialgleichung oder durch die Anwendung der risikoneutralen Bewertung hergeleitet werden.

Die implizite Volatilität ist jene Volatilität, welche bei Verwendung der Black-Scholes-Merton-Formel zur Optionsbewertung den Marktpreis der Option ergibt. Händler beobachten implizite Volatilitäten. Sie verwenden häufig die implizite Volatilität einer Option anstelle ihres Preises. Sie haben Verfahren entwickelt, um aus den impliziten Volatilitäten von aktiv gehandelten Optionen die Volatilitäten anderer Optionen zu schätzen.

Die Black-Scholes-Merton-Gleichungen können erweitert werden, damit auch europäische Calls und Puts auf Aktien mit Dividendenzahlung bewertet werden können. Hierbei wird die Black-Scholes-Merton-Formel verwendet, wobei der Aktienpreis um den Barwert der während der Dauer der Option erwarteten Dividenden reduziert wird und als Volatilität die Volatilität des um den Barwert dieser Dividenden verringerten Aktienkurses eingesetzt wird.

Theoretisch gesehen könnten amerikanische Kaufoptionen unmittelbar vor einem beliebigen Ex-Dividende-Tag ausgeübt werden. In der Realität muss man sich gewöhnlich nur mit dem letzten Ex-Dividende-Tag beschäftigen. Fischer Black hat zur Bewertung amerikanischer Kaufoptionen eine Approximation vorgeschlagen. Bei dieser wird der Preis der amerikanischen Kaufoption gleich dem Maximum der Preise für zwei europäische Kaufoptionen gesetzt. Die erste europäische Kaufoption verfällt am gleichen Tag wie die amerikanische Kaufoption, die zweite verfällt unmittelbar vor dem letzten Ex-Dividende-Tag.

ZUSAMMENFASSUNG

Literaturempfehlungen

Zur Verteilung von Aktienkursänderungen

Blattberg, R. und N. Gonedes, „A Comparison of the Stable and Student Distributions as Statistical Models for Stock Prices", *Journal of Business*, 47 (April 1974), 244–280.

Fama, E.F., „The Behavior of Stock Prices", *Journal of Business*, 38 (Januar 1965), 34–105.

Kon, S.J., „Models of Stock Returns—A Comparison", *Journal of Finance*, 39 (März 1984), 147–165.

Richardson, M. und T. Smith, „A Test for Multivariate Normality in Stock Returns", *Journal of Business*, 66 (1993), 295–321.

Zur Black-Scholes-Merton-Analyse

Black, F., „Fact and Fantasy in the Use of Options and Corporate Liabilities", *Financial Analysts Journal*, 31 (Juli/August 1975), 36–41, 61–72.

Black, F., „How We Came Up with the Option Pricing Formula", *Journal of Portfolio Management*, 15, 2 (1989), 4–8.

Black, F. und M. Scholes, „The Pricing of Options and Corporate Liabilities", *Journal of Political Economy*, 81 (Mai/Juni 1973), 637–659.

Merton, R.C., „Theory of Rational Option Pricing", *Bell Journal of Economics and Management Science*, 4 (Frühjahr 1973), 141–183.

Zur risikoneutralen Bewertung

Cox, J.C. und S.A. Ross, „The Valuation of Options for Alternative Stochastic Processes", *Journal of Financial Economics*, 3 (1976), 145–166.

Smith, C.W., „Option Pricing: A Review", *Journal of Financial Economics*, 3 (1976), 3–54.

Zu den Ursachen der Volatilität

Fama, E.F., „The Behavior of Stock Market Prices", *Journal of Business*, 38 (Januar 1965), 34–105.

French, K.R., „Stock Returns and the Weekend Effect", *Journal of Financial Economics*, 8 (März 1980), 55–69.

French, K.R. und R. Roll, „Stock Return Variances: The Arrival of Information and the Reaction of Traders", *Journal of Financial Economics*, 17 (September 1986), 5–26.

Roll, R., „Orange Juice and Weather", *American Economic Review*, 74, 5 (Dezember 1984), 861–880.

Praktische Fragestellungen

15.1 Welche Annahmen trifft das Black-Scholes-Merton-Modell zur Bewertung von Aktienoptionen über die Wahrscheinlichkeitsverteilung des Aktienkurses in einem Jahr? Was nimmt es über die Wahrscheinlichkeitsverteilung der stetig verzinsten Rendite der Aktie während des Jahres an?

15.2 Die Volatilität des Aktienkurses beträgt 30% per annum. Wie hoch ist die Standardabweichung der relativen Preisänderung an einem Börsentag?

15.3 Erläutern Sie das Prinzip der risikoneutralen Bewertung.

15.4 Berechnen Sie den Preis eines europäischen Puts mit drei Monaten Restlaufzeit auf eine dividendenlose Aktie mit einem Basispreis von 50 $ bei einem aktuellen Aktienpreis von 50 $, einem risikolosen Zinssatz von 10% per annum und einer Volatilität von 30% per annum.

15.5 Welcher Unterschied ergibt sich in Ihren Berechnungen für Aufgabe 15.4, falls in zwei Monaten eine Dividende von 1,50 $ erwartet wird?

15.6 Was verbirgt sich hinter dem Begriff *implizite Volatilität*? Wie kann sie ermittelt werden?

15.7 Der Preis einer Aktie liegt gegenwärtig bei 40 $. Angenommen, die erwartete Rendite der Aktie beträgt 15% und die Volatilität 25%. Welche Wahrscheinlichkeitsverteilung hat die (stetig verzinste) Rendite für einen Zeitraum von zwei Jahren?

15.8 Der Preis einer Aktie folgt einer geometrischen Brownschen Bewegung mit einer erwarteten Rendite von 16% und einer Volatilität von 35%. Der gegenwärtige Preis beträgt 38 $.

a. Wie hoch ist die Wahrscheinlichkeit, dass eine europäische Kaufoption auf die Aktie – mit einem Basispreis von 40 $ und einer Laufzeit von sechs Monaten – ausgeübt wird?

b. Wie hoch ist die Wahrscheinlichkeit, dass eine europäische Verkaufsoption auf die Aktie – mit demselben Basispreis und derselben Laufzeit – ausgeübt wird?

15.9 Beweisen Sie unter Verwendung der Notation dieses Kapitels, dass ein 95%-Konfidenzintervall für S_T zwischen

$$S_0 e^{(\mu-\sigma^2/2)T - 1{,}96\sigma\sqrt{T}} \quad \text{und} \quad S_0 e^{(\mu-\sigma^2/2)T + 1{,}96\sigma\sqrt{T}}$$

liegt.

15.10 Ein Portfolio-Manager verkündet, dass die durchschnittliche Rendite, die in jedem der letzten zehn Jahre erzielt wurde, 20% per annum beträgt. In welcher Hinsicht ist diese Aussage irreführend?

15.11 Angenommen, eine dividendenlose Aktie hat eine erwartete Rendite μ und eine Volatilität σ. Ein innovatives Finanzinstitut hat soeben verkündet, dass es ein Wertpapier handeln wird, das zum Zeitpunkt T den Betrag $\ln S_T$ auszahlt, wobei S_T den Aktienkurs zum Zeitpunkt T bezeichnet.

a. Berechnen Sie unter Verwendung der risikoneutralen Bewertung den Preis des Wertpapiers zum Zeitpunkt t als Funktion des Aktienpreises S zum Zeitpunkt t.

b. Prüfen Sie, ob Ihr Preis der Differentialgleichung (15.16) genügt.

15.12 Wir betrachten ein Derivat, das zum Zeitpunkt T einen Betrag S_T^n auszahlt, wobei S_T der Aktienpreis zu diesem Zeitpunkt ist. Wenn die Aktie keine Dividenden zahlt und der Aktienkurs einer geometrischen Brownschen Bewegung folgt, so kann man zeigen, dass der Preis zum Zeitpunkt t ($t \leq T$) die Form

$$h(t, T)S^n$$

besitzt, wobei S der Aktienpreis zum Zeitpunkt t ist und h eine Funktion ausschließlich von t und T darstellt.

a. Leiten Sie durch Einsetzen in die partielle Black-Scholes-Differentialgleichung eine gewöhnliche Differentialgleichung her, welche von $h(t, T)$ erfüllt wird.

b. Welche Randbedingung gilt für die Differentialgleichung für $h(t, T)$?

c. Zeigen Sie, dass

$$h(t, T) = e^{[0{,}5\sigma^2 n(n-1) + r(n-1)](T-t)},$$

wobei r der risikolose Zinssatz ist und σ die Volatilität des Aktienkurses.

15.13 Wie hoch ist der Preis einer europäischen Kaufoption auf eine dividendenlose Aktie, wenn der Aktienpreis 52 \$ beträgt, der Basispreis 50 \$, der risikolose Zinssatz 12 % per annum, die Volatilität 30 % per annum und die Restlaufzeit drei Monate?

15.14 Wie hoch ist der Preis einer europäischen Verkaufsoption auf eine dividendenlose Aktie, wenn der Aktienpreis 69 \$ beträgt, der Basispreis 70 \$, der risikolose Zinssatz 5 % per annum, die Volatilität 35 % per annum und die Restlaufzeit sechs Monate?

15.15 Wir betrachten eine amerikanische Kaufoption auf eine Aktie. Der Aktienpreis beträgt 70 \$, die Restlaufzeit acht Monate, der risikolose Zinssatz 10 % per annum, der Basispreis 65 \$ und die Volatilität 32 %. Nach drei und sechs Monaten wird jeweils eine Dividende von 1 \$ erwartet. Weisen Sie nach, dass es niemals optimal ist, die Option an einem der beiden Ausschüttungstage auszuüben. Berechnen Sie mithilfe von DerivaGem den Preis der Option.

15.16 Eine Kaufoption auf eine dividendenlose Aktie hat einen Marktpreis von $2\frac{1}{2}$ \$. Der Aktienpreis beträgt 15 \$, der Basispreis 13 \$, die Restlaufzeit drei Monate und der risikolose Zinssatz 5 % per annum. Wie hoch ist die implizite Volatilität?

15.17 Es gilt die in diesem Kapitel verwendete Notation.

a. Was ist $N'(x)$?

b. Zeigen Sie, dass $SN'(d_1) = Ke^{-r(T-t)}N'(d_2)$, wobei S der Aktienkurs zum Zeitpunkt t ist und

$$d_1 = \frac{\ln(S/K) + (r + \sigma^2/2)(T-t)}{\sigma\sqrt{T-t}}$$

$$d_2 = \frac{\ln(S/K) + (r - \sigma^2/2)(T-t)}{\sigma\sqrt{T-t}}.$$

c. Berechnen Sie $\partial d_1/\partial S$ und $\partial d_2/\partial S$.
d. Zeigen Sie, dass aus $c = SN(d_1) - Ke^{-r(T-t)}N(d_2)$ die Beziehung

$$\frac{\partial c}{\partial t} = -rKe^{-r(T-t)}N(d_2) - SN'(d_1)\frac{\sigma}{2\sqrt{T-t}}$$

folgt, wobei c der Preis einer Kaufoption auf eine dividendenlose Aktie ist.
e. Zeigen Sie, dass $\partial c/\partial S = N(d_1)$.
f. Zeigen Sie, dass c der Black-Scholes-Merton-Differentialgleichung genügt.
g. Zeigen Sie, dass c die Randbedingung für eine europäische Kaufoption erfüllt, d. h. dass $c = \max(S-K, 0)$ gilt, wenn t gegen T geht ($t \to T$).

15.18 Weisen Sie nach, dass die Black-Scholes-Merton-Formeln für Calls und Puts die Put-Call-Parität erfüllen.

15.19 Der Preis einer Aktie steht gegenwärtig bei 50 $, der risikolose Zinssatz beträgt 5 %. Überführen Sie mithilfe der DerivaGem-Software die folgende Tabelle von Preisen europäischer Kaufoptionen auf die Aktie in eine Tabelle von impliziten Volatilitäten. Setzen Sie dabei voraus, dass keine Dividenden gezahlt werden.

Basispreis ($)	Laufzeit (in Monaten)		
	3	6	12
45	7,0	8,3	10,5
50	3,7	5,2	7,5
55	1,6	2,9	5,1

Sind die Optionspreise konsistent mit dem Black-Scholes-Merton-Modell?

15.20 Erläutern Sie ausführlich, warum die Black-Approximation zur Bewertung einer amerikanischen Kaufoption auf eine Aktie mit Dividendenzahlung auch dann eine Näherungslösung liefert, wenn nur eine Dividendenzahlung erwartet wird. Liegt diese Näherungslösung gegenüber dem wahren Optionswert zu hoch oder zu niedrig? Begründen Sie Ihre Antwort.

15.21 Wir betrachten eine amerikanische Kaufoption auf eine Aktie. Der Aktienpreis beträgt 50 $, die Laufzeit 15 Monate, der risikolose Zinssatz 8 % per annum, der Basispreis 55 $ und die Volatilität 25 %. Nach vier und zehn Monaten werden Dividenden von jeweils 1,50 $ erwartet. Zeigen Sie, dass es niemals optimal ist, die Option an einem der beiden Ausschüttungstage auszuüben. Berechnen Sie den Preis der Option.

15.22 Weisen Sie nach, dass die Wahrscheinlichkeit, dass eine europäische Kaufoption in einer risikoneutralen Welt ausgeübt wird, mit der in diesem Kapitel eingeführten Notation gleich $N(d_2)$ ist. Welcher Ausdruck lässt sich für den Wert eines Derivats angeben, welches 100 $ auszahlt, falls der Preis einer Aktie zum Zeitpunkt T größer ist als K?

15.23 Bestimmen Sie mithilfe von Gleichung (15.17) den Wert einer unbefristeten amerikanischen Put-Option auf eine dividendenlose Aktie mit Basispreis K, falls sie ausgeübt wird, wenn der Aktienkurs H ($H < K$) beträgt. Unterstellen Sie, dass der aktuelle Aktienkurs S größer ist als H. Welcher Wert von H maximiert den Wert der Option? Leiten Sie den Wert einer unbefristeten amerikanischen Put-Option mit Basispreis K ab.

15.24 Ein Unternehmen hat Mitarbeiteroptionen emittiert. Sollte der Verwässerungseffekt berücksichtigt werden, wenn die Optionen bewertet werden? Erläutern Sie Ihre Antwort.

15.25 Die Aktie eines Unternehmens notiert bei 50 $ und es befinden sich 10 Millionen Aktien im Umlauf. Das Unternehmen überlegt, an seine Angestellten 3 Millionen am Geld befindliche Optionen mit fünf Jahren Laufzeit zu verteilen. Die Volatilität des Aktienkurses beträgt 25 %, der fünfjährige risikolose Zinssatz 5 %. Das Unternehmen zahlt keine Dividenden. Schätzen Sie die Kosten für das Unternehmen bei der Emission der Mitarbeiteroptionen.

Zur weiteren Vertiefung

15.26 Die Volatilität einer Aktie beträgt 18 % per annum. Ermitteln Sie die Standardabweichung der relativen Preisänderung in (a) einem Tag, (b) einer Woche und (c) einem Monat.

15.27 Der Preis einer Aktie beträgt zurzeit 50 $. Angenommen, die erwartete Rendite der Aktie beträgt 18 % und die Volatilität 30 %. Welche Wahrscheinlichkeitsverteilung hat der Aktienkurs in zwei Jahren? Berechnen Sie den Mittelwert und die Standardabweichung der Verteilung. Bestimmen Sie die 95 %-Konfidenzintervalle.

15.28 Angenommen, folgende Preise für eine Aktie wurden jeweils am Ende von 15 aufeinander folgenden Wochen beobachtet:

$$30{,}2;\ 32{,}0;\ 31{,}1;\ 30{,}1;\ 30{,}2;\ 30{,}3;\ 30{,}6;\ 33{,}0\ ;$$
$$32{,}9;\ 33{,}0;\ 33{,}5;\ 33{,}5;\ 33{,}7;\ 33{,}5;\ 33{,}2\ .$$

Schätzen Sie die Volatilität des Aktienkurses. Wie hoch ist der Standardfehler Ihrer Schätzung?

15.29 Ein Finanzinstitut plant, ein Wertpapier anzubieten, welches zum Zeitpunkt T den Betrag S_T^2 (in Dollar) auszahlt.

a. Berechnen Sie unter Verwendung der risikoneutralen Bewertung den Preis des Wertpapiers zum Zeitpunkt t als Funktion des Aktienpreises S zum Zeitpunkt t. (*Hinweis*: Der Erwartungswert von S_T^2 kann aus Mittelwert und Standardabweichung von S_T, welche in Abschnitt 15.1 angegeben sind, ermittelt werden.)

b. Prüfen Sie, ob Ihr Preis der Differentialgleichung (15.16) genügt.

15.30 Wir betrachten eine Option auf eine dividendenlose Aktie bei einem Aktienpreis von 30 $, einem Basispreis von 29 $, einem risikolosen Zinssatz von 5 %, einer Volatilität von 25 % per annum und einer Restlaufzeit von vier Monaten.

a. Wie hoch ist der Optionspreis, wenn es sich um einen europäischen Call handelt?
b. Wie hoch ist der Optionspreis, wenn es sich um einen amerikanischen Call handelt?
c. Wie hoch ist der Optionspreis, wenn es sich um einen europäischen Put handelt?
d. Überprüfen Sie die Gültigkeit der Put-Call-Parität.

15.31 Wir nehmen an, dass für die Aktie von Aufgabe 15.30 in $1\frac{1}{2}$ Monaten eine Dividende ausbezahlt wird. Die erwartete Höhe beträgt 50 Cent.

a. Wie hoch ist der Optionspreis, wenn es sich um einen europäischen Call handelt?
b. Wie hoch ist der Optionspreis, wenn es sich um einen europäischen Put handelt?
c. Angenommen, es handelt sich um eine amerikanische Option. Gibt es Situationen, in denen die Option vorzeitig ausgeübt wird?

15.32 Wir betrachten eine amerikanische Kaufoption. Der Aktienpreis beträgt 18 \$, der Basispreis 20 \$, die Laufzeit sechs Monate, die Volatilität 30% per annum und der risikolose Zinssatz 10% per annum. Zwei identische Dividendenzahlungen werden während der Dauer der Option erwartet, ihre Ex-Dividende-Tage liegen am Ende des zweiten und am Ende des fünften Monats. Nehmen wir an, die Dividenden betragen jeweils 40 Cent. Bewerten Sie die Option mit der Black-Approximation und der DerivaGem-Software. Wie hoch können die Dividenden sein, ohne dass die amerikanische Option mehr wert wird als die entsprechende europäische Option?

Anhang: Beweis der Black-Scholes-Merton-Formel mithilfe der risikoneutralen Bewertung

Wir werden das Black-Scholes-Resultat beweisen, indem wir zunächst eine andere zentrale Gleichung beweisen, welche uns auch noch in weiteren Kapiteln von Nutzen sein wird.

Allgemeine Gleichung

Ist V lognormalverteilt und bezeichnet w die Standardabweichung von $\ln V$, dann gilt

$$E[\max(V - K, 0)] = E(V)N(d_1) - KN(d_2), \quad (15.27)$$

wobei E den Erwartungswert bezeichnet und

$$d_1 = \frac{\ln[E(V)/K] + w^2/2}{w}$$

$$d_2 = \frac{\ln[E(V)/K] - w^2/2}{w}.$$

Beweis der allgemeinen Gleichung

Wir definieren $g(V)$ als Wahrscheinlichkeitsdichtefunktion von V. Damit folgt

$$E[\max(V - K), 0] = \int_K^\infty (V - K)g(V)\,dV. \quad (15.28)$$

Das Black-Scholes-Merton-Modell

Die Variable $\ln V$ ist normalverteilt mit der Standardabweichung w. Wegen der Eigenschaften der Lognormalverteilung ist[16]

$$m = \ln[E(V)] - w^2/2 \qquad (15.29)$$

der Erwartungswert von $\ln V$. Wir definieren die neue Variable

$$Q = \frac{\ln V - m}{w}. \qquad (15.30)$$

Diese Variable ist mit Mittelwert null und Standardabweichung 1,0 normalverteilt. Die Dichtefunktion von Q bezeichnen wir mit $h(Q)$, es gilt

$$h(Q) = \frac{1}{\sqrt{2\pi}} e^{-Q^2/2}.$$

Unter Verwendung von Gleichung (15.30) zur Umrechnung des Ausdrucks auf der rechten Seite von Gleichung (15.28) von einem Integral über V in ein Integral über Q erhalten wir

$$E[\max(V - K, 0)] = \int_{(\ln K - m)/w}^{\infty} (e^{Qw+m} - K) h(Q)\, dQ$$

bzw.

$$E[\max(V - K, 0)] = \int_{(\ln K - m)/w}^{\infty} e^{Qw+m} h(Q)\, dQ - K \int_{(\ln K - m)/w}^{\infty} h(Q)\, dQ. \qquad (15.31)$$

Es gilt nun

$$e^{Qw+m} h(Q) = \frac{1}{\sqrt{2\pi}} e^{(-Q^2+2Qw+2m)/2} = \frac{1}{\sqrt{2\pi}} e^{[-(Q-w)^2+2m+w^2]/2}$$

$$= \frac{e^{m+w^2/2}}{\sqrt{2\pi}} e^{[-(Q-w)^2]/2} = e^{m+w^2/2} h(Q - w).$$

Damit wird aus Gleichung (15.31)

$$E[\max(V - K, 0)] = e^{m+w^2/2} \int_{(\ln K - m)/w}^{\infty} h(Q - w)\, dQ - K \int_{(\ln K - m)/w}^{\infty} h(Q)\, dQ. \qquad (15.32)$$

Definieren wir $N(x)$ als die Wahrscheinlichkeit, dass eine Variable mit Mittelwert null und Standardabweichung 1,0 kleiner als x ist, dann ergibt das erste Integral in Gleichung (15.32)

$$1 - N[(\ln K - m)/w - w] = N[(-\ln K + m)/w + w].$$

Die Substitution von m gemäß Gleichung (15.29) ergibt

$$N\left(\frac{\ln[E(V)/K] + w^2/2}{w}\right) = N(d_1).$$

Analog ergibt das zweite Integral in Gleichung (15.32) $N(d_2)$. Gleichung (15.32) wird daher zu

$$E[\max(V - K, 0)] = e^{m+w^2/2} N(d_1) - K N(d_2).$$

Die Substitution von m gemäß Gleichung (15.29) liefert die allgemeine Gleichung.

---

16 Technical Note 2 auf der Homepage des Autors (www.rotman.utoronto.ca/~hull/ofod/index.html) enthält einen Beweis dieser Aussage.

Die Black-Scholes-Merton-Gleichung

Wir betrachten nun eine Kaufoption auf eine dividendenlose Aktie, die zum Zeitpunkt T verfällt. Der Basispreis ist K, der risikolose Zinssatz r, der aktuelle Aktienkurs S_0, die Volatilität σ. Wie in Gleichung (15.23) gezeigt wurde, wird der Call-Preis durch

$$c = e^{-rT} \hat{E}[\max(S_T - K, 0)] \tag{15.33}$$

bestimmt, wobei S_T der Aktienkurs zum Zeitpunkt T ist und $\hat{E}$ die Erwartung in einer risikoneutralen Welt bezeichnet. In dem von Black, Scholes und Merton vorausgesetzten stochastischen Prozess ist S_T lognormalverteilt. Weiterhin folgt aus Gleichung (15.3) und Gleichung (15.4), dass $\hat{E}(S_T) = S_0 e^{rT}$ ist und die Standardabweichung von $\ln S_T$ $\sigma\sqrt{T}$ beträgt.

Nach dem eben bewiesenen Schlüsselresultat folgt aus Gleichung (15.33), dass

$$c = e^{-rT}[S_0 e^{rT} N(d_1) - KN(d_2)] = c = S_0 N(d_1) - Ke^{-rT} N(d_2)$$

mit

$$d_1 = \frac{\ln[\hat{E}(S_T)/K] + \sigma^2 T/2}{\sigma\sqrt{T}}$$

$$= \frac{\ln(S_0/K) + (r + \sigma^2/2)T}{\sigma\sqrt{T}}$$

$$d_2 = \frac{\ln[\hat{E}(S_T)/K] - \sigma^2 T/2}{\sigma\sqrt{T}}$$

$$= \frac{\ln(S_0/K) + (r - \sigma^2/2)T}{\sigma\sqrt{T}}.$$

Dies ist die Black-Scholes-Merton-Gleichung.

Mitarbeiteroptionen

16.1 Vertragliche Regelungen 444
16.2 Bringen Optionen die Interessen von Aktionären und Managern in Einklang? 446
16.3 Bilanzierungsaspekte 447
16.4 Bewertung 449
16.5 Rückdatierungsskandale 454
Zusammenfassung 456
Literaturempfehlungen 456
Praktische Fragestellungen 456

Mitarbeiteroptionen

Mitarbeiteroptionen sind Kaufoptionen auf die Unternehmensaktie, die ein Unternehmen seinen Angestellten gewährt. Die Optionen beteiligen die Mitarbeiter am Unternehmenserfolg. Wenn sich das Unternehmen gut entwickelt, d. h. wenn der Kurs der Unternehmensaktie über dem Basispreis liegt, erzielen die Mitarbeiter aus der Ausübung der Option und nachfolgendem Aktienverkauf zum Marktpreis einen Gewinn.

Viele Unternehmen, vor allem aus der Technologiebranche, sind der Meinung, dass sie die besten Mitarbeiter nur anziehen und später auch halten können, indem sie ihnen interessante Optionspakete anbieten. Einige Unternehmen gewähren diese Optionen nur der Führungsebene, andere bieten sie Mitarbeitern auf allen Ebenen der Unternehmenshierarchie an. Eines der ersten Unternehmen, das Mitarbeiteroptionen einsetzte, war Microsoft. An alle Angestellten von Microsoft wurden Optionen ausgegeben. Es wird geschätzt, dass mehr als 10 000 Mitarbeiter nach dem Anstieg der Microsoft-Aktie zu Millionären wurden. Die Popularität von Mitarbeiteroptionen ist in den letzten Jahren gesunken. Wir werden die Gründe dafür in diesem Kapitel erläutern. (So kündigte Microsoft im Jahr 2003 an, dass es die Verwendung von Mitarbeiteroptionen einstellen und stattdessen künftig Aktienanteile an die Angestellten verteilen würde.) Viele Unternehmen auf der ganzen Welt setzen jedoch nach wie vor begeistert auf Mitarbeiteroptionen.

Besonders attraktiv sind Mitarbeiteroptionen für Startup-Unternehmen. Diese haben oftmals nicht die Ressourcen, um wichtige Angestellten so zu entlohnen, wie es ein etabliertes Unternehmen könnte, und lösen das Problem, indem sie das Gehalt durch Mitarbeiteroptionen aufstocken. Hat das Unternehmen Erfolg und die Aktien werden durch einen Börsengang öffentlich gehandelt, dann erweisen sich die Optionen oftmals als sehr wertvoll. Einige neu gegründete Unternehmen haben sogar an Studierende, die nur für einige Monate in ihren Sommerferien mitarbeiteten, Mitarbeiteroptionen vergeben. In einigen Fällen führte dies dazu, dass diese Studierenden unerwartete Gewinne im sechsstelligen Dollarbereich erzielten.

Dieses Kapitel erklärt die Funktionsweise von Mitarbeiteroptionsplänen und den Einfluss ihrer bilanziellen Behandlung auf ihre Popularität. Es wird diskutiert, inwieweit Mitarbeiteroptionen in der Lage sind, die Interessen von Aktionären und der Führungsebene in Einklang zu bringen. Außerdem beschreiben wir die Bewertung dieser Optionen und betrachten einige Rückdatierungsskandale.

16.1 Vertragliche Regelungen

Mitarbeiteroptionen haben häufig eine Laufzeit von 10 bis 15 Jahren. In den meisten Fällen entspricht der Basispreis dem Aktienkurs zum Zeitpunkt der Ausgabe, die Option liegt also anfänglich am Geld. In Optionsplänen findet man oft die folgenden Regelungen:

1. Es gibt eine Sperrfrist, während der die Optionen nicht ausgeübt werden können. Diese Frist kann bis zu vier Jahre umfassen.
2. Wenn Angestellte (freiwillig oder unfreiwillig) ihre Arbeitsstelle innerhalb der Sperrfrist aufgeben, verfallen ihre Optionen.
3. Wenn Angestellte (freiwillig oder unfreiwillig) ihre Arbeitsstelle nach Ablauf der Sperrfrist aufgeben, verfallen Optionen, die aus dem Geld sind. Optionen, die im Geld sind, müssen zeitnah ausgeübt werden.

4. Die Angestellten dürfen die Optionen nicht verkaufen.
5. Übt ein Angestellter seine Optionen aus, emittiert das Unternehmen neue Aktien und verkauft sie ihm zum Basispreis.

Die Entscheidung über die vorzeitige Optionsausübung

Das vierte oben erwähnte Merkmal von Mitarbeiteroptionsplänen birgt wichtige Implikationen. Wollen Angestellte, aus welchen Gründen auch immer, einen Geldgewinn aus ihren Mitarbeiteroptionen erzielen, müssen sie die Optionen ausüben und das Underlying verkaufen. Sie können die Optionen nicht weiterverkaufen. Das führt dazu, dass Mitarbeiteroptionen eher ausgeübt werden als vergleichbare börsengehandelte oder OTC-Optionen.

Wir betrachten eine Kaufoption auf eine dividendenlose Aktie. In Abschnitt 9.5 zeigten wir, dass diese nie vorzeitig ausgeübt werden sollte, wenn es sich um eine reguläre Kaufoption handelt. Der Optionsinhaber wird durch den Verkauf der Option immer besser gestellt als durch eine Ausübung vor Laufzeitende. Diese Argumentation ist jedoch auf Mitarbeiteroptionen nicht anwendbar, da diese nicht verkauft werden dürfen. Die einzige Möglichkeit, Gewinn aus den Optionen zu erzielen (oder das eigene Portfolio breiter zu streuen), besteht im Ausüben der Optionen und dem Verkauf des Underlyings. Daher ist es nicht unüblich, dass Mitarbeiteroptionen mitunter deutlich früher ausgeübt werden als zu dem optimalen Ausübungszeitpunkt normale börsengehandelte oder OTC-Optionen.

Eine weitere Frage ist, ob ein Angestellter jemals seine Optionen vor Fälligkeit ausüben und dann die Aktien behalten (und nicht verkaufen) sollte. Wir nehmen dazu an, dass der Basispreis während der gesamten Laufzeit einer Option konstant ist und dass die Option jederzeit ausgeübt werden kann. Zur Beantwortung der Frage betrachten wir zwei Optionen: eine Mitarbeiteroption (Option A) und eine von den Bedingungen her gleiche reguläre Option, die am Markt verkauft werden kann (Option B). Zahlt die Aktie keine Dividenden, dann wissen wir, dass Option B nicht vorzeitig ausgeübt werden sollte. Daraus folgt, dass es nicht optimal sein kann, Option A auszuüben und dann die Aktie zu behalten. Will der Angestellte einen Anteil am Unternehmenserfolg erhalten, sollte er besser die Option behalten. Dadurch wird die Bezahlung des Basispreises verzögert und der in Abschnitt 11.5 beschriebene Versicherungseffekt der Option bewahrt. Nur wenn es optimal ist, Option B auszuüben, kann es für einen Angestellten ratsam sein, Option A vorzeitig auszuüben und die Aktie zu halten.[1] Wie in Abschnitt 15.12 gezeigt wurde, ist die Ausübung von Option B nur dann sinnvoll, wenn die Auszahlung einer relativ hohen Dividende unmittelbar bevorsteht.

In der Praxis fällt das Ausübungsverhalten der Mitarbeiter von Unternehmen zu Unternehmen sehr unterschiedlich aus. In einigen Unternehmen gehört es zum guten Ton, Mitarbeiteroptionen nicht vorzeitig auszuüben, in anderen werden die Mitarbeiteroptionen bald nach Ablauf der Sperrfrist ausgeübt und das Underlying verkauft, selbst wenn die Optionen nur minimal im Geld liegen.

---

[1] Die einzige Ausnahme hiervon bildet das Streben einer Führungskraft nach Aktienanteilen wegen ihrer Stimmrechte.

16.2 Bringen Optionen die Interessen von Aktionären und Managern in Einklang?

Damit Anleger Vertrauen in Kapitalmärkte haben können, ist es wichtig, dass die Interessen von Aktionären und Managern annähernd übereinstimmen. Das heißt, Manager sollten motiviert sein, Entscheidungen im Interesse der Aktionäre zu treffen. Manager sind Agenten der Aktionäre und Ökonomen benutzen, wie in Kapitel 8 erwähnt, den Begriff *Agency Costs* zur Beschreibung der Verluste, die den Aktionären entstehen, wenn die Interessen von Agenten und Auftraggebern nicht in Einklang gebracht werden.

Helfen in diesem Zusammenhang Mitarbeiteroptionen, um die Interessen von Aktionären und Angestellten in Einklang zu bringen? Darauf gibt es keine direkte Antwort. Zweifellos erfüllen solche Optionen für ein Startup-Unternehmen einen nützlichen Zweck. Die Optionen bieten eine exzellente Möglichkeit für die Hauptaktionäre, in der Regel Mitglieder der Führungsetage, die Belegschaft zu Überstunden zu motivieren. Ist das Unternehmen erfolgreich und kann an die Börse gehen, dann profitieren die Angestellten davon in großem Maße. Bei Misserfolg sind die Optionen wertlos.

Die meisten Kontroversen entzünden sich an den Optionen, die Managern von börsennotierten Unternehmen gewährt werden. Man schätzt, dass Mitarbeiteroptionen in den USA etwa 50% der Vergütung von Topmanagern ausmachen. Sie werden daher manchmal auch als „Bezahlung nach Leistung" bezeichnet. Steigt die Unternehmensaktie und die Aktionäre realisieren Gewinne, dann wird der Manager belohnt. Hierbei wird jedoch die asymmetrische Struktur von Optionsauszahlungen nicht beachtet. Wenn nämlich das Unternehmen eine schlechte Phase durchläuft, verlieren die Aktionäre Geld, während die Manager nur keine Profite erzielen. Im Gegensatz zu den Aktionären erleiden sie keine Verluste.[2] Vielfach wird die Auffassung vertreten, dass sogenannte *Restricted Stock Units* einen besseren Weg der leistungsorientierten Entlohnung darstellen. Diese geben dem Manager das Anrecht auf den Besitz einer Unternehmensaktie ab einem bestimmten zukünftigen Zeitpunkt (Ausübungsstichtag). Die Gewinne und Verluste der Manager spiegeln dann die Gewinne und Verluste der Aktionäre wider. Es wird mitunter behauptet, dass die asymmetrische Struktur von Optionsauszahlungen dazu führt, dass Topmanager Risiken in Kauf nehmen, die sie sonst nicht eingehen würden. Dies kann im Interesse der Aktionäre sein – oder auch nicht.

Welche Versuchungen bieten Mitarbeiteroptionen für Führungskräfte? Nehmen wir an, ein Manager plant, in drei Monaten eine große Anzahl von Optionen auszuüben und die Aktien zu verkaufen. Er könnte versucht sein, die Veröffentlichung von guten Nachrichten zeitlich so zu legen, dass der Aktienkurs kurz vor Ausübung der Optionen steigt. Er könnte sogar zu diesem Zweck Einnahmen auf ein anderes Quartal buchen lassen. Wenn umgekehrt einem Manager in drei Monaten At-the-Money-Optionen zuerkannt werden sollen, hätte dieser eventuell ein Interesse daran, so zu handeln, das der Aktienkurs kurz vor diesem Datum sinkt. Die hier skizzierten Verhaltensweisen sind natürlich absolut inakzeptabel, und sicher auch illegal. Doch

---

2 Wenn Optionen aus dem Geld gekommen sind, ersetzen Unternehmen manchmal diese Optionen durch neue am Geld liegende Optionen. Diese Praxis des „Repricing" führt dazu, dass die Gewinne und Verluste der Manager noch weniger an die der Aktionäre gekoppelt sind.

die Rückdatierungsskandale, die wir später in diesem Kapitel noch behandeln, zeigen, dass das Verhalten einiger Manager in Bezug auf Mitarbeiteroptionen sehr zu wünschen übrig lässt.

Selbst wenn keine Unregelmäßigkeiten des eben angeführten Typs vorkommen, verleiten Mitarbeiteroptionen tendenziell Manager dazu, sich auf kurzfristige Profite zu konzentrieren, was zu Lasten der langfristigen Performance geht. Verwalter von großen Fonds befürchten, dass Mitarbeiteroptionen erhebliche Ablenkung verursachen können, da sie eine wesentliche Komponente der Vergütung für Führungskräfte darstellen. Die Führungsetage könnte zu viel Zeit für die verschiedenen Aspekte ihrer Vergütung aufwenden, welche dann für die Leitung des Unternehmens fehlen würde.

Das Insiderwissen eines Managers und seine Fähigkeit, Ergebnisse und Ankündigungen zu beeinflussen, bergen immer das Risiko in sich, dass er auf eine Art und Weise handelt, die anderen Aktionären zum Nachteil gereicht. Eine radikale Empfehlung zur Verringerung dieses Problems besteht darin, die Führungskräfte zu verpflichten, ihre Absicht des Kaufs oder Verkaufs von Aktien ihres Unternehmens vorab – etwa eine Woche vorher – am Markt anzukündigen.[3] (Eine solche Absichtserklärung wäre dann für den Manager bindend.) Das würde dem Markt Zeit geben, Rückschlüsse über die Beweggründe des Managers zu ziehen. Im Ergebnis könnte der Kurs der Aktie steigen, bevor der Manager Anteile kauft, bzw. fallen, bevor er Anteile verkauft.

16.3 Bilanzierungsaspekte

Wie jede andere Form der Vergütung stellt eine Mitarbeiteroption für das Unternehmen Kosten und für den Angestellten einen Nutzen dar. Dieser auf den ersten Blick zweifelsfreie Sachverhalt ist in Wahrheit ziemlich umstritten. Viele Unternehmensmanager glauben, dass eine Option nur einen Wert besitzt, wenn sie im Geld liegt. Daher behaupten sie, dass eine am Geld liegende Mitarbeiteroption für das Unternehmen keine Kosten darstelle. Tatsache ist aber: Wenn Optionen für die Mitarbeiter einen Wert darstellen, dann repräsentieren sie Kosten für die Aktionäre – und damit für das Unternehmen. Alles hat seinen Preis. Die Kosten für das Unternehmen entstehen dadurch, dass das Unternehmen sich verpflichtet hat, bei guter Aktienlage Aktienanteile an die Mitarbeiter zu einem Preis zu verkaufen, der unter dem Marktpreis liegt.

Vor 1995 ging bei Emission einer Mitarbeiteroption ihr innerer Wert als Aufwand in die Gewinn- und Verlustrechnung ein. Da die meisten Mitarbeiteroptionen bei ihrer Emission am Geld lagen, war dieser Aufwand gleich null. 1995 wurde der Bilanzierungsstandard FAS 123 veröffentlicht. Vielerorts erwartete man, dass dieser vorschreiben würde, Optionen mit dem „Fair Value" zu berücksichtigen. Aufgrund intensiver Lobbyarbeit legte der Standard den Unternehmen jedoch lediglich nahe, in ihrer Gewinn- und Verlustrechnung Optionen mit ihrem Fair Value zu berücksichtigen. Eine Verpflichtung bestand nicht. Wurde der faire Wert nicht herangezogen, so musste dies in einer Fußnote vermerkt werden.

Derzeit haben sich die Bilanzierungsstandards auf der ganzen Welt geändert. In der Regel soll jede Form der aktienbasierten Entlohnung in der Gewinn- und Verlustrech-

---

3 Dies würde auf die Ausübung von Optionen zutreffen, da eine Führungskraft die Verkaufsabsicht anzukündigen hätte, wenn er seine Optionen ausüben und die Aktie verkaufen möchte.

nung zu ihrem fairen Wert angesetzt werden. Im Februar 2004 gab das International Accounting Standards Board IASB 2 heraus, welche die Unternehmen dazu aufforderte, im Jahr 2005 mit der Berücksichtigung von Aktienoptionen zu beginnen. Im Dezember 2004 wurde FAS 123 überarbeitet, so dass Mitarbeiteroptionen ab 2005 als Aufwand zu erfassen sind.

Die neuen Bilanzierungsstandards bewirken, dass Optionen zum Ausgabedatum bewertet werden müssen und der Betrag als Kosten in die Gewinn- und Verlustrechnung desselben Jahres eingehen muss. Eine Bewertung zu nach dem Ausgabedatum liegenden Zeitpunkten ist nicht erforderlich. Man könnte argumentieren, dass Optionen am Ende jedes Finanzjahres (oder am Ende jedes Quartals) bis zur Ausübung oder Fälligkeit neu bewertet werden sollten.[4] Damit würden sie der gleichen Behandlung unterliegen wie andere Derivattransaktionen, die das Unternehmen durchführt. Würde die Option im Verlauf eines Jahres an Wert gewinnen, müsste dies am Ende des Jahres als zusätzliche Kosten verbucht werden. Würde sie jedoch an Wert verlieren, würde dies die Gewinn- und Verlustrechnung positiv beeinflussen.

Dieser Ansatz hätte eine Menge Vorteile. Die kumulierten Aufwendungen des Unternehmens würden die tatsächlichen Optionskosten widerspiegeln (entweder null, falls die Option nicht ausgeübt wird, oder den Auszahlungsbetrag bei Ausübung). Die Aufwendungen innerhalb eines bestimmten Jahres wäre vom gewählten Bewertungsmodell abhängig, der Gesamtaufwand hingegen nicht.[5] Es gäbe sicher weniger Anreiz für Unternehmen, Rückdatierungen, wie wir sie später in diesem Kapitel noch diskutieren werden, vorzunehmen. Der Nachteil, der gewöhnlich dieser Art der Bilanzierung zugeschrieben wird, ist, dass unerwünschte Volatilität in die Gewinn- und Verlustrechnung Einzug hält.[6]

Alternativen zu Aktienoptionen

Die 2005 in den USA in Kraft getretenen Bilanzierungsregelungen haben dazu geführt, dass die Unternehmen Alternativen zu den traditionellen Entlohnungsplänen, bei denen am Geld liegende Optionen ausgegeben werden, in Erwägung ziehen. Wir erwähnten bereits Restricted Stock Units (RSUs), Aktien, die ein Mitarbeiter ab einem bestimmten zukünftigen Zeitpunkt (Ausübungsstichtag) besitzt. Eine Variante der RSU ist die Market-leveraged Stock Unit (MSU), bei der die Anzahl der Aktien, die der Mitarbeiter zum Ausübungsstichtag besitzt, gleich dem Quotienten S_T/S_0 ist, wobei S_0 der Aktienkurs am Gewährungsstichtag ist und S_T der Aktienkurs zum Ausübungsstichtag.[7]

---

4 Siehe J. Hull und A. White, „Accounting for Employee Stock Options: A Practical Approach to Handling the Valuation Issues", *Journal of Derivatives Accounting*, 1, 1 (2004), 3–9.
5 Interessanterweise wird die hier vorgeschlagene Bilanzierungsmethode verwendet, wenn die Abrechnung der Option nicht durch die Emission neuer Aktienanteile durch das Unternehmen, sondern bar geschieht. (Ökonomisch gesehen besteht jedoch kein Unterschied zwischen einer Option, die bar abgerechnet wird, und einer, die durch Herausgabe neuer Aktienanteile an den Angestellten abgerechnet wird.)
6 Tatsächlich wäre die Gewinn- und Verlustrechnung bei Neubewertung der Mitarbeiteroptionen sogar weniger volatil. Bei guter Geschäftslage werden die Einkünfte durch die Neubewertung reduziert, bei schlechter Geschäftslage dagegen erhöht.
7 Für die Anzahl der Aktien gibt es manchmal eine obere und eine untere Schranke. Manchmal werden S_0 und S_T auch als mittlere Aktienkurse über einen gewissen Zeitraum vor dem Gewährungsstichtag bzw. Ausübungsstichtag definiert. Eine Untersuchung von MSUs findet

Von einem Marktaufschwung profitieren Mitarbeiter mit Mitarbeiteroptionen selbst dann, wenn die Unternehmensaktie weniger stark steigt als der Gesamtmarkt. Eine Möglichkeit, dieses Problem zu lösen, besteht darin, den Basispreis der Optionen an die Performance eines Aktienindex zu koppeln. Angenommen, am Tag der Optionsausgabe steht der Aktienkurs bei 30 $ und der S&P 500 bei 1500. Der Basispreis würde anfänglich auf 30 $ festgesetzt werden. Ein Anstieg des S&P um 10% auf 1650 würde einen Anstieg des Basispreises um ebenfalls 10% auf 33 $ nach sich ziehen. Ein Absinken des S&P um 15% auf 1275 hätte einen Rückgang des Basispreises um ebenfalls 15% auf 25,50 $ zur Folge. Damit müsste die Performance des Aktienkurses des Unternehmens besser sein als die Performance des S&P 500, damit die Optionen ins Geld gelangen. Das Unternehmen könnte auch statt des S&P 500 einen Index von Aktienkursen aus dem gleichen Industriesektor als Referenzindex wählen.

16.4 Bewertung

Bilanzierungsregelungen geben den Unternehmen durchaus Spielraum bei der Auswahl einer Methode zur Bewertung von Mitarbeiteroptionen. In diesem Abschnitt untersuchen wir einige dieser Alternativen.

Der „Quick-and-Dirty"-Ansatz

Dieser weit verbreitete Ansatz basiert auf der so genannten *erwarteten Haltedauer* der Option. Diese beschreibt den durchschnittlichen Zeitraum, in dem die Mitarbeiter die Option halten, bevor sie ausgeübt wird oder verfällt. Die erwartete Haltedauer kann annähernd aus historischen Daten über die Neigung von Angestellten zu vorzeitiger Ausübung geschätzt werden. Sie reflektiert die Sperrfrist, den Einfluss des Weggangs von Angestellten sowie die in Abschnitt 16.1 erwähnte Tendenz, dass Mitarbeiteroptionen eher ausgeübt werden als normale Optionen. Es wird das Black-Scholes-Merton-Modell angewandt, wobei die Laufzeit T der Option gleich der erwarteten Haltedauer gesetzt wird. Die Volatilität wird gewöhnlich aus den historischen Daten der letzten Jahre auf die in Abschnitt 15.4 beschriebene Weise geschätzt.

Es soll hier betont werden, dass diese Verwendung der Black-Scholes-Merton-Formel keine theoretische Grundlage besitzt. Es gibt keinen Grund, warum der Wert einer europäischen Aktienoption, deren Restlaufzeit T der erwarteten Haltedauer gleichgesetzt wird, gleich dem Wert einer Mitarbeiteroption amerikanischen Typs, wie wir sie hier betrachten, sein sollte. Das Modell liefert dennoch keine unsinnigen Resultate. Unternehmen geben häufig bei der Veröffentlichung ihrer Kosten für Mitarbeiteroptionen die Volatilität und die erwartete Haltedauer für ihre Black-Scholes-Merton-Berechnungen an.

Beispiel 16.1 Ein Unternehmen gewährt seinen Managern per 1. November 2011 1 000 000 Optionen. Der Aktienkurs an diesem Tag liegt bei 30 $, ebenso der Basispreis. Die Optionen haben eine Laufzeit von 10 Jah-

---

sich in J. Hull und A. White, „The Valuation of Market-Leveraged Stock Units", Working Paper, University of Toronto, 2013.

ren und sind nach drei Jahren ausübbar. Das Unternehmen hat in den letzten 10 Jahren ähnliche At-the-Money-Optionen emittiert. Die durchschnittliche Zeit bis zur Ausübung bzw. zum Verfall dieser Optionen betrug bisher 4,5 Jahre. Das Unternehmen entscheidet sich daher, diesen Wert von 4,5 Jahren als „erwartete Haltedauer" zu verwenden. Aus den historischen Daten der letzten 5 Jahre wird die langfristige Volatilität auf 25% geschätzt. Der risikofreie Zerobond-Zinssatz für 4,5 Jahre beträgt 5%. Die Option wird also mithilfe des Black-Scholes-Merton-Modells (angepasst an die Berücksichtigung von Dividenden wie in Abschnitt 15.12 beschrieben) mit $S_0 = 30 - 4 = 26$, $K = 30$, $r = 5\%$, $\sigma = 25\%$ und $T = 4,5$ bewertet. Die Black-Scholes-Merton-Formel liefert für eine Option den Wert 6,31 \$. In der Gewinn- und Verlustrechnung müssen somit Kosten von $1\,000\,000 \cdot 6,31 = 6\,310\,000$ \$ ausgewiesen werden.

Die Binomialbaum-Methode

Ein etwas ausgefeilterer Ansatz besteht im Einsatz der Binomialbäumen wie in Kapitel 13 beschrieben. Dabei werden die für das Zurückarbeiten durch den Baum verwendeten Regeln so angepasst, dass sie (a) die Ausübbarkeit der Option, (b) die Wahrscheinlichkeit, dass der Angestellte das Unternehmen verlässt, und (c) die Wahrscheinlichkeit, dass der Angestellte die Option ausübt, widerspiegeln. Die Bedingungen der Option bestimmen die Ausübbarkeit der Option in den verschiedenen Knoten des Baums. Die historischen Daten über die Fluktuationsraten von Angestellten können bei der Ermittlung der Wahrscheinlichkeiten in einem Knoten für die vorzeitige Ausübung der Option bzw. für den Verfall der Option wegen des Ausscheidens des Mitarbeiters aus dem Unternehmen herangezogen werden. Die Bestimmung der Wahrscheinlichkeit für die Ausübung der Option in verschiedenen Knoten gestaltet sich wesentlich schwieriger. Klar ist, dass die Wahrscheinlichkeit mit wachsendem Quotient aus Aktienkurs und Basispreis und abnehmender Restlaufzeit zunimmt. Wenn ausreichendes historisches Datenmaterial vorliegt, kann die Ausübungswahrscheinlichkeit als Funktion dieser beiden Variablen zumindest näherungsweise geschätzt werden.

Beispiel 16.2 Angenommen, ein Unternehmen gewährt Mitarbeiteroptionen mit einer Laufzeit von 8 Jahren, die nach 3 Jahren ausübbar sind. Aktienkurs und Basispreis betragen jeweils 40 \$. Die Volatilität des Aktienkurses liegt bei 30%, der risikofreie Zinssatz bei 5%. Das Unternehmen schüttet keine Dividenden aus. Abbildung 16.1 zeigt einen Baum mit vier Zeitschritten zur Bewertung der Option. (Dieser Baum dient Illustrationszwecken. In der Praxis werden mehr Schritte verwendet.) Es ist $\sigma = 0,3$, $\Delta t = 2$ und $r = 0,05$. Mit den Bezeichnungen von Kapitel 13 gilt somit $a = e^{0,05 \cdot 2} = 1,1052$, $u = e^{0,3\sqrt{2}} = 1,5285$, $d = 1/u = 0,6543$ und $p = (a-d)/(u-d) = 0,5158$. Die Wahrscheinlichkeit einer Aufwärtsbewegung beträgt 0,5158, die einer Abwärtsbewegung 0,4842. Es gibt drei Knoten, an denen die vorzeitige Ausübung denkbar wäre: D, G und H. Im Knoten B ist die Sperrfrist noch nicht abgelaufen, in allen anderen Knoten liegt die Option vor Laufzeitende nicht im Geld. Wir nehmen an, dass die Ausübungswahrscheinlichkeiten des Optionsinhabers in den Knoten D, G, H (unter der Bedingung, dass die Option nicht vorher ausgeübt wurde) bei 40%, 80% bzw. 30% liegen. Weiterhin unterstellen wir, dass die Wahrscheinlichkeit, dass ein Mitarbeiter das Unternehmen innerhalb eines Zeitschritts von zwei Jahren verlässt, 5% beträgt. (Dies entspricht einer Fluktuationsrate von etwa 2,5% pro Jahr.) Für die Berechnung nehmen wir an, dass ein Ausscheiden aus dem Unternehmen immer zum Ende eines Zeitschritts stattfindet. Erfolgt das Ausscheiden während der Sperrfrist oder wenn die Option aus dem Geld ist, so verfällt die Option. Andernfalls muss sie unverzüglich ausgeübt werden.

Der Wert der Option in den Endknoten gibt jeweils den inneren Wert an. Wir betrachten die Knoten nach 6 Jahren. Die Knoten I und J sind einfach abzuhandeln. Da diese mit Sicherheit auf Knoten führen, in denen die Option den Wert Null besitzt, hat die Option auch hier jeweils den Wert Null. Im Knoten H besteht eine 30%ige Wahrscheinlichkeit, dass sich der Angestellte zur Ausübung der Option entschließt. Falls er die Option nicht ausüben will, besteht noch eine 5%ige Wahrscheinlichkeit, dass er aus dem Unternehmen ausscheidet und die Option ausüben muss. Die Gesamtwahrscheinlichkeit der Ausübung beträgt somit $0{,}3 + 0{,}7 \cdot 0{,}05 = 0{,}335$. Wird die Option ausgeübt, so ist ihr Wert $61{,}14 - 40 = 21{,}14$. Wird sie nicht ausgeübt, ergibt sich für ihren Wert

$$e^{-0,05 \cdot 2}(0{,}5158 \cdot 53{,}45 + 0{,}4842 \cdot 0) = 24{,}95 \,.$$

Damit beträgt der Wert der Option im Knoten H

$$0{,}335 \cdot 21{,}14 + 0{,}665 \cdot 24{,}95 = 23{,}67 \,.$$

Auf analoge Weise erhält man für den Knoten G den Wert

$$0{,}81 \cdot 102{,}83 + 0{,}19 \cdot 106{,}64 = 103{,}56 \,.$$

Wir gehen nun zu den Knoten nach 4 Jahren über. Im Knoten F ist die Option offensichtlich wertlos. Im Knoten E besteht eine 5%ige Wahrscheinlichkeit, dass der Angestellte die Option verfallen lässt, da er aus dem Unternehmen ausscheidet und eine 95%ige Wahrscheinlichkeit, dass die Option aufrecht erhalten wird. In diesem Fall hat die Option den Wert

$$e^{-0,05 \cdot 2}(0{,}5158 \cdot 23{,}67 + 0{,}4842 \cdot 0) = 11{,}05 \,.$$

Damit beträgt der Wert der Option im Knoten E $0{,}95 \cdot 11{,}05 = 10{,}49$. Im Knoten D besteht eine Wahrscheinlichkeit von 43%, dass die Option ausgeübt wird, während sie zu 57% aufrecht erhalten wird. Der Wert der Option ergibt sich hier zu 56,44.

Nun betrachten wir noch die Knoten nach zwei Jahren und den Anfangsknoten. In diesen Knoten ist die Option noch nicht ausübbar. Es besteht jeweils eine 5%-Chance, dass die Option verfällt, und eine 95%-Chance, dass sie für weitere zwei Jahre aufrecht erhalten wird. Das führt zu den in Abbildung 16.1 dargestellten Bewertungen. Der Wert der Option im Anfangsknoten beträgt 14,97. (Im Vergleich dazu ergibt die Bewertung einer regulären Option mit dem gleichen Baum einen Wert im Anfangsknoten von 17,98.)

16 Mitarbeiteroptionen

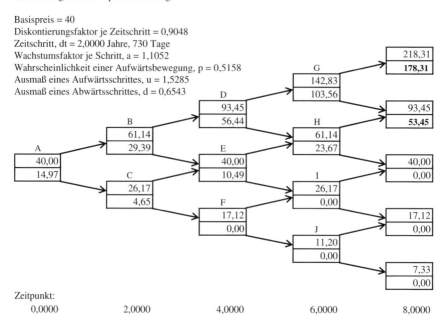

Abbildung 16.1: Bewertung der Mitarbeiteroption aus Beispiel 16.2

Der Exercise-Multiple-Ansatz

Hull und White schlagen ein einfaches Modell vor, bei dem der Mitarbeiter die Option ausübt, sobald die Sperrfrist abgelaufen ist und das Verhältnis von Aktienkurs und Basispreis einen bestimmten Wert überschreitet.[8] Sie bezeichnen das Verhältnis Aktienkurs/Basispreis, das die Ausübung auslöst, als Exercise Multiple (Ausübungsmultiplikator). Die Option lässt sich mit einem Binomial- oder Trinomialbaum bewerten. Wie in Abschnitt 27.6 ausgeführt wird, ist es wichtig, einen Binomial- oder Trinomialbaum zu konstruieren, dessen Knoten auf Aktienkursen liegen, die zur Ausübung der Option führen. Wenn z. B. der Basispreis bei 30 $ liegt und unterstellt wird, dass die Angestellten die Option ausüben, wenn der Exercise Multiple bei 1,5 liegt, dann sollte der Baum so beschaffen sein, dass die Knoten auf einem Aktienkursniveau von 45 $ liegen. Die Berechnungen erfolgen analog zu denen von Beispiel 16.2 und berücksichtigen auch die Wahrscheinlichkeit, dass ein Angestellter aus dem Unternehmen ausscheidet.[9] Um den Exercise Multiple zu schätzen, muss man aus historischen Daten den Durchschnitt der Quotienten Aktienkurs/Basispreis zum Ausübungszeitpunkt ermitteln. (Ausübungen bei Laufzeitende und bei Aus-

---

[8] Siehe J. Hull und A. White, „How to value employee stock options", *Financial Analysts Journal*, 60, 1 (Januar/Februar 2004), 3–9.

[9] Unter www.rotman.utoronto.ca/~hull findet man eine Software zur Umsetzung dieses Ansatzes.

scheiden des Mitarbeiters aus dem Unternehmen gehen in die Ermittlung dieses Durchschnitts nicht mit ein.) Der Exercise Multiple lässt sich eventuell einfacher schätzen als die erwartete Haltedauer, da letztere erheblich von dem speziellen Pfad, den der Aktienkurs beschreitet, abhängt.

Ein marktbasierter Ansatz

Man kann eine Mitarbeiteroption auch danach bewerten, indem man ermittelt, was am Markt für sie gezahlt würde. Cisco hat dies 2006 als erstes Unternehmen getestet. Man beabsichtigte, institutionellen Investoren Optionen zu verkaufen, deren Bedingungen exakt denen der Mitarbeiteroptionen von Cisco entsprachen. Dieser Ansatz wurde von der SEC mit der Begründung unterbunden, es gäbe nicht genug Investoren, die für diese Optionen ein Gebot abgeben würden.

Die Holdinggesellschaft Zions Bancorp hat einen alternativen Ansatz empfohlen. Sie schlug vor, Wertpapiere zu verkaufen, deren Auszahlungen denen der Mitarbeiter entsprechen. Angenommen, der Basispreis einer bestimmten Mitarbeiteroption ist 40 $ und 1% der Angestellten üben die Option nach genau 5 Jahren aus, wenn der Aktienkurs bei 60 $ liegt, 2% nach genau 6 Jahren, wenn der Aktienkurs bei 65 $ liegt usw. Dann liefert 1% der Wertpapiere, die ein Investor besitzt, eine Auszahlung von 20 $ nach 5 Jahren, 2% eine Auszahlung von 25 $ nach 6 Jahren usw.

Zion Bancorp testete die Idee an seinen eigenen Mitarbeiteroptionen. Sie verkauften Wertpapiere über eine Dutch Auction. Bei dieser können Einzelpersonen oder Unternehmen ein Gebot abgeben, in welchem sie den Preis nennen, den sie zu zahlen bereit sind, und die Anzahl der Optionen, die sie zu diesem Preis kaufen wollen. Als Clearing Price (markträumender Preis) wird das höchste Gebot genommen, für das die Gesamtzahl der zu diesem oder einem höheren Preis gesuchten Optionen mindestens so hoch ist wie die Anzahl der angebotenen Optionen. Zunächst erhalten die Käufer, die einen höheren als den Clearing Price geboten haben, ihr Gebot zum Clearing Price erfüllt. dann bekommt der Bieter des Clearing Price die verbleibenden Optionen. Zions Bancorp hat verkündet, dass für diesen marktbasierten Ansatz seit Oktober 2007 eine Genehmigung von der SEC vorliegt. Allerdings hat der Ansatz bis jetzt keine weite Verbreitung gefunden.

Der Verwässerungseffekt

Da ein Unternehmen bei Ausübung einer Mitarbeiteroption neue Aktien emittiert, ergibt sich für die Aktionäre ein Verwässerungseffekt, da die neuen Anteile unter dem aktuellen Aktienkurs verkauft werden. Die logische Annahme wäre, dass dieser Effekt zu dem Zeitpunkt eintritt, wenn die Option ausgeübt wird. Dies ist jedoch nicht der Fall. Wie bereits in Abschnitt 15.10 erläutert wurde, werden die Aktienkurse in dem Moment verwässert, wenn der Markt zum ersten Mal von der Auflage der Optionen erfährt. Die mögliche Ausübung der Optionen wird antizipiert und sofort im Aktienkurs reflektiert. Im Business Snapshot 15.3 ist dies durch ein Beispiel unterlegt worden.

Der Aktienkurs unmittelbar nach der öffentlichen Ankündigung der Ausgabe von Mitarbeiteroptionen reflektiert jeden Verwässerungseffekt. Nimmt man an, dass dieser Aktienkurs bei der Bewertung der Option verwendet wird, dann muss man den Optionspreis nicht noch einmal extra an den Verwässerungseffekt anpassen. Oftmals erwartet der Markt von einem Unternehmen, dass es regelmäßig Mitarbeiteroptionen emittiert. Folglich wird der Verwässerungseffekt bereits vor der öffentlichen Bekanntgabe im Marktpreis antizipiert.

Beabsichtigt ein Unternehmen die Gewährung von Mitarbeiteroptionen und überrascht dabei den Markt, können die Kosten gemäß Beispiel 15.7 berechnet werden. Diesen Kosten stehen Nutzeneffekte wie geringere Regelentlohnung und geringere Fluktuation der Mitarbeiter gegenüber.

16.5 Rückdatierungsskandale

Eine Diskussion von Mitarbeiteroptionen wäre nicht vollständig ohne die Erwähnung der Rückdatierungsskandale. Unter Rückdatierung versteht man die Praxis, Dokumente mit einem zurückliegenden Datum zu versehen.

Angenommen, ein Unternehmen beschließt am 30. April die Emission von At-the-Money-Mitarbeiteroptionen, wenn der Aktienkurs bei 50 $ liegt. Lag der Kurs am 3. April bei 42 $, liegt die Verlockung nahe, so zu tun, als ob die Optionen bereits am 3. April zum Basispreis von 42 $ gewährt wurden. Dies ist durchaus legal, vorausgesetzt, das Unternehmen bilanziert die Optionen mit 8 $ im Geld, wenn die Entscheidung am 30. April gefällt wird. Illegal wird es erst dann, wenn das Unternehmen die Optionen als At-the-Money-Optionen mit Ausgabedatum 3. April deklariert. Der Wert einer Option mit Basispreis 42 $ ist am 3. April wesentlich geringer als am 30. April. Die Aktionäre würden über die wahren Kosten der Entscheidung zur Gewährung von Mitarbeiteroptionen falsch informiert, wenn das Unternehmen die Optionen mit Ausgabedatum 3. April deklariert.

Wie verbreitet ist Rückdatierung? Zur Beantwortung dieser Frage haben Wissenschaftler untersucht, ob der Kurs einer Unternehmensaktie nach dem vom Unternehmen mitgeteilten Ausgabedatum von Mitarbeiteroptionen im Schnitt niedrig liegt. Eine frühe Untersuchung von Yermack zeigte, dass Aktienkurse nach der Ankündigung von Mitarbeiteroptionen meistens steigen.[10] Lie erweitert die Arbeit von Yermack und weist außerdem nach, dass die Aktienkurse vor den angekündigten Ausgabeterminen mehrheitlich sanken.[11] Weiterhin zeigte er, dass die Muster der Kursverläufe vor und nach der Ausgabe von Mitarbeiteroptionen mit der Zeit immer ausgeprägter wurden. Die Ergebnisse seiner Untersuchung sind in Abbildung 16.2 dargestellt. Man erkennt die unnormalen durchschnittlichen Renditen in den Jahren 1993–1994, 1995–1998 und 1999–2002 jeweils um den Ankündigungszeitpunkt. (Die Überrenditen sind berechnet nach Anpassung an die Renditen für das Marktportfolio und den Beta-Koeffizienten der Aktie.) Statistische Standardtests zeigen, dass es so gut wie unmöglich ist, dass die in Abbildung 16.2 zu beobachtenden Muster zufällig auftreten. Daraus schlossen sowohl Wissenschaftler als auch die Regulatoren im Jahr 2002, dass Rückdatierung zum Normalfall geworden war. Per August 2002 verlangte die SEC von öffentlichen Unternehmen, dass die Gewährung von Mitarbeiteroptionen innerhalb von zwei Geschäftstagen angezeigt wird. Heron und Lie zeigten, dass daraufhin ein dramatischer Rückgang der unnormalen Renditen um den Ankündigungstermin einsetzte – insbesondere bei den Unternehmen, welche

---

[10] Siehe D. Yermack, „Good timing: CEO stock option awards and company news announcements", *Journal of Finance*, 52 (1997), 449–476.
[11] Siehe E. Lie, „On the timing of CEO stock option awards", *Management Science*, 51, 5 (Mai 2005), 802–812.

16.5 Rückdatierungsskandale

Abbildung 16.2: Erik Lies Resultate, welche die verbreitete Rückdatierung belegen
(Abdruck mit Genehmigung, Quelle: www.biz.uiowa.edu/faculty/elie/backdating.htm)

die SEC-Vorschriften einhielten.[12] Man könnte zwar argumentieren, dass sich die Muster in Abbildung 16.2 einfach dadurch erklären lassen, dass Manager die Gewährungstermine nach der Veröffentlichung schlechter Nachrichten bzw. vor die Ankündigung guter Nachrichten legen würden, doch die Studie von Heron und Lie liefert einen überzeugenden Beweis, dass dem nicht so ist.

Schätzungen der Anzahl von Unternehmen in den USA, die illegales Backdating betreiben, gehen weit auseinander. Wahrscheinlich waren Hunderte Unternehmen in diese Praxis involviert. Viele von ihnen vertraten scheinbar die Ansicht, dass eine Rückdatierung von bis zu einem Monat akzeptabel wäre. Einige führende Manager traten zurück, nachdem ihre Rückdatierungsmachenschaften bekannt wurden. Gregory Reyes (Brocade Communications Systems) war im August 2007 der erste Manager, der schuldig befunden wurde, die Gewährung von Mitarbeiteroptionen rückdatiert zu haben. Dem Vernehmen nach hatte er zu einem Angestellten gesagt: „Solange man nicht erwischt wird, ist es auch nicht illegal." Im Juni 2010 wurde Reyes zu einer Gefängnisstrafe von 18 Monaten und einer Geldstrafe von 15 Millionen $ verurteilt.

Unternehmen, die in Rückdatierungsskandale verwickelt waren, mussten vergangene Jahresabschlüsse überarbeiten. Sie saßen auf der Anklagebank bei Sammelklagen, die von geprellten Aktionären angestrengt wurden. So kündigte z. B. McAfee im Dezember 2007 an, dass die Gewinne des Unternehmens für die Jahre 1995 bis 2005 um insgesamt 137,4 Millionen $ bereinigt werden. 2006 hatte McAfee 13,8 Millionen $ zur Beilegung von Gerichtsprozessen ausgegeben.

---

12 Siehe R. Heron und E. Lie, „Does backdating explain the stock price pattern around executive stock option grants", *Journal of Financial Economics*, 83, 2 (Februar 2007), 271–295.

ZUSAMMENFASSUNG

Die Vergütung von Managern ist in den letzten 20 Jahren enorm angestiegen. Ein großer Teil resultiert aus der Ausübung von Mitarbeiteroptionen. Bis 2005 stellten At-the-Money-Optionen eine sehr beliebte Form der Mitarbeiterentlohnung dar. Sie beeinflussten nicht die Bilanz und waren für die Mitarbeiter wertvoll. Mittlerweile erfordern Bilanzierungsstandards eine Erfassung der Optionskosten.

Für die Bewertung von Mitarbeiteroptionen existieren verschiedene Ansätze. Verbreitet ist die Verwendung des Black-Scholes-Merton-Modells, wobei die erwartete Haltedauer der Option als Laufzeit angenommen wird. Ein anderer Ansatz ist die Annahme, dass die Optionen ausgeübt werden, sobald das Verhältnis von Aktienkurs und Basispreis eine bestimmte Grenze erreicht. Eine dritte Möglichkeit besteht darin, den Zusammenhang zwischen der Ausübungswahrscheinlichkeit, dem Exercise Multiple und der Restlaufzeit abzuschätzen. Dazu können Binomialbäume eingesetzt werden. Ein viertes Verfahren besteht in der Schaffung eines Marktes für Wertpapiere, welche die Auszahlungen der Optionen nachbilden.

Wissenschaftliche Untersuchungen haben zweifelsfrei nachgewiesen, dass viele Unternehmen in illegale Rückdatierungsmachenschaften verwickelt sind. Dabei wurden die Ausgabetermine von Mitarbeiteroptionen rückdatiert, um den Basispreis zu reduzieren, wobei gleichzeitig behauptet wurde, dass die Optionen am Geld lägen. Die ersten Anklagen für dieses illegale Vorgehen erfolgten 2007.

Literaturempfehlungen

Carpenter, J., „The Exercise and Valuation of Executive Stock Options", *Journal of Financial Economics*, 48, 2 (Mai), 127–158.

Core, J.E. und W.R. Guay, „Stock Option Plans for Non-Executive Employees", *Journal of Financial Economics*, 61, 2 (2001), 253–287.

Heron, R. und E. Lie, „Does Backdating Explain the Stock Price Pattern around Executive Stock Option Grants", *Journal of Financial Economics*, 83, 2 (Februar 2007), 271–295.

Hull, J. und A. White, „How to Value Employee Stock Options", *Financial Analysts Journal*, 60, 1 (Januar/Februar 2004), 3–9.

Lie, E., „On the Timing of CEO Stock Option Awards", *Management Science*, 51, 5 (Mai 2005), 802–812.

Yermack, D., „Good Timing: CEO Stock Option Awards and Company News Announcements", *Journal of Finance*, 52 (1997), 449–476.

Praktische Fragestellungen

16.1 Warum war es für Unternehmen vor 2005 attraktiv, am Geld liegende Mitarbeiteroptionen zu gewähren? Was änderte sich im Jahr 2005?

16.2 Welches sind die wesentlichen Unterschiede zwischen einer typischen Mitarbeiteroption und einer amerikanischen Kaufoption, die an der Börse oder außerbörslich gehandelt wird?

16.3 Erläutern Sie, warum Mitarbeiteroptionen auf eine dividendenlose Aktie oft vor Laufzeitende ausgeübt werden, während eine börsengehandelte Option auf eine derartige Aktie nie vorzeitig ausgeübt wird.

16.4 „Mitarbeiteroptionen sind eine gute Sache, da sie die Manager motivieren, im besten Interesse der Aktionäre zu handeln." Diskutieren Sie diesen Standpunkt.

16.5 „Mitarbeiteroptionen an Manager auszugeben ist das Gleiche, wie einem Football-Spieler zu erlauben, auf den Ausgang der Spiele zu setzen." Diskutieren Sie diesen Standpunkt.

16.6 Warum haben einige US-Firmen vor 2002 die Gewährung von Mitarbeiteroptionen rückdatiert? Welche Änderungen traten 2002 ein?

16.7 Auf welche Weise würde sich der Nutzen von Rückdatierungen verringern, wenn gewährte Mitarbeiteroptionen am Ende jedes Quartals neu bewertet werden müssten?

16.8 Erläutern Sie, wie Sie vorgehen würden, um Diagramme wie in Abbildung 16.2 zu erhalten.

16.9 Am 31. Mai liegt der Kurs einer Aktie bei 70 $. Eine Million Aktienanteile sind in Umlauf. Ein Manager übt Optionen auf 100 000 Aktienanteile mit einem Basispreis von je 50 $ aus. Welche Auswirkungen hat das auf den Aktienkurs?

16.10 Eine Anmerkung in einer Unternehmensbilanz lautet: „Unsere Mitarbeiteroptionen haben eine Laufzeit von 10 Jahren, die Sperrfrist beträgt 4 Jahre. Wir haben die in diesem Jahr gewährten Optionen mit dem Black-Scholes-Merton-Modell bei einer erwarteten Haltedauer von 5 Jahren und einer Volatilität von 20% bewertet." Was bedeutet diese Aussage? Diskutieren Sie den vom Unternehmen verwendeten Bewertungsansatz.

16.11 In einer Dutch Auction von 10 000 Optionen wurden folgende Gebote abgegeben:

- A bietet 30 $ für 3000 Optionen.
- B bietet 33 $ für 2500 Optionen.
- C bietet 29 $ für 5000 Optionen.
- D bietet 40 $ für 1000 Optionen.
- E bietet 22 $ für 8000 Optionen.
- F bietet 35 $ für 6000 Optionen.

Wie sieht das Ergebnis dieser Auktion aus? Wer kauft wie viele Optionen zu welchem Preis?

16.12 Ein Unternehmen hat 500 000 Mitarbeiteroptionen ausgegeben. Aktienkurs und Basispreis betragen jeweils 40 $. Die Optionen haben eine Laufzeit von 12 Jahren, die Sperrfrist läuft nach 4 Jahren ab. Das Unternehmen entscheidet sich dafür, die Optionen mit einer erwarteten Haltedauer von 5 Jahren und einer Volatilität von 30% per annum zu bewerten. Das Unternehmen schüttet keine Dividenden aus, der risikolose Zinssatz liegt bei 4%. Welche Optionskosten weist das Unternehmen in seiner Gewinn- und Verlustrechnung aus?

16.13 Der Finanzvorstand eines Unternehmens sagt: „Es ist verrückt, wie Mitarbeiteroptionen bilanziell behandelt werden. Im letzten Jahr haben wir unseren Angestellten 10 000 000 At-the-Money-Aktienoptionen gewährt, als der Aktienkurs bei 30 $ lag. Wir haben die Optionen bei der Ausgabe mit 5 $ bewertet. Am Ende des Jahres war der Aktienkurs auf 4 $ gefallen, doch wir blieben auf Aufwendungen von 50 Millionen $ in der Gewinn- und Verlustrechnung sitzen." Diskutieren Sie.

Zur weiteren Vertiefung

16.14 Welches ist die (risikoneutrale) erwartete Haltedauer der Mitarbeiteroption in Beispiel 16.2? Welchen Wert hat die Option, wenn man das Black-Scholes-Merton-Modell mit der gerade ermittelten erwarteten Haltedauer ansetzt?

16.15 Ein Unternehmen hat 2 000 000 Mitarbeiteroptionen ausgegeben. Aktienkurs und Basispreis betragen jeweils 60 $. Die Optionen haben eine Laufzeit von 8 Jahren, die Sperrfrist läuft nach 2 Jahren ab. Das Unternehmen entscheidet sich dafür, die Optionen mit einer erwarteten Haltedauer von 6 Jahren und einer Volatilität von 22% per annum zu bewerten. Das Unternehmen zahlt Dividenden in Höhe von 1 $ pro Jahr aus (zahlbar zur Mitte des Jahres), der risikolose Zinssatz liegt bei 5%. Welche Optionskosten weist das Unternehmen in seiner Gewinn- und Verlustrechnung aus?

16.16 Ein Unternehmen hat 1 000 000 Mitarbeiteroptionen ausgegeben. Aktienkurs und Basispreis betragen jeweils 20 $. Die Optionen haben eine Laufzeit von 10 Jahren, die Sperrfrist läuft nach 3 Jahren ab. Die Volatilität des Aktienkurses beträgt 30%, der risikolose Zinssatz 5%, Dividenden werden nicht ausgeschüttet. Verwenden Sie einen Baum mit vier Schritten zur Bewertung der Optionen. Unterstellen Sie dabei, dass die Wahrscheinlichkeit, dass ein Angestellter am Ende eines Zeitschritts aus dem Unternehmen ausscheidet, 4% beträgt. Nehmen Sie weiterhin an, dass die Wahrscheinlichkeit für eine freiwillige vorzeitige Ausübung der Option (unter der Bedingung, dass vorher noch keine Ausübung erfolgte), wenn (a) die Sperrfrist abgelaufen ist und (b) die Option im Geld liegt, den Wert

$$1 - \exp[-a(S/K - 1)/T]$$

hat. Hierbei ist S der Aktienkurs, K der Basispreis, T die Restlaufzeit und $a = 2$.

16.17

a. Hedgefonds erhalten eine Managementgebühr und werden an den eventuell generierten Gewinnen beteiligt (siehe Business Snapshot 1.3). Zu welchem Verhalten wird ein Fondsmanager durch diese Art von Entlohnung motiviert?

b. „Die Ausgabe von Optionen an einen Manager stellt für diesen die gleiche Form der Entlohnung dar wie für einen Hedgefonds-Manager und motiviert zu einem ähnlichen Verhalten." Diskutieren Sie diese Aussage.

Optionen auf Aktienindizes und Währungen

17.1 Optionen auf Aktienindizes 460

17.2 Währungsoptionen 462

17.3 Ergebnisse für Aktien
mit bekannter Dividendenrendite 465

17.4 Bewertung europäischer Optionen
auf Aktienindizes 468

17.5 Bewertung von europäischen
Währungsoptionen 470

17.6 Amerikanische Optionen 472

Zusammenfassung 473

Literaturempfehlungen 474

Praktische Fragestellungen 474

Optionen auf Aktienindizes und Währungen wurden bereits in Kapitel 10 vorgestellt. In diesem Kapitel befassen wir uns ausführlicher mit ihnen. Ihre Funktionsweise und einige Anwendungsmöglichkeiten werden erläutert. In der zweiten Hälfte des Kapitels werden die Bewertungsresultate aus Kapitel 15 erweitert auf europäische Optionen auf eine Aktie, die eine bekannte Dividendenrendite bezahlt. Wir zeigen dann, dass sich sowohl Aktienindizes als auch Währungen ähnlich wie diese Aktien verhalten. Dies ermöglicht es uns, die Ergebnisse für Optionen auf Aktien, die eine bekannte Dividendenrendite bezahlen, auf die Bewertung dieser Optionsarten zu übertragen.

17.1 Optionen auf Aktienindizes

Optionen auf Aktienindizes werden an verschiedenen Börsen gehandelt. Einige der Indizes bilden die Bewegungen des gesamten Aktienmarkts ab, andere nur spezielle Branchen (z. B. Computertechnologie, Erdöl und -gas oder Telekommunikation). Einige Beispiele für an der Chicago Board of Options Exchange gehandelte Optionen sind amerikanische und europäische Optionen auf den S&P 100 (OEX und XEO), europäische Optionen auf den S&P 500 (SPX), europäische Optionen auf den Dow Jones Average Index (DJX) sowie europäische Optionen auf den Nasdaq 100 (NDX). In Kapitel 10 erläuterten wir, dass die CBOE auch LEAPS und Flex-Optionen auf Einzelaktien handelt. Sie bietet diese Optionsprodukte auch auf Indizes an.

Ein Indexoptions-Kontrakt wird über das Hundertfache des Indexstands abgeschlossen. (Der für Indexoptionen verwendete Dow Jones beträgt allerdings das 0,01fache des tatsächlich notierten Dow-Jones-Index.) Indexoptionen werden in bar abgerechnet. Dies bedeutet, dass der Inhaber einer Kaufoption bei der Ausübung den Betrag $S - K$ in bar erhält und der Optionsverkäufer den Betrag in bar zahlt. Hierbei ist S der Indexstand bei Handelsschluss am Ausübungstag und K der Basispreis. Entsprechend erhält der Inhaber einer Verkaufsoption den Betrag $K - S$ in bar und der Optionsverkäufer zahlt diesen Wert in bar.

Portfolio-Absicherung

Portfolio-Manager können Indexoptionen verwenden, um ihr Downside-Risiko zu begrenzen. Angenommen, der aktuelle Stand eines Index ist S_0. Betrachten wir einen Manager, der für ein gut diversifiziertes Portfolio mit einem Beta-Wert von 1,0 verantwortlich ist. Ein Beta-Wert von 1,0 bedeutet, dass die Rendite des Portfolios diejenige des Index widerspiegelt. Wenn die Dividendenrendite des Portfolios der Dividendenrendite des Index entspricht, kann man erwarten, dass die prozentualen Änderungen des Portfoliowertes etwa die gleichen sind wie die prozentualen Änderungen des Indexstands. Da sich jeder Kontrakt auf den Index auf das Hundertfache des Index bezieht, folgt hieraus, dass der Portfoliowert gegen eine Situation, in der der Index unter K fällt, abgesichert werden kann, indem der Portfolio-Manager für jeweils $100S_0$ Dollar in dem Portfolio einen Verkaufsoptionskontrakt mit dem Basispreis K erwirbt. Angenommen, das Portfolio des Managers ist 500 000 $ wert und der Indexstand beträgt 1000. Das Portfolio ist damit das 500fache des Index wert. Der Manager kann eine Absicherung gegen ein Absinken des Portfolios auf unter 450 000 $ in den nächsten drei Monaten erzielen, indem er fünf Verkaufsoptionskontrakte mit einem Basispreis von 900 und einer Restlaufzeit von drei Monaten kauft.

Um zu veranschaulichen, wie diese Absicherung funktioniert, betrachten wir den Fall, dass der Index in drei Monaten auf 880 fällt. Das Portfolio wird dann etwa 440 000 $ wert sein. Die Auszahlung aus den Optionen wird $5 \cdot (900 - 880) \cdot 100 = 10\,000$ $ betragen, was den Gesamtwert des Portfolios auf den abgesicherten Wert von 450 000 $ bringt.

Wenn das Beta des Portfolios nicht 1,0 ist

Wenn das Beta des Portfolios (β) nicht 1,0 ist, müssen β Put-Optionen je $100S_0$ $ im Portfolio erworben werden, wobei S_0 den aktuellen Wert des Index darstellt. Angenommen, das eben betrachtete 500 000 $-Portfolio hat einen Beta-Faktor von 2,0 anstatt 1,0. Wie zuvor nehmen wir an, dass der Index gegenwärtig bei 1000 steht. Die Anzahl der benötigten Put-Optionen beträgt nun

$$2{,}0 \cdot \frac{500\,000}{1000 \cdot 100} = 10$$

und nicht mehr 5 wie zuvor.

Zur Ermittlung des zugehörigen Basispreises kann das Capital Asset Pricing Model (CAPM, siehe Anhang zu Kapitel 3) verwendet werden. Angenommen, der risikolose Zinssatz beträgt 12 % und die Dividendenrendite sowohl auf den Index als auch auf das Portfolio jeweils 4 %. Benötigt wird eine Absicherung gegen ein Absinken des Portfolio-Werts unter 450 000 $ in den nächsten drei Monaten. Beim CAPM wird unterstellt, dass die erwartete Überrendite eines Portfolios über den risikolosen Zinssatz dem Beta multipliziert mit der Überrendite des Indexportfolios über den risikolosen Zinssatz entspricht. Man kann mit diesem Modell verschiedene Erwartungswerte für das Portfolio in Abhängigkeit verschiedener Indexwerte am Ende des 3-Monats-Zeitraums ermitteln. Tabelle 17.1 zeigt die Berechnungen für den Fall, dass der Index bei 1040 steht. In diesem Fall beträgt der Wert des Portfolios nach drei Monaten 530 000 $. Analoge Berechnungen können für andere Indexwerte nach drei Monaten durchgeführt werden. Die Ergebnisse sind in Tabelle 17.2 dargestellt. Der Basispreis der zu kaufenden Optionen sollte dem Indexstand entsprechen, der mit dem notwendigen Absicherungsniveau für das Portfolio korrespondiert. In unserem Fall beträgt das Absicherungsniveau 450 000 $. Folglich beträgt der geeignete Basispreis für die 10 zu erwerbenden Put-Optionen 960.[1]

Um zu zeigen, wie die Absicherung funktioniert, betrachten wir, was passiert, wenn der Index auf 880 fällt. Wie in Tabelle 17.2 gezeigt, beträgt der Wert des Portfolios dann etwa 370 000 $. Die Verkaufsoptionen zahlen $(960-880) \cdot 10 \cdot 100 = 80\,000$ $ aus. Dies ist genau so viel, wie notwendig ist, um den Gesamtwert der Position des Portfoliomanagers von 370 000 $ auf das geforderte Niveau von 450 000 $ anzuheben.

Anhand der Beispiele in diesem Abschnitt lassen sich zwei Gründe für die steigenden Absicherungskosten bei steigendem Beta eines Portfolios anführen: Es werden mehr Puts benötigt, und diese haben außerdem einen höheren Basispreis.

---

[1] Innerhalb der nächsten drei Monate werden etwa 1 % der 500 000 $ (also 5000 $) als Dividenden realisiert. Soll das Absicherungsniveau von 450 000 $ Dividenden einschließen, können wir den Basispreis wählen, der zur Sicherung von 445 000 $ statt 450 000 $ führt. Dieser wäre 955.

Wert des Index in drei Monaten	1040
Rendite aus der Änderung des Index	40 / 1000 oder 4% in drei Monaten
Dividenden aus dem Index	$0{,}25 \cdot 4 = 1\%$ in drei Monaten
Gesamtrendite aus dem Index	$4 + 1 = 5\%$ in drei Monaten
risikoloser Zinssatz	$0{,}25 \cdot 12 = 3\%$ in drei Monaten
Überrendite aus dem Index über den risikolosen Zinssatz	$5 - 3 = 2\%$ in drei Monaten
Überrendite aus dem Portfolio über den risikolosen Zinssatz	$2 \cdot 2 = 4\%$ in drei Monaten
Rendite des Portfolios	$3 + 4 = 7\%$ in drei Monaten
Dividenden aus dem Portfolio	$0{,}25\% \cdot 4 = 1\%$ in drei Monaten
Wertzuwachs des Portfolios	$7 - 1 = 6\%$ in drei Monaten
Wert des Portfolios	$500\,000\,\$ \cdot 1{,}06 = 530\,000\,\$$

Tabelle 17.1: Berechnung des Erwartungswerts für das Portfolio, wenn der Wert des Index in drei Monaten 1040 beträgt und $\beta = 2{,}0$

Indexstand in drei Monaten	Portfoliowert in drei Monaten ($)
1080	570 000
1040	530 000
1000	490 000
960	450 000
920	410 000
880	370 000

Tabelle 17.2: Beziehung zwischen Indexstand und Portfoliowert für $\beta = 2{,}0$

17.2 Währungsoptionen

Währungsoptionen werden hauptsächlich am OTC-Markt gehandelt. Der Vorteil dieses Marktes besteht darin, dass Geschäfte, deren Basispreise, Ausübungstermine und weitere Merkmale auf die Bedürfnisse von Finanzmanagern zugeschnitten sind, abgeschlossen werden können. Zwar werden auch an der US-amerikanischen NASDAQ QMX europäische und amerikanische Optionen gehandelt, der Börsenhandel hat jedoch einen deutlich geringeren Umfang als der OTC-Markt.

Ein Beispiel für eine europäische Kaufoption ist ein Kontrakt, der dem Inhaber das Recht gibt, eine Million Euro mit US-Dollars zum Wechselkurs von $1{,}3000\,\$$ je Euro zu kaufen. Steht der tatsächliche Wechselkurs bei Fälligkeit der Option bei $1{,}3500$, ergibt sich eine Auszahlung von $1\,000\,000 \cdot (1{,}3500 - 1{,}3000) = 50\,000\,\$$. Ein anderes Beispiel für eine europäische Verkaufsoption ist ein Kontrakt, der dem Inhaber das Recht gibt, zehn Millionen australische Dollar (AUD) mit US-Dollars zum Wechselkurs von 0,9000 $ je AUD zu verkaufen. Steht der tatsächliche Wechselkurs bei Fälligkeit der Option bei 0,8700, ergibt sich eine Auszahlung von 10 000 000 · (0,9000 − 0,8700) = 300 000 $.

Für eine Firma, die ein Engagement in einer ausländischen Währung absichern möchte, sind Währungsoptionen eine Alternative zu Forward-Kontrakten. Ein amerikanisches Unternehmen, das zu einem bekannten Zeitpunkt in der Zukunft Pfund Sterling erhalten wird, kann das Risiko absichern, indem es Verkaufsoptionen auf Sterling erwirbt, die zu diesem Zeitpunkt fällig werden. Diese Absicherungsstrategie garantiert, dass der Sterling-Wechselkurs nicht niedriger als der Basispreis sein wird, und ermöglicht es der Firma, von jeder günstigen Wechselkursbewegung zu profitieren. Entsprechend kann sich eine amerikanische Firma, die zu einer bestimmten Zeit in der Zukunft Sterling zu zahlen hat, absichern, indem sie Kaufoptionen auf Sterling erwirbt, die zu diesem Zeitpunkt fällig sind. Dieses Vorgehen stellt sicher, dass die Kosten für Sterling einen bestimmten Wert nicht überschreiten, und ermöglicht der Firma, von jeder günstigen Wechselkursbewegung zu profitieren. Während ein Forward-Kontrakt den Wechselkurs für eine zukünftige Transaktion festschreibt, ermöglicht eine Option eine Art von Versicherung. Diese Versicherung ist natürlich nicht kostenlos. Es kostet nichts, eine Forward-Transaktion einzugehen, während Optionen eine Prämie erfordern, die bei Geschäftsabschluss gezahlt werden muss.

Range Forwards

Ein *Range-Forward-Kontrakt* stellt eine Variation eines normalen Forward-Kontrakts zur Absicherung des Wechselkursrisikos dar. Wir betrachten ein US-Unternehmen, welches weiß, dass es in drei Monaten eine Zahlung von einer Million britischen Pfund (GBP) erhalten wird. Angenommen, der Drei-Monats-Forward-Wechselkurs beträgt 1,5200 $ je GBP. Das Unternehmen könnte diesen Wechselkurs durch Eingehen der Short-Position in einem Forward-Kontrakt über den Verkauf von einer Million GBP in drei Monaten festschreiben. Damit hätte es gesichert, dass es für eine Million GBP 1 520 000 $ erhält.

Alternativ könnte das Unternehmen eine europäische Verkaufsoption mit Basispreis K_1 kaufen und eine europäische Kaufoption mit Basispreis K_2 verkaufen, wobei $K_1 < 1,5200 < K_2$. Dies ist die Short-Position in einem Range Forward, seine Auszahlung ist in Abbildung 17.1a dargestellt. Beide Optionen lauten auf eine Million GBP. Liegt der Wechselkurs in drei Monaten unter K_1, wird die Verkaufsoption ausgeübt, wodurch das Unternehmen den Betrag von einer Million GBP zum Wechselkurs K_1 umtauschen kann. Liegt der Wechselkurs zwischen K_1 und K_2, wird keine der beiden Optionen ausgeübt und der Pfundbetrag wird zum aktuellen Wechselkurs umgetauscht. Liegt der Wechselkurs über K_2, wird die Kaufoption gegen das Unternehmen ausgeübt, und das Unternehmen muss eine Million GBP zum Wechselkurs K_2 umtauschen. Der letztlich realisierte Wechselkurs für den Pfundbetrag ist in Abbildung 17.2 illustriert.

Ist dem Unternehmen hingegen bekannt, dass es in drei Monaten eine Zahlung von einer Million britischen Pfund (GBP) zu leisten hat, könnte es eine europäische Verkaufsoption mit Basispreis K_1 verkaufen und eine europäische Kaufoption mit Basispreis K_2 kaufen. Dies ist die Long-Position in einem Range Forward, seine Auszahlung ist in Abbildung 17.1b dargestellt. Liegt der Wechselkurs in drei Monaten unter K_1, wird die Verkaufsoption gegen das Unternehmen ausgeübt, wodurch das Unternehmen den Betrag von einer Million GBP zum Wechselkurs K_1 kaufen

17 Optionen auf Aktienindizes und Währungen

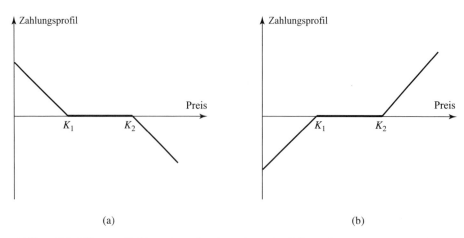

Abbildung 17.1: Zahlungsprofile (a) aus einem Short Range Forward und (b) aus einem Long Range Forward

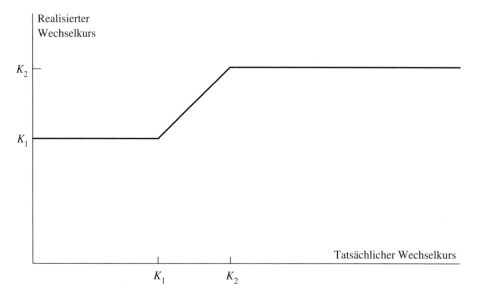

Abbildung 17.2: Realisierter Wechselkurs, wenn ein Range Forward entweder zur Absicherung eines zukünftigen Zuflusses an Fremdwährung oder zur Absicherung einer zukünftigen Zahlung in Fremdwährung eingesetzt wird.

muss. Liegt der Wechselkurs zwischen K_1 und K_2, wird keine der beiden Optionen ausgeübt und der Pfundbetrag wird zum aktuellen Wechselkurs eingetauscht. Liegt der Wechselkurs über K_2, wird die Kaufoption ausgeübt und das Unternehmen kann eine Million GBP zum Wechselkurs K_2 eintauschen. Der letztlich realisierte Wechselkurs für den Erwerb von einer Million GBP ist derselbe, den wir vorhin für den Pfundbetrag im letzten Absatz erhalten haben. Er ist in Abbildung 17.2 illustriert.

In der Realität wird ein Range Forward so gestaltet, dass der Preis für die Verkaufsoption gleich dem Preis für die Kaufoption ist. Das bedeutet, das Aufsetzen eines Range Forwards beinhaltet zunächst keine Kosten – in Analogie zum Aufsetzen eines regulären Forward-Kontrakts. Angenommen, sowohl in den USA als auch in Großbritannien liegt der Zinssatz bei 5%, sodass der Spot-Wechselkurs 1,5200 beträgt (genau wie der Forward-Wechselkurs). Wir nehmen weiter an, dass die Volatilität des Wechselkurses 14% beträgt. Mit DerivaGem können wir berechnen, dass ein Put auf den Verkauf von 1 GBP mit Basispreis 1,5000 denselben Preis hat wie ein Call auf den Kauf von 1 GBP mit Basispreis 1,5413. (Beide haben den Wert 0,03250.) Setzt man nun $K_1 = 1{,}5000$ und $K_2 = 1{,}5413$, dann erhält man für unser Beispiel einen Kontrakt, der keine Anfangskosten beinhaltet.

Wenn die Basispreise von Put und Call in einem Range-Forward-Kontrakt zusammenlaufen, wird der Range-Forward-Kontrakt zu einem regulären Forward-Kontrakt. Dabei wird der (Short) Range Forward in Abbildung 17.1a zu einem Short Forward und der (Long) Range Forward in Abbildung 17.1b zu einem Long Forward.

17.3 Ergebnisse für Aktien mit bekannter Dividendenrendite

In diesem Abschnitt geben wir eine einfache Regel an, die die Bewertungsergebnisse für europäische Optionen auf dividendenlose Aktien so erweitert, dass sie für europäische Optionen auf Aktien mit bekannter Dividendenrendite anwendbar sind. Anschließend zeigen wir, wie man damit auch Optionen auf Aktienindizes und Währungen bewerten kann.

Dividenden sorgen dafür, dass der Aktienkurs am Ausschüttungstag um den Betrag der Dividendenzahlung fällt. Die Zahlung einer Dividendenrendite q bewirkt daher, dass die Wachstumsrate des Aktienkurses um den Betrag q kleiner ist, als sie sonst wäre. Wenn der Aktienkurs mit einer Dividendenrendite von q von S_0 zum Zeitpunkt null auf S_T zum Zeitpunkt T steigt, dann würde er ohne Dividende von S_0 zum Zeitpunkt null auf $S_T e^{qT}$ zum Zeitpunkt T steigen. Alternativ würde er ohne Dividende von $S_0 e^{-qT}$ zum Zeitpunkt null auf S_T zum Zeitpunkt T ansteigen.

Diese Argumentation zeigt, dass wir für den Aktienkurs zum Zeitpunkt T in jedem der folgenden Fälle dieselbe Wahrscheinlichkeitsverteilung erhalten:

1. Die Aktie startet mit dem Preis S_0 und weist eine Dividendenrendite q auf.
2. Die Aktie startet mit dem Preis $S_0 e^{-qT}$ und zahlt keine Dividendenrendite.

Dies führt zu einer einfachen Regel. Wenn wir eine europäische Aktienoption mit Laufzeit T zu bewerten haben und diese Aktie eine Dividendenrendite von q aufweist, dann vermindern wir den aktuellen Aktienkurs von S_0 auf $S_0 e^{-qT}$ und bewerten anschließend die Option so, als wenn es sich um eine dividendenlose Aktie handeln würde.[2]

Wertuntergrenzen für Optionspreise

Als eine erste Anwendung dieser Regel bestimmen wir die Untergrenzen für den Preis einer europäischen Aktie, die eine Dividendenrendite q abwirft. Durch Einsetzen von $S_0 e^{-qT}$ für S_0 in Gleichung (11.4) erkennen wir, dass die Wertuntergrenze

---

2 Diese Regel entspricht der in Abschnitt 13.12 entwickelten Regel zur Bewertung einer europäischen Option auf eine Aktie mit bekannter Bardividende. (Dort kamen wir zu dem Schluss, dass man den Aktienkurs um den Barwert der Dividenden reduzieren kann, hier diskontieren wir den Aktienkurs mit der Dividendenrendite.)

Optionen auf Aktienindizes und Währungen

der europäischen Kaufoption

$$c \geq \max(S_0 e^{-qT} - K e^{-rT}, 0) \qquad (17.1)$$

ist. Dies können wir auch direkt aus der Betrachtung der folgenden zwei Portfolios ablesen:

Portfolio A: eine europäische Kaufoption plus ein Betrag in Höhe von $K e^{-rT}$
Portfolio B: e^{-qT} Aktien, deren Dividenden in die Aktie reinvestiert werden

Um eine untere Grenze für den Wert einer europäischen Verkaufsoption zu erhalten, können wir in Gleichung (11.5) S_0 durch $S_0 e^{-qT}$ ersetzen und erhalten

$$p \geq \max(K e^{-rT} - S_0 e^{-qT}, 0) \,. \qquad (17.2)$$

Dieses Ergebnis können wir ebenfalls direkt aus der Betrachtung der folgenden zwei Portfolios ablesen:

Portfolio C: eine europäische Verkaufsoption plus e^{-qT} Aktien, deren Dividenden in die Aktie reinvestiert werden
Portfolio D: ein Betrag in Höhe von $K e^{-rT}$

Put-Call-Parität

Indem wir in Gleichung (11.6) S_0 durch $S_0 e^{-qT}$ ersetzen, erhalten wir die Put-Call-Parität für eine Option auf eine Aktie, die eine Dividendenrendite q aufweist:

$$c + K e^{-rT} = p + S_0 e^{-qT} \,. \qquad (17.3)$$

Dieses Ergebnis können wir ebenfalls direkt aus der Betrachtung der folgenden zwei Portfolios ablesen:

Portfolio A: eine europäische Kaufoption plus ein Betrag in Höhe von $K e^{-rT}$
Portfolio C: eine europäische Verkaufsoption plus e^{-qT} Aktien, deren Dividenden in die Aktie reinvestiert werden

Beide Portfolios besitzen zum Zeitpunkt T den Wert $\max(S_T, K)$. Daher müssen sie auch zum Zeitpunkt 0 den gleichen Wert aufweisen. Somit folgt die in Gleichung (17.3) dargestellte Put-Call-Parität. Für amerikanische Optionen lautet die Put-Call-Paritätsbeziehung (siehe Aufgabe 18.19):

$$S_0 e^{-qT} - K \leq C - P \leq S_0 - K e^{-rT} \,.$$

Bewertungsformeln

Indem wir in den Black-Scholes-Merton-Formeln in den Gleichungen (15.21) und (15.22) S_0 durch $S_0 e^{-qT}$ ersetzen, erhalten wir den Preis c einer europäischen Kaufoption und den Preis p einer europäischen Verkaufsoption auf eine Aktie, die eine Dividendenrendite q erzielt, durch

$$c = S_0 e^{-qT} N(d_1) - K e^{-rT} N(d_2) \qquad (17.4)$$

$$p = K e^{-rT} N(-d_2) - S_0 e^{-qT} N(-d_1) \,. \qquad (17.5)$$

Wegen
$$\ln\frac{S_0 e^{-qT}}{K} = \ln\frac{S_0}{K} - qT$$
folgt daraus für die Parameter d_1 und d_2
$$d_1 = \frac{\ln(S_0/K) + (r - q + \sigma^2/2)T}{\sigma\sqrt{T}}$$
$$d_2 = \frac{\ln(S_0/K) + (r - q - \sigma^2/2)T}{\sigma\sqrt{T}} = d_1 - \sigma\sqrt{T}\,.$$

Diese Ergebnisse wurden erstmals von Merton hergeleitet.[3] Wie in Kapitel 15 behandelt, sollte der Begriff *Dividende* als die Verminderung des Aktienkurses zum Ausschüttungstermin definiert werden, die sich aus beliebig festgesetzten Dividendenzahlungen ergibt. Wenn die Dividendenrendite während der Laufzeit der Option zwar bekannt, aber nicht konstant ist, bleiben die Gleichungen (17.4) und (17.5) dennoch gültig, wobei q die durchschnittliche jährliche Dividendenrendite während der Laufzeit der Option ist.

Risikoneutrale Bewertung

Für einen formaleren Nachweis der Gleichungen (17.4) und (17.5) können wir entweder die Differentialgleichung lösen, welche der Optionspreis erfüllen muss, oder die risikoneutrale Bewertung verwenden.

Wenn wir in die Analyse von Abschnitt 15.6 eine Dividendenrendite q einbeziehen, so erhält die Differentialgleichung (15.16) folgende Gestalt:[4]

$$\frac{\partial f}{\partial t} + (r - q)S\frac{\partial f}{\partial S} + \frac{1}{2}\sigma^2 S^2\frac{\partial^2 f}{\partial S^2} = rf\,. \tag{17.6}$$

Wie Gleichung (15.16) enthält sie keine von Risikopräferenzen abhängigen Variablen. Deshalb kann das Verfahren der risikoneutralen Bewertung angewendet werden, das in Abschnitt 15.7 beschrieben wurde.

In einer risikoneutralen Welt muss die Gesamtrendite der Aktie gleich r sein. Die Dividende liefert eine Rendite von q. Die erwartete Wachstumsrate des Aktienkurses muss daher $r - q$ entsprechen. Der risikoneutrale Prozess des Aktienkurses ist

$$dS = (r - q)S\,dt + \sigma S\,dz\,. \tag{17.7}$$

Um ein Derivat zu bewerten, das von einer Aktie abhängt, die eine Dividendenrendite q aufweist, setzen wir die erwartete Wachstumsrate des Aktienkurses gleich $r - q$ und diskontieren die erwartete Auszahlung mit dem Zinssatz r. Beträgt die erwartete Aktienrendite $r - q$, dann ist $S_0 e^{(r-q)T}$ der erwartete Aktienkurs zum Zeitpunkt T. Eine zum Anhang von Kapitel 15 analoge Betrachtung liefert die erwartete Auszahlung

$$e^{(r-q)T} S_0 N(d_1) - K N(d_2)\,,$$

wobei d_1 und d_2 wie oben definiert sind. Die Diskontierung mit dem Zinssatz r über den Zeitraum T führt zur Gleichung (17.4).

---

[3] Siehe R. Merton, „Theory of Rational Option Pricing", *Bell Journal of Economics and Management Science*, 4 (Frühjahr 1973), 141–183.

[4] Zum Beweis dieser Formel siehe Technical Note 6 auf der Homepage des Autors (www.rotman.utoronto.ca/~hull/ofod/index.html).

17.4 Bewertung europäischer Optionen auf Aktienindizes

Bei der Bewertung von Index-Futures in Kapitel 5 haben wir den Index als ein Asset aufgefasst, das eine bekannte Dividendenrendite auszahlt. Bei der Bewertung von Indexoptionen treffen wir ähnliche Annahmen. Dies bedeutet, dass die Gleichungen (17.1) und (17.2) Wertuntergrenzen für europäische Indexoptionen liefern. Gleichung (17.3) ist die Put-Call-Parität für europäische Indexoptionen, und die Gleichungen (17.4) und (17.5) können verwendet werden, um europäische Optionen auf einen Index zu bewerten; für amerikanische Optionen kann der Binomialbaum-Ansatz angewendet werden. In jedem Fall ist S_0 gleich dem Wert des Index, σ gleich der Volatilität und q gleich der durchschnittlichen jährlichen Dividendenrendite auf den Index während der Laufzeit der Option.

Beispiel 17.1 Betrachten wir eine europäische Kaufoption auf den S&P-500-Index zwei Monate vor ihrer Fälligkeit. Der gegenwärtige Stand des Index ist 930, der Ausübungspreis 900, der risikolose Zins 8% per annum und die Volatilität des Index 20% per annum. Dividendenrenditen von 0,2% und 0,3% werden im ersten bzw. zweiten Monat erwartet. In diesem Fall gilt $S_0 = 930, K = 900, r = 0,08, \sigma = 0,2$ und $T = 2/12$. Die gesamte Dividendenrendite während der Laufzeit der Option ist $0,2 + 0,3 = 0,5\%$. Das sind 3% per annum. Folglich gilt $q = 0,03$ und

$$d_1 = \frac{\ln(930/900) + (0,08 - 0,03 + 0,2^2/2) \cdot 2/12}{0,2\sqrt{2/12}} = 0,5444$$

$$d_2 = \frac{\ln(930/900) + (0,08 - 0,03 - 0,2^2/2) \cdot 2/12}{0,2\sqrt{2/12}} = 0,4628$$

$$N(d_1) = 0,7069, \quad N(d_2) = 0,6782,$$

sodass für den durch Gleichung (17.4) gegebenen Preis des Calls c

$$c = 930 \cdot 0,7069 e^{-0,03 \cdot 2/12} - 900 \cdot 0,6782 e^{-0,08 \cdot 2/12} = 51,83$$

gilt. Ein Kontrakt würde 5183 $ kosten.

Die Berechnung von q sollte nur Dividenden einschließen, deren Ausschüttungstage in die Laufzeit der Option fallen. In den USA liegen die Ausschüttungstage meist in der ersten Woche der Monate Februar, Mai, August und November. Zu jedem gegebenen Zeitpunkt wird der korrekte Wert von q daher voraussichtlich von der Laufzeit der Option abhängen. Dies gilt umso mehr für ausländische Indizes. Beispielsweise neigen in Japan Firmen dazu, die gleichen Ausschüttungstage zu verwenden.

Wenn (anstatt der Dividendenrendite) der absolute Betrag der Dividenden, die auf die dem Index zugrunde liegenden Aktien gezahlt werden, als bekannt vorausgesetzt wird, dann kann die Black-Scholes-Merton-Formel angewendet werden, wobei der anfängliche Aktienkurs um den Barwert der Dividenden reduziert wird. Dies ist das in Kapitel 15 empfohlene Verfahren für eine Aktie, die Dividenden in bekannter

17.4 Bewertung europäischer Optionen auf Aktienindizes

Höhe auszahlt. Dieses Verfahren kann jedoch für einen Aktienindex mit breiter Basis schwierig zu implementieren sein, da es die Kenntnis der erwarteten Dividenden auf alle Aktien des Index voraussetzt.

Es wird gelegentlich behauptet, dass die Rendite aus der Investition eines bestimmten Geldbetrages in ein Aktienportfolio auf lange Sicht fast immer über der Rendite aus der Investition des gleichen Geldbetrages in ein Anleiheportfolio liegt, wenn beide den gleichen Startwert besitzen. Wenn dies zuträfe, würde eine langfristige Put-Option auf das Aktienportfolio mit einem Basispreis in Höhe des Ergebnisses der Anlage des Portfolios in Anleihen nicht viel kosten. Sie ist jedoch, wie Business Snapshot 17.1 zeigt, ziemlich teuer.

Business Snapshot 17.1 – Sind Aktien auf lange Sicht immer ertragreicher als Anleihen?

Häufig wird einem langfristigen Anleger der Kauf von Aktien anstatt von Anleihen empfohlen. Wir stellen uns einen US-Fondsmanager vor, der Anleger davon zu überzeugen versucht, als langfristige Anlage einen Aktienfonds zu kaufen, der den S&P 500 widerspiegeln soll. Der Fondsmanager könnte versucht sein, Käufern des Fonds zu garantieren, dass ihre Rendite in den nächsten zehn Jahren mindestens so hoch sein wird wie die Rendite von Anleihen. Historisch gesehen haben Aktien in beinahe jedem 10-Jahres-Zeitraum besser abgeschnitten als Anleihen. Es scheint also, als ob der Fondsmanager sich mit seinem Versprechen nicht zu weit aus dem Fenster lehnt.

Tatsächlich ist diese Form der Garantie jedoch erstaunlich teuer. Angenommen, der Aktienindex steht derzeit bei 1000, die Dividendenrendite auf den Index beträgt 1% per annum, die Volatilität des Index ist 15% per annum und der 10-jährige risikolose Zinssatz beträgt 5% per annum. Um besser abzuschneiden als Anleihen, müssen die Aktien, die dem Index zugrunde liegen, mehr als 5% per annum erwirtschaften. 1% per annum steuern die Dividenden bei. Die Kapitalgewinne auf die Aktien müssen daher 4% per annum beitragen. Das heißt, wir erwarten, dass der Index in zehn Jahren mindestens bei $1000 e^{0{,}04 \cdot 10} = 1492$ steht.

Eine Garantie, dass über die nächsten zehn Jahre die Rendite auf 1000 $, die in den Index investiert werden, größer ist als die Rendite auf 1000 $, die in Anleihen investiert werden, entspricht folglich dem Recht, den Index in zehn Jahren für 1492 zu verkaufen. Damit haben wir eine europäische Verkaufsoption auf den Index mit den Parametern $S = 1000$, $K = 1492$, $r = 5\%$, $\sigma = 15\%$, $T = 10$, $q = 1\%$, welche wir mit Gleichung (17.5) bewerten können. Als Optionswert ergibt sich 169,7. Dies zeigt, dass die vom Fondsmanager angedachte Garantie etwa 17% des Wertes des Fonds ausmacht.

Forward-Kurse von Aktienindizes

Wir definieren F_0 als den Forward-Kurs des Index für einen Kontrakt mit der Restlaufzeit T. Wie in Gleichung (5.3) gezeigt wurde, gilt $F_0 = S_0 e^{(r-q)T}$. Damit können die Gleichungen (17.4) und (17.5) für den Preis c einer europäischen Kaufoption und den Preis p einer europäischen Verkaufsoption folgendermaßen geschrieben werden:

$$c = F_0 e^{-rT} N(d_1) - K e^{-rT} N(d_2) \qquad (17.8)$$

$$p = K e^{-rT} N(-d_2) - F_0 e^{-rT} N(-d_1) \qquad (17.9)$$

mit
$$d_1 = \frac{\ln(F_0/K) + \sigma^2 T/2}{\sigma\sqrt{T}} \quad \text{und} \quad d_2 = \frac{\ln(F_0/K) - \sigma^2 T/2}{\sigma\sqrt{T}}.$$

Die Put-Call-Parität in Gleichung (17.3) kann man nun so ausdrücken:

$$c + K e^{-rT} = p + F_0 e^{-rT}$$

oder

$$F_0 = K + (c - p) e^{rT}. \qquad (17.10)$$

Wenn Puts und Calls mit einer bestimmten Restlaufzeit zum gleichen Basispreis gehandelt werden, kann man mit dieser Gleichung den Forward-Kurs des Index zum Fälligkeitszeitpunkt schätzen. Hat man die Forward-Kurse des Index für eine Reihe verschiedener Fälligkeitszeitpunkte bestimmt, lässt sich die Strukturkurve der Forward-Kurse mit den Gleichungen (17.8) und (17.9) näherungsweise ermitteln. Der Vorteil dieses Ansatzes besteht darin, dass man die Dividendenrendite des Index nicht explizit bestimmen muss.

Implizite Dividendenrenditen

Wenn man Schätzer für die Dividendenrendite benötigt (weil z. B. eine amerikanische Option bewertet wird), kann man ebenfalls Puts und Calls mit gleichem Basispreis und gleicher Restlaufzeit verwenden. Aus Gleichung (17.3) erhalten wir

$$q = -\frac{1}{T} \ln \frac{c - p + K e^{-rT}}{S_0}.$$

Für einzelne Basispreise und einzelne Restlaufzeiten, sind die mit dieser Gleichung ermittelten Näherungswerte für q nicht sehr verlässlich. Aber in der Kombination von vielen passenden Paaren von Puts und Calls, ergibt sich ein klares Bild der vom Markt angenommenen Dividendenrendite.

17.5 Bewertung von europäischen Währungsoptionen

Um Währungsoptionen zu bewerten, definieren wir S_0 als den Spotkurs. Um genau zu sein, gibt S_0 den Wert einer ausländischen Währungseinheit in US-Dollar an. Wie in Abschnitt 5.10 erläutert, verhält sich eine Fremdwährung wie eine Aktie mit bekannter Dividendenrendite. Der Inhaber der Fremdwährung erhält eine Rendite in Höhe des ausländischen risikolosen Zinssatzes r_f in der Fremdwährung. Ersetzt man in den Gleichungen (17.1) und (17.2) q durch r_f, so liefern diese Gleichungen Grenzen für die Preise europäische Calls (c) und Puts (p):

$$c \geq \max(S_0 e^{-r_f T} - K e^{-rT}, 0)$$

$$p \geq \max(K e^{-rT} - S_0 e^{-r_f T}, 0).$$

Die Put-Call-Parität für Währungsoptionen ergibt sich aus Gleichung (17.3), wobei wiederum q durch r_f ersetzt wird:

$$c + Ke^{-rT} = p + S_0 e^{-r_f T}.$$

Schließlich liefern die Gleichungen (17.4) und (17.5) die Bewertungsformeln für Währungsoptionen, wenn man q durch r_f ersetzt:

$$c = S_0 e^{-r_f T} N(d_1) - Ke^{-rT} N(d_2) \qquad (17.11)$$

$$p = Ke^{-rT} N(-d_2) - S_0 e^{-r_f T} N(-d_1), \qquad (17.12)$$

wobei

$$d_1 = \frac{\ln(S_0/K) + (r - r_f + \sigma^2/2)T}{\sigma\sqrt{T}}$$

$$d_2 = \frac{\ln(S_0/K) + (r - r_f - \sigma^2/2)T}{\sigma\sqrt{T}} = d_1 - \sigma\sqrt{T}$$

gilt. Sowohl der inländische Zinssatz r als auch der ausländische Zinssatz r_f beziehen sich auf die Laufzeit T.

> **Beispiel 17.2** Wir betrachten eine viermonatige europäische Kaufoption auf das britische Pfund. Angenommen, der aktuelle Wechselkurs ist 1,6000, der Basispreis 1,6000, der risikolose Zinssatz in den USA beträgt 8% per annum, der risikolose Zinssatz in Großbritannien liegt bei 11% per annum und der Optionspreis ist 4,3 Cent. In diesem Fall gilt $S_0 = 1,6$, $K = 1,6$, $r = 0,08$, $r_f = 0,11$, $T = 4/12$ und $c = 0,043$. Die implizite Volatilität lässt sich iterativ berechnen. Eine Volatilität von 20% ergibt einen Optionspreis von 0,0639, eine Volatilität von 10% ergibt einen Optionspreis von 0,0285 usw. Die implizite Volatilität beträgt 14,1%.

Kauf- und Verkaufsoptionen auf Währungen sind insofern symmetrisch, als eine Option zum Verkauf einer Einheit von Währung A für Währung B mit Basispreis K einer Option zum Kauf von K Einheiten von Währung B für Währung A mit Basispreis $1/K$ entspricht (siehe Aufgabe 17.8).

Die Verwendung von Forward-Wechselkursen

Da Forward-Kontrakte auf Wechselkurse aktiv durch Banken und andere Finanzinstitutionen gehandelt werden, werden oft Forward-Kurse zur Bewertung von Optionen eingesetzt.

Nach Gleichung (5.9) ist der Forward-Kurs F_0 für eine Laufzeit T durch

$$F_0 = S_0 e^{(r - r_f)T}$$

gegeben. Damit lassen sich die Gleichungen (17.11) und (17.12) vereinfachen zu

$$c = e^{-rT}[F_0 N(d_1) - KN(d_2)] \qquad (17.13)$$

$$p = e^{-rT}[KN(-d_2) - F_0 N(-d_1)] \qquad (17.14)$$

mit

$$d_1 = \frac{\ln(F_0/K) + \sigma^2 T/2}{\sigma\sqrt{T}}$$

$$d_2 = \frac{\ln(F_0/K) - \sigma^2 T/2}{\sigma\sqrt{T}} = d_1 - \sigma\sqrt{T}.$$

Die Gleichungen (17.13) und (17.14) sind mit den Gleichungen (17.8) und (17.9) identisch. Wie wir in Kapitel 18 sehen werden, kann eine europäische Option auf den Kurs eines beliebigen Assets mit den Gleichungen (17.13) und (17.14) mithilfe des Preises eines Forward- oder Futures-Kontrakts auf das Asset bewertet werden. Die Laufzeiten des Forward- oder Futures-Kontrakts und der europäischen Option müssen übereinstimmen.

17.6 Amerikanische Optionen

Binomialbäume können, wie in Kapitel 13 beschrieben, zur Bewertung von amerikanischen Optionen auf Aktienindizes und Währungen benutzt werden. Wie bei den amerikanischen Optionen auf dividendenlose Aktien wird der Parameter u für die Höhe einer Aufwärtsbewegung durch den Term $e^{\sigma\sqrt{\Delta t}}$ beschrieben, wobei σ die Volatilität und Δt die Länge der Zeitschritte bezeichnet. Der Parameter d für die Höhe einer Abwärtsbewegung beträgt wieder $1/u$, also $e^{-\sigma\sqrt{\Delta t}}$. Für eine dividendenlose Aktie beträgt die Wahrscheinlichkeit für eine Aufwärtsbewegung

$$p = \frac{a-d}{u-d},$$

mit $a = e^{r\Delta t}$. Für Optionen auf Indizes und Währungen gilt dieselbe Formel, nur a ist anders definiert. Bei Optionen auf einen Index gilt

$$a = e^{(r-q)\Delta t}, \qquad (17.15)$$

wobei q die Dividendenrendite des Index ist. Bei Währungsoptionen gilt

$$a = e^{(r-r_f)\Delta t}, \qquad (17.16)$$

wobei r_f den risikolosen Zinssatz der Fremdwährung beschreibt. Beispiel 13.1 in Abschnitt 13.11 zeigt, wie ein zweistufiger Baum zur Bewertung einer Index-Option eingesetzt werden kann. Beispiel 13.2 illustriert die Verwendung eines dreistufigen Baumes zur Bewertung einer Währungsoption. Weitere Beispiele für den Einsatz von Binomialbäumen zur Bewertung von Optionen auf Indizes und Währungen werden in Kapitel 21 angeführt.

Unter bestimmten Umständen ist es optimal, amerikanische Währungs- bzw. Indexoptionen vor ihrer Fälligkeit auszuüben. Daher sind amerikanische Währungsbzw. Indexoptionen mehr wert als ihre europäischen Gegenstücke. Im Allgemeinen werden am wahrscheinlichsten Kaufoptionen auf hochverzinsliche Währungen und Verkaufsoptionen auf niedrigverzinsliche Währungen vorzeitig ausgeübt. Der Grund dafür ist, dass von einer hochverzinslichen Währung eine Abwertung, von einer niedrigverzinslichen Währung dagegen eine Aufwertung erwartet wird. Analog werden vermutlich Kaufoptionen auf Indizes mit hohen Dividendenrenditen und Verkaufsoptionen auf Indizes mit geringen Dividendenrenditen vorzeitig ausgeübt.

ZUSAMMENFASSUNG

Börsengehandelte Indexoptionen werden bar abgerechnet. Zum Ausübungstermin einer Index-Kaufoption erhält der Inhaber das 100fache des Betrages, um den der Index den Basispreis überschreitet. Entsprechend bekommt der Inhaber einer Index-Verkaufsoption zum Ausübungstermin das 100fache des Wertes, um den der Basispreis den Index überschreitet. Indexoptionen können zur Portfolio-Absicherung eingesetzt werden. Wenn der Wert des Portfolios den Index widerspiegelt, sollte eine Verkaufsoption für jeweils $100S_0$ Dollar an Portfoliowert erworben werden, wobei S_0 den Indexstand angibt. Wenn der Wert des Portfolios den Index nicht widerspiegelt, sollten β Verkaufsoptionen für jeweils $100S_0$ Dollar an Portfoliowert erworben werden, wobei β der Beta-Faktor des Portfolios ist, der unter Verwendung des CAPM berechnet worden ist. Der Basispreis der erworbenen Verkaufsoptionen sollte das Niveau der erforderlichen Absicherung widerspiegeln.

Die meisten Währungsoptionen werden am OTC-Markt gehandelt. Sie können von Finanzmanagern zur Absicherung von Währungsrisiken verwendet werden. Beispielsweise kann sich ein US-amerikanischer Finanzmanager, der weiß, dass seine Firma zu einer bestimmten Zeit in der Zukunft Sterling erhalten wird, durch den Erwerb von Verkaufsoptionen absichern, die zu diesem Zeitpunkt fällig werden. Entsprechend kann sich ein US-amerikanischer Finanzmanager, dem bekannt ist, dass zu einer bestimmten Zeit in der Zukunft Sterling zu zahlen sind, durch den Erwerb von Kaufoptionen absichern, die zu diesem Zeitpunkt fällig werden. Man kann mit Währungsoptionen auch einen Range-Forward-Kontrakt strukturieren. Dies ist ein Kontrakt ohne anfängliche Kosten, der zum Schutz gegen negative Entwicklungen verwendet werden kann, dafür aber für ein Unternehmen mit bekanntem Fremdwährungs-Exposure Gewinneinbußen bei positiven Entwicklungen in Kauf nimmt.

Die Black-Scholes-Merton-Formel zur Bewertung europäischer Optionen auf eine dividendenlose Aktie kann auf europäische Aktienoptionen mit bekannter Dividendenrendite erweitert werden. Aus folgenden Gründen kann die Erweiterung der Black-Scholes-Formel zur Bewertung von europäischen Optionen auf Aktienindizes und Währungen verwendet werden:

1. Ein Aktienindex entspricht einer Aktie mit bestimmter Dividendenrendite. Die Dividendenrendite entspricht der durchschnittlichen Dividendenrendite der Aktien, die den Index bilden.

2. Eine ausländische Währung ist analog zu einer Aktie, die eine Dividendenrendite bietet, wobei die Dividendenrendite dem ausländischen risikolosen Zinssatz entspricht.

Zur Bewertung von amerikanischen Optionen auf Aktienindizes und Währungen können Binomialbäume eingesetzt werden.

ZUSAMMENFASSUNG

Literaturempfehlungen

Biger, N. und J. Hull, „The Valuation of Currency Options", *Financial Management*, 12 (Frühjahr 1983), 24–28.

Bodie, Z., „On the Risk of Stocks in the Long Run", *Financial Analysts Journal*, 51, 3 (1995): 18–22.

Garman, M.B. und S.W. Kohlhagen, „Foreign Currency Option Values", *Journal of International Money and Finance*, 2 (Dezember 1983), 231–237.

Giddy, I.H. und G. Dufey, „Uses and Abuses of Currency Options", *Journal of Applied Corporate Finance*, 8, 3 (1995): 49–57.

Grabbe, J.O., „The Pricing of Call and Put Options on Foreign Exchange", *Journal of International Money and Finance*, 2 (Dezember 1983), 239–253.

Merton, R.C., „Theory of Rational Option Pricing", *Bell Journal of Economics and Management Science*, 4 (Frühjahr 1973), 141–183.

Praktische Fragestellungen

17.1 Ein Portfolio ist gegenwärtig 10 Millionen Dollar wert und besitzt ein Beta von 1,0. Ein Index steht gegenwärtig bei 800. Erläutern Sie, wie eine Verkaufsoption auf den Index mit einem Basispreis von 700 zur Absicherung des Portfolios verwendet werden kann.

17.2 „Wenn wir wissen, wie Optionen auf eine Aktie mit bestimmter Dividendenrendite zu bewerten sind, so wissen wir auch, wie Optionen auf Aktienindizes, Währungen und Futures-Kontrakte bewertet werden." Erläutern Sie diese Aussage.

17.3 Ein Aktienindex steht gegenwärtig bei 300, die Dividendenrendite auf den Index beträgt 3% per annum und der risikolose Zinssatz ist 8% per annum. Bestimmen Sie die Wertuntergrenze für den Preis einer sechsmonatigen europäischen Kaufoption auf den Index, wenn der Basispreis 290 beträgt.

17.4 Eine Währung ist gegenwärtig 0,80 $ wert und besitzt eine Volatilität von 12%. Der inländische bzw. ausländische risikolose Zinssatz liegt bei 6% bzw. 8%. Ermitteln Sie mit einem zweistufigen Binomialbaum (a) den Wert einer viermonatigen europäischen Kaufoption mit einem Basispreis von 0,79 und (b) den Wert einer viermonatigen amerikanischen Kaufoption mit dem gleichen Basispreis.

17.5 Erläutern Sie, wie Unternehmen Range-Forward-Kontrakte zur Absicherung des Wechselkursrisikos einsetzen können, sie zu einem zukünftigen Zeitpunkt einen bestimmten Betrag in Fremdwährung erhalten werden.

17.6 Berechnen Sie den Wert einer dreimonatigen europäischen Kaufoption auf einen Aktienindex, die sich am Geld befindet. Der Index steht bei 250, der risikolose Zinssatz beträgt 10% per annum, die Volatilität des Index beträgt 18% per annum und die Dividendenrendite des Index liegt bei 3% per annum.

17.7 Berechnen Sie den Wert einer achtmonatigen europäischen Verkaufsoption auf eine Währung mit dem Basispreis von 0,50. Der aktuelle Wechselkurs liegt bei 0,52, die Volatilität des Wechselkurses beträgt 12%, der inländische risikolose Zinssatz ist 4% per annum und der ausländische risikolose Zinssatz liegt bei 8% per annum.

17.8 Zeigen Sie, dass Gleichung (17.12) denselben Wert für eine Option auf den Verkauf einer Einheit der Währung A für Währung B zum Basispreis K liefert wie Gleichung (17.11) für eine Option auf den Kauf von K Einheiten der Währung B mit Währung A zum Basispreis $1/K$.

17.9 Eine ausländische Währung ist gegenwärtig 1,50 \$ wert. Der inländische bzw. ausländische risikolose Zinssatz beträgt 5% bzw. 9%. Berechnen Sie eine Untergrenze für den Wert einer sechsmonatigen Kaufoption auf die Währung mit einem Basispreis von 1,450 \$, wenn es sich (a) um eine europäische und (b) um eine amerikanische Option handelt.

17.10 Betrachten Sie einen Aktienindex, der gegenwärtig bei 250 steht. Seine Dividendenrendite beträgt 4% per annum und der risikolose Zinssatz liegt bei 6% per annum. Eine dreimonatige europäische Kaufoption mit einem Basispreis von 245 ist gegenwärtig 10 \$ wert. Welchen Wert hat eine dreimonatige europäische Verkaufsoption auf den Index mit einem Basispreis von 245?

17.11 Ein Index steht gegenwärtig bei 696 und besitzt eine Volatilität von 30% per annum. Der risikolose Zinssatz beträgt 7% per annum, der Index liefert eine Dividendenrendite von 4% per annum. Berechnen Sie den Wert einer dreimonatigen europäischen Verkaufsoption mit Basispreis 700.

17.12 Zeigen Sie, dass

$$S_0 e^{-qT} - K < C - P < S_0 - K e^{-rT}$$

gilt, wenn C der Preis einer amerikanischen Kaufoption mit dem Basispreis K und der Laufzeit T auf eine Aktie ist, die eine Dividendenrendite von q abwirft, und P der Preis einer amerikanischen Verkaufsoption auf dieselbe Aktie mit demselben Basispreis und derselben Laufzeit ist. Der Aktienkurs ist S_0 und r der risikolose Zinssatz, wobei $r > 0$ gilt. (*Hinweis*: Um die erste Ungleichung zu erhalten, betrachten Sie die möglichen Werte der folgenden Portfolios:

Portfolio A: eine europäische Kaufoption plus ein zum risikolosen Zinssatz angelegter Betrag K

Portfolio B: eine amerikanische Verkaufsoption plus e^{-qT} Aktien, deren Dividenden in die Aktie reinvestiert werden

Um die zweite Ungleichung zu erhalten, betrachten Sie die möglichen Werte von:

Portfolio C: eine amerikanische Kaufoption plus ein zum risikolosen Zinssatz angelegter Betrag $K e^{-rT}$

Portfolio D: eine europäische Kaufoption plus eine Aktie, deren Dividende in die Aktie reinvestiert werden)

17.13 Zeigen Sie, dass eine europäische Kaufoption auf eine Währung den gleichen Preis wie die dazu gehörige Verkaufsoption auf die Währung besitzt, wenn der Forward-Kurs gleich dem Basispreis ist.

17.14 Würden Sie erwarten, dass die Volatilität eines Aktienindex größer oder kleiner als die Volatilität einer typischen Aktie ist? Erläutern Sie Ihre Antwort.

17.15 Steigen oder fallen die Kosten einer Portfolioabsicherung, wenn das Beta des Portfolios größer wird? Erläutern Sie Ihre Antwort.

17.16 Angenommen, ein Portfolio ist 60 Millionen Dollar wert und der S&P-500-Index steht bei 1200. Wenn der Wert des Portfolios den Indexstand widerspiegelt, welche Optionen sollten dann erworben werden, um eine Absicherung vor einem Fall des Portfolio-Wertes unter 54 Millionen Dollar im Laufe eines Jahres zu gewährleisten?

17.17 Betrachten Sie nochmals die Situation in Aufgabe 17.16. Angenommen, das Portfolio hat einen Beta-Faktor von 2,0, der risikolose Zinssatz beträgt 5% per annum und die Dividendenrendite sowohl auf den Index als auch auf das Portfolio ist 3% per annum. Welche Optionen sollten dann erworben werden, um einen (wirksamen) Schutz vor einem Fall des Portfolio-Wertes unter 54 Millionen Dollar im Laufe eines Jahres zu gewährleisten?

17.18 Ein Index steht gegenwärtig bei 1500. Europäische Kauf- und Verkaufsoptionen mit einem Basispreis von 1400 und einer Restlaufzeit von sechs Monaten haben Marktpreise von 154,00 bzw. 34,25. Der risikolose Zinssatz für sechs Monate beträgt 5%. Wie hoch ist die implizite Dividendenrendite?

17.19 Ein Performance-Index beschreibt den Ertrag eines bestimmten Portfolios, einschließlich der Dividenden. Erläutern Sie, wie Sie (a) Forward-Kontrakte und (b) europäische Optionen auf den Index bewerten würden.

17.20 Wie lautet die Put-Call-Parität für europäische Währungsoptionen?

17.21 Beweisen Sie die Ergebnisse der Gleichungen (17.1), (17.2) und (17.3) unter Verwendung der dort angegebenen Portfolios.

17.22 Kann aus einer Option auf den Dollar-Euro-Wechselkurs und einer anderen Option auf den Dollar-Yen-Wechselkurs eine Option auf den Euro-Yen-Wechselkurs gebildet werden? Begründen Sie Ihre Antwort.

Zur weiteren Vertiefung

17.23 Am 12. Januar 2007 stand der Dow Jones Industrial Average bei 12 556. Der Preis einer Kaufoption mit Basispreis 126 und Verfall im März betrug 2,25 $. Benutzen Sie die DerivaGem-Software, um die implizite Volatilität dieser Option zu berechnen. Nehmen Sie einen risikolosen Zinssatz von 5,3% und eine Dividendenrendite von 3% an. Die Option ist am 20. März 2007 fällig. Schätzen Sie den Preis einer Verkaufsoption mit Basispreis 126 und Verfall im März. Welche implizite Volatilität ergibt sich aus dem gerade ermittelten Preis? (Beachten Sie, dass die Optionen auf ein Hundertstel des Indexwertes des Dow Jones gehandelt werden.)

17.24 Ein Aktienindex steht gegenwärtig bei 300 und besitzt eine Volatilität von 20%. Der risikolose Zinssatz beträgt 8% und die Dividendenrendite des Index ist 3%. Ermitteln Sie mit einem dreistufigen Binomialbaum den Wert einer sechsmonatigen Verkaufsoption auf den Index mit einem Basispreis von 300, wenn es sich (a) um eine europäische oder (b) um eine amerikanische Option handelt.

17.25 Angenommen, der Spotkurs des kanadischen Dollars beträgt 0,95 US-Dollar und der Wechselkurs von kanadischem und US-Dollar hat eine Volatilität von 8% per annum. Die risikolosen Zinssätze in Kanada und den USA liegen bei 4% bzw. 5% per annum. Berechnen Sie den Wert einer europäischen Option auf den Kauf eines kanadischen Dollars für 0,95 US-Dollar in neun Monaten. Benutzen Sie die Put-Call-Parität, um den Preis einer europäischen Verkaufsoption zum Verkauf eines kanadischen Dollars für 0,85 US-Dollar in ebenfalls neun Monaten zu berechnen. Wie hoch ist der Preis einer Option, die in neun Monaten den Kauf von 0,85 US-Dollar für einen kanadischen Dollar ermöglicht?

17.26 Der Spotkurs eines Index beträgt 1000, der risikolose Zinssatz 4%. Die Preise von europäischen 3-Monats-Calls und 3-Monats-Puts mit einem Basispreis von 950 betragen 78 bzw. 26. Bestimmen Sie (a) die Dividendenrendite und (b) die implizite Volatilität.

17.27 Angenommen, der Preis einer Währung A, ausgedrückt in Bezug auf den Preis der Währung B, folgt dem Prozess

$$dS = (r_B - r_A)S\,dt + \sigma S\,dz,$$

wobei r_A der risikolose Zinssatz in der Währung A und r_B der risikolose Zinssatz in der Währung B ist. Welcher Prozess entsteht, wenn der Preis der Währung B in Bezug auf Währung A ausgedrückt wird?

17.28 Der Forward-Wechselkurs USD/Euro für drei Monate liegt bei 1,3000. Die Volatilität des Wechselkurses beträgt 15%. Ein US-Unternehmen wird in drei Monaten eine Zahlung von einer Million Euro erhalten. Die risikolosen Zinssätze für Euro und US-Dollar betragen 5% und 4%. Das Unternehmen entscheidet sich für einen Range-Forward-Kontrakt mit einem unteren Basispreis von 1,2500.

a. Welchen Betrag muss der obere Basispreis haben, damit ein Kontrakt ohne Anfangskosten entsteht?
b. Welche Positionen in Puts und Calls sollte das Unternehmen eingehen?
c. Zeigen Sie, dass die Antwort zu (a) nicht von der Höhe der Zinssätze abhängt, solange die Differenz $r - r_f$ der Zinssätze beider Währungen konstant bleibt.

17.29 Wie hoch wären in Business Snapshot 17.1 die Kosten für eine Garantie, dass die Rendite des Fonds in den nächsten zehn Jahren nicht negativ wird?

17.30 Der 1-Jahres-Forward-Kurs des Mexikanischen Pesos beträgt 0,0750 $ je MXN. Der risikolose Zinssatz beträgt 1,25% in den USA und 4,5% in Mexiko. Die Volatilität des Wechselkurses liegt bei 13%. Welchen Wert haben einjährige europäische und amerikanische Puts mit einem Basispreis von 0,0800 $?

Optionen auf Futures

18.1 Futures-Optionen 480
18.2 Gründe für die Popularität
 von Futures-Optionen 483
18.3 Europäische Spot- und Futures-Optionen 484
18.4 Put-Call-Parität 484
18.5 Wertgrenzen für Futures-Optionen 485
18.6 Bewertung von Futures-Optionen
 mithilfe von Binomialbäumen 486
18.7 Drift von Futures-Preisen
 in einer risikoneutralen Welt 489
18.8 Bewertung von Futures-Optionen
 mithilfe des Modells von Black 490
18.9 Amerikanische Futures- und Spot-Optionen 492
18.10 Futures-Style-Optionen 493
Zusammenfassung 494
Literaturempfehlungen 494
Praktische Fragestellungen 494

18 Optionen auf Futures

Die Optionen, die wir bisher betrachtet haben, geben dem Inhaber das Recht, ein bestimmtes Asset zu einem bestimmten Termin zu einem bestimmten Preis zu kaufen oder zu verkaufen. Da Kauf oder Verkauf des Assets zum vereinbarten Preis sofort stattfinden, wenn diese Optionen ausgeübt werden, heißen sie auch Optionen auf ein Kassainstrument (Spot-Optionen). In diesem Kapitel wenden wir uns den Optionen auf Futures (Futures-Optionen) zu. Die Ausübung einer solchen Option bringt dem Inhaber eine Position in einem Futures-Kontrakt ein.

Die Commodity Futures Trading Commission autorisierte 1982 den probeweisen Handel mit Futures-Optionen in den USA. Der ständige Handel wurde 1987 freigegeben. Seitdem hat die Popularität dieser Kontrakte bei Anlegern stark zugenommen.

In diesem Kapitel betrachten wir die Funktionsweise von Futures-Optionen und worin sie sich von Spot-Optionen unterscheiden. Wir bewerten Futures-Optionen entweder mit Binomialbäumen oder mit Formeln, die den Black-Scholes-Merton-Formeln bei Aktienoptionen ähnlich sind. Wir untersuchen auch die relative Bewertung von Futures- und Spot-Optionen und werfen einen Blick auf die sogenannten Futures-Style-Optionen.

18.1 Futures-Optionen

Eine Futures-Option verbrieft das Recht, aber nicht die Pflicht, zu einem bestimmten Zeitpunkt und einem bestimmten Futures-Kurs in einen Futures-Kontrakt einzutreten. Eine Futures-Kaufoption gibt das Recht, die Long-Position in einem Futures-Kontrakt zu einem bestimmten Kurs einzunehmen; eine Futures-Verkaufsoption gibt das Recht, die Short-Position in einem Futures-Kontrakt zu einem bestimmten Kurs einzunehmen. Futures-Optionen sind generell amerikanischen Typs, d. h. sie können jederzeit während der Laufzeit des Kontrakts ausgeübt werden.

Wenn eine Futures-Kaufoption ausgeübt wird, erhält der Inhaber der Option eine Long-Position im zugrunde liegenden Futures-Kontrakt sowie einen Geldbetrag, der dem letzten Abrechnungspreis des Futures abzüglich des Basispreises entspricht. Wenn eine Futures-Verkaufsoption ausgeübt wird, erhält der Inhaber eine Short-Position im zugrunde liegenden Futures-Kontrakt sowie einen Geldbetrag, der dem Basispreis minus dem letzten Abrechnungspreis des Futures entspricht. Wie die nachfolgenden Beispiele zeigen, beträgt die Auszahlung einer Futures-Kaufoption $\max(F_T - K, 0)$ und die Auszahlung einer Futures-Verkaufsoption $\max(K - F_T, 0)$, wobei F_T den Futures-Kurs zum Zeitpunkt der Ausübung bezeichnet und K den Basispreis.

Beispiel 18.1 Es ist der 15. August und ein Anleger besitzt einen Kontrakt mit Laufzeit bis September über eine Futures-Kaufoption auf Kupfer mit einem Basispreis von 320 Cent pro Pfund. Es existiert ein Futures-Kontrakt über 25 000 Pfund Kupfer. Wir nehmen an, dass der Futures-Preis für eine Lieferung im September gegenwärtig 331 Cent ist und dass dieser bei Handelsschluss am 14. August (der letzten Abrechnung) bei 330 Cent lag. Wenn die Option ausgeübt wird, erhält der Anleger einen Geldbetrag von

$$25\,000 \cdot (330 - 320)\,\text{Cent} = 2500\,\$$$

sowie eine Long-Position in einem Futures-Kontrakt über den Kauf von 25 000 Pfund Kupfer im September. Die Position im Futures-Kontrakt kann bei Bedarf unverzüglich geschlossen werden. Dabei würde der Anleger insgesamt die Auszahlung von 2500 $ sowie einen Betrag von

$$25\,000 \cdot (331 - 330)\,\text{Cent} = 250\,\$$$

erhalten, der die Änderung des Futures-Preises seit der letzten Abrechnung widerspiegelt. Die Gesamtauszahlung aus der Ausübung der Option am 15. August beträgt 2750 $, was $25\,000(F-K)$ entspricht, wobei F der Futures-Preis zum Zeitpunkt der Ausübung und K der Basispreis ist.

Beispiel 18.2 Ein Anleger besitzt eine Futures-Verkaufsoption auf Getreide für Dezember mit einem Basispreis von 600 Cent pro Bushel. Ein Futures-Kontrakt umfasst 5000 Bushel Getreide. Angenommen, der gegenwärtige Futures-Preis für eine Getreidelieferung im Dezember ist 580 und der letzte Abrechnungspreis beträgt 579 Cent. Wird die Option ausgeübt, erhält der Anleger einen Geldbetrag in Höhe von

$$5000 \cdot (600 - 579)\,\text{Cent} = 1050\,\$$$

plus eine Short-Position in einem Futures-Kontrakt für den Verkauf von 5000 Bushel Getreide im Dezember. Die Position im Futures-Kontrakt kann bei Bedarf sofort geschlossen werden. Dies würde dem Anleger insgesamt die Auszahlung von 1050 $ minus einem Betrag von

$$5000 \cdot (580 - 579)\,\text{Cent} = 50\,\$$$

bringen, welcher die Änderung des Futures-Preises seit der letzten Abrechnung widerspiegelt. Die Nettoauszahlung der Ausübung beträgt 1000, was gleich $5000(K-F)$ ist, wobei F der Futures-Preis zum Zeitpunkt der Ausübung und K der Basispreis ist.

Angabe des Fälligkeitsdatums

Wie bereits erwähnt, sind die meisten Futures-Optionen amerikanischen Typs. Sie werden nicht mit dem Fälligkeitsmonat der Option, sondern mit dem Fälligkeitsmonat des zugrunde liegenden Futures-Kontrakts bezeichnet. Das Fälligkeitsdatum eines Options-Kontrakts auf Futures liegt gewöhnlich kurz vor dem letzten Handelstag des zugrunde liegenden Futures-Kontrakts. (Beispielsweise wird die CME-Group-Futures-Option auf Treasury Bonds am letzten Freitag fällig, der zumindest zwei Handelstage vor dem Ende des Monats, der dem eigentlichen Verfallmonat des Futures-Kontrakts vorausgeht, liegt.) Eine Ausnahme bildet der CME-Group-Mid-

Curve-Kontrakt auf Eurodollar, bei dem der Futures-Kontrakt erst ein oder zwei Jahre nach dem Optionskontrakt fällig wird.

Die am häufigsten gehandelten Kontrakte in den USA sind jene auf Getreide, Sojabohnen, Baumwolle, Rohöl, Heizöl, Erdgas und Gold sowie Treasury Bonds, Treasury Notes, fünfjährige Treasury Notes, 30-Tages-Staatsanleihen, Eurodollars, ein- und zweijährige Mid-Curve-Eurodollars, Euribor, Eurobunds und den S&P-500-Index.

Optionen auf Zinsfutures

Die am häufigsten gehandelten Zins-Optionen an US-amerikanischen Börsen sind jene auf Treasury-Bond-Futures, Treasury-Note-Futures und Eurodollar-Futures.

Wie in Kapitel 6 gezeigt, bezieht sich ein Treasury-Bond-Futures-Kontrakt der CME Group auf die Lieferung von 100 000 $ in Treasury Bonds. Der Preis einer Futures-Option auf Treasury Bonds wird notiert als auf $\frac{1}{64}$ gerundeter Prozentsatz des Nennwertes des zugrunde liegenden Treasury Bond.

Eine Futures-Option auf Eurodollar (gehandelt von der CME Group) ist eine Option, die es ermöglicht, in einen Futures-Kontrakt auf Eurodollar einzusteigen. Wenn sich die Notierung des Futures-Kontrakts auf Eurodollar, wie in Kapitel 6 gezeigt, um einen Basispunkt oder 0,01 ändert, so ergibt sich ein Gewinn oder Verlust von 25 $ auf den Futures-Kontrakt auf Eurodollar. Entsprechend gilt, dass ein Basispunkt bei der Bewertung von Futures-Optionen auf Eurodollar einem Wert von 25 $ entspricht.

Die Preise von Zinsfutures steigen, wenn die Preise der Anleihen ansteigen (d. h. wenn Zinssätze fallen), und sie fallen, wenn die Preise der Anleihen fallen (d. h. wenn Zinssätze steigen). Ein Anleger, der davon ausgeht, dass die kurzfristigen Zinssätze steigen werden, kann darauf durch den Erwerb von Verkaufsoptionen auf Eurodollar spekulieren. Ein Anleger, der damit rechnet, dass die kurzfristigen Zinssätze fallen werden, kann darauf spekulieren, indem er Kaufoptionen auf Eurodollar-Futures erwirbt. Ein Anleger, der von steigenden langfristigen Zinsen ausgeht, kann darauf durch den Kauf von Verkaufsoptionen auf Treasury-Note-Futures oder Treasury-Bond-Futures spekulieren. Ein Anleger, der hingegen davon ausgeht, dass die langfristigen Zinssätze fallen werden, kann darauf durch den Erwerb von Kaufoptionen auf diese Instrumente setzen.

> **Beispiel 18.3** Angenommen, es ist Februar und der Futures-Preis für einen Eurodollar-Kontrakt für Juni liegt bei 93,82 (dies entspricht einem dreimonatigen Zinssatz für Eurodollar von 6,18% per annum). Der Preis einer Kaufoption auf diesen Kontrakt mit einem Basispreis von 94,00 wird mit 10 Basispunkten angegeben. Diese Option könnte für einen Anleger interessant sein, der davon ausgeht, dass die Zinssätze sinken werden. Angenommen, die kurzfristigen Zinssätze fallen im Laufe der folgenden drei Monate um etwa 100 Basispunkte, und der Anleger übt die Kaufoption aus, wenn der Futures-Preis für Eurodollar bei 94,78 liegt (dies entspricht einem dreimonatigen Zinssatz für Eurodollar von 5,22% pro Jahr). Die Auszahlung der Option beträgt dann $25 \cdot (94{,}78 - 94{,}00) \cdot 100 = 1950\,\$$. Die Kosten für den Kontrakt betragen $10 \cdot 25 = 250\,\$$. Der Gewinn des Anlegers liegt daher bei 1700 $.

> **Beispiel 18.4** Angenommen, es ist August und der Futures-Preis für einen Kontrakt auf Dezember-Treasury Bonds beträgt 96-09 (oder $96\frac{9}{32} = 96{,}28125$). Die Rendite auf langfristige Staatsanleihen beträgt etwa 6,4% pro Jahr. Ein Anleger, der davon ausgeht, dass diese Rendite bis Dezember fallen wird, könnte sich entscheiden, Dezember-Kaufoptionen mit einem Basispreis von 98 zu erwerben. Angenommen, der Preis dieser Kaufoptionen ist 1-04 (oder $1\frac{4}{64} = 1{,}0625\%$ des Nominalbetrags). Wenn die langfristigen Zinssätze auf 6% pro Jahr fallen und der Futures-Preis für Treasury Bonds auf 100-00 steigt, erzielt der Anleger einen Nettogewinn für je 100 $ eines Anleihe-Futures von
>
> $$100{,}00 - 98{,}00 - 1{,}0625 = 0{,}9375\,.$$
>
> Da ein Optionskontrakt den Erwerb oder Verkauf von Instrumenten mit einem Nennwert von 100 000 $ umfasst, würde der Anleger einen Gewinn von 937,50 $ für jeden gekauften Optionskontrakt erzielen.

18.2 Gründe für die Popularität von Futures-Optionen

Es liegt auf der Hand zu fragen, weshalb bevorzugt Futures-Optionen anstelle von Optionen auf die Underlyings der Futures-Kontrakte gehandelt werden. Der Hauptgrund scheint zu sein, dass ein Futures-Kontrakt in vielen Fällen liquider ist und sich einfacher handeln lässt als das zugrunde liegende Asset. Außerdem sind Futures-Preise durch den Handel an einer Futures-Börse sofort bekannt, während der Kassakurs für das zugrunde liegende Asset nicht ohne weiteres verfügbar sein muss.

Betrachten wir zunächst Treasury Bonds. Der Handel mit Futures auf Treasury Bonds ist wesentlich aktiver als der Handel in einem beliebigen Treasury Bond. Der Futures-Preis auf Treasury Bonds ist zudem durch den Handel an der Börse sofort bekannt. Im Gegensatz dazu kann man den aktuellen Marktpreis für eine Anleihe nur durch Anfrage bei einem oder mehreren Händlern in Erfahrung bringen. Es überrascht nicht, dass Anleger einen Futures-Kontrakt auf Treasury Bonds gegenüber den Treasury Bonds selbst bevorzugen.

Futures auf Waren sind ebenfalls einfacher zu handeln als die Waren selbst. Beispielsweise ist es viel einfacher und bequemer, einen Futures-Kontrakt auf Lebendrind zu handeln als die Rinder selbst.

Ein wichtiges Merkmal einer Futures-Option besteht darin, dass ihre Ausübung nicht zwangsläufig zur Lieferung des zugrunde liegenden Assets führt. In den meisten Fällen liegt dies darin begründet, dass der zugrunde liegende Futures-Kontrakt vor der Lieferung geschlossen wird. Futures-Optionen werden daher normalerweise bar abgerechnet. Dies ist für zahlreiche Anleger reizvoll, speziell für jene mit beschränkten Mitteln, für die es schwierig wäre, bei Ausübung der Option das zugrunde liegende Asset kaufen zu müssen. Ein weiterer Vorteil, der mitunter erwähnt wird, besteht darin, dass Futures und Futures-Optionen zusammen an derselben Börse gehandelt werden. Dies erleichtert die Absicherung, die Arbitrage und die Spekulation. Dies trägt auch zur Effizienz der Märkte bei. Ein letzter Vorteil liegt in den meist niedrigeren Transaktionskosten bei Futures-Optionen gegenüber Optionen auf das Underlying des Futures.

18.3 Europäische Spot- und Futures-Optionen

Die Auszahlung einer europäischen Spot-Kaufoption mit dem Basispreis K ist

$$\max(S_T - K, 0),$$

wobei S_T der Spotkurs bei Fälligkeit der Option ist. Die Auszahlung einer europäischen Futures-Kaufoption mit demselben Basispreis ist

$$\max(F_T - K, 0),$$

wobei F_T der Futures-Preis bei Fälligkeit der Option ist. Wenn der Futures-Kontrakt zum selben Zeitpunkt wie die Option fällig ist, gilt $F_T = S_T$, und die beiden Optionen sind äquivalent. Entsprechend ist eine europäische Futures-Verkaufsoption genauso viel wert wie ihr Gegenstück in Form einer Spot-Option, wenn der Futures-Kontrakt zur gleichen Zeit fällig wird wie die Futures-Option.

Die meisten der gehandelten Futures-Optionen sind amerikanischen Typs. Wir werden jedoch sehen, dass es nützlich ist, europäische Futures-Optionen zu untersuchen, da die erhaltenen Resultate zur Bewertung der zugehörigen europäischen Spot-Optionen benutzt werden können.

18.4 Put-Call-Parität

In Kapitel 11 haben wir die Put-Call-Parität für europäische Aktienoptionen hergeleitet. Wir stellen nun eine ähnliche Argumentation vor, um die Put-Call-Parität für europäische Futures-Optionen herzuleiten. Wir betrachten europäische Kauf- und Verkaufsoptionen auf Futures jeweils mit dem Basispreis K und der Zeit T bis zur Fälligkeit. Wir können zwei Portfolios bilden:

Portfolio A: eine europäische Futures-Kaufoption plus ein Betrag Ke^{-rT}

Portfolio B: eine europäische Futures-Verkaufsoption plus ein Long-Futures-Kontrakt plus ein Betrag von $F_0 e^{-rT}$, wobei F_0 den Futures-Kurs bezeichnet

In Portfolio A kann das Geld zum risikolosen Zinssatz r angelegt werden und wird bis zur Zeit T auf K anwachsen. Es sei F_T der Futures-Preis bei Fälligkeit der Option. Wenn $F_T > K$ gilt, wird die Kaufoption in Portfolio A ausgeübt und Portfolio A ist F_T wert. Wenn $F_T \leq K$ gilt, wird die Kaufoption nicht ausgeübt und Portfolio A ist K wert. Der Wert von Portfolio A zur Zeit T ist deshalb

$$\max(F_T, K).$$

In Portfolio B kann das Geld zum risikolosen Zinssatz angelegt werden, um bis zur Zeit T auf F_0 anzuwachsen. Die Verkaufsoption ermöglicht eine Auszahlung von $\max(K - F_T, 0)$. Der Futures-Kontrakt bietet eine Auszahlung von $F_T - F_0$.[1] Der Wert von Portfolio B zur Zeit T ist deshalb

$$F_0 + (F_T - F_0) + \max(K - F_T, 0) = \max(F_T, K).$$

---

[1] Bei dieser Analyse nehmen wir an, dass ein Futures-Kontrakt wie ein Forward-Kontrakt am Ende der Laufzeit und nicht täglich abgerechnet wird.

Da die beiden Portfolios zur Zeit T den gleichen Wert haben und es bei europäischen Optionen keine Möglichkeit zur vorzeitigen Ausübung gibt, folgt daraus, dass sie zum heutigen Zeitpunkt ebenfalls gleich viel wert sind. Der aktuelle Wert von Portfolio A ist

$$c + Ke^{-rT},$$

wobei c der Preis der Futures-Kaufoption ist. Das Verfahren der täglichen Bewertung zum Marktpreis stellt sicher, dass das Portfolio B gegenwärtig den Wert null hat. Deshalb ist Portfolio B

$$p + F_0 e^{-rT}$$

wert, wobei p der Preis der Futures-Verkaufsoption ist. Folglich gilt

$$c + Ke^{-rT} = p + F_0 e^{-rT}. \qquad (18.1)$$

Der Unterschied zwischen dieser Put-Call-Parität und derjenigen für Optionen auf eine dividendenlose Aktie in Gleichung (11.6) besteht darin, dass der Aktienpreis S_0 durch den diskontierten Futures-Preis $F_0 e^{-rT}$ ersetzt wird.

Wie in Abschnitt 18.3 gezeigt wurde, gleichen sich europäische Futures- und Spot-Optionen, wenn der zugrunde liegende Futures-Kontrakt und die Option zum gleichen Zeitpunkt fällig sind. Gleichung (18.1) beschreibt somit die Beziehung zwischen dem Preis einer Kaufoption auf den Spotkurs, dem Preis einer Verkaufsoption auf den Spotkurs sowie dem Futures-Kurs, wenn beide Optionen zum gleichen Zeitpunkt wie der Futures-Kontrakt fällig sind.

Beispiel 18.5 Angenommen, der Preis einer europäischen Kaufoption auf Silber mit Fälligkeit in sechs Monaten beträgt 0,56 $ bei einem Basispreis von 8,50 $. Der Futures-Kurs für 6-Monats-Silber stehe gegenwärtig bei 8,00 $, der risikolose Zinssatz für eine Investition, mit einer Restlaufzeit von 6 Monaten sei 10% per annum. Durch Umstellen von Gleichung (18.1) erhält man für den Preis einer europäischen Verkaufsoption für Silber gleicher Laufzeit und Ausübungsdatum wie die Kaufoption

$$0{,}56 + 8{,}50 e^{-0{,}1 \cdot 6/12} - 8{,}00 e^{-0{,}1 \cdot 6/12} = 1{,}04.$$

Wir konnten Gleichung (18.1) für Spot-Optionen verwenden, da der betrachtete Futures-Kurs die gleiche Restlaufzeit aufweist wie der Optionspreis.

Für amerikanische Futures-Optionen gilt die folgende Beziehung der Put-Call-Parität (siehe Aufgabe 18.19):

$$F_0 e^{-rT} - K < C - P < F_0 - Ke^{-rT}. \qquad (18.2)$$

18.5 Wertgrenzen für Futures-Optionen

Die Put-Call-Parität in Gleichung (18.1) liefert Wertuntergrenzen für europäische Kauf- und Verkaufsoptionen. Da der Preis einer Verkaufsoption nicht negativ sein kann, folgt aus Gleichung (18.1), dass

$$c + Ke^{-rT} \geq F_0 e^{-rT}$$

bzw.

$$c \geq (F_0 - K)e^{-rT} . \qquad (18.3)$$

Da der Preis einer Kaufoption nicht negativ sein kann, folgt aus Gleichung (18.1), dass

$$Ke^{-rT} \leq p + F_0 e^{-rT}$$

bzw.

$$p \geq (K - F_0)e^{-rT} . \qquad (18.4)$$

Diese Wertgrenzen ähneln denen, die wir in Kapitel 11 für europäische Aktienoptionen erhalten haben. Die Preise für europäische Kauf- und Verkaufsoptionen liegen nahe der jeweiligen Untergrenze, wenn sich die Optionen tief im Geld befinden. Kehren wir noch einmal zur Put-Call-Parität in Gleichung (18.1) zurück. Wenn eine Kaufoption tief im Geld liegt, liegt die zugehörige Verkaufsoption weit aus dem Geld, p ist also fast 0. Da p die Differenz zwischen c und der Wertuntergrenze ist, muss der Preis der Kaufoption nahe der Wertuntergrenze liegen. Für Verkaufsoptionen kann man analog argumentieren.

Da amerikanische Optionen jederzeit ausgeübt werden können, muss

$$C \geq F_0 - K$$

und

$$P \geq K - F_0$$

gelten.

Damit ist (positive Zinssätze vorausgesetzt) die Wertuntergrenze für den Preis einer amerikanischen Option immer höher als die Wertuntergrenze für den Preis einer europäischen Option. Schließlich gibt es immer die Möglichkeit, eine amerikanische Option vorzeitig auszuüben.

18.6 Bewertung von Futures-Optionen mithilfe von Binomialbäumen

Dieser Abschnitt untersucht, etwas formaler als Kapitel 13, wie Binomialbäume zur Bewertung von Futures-Optionen eingesetzt werden können. Ein entscheidender Unterschied zwischen Futures-Optionen und Aktienoptionen besteht darin, dass bei Abschluss eines Futures-Kontrakts keine Kosten entstehen.

Wir nehmen an, dass der aktuelle Futures-Preis bei 30 liegt und erwartet wird, dass er im nächsten Monat entweder auf 33 steigt oder auf 28 fällt. Wir betrachten eine einmonatige Futures-Kaufoption mit einem Basispreis von 29 und vernachlässigen die tägliche Bewertung zu Marktpreisen. Die Situation ist in Abbildung 18.1 dargestellt. Wenn sich herausstellt, dass der Futures-Kurs 33 ist, ist die Auszahlung der Option 4 und der Wert des Futures-Kontrakts 3. Ist der Futures-Kurs dagegen 28, ist die Auszahlung der Option null und der Wert des Futures-Kontrakts -2.[2]

---

[2] Dies ist insofern eine Näherung, als der Gewinn oder Verlust aus einem Futures-Kontrakt nicht zum Zeitpunkt T realisiert wird, sondern täglich zwischen den Zeitpunkten 0 und T. Mit abnehmender Länge eines Zeitschritts im mehrperiodigen Binomialbaum wird die Näherung jedoch immer besser.

18.6 Bewertung von Futures-Optionen mithilfe von Binomialbäumen

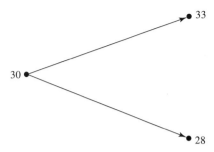

Abbildung 18.1: Numerisches Beispiel für die Bewegungen des Futures-Kurses

Um eine risikolose Absicherung zu bilden, betrachten wir ein Portfolio, das aus einer Short-Position in einem Optionskontrakt und einer Long-Position in Δ Futures-Kontrakten besteht. Wenn der Futures-Preis auf 33 steigt, ist der Wert des Portfolios $3\Delta - 4$; wenn er auf 28 sinkt, ist sein Wert -2Δ. Das Portfolio ist risikolos, wenn beide gleich sind, also bei

$$3\Delta - 4 = -2\Delta$$

oder $\Delta = 0{,}8$.

Für diesen Wert von Δ wissen wir, dass das Portfolio in einem Monat $3 \cdot 0{,}8 - 4 = -1{,}6$ wert sein wird. Angenommen, der risikolose Zinssatz beträgt 6 %. Der aktuelle Wert des Portfolios muss

$$-1{,}6 e^{-0{,}06 \cdot 0{,}08333} = -1{,}592$$

sein. Das Portfolio besteht aus einer Short-Position in einer Option und Δ Futures-Kontrakten. Da der aktuelle Wert des Futures-Kontrakts null ist, liegt der Preis der Option bei 1,592.

Verallgemeinerung

Wir können diese Analyse verallgemeinern, indem wir einen Futures-Preis betrachten, der bei F_0 startet und während des Zeitabschnitts T entweder auf $F_0 u$ steigt oder auf $F_0 d$ fällt. Wir untersuchen eine Option, die am Ende dieses Zeitabschnitts fällig ist, und nehmen an, dass ihre Auszahlung entweder f_u beträgt, falls der Futures-Preis steigt, oder f_d, wenn er fällt. Diese Situation ist in Abbildung 18.2 zusammengefasst.

Das risikolose Portfolio besteht in diesem Fall aus einer Short-Position in einer Option, die mit einer Long-Position in Δ Futures-Kontrakten kombiniert ist, sodass

$$\Delta = \frac{f_u - f_d}{F_0 u - F_0 d}$$

gilt. Der Wert des Portfolios ergibt sich somit am Ende des Zeitabschnitts immer als

$$(F_0 u - F_0)\Delta - f_u \,.$$

Wenn wir den risikolosen Zinssatz mit r bezeichnen, so erhalten wir den heutigen Wert des Portfolios durch

$$[(F_0 u - F_0)\Delta - f_u]e^{-rT} \,.$$

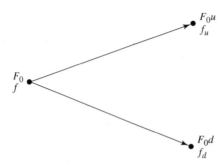

Abbildung 18.2: Futures-Preis und Optionspreis im allgemeinen Fall

Ein anderer Ausdruck für den Barwert des Portfolios ist $-f$, wobei f der aktuelle Wert der Option ist. Daraus folgt

$$-f = [(F_0 u - F_0)\Delta - f_u]\mathrm{e}^{-rT}\,.$$

Durch Ersetzen von Δ und Vereinfachen reduziert sich die Gleichung auf

$$f = \mathrm{e}^{-rT}[pf_u + (1-p)f_d] \qquad (18.5)$$

mit

$$p = \frac{1-d}{u-d}\,. \qquad (18.6)$$

Dies stimmt mit dem Resultat von Abschnitt 13.9 überein. Gleichung (18.6) gibt die risikoneutrale Wahrscheinlichkeit für eine Aufwärtsbewegung an.

Im Beispiel in Abbildung 18.1 gilt $u = 1{,}1$, $d = 0{,}9333$, $r = 0{,}06$, $T = 0{,}08333$, $f_u = 4$ und $f_d = 0$. Aus Gleichung (18.6) ergibt sich

$$p = \frac{1 - 0{,}9333}{1{,}1 - 0{,}9333} = 0{,}4$$

und aus Gleichung (18.5)

$$f = \mathrm{e}^{-0{,}06 \cdot 0{,}08333}[0{,}4 \cdot 4 + 0{,}6 \cdot 0] = 1{,}592\,.$$

Dieses Ergebnis stimmt mit dem weiter oben für dieses Beispiel erhaltenen Wert überein.

Mehrperiodige Bäume

Mehrperiodige Bäume werden zur Bewertung von Futures-Optionen amerikanischen Typs ähnlich eingesetzt wie bei der Bewertung von Aktienoptionen. Dies wird in Abschnitt 13.11 erläutert. Der Parameter u, der die Aufwärtsbewegungen des Futures-Kurses beschreibt, beträgt $\mathrm{e}^{\sigma\sqrt{\Delta t}}$, wobei σ die Volatilität des Futures-Kurses bezeichnet und Δt die Länge eines Zeitschritts. Die Wahrscheinlichkeit einer Aufwärtsbewegung des Futures-Kurses in einem Schritt beträgt (siehe Gleichung (18.6))

$$p = \frac{1-d}{u-d}\,.$$

Beispiel 11.3 zeigt die Verwendung eines mehrstufigen Binomialbaums zur Bewertung einer Futures-Option. Beispiel 19.3 in Kapitel 19 liefert eine weitere Illustration.

18.7 Drift von Futures-Preisen in einer risikoneutralen Welt

Es gibt ein allgemeines Ergebnis, das die Anwendung der Analyse aus Abschnitt 17.3 auf Futures-Optionen erlaubt. Dieses Ergebnis besagt, dass sich ein Futures-Preis in einer risikoneutralen Welt genau so verhält wie eine Aktie, die eine Dividendenrendite in Höhe des inländischen risikolosen Zinssatzes r auszahlt.

Ein Anhaltspunkt dafür, dass dies der Fall ist, ergibt sich aus der Beobachtung, dass die Gleichung für Wahrscheinlichkeit p in einem Binomialbaum für einen Futures-Preis dieselbe ist wie für eine Aktie mit Dividendenrendite q, falls $q = r$ (man vergleiche Gleichung (18.6) mit den Gleichungen (17.15) und (17.16)). Ein weiterer Anhaltspunkt ist, dass die Put-Call-Parität für Preise für Futures-Optionen die gleiche ist wie jene für Optionen auf eine Aktie, die eine Dividendenrendite von q bezahlt, wenn der Aktienkurs durch den Futures-Preis ersetzt wird und $q = r$ gilt (man vergleiche Gleichung (18.1) mit Gleichung (17.3)).

Um dieses Resultat formal zu beweisen, berechnen wir die Drift eines Futures-Preises in einer risikoneutralen Welt. Dazu definieren wir F_t als Futures-Preis zum Zeitpunkt t und unterstellen, dass die Abrechnungstermine zu den Zeitpunkten $0, \Delta t, 2\Delta t, \ldots$ stattfinden. Wenn wir zum Zeitpunkt 0 die Long-Position in einem Futures-Kontrakt einnehmen, ist ihr Wert null. Zum Zeitpunkt Δt liefert der Kontrakt eine Auszahlung $F_{\Delta t} - F_0$. Bezeichnet r den sehr kurzfristigen Zinssatz (d. h. den Zinssatz für den Zeitraum Δt) zum Zeitpunkt null, ergibt die risikoneutrale Bewertung als Wert des Kontrakts zum Zeitpunkt null

$$e^{-r\Delta t}\hat{E}[F_{\Delta t} - F_0],$$

wobei $\hat{E}$ den Erwartungswert in einer risikoneutralen Welt bezeichnet. Daher muss

$$e^{-r\Delta t}\hat{E}(F_{\Delta t} - F_0) = 0$$

gelten, woraus

$$\hat{E}(F_{\Delta t}) = F_0$$

folgt. Analog erhalten wir $\hat{E}(F_{2\Delta t}) = F_{\Delta t}$, $\hat{E}(F_{3\Delta t}) = F_{2\Delta t}$ usw. Wenn wir all diese Resultate miteinander verbinden, sehen wir, dass

$$\hat{E}(F_T) = F_0$$

für einen beliebigen Zeitpunkt T gilt.

Die Drift des Futures-Preises in einer risikoneutralen Welt ist somit null. Gemäß Gleichung (17.7) verhält sich der Futures-Preis dann wie der Preis einer Aktie mit Dividendenrendite q, die gleich r ist. Dieses Resultat gilt ganz allgemein. Es trifft zu für alle Futures-Preise und hängt nicht von irgendwelchen Annahmen über Zinssätze, Volatilitäten usw. ab.[3]

---

3 Wie in Kapitel 28 ausgeführt wird, lautet die präzisere Formulierung diese Ergebnisses: „Ein Futures-Preis hat in einer risikoneutralen Welt mit dem Geldmarktkonto als Numeraire eine Drift von Null." Ein stochastischer Prozess mit einer Drift von Null ist ein Martingal. Der Preis eines Forwards ist ein Martingal bezüglich einer risikoneutralen Welt mit einem in T fälligen Zerobond als Numeraire.

Die übliche Annahme für den Prozess, den ein Futures-Preis F in der risikoneutralen Welt befolgt, lautet
$$\mathrm{d}F = \sigma F\, \mathrm{d}z\,, \tag{18.7}$$
wobei σ konstant ist.

Differentialgleichung

Einen anderen Zugang zu der Erkenntnis, dass sich der Futures-Preis wie der Preis einer Aktie mit Dividendenrendite q verhält, bietet die zu der in Abschnitt 15.6 hergeleiteten Differentialgleichung für ein Derivat, das von einer dividendenlosen Aktie abhängt, analoge Herleitung der Differentialgleichung für ein Derivat, das von einem Futures-Preis abhängt. Sie lautet[4]

$$\frac{\partial f}{\partial t} + \frac{1}{2}\frac{\partial^2 f}{\partial F^2}\sigma^2 F^2 = rf\,.$$

Dieser Zusammenhang hat dieselbe Form wie Gleichung (17.6), wobei q durch r ersetzt ist. Das ist eine Bestätigung dafür, dass bei der Bewertung von Derivaten ein Futures-Preis wie eine Aktie, die eine Dividendenrendite r bietet, behandelt werden kann.

18.8 Bewertung von Futures-Optionen mithilfe des Modells von Black

Europäische Futures-Optionen können durch Erweiterung der bisher dargestellten Ergebnisse bewertet werden. Fischer Black war der Erste, der dazu 1976 eine Arbeit veröffentlichte.[5] Unter der Annahme, dass Futures-Preise den in Gleichung (18.8) angegebenen (Lognormal-)Prozess befolgen, sind der europäische Callpreis c und der europäische Putpreis p für eine Futures-Option durch die Gleichungen (17.4) und (17.5) gegeben, wobei S_0 durch F_0 ersetzt wird und $q = r$ gilt:

$$c = \mathrm{e}^{-rT}[F_0 N(d_1) - K N(d_2)] \tag{18.8}$$

$$p = \mathrm{e}^{-rT}[K N(-d_2) - F_0 N(-d_1)]\,. \tag{18.9}$$

Hierbei gilt

$$d_1 = \frac{\ln(F_0/K) + \sigma^2 T/2}{\sigma\sqrt{T}}$$

$$d_2 = \frac{\ln(F_0/K) - \sigma^2 T/2}{\sigma\sqrt{T}} = d_1 - \sigma\sqrt{T}$$

und σ ist die Volatilität des Futures-Preises. Wenn die Cost of Carry und die Convenience Yield Funktionen der Zeit sind, kann man zeigen, dass die Volatilität des Futures-Preises der Volatilität des zugrunde liegenden Assets entspricht.

---

[4] Zum Beweis dieser Formel siehe Technical Note 7 auf der Homepage des Autors (www.rotman.utoronto.ca/~hull/ofod/index.html).

[5] Siehe F. Black, „The Pricing of Commodity Contracts", *Journal of Financial Economics*, 3 (März 1976), 167–179.

18.8 Bewertung von Futures-Optionen mithilfe des Modells von Black

Beispiel 18.6 Wir betrachten eine europäische Futures-Verkaufsoption auf einen Rohstoff. Die Laufzeit der Option beträgt fünf Monate, der gegenwärtige Futures-Preis ist 20 $, der Basispreis liegt bei 20 $, der risikolose Zinssatz beträgt 9% per annum und die Volatilität des Futures-Preises beträgt 25% per annum. In diesem Fall sind $F_0 = 20$, $K = 20$, $r = 0.09$, $T = 4/12$, $\sigma = 0.25$ und $\ln(F_0/K) = 0$. Damit gilt

$$d_1 = \frac{\sigma\sqrt{T}}{2} = 0{,}07216, \quad d_2 = -\frac{\sigma\sqrt{T}}{2} = -0{,}07216$$

$$N(-d_1) = 0{,}4712, \quad N(-d_2) = 0{,}5288$$

und der Preis der Verkaufsoption p ist

$$p = e^{-0{,}09 \cdot 4/12}(20 \cdot 0{,}5288 - 20 \cdot 0{,}4712) = 1{,}12$$

oder 1,12 $.

Die Verwendung des Black- statt des Black-Scholes-Merton-Modells

Die Resultate von Abschnitt 18.3 zeigen, dass europäische Futures- und Spot-Optionen äquivalent sind, wenn die Option denselben Fälligkeitstermin wie der Futures-Kontrakt besitzt. Die Gleichungen (18.8) und (18.9) liefern daher eine Möglichkeit, den Wert von europäischen Optionen auf den Spotkurs eines Assets zu bewerten.

Beispiel 18.7 Wir betrachten eine europäische Kaufoption auf den Spotkurs von Gold, d.h. eine Option auf den Kauf einer Unze Gold am Spotmarkt in sechs Monaten. Der Basispreis liegt bei 1200 $, der 6-Monats-Futureskurs von Gold bei 1240 $, der risikolose Zinssatz bei 5% per annum und die Volatilität des Futureskurses bei 20%. Die Option entspricht einer sechsmonatigen europäischen Option auf den 6-Monats-Futureskurs. Der Wert der Option beträgt daher gemäß Gleichung (18.8)

$$e^{-0{,}05 \cdot 0{,}5}[1240 N(d_1) - 1200 N(d_2)],$$

wobei

$$d_1 = \frac{\ln(1240/1200) + 0{,}2^2 \cdot 0{,}5/2}{0{,}2 \cdot \sqrt{0{,}5}} = 0{,}3026$$

$$d_2 = \frac{\ln(1240/1200) - 0{,}2^2 \cdot 0{,}5/2}{0{,}2 \cdot \sqrt{0{,}5}} = 0{,}1611 .$$

Als Wert ergibt sich 88,37 $.

Händler verwenden zur Bewertung von europäischen Spot-Optionen lieber das Black-Modell als das Black-Scholes-Merton-Modell. Es ist ziemlich universell einsetzbar. Beim Underlying kann es sich um ein Konsum- oder ein Investitionsgut handeln, welches eventuell eine Rendite für den Halter abwirft. Man setzt die Variable F_0 in den Gleichungen (18.8) und (18.9) gleich dem Futures- bzw. Forward-Kurs des Underlyings für einen Kontrakt, der zur selben Zeit wie die Option fällig wird.

Die Gleichungen (17.13) und (17.14) zeigen, wie das Black-Modell zur Bewertung von europäischen Optionen auf den Spotkurs einer Währung eingesetzt wird. Die Gleichungen (17.8) und (17.9) zeigen, wie das Black-Modell zur Bewertung von europäischen Optionen auf den Spotkurs eines Index eingesetzt wird. Der große Vorteil des Black-Modells besteht darin, dass die Rendite (oder die Convenience Yield) des Underlyings nicht geschätzt werden muss. Der im Modell verwendete Futures- oder Forward-Preis entspricht dem Marktschätzer für diese Rendite.

Wie in Abschnitt 17.4 erläutert, kann das Black-Modell dazu verwendet werden, aus aktiv gehandelten Index-Optionen eine Strukturkurve von Forward-Kursen zu ermitteln. Die Forward-Kurse können dann zur Bewertung anderer Optionen auf den Index herangezogen werden. Die gleiche Überlegung kann auch bei anderen Underlyings angewendet werden.

18.9 Amerikanische Futures- und Spot-Optionen

In der Praxis sind die gehandelten Futures-Optionen gewöhnlich amerikanischen Typs. Wenn wir annehmen, dass der risikolose Zinssatz r positiv ist, dann gibt es immer die Möglichkeit, dass die vorzeitige Ausübung einer amerikanischen Futures-Option sinnvoll ist. Amerikanische Futures-Optionen sind daher mehr wert als ihre europäischen Gegenstücke.

Eine amerikanische Futures-Option ist nicht generell genauso viel wert wie die entsprechende amerikanische Spot-Option, wenn Futures-Kontrakt und Optionskontrakt die gleiche Laufzeit haben.[6] Nehmen wir beispielsweise an, dass es einen normalen Markt mit Futures-Preisen gibt, die vor der Fälligkeit einheitlich höher liegen als die Spotkurse. Eine amerikanische Futures-Kaufoption muss mehr wert sein als die entsprechende amerikanische Spot-Kaufoption. Der Grund liegt darin, dass in manchen Situationen die Futures-Optionen vorzeitig ausgeübt werden, wenn sich der Inhaber einen höheren Gewinn verspricht. Entsprechend muss eine amerikanische Futures-Verkaufsoption weniger wert sein als die entsprechende amerikanischen Spot-Verkaufsoption. An einem inversen Markt mit Futures-Preisen, die einheitlich niedriger liegen als die Spot-Kurse, muss das Gegenteil zutreffen. Amerikanische Futures-Kaufoptionen sind weniger wert als die entsprechenden amerikanischen Spot-Kaufoptionen, während amerikanische Futures-Verkaufsoptionen mehr wert sind als die entsprechenden amerikanischen Spot-Verkaufsoptionen.

Die eben beschriebenen Unterschiede zwischen amerikanischen Futures-Optionen und amerikanischen Spot-Optionen liegen vor, wenn der Futures-Kontrakt eine längere Laufzeit als der Optionskontrakt aufweist, und ebenso, wenn beide eine identische Laufzeit haben. Tatsächlich wird die Differenz umso größer, je länger die Laufzeit des Futures-Kontraktes ist.

---

6 Der Begriff „entsprechend" zu einer Futures-Option meint hier eine Option, die denselben Basispreis und das gleiche Fälligkeitsdatum besitzt.

18.10 Futures-Style-Optionen

An einigen Börsen, vor allem in Europa, werden so genannte *Futures-Style-Optionen* gehandelt. So werden Futures-Kontrakte auf die Auszahlung aus einer Option bezeichnet. Normalerweise zahlt (erhält) der Käufer (Verkäufer) einer Option, ob auf den Spotkurs oder den Futures-Kurs eines Assets, bei Abschluss des Geschäfts einen bestimmten Betrag. Im Gegensatz dazu zahlen Händler, die eine Futures-Style-Option kaufen oder verkaufen, auf ein Margin-Konto ein, genauso wie bei einem regulären Futures-Kontrakt (siehe Kapitel 2). Die Futures-Style-Option wird wie jeder andere Futures-Kontrakt täglich abgerechnet, der letzte Abrechnungspreis entspricht der Auszahlung aus der Option. So wie ein Futures-Kontrakt eine Wette auf den zukünftigen Kurs eines Assets darstellt, kann eine Futures-Style-Option als eine Wette auf die Auszahlung aus einer Option aufgefasst werden.[7] Bei konstanten Zinssätzen entspricht der Futures-Kurs in einer Futures-Style-Option dem Forward-Kurs in einem Forward-Kontrakt auf die Auszahlung aus der Option. Dies zeigt uns, dass der Futures-Kurs einer Futures-Style-Option derjenige Preis ist, der für die Option gezahlt werden würde, falls die Zahlungen in Raten erfolgen würden. Er entspricht also dem Wert einer regulären Option, der zum risikolosen Zinssatz verzinst wird.

Das Black-Modell mit den Gleichungen (18.8) und (18.9) liefert den Preis einer regulären europäischen Option auf ein Asset in Abhängigkeit vom Futures- bzw. Forward-Kurs F_0 eines Kontraktes, der zur gleichen Zeit wie die Option fällig wird. Der Futures-Kurs in einer Futures-Style-Kaufoption beträgt somit

$$F_0 N(d_1) - K N(d_2),$$

in einer Futures-Style-Verkaufsoption hingegen

$$K N(-d_2) - F_0 N(-d_1).$$

d_1 und d_2 sind hierbei wie in den Gleichungen (18.8) und (18.9) definiert. Diese Formeln hängen nicht vom Niveau der Zinssätze ab. Sie gelten sowohl für Futures-Style-Optionen auf einen Futures-Kontrakt als auch für Futures-Style-Optionen auf den Spotkurs eines Assets. Im ersten Fall bezeichnet F_0 den gegenwärtigen Futures-Kurs für den zugrundeliegenden Kontrakt der Option, im zweiten Fall den gegenwärtigen Futures-Kurs für den Futures-Kontrakt auf das Underlying, der den gleichen Fälligkeitstermin wie die Option besitzt.

Die Put-Call-Parität für Futures-Style-Optionen lautet

$$p + F_0 = c + K.$$

Eine amerikanische Futures-Style-Option kann vorzeitig ausgeübt werden. In diesem Fall erfolgt eine sofortige Endabrechnung zum inneren Wert der Option. Wie sich zeigt, ist es nie optimal, eine amerikanische Futures-Style-Option vorzeitig auszuüben, da der Futures-Kurs der Option immer über dem inneren Wert liegt. Damit kann man eine amerikanische Futures-Style-Option wie die entsprechende europäische Futures-Style-Option behandeln.

---

7 Eine detaillierte Diskussion von Futures-Style-Optionen findet sich in D. Lieu, „Option Pricing with Futures-Style Margining", *Journal of Futures Markets*, 10, 4 (1990), 327–338. Zur Bewertung im Fall stochastischer Zinssätze siehe R.-R. Chen und L. Scott, „Pricing Interest Rate Futures Options with Futures-Style Margining", *Journal of Futures Markets*, 13, 1 (1993), 15–22.

> **ZUSAMMENFASSUNG**
>
> Futures-Optionen erfordern bei der Ausübung die Lieferung des zugrunde liegenden Futures-Kontrakts. Wenn eine Kaufoption ausgeübt wird, erwirbt der Inhaber eine Long-Futures-Position sowie einen Geldbetrag entsprechend dem Wert, um den der Futures-Preis über dem Basispreis liegt. Falls eine Verkaufsoption ausgeübt wird, erhält der Inhaber eine Short-Position sowie einen Geldbetrag entsprechend dem Wert, um den der Basispreis über dem Futures-Preis liegt. Der zu liefernde Futures-Kontrakt weist normalerweise eine geringfügig längere Laufzeit als die Option auf.
>
> Ein Futures-Kurs verhält sich wie eine Aktie mit einer Dividendenrendite, die dem risikolosen Zinssatz r entspricht. Daher sind die Resultate aus Kapitel 17 für Optionen auf eine Aktie, die eine Dividende abwirft, auf Futures-Optionen anwendbar, indem man den Aktienkurs durch den Futures-Kurs ersetzt und die Dividendenrendite gleich dem risikolosen Zinssatz setzt. Fischer Black war 1976 der erste, der Bewertungsformeln für europäische Futures-Optionen vorlegte. Dabei wird für den Futures-Kurs zum Fälligkeitstermin eine Lognormalverteilung unterstellt.
>
> Wenn die Fälligkeitstermine für die Option und die Futures-Kontrakte übereinstimmen, dann ist eine europäische Futures-Option genau so viel wert wie die entsprechende europäische Spot-Option. Diese Tatsache wird häufig bei der Bewertung von europäische Spot-Optionen verwendet. Sie gilt jedoch nicht für amerikanische Optionen. An einem normalen Futures-Markt ist eine amerikanische Futures-Kaufoption mehr wert als die entsprechende amerikanische Spot-Kaufoption, während eine amerikanische Futures-Verkaufsoption weniger als die entsprechende amerikanische Spot-Verkaufsoption wert ist. Wenn es sich um einen inversen Futures-Markt handelt, ist das Gegenteil der Fall.
>
> **ZUSAMMENFASSUNG**

Literaturempfehlungen

Black, F., „The Pricing of Commodity Contracts", *Journal of Financial Economics*, 3 (1976), 167–179.

Praktische Fragestellungen

18.1 Erläutern Sie den Unterschied zwischen einer Kaufoption auf Yen und einer Kaufoption auf Yen-Futures.

18.2 Warum werden Optionen auf Anleihe-Futures häufiger gehandelt als Optionen auf Anleihen?

18.3 „Ein Futures-Preis ist vergleichbar mit einer Aktie, die eine Dividendenrendite zahlt." Was ist die Dividendenrendite?

18.4 Ein Futures-Preis liegt derzeit bei 50. Nach sechs Monaten wird er entweder 56 oder 46 betragen. Der risikolose Zinssatz ist 6% per annum. Welchen Wert hat eine sechsmonatige europäische Kaufoption mit einem Basispreis von 50?

18.5 Worin unterscheidet sich die Formel der Put-Call-Parität für eine Futures-Option von derjenigen für eine Option auf eine dividendenlose Aktie?

18.6 Wir betrachten eine amerikanische Futures-Kaufoption, für die der Futures-Kontrakt und der Optionskontrakt zum selben Zeitpunkt fällig werden. Unter welchen Umständen ist die Futures-Option mehr wert als die vergleichbare amerikanische Option auf das Underlying?

18.7 Berechnen Sie den Wert einer fünfmonatigen europäischen Futures-Verkaufsoption, wenn der Futures-Preis 19 $ und der Basispreis 20 $ beträgt, der risikolose Zinssatz 12% per annum ist und die Volatilität des Futures-Preises 20% per annum beträgt.

18.8 Angenommen, Sie kaufen einen Put auf einen Futures-Kontrakt auf Gold für Oktober mit einem Basispreis von 1400 $ pro Unze. Jeder Kontrakt umfasst eine Lieferung von 100 Unzen. Was passiert, wenn Sie den Kontrakt bei einem Futures-Preis für Oktober von 1380 $ ausüben?

18.9 Angenommen, Sie verkaufen einen Call auf einen Futures-Kontrakt auf Lebendrind für April mit einem Basispreis von 130 Cent pro Pfund. Jeder Kontrakt umfasst eine Lieferung von 40 000 Pfund. Was passiert, wenn der Kontrakt bei einem Futures-Preis von 135 Cent ausgeübt wird?

18.10 Betrachten Sie eine zweimonatige Futures-Kaufoption mit einem Basispreis von 40, wenn der risikolose Zinssatz 10% per annum beträgt. Der gegenwärtige Futures-Preis ist 47. Was ist eine Untergrenze für den Wert der Futures-Option, wenn es sich (a) um eine europäische oder (b) um eine amerikanische Option handelt?

18.11 Betrachten Sie eine viermonatige Futures-Verkaufsoption mit einem Basispreis von 50, wenn der risikolose Zinssatz 10% per annum beträgt. Der gegenwärtige Futures-Preis ist 47. Was ist eine Untergrenze für den Wert der Futures-Option, wenn es sich (a) um eine europäische oder (b) um eine amerikanische Option handelt?

18.12 Ein Futures-Preis steht gegenwärtig bei 60. Seine Volatilität beträgt 30%, der risikolose Zinssatz 8% per annum. Ermitteln Sie mit einem zweistufigen Binomialbaum den Wert einer sechsmonatigen europäische Kaufoption auf den Futures-Kontrakt mit einem Basispreis von 60. Wäre die vorzeitige Ausübung zu empfehlen, wenn es sich um eine amerikanische Kaufoption handelte?

18.13 Welchen Wert liefert in Aufgabe 18.12 der Binomialbaum für eine sechsmonatige europäische Verkaufsoption mit einem Basispreis von 60? Wäre die vorzeitige Ausübung zu empfehlen, wenn es sich um eine amerikanische Verkaufsoption handelte? Verifizieren Sie, dass die in Aufgabe 18.12 berechneten Kaufpreise und die hier berechneten Verkaufspreise die Put-Call-Parität erfüllen.

18.14 Ein Futures-Preis steht gegenwärtig bei 25, seine Volatilität ist 30% per annum und der risikolose Zinssatz beträgt 10% per annum. Welchen Wert hat eine neunmonatige europäische Futures-Kaufoption mit einem Basispreis von 26?

18.15 Ein Futures-Preis steht gegenwärtig bei 70, seine Volatilität ist 20% per annum und der risikolose Zinssatz beträgt 6% per annum. Welchen Wert hat eine fünfmonatige europäische Futures-Verkaufsoption mit einem Basispreis von 65?

18.16 Angenommen, ein Futures-Preis steht gegenwärtig bei 35. Sowohl eine einjährige europäische Kaufoption als auch eine einjährige europäische Verkaufsoption auf den Futures-Kontrakt mit einem Basispreis von jeweils 34 wird am Markt mit 2 bewertet. Der risikolose Zinssatz liegt bei 10% per annum. Zeigen Sie eine Arbitragemöglichkeit auf.

18.17 „Der Preis einer am Geld liegenden europäischen Futures-Kaufoption ist immer gleich dem Preis einer entsprechenden am Geld liegenden europäischen Futures-Verkaufsoption." Begründen Sie die Richtigkeit dieser Aussage.

18.18 Angenommen, ein Futures-Preis steht gegenwärtig bei 30. Der risikolose Zinssatz beträgt 5% per annum. Eine dreimonatige amerikanische Futures-Kaufoption mit einem Basispreis von 28 hat den Wert 4. Berechnen Sie die Untergrenze für den Preis einer dreimonatigen amerikanische Futures-Verkaufsoption mit einem Basispreis von 28.

18.19 Zeigen Sie, dass

$$F_0 e^{-rT} - K < C - P < F_0 - K e^{-rT}$$

gilt, wenn C der Preis einer amerikanischen Kaufoption auf einen Futures-Kontrakt mit dem Basispreis K und der Laufzeit T und P der Preis einer amerikanischen Verkaufsoption auf denselben Futures-Kontrakt mit demselben Basispreis und derselben Laufzeit ist. Der Futures-Preis ist F_0 und r ist der risikolose Zinssatz. Nehmen Sie an, dass $r > 0$ gilt und dass es keinen Unterschied zwischen Forward- und Futures-Kontrakten gibt. (*Hinweis*: Benutzen Sie hierfür einen analogen Ansatz wie in Aufgabe 17.12.)

18.20 Berechnen Sie den Preis einer dreimonatigen europäischen Kaufoption auf den Spotkurs von Silber. Der 3-Monats-Futureskurs beträgt 12 $, der Basispreis 13 $, der risikolose Zinssatz 4% und die Volatilität des Wertes von Silber 25%.

18.21 Eine Aktiengesellschaft weiß, dass sie in drei Monaten für 90 Tage 5 Millionen $ für LIBOR minus 50 Basispunkte anlegen wird, und möchte sicherstellen, dass die erhaltene Zinszahlung mindestens 6,5% beträgt. Welche Position sollte die Aktiengesellschaft in börsengehandelten Optionen einnehmen?

Zur weiteren Vertiefung

18.22 Ein Futures-Preis steht gegenwärtig bei 40. Es ist bekannt, dass er in drei Monaten entweder 35 oder 45 betragen wird. Welchen Wert hat eine dreimonatige europäische Kaufoption auf den Futures-Kontrakt mit einem Basispreis von 42, wenn der risikolose Zinssatz 7% per annum beträgt?

18.23 Der Futures-Preis eines Assets steht zurzeit bei 78, der risikolose Zinssatz beträgt 3%. Ein 6-Monats-Put auf den Futures-Kontrakt mit einem Basispreis von 80 hat gegenwärtig den Wert 6,5. Welchen Wert besitzt ein 6-Monats-Call auf den Futures-Kontrakt mit einem Basispreis von 80, wenn Put und Call europäische Optionen sind? In welchem Bereich können die Werte des 6-Monats-Calls mit einem Basispreis von 80 liegen, wenn es sich bei Put und Call jeweils um Optionen amerikanischen Typs handelt?

18.24 Bewerten Sie mithilfe eines dreistufigen Binomialbaums einen amerikanischen Futures-Put mit folgenden Randbedingungen: Futures-Preis 50, Laufzeit der Option 9 Monate, Basispreis 50, risikoloser Zinssatz 3% und Volatilität 25%.

18.25 Wir schreiben den 4. Februar. Juli-Kaufoptionen auf Mais-Futures mit Basispreisen von 260, 270, 280, 290 und 300 kosten 26,75, 21,25, 17,25, 14,00 bzw. 11,375. Juli-Verkaufsoptionen mit diesen Basispreisen kosten 8,50, 13,50, 19,00, 25,625 bzw. 32,625. Die Optionen verfallen am 19. Juni, der Preis für Juli-Futures auf Mais beträgt zur Zeit 278,25 und der risikolose Zinssatz 1,1%. Berechnen Sie mit DerivaGem die impliziten Volatilitäten der Optionen. Kommentieren Sie die Resultate.

18.26 Berechnen Sie die Volatilität von Futures-Preisen für Sojabohnen aus den folgenden Informationen über eine europäische Futures-Verkaufsoption auf Sojabohnen:

aktueller Futures-Preis	525
Ausübungspreis	525
risikoloser Zinssatz	6% p.a.
Laufzeit	5 Monate
Verkaufspreis	20

18.27 Berechnen Sie den Preis einer sechsmonatigen europäischen Verkaufsoption auf den Spotkurs des S&P 500. Der 6-Monats-Forwardkurs des Index beträgt 1400, der Basispreis 1450, der risikolose Zinssatz 5% und die Volatilität des Index 15%.

18.28 Der Basispreis einer Futures-Option beträgt 550 Cent, der risikolose Zinssatz 3%, die Volatilität des Futures-Kurses 20% und die Restlaufzeit der Option 9 Monate. Der Futures-Kurs liegt bei 500 Cent.

a. Welchen Preis hat die Option, wenn es sich um einen europäischen Call handelt?
b. Welchen Preis hat die Option, wenn es sich um einen europäischen Put handelt?
c. Verifizieren Sie die Gültigkeit der Put-Call-Parität.
d. Welchen Futures-Kurs hat eine Futures-Style-Option, wenn es sich um einen Call handelt?
e. Welchen Futures-Kurs hat eine Futures-Style-Option, wenn es sich um einen Put handelt?

Sensitivitäten von Optionspreisen

19

19.1	Veranschaulichung	500
19.2	Ungedeckte und gedeckte Positionen	500
19.3	Eine Stop-Loss-Strategie	501
19.4	Delta-Hedging	503
19.5	Theta	510
19.6	Gamma	513
19.7	Beziehung zwischen Delta, Theta und Gamma	517
19.8	Vega	517
19.9	Rho	520
19.10	Hedging in der Praxis	520
19.11	Szenarioanalyse	521
19.12	Erweiterung der Formeln	522
19.13	Portfolio-Insurance	524
19.14	Volatilität des Aktienmarkts	528
	Zusammenfassung	529
	Literaturempfehlungen	530
	Praktische Fragestellungen	530
	Anhang: Taylorreihen-Entwicklungen und Sensitivitäten	535

ÜBERBLICK

Sensitivitäten von Optionspreisen

Ein Finanzinstitut, das einem Kunden auf Over-the-Counter-Märkten eine Option verkauft, ist mit dem Problem der Steuerung des resultierenden Risikos konfrontiert. Sollte die Option einer börsengehandelten Option entsprechen, dann kann das Finanzinstitut sein Exposure durch den Kauf der gleichen Option an der Börse neutralisieren. Wenn die Option allerdings auf die Bedürfnisse eines Kunden zugeschnitten wurde und keinem der börsennotierten Standardprodukte entspricht, gestaltet sich die Absicherung des Exposures weitaus schwieriger.

In diesem Kapitel erläutern wir einige alternative Ansätze für dieses Problem. Gegenstand sind die Sensitivitätskennzahlen von Optionspreisen, welche oft auch nur als „Greeks" bezeichnet werden. Jeder dieser griechischen Buchstaben misst eine andere Dimension des Risikos in einer Optionsposition. Das Ziel eines Händlers besteht darin, die Sensitivitätskennzahlen so zu steuern, dass alle Risiken akzeptabel bleiben. Die in diesem Kapitel vorgestellten Analysen können sowohl von Market Makers an Optionsbörsen als auch von Händlern eingesetzt werden.

Gegen Ende des Kapitels werden wir die synthetische Nachbildung von Optionen betrachten. Dies wird sich als eng mit der Absicherung von Optionen verbunden erweisen. Die synthetische Nachbildung einer Optionsposition ist grundsätzlich deckungsgleich mit dem Hedging der entgegengesetzten Optionsposition. So entspricht z.B. die synthetische Nachbildung einer Long-Position in einem Call der Absicherung einer Short-Position in einem Call.

19.1 Veranschaulichung

In den nächsten Abschnitten verwenden wir als Beispiel ein Finanzinstitut, das für 300 000 $ eine europäische Kaufoption auf 100 000 Anteile einer dividendenlosen Aktie verkauft hat. Wir nehmen an, dass der Aktienpreis 49 $ beträgt, der Basispreis 50 $, der risikolose Zinssatz 5% per annum, die Volatilität des Aktienkurses 20% per annum, die Laufzeit 20 Wochen (0,3846 Jahre) und die erwartete Rendite der Aktie 13% per annum.[1] Mit unserer üblichen Notation bedeutet dies

$$S_0 = 49; \quad K = 50; \quad r = 0{,}05; \quad \sigma = 0{,}20; \quad T = 0{,}3846; \quad \mu = 0{,}13\,.$$

Der Black-Scholes-Merton-Preis der Option beträgt ungefähr 240 000 $ (denn der Wert einer Option auf den Kauf einer Aktie beträgt 2,40 $). Das Finanzinstitut hat also ein Produkt für 60 000 $ über dessen theoretischen Wert verkauft. Allerdings ist sie mit dem Problem der Absicherung der Risiken aus der Optionsposition konfrontiert.[2]

19.2 Ungedeckte und gedeckte Positionen

Eine Strategie, die dem Finanzinstitut zur Verfügung steht, ist der Verzicht auf eine Absicherung. Dies wird auch als *ungedeckte Position* bezeichnet. Diese Strategie funktioniert gut, wenn der Aktienpreis nach 20 Wochen unter 50 $ liegt. Die Option

---

[1] Wie in den Kapiteln 13 und 15 gezeigt wurde, ist die erwartete Rendite für die Bewertung einer Option irrelevant. Sie ist hier angegeben, da sie eine gewisse Aussagekraft für die Effektivität einer Hedging-Maßnahme besitzen kann.

[2] Eine Kaufoption auf eine Aktie ist ein zweckmäßiges Beispiel für die Entwicklung unserer Ideen. Die getroffenen Aussagen gelten auch für andere Optionstypen und für andere Derivate.

verursacht dann für das Finanzinstitut keine Kosten und erzielt einen Gewinn von 300 000 $. Eine ungedeckte Position wirkt sich weniger günstig aus, wenn der Call ausgeübt wird, da das Finanzinstitut dann 100 000 Aktienanteile zum jeweiligen Marktpreis nach 20 Wochen erwerben muss, um diese dem Optionsinhaber zu liefern. Die Kosten für das Finanzinstitut belaufen sich dann auf das 100 000fache des Betrags, um welchen der Aktienkurs den Basispreis übersteigt. Wenn z. B. der Aktienkurs nach 20 Wochen bei 60 $ liegt, kostet die Option das Finanzinstitut 1 000 000 $, beträchtlich mehr als die 300 000 $, die für die Option eingenommen werden.

Alternativ zur ungedeckten Position kann das Finanzinstitut eine *gedeckte Position* einnehmen. Hierbei werden 100 000 Aktien unmittelbar nach Verkauf der Option erworben. Wird die Option ausgeübt, geht diese Strategie auf, in anderen Fällen kann sie jedoch zu einem erheblichen Verlust führen. Fällt der Aktienpreis z. B. auf 40 $, verliert das Finanzinstitut 900 000 $ aus seiner Aktienposition. Dies übersteigt die für die Option realisierte Prämie von 300 000 $ erheblich.[3]

Weder eine ungedeckte noch eine gedeckte Position liefert eine zufrieden stellende Absicherung. Wenn die Black-Scholes-Merton-Annahmen zutreffen, sollten die Kosten für das Finanzinstitut bei beiden Ansätzen durchschnittlich rund 240 000 $ betragen.[4] Die Kosten können aber im Einzelfall zwischen null und über 1 000 000 $ liegen. Eine gute Absicherung sollte sicherstellen, dass die Kosten immer in etwa 240 000 $ betragen.

19.3 Eine Stop-Loss-Strategie

Eine interessante Absicherungsmaßnahme, welche gelegentlich vorgeschlagen wird, beinhaltet eine *Stop-Loss-Strategie*. Zur Veranschaulichung der Grundidee betrachten wir ein Unternehmen, das eine Kaufoption auf den Erwerb einer Aktie mit dem Basispreis K verkauft hat. Die Absicherungsstrategie besteht nun aus dem Kauf eines Aktienanteils, sobald der Aktienpreis höher ist als K, und dem Verkauf der Aktie, sobald der Preis unter K fällt. Die Zielsetzung besteht darin, eine ungedeckte Position einzunehmen, wenn der Aktienkurs unter K liegt, und eine gedeckte Position, wenn der Aktienkurs K übersteigt. Durch diese Strategie ist sichergestellt, dass das Unternehmen zum Zeitpunkt T die Aktie hält, wenn die Option am Ende der Laufzeit im Geld liegt, und die Aktie nicht besitzt, wenn die Option aus dem Geld ist. Bei der in Abbildung 19.1 dargestellten Situation beinhaltet die Strategie den Kauf der Aktie zum Zeitpunkt t_1, ihren Verkauf zum Zeitpunkt t_2, den Kauf zum Zeitpunkt t_3, den Verkauf zum Zeitpunkt t_4, den Kauf zum Zeitpunkt t_5 und die Lieferung zum Zeitpunkt T.

Wir bezeichnen wie üblich den anfänglichen Aktienkurs mit S_0. Die anfänglichen Kosten für die Absicherung betragen S_0, falls $S_0 > K$, ansonsten null. Es scheint so, als ob die Gesamtkosten Q von Optionsverkauf und -absicherung dem inneren Wert der Option entsprechen, d. h.

$$Q = \max(S_0 - K, 0) \,. \tag{19.1}$$

---

[3] Aus der Put-Call-Parität wird ersichtlich, dass das Exposure aus dem Verkauf eines Covered Call gleich dem Exposure aus dem Verkauf eines Naked Put ist.

[4] Genauer gesagt, beträgt der Barwert der erwarteten Kosten 240 000 $ bei beiden Ansätzen, vorausgesetzt, dass die korrekten risikoadäquaten Diskontierungssätze verwendet werden.

Sensitivitäten von Optionspreisen

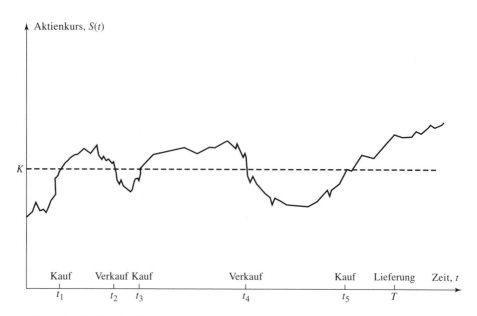

Abbildung 19.1: Eine Stop-Loss-Strategie

Dies ist der Fall, da alle Käufe und Verkäufe nach dem Zeitpunkt null zum Preis K getätigt werden. Würde dies tatsächlich zutreffen, dann würde diese Absicherungsstrategie bei Vernachlässigung von Transaktionskosten perfekt funktionieren. Darüber hinaus wären die Kosten der Absicherung der Option immer kleiner als der Black-Scholes-Merton-Preis. Ein Anleger könnte daher risikolose Gewinne erzielen, indem er Optionen verkauft und diese absichert.

Gleichung (19.1) ist aus zwei Gründen nicht korrekt. Erstens treten die Cash Flows für den Absicherer zu verschiedenen Zeitpunkten auf und müssen daher diskontiert werden. Zweitens können Käufe und Verkäufe nicht exakt zum Preis K durchgeführt werden. Dieser zweite Grund ist entscheidend. Wenn wir eine risikoneutrale Welt mit Zinsen von null annehmen, können wir zwar den Zeitwert des Geldes vernachlässigen, aber es ist nicht legitim, vorauszusetzen, dass Käufe und Verkäufe zum gleichen Preis getätigt werden. Ist der Markt effizient, dann kann der Absicherer nicht wissen, ob der Aktienkurs, wenn er derzeit bei K steht, im nächsten Augenblick höher oder niedriger sein wird als K.

In der Realität müssen Käufe zum Preis $K + \epsilon$ und Verkäufe zum Preis $K - \epsilon$ durchgeführt werden, wobei ϵ eine kleine positive Zahl ist. Somit resultieren aus jedem Kauf und dem darauf folgenden Verkauf (abgesehen von Transaktionskosten) Kosten in Höhe von 2ϵ. Eine natürliche Reaktion des Absicherers darauf ist die genauere Überwachung der Preisbewegungen, um ϵ zu reduzieren. Unter der Annahme kontinuierlicher Änderungen der Aktienkurse kann ϵ durch genaue Überwachung der Aktienpreise beliebig reduziert werden. Allerdings führt die Verringerung von ϵ zu einer Zunahme der Handelsaktivität. Für $\epsilon \to 0$ geht die erwartete Anzahl der Trades gegen unendlich.[5]

---

[5] Wie in Abschnitt 14.2 erwähnt, ist die erwartete Häufigkeit, dass ein Wiener-Prozess einen bestimmten Wert in einem gegebenen Zeitintervall annimmt, unendlich.

Δt (in Wochen)	5	4	2	1	0,5	0,25
Absicherungsperformance	0,98	0,93	0,83	0,79	0,76	0,76

Tabelle 19.1: Performance einer Stop-Loss-Strategie. Das Performance-Maß ist der Quotient aus der Standardabweichung der Kosten für Verkauf und Absicherung der Option und dem theoretischen Preis der Option.

Eine Stop-Loss-Strategie ist, obwohl sie auf den ersten Blick attraktiv scheint, als Absicherungsverfahren nicht sonderlich gut geeignet. Betrachten wir ihre Anwendung bei einer Option, die aus dem Geld ist. Erreicht der Aktienpreis zu keiner Zeit den Basispreis K, dann kostet die Absicherung nichts. Kreuzt die Entwicklung des Aktienkurses das Basispreisniveau viele Male, dann ist das Verfahren mit hohen Kosten verbunden. Zur Beurteilung der Gesamt-Performance einer Stop-Loss-Absicherung kann man die verwenden. Dabei werden zufällige Aktienkursentwicklungen erzeugt und die Ergebnisse der Absicherungsstrategie beobachtet. Tabelle 19.1 enthält die Ergebnisse für die in Abschnitt 19.1 betrachtete Option. Beobachtet wurde der Aktienkurs am Ende von Zeitintervallen der Länge Δt.[6] Die Performance der Absicherung wird anhand des Quotienten aus der Standardabweichung der Absicherungskosten und dem Black-Scholes-Merton-Preis der Option gemessen. (Die Absicherungskosten wurden ohne Berücksichtigung von Zinszahlungen und Diskontierung ermittelt.) Jedes Resultat wurde auf der Grundlage von einer Million Zufallspfaden für den Aktienkurs ermittelt. Bei einer effektiven Absicherung sollte die Absicherungs-Performance nahe null liegen. In unserem Fall scheint sie jedoch immer mehr als 0,70 zu betragen, egal wie klein Δt ist. Dies unterstreicht, dass die Stop-Loss-Strategie kein geeignetes Absicherungsverfahren darstellt.

19.4 Delta-Hedging

Die meisten Händler verwenden ausgefeiltere Absicherungsstrategien als die bisher erwähnten. Diese beinhalten die Berechnung von Maßen wie Delta, Gamma und Vega. In diesem Abschnitt betrachten wir den Delta-Faktor.

Das *Delta* einer Option, Δ, wurde bereits in Kapitel 13 eingeführt. Es ist definiert als Sensitivität des Optionspreises gegenüber dem Preis des Underlyings. Das Delta ist die Steigung der Kurve, welche die Beziehung zwischen Optionspreis und Preis des Underlyings angibt. Angenommen, das Delta einer Kaufoption auf eine Aktie beträgt 0,6. Das bedeutet bei einer Änderung des Aktienpreises um einen kleinen Betrag, dass sich der Optionspreis um 60% dieses Betrages ändert. Abbildung 19.2 veranschaulicht die Beziehung zwischen dem Call-Preis und dem Preis der zugrunde liegenden Aktie. Wenn der Aktienpreis dem Punkt A entspricht, entspricht der Optionspreis dem Punkt B. Δ ist die Steigung der eingezeichneten Tangente. Allgemein gilt

$$\Delta = \frac{\partial c}{\partial S},$$

wobei c den Preis der Kaufoption bezeichnet und S den Aktienpreis.

---
6 Die genaue Absicherungsregel sah folgendermaßen aus: Wenn sich der Aktienkurs im Zeitintervall Δt von unter K auf über K bewegt, dann wird die Aktie am Ende des Intervalls gekauft. Wenn sich der Aktienkurs im Zeitintervall Δt von über K auf unter K bewegt, dann wird die Aktie am Ende des Intervalls verkauft. Andernfalls wird nichts unternommen.

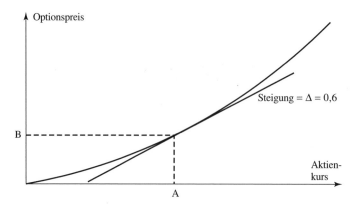

Abbildung 19.2: Ermittlung von Delta

Angenommen, in Abbildung 19.2 beträgt der Aktienkurs 100 $ und der Optionspreis 10 $. Wir stellen uns vor, ein Anleger hat Optionen auf den Kauf 2000 Aktien verkauft (also 20 Kaufoptions-Kontrakte). Die Position des Anlegers könnte durch den Erwerb von 0,6 · 2000 = 1200 Aktien abgesichert werden. Der Gewinn (Verlust) aus der Optionsposition würde dann in etwa durch den Verlust (Gewinn) aus der Aktienposition ausgeglichen werden. Wenn der Aktienpreis beispielsweise um 1 $ steigt (und damit einen Gewinn von 1200 $ auf die gekauften Aktien produziert), wird der Optionspreis um circa 0,6 · 1 $ = 0,60 $ steigen (und damit einen Verlust von 1200 $ auf die verkauften Optionen bewirken). Wenn der Aktienpreis um 1 $ fällt (und damit einen Verlust von 1200 $ auf die gekauften Aktien produziert), wird der Optionspreis um circa 0,6 · 1 $ = 0,60 $ fallen (und damit zu einem Gewinn von 1200 $ auf die verkauften Optionen führen).

In diesem Beispiel beträgt das Delta der Optionsposition des Traders

$$0{,}6 \cdot (-2000) = -1200\,.$$

Mit anderen Worten, der Trader verliert $1200\Delta S$ in der Short-Position der Option, wenn der Aktienkurs um ΔS steigt. Das Delta eines Aktienanteils beträgt 1,0, also weist die Long-Position in 1200 Aktien ein Delta von +1200 auf. Das Delta der Gesamtposition des Traders ist folglich null. Das Delta der Aktienposition gleicht das Delta der Optionsposition aus. Eine Position mit $\Delta = 0$ wird als *deltaneutral* bezeichnet.

Es ist wichtig, sich vor Augen zu halten, dass die Position des Traders wegen der Änderung des Delta-Faktors einer Option nur für eine relativ kurze Zeitspanne deltaneutral bleibt. Die Absicherung muss regelmäßig angepasst werden; dieser Vorgang ist als *Rebalancing* bekannt. In unserem Beispiel könnte der Aktienpreis nach einem Tag auf 110 $ gestiegen sein. Wie Abbildung 19.2 andeutet, führt eine Erhöhung des Aktienpreises zu einer Erhöhung von Delta, etwa von 0,60 auf 0,65. Um die Absicherung aufrechtzuerhalten, müssten nun zusätzlich 0,05 · 2000 = 100 Aktien gekauft werden. Ein solches Verfahren, bei dem eine Absicherung regelmäßig angepasst wird, bezeichnet man als *dynamische Absicherungsstrategie*. Demgegenüber stehen die *statischen Absicherungsstrategien*, bei denen eine einmal am Anfang vorgenommene Absicherung nie angepasst wird. Statische Absicherungen werden auch als *Hedge-and-Forget-Strategien* bezeichnet.

Delta ist eng mit der Black-Scholes-Merton-Analyse verbunden. Wie in Kapitel 15 erläutert wurde, kann man die Black-Scholes-Merton-Differenzialgleichung herleiten, indem man ein risikoloses Portfolio zu bildet, das aus einer Position in einer Aktienoption und einer Position in der Aktie besteht. Mittels Δ ausgedrückt, besteht das Portfolio aus

$$
\begin{aligned}
-1: &\quad \text{Option} \\
+\Delta: &\quad \text{Aktienanteilen}
\end{aligned}
$$

Mit unserer neuen Terminologie können wir sagen, dass Optionen bewertet werden, indem man eine deltaneutrale Position bildet und argumentiert, dass die Momentanrendite aus der Position dem risikolosen Zinssatz entsprechen sollte.

Delta von europäischen Aktienoptionen

Man kann zeigen (siehe Aufgabe 15.17), dass für eine europäische Kaufoption auf eine dividendenlose Aktie

$$\Delta(\text{Call}) = N(d_1)$$

gilt, wobei d_1 wie in Gleichung (15.21) definiert ist und $N(x)$ die kumulative Verteilungsfunktion für die Standardnormalverteilung darstellt. Die Formel liefert das Delta einer Long-Position in einer Kaufoption. Das Delta einer Short-Position in einer Kaufoption beträgt $-N(d_1)$. Die Delta-Absicherung einer Short-Position in einer europäischen Kaufoption bedeutet folglich die Einnahme der Long-Position in $N(d_1)$ Anteilen je verkaufter Option. Analog bedeutet die Delta-Absicherung einer Long-Position in einer europäischen Kaufoption die Einnahme der Short-Position in $N(d_1)$ Anteilen je gekaufter Option.

Für eine europäische Verkaufsoption auf eine dividendenlose Aktie ist Delta durch

$$\Delta(\text{Put}) = N(d_1) - 1$$

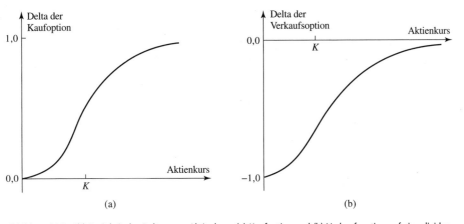

Abbildung 19.3: Abhängigkeit des Deltas vom Aktienkurs: (a) Kaufoption und (b) Verkaufsoption auf eine dividendenlose Aktie

gegeben. Das Delta ist negativ, d. h. eine Long-Position in einem Put sollte mit einer Long-Position in der zugrunde liegenden Aktie abgesichert werden und eine Short-Position in einem Put sollte mit einer Short-Position in der zugrunde liegenden Aktie abgesichert werden. Abbildung 19.3 zeigt die Veränderung des Deltas einer Kauf- und einer Verkaufsoption in Abhängigkeit des Aktienkurses. Abbildung 19.4 zeigt die Veränderung des Deltas mit der Laufzeit für Calls, welche sich im Geld, am Geld und aus dem Geld befinden.

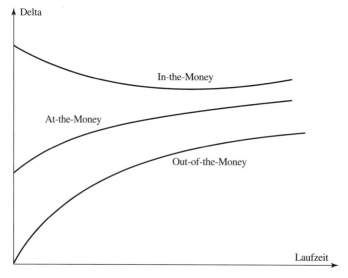

Abbildung 19.4: Typisches Muster für die Veränderung von Delta mit der Laufzeit einer Kaufoption

---

Beispiel 19.1 Wir betrachten wiederum die Kaufoption auf eine dividendenlose Aktie aus Abschnitt 19.1 mit Aktienpreis 49 \$, Basispreis 50 \$, risikolosem Zinssatz 5%, Laufzeit 20 Wochen (0,3846 Jahre) und Volatilität 20%. In diesem Fall ergibt sich

$$d_1 = \frac{\ln(49/50) + (0,05 + 0,2^2/2) \cdot 0,3846}{0,2 \cdot \sqrt{0,3846}} = 0,0542\,.$$

Damit ist $\Delta = N(d_1) = 0,522$. Wenn sich der Aktienkurs um ΔS ändert, ändert sich der Optionspreis um $0,522 \Delta S$.

Dynamische Aspekte der Delta-Absicherung

Die Tabellen 19.2 und 19.3 bieten zwei Beispiele zur Funktionsweise des Delta-Hedging für das Beispiel von Abschnitt 19.1, bei dem 100 000 Kaufoptionen verkauft werden. Es wird angenommen, dass die Absicherung wöchentlich angepasst wird bzw. ein Rebalancing stattfindet. Mit den Daten aus Abschnitt 19.1 kann der anfängliche Wert des Deltas einer einzelnen Option mit 0,522 ermittelt werden. Das bedeu-

Woche	Aktien-kurs	Delta	gekaufte Aktien	Kosten der gekauften Aktien (in Tausend Dollar)	Kumulierte Kosten einschließlich Zinsen (in Tausend Dollar)	Zinskosten (in Tausend Dollar)
0	49,00	0,522	52 200	2557,8	2557,8	2,5
1	48,12	0,458	−6400	−308,0	2252,3	2,2
2	47,37	0,400	−5800	−274,7	1979,8	1,9
3	50,25	0,596	19 600	984,9	2996,6	2,9
4	51,75	0,693	9700	502,0	3471,5	3,3
5	53,12	0,774	8100	430,3	3905,1	3,8
6	53,00	0,771	−300	−15,9	3893,0	3,7
7	51,87	0,706	−6500	−337,2	3559,5	3,4
8	51,38	0,674	−3200	−164,4	3398,5	3,3
9	53,00	0,787	11 300	598,9	4000,7	3,8
10	49,88	0,550	−23 700	−1182,2	2822,3	2,7
11	48,50	0,413	−13 700	−664,4	2160,6	2,1
12	49,88	0,542	12 900	643,5	2806,2	2,7
13	50,37	0,591	4900	246,8	3055,7	2,9
14	52,13	0,768	17 700	922,7	3981,3	3,8
15	51,88	0,759	−900	−46,7	3938,4	3,8
16	52,87	0,865	10 600	560,4	4502,6	4,3
17	54,87	0,978	11 300	620,0	5126,9	4,9
18	54,62	0,990	1200	65,5	5197,3	5,0
19	55,87	1,000	1000	55,9	5258,2	5,1
20	57,25	1,000	0	0,0	5263,3	

Tabelle 19.2: Simulation einer Delta-Absicherung. Die Option schließt im Geld, die Absicherungskosten betragen 263 300 $.

tet, dass das Delta der Optionsposition anfänglich −52 200 beträgt. Sofort nach Verkauf der Option muss ein Kredit von 2 557 800 $ aufgenommen werden, um 52 200 Aktien zum Stückpreis von 49 $ zu erwerben, damit die Position deltaneutral wird. Der Zinssatz beträgt 5 %. Daher entstehen in der ersten Woche 2500 $ Zinskosten.

In Tabelle 19.2 fällt der Aktienkurs bis zum Ende der ersten Woche auf 48,12 $. Das Delta der Option sinkt auf 0,458, das neue Delta der Short-Position beträgt also −45 800. Zur deltaneutralen Anpassung der Absicherung werden 6400 der zu Beginn erworbenen Aktien verkauft. Mit dieser Strategie werden 308 000 $ erwirtschaftet

Sensitivitäten von Optionspreisen

Woche	Aktien-kurs	Delta	gekaufte Aktien	Kosten der gekauften Aktien (in Tausend Dollar)	Kumulierte Kosten einschließlich Zinsen (in Tausend Dollar)	Zinskosten (in Tausend Dollar)
0	49,00	0,522	52 200	2557,8	2557,8	2,5
1	49,75	0,568	4600	228,9	2789,2	2,7
2	52,00	0,705	13 700	712,4	3504,3	3,4
3	50,00	0,579	−12 600	−630,0	2877,7	2,8
4	48,38	0,459	−12 000	−580,6	2299,9	2,2
5	48,25	0,443	−1600	−77,2	2224,9	2,1
6	48,75	0,475	3200	156,0	2383,0	2,3
7	49,63	0,540	6500	322,6	2707,9	2,6
8	48,25	0,420	−12 000	−579,0	2131,5	2,1
9	48,25	0,410	−1000	−48,2	2085,4	2,0
10	51,12	0,658	24 800	1267,8	3355,2	3,2
11	51,50	0,692	3400	175,1	3533,5	3,4
12	49,88	0,542	−15 000	−748,2	2788,7	2,7
13	49,88	0,538	−400	−20,0	2771,4	2,7
14	48,75	0,400	−13 800	−672,7	2101,4	2,0
15	47,50	0,236	−16 400	−779,0	1324,4	1,3
16	48,00	0,261	2500	120,0	1445,7	1,4
17	46,25	0,062	−19 900	−920,4	526,7	0,5
18	48,13	0,183	12 100	582,4	1109,6	1,1
19	46,63	0,007	−17 600	−820,7	290,0	0,3
20	48,12	0,000	−700	−33,7	256,6	

Tabelle 19.3: Simulation einer Delta-Absicherung. Die Option schließt aus dem Geld, die Absicherungskosten betragen 256 600 $.

und der Kreditstand am Ende von Woche 1 wird auf 2 252 300 $ reduziert. Während der zweiten Woche fällt der Aktienpreis auf 47,37, das Delta sinkt wiederum usw. Gegen Ende der Optionslaufzeit wird offensichtlich, dass die Option ausgeübt werden wird; das Delta nähert sich daher 1,0. Der Absicherer hat somit in Woche 20 eine vollständig gedeckte Position. Er erhält 5 Millionen $ für seinen Aktienbesitz, sodass sich die Gesamtkosten für den Verkauf der Option und die Absicherung auf 263 300 $ belaufen.

Zeitabstand des Rebalancing (in Wochen)	5	4	2	1	0,5	0,25
Performance-Maß	0,42	0,38	0,28	0,21	0,16	0,13

Tabelle 19.4: Performance der Delta-Absicherung. Performance-Maß ist das Verhältnis der Standardabweichung der Kosten für Optionsverkauf und -absicherung zum theoretischen Preis der Option.

Tabelle 19.3 zeigt eine andere Entwicklung auf; die Option schließt aus dem Geld. Als klar ist, dass die Option nicht ausgeübt werden wird, geht das Delta gegen null. Zur 20. Woche hat der Absicherer eine ungedeckte Position und es sind Gesamtkosten von 256 600 $ angefallen.

In den Tabellen 19.2 und 19.3 liegen die Kosten der Absicherung der Option, wenn man sie auf den Beginn des Zeitraums diskontiert, nahe beim Black-Scholes-Merton-Preis von 240 000 $, entsprechen diesem aber nicht exakt. Würde die Absicherungsstrategie perfekt funktionieren, würden die Absicherungskosten in jeder simulierten Aktienkursentwicklung nach der Diskontierung exakt dem Black-Scholes-Merton-Preis entsprechen. Der Grund für die Schwankung der Kosten des Delta-Hedging liegt darin, dass das Rebalancing der Absicherung nur einmal pro Woche erfolgt. Findet das Rebalancing häufiger statt, geht die Schwankung der Absicherungskosten zurück. Natürlich sind die Beispiele der Tabellen 19.2 und 19.3 dahingehend idealisiert, dass sie eine konstante Volatilität und keine Transaktionskosten unterstellen.

Tabelle 19.4 zeigt eine aus einer Million zufälligen Aktienkursentwicklungen gewonnene Statistik über die Performance der Delta-Absicherung in unserem Beispiel. Das Maß für die Performance wird wie in Tabelle 19.1 als das Verhältnis von Standardabweichung der Absicherungskosten für die Option zu Black-Scholes-Merton-Preis der Option ermittelt. Delta-Hedging stellt offensichtlich einen großen Fortschritt gegenüber einer Stop-Loss-Strategie dar. Im Gegensatz zu einer Stop-Loss-Strategie wird die Performance einer Delta-Absicherungsstrategie zusehends besser, wenn die Absicherung häufiger angepasst wird.

Delta-Hedging hat das Ziel, den Wert einer Position für das Finanzinstitut möglichst unverändert zu lassen. Der Wert der verkauften Option beträgt anfänglich 240 000 $. In der in Tabelle 19.2 abgebildeten Situation kann in Woche 9 der Wert der Option zu 414 500 $ ermittelt werden. Das Finanzinstitut hat folglich 174 500 $ auf die Optionsposition verloren. Der Kassenbestand gemessen an den aufsummierten Kosten ist in Woche 9 um 1 442 900 $ schlechter als in Woche 0. Der Wert der gehaltenen Aktien ist von 2 557 800 $ auf 4 171 100 $ angewachsen. Insgesamt hat sich der Wert der Gesamtposition des Finanzinstituts in dem 9-Wochen-Zeitraum nur um 4100 $ geändert.

Hedging-Kosten

Das Delta-Hedging in den Tabellen 19.2 und 19.3 erzeugt synthetisch eine Long-Position in der Option. Dies neutralisiert die Short-Position, welche sich durch die verkaufte Option ergibt. Die Strategie beinhaltet gewöhnlich einen Aktienverkauf unmittelbar nach einem Kursrückgang und einen Aktienkauf unmittelbar nach einem Kursanstieg. Man könnte auch von einer Buy-High-, Sell-Low-Strategie sprechen. Die durchschnittlichen Kosten von 240 000 $ ergeben sich aus dem Barwert der Differenz zwischen dem gezahlten und dem erzielten Preis für die Aktie.

Delta eines Portfolios

Das Delta eines Portfolios aus Optionen oder aus anderen Derivaten, die von einem einzigen Asset mit dem Preis S abhängen, beträgt

$$\frac{\partial \Pi}{\partial S},$$

wobei Π der Wert des Portfolios ist.

Das Delta des Portfolios kann aus den Deltas der einzelnen Optionen des Portfolios berechnet werden. Besteht ein Portfolio aus n Optionen mit der jeweiligen Stückzahl w_i ($1 \leq i \leq n$), dann ist das Delta des Portfolios gegeben durch

$$\Delta = \sum_{i=1}^{n} w_i \Delta_i,$$

wobei Δ_i das Delta der i-ten Option darstellt. Diese Formel kann verwendet werden, um die zur Durchführung der Delta-Absicherung in einem Underlying oder einem Futures-Kontrakt notwendige Position zu ermitteln. Wenn diese Position eingenommen wird, ist das Delta des Portfolios null; das Portfolio wird dann als *deltaneutral* bezeichnet.

Wir nehmen an, ein Finanzinstitut in den USA nimmt die folgenden drei Positionen in Optionen auf Australische Dollar ein:

1. Long-Position in 100 000 Kaufoptionen mit Basispreis 55 $ und Verfalltermin in drei Monaten. Das Delta beträgt bei jeder Option 0,533.
2. Short-Position in 200 000 Kaufoptionen mit Basispreis 56 $ und Verfalltermin in fünf Monaten. Das Delta beträgt bei jeder Option 0,468.
3. Short-Position in 50 000 Verkaufsoptionen mit Basispreis 56 $ und Verfalltermin in zwei Monaten. Das Delta beträgt bei jeder Option $-0{,}508$.

Das Delta des gesamten Portfolios beträgt

$$100\,000 \cdot 0{,}533 - 200\,000 \cdot 0{,}468 - 50\,000 \cdot (-0{,}508) = -14\,900.$$

Das bedeutet, dass das Portfolio durch den Kauf von 14 900 Anteilsscheinen deltaneutral wird.

Transaktionskosten

Derivatehändler passen ihre Position gewöhnlich einmal am Tag an, um deltaneutral zu bleiben. Hält der Händler ein kleine Zahl von Optionen auf ein bestimmtes Asset, kann dies wegen der beim Handel auftretenden Geld-Brief-Spanne zu teuer werden. Bei einem großen Portfolio ist das Konzept der Deltaneutralität besser umsetzbar. Es ist nur eine Transaktion mit dem Underlying notwendig, um das Delta für das gesamte Portfolio auf null zu setzen. Die Transaktionskosten der Geld-Brief-Spanne werden durch die Gewinne in vielen verschiedenen Geschäften ausgeglichen.

19.5 Theta

Das *Theta* (Θ) eines Options-Portfolios misst die Sensitivität des Portfoliowerts gegenüber der Restlaufzeit, wobei alle anderen Faktoren konstant gehalten werden.

19.5 Theta

Theta wird manchmal als Maß für den *Zeitwertverfall* eines Portfolios bezeichnet. Für eine europäische Kaufoption auf eine dividendenlose Aktie kann mithilfe der Black-Scholes-Merton-Formel (siehe Aufgabe 15.17) gezeigt werden, dass

$$\Theta(\text{Call}) = -\frac{S_0 N'(d_1)\sigma}{2\sqrt{T}} - rKe^{-rT}N(d_2)$$

mit d_1 und d_2 wie in Gleichung (15.21) definiert und

$$N'(x) = \frac{1}{\sqrt{2\pi}} e^{-x^2/2} \qquad (19.2)$$

als Wahrscheinlichkeitsdichtefunktion für die Standnormalnormalverteilung.

Für eine europäische Verkaufsoption auf eine Aktie gilt

$$\Theta(\text{Put}) = -\frac{S_0 N'(d_1)\sigma}{2\sqrt{T}} + rKe^{-rT}N(-d_2) \, .$$

Wegen $N(-d_2) = 1 - N(d_2)$, ist das Theta einer Verkaufsoption um rKe^{-rT} größer als das Theta der entsprechenden Kaufoption.

In diesen Formeln wird die Zeit in Jahren angegeben. Gewöhnlich wird die Zeit bei der Angabe von Theta in Tagen gemessen, sodass Theta die Änderung des Portfoliowerts an einem Tag misst, wobei die restlichen Faktoren konstant bleiben. Wir können Theta entweder „pro Kalendertag" oder „pro Handelstag" angeben. Um Theta pro Kalendertag zu erhalten, muss man die Formel für Theta durch 365 dividieren; um Theta pro Handelstag zu erhalten, muss man durch 252 dividieren (DerivaGem misst Theta pro Kalendertag).

> **Beispiel 19.2** Wie in Beispiel 19.1 betrachten wir eine Kaufoption auf eine dividendenlose Aktie mit Aktienpreis 49 $, Basispreis 50 $, risikolosem Zinssatz 5 %, Laufzeit 20 Wochen (0,3846 Jahre) und Volatilität 20 %. Damit gilt $S_0 = 49$, $K = 50$, $r = 0,05$, $\sigma = 0,2$ und $T = 0,3846$.
> Das Theta der Option beträgt
>
> $$-\frac{S_0 N'(d_1)\sigma}{2\sqrt{T}} - rKe^{-rT}N(d_2) = -4,31 \, .$$
>
> Das Theta beträgt $-4,31/365 = -0,0118$ pro Kalendertag, bzw. $-4,31/252 = -0,0171$ pro Handelstag.

Das Theta einer Option ist gewöhnlich negativ.[7] Der Grund dafür ist, dass, wenn alle anderen Faktoren konstant bleiben, der Wert der Option mit abnehmender Restlaufzeit geringer wird. Die Veränderung von Θ in Abhängigkeit des Aktienkurses ist für eine Kaufoption auf eine Aktie in Abbildung 19.5 dargestellt. Ist der Aktienkurs sehr niedrig, dann ist Theta nahe null. Für eine Kaufoption am Geld hat Theta einen hohen negativen Wert. Steigt der Aktienpreis weiter, nähert sich Theta dem Wert

---

7 Eine Ausnahme hierzu kann eine im Geld befindliche europäische Verkaufsoption auf eine dividendenlose Aktie oder eine im Geld befindliche europäische Kaufoption auf eine Währung mit einem sehr hohen Zinssatz darstellen.

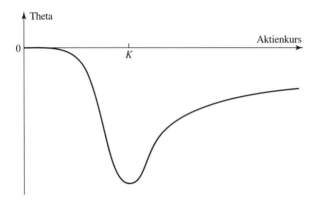

Abbildung 19.5: Änderung von Theta für eine europäische Kaufoption in Abhängigkeit vom Aktienkurs

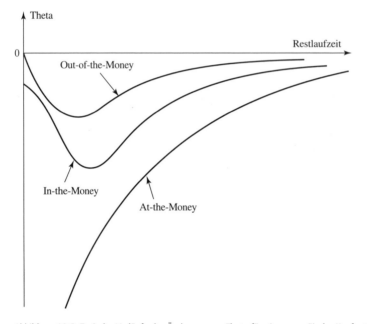

Abbildung 19.6: Typische Verläufe der Änderung von Theta für eine europäische Kaufoption in Abhängigkeit von der Laufzeit

$-rKe^{-rT}$ an. Abbildung 19.6 zeigt den typischen Verlauf für die Veränderung von Θ in Abhängigkeit von der Laufzeit von Kaufoptionen im Geld, am Geld und aus dem Geld.

Die Sensitivitätskennzahlen Delta und Theta unterscheiden sich grundlegend. Es besteht Unsicherheit hinsichtlich des zukünftigen Aktienkurses, aber nicht hinsichtlich des Ablaufs der Zeit. Es ist sinnvoll, sich gegen Preisänderungen des Underlyings abzusichern, jedoch besteht kein Sinn darin, sich gegen den Zeitwertverfall abzusichern. Dennoch halten viele Marktteilnehmer Theta für eine nützliche deskriptive Kennzahl eines Portfolios, da Theta, wie wir später sehen werden, in einem deltaneutralen Portfolio als Stellvertreter für Gamma dient.

19.6 Gamma

Das *Gamma* (Γ) eines Portfolios von Optionen auf ein zugrunde liegendes Asset gibt die Sensitivität des Portfolio-Deltas gegenüber dem Asset-Preis an. Es ist die zweite partielle Ableitung des Portfoliowerts nach dem Asset-Preis:

$$\Gamma = \frac{\partial^2 \Pi}{\partial S^2}.$$

Wenn Gamma klein ist, ändert sich das Delta langsam, und es müssen nur relativ selten Anpassungen vorgenommen werden, um die Deltaneutralität des Portfolios zu gewährleisten. Ist Gamma jedoch stark negativ oder stark positiv, reagiert das Delta empfindlich auf Änderungen im Preis des zugrunde liegenden Assets. Es ist dann relativ riskant, ein deltaneutrales Portfolio über einen längeren Zeitraum unverändert zu lassen. Abbildung 19.7 veranschaulicht diesen Zusammenhang. Wenn sich der Aktienpreis von S auf S' ändert, nimmt die Delta-Absicherung an, dass sich der Optionspreis von C auf C' ändert, während er sich in Wirklichkeit von C nach C'' bewegt. Die Differenz von C' und C'' führt zu einem Fehler in der Absicherung. Das Ausmaß des Fehlers hängt von der Krümmung der Optionspreis-Aktienkurs-Funktion ab. Diese Krümmung wird von Gamma gemessen.

Angenommen, ΔS gibt die Preisänderung eines Underlyings während eines kleinen Zeitintervalls Δt an, und $\Delta \Pi$ ist die entsprechende Preisänderung des Portfolios. Wenn man Terme höherer Ordnung von Δt vernachlässigt, zeigt der Anhang am Ende dieses Kapitels, dass

$$\Delta \Pi = \Theta \, \Delta t + \frac{1}{2} \Gamma \, \Delta S^2 \tag{19.3}$$

für ein deltaneutrales Portfolio, wobei Θ das Theta des Portfolios bezeichnet. Abbildung 19.8 zeigt die Beziehung zwischen $\Delta \Pi$ und ΔS. Ist Gamma positiv, dann ist Theta tendenziell negativ. Das Portfolio sinkt im Wert, falls es keine Änderung von S gibt, es wächst aber im Wert, falls eine hohe positive oder negative Änderung von S

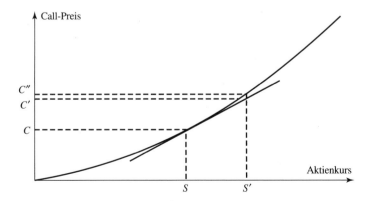

Abbildung 19.7: Von der Krümmung hervorgerufener Absicherungsfehler

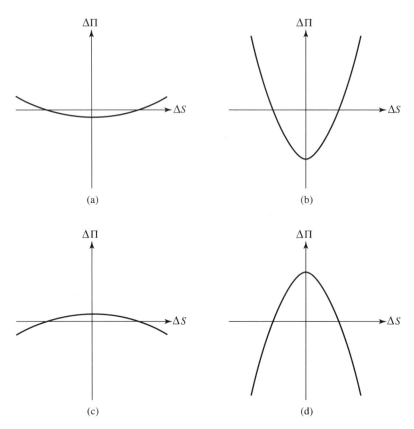

Abbildung 19.8: Alternative Beziehungen zwischen $\Delta \Pi$ und ΔS für ein deltaneutrales Portfolio: (a) kleines positives Gamma, (b) großes positives Gamma, (c) kleines negatives Gamma und (d) großes negatives Gamma

erfolgt. Ist Gamma negativ, so ist Theta tendenziell positiv und das Gegenteil trifft zu; das Portfolio wächst im Wert, wenn sich S nicht ändert, sein Wert sinkt jedoch, wenn eine große positive oder negative Änderung von S eintritt. Die Sensitivität des Portfoliowerts gegenüber S wächst mit steigendem Absolutbetrag von Gamma.

Beispiel 19.3 Angenommen, das Gamma eines deltaneutralen Portfolios, welches aus Optionen auf ein Asset besteht, beträgt $-10\,000$. Gleichung (19.3) zeigt, dass bei einer Änderung des Asset-Preises um $+2$ oder -2 während eines kurzen Zeitraums ein unerwarteter Rückgang des Portfoliowerts in Höhe von $0{,}5 \cdot 10\,000 \cdot 2^2 = 20\,000\,\$$ stattfindet.

Gammaneutrale Portfolios

Eine Position im zugrunde liegenden Asset besitzt ein Gamma von null und kann somit nicht zur Anpassung des Gammas eines Portfolios benutzt werden. Benötigt wird eine Position in einem Wertpapier, wie z. B. einer Option, welche nicht linear abhängig ist vom Underlying.

Angenommen, ein deltaneutrales Portfolio besitzt ein Gamma von Γ und eine gehandelte Option ein Gamma von Γ_T. Bezeichnen wir mit w_T die Anzahl der gehandelten Optionen, die dem Portfolio hinzugefügt werden, dann beträgt das Gamma des Portfolios

$$w_T \Gamma_T + \Gamma .$$

Die Position in der gehandelten Option, welche dazu notwendig ist, das Portfolio gammaneutral zu gestalten, ist folglich $-\Gamma/\Gamma_T$. Durch die Hinzunahme der gehandelten Option verändert sich wahrscheinlich das Delta des Portfolios, sodass zur Erhaltung der Deltaneutralität die Position im Underlying geändert werden muss. Beachten Sie, dass das Portfolio nur für einen kurzen Zeitraum gammaneutral ist. Im Zeitablauf kann die Gammaneutralität nur dadurch gewahrt werden, dass die Position in der gehandelten Option so angepasst wird, dass sie immer $-\Gamma/\Gamma_T$ beträgt.

Die Gestaltung eines delta- und gammaneutralen Portfolios kann als Korrektur des in Abbildung 19.7 illustrierten Absicherungsfehlers gesehen werden. Die Deltaneutralität gewährt eine Absicherung gegen relativ kleine Änderungen im Aktienpreis zwischen den Rebalancing-Terminen. Die Gammaneutralität gewährt eine Absicherung gegen größere Änderungen dieses Aktienpreises zwischen dem Rebalancing der Absicherung. Angenommen, ein Portfolio ist deltaneutral und besitzt ein Gamma von -3000. Delta und Gamma einer bestimmten gehandelten Kaufoption betragen 0,62 bzw. 1,50. Das Portfolio kann durch die Einbeziehung einer Long-Position in der Kaufoption in Höhe von

$$\frac{3000}{1,5} = 2000$$

in das Portfolio gammaneutral gestaltet werden. Das Delta des Portfolios wird sich jedoch dadurch von null auf $2000 \cdot 0,62 = 1240$ ändern. Daher müssen 1240 Einheiten des Underlyings verkauft werden, damit das Portfolio deltaneutral bleibt.

Berechnung des Gamma-Faktors

Für eine europäische Kauf- oder Verkaufsoption auf eine dividendenlose Aktie ist Gamma durch

$$\Gamma = \frac{N'(d_1)}{S_0 \sigma \sqrt{T}}$$

gegeben, wobei d_1 wie in Gleichung (15.21) definiert ist und $N'(x)$ durch Gleichung (19.2) festgelegt wird. Das Gamma ist immer positiv und ändert sich in Abhängigkeit von S_0 wie in Abbildung 19.9 dargestellt. Die Änderung von Gamma in Abhängigkeit von der Laufzeit für Optionen aus dem Geld, am Geld und im Geld ist in Abbildung 19.10 dargestellt. Für eine Option am Geld wächst Gamma bei sinkender Laufzeit. Optionen am Geld mit kurzer Restlaufzeit besitzen sehr hohe Gammas, was bedeutet, dass der Wert der Position des Optionsinhabers sehr empfindlich auf Kurssprünge der Aktie reagiert.

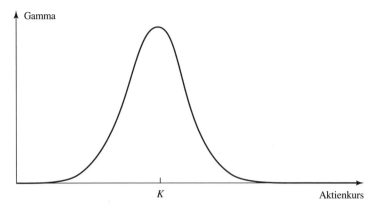

Abbildung 19.9: Veränderung des Gammas einer Option in Abhängigkeit vom Aktienkurs

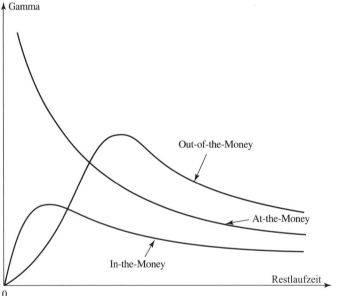

Abbildung 19.10: Veränderung des Gammas einer Aktienoption in Abhängigkeit von der Restlaufzeit

Beispiel 19.4 Wie in Beispiel 19.1 betrachten wir eine Kaufoption auf eine dividendenlose Aktie mit Aktienpreis 49 $, Basispreis 50 $, risikolosem Zinssatz 5%, Laufzeit 20 Wochen (0,3846 Jahre) und Volatilität 20%. Damit gilt $S_0 = 49, K = 50, r = 0,05, \sigma = 0,2$ und $T = 0,3846$. Das Gamma der Option beträgt

$$\frac{N'(d_1)}{S_0 \sigma \sqrt{T}} = 0{,}066 \,.$$

Eine Änderung des Aktienkurses um ΔS zieht eine Änderung des Delta der Option um $0{,}066 \Delta s$ nach sich.

19.7 Beziehung zwischen Delta, Theta und Gamma

Der Preis eines einzelnen von einer dividendenlosen Aktie abhängigen Derivats muss die Differentialgleichung 15.16 erfüllen. Daraus folgt, dass der Wert Π eines Portfolios aus derartigen Derivaten ebenfalls die Differentialgleichung

$$\frac{\partial \Pi}{\partial t} + rS\frac{\partial \Pi}{\partial S} + \frac{1}{2}\sigma^2 S^2 \frac{\partial^2 \Pi}{\partial S^2} = r\Pi$$

erfüllt. Wegen

$$\Theta = \frac{\partial \Pi}{\partial t}, \quad \Delta = \frac{\partial \Pi}{\partial S}, \quad \Gamma = \frac{\partial^2 \Pi}{\partial S^2} q$$

folgt

$$\Theta + rS\Delta + \frac{1}{2}\sigma^2 S^2 \Gamma = r\Pi . \tag{19.4}$$

Für andere Underlyings erhält man ähnliche Resultate (siehe Aufgabe 19.19).

Bei einem deltaneutralen Portfolio ist $\Delta = 0$ und

$$\Theta + \frac{1}{2}\sigma^2 S^2 \Gamma = r\Pi .$$

Wenn Theta einen großen positiven Wert hat, hat Gamma also einen hohen negativen Wert und umgekehrt. Dies entspricht der Darstellung von Abbildung 19.8 und erklärt, warum Theta in einem deltaneutralen Portfolio als Stellvertreter von Gamma aufgefasst werden kann.

19.8 Vega

Bis hierhin haben wir implizit vorausgesetzt, dass die Volatilität des Assets, welches einem Derivat zugrunde liegt, konstant ist. In der Realität ändert sich die Volatilität allerdings im Zeitablauf. Das bedeutet, dass sich der Wert eines Derivats ebenso aufgrund von Volatilitätsbewegungen ändern kann wie durch Änderungen des Asset-Preises oder den Lauf der Zeit.

Das *Vega* eines Portfolios aus Derivaten, $\mathcal{V}$, ist die Sensitivität des Portfoliowerts gegenüber der Volatilität des Underlyings:[8]

$$\mathcal{V} = \frac{\partial \Pi}{\partial \sigma} .$$

Ist Vega stark negativ oder stark positiv, reagiert der Wert des Portfolios sehr empfindlich auf kleine Änderungen der Volatilität. Ist der Betrag von Vega klein, so haben Änderungen der Volatilität relativ geringe Auswirkungen auf den Wert des Portfolios.

Eine Position im Underlying besitzt ein Vega von null. Das Vega eines Portfolios kann jedoch analog zur Änderung des Gammas durch die Hinzunahme einer Position in einer gehandelten Option verändert werden. Bezeichnet $\mathcal{V}$ das Vega des Portfolios und $\mathcal{V}_T$ das Vega einer gehandelten Option, gestaltet eine Position von $-\mathcal{V}/\mathcal{V}_T$ in dieser Option das Portfolio sofort veganeutral. Leider ist ein gammaneutrales Portfolio im Allgemeinen nicht veganeutral und umgekehrt. Wenn ein Händler ein Portfolio

---

[8] Mit Vega wird einer der „Greeks" in der Optionsbewertung bezeichnet, es ist aber kein Buchstabe des griechischen Alphabets.

19 Sensitivitäten von Optionspreisen

sowohl gamma- als auch veganeutral gestalten möchte, müssen in der Regel mindestens zwei vom zugrunde liegenden Asset abhängige gehandelte Derivate verwendet werden.

Beispiel 19.5 Wir betrachten ein deltaneutrales Portfolio mit einem Gamma von -5000 und einem Vega von -8000. Es können die in der nachstehenden Tabelle aufgeführten Optionen gehandelt werden. Das Portfolio kann durch Hinzunahme einer Long-Position in 4000 Optionen vom Typ 1 veganeutral gestaltet werden. Dies würde das Delta auf 2400 anwachsen lassen und den Verkauf von 2400 Einheiten des Assets zur Beibehaltung der Deltaneutralität nötig machen. Das Gamma des Portfolios würde sich von -5000 auf -3000 ändern.

	Delta	Gamma	Vega
Portfolio	0	−5000	−8000
Option 1	0,6	0,5	2,0
Option 2	0,5	0,8	1,2

Damit das Portfolio gamma- und veganeutral wird, können beide Optionen genutzt werden. Bezeichnen w_1 und w_2 die jeweilige Anzahl der Optionen, die zum Portfolio hinzugefügt werden, dann fordern wir

$$-5000 + 0{,}5w_1 + 0{,}8w_2 = 0$$
$$-8000 + 2{,}0w_1 + 1{,}2w_2 = 0 \,.$$

Die Lösung für dieses Gleichungssystem lautet $w_1 = 400$, $w_2 = 6000$. Das Portfolio kann also durch Hinzunahme von 400 Einheiten von Option 1 und 6000 Einheiten von Option 2 gamma- und veganeutral gestaltet werden. Das Delta des Portfolios beträgt nach der Hereinnahme der Positionen in den beiden gehandelten Optionen $400 \cdot 0{,}6 + 6000 \cdot 0{,}5 = 3240$. Daher müssten noch 3240 Einheiten des Assets verkauft werden, um die Deltaneutralität zu erhalten.

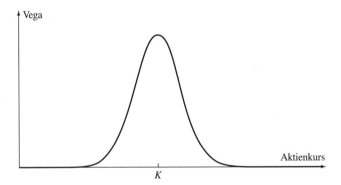

Abbildung 19.11: Veränderung des Vegas einer Option in Abhängigkeit des Aktienkurses

19.8 Vega

Für eine europäische Kauf- oder Verkaufsoption auf eine dividendenlose Aktie ist Vega durch

$$\mathcal{V} = S_0 \sqrt{T} N'(d_1)$$

gegeben, wobei d_1 wie in Gleichung (15.21) definiert ist. $N'(x)$ ist durch Gleichung (19.2) festgelegt. Das Vega einer europäischen oder amerikanischen Option ist immer positiv. Der allgemeine Verlauf von Vega in Abhängigkeit von S_0 ist in Abbildung 19.11 dargestellt.

> **Beispiel 19.6** Wie in Beispiel 19.1 betrachten wir eine Kaufoption auf eine dividendenlose Aktie mit Aktienpreis 49 $, Basispreis 50 $, risikolosem Zinssatz 5%, Laufzeit 20 Wochen (0,3846 Jahre) und Volatilität 20%. Damit gilt $S_0 = 49$, $K = 50$, $r = 0{,}05$, $\sigma = 0{,}2$ und $T = 0{,}3846$.
>
> Das Vega der Option beträgt
>
> $$S_0 \sqrt{T} N'(d_1) = 12{,}1 \; .$$
>
> Ein Anstieg der Volatilität um 1% (von 20% auf 21%) erhöht somit den Wert der Option um etwa 0,121 $(= 0{,}01 \cdot 12{,}1)$.

Die Berechnung von Vega mit dem Black-Scholes-Merton-Modell und seinen Erweiterungen erscheint seltsam, da eine der Annahmen des Modells darin besteht, dass die Volatilität konstant ist. Theoretisch wäre es korrekter, Vega mit einem Modell zu berechnen, welches die Volatilität als stochastische Größe behandelt. Das aus einem solchen Modell mit stochastischer Volatilität ermittelte Vega ist dem Black-Scholes-Merton-Vega jedoch sehr ähnlich, sodass die Bestimmung von Vega mit einem Modell, bei welchem die Volatilität konstant ist, ausreichend gut funktioniert.[9]

Gammaneutralität bietet eine Absicherung gegenüber großen Änderungen im Preis des Underlyings zwischen den Rebalancing-Terminen, Vega-Neutralität gegenüber den Schwankungen von σ. Wie man erwarten kann, hängt es von der Zeit zwischen den Rebalancing-Terminen und der Volatilität ab, ob eine verfügbare gehandelte Option zum Vega- oder Gamma-Hedging verwendet werden sollte.[10]

Bei einer Änderung der Volatilitäten neigen die impliziten Volatilitäten der Optionen mit kürzerer Laufzeit zu stärkeren Änderungen als die Volatilitäten der Optionen mit längerer Laufzeit. Das Vega eines Portfolios wird daher oft berechnet, indem die Volatilitäten für Optionen mit längerer Laufzeit weniger verändert werden als für Optionen mit kürzerer Laufzeit. Dies wird in Abschnitt 23.6 diskutiert.

---

9 Siehe J.C. Hull und A. White, „The Pricing of Options on Assets with Stochastic Volatilities", *Journal of Finance*, 42 (Juni 1987), 281–300; J.C. Hull und A. White, „An Analysis of the Bias in Option Pricing Caused by a Stochastic Volatility", *Advances in Futures and Options Research*, 3 (1988), 27–61.

10 Eine Diskussion dieses Aspekts findet sich in J.C. Hull und A. White, „Hedging the Risks from Writing Foreign Currency Options", *Journal of International Money and Finance*, 6 (Juni 1987), 131–152.

19.9 Rho

Das *Rho* eines Options-Portfolios gibt die Sensitivität des Portfoliowertes gegenüber dem Zinssatz an:

$$\frac{\partial \Pi}{\partial r}.$$

Für eine europäische Kaufoption auf eine dividendenlose Aktie gilt

$$\text{Rho(Call)} = KTe^{-rT}N(d_2),$$

wobei d_2 wie in Gleichung (15.21) definiert ist. Für eine europäische Verkaufsoption gilt

$$\text{Rho(Put)} = -KTe^{-rT}N(-d_2).$$

Beispiel 19.7 Wie in Beispiel 19.1 betrachten wir eine Kaufoption auf eine dividendenlose Aktie mit Aktienpreis 49 $, Basispreis 50 $, risikolosem Zinssatz 5%, Laufzeit 20 Wochen (0,3846 Jahre) und Volatilität 20%. Damit gilt $S_0 = 49$, $K = 50$, $r = 0{,}05$, $\sigma = 0{,}2$ und $T = 0{,}3846$.
Das Rho der Option beträgt

$$KTe^{-rT}N(d_2) = 8{,}91.$$

Ein Anstieg des Zinssatzes um 1% (0,01) (von 5% auf 6%) erhöht somit den Wert der Option um etwa 0,0891 ($= 0{,}01 \cdot 8{,}91$).

19.10 Hedging in der Praxis

In einer Modellwelt könnten Händler, die für Finanzinstitute arbeiten, ihre Portfolios ausreichend häufig anpassen und damit alle „Greeks" null werden lassen. In der Praxis ist das nicht möglich. Bei der Verwaltung eines großen Portfolios, welches von einem einzelnen Underlying abhängt, eliminieren Händler das Delta-Risiko mindestens einmal am Tag durch einen Handel im Underlying. Leider ist es nicht ganz so einfach, Gamma- oder Veganeutralität zu erreichen. Der Grund hierfür ist, dass Optionen oder andere Derivate mit nichtlinearen Auszahlungsprofilen häufig nicht im erforderlichen Umfang zu fairen Preisen gehandelt werden. In Business Snapshot 19.1 wird diskutiert, wie dynamisches Hedging in der Praxis aussieht.

Business Snapshot 19.1 – Dynamisches Hedging in der Praxis

Typischerweise wird in einem Finanzinstitut die Verantwortung für ein Derivate-Portfolio, welches von einem bestimmten Underlying abhängig ist, einem Händler oder einem Team von Händlern übertragen. So könnte beispielsweise ein Händler bei Goldman Sachs für alle vom Wert des Australischen Dollar abhängenden Derivate verantwortlich sein. Der Wert des Portfolios und die Sensitivitätsmaße werden automatisch berechnet. Für jedes Sensitivitätsmaß werden Limits festgelegt und ein Händler muss eine spezielle Erlaubnis einholen, wenn er eines der Limits am Ende eines Handelstages überschreiten will.

Das Delta-Limit wird oft als die äquivalente Maximalposition im Underlying angegeben. Das Delta-Limit von Goldman Sachs für Microsoft könnte beispielsweise bei 1 Million $ liegen. Beträgt der Preis einer Microsoft-Aktie 50 $, dann bedeutet dies, dass der von uns errechnete Absolutwert von Delta nicht über 20 000 liegen kann bzw. darf. Das Vega-Limit wird gewöhnlich als Maximal-Exposure gegenüber einer Änderung der Volatilität um 1 % ausgedrückt.

Es ist ganz selbstverständlich, dass Optionshändler ihre Positionen am Ende jedes Tages (zumindest annähernd) deltaneutral gestalten. Gamma und Vega werden beobachtet, aber nicht täglich angepasst. Das Kundengeschäft von Finanzinstituten besteht oft im Optionsverkauf, sodass sich für die Institute negative Gammas und Vegas ergeben. Daher suchen sie immer nach Möglichkeiten zur Reduzierung ihrer Gamma- und Vegarisiken durch den Kauf von Optionen zu fairen Preisen.

Es gibt einen Aspekt bei Optionsportfolios, der das Management von Gamma und Vega etwas vereinfacht. Optionen sind bei ihrem Verkauf meist nah am Geld, sodass ihre Gammas und Vegas relativ hoch sind. Nach einiger Zeit hat sich der Preis des Underlyings allerdings soweit geändert, dass sie weit im oder aus dem Geld liegen. Ihre Gammas und Vegas sind dann sehr klein und haben wenig Einfluss. Der Worst Case für einen Optionshändler besteht darin, dass verkaufte Optionen sehr nahe am Geld bleiben, wenn das Fälligkeitsdatum näher rückt.

Für Optionshändler bieten sich wie schon erwähnt große Skaleneffekte. Die Aufrechterhaltung der Deltaneutralität für eine kleine Anzahl an Optionen auf ein Asset durch tägliches Handeln ist im Normalfall aufgrund der Handelskosten ökonomisch unsinnig.[11] Für ein großes Portfolio von Optionen auf das Asset ist diese Vorgehensweise aber sinnvoll, da die Handelskosten je abgesicherter Option in einem vernünftigen Rahmen liegen.

19.11 Szenarioanalyse

Zusätzlich zur Überwachung von Risiken wie Delta, Gamma und Vega führen Optionshändler oftmals eine Szenarioanalyse durch. Diese beinhaltet die Ermittlung des Gewinns bzw. Verlusts eines Portfolios über einen festgelegten Zeitraum bei verschiedenen Szenarien. Der gewählte Zeitraum hängt in der Regel von der Liquidität der analysierten Wertpapiere ab. Die Szenarien können entweder durch das Management vorgegeben oder durch ein Modell generiert werden.

Wir betrachten eine Bank mit einem Portfolio aus Optionen auf eine Fremdwährung. Der Wert des Portfolios hängt von zwei Variablen ab. Dies sind der Wechselkurs und dessen Volatilität. Angenommen, der aktuelle Wechselkurs beträgt 1,0000

---

11 Die Handelskosten entstehen, da der Händler an jedem Tag das Underlying jeweils zum Angebotspreis kauft oder zum Nachfragepreis verkauft.

und seine Volatilität 10% per annum. Die Bank könnte eine Tabelle wie Tabelle 19.5 aufstellen, in der Gewinn bzw. Verlust in einem Zeitraum von zwei Wochen für verschiedene Szenarien aufgelistet sind. Die Tabelle umfasst sieben verschiedene Wechselkurse und drei verschiedene Volatilitäten. Da eine Veränderung des Wechselkurses um eine Standardabweichung in den zwei Wochen etwa 0,02 entspricht, werden Wechselkursbewegungen von ungefähr einer, zwei und drei Standardabweichungen betrachtet.

Der größte Verlust in Tabelle 19.5 befindet sich in der rechten unteren Ecke. Der Verlust gehört zu einer auf 12% gestiegenen Volatilität und einem Wechselkurs von 1,06. Zumeist befindet sich der größte Verlust in solchen Tabellen in einer der Ecken. Ein Beispiel hierfür ist die Situation aus Abschnitt 12.3, in der das Portfolio einer Bank in einem Reverse Butterfly Spread besteht. Hierbei erleidet die Bank den größten Verlust, wenn der Wechselkurs stabil bleibt.

	Wechselkurs						
Volatilität	0,94	0,96	0,98	1,00	1,02	1,04	1,06
8%	+102	+55	+25	+6	−10	−34	−80
10%	+80	+40	+17	+2	−14	−38	−85
12%	+60	+25	+9	−2	−18	−42	−90

Tabelle 19.5: Erzielter Gewinn bzw. Verlust innerhalb von zwei Wochen bei verschiedenen Szenarien (in Millionen Dollar)

19.12 Erweiterung der Formeln

Die bisher hergeleiteten Formeln für Delta, Theta, Gamma, Vega und Rho bezogen sich auf europäische Optionen auf dividendenlose Aktien. Tabelle 19.6 zeigt, wie sie sich verändern, wenn die Aktie eine stetige Dividendenrendite der Höhe q abwirft. Die Ausdrücke für d_1 und d_2 entsprechen denen aus den Gleichungen (17.4) und (17.5). Wenn wir q der Dividendenrendite auf einen Index gleichsetzen, erhalten wir

Sensitivitätsmaß	Kaufoption	Verkaufsoption
Delta	$e^{-qT} N(d_1)$	$e^{-qT}[N(d_1) - 1]$
Gamma	$\dfrac{N'(d_1) e^{-qT}}{S_0 \sigma \sqrt{T}}$	$\dfrac{N'(d_1) e^{-qT}}{S_0 \sigma \sqrt{T}}$
Theta	$-S_0 N'(d_1) \sigma e^{-qT}/(2\sqrt{T})$ $+qS_0 N(d_1) e^{-qT} - rKe^{-rT} N(d_2)$	$-S_0 N'(d_1) \sigma e^{-qT}/(2\sqrt{T})$ $-qS_0 N(-d_1) e^{-qT} + rKe^{-rT} N(-d_2)$
Vega	$S_0 \sqrt{T} N'(d_1) e^{-qT}$	$S_0 \sqrt{T} N'(d_1) e^{-qT}$
Rho	$KTe^{-rT} N(d_2)$	$-KTe^{-rT} N(-d_2)$

Tabelle 19.6: Sensitivitätsmaße für europäische Optionen auf ein Asset, das ein Rendite der Höhe q abwirft

die Sensititvitätsmaße für europäische Index-Optionen. Wenn wir q dem risikolosen Zinssatz eines anderen Landes gleichsetzen, erhalten wir die Sensitivtätsmaße für europäische Währungsoptionen. Setzen wir $q = r$, ergeben sich Delta, Gamma, Theta und Vega für europäische Optionen auf einen Futures-Kontrakt. Das Rho für eine Futures-Kaufoption beträgt $-cT$, das Rho für eine europäische Futures-Verkaufsopton $-pT$.

Bei Währungsoptionen ergeben sich zwei Rho-Werte, die zu den jeweiligen Zinssätzen gehören. Das zum inländischen Zinssatz korrespondierende Rho wird durch Tabelle 19.6 gegeben (mit d_2 wie in Gleichung (17.11)). Das Rho für den ausländischen Zinssatz beträgt für eine europäische Währungs-Kaufoption

$$\text{Rho(Call, ausl. Zinssatz)} = -Te^{-r_f T} S_0 N(d_1) \, .$$

Für eine europäische Währungs-Verkaufsoption gilt

$$\text{Rho(Put, ausl. Zinssatz)} = Te^{-r_f T} S_0 N(-d_1) \, .$$

Hierbei ist d_1 wie in Gleichung (17.11) definiert.

Die Berechnung der Sensitivitätskennzahlen für amerikanische Optionen wird in Kapitel 21 behandelt.

Delta von Forward-Kontrakten

Das Delta-Konzept kann nicht nur auf Optionen angewendet werden. Wir betrachten einen Forward-Kontrakt auf eine dividendenlose Aktie. Gemäß Gleichung (5.5) beträgt der Wert eines Forward-Kontrakts $S_0 - Ke^{-rT}$, wobei K der Abrechnungspreis ist und T die Laufzeit des Forward-Kontrakts. Ändert sich der Aktienpreis um ΔS, während alle anderen Variablen gleich bleiben, dann ändert sich der Wert des Forward-Kontrakts auf die Aktie ebenfalls um ΔS. Das Delta der Long-Position eines Forward-Kontrakts auf eine Aktie ist daher immer 1,0. Man kann also die Long-Position in einem Forward-Kontrakt durch den (Leer-)Verkauf einer Aktie absichern und die Short-Position in einem Forward-Kontrakt durch den Erwerb einer Aktie.[12]

Für ein Asset mit einer Dividendenrendite q zeigt Gleichung (5.7), dass das Delta des Forward-Kontrakts gleich e^{-qT} ist. Beim Delta eines Forward-Kontraktes auf einen Aktienindex wird q in diesem Ausdruck mit der Dividendenrendite auf den Index gleichgesetzt, beim Delta eines Forward-Kontraktes auf eine Währung entspricht q dem ausländischen risikolosen Zinssatz r_f.

Delta von Futures-Kontrakten

Gemäß Gleichung (5.1) beträgt der Preis für einen Futures-Kontrakt auf eine dividendenlose Aktie $S_0 e^{rT}$, wobei T die Laufzeit des Futures-Kontrakts angibt. Ändert sich der Aktienpreis um ΔS, während alle anderen Variablen gleich bleiben, dann ändert sich der Futures-Preis folglich um $\Delta S e^{rT}$. Da für Futures-Kontrakte eine tägliche Bewertung zu Marktpreisen (Marking to Market) erfolgt, erzielt der Inhaber der Long-Position in einem Futures-Kontrakt unmittelbar einen Gewinn in Höhe dieses Betrages. Das Delta eines Futures-Kontrakts ist daher e^{rT}. Analog zeigt Gleichung (5.3),

---

12 Es handelt sich hier um Hedge-and-Forget-Strategien. Da das Delta immer 1,0 ist, müssen an der Aktienposition während der Dauer des Kontrakts keine Veränderungen vorgenommen werden.

dass das Delta eines Futures-Kontrakts auf ein Asset, welches eine Dividendenrendite q hat, gleich $e^{(r-q)T}$ ist.

Interessanterweise führt die tägliche Abrechnung dazu, dass sich die Deltas von Futures- und Forward-Kontrakten geringfügig unterscheiden. Dies ist sogar der Fall, wenn die Zinssätze konstant sind und Forward- und Futures-Preise übereinstimmen. (Darauf bezieht sich auch Business Snapshot 5.2.)

Manchmal wird ein Futures-Kontrakt benutzt, um eine deltaneutrale Position zu erreichen. Wir definieren:

T: Laufzeit des Futures-Kontrakts

H_A: erforderliche Position im Asset für das Delta-Hedging

H_F: alternative erforderliche Position in Futures-Kontrakten für das Delta-Hedging

Handelt es sich beim Underlying um eine dividendenlose Aktie, zeigt die soeben angeführte Analyse, dass

$$H_F = e^{-rT} H_A \ . \tag{19.5}$$

Zahlt das Underlying eine Dividendenrendite q, ergibt sich

$$H_F = e^{-(r-q)T} H_A \ . \tag{19.6}$$

Bei einem Aktienindex setzen wir q mit der Dividendenrendite des Index gleich. Bei einer Währung ist q gleich dem ausländischen risikolosen Zinssatz r_f, sodass

$$H_F = e^{-(r-r_f)T} H_A \ . \tag{19.7}$$

Beispiel 19.8 Angenommen, das Portfolio von Währungsoptionen einer US-Bank kann mit einer Short-Position in 458 000 GBP deltaneutral gestaltet werden. Die risikolosen Zinssätze betragen 4% in den USA und 7% in Großbritannien. Gemäß Gleichung (19.7) verlangt nun die Absicherung durch 9-Monats-Währungs-Futures eine Short-Position in

$$e^{-(0{,}10-0{,}13)\cdot 9/12} 458\,000 \ ,$$

also 468 442 GBP. Da jeder Futures-Kontrakt den Kauf oder Verkauf von 62 500 GBP umfasst, sollte in sieben Kontrakten die Short-Position eingenommen werden (sieben ist die nächstliegende ganze Zahl zu 468 442/62 500).

19.13 Portfolio-Insurance

Ein Portfolio-Manager ist häufig daran interessiert, eine Verkaufsoption auf sein Portfolio zu erwerben. Diese bietet eine Absicherung (Insurance) gegen einen Rückgang des Marktes bei gleichzeitiger Wahrung des Gewinnpotenzials, falls sich der Markt positiv entwickelt. Ein Ansatz (den wir in Abschnitt 17.1 erörtert haben) ist der Erwerb von Verkaufsoptionen auf einen Marktindex wie den S&P 500. Alternativ kann die Option auch synthetisch nachgebildet werden.

19.13 Portfolio-Insurance

Die synthetische Nachbildung einer Option bringt die Einnahme einer Position im Underlying (bzw. in einem Future auf das Underlying) mit sich, deren Delta gleich dem Delta der geforderten Option ist. Die zur synthetischen Nachbildung einer Option notwendige Position ist das Gegenteil der für ihre Absicherung erforderlichen Position.

Es gibt zwei Gründe, warum es für einen Portfolio-Manager attraktiver sein kann, die erforderliche Verkaufsoption synthetisch zu bilden, statt sie am Markt zu kaufen. Erstens besitzen Optionsmärkte nicht immer die Liquidität, um die Geschäfte aufzunehmen, die Manager von großen Fonds ausführen möchten. Zweitens fragen Fondsmanager oft Basispreise und Verfalltermine nach, die an den Optionsbörsen nicht verfügbar sind.

Die synthetische Option kann durch Handel mit dem Portfolio oder mit Index-Futures erzeugt werden. Wir untersuchen zunächst die Konstruktion einer Verkaufsoption durch einen Handel des Portfolios. Wir erinnern uns, dass das Delta eines europäischen Puts auf das Portfolio

$$\Delta = e^{-qT}[N(d_1) - 1] \qquad (19.8)$$

beträgt, wobei, mit unserer üblichen Notation,

$$d_1 = \frac{\ln(S_0/K) + (r - q + \sigma^2/2)T}{\sigma\sqrt{T}}$$

gilt. Die anderen Variablen sind wie üblich definiert: S_0 ist der Wert des Portfolios, K der Basispreis, r der risikolose Zinssatz, q die Dividendenrendite auf das Portfolio, σ die Volatilität des Portfolios und T die Optionslaufzeit. Die Volatilität des Portfolios kann als das Produkt seines Betas mit der Volatilität eines passenden, gut diversifizierten Index angenommen werden.

Bei der synthetischen Nachbildung der Verkaufsoption sollte der Fondsmanager sicherstellen, dass zu jedem beliebigen Zeitpunkt ein Anteil der Aktien des Original-Portfolios in Höhe von

$$e^{-qT}[1 - N(d_1)]$$

verkauft wird und die Erlöse in risikolose Assets investiert werden können. Wenn der Wert des Original-Portfolios sinkt, wird das Delta des durch Gleichung (19.8) gegebenen Puts noch negativer und der zu verkaufende Anteil des Original-Portfolios muss erhöht werden. Wenn der Wert des Original-Portfolios steigt, wird das Delta des Puts weniger negativ und der zu verkaufende Anteil des Original-Portfolios muss verringert werden (d. h. ein Teil des Original-Portfolios muss zurückgekauft werden).

Die Verwendung dieser Strategie zur Absicherung eines Portfolios (Portfolio-Insurance) bedeutet, dass die Mittel zu jedem beliebigen Zeitpunkt auf ein riskantes und daher abzusicherndes Aktienportfolio und auf risikolose Assets aufgeteilt werden. Wenn der Wert des Aktienportfolios steigt, werden die risikolosen Assets verkauft und die Position im Aktienportfolio wird erhöht. Fällt der Wert des Aktienportfolios, wird die Position im Aktienportfolio verkleinert und risikolose Assets werden hinzugekauft. Die Kosten für die Absicherung entstehen dadurch, dass der Portfolio-Manager immer nach einem Kursrückgang verkauft und nach einem Kursanstieg zukauft.

> **Beispiel 19.9** Ein Portfolio hat einen Wert von 90 Millionen $. Um es gegen einen Kursrückgang abzusichern, fragen die Portfolio-Manager eine Verkaufsoption auf das Portfolio mit einem Basispreis von 87 Millionen $ und einer Laufzeit von sechs Monaten nach. Der risikolose Zinssatz beträgt 9% per annum, die Dividendenrendite 3% per annum und die Volatilität des Portfolios 25% per annum. Der S&P-500-Index steht bei 900. Da das Portfolio den S&P-500-Index nachbildet, besteht eine Alternative darin, 1000 Put-Kontrakte auf den S&P 500 mit einem Basispreis von 870 zu erwerben. Eine weitere Alternative ist die synthetische Nachbildung der Option. In diesem Fall ist $S_0 = 90$ Millionen, $K = 87$ Millionen, $r = 0{,}09$, $q = 0{,}03$, $\sigma = 0{,}25$ und $T = 0{,}5$ und folglich
>
> $$d_1 = \frac{\ln(90/87) + (0{,}09 - 0{,}03 + 0{,}25^2/2)0{,}5}{0{,}25\sqrt{0{,}5}} = 0{,}4499 \,.$$
>
> Das Delta der benötigten Option beträgt anfänglich
>
> $$e^{-qT}[N(d_1) - 1] = -0{,}3215 \,.$$
>
> Zu Beginn sollten also 32,15% des Portfolios verkauft und in risikolose Assets investiert werden, um das Delta der erforderlichen Option auszugleichen. Der Anteil des verkauften Portfolios muss ständig überprüft werden. Wenn der Wert des Portfolios beispielsweise nach einem Tag auf 88 Millionen $ sinkt, ändert sich das Delta der Option auf −0,3679 und es sollten zusätzlich 4,64% des Original-Portfolios verkauft und in risikolose Assets investiert werden. Steigt der Wert des Portfolios auf 92 Millionen $, ändert sich das Delta der Option auf −0,2787 und es sollten 4,28% des Original-Portfolios zurückgekauft werden.

Verwendung von Index-Futures

Die Verwendung von Index-Futures für die synthetische Nachbildung von Optionen kann gegenüber der direkten Verwendung der zugrunde liegenden Aktien von Vorteil sein, da die mit Geschäften in Index-Futures verbundenen Transaktionskosten im Allgemeinen geringer sind als bei einem entsprechenden Handel in den zugrunde liegenden Aktien. Nach den Gleichungen (19.6) und (19.8) sollte der Dollarbetrag der Futures-Kontrakte, der als Anteil des Portfolio-Wertes verkauft wird,

$$e^{-qT}e^{-(r-q)T^*}[1 - N(d_1)] = e^{q(T^*-T)}e^{-rT^*}[1 - N(d_1)]$$

betragen, wobei T^* die Laufzeit des Futures-Kontrakts bezeichnet. Wenn der Wert des Portfolios dem A_1-fachen des Indexstands entspricht und jeder Index-Futures-Kontrakt das A_2-fache des Index umfasst, sollte die Anzahl der verkauften Futures-Kontrakte zu jedem beliebigen Zeitpunkt

$$e^{q(T^*-T)}e^{-rT^*}[1 - N(d_1)]\frac{A_1}{A_2}$$

betragen.

Beispiel 19.10 Angenommen, im vorangegangenen Beispiel werden 9-Monats-Futures-Kontrakte auf den S&P-500-Index zur synthetischen Nachbildung einer Option verwendet. In diesem Fall gilt anfänglich $T = 0{,}5$, $T^* = 0{,}75$, $A_1 = 100\,000$ und $d_1 = 0{,}4499$. Jeder Index-Futures-Kontrakt beläuft sich auf das 250-fache des Index, somit gilt $A_2 = 250$. Die Anzahl der verkauften Futures-Kontrakte sollte

$$e^{q(T^*-T)}e^{-rT^*}[1 - N(d_1)]\frac{A_1}{A_2} = 122{,}96$$

betragen, also gerundet auf die nächste ganze Zahl 123. Mit fortschreitender Zeit und bei Änderungen im Index muss die Position in den Futures-Kontrakten angepasst werden.

Bei dieser Analyse haben wir angenommen, dass das Portfolio den Index widerspiegelt. Wenn dies nicht der Fall ist, muss man (a) das Beta des Portfolios berechnen, (b) die Optionsposition ermitteln, welche die gewünschte Absicherung bietet, und (c) eine Position in Index-Futures bestimmen, um die Optionen synthetisch nachzubilden. Wie in Abschnitt 17.1 erörtert, sollte der Basispreis für die verwendeten Optionen gleich dem erwarteten Niveau des Marktindex sein, bei dem das Portfolio seinen abgesicherten Wert erreicht. Die Anzahl der verwendeten Indexoptionen sollte das β-fache der Anzahl an Optionen betragen, die nötig wären, wenn das Portfolio ein Beta von 1,0 hätte.

Business Snapshot 19.2 – Trägt Portfolio-Insurance die Schuld am Börsencrash von 1987?

Am Montag, den 19. Oktober 1987, fiel der Dow Jones Industrial Average um über 20%. Eine weit verbreitete Auffassung ist, dass Portfolio-Insurance daran einen großen Anteil gehabt habe. Im Oktober 1987 wurden 60 bis 90 Milliarden $ in abgesicherten Aktienportfolios verwaltet, in denen Puts auf die in Abschnitt 19.13 beschriebene Weise synthetisch nachgebildet wurden. Zwischen Mittwoch, dem 14. Oktober 1987, und Freitag, dem 16. Oktober 1987, fiel der Markt um etwa 10%, wobei der größte Teil des Kursrückgangs am Freitagnachmittag stattfand. Der Kursrückgang hätte den Verkauf von mindestens 12 Milliarden $ an Aktien- oder Index-Futures als Konsequenz der Portfolio-Absicherungsstrategien zur Folge haben müssen. Tatsächlich konnten allerdings nur 4 Milliarden $ verkauft werden, was bedeutet, dass die Portfolio-Absicherer die folgende Woche bereits mit großen durch ihre Modelle vorgegebenen Verkaufsvolumen begannen. Schätzungen zufolge machten am Montag, dem 19. Oktober 1987, die Verkaufsprogramme von drei Portfolio-Absicherern fast 10% der Verkäufe an der New York Stock Exchange aus. Insgesamt betrugen die Verkäufe der Portfolio-Absicherer 21,3% aller Verkäufe an den Index-Futures-Märkten. Es ist wahrscheinlich, dass der Verfall der Aktienkurse auch von anderen Anlegern verschlimmert wurde, die in Antizipation der Aktionen der Portfolio-Absicherer verstärkt Aktien verkauften.

Da der Markt derartig schnell fiel und die Börsensysteme überlastet waren, waren die Portfolio-Absicherer nicht in der Lage, die von ihren Modellen vorgegebenen Transaktionen auszuführen, und erzielten dadurch nicht die von ihnen geforderte Absicherung. Selbstverständlich ist die Popularität von Portfolio-Absicherungsstrategien auf der Basis dynamischen Handels in Aktien und Futures seit Oktober 1987 beträchtlich gesunken. Eine Moral dieser Geschichte ist, dass es gefährlich ist, eine bestimmte Handelsstrategie – selbst eine Absicherungsstrategie – zu verfolgen, wenn viele andere Marktteilnehmer dasselbe planen.

19.14 Volatilität des Aktienmarkts

Wir haben in Kapitel 15 diskutiert, ob die Volatilität nur durch das Eintreffen neuer Informationen verursacht wird oder ob der Handel selbst Volatilität erzeugt. Portfolio-Insurance-Strategien wie die eben beschriebenen haben das Potenzial, die Volatilität zu erhöhen. Bei einem Marktabschwung bringen sie die Portfolio-Manager dazu, entweder Aktien oder Index-Futures-Kontrakte zu verkaufen. Beide Aktionen können den Abschwung verstärken (siehe Business Snapshot 19.2). Der Aktienverkauf kann den Marktindex auf direktem Weg weiter fallen lassen. Der Verkauf von Index-Futures-Kontrakten zieht ein Sinken der Futures-Preise nach sich. Dadurch entsteht über den Mechanismus der Indexarbitrage ein Verkaufsdruck auf die Aktien (siehe Kapitel 5), sodass der Marktindex auch in diesem Fall Gefahr läuft weiter nachzugeben. Analog bringen die Absicherungsstrategien die Portfolio-Manager dazu, bei einem Marktaufschwung Aktien oder Futures-Kontrakte zu kaufen. Dies kann den Aufschwung verstärken.

Zusätzlich zu einer formelbasierten Portfolio-Insurance können wir vermuten, dass viele Anleger bewusst oder unbewusst eigene Absicherungsstrategien befolgen. So kann ein Anleger dazu neigen, bei einem Abschwung des Marktes zu verkaufen, um das Risiko eines Kursrückgangs zu begrenzen.

Ob Portfolio-Absicherungsstrategien (direkt oder indirekt) die Volatilität beeinflussen, hängt davon ab, wie leicht der Markt die von Portfolio-Absicherungen erzeugten Transaktionen verarbeiten kann. Bilden diese Geschäfte nur einen kleinen Teil des gesamten Geschäfts, gibt es wahrscheinlich keine Auswirkungen. Wenn aber Portfolio-Insurance stark an Popularität gewinnt, läuft sie allerdings Gefahr, einen destabilisierenden Effekt auf den Markt zu haben – wie es 1987 der Fall war.

ZUSAMMENFASSUNG

Finanzinstitute bieten ihren Klienten eine Vielzahl von Optionsprodukten an. Oft entsprechen die Optionen nicht den Standardprodukten, welche an Börsen gehandelt werden. Die Finanzinstitute stehen dann vor dem Problem, ihr Exposure abzusichern. Sowohl gedeckte als auch ungedeckte Positionen setzen sie einem nicht akzeptablen Risikolevel aus. Eine Maßnahme, die gelegentlich vorgeschlagen wird, ist eine Stop-Loss-Strategie. Diese beinhaltet die Einnahme einer ungedeckten Position, wenn sich eine Option aus dem Geld befindet, und ihre Umwandlung in eine gedeckte Position, sobald sich die Option ins Geld bewegt. Obwohl diese Strategie auf den ersten Blick attraktiv erscheint, bietet sie keine gute Absicherung.

Das Delta (Δ) einer Option beschreibt die Sensitivität ihres Preises gegenüber dem Preis des Underlyings. Delta-Hedging bezieht sich auf das Eingehen einer Position mit einem Delta von null (auch deltaneutrale Position genannt). Da das Delta des Underlyings 1,0 beträgt, besteht ein Weg der Absicherung in der Einnahme einer Position von $-\Delta$ im Underlying für jede abzusichernde Long-Position in einer Option. Das Delta einer Option ändert sich im Zeitablauf. Das bedeutet, dass die Position im Underlying häufig angepasst werden muss.

Nachdem das Delta einer Option ausgeglichen wurde, besteht der nächste Schritt oft darin, das Gamma (Γ) zu betrachten. Das Gamma einer Option ist die Sensitivität ihres Deltas gegenüber dem Preis des Underlyings. Es ist ein Maß für die Krümmung des Zusammenhangs von Options- und Asset-Preis. Der Einfluss dieser Krümmung auf die Performance der Delta-Absicherung kann dadurch reduziert werden, dass die Optionsposition gammaneutral gestaltet wird.

Delta- und Gamma-Absicherung basieren beide auf der Annahme, dass die Volatilität des Underlyings konstant ist. In der Realität ändern sich Volatilitäten im Zeitablauf. Das Vega einer Option bzw. eines Options-Portfolios misst die Sensitivität ihres Wertes gegenüber der Volatilität. Ein Händler, der eine Optionsposition gegen Änderungen der Volatilität absichern möchte, kann seine Position veganeutral gestalten. Wie bei dem Verfahren für die Gammaneutralität beinhaltet dieses Vorgehen die Einnahme einer ausgleichenden Position in der gehandelten Option. Wenn der Händler sowohl Gamma- als auch Veganeutralität erreichen möchte, sind gewöhnlich zwei handelbare Optionen nötig.

Zwei weitere Maße für das Risiko einer Optionsposition sind Theta und Rho. Theta misst ceteris paribus die Sensitivität des Wertes der Position gegenüber der Zeit. Rho misst ceteris paribus die Sensitivität des Wertes der Position gegenüber dem kurzfristigen Zinssatz.

In der Praxis passen die Händler ihre Portfolios mindestens einmal am Tag an, um die Deltaneutralität zu gewährleisten. Die Erhaltung von Gamma- und Veganeutralität auf regelmäßiger Basis ist gewöhnlich nicht sinnvoll. Die Händler beobachten daher diese beiden Maße. Wenn sie zu groß werden, wird ein korrigierendes Geschäft getätigt oder der Handel eingeschränkt.

Manchmal sind Portfolio-Manager daran interessiert, Verkaufsoptionen synthetisch nachzubilden, um damit ein Aktienportfolio abzusichern. Dies kann entweder durch das Handeln des Portfolios oder durch ein Geschäft mit Index-Futures auf das Portfolio geschehen. Der Handel mit dem zugrunde liegenden Portfolio beinhaltet die Aufteilung des Portfolios auf Aktien und risikolose Wertpapiere. Bei einem Marktabschwung wird verstärkt in risikolose Wertpapiere investiert, bei einem Aufschwung des Marktes wird mehr in Aktien investiert. Der Handel mit Index-Futures umfasst die Beibehaltung des Aktienportfolios und den Verkauf von Index-Futures. Bei einem Marktabschwung werden mehr Index-Futures verkauft, bei einem Aufschwung weniger. Unter normalen Marktbedingungen funktioniert diese Art der Portfolio-Insurance recht gut. Sie versagte jedoch am Montag, den 19. Oktober 1987, als der Dow Jones Industrial Average sehr stark fiel. Die Portfolio-Absicherer waren nicht in der Lage, Aktien bzw. Index-Futures schnell genug zu verkaufen, um ihre Positionen zu schützen.

ZUSAMMENFASSUNG

Literaturempfehlungen

Passarelli, D., *Trading Option Greeks: How Time, Volatility, and Other Factors Drive Profits*, 2. Aufl., Hoboken, NJ: Wiley, 2012.

Taleb, N.N., *Dynamic Hedging: Managing Vanilla and Exotic Options*. New York: Wiley, 1996.

Praktische Fragestellungen

19.1 Erläutern Sie, wie eine Stop-Loss-Absicherungsstrategie für den Verkäufer einer Out-of-the-Money-Kaufoption umgesetzt werden kann. Warum bietet die Maßnahme eine relativ schlecht funktionierende Absicherung?

19.2 Was bedeutet die Feststellung, das Delta einer Kaufoption sei 0,7? Wie kann die Short-Position in 1000 Optionen deltaneutral gestaltet werden, wenn jede Option ein Delta von 0,7 aufweist?

19.3 Berechnen Sie das Delta einer am Geld befindlichen europäischen Kaufoption mit einer Laufzeit von sechs Monaten auf eine dividendenlose Aktie bei einem risikolosen Zinssatz von 10% per annum und einer Aktienpreisvolatilität von 25% per annum.

19.4 Was bedeutet die Feststellung, das Theta einer Optionsposition sei −0,1, wenn die Zeit in Jahren gemessen wird? Welche Optionsposition ist angemessen, wenn ein Händler der Meinung ist, dass sich weder der Aktienkurs noch dessen implizite Volatilität ändern wird?

19.5 Was wird durch das Gamma einer Optionsposition ausgedrückt? Welche Risiken beinhaltet eine Situation, in der das Gamma einer Position einen hohen negativen Wert und das Delta den Wert null besitzen?

19.6 „Das Verfahren zur synthetischen Nachbildung einer Optionsposition ist das Gegenteil zum Verfahren für die Absicherung einer Optionsposition." Erläutern Sie diese Aussage.

19.7 Warum versagte die Portfolio-Absicherung am 19. Oktober 1987?

19.8 Der Black-Scholes-Merton-Preis einer aus dem Geld befindlichen Kaufoption mit einem Basispreis von 40 $ beträgt 4 $. Ein Händler, der die Option verkauft hat, plant den Einsatz einer Stop-Loss-Strategie. Sein Plan besteht darin, bei 40,10 $ zu kaufen und bei 39,90 $ zu verkaufen. Ermitteln Sie die erwartete Anzahl an Käufen und Verkäufen der Aktie.

19.9 Angenommen, eine Aktie steht derzeit bei 20 $ und es wird mithilfe einer sich ständig ändernden Position in der Aktie eine Kaufoption mit Basispreis 25 $ synthetisch nachgebildet. Untersuchen Sie die beiden folgenden Szenarien:

a. Der Aktienkurs steigt während der Optionslaufzeit stetig von 20 $ auf 35 $.

b. Der Aktienkurs schwankt heftig und endet bei 35 $.

Bei welchem Szenario ist die synthetisch nachgebildete Option teurer? Begründen Sie Ihre Antwort.

19.10 Wie hoch ist das Delta einer Short-Position in 1000 europäischen Kaufoptionen auf Silber-Futures? Die Optionen verfallen in acht Monaten, der zugrunde liegende Futures-Kontrakt in neun Monaten. Der gegenwärtige 9-Monats-Futures-Preis beträgt 8 $ pro Unze, der Basispreis der Optionen 8 $, der risikolose Zinssatz 12% per annum und die Volatilität von Silber-Futures-Preisen 18% per annum.

19.11 Welche Anfangsposition in den Silber-Futures mit Verfall in neun Monaten ist für eine Delta-Absicherung in Aufgabe 19.10 notwendig? Wie sieht die Anfangsposition aus, wenn direkt Silber verwendet wird? Wie sieht die Anfangsposition aus, wenn 1-Jahres-Silber-Futures verwendet werden? Nehmen Sie an, dass keine Lagerkosten für Silber anfallen.

19.12 Ein Unternehmen verwendet Delta-Hedging, um ein Portfolio von Long-Positionen in Puts und Calls auf eine Währung abzusichern. Welche der folgenden Entwicklungen ergibt das günstigste Ergebnis?

a. ein konstanter Spotkurs

b. große Schwankungen des Spotkurses

Begründen Sie Ihre Antwort.

19.13 Wiederholen Sie Aufgabe 19.12 für ein Finanzinstitut mit einem Portfolio von Short-Positionen in Puts und Calls auf eine Währung.

19.14 Ein Finanzinstitut hat gerade 1000 europäische Kaufoptionen auf Japanische Yen mit einer Laufzeit von sieben Monaten verkauft. Angenommen, der Kassawechselkurs beträgt 0,80 Cent pro Yen, der Basispreis 0,81 Cent pro Yen, der risikolose Zinssatz in den USA 8% per annum, der risikolose Zinssatz in Japan 5% per annum und die Volatilität des Yen 15% per annum. Berechnen Sie Delta, Gamma, Vega, Theta und Rho der Position des Finanzinstitutes und interpretieren Sie jede dieser Größen.

19.15 Unter welchen Bedingungen kann man eine europäische Option auf einen Aktienindex durch Hinzufügung einer Position in einer weiteren europäischen Option sowohl gamma- als auch veganeutral machen?

19.16 Ein Fondsmanager besitzt ein gut diversifiziertes Portfolio im Wert von 360 Millionen $, das die Performance des S&P 500 widerspiegelt. Der S&P 500 steht bei 1200, und der Portfolio-Manager möchte eine Absicherung gegen einen Rückgang des Portfoliowertes um mehr als 5% in den nächsten sechs Monaten erreichen. Der risikolose Zinssatz beträgt 6% per annum. Die Dividendenrendite sowohl auf das Portfolio als auch auf den S&P 500 beträgt 3% und die Volatilität des Index 30%.

a. Wie viel kostet die Absicherung, wenn der Fondsmanager gehandelte europäische Verkaufsoptionen erwirbt?

b. Erläutern Sie ausführlich alternative Strategien, die dem Fondsmanager bei Verwendung von europäischen Kaufoptionen zur Verfügung stehen, und weisen Sie nach, dass diese zum gleichen Ergebnis führen.

c. Wie sollte die Anfangsposition des Fondsmanagers aussehen, falls er sich dazu entschließt, die Absicherung dadurch zu gewährleisten, dass er einen Teil des Portfolios in risikolosen Wertpapieren hält?

d. Wie sollte die Anfangsposition des Fondsmanagers aussehen, falls er sich dazu entschließt, die Absicherung durch 9-Monats-Index-Futures zu gewährleisten?

19.17 Wiederholen Sie Aufgabe 19.16 unter der Annahme, dass das Portfolio ein Beta von 1,5 aufweist. Nehmen Sie dabei eine Dividendenrendite auf das Portfolio von 4% per annum an.

19.18 Zeigen Sie durch Substitution verschiedener Terme in Gleichung (19.4), dass diese Gleichung gilt für

a. eine einzelne europäische Kaufoption auf eine dividendenlose Aktie,

b. eine einzelne europäische Verkaufsoption auf eine dividendenlose Aktie,

c. ein beliebiges Portfolio europäischer Kauf- und Verkaufsoptionen auf eine dividendenlose Aktie.

19.19 Wie lautet die zu Gleichung (19.4) analoge Gleichung für (a) ein Portfolio aus Derivaten auf eine Währung und (b) ein Portfolio aus Derivaten auf einen Futures-Kontrakt?

19.20 Angenommen, 70 Milliarden $ Aktienvermögen sind Gegenstand von Portfolio-Absicherungsstrategien. Wir unterstellen, dass die Strategien eine Absicherung gegen einen Wertverlust von über 5% in einem Jahr bieten sollen. Benutzen Sie die DerivaGem-Software, um mit den von Ihnen für notwendig erachteten Annahmen bzw. Schätzungen den Wert der Aktien oder der Futures-Kontrakte zu berechnen, den die Manager der Portfolio-Insurance-Strategien versuchen werden zu verkaufen, wenn der Markt an einem Tag um 23% fällt.

19.21 Hat ein Forward-Kontrakt auf einen Aktienindex dasselbe Delta wie der entsprechende Futures-Kontrakt? Begründen Sie Ihre Antwort.

19.22 Die Position einer Bank in Optionen auf den Dollar-Euro-Wechselkurs weist ein Delta von 30 000 und ein Gamma von −80 000 auf. Erläutern Sie, wie diese Zahlen interpretiert werden können. Der Wechselkurs (Dollar pro Euro) steht bei 0,90. Welche Position würden Sie einnehmen, um die Position deltaneutral zu gestalten? Nach einem kurzen Zeitraum bewegt sich der Wechselkurs auf 0,93. Schätzen Sie das neu entstandene Delta. Welches zusätzliche Geschäft ist notwendig, um die Position deltaneutral zu belassen? Angenommen, die Bank hat anfänglich eine deltaneutrale Position eingenommen. Erzielt sie durch die Wechselkursbewegung einen Gewinn oder einen Verlust?

19.23 Leiten Sie unter Verwendung der Put-Call-Parität folgende Zusammenhänge für eine dividendenlose Aktie her:

a. Die Beziehung zwischen dem Delta eines europäischen Calls und dem Delta eines europäischen Puts

b. Die Beziehung zwischen dem Gamma eines europäischen Calls und dem Gamma eines europäischen Puts

c. Die Beziehung zwischen dem Vega eines europäischen Calls und dem Vega eines europäischen Puts

d. Die Beziehung zwischen dem Theta eines europäischen Calls und dem Theta eines europäischen Puts

Zur weiteren Vertiefung

19.24 Ein Finanzinstitut besitzt das folgende Portfolio an Over-the-Counter-Optionen auf Britische Pfund:

Art	Position	Delta der Option	Gamma der Option	Vega der Option
Call	−1000	0,50	2,2	1,8
Call	−500	0,80	0,6	0,2
Put	−2000	−0,40	1,3	0,7
Call	−500	0,70	1,8	1,4

Es gibt eine weitere handelbare Option mit einem Delta von 0,6, einem Gamma von 1,5 und einem Vega von 0,8.

a. Welche Position in dieser Option und in Britischen Pfund gestaltet das Portfolio sowohl gamma- als auch deltaneutral?

b. Welche Position in dieser Option und in Britischen Pfund gestaltet das Portfolio sowohl vega- als auch deltaneutral?

19.25 Wir betrachten noch einmal die Situation von Aufgabe 19.24. Angenommen, es gibt eine zweite handelbare Option mit einem Delta von 0,1, einem Gamma von 0,5 und einem Vega von 0,6. Wie könnte ein delta-, gamma- und veganeutrales Portfolio erzeugt werden?

19.26 Wir betrachten eine europäische 1-Jahres-Kaufoption auf eine Aktie bei einem Aktienkurs von 30 $, einem Basispreis von 30 $, einem risikolosen Zinssatz von 5% und einer Volatilität von 25% per annum. Benutzen Sie die DerivaGem-Software zur Berechnung von Preis, Delta, Gamma, Vega, Theta und Rho der Option. Verifizieren Sie durch Änderung des Aktienpreises auf 30,1 $ und Neuberechnung des Optionspreises die Richtigkeit des Delta-Wertes. Überprüfen Sie durch Neuberechnung des Deltas für die Situation mit dem Aktienpreis 30,1 $, dass der Wert für Gamma korrekt ist. Führen Sie analoge Berechnungen durch, um die Korrektheit von Vega, Theta und Rho nachzuweisen. Stellen Sie unter Verwendung der Funktionen des DerivaGem-Applications-Builder-Preis Delta, Gamma, Vega, Theta und Rho der Aktienoption als Funktion des Aktienkurses grafisch dar.

19.27 Eine von einer Bank angebotene Anlagemöglichkeit garantiert, dass Anleger in einem Zeitraum von sechs Monaten eine Rendite erzielen, die dem Maximum aus (a) null und (b) 40% der Rendite eines Marktindex entspricht. Ein Anleger plant, in dieses Instrument 100 000 $ zu investieren. Beschreiben Sie die Auszahlung als Option auf den Index. Nehmen Sie an, dass der risikolose Zinssatz 8% per annum beträgt, die Dividendenrendite auf den Index 3% per annum und die Volatilität des Index 25% per annum. Ist das Produkt ein gutes Geschäft für den Anleger?

19.28 Gemäß Kapitel 18 lautet die mit dem Futures-Preis F_0 ausgedrückte Formel für den Preis einer europäischen Futures-Kaufoption

$$c = e^{-rT}[F_0 N(d_1) - KN(d_2)]$$

mit

$$d_1 = \frac{\ln(F_0/K) + \sigma^2 T/2}{\sigma\sqrt{T}}, \qquad d_2 = d_1 - \sigma\sqrt{T}.$$

K, r, T und σ bezeichnen Basispreis, Zinssatz, Laufzeit und Volatilität.

a. Beweisen Sie, dass $F_0 N'(d_1) = KN'(d_2)$.
b. Weisen Sie nach, dass das Delta des Call-Preises gegenüber dem Futures-Preis $e^{-rT}N(d_1)$ beträgt.
c. Weisen Sie nach, dass das Vega des Call-Preises $F_0\sqrt{T}N'(d_1)e^{-rT}$ beträgt.
d. Beweisen Sie die Formel für das Rho einer Kaufoption auf Futures, die zum Schluss von Abschnitt 19.9 angegeben wurde. Delta, Gamma, Theta und Vega der Futures-Kaufoption sind dabei dieselben wie für eine Kaufoption auf eine Aktie mit Dividendenrendite q, wobei q durch r und S_0 durch F_0 ersetzt wird. Erklären Sie, warum das Gleiche für das Rho einer Futures-Kaufoption nicht zutrifft.

19.29 Vollziehen Sie mit DerivaGem nach, dass Gleichung (19.4) für die in Abschnitt 19.1 betrachtete Option erfüllt ist. (*Beachten Sie*: DerivaGem liefert einen Theta-Wert „pro Kalendertag". In Gleichung (19.4) ist Theta „pro Jahr" angegeben.)

19.30 Reproduzieren Sie Tabelle 19.2 mit den Funktionen des DerivaGem Application Builder. (Beachten Sie dabei, dass die Aktienposition in Tabelle 19.2 auf Vielfache von 100 Anteilen gerundet wurde.) Berechnen Sie für jede Woche das Gamma und das Theta der Position. Berechnen Sie die wöchentliche Änderung im Wert des Portfolios und prüfen Sie, ob Gleichung (19.3) näherungsweise erfüllt ist. (*Beachten Sie*: DerivaGem liefert einen Theta-Wert „pro Kalendertag". In Gleichung (19.3) ist Theta „pro Jahr" angegeben.)

Anhang: Taylorreihen-Entwicklungen und Sensitivitäten

Die Taylorreihen-Entwicklung der Änderung des Portfolio-Wertes in einem kurzen Zeitraum veranschaulicht die Rolle, die die einzelnen Sensitivitätskennzahlen (Greeks) spielen. Unter der Annahme, dass die Volatilität des zugrunde liegenden Assets konstant ist, ist der Wert Π des Portfolios eine Funktion des Asset-Preises S und der Zeit t. Die Taylorreihen-Entwicklung liefert

$$\Delta\Pi = \frac{\partial \Pi}{\partial S}\Delta S + \frac{\partial \Pi}{\partial t}\Delta t + \frac{1}{2}\frac{\partial^2 \Pi}{\partial S^2}\Delta S^2 + \frac{1}{2}\frac{\partial^2 \Pi}{\partial t^2}\Delta t^2 + \frac{\partial^2 \Pi}{\partial S\partial t}\Delta S\Delta t + \cdots, \quad (19.9)$$

wobei $\Delta\Pi$ und ΔS die Änderung von Π bzw. S in einem kleinen Zeitintervall Δt beschreiben. Der erste Term auf der rechten Seite wird durch Delta-Hedging eliminiert. Der zweite Term stellt keine Zufallsgröße dar. Den dritten Term (welcher von der Ordnung Δt ist) kann man dadurch eliminieren, dass das Portfolio sowohl gamma- als auch deltaneutral gestaltet wird. Die weiteren Terme sind von höherer Ordnung als Δt.

Für ein deltaneutrales Portfolio beträgt der erste Term der rechten Seite von Gleichung (19.9) null, sodass unter Vernachlässigung von Termen mit höherer Ordnung als Δt

$$\Delta\Pi = \Theta\,\Delta t + \frac{1}{2}\Gamma\,\Delta S^2\,.$$

Dies entspricht Gleichung (19.3).

Bei unsicherer Volatilität des Underlyings ist Π eine Funktion von σ, S und t. Aus Gleichung (19.9) wird dann

$$\Delta\Pi = \frac{\partial \Pi}{\partial S}\Delta S + \frac{\partial \Pi}{\partial \sigma}\Delta\sigma + \frac{\partial \Pi}{\partial t}\Delta t + \frac{1}{2}\frac{\partial^2 \Pi}{\partial S^2}\Delta S^2 + \frac{1}{2}\frac{\partial^2 \Pi}{\partial \sigma^2}\Delta\sigma^2 + \cdots,$$

wobei $\Delta\sigma$ die Änderung von σ im Zeitraum Δt beschreibt. In diesem Fall eliminiert Delta-Hedging den ersten Term der rechten Seite. Der zweite Term verschwindet, wenn das Portfolio veganeutral gestaltet wird. Der dritte Term ist keine Zufallsgröße. Der vierte Term verschwindet, wenn das Portfolio gammaneutral gestaltet wird. Mitunter definieren Händler weitere Sensitivitätskennzahlen, die Termen höherer Ordnung aus der Taylorreihen-Entwicklung zugeordnet sind.

Volatility Smiles

20.1	Identische Volatility Smiles für Calls und Puts	538
20.2	Währungsoptionen	540
20.3	Aktienoptionen	543
20.4	Alternative Darstellung des Volatility Smiles	545
20.5	Volatilitätsstrukturen	546
20.6	Greeks	547
20.7	Die Bedeutung des Modells	548
20.8	Erwartete Kurssprünge	548
Zusammenfassung		550
Literaturempfehlungen		551
Praktische Fragestellungen		551
Anhang: Bestimmung impliziter risikoneutraler Verteilungen aus Volatility Smiles		554

Wie nahe liegen die Marktpreise für Optionen an den durch das Black-Scholes-Merton-Modell bestimmten Werten? Benutzen Händler tatsächlich das Black-Scholes-Merton-Modell, wenn sie einen Optionspreis bestimmen? Sind die Asset-Preise wirklich lognormalverteilt? In diesem Kapitel beantworten wir diese Fragen. Wir zeigen, dass die Händler das Black-Scholes-Merton-Modell verwenden, allerdings nicht in exakt der Weise, wie von Black, Scholes und Merton ursprünglich beabsichtigt. Das liegt daran, dass die Händler die zur Bewertung einer Option verwendete Volatilität vom Basispreis der Option und von der Restlaufzeit abhängig machen.

Eine grafische Darstellung der impliziten Volatilität einer Option mit einer bestimmten Laufzeit als Funktion ihres Basispreises ist als Volatility Smile *bekannt. In diesem Kapitel beschreiben wir die von Händlern an Aktien- und Devisenmärkten verwendeten Volatility Smiles. Wir erläutern die Beziehung zwischen einem Volatility Smile und der risikoneutralen Wahrscheinlichkeitsverteilung, die für den zukünftigen Asset-Preis angenommen wird. Wir diskutieren außerdem, in welcher Form Optionshändler die Volatilität als Funktion der Laufzeit sehen und wie sie Volatility Surfaces als Hilfsmittel für die Bewertung einsetzen.*

20.1 Identische Volatility Smiles für Calls und Puts

In diesem Abschnitt wird gezeigt, dass die impliziten Volatilitäten für europäische Kauf- und Verkaufsoptionen bei gleichem Basispreis und gleicher Restlaufzeit übereinstimmen sollten. Das bedeutet, dass der Volatility Smile für europäische Calls einer bestimmten Laufzeit dem Volatility Smile eines europäischen Puts mit der gleichen Laufzeit entspricht. Dieses Resultat ist günstig, denn es besagt, dass wir bei Volatility Smiles nicht zwischen Calls und Puts unterscheiden müssen.

Wie in vorherigen Kapiteln erläutert wurde, stellt die Put-Call-Parität eine Beziehung zwischen den Preisen einer europäischen Kaufoption und einer europäischen Verkaufsoption dar, wenn diese den gleichen Basispreis und die gleiche Restlaufzeit besitzen. Hat das zugrunde liegende Asset eine Dividendenrendite von q, dann lautet die Beziehung

$$p + S_0 e^{-qT} = c + K e^{-rT}. \tag{20.1}$$

c und p bezeichnen wie gewohnt den Preis der Kauf- bzw. der Verkaufsoption. Die Optionen haben denselben Basispreis K und dieselbe Restlaufzeit T. Die Variable S_0 ist der aktuelle Preis des zugrunde liegenden Assets und r der risikolose Zinssatz zur Fälligkeit T.

Eine wesentliche Eigenschaft der Put-Call-Parität besteht darin, dass sie auf einem relativ einfachen No-Arbitrage-Argument beruht, das keinerlei Annahmen über die zukünftige Wahrscheinlichkeitsverteilung des Asset-Preises erfordert. Sie ist gültig, wenn der Asset-Preis lognormalverteilt ist, und auch, wenn dies nicht der Fall ist.

Wir nehmen an, dass für einen bestimmten Wert der Volatilität p_{BS} und c_{BS} die unter Verwendung des Black-Scholes-Merton-Modells berechneten Werte für eine europäische Verkaufs- bzw. Kaufoption sind. Wir nehmen weiterhin an, dass p_{mkt} und c_{mkt} die Marktwerte dieser Optionen sind. Da die Put-Call-Parität für das Black-Scholes-Merton-Modell gilt, erhalten wir

$$p_{BS} + S_0 e^{-qT} = c_{BS} + K e^{-rT}.$$

Da die Put-Call-Parität, wenn keine Arbitragemöglichkeiten bestehen, auch für die Marktpreise gilt, ergibt sich

$$p_{\text{mkt}} + S_0 e^{-qT} = c_{\text{mkt}} + K e^{-rT}.$$

Durch Subtraktion beider Gleichungen ergibt sich

$$p_{\text{BS}} - p_{\text{mkt}} = c_{\text{BS}} - c_{\text{mkt}}. \qquad (20.2)$$

Dies zeigt, dass bei der Verwendung des Black-Scholes-Merton-Modells zur Bewertung einer europäischen Verkaufsoption der Bewertungsfehler der gleiche ist wie bei der Bewertung einer europäischen Kaufoption mit demselben Basispreis und derselben Restlaufzeit.

Angenommen, die implizite Volatilität der Verkaufsoption ist 22%. Dies bedeutet, dass $p_{\text{BS}} = p_{\text{mkt}}$ gilt, wenn im Black-Scholes-Merton-Modell eine Volatilität von 22% verwendet wird. Aus Gleichung (20.2) folgt unter Verwendung dieser Volatilität $c_{\text{BS}} = c_{\text{mkt}}$. Die implizite Volatilität der Kaufoption beträgt daher ebenfalls 22%. Dieses Argument zeigt, dass die impliziten Volatilitäten einer europäischen Kaufoption und einer europäischen Verkaufsoption immer identisch sind, wenn beide denselben Basispreis und denselben Verfalltermin haben. Anders ausgedrückt, sollte die für einen gegebenen Basispreis und eine gegebene Laufzeit in Verbindung mit dem Black-Scholes-Merton-Modell verwendete Volatilität zur Bewertung einer europäischen Kaufoption immer die gleiche sein, die auch zur Bewertung einer europäischen Verkaufsoption verwendet wird. Das bedeutet, dass der Volatility Smile (d. h. die Beziehung zwischen impliziter Volatilität und Basispreis für eine bestimmte Laufzeit) für europäische Kauf- und Verkaufsoptionen übereinstimmt. Allgemeiner heißt das, dass auch die Volatility Surface (d. h. die implizite Volatilität als Funktion des Basispreises und der Laufzeit) für europäische Kauf- und Verkaufsoptionen gleich ist. Auch für amerikanische Optionen stellen diese Resultate eine gute Näherung dar.

> **Beispiel 20.1** Der Wert einer Fremdwährung beträgt 0,60 $. Der risikolose Zinssatz ist 5% per annum in den USA und 10% per annum in dem anderen Land. Der Marktpreis einer europäischen Kaufoption auf die Fremdwährung mit einer Laufzeit von einem Jahr und einem Basispreis von 0,59 $ beträgt 0,0236. DerivaGem zeigt, dass die implizite Volatilität der Kaufoption 14,5% ist. Damit keine Arbitrage möglich ist, muss die Put-Call-Parität in Gleichung (20.1) mit q als ausländischem risikolosen Zinssatz gelten. Der Preis p einer europäischen Verkaufsoption mit einem Basispreis von 0,59 $ und einer Laufzeit von einem Jahr erfüllt daher
>
> $$p + 0{,}60 e^{-0{,}10 \times 1} = 0{,}0236 + 0{,}59 e^{-0{,}05 \times 1},$$
>
> sodass $p = 0{,}0419$ ist. Wie DerivaGem zeigt, ist die implizite Volatilität ebenfalls 14,5%, wenn die Verkaufsoption diesen Preis hat. Dieses Ergebnis war nach der eben durchgeführten Analyse zu erwarten.

20.2 Währungsoptionen

Der von Händlern zur Bewertung von Währungsoptionen verwendete Volatility Smile hat die in Abbildung 20.1 dargestellte allgemeine Form. Die Volatilität ist für am Geld befindliche Optionen relativ niedrig. Sie wird zunehmend größer, wenn sich eine Option entweder ins Geld oder aus dem Geld bewegt.

Im Anhang an dieses Kapitel zeigen wir, wie man die risikoneutrale Wahrscheinlichkeitsverteilung eines Assets zu einem in der Zukunft liegenden Zeitpunkt aus dem Volatility Smile bestimmen kann, der durch zu diesem Zeitpunkt fällige Optionen gegeben ist. Wir bezeichnen dies als *implizite Verteilung*. Der Volatility Smile in Abbildung 20.1 bezieht sich auf die implizite Verteilung, die in Abbildung 20.2 als durchgezogene Linie dargestellt ist. Eine Lognormalverteilung mit demselben Mittelwert und derselben Standardabweichung wie die implizite Verteilung ist in Abbil-

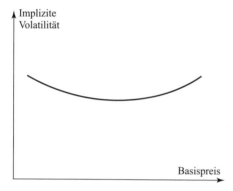

Abbildung 20.1: Volatility Smile für Währungsoptionen

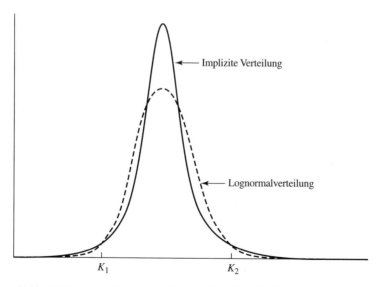

Abbildung 20.2: Implizite Verteilung und Lognormalverteilung für Währungsoptionen

dung 20.2 durch die gestrichelte Linie gegeben. Es ist zu erkennen, dass die implizite Verteilung schwerere Ränder als die Lognormalverteilung hat.[1]

Um zu sehen, dass die Aussagen von Abbildung 20.1 und Abbildung 20.2 übereinstimmen, betrachten wir zunächst eine weit aus dem Geld liegende Kaufoption mit einem hohen Basispreis K_2. Diese Option zahlt nur etwas aus, wenn der Wechselkurs größer als K_2 ist. Abbildung 20.2 zeigt, dass die Wahrscheinlichkeit hierfür bei der impliziten Wahrscheinlichkeitsverteilung höher ist als bei der Lognormalverteilung. Wir erwarten deshalb, dass die implizite Verteilung einen relativ hohen Preis für die Option liefert. Ein relativ hoher Preis führt zu einer relativ hohen impliziten Volatilität, und genau dies ist für die Option in Abbildung 20.1 abzulesen. Die beiden Abbildungen liefern deshalb für hohe Basispreise die gleiche Aussage. Als Nächstes betrachten wir eine weit aus dem Geld liegende Verkaufsoption mit einem niedrigen Basispreis K_1. Diese Option zahlt nur etwas aus, wenn der Wechselkurs kleiner als K_1 ist. Abbildung 20.2 zeigt, dass die Wahrscheinlichkeit hierfür ebenfalls bei der impliziten Wahrscheinlichkeitsverteilung höher ist als bei der Lognormalverteilung. Wir erwarten deshalb, dass die implizite Verteilung einen relativ hohen Preis und ebenso eine relativ hohe implizite Volatilität für die Option liefert. Dies entspricht exakt der Darstellung in Abbildung 20.1.

Empirische Resultate

Wie wir soeben gezeigt haben, impliziert der von Händlern für Währungsoptionen benutzte Smile, dass die Lognormalverteilung die Wahrscheinlichkeit extremer Bewegungen des Wechselkurses unterschätzt. Um zu prüfen, ob sie damit richtig liegen, untersucht Tabelle 20.1 die täglichen Schwankungen zwölf verschiedener Wechselkurse über einen Zeitraum von zehn Jahren.[2] Um die Tabelle zu erzeugen, wird zunächst die Standardabweichung der täglichen prozentualen Änderung jedes Wechselkurses berechnet. Dann notieren wir, wie oft die tatsächliche prozentuale Änderung eine Standardabweichung, zwei Standardabweichungen usw. überschreitet. Schließlich berechnen wir, wie oft diese Fälle eintreten würden, wenn die prozentualen Änderungen normalverteilt wären. (Das Modell der Lognormalverteilung impliziert, dass die prozentualen Änderungen über den Zeitraum eines Tages fast exakt normalverteilt sind.)

Die Tagesschwankungen überschreiten an 1,34% der Tage den Wert von drei Standardabweichungen. Das Modell der Lognormalverteilung sagt voraus, dass dies nur an 0,27% der Tage der Fall sein sollte. Die Tagesschwankungen überschreiten vier, fünf bzw. sechs Standardabweichungen an 0,29%, 0,08% bzw. 0,03% der Tage. Das Modell der Lognormalverteilung prognostiziert, dass wir diese Ereignisse eigentlich nie beobachten sollten. Die Tabelle liefert also Hinweise, die die Existenz von schweren Rändern und des von Händlern verwendeten Volatility Smile stützen (Abbildung 20.1). Business Snapshot 20.1 zeigt, wie sich ein Gewinn auf der Basis der

---

[1] Dies ist als Kurtosis bekannt. Die implizite Verteilung hat nicht nur schwerere Ränder, sondern ist auch „spitzer". Sowohl kleine als auch große Bewegungen im Wechselkurs sind eher wahrscheinlich als bei der Lognormalverteilung. Mittlere Bewegungen sind weniger wahrscheinlich.

[2] Diese Tabelle wurde übernommen aus J.C. Hull und A. White, „Value at Risk When Daily Changes in Market Variables Are Not Normally Distributed", *Journal of Derivatives*, 5, Nr. 3 (Frühjahr 1998), 9–19.

	reale Welt	lognormalverteiltes Modell
> 1σ	25,04	31,73
> 2σ	5,27	4,55
> 3σ	1,34	0,27
> 4σ	0,29	0,01
> 5σ	0,08	0,00
> 6σ	0,03	0,00

Tabelle 20.1: Prozentsatz der Tage, an denen die täglichen Wechselkursschwankungen größer sind als 1, 2, ..., 6 Standardabweichungen (σ = Standardabweichung der Tagesschwankungen)

Analyse in Tabelle 20.1 ergeben hätte, wenn Sie diese vor anderen Marktteilnehmern durchgeführt hätten.

> ## Business Snapshot 20.1 – Gewinne aus Währungsoptionen
>
> Black, Scholes und Merton unterstellen in ihrem Bepreisungsmodell, dass der zukünftige Preis des Underlyings lognormalverteilt ist. Das entspricht der Annahme, dass die Änderung des Assetpreises für kurze Zeiträume wie ein Tag normalverteilt ist. Angenommen, die meisten Marktteilnehmer gehen davon aus, dass die Annahmen von Black, Scholes und Merton auch für Wechselkurse zutreffen. Sie haben gerade die Analyse aus Tabelle 20.1 durchgeführt und wissen, dass die Annahme einer Lognormalverteilung für Wechselkurse nicht realistisch ist. Was sollten Sie nun tun?
>
> Sie sollten Calls und Puts kaufen, die weit aus dem Geld liegen, und warten. Diese Optionen werden relativ wenig kosten, und es werden mehr von ihnen im Geld schließen, als es das Lognormal-Modell vorhersagt. Der Barwert Ihrer Auszahlungen wird im Durchschnitt über den Kosten für die Optionen liegen.
>
> Mitte der 1980er Jahre wussten nur wenige Händler von den schweren Rändern der Wahrscheinlichkeitsverteilungen für Wechselkurse. Alle anderen hielten die Annahme der Lognormalverteilung des Black-Scholes-Modells für vernünftig. Die wenigen gut informierten Händler folgten der eben beschriebenen Strategie – und erzielten hohe Gewinne. Ende der 1980er Jahre hatte jeder begriffen, dass Währungsoptionen mit einem Volatility Smile bewertet werden sollten, und diese Gelegenheit zur Erzielung von Gewinnen verschwand.

Begründungen für den Smile bei Währungsoptionen

Warum sind Wechselkurse nicht lognormalverteilt? Zwei der Bedingungen für eine Lognormalverteilung von Asset-Preisen sind:

1. Die Volatilität des Assets ist konstant.
2. Der Asset-Preis verändert sich allmählich und ohne Sprünge.

In der Realität ist für Wechselkurse keine dieser Bedingungen erfüllt. Die Volatilität eines Wechselkurses ist weit davon entfernt, konstant zu sein, und der Wechselkurs zeigt häufig Sprünge.[3] Es zeigt sich, dass die nichtkonstante Volatilität sowie die Sprünge extreme Ergebnisse wahrscheinlicher werden lassen.

Die Auswirkung von Sprüngen und nichtkonstanter Volatilität hängt von der Laufzeit der Option ab. Der prozentuale Einfluss einer nichtkonstanten Volatilität auf die Preise wird deutlicher, wenn die Laufzeit der Option zunimmt. Allerdings ist der prozentuale Einfluss auf die implizite Volatilität üblicherweise weniger ausgeprägt. Bei einer längeren Laufzeit der Option wird der prozentuale Einfluss der impliziten Volatilität sowie von Sprüngen auf beide Preise weniger deutlich.[4] Man kann zusammenfassend sagen, dass der Volatility Smile bei steigender Laufzeit immer weniger ausgeprägt ist.

20.3 Aktienoptionen

Vor 1987 gab es keinen nennenswerten Volatility Smile. Seit 1987 hat der von Händlern zur Bewertung von Aktienoptionen (sowohl auf einzelne Aktien als auch auf Aktienindizes) benutzte Volatility Smile die in Abbildung 20.3 dargestellte allgemeine Form und wird mitunter als *Volatility Skew* bezeichnet. Wenn der Basispreis

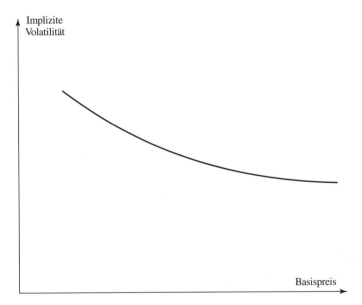

Abbildung 20.3: Volatility Smile für Aktienoptionen

---

3 Oftmals treten die Sprünge als Reaktionen auf Maßnahmen der Zentralbanken auf.
4 Wenn wir hinreichend lang laufende Optionen betrachten, heben sich Kurssprünge tendenziell im Durchschnitt gegenseitig auf, sodass die Verteilung sich nur unmerklich von jener unterscheidet, die wir für eine Entwicklung ohne Sprünge erhalten.

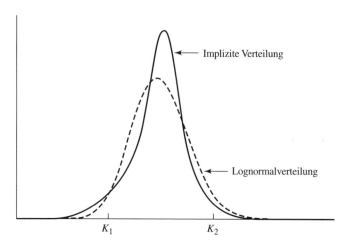

Abbildung 20.4: Implizite Verteilung und Lognormalverteilung für Aktienoptionen

steigt, verringert sich die Volatilität. Die Volatilität, die zur Bewertung von Optionen mit niedrigem Basispreis (d. h. eine weit aus dem Geld liegende Verkaufsoption oder eine weit im Geld liegende Kaufoption) verwendet wird, ist signifikant höher als diejenige, die zur Bewertung einer Option mit hohem Basispreis (d. h. eine weit im Geld liegende Verkaufsoption oder eine weit aus dem Geld liegende Kaufoption) verwendet wird.

Der Volatility Smile für Aktienoptionen stimmt mit der impliziten Wahrscheinlichkeitsverteilung überein, die in Abbildung 20.4 als durchgezogene Linie dargestellt ist. Eine Lognormalverteilung mit demselben Mittelwert und derselben Standardabweichung wie die implizite Verteilung ist als gestrichelte Linie dargestellt. Es ist zu erkennen, dass die implizite Verteilung einen schwereren linken Rand und einen weniger stark ausgeprägten rechten Rand hat als die Lognormalverteilung.

Um zu sehen, dass die Abbildungen 20.3 und 20.4 eine identische Aussage liefern, gehen wir vor wie bei den Abbildungen 20.1 und 20.2 und betrachten weit aus dem Geld liegende Optionen. Nach Abbildung 20.4 hat eine weit aus dem Geld liegende Kaufoption mit einem Basispreis K_2 einen niedrigeren Preis, wenn anstelle der Lognormalverteilung die implizite Verteilung verwendet wird. Dies kommt daher, dass die Option nur dann auszahlt, wenn der Aktienkurs auf über K_2 ansteigt, und die Wahrscheinlichkeit hierfür ist für die implizite Wahrscheinlichkeitsverteilung geringer als für die Lognormalverteilung. Deshalb erwarten wir, dass die implizite Verteilung einen relativ niedrigen Preis für die Option angibt. Ein relativ niedriger Preis führt zu einer relativ niedrigen Volatilität, und genau dies können wir für die Option in Abbildung 20.3 ablesen. Als Nächstes betrachten wir eine weit aus dem Geld liegende Verkaufsoption mit einem Basispreis K_1. Diese Option zahlt nur dann aus, wenn der Aktienkurs unter K_1 liegt. Die Abbildung 20.3 zeigt, dass die Wahrscheinlichkeit hierfür bei der impliziten Wahrscheinlichkeitsverteilung höher ist als bei der Lognormalverteilung. Wir erwarten deshalb, dass die implizite Verteilung für diese Option einen relativ hohen Preis und damit eine relativ hohe implizite Volatilität angibt. Dies entspricht exakt der Darstellung in Abbildung 20.3.

Begründung für den Smile bei Aktienoptionen

Eine mögliche Erklärung für den Smile bei Aktienoptionen liegt in der Fremdkapitalaufnahme (Leverage). Wenn sich das Eigenkapital eines Unternehmens im Wert verringert, nimmt der Anteil des Fremdkapitals zu. Das heißt, dass die Aktie riskanter wird und ihre Volatilität steigt. Wenn das Eigenkapital eines Unternehmens im Wert steigt, verringert sich der Fremdkapitalanteil. Die Aktie wird dann weniger riskant und ihre Volatilität verringert sich. Dieses Argument zeigt, dass wir für die Volatilität des Eigenkapitals eine fallende Funktion des Preises erwarten können. Dies stimmt mit der Aussage in den Abbildungen 20.3 und 20.4 überein. Eine weitere Erklärung ist möglicherweise die Angst vor einem Crash (Crash-Phobie) (siehe Business Snapshot 20.2).

> ### Business Snapshot 20.2 – Crash-Phobie
>
> Interessanterweise wird der in Abbildung 20.3 für Aktienoptionen angegebene Zusammenhang erst seit dem Börsencrash im Oktober 1987 beobachtet. Vor dem Oktober 1987 waren die impliziten Volatilitäten viel weniger vom Basispreis abhängig. Dies hat Mark Rubinstein zu seiner Aussage veranlasst, dass einer der Gründe für das Muster in Abbildung 20.3 die „Crash-Phobie" sein könnte. Die Händler sind beunruhigt wegen der Möglichkeit eines weiteren, ähnlichen Crashs wie im Oktober 1987 und bewerten die Optionen entsprechend.
>
> Es gibt einige empirische Hinweise, die für eine Crash-Phobie sprechen. Wann immer der Markt zurückgeht (ansteigt), ist die Asymmetrie der Kurve in Abbildung 20.3 tendenziell stärker (weniger stark) ausgeprägt.

20.4 Alternative Darstellung des Volatility Smiles

Bislang haben wir den Volatility Smile als eine Beziehung zwischen impliziter Volatilität und Basispreis aufgefasst. Dieser Zusammenhang hängt vom aktuellen Kurs des Assets ab. So liegt z. B. der niedrigste Punkt des Volatility Smile in Abbildung 20.1 im Normalfall nahe dem aktuellen Wechselkurs. Steigt der Wechselkurs, bewegt sich der Volatility Smile nach rechts; sinkt der Wechselkurs, dann bewegt sich der Volatility Smile nach links. Analog bewegt sich in Abbildung 20.3 der Volatility Skew nach rechts, wenn der Aktienkurs steigt, und nach links, wenn der Aktienkurs fällt.[5] Aus diesem Grund wird der Volatility Smile oft als Beziehung zwischen der impliziten Volatilität und dem Quotienten K/S_0 ermittelt und nicht als Beziehung zwischen der impliziten Volatilität und K. Dieser Smile ist wesentlich stabiler.

Eine weitere Verbesserung besteht darin, den Volatility Smile als Beziehung zwischen der impliziten Volatilität und dem Quotienten K/F_0 aufzufassen, wobei F_0

---

5 Eine Untersuchung von Derman legt nahe, dass diese Anpassung bei börsengehandelten Optionen manchmal recht „träge" ausfällt. Siehe E. Derman, „Regimes of Volatility", *Risk*, April 1999, 54–59.

den Forward-Kurs des Assets bezeichnet, wenn der Kontrakt zur gleichen Zeit wie die betrachteten Optionen fällig wird. Es ist auch häufig anzutreffen, dass Händler eine „At-the-Money"-Option dadurch charakterisieren, dass $K = F_0$ und nicht $K = S_0$ gilt. Als Argument hierfür gilt, dass in einer risikoneutralen Welt eben F_0 (und nicht S_0) den erwarteten Aktienkurs bei Fälligkeit der Option beschreibt.

Ein ganz anderer Ansatz definiert den Volatility Smile als Beziehung zwischen der impliziten Volatilität und dem Delta der Option (wobei das Delta wie in Kapitel 19 definiert ist). Dadurch ist es möglich, Volatility Smiles für andere als europäische oder amerikanische Kauf- und Verkaufsoptionen anzugeben. Bei Verwendung dieses Ansatzes wird eine At-the-Money-Option als Kaufoption mit einem Delta von 0,5 bzw. als Verkaufsoption mit einem Delta von −0,5 definiert. Hierfür hat sich die Bezeichnung „50-delta-Optionen" etabliert.

20.5 Volatilitätsstrukturen

Zusätzlich zum Volatility Smile benutzen Händler eine Laufzeitstruktur der Volatilitäten (Volatility Term Structure), wenn sie Optionen bewerten. Dies bedeutet, dass die zur Bewertung einer am Geld liegenden Option verwendete Volatilität von der Laufzeit der Option abhängig ist. Die Volatilität ist in der Regel eine ansteigende Funktion der Laufzeit, wenn die kurzfristigen Volatilitäten historisch niedrig sind. In diesem Fall wird ein Ansteigen der Volatilitäten erwartet. Entsprechend ist die Volatilität tendenziell eine fallende Funktion der Laufzeit, wenn die kurzfristigen Volatilitäten historisch hoch sind, denn dann ist eher zu erwarten, dass die Volatilitäten fallen werden.

Volatility Surfaces kombinieren Volatility Smiles mit der Laufzeitstruktur der Volatilitäten, um die geeigneten Volatilitäten zur Bewertung einer Option mit beliebigem Basispreis und beliebiger Laufzeit darzustellen. Ein Beispiel für Volatility Surfaces, die für Währungsoptionen verwendet werden können, ist in Tabelle 20.2 angegeben.

Die Spalten in Tabelle 20.2 geben den Quotienten K/S_0 an, die Zeilen Laufzeiten. Die Tabelleneinträge zeigen die vom Black-Scholes-Merton-Modell berechneten Volatilitäten. Zu einzelnen Zeitpunkten sind Marktdaten zu Optionen mit diesen Ausstattungsmerkmalen verfügbar. Die impliziten Volatilitäten dieser Optionen wer-

	\multicolumn{5}{c}{K/S_0}
	0,9	0,95	1,0	1,05	1,10
1 Monat	14,2	13,0	12,0	13,1	14,5
3 Monate	14,0	13,0	12,0	13,1	14,2
6 Monate	14,1	13,3	12,5	13,4	14,3
1 Jahr	14,7	14,0	13,5	14,0	14,8
2 Jahre	15,0	14,4	14,0	14,5	15,1
5 Jahre	14,8	14,6	14,4	14,7	15,0

Tabelle 20.2: Volatility Surface

den direkt aus ihren Marktpreisen berechnet und in die Tabelle eingetragen. Implizite Volatilitäten für Restlaufzeiten und/oder Basispreise ohne verfügbare Marktdaten werden gewöhnlich durch lineare Interpolation bestimmt. Die Tabelle zeigt, dass der Volatility Smile bei zunehmender Optionslaufzeit weniger ausgeprägt ist. Wie bereits erwähnt, ist dies die Beobachtung für Währungsoptionen (welche auch für Optionen auf die meisten anderen Assets zutrifft).

Wenn eine neue Option zu bewerten ist, wird die geeignete Volatilität aus der Tabelle abgelesen. Um beispielsweise eine neunmonatige Option mit einem Verhältnis Basispreis/Assetpreis von 1,05 zu bewerten, würde in Tabelle 20.2 zwischen 13,4 und 14,0 interpoliert werden und man würde eine Volatilität von 13,7 erhalten. Dies ist die Volatilität, die in der Black-Scholes-Formel und auch im Binomialmodell verwendet werden würde. Bei der Bewertung einer 1,5-jährigen Option mit dem Quotienten $K/S_0 = 0{,}925$, würde mit einer zweidimensionalen Interpolation eine implizite Volatilität von 14,525% ermittelt.

Die Form des Volatility Smile hängt von der Laufzeit der Option ab. Wie in Tabelle 20.2 dargestellt, ist der Smile weniger ausgeprägt, wenn die Laufzeit der Option zunimmt. Wir definieren T als Restlaufzeit und F_0 als den Forward-Preis des Assets, wenn der Kontrakt den gleichen Fälligkeitstermin wie die Option besitzt. Zum Teil wird der Volatility Smile mithilfe der Beziehung zwischen der Volatilität und dem Ausdruck

$$\frac{1}{\sqrt{T}} \ln\left(\frac{K}{F_0}\right)$$

anstatt durch die Beziehung zwischen der Volatilität und K formuliert. Der Smile ist dann gewöhnlich weniger stark von der Restlaufzeit abhängig.

20.6 Greeks

Der Volatility Smile erschwert die Berechnung der Sensitivitätskennzahlen für Optionspreise (Greeks). Angenommen, die Beziehung zwischen der impliziten Volatilität und dem Quotienten K/S bleibt für eine Option mit bestimmter Restlaufzeit gleich.[6] Wenn sich der Preis des zugrunde liegenden Assets verändert, ändert sich auch die Volatilität der Option, um die Moneyness der Option (d. h. das Maß, wie weit die Option im oder aus dem Geld ist) widerzuspiegeln. Die in Kapitel 19 angegebenen Formeln für die Greeks sind nicht länger korrekt. Beispielsweise ist der Delta-Faktor einer Kaufoption gegeben durch

$$\frac{\partial c_{\text{BS}}}{\partial S} + \frac{\partial c_{\text{BS}}}{\partial \sigma_{\text{imp}}} \frac{\partial \sigma_{\text{imp}}}{\partial S},$$

wobei c_{BS} der Black-Scholes-Preis der Option ist, ausgedrückt als eine Funktion des Asset-Preises S und der Volatilität σ_{imp}. Betrachten wir den Einfluss dieser Formel auf den Delta-Faktor einer Kaufoption auf Aktien oder Aktienindizes. Die Volatilität ist eine fallende Funktion von K/S. Deshalb wächst die Volatilität, wenn der Asset-Preis steigt, es gilt also

$$\frac{\partial \sigma_{\text{imp}}}{\partial S} > 0\,.$$

---

6 Dieses natürlich wirkende Modell weist interessanterweise nur dann interne Konstanz auf, wenn der Volatility Smile für alle Laufzeiten flach ist. Siehe etwa T. Daglish, J. Hull und W. Suo, „Volatility Surfaces: Theory, Rules of Thumb, and Empirical Evidence", *Quantitative Finance*, 7, 5 (Oktober 2007), 507–524.

Daraus folgt, dass der Delta-Faktor größer ist als der auf Basis der Annahme von Black-Scholes erhaltene Wert.

In der Praxis versuchen viele Banken sicherzustellen, dass sie gegenüber jenen Veränderungen der Volatility Surface, die am häufigsten beobachtet werden, möglichst wenig anfällig sind. Eine Technik zur Identifizierung dieser Veränderungen ist die Hauptkomponentenanalyse (Principal Component Analysis), die wir in Kapitel 22 diskutieren werden.

20.7 Die Bedeutung des Modells

Wie bedeutend ist das Bewertungsmodell, wenn die Händler für jede Option eine unterschiedliche Volatilität verwenden? Man kann sagen, dass das Black-Scholes-Merton-Modell nicht mehr als ein raffiniertes Werkzeug zur Interpolation darstellt, mit dessen Hilfe die Händler sicherstellen können, dass die jeweilige Option in Übereinstimmung mit den Marktpreisen anderer aktiv gehandelter Optionen bewertet wurde. Wenn die Händler vom Black-Scholes-Merton-Modell zu einem anderen plausiblen Modell übergehen würden, so würden sich die Volatility Surface und die Form des Smiles ändern. Auf die am Markt notierten Optionspreise hätte dies jedoch keinen spürbaren Einfluss. Selbst das Delta, wenn es so berechnet wird wie im vorigen Abschnitt skizziert, ändert sich kaum, wenn das Modell geändert wird.

Den größten Effekt auf die Bepreisung von Derivaten haben die Modelle, wenn am Markt keine ähnlichen Derivate gehandelt werden. So ist z. B. die Bepreisung vieler der in den kommenden Kapiteln auftauchenden exotischen Nichtstandard-Optionen modellabhängig.

20.8 Erwartete Kurssprünge

Wir wollen nun ein Beispiel dafür betrachten, wie ein ungewöhnlicher Volatility Smile auf Aktienmärkten entstehen kann. Angenommen, ein Aktienkurs beträgt gegenwärtig 50 $, und nach einer wichtigen Meldung wird für die nächsten Tage erwartet, dass der Aktienkurs entweder um 8 $ steigen oder um 8 $ fallen wird. (Bei

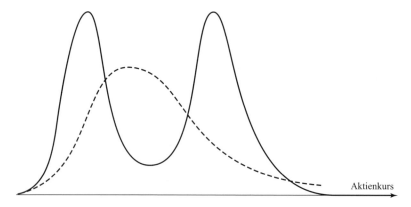

Abbildung 20.5: Auswirkung eines einzelnen großen Kurssprungs; die durchgezogene Linie entspricht der tatsächlichen Verteilung; die gestrichelte Linie ist die Lognormalverteilung

20.8 Erwartete Kurssprünge

dieser Meldung könnte es sich um das Ergebnis eines Übernahmeversuchs oder das Urteil in einem wichtigen Verfahren handeln.) Die Wahrscheinlichkeitsverteilung des Aktienkurses in beispielsweise drei Monaten könnte dann aus einer Überlagerung zweier Lognormalverteilungen bestehen, die erste für positive, die zweite für negative Nachrichten. Diese Situation ist in Abbildung 20.5 dargestellt. Die durchgezogene Linie zeigt eine Überlagerung zweier Lognormalverteilungen für den Aktienkurs in einem Monat. Die gestrichelte Linie zeigt die Lognormalverteilung mit demselben Mittelwert und derselben Standardabweichung wie die gemischte Verteilung.

Die wahre Wahrscheinlichkeitsverteilung ist bimodal (mit Sicherheit nicht lognormal). Eine einfache Möglichkeit zur Untersuchung der allgemeinen Auswirkungen einer bimodalen Verteilung des Aktienkurses ist die Betrachtung des Extremfalls, wenn es nur zwei mögliche Werte für den zukünftigen Aktienkurs gibt.

Angenommen, der Aktienpreis beträgt gegenwärtig 50 $ und es ist bekannt, dass er in einem Monat entweder bei 42 $ oder bei 58 $ stehen wird. Der risikolose Zinssatz steht bei 12%. Die Situation ist in Abbildung 20.6 dargestellt. Optionen können mit dem in Kapitel 13 vorgestellten Binomialmodell bewertet werden. Im vorlie-

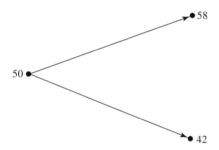

Abbildung 20.6: Änderung des Aktienkurses in einem Monat

Basispreis ($)	Call-Preis ($)	Put ($)	Implizite Volatilität (%)
42	8,42	0,00	0,0
44	7,37	0,93	58,8
46	6,31	1,86	66,6
48	5,26	2,78	69,5
50	4,21	3,71	69,2
52	3,16	4,64	66,1
54	2,10	5,57	60,0
56	1,05	6,50	49,0
58	0,00	7,42	0,0

Tabelle 20.3: Implizite Volatilitäten für den Fall, dass sich der Aktienkurs von 50 $ auf 42 $ oder 58 $ bewegt

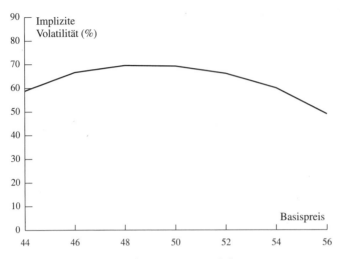

Abbildung 20.7: Volatility Smile für die Situation in Tabelle 20.3

genden Fall gilt $u = 1{,}16$, $d = 0{,}84$, $a = 1{,}0101$ und $p = 0{,}5314$. Die Ergebnisse für die Bewertung verschiedener Optionen sind in Tabelle 20.3 dargestellt. Die erste Spalte zeigt alternative Basispreise, die zweite die Preise für einmonatige europäische Calls, die dritte Spalte zeigt die Preise für einmonatige europäische Puts. die vierte implizite Volatilitäten. (Wie in Abschnitt 20.1 gezeigt, ist die implizite Volatilität eines europäischen Puts bei gleichem Basispreis und gleicher Laufzeit dieselbe wie die eines europäischen Calls.) Abbildung 20.7 zeigt den Volatility Smile von Tabelle 20.3. Im Gegensatz zu dem Smile für Währungen sieht er aber eher wie ein „Stirnrunzeln" aus. Die Volatilitäten sinken, wenn wir uns ins Geld oder aus dem Geld bewegen. Die aus einer Option mit Basispreis 50 ermittelte implizite Volatilität wird eine Option mit Basispreis 44 oder 56 überbewerten.

ZUSAMMENFASSUNG

Das Black-Scholes-Merton-Modell und seine Erweiterungen setzen voraus, dass die Wahrscheinlichkeitsverteilung des zugrunde liegenden Assets für jeden beliebigen zukünftigen Zeitpunkt lognormal ist. Diese Annahme treffen Händler in aller Regel nicht. Sie nehmen an, dass die Wahrscheinlichkeitsverteilung eines Aktienkurses einen schwereren linken und einen leichteren rechten Rand als die Lognormalverteilung besitzt. Sie setzen außerdem voraus, dass die Wahrscheinlichkeitsverteilung eines Wechselkurses einen schwereren linken und einen schwereren rechten Rand als die Lognormalverteilung besitzt.

Händler setzen Volatility Smiles ein, um die Abweichung von der Lognormalverteilung zu berücksichtigen. Ein Volatility Smile definiert die Beziehung zwischen der impliziten Volatilität einer Option und ihrem Basispreis. Für Aktienoptionen ist der Volatility Smile häufiger nach unten gekrümmt. Dies bedeutet, dass Verkaufsoptionen aus dem Geld sowie Kaufoptionen im Geld zu hohen Volatilitäten neigen, während Kaufoptionen aus dem Geld sowie Verkaufsoptionen im Geld zu niedrigen Volatilitäten tendieren. Für Währungsoptionen ist der

Volatility Smile U-förmig gestaltet. Weit aus dem Geld liegende und weit im Geld liegende Optionen haben höhere Volatilitäten als Optionen am Geld.

Häufig benutzen Händler auch eine Laufzeitstruktur der Volatilitäten. Die Volatilität einer Option hängt dann von ihrer Restlaufzeit ab. Wenn Volatility Smiles und Laufzeitstrukturen von Volatilitäten kombiniert werden, erzeugen sie eine Volatility Surface. Diese definiert die Volatilität als Funktion des Basispreises und der Laufzeit.

ZUSAMMENFASSUNG

Literaturempfehlungen

Bakshi, G., C. Cao und Z. Chen, „Empirical Performance of Alternative Option Pricing Models", *Journal of Finance*, 52, Nr. 5 (Dezember 1997), 2004–2049.

Bates, D.S., „Post-'87 Crash Fears in the S&P Futures Market", *Journal of Econometrics*, 94 (Januar/Februar 2000): 181–238.

Daglish, T., J. Hull und W. Suo, „Volatility Surfaces: Theory, Rules of Thumb, and Empirical Evidence", *Quantitative Finance*, 7, 5 (2007): 507–524.

Derman, E., „Regimes of Volatility", *Risk*, April 1999, S. 55–59.

Ederington, L.H. und W. Guan, „Why Are Those Options Smiling", *Journal of Derivatives*, 10, 2 (2002):9–34.

Jackwerth, J.C. und M. Rubinstein, „Recovering Probability Distributions from Option Prices", *Journal of Finance*, 51 (Dezember 1996), 1611–1631.

Melick, W.R. und C.P. Thomas, „Recovering an Asset's Implied Probability Density Function from Option Prices: An Application to Crude Oil during the Gulf Crisis", *Journal of Financial and Quantitative Analysis*, 32, Nr. 1 (März 1997), 91–115.

Reiswich, D. und U. Wystup, „FX Volatility Smile Construction". Working Paper, Frankfurt School of Finance and Management, April 2010.

Rubinstein, M., „Nonparametric Tests of Alternative Option Pricing Models Using All Reported Trades and Quotes on the 30 Most Active CBOE Option Classes from August 23, 1976 through August 31, 1978", *Journal of Finance*, 40 (Juni 1985), 455–480.

Praktische Fragestellungen

20.1 Welcher Volatility Smile ist voraussichtlich zu beobachten, wenn

a. beide Ränder der Aktienkursverteilung weniger Wahrscheinlichkeitsmasse als die Lognormalverteilung aufweisen,

b. der rechte Rand schwerer und der linke Rand leichter als jener der Lognormalverteilung ist?

20.2 Welcher Volatility Smile ist für Aktien zu beobachten?

20.3 Welche Form hat der durch Sprünge im zugrunde liegenden Asset-Preis erzeugte Volatility Smile? Wird das Muster für eine zweijährige Option voraussichtlich ausgeprägter sein als für eine dreimonatige Option?

20 Volatility Smiles

20.4 Eine europäische Kaufoption und eine europäische Verkaufsoption weisen denselben Basispreis und dieselbe Restlaufzeit bis zur Fälligkeit auf. Die implizite Volatilität des Calls beträgt 30%, die des Puts 25%. Welche Geschäfte würden Sie in dieser Situation durchführen?

20.5 Erläutern Sie ausführlich, weshalb eine Verteilung mit einem schwereren linken Rand und einem weniger ausgeprägten rechten Rand als die Lognormalverteilung einen fallenden Volatility Smile zur Folge hat.

20.6 Der Marktpreis einer europäischen Kaufoption beträgt 3,00 $ und ihr Black-Scholes-Preis ist 3,50 $. Der Black-Scholes-Preis einer europäischen Verkaufsoption mit demselben Basispreis und derselben Restlaufzeit ist 1,00 $. Welchen Marktpreis sollte diese Option haben? Begründen Sie Ihre Antwort.

20.7 Erklären Sie den Begriff „Crash-Phobie".

20.8 Der Kurs einer Aktie liegt gegenwärtig bei 20 $. Für morgen wird eine Nachricht erwartet, die den Kurs entweder um 5 $ steigen oder um 5 $ fallen lässt. Welche Probleme ergeben sich bei der Verwendung des Black-Scholes-Merton-Modells zur Bewertung einer einmonatigen Option auf die Aktie?

20.9 Welcher Volatility Smile wird voraussichtlich für sechsmonatige Optionen beobachtet, wenn die Volatilität unsicher und positiv mit dem Aktienkurs korreliert ist?

20.10 Welche Probleme können Ihrer Meinung nach bei der empirischen Untersuchung eines Bewertungsmodells für Aktienoptionen auftreten?

20.11 Angenommen, die Zentralbankpolitik gestattet eine Wechselkursschwankung zwischen 0,97 und 1,03. Welches Muster der impliziten Volatilitäten ist für Optionen auf den Wechselkurs zu erwarten?

20.12 Optionshändler bezeichnen mitunter weit aus dem Geld liegende Optionen als Volatilitätsoptionen. Was glauben Sie, warum Händler dies tun?

20.13 Eine europäische Kaufoption auf eine bestimmte Aktie hat einen Basispreis von 30 $, eine Laufzeit von einem Jahr und eine implizite Volatilität von 30%. Eine europäische Verkaufsoption auf dieselbe Aktie hat einen Basispreis von 30 $, eine Laufzeit von einem Jahr und eine implizite Volatilität von 33%. Welche Arbitragemöglichkeit eröffnet sich einem Händler? Funktioniert die Arbitrage nur, wenn die dem Black-Scholes-Merton-Modell zugrunde liegende Lognormalverteilung gilt? Begründen Sie Ihre Antwort.

20.14 Angenommen, das Ergebnis eines wichtigen Gerichtsverfahrens Microsoft betreffend ist für morgen angekündigt. Der Kurs der Microsoft-Aktie liegt gegenwärtig bei 60 $. Wenn die Entscheidung zugunsten von Microsoft ausfällt, wird ein Sprung des Aktienkurses auf 75 $ erwartet. Fällt sie zuungunsten von Microsoft aus, so wird damit gerechnet, dass der Kurs auf 50 $ fällt. Welche risikoneutrale Wahrscheinlichkeit hat eine positive Entscheidung? Nehmen Sie an, dass die Volatilität der Microsoft-Aktie über eine 6-Monats-Frist nach der Entscheidung bei 25% im Fall einer positiven und bei 40% im Fall einer negativen Entscheidung liegt. Benutzen Sie DerivaGem, um die Beziehung zwischen der impliziten Volatilität und dem Basispreis für sechsmonatige europäische Optionen auf Microsoft zu berechnen. Microsoft zahlt keine Dividenden und der sechsmonatige risikolose Zinssatz sei 6%. Betrachten Sie Kaufoptionen mit Basispreisen von 30 $, 40 $, 50 $, 60 $, 70 $ und 80 $.

20.15 Ein Wechselkurs liegt gegenwärtig bei 0,8000. Die Volatilität des Wechselkurses ist mit 12% angegeben und die Zinssätze sind in beiden Ländern identisch. Schätzen Sie unter Annahme einer Lognormalverteilung die Wahrscheinlichkeit ab, dass der Wechselkurs in drei Monaten (a) weniger als 0,7000, (b) zwischen 0,7000 und 0,7500, (c) zwischen 0,7500 und 0,8000, (d) zwischen 0,8000 und 0,8500, (e) zwischen 0,8500 und 0,9000 und (f) größer als 0,9000 ist. Welche dieser Schätzungen würden Sie für zu hoch oder zu niedrig halten, wenn Sie berücksichtigen, welche Volatility Smiles am Markt gewöhnlich für Wechselkurse beobachtet werden?

20.16 Der Kurs einer Aktie liegt bei 40 $. Eine sechsmonatige europäische Kaufoption auf die Aktie mit einem Basispreis von 30 $ hat eine implizite Volatilität von 35%. Eine sechsmonatige europäische Kaufoption auf die Aktie mit einem Basispreis von 50 $ weist eine implizite Volatilität von 28% auf. Der risikolose Zinssatz für sechs Monate beträgt 5% und es werden keine Dividenden erwartet. Erläutern Sie, warum die beiden impliziten Volatilitäten unterschiedlich sind. Benutzen Sie die DerivaGem-Software, um die Preise der beiden Optionen zu berechnen. Verwenden Sie die Put-Call-Parität, um die Preise von sechsmonatigen europäischen Verkaufsoptionen mit Basispreisen von 30 $ und 50 $ zu berechnen. Berechnen Sie mit DerivaGem die impliziten Volatilitäten dieser beiden Verkaufsoptionen.

20.17 „Das Black-Scholes-Merton-Modell wird von den Händlern als Hilfsmittel zur Interpolation genutzt." Diskutieren Sie diese Ansicht.

20.18 Ermitteln Sie mithilfe von Tabelle 20.2 die implizite Volatilität, die ein Händler für eine achtmonatige Option mit $K/S_0 = 1{,}04$ verwenden würde.

Zur weiteren Vertiefung

20.19 Die Aktie eines Unternehmens notiert bei 4 $. Das Unternehmen hat keine Schulden. Analysten schätzen den Liquidationswert der Firma auf mindestens 300 000 $ und es gibt 100 000 ausgegebene Aktien. Welche Form würden Sie für den Volatility Smile erwarten?

20.20 Ein Unternehmen erwartet den Ausgang eines bedeutenden Gerichtsverfahrens. Das Ergebnis wird innerhalb eines Monats bekannt gegeben. Der Aktienkurs liegt derzeit bei 20 $. Wenn das Ergebnis positiv ist, wird nach einem Monat ein Aktienkurs von 24 $ erwartet. Ist das Ergebnis negativ, wird mit einem Aktienkurs von 18 $ gerechnet. Der einmonatige risikolose Zinssatz ist 8% per annum.

a. Wie groß ist die risikoneutrale Wahrscheinlichkeit für ein positives Ergebnis?
b. Wie lauten die Werte für einmonatige Kaufoptionen mit Basispreisen von 19 $, 20 $, 21 $, 22 $ und 23 $?
c. Berechnen Sie mit DerivaGem den Volatility Smile für einmonatige Kaufoptionen.
d. Überprüfen Sie, ob man für einmonatige Verkaufsoptionen denselben Volatility Smile erhält.

20.21 Ein Futures-Preis beträgt gegenwärtig 40 $. Der risikolose Zinssatz ist 5%. Für morgen werden Nachrichten erwartet, die für die nächsten drei Monate eine Volatilität von entweder 10% oder 30% bewirken. Es besteht eine Chance von 60% für das erste und von 40% für das zweite Ergebnis. Berechnen Sie mit DerivaGem einen Volatility Smile für dreimonatige Futures-Optionen.

20.22 Auf der Homepage des Autors werden Daten für eine Reihe von Währungen zur Verfügung gestellt: www.rotman.utoronto.ca/~hull. Wählen Sie eine Währung aus und verwenden Sie die Daten, um eine Tabelle nach dem Muster von Tabelle 20.1 zu erstellen.

20.23 Auf der Homepage des Autors werden Daten für eine Reihe von Aktienindizes zur Verfügung gestellt: www.rotman.utoronto.ca/~hull. Wählen Sie einen Index aus und testen Sie, ob eine Abwärtsbewegung um drei Standardabweichungen häufiger auftritt als eine Aufwärtsbewegung um drei Standardabweichungen.

20.24 Betrachten Sie eine europäische Kaufoption und eine europäische Verkaufsoption mit demselben Basispreis und derselben Laufzeit. Zeigen Sie, dass sich die Preise um den gleichen Wert ändern, wenn die Volatilität in einem kurzen Zeitabschnitt vom Niveau σ_1 auf das neue Niveau σ_2 steigt. (*Hinweis:* Verwenden Sie die Put-Call-Parität.)

20.25 Ein Wechselkurs steht gegenwärtig bei 1,0 und die impliziten Volatilitäten von sechsmonatigen europäischen Optionen mit den Basispreisen 0,7, 0,8, 0,9, 1,0, 1,1, 1,2 und 1,3 betragen 13%, 12%, 11%, 10%, 11%, 12% bzw. 13%. Sowohl der inländische als auch der ausländische risikolose Zinssatz liegen bei 2,5%. Berechnen Sie die implizite Wahrscheinlichkeitsverteilung. Verwenden Sie dabei einen analogen Ansatz zu jenem, der im Beispiel 20.2 im Anhang zu diesem Kapitel verwendet wird. Vergleichen Sie Ihr Ergebnis mit der impliziten Verteilung, bei der alle impliziten Volatilitäten 11,5% betragen.

20.26 Ermitteln Sie mithilfe von Tabelle 20.2 die implizite Volatilität, die ein Händler für eine elfmonatige Option mit $K/S_0 = 0,98$ verwenden würde.

Anhang: Bestimmung impliziter risikoneutraler Verteilungen aus Volatility Smiles

Der Preis einer europäischen Kaufoption auf ein Asset mit dem Basispreis K und der Laufzeit T ist gegeben durch

$$c = e^{-rT} \int_{S_T=K}^{\infty} (S_T - K) g(S_T) \, dS_T \, ,$$

Anhang: Bestimmung impliziter risikoneutraler Verteilungen aus Volatility Smiles

wobei r der Zinssatz (als konstant angenommen), S_T der Asset-Preis und g die risikoneutrale Wahrscheinlichkeitsdichte von S_T ist. Durch Differenzierung bezüglich K erhalten wir

$$\frac{\partial c}{\partial K} = -e^{-rT} \int_{S_T=K}^{\infty} g(S_T)\,dS_T \,.$$

Eine nochmalige Differenzierung bezüglich K ergibt

$$\frac{\partial^2 c}{\partial K^2} = e^{-rT} g(K) \,.$$

Dies zeigt, dass die Wahrscheinlichkeitsdichte g gegeben ist durch

$$g(K) = e^{rT} \frac{\partial^2 c}{\partial K^2} \,. \tag{20.3}$$

Dieses Ergebnis, das auf Breeden und Litzenberger (1978) zurückgeht, erlaubt die Abschätzung risikoneutraler Verteilungen aus Volatility Smiles.[7] Angenommen, c_1, c_2 und c_3 sind Preise europäischer Kaufoptionen mit der Laufzeit T und den Basispreisen $K-\delta$, K bzw. $K+\delta$. Falls δ klein ist, stellt der durch Näherung der partiellen Ableitung in Gleichung (20.3) erhaltene Ausdruck

$$e^{rT} \frac{c_1 + c_3 - 2c_2}{\delta^2}$$

eine Schätzung für $g(K)$ dar.

Für einen alternativen Zugang zu dieser Formel nehmen wir an, dass ein Butterfly Spread mit Basispreisen $K-\delta$, K und $K+\delta$ und einer Laufzeit T gebildet wird. Es werden also je ein Call mit Basispreis $K-\delta$ bzw. $K+\delta$ gekauft sowie zwei Calls mit Basispreis K verkauft. Der Wert der Position beträgt somit $c_1 + c_3 - 2c_2$. Dieser Wert kann jedoch auch durch Integration der Auszahlung über die risikolose Wahrscheinlichkeitsverteilung $g(S_T)$ und Diskontierung mit dem risikolosen Zinssatz ermittelt werden. Die Auszahlung ist in Abbildung 20.8 dargestellt. Da δ klein ist, können wir im gesamten Bereich $K-\delta < S_T < K+\delta$ unterstellen, dass $g(S_T) = g(K)$ ist und die Auszahlung somit null wird. Die Fläche unter der Linie in Abbildung 20.8 beträgt $0{,}5 \cdot 2\delta \cdot \delta = \delta^2$. Der Wert der Auszahlung (bei hinreichend kleinem δ) ergibt sich also zu $e^{-rT} g(K) \delta^2$. Daraus folgt

$$e^{-rT} g(K) \delta^2 = c_1 + c_3 - 2c_2 \,.$$

Dies führt direkt zu der Beziehung

$$g(K) = e^{rT} \frac{c_1 + c_3 - 2c_2}{\delta^2} \tag{20.4}$$

Beispiel 20.2 Angenommen, der Preis einer dividendenlosen Aktie beträgt 10 $, der risikolose Zinssatz 3 %, und die impliziten Volatilitäten dreimonatiger europäischer Optionen mit den Basispreisen 6 $, 7 $, 8 $, 9 $,

---

[7] Siehe D.T. Breeden und R.H. Litzenberger, „Prices of State-Contingent Claims Implicit in Option Prices", *Journal of Business*, 51 (1978), 621–651.

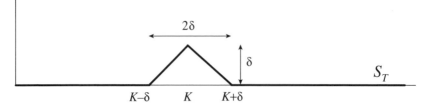

Abbildung 20.8: Auszahlung aus einem Butterfly Spread

10 $, 11 $, 12 $, 13 $ bzw. 14 $ seien 30%, 29%, 28%, 27%, 26%, 25%, 24%, 23% bzw. 22%. Man kann die obigen Resultate nun wie folgt anwenden. Dazu nehmen wir an, dass $g(S_T)$ jeweils zwischen $S_T = 6$ und $S_T = 7$, $S_T = 7$ und $S_T = 8$, usw. konstant ist. Wir definieren:

$$g(S_T) = g_1 \quad \text{für} \quad 6 \leq S_T < 7$$
$$g(S_T) = g_2 \quad \text{für} \quad 7 \leq S_T < 8$$
$$g(S_T) = g_3 \quad \text{für} \quad 8 \leq S_T < 9$$
$$g(S_T) = g_4 \quad \text{für} \quad 9 \leq S_T < 10$$
$$g(S_T) = g_5 \quad \text{für} \quad 10 \leq S_T < 11$$
$$g(S_T) = g_6 \quad \text{für} \quad 11 \leq S_T < 12$$
$$g(S_T) = g_7 \quad \text{für} \quad 12 \leq S_T < 13$$
$$g(S_T) = g_8 \quad \text{für} \quad 13 \leq S_T < 14 \ .$$

Zur Ermittlung des Wertes für g_1 interpolieren wir zunächst und erhalten als implizite Volatilität für eine dreimonatige Option mit Basispreis 6,50 $ den Wert 29,5%. Die Optionen mit den Basispreisen 6 $, 6,50 $ und 7 $ besitzen also die impliziten Volatilitäten 30%, 29,5% bzw. 29%. Mit DerivaGem erhalten wir als Preise 4,045 $, 3,549 $ bzw. 3,055 $. Mit $K = 6,5$ und $\delta = 0,5$ ergibt dies

$$g_1 = \frac{e^{0,03 \cdot 0,25}(4,045 + 3,055 - 2 \cdot 3,549)}{0,5^2} = 0,0057 \ .$$

Analoge Berechnungen ergeben

$$g_2 = 0,0444 \ , g_3 = 0,1545 \ , g_4 = 0,2781 \ ,$$
$$g_5 = 0,2813 \ , g_6 = 0,1659 \ , g_7 = 0,0573 \ , g_8 = 0,0113 \ .$$

Abbildung 20.9 veranschaulicht die implizite Verteilung. (Die Fläche unter der Kurve beträgt 0,9985. Die Wahrscheinlichkeit, dass $S_T < 6$ oder $S_T \geq 14$ ist folglich 0,0015.) Auch wenn dies aus Abbildung 20.9 nicht offensichtlich ist, ist der linke Rand der impliziten Verteilung schwerer, und der rechte Rand weniger stark ausgeprägt als bei einer Lognormalverteilung. Bei einer auf einer Volatilität von 26% beruhenden Lognormalverteilung beträgt die Wahrscheinlichkeit,

Anhang: Bestimmung impliziter risikoneutraler Verteilungen aus Volatility Smiles

dass der Aktienkurs zwischen 6 $ und 7 $ liegt, 0,0031 (in Abbildung 20.9 sind es 0,0057) und die Wahrscheinlichkeit, dass der Aktienkurs zwischen 13 $ und 14 $ liegt, 0,0167 (in Abbildung 20.9 sind es 0,0113).

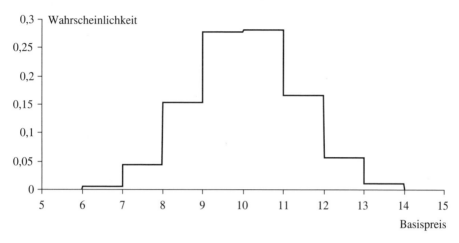

Abbildung 20.9: Implizite Wahrscheinlichkeitsverteilung für Beispiel 20.2

Numerische Verfahren: Grundlagen

21.1 Binomialbäume 560
21.2 Verwendung von Binomialbäumen für Optionen auf Indizes, Währungen und Futures-Kontrakte 568
21.3 Binomialmodell für eine Aktie, die Dividenden ausschüttet 571
21.4 Alternative Verfahren zur Konstruktion von Bäumen 577
21.5 Zeitabhängige Parameter 579
21.6 Die Monte-Carlo-Simulation 580
21.7 Varianzreduzierende Verfahren 588
21.8 Finite-Differenzen-Methoden 592
Zusammenfassung 602
Literaturempfehlungen 603
Praktische Fragestellungen 604

21 Numerische Verfahren: Grundlagen

In diesem Kapitel diskutieren wir drei numerische Verfahren, mit deren Hilfe Derivate bewertet werden können, wenn keine analytischen Lösungen (wie die Black-Scholes-Merton-Formeln) vorliegen. Beim ersten Verfahren werden die Bewegungen des Assetpreises in einem Baum dargestellt (siehe Kapitel 13). Das zweite Verfahren beinhaltet die Monte-Carlo-Simulation, welche in Kapitel 14 bei der Erläuterung von stochastischen Prozessen schon einmal kurz dargestellt wurde. Das dritte Verfahren verwendet Finite-Differenzen-Methoden.

Die Monte-Carlo-Simulation wird gewöhnlich für Derivate genutzt, deren Auszahlung von der genauen Entwicklung der zugrunde liegenden Variablen abhängt, oder wenn sich das Derivat auf mehrere Variablen bezieht. Bäume sowie Finite-Differenzen-Methoden werden gewöhnlich bei amerikanischen Optionen und anderen Derivaten, bei denen der Inhaber vor der Fälligkeit Entscheidungen zu treffen hat, verwendet. Neben dem Einsatz im Rahmen der Bewertung eines Derivates können die Verfahren zur Berechnung von Sensitivitätskennzahlen wie Delta, Gamma und Vega benutzt werden.

Die in diesem Kapitel diskutierten Verfahren können für die meisten in der Realität auftretenden Bewertungsprobleme bei Derivaten eingesetzt werden. Manchmal müssen sie jedoch an spezielle Situationen angepasst werden. Dies wird in Kapitel 27 diskutiert.

21.1 Binomialbäume

In Kapitel 13 haben wir Binomialbäume vorgestellt. Sie können zur Bewertung von europäischen und amerikanischen Optionen eingesetzt werden. Die in den Kapiteln 15, 17 und 18 betrachteten Black-Scholes-Formeln und ihre Erweiterungen ermöglichen eine analytische Bewertung von europäischen Optionen.[1] Für amerikanische Optionen existieren keine analytischen Bewertungsmöglichkeiten. Daher sind Binomialbäume zur Bewertung dieser Optionen am nützlichsten.[2]

Wie in Kapitel 13 ausgeführt, beinhaltet die Binomialmethode die Unterteilung der Laufzeit der Option in eine große Anzahl kleiner Zeitintervalle der Länge Δt. Es wird angenommen, dass sich der Preis des Underlyings in jedem Zeitintervall von seinem Anfangswert S zu einem der beiden neuen Werte Su oder Sd entwickelt. Dieser Ansatz ist in Abbildung 21.1 dargestellt. Im Allgemeinen gilt $u > 1$ und $d < 1$. Die Bewegung von S nach Su ist daher eine Aufwärtsbewegung und die Bewegung von S nach Sd eine Abwärtsbewegung. Die Wahrscheinlichkeit einer Aufwärtsbewegung wird mit p bezeichnet. Die Wahrscheinlichkeit einer Abwärtsbewegung ist $1 - p$.

Risikoneutrale Bewertung

Das in den Kapiteln 13 und 15 vorgestellte Prinzip der risikoneutralen Bewertung besagt, dass eine Option (oder ein anderes Derivat) unter der Annahme bewertet

---

[1] Die Black-Scholes-Formeln basieren auf dem gleichen Annahmenbündel wie Binomialbäume. Wie man es auch erwarten würde, konvergiert der Preis, den die Binomialmethode für eine europäische Option liefert, mit steigender Anzahl der Zeitschritte gegen den Black-Scholes-Preis.

[2] Es gibt einige Vorschläge für analytische Näherungslösungen zur Bewertung amerikanischer Optionen. Der bekannteste ist der Ansatz der quadratischen Approximation. Eine Beschreibung dieses Ansatzes findet sich in Technical Note 8 auf der Homepage des Autors.

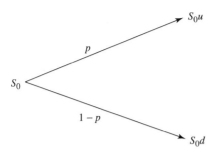

Abbildung 21.1: Assetpreisbewegungen über einen Zeitraum Δt nach dem Binomialmodell

werden kann, dass die Welt risikoneutral ist. Dies bedeutet, dass wir für Bewertungszwecke die folgenden Annahmen treffen können:

1. Die erwartete Rendite aller gehandelten Wertpapiere entspricht der risikolosen Verzinsung.
2. Auszahlungen aus dem Derivat können durch Berechnung ihrer Erwartungswerte und Diskontierung mit dem risikolosen Zinssatz bewertet werden.

Dieses Prinzip der risikoneutralen Bewertung ist das Schlüsselelement bei der Verwendung von Bäumen.

Bestimmung von *p*, *u* und *d*

Die Parameter p, u und d müssen korrekte Werte für den Mittelwert und die Varianz der Assetpreisveränderungen während eines Zeitintervalls der Länge Δt erzeugen. Da wir in einer risikoneutralen Welt arbeiten, entspricht die erwartete Rendite eines Assets dem risikolosen Zinssatz r. Angenommen, das Asset liefert die Rendite q. Die erwartete Rendite in Form von Kapitalgewinnen muss dann $r - q$ betragen. Das bedeutet, dass der Erwartungswert des Assetpreises am Ende eines Zeitintervalls der Länge Δt durch $Se^{(r-q)\Delta t}$ gegeben ist, wobei S der Aktienkurs zu Beginn des Zeitintervalls ist. Daraus folgt

$$Se^{(r-q)\Delta t} = pSu + (1-p)Sd$$

oder

$$e^{(r-q)\Delta t} = pu + (1-p)d . \qquad (21.1)$$

Die Varianz einer Variablen Q ist als $E(Q^2) - [E(Q)]^2$ definiert. Bezeichnet R die prozentuale Änderung R des Assetpreises, dann hat $1 + R$ mit Wahrscheinlichkeit p den Wert u und mit Wahrscheinlichkeit $1 - p$ den Wert d. Mit Gleichung (21.1) folgt, dass die Varianz von $1 + R$

$$pu^2 + (1-p)d^2 - e^{2(r-q)\Delta t}$$

beträgt. Da die Addition einer Konstanten zu einer Variablen keinen Einfluss auf deren Varianz hat, weist $1 + R$ die gleiche Varianz wie R auf. Wie in Abschnitt 15.4 erläutert, beträgt diese $\sigma^2 \Delta t$. Hieraus folgt

$$pu^2 + (1-p)d^2 - e^{2(r-q)\Delta t} = \sigma^2 \Delta t .$$

Wegen Gleichung (21.1) gilt $e^{(r-q)\Delta t}(u+d) = pu^2 + (1-p)d^2 + ud$, sodass

$$e^{(r-q)\Delta t}(u+d) - ud - e^{2(r-q)\Delta t} = \sigma^2 \Delta t\,. \tag{21.2}$$

Die Gleichungen (21.1) und (21.2) erlegen den Variablen p, u und d zwei Bedingungen auf. Eine dritte, von Cox, Ross und Rubinstein (1979) verwendete Bedingung ist[3]

$$u = \frac{1}{d}\,. \tag{21.3}$$

Wenn man Terme mit höherer Ordnung als Δt vernachlässigt, lautet eine Lösung der Gleichungen (21.1) und (21.2)[4]

$$p = \frac{a-d}{u-d} \tag{21.4}$$

$$u = e^{\sigma\sqrt{\Delta t}} \tag{21.5}$$

$$d = e^{-\sigma\sqrt{\Delta t}}\,, \tag{21.6}$$

wobei

$$a = e^{(r-q)\Delta t} \tag{21.7}$$

gilt. Die Variable a wird mitunter als *Wachstumsfaktor* bezeichnet. Die Gleichungen (21.4) bis (21.7) entsprechen den Gleichungen in den Abschnitten 13.8 und 13.11.

Binomialbaum für Assetpreise

Abbildung 21.2 stellt den vollständigen Baum von Assetpreisen dar, der bei der Verwendung des Binomialmodells entsteht. Der Assetpreis S_0 zum Zeitpunkt null ist bekannt. Zur Zeit Δt gibt es zwei mögliche Assetpreise, $S_0 u$ und $S_0 d$; zur Zeit $2\Delta t$ gibt es drei mögliche Assetpreise, $S_0 u^2$, S_0 und $S_0 d^2$ usw. Allgemein ist zur Zeit $i\Delta t$ eine Anzahl von $i+1$ möglichen Assetpreisen zu berücksichtigen. Diese sind

$$S_0 u^j d^{i-j},\quad j = 0, 1, \ldots, i\,.$$

Beachten Sie, dass die Beziehung $u = 1/d$ bei der Berechnung des Assetpreises in jedem Knoten des Baumes in Abbildung 21.2 angewendet wird. Beispielsweise gilt $S_0 u^2 d = S_0 u$. Beachten Sie außerdem, dass der Baum dann in dem Sinne rekombiniert, dass eine Aufwärtsbewegung, die einer Abwärtsbewegung folgt, zum gleichen Assetpreis führt wie eine Abwärtsbewegung, die einer Aufwärtsbewegung folgt.

---

[3] Siehe J.C. Cox, S.A. Ross und M. Rubinstein, „Option Pricing: A Simplified Approach", *Journal of Financial Economics*, 7 (Oktober 1979), 229–263.

[4] Um dies zu sehen, beachten wir, dass Gleichung (21.4) und Gleichung (21.7) die Bedingungen in Gleichung (21.1) und Gleichung (21.3) exakt erfüllen. Die Exponentialfunktion e^x kann als Reihe $1 + x + x^2/2 + \cdots$ geschrieben werden. Wenn Terme höherer Ordnung als Δt vernachlässigt werden, ergibt sich aus Gleichung (21.5) $u = 1 + \sigma\sqrt{\Delta t} + \frac{1}{2}\sigma^2\Delta t$ und aus Gleichung (21.6) $d = 1 - \sigma\sqrt{\Delta t} + \frac{1}{2}\sigma^2\Delta t$. Außerdem gilt $e^{(r-q)\Delta t} = 1 + (r-q)\Delta t$ und $e^{2(r-q)\Delta t} = 1 + 2(r-q)\Delta t$. Durch Substitution erkennt man, dass Gleichung (21.2) erfüllt ist, wenn Terme höherer Ordnung als Δt vernachlässigt werden.

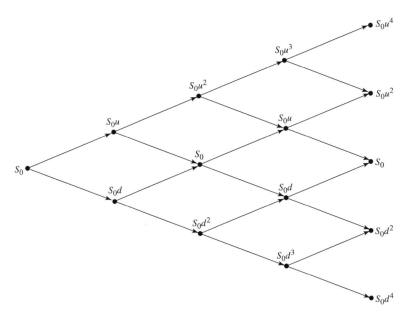

Abbildung 21.2: Baum zur Bewertung einer Option

Rekursives Rechenverfahren

Optionen werden auf Basis dieses Baumes bewertet, indem man am Ende des Baumes (zum Zeitpunkt T) startet und sich zurückarbeitet. Der Wert der Option zum Zeitpunkt T ist bekannt. Beispielsweise ist eine Verkaufsoption $\max(K - S_T, 0)$ wert und eine Kaufoption $\max(S_T - K, 0)$, wobei S_T der Assetpreis zum Zeitpunkt T und K der Basispreis ist. Da wir eine risikoneutrale Welt angenommen haben, kann in jedem früheren Knoten der Wert zur Zeit $T - \Delta t$ als Erwartungswert zur Zeit T berechnet werden, für einen Zeitabschnitt Δt mit dem Zinssatz r diskontiert. Entsprechend kann in jedem Knoten der Wert zur Zeit $T - 2\Delta t$ als Erwartungswert zur Zeit $T - \Delta t$ berechnet werden, für einen Zeitabschnitt Δt mit dem Satz r diskontiert, usw. Falls die Option eine amerikanische Option ist, ist es notwendig, in jedem Knoten zu überprüfen, ob die vorzeitige Ausübung der Option dem Halten und damit der Nichtausübung der Option für einen weiteren Zeitabschnitt Δt vorzuziehen ist. Schließlich ergibt sich, nachdem wir uns durch alle Knoten zurückgearbeitet haben, der Optionswert zum Zeitpunkt null.

Beispiel 21.1 Betrachten wir einen fünfmonatigen amerikanischen Put auf eine dividendenlose Aktie mit einem Aktienkurs von 50 $, einem Basispreis von 50 $, einem risikolosen Zinssatz von 10% per annum und einer Volatilität von 40% per annum. In unserer üblichen Notation bedeutet dies $S_0 = 50$, $K = 50$, $r = 0{,}10$, $\sigma = 0{,}40$ und $T = 0{,}4167$. Angenommen, wir unterteilen die Laufzeit der Option in fünf Intervalle von der Länge eines Monats (= 0,0833 Jahre), um den Binomialbaum aufzustellen. Dann ist $\Delta t = 0{,}0833$ und unter Verwendung von Gleichung (21.4) bis (21.7) gilt

$$u = e^{\sigma\sqrt{\Delta t}} = 1{,}1224, \qquad d = e^{-\sigma\sqrt{\Delta t}} = 0{,}8909$$

$$a = e^{r\Delta t} = 1{,}0084, \qquad p = \frac{a-d}{u-d} = 0{,}5073$$

$$1 - p = 0{,}4927 \ .$$

Abbildung 21.3 zeigt den von DerivaGem aufgestellten Binomialbaum. An jedem Knoten stehen jeweils zwei Zahlen. Die obere gibt den Aktienkurs im Knoten an; die untere Zahl steht für den Optionswert im Knoten. Die Wahrscheinlichkeit einer Aufwärtsbewegung beträgt immer 0,5073; die Wahrscheinlichkeit einer Abwärtsbewegung ist stets 0,4927.

Der Aktienkurs am j-ten Knoten ($j = 0, 1, \ldots, i$) zur Zeit $i\Delta t$ ($i = 0, 1, \ldots, 5$) berechnet sich zu $S_0 u^j d^{i-j}$. Beispielsweise ist der Aktienkurs im Knoten A ($i = 4, j = 1$, d. h. im zweiten Knoten von unten am Ende des vierten Zeitschritts) $50 \cdot 1{,}1224 \cdot 0{,}8909^3 = 39{,}69$ \$. Die Optionspreise in den Endknoten werden durch

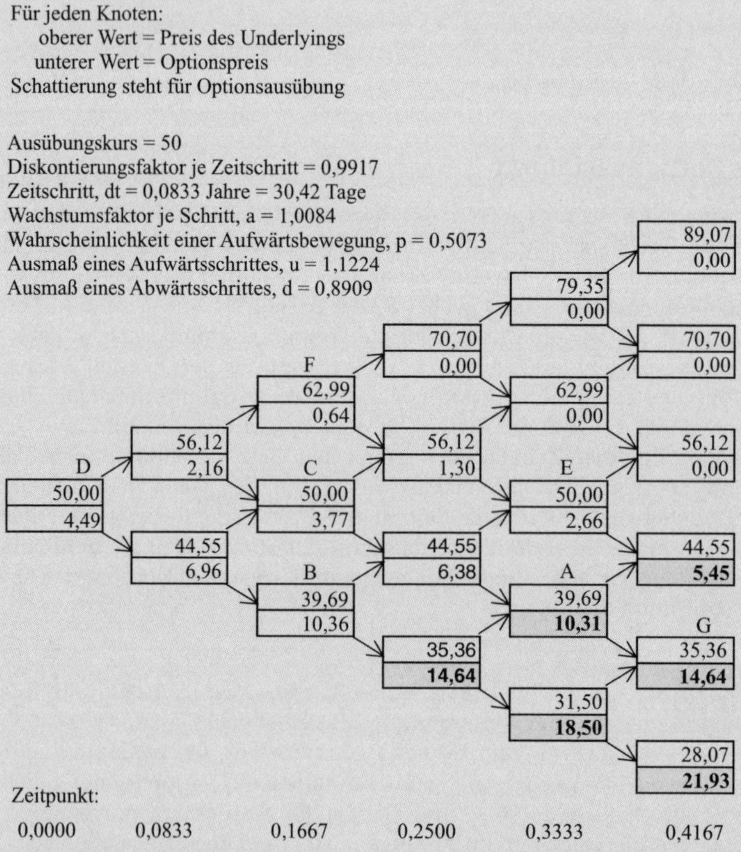

Für jeden Knoten:
  oberer Wert = Preis des Underlyings
  unterer Wert = Optionspreis
Schattierung steht für Optionsausübung

Ausübungskurs = 50
Diskontierungsfaktor je Zeitschritt = 0,9917
Zeitschritt, dt = 0,0833 Jahre = 30,42 Tage
Wachstumsfaktor je Schritt, a = 1,0084
Wahrscheinlichkeit einer Aufwärtsbewegung, p = 0,5073
Ausmaß eines Aufwärtsschrittes, u = 1,1224
Ausmaß eines Abwärtsschrittes, d = 0,8909

Zeitpunkt: 0,0000   0,0833   0,1667   0,2500   0,3333   0,4167

Abbildung 21.3: Mit DerivaGem erstellter Binomialbaum für eine amerikanische Verkaufsoption auf eine dividendenlose Aktie (Beispiel 21.1)

max($K - S_T$, 0) berechnet. Beispielsweise ist der Optionspreis im Knoten G $50{,}00 - 35{,}36 = 14{,}64$. Die Optionspreise in den vorletzten Knoten werden aus den Optionspreisen der Endknoten berechnet. Wir nehmen zunächst an, dass die Option in den Knoten nicht ausgeübt wird. Dies bedeutet, dass der Optionspreis als der gegenwärtige Wert des einen Zeitschritt später erwarteten Optionspreises berechnet wird. Beispielsweise wird im Knoten E ein Optionspreis von

$$(0{,}5073 \cdot 0 + 0{,}4927 \cdot 5{,}45)e^{-0{,}10 \cdot 0{,}0833} = 2{,}66$$

berechnet, während er im Knoten A mit

$$(0{,}5073 \cdot 5{,}45 + 0{,}4927 \cdot 14{,}64)e^{-0{,}10 \cdot 0{,}0833} = 9{,}90$$

berechnet wird. Wir untersuchen dann, ob eine vorzeitige Ausübung dem Warten vorzuziehen ist. Im Knoten E würde die vorzeitige Ausübung einen Optionswert von null ergeben, da sowohl der Aktienkurs als auch der Basispreis bei 50,00 $ liegen. Selbstverständlich ist es besser zu warten. Der korrekte Optionswert im Knoten E ist daher 2,66 $. Am Knoten A ist die Situation eine andere. Wenn die Option ausgeübt wird, ist sie 50,00 $ – 39,69 $ oder 10,31 $ wert. Dies ist mehr als 9,90 $. Wenn Knoten A erreicht wird, sollte deshalb die Option ausgeübt werden, und der korrekte Optionswert im Knoten A beträgt 10,31 $. Optionspreise vorangehender Knoten werden auf ähnliche Weise berechnet. Zu beachten ist, dass es nicht immer optimal ist, eine Option, die im Geld liegt, vorzeitig auszuüben. Betrachten wir Knoten B. Wenn die Option ausgeübt wird, ist sie 50,00 $ – 39,69 $ oder 10,31 $ wert. Wird sie jedoch gehalten, ist sie

$$(0{,}5073 \cdot 6{,}38 + 0{,}4927 \cdot 14{,}64)e^{-0{,}10 \cdot 0{,}0833} = 10{,}36$$

wert. Die Option sollte deshalb nicht in diesem Knoten ausgeübt werden, und der korrekte Optionswert im Knoten B beträgt 10,36 $.

Indem wir uns durch den Baum zurückarbeiten, erhalten wir am Anfangsknoten einen Optionswert von 4,49 $. Dies ist unser numerischer Näherungswert für den aktuellen Optionswert. In der Praxis würde man einen kleineren Wert für Δt und eine viel größere Zahl an Knoten verwenden. DerivaGem zeigt, dass wir mit 30, 50, 100 bzw. 500 Zeitschritten Optionswerte von 4,263, 4,272, 4,278 bzw. 4,283 erhalten.

Formale Darstellung des Verfahrens

Wir nehmen an, dass die Laufzeit einer amerikanischen Option in N Teilintervalle der Länge Δt zerlegt wird. Wir bezeichnen den j-ten Knoten zur Zeit $i\,\Delta t$ als Knoten (i, j), wobei $0 \leq i \leq N$ und $0 \leq j \leq i$ gilt. Wir definieren weiterhin $f_{i,j}$ als Optionswert im Knoten (i, j). Der Preis des Underlyings im Knoten (i, j) hat den Wert $S_0 u^j d^{i-j}$. Handelt es sich bei der Option um einen Call, dann beträgt ihr Wert zum Zeitpunkt T (dem Verfalltermin) max($S_T - K$, 0) und es gilt

$$f_{N,j} = \max(S_0 u^j d^{N-j} - K, 0), \quad j = 0, 1, \ldots, N.$$

Numerische Verfahren: Grundlagen

Handelt es sich bei der Option um einen Put, dann beträgt ihr Wert zum Zeitpunkt T $\max(K - S_T, 0)$ und es gilt

$$f_{N,j} = \max(K - S_0 u^j d^{N-j}, 0), \quad j = 0, 1, \ldots, N.$$

Es besteht eine Wahrscheinlichkeit p für die Bewegung vom Knoten (i, j) zur Zeit $i\,\Delta t$ hin zum Knoten $(i+1, j+1)$ zur Zeit $(i+1)\,\Delta t$ sowie eine Wahrscheinlichkeit $1-p$ für eine Bewegung vom Knoten (i, j) zur Zeit $i\,\Delta t$ zum Knoten $(i+1, j)$ zur Zeit $(i+1)\,\Delta t$. Wenn wir annehmen, dass keine vorzeitige Ausübung stattfindet, ergibt die risikoneutrale Bewertung

$$f_{i,j} = e^{-r\Delta t}[pf_{i+1,j+1} + (1-p)f_{i+1,j}]$$

für $0 \leq i \leq N-1$ und $0 \leq j \leq i$. Wenn eine vorzeitige Ausübung berücksichtigt wird, muss dieser Wert für $f_{i,j}$ mit dem inneren Wert der Option verglichen werden, und wir erhalten für einen Call

$$f_{i,j} = \max\left\{S_0 u^j d^{i-j} - K, e^{-r\Delta t}[pf_{i+1,j+1} + (1-p)f_{i+1,j}]\right\}$$

und für einen Put

$$f_{i,j} = \max\left\{K - S_0 u^j d^{i-j}, e^{-r\Delta t}[pf_{i+1,j+1} + (1-p)f_{i+1,j}]\right\}.$$

Da die rekursive Berechnung im Zeitpunkt T startet und rückwärts verläuft, gilt es zu beachten, dass der Wert zur Zeit $i\,\Delta t$ nicht nur den Einfluss der vorzeitigen Ausübungsmöglichkeit zum Zeitpunkt $i\,\Delta t$ beinhaltet, sondern auch den Einfluss der vorzeitigen Ausübungsmöglichkeiten nachfolgender Zeitpunkte.

Im Grenzfall, Δt gegen null, erhält man für die amerikanische Verkaufsoption einen exakten Wert. In der Praxis führt $N = 30$ gewöhnlich zu akzeptablen Ergebnissen. Abbildung 21.4 zeigt die Konvergenz des Optionspreises für Beispiel 21.1. Diese Abbildung wurde mithilfe der Application-Builder-Funktionen berechnet, die mit der DerivaGem-Software bereitgestellt werden (siehe Anwendungsbeispiel A).

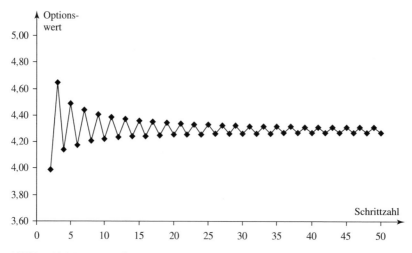

Abbildung 21.4: Konvergenz des Optionspreises aus Beispiel 21.1, berechnet mit den Application Builder-Funktionen von DerivaGem

Schätzung des Delta-Faktors und anderer Sensitivitätskennzahlen

Rufen wir uns in Erinnerung, dass der Delta-Faktor (Δ) einer Option die relative Änderung des Optionspreises bei einer Änderung des Underlying-Preises ist. Er kann berechnet werden als

$$\frac{\Delta f}{\Delta S},$$

wobei ΔS eine kleine Änderung des Aktienpreises und Δf die korrespondierende kleine Änderung im Optionspreis ist. Zur Zeit Δt erhalten wir für den Optionspreis eine Schätzung $f_{1,1}$, falls der Aktienkurs $S_0 u$ ist, und eine Schätzung $f_{1,0}$, falls der Aktienkurs $S_0 d$ ist. Das heißt, wenn $\Delta S = S_0 u - S_0 d$ gilt, ist der Wert von Δf gleich $f_{1,1} - f_{1,0}$. Ein Schätzwert von Delta zur Zeit Δt ist also

$$\Delta = \frac{f_{1,1} - f_{1,0}}{S_0 u - S_0 d}. \tag{21.8}$$

Um den Gamma-Faktor Γ zu bestimmen, ist zu beachten, dass wir zur Zeit $2\Delta t$ zwei verschiedene Schätzwerte für Δ haben. Für $S = \frac{1}{2}(S_0 u^2 + S_0)$ (also in der Mitte zwischen dem zweiten und dritten Knoten) ist der Delta-Faktor $(f_{2,2} - f_{2,1})/(S_0 u^2 - S_0)$; für $S = \frac{1}{2}(S_0 + S_0 d^2)$ (also in der Mitte zwischen dem ersten und zweiten Knoten) ist der Delta-Faktor $(f_{2,1} - f_{2,0})/(S_0 - S_0 d^2)$. Die Differenz zwischen den beiden Werten von S ist

$$h = \frac{1}{2}(S_0 u^2 - S_0 d^2).$$

Gamma ist die Änderung des Delta-Faktors, dividiert durch h:

$$\Gamma = \frac{[(f_{2,2} - f_{2,1})/(S_0 u^2 - S_0)] - [(f_{2,1} - f_{2,0})/(S_0 - S_0 d^2)]}{h}. \tag{21.9}$$

Diese Vorgehensweisen ermöglichen die Schätzung des Delta-Faktors zur Zeit Δt sowie von Gamma zur Zeit $2\Delta t$. In der Praxis werden sie gewöhnlich auch verwendet, um Delta und Gamma zur Zeit null zu schätzen.[5]

Ein weiterer Hedge-Parameter, den man direkt aus dem Baum erhalten kann, ist Theta, Θ. Dies ist die Änderung des Optionspreises in Abhängigkeit von der Zeit, wenn alle anderen Faktoren konstant bleiben. Für einen Assetpreis S_0 beträgt der Optionswert zum Zeitpunkt null $f_{0,0}$ und zum Zeitpunkt $2\Delta t$ $f_{2,1}$. Eine Schätzung für Theta ist daher gegeben durch

$$\Theta = \frac{f_{2,1} - f_{0,0}}{2\Delta t}. \tag{21.10}$$

Vega kann berechnet werden, indem man die Volatilität um $\Delta \sigma$ geringfügig verändert und einen neuen Baum erstellt, um neue Optionswerte zu erhalten. Die Anzahl der Zeitschritte sollte konstant bleiben. Der Schätzwert für Vega ist

$$\mathcal{V} = \frac{f^* - f}{\Delta \sigma},$$

---

5 Ist eine etwas höhere Genauigkeit für Delta und Gamma erforderlich, können wir den Binomialbaum zur Zeit $-2\Delta t$ beginnen und annehmen, dass der Aktienkurs zu diesem Zeitpunkt bei S_0 liegt. Dies führt dazu, dass der Optionspreis zur Zeit null für drei verschiedene Aktienkurse berechnet wird.

wobei f und f^* die Schätzungen des Optionspreises für den Originalbaum bzw. den neuen Baum sind. Rho kann ähnlich berechnet werden.

> **Beispiel 21.2** Betrachten wir noch einmal Beispiel 21.1. Aus Abbildung 21.3 lesen wir $f_{1,0} = 6{,}96$ und $f_{1,1} = 2{,}16$ ab. Nach Gleichung (21.8) ergibt sich für den Delta-Faktor ein Schätzwert von
>
> $$\frac{2{,}16 - 6{,}96}{56{,}12 - 44{,}55} = -0{,}41 \;.$$
>
> Nach Gleichung (21.9) kann man einen Schätzwert des Gamma-Faktors der Option aus den Werten an den Knoten B, C und F erhalten:
>
> $$\frac{[(0{,}64 - 3{,}77)/(62{,}99 - 50{,}00)] - [(3{,}77 - 10{,}36)/(50{,}00 - 39{,}69)]}{11{,}65} = 0{,}03 \;.$$
>
> Entsprechend Gleichung (21.10) kann man einen Schätzwert des Theta-Faktors der Option aus den Werten an den Knoten D und C erhalten:
>
> $$\frac{3{,}77 - 4{,}49}{0{,}1667} = -4{,}3 \text{ pro Jahr}$$
>
> oder $-0{,}012$ pro Kalendertag. Dies sind natürlich nur grobe Schätzungen. Sie werden zunehmend besser, wenn die Anzahl der Zeitschritte des Baumes zunimmt. Unter Verwendung von 50 Zeitschritten ermittelt DerivaGem Schätzwerte von $-0{,}415$, $0{,}034$ bzw. $-0{,}0117$ für die Delta-, Gamma- und Theta-Faktoren. Durch kleine Änderungen der Parameter und Neuberechnung erhält man die Werte $0{,}123$ und $-0{,}072$ für Vega bzw. Rho.

21.2 Verwendung von Binomialbäumen für Optionen auf Indizes, Währungen und Futures-Kontrakte

Wie in den Kapiteln 13, 17 und 18 erläutert, können Aktienindizes, Währungen und Futures-Kontrakte zum Zwecke der Optionsbewertung als Assets betrachtet werden, die eine bekannte Rendite bieten. Im Falle eines Aktienindex ist die betreffende Rendite die Dividendenrendite auf das Aktienportfolio, das dem Index zugrunde liegt; im Falle einer ausländischen Währung der ausländische risikolose Zinssatz; im Falle eines Futures-Kontraktes der inländische risikolose Zinssatz. Das Binomialbaum-Verfahren kann daher verwendet werden, um Optionen auf Aktienindizes, Devisen und Futures-Kontrakte zu bewerten, vorausgesetzt der Parameter q in Gleichung (21.7) wird geeignet interpretiert.

> **Beispiel 21.3** Betrachten wir eine viermonatige amerikanische Kaufoption auf Index-Futures. Der gegenwärtige Futures-Preis liegt bei 300, der Basispreis ist ebenfalls 300, der risikolose Zinssatz 8% per annum und

die Volatilität des Index 30% per annum. Wir unterteilen die Laufzeit der Option in vier Einmonatsabschnitte, um einen Binomialbaum aufstellen zu können. In diesem Fall gilt $F_0 = 300$, $K = 300$, $r = 0{,}08$, $\sigma = 0{,}3$, $T = 0{,}3333$ und $\Delta t = 0{,}0833$. Da ein Futures-Kontrakt analog ist zu einer Aktie, die eine Dividendenrendite r zahlt, sollte q in Gleichung (21.7) gleich r gesetzt werden. Dies ergibt $a = 1$. Die anderen zur Konstruktion des Baumes notwendigen Parameter sind

$$u = e^{\sigma \sqrt{\Delta t}} = 1{,}0905, \qquad d = \frac{1}{u} = 0{,}9170$$

$$p = \frac{a - d}{u - d} = 0{,}4784, \qquad 1 - p = 0{,}5216 \; .$$

Der von DerivaGem erzeugte Baum ist in Abbildung 21.5 dargestellt. (Die obere Zahl ist der Futures-Preis, die untere entspricht dem Optionspreis.) Der berechnete Wert der Option ist 19,16. Eine höhere Genauigkeit wird durch eine größere Anzahl von Schritten erreicht. Mit 50 Teilschritten gibt DerivaGem einen Wert von 20,18 an, bei 100 Teilschritten ergibt sich 20,22.

Für jeden Knoten:
 oberer Wert = Preis des Underlyings
 unterer Wert = Optionspreis
Schattierung steht für Optionsausübung

Ausübungskurs = 300
Diskontierungsfaktor je Zeitschritt = 0,9934
Zeitschritt, dt = 0,0833 Jahre = 30,42 Tage
Wachstumsfaktor je Schritt, a = 1,0000
Wahrscheinlichkeit einer Aufwärtsbewegung, p = 0,4784
Ausmaß eines Aufwärtsschrittes, u = 1,0905
Ausmaß eines Abwärtsschrittes, d = 0,9170

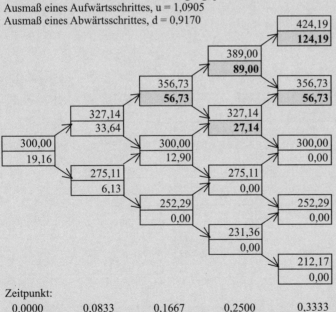

Zeitpunkt:
0,0000   0,0833   0,1667   0,2500   0,3333

Abbildung 21.5: Mit DerivaGem erzeugter Binomialbaum für eine amerikanische Kaufoption auf einen Index-Future (Beispiel 21.3)

Beispiel 21.4 Betrachten wir eine einjährige amerikanische Verkaufsoption auf britische Pfund. Der gegenwärtige Wechselkurs (Dollar je GBP) liegt bei 1,6100, der Basispreis ist 1,6000, der risikolose Zinssatz in den USA beträgt 8% per annum, der risikolose Zinssatz für Sterling ist 9% per annum und die Volatilität des Sterling-Wechselkurses beträgt 12% per annum. In diesem Falle gilt $S_0 = 1{,}61$, $K = 1{,}60$, $r = 0{,}08$, $r_f = 0{,}09$, $\sigma = 0{,}12$ und $T = 1{,}0$. Um einen Binomialbaum zu erzeugen, unterteilen wir die Laufzeit der Option in vier Dreimonatsabschnitte, sodass $\Delta t = 0{,}25$ gilt. Es ist $q = r_f$ und Gleichung (21.7) ergibt

$$a = \mathrm{e}^{(0{,}08-0{,}09)\cdot 0{,}25} = 0{,}9975\,.$$

Die anderen zur Konstruktion des Baumes notwendigen Parameter sind

$$u = \mathrm{e}^{\sigma\sqrt{\Delta t}} = 1{,}0618, \qquad d = \frac{1}{u} = 0{,}9418$$

$$p = \frac{a-d}{u-d} = 0{,}4642, \qquad 1-p = 0{,}5358\,.$$

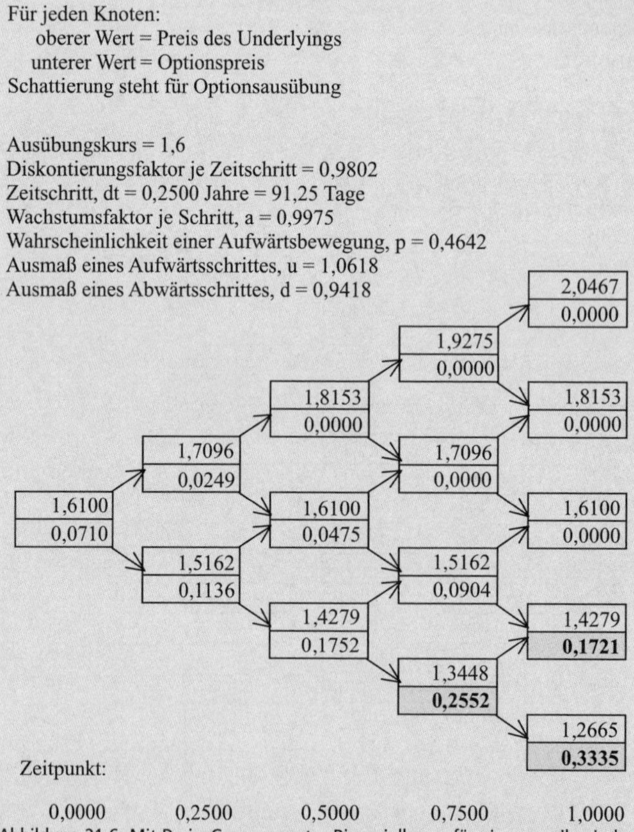
Für jeden Knoten:
oberer Wert = Preis des Underlyings
unterer Wert = Optionspreis
Schattierung steht für Optionsausübung
Ausübungskurs = 1,6
Diskontierungsfaktor je Zeitschritt = 0,9802
Zeitschritt, dt = 0,2500 Jahre = 91,25 Tage
Wachstumsfaktor je Schritt, a = 0,9975
Wahrscheinlichkeit einer Aufwärtsbewegung, p = 0,4642
Ausmaß eines Aufwärtsschrittes, u = 1,0618
Ausmaß eines Abwärtsschrittes, d = 0,9418
2,0467
0,0000
1,9275
0,0000
1,8153
0,0000
1,8153
0,0000
1,7096
0,0249
1,7096
0,0000
1,6100
0,0710
1,6100
0,0475
1,6100
0,0000
1,5162
0,1136
1,5162
0,0904
1,4279
0,1752
1,4279
0,1721
1,3448
0,2552
1,2665
0,3335
Zeitpunkt:
0,0000
0,2500
0,5000
0,7500
1,0000

Abbildung 21.6: Mit DerivaGem erzeugter Binomialbaum für eine amerikanische Kaufoption auf eine Währung

Der mit DerivaGem erzeugte Baum ist in Abbildung 21.6 dargestellt. (Die obere Zahl ist der Wechselkurs, die untere entspricht dem Optionspreis.) Der geschätzte Wert der Option ist 0,0710 $. (Bei 50 Zeitschritten errechnet DerivaGem einen Optionspreis von 0,0738 bei 100 Zeitschritten von ebenfalls 0,0738.)

21.3 Binomialmodell für eine Aktie, die Dividenden ausschüttet

Wir kommen nun zu der etwas komplizierteren Frage, wie das Binomialmodell für eine Aktie angewendet werden kann, die Dividenden ausschüttet. Wie in Kapitel 15 verwenden wir für unsere Betrachtungen das Wort „Dividende", um die Abnahme des Aktienkurses zum Ausschüttungstermin als das Ergebnis der Dividendenausschüttung zu bezeichnen.

Bekannte Dividendenrendite

Für langlaufende Aktienoptionen wird mitunter die vereinfachende Annahme getroffen, dass auf die Aktie eine bekannte stetige Dividende der Höhe q gezahlt wird. Die Optionen können dann auf die gleiche Weise bewertet werden wie Optionen auf einen Aktienindex.

Will man eine höhere Genauigkeit erzielen, kann man unterstellen, dass Dividendenrenditen in bekannter Höhe zu diskreten Zeitpunkten ausgezahlt werden.

Nehmen wir an, dass eine einzelne Dividende gezahlt wird und die Dividendenrendite (d. h. die Dividende als Prozentsatz des Aktienkurses) bekannt ist. Dann kann man die Parameter u, d und p berechnen, als wenn keine Dividenden erwartet würden. Wenn der Zeitpunkt $i\,\Delta t$ vor der Ausschüttung liegt, stimmen die Knoten des Baumes mit den Aktienkursen

$$S_0 u^j d^{i-j}, \quad j = 0, 1, \ldots, i$$

überein. Wenn der Zeitpunkt $i\,\Delta t$ nach dem Ausschüttungstermin liegt, entsprechen die Knoten den Aktienkursen

$$S_0(1-\delta) u^j d^{i-j}, \quad j = 0, 1, \ldots, i,$$

wobei δ die Dividendenrendite ist. Der Baum hat das in Abbildung 21.7 dargestellte Aussehen. Auf ähnliche Weise kann mit unterschiedlichen Dividendenrenditen während der Laufzeit der Option umgegangen werden. Wenn δ_i die gesamte Dividendenrendite ist, die alle Ausschüttungstermine zwischen der Zeit null und der Zeit $i\,\Delta t$ zusammenfasst, stimmen die Knoten zur Zeit $i\,\Delta t$ mit den Aktienkursen

$$S_0(1-\delta_i) u^j d^{i-j}$$

überein.

Bekannte absolute Dividendenzahlung

In manchen Situationen, insbesondere wenn die Option eine kurze Laufzeit besitzt, besteht die realistischste Annahme darin, dass anstatt der relativen Dividendenren-

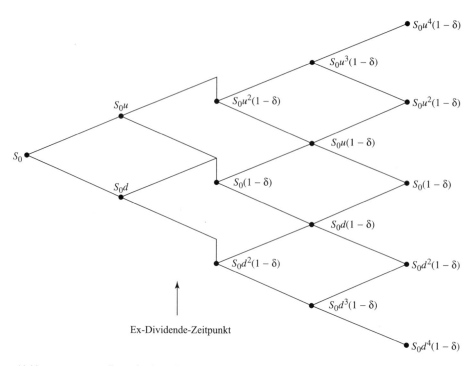

Abbildung 21.7: Binomialbaum für den Fall, dass die Aktie zu einem bestimmten Zeitpunkt eine bekannte Dividendenrendite zahlt

dite der absolute Betrag der Dividende im Voraus bekannt ist. Wenn die Volatilität σ als konstant angenommen wird, nimmt der Baum die in Abbildung 21.8 dargestellte Form an. Er rekombiniert nicht, was bedeutet, dass die Anzahl der zu bewertenden Knoten sehr groß wird, besonders wenn es mehrere Dividenden gibt. Angenommen, es gibt nur eine Dividende, der Ausschüttungstermin τ ist zwischen $k \Delta t$ und $(k+1) \Delta t$ und die Dividende beträgt D. Wenn $i \leq k$ gilt, entsprechen die Knoten des Baumes zur Zeit $i \Delta t$ wie zuvor den Aktienkursen

$$S_0 u^j d^{i-j}, \quad j = 0, 1, \ldots, i.$$

Für $i = k+1$ entsprechen sie den Aktienkursen

$$S_0 u^j d^{i-j} - D, \quad j = 0, 1, \ldots, i.$$

Im Falle $i = k+2$ entsprechen die Knoten des Baumes den Aktienkursen

$$(S_0 u^j d^{i-1-j} - D)u \quad \text{und} \quad (S_0 u^j d^{i-1-j} - D)d$$

für $j = 0, 1, \ldots, i-1$, sodass es $2i$ anstatt $i+1$ Knoten gibt. Für $i = k+m$ gibt es $m(k+2)$ anstatt $k+m+1$ Knoten. Die Anzahl der Knoten wächst noch schneller, wenn während der Optionslaufzeit mehrere Ausschüttungstermine auftreten.

In Abschnitt 15.12 haben wir ausgeführt, dass europäische Optionen auf Aktien mit Dividendenzahlung unter der Annahme bewertet werden, dass der Aktienkurs

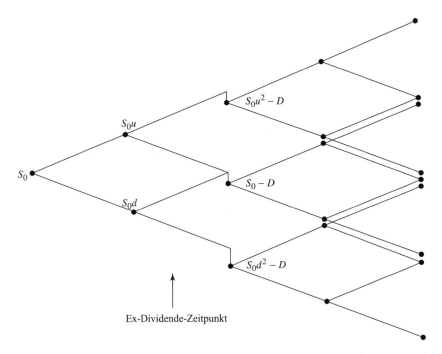

Abbildung 21.8: Binomialbaum, wenn der absolute Betrag der Dividende bekannt ist und die Volatilität als konstant angenommen wird

zwei Komponenten besitzt: einen unsicheren Teil und einen Teil, der dem Barwert aller zukünftigen Dividenden während der Laufzeit der Option entspricht. Wir haben dort einige Gründe genannt, warum dies in der Praxis als vernünftige Annahme gilt. Amerikanische Optionen müssen mit dem gleichen Modell wie die europäischen Optionen bewertet werden. (Sonst wären die Preise amerikanischer Optionen, die nie ausgeübt werden sollen, nicht gleich den Preisen von europäischen Optionen.) Amerikanische Optionen auf Aktien mit bekannter Dividendenzahlung werden daher in der Realität mit dem Verfahren aus Abschnitt 15.12 bewertet. Es zeigt sich, dass damit auch das Problem der deutlichen Zunahme der Knotenanzahl in Abbildung 21.8 gelöst wird.

Wir nehmen an, dass es nur einen Ausschüttungstermin τ während der Laufzeit der Option gibt und dass $k \Delta t \leq \tau \leq (k+1) \Delta t$ gilt. Der Wert S^* der unsicheren Komponente (d. h. der Komponente, die nicht zur Dividendenzahlung herangezogen wird) zur Zeit $i \Delta t$ ist gegeben durch

$$S^* = S, \quad \text{falls } i \Delta t > \tau$$

bzw. durch

$$S^* = S - D e^{-r(\tau - i \Delta t)}, \quad \text{falls } i \Delta t \leq \tau,$$

wobei D die Dividende ist. Wir bezeichnen die Volatilität von S^* mit σ^*. Die Parameter p, u und d können aus den Gleichungen (21.4) bis (21.7) berechnet werden, wobei σ durch σ^* ersetzt wird. Um S^* zu modellieren, kann der Baum in üblicher

Weise konstruiert werden.[6] Indem man an jedem Knoten des Baumes den Barwert der zukünftigen Dividenden (falls vorhanden) zum Aktienkurs addiert, kann der Baum in einen anderen Baum umgewandelt werden, der S modelliert. Angenommen, S_0^* ist der Wert von S^* zur Zeit null. Zur Zeit $i\,\Delta t$ entsprechen die Knoten des Baumes den Aktienkursen

$$S_0^* u^j d^{i-j} + De^{-r(\tau - i\,\Delta t)}, \quad j = 0, 1, \ldots, i,$$

falls $i\,\Delta t < \tau$ gilt, und

$$S_0^* u^j d^{i-j}, \quad j = 0, 1, \ldots, i,$$

falls $i\,\Delta t > \tau$ gilt. Dieses Verfahren erreicht, dass der Baum rekombiniert, sodass es $i+1$ Knoten zum Zeitpunkt $i\,\Delta t$ gibt. Es kann einfach auf den Fall mehrerer Dividendenzahlungen verallgemeinert werden.

Beispiel 21.5 Betrachten wir eine fünfmonatige Verkaufsoption auf eine Aktie, von der erwartet wird, dass sie während der Laufzeit der Option eine Dividende von 2,06 $ zahlt. Der anfängliche Aktienkurs liegt bei 52 $, der Basispreis ist 50 $, der risikolose Zinssatz beträgt 10% per annum, die Volatilität beträgt 40% per annum, und der Ausschüttungstermin ist in $3\frac{1}{2}$ Monaten.

Wir konstruieren zunächst einen Baum, um S^* zu modellieren, den Aktienkurs abzüglich des Barwertes der zukünftigen Dividenden während der Laufzeit der Option. Zur Zeit null ist der Barwert der Dividende

$$2{,}06 e^{-0{,}2917 \cdot 0{,}1} = 2{,}00.$$

Der Anfangswert für S^* ist daher 50,00. Unter der Annahme, dass sich die 40%-ige Volatilität auf S^* bezieht, zeigt Abbildung 21.3 einen Binomialbaum für S^*. (Das liegt daran, dass S^* denselben Anfangswert und dieselbe Volatilität wie der der Abbildung 21.3 zugrunde gelegte Aktienkurs hat.) Wenn wir in jedem Knoten den Barwert der Dividende addieren, erhalten wir Abbildung 21.9, in der ein Binomialbaum für S dargestellt ist. Wie in Abbildung 21.3 sind die Wahrscheinlichkeiten an jedem Knoten 0,5073 für eine Aufwärts- und 0,4927 für eine Abwärtsbewegung. Indem wir uns in der gewohnten Weise durch den Baum zurückarbeiten, erhalten wir einen Optionspreis von 4,44 $. (Bei 50 Zeitschritten ermittelt DerivaGem einen Optionspreis von 4,208, bei 100 Zeitschritten von 4,214.)

---

[6] Wie in Abschnitt 15.12 diskutiert, muss der Unterschied zwischen σ und σ^* gewöhnlich nicht berücksichtigt werden, da Analysten in der Praxis im Normalfall mit impliziten Volatilitäten aus den Marktdaten arbeiten und es sich bei diesen um σ^*-Volatilitäten handelt.

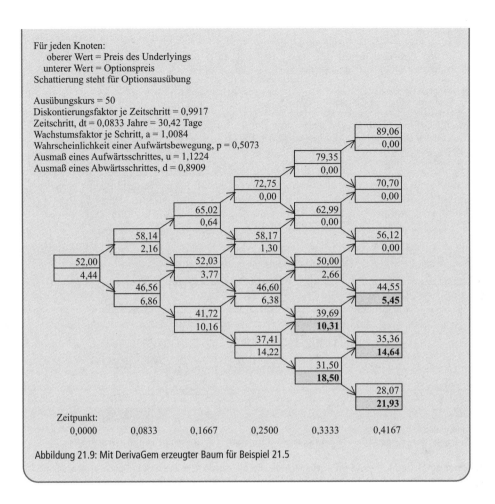

Abbildung 21.9: Mit DerivaGem erzeugter Baum für Beispiel 21.5

Control Variates

Für die Bewertung amerikanischer Optionen kann eine als *Control Variates* bekannte Methode eingesetzt werden.[7] Diese verwendet denselben Baum sowohl für den Wert f_A der amerikanischen Option als auch für den Wert f_E der korrespondieren europäischen Option. Wir berechnen außerdem den Black-Scholes-Merton-Preis f_{BS} der europäischen Option. Es wird angenommen, dass der vom Baum für die Bewertung der europäischen Option erzielte Fehler gleich dem für die Bewertung der amerikanischen Option ist. Dies ergibt für den Preis der amerikanischen Option einen Schätzwert von

$$f_A + f_{BS} - f_E .$$

Um dieses Verfahren zu veranschaulichen, wird in Abbildung 21.10 die Option aus Abbildung 21.3 unter der Annahme bewertet, dass sie europäischen Typs ist.

---

[7] Siehe J. Hull und A. White, „The Use of the Control Variate Technique in Option Pricing", *Journal of Financial and Quantitative Analysis*, 23 (September 1988), 237–251.

Numerische Verfahren: Grundlagen

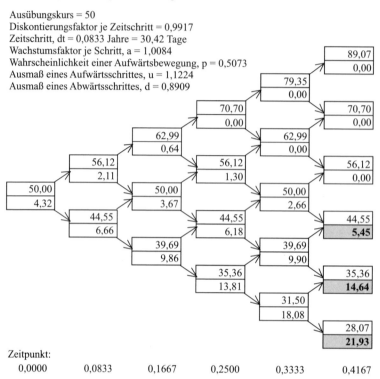

Für jeden Knoten:
  oberer Wert = Preis des Underlyings
  unterer Wert = Optionspreis
Schattierung steht für Optionsausübung

Ausübungskurs = 50
Diskontierungsfaktor je Zeitschritt = 0,9917
Zeitschritt, dt = 0,0833 Jahre = 30,42 Tage
Wachstumsfaktor je Schritt, a = 1,0084
Wahrscheinlichkeit einer Aufwärtsbewegung, p = 0,5073
Ausmaß eines Aufwärtsschrittes, u = 1,1224
Ausmaß eines Abwärtsschrittes, d = 0,8909

Zeitpunkt:
0,0000   0,0833   0,1667   0,2500   0,3333   0,4167

Abbildung 21.10: Mit DerivaGem erzeugter Baum für die europäische Version der Option in Abbildung 21.3. In jedem Knoten entspricht die obere Zahl dem Aktienkurs, die untere dem Optionspreis.

Der errechnete Preis ist 4,32 \$. Aus der Black-Scholes-Merton-Formel folgt, dass der wahre Wert der europäischen Option 4,08 \$ ist. Die Berechnung für den Preis der amerikanischen Option nach Abbildung 21.3 ist 4,49 \$. Der Control-Variates-Schätzwert des Preises der amerikanischen Option ist daher

$$4{,}49 + 4{,}08 - 4{,}32 = 4{,}25 \ .$$

Eine gute, mittels 100 Zeitschritten berechnete, Schätzung des amerikanischen Optionspreises ist 4,278. Das Control-Variates-Verfahren stellt deshalb in diesem Fall eine erhebliche Verbesserung der Berechnung von 4,49 durch das einfache Baumverfahren dar.

Die Control-Variates-Technik verwendet den Baum, um die Differenz zwischen europäischem und amerikanischem Preis zu berechnen, anstatt den amerikanischen Preis selbst zu berechnen. Wir werden weitere Anwendungen der Control-Variates-Technik vorstellen, wenn wir später in diesem Kapitel die Monte-Carlo-Simulation behandeln.

21.4 Alternative Verfahren zur Konstruktion von Bäumen

Der bis hier beschriebene Ansatz von Cox, Ross und Rubinstein ist nicht der einzige Weg, um Binomialbäume zu konstruieren. Die Änderung von $\ln S$ im Zeitraum Δt besitzt in einer risikoneutralen Welt den Mittelwert $(r - q - \sigma^2/2)\Delta t$ und die Standardabweichung $\sigma\sqrt{\Delta t}$. Eine Anpassung kann nun mit $p = 0{,}5$ und

$$u = e^{(r-q-\sigma^2/2)\Delta t + \sigma\sqrt{\Delta t}},$$
$$d = e^{(r-q-\sigma^2/2)\Delta t - \sigma\sqrt{\Delta t}},$$

erfolgen.

Dieses alternative Verfahren zur Aufstellung eines Baumes hat gegenüber dem Ansatz von Cox, Ross und Rubinstein den Vorteil, dass die Wahrscheinlichkeiten unabhängig vom Wert für σ und der Anzahl der Teilschritte immer 0,5 sind.[8] Der Nachteil besteht darin, dass man Delta, Gamma und Rho nicht einfach aus dem Baum berechnen kann, da der Baum nicht mehr um den ursprünglichen Aktienkurs zentriert ist.

Beispiel 21.6 Betrachten wir eine neunmonatige amerikanische Kaufoption auf eine Fremdwährung. Eine Einheit der Fremdwährung entspricht 0,7900 der inländischen Währung, der Basispreis ist 0,7950, der inländische risikolose Zinssatz beträgt 6% per annum, der ausländische risikolose Zinssatz ist 10% per annum und die Volatilität des Wechselkurses liegt bei 4% per annum. In diesem Fall gilt $S_0 = 0{,}79$, $K = 0{,}795$, $r = 0{,}06$, $r_f = 0{,}10$, $\sigma = 0{,}04$ und $T = 0{,}75$. Wir verwenden das alternative Verfahren zur Aufstellung des Baumes und setzen $\Delta t = 0{,}25$ (3 Schritte) sowie die Wahrscheinlichkeiten an jedem Zweig auf 0,5 und erhalten

$$u = e^{(0{,}06 - 0{,}10 - 0{,}0016/2)0{,}25 + 0{,}04\sqrt{0{,}25}} = 1{,}0098$$
$$d = e^{(0{,}06 - 0{,}10 - 0{,}0016/2)0{,}25 - 0{,}04\sqrt{0{,}25}} = 0{,}9703.$$

Der Baum für den Wechselkurs ist in Abbildung 21.11 dargestellt und ergibt einen Optionswert von 0,0026 $.

---

[8] Wenn die Zeitschritte so groß sind, dass $\sigma < |(r-q)\sqrt{\Delta t}|$ gilt, führt der Baum von Cox, Ross und Rubinstein zu negativen Wahrscheinlichkeiten. Das hier beschriebene Verfahren hat diesen Nachteil nicht.

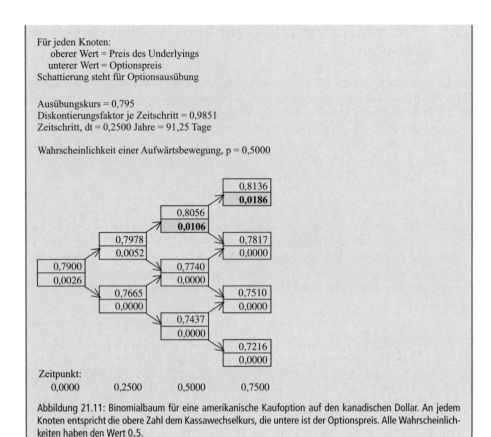

Abbildung 21.11: Binomialbaum für eine amerikanische Kaufoption auf den kanadischen Dollar. An jedem Knoten entspricht die obere Zahl dem Kassawechselkurs, die untere ist der Optionspreis. Alle Wahrscheinlichkeiten haben den Wert 0,5.

Trinomialbäume

Als Alternative zu Binomialbäumen können Trinomialbäume verwendet werden. Die allgemeine Form eines derartigen Baumes ist in Abbildung 21.12 dargestellt. Angenommen, p_u, p_d und p_m sind die Wahrscheinlichkeiten einer Aufwärts-, Abwärts- bzw. mittleren Bewegung an jedem Knoten und Δt ist die Länge eines Zeitschrittes. Für ein Asset, das Dividenden mit der Rate q zahlt, sind die Parameterwerte, die dem Erwartungswert und der Standardabweichung des Preises entsprechen, unter Vernachlässigung der Terme höherer Ordnung als Δt,

$$u = e^{\sigma\sqrt{3\Delta t}}, \qquad d = \frac{1}{u} \qquad p_d = -\sqrt{\frac{\Delta t}{12\sigma^2}}\left(r - q - \frac{1}{2}\sigma^2\right) + \frac{1}{6},$$

$$p_m = \frac{2}{3}, \qquad p_u = \sqrt{\frac{\Delta t}{12\sigma^2}}\left(r - q - \frac{1}{2}\sigma^2\right) + \frac{1}{6}.$$

Die Berechnungen für einen Trinomialbaum verlaufen analog zu denen bei einem Binomialbaum. Wir durchlaufen den Baum vom Verfalltermin zum Ursprung des Baumes. An jedem Knoten berechnen wir den Wert bei Ausübung und den Wert bei Halten der Option. Der Wert des Haltens der Option beträgt

$$e^{-r\Delta t}(p_u f_u + p_m f_m + p_d f_d),$$

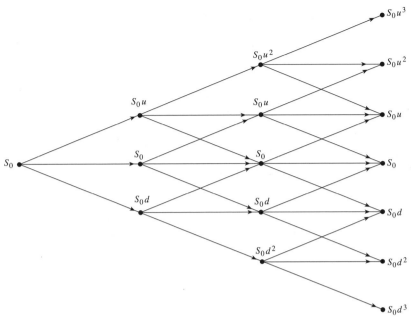

Abbildung 21.12: Trinomialbaum für Aktienkurse

wobei f_u, f_m und f_d die Optionswerte an den nachfolgenden Knoten bei Aufwärts-, mittlerer bzw. Abwärtsbewegung bezeichnen. Das Trinomialbaum-Verfahren erweist sich als äquivalent mit der expliziten Finite-Differenzen-Methode, die in Abschnitt 21.8 beschrieben wird.

Figlewski und Gao haben eine Erweiterung der Trinomialbaum-Methode vorgeschlagen, die von ihnen als *Adaptive-Mesh-Modell* bezeichnet wird. Dabei wird ein Baum mit hoher Auflösung (kleines Δt) in einen Baum mit niedriger Auflösung (großes Δt) überführt.[9] Bei der Bewertung einer amerikanischen Standard-Option ist eine hohe Auflösung des Baums in der Nähe des Basispreises am Ende der Laufzeit am nützlichsten.

21.5 Zeitabhängige Parameter

Bis jetzt haben wir r, q, r_f und σ als Konstanten angesehen. In der Realität nimmt man sie üblicherweise als zeitabhängig an. Es wird unterstellt, dass die Werte der Variablen zwischen den Zeitpunkten t und $t + \Delta t$ ihren Forward-Werten entsprechen.[10]

Wir können r und q (bzw. r_f) in einem Cox-Ross-Rubinstein-Binomialbaum als Funktion der Zeit auffassen. Dazu setzen wir für Knoten zum Zeitpunkt t

$$a = e^{[f(t)-g(t)]\Delta t}, \tag{21.11}$$

---

9 Siehe S. Figlewski und B. Gao, „The Adaptive Mesh Model: A New Approach to Efficient Option Pricing", *Journal of Financial Economics*, 53 (1999), 313–351.
10 Die Forward-Dividendenrendite und die Forward-Varianz werden auf die gleiche Weise wie die Forward Rate berechnet. (Die Varianz ist das Quadrat der Volatilität.)

wobei $f(t)$ die Forward Rate zwischen den Zeitpunkten t und $t + \Delta t$ bezeichnet und $g(t)$ den Forward-Wert von q zwischen den beiden Zeitpunkten. Die Geometrie des Baums wird dadurch nicht verändert, da u und d nicht von a abhängen. Die Wahrscheinlichkeiten an den Ästen, die von den Knoten für den Zeitpunkt t ausgehen, betragen[11]

$$p = \frac{e^{[f(t)-g(t)]\Delta t} - d}{u - d}$$
$$1 - p = \frac{u - e^{[f(t)-g(t)]\Delta t}}{u - d} \quad . \tag{21.12}$$

Für die weiteren Berechnungen wird der Baum wie bisher eingesetzt, außer dass wir $f(t)$ verwenden, wenn wir zwischen den Zeiten t und $t + \Delta t$ diskontieren.

Eine größere Schwierigkeit stellt die Aufnahme zeitabhängiger Volatilitäten in das Binomialmodell dar. Angenommen, $\sigma(t)$ beschreibt die Volatilität, die für die Bepreisung einer Option mit Laufzeit t benutzt wird. Ein Ansatz besteht darin, die Länge jedes Zeitschritts umgekehrt proportional zur Varianzrate in diesem Zeitschritt zu wählen. Die Werte von u und d sind dann überall gleich, und der Baum rekombiniert. Wir definieren $V = \sigma(T)^2 T$, wobei T den gesamten vom Baum abgedeckten Zeitraum bezeichnet. Das Ende des i-ten Zeitschritts sei t_i. Bei insgesamt N Zeitschritten wählen wir t_i so, dass $\sigma(t_i)^2 t_i = iV/N$, und setzen $u = e^{\sqrt{V/N}}$ sowie $d = 1/u$.

Dieses Verfahren kann in Kombination mit dem eben besprochenen Verfahren bei variablen Zinssätzen verwendet werden, um zeitabhängige Zinssätze und Volatilitäten einzubeziehen.

21.6 Die Monte-Carlo-Simulation

Wir erläutern nun mit der Monte-Carlo-Simulation einen etwas anderen Ansatz zur Bewertung von Derivaten im Vergleich zu Binomialbäumen. Business Snapshot 21.1 veranschaulicht die Idee der zufälligen Stichprobe, welche der Monte-Carlo-Simulation zugrunde liegt, anhand eines einfachen Excel-Programms zur Schätzung der Zahl π.

Business Snapshot 21.1 – Berechnung von Pi mittels Monte-Carlo-Simulation

Angenommen, die Seitenlängen des Quadrats in Abbildung 21.13 betragen eine Längeneinheit. Stellen Sie sich vor, Sie werfen willkürlich Pfeile auf das Quadrat und berechnen den Anteil, der im Kreis landet. Welches Ergebnis sollte man erhalten? Das Quadrat hat einen Flächeninhalt von 1,0, der Kreis einen Radius r von 0,5. Der Flächeninhalt des Kreises beträgt πr^2, d. h. $\pi/4$. Folglich sollte der Anteil der im Kreis befindlichen Pfeile $\pi/4$ betragen. Daraus können wir π schätzen, indem wir den Anteil der im Kreis befindlichen Pfeile mit vier multiplizieren.

---

[11] Für eine hinreichend große Anzahl an Zeitschritten sind diese Wahrscheinlichkeiten stets positiv.

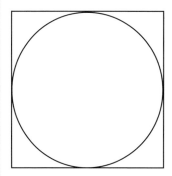

Abbildung 21.13: Berechnung von π durch Pfeilwürfe

Zur Simulation der Pfeile können wir eine Excel-Tabelle verwenden, wie in Tabelle 21.1 gezeigt. Wir definieren die Zellen A1 und B1 als = ZUFALLSZAHL(). A1 und B1 stellen somit Zufallszahlen zwischen 0 und 1 dar und geben an, wie weit rechts und wie hoch der Pfeil im Quadrat von Abbildung 21.13 landet. Wir definieren nun die Zelle C1 als

$$= \text{WENN}((A1 - 0{,}5)^2 + (B1 - 0{,}5)^2 < 0{,}5^2; 4; 0).$$

Dadurch erhält C1 den Wert 4, wenn der Pfeil im Kreis liegt, und sonst 0.

Die nächsten 99 Zeilen der Tabelle werden analog zur ersten festgelegt. Die Zelle C102 wird mit = MITTELWERT(C1:C100) und Zelle C103 mit = STABW(C1:C100) belegt. C102 (mit dem Wert 3,04 in Tabelle 21.1) ist der Schätzer für π aus den 100 Zufallsergebnissen. C103 gibt die Standardabweichung unseres Ergebnisses an und kann, wie wir in Beispiel 21.7 sehen werden, zur Beurteilung der Genauigkeit des Schätzers verwendet werden. Die Erhöhung der Simulationsanzahl verbessert die Genauigkeit – aber die Konvergenz gegen den korrekten Wert 3,1415926... verläuft sehr langsam.

	A	B	C
1	0,207	0,690	4
2	0,271	0,520	4
3	0,007	0,221	0
⋮	⋮	⋮	⋮
100	0,198	0,403	4
101			
102		Mittelwert:	3,04
103		St.-abw.:	1,69

Tabelle 21.1: Auszug aus der Tabellenkalkulation

Numerische Verfahren: Grundlagen

Bei der Bewertung einer Option verwendet die Monte-Carlo-Simulation den Ansatz der risikoneutralen Bewertung. Aus den Zufallsergebnissen erhalten wir die erwartete Auszahlung in einer risikoneutralen Welt und diskontieren sie dann mit dem risikolosen Zinssatz. Wir betrachten ein Derivat, das von einer einzelnen Marktvariable S abhängt, die zu einer Auszahlung zur Zeit T führt. Unter der Annahme, dass die Zinssätze konstant sind, können wir das Derivat wie folgt bewerten:

1. Erzeugung eines zufälligen Pfades (Trajektorie) für S einer risikoneutralen Welt.
2. Berechnung der Auszahlung des Derivats.
3. Wiederholung der Schritte 1 und 2, um viele mögliche Werte für die Auszahlung des Derivats in einer risikoneutralen Welt zu erhalten.
4. Berechnung des Mittelwerts der Auszahlungen aller Trajektorien, um einen Schätzwert für die erwartete Auszahlung in einer risikoneutralen Welt zu erhalten.
5. Diskontierung der erwarteten Auszahlung mit dem risikolosen Zinssatz, um einen Schätzer für den Wert des Derivats zu erhalten.

Das Monte-Carlo-Arbeitsblatt von DerivaGem 3.00 geht in dieser Weise vor.

Angenommen, die zugrunde liegende Marktvariable folgt in einer risikoneutralen Welt dem Prozess

$$dS = \hat{\mu} S \, dt + \sigma S \, dz, \qquad (21.13)$$

wobei dz ein Wiener-Prozess, $\hat{\mu}$ die erwartete Rendite in einer risikoneutralen Welt und σ die Volatilität ist.[12] Um den Pfad zu simulieren, dem S folgt, unterteilen wir die Laufzeit des Derivats in N kurze Intervalle der Länge Δt und approximieren Gleichung (21.13) durch

$$S(t + \Delta t) - S(t) = \hat{\mu} S(t) \Delta t + \sigma S(t) \epsilon \sqrt{\Delta t}, \qquad (21.14)$$

wobei $S(t)$ den Wert von S zur Zeit t beschreibt und ϵ eine normalverteilte Zufallsgröße mit dem Mittelwert null und der Standardabweichung 1,0 ist. Damit ist es möglich, aus dem Anfangswert von S den Wert von S zur Zeit Δt zu berechnen, aus dem Wert zur Zeit Δt den Wert zur Zeit $2\Delta t$ usw. Dieses Verfahren wurde in Abschnitt 14.3 dargestellt. Ein Simulationslauf beinhaltet die Erzeugung eines vollständigen Pfades für S mithilfe von N normalverteilten Zufallsgrößen.

In der Praxis ist es meist angebracht, $\ln S$ anstelle von S zu simulieren. Nach Itôs Lemma folgt $\ln S$ dem Prozess

$$d \ln S = \left(\hat{\mu} - \frac{\sigma^2}{2} \right) dt + \sigma \, dz, \qquad (21.15)$$

sodass gilt

$$\ln S(t + \Delta t) - \ln S(t) = \left(\hat{\mu} - \frac{\sigma^2}{2} \right) \Delta t + \sigma \epsilon \sqrt{\Delta t}$$

oder äquivalent

$$S(t + \Delta t) = S(t) \exp\left[\left(\hat{\mu} - \frac{\sigma^2}{2} \right) \Delta t + \sigma \epsilon \sqrt{\Delta t} \right]. \qquad (21.16)$$

---

[12] Wenn S der Preis einer dividendenlosen Aktie ist, gilt $\hat{\mu} = r$; falls S ein Wechselkurs ist, gilt $\hat{\mu} = r - r_f$ usw. Es ist zu beachten, dass, wie in Abschnitt 13.7 gezeigt, die Volatilität in der risikoneutralen Welt dieselbe ist wie in der realen Welt.

Diese Gleichung wird benutzt, um einen Pfad für S zu erzeugen.

Die Verwendung von $\ln S$ statt S führt zu einer verbesserten Genauigkeit. Falls $\hat{\mu}$ und σ konstant sind, gilt außerdem

$$\ln S(T) - \ln S(0) = \left(\hat{\mu} - \frac{\sigma^2}{2}\right) T + \sigma \epsilon \sqrt{T}$$

für alle T.[13] Hieraus folgt

$$S(T) = S(0) \exp\left[\left(\hat{\mu} - \frac{\sigma^2}{2}\right) T + \sigma \epsilon \sqrt{T}\right]. \qquad (21.17)$$

Diese Gleichung kann zur Bewertung von Derivaten mit exotischen, nicht dem Standard entsprechenden Auszahlungsprofilen zum Zeitpunkt T eingesetzt werden. Wie in Business Snapshot 21.2 gezeigt wird, kann man mit dieser Gleichung auch die Gültigkeit der Black-Scholes-Merton-Formeln überprüfen.

Business Snapshot 21.2 – Überprüfung der Black-Scholes-Merton-Formel mit Excel

Wenn man eine große Anzahl an Zeitschritten verwendet, kann man die Black-Scholes-Merton-Formel für einen europäischen Call mit einem Binomialbaum verifizieren. Eine andere Möglichkeit der Überprüfung der Black-Scholes-Formel ist die Monte-Carlo-Simulation. Tabelle 21.2 zeigt eine mögliche Excel-Tabelle. Die Zellen C2, D2, E2, F2 und G2 enthalten die Werte von S_0, K, r, σ bzw. T. In den Zellen D4, E4 und F4 werden d_1, d_2 und der Black-Scholes-Merton-Preis berechnet. (Der Black-Scholes-Merton-Preis in der Beispieltabelle beträgt 4,817.)

STANDNORMINV ist die inverse kumulierte Funktion der Standardnormalverteilung. STANDNORMINV(ZUFALLSZAHL()) liefert demzufolge einen zufälligen Wert aus der Standardnormalverteilung. Wir belegen die Zelle A1 als

= C2 * EXP((E2 − F2 * F2/2) * G2
  + F2 * STANDNORMINV(ZUFALLSZAHL()) * WURZEL(G2)) .

Damit haben wir nach Gleichung (21.17) aus den Aktienkursen zum Zeitpunkt T einen Stichprobenwert erzeugt. Die Zelle B1 belegen wir mit

= EXP(−E2 * G2) * MAX(A1 − D2; 0) .

Dies ist der Barwert der Auszahlung aus einem Call. Die nächsten 999 Zeilen der Tabelle definieren wir analog. (Dies geschieht am einfachsten durch „Select and Drag".) Die Zelle B1002 wird mit = MITTELWERT(B1:B1000) belegt und zeigt den Wert 4,98 in der Beispieltabelle. Dies ist der Schätzer für den Optionswert. Er sollte sich nicht allzu sehr vom Black-Scholes-Merton-Preis unterscheiden. Zelle B1003 wird mit = STABW(B1:B1000) belegt. Wie wir in Beispiel 21.8

---

[13] Im Gegensatz dazu gilt Gleichung (21.14) nur für $\Delta t \to 0$.

sehen werden, kann dies zur Beurteilung der Genauigkeit des Schätzers herangezogen werden.

	A	B	C	D	E	F	G
1	45,95	0	S_0	K	r	σ	T
2	54,49	4,38	50	50	0,05	0,3	0,5
3	50,09	0,09		d_1	d_2	BSM-Preis	
4	47,46	0		0,2239	0,0118	4,817	
5	44,93	0					
⋮	⋮	⋮					
1000	68,27	17,82					
1001							
1002	Mittelwert:	4,98					
1003	St.-abw.:	7,68					

Tabelle 21.2: Monte-Carlo-Simulation zur Überprüfung der Black-Scholes-Merton-Formel

Der Hauptvorteil der Monte-Carlo-Simulation besteht darin, dass sie sowohl verwendet werden kann, wenn die Auszahlung vom genauen Pfad abhängig ist, dem die zugrunde liegende Variable S folgt, als auch, wenn sie nur vom Endwert der Variable S abhängt. Die Monte-Carlo-Simulation kann beispielsweise eingesetzt werden, wenn die Auszahlungen vom Durchschnittswert von S im Zeitraum von 0 bis T abhängen. Auszahlungen können außer zur Fälligkeit auch zu verschiedenen Zeiten während der Laufzeit des Derivats erfolgen. Es kann jeder stochastische Prozess für S verwendet werden. Wie wir zeigen werden, kann das Verfahren auch auf Fälle ausgedehnt werden, in denen die Auszahlung des Derivats von mehreren zugrunde liegenden Marktvariablen abhängt. Der Nachteil der Monte-Carlo-Simulation besteht darin, dass sie sehr rechenaufwändig und schwierig zu handhaben ist, wenn eine vorzeitige Ausübung möglich ist.[14]

Derivate, die von mehreren Marktvariablen abhängen

In Abschnitt 14.5 haben wir uns mit korrelierten stochastischen Prozessen beschäftigt. Wir betrachten nun die Situation, dass die Auszahlung eines Derivats von n Variablen θ_i ($1 \leq i \leq n$) abhängt. Wir definieren s_i als die Volatilität von θ_i, $\hat{m}_i$ als die erwartete Drift von θ_i in einer risikoneutralen Welt und ρ_{ik} als die Korrelation zwischen den Wiener-Prozessen, welche θ_i und θ_k steuern.[15] Wie im Falle einer ein-

---

14 Wie in Kapitel 27 diskutiert wird, haben mehrere Wissenschaftler Vorschläge unterbreitet, wie die Monte-Carlo-Simulation auf die Bewertung amerikanischer Optionen ausgedehnt werden kann.

15 Zu beachten ist, dass s_i, $\hat{m}_i$ und ρ_{ik} nicht notwendigerweise konstant sind. Diese Parameter können auch von θ_i abhängen.

zelnen Variablen muss die Laufzeit des Derivats in N Teilintervalle der Länge Δt unterteilt werden. Die diskrete Version des Prozesses für θ_i lautet dann

$$\theta_i(t + \Delta t) - \theta_i(t) = \hat{m}_i \theta_i(t) \Delta t + s_i \theta_i(t) \epsilon_i \sqrt{\Delta t}, \qquad (21.18)$$

wobei ϵ_i eine standardnormalverteilte Zufallsgröße ist. Der Korrelationskoeffizient zwischen ϵ_i und ϵ_k für $1 \leq i,k \leq n$ ist ρ_{ik}. Ein Simulationslauf ergibt N Stichproben der ϵ_i ($1 \leq i \leq n$) aus einer mehrdimensionalen Standardnormalverteilung. Diese werden in Gleichung (21.18) eingesetzt, um für jedes θ_i simulierte Pfade zu erzeugen, woraus ein möglicher Wert für das Derivat berechnet werden kann.

Erzeugen von Zufallszahlen aus Normalverteilungen

Mit der Anweisung =STANDNORMINV(ZUFALLSZAHL()) lässt sich in Excel eine standardnormalverteilte Zufallszahl erzeugen (siehe Business Snapshot 21.2). Wenn zwei korrelierte standardnormalverteilte Zufallszahlen, ϵ_1 und ϵ_2, benötigt werden, ist das folgende Verfahren geeignet. Unabhängige standardnormalverteilte Zufallszahlen x_1 und x_2 erhält man wie eben beschrieben. Die benötigten Zufallszahlen ϵ_1 und ϵ_2 werden dann wie folgt berechnet:

$$\epsilon_1 = x_1$$
$$\epsilon_2 = \rho x_1 + x_2 \sqrt{1 - \rho^2},$$

wobei ρ der Korrelationskoeffizient ist.

Betrachten wir nun den allgemeinen Fall, dass wir n korrelierte normalverteilte Zufallszahlen mit einem Korrelationskoeffizienten von $\rho_{i,j}$ zwischen Zufallszahl i und Zufallszahl j benötigen. Zunächst erzeugen wir n unabhängige standardnormalverteilte Zufallszahlen x_i ($1 \leq i \leq n$). Die benötigten Zufallszahlen, ϵ_i ($1 \leq i \leq n$), sind dann folgendermaßen definiert:

$$\epsilon_1 = \alpha_{11} x_1$$
$$\epsilon_2 = \alpha_{21} x_1 + \alpha_{22} x_2$$
$$\epsilon_1 = \alpha_{31} x_1 + \alpha_{32} x_2 + \alpha_{33} x_3$$

usw. Wir wählen die Koeffizienten α_{ij} so, dass die Varianzen und Korrelationen korrekt sind. Dies kann schrittweise auf die folgende Art geschehen. Wir setzen $\alpha_{11} = 1$ und wählen α_{21} so, dass $\alpha_{21} \alpha_{11} = \rho_{21}$. Wir wählen α_{22} so, dass $\alpha_{21}^2 + \alpha_{22}^2 = 1$, und wählen α_{31} so, dass $\alpha_{31} \alpha_{11} = \rho_{31}$. Wir wählen α_{32} so, dass $\alpha_{31} \alpha_{21} + \alpha_{32} \alpha_{22} = \rho_{32}$, und wählen α_{33} so, dass $\alpha_{31}^2 + \alpha_{32}^2 + \alpha_{33}^2 = 1$, usw.[16] Dieses Verfahren ist als *Cholesky-Zerlegung* bekannt.

Anzahl der Simulationen

Die Genauigkeit des Ergebnisses der Monte-Carlo-Simulation hängt von der Anzahl der Simulationsläufe ab. Gewöhnlich werden für das Derivat sowohl die Standardabweichung als auch der Mittelwert der diskontierten Auszahlungen aus den Simulationsläufen berechnet. Wir bezeichnen den Mittelwert mit μ und die Standardabweichung mit ω. Die Variable μ ist der Schätzer für den Wert des Derivats. Der

---

16 Wenn die Gleichungen für alle α keine reellen Lösungen haben, ist die unterstellte Korrelationsstruktur, wie in Kapitel 23 noch diskutiert werden wird, in sich widersprüchlich.

Standardfehler des Schätzwerts beträgt

$$\frac{\omega}{\sqrt{M}},$$

wobei M die Anzahl der Simulationen bezeichnet. Ein 95%iges Konfidenzintervall für den Preis f des Derivats ist daher gegeben durch

$$\mu - \frac{1{,}96\omega}{\sqrt{M}} < f < \mu + \frac{1{,}96\omega}{\sqrt{M}}.$$

Dies zeigt, dass unsere Unsicherheit bezüglich des Wertes des Derivats umgekehrt proportional zur Quadratwurzel der Anzahl der Durchläufe ist. Um die Genauigkeit einer Simulation zu verdoppeln, müssen wir die Anzahl der Durchläufe vervierfachen; um die Genauigkeit um den Faktor 10 zu verbessern, muss die Anzahl der Durchläufe um den Faktor 100 erhöht werden, usw.

Beispiel 21.7 In Tabelle 21.1 wird π als Mittelwert von 100 Zahlen berechnet. Die Standardabweichung der Zahlen beträgt 1,69. In diesem Fall gilt $\omega = 1{,}69$ und $M = 100$, so dass der Standardfehler des Schätzers $1{,}69/\sqrt{100} = 0{,}169$ beträgt. Im Tabellenblatt ist das 95%-Konfidenzintervall für π demnach mit (3,04−1,96·0,169) bis (3,04+1,96·0,169), also 2,71 bis 3,37 angegeben. Der korrekte Wert 3,14159 liegt innerhalb dieses Konfidenzintervalls.

Beispiel 21.8 In Tabelle 21.2 wird der Optionswert als Mittelwert von 1000 Zahlen berechnet. Die Standardabweichung der Zahlen beträgt 7,68. In diesem Fall gilt $\omega = 7{,}68$ und $M = 1000$. Der Standardfehler des Schätzers beträgt $7{,}68/\sqrt{1000} = 0{,}24$. Im Tabellenblatt ist das 95%-Konfidenzintervall für den Optionswert demnach mit (4,98 − 1,96·0,24) bis (4,98+1,96·0,24), also 4,51 bis 5,45, angegeben. Der Black-Scholes-Merton-Preis 4,817 liegt innerhalb dieses Konfidenzintervalls.

Simulation durch einen Baum

Anstatt das Monte-Carlo-Verfahren durch das Erzeugen von Zufallszahlen für eine zugrunde liegende Variable zu implementieren, können wir einen N-periodigen Binomialbaum verwenden und über die 2^N möglichen Pfade simulieren. Angenommen, es liegt ein Binomialbaum mit einer Wahrscheinlichkeit von 0,6 für eine Aufwärtsbewegung vor. Das Verfahren zur Erzeugung eines Zufallspfades durch den Baum funktioniert wie folgt. An jedem Knoten ermitteln wir eine Zufallszahl zwischen null und eins. Wenn die Zahl kleiner als 0,4 ist, nehmen wir den Abwärtspfad. Ist sie größer als 0,4, nehmen wir den Aufwärtspfad. Wenn wir einen vollständigen Pfad vom Anfangsknoten bis zum Ende des Baumes konstruiert haben, können wir die Auszahlung berechnen. Damit ist der erste Durchlauf abgeschlossen. Das

21.6 Die Monte-Carlo-Simulation

Mittel der Auszahlungen mehrerer Durchläufe wird mit dem risikolosen Zinssatz diskontiert, um eine Schätzung für den Wert des Derivats zu erhalten.[17]

> **Beispiel 21.9** Angenommen, der Baum in Abbildung 21.3 wird zur Bewertung einer Option, die $\max(S_{ave} - 50, 0)$ auszahlt, verwendet. S_{ave} beschreibt dabei den durchschnittlichen Aktienkurs während der fünf Monate (wobei der erste und der letzte Kurs mit in den Durchschnitt eingehen). Damit liegt eine asiatische Option vor. Ein mögliches Ergebnis für zehn Simulationsläufe zeigt Tabelle 21.3.
>
> | Simulation | Pfad | durchschnittl. Aktienkurs | Auszahlung der Option |
> |---|---|---|---|
> | 1 | UUUUD | 64,98 | 14,98 |
> | 2 | UUUDD | 59,82 | 9,82 |
> | 3 | DDDUU | 42,31 | 0,00 |
> | 4 | UUUUU | 68,04 | 18,04 |
> | 5 | UUDDU | 55,22 | 5,22 |
> | 6 | UDUUD | 55,22 | 5,22 |
> | 7 | DDUDD | 42,31 | 0,00 |
> | 8 | UUDDU | 55,22 | 5,22 |
> | 9 | UUUDU | 62,25 | 12,25 |
> | 10 | DDUUD | 45,56 | 0,00 |
> | Durchschnitt | | | 7,08 |
>
> Tabelle 21.3: Monte-Carlo-Simulation zur Bewertung einer asiatischen Option aus dem Baum von Abbildung 21.3. Die Auszahlung ist der Betrag, um den der durchschnittliche Aktienkurs 50 $ übersteigt. U = Aufwärtsbewegung, D = Abwärtsbewegung
>
> Der Optionswert berechnet sich als durchschnittliche Auszahlung, diskontiert mit dem risikolosen Zinssatz. Im vorliegenden Fall beträgt die durchschnittliche Auszahlung 7,08 $ und der risikolose Zinssatz 10 %, der berechnete Wert ist somit $7{,}08 e^{-0{,}1 \cdot 5/12} = 6{,}79$. (Dies soll nur das prinzipielle Vorgehen beschreiben. In der Realität müssten mehr Zeitschritte und wesentlich mehr Simulationsläufe für ein genaues Ergebnis verwendet werden.)

Berechnung von Sensitivitätsmaßen

Die in Kapitel 19 behandelten Sensitivitätsmaße können mithilfe der Monte-Carlo-Simulation berechnet werden. Angenommen, wir interessieren uns für die partielle Ableitung von f nach x, wobei f der Wert des Derivats und x der Wert einer zugrunde liegenden Variable oder eines Parameters ist. Zunächst wird die Monte-Carlo-Simu-

---

17 Siehe D. Mintz, „Less is More", *Risk*, Juli 1997, S. 42–45, für eine Diskussion über effiziente Simulation mit Bäumen.

lation in der gewohnten Weise zur Berechnung eines Schätzers $\hat{f}$ für den Wert des Derivats eingesetzt. Dann wird ein kleiner Betrag Δx zum Wert x hinzugefügt und ein neuer Wert $\hat{f}^*$ für das Derivat in der gleichen Weise berechnet wie $\hat{f}$. Eine Schätzung des Hedge-Parameters ist gegeben durch

$$\frac{\hat{f}^* - \hat{f}}{\Delta x}.$$

Um den Standardfehler des Schätzwerts zu minimieren, sollten die Anzahl der Zeitintervalle N, die verwendeten Zufallszahlen sowie die Anzahl der Durchläufe M für die Berechnung von $\hat{f}$ und $\hat{f}^*$ identisch sein.

Anwendungen

Die Monte-Carlo-Simulation ist für drei oder mehr stochastische Variablen numerisch effizienter als andere Verfahren. Dies liegt daran, dass die Zeit für die Durchführung der Monte-Carlo-Simulation nahezu linear mit der Anzahl der Variablen ansteigt, während die für die meisten anderen Verfahren benötigte Zeit mit der Anzahl der Variablen exponentiell zunimmt. Ein Vorteil der Monte-Carlo-Simulation besteht darin, dass sie einen Standardfehler für die durchgeführte Schätzung liefern kann. Ein weiterer Vorteil ist, dass es sich dabei um ein Verfahren handelt, das komplexe Auszahlungen und komplexe stochastische Prozesse berücksichtigen kann. Es kann auch angewendet werden, wenn die Auszahlung nicht nur vom Endwert abhängt, sondern eine Funktion des gesamten Pfades ist, dem die Variable folgt. Wie bereits festgestellt, ist die Anwendbarkeit der Monte-Carlo-Simulation dahingehend eingeschränkt, dass sie für Derivate, die nicht europäischen Typs sind, schwer zu handhaben ist.

21.7 Varianzreduzierende Verfahren

Wenn die Simulation der stochastischen Prozesse, welche einem Derivat zugrunde liegen, wie in den Gleichungen (21.13) bis (21.18) beschrieben durchgeführt wird, ist gewöhnlich eine sehr große Anzahl an Simulationen nötig, um den Wert des Derivats mit hinreichender Genauigkeit schätzen zu können. Dies ist jedoch sehr rechenaufwändig. In diesem Abschnitt behandeln wir eine Reihe von varianzreduzierenden Verfahren, die zu einer erheblichen Einsparung an Rechenzeit führen können.

Antithetic Variates

Bei der Antithetic-Variates-Technik umfasst ein Simulationslauf die Berechnung von zwei Werten für ein Derivat. Der erste Wert, f_1, wird in der gewohnten Weise berechnet; der zweite Wert, f_2, wird bestimmt, indem das Vorzeichen aller standardnormalverteilten Zufallsgrößen vertauscht wird. (Wenn ϵ eine Zufallsgröße zur Berechnung von f_1 ist, ist $-\epsilon$ die entsprechende Zufallsgröße zur Berechnung von f_2.) Der aus einem Simulationslauf berechnete Wert des Derivats ist der Mittelwert von f_1 und f_2. Wenn ein Wert über dem wahren Wert liegt, tendiert der andere dazu, darunter zu liegen und umgekehrt.

Wir bezeichnen das Mittel von f_1 und f_2 mit $\bar{f}$:

$$\bar{f} = \frac{f_1 + f_2}{2}.$$

Der endgültige Schätzer für den Wert des Derivats ist das Mittel aller $\bar{f}$'s. Wenn $\bar{\omega}$ die Standardabweichung der $\bar{f}$'s und M die Anzahl der Simulationsläufe (d. h. die Anzahl an paarweise berechneten Werten) ist, gilt für den Standardfehler des Schätzwerts

$$\bar{\omega}/\sqrt{M}.$$

Dies ist gewöhnlich wesentlich weniger als der Standardfehler bei $2M$ Simulationsdurchläufen.

Control Variates

Wir haben bereits ein Beispiel für die Control-Variates-Technik im Zusammenhang mit der Bewertung amerikanischer Optionen mithilfe von Bäumen gegeben (siehe Abschnitt 21.3). Die Control-Variates-Technik kann angewendet werden, wenn es zwei ähnliche Derivate A und B gibt. Derivat A ist das betrachtete Wertpapier; Derivat B ist Derivat A ähnlich, aber analytisch bewertbar. Zwei Simulationen, die dieselben Folgen von Zufallszahlen und denselben Zeitschritt Δt verwenden, werden parallel ausgeführt. Mit der ersten Simulation erhalten wir einen Schätzwert f_A^* für den Wert von A; mit der zweiten Simulation erhalten wir einen Schätzwert f_B^* für den Wert von B. Einen besseren Schätzwert f_A für den Wert von A erhält man mithilfe der Formel

$$f_A = f_A^* - f_B^* + f_B, \qquad (21.19)$$

wobei f_B der bekannte korrekte Wert von B ist. Hull und White geben ein Beispiel für die Verwendung der Control-Variates-Technik, um den Einfluss der stochastischen Volatilität auf den Preis einer europäischen Kaufoption zu bestimmen.[18] In diesem Fall ist A die Option, für die stochastische Volatilität angenommen wird, und B die Option, für die konstante Volatilität angenommen wird.

Importance Sampling

Importance Sampling lässt sich am besten anhand eines Beispiels erläutern. Angenommen, wir wollen den Preis einer europäischen Kaufoption mit Basispreis K und Laufzeit T bestimmen, die weit aus dem Geld (deep out of the money) ist. Wenn wir wie gewohnt die Werte des zugrunde liegenden Assetpreises zur Zeit T untersuchen, resultieren die meisten der Pfade in einer Auszahlung von null. Dies ist jedoch eine Verschwendung von Rechenzeit, da die Pfade mit Auszahlung null kaum zur Bestimmung des Optionswertes beitragen. Wir versuchen daher, nur die relevanten Pfade auszuwählen, d. h. jene Pfade, für die der Aktienkurs bei Fälligkeit über K liegt.

Wir nehmen an, dass F die unbedingte Wahrscheinlichkeitsverteilung des Aktienkurses zur Zeit T ist; die Wahrscheinlichkeit q, dass der Aktienkurs bei Fälligkeit größer als K ist, ist analytisch bekannt. Dann ist $G = F/q$ die Wahrscheinlichkeitsverteilung des Aktienkurses unter der Bedingung, dass der Aktienkurs größer als K sein wird. Um Importance Sampling durchzuführen, untersuchen wir G anstelle von F. Die Schätzung des Optionswertes ist der Durchschnitt der diskontierten Auszahlungen multipliziert mit q.

---

18 Siehe J. Hull und A. White, „The Pricing of Options on Assets with Stochastic Volatilities", *Journal of Finance*, 42 (Juni 1987), 281–300.

Geschichtetes Stichprobenverfahren

Die Simulation repräsentativer Werte statt zufälliger Werte einer Wahrscheinlichkeitsverteilung liefert üblicherweise eine größere Genauigkeit. Das geschichtete Stichprobenverfahren stellt eine Möglichkeit hierzu dar. Angenommen, wir möchten 1000 Simulationen aus einer Wahrscheinlichkeitsverteilung durchführen. Dazu würden wir die Verteilung in 1000 gleichwahrscheinliche Intervalle unterteilen und für jedes Intervall einen repräsentativen Wert (typischerweise Mittelwert oder Median) auswählen.

Im Falle einer Standardnormalverteilung mit n Intervallen können wir den repräsentativen Wert für das i-te Intervall durch

$$N^{-1}\left(\frac{i - 0{,}5}{n}\right)$$

berechnen, wobei N^{-1} die Inverse der Normalverteilungsfunktion ist. Beispielsweise sind für $n = 4$ die entsprechenden repräsentativen Werte der vier Intervalle $N^{-1}(0{,}125)$, $N^{-1}(0{,}375)$, $N^{-1}(0{,}625)$ bzw. $N^{-1}(0{,}875)$. Die Funktion N^{-1} kann mit der STANDNORMINV-Funktion in Excel berechnet werden.

Anpassung der Momente

Die Anpassung von Momenten beinhaltet die Transformation der aus einer Standardnormalverteilung gezogenen Stichproben, sodass das erste, zweite und mögliche höhere Momente angepasst werden. Wir bezeichnen die normalverteilten Zufallsgrößen, die verwendet werden, um die Veränderung des Wertes einer speziellen Variable über einen bestimmten Zeitabschnitt zu berechnen, mit $\epsilon_i (1 \leq i \leq n)$. Um die ersten beiden Momente anzupassen, berechnen wir den Mittelwert m und die Standardabweichung s der Stichproben. Wir definieren dann die transformierten Zufallsgrößen ϵ_i^* $(1 \leq i \leq n)$ durch

$$\epsilon_i^* = \frac{\epsilon_i - m}{s}.$$

Diese haben den korrekten Mittelwert von null und die korrekte Standardabweichung von 1,0. Wir verwenden für alle Berechnungen die transformierten Zufallsgrößen.

Die Anpassung der Momente spart Rechenzeit, kann aber zu Speicherproblemen führen, da jede Zahl bis zum Ende der Simulation gespeichert werden muss. Die Anpassung wird auch als *quadratisches Resampling* bezeichnet. Es wird oft in Verbindung mit der Antithetic-Variates-Technik gebraucht. Da Letztere automatisch alle ungeraden Momente anpasst, besteht das Ziel der Momentenanpassung dann darin, das zweite und möglicherweise das vierte Moment anzupassen.

Verwendung von Pseudo-Zufallsfolgen

Eine Pseudo-Zufallsfolge (auch als *Folge mit geringen Abweichungen (Low Discrepancy)* bezeichnet) ist eine Folge repräsentativer Stichproben einer Wahrscheinlichkeitsverteilung.[19] Erläuterungen für die Verwendung von Pseudo-Zufallsfolgen

---

19 Der Ausdruck *Pseudo-Zufallsfolge* ist eigentlich irreführend. Eine Pseudo-Zufallsfolge ist vollkommen deterministisch.

wurden von Brotherton-Ratcliffe sowie Press *et al.* gegeben.[20] Pseudo-Zufallsfolgen können die angenehme Eigenschaft haben, dass sie zu einem Standardfehler für den Schätzer führen, der proportional zu $1/M$ anstelle von $1/\sqrt{M}$ ist, wobei M die Anzahl der Stichproben ist.

Die Verwendung von Pseudo-Zufallszahlen ähnelt dem geschichteten Stichprobenverfahren. Das Ziel besteht darin, repräsentative Werte der zugrunde liegenden Variablen zu ziehen. Beim geschichteten Stichprobenverfahren wird angenommen, dass wir im Voraus wissen, wie viele Stichproben zu nehmen sind. Ein pseudozufälliges Stichprobenschema ist flexibler. Die Stichproben werden so ausgewählt, dass wir immer die Lücken zwischen bereits vorhandenen Werten auffüllen. In jedem Simulationsschritt sind die untersuchten Punkte ungefähr gleichmäßig im Wahrscheinlichkeitsraum angeordnet.

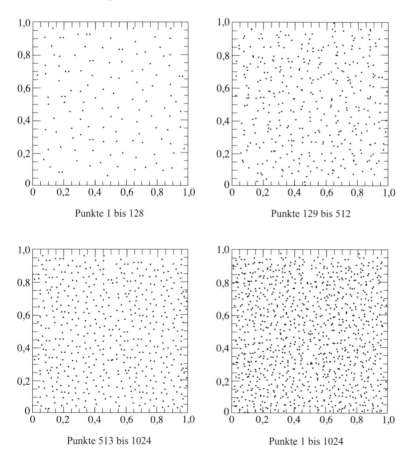

Abbildung 21.14: Die ersten 1024 Punkte einer Sobol-Folge

---

20 Siehe R. Brotherton-Ratcliffe, „Monte Carlo Motoring", RISK, Dezember 1994, S. 53–58; W.H. Press, S.A. Teukolsky, W.T. Vetterling und B.P. Flannery, *Numerical Recipes in C: The Art of Scientific Computing*, 2. Auflage, Cambridge University Press, Cambridge, 1992.

Abbildung 21.14 zeigt die mithilfe eines Verfahrens von Sobol erzeugten Punkte in zwei Dimensionen.[21] Wie man sieht, werden die Lücken, die von den vorherigen Punkten gelassen wurden, sukzessive gefüllt.

21.8 Finite-Differenzen-Methoden

Finite-Differenzen-Methoden bewerten ein Derivat, indem sie die Differentialgleichung lösen, die der Preis des Derivats erfüllt. Die Differentialgleichung wird in ein System von Differenzengleichungen umgewandelt, das iterativ gelöst wird.

Um die Methode zu erläutern, sehen wir uns an, wie das Verfahren zur Bewertung einer amerikanischen Verkaufsoption auf eine Aktie mit Dividendenrendite q eingesetzt werden kann. Die Differentialgleichung, die die Option erfüllen muss, lautet gemäß Gleichung (17.6)

$$\frac{\partial f}{\partial t} + (r-q)S\frac{\partial f}{\partial S} + \frac{1}{2}\sigma^2 S^2 \frac{\partial^2 f}{\partial S^2} = rf \, . \tag{21.20}$$

Angenommen, die Laufzeit der Option ist T. Wir unterteilen diese in N gleich große Intervalle der Länge $\Delta t = T/N$. Es werden also insgesamt $N+1$ Zeitpunkte betrachtet:

$$0, \Delta t, 2\,\Delta t, \ldots, T \, .$$

Wir nehmen an, dass $S_{\max}$ ein hinreichend hoher Aktienkurs ist, sodass die Verkaufsoption bei seinem Erreichen praktisch keinen Wert hat. Wir definieren $\Delta S = S_{\max}/M$ und betrachten insgesamt $M+1$ äquidistante Aktienkurse:

$$0, \Delta S, 2\,\Delta S, \ldots, S_{\max} \, .$$

Das Niveau $S_{\max}$ ist so gewählt, dass einer dieser Aktienkurse dem gegenwärtigen Wert entspricht.

Die Zeitpunkte und Aktienkurse bilden ein Gitter, das, wie in Abbildung 21.15 dargestellt, aus insgesamt $(M+1)\cdot(N+1)$ Punkten besteht. Der Punkt (i,j) des Gitters entspricht nach unserer Festlegung der Zeit $i\,\Delta t$ und dem Aktienkurs $j\,\Delta S$. Zur Bezeichnung des Optionswertes am Punkt (i,j) verwenden wir die Variable $f_{i,j}$.

Implizite Finite-Differenzen-Methode

Für einen inneren Punkt (i,j) des Gitters kann $\partial f/\partial S$ approximiert werden durch

$$\frac{\partial f}{\partial S} = \frac{f_{i,j+1} - f_{i,j}}{\Delta S} \tag{21.21}$$

oder

$$\frac{\partial f}{\partial S} = \frac{f_{i,j} - f_{i,j-1}}{\Delta S} \, . \tag{21.22}$$

---

21 Siehe I.M. Sobol, *USSR Computational Mathematics and Mathematical Physics*, 7, Nr. 4 (1967), 86–112. Eine Beschreibung des Verfahrens von Sobol wird gegeben in W.H. Press, S.A. Teukolsky, W. T. Vetterling und B.P. Flannery, *Numerical Recipes in C: The Art of Scientific Computing*, 2. Auflage, Cambridge University Press, Cambridge, 1992.

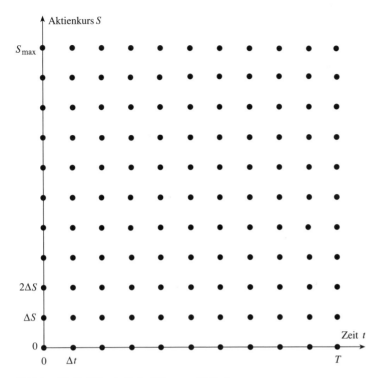

Abbildung 21.15: Gitter der Finite-Differenzen-Methode

Gleichung (21.21) ist als *vorwärts gerichtete Differenzenapproximation* bekannt, Gleichung (21.22) als *rückwärts gerichtete Differenzenapproximation*. Wir verwenden eine symmetrischere Approximation, indem wir beide Werte mitteln:

$$\frac{\partial f}{\partial S} = \frac{f_{i,j+1} - f_{i,j-1}}{2 \Delta S} \ . \tag{21.23}$$

Für $\partial f/\partial t$ verwenden wir eine vorwärts gerichtete Differenzenapproximation, sodass sich der Wert des Derivats zur Zeit $i \Delta t$ zu dem Wert zur Zeit $(i + 1) \Delta t$ wie folgt verhält:

$$\frac{\partial f}{\partial t} = \frac{f_{i+1,j} - f_{i,j}}{\Delta t} \ . \tag{21.24}$$

Betrachten wir nun $\partial^2 f/\partial S^2$. Die rückwärts gerichtete Differenzenapproximation für $\partial f/\partial S$ am Punkt (i, j) ist durch Gleichung (21.22) gegeben. Für die rückwärts gerichtete Differenz am Punkt $(i, j + 1)$ gilt

$$\frac{f_{i,j+1} - f_{i,j}}{\Delta S} \ .$$

Folglich ist die finite Differenzenapproximation für $\partial^2 f/\partial S^2$ am Punkt (i, j)

$$\frac{\partial^2 f}{\partial S^2} = \left(\frac{f_{i,j+1} - f_{i,j}}{\Delta S} - \frac{f_{i,j} - f_{i,j-1}}{\Delta S} \right) \Big/ \Delta S$$

oder

$$\frac{\partial^2 f}{\partial S^2} = \frac{f_{i,j+1} + f_{i,j-1} - 2f_{i,j}}{\Delta S^2}. \quad (21.25)$$

Das Einsetzen der Gleichungen (21.23), (21.24) und (21.25) in die Differentialgleichung (21.20) unter Berücksichtigung von $S = j\,\Delta S$ ergibt

$$\frac{f_{i+1,j} - f_{i,j}}{\Delta t} + (r-q)j\,\Delta S \frac{f_{i,j+1} - f_{i,j-1}}{2\,\Delta S} + \frac{1}{2}\sigma^2 j^2 \,\Delta S^2 \frac{f_{i,j+1} + f_{i,j-1} - 2f_{i,j}}{\Delta S^2} = rf_{i,j}$$

für $j = 1, 2, \ldots, M-1$ und $i = 0, 1, \ldots, N-1$. Durch Umordnen der Terme erhalten wir

$$a_j f_{i,j-1} + b_j f_{i,j} + c_j f_{i,j+1} = f_{i+1,j} \quad (21.26)$$

mit

$$a_j = \frac{1}{2}(r-q)j\,\Delta t - \frac{1}{2}\sigma^2 j^2 \,\Delta t,$$
$$b_j = 1 + \sigma^2 j^2 \,\Delta t + r\,\Delta t,$$
$$c_j = -\frac{1}{2}(r-q)j\,\Delta t - \frac{1}{2}\sigma^2 j^2 \,\Delta t.$$

Der Wert der Verkaufsoption zur Zeit T beträgt $\max(K - S_T, 0)$, wobei S_T der Aktienkurs zur Zeit T ist. Folglich gilt

$$f_{N,j} = \max(K - j\,\Delta S, 0), \quad j = 0, 1, \ldots, M. \quad (21.27)$$

Wenn der Aktienkurs null ist, ist der Wert der Verkaufsoption K. Folglich gilt

$$f_{i,0} = K, \quad i = 0, 1, \ldots, N. \quad (21.28)$$

Wir nehmen an, dass die Verkaufsoption den Wert null hat, wenn $S = S_{\max}$ ist, sodass gilt

$$f_{i,M} = 0, \quad i = 0, 1, \ldots, N. \quad (21.29)$$

Die Gleichungen (21.27), (21.28) und (21.29) definieren den Wert der Verkaufsoption entlang der drei Gitterecken in Abbildung 21.15, wenn $S = 0$, $S = S_{\max}$ und $t = T$ gilt. Schließlich wird Gleichung (21.26) verwendet, um an allen anderen Punkten den Wert für f zu ermitteln. Zunächst werden die Punkte, die der Zeit $T - \Delta t$ entsprechen, in Angriff genommen. Gleichung (21.26) ergibt mit $i = N-1$

$$a_j f_{N-1,j-1} + b_j f_{N-1,j} + c_j f_{N-1,j+1} = f_{N,j} \quad (21.30)$$

für $j = 1, 2, \ldots, M-1$. Die rechte Seite dieser Gleichungen ist aus Gleichung (21.27) bekannt. Des Weiteren folgt aus Gleichung (21.28) und Gleichung (21.29)

$$f_{N-1,0} = K \quad (21.31)$$
$$f_{N-1,M} = 0. \quad (21.32)$$

Die Gleichungen (21.30) sind daher $M-1$ simultane Gleichungen, die für $M-1$ Unbekannte $f_{N-1,1}, f_{N-1,2}, \ldots f_{N-1,M-1}$ gelöst werden können.[22] Anschließend wird

---

[22] Hierzu muss keine Matrix invertiert werden. Die Gleichung für $j = 1$ aus (21.30) kann verwendet werden, um $f_{N-1,2}$ über $f_{N-1,1}$ auszudrücken; die Gleichung für $j = 2$ in Verbindung mit der Gleichung für $j = 1$ kann verwendet werden, um $f_{N-1,3}$ über $f_{N-1,1}$ auszudrücken, usw. Die Gleichung für $j = M-2$ in Verbindung mit den vorherigen Gleichungen ermöglicht es, $f_{N-1,M-1}$ über $f_{N-1,1}$ auszudrücken. Die abschließende Gleichung für $j = M-1$ kann nach $f_{N-1,1}$ aufgelöst werden; mit diesem Wert ist dann eine Bestimmung der anderen $f_{N-1,j}$ möglich.

jeder Wert von $f_{N-1,j}$ mit $K - j\Delta S$ verglichen. Im Falle $f_{N-1,j} < K - j\Delta S$ ist die vorzeitige Ausübung zur Zeit $T - \Delta t$ optimal und $f_{N-1,j}$ wird gleich $K - j\Delta S$ gesetzt. Die Knoten, die der Zeit $T - 2\Delta t$ entsprechen, werden in derselben Weise behandelt usw. Schließlich erhält man $f_{0,1}, f_{0,2}, \ldots, f_{0,M-1}$. Einer dieser Werte ist der gesuchte Optionspreis.

Die Control-Variates-Technik kann in Verbindung mit der Finite-Differenzen-Methode angewendet werden. Dasselbe Gitter wird dann zur Bewertung einer Option verwendet, die der betrachteten ähnlich ist, für die jedoch eine analytische Lösung verfügbar ist. In diesem Fall wird Gleichung (21.19) benutzt.

> **Beispiel 21.10** Tabelle 21.4 zeigt die Ergebnisse der Bewertung der amerikanischen Verkaufsoption aus Beispiel 21.1 unter Verwendung der eben beschriebenen impliziten Methode der finiten Differenzen. Für M, N bzw. ΔS wurden die Werte von 20, 10 bzw. 5 gewählt. Folglich wird der Optionspreis in Intervallen von 5 \$ zwischen 0 \$ und 100 \$ sowie in Zeitintervallen von einem halben Monat während der Laufzeit der Option berechnet. Der vom Gitter angegebene Optionspreis ist 4,07 \$. Dasselbe Gitter gibt den Preis der entsprechenden europäischen Option mit 3,91 \$ an. Der durch die Black-Scholes-Formel gegebene analytische Preis der europäischen Option liegt bei 4,08 \$. Der Control-Variates-Schätzer für den amerikanischen Preis ist daher
>
> $$4{,}07 + 4{,}08 - 3{,}91 = 4{,}24\,\$\,.$$

Explizite Finite-Differenzen-Methode

Die implizite Finite-Differenzen-Methode hat den Vorteil, dass sie sehr robust ist. Sie konvergiert immer gegen die Lösung der Differentialgleichung, wenn ΔS und Δt gegen null gehen.[23] Einer der Nachteile der impliziten Finite-Differenzen-Methode ist, dass $M - 1$ simultane Gleichungen gelöst werden müssen, um alle $f_{i,j}$ aus den $f_{i+1,j}$ zu berechnen. Die Methode kann durch die Annahme vereinfacht werden, dass die Werte für $\partial f/\partial S$ und $\partial^2 f/\partial S^2$ am Punkt (i, j) des Gitters und am Punkt $(i + 1, j)$ gleich sind. Die Gleichungen (21.23) und (21.25) ergeben sich dann zu

$$\frac{\partial f}{\partial S} = \frac{f_{i+1,j+1} - f_{i+1,j-1}}{2\Delta S},$$

$$\frac{\partial^2 f}{\partial S^2} = \frac{f_{i+1,j+1} + f_{i+1,j-1} - 2f_{i+1,j}}{\Delta S^2}.$$

Die Differenzengleichung ist

$$\frac{f_{i+1,j} - f_{i,j}}{\Delta t} + (r - q)j\Delta S \frac{f_{i+1,j+1} - f_{i+1,j-1}}{2\Delta S}$$
$$+ \frac{1}{2}\sigma^2 j^2 \Delta S^2 \frac{f_{i+1,j+1} + f_{i+1,j-1} - 2f_{i+1,j}}{\Delta S^2} = rf_{i,j}$$

---

[23] Eine allgemeine Regel für die Finite-Differenzen-Methoden besteht darin, dass ΔS proportional zu $\sqrt{\Delta t}$ bleiben sollte, wenn beide gegen null gehen.

Aktien-preis ($)	Restlaufzeit (in Monaten)									
	5	4,5	4	3,5	3	2,5	2	1,5	1	0,5	0
100	0,00	0,00	0,00	0,00	0,00	0,00	0,00	0,00	0,00	0,00	0,00
95	0,02	0,02	0,01	0,01	0,00	0,00	0,00	0,00	0,00	0,00	0,00
90	0,05	0,04	0,03	0,02	0,01	0,01	0,00	0,00	0,00	0,00	0,00
85	0,09	0,07	0,05	0,03	0,02	0,01	0,01	0,00	0,00	0,00	0,00
80	0,16	0,12	0,09	0,07	0,04	0,03	0,02	0,01	0,00	0,00	0,00
75	0,27	0,22	0,17	0,13	0,09	0,06	0,03	0,02	0,01	0,00	0,00
70	0,47	0,39	0,32	0,25	0,18	0,13	0,08	0,04	0,02	0,00	0,00
65	0,82	0,71	0,60	0,49	0,38	0,28	0,19	0,11	0,05	0,02	0,00
60	1,42	1,27	1,11	0,95	0,78	0,62	0,45	0,30	0,16	0,05	0,00
55	2,43	2,24	2,05	1,83	1,61	1,36	1,09	0,81	0,51	0,22	0,00
50	4,07	3,88	3,67	3,45	3,19	2,91	2,57	2,17	1,66	0,99	0,00
45	6,58	6,44	6,29	6,13	5,96	5,77	5,57	5,36	5,17	5,02	5,00
40	10,15	10,10	10,05	10,01	10,00	10,00	10,00	10,00	10,00	10,00	10,00
35	15,00	15,00	15,00	15,00	15,00	15,00	15,00	15,00	15,00	15,00	15,00
30	20,00	20,00	20,00	20,00	20,00	20,00	20,00	20,00	20,00	20,00	20,00
25	25,00	25,00	25,00	25,00	25,00	25,00	25,00	25,00	25,00	25,00	25,00
20	30,00	30,00	30,00	30,00	30,00	30,00	30,00	30,00	30,00	30,00	30,00
15	35,00	35,00	35,00	35,00	35,00	35,00	35,00	35,00	35,00	35,00	35,00
10	40,00	40,00	40,00	40,00	40,00	40,00	40,00	40,00	40,00	40,00	40,00
5	45,00	45,00	45,00	45,00	45,00	45,00	45,00	45,00	45,00	45,00	45,00
0	50,00	50,00	50,00	50,00	50,00	50,00	50,00	50,00	50,00	50,00	50,00

Tabelle 21.4: Gitter zur Bewertung der amerikanischen Option aus Beispiel 21.1 mit der impliziten Finite-Differenzen-Methode

oder

$$f_{i,j} = a_j^* f_{i+1,j-1} + b_j^* f_{i+1,j} + c_j^* f_{i+1,j+1} , \qquad (21.33)$$

wobei

$$a_j^* = \frac{1}{1+r\Delta t}\left(-\frac{1}{2}(r-q)j\Delta t + \frac{1}{2}\sigma^2 j^2 \Delta t\right)$$

$$b_j^* = \frac{1}{1+r\Delta t}(1 - \sigma^2 j^2 \Delta t)$$

$$c_j^* = \frac{1}{1+r\Delta t}\left(\frac{1}{2}(r-q)j\Delta t + \frac{1}{2}\sigma^2 j^2 \Delta t\right)$$

gilt. Dies ist die so genannte *explizite Finite-Differenzen-Methode*.[24] Abbildung 21.16 zeigt den Unterschied zwischen der impliziten und expliziten Methode. Die implizite Methode führt auf Gleichung (21.26), die einen Zusammenhang zwischen drei verschiedenen Optionswerten zur Zeit $i\,\Delta t$ (d. h. $f_{i,j-1}$, $f_{i,j}$, $f_{i,j+1}$) und einem Optionswert zur Zeit $(i+1)\,\Delta t$ (d. h. $f_{i+1,j}$) beschreibt. Die explizite Methode führt auf Gleichung (21.33), die einen Zusammenhang zwischen einem Optionswert zur Zeit $i\,\Delta t$ (d. h. $f_{i,j}$) und drei verschiedenen Optionswerten zur Zeit $(i+1)\,\Delta t$ (d. h. $f_{i+1,j-1}$, $f_{i+1,j}$, $f_{i+1,j+1}$) beschreibt.

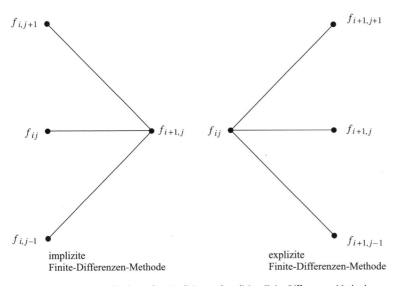

Abbildung 21.16: Unterschied zwischen impliziter und expliziter Finite-Differenzen-Methode

Beispiel 21.11 Tabelle 21.5 zeigt das Ergebnis der Bewertung der in Beispiel 21.1 beschriebenen amerikanischen Verkaufsoption unter Verwendung der expliziten Version der Finite-Differenzen-Methode. Wie in Beispiel 21.10 wurden für M, N bzw. ΔS die Werte 20, 10 bzw. 5 gewählt. Der vom Gitter angegebene Optionspreis ist 4,26.[25]

---

[24] Wir erhalten die explizite Finite-Differenzen-Methode auch, wenn wir für $\partial f/\partial t$ anstelle der vorwärts gerichteten Differenzenapproximation die rückwärts gerichtete Differenzenapproximation verwenden.

[25] Die negativen Zahlen und andere Inkonsistenzen im linken oberen Teil des Gitters werden später erläutert.

Numerische Verfahren: Grundlagen

Aktien-preis ($)	\multicolumn{11}{c}{Restlaufzeit (in Monaten)}
	5	4,5	4	3,5	3	2,5	2	1,5	1	0,5	0
100	0,00	0,00	0,00	0,00	0,00	0,00	0,00	0,00	0,00	0,00	0,00
95	0,06	0,00	0,00	0,00	0,00	0,00	0,00	0,00	0,00	0,00	0,00
90	−0,11	0,05	0,00	0,00	0,00	0,01	0,00	0,00	0,00	0,00	0,00
85	0,28	−0,05	0,05	0,00	0,00	0,00	0,00	0,00	0,00	0,00	0,00
80	−0,13	0,20	0,00	0,05	0,00	0,00	0,00	0,00	0,00	0,00	0,00
75	0,46	0,06	0,20	0,04	0,06	0,00	0,00	0,00	0,00	0,00	0,00
70	0,32	0,46	0,23	0,25	0,10	0,09	0,00	0,00	0,00	0,00	0,00
65	0,91	0,68	0,63	0,44	0,37	0,21	0,14	0,00	0,00	0,00	0,00
60	1,48	1,37	1,17	1,02	0,81	0,65	0,42	0,27	0,00	0,00	0,00
55	2,59	2,39	2,21	1,99	1,77	1,50	1,24	0,90	0,59	0,00	0,00
50	4,26	4,08	3,89	3,68	3,44	3,18	2,87	2,53	2,07	1,56	0,00
45	6,76	6,61	6,47	6,31	6,15	5,96	5,75	5,50	5,24	5,00	5,00
40	10,28	10,20	10,13	10,06	10,01	10,00	10,00	10,00	10,00	10,00	10,00
35	15,00	15,00	15,00	15,00	15,00	15,00	15,00	15,00	15,00	15,00	15,00
30	20,00	20,00	20,00	20,00	20,00	20,00	20,00	20,00	20,00	20,00	20,00
25	25,00	25,00	25,00	25,00	25,00	25,00	25,00	25,00	25,00	25,00	25,00
20	30,00	30,00	30,00	30,00	30,00	30,00	30,00	30,00	30,00	30,00	30,00
15	35,00	35,00	35,00	35,00	35,00	35,00	35,00	35,00	35,00	35,00	35,00
10	40,00	40,00	40,00	40,00	40,00	40,00	40,00	40,00	40,00	40,00	40,00
5	45,00	45,00	45,00	45,00	45,00	45,00	45,00	45,00	45,00	45,00	45,00
0	50,00	50,00	50,00	50,00	50,00	50,00	50,00	50,00	50,00	50,00	50,00

Tabelle 21.5: Gitter zur Bewertung der amerikanischen Option aus Beispiel 21.1 mit der expliziten Finite-Differenzen-Methode

Variablentransformationen

Wenn für die Entwicklung des zugrunde liegenden Assetpreises die geometrische Brownsche Bewegung unterstellt wird, ist es numerisch effizienter, für die Finite-Differenzen-Methoden $\ln S$ anstelle von S als zugrunde liegende Variable zu verwenden. Wir definieren $Z = \ln S$. Damit wird Gleichung (21.20) zu

$$\frac{\partial f}{\partial t} + \left(r - q - \frac{\sigma^2}{2}\right)\frac{\partial f}{\partial Z} + \frac{1}{2}\sigma^2 \frac{\partial^2 f}{\partial Z^2} = rf.$$

Das Gitter bewertet dann ein Derivat für äquidistante Werte von Z anstelle von S. Für die Differenzengleichung der impliziten Methode ergibt sich

$$\frac{f_{i+1,j} - f_{i,j}}{\Delta t} + \left(r - q - \frac{\sigma^2}{2}\right)\frac{f_{i,j+1} - f_{i,j-1}}{2\Delta Z} + \frac{1}{2}\sigma^2 \frac{f_{i,j+1} + f_{i,j-1} - 2f_{i,j}}{\Delta Z^2} = rf_{i,j}$$

oder

$$\alpha_j f_{i,j-1} + \beta_j f_{i,j} + \gamma_j f_{i,j+1} = f_{i+1,j} \tag{21.34}$$

mit

$$\alpha_j = \frac{\Delta t}{2\Delta Z}\left(r - q - \frac{\sigma^2}{2}\right) - \frac{\Delta t}{2\Delta Z^2}\sigma^2$$

$$\beta_j = 1 + \frac{\Delta t}{\Delta Z^2}\sigma^2 + r\Delta t$$

$$\gamma_j = -\frac{\Delta t}{2\Delta Z}\left(r - q - \frac{\sigma^2}{2}\right) - \frac{\Delta t}{2\Delta Z^2}\sigma^2 \ .$$

Für die Differenzengleichung der expliziten Methode ergibt sich

$$\frac{f_{i+1,j} - f_{i,j}}{\Delta t} + \left(r - q - \frac{\sigma^2}{2}\right)\frac{f_{i+1,j+1} - f_{i+1,j-1}}{2\Delta Z}$$
$$+ \frac{1}{2}\sigma^2 \frac{f_{i+1,j+1} + f_{i+1,j-1} - 2f_{i+1,j}}{\Delta Z^2} = rf_{i,j}$$

oder

$$\alpha_j^* f_{i+1,j-1} + \beta_j^* f_{i+1,j} + \gamma_j^* f_{i+1,j+1} = f_{i,j} \tag{21.35}$$

mit

$$\alpha_j^* = \frac{1}{1 + r\Delta t}\left[-\frac{\Delta t}{2\Delta Z}(r - q - \frac{\sigma^2}{2}) + \frac{\Delta t}{2\Delta Z^2}\sigma^2\right] \tag{21.36}$$

$$\beta_j^* = \frac{1}{1 + r\Delta t}\left(1 - \frac{\Delta t}{\Delta Z^2}\sigma^2\right) \tag{21.37}$$

$$\gamma_j^* = \frac{1}{1 + r\Delta t}\left[\frac{\Delta t}{2\Delta Z}\left(r - q - \frac{\sigma^2}{2}\right) + \frac{\Delta t}{2\Delta Z^2}\sigma^2\right] \ . \tag{21.38}$$

Die Variablentransformation hat die Eigenschaft, dass α_j, β_j und γ_j ebenso wie α_j^*, β_j^* und γ_j^* unabhängig von j sind. In den meisten Fällen ist $\sigma\sqrt{3\Delta t}$ eine gute Wahl für ΔZ.

Bezug zu Trinomialbaum-Verfahren

Die explizite Finite-Differenzen-Methode ist äquivalent dem Trinomialbaum-Verfahren.[26] In den Ausdrücken für a_j^*, b_j^* und c_j^* in Gleichung (21.33) können wir die

---

26 Es kann auch gezeigt werden, dass die implizite Finite-Differenzen-Methode äquivalent mit einem multinomialen Baumverfahren ist, bei dem von jedem Knoten $M + 1$ Zweige ausgehen.

Terme wie folgt interpretieren:

$-\frac{1}{2}(r-q)j\,\Delta t + \frac{1}{2}\sigma^2 j^2\,\Delta t$: Wahrscheinlichkeit, dass der Aktienkurs in der Zeit Δt von $j\,\Delta S$ auf $(j-1)\,\Delta S$ fällt

$1 - \sigma^2 j^2\,\Delta t$: Wahrscheinlichkeit, dass der Aktienkurs in der Zeit Δt unverändert bei $j\,\Delta S$ bleibt

$\frac{1}{2}(r-q)j\,\Delta t + \frac{1}{2}\sigma^2 j^2\,\Delta t$: Wahrscheinlichkeit, dass der Aktienkurs in der Zeit Δt von $j\,\Delta S$ auf $(j+1)\,\Delta S$ steigt.

Diese Interpretation ist in Abbildung 21.17 illustriert. Die drei Wahrscheinlichkeiten addieren sich zu eins. Sie ergeben einen erwarteten Zuwachs des Aktienkurses in der Zeit Δt von $(r-q)j\,\Delta S\,\Delta t = (r-q)S\,\Delta t$. Dies ist der erwartete Zuwachs in einer risikoneutralen Welt. Für kleine Werte von Δt ergibt sich die Varianz der Aktienkursänderung in der Zeit Δt mit $\sigma^2 j^2\,\Delta S^2\,\Delta t = \sigma^2 S^2\,\Delta t$. Diese Werte passen zum stochastischen Prozess für S. Der Wert von f zum Zeitpunkt $i\,\Delta t$ wird in einer risikoneutralen Welt als Erwartungswert von f zum Zeitpunkt $(i+1)\,\Delta t$ berechnet, diskontiert mit dem risikolosen Zinssatz.

Damit die explizite Version der Finite-Differenzen-Methode gut funktioniert, müssen die drei „Wahrscheinlichkeiten"

$$-\frac{1}{2}(r-q)j\,\Delta t + \frac{1}{2}\sigma^2 j^2\,\Delta t,$$
$$1 - \sigma^2 j^2\,\Delta t,$$
$$\frac{1}{2}(r-q)j\,\Delta t + \frac{1}{2}\sigma^2 j^2\,\Delta t$$

alle positiv sein. In Beispiel 21.11 ist $1-\sigma^2 j^2\,\Delta t$ negativ, wenn $j \geq 13$ (d.h. $S \geq 65$) ist. Dies erklärt die negativen Optionspreise und die weiteren Inkonsistenzen im linken oberen Teil von Tabelle 21.5. Dieses Beispiel veranschaulicht das Hauptproblem, das mit der expliziten Finite-Differenzen-Methode verbunden ist. Da die Wahrscheinlichkeiten im entsprechenden Baum negativ werden können, erhält man nicht

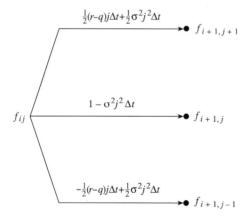

Abbildung 21.17: Interpretation der expliziten Finite-Differenzen-Methode als Trinomialbaum

notwendigerweise Ergebnisse, die gegen die Lösung der Differentialgleichung konvergieren.[27]

Wenn die Variablentransformation verwendet wird (siehe Gleichung (21.35) bis Gleichung (21.38)), entsprechen die Wahrscheinlichkeiten, dass $Z = \ln S$ um ΔZ fällt, unverändert bleibt bzw. um ΔZ steigt,

$$-\frac{\Delta t}{2\,\Delta Z}\left(r - q - \frac{\sigma^2}{2}\right) + \frac{\Delta t}{2\,\Delta Z^2}\sigma^2$$

$$1 - \frac{\Delta t}{\Delta Z^2}\sigma^2$$

$$\frac{\Delta t}{2\,\Delta Z}\left(r - q - \frac{\sigma^2}{2}\right) + \frac{\Delta t}{2\,\Delta Z^2}\sigma^2.$$

Diese Bewegungen von Z entsprechen den Aktienkursänderungen von S auf $Se^{-\Delta Z}$, S bzw. $Se^{\Delta Z}$. Wenn wir $\Delta Z = \sigma\sqrt{3\,\Delta t}$ setzen, sind der Baum und die Wahrscheinlichkeiten mit jenen identisch, die wir für das Trinomialbaum-Verfahren in Abschnitt 21.4 diskutiert haben.

Andere Finite-Differenzen-Methoden

Wissenschaftler haben andere Finite-Differenzen-Methoden vorgeschlagen, welche vielfach rechentechnisch effizienter arbeiten als die reine explizite bzw. implizite Finite-Differenzen-Methode.

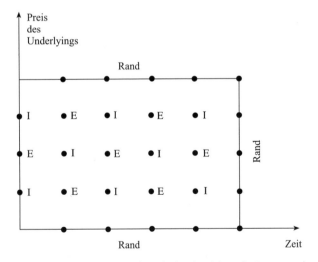

Abbildung 21.18: Die Hopscotch-Methode: *I* bezeichnet die Knoten, an denen implizite Berechnungen ausgeführt werden; *E* jene mit expliziten Berechnungen

---

[27] Die Arbeit von J. Hull und A. White, „Valuing Derivative Securities Using the Explicit Finite Difference Method", *Journal of Financial and Quantitative Analysis*, 25 (März 1990), 87–100, zeigt, wie dieses Problem überwunden werden kann. Im hier betrachteten Fall ist es ausreichend, ein Gitter in $\ln S$ anstatt in S zu konstruieren, um die Konvergenz zu gewährleisten.

Die so genannte *Hopscotch-Methode* wechselt zwischen expliziten und impliziten Berechnungen, während sie von einem Knoten zum nächsten schreitet. Dies ist in Abbildung 21.18 dargestellt. Zu jedem Zeitpunkt führen wir zunächst wie gewohnt die Berechnungen an den „expliziten Knoten" durch. Wir können uns dann mit den „impliziten Knoten" befassen, ohne eine Menge simultaner Gleichungen lösen zu müssen, da die Werte der benachbarten Knoten bereits berechnet wurden.

Beim *Crank-Nicolson-Schema* wird der Schätzwert

$$\frac{f_{i+1,j} - f_{i,j}}{\Delta t}$$

dem Durchschnitt aus expliziter und impliziter Methode gleichgesetzt.

Anwendungsgebiete der Finite-Differenzen-Methoden

Finite-Differenzen-Methoden können für die gleichen Problembereiche der Derivatbewertung verwendet werden wie Baumverfahren. Sie sind für Derivate sowohl amerikanischen als auch europäischen Typs geeignet. Allerdings sind sie in Situationen, in denen die Auszahlung des Derivats von der vorangegangenen Entwicklung der zugrunde liegenden Variablen abhängt, nicht leicht zu handhaben. Die Finite-Differenzen-Methode kann auf Kosten einer beträchtlichen Zunahme an Rechenzeit auch im Falle mehrerer Zustandsgrößen angewendet werden. Das Gitter in Abbildung 21.15 wäre dann mehrdimensional.

Die Methode zur Berechnung von Sensitivitätsmaßen ähnelt dem Baumverfahren. Delta, Gamma und Theta können direkt aus den Werten $f_{i,j}$ des Gitters berechnet werden. Zur Ermittlung von Vega ist es erforderlich, eine kleine Änderung der Volatilität vorzunehmen und den Wert des Derivats unter Verwendung desselben Gitters neu zu berechnen.

ZUSAMMENFASSUNG

Wir haben drei verschiedene numerische Verfahren zur Bewertung von Derivaten vorgestellt. Diese können eingesetzt werden, wenn keine analytische Lösung möglich ist. Dabei handelt es sich um die Verwendung von Bäumen, die Monte-Carlo-Simulation sowie die Finite-Differenzen-Methoden.

Binomialbäume setzen voraus, dass der Aktienkurs in einem kurzen Zeitintervall Δt entweder mit dem Faktor u steigt oder mit dem Faktor d fällt. Die Werte für u und d sowie die entsprechenden Wahrscheinlichkeiten werden so gewählt, dass Mittelwert und Standardabweichung der Aktienkursänderung in einer risikoneutralen Welt korrekt wiedergegeben werden. Derivatepreise werden berechnet, indem man am Ende des Baumes startet und sich durch den Baum zurückarbeitet. Für eine amerikanische Option ist der Wert an einem Knoten das Maximum aus (a) dem Wert bei sofortiger Ausübung und (b) dem diskontierten Erwartungswert, falls die Option für ein weiteres Zeitintervall Δt gehalten wird.

Die Monte-Carlo-Simulation verwendet Zufallszahlen, um eine Vielzahl verschiedener Pfade zu untersuchen, denen die dem Derivat zugrunde liegenden Variablen in einer risikoneutralen Welt folgen könnten. Für jeden Pfad wird die Auszahlung berechnet und mit dem risikolosen Zinssatz diskontiert. Das arithmetische Mittel der diskontierten Auszahlungen entspricht dem geschätzten Wert des Derivats.

Finite-Differenzen-Methoden lösen die zugrunde liegende Differentialgleichung durch Umwandlung in eine Differenzengleichung. Sie ähneln Baumverfahren, da sich die Berechnungen vom Ende der Laufzeit des Derivats zum Anfang zurückarbeiten. Die explizite Methode ist praktisch identisch mit der Verwendung eines Trinomialbaumes. Die implizite Finite-Differenzen-Methode ist komplizierter, hat aber den Vorteil, dass der Anwender keine speziellen Vorkehrungen treffen muss, um das Konvergenzverhalten sicherzustellen.

Welche Methode in der Praxis gewählt wird, hängt von den Eigenschaften des zu bewertenden Derivats und der geforderten Genauigkeit ab. Die Monte-Carlo-Simulation arbeitet vom Beginn der Laufzeit vorwärts bis zur Fälligkeit des Derivats. Sie kann für Derivate europäischen Typs verwendet werden und sie kann komplexe Auszahlungen bewältigen. Ihre relative Effizienz wächst mit einer zunehmenden Anzahl der zugrunde liegenden Variablen. Baumverfahren und Finite-Differenzen-Methoden arbeiten sich vom Ende der Laufzeit eines Wertpapiers zum Anfang zurück und können für Derivate sowohl amerikanischen als auch europäischen Typs eingesetzt werden. Sie sind jedoch schwierig anzuwenden, wenn die Auszahlungen sowohl von der vorangegangenen Entwicklung der Zustandsgrößen als auch von ihren aktuellen Werten abhängen. Außerdem verlängert sich die Rechenzeit in der Regel deutlich, wenn drei oder mehr Variablen berücksichtigt werden.

ZUSAMMENFASSUNG

Literaturempfehlungen

Allgemein

Clewlow, L. und C. Strickland, *Implementing Derivatives Models*, Wiley, Chichester, 1998.

Press, W.H., S.A. Teukolsky, W.T. Vetterling und B.P. Flannery, *Numerical Recipes in C: The Art of Scientific Computing*, 2. Auflage, Cambridge University Press, Cambridge, 1992.

Zu Baumverfahren

Cox, J., S. Ross und M. Rubinstein, „Option Pricing: A Simplified Approach", *Journal of Financial Economics*, 7 (Oktober 1979), 229–264.

Figlewski, S. und B. Gao, „The Adaptive Mesh Model: A New Approach to Efficient Option Pricing", *Journal of Financial Economics*, 53 (1999), 313–351.

Hull, J.C. und A. White, „The Use of the Control Variate Technique in Option Pricing", *Journal of Financial and Quantitative Analysis*, 23 (September 1988), 237–251.

Rendleman, R. und B. Bartter, „Two State Option Pricing", *Journal of Finance*, 34 (1979), 1092–1110.

Zur Monte-Carlo-Simulation

Boyle, P.P., „Options: A Monte Carlo Approach", *Journal of Financial Economics*, 4 (1977), 323–338.

Boyle, P.P., M. Broadie und P. Glasserman, „Monte Carlo Methods for Security Pricing", *Journal of Economic Dynamics and Control*, 21, (1997): 1267–1322.

Broadie, M., P. Glasserman und G. Jain, „Enhanced Monte Carlo Estimates for American Option Prices", *Journal of Derivatives*, 5 (Herbst 1997), 25–44.

Zu Finite-Differenzen-Methoden

Hull, J.C. und A. White, „Valuing Derivative Securities Using the Explicit Finite Difference Method", *Journal of Financial and Quantitative Analysis*, 25 (März 1990), 87–100.

Wilmott, P., *Derivatives: The Theory and Practice of Financial Engineering*, Wiley, Chichester, 1998.

Praktische Fragestellungen

21.1 Welche der folgenden Variablen können für eine amerikanische Option durch die Konstruktion eines einzelnen Binomialbaumes geschätzt werden: Delta, Gamma, Vega, Theta, Rho?

21.2 Berechnen Sie den Preis einer dreimonatigen amerikanischen Verkaufsoption auf eine dividendenlose Aktie, wenn der Aktienkurs bei 60 $ liegt, der Basispreis 60 $ ist, der risikolose Zinssatz 10% per annum und die Volatilität 45% per annum beträgt. Verwenden Sie einen Binomialbaum mit einem Zeitintervall von einem Monat.

21.3 Erläutern Sie, wie die Control-Variates-Technik eingesetzt wird, um mithilfe eines Baumes amerikanische Optionen zu bewerten.

21.4 Berechnen Sie den Preis einer neunmonatigen amerikanischen Kaufoption auf Mais-Futures, wenn der gegenwärtige Futures-Preis 198 Cent, der Basispreis 200 Cent, der risikolose Zinssatz 8% per annum und die Volatilität 30% per annum beträgt. Benutzen Sie einen Binomialbaum mit einem Zeitintervall von drei Monaten.

21.5 Betrachten Sie eine Option, die den Betrag auszahlt, um den der letzte Aktienkurs den durchschnittlichen Aktienkurs während der Laufzeit der Option überschreitet. Kann diese Option mithilfe des Binomialbaum-Verfahrens bewertet werden? Erläutern Sie Ihre Antwort.

21.6 „Für eine Dividenden zahlende Aktie rekombiniert der Baum des Aktienkurses nicht, aber der Baum für den Aktienkurs abzüglich des Barwerts zukünftiger Dividenden rekombiniert." Erläutern Sie diese Aussage.

21.7 Zeigen Sie, dass die Wahrscheinlichkeiten im Binomialbaum von Cox, Ross und Rubinstein negativ werden, wenn die Bedingungen in Fußnote 8 erfüllt sind.

21.8 Benutzen Sie ein geschichtetes Stichprobenverfahren mit 100 Simulationen zur Verbesserung des Schätzers von π in Business Snapshot 21.1 und Tabelle 21.1.

21.9 Erläutern Sie, warum die Monte-Carlo-Simulation für Derivate amerikanischen Typs schwierig anzuwenden ist.

21.10 Eine neunmonatige amerikanische Verkaufsoption auf eine dividendenlose Aktie hat einen Basispreis von 49 $. Der Aktienkurs liegt bei 50 $, der risikolose Zinssatz beträgt 5% per annum und die Volatilität ist 30% per annum. Benutzen Sie einen dreiperiodigen Binomialbaum, um den Optionspreis zu berechnen.

21.11 Verwenden Sie einen aus drei Zeitschritten bestehenden Baum, um eine neunmonatige amerikanische Kaufoption auf einen Weizen-Futures-Kontrakt zu bewerten. Der gegenwärtige Futures-Preis liegt bei 400 Cent, der Basispreis ist 420 Cent, der risikolose Zinssatz beträgt 6% und die Volatilität 35% per annum. Schätzen Sie den Delta-Faktor der Option mit Ihrem Baum.

21.12 Eine dreimonatige amerikanische Kaufoption auf eine Aktie hat einen Basispreis von 20 $. Der Aktienkurs liegt bei 20 $, der risikolose Zinssatz ist 3% per annum und die Volatilität 25% per annum. In 1,5 Monaten wird eine Dividende von 2 $ erwartet. Benutzen Sie einen dreiperiodigen Binomialbaum, um den Optionspreis zu berechnen.

21.13 Eine einjährige amerikanische Verkaufsoption auf eine dividendenlose Aktie hat einen Basispreis von 18 $. Der gegenwärtige Aktienkurs liegt bei 20 $, der risikolose Zinssatz ist 15% per annum und die Volatilität des Aktienkurses 40% per annum. Ermitteln Sie mit der DerivaGem-Software den Wert der Option im Fall von vier Dreimonats-Zeitschritten. Zeichnen Sie den Baum und stellen Sie sicher, dass die Optionspreise am letzten und vorletzten Knoten korrekt sind. Benutzen Sie DerivaGem, um die europäische Variante dieser Option zu bewerten. Verwenden Sie die Control-Variates-Technik, um die Abschätzung des Preises der amerikanischen Option zu verbessern.

21.14 Eine zweimonatige amerikanische Verkaufsoption auf einen Aktienindex hat einen Basispreis von 480. Das gegenwärtige Niveau des Index beträgt 484, der risikolose Zinssatz ist 10% per annum, die Dividendenrendite auf den Index liegt bei 3% per annum und die Volatilität des Index ist 25% per annum. Unterteilen Sie die Laufzeit der Option in vier Halbmonatsabschnitte und verwenden Sie das Baumverfahren, um den Wert der Option zu bestimmen.

21.15 Wie kann die Control-Variates-Technik die Schätzung des Delta-Faktors einer amerikanischen Option bei Anwendung eines Baumverfahrens verbessern?

21.16 Angenommen, die Monte-Carlo-Simulation wird verwendet, um eine europäische Kaufoption auf eine dividendenlose Aktie mit stochastischer Volatilität zu bewerten. Wie können die Techniken der Control Variates und Antithetic Variates eingesetzt werden, um die numerische Effizienz zu verbessern? Erläutern Sie, warum es notwendig ist, in jedem Simulationslauf sechs Optionswerte zu berechnen, wenn sowohl die Control-Variates- als auch die Antithetic-Variates-Technik eingesetzt wird.

21.17 Erläutern Sie, wie sich Gleichung (21.26) bis Gleichung (21.29) verändern, wenn die Finite-Differenzen-Methode zur Bewertung einer amerikanischen Kaufoption auf eine Währung angewendet wird.

21.18 Eine amerikanische Verkaufsoption auf eine dividendenlose Aktie hat eine Restlaufzeit von vier Monaten. Der Basispreis ist 21 $, der Aktienkurs liegt bei 20 $, der risikolose Zinssatz beträgt 10% per annum und die Volatilität 30% per annum. Wenden Sie die explizite Version der Finite-Differenzen-Methode an, um die Option zu bewerten. Verwenden Sie Aktienkursintervalle von 4 $ und Zeitintervalle von einem Monat.

21.19 Der Kassapreis für Kupfer beträgt 0,6 $ pro Pfund. Angenommen, für die Futures-Preise (Dollar pro Pfund) gilt Folgendes:

3 Monate	0,59
6 Monate	0,57
9 Monate	0,54
12 Monate	0,50

Die Volatilität des Kupferpreises liegt bei 40% per annum und der risikolose Zinssatz ist 6% per annum. Bewerten Sie mithilfe eines Binomialbaumes eine amerikanische Kaufoption auf Kupfer mit einem Basispreis von 0,6 $ und einer Laufzeit von einem Jahr. Unterteilen Sie zur Konstruktion des Baumes die Laufzeit der Option in vier Dreimonatsabschnitte. (*Hinweis:* Wie in Abschnitt 18.7 erläutert, entspricht der Futures-Preis einer Variablen ihrem erwarteten Futures-Preis in einer risikoneutralen Welt.)

21.20 Bewerten Sie mithilfe des Binomialbaumes aus Aufgabe 21.19 ein Wertpapier, das in einem Jahr x^2 auszahlt, wobei x der Kupferpreis ist.

21.21 Wann beeinflussen bei der expliziten Finite-Differenzen-Methode die Randbedingungen für $S = 0$ und $S \to \infty$ die Derivatepreise?

21.22 Auf welche Weise kann man die Antithetic-Variates-Methode einsetzen, um den Schätzer für den Wert der europäischen Option in Business Snapshot 21.2 und Tabelle 21.2 zu verbessern?

21.23 Ein Unternehmen hat eine dreijährige Wandelanleihe mit einem Nennwert von 25 $ aufgelegt, die jederzeit in zwei Aktien des Unternehmens umgetauscht werden kann. Das Unternehmen kann die Anleihe kündigen und so die Wandlung herbeiführen, wenn der Anteilspreis größer oder gleich 18 $ ist. Wie lauten die Randbedingungen für den Preis der Anleihe, wenn angenommen wird, dass das Unternehmen die Wandlung frühestmöglich herbeiführen will? Beschreiben Sie, wie Sie die Finite-Differenzen-Methode einsetzen würden, um die Anleihe unter der Annahme konstanter Zinssätze zu bewerten.

21.24 Geben Sie Formeln an, mit deren Hilfe man drei Zufallszahlen aus der Standardnormalverteilung erhalten kann, wenn die Korrelation zwischen der Stichprobe i und der Stichprobe j $\rho_{i,j}$ ist.

Zur weiteren Vertiefung

21.25 Eine amerikanische Verkaufsoption zum Verkauf von Schweizer Franken gegen Dollar hat einen Basispreis von 0,80 $ und eine Laufzeit von einem Jahr. Die Volatilität des Schweizer Franken ist 10%, der Zinssatz für Dollar 6%, der Zinssatz für Schweizer Franken 3% und der gegenwärtige Wechselkurs 0,81. Bewerten Sie die Option mithilfe eines Binomialbaumes mit drei Zeitschritten. Ermitteln Sie den Delta-Faktor der Option aus Ihrem Baum.

21.26 Eine einjährige amerikanische Kaufoption auf Silber-Futures hat einen Basispreis von 9 $. Der gegenwärtige Futures-Preis liegt bei 8,50 $, der risikolose Zinssatz beträgt 12% per annum und die Volatilität des Futures-Preises 25% per annum. Verwenden Sie die DerivaGem-Software mit vier Dreimonats-Zeitschritten, um den Wert der Option zu ermitteln. Zeichnen Sie den Baum und stellen Sie sicher, dass die Optionspreise am letzten und vorletzten Knoten korrekt sind. Benutzen Sie DerivaGem, um die europäische Version der Option zu bewerten. Verwenden Sie die Control-Variates-Technik, um den Preis der amerikanischen Option zu überprüfen.

21.27 Gegeben sei eine sechsmonatige amerikanische Kaufoption auf eine Aktie, von der erwartet wird, dass sie zum Ende des zweiten und des fünften Monats Dividenden von 1 $ pro Aktie bezahlt. Der gegenwärtige Aktienkurs liegt bei 30 $, der Basispreis ist 34 $, der risikolose Zinssatz 10% per annum und die Volatilität des Teils des Aktienkurses, der nicht den Barwert zukünftiger Dividenden repräsentiert, ist 30% per annum. Ermitteln Sie mithilfe der DerivaGem-Software den Optionswert, indem Sie die Laufzeit der Option in sechs Zeitschritte unterteilen. Vergleichen Sie Ihre Lösung mit derjenigen, die durch die Approximation von Black gegeben wird (siehe Abschnitt 15.12).

21.28 Das britische Pfund hat gegenwärtig einen Wert von 1,60 $, und die Volatilität des Pfund-Dollar-Wechselkurses beträgt 15% per annum. Eine amerikanische Kaufoption hat einen Basispreis von 1,62 $ und eine Restlaufzeit von einem Jahr. Die risikolosen Zinssätze in den USA und Großbritannien sind 6% bzw. 9% per annum. Bewerten Sie die Option mithilfe der expliziten Finite-Differenzen-Methode. Betrachten Sie Wechselkurse zwischen 0,80 und 2,40 in Intervallen von 0,20 und in Zeitintervallen von drei Monaten.

21.29 Beantworten Sie die folgenden Fragen über alternative Verfahren zur Konstruktion von Bäumen, die in Abschnitt 21.4 behandelt wurden.

a. Zeigen Sie, dass das Binomialmodell aus Abschnitt 21.4 konsistent ist mit dem Mittelwert und der Varianz der Änderung des logarithmierten Aktienkurses in der Zeit Δt.

b. Zeigen Sie, dass das Trinomialmodell aus Abschnitt 21.4 konsistent ist mit dem Mittelwert und der Varianz der Änderung des logarithmierten Aktienkurses in der Zeit Δt, wenn Terme der Ordnung $(\Delta t)^2$ und höher vernachlässigt werden.

c. Konstruieren Sie eine Alternative zum Trinomialmodell aus Abschnitt 21.4, sodass die Wahrscheinlichkeiten für den von jedem Knoten ausgehenden oberen, mittleren und unteren Zweig 1/6, 2/3 und 1/6 betragen. Gehen Sie davon aus, dass die Verzweigung von S nach Su, Sm oder Sd verläuft, mit $m^2 = ud$. Bestimmen Sie exakt Mittelwert und Varianz der Änderung des logarithmierten Aktienkurses.

21.30 Die DerivaGem-Application-Builder-Funktionen geben Ihnen die Möglichkeit zu untersuchen, wie die Optionspreise, die mit einem Binomialbaum berechnet wurden, gegen den korrekten Wert konvergieren, wenn die Anzahl der Zeitschritte wächst (siehe Abbildung 21.4 sowie die Sample Application A von DerivaGem). Betrachten Sie eine Verkaufsoption auf einen Aktienindex mit einem Indexniveau von 900, einem Basispreis von 900, einem risikolosen Zinssatz von 5%, einer Dividendenrendite von 2% und einer Laufzeit von zwei Jahren.

a. Erzeugen Sie bezüglich der Konvergenz ähnliche Ergebnisse wie in Sample Application A, wenn es sich um eine europäische Option handelt und die Volatilität des Index 20% beträgt.

b. Erzeugen Sie bezüglich der Konvergenz ähnliche Ergebnisse wie in Sample Application A, wenn es sich um eine amerikanische Option handelt und die Volatilität des Index 20% beträgt.

c. Erstellen Sie ein Diagramm, das die Bewertung einer amerikanischen Option mit einer Volatilität von 20% als Funktion der Anzahl der Zeitschritte darstellt, wenn die Control-Variates-Technik angewendet wird.

d. Angenommen, der Marktpreis einer amerikanischen Option liegt bei 85,0. Erstellen Sie ein Diagramm, das die Schätzung der impliziten Volatilität als Funktion der Anzahl der Zeitschritte darstellt.

21.31 Schätzen Sie Delta, Gamma und Theta mithilfe des Baums aus Beispiel 21.3. Geben Sie Interpretationsmöglichkeiten für jede dieser Sensitivitätskennzahlen an.

21.32 Welchen Gewinn liefert eine vorzeitige Ausübung im untersten Knoten des 9-Monats-Zeitpunkts in Beispiel 21.4?

21.33 Eine einjährige amerikanische Verkaufsoption auf einen Index wird mithilfe eines vierstufigen Cox-Ross-Rubinstein-Binomialbaums bepreist. Das Indexniveau beträgt 500, der Basispreis 500, die Dividendenrendite 2%, der risikolose Zinssatz 5% und die Volatilität 25% per annum. Welche Werte ergeben sich für den Optionspreis sowie für Delta, Gamma und Theta? Erläutern Sie, wie Sie bei der Berechnung von Vega und Rho vorgehen würden.

Value at Risk

22.1	Das VaR-Maß	610
22.2	Historische Simulation	613
22.3	Modellbildungsansatz	618
22.4	Lineares Modell	621
22.5	Das quadratische Modell	626
22.6	Monte-Carlo-Simulation	629
22.7	Vergleich der Ansätze	630
22.8	Stress Testing und Back Testing	630
22.9	Hauptkomponentenanalyse	631
	Zusammenfassung	635
	Literaturempfehlungen	636
	Praktische Fragestellungen	636

22 Value at Risk

In Kapitel 19 untersuchten wir Sensitivitätskennzahlen wie Delta, Gamma und Vega zur Beschreibung verschiedener Risiken in einem Portfolio aus Derivaten. Gewöhnlich berechnet ein Finanzinstitut täglich diese Risikokennzahlen für jede Marktvariable, gegenüber der sie ein Exposure aufweist. Es gibt oft Hunderte oder gar Tausende dieser Marktvariablen. Eine Delta-Gamma-Vega-Analyse führt daher dazu, dass an jedem Tag eine große Anzahl verschiedener Risikomaße ermittelt wird. Diese Informationen sind sehr wertvoll für Händler. Die Sensitivitätskennzahlen stellen jedoch keine Informationen über das Gesamtrisiko-Exposure eines Finanzinstituts zur Verfügung.

Das Maß Value at Risk (VaR) ist der Versuch, das Gesamtrisiko eines Portfolios von Finanzinstrumenten für das Management in einer einzigen Kennziffer zusammenzufassen. Es findet verbreiteten Einsatz sowohl durch Finanzmanager und Fondsmanager als auch durch Finanzinstitute. Auch im Rahmen der Bankenaufsicht spielt der VaR eine wichtige Rolle. Hier wird der VaR zur Ermittlung der Unterlegung von Marktrisiken mit aufsichtsrechtlichem Kapital eingesetzt.

In diesem Kapitel erklären wir das VaR-Maß und beschreiben die zwei wichtigsten Ansätze zu seiner Berechnung. Diese sind der Ansatz der historischen Simulation *und der* Modellbildungs- *bzw.* Modellierungsansatz.

22.1 Das VaR-Maß

Bei der Verwendung des VaR ist man daran interessiert, eine Aussage der folgenden Form zu treffen:

> „Ich bin zu X Prozent sicher, dass wir in den nächsten N Tagen nicht mehr als V Dollar verlieren werden."

Die Variable V ist der VaR des Portfolios. Dieser VaR ist eine Funktion zweier Parameter: des Zeithorizonts N und des Konfidenzniveaus X. Er gibt den Verlust an, der in N Tagen nach Ansicht des Managers nur mit einer Wahrscheinlichkeit von $(100 - X)\%$ überschritten wird. Die Aufsichtsbehörden verlangen von den Banken die Berechnung des VaR mit $N = 10$ und $X = 99$ (siehe Diskussion in Business Snapshot 22.1).

Business Snapshot 22.1 – Verwendung des VaR im Rahmen der Bankenaufsicht

Der Baseler Ausschuss für Bankenaufsicht ist ein Gremium von Aufsichtsbehörden aus aller Welt, die regelmäßig im schweizerischen Basel tagt. Im Jahr 1988 veröffentlichte der Ausschuss die Eigenkapitalvereinbarung von 1988. In dieser Vereinbarung zwischen den Behörden ist geregelt, wie das Eigenkapital berechnet werden soll, welches eine Bank zur Abdeckung des Kreditrisikos vorhalten muss. Einige Jahre danach veröffentlichte der Ausschuss die Änderung der Eigenkapitalvereinbarung von 1996, welche 1998 in Kraft trat und von den Banken Kapital für Markt- und Kreditrisiken verlangte. Diese Änderung unterscheidet zwischen dem Handelsbuch und dem Anlagebuch einer Bank. Das Anlagebuch enthält hauptsächlich Darlehen und wird gewöhnlich nicht regelmäßig zu Management- und Bilanzierungszwecken neu bewertet. Das Handelsbuch enthält die vielen verschiedenen Finanzinstrumente, die eine Bank handelt (Aktien, Anleihen, Swaps, Forward-Kontrakte, Optionen usw.); es wird in der Regel täglich neu bewertet.

Nach der Änderung von 1996 wird bei der Berechnung des Eigenkapitals für das Handelsbuch das VaR-Maß mit den Parametern $N = 10$ und $X = 99$ zugrunde gelegt. Man konzentriert sich also auf den Verlust bei einer Neubewertung nach einem 10-Tages-Zeitraum, der nur in 1% der Fälle überschritten wird. Das Kapital, welches die Bank bereithalten muss, beträgt das k-fache dieses VaR-Maßes (mit einer Anpassung an die so genannten besonderen Risiken). Der Faktor k wird für jede Bank einzeln von der Aufsicht bestimmt und muss mindestens 3,0 betragen. Für eine Bank mit hervorragenden und geprüften Schätzverfahren für den VaR wird k wahrscheinlich auf den Minimalwert 3,0 gesetzt, für andere Banken kann der Faktor höher liegen.

Nach Basel I folgten Basel II, Basel 2.5 und Basel III. Basel II (welches 2007 in den meisten Ländern der Erde implementiert war) verwendet einen VaR mit einem Zeithorizont von einem Jahr und einem Konfidenzniveau vom 99,9% bei der Ermittlung des Eigenkapitals für Kreditrisiko und operationelles Risiko. Für Basel 2.5 (welches 2012 implementiert wurde) wurde die Ermittlung des Eigenkapitals für das Marktrisiko verändert. So wurde u. a. der *Stressed VaR* eingeführt. Dabei handelt es sich um ein VaR-Maß, das auf der Entwicklung der Marktvariablen während eines schwierigen Zeitraums beruht. Basel III fordert ein höheres Eigenkapital mit einem höheren Liquiditätsanteil von den Banken.

Interessanterweise hat der Basler Ausschuss im Mai 2012 ein Diskussionspapier herausgegeben, in dem ein möglicher Wechsel vom VaR zum Expected Shortfall bei der Ermittlung des Marktrisikos thematisiert wird.

Wenn N den Zeithorizont in Tagen und $X\%$ das Konfidenzniveau bezeichnet, gibt der VaR den Verlust wieder, der dem $(100-X)\%$-Quantil der Verteilung des Gewinns des Portfoliowertes für die nächsten N Tage entspricht. (Man beachte: Betrachten wir die Wahrscheinlichkeitsverteilung des Gewinns, werden Verluste als negative Gewinne aufgefasst und der VaR bezieht sich auf den linken Rand der Verteilung. Betrachten wir die Wahrscheinlichkeitsverteilung des Verlusts, werden Gewinne als negative Verluste aufgefasst und der VaR bezieht sich auf den rechten Rand der Verteilung.) Wenn z. B. $N = 5$ und $X = 97$, dann ist der VaR das 3-Prozent-Quantil der Verteilung des Gewinns des Portfolios für die nächsten fünf Tage. Die Abbildungen 22.1 und 22.2 veranschaulichen den VaR.

Der VaR ist eine nützliche Größe, weil er einfach zu verstehen ist. Im Wesentlichen stellt er die einfache Frage: „Wie schlimm kann es kommen?" Dies ist die Frage, die sich insbesondere Führungskräfte stellen. Sie fühlen sich sehr wohl bei dem Gedanken, dass all die Sensitivitätskennzahlen für all die Marktvariablen, welche dem Portfolio zugrunde liegen, in einer einzigen Kennzahl zusammengefasst sind.

Wenn wir akzeptieren, dass es nützlich ist, das Risiko eines Portfolios mit einer einzelnen Kennzahl zu beschreiben, ist von Interesse, ob der VaR dafür die beste Alternative ist. Einige Experten behaupten, dass der VaR Händler dazu bringt, ein Portfolio mit einer Renditeverteilung ähnlich Abbildung 22.2 zu wählen. Die Portfo-

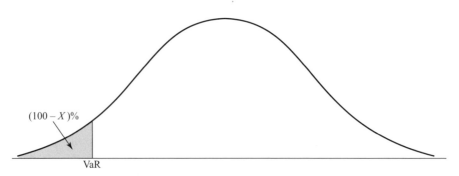

Abbildung 22.1: Berechnung des VaR aus der Wahrscheinlichkeitsverteilung der Änderungen im Wert des Portfolios bei einem Konfidenzniveau von X%. Gewinne werden als positive und Verluste als negative Größen aufgefasst.

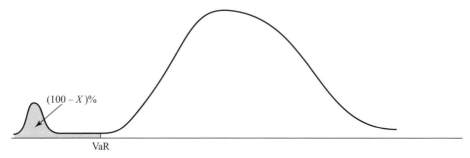

Abbildung 22.2: Alternative Situation zu Abbildung 22.1; der VaR bleibt gleich, aber der potenzielle Verlust ist größer.

lios in den Abbildungen 22.1 und 22.2 haben denselben VaR, aber das Portfolio von Abbildung 22.2 ist viel riskanter, da die potenziellen Verluste deutlich höher sind.

Eine Größe, die das eben erwähnte Problem aufgreift, ist der *Expected Shortfall*.[1] Während der VaR fragt: „Wie schlimm kann es kommen?", fragt der Expected Shortfall: „Wenn es schlimm kommt, wie hoch ist dann der erwartete Verlust?" Der Expected Shortfall ist der erwartete Verlust während eines N-Tage-Zeitraums unter der Bedingung, dass der Verlust schlimmer ist als der VaR. Wenn z. B. $X = 99$ und $N = 10$, dann gibt der C-VaR den durchschnittlichen Betrag an, den wir in einem Zeitraum von zehn Tagen unter der Voraussetzung verlieren, dass der Verlust über dem 10-Tages-99%-VaR liegt.

Der Zeithorizont

Der VaR ist theoretisch abhängig von zwei Parametern, dem in Tagen gemessenen Zeithorizont N und dem Konfidenzniveau X. In der Realität setzen Analysten bei der Ermittlung des Marktrisiko-VaR fast ausschließlich zunächst $N = 1$, da es gewöhn-

---

[1] Diese Größe, die auch als *Conditional VaR* (C-VaR) oder *Tail Loss* bezeichnet wird, wurde von P. Artzner, F. Delbaen, J.-M. Eber und D. Heath in „Coherent Measures of Risk", *Mathematical Finance*, 9 (1999), 203–228, vorgeschlagen. Die Autoren definieren gewisse Eigenschaften, die ein gutes Risikomaß besitzen sollte und die zeigen, dass der Standard-VaR nicht all diese Eigenschaften aufweist. Weitere Einzelheiten findet man in J. Hull, *Risikomanagement in Finanzinstitutionen*, 3. Aufl. München: Pearson Studium, 2014.

lich nicht genügend Daten für die direkte Schätzung des Verhaltens der Marktvariablen über einen Zeitraum länger als einen Tag gibt. Die übliche Annahme ist

$$N\text{-Tages VaR} = 1\text{-Tages-VaR} \cdot \sqrt{N}\,.$$

Diese Formel trifft exakt zu, falls die Änderungen im Wert des Portfolios an aufeinander folgenden Tagen voneinander unabhängig und identisch normalverteilt sind mit einem Mittelwert von null. Andernfalls bildet sie eine Näherung.

22.2 Historische Simulation

Die historische Simulation ist ein populärer Ansatz zur Bestimmung des VaR. Diese Simulation beinhaltet die direkte Verwendung von historischen Daten als Richtwert für zukünftige Entwicklungen. Angenommen, man will den VaR für ein Portfolio unter Verwendung eines Horizonts von einem Tag, eines 99%-Konfidenzniveaus und von Daten über 501 Tage berechnen. (Zeithorizont und Konfidenzniveau sind für die Berechnung des Marktrisiko-VaR typisch. Die Zahl 501 ist eine gängige Wahl für die Zahl der Tage, da man aus ihnen 500 Szenarios erzeugen kann.) Der erste Schritt besteht in der Identifizierung der Marktvariablen, die das Portfolio beeinflussen. Typischerweise sind dies Zinssätze, Aktienkurse, Rohstoffpreise usw. Alle Preise werden in der inländischen Währung angegeben. So kann z. B. der S&P 500, gemessen in Euro, eine Marktvariable für eine deutsche Bank darstellen.

Danach sammelt man Daten über die Bewegungen dieser Marktvariablen für die letzten 501 Tage. Damit verfügt man über 500 alternative Szenarios über die möglichen Entwicklungen der Marktvariablen im Zeitraum zwischen heute und morgen. Den ersten Tag unserer Datenbasis bezeichnen wir als Tag 0, den zweiten als Tag 1 usw. In Szenario 1 entsprechen die prozentualen Änderungen in den Werten der Variablen denen zwischen Tag 0 und Tag 1 in unserer Datenbasis. In Szenario 2 entsprechen die prozentualen Änderungen in den Werten der Variablen denen zwischen Tag 1 und Tag 2 in unserer Datenbasis usw. Für jedes Szenario berechnet man die absolute Änderung des Portfoliowerts zwischen heute und morgen. Dadurch wird eine Wahrscheinlichkeitsverteilung für den täglichen Verlust (Gewinne sind hierbei negative Verluste) im Wert unseres Portfolios definiert. Der fünfthöchste Verlust ergibt das 99%-Quantil der Verteilung.[2] Der Schätzer für den VaR ist der Verlust, der sich ergibt, wenn man sich an diesem Punkt befindet. Unter der Annahme, dass die letzten 501 Tage ein guter Hinweis dafür sind, was am nächsten Tag passieren kann, kann man zu 99% sicher sein, dass kein Verlust eintritt, der größer als unser Schätzer für den VaR ist.

Zur formelmäßigen Erfassung der Methode definieren wir v_i als den Wert einer Marktvariablen am Tag i und nehmen an, dass heute der Tag n ist. Das i-te Szenario bei der historischen Simulation unterstellt, dass die Marktvariable morgen den Wert

$$\text{Wert im } i\text{-ten Szenario} = v_n \frac{v_i}{v_{i-1}}$$

aufweist.

---

[2] Hier gibt es Alternativen. Man kann Argumente für die Verwendung des fünfthöchsten Verlustes, des sechsthöchsten Verlustes oder des Durchschnitts dieser beiden Verluste anbringen. Bei der Perzentil-Funktion von Excel beschreibt das $k/(n-1)$-Perzentil die Observation mit dem Rang $k+1$, wobei n die Anzahl der Beobachtungen und k eine ganz Zahl bezeichnen. Andere Perzentile werden mithilfe linearer Interpolation gewonnen.

Zur Veranschaulichung: Eine Investition in vier Aktienindizes

Zur Veranschaulichung der Berechnungen, welche dem Ansatz zugrunde liegen, nehmen wir an, dass ein Anleger in den USA am 25. September 2008 ein Portfolio im Wert von 10 Millionen Dollar besitzt, welches aus Anlagen in den folgenden vier Aktienindizes besteht: Dow Jones Industrial Average (DJIA) in den USA, FTSE 100 in Großbritannien, CAC 40 in Frankreich, Nikkei 225 in Japan. Der Wert der Investitionen im jeweiligen Index ist in Tabelle 22.1 dargestellt. Auf der Homepage des Autors

www.rotman.utoronto.ca/~hull/OFOD/VaRExample

kann man eine Excel-Datei finden, welche die Schlusskurse der vier Indizes, die Wechselkurse und einen kompletten Satz an VaR-Berechnungen für 501 Tage enthält.[3]

Da wir einen US-Anleger betrachten, müssen die Werte für den FTSE 100, den CAC 40 und Nikkei 225 einheitlich in US-Dollar gemessen werden. So betrug z. B. der FTSE 100 am 10. August 2006 5823,40 und der Wechselkurs betrug 1,8918 $ je GBP. Gemessen in US-Dollar, ergibt sich also ein Wert von $5823{,}40 \cdot 1{,}8918 = 11\,016{,}71$. Tabelle 22.2 zeigt einen Auszug der Daten nach Berücksichtigung der Wechselkursanpassung.

Index	Wert des Portfolios (in Tausend Dollar)
DJIA	4000
FTSE 100	3000
CAC 40	1000
Nikkei 225	2000
Gesamt	10 000

Tabelle 22.1: Daten für die Berechnung des VaR mit dem Ansatz der historischen Simulation

Der 25. September ist ein interessanter Zeitpunkt für die Bewertung einer Aktieninvestition. Das Chaos auf den Kreditmärkten, welches im August 2007 eingesetzt hatte, war etwa ein Jahr alt. Die Aktienkurse befanden sich seit einigen Monaten im Sinkflug, die Volatilitäten stiegen an. 10 Tage zuvor hatte Lehman Brothers Insolvenz angemeldet. Das 700 Milliarden Dollar schwere Rettungsprogramm TARP (Troubled Asset Relief Program) war vom Kongress noch nicht gebilligt worden.

Tabelle 22.3 enthält für die jeweiligen Szenarien die Werte der Indizes (in US-Dollar) für den 26. September 2008. Szenario 1 (erste Zeile von Tabelle 22.3) zeigt die Werte der Marktvariablen für den 26. September 2008 unter der Annahme, dass ihre prozentualen Änderungen zwischen dem 25. und dem 26. September 2008 denen zwischen dem 7. und dem 8. August 2006 entsprechen. Szenario 2 (zweite Zeile in

---

[3] Um das Beispiel so einfach wie möglich zu halten, wurden bei der Datenzusammenstellung nur Tage berücksichtigt, an denen alle vier Indizes gehandelt wurden. Daher erstrecken sich die 501 Datensätze vom 7. August 2006 bis zum 25. September 2008. Wenn die Analyse in der Realität von einem US-Finanzinstitut durchgeführt werden würde, würde man sicher versuchen, auch jene Tage zu füllen, die keine US-Feiertage sind.

22.2 Historische Simulation

Tag	Datum	DJIA	FTSE 100	CAC 40	Nikkei 225
0	7. August 2006	11 219,38	11 131,84	6373,89	131,77
1	8. August 2006	11 173,59	11 096,28	6378,16	134,38
2	9. August 2006	11 076,18	11 185,35	6474,04	135,94
3	10. August 2006	11 124,37	11 016,71	6357,49	135,44
⋮	⋮	⋮	⋮	⋮	⋮
499	24. September 2008	10 825,17	9438,58	6033,93	114,26
500	25. September 2008	11 022,06	9599,90	6200,40	112,82

Tabelle 22.2: US-Dollar-Äquivalente der Aktienindizes für die historische Simulation (= Indexwert · Wechselkurs)

Szenario-Nr.	DJIA	FTSE 100	CAC 40	Nikkei 225	Portfoliowert (in Tausend Dollar)	Verlust (in Tausend Dollar)
1	10 977,08	9569,23	6204,55	115,05	10 014,334	−14,334
2	10 925,97	9676,96	6293,60	114,13	10 027,481	−27,481
3	11 070,01	9455,16	6088,77	112,40	9946,736	53,264
⋮	⋮	⋮	⋮	⋮	⋮	⋮
499	10 831,43	9383,49	6051,94	113,85	9857,465	142,535
500	11 222,53	9763,97	6371,45	111,40	10 126,439	−126,439

Tabelle 22.3: Unter Verwendung der Daten von Tabelle 22.1 erzeugte Szenarios für den 26. September 2008

Tabelle 22.3) zeigt die Werte der Marktvariablen für den 26. September 2008 unter der Annahme, dass diese prozentualen Änderungen denen zwischen dem 8. und dem 9. August 2006 entsprechen, usw. Im Allgemeinen wird bei Szenario i angenommen, dass die prozentualen Änderungen zwischen dem 25. und dem 26. September 2008 denen zwischen dem Tag $i-1$ und dem Tag i ($1 \leq i \leq 500$) entsprechen. Die 500 Zeilen von Tabelle 22.3 geben die 500 betrachteten Szenarios wieder.

Am 25. September 2008 stand der DJIA bei 11 022,06. Am 8. August 2006 betrug der Wert 11 173,59, am Vortag, dem 7. August 2006 waren es noch 11 219,38 gewesen. Der Wert des DJIA im Szenario 1 beträgt somit

$$11\,022{,}06 \cdot \frac{11\,173{,}59}{11\,219{,}38} = 10\,977{,}08\,.$$

Auf analoge Weise ermittelt man für den FTSE 100, den CAC 40 und den Nikkei 225 Werte von 9569,23, 6204,55 bzw. 115,05. Der Wert des Portfolios beträgt somit bei Szenario 1

$$4000 \cdot \frac{10977{,}08}{11022{,}06} + 3000 \cdot \frac{9569{,}23}{9599{,}90} + 1000 \cdot \frac{6204{,}55}{6200{,}40} + 2000 \cdot \frac{115{,}05}{112{,}82} = 10\,014{,}334\,.$$

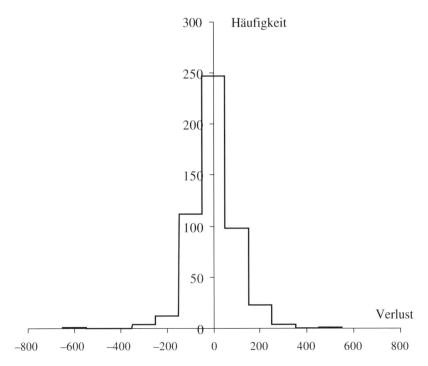

Abbildung 22.3: Histogramm der Verluste für die betrachteten Szenarios zwischen dem 25. und dem 26. September 2008

Der Wert des Portfolios wächst also bei Szenario 1 um 14 334 $. Für die übrigen Szenarios wird ebenfalls eine derartige Rechnung durchgeführt. Abbildung 22.3 zeigt ein Histogramm aller Verluste (wobei Gewinne als negative Verluste erfasst werden). Die Säulen im Histogramm repräsentieren (in Tausend Dollar) Verluste in den Bereichen 450 bis 550, 350 bis 450, 250 bis 350 usw.

Nun werden die Verluste der 500 verschiedenen Szenarios in eine Rangfolge gebracht. Tabelle 22.4 zeigt einen Auszug der Ergebnisse. Das schlechteste Szenario ist Nr. 494 (bei dem angenommen wird, dass sich die Indizes so verhalten wie zur Zeit der Insolvenz von Lehman-Brothers). Der fünftschlimmste Verlust kann als Schätzer für den 1-Tages-VaR zum Konfidenzniveau von 99% genommen werden. Seine Höhe ist 253 385 $.

Wie in Abschnitt 22.1 ausgeführt wurde, wird der 10-Tages-VaR zum Konfidenzniveau von 99% gewöhnlich als das $\sqrt{10}$-fache des 1-Tages-VaR zum gleichen Konfidenzniveau berechnet. In unserem Fall würde der 10-Tages-VaR demnach wegen

$$\sqrt{10} \cdot 253\,385 = 801\,274$$

801 274 $ betragen.

An jedem Tag würde der in unserem Beispiel ermittelte VaR unter Verwendung der Daten der jeweils letzten 500 Tage aktualisiert werden. Was passiert beispielsweise am 26. September 2008 (Tag 501)? Wir erhalten neue Werte für alle Marktvariablen und können einen neuen Wert für unser Portfolio errechnen. Wir setzen dann wieder das eben skizzierte Verfahren zur Ermittlung eines neuen VaR ein.

22.2 Historische Simulation

Szenario-Nr.	Verlust (in Tausend Dollar)
494	477 841
339	345 435
349	282 204
329	277 041
487	253 385
227	217 974
131	205 256
238	201 389
473	191 269
306	191 050
477	185 127
495	184 450
376	182 707
237	180 105
365	172 224
⋮	⋮

Tabelle 22.4: Nach Höhe des Verlusts geordnete Szenarios, größter Verlust zuerst

Dabei verwenden wir Daten der Marktvariablen für den Zeitraum vom 8. August 2006 bis zum 26. September 2008 (Tag 1 bis Tag 501). (Das liefert uns die benötigten 501 Beobachtungen der prozentualen Änderungen der Marktvariablen. Die Werte der Marktvariablen für den 7. August 2006 – Tag 0 – werden nicht mehr benötigt.) Analog benutzen wir am nächsten Handelstag, dem 29. September 2006 (Tag 502) die Daten vom 9. August 2006 bis zum 29. September 2008 (Tag 2 bis Tag 502) zur Bestimmung des VaR usw.

In der Realität hat das Portfolio eines Finanzinstituts natürlich eine kompliziertere Struktur als die hier betrachtete. Sehr wahrscheinlich besteht es aus Tausenden oder Zehntausenden Einzelpositionen. Typischerweise nimmt die Bank Positionen in Forward-Kontrakten, Optionen und anderen Derivaten ein. Dazu kommt, dass sich vermutlich das Portfolio von Tag zu Tag ändert. Führen die Bankgeschäfte im Verlauf eines Tages zu einem riskanteren Portfolio, dann steigt der VaR im Normalfall, führen sie zu einem weniger riskanten Portfolio, dann fällt der VaR im Normalfall. Der VaR wird an jedem beliebigen Tag unter der Annahme berechnet, dass sich das Portfolio am kommenden Handelstag nicht ändert.

Bei einer VaR-Kalkulation müssen oft Hunderte oder sogar Tausende Marktvariablen berücksichtigt werden. So benötigt eine Bank etwa bei Zinssätzen üblicherweise die Werte mehrerer Zerobond-Strukturkurven für eine Reihe verschiedener Währungen, um ihr Portfolio bewerten zu können. Die berücksichtigten Marktvariablen sind diejenigen, welche zur Ermittlung dieser Strukturkurven herangezogen werden (zur Ermittlung von Strukturkurven für Zerobond-Zinssätze siehe Kapitel 4). Dabei ist es durchaus möglich, dass jede Strukturkurve, gegenüber welcher die Bank ein Exposure aufweist, dem Einfluss von zehn Marktvariablen unterliegt.

22.3 Modellbildungsansatz

Die Hauptalternative zur historischen Simulation stellt der Modellbildungsansatz dar. Bevor wir uns mit den Details dieses Ansatzes beschäftigen, ist es sinnvoll, die Messung der Volatilität näher zu betrachten.

Volatilität

Bei der Optionsbewertung messen wir die Zeit gewöhnlich in Jahren, die Volatilität eines Assets wird somit gewöhnlich als „Volatilität pro Jahr" angegeben. Bei der Berechnung des Marktrisiko-VaR mit dem Modellbildungsansatz messen wir die Zeit üblicherweise in Tagen, die Volatilität eines Assets wird gewöhnlich als „Volatilität pro Tag" angegeben.

Welcher Zusammenhang besteht zwischen der bei der Bewertung von Optionen verwendeten Volatilität pro Jahr und der bei VaR-Berechnungen benutzten Volatilität pro Tag? Wir definieren σ_{Jahr} als die Volatilität eines bestimmten Assets pro Jahr und σ_{Tag} als die entsprechende Volatilität des Assets pro Tag. Unter der Voraussetzung, dass ein Jahr 252 Handelstage hat, können wir mit Gleichung (15.2) die Standardabweichung der stetig verzinsten Rendite eines Assets in einem Jahr entweder als σ_{Jahr} oder als $\sigma_{\text{Tag}} \sqrt{252}$ ausdrücken. Es folgt also, dass

$$\sigma_{\text{Jahr}} = \sigma_{\text{Tag}} \sqrt{252}$$

bzw.

$$\sigma_{\text{Tag}} = \frac{\sigma_{\text{Jahr}}}{\sqrt{252}},$$

d. h. die tägliche Volatilität beträgt etwa 6% der jährlichen Volatilität.

In Abschnitt 15.4 hatten wir darauf hingewiesen, dass σ_{Tag} annähernd der Standardabweichung der prozentualen Änderung des Assetpreises an einem Tag entspricht. Dieses Ergebnis wird nun herangezogen. Wir definieren die tägliche Volatilität eines Assetpreises (oder einer anderen Variablen) als Standardabweichung der prozentualen Änderung an einem Tag.

Die Ausführungen in den nächsten Abschnitten setzen voraus, dass Schätzungen für tägliche Volatilitäten und Korrelationen vorliegen. In Kapitel 23 erörtern wir, wie diese Schätzungen ermittelt werden können.

Ein-Asset-Fall

Wir betrachten nun die Berechnung des VaR unter Verwendung des Modellbildungsansatzes in einer sehr einfachen Situation, nämlich wenn das Portfolio aus einer Position in einer einzelnen Aktie besteht: 10 Millionen $ in Microsoft-Aktien. Wir nehmen an, dass $N = 10$ und $X = 99$. Uns interessiert also die Verlusthöhe über

22.3 Modellbildungsansatz

zehn Tage, welche mit 99%iger Sicherheit nicht überschritten wird. Anfänglich werden wir einen Zeithorizont von einem Tag betrachten.

Wir nehmen an, die Volatilität von Microsoft beträgt 2% pro Tag (was etwa 32% pro Jahr entspricht). Da die Größe der Position 10 Millionen $ ausmacht, beträgt die Standardabweichung der täglichen Änderungen im Wert der Position 2% von 10 Millionen $, also 200 000 $.

Es ist üblich, beim Modellbildungsansatz davon auszugehen, dass die erwartete Änderung einer Marktvariablen im betrachteten Zeitraum null beträgt. Dies trifft zwar nicht exakt zu, ist aber eine vernünftige Annahme. Die erwartete Änderung des Werts einer Marktvariablen in einem kurzen Zeitraum ist im Allgemeinen klein gegenüber der Standardabweichung der Änderung. Nehmen wir beispielsweise an, Microsoft hat eine erwartete Rendite von 20% per annum. Für den Zeitraum von einem Tag beträgt die erwartete Rendite 0,20/252, also etwa 0,08%, während die Standardabweichung der Rendite 2% beträgt. Für einen 10-Tages-Zeitraum beträgt die erwartete Rendite 0,20/25,2, also etwa 0,8%, während die Standardabweichung der Rendite $2\sqrt{10}$, also etwa 6,3%, beträgt.

Bis jetzt haben wir festgestellt, dass die Änderung im Wert des Portfolios von Microsoft-Aktien für einen 1-Tages-Zeitraum eine Standardabweichung von 200 000 $ und (zumindest annähernd) einen Erwartungswert von null hat. Wir nehmen an, dass die Änderung normalverteilt ist.[4] Die NORMINV-Funktion von Excel liefert $N^{-1}(0.01) = -2{,}326$ ab. Das bedeutet, dass eine normalverteilte Variable mit einer Wahrscheinlichkeit von 1% um mehr als 2,326 Standardabweichungen im Wert sinkt. Äquivalent dazu ist die Aussage, dass wir zu 99% sicher sind, dass eine normalverteilte Variable nicht um mehr als 2,326 Standardabweichungen im Wert sinkt. Somit beträgt der 1-Tages-VaR zum Konfidenzniveau von 99% für unser aus einer 10-Millionen-$-Position in Microsoft-Aktien bestehendes Portfolio

$$2{,}326 \cdot 200\,000 = 465\,300\,\$\,.$$

Der N-Tages-VaR wird, wie bereits diskutiert wurde, als das $\sqrt{N}$-fache des 1-Tages-VaR berechnet. Folglich ergibt sich der 10-Tages-VaR zu einem Konfidenzniveau von 99% für Microsoft als

$$465\,300 \cdot \sqrt{10} = 1\,471\,300\,\$\,.$$

Als Nächstes betrachten wir ein Portfolio, welches aus einer 5-Millionen-$-Position in AT&T besteht, und nehmen an, dass die tägliche Volatilität von AT&T 1% (ungefähr 16% pro Jahr) beträgt. Es ergibt sich, dass die Standardabweichung der Änderung des Portfoliowerts an einem Tag

$$5\,000\,000 \cdot 0{,}01 = 50\,000$$

beträgt. Unter der Annahme, dass die Änderung normalverteilt ist, erhalten wir zum Konfidenzniveau von 99% für den 1-Tages-VaR

$$50\,000 \cdot 2{,}326 = 116\,300\,\$$$

---

4 In Übereinstimmung mit der Annahme für die Bewertung von Optionen in Kapitel 15 könnten wir unterstellen, dass der morgige Kurs von Microsoft lognormalverteilt ist. Da ein Tag aber eine so kurze Zeitperiode darstellt, kann man dies kaum von unserer Annahme unterscheiden, dass die Änderung im Aktienpreis zwischen heute und morgen normalverteilt ist.

und für den 10-Tages-VaR

$$116\,300 \cdot \sqrt{10} = 367\,800\,\$\,.$$

Zwei-Asset-Fall

Wir betrachten nun ein Portfolio, welches aus 10 Millionen $ in Microsoft-Aktien und 5 Millionen $ in AT&T-Aktien besteht. Wir nehmen an, dass die Renditen der beiden Aktien gemäß einer zweidimensionalen Normalverteilung mit einem Korrelationskoeffizienten von 0,3 verteilt sind. Ein Standardergebnis der Statistik besagt, dass, wenn zwei Größen, X und Y, die Standardabweichungen σ_X bzw. σ_Y haben und der Korrelationskoeffizient zwischen ihnen gleich ρ ist, für die Standardabweichung von $X + Y$ die Beziehung

$$\sigma_{X+Y} = \sqrt{\sigma_X^2 + \sigma_Y^2 + 2\rho\sigma_X\sigma_Y}$$

gilt. Dieses Ergebnis wollen wir anwenden und bezeichnen mit X die Änderung im Wert der Position in den Microsoft-Aktien und mit Y die Änderung im Wert der Position in den AT&T-Aktien jeweils während des Zeitraums von einem Tag. Es gilt also

$$\sigma_X = 200\,000, \quad \sigma_Y = 50\,000\,.$$

Somit beträgt die Standardabweichung der Änderung im Wert des aus beiden Aktien bestehenden Portfolios für den 1-Tages-Zeitraum

$$\sqrt{200\,000^2 + 50\,000^2 + 2 \cdot 0{,}3 \cdot 200\,000 \cdot 50\,000} = 220\,200\,.$$

Die erwartete Änderung wird mit null angenommen. Der 1-Tages-VaR zu einem Konfidenzniveau von 99% beträgt folglich

$$220\,200 \cdot 2{,}326 = 512\,300\,\$$$

und der 10-Tages-VaR beträgt das $\sqrt{10}$-fache davon, also $1\,620\,100\,\$$.

Diversifikationseffekt

Im eben betrachteten Beispiel erhielten wir zum Konfidenzniveau von 99% folgende Ergebnisse:

1. Der 10-Tages-VaR für ein Portfolio von Microsoft-Aktien beträgt $1\,471\,300\,\$$.
2. Der 10-Tages-VaR für ein Portfolio von AT&T-Aktien beträgt $367\,800\,\$$.
3. Der 10-Tages-VaR für ein Portfolio von Microsoft- und AT&T-Aktien beträgt $1\,620\,100\,\$$.

Der Betrag

$$(1\,471\,300 + 367\,800) - 1\,620\,100 = 219\,000\,\$$$

drückt den monetären Nutzen der Diversifikation aus. Wären Microsoft und AT&T perfekt korreliert, wäre der VaR für das Portfolio von Microsoft und AT&T gleich der Summe des VaR des Microsoft-Portfolios und des VaR des AT&T-Portfolios. Sind die Portfoliobestandteile nicht perfekt korreliert, führt dies zu einer Reduktion des Risikos (Diversifikation).[5]

22.4 Lineares Modell

Die soeben betrachteten Beispiele stellen die Verwendung des linearen Modells für die Berechnung des VaR dar. Es wird im Folgenden ein Portfolio mit dem Wert P betrachtet, das aus n Assets besteht, wobei in Asset i ($1 \leq i \leq n$) der Betrag α_i angelegt wurde. Mit Δx_i bezeichnen wir die Rendite von Asset i an einem Tag. Daraus folgt, dass die Änderung im Wert unserer Investition in Asset i an einem Tag $\alpha_i \Delta x_i$ beträgt und dass

$$\Delta P = \sum_{i=1}^{n} \alpha_i \Delta x_i, \qquad (22.1)$$

wobei ΔP die Änderung im Wert des gesamten Portfolios an einem Tag angibt.

Im Beispiel des vorigen Abschnitts waren 10 Millionen \$ in das erste Asset (Microsoft) investiert worden und 5 Millionen \$ in das zweite Asset (AT&T). Somit haben wir (in Millionen Dollar) $\alpha_1 = 10$, $\alpha_2 = 5$ sowie

$$\Delta P = 10 \Delta x_1 + 5 \Delta x_2.$$

Wenn wir annehmen, dass die Δx_i aus Gleichung (22.1) mehrdimensional normalverteilt sind, dann ist ΔP normalverteilt. Zur Berechnung des VaR müssen wir daher nur Mittelwert und Standardabweichung von ΔP ermitteln. Ebenso wie im vorangegangenen Abschnitt nehmen wir an, dass der Erwartungswert von Δx_i jeweils null beträgt. Somit ist auch der Erwartungswert von ΔP null.

Für die Berechnung der Standardabweichung von ΔP definieren wir σ_i als tägliche Volatilität des i-ten Assets und ρ_{ij} als den Korrelationskoeffizienten zwischen den Renditen von Asset i und Asset j. σ_i ist also die Standardabweichung von Δx_i, ρ_{ij} ist der Korrelationskoeffizient zwischen Δx_i und Δx_j. Für die Varianz von ΔP, welche wir mit σ_P^2 bezeichnen, gilt

$$\sigma_P^2 = \sum_{i=1}^{n} \sum_{j=1}^{n} \rho_{ij} \alpha_i \alpha_j \sigma_i \sigma_j. \qquad (22.2)$$

Diese Gleichung kann auch folgendermaßen geschrieben werden:

$$\sigma_P^2 = \sum_{i=1}^{n} \alpha_i^2 \sigma_i^2 + 2 \sum_{i=1}^{n} \sum_{j<i} \rho_{ij} \alpha_i \alpha_j \sigma_i \sigma_j.$$

Die Standardabweichung der Änderung über N Tage ist $\sigma_P \sqrt{N}$ und der 99%-VaR für den N-Tages-Zeithorizont beträgt $2{,}326 \sigma_P \sqrt{N}$.

Die Portfoliorendite an einem Tag beträgt $\Delta P/P$. Gemäß Gleichung (22.2) beträgt die Varianz dieses Ausdrucks

$$\sum_{i=1}^{n} \sum_{j=1}^{n} \rho_{ij} w_i w_j \sigma_i \sigma_j,$$

---

[5] Harry Markowitz war einer der ersten Forscher, der die Vorteile der Diversifikation für einen Portfolio-Manager untersuchte. Für diese Untersuchungen erhielt er 1990 den Nobelpreis. Siehe H. Markowitz, „Portfolio Selection", *Journal of Finance*, 7, Nr. 1 (März 1952), 77–91.

wobei $w_i = \alpha_i/P$ das Gewicht der i-ten Anlage im Portfolio bezeichnet. Gewöhnlich wird diese Version von Gleichung (22.2) von Portfolio-Managern benutzt.

Für das Beispiel aus dem vorigen Abschnitt gilt $\sigma_1 = 0{,}02$, $\sigma_2 = 0{,}01$ und $\rho_{12} = 0{,}3$. Wie bereits angemerkt, gilt $\alpha_1 = 10$ und $\alpha_2 = 5$, sodass

$$\sigma_P^2 = 10^2 \cdot 0{,}02^2 + 5^2 \cdot 0{,}01^2 + 2 \cdot 10 \cdot 5 \cdot 0{,}3 \cdot 0{,}02 \cdot 0{,}01 = 0{,}0485$$

und $\sigma_P = 0{,}2202$. Dies ist die Standardabweichung der Änderung des Portfoliowerts pro Tag (in Millionen Dollar). Der 10-Tages-VaR zum Konfidenzniveau von 99% beträgt $2{,}326 \cdot 0{,}220 \cdot \sqrt{10} = 1{,}62$ Millionen \$. Dies stimmt mit unserer Berechnung im vorigen Abschnitt überein.

Korrelations- und Kovarianzmatrizen

Eine Korrelationsmatrix ist eine Matrix, deren Eintrag in der i-ten Zeile und j-ten Spalte die Korrelation ρ_{ij} zwischen den Variablen i und j angibt. Eine solche Matrix ist in Tabelle 22.5 dargestellt. Da eine Variable immer mit sich selbst perfekt korreliert, besitzen die Diagonalelemente der Matrix den Wert 1. Außerdem ist die Korrelationsmatrix wegen $\rho_{ij} = \rho_{ji}$ symmetrisch. Mithilfe der Korrelationsmatrix und den täglichen Standardabweichungen der Variablen lässt sich die Varianz eines Portfolios nach Gleichung (22.2) berechnen.

Analysten arbeiten oftmals mit Varianzen und Kovarianzen und nicht mit Korrelationen und Volatilitäten. Die tägliche Varianz var_i der Variablen i ist das Quadrat ihrer täglichen Volatilität:

$$\text{var}_i = \sigma_i^2 \, .$$

Die Kovarianz cov_{ij} zwischen den Variablen i und j ist das Produkt der täglichen Volatilität der Variablen i, der täglichen Volatilität der Variablen j und der Korrelation zwischen i und j:

$$\text{cov}_{ij} = \sigma_i \sigma_j \rho_{ij} \, .$$

Damit lässt sich die Gleichung für die Varianz des Portfolios in Gleichung (22.2) so formulieren:

$$\sigma_P^2 = \sum_{i=1}^{n} \sum_{j=1}^{n} \text{cov}_{ij} \, \alpha_i \alpha_j \, . \tag{22.3}$$

In einer *Kovarianzmatrix* bezeichnet der Eintrag in der i-ten Zeile und j-ten Spalte die Kovarianz zwischen den Variablen i und j angibt. Die Kovarianz zwischen einer

$$\begin{bmatrix} 1 & \rho_{12} & \rho_{13} & \cdots & \rho_{1n} \\ \rho_{21} & 1 & \rho_{23} & \cdots & \rho_{2n} \\ \rho_{31} & \rho_{32} & 1 & \cdots & \rho_{3n} \\ \vdots & \vdots & \vdots & \ddots & \vdots \\ \rho_{n1} & \rho_{n2} & \rho_{n3} & \cdots & 1 \end{bmatrix}$$

Tabelle 22.5: Eine Korrelationsmatrix: ρ_{ij} ist die Korrelation zwischen den Variablen i und j

$$\begin{bmatrix} \text{var}_1 & \text{cov}_{12} & \text{cov}_{13} & \cdots & \text{cov}_{1n} \\ \text{cov}_{21} & \text{var}_2 & \text{cov}_{23} & \cdots & \text{cov}_{2n} \\ \text{cov}_{31} & \text{cov}_{32} & \text{var}_3 & \cdots & \text{cov}_{3n} \\ \vdots & \vdots & \vdots & \ddots & \vdots \\ \text{cov}_{n1} & \text{cov}_{n2} & \text{cov}_{n3} & \cdots & \text{var}_n \end{bmatrix}$$

Tabelle 22.6: Eine Varianz-Kovarianz-Matrix: cov_{ij} ist die Kovarianz zwischen den Variablen i und j. Die Diagonaleinträge geben die Varianzen an: $\text{cov}_{ii} = \text{var}_i$

Variablen und ihr selbst ist gerade die Varianz. Daher geben die Diagonalelemente der Matrix die Varianzen an (siehe Tabelle 22.6). Aus diesem Grund wird die Kovarianzmatrix auch als *Varianz-Kovarianz-Matrix* bezeichnet. (Sie ist ebenso wie die Korrelationsmatrix symmetrisch.) In Matrixschreibweise lässt sich die eben angegebene Varianz des Portfolios so darstellen:

$$\sigma_P^2 = \vec{\alpha}^T C \vec{\alpha} \, .$$

Hierbei bezeichnet $\vec{\alpha}$ den (Spalten-)Vektor mit dem i-ten Element α_i, C die Varianz-Kovarianz-Matrix und $\vec{\alpha}^T$ den transponierten Vektor von $\vec{\alpha}$.

Varianzen und Kovarianzen werden im Allgemeinen aus historischen Daten ermittelt. Wir werden dies in Abschnitt 23.8 anhand des in Abschnitt 22.2 eingeführten Vier-Index-Beispiels veranschaulichen.

Die Behandlung von Zinssätzen

Beim Modellbildungsansatz kann nicht für jeden Zinssatz, gegenüber dem ein Unternehmen ein Exposure aufweist, eine separate Marktvariable definiert werden. Einige Vereinfachungen sind hier notwendig. Eine Möglichkeit bildet die Annahme, dass in der Renditekurve ausschließlich Parallelverschiebungen auftreten. In diesem Fall muss nur eine Marktvariable definiert werden: das Ausmaß der Parallelverschiebung. Die Änderungen im Wert eines Anleihe-Portfolios können dann mit der Durationsbeziehung

$$\Delta P = -DP\Delta y$$

berechnet werden, wobei P den Wert des Portfolios bezeichnet, ΔP die Änderung von P an einem Tag, D die Modified Duration des Portfolios und Δy die Parallelverschiebung an einem Tag.

Dieser Ansatz liefert gewöhnlich keine ausreichende Genauigkeit. Das daher übliche Verfahren besteht darin, als Marktvariablen die Preise der Zerobonds mit Standardlaufzeiten (1 Monat, 3 Monate, 6 Monate, 1 Jahr, 2 Jahre, 5 Jahre, 7 Jahre, 10 Jahre und 30 Jahre) zu verwenden. Für die Berechnung des VaR werden die Cash Flows der Wertpapiere des Portfolios vorgegebenen standardisierten Fälligkeitsterminen zugeordnet.

Wir betrachten eine Position von 1 Million \$ in einem Treasury Bond mit einer Laufzeit von 1,2 Jahren, welcher halbjährlich einen Kupon von 6% auszahlt. Die Kupons werden in 0,2, 0,7 und 1,2 Jahren gezahlt, der Nominalbetrag in 1,2 Jahren. Die Anleihe wird daher zunächst als ein Portfolio bestehend aus einer 30 000-\$-Position in einem 0,2-Jahres-Zerobond, einer 30 000-\$-Position in einem 0,7-Jahres-

Zerobond und einer 1,03-Millionen-$-Position in einem 1,2-Jahres-Zerobond angesehen. Die Position in der Nullkupon-Anleihe mit 0,2 Jahren Restlaufzeit wird dann durch eine annähernd äquivalente Position in Zerobonds mit Laufzeiten von einem und drei Monaten ersetzt, die Position in der Nullkupon-Anleihe mit 0,7 Jahren Restlaufzeit durch eine annähernd äquivalente Position in Zerobonds mit Laufzeiten von sechs Monaten und einem Jahr und die Position in der Anleihe mit 1,2 Jahren Restlaufzeit durch eine annähernd äquivalente Position in einjährigen und zweijährigen Zerobonds. Im Ergebnis wird die Position in der Kuponanleihe mit 1,2 Jahren Restlaufzeit für die VaR-Berechnung als Position in Zerobonds mit den Laufzeiten 1 Monat, 3 Monate, 6 Monate, 1 Jahr und 2 Jahre aufgefasst.

Dieses Verfahren wird *Cash Flow Mapping* genannt. Ein möglicher Weg zur Umsetzung des Verfahrens wird in der Technical Note 25 auf www.rotman.utoronto.ca/~hull/ofod/index.html erläutert. Man beachte, dass Cash Flow Mapping nicht nötig ist, wenn die historische Simulation zur Anwendung kommt. Dort kann für jedes der betrachteten Szenarien die gesamte Zinsstrukturkurve aus den erfassten Variablen ermittelt werden.

Anwendungen des linearen Modells

Das lineare Modell lässt sich am einfachsten auf ein Portfolio anwenden, das aus Positionen in Aktien und Anleihen besteht und keine Derivate enthält. Durch Cash Flow Mapping werden die Anleihen in Zerobonds mit Standardlaufzeiten umgerechnet. Die Änderung im Wert des Portfolios hängt linear von den Renditen auf die Aktien und diese Zerobonds ab.

In diesem Fall ist die Änderung des Portfoliowerts linear von den prozentualen Änderungen der Preise der Assets, die das Portfolio bilden, abhängig. Es sei darauf hingewiesen, dass für die VaR-Berechnung alle Assetpreise in inländischer Währung angegeben werden. Daher werden die Marktvariablen, die eine große Bank in den USA betrachtet, wahrscheinlich den Nikkei 225 Index gemessen in Dollar, den Preis eines 10-Jahres-Zerobonds auf Pfund Sterling gemessen in Dollar usw. enthalten.

Ein Beispiel für ein Derivat, das mit dem linearen Modell erfasst werden kann, ist ein Forward-Kontrakt zum Kauf einer Währung. Angenommen, der Kontrakt wird zum Zeitpunkt T fällig. Er kann als Austausch eines Zerobonds in Fremdwährung mit Laufzeit T gegen einen Zerobond in inländischer Währung mit Laufzeit T angesehen werden. Zum Zweck der VaR-Berechnung wird der Forward-Kontrakt daher als eine Long-Position in einer Fremdwährungsanleihe kombiniert mit der Short-Position in einer inländischen Anleihe angesehen. Jede der Anleihen kann mit einem Cash-Flow-Mapping-Verfahren erfasst werden.

Als Nächstes betrachten wir einen Zinsswap. Wie in Kapitel 7 erläutert wurde, kann man diesen als Austausch einer variabel verzinslichen Anleihe gegen eine Festzinsanleihe ansehen. Die Festzinsanleihe ist eine gewöhnliche Kupon-Anleihe. Der Wert einer variabel verzinslichen Anleihe entspricht unmittelbar nach dem nächsten Zahlungstermin ihrem Nennwert. Sie kann als Zerobond angesehen werden, dessen Fälligkeitstermin gerade der nächste Zahlungstermin ist. Folglich reduziert sich der Zinsswap auf ein Portfolio aus Long- und Short-Positionen in Anleihen und kann wieder mit einem Cash-Flow-Mapping-Verfahren erfasst werden.

Das lineare Modell und Optionen

Wir gehen nun darauf ein, wie wir das lineare Modell bei Optionen verwenden könnten. Zunächst betrachten wir ein Portfolio, das aus Optionen auf eine einzelne Aktie mit dem aktuellen Preis S besteht. Angenommen, das Delta der Position (errechnet auf die in Kapitel 19 beschriebene Weise) ist δ.[6] Da δ die Sensitivität des Portfoliowerts gegenüber S darstellt, gilt näherungsweise

$$\delta = \frac{\Delta P}{\Delta S}$$

bzw.

$$\Delta P = \delta \Delta S, \qquad (22.4)$$

wobei ΔS die absolute Änderung des Aktienpreises an einem Tag bezeichnet und ΔP wie üblich die absolute Änderung des Portfoliowerts an einem Tag. Wir definieren Δx als die prozentuale Änderung des Aktienpreises an einem Tag, d. h.

$$\Delta x = \frac{\Delta S}{S}.$$

Daraus folgt, dass zwischen ΔP und Δx approximativ die Beziehung

$$\Delta P = S\delta \Delta x$$

besteht. Wenn wir eine Position in mehreren zugrunde liegenden Marktvariablen betrachten und diese Position auch Optionen enthält, können wir auf ähnliche Weise eine näherungsweise lineare Beziehung zwischen ΔP und den Δx_i herleiten. Es gilt

$$\Delta P = \sum_{i=1}^{n} S_i \delta_i \Delta x_i, \qquad (22.5)$$

wobei S_i der Wert der Marktvariablen i ist und δ_i das Delta des Portfolios gegenüber der Marktvariablen i. Dies entspricht Gleichung (22.1):

$$\Delta P = \sum_{i=1}^{n} \alpha_i \Delta x_i$$

mit $\alpha_i = S_i \delta_i$. Somit kann Gleichung (22.2) oder (22.3) zur Berechnung der Standardabweichung von ΔP benutzt werden.

> **Beispiel 22.1** Ein Portfolio besteht aus Optionen auf Microsoft und AT&T. Die Optionen auf Microsoft haben ein Delta von 1000, die Optionen auf AT&T weisen ein Delta von 20 000 auf. Der Preis einer Microsoft-Aktie beträgt 120 $, eine AT&T-Aktie kostet 30 $. Nach Gleichung (22.5) gilt näherungsweise
>
> $$\Delta P = 120 \cdot 1000 \cdot \Delta x_1 + 30 \cdot 20\,000 \cdot \Delta x_2$$

---

6 Normalerweise bezeichnen wir das Delta und Gamma eines Portfolios mit Δ und Γ. In diesem und dem nächsten Abschnitt verwenden wir aber δ und γ, um Missverständnisse im Gebrauch von Δ zu vermeiden.

bzw.
$$\Delta P = 120\,000 \Delta x_1 + 600\,000 \Delta x_2 ,$$

wobei Δx_1 und Δx_2 die Renditen von Microsoft bzw. AT&T über einen Tag bezeichnen und ΔP die resultierende Änderung im Wert des Portfolios. (Das Portfolio wird als äquivalent mit einer Anlage von 120 000 \$ in Microsoft und 600 000 \$ in AT&T angenommen.) Unter der Annahme, dass die tägliche Volatilität von Microsoft 2 % beträgt, die tägliche Volatilität von AT&T 1 % und die Korrelation zwischen den täglichen Änderungen 0,3 ist, beträgt die Standardabweichung von ΔP (in Tausend Dollar)

$$\sqrt{(120 \cdot 0{,}02)^2 + (600 \cdot 0{,}01)^2 + 2 \cdot 120 \cdot 0{,}02 \cdot 600 \cdot 0{,}01 \cdot 0{,}3} = 7{,}099 .$$

Da $N(-1{,}645) = 0{,}05$ beträgt der 5-Tages-VaR zum Konfidenzniveau von 95 % $1{,}645 \cdot \sqrt{5} \cdot 7099 = 26\,110$ \$.

22.5 Das quadratische Modell

Wenn ein Portfolio Optionen enthält, stellt das lineare Modell lediglich eine Approximation dar. Es berücksichtigt nicht das Gamma des Portfolios. Wie in Kapitel 19 ausgeführt, ist Delta als Sensitivität des Portfoliowerts gegenüber einer zugrunde liegenden Marktvariablen definiert und Gamma als Sensitivität von Delta gegenüber der Marktvariablen. Gamma gibt die Krümmung der Abhängigkeit des Portfoliowerts gegenüber einer zugrunde liegenden Marktvariablen wieder.

Abbildung 22.4 zeigt die Auswirkung, die ein von null verschiedenes Gamma auf die Wahrscheinlichkeitsverteilung des Portfoliowertes hat. Ist Gamma positiv, dann ist die Wahrscheinlichkeitsverteilung tendenziell rechtsschief, bei negativem Gamma ist die Wahrscheinlichkeitsverteilung tendenziell linksschief. Die Abbildungen 22.5 und 22.6 veranschaulichen den Grund dafür. Abbildung 22.5 zeigt die Beziehung zwischen dem Wert der Long-Position in einer Kaufoption und dem Preis des Underlyings. Der Long Call ist ein Beispiel für eine Optionsposition mit positivem Gamma. Aus der Abbildung wird ersichtlich, dass die Wahrscheinlichkeitsverteilung des Optionspreises rechtsschief ist, wenn die Wahrscheinlichkeitsverteilung für den Preis des Underlyings am Ende eines Tages eine Normalverteilung ist.[7] Abbildung 22.6 zeigt die Beziehung zwischen dem Wert der Short-Position in einer Kaufoption und dem Preis des Underlyings. Der Short Call besitzt ein negatives Gamma. In diesem Fall sehen wir, dass eine Normalverteilung für den Preis des Underlyings am Ende eines Tages in einer linksschiefen Verteilung für den Wert der Optionsposition resultiert.

Der VaR eines Portfolios hängt entscheidend vom linken Rand der Wahrscheinlichkeitsverteilung des Portfoliowertes ab. Wenn beispielsweise ein Konfidenzniveau von 99 % verwendet wird, wird der VaR aus dem Wert am linken Ende berechnet, unter welchem sich nur 1 % der Verteilung befindet. Wie die Abbildungen 22.4a und

---

[7] Wie wir schon in Fußnote 4 bemerkt haben, können wir bei VaR-Berechnungen die Normalverteilung als Näherung für die Lognormalverteilung verwenden.

22.5 Das quadratische Modell

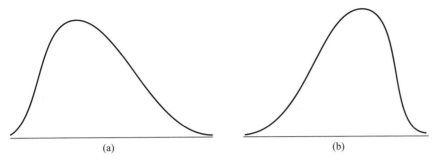

Abbildung 22.4: Wahrscheinlichkeitsverteilung für den Portfoliowert: (a) positives Gamma, (b) negatives Gamma

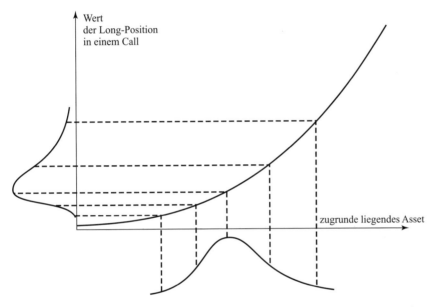

Abbildung 22.5: Auswirkung der Normalverteilung für ein Asset auf die Wahrscheinlichkeitsverteilung für den Wert eines Long Call auf das Asset

22.5 zeigen, hat ein Portfolio mit einem positiven Gamma weniger Wahrscheinlichkeitsmasse im linken Rand als die Normalverteilung. Wenn wir für den Portfoliowert eine Normalverteilung unterstellen, werden wir also einen zu hohen VaR errechnen. Analog zeigen die Abbildungen 22.4b und 22.6, dass ein Portfolio mit einem negativen Gamma mehr Wahrscheinlichkeitsmasse im linken Rand als die Normalverteilung hat. Wenn wir für den Portfoliowert eine Normalverteilung unterstellen, werden wir demnach einen zu niedrigen VaR errechnen.

Für eine genauere Schätzung des VaR als durch das lineare Modell können wir die Größen Delta und Gamma verwenden, um ΔP zu den Δx_i in Beziehung zu setzen. Wir betrachten ein Portfolio, das von einem einzelnen Asset mit Preis S abhängt. δ sei das Delta des Portfolios, γ das Gamma des Portfolios. Gemäß dem Anhang von

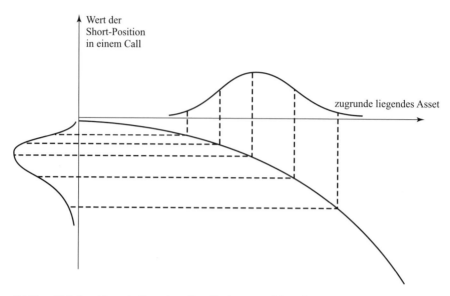

Abbildung 22.6: Auswirkung der Normalverteilung für ein Asset auf die Wahrscheinlichkeitsverteilung für den Wert eines Short Call auf das Asset

Kapitel 19 stellt die Gleichung

$$\Delta P = \delta\, \Delta S + \frac{1}{2}\gamma\,(\Delta S)^2$$

eine Verbesserung zu der Näherungslösung von Gleichung (22.4) dar.[8] Setzt man

$$\Delta x = \frac{\Delta S}{S},$$

reduziert sich diese Gleichung zu

$$\Delta P = S\delta\, \Delta x + \frac{1}{2}S^2\gamma\,(\Delta x)^2 . \tag{22.6}$$

Allgemein wird für ein Portfolio mit n zugrunde liegenden Marktvariablen, wobei jedes Wertpapier im Portfolio nur von einer der Marktvariablen abhängt, aus Gleichung (22.6) der Ausdruck

$$\Delta P = \sum_{i=1}^{n} S_i \delta_i\, \Delta x_i + \sum_{i=1}^{n} \frac{1}{2} S_i^2 \gamma_i\, (\Delta x_i)^2 ,$$

wobei S_i der Wert der i-ten Marktvariablen ist und δ_i sowie γ_i das Delta bzw. das Gamma des Portfolios gegenüber der i-ten Marktvariablen angeben. Können die

---

8 Die Taylorreihen-Entwicklung im Anhang von Kapitel 19 legt die Approximation mit

$$\Delta P = \Theta\, \Delta t + \delta\, \Delta S + \frac{1}{2}\gamma\,(\Delta S)^2$$

nahe, wenn Terme höherer Ordnung als Δt vernachlässigt werden. In der Realität ist der Term $\Theta \Delta t$ so klein, dass er gewöhnlich ignoriert wird.

einzelnen Wertpapiere des Portfolios von mehr als einer Marktvariablen abhängen, nimmt diese Gleichung die allgemeinere Form

$$\Delta P = \sum_{i=1}^{n} S_i \delta_i \, \Delta x_i + \sum_{i=1}^{n} \sum_{j=1}^{n} \frac{1}{2} S_i S_j \gamma_{ij} \, \Delta x_i \, \Delta x_j \qquad (22.7)$$

an, wobei γ_{ij} einen durch

$$\gamma_{ij} = \frac{\partial^2 P}{\partial S_i \, \partial S_j}$$

definierten Term (das so genannte „Cross"-Gamma) bezeichnet. Gleichung (22.7) ist nicht so leicht anwendbar wie Gleichung (22.1), aber man kann mit ihr die Momente von ΔP berechnen. Die aus der Statistik bekannte Cornish-Fisher-Entwicklung, kann zur Schätzung der Quantile der Wahrscheinlichkeitsverteilung aus den Momenten benutzt werden.[9]

22.6 Monte-Carlo-Simulation

Alternativ zu den bisher beschriebenen Ansätzen können wir den Modellbildungsansatz auch umsetzen, indem eine Monte-Carlo-Simulation zur Erzeugung der Wahrscheinlichkeitsverteilung von ΔP eingesetzt wird. Angenommen, wir wollen den 1-Tages-VaR für ein Portfolio berechnen. Das Verfahren zur Berechnung dieses VaR-Werts sieht dann wie folgt aus:

1. Bewertung des Portfolios in der bekannten Art und Weise unter Verwendung der gegenwärtigen Werte der Marktvariablen
2. Ziehung eines Zufallsergebnisses aus der mehrdimensionalen Normalverteilung der Δx_i[10]
3. Verwendung der Zufallswerte Δx_i zur Bestimmung des Wertes jeder Marktvariablen am Ende eines Tages
4. Neubewertung des Portfolios am Ende des Tages auf Basis dieser Marktvariablen
5. Ermittlung der Differenz der Werte aus Schritt 1 und Schritt 4 als ein möglicher Wert für ΔP
6. Mehrfache Wiederholung der Schritte 2 bis 5 zur Erzeugung einer Wahrscheinlichkeitsverteilung für ΔP

Der VaR wird als Quantil der Wahrscheinlichkeitsverteilung von ΔP berechnet. Wir nehmen beispielsweise an, dass wir 5000 Realisationen von ΔP auf die eben beschriebene Weise ermittelt haben. Der 1-Tages-VaR zu einem Konfidenzniveau von 99% ist das fünfzigstschlechteste Ergebnis der Werte für ΔP; der 1-Tages-VaR zu einem Konfidenzniveau von 95% VaR ist das zweihundertfünfzigstschlechteste

---

9 Siehe Technical Note 10 auf der Homepage des Autors für Einzelheiten der Berechnung von Momenten und der Anwendung der Cornish-Fisher-Entwicklung. Liegt nur eine einzige Variable zugrunde, dann gilt $E(\Delta P) = 0{,}5 S^2 \gamma \sigma^2$, $E(\Delta P^2) = S^2 \Delta^2 \sigma^2 + 0{,}75 S^4 \gamma^2 \sigma^4$ und $E(\Delta P^3) = 4{,}5 S^4 \Delta^2 \gamma \sigma^4 + 1{,}875 S^6 \gamma^3 \sigma^6$, wobei S den Wert der Variablen und σ ihre tägliche Volatilität bezeichnet. Sample Application E des DerivaGem Applications Builder führt die Cornish-Fisher-Entwicklung für diesen Fall durch.

10 Eine Möglichkeit hierfür wird in Kapitel 21 beschrieben.

Ergebnis der Werte für ΔP usw.[11] Der N-Tages-VaR wird gewöhnlich als der 1-Tages-VaR multipliziert mit $\sqrt{N}$ angenommen.[12]

Der Nachteil der Monte-Carlo-Simulation besteht darin, dass sie eher zeitaufwendig ist, da das gesamte Portfolio eines Unternehmens (welches aus Hunderten oder Tausenden von verschiedenen Finanzinstrumenten bestehen kann) viele Male neubewertet werden muss.[13] Eine Möglichkeit, das Verfahren zu beschleunigen, besteht in der Annahme, dass Gleichung (22.7) die Beziehung zwischen ΔP und den Δx_i beschreibt. Wir können dann bei der Monte-Carlo-Simulation direkt von Schritt 2 zu Schritt 5 springen und vermeiden dadurch die komplette Neubewertung des Portfolios. Dies wird auch als *partieller Simulationsansatz* bezeichnet. Bei der Umsetzung der historischen Simulation wird mitunter ein ähnliches Verfahren verwendet.

22.7 Vergleich der Ansätze

Wir haben zwei Methoden zur Ermittlung des VaR erörtert: den Ansatz der historischen Simulation und den Modellbildungsansatz. Vorteile des Modellbildungsansatzes sind die schnelle Berechnung der Ergebnisse und die Möglichkeit seiner Verwendung in Verbindung mit zeitvariablen Volatilitäten, wie wir sie im nächsten Kapitel beschreiben werden. Der Hauptnachteil des Modellbildungsansatzes besteht darin, dass er von der Annahme ausgeht, die Marktvariablen besäßen eine mehrdimensionale Normalverteilung. In der Realität weichen die Verteilungen der täglichen Änderungen der Marktvariablen an den Rändern oft stark von der Normalverteilung ab (siehe etwa Tabelle 20.1).

Der Ansatz der historischen Simulation hat den Vorteil, dass die historischen Daten die gemeinsame Wahrscheinlichkeitsverteilung der Marktvariablen bestimmen. Auch entsteht dabei keine Notwendigkeit für ein Cash Flow Mapping. Die wesentlichen Nachteile der historischen Simulation sind die zeitaufwendige Berechnung und die schlechte Kompatibilität mit zeitvariablen Volatilitäten.[14]

Ein Nachteil des Modellbildungsansatzes sind die tendenziell schlechten Resultate für Portfolios mit kleinem Delta (siehe Aufgabe 22.21).

22.8 Stress Testing und Back Testing

Zusätzlich zur Berechnung des VaR führen viele Unternehmen ein so genanntes *Stress Testing* ihres Portfolios durch. Dies beinhaltet die Schätzung, wie sich das Portfolio bei den extremsten in den letzten 10 bis 20 Jahren aufgetretenen Marktbewegungen verhalten hätte.

---

[11] Wie bei der historischen Simulation bietet die Extremwerttheorie einen Weg zur Glättung der Ränder der Verteilung, damit man bessere Schätzer für extreme Quantile erhalten kann.
[12] Dies ist nur näherungsweise erfüllt, falls das Portfolio Optionen enthält. Es ist jedoch die in der Praxis für die meisten VaR-Berechnungsmethoden verwendete Annahme.
[13] Ein Ansatz zur Begrenzung der Anzahl der Neubewertungen eines Portfolios wird in F. Jamshidian und Y. Zhu, „Scenario Simulation Model: Theory and Methodology", *Finance and Stochastics*, 1 (1997), 43–67, vorgeschlagen.
[14] Eine Möglichkeit der Anpassung des Ansatzes der historischen Simulation zur Aktualisierung von Volatilitäten wird beschrieben in J.C. Hull und A. White, „Incorporating Volatility Updating into the Historical Simulation Method for Value at Risk", *Journal of Risk*, 1, Nr. 1 (1998), 5–19.

Um beispielsweise die Auswirkung einer extremen Bewegung der US-Aktienpreise zu testen, könnte ein Unternehmen die prozentualen Änderungen aller Marktvariablen mit denen vom 19. Oktober 1987 (als sich der S&P 500 um 22,3 Standardabweichungen bewegte) gleichsetzen. Wenn dies als zu extreme Situation angesehen wird, könnte das Unternehmen den 8. Januar 1988 wählen (als sich der S&P 500 um 6,8 Standardabweichungen bewegte). Für die Überprüfung der Auswirkung extremer Bewegungen der Zinssätze in Großbritannien, könnte das Unternehmen die prozentualen Änderungen aller Marktvariablen mit denen vom 10. April 1992 (als sich die Renditen von zehnjährigen Anleihen um 7,7 Standardabweichungen bewegten) gleichsetzen.

Die beim Stress Testing verwendeten Szenarios werden manchmal auch von der Unternehmensführung vorgegeben. Bisweilen entwickelt die Unternehmensführung in regelmäßigen Meetings extreme Szenarios, welche unter den bestehenden ökonomischen Gegebenheiten und globalen Unwägbarkeiten eintreten können.

Man kann Stress Testing als einen Weg betrachten, extreme Ereignisse zu berücksichtigen, die von Zeit zu Zeit auftreten, aber im Prinzip gemäß der für die Marktvariablen angenommenen Wahrscheinlichkeitsverteilungen unmöglich sind. Eine Bewegung einer Marktvariablen um fünf Standardabweichungen an einem Tag ist ein solches extremes Ereignis. Unter der Annahme einer Normalverteilung würde es einmal in 7000 Jahren auftreten, jedoch lässt sich in der Realität nicht selten eine Bewegung um fünf Standardabweichungen ein- bis zweimal in zehn Jahren beobachten.

Nach der Kreditkrise von 2007 und 2008 haben die Regulierungsbehörden den Vorschlag unterbreitet, einen *Stressed VaR* zu berechnen. Darunter ist ein VaR zu verstehen, der auf einer historischen Simulation von Daten aus einem Zeitraum mit schwierigen Marktbedingungen (wie etwa 2008) beruht.

Unabhängig von der Methode, die für die Berechnung des VaR verwendet wird, stellt das *Back Testing* eine wichtige Verknüpfung zur Realität dar. Dabei wird getestet, wie gut die VaR-Schätzer in der Vergangenheit funktioniert hätten. Angenommen, wir berechnen gerade einen 1-Tages-VaR zum Konfidenzniveau von 99%. Beim Back Testing wird nun geprüft, wie oft der Verlust an einem Tag den für jenen Tag berechneten 1-Tages-VaR überstieg. Geschah dies an ungefähr 1% der Tage, können wir mit der Methode zur Ermittlung des VaR einigermaßen zufrieden sein. Sind es jedoch z. B. 7% der Tage, ist die Methode anzuzweifeln.

22.9 Hauptkomponentenanalyse

Ein Ansatz zur Behandlung des Risikos, das aus Gruppen stark korrelierter Marktvariablen entsteht, ist die Hauptkomponentenanalyse (Principal Components Analysis). Dieses statistische Standardverfahren wird beim Risikomanagement vielfach angewendet. Es verwendet historische Daten über Bewegungen der Marktvariablen und versucht, eine gewisse Anzahl an Komponenten oder Faktoren zu definieren, die diese Bewegungen erklären.

Am besten wird dieser Ansatz durch ein Beispiel veranschaulicht. Die von uns betrachteten Marktvariablen sind Swap Rates mit Laufzeiten von 1, 2, 3, 4, 5, 7, 10 und 30 Jahren. Die Tabellen 22.7 und 22.8 zeigen die ermittelten Resultate für diese Marktvariablen unter Verwendung von 2780 täglichen Beobachtungen zwischen 2000 und 2011. Die erste Spalte von Tabelle 22.7 zeigt die Laufzeiten der

	HK1	HK2	HK3	HK4	HK5	HK6	HK7	HK8
1 J.	0,216	−0,501	0,627	−0,487	0,122	0,237	0,011	−0,034
2 J.	0,331	−0,429	0,129	0,354	−0,212	−0,674	−0,100	0,236
3 J.	0,372	−0,267	−0,157	0,414	−0,096	0,311	0,413	−0,564
4 J.	0,392	−0,110	−0,256	0,174	−0,019	0,551	−0,416	0,512
5 J.	0,404	0,019	−0,355	−0,269	0,595	−0,278	−0,316	−0,327
7 J.	0,394	0,194	−0,195	−0,336	0,007	−0,100	0,685	0,422
10 J.	0,376	0,371	0,068	−0,305	−0,684	−0,039	−0,278	−0,279
30 J.	0,305	0,554	0,575	0,398	0,331	0,022	0,007	0,032

Tabelle 22.7: Faktorladungen für Swap-Daten

HK1	HK2	HK3	HK4	HK5	HK6	HK7	HK8
17,55	4,77	2,08	1,29	0,91	0,73	0,56	0,53

Tabelle 22.8: Standardabweichung der Faktorwerte (in Basispunkten)

untersuchten Zinssätze. Die anderen acht Spalten enthalten die acht Faktoren oder Hauptkomponenten (HK), welche die Bewegungen der Zinssätze beschreiben. Der erste Faktor (in der Spalte HK1) entspricht einer näherungsweise parallelen Verschiebung der Zinsstrukturkurve. Bei einer Einheit dieses Faktors steigt der 1-Jahres-Zinssatz um 0,216 Basispunkte an, der 2-Jahres-Zinssatz um 0,331 Basispunkte usw. Der zweite Faktor ist in der Spalte HK2 abgebildet. Er entspricht einer „Drehung" der Zinsstrukturkurve. Die Zinssätze zwischen einem und vier Jahren Laufzeit bewegen sich in die eine Richtung, die Zinssätze mit Laufzeiten zwischen fünf und 30 Jahren in die andere Richtung. Der dritte Faktor entspricht einer „Biegung" der Zinsstrukturkurve. Die kurzfristigen Zinssätze (ein und zwei Jahre) und die langfristigen Zinssätze (zehn und 30 Jahre) bewegen sich in eine Richtung, die mittelfristigen Zinssätze in die andere Richtung. Die Bewegung des Zinssatzes für einen bestimmten Faktor wird als *Faktorladung* bezeichnet. In unserem Beispiel beträgt die Ladung des ersten Faktors für den 1-Jahres-Zins 0,216.[15]

Da es acht Zinssätze und acht Faktoren gibt, können die an einem beliebigen Tag beobachteten Änderungen der Zinssätze nach Lösung eines Gleichungssystems mit acht Gleichungen immer als Linearkombination der Faktoren ausgedrückt werden. Die Höhe eines Faktors an einem bestimmten Tag wird als Faktorwert für jenen Tag bezeichnet.

Die Bedeutung eines Faktors wird durch die Standardabweichung seines Faktorwerts angegeben. Die Standardabweichung der Faktorwerte für unser Beispiel sind in Tabelle 22.8 angegeben, die Faktoren sind in der Reihenfolge ihres Einflusses aufgelistet. Die Zahlen in Tabelle 22.8 sind in Basispunkten ausgedrückt. Ein Wert des ersten Faktors in Höhe einer Standardabweichung entspricht damit einer Bewegung des 1-Jahres-Zinssatzes um $0{,}216 \cdot 17{,}55 = 3{,}78$ Basispunkte, einer Bewegung des 2-Jahres-Zinssatzes um $0{,}331 \cdot 17{,}55 = 5{,}81$ Basispunkte usw.

---

[15] Die Faktorladungen besitzen die Eigenschaft, dass die Summe ihrer Quadrate für jeden Faktor 1,0 ergibt. Man beachte, dass sich ein Faktor nicht ändert, wenn man bei all seinen Faktorladungen das Vorzeichen umkehrt.

22.9 Hauptkomponentenanalyse

Auf der Homepage des Autors finden Sie die Software für die Berechnung der Daten in den Tabellen 22.7 und 22.8. Die Faktoren haben die Eigenschaft, dass die Faktorwerte durchweg unkorreliert sind. So ist in unserem Beispiel der erste Faktorwert (Betrag der Parallelverschiebung) über die betrachteten 2780 Tage nicht mit dem zweiten Faktor (Betrag der Drehung) korreliert. Die Varianzen der Faktorwerte besitzen die Eigenschaft, dass ihre Summe die Gesamtvarianz der Daten ergibt. Die Gesamtvarianz der Originaldaten in Tabelle 22.8 (d. h. die Summe der Varianz der Beobachtungen für den 1-Jahres-Zins, der Varianz der Beobachtungen für den 2-Jahres-Zins usw.) beträgt

$$17{,}55^2 + 4{,}77^2 + 2{,}08^2 + \cdots + 0{,}53^2 = 338{,}8 \,.$$

Daraus kann man ablesen, dass der erste Faktor für $17{,}55^2/338{,}8 = 90{,}9\%$ der Schwankung der Originaldaten verantwortlich ist, dass die ersten beiden Faktoren für

$$(17{,}55^2 + 4{,}77^2)/338{,}8 = 97{,}7\%$$

der Schwankung der Originaldaten verantwortlich sind und dass der dritte Faktor weitere 1,3% der Schwankung erklärt. Dies zeigt, dass der Großteil des Risikos der Zinsbewegungen von den ersten zwei oder drei Faktoren erklärt wird. Das legt nahe, dass wir die Risiken in einem Portfolio von zinsabhängigen Wertpapieren auf die Bewegungen dieser Faktoren beziehen können statt alle acht Zinssätze zu betrachten.

Die drei wichtigsten Faktoren aus Tabelle 22.7 sind in Abbildung 22.7 dargestellt.[16]

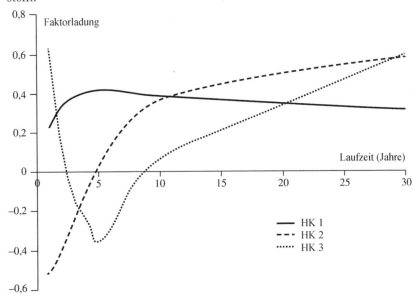

Abbildung 22.7: Die drei wichtigsten Faktoren, die die Bewegungen der Zinsstrukturkurve steuern

---

16 Ähnliche Resultate in Bezug auf das Wesen der Faktoren und den Betrag des Gesamtrisikos, den sie ausmachen, erhält man bei der Verwendung der Hauptkomponenten-Analyse zur Erklärung der Bewegungen für fast jede Zinsstrukturkurve in jedem Land.

Verwendung der Hauptkomponenten-Analyse zur Berechnung des VaR

Zur Illustration des Einsatzes der Hauptkomponenten-Analyse im Rahmen der Berechnung des VaR betrachten wir ein Portfolio, das die in Tabelle 22.9 aufgeführten Exposures gegenüber Zinsbewegungen aufweist. Eine Änderung des 3-Jahres-Zinses um einen Basispunkt lässt den Wert des Portfolios um 10 Millionen $ anwachsen, eine Änderung des 4-Jahres-Zinses um einen Basispunkt lässt ihn um 4 Millionen $ anwachsen usw. Wir verwenden die ersten beiden Faktoren zur Modellierung von Zinsbewegungen. (Wie im vorigen Abschnitt erwähnt, deckt dies 97,7 % der Unsicherheit über die Zinsbewegungen ab.) Unter Verwendung der Daten von Tabelle 22.7 beträgt unser Exposure gegenüber dem ersten Faktor (in Millionen Dollar pro Basispunkt des Faktorwerts)

$$10 \cdot 0{,}372 + 4 \cdot 0{,}392 - 8 \cdot 0{,}404 - 7 \cdot 0{,}394 + 2 \cdot 0{,}376 = -0{,}05$$

und unser Exposure gegenüber dem zweiten Faktor

$$10 \cdot (-0{,}267) + 4 \cdot (-0{,}110) - 8 \cdot 0{,}019 - 7 \cdot 0{,}194 + 2 \cdot 0{,}371 = -3{,}87 \, .$$

Seien f_1 und f_2 die Bezeichnungen für die Faktorwerte (in Basispunkten). Die Änderung im Portfoliowert ist als gute Näherung durch

$$\Delta P = -0{,}05 f_1 - 3{,}87 f_2$$

gegeben. Die Faktorwerte sind unkorreliert und haben die in Tabelle 22.8 angegebenen Standardabweichungen. Daher beträgt die Standardabweichung von ΔP

$$\sqrt{0{,}05^2 \cdot 17{,}55^2 + 3{,}87^2 \cdot 4{,}77^2} = 18{,}48 \, .$$

Der 1-Tages-VaR zum Konfidenzniveau von 99 % beträgt folglich $18{,}48 \cdot 2{,}326 = 42{,}99$. Zu beachten ist, dass mit den Daten in Tabelle 22.9 das Exposure gegenüber dem ersten Faktor sehr klein und das Exposure gegenüber dem zweiten Faktor beträchtlich ist. Die Verwendung nur eines Faktors würde einen erheblich zu kleinen VaR ergeben (siehe Aufgabe 22.11). Die in Abschnitt 22.4 erwähnte Methode der Behandlung der Zinssätze auf Durationsbasis würde ebenfalls einen erheblich zu kleinen VaR liefern, da sie nur Parallelverschiebungen der Renditekurve einbezieht.

Eine Hauptkomponenten-Analyse kann theoretisch auch für andere Marktvariablen als Zinssätze verwendet werden. Angenommen, ein Finanzinstitut hat Exposures gegenüber einer Reihe von Aktienindizes. Eine Hauptkomponenten-Analyse kann angewandt werden, um die Faktoren zu identifizieren, welche die Bewegungen in den Indizes beschreiben. Die wichtigsten Faktoren können als Ersatz für die Marktindizes im Rahmen einer VaR-Analyse dienen. Die Effektivität einer Hauptkomponenten-Analyse für eine Gruppe von Marktvariablen hängt davon ab, wie stark diese miteinander korreliert sind.

3-Jahres-Zins	4-Jahres-Zins	5-Jahres-Zins	7-Jahres-Zins	10-Jahres-Zins
+10	+4	−8	−7	+2

Tabelle 22.9: Änderung des Portfoliowertes bei einer Bewegung des Zinssatzes um einen Basispunkt (in Millionen Dollar)

Wie in diesem Kapitel bereits ausgeführt, wird der VaR gewöhnlich berechnet, indem die tatsächlichen Änderungen in einem Portfolio mit den prozentualen Veränderungen von bestimmten Marktvariablen (den Δx_i) in Verbindung gebracht werden. Daher wird eine Hauptkomponenten-Analyse oft für die prozentualen Änderungen von Marktvariablen und nicht für deren absolute Änderungen durchgeführt.

ZUSAMMENFASSUNG

Das Ziel der Berechnung des Value at Risk (VaR) besteht darin, eine Aussage der Form „Wir sind zu X Prozent sicher, dass wir in den nächsten N Tagen nicht mehr als V Dollar verlieren werden" zu treffen. Die Variable V ist der VaR, $X\%$ das Konfidenzniveau und N der zugehörige Zeithorizont.

Ein Ansatz zur Berechnung des VaR ist die historische Simulation. Diese beinhaltet die Schaffung einer Datenbasis, welche aus den täglichen Bewegungen aller Marktvariablen über einen gewissen Zeitraum besteht. Der erste Simulationsdurchlauf nimmt an, dass die prozentualen Änderungen in jeder Marktvariable denen des ersten von der Datenbasis erfassten Tages entsprechen. Der zweite Simulationsdurchlauf nimmt an, dass die prozentualen Änderungen denen des zweiten erfassten Tages entsprechen usw. Für jeden Simulationsdurchlauf wird die Änderung ΔP im Wert des Portfolios berechnet. Der VaR ist dann das jeweilige Quantil der Wahrscheinlichkeitsverteilung von ΔP.

Eine Alternative stellt der Modellbildungsansatz dar. Er ist relativ einfach umzusetzen, wenn die beiden folgenden Annahmen getroffen werden können:

1. Die Änderung im Portfoliowert (ΔP) hängt linear von den prozentualen Änderungen der Marktvariablen ab.
2. Die prozentualen Änderungen der Marktvariablen sind mehrdimensional normalverteilt.

Dann ist ΔP normalverteilt und man kann analytische Formeln angeben, die die Standardabweichung von ΔP mit den Volatilitäten und Korrelationskoeffizienten der zugrunde liegenden Marktvariablen in Beziehung setzen. Der VaR ergibt sich über die bekannten Eigenschaften der Normalverteilung.

Wenn ein Portfolio Optionen enthält, ist die Beziehung zwischen ΔP und den prozentualen Änderungen der Marktvariablen nicht linear. Ist das Gamma des Portfolios bekannt, dann lässt sich eine näherungsweise quadratische Beziehung zwischen ΔP und den prozentualen Änderungen der Marktvariablen herleiten. Man kann dann die Cornish-Fisher-Entwicklung oder eine Monte-Carlo-Simulation verwenden, um VaR zu bestimmen.

Im nächsten Kapitel diskutieren wir, wie Volatilitäten und Korrelationskoeffizienten für den Modellbildungsansatz geschätzt werden können.

ZUSAMMENFASSUNG

Literaturempfehlungen

Artzner, P., F. Delbaen, J.-M. Eber und D. Heath, „Coherent Measures of Risk", *Mathematical Finance*, 9 (1999): 203–228.

Basak, S. und A. Shapiro, „Value-at-Risk-Based Risk Management: Optimal Policies and Asset Prices", *Review of Financial Studies*, 14, 2 (2001): 371–405.

Boudoukh, J., M. Richardson und R. Whitelaw, „The Best of Both Worlds", *Risk*, Mai 1998, S. 64–67.

Dowd, K., *Beyond Value at Risk: The New Science of Risk Management*, Wiley, New York, 1998.

Duffie, D. und J. Pan, „An Overview of Value at Risk", *Journal of Derivatives*, 4, Nr. 3 (Frühjahr 1997), 7–49.

Embrechts, P., C. Klüppelberg und T. Mikosch, *„Modeling Extremal Events for Insurance and Finance"*, Springer, New York, 1997.

Hull, J.C. und A. White, „Value at Risk When Daily Changes in Market Variables Are Not Normally Distributed", *Journal of Derivatives*, 5 (Frühjahr 1998), 9–19.

Hull, J.C. und A. White, „Incorporating Volatility Updating into the Historical Simulation Method for Value at Risk", *Journal of Risk*, 1, Nr. 1 (1998), 5–19.

Jackson, P., D.J. Maude und W. Perraudin, „Bank Capital and Value at Risk", *Journal of Derivatives*, 4, Nr. 3 (Frühjahr 1997), 73–90.

Jamshidian, F. und Y. Zhu, „Scenario Simulation Model: Theory and Methodology", *Finance and Stochastics*, 1 (1997), 43–67.

Jorion, P., *Value at Risk*, 2. Aufl. McGraw-Hill, 2001.

Longin, F.M., „Beyond the VaR", *Journal of Derivatives*, 8, 4 (Sommer 2001): 36–48.

Marshall, C. und M. Siegel, „Value at Risk: Implementing a Risk Measurement Standard", *Journal of Derivatives*, 4, 3 (Frühjahr 1997): 91–111.

Neftci, S.N., „Value at Risk Calculations, Extreme Events and Tail Estimation", *Journal of Derivatives*, 7, 3 (Frühjahr 2000): 23–38.

Rich, D., „Second Generation VaR and Risk-Adjusted Return on Capital", *Journal of Derivatives*, 10, 4 (Sommer 2003): 51–61.

Praktische Fragestellungen

22.1 Wir betrachten eine Position, die aus einer 100 000 $-Investition in Asset A und einer 100 000 $-Investition in Asset B besteht. Angenommen, die täglichen Volatilitäten der beiden Assets betragen jeweils 1% und der Korrelationskoeffizient zwischen ihren Renditen ist 0,3. Welchen Wert hat der 5-Tages-Value-at-Risk zu einem Konfidenzniveau von 99% für das Portfolio?

22.2 Beschreiben Sie drei alternative Methoden zur Berücksichtigung von zinsabhängigen Wertpapieren im Rahmen des Modellbildungsansatzes zur Berechnung des VaR. Wie würden Sie zinsabhängige Wertpapiere berücksichtigen, wenn der VaR mithilfe der historischen Simulation ermittelt wird?

22.3 Ein Finanzinstitut besitzt ein Portfolio von Optionen auf den Wechselkurs zwischen US-Dollar und Pfund Sterling. Das Delta des Portfolios beträgt 56,0, der gegenwärtige Wechselkurs steht bei 1,500. Leiten Sie eine näherungsweise lineare Beziehung zwischen der Änderung im Wert des Portfolios und der prozentualen Veränderung des Wechselkurses her. Bestimmen Sie den 10-Tages-VaR zu einem Konfidenzniveau von 99%, wenn die tägliche Volatilität 0,7% beträgt.

22.4 Angenommen, Sie wissen, dass das Gamma des Portfolios aus der vorangegangenen Aufgabe 16,2 beträgt. Wie ändert sich dadurch Ihre Einschätzung der Beziehung zwischen der Änderung im Portfoliowert und der prozentualen Änderung des Wechselkurses?

22.5 Angenommen, die tägliche Änderung im Wert eines Portfolios ist näherungsweise linear abhängig von zwei Faktoren, die durch eine Hauptkomponenten-Analyse ermittelt wurden. Das Delta des Portfolios ist 6 in Bezug auf den ersten Faktor und −4 in Bezug auf den zweiten Faktor. Die Standardabweichungen für die Faktoren betragen 20 bzw. 8. Welchen Wert hat der 5-Tages-VaR zum Konfidenzniveau von 90%?

22.6 Angenommen, ein Unternehmen besitzt ein Portfolio, welches aus Positionen in Aktien und Anleihen besteht und keine Derivate enthält. Erläutern Sie die Annahmen, die (a) dem linearen Modell und (b) dem Modell der historischen Simulation zur Berechnung des VaR zugrunde liegen.

22.7 Erläutern Sie, wie ein Zinsswap zum Zweck der VaR-Berechnung als ein Portfolio von Zerobonds mit Standardlaufzeiten dargestellt werden kann.

22.8 Erklären Sie den Unterschied zwischen Value at Risk und Conditional Value at Risk.

22.9 Erläutern Sie, warum das lineare Modell für ein Portfolio, welches Optionen enthält, nur ungefähre Schätzwerte des VaR liefern kann.

22.10 Vor einiger Zeit hat ein Unternehmen einen Forward-Kontrakt über den Kauf von 1 Million GBP für 1,5 Millionen $ in sechs Monaten abgeschlossen. Die tägliche Volatilität eines Zerobonds mit sechs Monaten Laufzeit auf Pfund Sterling (wenn sein Preis in Dollar ausgedrückt wird) beträgt 0,06%, die tägliche Volatilität eines Zerobonds mit sechs Monaten Laufzeit auf US-Dollar 0,05%. Der Korrelationskoeffizient zwischen den täglichen Renditen der beiden Anleihen ist 0,8. Der derzeitige Wechselkurs steht bei 1,53. Berechnen Sie die Standardabweichung der Änderung im Dollar-Wert des Forward-Kontraktes an einem Tag. Bestimmen Sie den 10-Tages-VaR zu einem Konfidenzniveau von 99%? Nehmen Sie an, dass der 6-Monats-Zinssatz sowohl für Pfund Sterling als auch für Dollar 5% per annum bei stetiger Verzinsung beträgt.

22.11 Im Text wird ein VaR-Schätzer für das Beispiel von Tabelle 22.9 unter Einbeziehung von zwei Faktoren ermittelt. Wie ändert sich der Schätzer, wenn man (a) von einem Faktor und (b) von drei Faktoren ausgeht?

22.12 Eine Bank hält ein Options-Portfolio auf einen Vermögensgegenstand. Das Delta der Optionen beträgt −30, das Gamma −5. Erläutern Sie, wie diese Zahlen interpretiert werden können. Der Preis des Assets steht bei 20, seine Volatilität beträgt 1%

pro Tag. Passen Sie Sample Application E der DerivaGem Applications Builder Software so an, dass sie den VaR ermitteln können.

22.13 Angenommen, in Aufgabe 22.12 beträgt das Vega des Portfolios −2 pro 1% Änderung der jährlichen Volatilität. Leiten Sie ein Modell her, welches die Änderung des Portfoliowertes an einem Tag zu Delta, Gamma und Vega in Beziehung setzt. Erläutern Sie ohne detaillierte Berechnungen, wie Sie das Modell zur Ermittlung eines VaR-Schätzers verwenden würden.

22.14 Beim Vier-Index-Beispiel aus Abschnitt 22.2 ergibt sich für den 1-Tages-VaR zu einem Konfidenzniveau von 99% ein Wert von 253 385 $. Verwenden Sie die Tabellen auf der Homepage des Autors und berechnen Sie (a) den 1-Tages-VaR zu einem Konfidenzniveau von 95% und (b) den 1-Tages-VaR zu einem Konfidenzniveau von 97%.

22.15 Berechnen Sie mithilfe der Tabellen auf der Homepage des Autors unter Verwendung der Basismethode aus Abschnitt 28.2 den 1-Tages-VaR zu einem Konfidenzniveau von 99% für den Fall, dass das Vier-Index-Portfolio gleichmäßig auf die Indizes aufgeteilt ist.

Zur weiteren Vertiefung

22.16 Ein Unternehmen hält eine Position in Anleihen, welche 6 Millionen $ wert ist. Die Modified Duration des Portfolios beträgt 5,2 Jahre. Wir nehmen an, dass in der Zinsstrukturkurve nur Parallelverschiebungen auftreten können und dass die Standardabweichung für die tägliche Änderung der Rendite (wenn diese in Prozent angegeben ist) 0,09 beträgt. Benutzen Sie das Durations-Modell zur Schätzung des 20-Tages-VaR des Portfolios zu einem Konfidenzniveau von 90%. Erläutern Sie ausführlich die Schwächen dieses Ansatzes zur VaR-Berechnung. Erläutern Sie zudem zwei Alternativen, die eine größere Genauigkeit gewährleisten.

22.17 Betrachten Sie eine Position, die aus einer 300 000 $-Investition in Gold und einer 500 000 $-Investition in Silber besteht. Angenommen, die täglichen Volatilitäten der beiden Assets sind 1,8% bzw. 1,2% und der Korrelationskoeffizient zwischen ihren Renditen 0,6. Welchen Wert hat der 10-Tages-Value-at-Risk des Portfolios zu einem Konfidenzniveau von 97,5%? Um welchen Betrag wird der VaR durch die Diversifikation reduziert?

22.18 Wir betrachten ein Options-Portfolio auf einen einzelnen Vermögensgegenstand. Angenommen, das Delta des Portfolios beträgt 12, der Wert des Assets 10 $ und die tägliche Volatilität des Assets 2%. Geben Sie einen Schätzer für den 1-Tages-VaR des Portfolios zu einem Konfidenzniveau von 95% bei dem angegebenen Delta-Wert an. Nehmen Sie nun an, dass das Gamma des Portfolios −2,6 beträgt. Leiten Sie einen quadratischen Zusammenhang zwischen der täglichen Änderung des Portfoliowerts und der prozentualen täglichen Änderung des zugrunde liegenden Assetpreises an einem Tag her. Wie könnte man diesen Zusammenhang in einer Monte-Carlo-Simulation verwenden?

22.19 Ein Unternehmen hält die Long-Position in einer zweijährigen Anleihe und in einer dreijährigen Anleihe sowie die Short-Position in einer fünfjährigen Anleihe. Jede Anleihe hat einen Nominalwert von 100 $ und zahlt jährlich einen Kupon in Höhe von 5 %. Berechnen Sie das Exposure des Unternehmens gegenüber den Zinssätzen für 1 Jahr, 2 Jahre, 3 Jahre, 4 Jahre und 5 Jahre. Verwenden Sie die Daten aus Tabelle 22.7 und 22.8 zur Berechnung des 20-Tages-VaR des Portfolios zu einem Konfidenzniveau von 95 % unter der Annahme, dass Zinssatzänderungen durch (a) einen Faktor, (b) zwei Faktoren und (c) drei Faktoren beschrieben werden. Setzen Sie voraus, dass die Zinsstrukturkurve flach ist bei 5 %.

22.20 Eine Bank hat einen Call auf eine Aktie und einen Put auf eine andere Aktie verkauft. Für die erste Option beträgt der Aktienpreis 50, der Basispreis 51, die Volatilität 28 % per annum und die Laufzeit neun Monate. Für die zweite Option beträgt der Aktienpreis 20, der Basispreis 19, die Volatilität 25 % per annum und die Laufzeit ein Jahr. Keine der beiden Aktien schüttet eine Dividende aus, der risikolose Zinssatz beträgt 6 % per annum, der Korrelationskoeffizient zwischen den Aktienrenditen 0,4. Berechnen Sie den 10-Tages-VaR zu einem Konfidenzniveau von 99 %

a. unter ausschließlicher Verwendung der Deltas,

b. unter Verwendung des partiellen Simulationsansatzes,

c. unter Verwendung des vollständigen Simulationsansatzes.

22.21 Eine häufige Klage von Risikomanagern ist, dass der Modellbildungsansatz (linear oder quadratisch) nicht gut funktioniert, wenn Delta nahe null liegt. Testen Sie durch Anwendung der Sample Application E der DerivaGem Application Builder Software, was passiert, wenn Delta nahe bei null liegt. (Sie können entweder mit verschiedenen Optionspositionen experimentieren oder die Position im Underlying anpassen, um ein Delta von null zu erreichen.) Erläutern Sie die Ergebnisse, die Sie erhalten.

22.22 Angenommen, das in Abschnitt 22.2 betrachtete Portfolio besitzt (in Tausend Dollar) folgende Zusammensetzung: 3000 in DJIA, 3000 in FTSE, 1000 in CAC 40 und 3000 in Nikkei 225. Berechnen Sie mithilfe der Tabellen auf der Homepage des Autors welche Auswirkungen diese Zusammensetzung auf den in Abschnitt 22.2 berechneten 1-Tages-VaR zu einem Konfidenzniveau von 99 % besitzt.

Schätzung von Volatilitäten und Korrelationen

23.1 Schätzung der Volatilität 642
23.2 Das Modell der exponentiell gewichteten gleitenden Durchschnitte 644
23.3 Das GARCH(1,1)-Modell 646
23.4 Modellauswahl 648
23.5 Maximum-Likelihood-Methode 648
23.6 Prognose der zukünftigen Volatilität mittels GARCH(1,1) 654
23.7 Korrelationen 657
23.8 Anwendung des EWMA-Modells auf das Vier-Index-Beispiel 660

Zusammenfassung 662
Literaturempfehlungen 662
Praktische Fragestellungen 663

23 Schätzung von Volatilitäten und Korrelationen

In diesem Kapitel erläutern wir, wie historische Daten zur Gewinnung von Schätzern der aktuellen und der zukünftigen Niveaus der Volatilitäten und der Korrelationen verwendet werden können. Das Kapitel ist sowohl für die Berechnung des Value at Risk mit dem Modellbildungsansatz als auch für die Bewertung von Derivaten relevant. Zur Ermittlung des Value at Risk benötigen wir Informationen über die gegenwärtigen Niveaus der Volatilitäten und der Korrelationen, weil wir mögliche Änderungen im Wert eines Portfolios über einen sehr kurzen Zeitraum beurteilen. Zur Bewertung von Derivaten werden gewöhnlich Erwartungen über Volatilitäten und Korrelationen über die gesamte Laufzeit des Derivats benötigt.

Das Kapitel behandelt Modelle mit so beeindruckenden Namen wie exponentiell gewichteter gleitender Durchschnitt (exponentially weighted moving average, EWMA), autoregressive bedingte Heteroskedastizität (autoregressive conditional heteroscedasticity, ARCH) und verallgemeinerte autoregressive bedingte Heteroskedastizität (generalized autoregressive conditional heteroscedasticity, GARCH). Das charakteristische Merkmal der Modelle ist die Berücksichtigung der Tatsache, dass Volatilitäten und Korrelationen nicht konstant sind. Eine bestimmte Volatilität oder Korrelation kann in einigen Zeitabschnitten relativ klein sein, in anderen wiederum relativ groß. Die Modelle versuchen, die zeitlichen Schwankungen von Volatilität oder Korrelation zu erfassen.

23.1 Schätzung der Volatilität

Wir definieren σ_n als Volatilität einer Marktvariablen am Tag n, geschätzt am Ende des Tages $n-1$. Das Quadrat σ_n^2 der Volatilität am Tag n ist die *Varianz*.

Der Standardansatz zur Schätzung von σ_n aus historischen Daten wurde bereits in Abschnitt 15.4 beschrieben. Angenommen, der Wert der Marktvariablen am Ende von Tag i beträgt S_i. Die Variable u_i wird als stetige Rendite während des Tages i (zwischen dem Ende des Tages $i-1$ und dem Ende des Tages i) definiert:

$$u_i = \ln\left(\frac{S_i}{S_{i-1}}\right).$$

Ein erwartungstreuer Schätzer der Varianz σ_n^2 pro Tag unter Benutzung der letzten m Beobachtungen von u_i ist dann

$$\sigma_n^2 = \frac{1}{m-1}\sum_{i=1}^{m}(u_{n-i} - \bar{u})^2 \tag{23.1}$$

mit $\bar{u}$ als Mittelwert der u_i:

$$\bar{u} = \frac{1}{m}\sum_{i=1}^{m} u_{n-i}.$$

Zur Berechnung des VaR wird die Formel von Gleichung (23.1) gewöhnlich in den folgenden Punkten geändert:

1. u_i wird als prozentuale Änderung der Marktvariable zwischen dem Ende von Tag $i-1$ und dem Ende von Tag i definiert, es gilt also[1]

$$u_i = \frac{S_i - S_{i-1}}{S_{i-1}}. \tag{23.2}$$

---

[1] Dies entspricht der Definition der Volatilität in Abschnitt 22.3 zur Berechnung des VaR.

2. Es wird angenommen, dass $\bar{u}$ null ist.[2]
3. $m-1$ wird durch m ersetzt.[3]

Diese drei Änderungen ergeben keine großen Unterschiede für die berechneten Varianz-Schätzer, sie erlauben uns aber die Formel für die Varianz zu

$$\sigma_n^2 = \frac{1}{m} \sum_{i=1}^{m} u_{n-i}^2 \qquad (23.3)$$

zu vereinfachen, wobei die u_i durch Gleichung (23.2) gegeben werden.[4]

Gewichtungsschemata

Gleichung (23.3) gibt $u_{n-1}^2, u_{n-2}^2, \ldots, u_{n-m}^2$ jeweils das gleiche Gewicht. Da unser Ziel die Einschätzung des gegenwärtigen Niveaus der Volatilität σ_n ist, ist es sinnvoll, den jüngeren Daten mehr Gewicht zuzuweisen. Ein Modell dafür ist

$$\sigma_n^2 = \sum_{i=1}^{m} \alpha_i u_{n-i}^2 \,. \qquad (23.4)$$

Die Variable α_i (> 0) ist das Gewicht, das der Beobachtung vor i Tagen beigemessen wird. Wenn wir die Gewichte so wählen, dass $\alpha_i < \alpha_j$ für $i > j$, dann wird älteren Beobachtungen weniger Gewicht gegeben. Die Summe der Gewichte muss eins ergeben, also

$$\sum_{i=1}^{m} \alpha_i = 1 \,.$$

Eine Erweiterung der Idee von Gleichung (23.4) ist die Annahme, dass eine langfristige durchschnittliche Varianz existiert und dieser ein gewisses Gewicht gegeben werden soll. Dies führt zu einem Modell der Form

$$\sigma_n^2 = \gamma V_L + \sum_{i=1}^{m} \alpha_i u_{n-i}^2 \,, \qquad (23.5)$$

wobei V_L die langfristige durchschnittliche Varianz bezeichnet und γ das Gewicht, welches V_L zugewiesen wird. Da die Summe der Gewichte eins ergeben muss, gilt

$$\gamma + \sum_{i=1}^{m} \alpha_i = 1 \,.$$

---

2 Wie schon in Abschnitt 22.3 ausgeführt wurde, hat diese Annahme nur geringen Einfluss auf die Schätzer der Varianz, da die erwartete Änderung einer Variablen an einem Tag im Vergleich zur Standardabweichung der Änderungen sehr klein ist.
3 Die Ersetzung von $m-1$ durch m führt uns vom erwartungstreuen Schätzer für die Varianz zum Maximum-Likelihood-Schätzer. Maximum-Likelihood-Schätzer werden später in diesem Kapitel diskutiert.
4 Beachten Sie, dass die Variablen u in diesem Kapitel dieselbe Rolle spielen wie die Variablen Δx in Kapitel 22. Beide stellen tägliche prozentuale Änderungen dar. Im Falle der u-Variablen repräsentieren die tiefgestellten Indizes die Beobachtungen für die gleichen Marktvariablen an verschiedenen Tagen. Im Falle der Δx stehen sie für Beobachtungen verschiedener Marktvariablen am gleichen Tag. Der Gebrauch der tiefgestellten Indizes für σ ist also in den beiden Kapiteln unterschiedlich. In diesem Kapitel bezeichnen sie Tage, in Kapitel 22 haben sie Marktvariablen bezeichnet.

Dies ist als ARCH(m)-Modell bekannt. Es wurde zuerst von Engle vorgeschlagen.[5] Der Schätzer für die Varianz beruht auf der Langzeit-Durchschnitts-Varianz und m Beobachtungen. Je älter eine Beobachtung ist, desto weniger Gewicht erhält sie. Mit $\omega = \gamma V_L$ kann das Modell von Gleichung (23.5) folgendermaßen ausgedrückt werden:

$$\sigma_n^2 = \omega + \sum_{i=1}^{m} \alpha_i u_{n-i}^2 . \qquad (23.6)$$

Dies ist die Version des Modells welche bei der Schätzung von Parametern zur Anwendung gelangt.

In den folgenden beiden Abschnitten erörtern wir zwei bedeutende Ansätze zur Beobachtung der Volatilität unter Benutzung der Ideen der Gleichungen (23.4) und (23.5).

23.2 Das Modell der exponentiell gewichteten gleitenden Durchschnitte

Das Modell des exponentiell gewichteten gleitenden Durchschnitts (EWMA-Modell) stellt einen Spezialfall des Modells von Gleichung (23.4) dar, bei dem die Gewichte α_i exponentiell fallen, wenn wir in der Zeit zurückgehen. Es gilt konkret $\alpha_{i+1} = \lambda \alpha_i$ mit einer Konstanten λ zwischen null und eins.

Es erweist sich, dass dieses Gewichtungsschema zu einer besonders einfachen Formel für die Fortschreibung der Schätzer für die Volatilität führt:

$$\sigma_n^2 = \lambda \sigma_{n-1}^2 + (1 - \lambda) u_{n-1}^2 . \qquad (23.7)$$

Der Schätzer σ_n der Volatilität einer Variablen am Tag n (ermittelt am Ende des Tages $n-1$) wird aus σ_{n-1} (dem Schätzer, der am Ende von Tag $n-2$ für die Volatilität am Tag $n-1$ ermittelt wurde) und u_{n-1} (der letzten täglichen prozentualen Änderung der Marktvariablen) berechnet.

Um zu verstehen, warum Gleichung (23.7) zu exponentiell fallenden Gewichten führt, ersetzen wir σ_{n-1}^2 und erhalten

$$\sigma_n^2 = \lambda[\lambda \sigma_{n-2}^2 + (1-\lambda)u_{n-2}^2] + (1-\lambda)u_{n-1}^2$$

bzw.

$$\sigma_n^2 = (1-\lambda)(u_{n-1}^2 + \lambda u_{n-2}^2) + \lambda^2 \sigma_{n-2}^2 .$$

Die analoge Substitution von σ_{n-2}^2 liefert

$$\sigma_n^2 = (1-\lambda)(u_{n-1}^2 + \lambda u_{n-2}^2 + \lambda^2 u_{n-3}^2) + \lambda^3 \sigma_{n-3}^2 .$$

Wenn wir so weiter verfahren, erkennen wir, dass

$$\sigma_n^2 = (1-\lambda) \sum_{i=1}^{m} \lambda^{i-1} u_{n-i}^2 + \lambda^m \sigma_{n-m}^2 .$$

---

[5] Siehe R. Engle, „Autoregressive Conditional Heteroscedasticity with Estimates of the Variance of UK Inflation", *Econometrica*, 50 (1982), 987–1008.

Für große m ist der Ausdruck $\lambda^m \sigma_{n-m}^2$ so klein, dass er ignoriert werden kann. Somit entspricht Gleichung (23.7) der Gleichung (23.4) mit $\alpha_i = (1-\lambda)\lambda^{i-1}$. Die Gewichte der u_i fallen mit der Rate λ, wenn wir in der Zeit rückwärts gehen. Jedes Gewicht beträgt das λ-fache des vorhergehenden Gewichts.

> **Beispiel 23.1** Angenommen, λ ist 0,90, die geschätzte Volatilität einer Marktvariablen für den Tag $n-1$ beträgt 1% und am Tag $n-1$ steigt die Marktvariable um 2%. Dies bedeutet, dass $\sigma_{n-1}^2 = 0{,}01^2 = 0{,}0001$ und $u_{n-1}^2 = 0{,}02^2 = 0{,}0004$. Gleichung (23.7) liefert
>
> $$\sigma_n^2 = 0{,}9 \cdot 0{,}0001 + 0{,}1 \cdot 0{,}0004 = 0{,}00013 \, .$$
>
> Der Schätzer der Volatilität σ_n für den Tag n ist somit $\sqrt{0{,}00013}$, d. h. 1,14% pro Tag. Beachten Sie, dass σ_{n-1}^2 ($= 0{,}0001$) der Erwartungswert von u_{n-1}^2 ist. In diesem Beispiel ist der tatsächlich realisierte Wert von u_{n-1}^2 größer als der Erwartungswert, wodurch unser Schätzer für die Volatilität wächst. Wäre der realisierte Wert von u_{n-1}^2 kleiner gewesen als der Erwartungswert, wäre unser Schätzer für die Volatilität gesunken.

Der EWMA-Ansatz besitzt die attraktive Eigenschaft, dass nur eine relativ kleine Datenmenge gespeichert werden muss. Zu einer beliebigen Zeit benötigt man nur den aktuellen Schätzer der Varianz und den letzten beobachteten Wert der Marktvariablen. Wenn ein neuer Wert der Marktvariablen beobachtet wird, berechnet man eine neue tägliche prozentuale Änderung und verwendet Gleichung (23.7) zur Aktualisierung des Schätzers für die Varianz. Der alte Schätzer für die Varianz und der alte Wert der Marktvariablen werden nicht mehr benötigt.

Der EWMA-Ansatz ist konzipiert, um Änderungen der Volatilität zu erfassen. Angenommen, es gibt eine starke Änderung der Marktvariablen am Tag $n-1$ und u_{n-1}^2. Wegen Gleichung (23.7) steigt dadurch der Wert des Schätzers für die aktuelle Volatilität. Der Wert von λ bestimmt, wie stark der Schätzer für die tägliche Volatilität auf die jüngste prozentuale Änderung reagiert. Ein niedriger Wert für λ führt dazu, dass u_{n-1}^2 bei der Berechnung von σ_n ein großes Gewicht bekommt. In diesem Fall sind die ermittelten Schätzer für die Volatilität an aufeinander folgenden Tagen selbst hochgradig volatil. Ein hoher Wert für λ (d. h. ein Wert nahe 1,0) ergibt Schätzer für die tägliche Volatilität, die nur relativ langsam auf neue Informationen, die sich aus den täglichen prozentualen Änderungen ergeben, reagieren.

Die Datenbank von RiskMetrics, die von JP Morgan erstellt und im Jahr 1994 öffentlich zugänglich gemacht wurde, benutzt das EWMA-Modell mit $\lambda = 0{,}94$ zur Aktualisierung der Schätzer für die tägliche Volatilität. Das Unternehmen fand heraus, dass dieser λ-Wert für einen ganzen Bereich verschiedener Marktvariablen Varianzschätzungen liefert, die der realisierten Varianz am nächsten kommen.[6] Die realisierte Varianz an einem bestimmten Tag wurde als gleichgewichteter Durchschnitt der u_i^2 von 25 aufeinander folgenden Tagen berechnet (siehe Aufgabe 23.19).

---

6 Siehe JP Morgan, *RiskMetrics Monitor*, viertes Quartal 1995. Wir werden später in diesem Kapitel einen alternativen (Maximum-Likelihood-)Ansatz zur Schätzung der Parameter erläutern.

23.3 Das GARCH(1,1)-Modell

Wir diskutieren im Folgenden das GARCH(1,1)-Modell, das 1986 von Bollerslev vorgeschlagen wurde.[7] Der Unterschied zwischen dem GARCH(1,1)-Modell und dem EWMA-Modell entspricht dem Unterschied zwischen Gleichung (23.4) und Gleichung (23.5). Bei GARCH(1,1) wird σ_n^2 ebenso über die langfristige durchschnittliche Varianz wie über σ_{n-1} und u_{n-1} errechnet. Die Gleichung für GARCH(1,1) lautet

$$\sigma_n^2 = \gamma V_L + \alpha u_{n-1}^2 + \beta \sigma_{n-1}^2 . \tag{23.8}$$

Hierbei ist γ das Gewicht von V_L, α das Gewicht von u_{n-1}^2 und β das Gewicht von σ_{n-1}^2. Da die Summe der Gewichte eins ergeben muss, gilt

$$\gamma + \alpha + \beta = 1 .$$

Das EWMA-Modell stellt einen Spezialfall das GARCH(1,1)-Modells mit $\gamma = 0$, $\alpha = 1 - \lambda$ und $\beta = \lambda$ dar.

Der Zusatz „(1,1)" bei GARCH(1,1) zeigt an, dass σ_n^2 auf der jüngsten Beobachtung von u^2 und dem jüngsten Schätzer der Varianz beruht. Das allgemeinere GARCH(p,q)-Modell berechnet σ_n^2 auf der Grundlage der letzten p Beobachtungen von u^2 und der letzten q Schätzer der Varianz.[8] GARCH (1,1) ist bei weitem das populärste der GARCH-Modelle.

Mit $\omega = \gamma V_L$ kann man das GARCH(1,1)-Modell auch folgendermaßen schreiben:

$$\sigma_n^2 = \omega + \alpha u_{n-1}^2 + \beta \sigma_{n-1}^2 . \tag{23.9}$$

In dieser Form wird das Modell gewöhnlich für die Schätzung der Parameter verwendet. Sind ω, α und β geschätzt, können wir γ als $1 - \alpha - \beta$ berechnen. Die langfristige Varianz ergibt sich dann als ω / γ. Für einen stabilen GARCH(1,1)-Prozess fordern wir $\alpha + \beta < 1$. Andernfalls wäre das Gewicht der langfristigen Varianz nicht positiv.

Beispiel 23.2 Angenommen, aus den Tagesdaten ist folgendes GARCH(1,1)-Modell bestimmt worden:

$$\sigma_n^2 = 0{,}000002 + 0{,}13 u_{n-1}^2 + 0{,}86 \sigma_{n-1}^2 .$$

Dies entspricht $\alpha = 0{,}13$, $\beta = 0{,}86$ und $\omega = 0{,}000002$. Wegen $\gamma = 1 - \alpha - \beta$ folgt hieraus $\gamma = 0{,}01$ und wegen $\omega = \gamma V_L$ ergibt sich $V_L = 0{,}0002$. Mit anderen Worten, die durch das Modell implizierte langfristige durchschnittliche Varianz pro

---

[7] Siehe T. Bollerslev, „Generalized Autoregressive Conditional Heteroscedasticity", *Journal of Econometrics*, 31 (1986), 307–327.

[8] Es wurden weitere GARCH-Modelle vorgeschlagen, welche asymmetrische Nachrichten einbeziehen. Diese Modelle sind so beschaffen, dass σ_n vom Vorzeichen von u_{n-1} abhängt. Diese Modelle dürften für Aktien besser geeignet sein als GARCH(1,1). Wie in Kapitel 20 erwähnt, neigt die Volatilität eines Aktienpreises dazu, zum Preis in entgegengesetzter Beziehung zu stehen. Ein negativer Wert für u_{n-1} sollte daher einen größeren Effekt auf σ_n haben als ein positiver Wert für u_{n-1} mit gleichem Betrag. Eine Diskussion der Modelle, welche asymmetrische Nachrichten behandeln, bieten D. Nelson, „Conditional Heteroscedasticity and Asset Returns: A New Approach", *Econometrica*, 59 (1990), 347–370, oder R.F. Engle und V. Ng, „Measuring and Testing the Impact of News on Volatility", *Journal of Finance*, 48 (1993), 1749–1778.

Tag beträgt 0,0002. Das entspricht einer Volatilität von $\sqrt{0{,}0002} = 0{,}014$, also 1,4% pro Tag.

Angenommen, der Schätzer für die Volatilität am Tag $n-1$ beträgt 1,6%, folglich $\sigma_{n-1}^2 = 0{,}016^2 = 0{,}000256$, und die Marktvariable sei am Tag $n-1$ um 1% gefallen, d. h. $u_{n-1}^2 = 0{,}01^2 = 0{,}0001$. Dann gilt

$$\sigma_n^2 = 0{,}000002 + 0{,}13 \cdot 0{,}0001 + 0{,}86 \cdot 0{,}000256 = 0{,}00023516\,.$$

Der neue Schätzer für die Volatilität beträgt somit $\sqrt{0{,}00023516} = 0{,}0153$, also 1,53% pro Tag.

Gewichtungen

Ersetzen wir in Gleichung (23.9) σ_{n-1}^2, so erhalten wir

$$\sigma_n^2 = \omega + \alpha u_{n-1}^2 + \beta(\omega + \alpha u_{n-2}^2 + \beta \sigma_{n-2}^2)$$

bzw.

$$\sigma_n^2 = \omega + \beta\omega + \alpha u_{n-1}^2 + \alpha\beta u_{n-2}^2 + \beta^2 \sigma_{n-2}^2\,.$$

Analoges Ersetzen von σ_{n-2}^2 liefert

$$\sigma_n^2 = \omega + \beta\omega + \beta^2\omega + \alpha u_{n-1}^2 + \alpha\beta u_{n-2}^2 + \alpha\beta^2 u_{n-3}^2 + \beta^3 \sigma_{n-3}^2\,.$$

Indem wir auf diese Weise fortfahren, erkennen wir, dass u_{n-i}^2 das Gewicht $\alpha\beta^{i-1}$ trägt. Die Gewichte fallen exponentiell mit der Rate β. Der Parameter β entspricht dem λ aus dem EWMA-Modell. Bei der Bestimmung der aktuellen Varianz definiert β die relative Bedeutung der Beobachtungen für die u-Werte. Ist beispielsweise $\beta = 0{,}9$, dann besitzt u_{n-2}^2 nur 90% der Bedeutung von u_{n-1}^2, u_{n-3}^2 nur 81% der Bedeutung von u_{n-1}^2 usw. Das GARCH(1,1)-Modell ähnelt dem EWMA-Modell, nur dass es neben exponentiell fallenden Gewichten für vergangene u^2-Werte auch der langfristigen durchschnittlichen Volatilität ein gewisses Gewicht beimisst.

Mean Reversion

Das GARCH(1,1)-Modell berücksichtigt, dass die Varianz mit der Zeit auf ihr langfristiges Durchschnittsniveau V_L zurücktendiert (Mean Reversion). V_L wird das Gewicht $\gamma = 1 - \alpha - \beta$ zugewiesen. GARCH(1,1) ist äquivalent zu einem Modell, bei dem die Varianz dem stochastischen Prozess

$$dV = a(V_L - V)\,dt + \xi V\,dz$$

folgt, wobei die Zeit in Tagen gemessen wird, $a = 1 - \alpha - \beta$ und $\xi = \alpha\sqrt{2}$ (siehe Aufgabe 23.14). Dies ist ein Modell mit Mean Reversion. Die Varianz hat eine Drift, die mit dem Faktor a auf V_L zurücktendiert. Ist $V > V_L$, hat die Varianz eine negative Drift, bei $V < V_L$ ist die Drift positiv. Die Drift wird von der Volatilität ξ überlagert. Diese Art von Modellen werden wir in Kapitel 27 weiter erörtern.

23.4 Modellauswahl

In der Realität neigen die Varianzen dazu, zu einem Mittelwert zu tendieren. Das GARCH(1,1)-Modell bezieht die Mean Reversion im Gegensatz zum EWMA-Modell mit ein. GARCH(1,1) ist daher theoretisch ansprechender als das EWMA-Modell.

Im nächsten Abschnitt werden wir diskutieren, wie man die Parameter ω, α und β des GARCH(1,1)-Modells schätzen kann. Ist der Parameter ω null, reduziert sich GARCH(1,1) auf das EWMA-Modell. In Situationen, in denen der Best-Fit-Wert für ω negativ ist, ist das GARCH(1,1)-Modell nicht stabil und es ist sinnvoll, zum EWMA-Modell überzugehen.

23.5 Maximum-Likelihood-Methode

Es ist nun sinnvoll zu erörtern, wie die Parameter in den Modellen, die wir betrachtet haben, aus den historischen Daten bestimmt werden. Der dazu verwendete Ansatz ist die *Maximum-Likelihood-Methode*. Diese beinhaltet eine solche Wahl der Parameterwerte, dass die Chance (oder Wahrscheinlichkeit) für deren Auftreten maximal wird.

Zur Veranschaulichung der Methode beginnen wir mit einem sehr einfachen Beispiel. Angenommen, wir wählen an einem bestimmten Tag zehn Aktien zufällig aus und stellen fest, dass der Kurs einer Aktie an diesem Tag fiel, während die Kurse der anderen neun Aktien gleich blieben oder stiegen. Welches ist der beste Schätzer für den Anteil der Aktien mit fallendem Kurs an der Aktiengesamtheit für den Tag? Die nahe liegende Antwort lautet 10%. Prüfen wir, ob die Maximum-Likelihood-Methode ebenfalls dieses Ergebnis liefert.

Angenommen, der Anteil an Aktien mit fallendem Kurs ist p. Die Wahrscheinlichkeit, dass der Kurs einer bestimmten Aktie fällt und der Kurs von neun anderen Aktien nicht, ist $p(1-p)^9$. Bei Verwendung des Maximum-Likelihood-Ansatzes ist der beste Schätzer für p derjenige, der den Ausdruck $p(1-p)^9$ maximiert. Wenn wir diesen Ausdruck nach p ableiten und das Ergebnis null setzen, erkennen wir, dass $p = 0{,}1$ den Ausdruck maximiert. Damit beträgt der Maximum-Likelihood-Schätzer für p wie erwartet 10%.

Schätzung einer konstanten Varianz

Als nächstes Beispiel für die Maximum-Likelihood-Methode betrachten wir das Problem der Varianzschätzung für eine Variable X aus m Beobachtungen von X, wenn eine Normalverteilung mit Mittelwert null zugrunde liegt. Wir nehmen an, dass $u_1, u_2, \ldots, u_m$ die beobachteten Werte sind. Die Varianz bezeichnen wir mit v. Die Wahrscheinlichkeit, dass der Wert u_i beobachtet werden kann, entspricht dem Wert der Dichtefunktion von X für $X = u_i$. Dieser beträgt

$$\frac{1}{\sqrt{2\pi v}} \exp\left(\frac{-u_i^2}{2v}\right).$$

Die Wahrscheinlichkeit, dass m Beobachtungen in der Reihenfolge auftreten, in der sie beobachtet werden, ist

$$\prod_{i=1}^{m}\left[\frac{1}{\sqrt{2\pi v}} \exp\left(\frac{-u_i^2}{2v}\right)\right]. \tag{23.10}$$

Bei Verwendung der Maximum-Likelihood-Methode, ist der Wert von v, der diesen Ausdruck maximiert, der beste Schätzer für v.

Die Maximierung eines Ausdrucks ist äquivalent zur Maximierung des Logarithmus des Ausdrucks. Wenn wir den Ausdruck aus Gleichung (23.10) logarithmieren und konstante multiplikative Faktoren ignorieren, sieht man, dass wir

$$\sum_{i=1}^{m}\left(-\ln(v) - \frac{u_i^2}{v}\right) \qquad (23.11)$$

bzw.

$$-m\ln(v) - \sum_{i=1}^{m} \frac{u_i^2}{v}$$

maximieren wollen. Wenn wir diesen Ausdruck nach v ableiten und das Ergebnis null setzen, ergibt sich als Maximum-Likelihood-Schätzer für v[9]

$$\frac{1}{m}\sum_{i=1}^{m} u_i^2 \, .$$

Schätzung von EWMA- oder GARCH(1,1)-Parametern

Wir überlegen nun, wie die Maximum-Likelihood-Methode zur Schätzung der Parameter verwendet werden kann, wenn EWMA, GARCH(1,1) oder ein anderes Modell mit zeitvariablen Volatilitäten benutzt wird. Wir definieren $v_i = \sigma_i^2$ als die geschätzte Varianz für den Tag i. Wir nehmen an, dass die durch die Varianz bedingte Wahrscheinlichkeitsverteilung von u_i eine Normalverteilung ist. Eine zur oben durchgeführten Analyse analoge Überlegung zeigt, dass die besten Parameter diejenigen sind, welche

$$\prod_{i=1}^{m}\left[\frac{1}{\sqrt{2\pi v_i}} \exp\left(\frac{-u_i^2}{2v_i}\right)\right]$$

maximieren. Nach dem Logarithmieren sehen wir, dass dies äquivalent zur Maximierung des Ausdrucks

$$\sum_{i=1}^{m}\left(-\ln(v_i) - \frac{u_i^2}{v_i}\right) \qquad (23.12)$$

ist. Dies ist der gleiche Ausdruck wie in Gleichung (23.11), mit dem Unterschied, dass v durch v_i ersetzt wurde. Um die Parameter zu finden, die den Ausdruck in Gleichung (23.12) maximieren, wenden wir iterative Suchverfahren an.

Tabelle 23.1 deutet an, wie die Berechnungen für das GARCH(1,1)-Modell ausgestaltet werden könnten. In der Tabelle werden Daten für den S&P 500 zwischen dem 18. Juli 2005 und dem 13. August 2010 analysiert.[10] In der ersten Spalte ist das Datum erfasst, die zweite Spalte zählt die Tage. Die dritte Spalte weist den den Wert des S&P 500, S_i, am Ende von Tag i aus. Die vierte Spalte zeigt die prozentuale Änderung des S&P 500 zwischen dem Ende von Tag $i-1$ und Tag i. Diese beträgt

---

[9] Das bestätigt die Aussage von Fußnote 3.
[10] Die Daten und die Berechnungen können von der Webseite www.rotman.utoronto.ca/~hull/OFOD/GarchExample bezogen werden.

Schätzung von Volatilitäten und Korrelationen

Datum	Tag i	S_i	u_i	$v_i = \sigma_i^2$	$-\ln(v_i) - u_i^2/v_i$
18.07.05	1	1221,13			
19.07.05	2	1229,35	0,006731		
20.07.05	3	1235,20	0,004759	0,00004531	9,5022
21.07.05	4	1227,04	−0,0066606	0,00004447	9,0393
22.07.05	5	1233,68	0,005411	0,00004546	9,3545
25.07.05	6	1229,03	−0,003769	0,00004517	9,6906
⋮	⋮	⋮	⋮	⋮	⋮
11.08.10	1277	1089,47	−0,028179	0,00011834	2,3322
12.08.10	1278	1083,61	−0,005379	0,00017527	8,4841
13.08.10	1279	1079,25	−0,004024	0,00016327	8,6209
					10 228,2349

Versuchsweise Schätzer für die GARCH-Parameter

ω	α	β
0,0000013465	0,083394	0,910116

Tabelle 23.1: Schätzung der Parameter im GARCH(1,1)-Modell für den S&P 500 zwischen dem 18. Juli 2005 und dem 13. August 2010

$u_i = (S_i - S_{i-1})/S_{i-1}$. In der fünften Spalte steht der am Ende des Tages $i-1$ ermittelte Schätzer $v_i = \sigma_i^2$ für die Varianz am Tag i. Wir beginnen hier an Tag 3, indem wir die Varianz gleich u_2^2 setzen. Für die folgenden Tage kommt Gleichung (23.9) zur Anwendung. In der sechsten Spalte ist das Wahrscheinlichkeitsmaß, $-\ln(v_i) - u_i^2/v_i$, dargestellt. Die Werte in den Spalten fünf und sechs basieren auf den aktuellen Testschätzern für ω, α und β. Wir sind nun daran interessiert, ω, α und β so zu wählen, dass die Summe der Zahlen in Spalte sechs maximal wird. Dies bedingt ein iteratives Suchverfahren.[11]

In unserem Beispiel ergeben sich die Optimalwerte

$$\omega = 0{,}0000013465, \quad \alpha = 0{,}083394, \quad \beta = 0{,}910116$$

und für die Funktion in Gleichung (23.12) ein Maximalwert von 10 228,2349. Die in Tabelle 23.1 dargestellten Zahlen wurden mit der Schlussiteration der Suche nach den Optimalwerten für ω, α und β berechnet.

---

[11] Wie noch diskutiert wird, kann ein allgemeiner Algorithmus, wie etwa in der Solver-Funktion von Microsoft Excel, verwendet werden. Alternativ bieten sich Spezialalgorithmen, wie etwa der Levenberg-Marquardt-Algorithmus, an. Siehe z. B. W.H. Press, B.P. Flannery, S.A. Teukolsky und W. T. Vetterling, *Numerical Recipes in C: The Art of Scientific Computing*, Cambridge University Press, Cambridge, 1988.

23.5 Maximum-Likelihood-Methode

Die langfristige Varianz V_L beträgt in unserem Beispiel

$$\frac{\omega}{1-\alpha-\beta} = \frac{0{,}0000013465}{0{,}006490} = 0{,}0002075\,.$$

Die langfristige Volatilität beträgt $\sqrt{0{,}0002075}$, also 1,4404% pro Tag.

Die Abbildungen 23.1 und 23.2 veranschaulichen, wie sich der S&P 500-Index und die GARCH(1,1)-Volatilität in dem durch die Daten abgedeckten 5-Jahres-Zeitraum veränderten. Die Volatilität bewegte sich meist unterhalb von 2% pro Tag, es gab aber während der Kreditkrise auch Werte von 5%. (Sehr hohe Volatilitäten werden auch vom VIX-Index erfasst – siehe Abschnitt 15.11.)

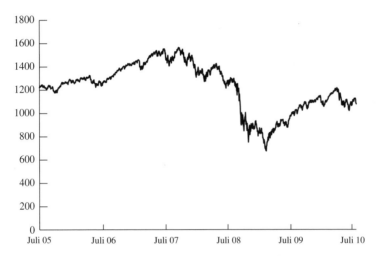

Abbildung 23.1: Verlauf des S&P 500-Index vom 18. Juli 2005 bis 13. August 2010

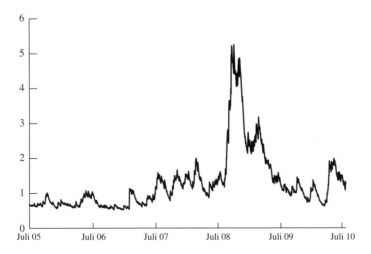

Abbildung 23.2: Tägliche Volatilität des S&P 500-Index vom 18. Juli 2005 bis 13. August 2010

Ein alternativer, robusterer Ansatz zur Schätzung der GARCH(1,1)-Parameter ist das *Variance Targeting*.[12] Dabei wird die langfristige durchschnittliche Varianz V_L der aus den Daten ermittelten Stichprobenvarianz (oder einem anderen als plausibel angesehenen Wert) gleichgesetzt. Es gilt dann $\omega = V_L(1 - \alpha - \beta)$, und es müssen nur zwei Parameter geschätzt werden. Für die Daten von Tabelle 23.1 beträgt die Stichprobenvarianz 0,0002412, was eine tägliche Volatilität von 1,5531% ergibt. Wenn V_L den Wert der Stichprobenvarianz zugewiesen bekommt, sind die Werte für α und β, welche die Zielfunktion in Gleichung (23.12) maximieren, 0,08445 bzw. 0,9101. Die Zielfunktion hat den Wert 10 228,1941, nur knapp unter dem Wert 10 228,2349, den wir mit dem anderen Verfahren erhalten hatten.

Bei Verwendung des EWMA-Modells ist das Schätzverfahren relativ einfach. Wir setzen $\omega = 0$, $\alpha = 1 - \lambda$ und $\beta = \lambda$. Es muss also nur ein Parameter geschätzt werden. Mit den Daten von Tabelle 23.1 beträgt der Wert von λ, der die Zielfunktion in Gleichung (23.12) maximiert, 0,9374. Der zugehörige Wert der Zielfunktion ist 10 192,5104.

Sowohl bei der GARCH(1,1)- als auch bei der EWMA-Methode können wir mit der Solver-Funktion in Excel die Parameterwerte suchen, welche die Likelihood-Funktion maximieren. Dies funktioniert problemlos, wenn wir das Tabellenblatt so strukturieren, dass die gesuchten Parameter in etwa gleiche Werte besitzen. Beispielsweise könnten wir für GARCH(1,1) die Zellen A1, A2 und A3 mit $\omega \cdot 10^5$, 10α und β belegen und die Zellen B1, B2 und B3 als B1 = A1/100 000, B2 = A2/10 und B3 = A3 definieren. Mit den Werten von B1, B2 und B3 würden wir dann die Likelihood-Funktion berechnen. Die Solver-Funktion kann dann die Werte für A1, A2 und A3 liefern, die die Likelihood-Funktion maximieren. Da die Solver-Funktion gelegentlich ein lokales Maximum angibt, bietet es sich an, mehrere verschiedene Startwerte für die Parameter zu testen.

Wie gut ist das Modell?

Einem GARCH-Modell liegt die Annahme zugrunde, dass sich die Volatilität im Zeitverlauf verändert. Es gibt Perioden mit relativ hoher Volatilität und andere mit relativ niedriger Volatilität. Anders ausgedrückt: Wenn u_i^2 groß ist, gibt es eine Tendenz, dass die $u_{i+1}^2, u_{i+2}^2, \ldots$ ebenfalls groß sind, und wenn u_i^2 klein ist, gibt es eine Tendenz, dass die $u_{i+1}^2, u_{i+2}^2, \ldots$ ebenfalls klein sind. Den Wahrheitsgehalt dieser Aussage können wir durch Untersuchung der Autokorrelationen der u_i^2 überprüfen.

Wir wollen annehmen, dass die u_i autokorreliert sind. Ein passendes GARCH-Modell sollte diese Autokorrelation beseitigen. Wir können überprüfen, ob dies der Fall ist, indem wir die Struktur der Autokorrelation der Variablen u_i^2/σ_i^2 betrachten. Weisen diese eine geringe Autokorrelation auf, so hat unser Modell die Autokorrelation der u_i^2 erfolgreich erklärt.

Tabelle 23.2 zeigt die Resultate für die bereits betrachteten Daten des Yen-Dollar-Wechselkurses. Die erste Spalte enthält die betrachteten Zeitverzögerungen (Time Lags), für die die Autokorrelation berechnet wurde. Die zweite Spalte zeigt die Autokorrelationen für u_i^2, die dritte Spalte die Autokorrelationen für u_i^2/σ_i^2.[13] Der Tabelle entnehmen wir, dass die Autokorrelationen der u_i^2 für alle Abstände von 1 bis 15

---

12 Siehe R. Engle und J. Mezrich, „GARCH for Groups", *Risk*, August 1996, S. 36–40.
13 Die Autokorrelation mit Time Lag k für eine Folge $\{x_i\}$ ist der Korrelationskoeffizient zwischen x_i und x_{i+k}.

23.5 Maximum-Likelihood-Methode

Time Lag	Autokorrelation für u_i^2	Autokorrelation für u_i^2/σ_i^2
1	0,183	−0,063
2	0,385	−0,004
3	0,160	−0,007
4	0,301	0,022
5	0,339	0,014
6	0,308	−0,011
7	0,329	0,026
8	0,207	0,038
9	0,324	0,041
10	0,269	0,083
11	0,431	−0,007
12	0,286	0,006
13	0,224	0,001
14	0,121	0,017
15	0,222	−0,031

Tabelle 23.2: Autokorrelationen vor und nach Verwendung eines GARCH-Modells für die S&P 500-Daten

positiv sind. Für u_i^2/σ_i^2 sind einige Autokorrelationen positiv, andere negativ. Ihr Betrag ist kleiner als der der Autokorrelationen für u_i^2.

Das GARCH-Modell scheint also die Daten gut zu erklären. Für einen etwas wissenschaftlicheren Test können wir von der so genannten Ljung-Box-Statistik Gebrauch machen.[14] Die Ljung-Box-Statistik für eine bestimmte Folge von m Beobachtungen ist

$$m \sum_{k=1}^{K} w_k \eta_k^2,$$

wobei η_k die Autokorrelation für das Time Lag k ist und

$$w_k = \frac{m-2}{m-k}.$$

Für $k = 15$ kann eine Autokorrelation von null mit 95 %iger Sicherheit ausgeschlossen werden, wenn die Ljung-Box-Statistik größer als 25 ist.

Die Ljung-Box-Statistik für die Folge der u_i^2 in Tabelle 23.2 hat einen Wert von rund 123. Das ist ein starker Hinweis auf Autokorrelation. Für die u_i^2/σ_i^2-Folge beträgt die

---

[14] Siehe G.M. Ljung und G.E.P. Box, „On a Measure of Lack of Fit in Time Series Models", *Biometrica*, 65 (1978): 297–303.

Ljung-Box-Statistik 8,2, was nahe legt, dass die Autokorrelation durch das GARCH-Modell zum Großteil beseitigt wurde.

23.6 Prognose der zukünftigen Volatilität mittels GARCH(1,1)

Bei Verwendung von GARCH(1,1) beträgt die am Ende von Tag $n-1$ geschätzte Varianz für den Tag n

$$\sigma_n^2 = (1 - \alpha - \beta)V_L + \alpha u_{n-1}^2 + \beta \sigma_{n-1}^2$$

und folglich

$$\sigma_n^2 - V_L = \alpha(u_{n-1}^2 - V_L) + \beta(\sigma_{n-1}^2 - V_L) \,.$$

Für einen Tag $n + t$ in der Zukunft gilt dann

$$\sigma_{n+t}^2 - V_L = \alpha(u_{n+t-1}^2 - V_L) + \beta(\sigma_{n+t-1}^2 - V_L) \,.$$

Der Erwartungswert von u_{n+t-1}^2 ist σ_{n+t-1}^2. Daher gilt

$$E[\sigma_{n+t}^2 - V_L] = (\alpha + \beta)E[\sigma_{n+t-1}^2 - V_L] \,,$$

wobei E den Erwartungswert bezeichnet. Wiederholte Anwendung dieser Gleichung führt zu

$$E[\sigma_{n+t}^2 - V_L] = (\alpha + \beta)^t(\sigma_n^2 - V_L)$$

bzw.

$$E[\sigma_{n+t}^2] = V_L + (\alpha + \beta)^t(\sigma_n^2 - V_L) \,. \tag{23.13}$$

Diese Gleichung trifft eine Prognose über die Volatilität am Tag $n + t$ unter Verwendung der verfügbaren Information am Ende von Tag $n-1$. Im EWMA-Modell gilt $\alpha + \beta = 1$; Gleichung (23.13) zeigt dann, dass die erwartete zukünftige Varianz gleich

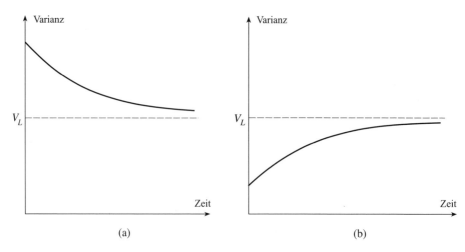

Abbildung 23.3: Erwarteter Verlauf der Varianz, wenn die gegenwärtige Varianz (a) über der langfristigen Varianz und (b) unter der langfristigen Varianz liegt

der gegenwärtigen Varianz ist. Gilt $\alpha+\beta < 1$, dann wird der letzte Term der Gleichung mit steigendem t zunehmend kleiner. Abbildung 23.3 zeigt den erwarteten Verlauf der Varianz in Konstellationen, in denen sich die gegenwärtige Varianz sich von V_L unterscheidet. Wie bereits erwähnt, lässt die Varianz eine Mean Reversion zu einem Niveau V_L und einer Intensität der Mean Reversion von $1-\alpha-\beta$ erkennen. Für weiter in der Zukunft liegende Zeitpunkte nähert sich unsere Prognose für die zukünftige Varianz immer mehr V_L an. Diese Analyse unterstreicht noch einmal, dass für einen stabilen GARCH(1,1)-Prozess $\alpha + \beta < 1$ gelten muss. Gilt dagegen $\alpha + \beta > 1$, dann wird der langfristigen durchschnittlichen Varianz ein negatives Gewicht beigemessen und der Prozess entfernt sich vom Mittelwert anstatt zu diesem zu tendieren.

Im weiter oben betrachteten Beispiel mit den S&P 500-Daten gilt $\alpha + \beta = 0{,}9935$ und $V_L = 0{,}0002075$. Angenommen, unser Schätzer für die gegenwärtige Varianz beträgt 0,0003. (Dies entspricht einer Volatilität von 1,732% pro Tag.) Die erwartete Varianz in 10 Tagen ist

$$0{,}0002075 + 0{,}9935^{10}(0{,}0003 - 0{,}0002075) = 0{,}0002942\,.$$

Die erwartete Volatilität pro Tag beträgt 1,72%, was ein ganzes Stück über der langfristigen Volatilität von 1,44% pro Tag liegt. In 500 Tagen beträgt die erwartete Varianz jedoch

$$0{,}0002075 + 0{,}9935^{500}(0{,}0003 - 0{,}0002075) = 0{,}0002110$$

und die erwartete Volatilität pro Tag ist 1,45%, sehr nahe an der langfristigen Volatilität.

Laufzeitstruktur der Volatilität

Angenommen, es ist der Tag n. Wir definieren:

$$V(t) = E(\sigma_{n+t}^2)$$

und

$$a = \ln \frac{1}{\alpha + \beta}\,.$$

Gleichung (23.13) wird damit zu

$$V(t) = V_L + e^{-at}[V(0) - V_L]\,.$$

$V(t)$ ist hierbei ein Schätzer für die momentane Varianzrate in t Tagen. Die durchschnittliche Varianzrate pro Tag von heute bis zum Zeitpunkt T wird durch die Gleichung

$$\frac{1}{T}\int_0^T V(t)\,dt = V_L + \frac{1 - e^{-aT}}{aT}[V(0) - V_L]$$

gegeben. Je größer T ist, umso näher liegt dieser Ausdruck bei V_L. Wir definieren $\sigma(T)$ als die Volatilität per annum, welche bei der Bepreisung einer Option mit T Tagen Laufzeit unter GARCH(1,1) verwendet werden soll. Unterstellt man für ein Jahr 252 Tage, dann ist $\sigma(T)^2$ das 252fache der durchschnittlichen Varianzrate pro Tag, sodass

$$\sigma(T)^2 = 252\left(V_L + \frac{1 - e^{-aT}}{aT}[V(0) - V_L]\right)\,. \tag{23.14}$$

Wie wir in Kapitel 20 diskutiert haben, werden oft die Marktpreise verschiedener Optionen auf denselben Vermögensgegenstand benutzt, um eine *Laufzeitstruktur der impliziten Volatilitäten* zu berechnen. Gleichung (23.14) kann dazu genutzt werden, die auf dem GARCH(1,1)-Modell basierende Laufzeitstruktur der Volatilität zu schätzen. Die geschätzte Laufzeitstruktur der Volatilität stimmt gewöhnlich nicht mit der Laufzeitstruktur der impliziten Volatilität überein. Wie wir jedoch zeigen werden, wird sie oft dazu verwendet, die Reaktion der Laufzeitstruktur der impliziten Volatilität auf Änderungen der Volatilität vorauszuberechnen.

Liegt die gegenwärtige Volatilität über der langfristigen Volatilität, dann schätzt das GARCH(1,1)-Modell eine fallende Laufzeitstruktur der Volatilität. Liegt die gegenwärtige Volatilität unter der langfristigen Volatilität, dann ermittelt es eine steigende Laufzeitstruktur der Volatilität. Für die S&P 500-Daten gilt $a = \ln(1/0{,}99351) = 0{,}006511$ und $V_L = 0{,}0002075$. Angenommen, die aktuelle Varianzrate pro Tag $V(0)$ wird mit 0,0003 abgeschätzt. Aus Gleichung (23.14) folgt

$$\sigma(T)^2 = 252 \left(0{,}0002075 + \frac{1 - e^{-0{,}006511 T}}{0{,}06511 T} [0{,}0003 - 0{,}0002075] \right),$$

wobei T in Tagen gemessen wird. Tabelle 23.3 zeigt für verschiedene Werte von T die Volatilität pro Jahr.

Optionslaufzeit (Tage)	10	30	50	100	500
Options-Volatilität (% per annum)	27,36	27,10	26,87	26,35	24,32

Tabelle 23.3: Von GARCH(1,1) berechnete S&P 500-Laufzeitstruktur der Volatilität

Auswirkung von Änderungen der Volatilität

Man kann Gleichung (23.14) auch schreiben als

$$\sigma(T)^2 = 252 \left[V_L + \frac{1 - e^{-aT}}{aT} \left(\frac{\sigma(0)^2}{252} - V_L \right) \right].$$

Ändert sich $\sigma(0)$ um $\Delta\sigma(0)$, dann ändert sich $\sigma(T)$ um

$$\frac{1 - e^{-aT}}{aT} \frac{\sigma(0)}{\sigma(T)} \Delta\sigma(0) \ . \tag{23.15}$$

Tabelle 23.4 veranschaulicht den Effekt von Volatilitätsänderungen auf Optionen verschiedener Laufzeiten für unser Beispiel des S&P 500-Index. Wir nehmen wiederum an, dass $V(0) = 0{,}0003$, sodass $\sigma(0) = \sqrt{252} \cdot \sqrt{0{,}0003} = 27{,}50\%$. In der Tabelle wird

Optionslaufzeit (Tage)	10	30	50	100	500
Anstieg der Volatilität (%)	0,97	0,92	0,87	0,77	0,33

Tabelle 23.4: Auswirkung einer 1%-Änderung auf die von GARCH(1,1) berechnete momentane Volatilität

eine Änderung der momentanen Volatilität um 100 Basispunkte von 27,50% auf 28,50% pro Jahr untersucht. Es ist also $\Delta\sigma(0) = 0{,}01$ bzw. 1%.

Viele Finanzinstitute verwenden derartige Analysen bei der Bestimmung des Exposures ihrer Handelsbücher gegenüber Änderungen der Volatilität. Anstatt die impliziten Volatilitäten bei der Berechnung des Vega pauschal um 1% zu erhöhen, berücksichtigen sie den Volatilitätsanstieg entsprechend der jeweiligen Laufzeit der Option. Auf der Grundlage von Tabelle 23.4 würde daher für eine 10-Tages-Option ein Volatilitätsanstieg von 0,97% angesetzt werden, für eine 30-Tages-Option ein Anstieg von 0,92%, für eine 50-Tages-Option ein Anstieg von 0,87% usw.

23.7 Korrelationen

Die bisherige Diskussion konzentrierte sich auf die Schätzung und Prognose der Volatilität. Wie in Kapitel 22 erläutert wurde, spielen Korrelationen auch eine entscheidende Rolle bei der Berechnung des VaR. In diesem Abschnitt zeigen wir, wie Korrelations-Schätzer auf ähnliche Weise fortgeschrieben werden können wie Schätzer für die Volatilität.

Der Korrelationskoeffizient zwischen zwei Variablen, X und Y, kurz die Korrelation, kann als

$$\frac{\text{cov}(X, Y)}{\sigma_X \sigma_Y}$$

definiert werden, wobei σ_X und σ_Y die Standardabweichung von X bzw. Y sind und $\text{cov}(X, Y)$ die Kovarianz zwischen X und Y bezeichnet. Die Kovarianz zwischen X und Y ist definiert als

$$E[(X - \mu_X)(Y - \mu_Y)] \, .$$

Hierbei sind μ_X und μ_Y die Mittelwerte von X bzw. Y, und E bezeichnet den Erwartungswert. Obwohl es einfacher ist, eine Vorstellung für die Bedeutung der Korrelation zu entwickeln als für die Kovarianz, sind es die Kovarianzen, welche die fundamentalen Variablen unserer Analyse bilden.[15]

Wir definieren x_i und y_i als die prozentualen Änderungen von X und Y zwischen dem Ende von Tag $i-1$ und dem Ende von Tag i:

$$x_i = \frac{X_i - X_{i-1}}{X_{i-1}}, \qquad y_i = \frac{Y_i - Y_{i-1}}{Y_{i-1}} \, .$$

wobei X_i und Y_i die jeweiligen Werte von X und Y am Ende von Tag i bezeichnen. Weiter definieren wir:

$\sigma_{x,n}$: geschätzte tägliche Volatilität der Variablen X für Tag n
$\sigma_{y,n}$: geschätzte tägliche Volatilität der Variablen Y für Tag n
cov_n: geschätzte Kovarianz zwischen den täglichen Änderungen von X und Y am Tag n

Unser Schätzer für die Korrelation zwischen X und Y am Tag n lautet

$$\frac{\text{cov}_n}{\sigma_{x,n} \sigma_{y,n}} \, .$$

---

[15] Analog dazu waren die Varianzen die fundamentalen Variablen für die EWMA- und GARCH-Modelle im ersten Teil dieses Kapitels, obwohl Volatilitäten einfacher zu verstehen sind.

Schätzung von Volatilitäten und Korrelationen

Unter Benutzung gleicher Gewichte und der Annahme, dass die Mittelwerte der x_i und der y_i null sind, ermöglicht Gleichung (23.3) eine Schätzung der Varianzen von X und Y aus den letzten m Beobachtungen:

$$\sigma_{x,n}^2 = \frac{1}{m}\sum_{i=1}^{m} x_{n-i}^2, \quad \sigma_{y,n}^2 = \frac{1}{m}\sum_{i=1}^{m} y_{n-i}^2.$$

Ein Schätzer für die Kovarianz zwischen X und Y ist

$$\operatorname*{cov}_n = \frac{1}{m}\sum_{i=1}^{m} x_{n-i} y_{n-i}. \tag{23.16}$$

Eine Alternative wäre ein EWMA-Modell ähnlich Gleichung (23.7). Die Formel zur Fortschreibung des Kovarianz-Schätzers lautet dann

$$\operatorname*{cov}_n = \lambda \operatorname*{cov}_{n-1} + (1-\lambda) x_{n-1} y_{n-1}.$$

Eine ähnliche Analyse wie beim EWMA-Volatilitätsmodell offenbart, dass die Gewichte für $x_i y_i$ fallen, je weiter wir in der Zeit zurückgehen. Je niedriger der Wert für λ, desto höher ist das Gewicht, welches den jüngsten Beobachtungen beigemessen wird.

Beispiel 23.3 Angenommen, es gilt $\lambda = 0{,}95$ und der Schätzer für die Korrelation zwischen zwei Variablen, X und Y, am Tag $n-1$ beträgt 0,6. Weiterhin nehmen wir an, dass die Schätzer für die Volatilität von X bzw. Y am Tag $n-1$ 1% bzw. 2% betragen. Wegen des Zusammenhangs zwischen Korrelation und Kovarianz hat der Schätzer für die Kovarianz zwischen X und Y am Tag $n-1$ den Wert

$$0{,}6 \cdot 0{,}01 \cdot 0{,}02 = 0{,}00012.$$

Angenommen, die prozentualen Änderungen von X und Y am Tag $n-1$ liegen bei 0,5% bzw. 2,5%. Dann würden Varianz und Kovarianz für den Tag n folgendermaßen fortgeschrieben werden:

$$\sigma_{x,n}^2 = 0{,}95 \cdot 0{,}01^2 + 0{,}05 \cdot 0{,}005^2 = 0{,}00009625$$
$$\sigma_{y,n}^2 = 0{,}95 \cdot 0{,}02^2 + 0{,}05 \cdot 0{,}025^2 = 0{,}00041125$$
$$\operatorname*{cov}_n = 0{,}95 \cdot 0{,}00012 + 0{,}05 \cdot 0{,}005 \cdot 0{,}025 = 0{,}00012025.$$

Die neue Volatilität von X beträgt $\sqrt{0{,}00009625} = 0{,}981\%$ und die neue Volatilität für Y ist $\sqrt{0{,}00041125} = 2{,}028\%$. Der neue Korrelationskoeffizient zwischen X und Y beträgt

$$\frac{0{,}00012025}{0{,}00981 \cdot 0{,}02028} = 0{,}6044.$$

GARCH-Modelle können auch zur Fortschreibung und Schätzung zukünftiger Kovarianzen verwendet werden. Das GARCH(1,1)-Modell zur Fortschreibung der Kovarianz lautet beispielsweise

$$\text{cov}_n = \omega + \alpha x_{n-1} y_{n-1} + \beta \, \text{cov}_{n-1} \,.$$

Die langfristige durchschnittliche Kovarianz ist dann $\omega/(1-\alpha-\beta)$. Zur Prognose zukünftiger Kovarianzen und zur Berechnung der durchschnittlichen Kovarianz während der Laufzeit einer Option können zu den Gleichungen (23.13) und (23.14) analoge Formeln entwickelt werden.[16]

Konsistenzbedingung für Kovarianzen

Wenn alle Varianzen und Kovarianzen ermittelt sind, kann eine Varianz-Kovarianz-Matrix konstruiert werden. Für $i \neq j$ gibt das Matrixelement (i,j) die Kovarianz zwischen den Variablen i und j an, für $i = j$ die Varianz der Variablen i.

Nicht alle Varianz-Kovarianz-Matrizen sind in sich konsistent. Die Bedingung für die innere Konsistenz einer $N \times N$-Varianz-Kovarianz-Matrix Ω lautet

$$\boldsymbol{w}^{\mathrm{T}} \Omega \boldsymbol{w} \geq \boldsymbol{0} \tag{23.17}$$

für alle $N \times 1$-Vektoren $\boldsymbol{w}$, wobei $\boldsymbol{w}^{\mathrm{T}}$ die zu $\boldsymbol{w}$ transponierte Matrix ist. Eine Matrix, die diese Eigenschaft besitzt, heißt *positiv semidefinit*.

Um zu verstehen, warum die Bedingung von Gleichung (23.17) gelten muss, nehmen wir an, dass $\boldsymbol{w}^{\mathrm{T}}$ den Ausdruck $[w_1, w_2, \ldots, w_n]$ beschreibt. Der Ausdruck $\boldsymbol{w}^{\mathrm{T}} \Omega \boldsymbol{w}$ ist dann die Varianz von $w_1 x_1 + w_2 x_2 + \cdots + w_n x_n$, wobei x_i der Wert der Variablen i ist. Diese Varianz kann nicht negativ werden.

Um sicherzustellen, dass eine positiv semidefinite Matrix erzeugt wird, sollten die Varianzen und Kovarianzen einheitlich berechnet werden. Wenn die Varianzen beispielsweise berechnet werden, indem die letzten m Beobachtungen gleiches Gewicht erhalten, dann sollte dieser Wert auch für die Kovarianzen herangezogen werden. Wenn die Varianzen unter Verwendung eines EWMA-Modells mit $\lambda = 0{,}94$ berechnet werden, dann sollte dieses auch für die Kovarianzen eingesetzt werden.

Ein Beispiel für eine Varianz-Kovarianz-Matrix, welche keine innere Konsistenz aufweist, ist

$$\begin{bmatrix} 1 & 0 & 0{,}9 \\ 0 & 1 & 0{,}9 \\ 0{,}9 & 0{,}9 & 1 \end{bmatrix}.$$

Die Varianz beträgt für jede Variable 1,0; somit sind die Kovarianzen gleichzeitig Korrelationskoeffizienten. Die erste Variable ist stark mit der dritten Variablen korreliert und die zweite Variable ist stark mit der dritten Variablen korreliert. Es gibt jedoch überhaupt keine Korrelation zwischen der ersten und der zweiten Variablen. Dies erscheint merkwürdig. Wählen wir $\boldsymbol{w} = (1, 1, -1)$, stellen wir fest, dass die Bedingung von Gleichung (23.17) nicht erfüllt ist und die Matrix daher nicht positiv semidefinit ist.[17]

---

16 Die Überlegungen dieses Kapitels können auf mehrdimensionale GARCH-Modelle erweitert werden, bei denen eine komplette Varianz-Kovarianz-Matrix einheitlich fortgeschrieben wird. R. Engle und J. Mezrich, „GARCH for Groups", *Risk*, August 1996, S. 36–40, bietet eine Diskussion von alternativen Ansätzen.

17 Es lässt sich zeigen, dass die Bedingung innerer Konsistenz für eine 3×3-Matrix erfüllt ist, wenn

$$\rho_{12}^2 + \rho_{13}^2 + \rho_{23}^2 - 2\rho_{12}\rho_{13}\rho_{23} \leq 1$$

mit dem Korrelationskoeffizienten ρ_{ij} zwischen den Variablen i und j.

23.8 Anwendung des EWMA-Modells auf das Vier-Index-Beispiel

Wir kehren nun zu dem in Abschnitt 22.2 betrachteten Beispiel zurück. Es ging um ein Portfolio, welches mit Stand vom 25. September 2008 aus vier Investitionen zusammengesetzt war: 4 Millionen Dollar im Dow Jones Industrial Average, 3 Millionen Dollar im FTSE 100, 1 Million Dollar im CAC 40 und 2 Millionen Dollar Nikkei 225. Über einen Zeitraum von 500 Tagen, welcher am 25. September 2008 endete, wurden die täglichen Gewinne erfasst. Alle hier verwendeten Daten und Berechnungen findet man unter www.rotman.utoronto.ca/~hull/OFOD/VaRExample.

Die Korrelationsmatrix, welche sich bei Gleichgewichtung der letzten 500 Tagesergebnisse am 25. September 2008 ergibt, ist in Tabelle 23.5 dargestellt. Zwischen dem FTSE 100 und dem CAC 40 besteht eine sehr hohe Korrelation, während die Korrelation zwischen dem Nikkei 225 und den anderen Indizes weniger stark ausgeprägt ist.

$$\begin{bmatrix} 1 & 0{,}489 & 0{,}496 & -0{,}062 \\ 0{,}489 & 1 & 0{,}918 & 0{,}201 \\ 0{,}496 & 0{,}918 & 1 & 0{,}211 \\ -0{,}062 & 0{,}201 & 0{,}211 & 1 \end{bmatrix}$$

Tabelle 23.5: Korrelationsmatrix am 25. September 2008 bei Gleichgewichtung der letzten 500 Tagesergebnisse; Variable 1 beschreibt den DJIA, Variable 2 den FTSE 100, Variable 3 den CAC 40, Variable 4 den Nikkei 225

Tabelle 23.6 zeigt die Kovarianzmatrix bei Gleichgewichtung. Gemäß Gleichung (22.3) ergibt sich (in Tausend Dollar) aus dieser Matrix eine Varianz der Portfolio-Verluste in Höhe von 8761,833. Die Quadratwurzel aus diesem Wert, 93,60, gibt die Standardabweichung an. Der 1-Tages-VaR zum Konfidenzniveau von 99% beträgt daher (in Tausend Dollar) $2{,}33 \cdot 93{,}60 = 217{,}757$, also 217 757 $. Mit dem Verfahren der historischen Simulation hatten wir in Abschnitt 22.2 einen Wert von 253 385 $ erhalten.

$$\begin{bmatrix} 0{,}0001227 & 0{,}0000768 & 0{,}0000767 & -0{,}0000095 \\ 0{,}0000768 & 0{,}0002010 & 0{,}0001817 & 0{,}0000394 \\ 0{,}0000767 & 0{,}0001817 & 0{,}0001950 & 0{,}0000407 \\ -0{,}0000095 & 0{,}0000394 & 0{,}0000407 & 0{,}0001909 \end{bmatrix}$$

Tabelle 23.6: Kovarianzmatrix am 25. September 2008 bei Gleichgewichtung der letzten 500 Tagesergebnisse; Variable 1 beschreibt den DJIA, Variable 2 den FTSE 100, Variable 3 den CAC 40, Variable 4 den Nikkei 225

Nun wollen wir von der Ermittlung der Varianzen und Kovarianzen durch Gleichgewichtung aller beobachteten Tagesresultate übergehen zur Methode des exponentiell gewichteten gleitenden Durchschnitts mit $\lambda = 0{,}94$. Dadurch ergibt sich die Varianz-Kovarianz-Matrix in Tabelle 23.7.[18] Gemäß Gleichung (22.3) ergibt sich (in Tausend Dollar) eine Varianz der Portfolio-Verluste in Höhe von 40 995,765.

---

18 Bei den EWMA-Berechnungen wurde die Varianz anfänglich der Varianz der Population gleichgesetzt. In Tabelle 23.1 wurde dagegen das Quadrat der ersten Rendite als Anfangswert genommen. Letztlich führen beide Ansätze zum gleichen endgültigen Wert für die Varianz, und nur an diesem sind wir interessiert.

23.8 Anwendung des EWMA-Modells auf das Vier-Index-Beispiel

$$\begin{bmatrix} 0{,}0004801 & 0{,}0004303 & 0{,}0004257 & -0{,}0000396 \\ 0{,}0004303 & 0{,}0010314 & 0{,}0009630 & 0{,}0002095 \\ 0{,}0004257 & 0{,}0009630 & 0{,}0009535 & 0{,}0001681 \\ -0{,}0000396 & 0{,}0002095 & 0{,}0001681 & 0{,}0002541 \end{bmatrix}$$

Tabelle 23.7: Kovarianzmatrix am 25. September 2008 ermittelt mit dem EWMA-Modell, $\lambda = 0{,}94$; Variable 1 beschreibt den DJIA, Variable 2 den FTSE 100, Variable 3 den CAC 40, Variable 4 den Nikkei 225

Die Quadratwurzel aus diesem Wert, 202,474, gibt die Standardabweichung an. Der 1-Tages-VaR zum Konfidenzniveau von 99 % beträgt daher

$$2{,}33 \cdot 202{,}474 = 471{,}025 \, ,$$

also 471 025 $. Dieser Wert ist mehr als zweimal so hoch wie der Wert bei den gleich gewichteten Tagesresultaten. Die Tabellen 23.8 und 23.9 liefern die Begründung dafür. Die Standardabweichung eines Portfolios, welches aus Long-Positionen in Wertpapieren besteht, nimmt mit den Wertpapiererträgen und auch mit den Korrelationen zwischen den Wertpapiererträgen zu. Tabelle 23.8 weist aus, dass die geschätzten täglichen Standardabweichungen bei Verwendung des EWMA-Modells anstelle der Gleichgewichtung wesentlich größer sind. Dies ist der Fall, da die Volatilitäten im Zeitraum unmittelbar vor dem 25. September deutlich über den Werten für den Rest des 500-Tage-Zeitraums lagen. Ein Vergleich von Tabelle 23.9 mit Tabelle 23.5 zeigt, dass die Korrelationen ebenfalls gestiegen waren.[19]

	DJIA	FTSE 100	CAC 40	Nikkei 225
Gleichgewichtung	1,11	1,42	1,40	1,38
EWMA	2,19	3,21	3,09	1,59

Tabelle 23.8: Volatilitäten (in % pro Tag) bei Gleichgewichtung und EWMA

$$\begin{bmatrix} 1 & 0{,}611 & 0{,}629 & -0{,}113 \\ 0{,}611 & 1 & 0{,}971 & 0{,}409 \\ 0{,}629 & 0{,}971 & 1 & 0{,}342 \\ -0{,}113 & 0{,}409 & 0{,}342 & 1 \end{bmatrix}$$

Tabelle 23.9: Korrelationsmatrix am 25. September 2008 ermittelt mit dem EWMA-Modell; Variable 1 beschreibt den DJIA, Variable 2 den FTSE 100, Variable 3 den CAC 40, Variable 4 den Nikkei 225

---

[19] Hier haben wir ein Beispiel für das Phänomen, dass die Korrelationen unter widrigen Marktbedingungen zunehmen.

> **ZUSAMMENFASSUNG**
>
> Die meisten populären Optionsbewertungsmodelle, wie z. B. Black-Scholes-Merton, unterstellen, dass die Volatilität des Underlyings konstant ist. In der Realität ist die Volatilität eines Assets, genauso wie der Preis des Assets, eine Zufallsvariable. Im Gegensatz zum Preis des Assets ist die Volatilität jedoch nicht direkt beobachtbar. Dieses Kapitel hat Ansätze diskutiert, welche das jeweils aktuelle Niveau der Volatilität zu erfassen versuchen.
>
> Wir definieren u_i als die prozentuale Änderung einer Marktvariablen zwischen dem Ende von Tag $i-1$ und dem Ende von Tag i. Die Varianz der Marktvariable (d. h. das Quadrat ihrer Volatilität) ergibt sich als gewichteter Durchschnitt von u_i^2. Das Hauptmerkmal der hier erörterten Verfahren besteht darin, dass sie nicht allen beobachteten Werten von u_i gleiches Gewicht beimessen. Je aktueller eine Beobachtung, desto höher ist das ihr beigemessene Gewicht. Im EWMA- und dem GARCH(1,1)-Modell fallen die den Beobachtungen zugeordneten Gewichte exponentiell im Zeitablauf. Das GARCH(1,1)-Modell unterscheidet sich vom EWMA-Modell darin, dass es der langfristigen durchschnittlichen Varianz ebenfalls ein bestimmtes Gewicht zuweist. Sowohl EWMA- als auch GARCH(1,1)-Modell sind so aufgebaut, dass man relativ einfach Vorhersagen über das zukünftige Niveau der Varianz treffen kann.
>
> Gewöhnlich werden Maximum-Likelihood-Methoden benutzt, um Parameter für EWMA-, GARCH(1,1)- und ähnliche Modelle aus historischen Daten zu schätzen. Diese Methoden beinhalten die Anwendung eines iterativen Verfahrens zur Bestimmung der Parameter, welche die Eintrittswahrscheinlichkeit historischer Daten maximieren. Sind die Parameter bestimmt, so kann die Güte des Modells ermittelt werden, indem man prüft, wie gut die Autokorrelation der u_i^2 beseitigt wird.
>
> Zu jedem Modell für Varianzen kann man ein korrespondierendes Modell für Kovarianzen aufstellen. Die hierfür beschriebenen Verfahren können somit zur Fortschreibung der gesamten für VaR-Berechnungen verwendeten Varianz-Kovarianz-Matrix benutzt werden.
>
> **ZUSAMMENFASSUNG**

Literaturempfehlungen

Bollerslev, T., „Generalized Autoregressive Conditional Heteroscedasticity", *Journal of Econometrics*, 31 (1986), 307–327.

Cumby, R., S. Figlewski und J. Hasbrook, „Forecasting Volatilities and Correlations with EGARCH Models", *Journal of Derivatives*, 1, Nr. 2 (Winter 1993), 51–63.

Engle, R.F., „Autoregressive Conditional Heteroscedasticity with Estimates of the Variance of UK Inflation", *Econometrica*, 50 (1982), 987–1008.

Engle, R.F. und J. Mezrich, „Grappling with GARCH", *Risk*, September 1995, S. 112–117.

Engle, R.F. und J. Mezrich, „GARCH for Groups", *Risk*, August 1996, S. 36–40.

Engle, R.F. und V. Ng, „Measuring and Testing the Impact of News on Volatility", *Journal of Finance*, 48 (1993), 1749–1778.

Noh, J., R.F. Engle und A. Kane, „Forecasting Volatility and Option Prices of the S&P 500 Index", *Journal of Derivatives*, 2 (1994), 17–30.

Praktische Fragestellungen

23.1 Erläutern Sie das Modell des exponentiell gewichteten gleitenden Durchschnitts (EWMA) zur Schätzung der Volatilität aus historischen Daten.

23.2 Welcher Unterschied besteht zwischen dem Modell des exponentiell gewichteten gleitenden Durchschnitts und dem GARCH(1,1)-Modell zur Fortschreibung von Volatilitäten?

23.3 Der jüngste Schätzer für die tägliche Volatilität eines Assets beträgt 1,5%, der Preis des Assets lag beim Vortages-Börsenschluss bei 30 $. Der Parameter λ des EWMA-Modells beträgt 0,94. Angenommen, der Preis des Assets am Ende des heutigen Börsentages ist 30,50 $. Auf welche Weise wird dadurch die Volatilität mit dem EWMA-Modell fortgeschrieben?

23.4 Ein Unternehmen benutzt ein EWMA-Modell zur Prognose der Volatilität. Es entscheidet, den Parameter λ von 0,95 auf 0,85 zu ändern. Erläutern Sie die wahrscheinlichen Auswirkungen auf die Prognose.

23.5 Die Volatilität einer bestimmten Marktvariablen beträgt 30% per annum. Berechnen Sie das 99%-Konfidenzintervall für die Größe der prozentualen täglichen Änderung der Variablen.

23.6 Ein Unternehmen benutzt das GARCH(1,1)-Modell zur Fortschreibung der Volatilität. Die drei Parameter sind ω, α und β. Beschreiben Sie die Auswirkung eines kleinen Anstiegs in jeweils einem der Parameter, wobei die anderen konstant bleiben.

23.7 Der jüngste Schätzer für die tägliche Volatilität des Wechselkurses USD-GBP beträgt 0,6%, der Wechselkurs stand gestern 16.00 Uhr bei 1,5000. Der Parameter λ des EWMA-Modells ist 0,9. Angenommen, der Wechselkurs steht heute 16.00 Uhr bei 1,4950. Wie würde der Schätzer für die tägliche Volatilität angepasst werden?

23.8 Angenommen, der S&P 500 stand gestern zum Börsenschluss bei 1040 und die tägliche Volatilität des Index wurde zu dieser Zeit mit 1% geschätzt. Die Parameter des GARCH(1,1)-Modells betragen $\omega = 0,000002$, $\alpha = 0,06$ und $\beta = 0,92$. Welchen Wert hat der neue Schätzer für die Volatilität, falls der Index am Ende des heutigen Börsentages bei 1060 steht?

23.9 Angenommen, die aktuellen täglichen Volatilitäten von Asset A und Asset B betragen 1,6% bzw. 2,5%. Die Preise der Assets lagen am Ende des gestrigen Börsentages bei 20 $ bzw. 40 $ und der zu dieser Zeit ermittelte Schätzer für den Korrelationskoeffizienten zwischen den Renditen beider Assets betrug 0,25. Der Parameter λ für das EWMA-Modell lautet 0,95.

a. Berechnen Sie den aktuellen Schätzer für die Kovarianz der Assets.

b. Passen Sie diesen Schätzer unter der Annahme an, dass die Preise der Assets zum heutigen Börsenschluss bei 20,50 $ bzw. 40,50 $ liegen.

23.10 Die Parameter für ein GARCH(1,1)-Modell wurden mit $\omega = 0{,}000004$, $\alpha = 0{,}05$ und $\beta = 0{,}92$ geschätzt. Welchen Wert hat die langfristige durchschnittliche Volatilität und wie lautet die Gleichung, welche die Art und Weise beschreibt, in der die Varianz zu ihrem langfristigen Durchschnitt tendiert? Wie hoch ist die erwartete Volatilität in 20 Tagen, wenn die gegenwärtige Volatilität 20% pro Jahr beträgt?

23.11 Angenommen, die aktuellen täglichen Volatilitäten von Asset X und Asset Y betragen 1,0% bzw. 1,2%. Die Preise der Assets lagen am Ende des gestrigen Börsentages bei 30 $ bzw. 50 $ und der zu dieser Zeit ermittelte Schätzer für den Korrelationskoeffizienten zwischen den Renditen beider Assets betrug 0,50. Korrelationen und Volatilitäten werden unter Verwendung eines GARCH(1,1)-Modells fortgeschrieben. Die Schätzungen für die Modellparameter lauten $\alpha = 0{,}04$ und $\beta = 0{,}94$. Für die Korrelation gilt $\omega = 0{,}000001$ und für die Volatilitäten $\omega = 0{,}000003$. Wie wird der Schätzer für die Korrelation fortgeschrieben, wenn die Preise der Assets zum heutigen Börsenschluss bei 31 $ bzw. 51 $ liegen?

23.12 Angenommen, die tägliche Volatilität des FTSE-100-Aktienindex (in Pfund Sterling) beträgt 1,8% und die tägliche Volatilität des Wechselkurses USD/GBP 0,9%. Weiterhin liege die Korrelation zwischen dem FTSE 100 und dem USD/GBP-Wechselkurs bei 0,4. Welchen Wert hat die Volatilität des FTSE 100, wenn dieser in Dollar überführt wird? Nehmen Sie an, dass der USD-GBP-Wechselkurs in US-Dollar je Pfund Sterling angegeben wird. (*Hinweis*: Für $Z = XY$ ist die prozentuale tägliche Änderung in Z ungefähr gleich der Summe aus prozentualer täglicher Änderung in X und prozentualer täglicher Änderung in Y.)

23.13 Angenommen, in Aufgabe 23.12 besteht zwischen dem S&P 500 Index (ermittelt in Dollar) und dem FTSE 100 (ermittelt in Pfund Sterling) eine Korrelation von 0,7. Außerdem beträgt die Korrelation zwischen dem S&P 500 Index (ermittelt in Dollar) und dem USD-GBP-Wechselkurs 0,3. Die tägliche Volatilität des S&P 500 Index ist 1,6%. Welche Korrelation besteht zwischen dem S&P 500 Index (ermittelt in Dollar) und dem FTSE 100, wenn dieser in Dollar umgerechnet wird? (*Hinweis*: Für drei Variablen, X, Y und Z, ist die Kovarianz zwischen $X + Y$ und Z gleich der Summe der Kovarianzen zwischen X und Z sowie zwischen Y und Z.)

23.14 Weisen Sie nach, dass das GARCH(1,1)-Modell

$$\sigma_n^2 = \omega + \alpha u_{n-1}^2 + \beta \sigma_{n-1}^2$$

in Gleichung (23.9) äquivalent ist zum stochastischen Volatilitäts-Modell

$$dV = a(V_L - V)\,dt + \xi V\,dz\,,$$

bei welchem die Zeit in Tagen angegeben wird, V die Varianz des Assetpreises bezeichnet und

$$a = 1 - \alpha - \beta, \qquad V_L = \frac{\omega}{1 - \alpha - \beta}, \qquad \xi = \alpha\sqrt{2}\,.$$

Wie lautet das stochastische Volatilitäts-Modell, wenn die Zeit in Jahren angegeben wird? (*Hinweis*: Die Variable u_{n-1} ist die Rendite des Assetpreises für Δt. Sie kann als normalverteilt mit Mittelwert null und Standardabweichung σ_{n-1} angenommen werden. Aus den Momenten für die Normalverteilung folgt, dass u_{n-1}^2 Mittelwert σ_{n-1}^2 und Varianz $2\sigma_{n-1}^4$ besitzt.)

23.15 Am Ende von Abschnitt 23.8 wurde der VaR für das Vier-Index-Beispiel mithilfe des Modellbildungsansatzes berechnet. Wie verändert sich der ermittelte VaR, wenn in jeden Index 2,5 Millionen Dollar investiert werden? Führen Sie die Berechnungen durch für den Fall, dass Volatilitäten und Korrelationen (a) mit dem Modell der Gleichgewichtung und (b) mit dem EWMA-Modell ($\lambda = 0{,}94$) abgeschätzt werden. Verwenden Sie die Tabellen von der Homepage des Autors.

23.16 Welchen Effekt hat eine Änderung des λ-Wertes in den EWMA-Kalkulationen für das Vier-Index-Beispiel am Ende von Abschnitt 23.8 von 0,94 auf 0,97. Verwenden Sie die Tabellen von der Homepage des Autors.

Zur weiteren Vertiefung

23.17 Angenommen, der aktuelle Goldpreis lag zum gestrigen Börsenschluss bei 600 \$ und seine Volatilität wurde mit 1,3% pro Tag geschätzt. Der Preis zum Schluss des heutigen Börsentages beträgt 596 \$. Schreiben Sie den Schätzer für die Volatilität fort:

a. mittels eines EWMA-Modells mit $\lambda = 0{,}94$

b. mittels eines GARCH(1,1)-Modells mit $\omega = 0{,}000002$, $\alpha = 0{,}04$ und $\beta = 0{,}92$.

23.18 Angenommen, dass in Aufgabe 23.17 der Silberpreis zum gestrigen Börsenschluss bei 16 \$ lag. Seine Volatilität wurde auf 1,5% pro Tag und seine Korrelation mit Gold auf 0,8 geschätzt. Am Ende des heutigen Börsentages steht der Silberpreis unverändert bei 16 \$. Schreiben Sie die Volatilität von Silber und die Korrelation zwischen Silber und Gold unter Verwendung der beiden Modelle von Aufgabe 23.17 fort. Ist es in der Praxis wahrscheinlich, dass der Parameter ω für Gold und Silber gleich ist?

23.19 Von der Homepage des Autors (www.rotman.utoronto.ca/~hull/data) kann man eine Excel-Tabelle herunterladen, welche tägliche Daten für verschiedene Wechselkurse und Aktienindizes für einen Zeitraum von 900 Tagen enthält. Wählen Sie einen Wechselkurs und einen Aktienindex. Schätzen Sie den Wert des EWMA-Parameters λ, welcher den Ausdruck $\sum_i (v_i - \beta_i)^2$ minimiert, wobei v_i die am Ende von Tag $i-1$ erfolgte Prognose der Varianz ist und β_i die aus den Daten zwischen Tag i und Tag $i+25$ berechnete Varianz. Verwenden Sie die Solver-Routine von Excel. Zum Start der EWMA-Berechnungen setzen Sie die Prognose der Varianz am Ende des ersten Tages gleich dem Quadrat der Rendite an diesem Tag.

23.20 Angenommen, die Parameter in einem GARCH(1,1)-Modell betragen $\alpha = 0{,}03$, $\beta = 0{,}95$ und $\omega = 0{,}000002$.

a. Welchen Wert hat die langfristige durchschnittliche Volatilität?

b. Geben Sie die Schätzer für die Volatilität in 20, 40 und 60 Tagen an, wenn die gegenwärtige Volatilität bei 1,5% pro Tag liegt.

c. Welche Volatilität sollte zur Bewertung von Optionen mit einer Laufzeit von 20, 40 bzw. 60 Tagen benutzt werden?

d. Angenommen, es tritt ein Ereignis ein, welches die aktuelle Volatilität um 0,5% auf 2% ansteigen lässt. Schätzen Sie die Auswirkung auf die Volatilität in 20, 40 und 60 Tagen.

e. Um welchen Betrag erhöht das Ereignis die Volatilitäten, die zur Bewertung von Optionen mit einer Laufzeit von 20, 40 bzw. 60 Tagen verwendet werden?

23.21 Den Berechnungen für das Vier-Index-Beispiel am Ende von Abschnitt 23.8 lag zugrunde, dass die Anlagen in DJIA, FTSE 100, CAC 40 und Nikkei 225 4 Millionen Dollar, 3 Millionen Dollar, 1 Million Dollar bzw. 2 Millionen Dollar betragen. Wie verändert sich der ermittelte VaR, wenn die Anlagen 3 Millionen Dollar, 3 Millionen Dollar, 1 Million Dollar bzw. 3 Millionen Dollar betragen? Führen Sie die Berechnungen durch für den Fall, dass Volatilitäten und Korrelationen (a) mit dem Modell der Gleichgewichtung und (b) mit dem EWMA-Modell abgeschätzt werden. Welchen Effekt hat eine Änderung des λ-Wertes in den EWMA-Berechnungen 0,94 auf 0,90. Verwenden Sie die Tabellen von der Homepage des Autors.

23.22 Schätzen Sie die jeweiligen Parameter für das EWMA- und das GARCH(1,1)-Modell auf den Euro-Dollar-Wechselkurs zwischen dem 27. Juli 2005 und dem 27. Juli 2010 an. Die Daten finden Sie auf der Homepage des Autors (www.rotman.utoronto.ca/~hull/data).

Kreditrisiko

24.1 Credit Ratings 668
24.2 Historische Ausfallwahrscheinlichkeiten 668
24.3 Recovery Rates 670
24.4 Schätzung von Ausfall-
     wahrscheinlichkeiten aus Credit Spreads 671
24.5 Vergleich der Schätzer
     für Ausfallwahrscheinlichkeiten 674
24.6 Verwendung des Wertes
     des Eigenkapitals zur Schätzung
     von Ausfallwahrscheinlichkeiten 678
24.7 Kreditrisiko in Derivategeschäften 680
24.8 Ausfallkorrelation 687
24.9 Credit VaR 691
Zusammenfassung 693
Literaturempfehlungen 694
Praktische Fragestellungen 695

Bei den meisten bisher in diesem Buch betrachteten Derivaten ging es vor allem um das Marktrisiko. In diesem Kapitel befassen wir uns mit einem anderen bedeutenden Risiko für Finanzinstitute: dem Kreditrisiko. Die meisten Finanzinstitute betreiben einen beträchtlichen Aufwand für die Messung und das Management von Kreditrisiken. Die Regulierungsbehörden fordern seit vielen Jahren von den Banken die Bereitstellung von Kapital für das von ihnen getragene Kreditrisiko.

Kreditrisiko existiert, da Kreditnehmer und ihre Gegenparteien in Derivategeschäften möglicherweise ihren Zahlungsverpflichtungen nicht nachkommen können. Wir diskutieren in diesem Kapitel verschiedene Ansätze zur Ermittlung der Wahrscheinlichkeit, dass ein Unternehmen seinen Zahlungsverpflichtungen nicht nachkommen kann, d. h. ausfällt. Wir erläutern den Hauptunterschied zwischen risikoneutralen und realen Ausfallwahrscheinlichkeiten. Wir untersuchen die Eigenschaften des Kreditrisikos in OTC-Derivategeschäften und diskutieren die Klauseln, welche Derivatehändler in ihre Kontrakte aufnehmen, um das Kreditrisiko zu verringern. Schließlich behandeln wir noch Ausfallkorrelationen, Modelle auf Basis der Gaußschen Copula und die Schätzung des Credit Value at Risk.

In Kapitel 25 werden wir Kreditderivate diskutieren und zeigen, wie die in diesem Kapitel vorgestellten Ideen zur Bewertung dieser Instrumente eingesetzt werden können.

24.1 Credit Ratings

Rating-Agenturen wie Moody's, S&P und Fitch liefern Ratings, welche die Kreditwürdigkeit (Bonität) von Unternehmensanleihen beschreiben. Im System von Moody's stellt Aaa das beste Rating dar. Für Anleihen mit diesem Rating besteht so gut wie kein Ausfallrisiko. Das nächstbeste Rating ist Aa, danach folgen A, Baa, Ba, B, Caa, Ca und C. Nur Anleihen mit dem Rating von Baa oder besser werden in die Kategorie *Investment Grade* eingeordnet. Die Ratings von S&P und Fitch, welche der Moody's-Einteilung Aaa, Aa, A, Baa, Ba, B, Caa, Ca und C entsprechen, lauten AAA, AA, A, BBB, BB, B, CCC, CC und C. Zur Erzeugung feinerer Rating-Abstufungen teilt Moody's das Aa-Rating in die Bereiche Aa1, Aa2 und Aa3 auf, die Kategorie A wird in A1, A2 und A3 unterteilt usw. Analog zerlegen S&P und Fitch ihre AA-Rating-Kategorie in AA+, AA und AA−, die A-Rating-Kategorie in A+, A und A− usw. Die Aaa-Kategorie von Moody's und die AAA-Kategorie von S&P bzw. Fitch werden nicht weiter unterteilt, ebenso wenig die beiden untersten Kategorien.

24.2 Historische Ausfallwahrscheinlichkeiten

Tabelle 24.1 stellt ein typisches Beispiel für die von Rating-Agenturen bereitgestellten Informationen dar. Zu sehen ist der Verlauf der Ausfälle von Unternehmen in einem 20-Jahres-Zeitraum, die mit einem bestimmten Rating gestartet waren. Beispielsweise hat eine Anleiheemission mit anfänglichem Rating von Baa eine Ausfallwahrscheinlichkeit von 0,177% bis zum Ende des ersten Jahres hat, 0,495% bis zum Ende des zweiten Jahres usw. Aus der Tabelle kann man die Wahrscheinlichkeit für einen Ausfall in einem bestimmten Jahr ermitteln. So ist z. B. die Wahrscheinlichkeit eines Ausfalls einer Anleihe mit anfänglichem Baa-Rating im zweiten Jahr der Laufzeit gleich $0{,}495 - 0{,}177 = 0{,}318\%$.

24.2 Historische Ausfallwahrscheinlichkeiten

Laufzeit (Jahre)	1	2	3	4	5	7	10	15	20
Aaa	0,000	0,013	0,013	0,037	0,106	0,247	0,503	0,935	1,104
Aa	0,022	0,069	0,139	0,256	0,383	0,621	0,922	1,756	3,135
A	0,063	0,203	0,414	0,625	0,870	1,441	2,480	4,255	6,841
Baa	0,177	0,495	0,894	1,369	1,877	2,927	4,740	8,628	12,483
Ba	1,112	3,083	5,424	7,934	10,189	14,117	19,708	29,172	36,321
B	4,051	9,608	15,216	20,134	24,613	32,747	41,947	52,217	58,084
Caa–C	16,448	27,867	36,908	44,128	50,366	58,302	69,483	79,178	81,248

Tabelle 24.1: Durchschnittliche kumulierte Ausfallraten (%), 1970–2012 (Quelle: Moody's)

Tabelle 24.1 zeigt, dass die Ausfallwahrscheinlichkeit für Investment-Grade-Anleihen in einem Jahr tendenziell eine wachsende Funktion der Zeit ist (so betragen in den Jahren 0–5, 5–10, 10–15 bzw. 15–20 die Wahrscheinlichkeiten für einen Ausfall einer A-Anleihe 0,870 %, 1,610 %, 1,775 % bzw. 2,586 %). Dies liegt daran, dass der Anleiheemittent anfänglich als kreditwürdig eingeschätzt wird und mit laufender Zeit die Wahrscheinlichkeit für negative Entwicklungen steigt. Für Anleihen mit schlechtem Rating stellt die Ausfallwahrscheinlichkeit oft eine fallende Funktion der Zeit dar (die Wahrscheinlichkeiten für den Ausfall einer B-Anleihe in den Jahren 0–5, 5–10, 10–15 bzw. 15–20 betragen 24,613 %, 17,334 %, 10,270 % bzw. 5,867 %). Grund hierfür ist, dass bei einer Anleihe mit schlechtem Rating die nächsten ein bis zwei Jahre kritisch sein können. Je länger der Emittent nicht ausfällt, desto besser sind die Chancen, dass sich seine finanzielle Lage verbessert hat.

Hazard Rates

Mit Tabelle 24.1 können wir die Wahrscheinlichkeit des Ausfalls einer Anleihe mit Rating Caa oder darunter während des dritten Jahres mit $36,908 - 27,867 = 9,041\%$ errechnen. Diesen Wert werden wir als die *unbedingte Ausfallwahrscheinlichkeit* bezeichnen. Er gibt die Wahrscheinlichkeit eines Ausfalls im dritten Jahr ausgehend vom heutigen Zeitpunkt an. Die Wahrscheinlichkeit, dass die Caa-Anleihe bis zum Ende des zweiten Jahres nicht ausfällt, beträgt $100 - 27,867 = 72,133\%$. Die Wahrscheinlichkeit, dass sie unter der Bedingung, nicht vorher ausgefallen zu sein, im dritten Jahr ausfällt, beträgt daher 0,09041/0,72133, also 12,53 %.

Die gerade errechneten 12,53 % geben eine bedingte Ausfallwahrscheinlichkeit für den Zeitraum von einem Jahr an. Angenommen, wir betrachten stattdessen einen kurzen Zeitraum der Länge Δt. Die *Hazard Rate* $\lambda(t)$ zum Zeitpunkt t wird dann so definiert, dass $\lambda(t)\Delta t$ die bedingte Ausfallwahrscheinlichkeit zwischen den Zeitpunkten t und $t + \Delta t$ darstellt, falls vorher kein Ausfall eingetreten ist.

Ist $V(t)$ die kumulierte Wahrscheinlichkeit, dass das Unternehmen bis zum Zeitpunkt t nicht ausfällt, dann beträgt zwischen den Zeitpunkten t und $t + \Delta t$ die bedingte Ausfallwahrscheinlichkeit $[V(t) - V(t + \Delta t)]/V(t)$. Da dieser Term gleich

$\lambda(t)\Delta t$ ist, ergibt sich
$$V(t + \Delta t) - V(t) = -\lambda(t)V(t)\Delta t \, .$$
Wenn wir Δt gegen Null gehen lassen, ergibt sich
$$\frac{\mathrm{d}V(t)}{\mathrm{d}t} = -\lambda(t)V(t) \, ,$$
woraus
$$V(t) = \mathrm{e}^{-\int_0^t \lambda(\tau)\,\mathrm{d}\tau}$$
folgt. Wir definieren $Q(t)$ als die Wahrscheinlichkeit eines Ausfalls bis zum Zeitpunkt t (also $Q(t) = 1 - V(t)$), dann erhält man
$$Q(t) = 1 - \mathrm{e}^{-\int_0^t \lambda(\tau)\,\mathrm{d}\tau}$$
bzw.
$$Q(t) = 1 - \mathrm{e}^{\bar{\lambda}(t)t} \, , \tag{24.1}$$
wobei $\bar{\lambda}(t)$ die durchschnittliche Hazard Rate zwischen den Zeitpunkten 0 und t bezeichnet. Eine andere Bezeichnung für die Hazard Rate lautet *Ausfallintensität*.

24.3 Recovery Rates

Wenn ein Unternehmen insolvent ist, werden Gläubiger Ansprüche auf die Vermögensgegenstände geltend machen.[1] Manchmal kommt es zu einer Übereinkunft, in der sich die Kreditgeber mit einer Teilauszahlung ihrer Ansprüche zufrieden geben. Ansonsten werden die Vermögensgegenstände vom Insolvenzverwalter veräußert und die Einnahmen werden dazu verwendet, die bestehenden Ansprüche soweit wie möglich zu befriedigen. Meist besitzen einige Ansprüche gewisse Vorrechte gegenüber anderen und werden deshalb vorrangig bedient.

Die Recovery Rate einer Anleihe wird normalerweise als Marktwert der Anleihe unmittelbar nach dem Zahlungsausfall in Prozent des Anleihe-Nennwerts definiert. Tabelle 24.2 zeigt historische Daten von Recovery Rates verschiedener Anspruchsklassen. Für Anleihen wurden durchschnittliche Recovery Rates von 51,6 % für die Besicherungsstufe „Senior Secured" bis zu 24,7 % für nachrangige Anleihen ermittelt.

Bedienungsrang im Insolvenzfall	Durchschnittliche Recovery Rate (%)
Senior Secured-Anleihe	51,6
Senior Unsecured-Anleihe	37,0
Senior Subordinated-Anleihe	30,9
Subordinated-Anleihe	31,5
Junior Subordinated-Anleihe	24,7

Tabelle 24.2: Recovery Rates für Unternehmensanleihen in Prozent des Nennwerts, 1982–2012 (Quelle: Moody's)

---

[1] In den USA umfasst der Anspruch eines Anleiheinhabers den Nennwert der Anleihe plus aufgelaufene Zinsen.

Zusammenhang von Recovery Rates und Ausfallraten

In Kapitel 8 hatten wir als eine der Lehren aus der Kreditkrise von 2007 festgestellt, dass die durchschnittliche Recovery Rate und die Ausfallrate von Hypotheken negativ korrelieren. Steigt die Ausfallrate von Hypotheken, dann werden mehr Immobilien zwangsversteigert und ihr Preis sinkt, was wiederum zu einem Rückgang der Recovery Rates führt.

Die durchschnittliche Recovery Rate für Unternehmensanleihen ist ähnlich negativ mit den Ausfallraten korreliert.[2] Wenn z. B. die Ausfallrate in einem Jahr niedrig ist, so sind die ökonomischen Bedingungen gut und die durchschnittliche Recovery Rate für die ausfallenden Anleihen kann bis zu 60% betragen. Ist dagegen die Ausfallrate recht hoch, so sind die ökonomischen Bedingungen schlecht und die durchschnittliche Recovery Rate nimmt einen niedrigen Wert von vielleicht 30% an. Diese negative Korrelation bedeutet, dass ein Jahr mit hohen Ausfallraten für einen Kreditgeber im zweifachen Sinne schlecht ist, da es auch mit einer niedrigen Recovery Rate einhergeht.

24.4 Schätzung von Ausfallwahrscheinlichkeiten aus Credit Spreads

Tabellen analog zu 24.1 stellen eine Möglichkeit zur Schätzung von Ausfallwahrscheinlichkeiten dar. Ein weiterer Weg ist die Beobachtung des Credit Spreads. Dieser gibt an, um wie viel die versprochene Anleiherendite über dem risikolosen Zinssatz liegt. Gewöhnlich wird unterstellt, dass dieser Renditeüberschuss die Kompensation für einen möglichen Ausfall darstellt.[3]

Angenommen, der Credit Spread einer T-Jahres-Anleihe beträgt $s(T)$. Das bedeutet, dass die durchschnittliche Verlustrate der Anleihe zwischen den Zeitpunkten 0 und T etwa $s(T)$ per annum beträgt. Wir bezeichnen die Ausfallintensität (Hazard Rate) für diesen Zeitraum mit $\bar{\lambda}(T)$. Mit R als geschätzter Recovery Rate lässt sich die durchschnittliche Verlustrate auch durch den Term $\bar{\lambda}(T)(1-R)$ ausdrücken. Es gilt also näherungsweise

$$\bar{\lambda}(T)(1-R) = s(T)$$

bzw.

$$\bar{\lambda}(T) = \frac{s}{1-R}. \qquad (24.2)$$

Diese Näherungsgleichung ist für eine Vielzahl von Situationen ausreichend genau.

> **Beispiel 24.1** Angenommen, ein-, zwei- und dreijährige Anleihen eines Unternehmens erbringen Renditen, die 150, 180 bzw. 195 Basispunkte über dem risikolosen Zinssatz liegen. Wird die Recovery Rate auf 40% geschätzt, dann ergibt sich gemäß Gleichung (24.2) eine durchschnittliche

---

2 Siehe E.I. Altman, B. Brady, A. Resti und A. Sironi, „The Link between Default and Recovery Rates: Theory, Empirical Evidence, and Implications", *Journal of Business*, 78, 6 (2005): 2203–2228.

3 Diese Annahme ist nicht ganz korrekt, wie wir noch sehen werden. Beispielsweise wird der Preis einer Unternehmensanleihe von ihrer Liquidität beeinflusst. Je geringer die Liquidität, desto geringer der Preis.

Hazard Rate von $0{,}0150/(1 - 0{,}4) = 0{,}025$, also 2,5% per annum. Auf analoge Weise erhält man für die Jahre eins und zwei eine durchschnittliche Hazard Rate von $0{,}0180/(1 - 0{,}4) = 0{,}030$, also 3,0% per annum und für alle drei Jahre $0{,}0195/(1 - 0{,}4) = 0{,}0325$, also 3,25% per annum. Aus diesen Resultaten ergeben sich die Hazard Rates für das zweite Jahr als $2 \cdot 0{,}03 - 1 \cdot 0{,}025 = 0.035$ bzw. 3,5% und für das dritte Jahr als $3 \cdot 0{,}0325 - 2 \cdot 0{,}03 = 0.0375$ bzw. 3,75%.

Anpassung an Anleihepreise

Wir wollen nun die Ausfallwahrscheinlichkeit genauer bestimmen. Dazu verwenden wir an die Anleihepreise angepasste Hazard Rates. Das Verfahren weist Analogien zu der in Abschnitt 4.5 beschriebenen Bootstrap-Methode für die Berechnung einer Nullkupon-Zinsstrukturkurve auf. Angenommen, es werden Anleihen mit Laufzeiten $t_1 < t_2 < t_3 \ldots$ verwendet. Die Anleihe mit der kürzesten Laufzeit wird zur Ermittlung der Hazard Rate bis zum Zeitpunkt t_1 herangezogen, die Anleihe mit der nächstkürzeren Laufzeit wird zur Ermittlung der Hazard Rate zwischen den Zeitpunkten t_1 und t_2 verwendet usw.

Beispiel 24.2 Angenommen, der risikolose Zinssatz beträgt für alle Laufzeiten 5% (bei stetiger Verzinsung). Ein-, zwei- und dreijährige Anleihen erbringen (ebenfalls bei stetiger Verzinsung) Renditen von 6,5%, 6,8% bzw. 6,95%. (Dies sind die Werte aus Beispiel 24.1.) Wir unterstellen, dass jede Anleihe einen Nennwert von 100 $ besitzt und halbjährliche Kupons zu 8% pro Jahr. Eine Kuponzahlung ist gerade erfolgt. Aus den Renditen kann man für die Anleihen die Werte 101,33 $, 101,99 $ bzw. 102,47 $ ermitteln. Wären die Anleihen risikolos, dann hätten sich (durch Diskontierung der Cash Flows mit 5%) die Werte 102,83 $, 105,52 $ bzw. 108,08 $ ergeben. Damit muss der Barwert der erwarteten Ausfallverluste für die einjährige Anleihe 102,83 $ − 101,33 $ = 1,50 $ betragen. Analog erhält man für die Barwerte der erwarteten Ausfallverluste der zwei- und der dreijährigen Anleihe 3,53 $ bzw. 5,61 $. Die Hazard Rate für das Jahr i ($i = 1, 2, 3$) sei λ_i, die Recovery Rate liege bei 40%.

Schauen wir uns die einjährige Anleihe an. Die Ausfallwahrscheinlichkeit in den ersten sechs Monaten beträgt $1 - e^{-0{,}5\lambda_1}$, die Ausfallwahrscheinlichkeit in den folgenden sechs Monaten $e^{-0{,}5\lambda_1} - e^{-\lambda_1}$. Wir nehmen vereinfacht an, dass Ausfälle nur in der Mitte dieser 6-Monats-Intervalle auftreten. Mögliche Ausfallzeitpunkte sind demnach nach drei Monaten und nach neun Monaten. Der risikolose (Forward-)Wert der Anleihe zum 3-Monats-Zeitpunkt beträgt

$$4e^{-0{,}05 \cdot 0{,}25} + 104e^{-0{,}05 \cdot 0{,}75} = 104{,}12\,\$\,.$$

Mit der Definition der Recovery Rate aus dem vorigen Abschnitt hat die Anleihe bei einem Ausfall einen Wert von 40 $. Der Barwert des Verlustes bei einem Ausfall zum 3-Monats-Zeitpunkt ist somit

$$(104{,}12 - 40)e^{-0{,}05 \cdot 0{,}25} = 63{,}33\,\$\,.$$

Der risikolose Wert der Anleihe zum 9-Monats-Zeitpunkt ist $104e^{-0{,}05 \cdot 0{,}25} = 102{,}71\,\$$. Bei einem Ausfall hat die Anleihe einen Wert von 40 $. Der Barwert des Verlustes bei einem Ausfall zum 9-Monats-Zeitpunkt ist somit

$$(102{,}71 - 40)e^{-0{,}05 \cdot 0{,}75} = 60{,}40\,\$ \,.$$

Für die Hazard Rate λ_1 muss folglich

$$(1 - e^{-0{,}5\lambda_1}) \cdot 63{,}33 + (e^{-0{,}5\lambda_1} - e^{-\lambda_1}) \cdot 60{,}40 = 1{,}50$$

gelten. Man erhält (z. B. mit der Solver-Routine von Excel) $\lambda_1 = 2{,}46\%$.
  Nun betrachten wir die zweijährige Anleihe. Ihre Ausfallwahrscheinlichkeiten für den 3-Monats- und den 9-Monats-Zeitpunkt sind aus den Überlegungen für die einjährige Anleihe bekannt. Die Hazard Rate für das zweite Jahr berechnet man mit der Vorgabe, dass der Barwert des erwarteten Ausfallverlusts für die Anleihe 3,53 $ beträgt. Für die dreijährige Anleihe geht man analog vor. Die Hazard Rate für das zweite Jahr beträgt dann 3,48% und für das dritte Jahr 3,74%. (Man beachte, dass die drei so geschätzten Hazard Rates nahe den in Beispiel 24.1 mithilfe von Gleichung (24.2) ermittelten Werten liegen.) Ein Modell mit den Berechnungen befindet sich auf der Homepage des Autors.

Der risikolose Zinssatz

Die gerade erläuterten Methoden zur Ermittlung von Ausfallwahrscheinlichkeiten hängen wesentlich von der Wahl des risikolosen Zinssatzes ab. Die Spreads in Beispiel 24.1 stellen Differenzen zwischen Anleiherenditen und den risikolosen Zinssätzen dar. Die Berechnung der erwarteten Ausfallverluste aus Anleihepreisen in Beispiel 24.2 basierte auf der Ermittlung der Preise von risikolosen Anleihen. Als risikoloser Referenzzinssatz wird von Anleihehändlern gewöhnlich die Treasury Rate verwendet. Ein Anleihehändler würde die Rendite einer Anleihe z. B. mit 250 Basispunkten über Treasuries angeben. Wir hatten allerdings schon in Abschnitt 9.1 diskutiert, dass die Treasury Rates zu niedrig liegen, um generell als risikoloser Zinssatz gelten zu können.
  Credit Default Swaps, die wir in Abschnitt 7.12 kurz erläuterten und in Kapitel 25 ausführlicher diskutieren werden, stellen einen Schätzer für den Credit Spread dar, der nicht vom risikolosen Zinssatz abhängt. Mehrere Forscher haben versucht, risikolose Zinssätze durch Vergleich zwischen Anleiherenditen und Credit Spreads zu gewinnen. Das Resultat lautet, dass dieser implizite risikolose Zinssatz stark mit der zugehörigen LIBOR/Swap Rate korreliert. Ein Schätzer setzt z. B. die risikolosen Zinssätze zehn Basispunkte unter den LIBOR/Swap Rates an.[4]

Asset Swaps

In der Realität wird bei Kreditberechnungen oft die LIBOR/Swap-Rate als risikolose Benchmark verwendet. Asset Swap Spreads liefern einen brauchbaren direkten

---

4 Siehe J. Hull, M. Predescu und A. White, „The Relationship between Credit Default Swap Spreads, Bond Yields, and Credit Rating Announcements", *Journal of Banking and Finance*, 28 (November 2004): 2789–2811.

Schätzer für den Spread der Anleiherenditen über der LIBOR/Swap-Rate-Strukturkurve.

Zur Erläuterung der Funktionsweise von Asset Swaps betrachten wir einen Asset Swap, dessen Spread für eine bestimmte Anleihe mit 150 Basispunkten angegeben wird. Es gibt nun drei Möglichkeiten:

1. Die Anleihe wird zum Nennwert von 100 gehandelt. Aufgrund des Swap zahlt dann eine Seite (Unternehmen A) den Kupon auf die Anleihe und die andere Seite (Unternehmen B) LIBOR plus 150 Basispunkte. Man beachte, dass die versprochenen Kupons ausgetauscht werden. Die Austauschzahlungen finden auch bei einem Ausfall der Anleihe statt.

2. Die Anleihe wird unter dem Nennwert verkauft, etwa bei 95. Der Swap ist dann so strukturiert, dass das Unternehmen A zu Beginn zusätzlich zu den Kupons eine Zahlung von 5 $ je 100 $ Nominalkapital leistet. Unternehmen B zahlt LIBOR plus 150 Basispunkte.

3. Die Anleihe wird über dem Nennwert verkauft, etwa bei 108. Der Swap ist dann so strukturiert, dass Unternehmen B zusätzlich zu LIBOR plus 150 Basispunkten eine Zahlung von 8 $ je 100 $ Nominalkapital leistet. Unternehmen A zahlt die Kupons.

Im Ergebnis gibt der Barwert des Asset Swap Spread den Betrag wieder, um welchen der Preis der Unternehmensanleihe vom Preis einer ähnlichen risikolosen Anleihe übertroffen wird, wobei angenommen wird, dass der risikolose Zinssatz durch die LIBOR/Swap-Rate-Kurve bestimmt wird (siehe Aufgabe 24.20). Dieses Resultat ist für Berechnungen wie in Beispiel 24.2 nützlich.

24.5 Vergleich der Schätzer für Ausfallwahrscheinlichkeiten

Die aus den historischen Daten geschätzten Ausfallwahrscheinlichkeiten sind gewöhnlich deutlich geringer als die mit Hilfe von Anleihepreisen ermittelten. Der Unterschied zwischen beiden Werten war besonders hoch während der Mitte 2007 einsetzenden Kreditkrise. Der Grund dafür ist darin zu sehen, dass während der Krise eine „Flucht in Qualität" stattfand, bei der die Anleger vor allem sichere Wertpapiere, wie z. B. Treasury Bonds, halten wollten. Die Kurse der Unternehmensanleihen sanken, wodurch sich deren Renditen erhöhten. Infolgedessen stieg der Credit Spread s dieser Anleihen und Berechnungen wie in Gleichung (24.2) ergaben sehr hohe Schätzwerte für die Ausfallwahrscheinlichkeit.

Tabelle 24.3 zeigt den Unterschied zwischen den geschätzten Ausfallwahrscheinlichkeiten auf Basis der historischen Daten und auf Basis der Credit Spreads. Um zu vermeiden, dass die Resultate zu stark von der Krisenperiode beeinflusst werden, werden in der Tabelle nur Daten aus dem Zeitraum vor der Krise zur Berechnung der Schätzer aus den Spreads der Anleiherenditen verwendet.

Die zweite Spalte in Tabelle 24.3 basiert auf der 7-Jahres-Spalte von Tabelle 24.1. (Wir verwenden die 7-Jahres-Spalte, da die Anleihen, die wir später untersuchen werden, eine Laufzeit von etwa 7 Jahren besitzen.) Zur Erklärung der Berechnungen beachte man, dass gemäß Gleichung (24.1)

$$\bar{\lambda}(7) = -\frac{1}{7}\ln[1 - Q(7)]$$

24.5 Vergleich der Schätzer für Ausfallwahrscheinlichkeiten

Rating	Historische Hazard Rate	Hazard Rate über Anleihen	Quotient	Differenz
Aaa	0,04	0,60	17,0	0,56
Aa	0,09	0,73	8,2	0,64
A	0,21	1,15	5,5	0,94
Baa	0,42	2,13	5,0	1,71
Ba	2,17	4,67	2,1	2,50
B	5,67	8,02	1,4	2,35
Caa und niedriger	12,50	18,39	1,5	5,89

Tabelle 24.3: Siebenjährige durchschnittliche Hazard Rates (% per annum)

gilt, wobei $\bar{\lambda}(t)$ die durchschnittliche Hazard Rate bis zum Zeitpunkt t und $Q(t)$ die kumulierte Wahrscheinlichkeit eines Ausfalls bis zum Zeitpunkt t beschreibt. Die Werte für $Q(7)$ können für verschiedene Ratingkategorien direkt aus Tabelle 24.1 entnommen werden. Betrachten wir beispielsweise ein Unternehmen mit A-Rating. Der Wert für $Q(7)$ beträgt 0,01441. Die durchschnittliche siebenjährige Hazard Rate beträgt somit

$$\bar{\lambda}(7) = -\frac{1}{7}\ln(1 - 0{,}01441) = 0{,}0021$$

bzw. 0,21%.

Die Berechnungen der durchschnittlichen Ausfallintensitäten auf der Grundlage der Anleihepreise in der dritten Spalte von Tabelle 24.3 basieren auf Gleichung (24.2) und den von Merrill Lynch veröffentlichten Anleiherenditen. Die gezeigten Resultate sind die Durchschnittswerte zwischen Dezember 1996 und Juni 2007. Als Recovery Rate werden 40% angenommen. Merrill-Lynch-Anleihen besitzen eine Laufzeit von etwa sieben Jahren. (Deswegen hatten wir uns bei der Berechnung historischer Ausfallwahrscheinlichkeiten auf die 7-Jahre-Spalte von Tabelle 24.1 konzentriert.) Zur Berechnung des Spreads der Anleiherendite unterstellen wir, wie im vorigen Abschnitt diskutiert, dass der risikolose Zinssatz der 7-Jahres-Swap-Rate minus 10 Basispunkten entspricht. Für Anleihen mit A-Rating betrug beispielsweise die von Merrill Lynch angegebene durchschnittliche Rendite 5,995%. Die durchschnittliche 7-Jahres-Swap Rate betrug 5,408%. Daher lag der durchschnittliche risikolose Zinssatz bei 5,308%. Das ergibt eine durchschnittliche 7-Jahres-Hazard Rate von

$$\frac{0{,}05995 - 0{,}05308}{1 - 0{,}4} = 0{,}0115$$

bzw. 1,15%.

Tabelle 24.3 lässt erkennen, dass der Quotient aus den Hazard Rates auf Anleihepreis-Basis und auf Basis der historischen Daten für Unternehmen mit Investment Grade sehr hoch ist und mit sinkendem Credit Rating tendenziell fällt.[5] Der abso-

---

[5] Die Tabellen 24.3 und 24.4 sind Aktualisierungen der Resultate von J. Hull, M. Predescu und A. White, „Bond Prices, Default Probabilities, and Risk Premiums", *Journal of Credit Risk*, 1, 2 (Frühjahr 2005): 53–60.

Rating	Spread der Anleiherendite über Treasuries	Spread des risikolosen Zinssatzes über Treasuries	Spread für historische Ausfälle	Erwartete Überrendite
Aaa	78	42	2	34
Aa	86	42	5	39
A	111	42	12	57
Baa	169	42	25	102
Ba	322	42	130	150
B	523	42	340	141
Caa	1146	42	750	354

Tabelle 24.4: Erwartete Überrendite von Anleihen (Basispunkte)

lute Unterschied zwischen den beiden Hazard Rates vergrößert sich tendenziell bei sinkender Kreditwürdigkeit.

Tabelle 24.4 liefert einen anderen Blickwinkel auf diese Resultate. Ausgewiesen wird die Überrendite über den risikolosen Zinssatz (für den nach wie vor die 7-Jahres-Swap-Rate minus 10 Basispunkte angenommen wird), die Anleger in Anleihen mit unterschiedlichem Credit Rating erzielen. Wir betrachten wiederum eine Anleihe mit A-Rating. Der durchschnittliche Spread über siebenjährige Treasuries beträgt 111 Basispunkte. Davon entfallen 42 Punkte auf den Spread zwischen siebenjährigen Treasuries und unserem Stellvertreter für den risikolosen Zinssatz. Zwölf Basispunkte sind nötig, um erwartete Ausfälle abzudecken. (Dies entspricht der historischen Hazard Rate in Tabelle 24.3 multipliziert mit 0,6 zur Berücksichtigung einer eventuellen Recovery.) Damit verbleibt – nach Berücksichtigung der erwarteten Ausfälle – eine erwartete Überrendite von 57 Basispunkten.

Die Tabellen 24.3 und 24.4 zeigen, dass ein großer prozentualer Unterschied zwischen den Schätzern für die Ausfallwahrscheinlichkeit in einer kleinen (aber signifikanten) Überrendite der Anleihe resultiert. Für Anleihen mit Aaa-Rating hat der Quotient der beiden Ausfallwahrscheinlichkeiten den Wert 17,0, die erwartete Überrendite beträgt jedoch nur 34 Basispunkte. Die erwartete Rendite steigt mit fallender Kreditwürdigkeit tendenziell an.[6]

Die Überrendite in Tabelle 24.4 bleibt im Zeitablauf nicht konstant. Credit Spreads (und damit die Überrenditen) waren in den Jahren 2001, 2002 und im ersten Halbjahr 2003 hoch. Danach waren sie ziemlich niedrig bis zur Kreditkrise.

Realwelt- und risikoneutrale Wahrscheinlichkeiten

Die aus Anleiherenditen ermittelten Ausfallwahrscheinlichkeiten (Hazard Rates) stellen risikoneutrale Schätzer dar. Sie können zur Berechnung der erwarteten Cash Flows in einer risikoneutralen Welt mit Kreditrisiko verwendet werden. Der Wert der Cash Flows ergibt sich aus risikoneutraler Bewertung und Diskontierung der

---

[6] Die Ergebnisse in den Tabellen 24.3 und 24.4 für Bonds mit B-Rating widersprechen dem allgemeinen Profil.

erwarteten Cash Flows mit einem risikolosen Zinssatz. Beispiel 24.2 zeigt eine Anwendung bei der Ermittlung der Ausfallkosten. Im nächsten Kapitel werden wir weitere Anwendungen kennenlernen.

Ausfallwahrscheinlichkeiten (Hazard Rates) aus historischen Daten stellen Ausfallwahrscheinlichkeiten der realen Welt dar. Tabelle 24.3 zeigt, dass die risikoneutralen Ausfallwahrscheinlichkeiten deutlich über den realen Ausfallwahrscheinlichkeiten liegen. Die erwartete Überrendite in Tabelle 24.4 entsteht direkt aus der Differenz zwischen den Ausfallwahrscheinlichkeiten der realen und der risikoneutralen Welt. Gäbe es keine erwartete Überrendite, wären reale und risikoneutrale Ausfallwahrscheinlichkeit gleich.

Warum treten so große Unterschiede zwischen realer und risikoneutraler Ausfallwahrscheinlichkeit auf? Gemäß unserer gerade angeführten Argumentation entspricht dies der Frage, warum Händler von Unternehmensanleihen im Durchschnitt höhere Renditen als den risikolosen Zinssatz erzielen.

Ein hierfür oft angeführter Grund ist, dass Unternehmensanleihen nicht sehr liquide sind, und die Anleiherenditen daher höher sind. Dies stimmt, doch Untersuchungen zeigen, dass damit die Resultate von Tabelle 24.4 nicht vollständig erklärt werden.[7] Eine andere Begründung ist, dass die subjektiven Ausfallwahrscheinlichkeiten der Anleihehändler wesentlich höher sein können als diejenigen in Tabelle 24.1. Die Anleihehändler gehen möglicherweise von viel schlimmeren Szenarien aus als denen, welche im von den historischen Daten abgedeckten Zeitraum tatsächlich eingetreten waren. Es ist jedoch schwer nachvollziehbar, wie dies einen großen Teil der beobachteten Überrendite erklären soll.

Die wichtigste Begründung für die Ergebnisse in den Tabellen 24.3 und 24.4 ist die Tatsache, dass Anleihen nicht unabhängig voneinander ausfallen. Es existieren Perioden mit sehr geringen Ausfallraten und Perioden mit sehr hohen Ausfallraten. Ein Blick auf die Ausfallraten verschiedener Jahre bestätigt dies. Die Statistik von Moody's zeigt, dass sich die Ausfallrate seit 1970 zwischen einem Minimum von 0,09% im Jahr 1979 und Maxima von 3,97% bzw. 5,35% in den Jahren 2001 und 2009 bewegte. Die jährlichen Schwankungen der Ausfallraten erzeugen somit ein systematisches Risiko (d.h. ein Risiko, das nicht durch Diversifikation eliminiert werden kann) und die Anleihehändler erzielen für die Übernahme dieses Risikos eine erwartete Überrendite. (Hier besteht eine Analogie zu der erwarteten Überrendite der Aktienbesitzer, welche durch das Capital Asset Pricing Model ermittelt wird – siehe Anhang zu Kapitel 3.) Die jährliche Schwankung der Ausfallraten kann volkswirtschaftliche Gründe haben oder aber dadurch entstehen, dass der Ausfall eines Unternehmens sich auf weitere Unternehmen auswirkt.

Zusätzlich zum eben besprochenen systematischen Risiko ist mit jeder Anleihe auch ein nichtsystematisches (idiosynkratisches) Risiko verbunden. Würden wir über Aktien reden, könnten wir sagen dass die Anleger dieses nichtsystematische Risiko zum großen Teil durch Diversifikation eliminieren könnten, indem sie ein Portfolio von z.B. 30 Aktien wählen. In diesem Fall könnten sie keine Risikoprämie für das Tragen eines nichtsystematischen Risikos verlangen. Bei Anleihen greift diese Argumentation nicht. Anleiherenditen sind hochgradig asymmetrisch.

---

7 So verwendet z.B. J. Dick-Nielsen, P. Feldhütter und D. Lando, „Corporate Bond Liquidity before and after the Onset of the Subprime Crisis", Working Paper, Copenhagen Business School, 2010, eine Reihe verschiedener Liquiditätsmaße und eine große Datenbank von Anleihe-Trades. Es wird gezeigt, dass der Liquiditätsanteil der Credit Spreads relativ klein ist.

(Bei einer einzelnen Anleihe kann die Wahrscheinlichkeit für eine 7%-Rendite in einem Jahr 99,75% betragen, während es mit 0,25% Wahrscheinlichkeit eine Rendite von −60% und somit einen Zahlungsausfall gibt.) Die Diversifikation dieser Art von Risiko ist wesentlich schwieriger.[8] Man müsste Zehntausende verschiedener Anleihen halten. In der Realität sind daher viele Anleihe-Portfolios weit von einer optimalen Diversifikation entfernt. Die Anleihehändler erzielen daher (über das im vorigen Absatz erwähnte systematische Risiko hinaus) eine zusätzliche Rendite für die Übernahme von unsystematischem Risiko.

Welcher Schätzer für die Ausfallwahrscheinlichkeit sollte verwendet werden?

Nun stellt sich natürlich die Frage, ob man bei der Analyse von Kreditrisiken reale oder risikoneutrale Ausfallwahrscheinlichkeiten verwenden sollte. Die Antwort hängt vom Zweck der Analyse ab. Bei der Bewertung von Kredit-Derivaten oder der Bewertung des Einflusses des Ausfallrisikos auf die Bepreisung von Finanzinstrumenten sollten risikoneutrale Ausfallwahrscheinlichkeiten zur Anwendung kommen, da bei der Analyse sicher, implizit oder explizit, das Prinzip der risikoneutralen Bewertung bei der Berechnung des Barwertes der zukünftigen erwarteten Cash Flows verwendet wird. Bei der Durchführung von Szenario-Analysen zur Ermittlung potenzieller zukünftiger Verluste aus Ausfällen sollten wir dagegen mit realen Ausfallwahrscheinlichkeiten arbeiten.

24.6 Verwendung des Wertes des Eigenkapitals zur Schätzung von Ausfallwahrscheinlichkeiten

Wenn wir Tabellen wie Tabelle 24.1 zur Schätzung der realen Ausfallwahrscheinlichkeit eines Unternehmens verwenden, basieren diese auf dem Credit Rating des Unternehmens. Leider werden Ratings relativ selten aktualisiert. Einige Analysten behaupten daher, dass der Wert des Eigenkapitals aktuellere Informationen zur Abschätzung von Ausfallwahrscheinlichkeiten bieten kann.

Merton entwickelte 1974 ein Modell, bei welchem das Eigenkapital eines Unternehmens als Option auf die Aktiva des Unternehmens angesehen wird.[9] Nehmen wir der Einfachheit halber an, dass eine Firma sich über genau einen Zerobond, der zum Zeitpunkt T fällig ist, fremdfinanziert. Wir definieren:

V_0: Heutiger Wert der Unternehmensaktiva

V_T: Wert der Unternehmensaktiva zum Zeitpunkt T

E_0: Heutiger Wert des Eigenkapitals des Unternehmens

E_T: Wert des Eigenkapitals des Unternehmens zum Zeitpunkt T

D: Betrag, der zum Zeitpunkt T zurückgezahlt werden muss

σ_V: Volatilität der Aktiva (als konstant angenommen)

σ_E: momentane Volatilität des Eigenkapitals

---

[8] Siehe J.D. Amato und E.M. Remolona, „The Credit Spread Puzzle", *BIS Quarterly Review*, 5 (Dezember 2003): 51–63.

[9] Siehe R. Merton, „On the Pricing of Corporate Debt: The Risk Structure of Interest Rates", *Journal of Finance*, 29 (1974), 449–470.

24.6 Verwendung des Wertes des Eigenkapitals zur Schätzung von Ausfallwahrscheinlichkeiten

Für $V_T < D$ ist es (zumindest theoretisch) sinnvoll für das Unternehmen, die Verbindlichkeiten zum Zeitpunkt T nicht zurückzuzahlen. Der Wert des Eigenkapitals würde dann null betragen. Im Fall $V_T > D$ sollte die Firma zum Zeitpunkt T die Verbindlichkeiten begleichen; das Eigenkapital hat dann den Wert $V_T - D$. Das Merton-Modell liefert somit als Wert des Eigenkapitals zum Zeitpunkt T

$$E_T = \max(V_T - D, 0) \,.$$

Dies zeigt, dass das Eigenkapital eine Kaufoption auf die Aktiva mit einem Basispreis in Höhe der zurückzuzahlenden Verbindlichkeiten ist. Mit der Black-Scholes-Merton-Formel beträgt der heutige Wert des Eigenkapitals

$$E_0 = V_0 N(d_1) - D e^{-rT} N(d_2) \,, \tag{24.3}$$

wobei

$$d_1 = \frac{\ln(V_0/D) + (r + \sigma_V^2/2)T}{\sigma_V \sqrt{T}}$$

und

$$d_2 = d_1 - \sigma_V \sqrt{T} \,.$$

Der heutige Wert der Verbindlichkeiten beträgt $V_0 - E_0$.

Die risikoneutrale Wahrscheinlichkeit, dass das Unternehmen seine Verbindlichkeiten nicht zurückzahlt, beträgt $N(-d_2)$. Für die Berechnung dieses Wertes benötigen wir V_0 und σ_V. Keine der beiden Größen ist direkt beobachtbar. Ist das Unternehmen jedoch börsennotiert, dann kann man E_0 beobachten. Gleichung (24.3) stellt also eine Bedingung dar, die von V_0 und σ_V erfüllt werden muss. Weiterhin können wir σ_E abschätzen. Nach Itôs Lemma gilt

$$\sigma_E E_0 = N(d_1) \sigma_V V_0 \,. \tag{24.4}$$

Damit haben wir eine weitere Gleichung, die von V_0 und σ_V erfüllt werden muss. Die Gleichungen (24.3) und (24.4) stellen ein Gleichungssystem in V_0 und σ_V dar.[10]

Beispiel 24.3 Der Wert des Eigenkapitals eines Unternehmens beträgt 3 Millionen \$, die Volatilität des Eigenkapitals liegt bei 80%. In einem Jahr ist eine Verbindlichkeit von 10 Millionen \$ fällig. Der risikolose Zinssatz beträgt 5% per annum. In diesem Fall ist $E_0 = 3$, $\sigma_E = 0{,}80$, $r = 0{,}05$, $T = 1$ und $D = 10$. Die Lösung des Gleichungssystems aus (24.3) und (24.4) ergibt $V_0 = 12{,}40$ und $\sigma_V = 0{,}2123$. Der Parameter d_2 hat den Wert 1,1408, sodass sich eine Ausfallwahrscheinlichkeit von $N(-d_2) = 0{,}127 = 12{,}7\%$ ergibt. Der Marktwert der Verbindlichkeiten beträgt $V_0 - E_0 = 9{,}40$. Der Barwert der ausstehenden Verbindlichkeiten ist $10 e^{-0{,}05 \cdot 1} = 9{,}51$. Somit beträgt der erwartete Verlust auf die Verbindlichkeit den Wert $(9{,}51 - 9{,}40)/9{,}51$, also etwa 1,2% des Werts bei Ausschluss des Ausfallrisikos. Ein Vergleich mit der Ausfallwahrscheinlichkeit liefert bei einem Ausfall eine erwartete Recovery Rate von $(12{,}7 - 1{,}2)/12{,}7$, also etwa 91%.

---

10 Für die Lösung zweier nichtlinearer Gleichungen der Form $F(x, y) = 0$ und $G(x, y) = 0$ können wir die Solver-Routine von Excel benutzen. Diese ermittelt Werte für x und y, welche den Ausdruck $[F(x, y)]^2 + [G(x, y)]^2$ minimieren.

Das gerade beschriebene Merton-Modell ist auf verschiedene Weise erweitert worden. Eine Version des Modells unterstellt beispielsweise, dass immer dann ein Ausfall eintritt, wenn der Wert der Assets unter ein bestimmtes Niveau fällt. Eine andere erlaubt, dass mehr als einmal Zahlungen auf Schuldinstrumente erfolgen müssen.

Wie gut korrespondieren die vom Merton-Modell und seinen Erweiterungen gelieferten Ausfallwahrscheinlichkeiten mit den tatsächlichen Ausfällen? Das Merton-Modell und seine Erweiterungen liefern ein sinnvolles Ranking sowohl risikoneutraler als auch realer Ausfallwahrscheinlichkeiten. Das heißt, dass man die Ausfallwahrscheinlichkeit nach dem Merton-Modell per monotoner Transformation in einen guten Schätzer für reale oder risikoneutrale Ausfallwahrscheinlichkeit überführen kann.[11] Es mag merkwürdig erscheinen, dass man die Ausfallwahrscheinlichkeit $N(-d_2)$, welche in der Theorie eine risikoneutrale Ausfallwahrscheinlichkeit darstellt, zur Schätzung einer realen Ausfallwahrscheinlichkeit verwendet. Allerdings besteht in dem eben beschriebenen Kalibrierungsprozess die grundlegende Annahme gerade darin, dass das Ranking der risikoneutralen Ausfallwahrscheinlichkeiten verschiedener Unternehmen das gleiche ist wie das Ranking ihrer realen Ausfallwahrscheinlichkeiten.

24.7 Kreditrisiko in Derivategeschäften

In diesem Abschnitt geht es um die Quantifizierung des Kreditrisikos für bilateral abgerechnete Derivategeschäfte. Typischerweise werden bilateral abgerechnete Derivategeschäfte zwischen zwei Unternehmen durch eine ISDA-Rahmenvereinbarung geregelt. Eine wichtige Bestimmung in dieser Vereinbarung ist das Netting. Sie besagt, dass (a) für die Ermittlung der Ansprüche bei einem Zahlungsverzug und (b) bei der Ermittlung der zu hinterlegenden Sicherheit (Collateral) alle offenen Transaktionen wie eine einzige Transaktion behandelt werden.

Diese Rahmenvereinbarung legt auch fest, wann ein *Zahlungsverzug* vorliegt. Dies trifft z. B. zu, wenn eine Seite die fälligen Zahlungen in einem offenen Derivategeschäft nicht leistet, die geforderte Sicherheit nicht hinterlegt oder Insolvenz anmeldet. Die Gegenseite hat dann das Recht, alle noch offenen Transaktionen zu beenden. Es gibt zwei Szenarien, in denen dies vermutlich zu einem Verlust für die nicht in Verzug geratene Partei führt:

1. Der Gesamtwert der Transaktionen ist für die nicht ausgefallene Partei positiv und liegt über der von der ausgefallenen Partei (gegebenenfalls) hinterlegten Sicherheit. Die nicht ausgefallene Partei ist dann ein nachrangiger Gläubiger auf den unbesicherten Wert der Transaktionen.

2. Der Gesamtwert der Transaktionen ist für die ausgefallene Partei positiv und liegt unter der von der nicht ausgefallenen Partei hinterlegten Sicherheit. Die nicht ausgefallene Partei ist dann ein nachrangiger Gläubiger auf die Überrendite der von ihr hinterlegten Sicherheit.

---

11 Moody's KMV bieten einen Service an, der die Ausfallwahrscheinlichkeit aus dem Merton-Modell in eine reale Ausfallwahrscheinlichkeit (von Moody's als Expected Default Frequency, EDF, bezeichnet) transformiert. CreditGrades schätzt mit dem Merton-Modell Credit Spreads, welche eng mit risikoneutralen Ausfallwahrscheinlichkeiten zusammenhängen.

Für unsere Betrachtungen vernachlässigen wir die Bid-Offer-Spread-Kosten, die der nicht ausgefallenen Partei entstehen, wenn sie ihre Transaktionen nach einem Zahlungsausfall umstrukturiert.

CVA und DVA

In Kapitel 9 hatten wir die Größen CVA und DVA eingeführt. Die Bewertungsanpassung (*Credit Value Adjustment*, CVA) stellt den Barwert der erwarteten Kosten für die Bank bei einem Ausfall der Gegenpartei dar. Die Schuldenbewertung (*debit/debt value adjustment*, DVA) beschreibt den Barwert der erwarteten Kosten für die Gegenpartei bei einem Ausfall der Bank. Die Möglichkeit des eigenen Ausfalls stellt für die Bank einen Vorteil dar, denn dadurch gibt es eine gewisse Wahrscheinlichkeit, dass die Bank Zahlungen auf ihre Derivate nicht leisten muss.

Der Nichtausfallwert der offenen Transaktionen ist der Wert unter der Annahme, dass keine der beiden Seiten in Zahlungsverzug geraten wird. Derivate-Bepreisungsmodelle wie Black-Scholes-Merton liefern Nichtausfallswerte. Wenn wir den Nichtausfallswert der offenen Derivategeschäfte für die Bank mit der Gegenseite mit f_{nd} bezeichnen, dann ist der Wert unter Berücksichtigung möglicher Ausfälle

$$f_{nd} - CVA + DVA$$

Angenommen, die Laufzeit der längsten offenen Derivatetransaktion zwischen der Bank und der Gegenpartei beträgt T Jahre. Wie in Kapitel 9 erläutert, wird das Intervall zwischen den Zeitpunkten 0 und T in N Teilintervalle unterteilt. CVA und DVA werden dann mit

$$CVA = \sum_{i=1}^{N} q_i v_i \, , \quad DVA = \sum_{i=1}^{N} q_i^* v_i^*$$

geschätzt. Hierbei bezeichnet q_i die risikoneutrale Wahrscheinlichkeit eines Ausfalls der Gegenpartei während des i-ten Intervalls, v_i den Barwert des erwarteten Verlusts für die Bank bei einem Ausfall der Gegenpartei in der Mitte des i-ten Intervalls, q_i^* die risikoneutrale Wahrscheinlichkeit eines Ausfalls der Bank während des i-ten Intervalls und v_i^* den Barwert des erwarteten Verlusts für die Gegenpartei (Gewinn für die Bank) bei einem Ausfall der Bank in der Mitte des i-ten Intervalls.

Wenden wir uns zunächst der Berechnung von q_i zu. Man beachte, dass q_i eine risikoneutrale Wahrscheinlichkeit darstellt, da wir zukünftige Cash Flows bewerten und dabei (implizit) risikoneutrale Bewertung verwenden (siehe Abschnitt 24.5). Wir bezeichnen mit t_i den Endpunkt des i-ten Zeitintervalls; q_i bezeichnet also die risikoneutrale Wahrscheinlichkeit für einen Ausfall der Gegenpartei zwischen den Zeitpunkten t_{i-1} und t_i. Zuerst schätzen wir die Credit Spreads für die Gegenpartei für verschiedene Laufzeiten. Hier erhalten wir mithilfe von Interpolation einen Schätzer $s(t_i)$ für den Credit Spread der Gegenpartei für die Laufzeit t_i ($1 \leq i \leq N$). Gemäß Gleichung (24.2) stellt $s(t_i)/(1-R)$ einen Schätzer für die durchschnittliche Hazard Rate der Gegenpartei im Zeitraum von null bis t_i dar. Dabei bezeichnet R die Recovery Rate bei einem Ausfall der Gegenpartei. Die Wahrscheinlichkeit, dass die Gegenpartei bis zum Zeitpunkt t_i nicht ausfällt, beträgt dann gemäß Gleichung (24.1)

$$\exp\left(-\frac{s(t_i)t_i}{1-R}\right) .$$

Kreditrisiko

Folglich ist

$$q_i = \exp\left(-\frac{s(t_{i-1})t_{i-1}}{1-R}\right) - \exp\left(-\frac{s(t_i)t_i}{1-R}\right)$$

die Wahrscheinlichkeit für einen Ausfall der Gegenpartei im i-ten Intervall. Die Wahrscheinlichkeit q_i^* wird auf ähnliche Weise aus den Credit Spreads der Bank ermittelt.

Nun befassen wir uns mit der Berechnung der v_i, wobei wir unterstellen, dass kein Collateral hinterlegt wurde. Dazu ist gewöhnlich eine sehr zeitaufwendige Monte-Carlo-Simulation notwendig. Die für die Bestimmung des Nichtausfallswerts der offenen Transaktionen zwischen der Bank und der Gegenpartei relevanten Marktvariablen werden in einer risikoneutralen Welt im Zeitraum von null bis T simuliert. Für jeden Simulationsschritt wird das Exposure der Bank gegenüber der Gegenpartei für jede Intervallmitte ermittelt. Es beträgt $\max(V, 0)$, wobei V den Gesamtwert der Transaktionen für die Bank bezeichnet. (Wenn die Transaktionen insgesamt einen negativen Wert aufweisen, dann besteht kein Exposure; weisen sie einen positiven Wert auf, dann entspricht das Exposure diesem positiven Wert.) Die Variable v_i wird gesetzt als Barwert des durchschnittlichen Exposure über alle Simulationsschritte multipliziert mit dem Faktor $(1-R)$. Die Variable v_i^* wird analog aus dem Exposure der Gegenpartei gegenüber der Bank ermittelt.

Existiert zwischen der Bank und der Gegenpartei eine Collateralvereinbarung, wird die Berechnung der v_i schwieriger. Man muss dann in jedem Simulationsschritt schätzen, wie viel Collateral jede Seite zur Mitte des i-ten Intervalls bei einem Ausfall hält. Bei dieser Berechnung wir üblicherweise angenommen, dass die Gegenpartei die Hinterlegung von Collateral und die Auszahlung von einem möglichen Collateralüberschuss c Tage vor einem Ausfall einstellt. Der Parameter c, der typischerweise zehn oder 20 Tage beträgt, wird als *Glattstellungsfrist* bezeichnet. Man muss also den Wert der Transaktionen c Tage zuvor berechnen, wenn man bei einem Ausfall wissen will, wie viel Collateral zur Mitte eines Intervalls gehalten wird. Die Ermittlung des Exposure erläutern wir im folgenden Beispiel. Der Barwert v_i des erwarteten Verlusts wird wie zuvor im Fall ohne Collateral aus dem durchschnittlichen Exposure über alle Simulationsschritte berechnet. Analoges Vorgehen für das Exposure der Gegenpartei gegenüber der Bank führt zu v_i^*.

Beispiel 24.4 Zwischen einer Bank und ihrer Gegenpartei besteht eine zweiseitige Collateralvereinbarung ohne Mindesteinlage. Das bedeutet, dass jede Seite Collateral in Höhe von $\max(V, 0)$ bei der anderen Seite hinterlegen muss, wobei V den Wert der offenen Transaktionen für die Gegenseite bezeichnet. Die Glattstellungsfrist beträgt 20 Tage. Der Zeitpunkt τ sei die Mitte eines der bei der CVA-Ermittlung verwendeten Zeitintervalls.

1. In einem bestimmten Simulationsschritt ist der Wert der offenen Transaktionen für die Bank zum Zeitpunkt τ 50 und 20 Tage zuvor 45. In diesem Fall wird angenommen, dass die Bank bei einem Ausfall zum Zeitpunkt τ Collateral in Höhe von 45 hält. Das Exposure der Bank besteht in dem unbesicherten Wert in den Derivatetransaktionen, es beträgt also 5.

2. In einem bestimmten Simulationsschritt ist der Wert der offenen Transaktionen für die Bank zum Zeitpunkt τ 50 und 20 Tage zuvor 55. In diesem

Fall geht man davon aus, dass die Bank ausreichend Collateral hält und das Exposure gleich null ist.
3. In einem bestimmten Simulationsschritt ist der Wert der offenen Transaktionen für die Bank zum Zeitpunkt τ −50 und 20 Tage zuvor −45. In diesem Fall geht man bei einem Ausfall davon aus, dass die Bank Collateral von weniger als 50 hinterlegt hat und das Exposure gleich null ist.
4. In einem bestimmten Simulationsschritt ist der Wert der offenen Transaktionen für die Bank zum Zeitpunkt τ −50 und 20 Tage zuvor −55. In diesem Fall geht man davon aus, dass die Gegenpartei 20 Tage vor dem Zeitpunkt τ Collateral in Höhe von 55 hält. Fällt die Gegenpartei aus, wird nichts davon zurückerstattet. Das Exposure der Bank ist daher gleich dem Collateralüberschuss, also 5.

Zusätzlich zum CVA ermitteln die Banken einen Spitzenwert für das Exposure für jede Intervallmitte. Sie verwenden dazu ein hohes Perzentil der von den Monte-Carlo-Simulationen gelieferten Exposure-Werte. Wenn z. B. ein 97,5%-Perzentil verwendet wird und es 10 000 Simulationsschritte gibt, dann ist das Spitzenexposure zu einer bestimmten Intervallmitte gleich dem 250.-höchsten Exposure zu diesem Zeitpunkt. Das Maximal-Spitzenexposure ist dann das Maximum der Spitzenexposures für alle Intervallmitten.[12]

Banken speichern gewöhnlich alle Zufallspfade für alle Marktvariablen und jede Bewertung, die auf irgendeinem Pfad erfolgt ist. Dadurch lässt sich die Auswirkung einer neuen Transaktion auf CVA und DVA relativ schnell berechnen. Um den inkrementellen Effekt der neuen Transaktion für CVA und DVA zu bestimmen, muss man nur ihren Wert für jeden Zufallspfad ermitteln. Wenn der Wert der neuen Transaktionen positiv mit den bestehenden Geschäften korreliert, werden CVA und DVA vermutlich anwachsen. Korreliert der Wert negativ mit bestehenden Geschäften (weil er z. B. diese vollständig oder teilweise abwickelt), werden CVA und DVA vermutlich reduziert.

Die hier vorgestellte Methode zur Berechnung des CVA setzt voraus, dass die Ausfallwahrscheinlichkeit der Gegenpartei nicht vom Exposure der Bank abhängt. Diese Annahme ist für viele Situationen praktikabel. Mit dem Begriff „Wrong-Way Risk" bezeichnen Händler die Situation, wenn die Ausfallwahrscheinlichkeit positiv mit dem Exposure korreliert. Mit „Right-Way Risk" wird die Situation bezeichnet, wenn die Ausfallwahrscheinlichkeit negativ mit dem Exposure korreliert. Für die Beschreibung des Zusammenhangs von Ausfallwahrscheinlichkeit und Exposure sind komplexere Modelle als die hier vorgestellten entwickelt worden.

Eine Bank hat für jede ihrer Gegenparteien ein eigenes CVA und ein eigenes DVA. Man kann die CVAs und DVAs als Derivate auffassen, deren Wert sich ändert, wenn sich Marktvariablen, die Credit Spreads der Gegenpartei und die der Bank ändern. Die Risiken von CVA und DVA werden oft auf die gleiche Weise gemanagt wie die Risiken anderer Derivate (Verwendung von Sensitivitätskennzahlen, Szenarioanalysen usw.).

---

12 Hier gibt es einen theoretischen Haken (der üblicherweise ignoriert wird). Das Spitzenexposure ist ein Maß aus der Szenarioanalyse und sollte mit realen Ausfallwahrscheinlichkeiten statt mit risikoneutralen Ausfallwahrscheinlichkeiten ermittelt werden.

Reduzierung des Kreditrisiko-Exposures

Es gibt eine Reihe von Möglichkeiten für Banken, das Kreditrisiko in bilateral abgerechneten Transaktionen zu verringern.

Eine davon ist das bereits erwähnte *Netting*. Betrachten wir eine Bank, welche mit einer Gegenpartei drei noch laufende unbesicherte Kontrakte mit Werten von +10 Millionen \$, +30 Millionen \$ und −25 Millionen \$ abgeschlossen hat. Würden die Transaktionen einzeln betrachtet, hätte die Bank ein Gesamtexposure von 10 + 30 + 0 = 40 Millionen \$. Durch das Netting werden die drei Transaktionen als einzelner Geschäftsvorgang mit einem Wert von 15 Millionen \$ aufgefasst und das Exposure reduziert sich von 40 Millionen \$ auf 15 Millionen \$.

Collateralvereinbarungen sind eine wichtige Maßnahme zur Reduzierung des Kreditrisikos. Kreditsicherheiten können entweder in bar (zinsbringend) oder in Form von marktfähigen Wertpapieren hinterlegt werden. Der Marktwert der Wertpapiere kann zur Berechnung ihres Liquiditätswertes um einen bestimmten Prozentsatz reduziert werden. Diese Reduzierung bezeichnet man als *Haircut*. Bei einem Ausfall werden Derivategeschäfte bevorzugt behandelt. Die Gegenseite der ausgefallenen Partei darf jegliches Collateral behalten. Langwierige und kostspielige Gerichtsverfahren sind gewöhnlich nicht nötig.

Eine weitere Methode zur Begrenzung des Kreditrisikos sind die so genannten *Downgrade-Trigger*. Dies sind Bestimmungen in der Rahmenvereinbarung, die besagen, dass der Kontrakt im Falle eines Absinkens des Credit Rating der Gegenpartei unter ein bestimmtes Niveau, etwa BBB, zum Marktwert geschlossen werden kann. Downgrade-Trigger bieten keinen Schutz vor einem großen Sprung im Credit Rating des Unternehmens (z. B. von A nach Default). Downgrade-Trigger funktionieren auch nur, wenn von ihnen relativ selten Gebrauch gemacht wird. Hat ein Unternehmen viele Downgrade-Trigger mit seinen Gegenparteien vereinbart, besteht die Gefahr, dass diese den Gegenparteien relativ wenig Schutz bieten (siehe Business Snapshot 24.1).

Business Snapshot 24.1 – Downgrade-Trigger bei Enron

Im Dezember 2001 meldete Enron, eines der größten Unternehmen in den USA, Insolvenz an. Bis wenige Tage zuvor hatte das Unternehmen noch ein Investment Grade Credit Rating. Das Moody's-Rating unmittelbar vor der Insolvenz war Baa3, das von S&P BBB−. Der Ausfall wurde jedoch in einem bestimmten Ausmaß vom Aktienmarkt antizipiert, denn im Zeitraum vor der Insolvenz war die Aktie von Enron stark gefallen. Die von den in Abschnitt 24.6 beschriebenen Modellen geschätzte Ausfallwahrscheinlichkeit stieg in diesem Zeitraum enorm an.

Enron hatte eine große Anzahl an Derivatkontrakten mit Downgrade-Triggern abgeschlossen. Die Downgrade-Trigger besagten, dass die Gegenparteien die Kontrakte schließen können, falls das Credit Rating von Enron unter Investment Grade (also unter Baa3/BBB−) fällt. Angenommen, Enron wäre bereits im Oktober 2001 nicht mehr Investment Grade eingestuft worden. Die Gegenparteien hätten jene Kontrakte geschlossen, die für Enron negative Werte aufwiesen (und positive Werte für die Gegenparteien). Enron hätte somit enorme Zahlungen an seine Gegenparteien leisten müssen. Dies hätte das Unternehmen nicht bewerkstelligen können, und eine sofortige Insolvenz wäre die Folge gewesen.

Dieses Beispiel zeigt, dass Downgrade-Trigger nur dann einen Schutz bieten, wenn sie in kleiner Anzahl eingesetzt werden. Schließt ein Unternehmen viele Kontrakte mit Downgrade-Triggern ab, können sie in Wirklichkeit zu einer früheren Insolvenz des Unternehmens führen. Bei Enron könnte man sagen, dass es sowieso in die Insolvenz gegangen wäre und die Beschleunigung um zwei Monate keine Rolle gespielt hätte. Tatsächlich bestand im Oktober 2001 jedoch eine Überlebenschance für Enron. Es gab Versuche, ein Abkommen mit einem anderen Energieversorger, Dynergy, auszuhandeln, sodass eine schnellere Insolvenz im Oktober 2001 weder im Interesse der Gläubiger noch der Aktionäre lag.

Die Rating-Unternehmen befanden sich in einer schwierigen Position. Stuften sie Enron entsprechend der sich verschlechternden finanziellen Lage niedriger ein, unterschrieben sie damit das Todesurteil. Andernfalls hätten sie Enron eine Überlebenschance gelassen.

Spezialfälle

In diesem Abschnitt betrachten wir zwei Spezialfälle, bei denen das CVA ohne Monte-Carlo-Simulation berechnet werden kann.

Im ersten Fall besteht das Portfolio zwischen der Bank und der Gegenpartei aus einem einzelnen unbesicherten Derivat, das der Bank zum Zeitpunkt T eine Auszahlung bietet. (Die Bank könnte z. B. von der Gegenpartei eine europäische Option mit der Restlaufzeit T erworben haben.) Das Exposure der Bank zu einem zukünftigen Zeitpunkt ist der Nichtausfallswert des Derivates zu jenem Zeitpunkt. Der Barwert des Exposure ist daher der Barwert des zukünftigen Derivatewertes, also der aktuelle Nichtausfallswert des Derivates. Es gilt somit

$$v_i = f_{\text{nd}}(1 - R)$$

für alle i, wobei f_{nd} den aktuellen Nichtausfallswert des Derivates bezeichnet. R ist die Recovery Rate. Daraus folgt

$$\text{CVA} = (1 - R) f_{\text{nd}} \sum_{i=1}^{n} q_i$$

In diesem Fall gilt DVA $= 0$, sodass der aktuelle Wert f des Derivates bei Berücksichtigung des Kreditrisikos

$$f = f_{\text{nd}} - (1 - R) f_{\text{nd}} \sum_{i=1}^{n} q_i \qquad (24.5)$$

beträgt. Ein spezielles Derivat, das für diesen Fall stehen könnte, ist eine von der Gegenpartei emittierte Nullkupon-Anleihe mit T Jahren Laufzeit. Unter der Annahme, dass die Recoveries von Anleihe und Derivat gleich sind, gilt für den Wert B der Anleihe

$$B = B_{\text{nd}} - (1 - R) B_{\text{nd}} \sum_{i=1}^{n} q_i \,. \qquad (24.6)$$

Hierbei bezeichnet B_{nd} den Nichtausfallswert der Anleihe. Mit den Gleichungen (24.5) und (24.6) gilt

$$\frac{f}{f_{nd}} = \frac{B}{B_{nd}} .$$

Bezeichnen wir mit y die Rendite der von der Gegenpartei emittierten Anleihe mit Restlaufzeit T und mit y_{nd} die Rendite einer ähnlichen risikolosen Anleihe, so gilt $B = e^{-yT}$ sowie $B_{nd} = e^{-y_{nd}T}$, und die vorige Gleichung liefert

$$f = f_{nd} e^{-(y-y_{nd})T} . \tag{24.7}$$

Damit haben wir gezeigt, dass das Derivat bewertet werden kann, indem man den Diskontierungssatz, der in der risikoneutralen Welt auf die erwartete Auszahlung angewendet wird, um den T-Jahre-Credit Spread der Gegenpartei erhöht.

> **Beispiel 24.5** Der Black-Scholes-Merton-Preis einer unbesicherten zweijährigen OTC-Option ist 3 $. Zweijährige Nullkupon-Anleihen des Unternehmens liefern eine Rendite, die um 1,5 % über dem risikolosen Zinssatz liegt. Der Wert der Option ist dann bei Berücksichtigung des Ausfallrisikos $3e^{-0,015 \cdot 2} = 2,91$ $. (Hierbei wird unterstellt, dass die Option allein steht und bei einem Ausfall nicht über Netting mit anderen Derivaten verrechnet wird.)

Im zweiten Spezialfall betrachten wir eine Bank, die ein unbesichertes Forward-Geschäft mit einer Gegenpartei eingegangen ist, wobei sie sich verpflichtet hat, zum Zeitpunkt T ein Asset zum Preis K zu kaufen. Wir bezeichnen mit F_t den Forward-Preis zum Zeitpunkt t für die Lieferung des Assets zum Zeitpunkt T. Gemäß Abschnitt 5.7 beträgt der Wert der Transaktion zum Zeitpunkt t

$$(F_t - K)e^{-r(T-t)} .$$

Hierbei bezeichnet r den (als konstant angenommenen) risikolosen Zinssatz.

Das Exposure zum Zeitpunkt t ist demzufolge

$$\max[(F_t - K)e^{-r(T-t)}, 0] = e^{-r(T-t)} \max(F_t - K, 0) .$$

Der Erwartungswert von F_t in einer risikoneutralen Welt ist F_0. Die Standardabweichung von $\ln F_t$ ist $\sigma\sqrt{t}$, wobei σ die Volatilität von F_t bezeichnet. Gemäß Gleichung (15.27) beträgt daher das erwartete Exposure zum Zeitpunkt t

$$w(t) = e^{-r(T-t)}[F_0 N(d_1(t)) - K N(d_2(t))] ,$$

wobei

$$d_1(t) = \frac{\ln(F_0/K) + \sigma^2 t/2}{\sigma\sqrt{t}} , \quad d_2(t) = d_1(t) - \sigma\sqrt{t} .$$

Es gilt folglich

$$v_i = w(t_i)e^{-rt_i}(1 - R)$$

24.8 Ausfallkorrelation

Beispiel 24.6 Eine Bank hat einen Forward-Kontrakt über den Kauf von 1 Million Unzen Gold zum Preis von 1500 $ je Unze von einem Bergbauunternehmen in zwei Jahren abgeschlossen. Der aktuelle 2-Jahre-Forward-Preis liegt bei 1600 $ je Unze. Wir unterstellen, dass für die Berechnung des CVA nur zwei Zeitintervalle von je einem Jahr gebildet werden. Die Ausfallwahrscheinlichkeit des Bergbauunternehmens beträgt im ersten Jahr 2% und im zweiten Jahr 3%. Der risikolose Zinssatz liegt bei 5% per annum. Bei einem Ausfall wird eine Recovery Rate von 30% angenommen. Die Volatilität des Forward-Preises von Gold beträgt 20%.

Damit ist $q_1 = 0{,}02$, $q_2 = 0{,}03$, $F_0 = 1600$, $K = 1500$, $\sigma = 0{,}2$, $r = 0{,}05$, $R = 0{,}3$, $t_1 = 0{,}5$ und $t_2 = 1{,}5$.

$$d_1(t_1) = \frac{\ln(1600/1500) + 0{,}2^2 \cdot 0{,}5/2}{0{,}2\sqrt{0{,}5}} = 0{,}5271$$

$$d_2(t) = d_1(t) - 0{,}2\sqrt{0{,}5} = 0{,}3856$$

und folglich

$$w(t_1) = e^{-0{,}05 \cdot 1{,}5}[1600 N(0{,}5271) - 1500 N(0{,}3856)] = 135{,}73$$

sowie

$$v_1 = w(t_1) e^{-0{,}5 \cdot 1{,}5}(1 - 0{,}3) = 92{,}67 \, .$$

Analog erhält man $w(t_2) = 201{,}18$ und $v_2 = 130{,}65$.

Die erwarteten Ausfallkosten betragen

$$q_1 v_1 + q_2 v_2 = 0{,}02 \cdot 92{,}67 + 0{,}03 \cdot 130{,}65 = 5{,}77 \, .$$

Der Nichtausfallwert des Forward-Kontrakts ist $(1600 - 1500)e^{-0{,}5 \cdot 2} = 90{,}48$. Wenn die Ausfallkosten der Gegenpartei berücksichtigt werden, fällt dieser Wert auf $90{,}48 - 5{,}77 = 84{,}71$. Diese Rechnung kann man erweitern, indem man dem Bergbauunternehmen mehr potenzielle Ausfallzeitpunkte zugesteht (siehe Aufgabe 24.29). Das DVA, welches den Wert des Derivates erhöht, kann auf analoge Weise wie das CVA ermittelt werden (siehe Aufgabe 24.30).

24.8 Ausfallkorrelation

Der Begriff *Ausfallkorrelation* wird verwendet, um die Tendenz zu beschreiben, mit der zwei Unternehmen zu etwa der gleichen Zeit ausfallen. Für die Existenz der Ausfallkorrelation sprechen mehrere Gründe. Unternehmen in der gleichen Branche oder der gleichen geographischen Region werden tendenziell von externen Ereignissen auf ähnliche Weise betroffen und können daraus resultierend zur gleichen Zeit in finanzielle Schwierigkeiten geraten. Allgemein sorgen bereits die ökonomischen Bedingungen dafür, dass die durchschnittlichen Ausfallraten in einigen Jahren höher liegen als in anderen. Der Ausfall eines Unternehmens kann den Ausfall eines anderen nach sich ziehen. Aufgrund der Ausfallkorrelation kann das Kreditrisiko nicht vollständig durch Diversifikation eliminiert werden. Die Ausfallkorrelation bildet den Hauptgrund dafür, dass risikoneutrale Ausfallwahrscheinlichkeiten höher sind als reale Ausfallwahrscheinlichkeiten (siehe Abschnitt 24.5).

Die Ausfallkorrelation spielt eine wichtige Rolle bei der Bestimmung der Wahrscheinlichkeitsverteilungen von Ausfallverlusten aus einem Portfolio von Exposures gegenüber verschiedenen Gegenparteien.[13] Zwei von Wissenschaftlern vorgeschlagene Ausfallkorrelations-Modelle sind *Reduktionsmodelle* und *Strukturmodelle*.

Reduktionsmodelle unterstellen, dass die Hazard Rates für verschiedene Unternehmen stochastischen Prozessen folgen und mit makroökonomischen Variablen korreliert sind. Hat Unternehmen A eine hohe Hazard Rate, dann gilt dies tendenziell auch für Unternehmen B. Damit wird eine Hazard Rate zwischen den beiden Unternehmen induziert.

Reduktionsmodelle sind mathematisch attraktiv und spiegeln die Tendenz ökonomischer Zyklen zur Erzeugung von Ausfallkorrelationen wider. Sie können entweder an historische Ausfallwahrscheinlichkeiten oder an aus den Preisen von Unternehmensanleihen gewonnene risikoneutrale Ausfallwahrscheinlichkeiten angepasst werden. Ihr Hauptnachteil besteht darin, dass nur ein begrenzter Bereich an Ausfallkorrelationen erreicht werden kann. Selbst wenn zwischen den beiden Ausfallintensitäten perfekte Korrelation besteht, ist die Wahrscheinlichkeit, dass beide Unternehmen im gleichen kurzen Zeitraum ausfallen, im Allgemeinen ziemlich gering. Dies kann unter gewissen Umständen ein Problem sein. Wenn beispielsweise zwei Unternehmen in derselben Branche und im selben Land tätig sind oder die finanzielle Lage eines Unternehmens aus irgendeinem Grund stark von der finanziellen Lage eines anderen Unternehmens abhängt, kann eine relativ hohe Ausfallkorrelation gerechtfertigt sein. Das Problem lässt sich lösen, indem das Modell so erweitert wird, dass die Ausfallintensität große Sprünge aufweisen kann.

Strukturmodelle basieren auf einer ähnlichen Idee wie das Merton-Modell (siehe Abschnitt 24.6). Ein Unternehmen fällt aus, wenn sich der Wert seiner Aktiva unter einem bestimmten Niveau befindet. Die Ausfallkorrelation zwischen zwei Unternehmen, A und B, wird in das Modell eingeführt, indem angenommen wird, dass der von den Aktiva des Unternehmens A befolgte stochastische Prozess mit dem von den Aktiva des Unternehmens B befolgten stochastischen Prozess korreliert ist. Der Vorteil der Strukturmodelle gegenüber den Reduktionsmodellen besteht darin, dass jede gewünschte Korrelation erzeugt werden kann. Der Hauptnachteil ist ihr hoher Rechenaufwand.

Das Gaußsche-Copula-Modell für die Zeit bis zum Ausfall

Ein Modell, welches in der Praxis sehr populär ist, ist das Gaußsche-Copula-Modell für die Zeit bis zum Ausfall. Man kann zeigen, dass es wie das Merton-Strukturmodell funktioniert. Es unterstellt, dass jedes Unternehmen irgendwann ausfallen wird, und unternimmt den Versuch, die Korrelation zwischen den Wahrscheinlichkeitsverteilungen der Ausfallzeiten zweier verschiedener Unternehmen zu quantifizieren.

Das Modell kann entweder im Zusammenhang mit realen oder mit risikoneutralen Ausfallwahrscheinlichkeiten verwendet werden. Der linke Rand der realen Wahrscheinlichkeitsverteilung für die Zeit bis zum Ausfall eines Unternehmens kann aus den Daten von Rating-Agenturen wie in Tabelle 24.1 geschätzt werden. Der linke

---

[13] Technical Note 26 auf www.rotman.utoronto.ca/~hull/ofod/index.html beschreibt ein binomiales Korrelationsmaß, welches von Ratingagenturen verwendet wird.

Rand der risikoneutralen Wahrscheinlichkeitsverteilung für die Zeit bis zum Ausfall eines Unternehmens kann aus Anleihepreisen mit dem Ansatz aus Abschnitt 24.4 bestimmt werden.

Wir definieren t_1 und t_2 als die Zeiträume bis zum Ausfall der Unternehmen 1 und 2. Wären t_1 und t_2 normalverteilt, könnten wir als gemeinsame Verteilung von t_1 und t_2 die zweidimensionale Normalverteilung unterstellen. Nun ist jedoch der Zeitraum bis zum Ausfall eines Unternehmens nicht annähernd normalverteilt. Hier setzt das Gauß-Copula-Modell an. Wir transformieren t_1 und t_2 in neue Variablen:

$$x_1 = N^{-1}[Q_1(t_1)], \quad x_2 = N^{-1}[Q_2(t_2)].$$

Q_1 und Q_2 bezeichnen dabei die kumulierten Wahrscheinlichkeitsverteilungen von t_1 bzw. t_2 und N^{-1} ist die Inverse der kumulierten Normalverteilung (es gilt $u = N^{-1}(v)$, falls $v = N(u)$). Es handelt sich hierbei um eine Transformation der Quantile. Das 5%-Quantil der Wahrscheinlichkeitsverteilung von t_1 wird in $x_1 = -1{,}645$ überführt, dem 5%-Quantil der Normalverteilung; das 10%-Quantil der Wahrscheinlichkeitsverteilung von t_1 wird in $x_1 = -1{,}282$ überführt, dem 10%-Quantil der Normalverteilung, usw. Die Transformation von t_2 in x_2 verläuft analog.

Gemäß ihrer Ermittlung sind x_1 und x_2 standardnormalverteilt mit Mittelwert 0 und Standardabweichung 1. Das Modell unterstellt, dass die gemeinsame Verteilung von x_1 und x_2 eine zweidimensionale Normalverteilung ist. Diese Annahme wird als Verwendung einer *Gaußschen Copula* bezeichnet. Diese Annahme ist sinnvoll, da die gemeinsame Wahrscheinlichkeitsverteilung von t_1 und t_2 vollkommen durch die kumulierten Ausfallwahrscheinlichkeiten Q_1 und Q_2 zusammen mit einem einzelnen Korrelationsparameter definiert sind.

Der Reiz des Gaußsche-Copula-Modells liegt darin, dass es auf Situationen mit vielen Unternehmen erweitert werden kann. Angenommen, es gibt n Unternehmen und t_i ist die Zeit bis zum Ausfall des Unternehmens i. Wir transformieren alle t_i in neue Variablen x_i, welche jeweils standardnormalverteilt sind. Die Transformation wird entsprechend

$$x_i = N^{-1}[Q_i(t_i)]$$

vorgenommen, wobei Q_i die kumulierte Wahrscheinlichkeitsverteilung von t_i bezeichnet. Wir nehmen an, dass die x_i einer mehrdimensionalen Normalverteilung unterliegen. Die Ausfallkorrelation zwischen t_i und t_j wird als Korrelation zwischen x_i und x_j angegeben. Diese wird auch als *Copula-Korrelation* bezeichnet.[14]

Der Gauß-Copula-Ansatz ist eine nützliche Methode zur Darstellung der Korrelationsstruktur von Variablen, die nicht normalverteilt sind. Er erlaubt die Ermittlung der Korrelationsstruktur der Variablen separat von deren (unkorrelierten) Randverteilungen. Obwohl die Variablen selbst nicht mehrdimensional normalverteilt sind, unterstellt der Ansatz, dass sie nach einer Transformation jeder Variablen mehrdimensional normalverteilt sind.

Beispiel 24.7 Angenommen, wir wollen für zehn Unternehmen Ausfälle in den nächsten fünf Jahren simulieren. Die Copula-Ausfallkorrelationen zwischen zwei Unternehmen beträgt 0,2. Die kumulierte Ausfall-

---
[14] Als Näherung wird oft angenommen, dass die Copula-Korrelation zwischen t_i und t_j der Korrelation zwischen den Aktienrenditen der Unternehmen i und j entspricht.

wahrscheinlichkeit in den nächsten 1, 2, 3, 4 bzw. 5 Jahren beträgt für jedes Unternehmen 1%, 3%, 6%, 10% und 15%. Wird eine Gauß-Copula verwendet, simulieren wir aus der mehrdimensionalen Normalverteilung und erhalten für $1 \leq i \leq 10$ die $x_i(t)$, deren paarweise Korrelation 0,2 beträgt. Dann transformieren wir die $x_i(t)$ in Werte für t_i, dem Zeitraum bis zum Zahlungsausfall. Ist das Ergebnis einer Simulation aus der Normalverteilung kleiner als $N^{-1}(0{,}01) = -2{,}33$, findet im ersten Jahr ein Ausfall statt; liegt die Zufallszahl zwischen $-2{,}33$ und $N^{-1}(0{,}03) = -1{,}88$, findet im zweiten Jahr ein Ausfall statt; liegt die Zufallszahl zwischen $-1{,}88$ und $N^{-1}(0{,}06) = -1{,}55$, findet im dritten Jahr ein Ausfall statt; liegt die Zufallszahl zwischen $-1{,}55$ und $N^{-1}(0{,}10) = -1{,}28$, findet im vierten Jahr ein Ausfall statt; liegt die Zufallszahl zwischen $-1{,}28$ und $N^{-1}(0{,}15) = -1{,}04$, findet im fünften Jahr ein Ausfall statt. Ist die Zufallszahl größer als $-1{,}04$ tritt in den fünf Jahren kein Ausfall ein.

Eine faktorbasierte Korrelationsstruktur

Damit man im Gauß-Copula-Modell nicht für jedes Paar von Unternehmen i und j die Korrelation zwischen x_i und x_j neu bestimmen muss, wird oft ein Einfaktor-Modell verwendet. Es wird unterstellt, dass

$$x_i = a_i F + \sqrt{1 - a_i^2} Z_i . \qquad (24.8)$$

F bezeichnet dabei in dieser Gleichung einen gemeinsamen Faktor, der die Ausfälle aller Unternehmen betrifft, Z_i ist ein nur Unternehmen i betreffender Faktor. Die Variablen F und Z_i besitzen voneinander unabhängige Standardnormalverteilungen. Die a_i sind konstante Parameter mit $-1 \leq a_i \leq 1$. Die Korrelation zwischen x_i und x_j beträgt $a_i a_j$.[15]

Angenommen, die Ausfallwahrscheinlichkeit von Unternehmen i bis zum Zeitpunkt T beträgt $Q_i(T)$. Gemäß dem Gauß-Copula-Modell tritt bis zum Zeitpunkt T ein Ausfall ein, falls $N(x_i) < Q_i(T)$ bzw. $x_i < N^{-1}[Q_i(T)]$. Gemäß Gleichung (24.8) lautet diese Bedingung

$$a_i F + \sqrt{1 - a_i^2} Z_i < N^{-1}[Q_i(T)]$$

bzw.

$$Z_i < \frac{N^{-1}[Q_i(T)] - a_i F}{\sqrt{1 - a_i^2}} .$$

Die bedingte Ausfallwahrscheinlichkeit unter dem Faktor F beträgt somit

$$Q_i(T|F) = N\left(\frac{N^{-1}[Q_i(T)] - a_i F}{\sqrt{1 - a_i^2}}\right) . \qquad (24.9)$$

---

15 Der Parameter a_i wird manchmal näherungsweise als die Korrelation der Aktienrendite von Unternehmen i mit einem gut diversifizierten Marktindex angesehen.

Ein spezieller Fall des Gaußscher-Einfaktor-Modells liegt vor, wenn die Ausfallwahrscheinlichkeiten für alle i die gleiche Verteilung aufweisen und die Korrelation zwischen x_i und x_j für alle i und j gleich ist. Dann ist $Q_i(T) = Q(T)$ für alle i und ρ die gemeinsame Korrelation, sodass $a_i = \sqrt{\rho}$ für alle i. Gleichung (24.9) wird dann zu

$$Q(T|F) = N\left(\frac{N^{-1}[Q(T)] - \sqrt{\rho}F}{\sqrt{1-\rho}}\right). \qquad (24.10)$$

24.9 Credit VaR

Der Credit Value at Risk kann analog zum Value at Risk für Marktrisiken in Kapitel 22 definiert werden. Ein Credit VaR zu einem Konfidenzniveau von 99,9% und einem Zeithorizont von einem Jahr ist der Verlust aufgrund von Kreditausfällen, der mit 99,9%iger Sicherheit innerhalb eines Jahres nicht überstiegen wird.

Wir betrachten eine Bank mit einem sehr großen Portfolio von ähnlichen Krediten. Wir nehmen näherungsweise an, dass die Ausfallwahrscheinlichkeit für jeden Kredit gleich ist und die paarweise Korrelation zweier Kredite immer die gleiche ist. Wird das Gaußsche-Copula-Modell für die Zeit bis zum Ausfall verwendet, dann entspricht die rechte Seite von Gleichung (24.10) in guter Näherung dem prozentualen Anteil der Ausfälle bis zum Zeitpunkt T als Funktion von F. Der Faktor F ist standardnormalverteilt. Wir sind zu $X\%$ sicher, dass sein Wert größer sein wird als $N^{-1}(1-X) = -N^{-1}(X)$. Wir sind somit zu $X\%$ sicher, dass der prozentuale Anteil der Verluste in T Jahren auf ein großes Portfolio kleiner als $V(X, T)$ sein wird, wobei

$$V(X, T) = N\left(\frac{N^{-1}[Q(T)] + \sqrt{\rho}N^{-1}(X)}{\sqrt{1-\rho}}\right). \qquad (24.11)$$

Dieses Resultat wurde zuerst von Vasicek entwickelt.[16] Wie in Gleichung (24.10) ist $Q(T)$ die Ausfallwahrscheinlichkeit bis zum Zeitpunkt T und ρ die paarweise Copula-Korrelation zwischen zwei beliebigen Krediten.

Ein grober Schätzer für den Credit VaR mit einem Konfidenzniveau von $X\%$ und einem Zeithorizont T ist folglich $L(1-R)V(X,T)$, wobei L die Größe des Kredit-Portfolios bezeichnet und R die Recovery Rate. Der Beitrag eines bestimmten Kredits der Höhe L_i zum Credit VaR beträgt $L_i(1-R)V(X,T)$. Dieses Modell liegt Formeln zugrunde, welche die Aufsichtsbehörden für das Kreditrisiko-Kapital einsetzen.[17]

Beispiel 24.8 Angenommen, eine Bank hat insgesamt 100 Millionen $ an Retail-Exposure. Die durchschnittliche Ausfallwahrscheinlichkeit für ein Jahr beträgt 2% und die durchschnittliche Recovery Rate 60%. Der Copula-Korrelationsparameter wird mit 0,1 abgeschätzt. Mit diesen Daten

---

16 Siehe O. Vasicek, „Probability of Loss on a Loan Portfolio", Working Paper, KMV, 1987. Vasiceks Ergebnisse wurden im Dezember 2002 unter dem Titel „Loan Portfolio Value" im *Risk*-Magazin veröffentlicht.
17 Detaillierter geht J. Hull, *Risikomanagement*, 2. Aufl. München: Pearson Studium, 2010, darauf ein.

gilt
$$V(0{,}999, 1) = N\left(\frac{N^{-1}(0{,}02) + \sqrt{0{,}1}N^{-1}(0{,}999)}{\sqrt{1 - 0{,}1}}\right) = 0{,}128 .$$

Dies besagt, dass mit 99,9%iger Sicherheit die höchste Ausfallrate 12,8% beträgt. Der 99,9%-Credit-VaR für ein Jahr beträgt somit $100 \cdot 0{,}128 \cdot (1 - 0{,}6)$, also 5,13 Millionen \$.

CreditMetrics

Viele Banken haben andere Methoden zur Berechnung des Credit VaR entwickelt. Eine populärer Ansatz ist CreditMetrics. Er besteht aus der Schätzung der Wahrscheinlichkeitsverteilung von Verlusten aufgrund von Kreditausfällen durch Monte-Carlo-Simulation von Änderungen des Credit Rating für alle Gegenparteien. Angenommen, wir möchten die Wahrscheinlichkeitsverteilung der Verluste für einen 1-Jahres-Zeitraum bestimmen. Bei jedem Simulationsversuch bestimmen wir die Änderungen des Rating und der Ausfälle für alle Gegenparteien während des Jahres. Durch die Neubewertung unserer laufenden Kontrakte bestimmen wir den gesamten Verlust für das Jahr. Nach einer großen Zahl von Simulationen erhalten wir eine Wahrscheinlichkeitsverteilung für die Verluste, mit der wir den Credit VaR ermitteln können.

Das Verfahren ist ziemlich rechenintensiv. Es hat jedoch den Vorteil, dass Verluste sowohl aufgrund von Rating-Änderungen als auch aufgrund von Zahlungsausfällen auftreten können. Auch die Auswirkungen von Klauseln zur Reduzierung des Kreditrisikos (wie den in Abschnitt 24.7 beschriebenen) kann man näherungsweise in die Analyse einfließen lassen.

anfängliches Rating	Rating am Jahresende								
	Aaa	Aa	A	Baa	Ba	B	Caa	Ca–C	Ausfall
Aaa	90,59	8,31	0,89	0,17	0,03	0,00	0,00	0,00	0,00
Aa	1,25	89,48	8,05	0,90	0,20	0,04	0,01	0,01	0,08
A	0,08	2,97	89,80	6,08	0,79	0,13	0,03	0,01	0,10
Baa	0,04	0,30	4,58	88,43	5,35	0,84	0,14	0,02	0,30
Ba	0,01	0,09	0,52	6,61	82,88	7,72	0,67	0,07	1,43
B	0,01	0,05	0,16	0,65	6,39	81,69	6,40	0,57	4,08
Caa	0,00	0,02	0,03	0,19	0,81	9,49	72,06	4,11	13,29
Ca–C	0,00	0,03	0,12	0,07	0,57	3,48	9,12	57,93	28,69
Ausfall	0,00	0,00	0,00	0,00	0,00	0,00	0,00	0,00	100,00

Tabelle 24.5: Rating-Migrationsmatrix für ein Jahr (Wahrscheinlichkeiten in %); nach Resultaten im Zeitraum 1970–2012 mit Anpassungen an zurückgezogene Ratings. Berechnet aus Daten von Moody's

Tabelle 24.5 ist ein typisches Beispiel für von Rating-Agenturen bereitgestellte historische Daten über Rating-Änderungen und könnte die Basis für eine Monte-Carlo-Simulation im Rahmen von CreditMetrics darstellen. Zu sehen ist die prozentuale Wahrscheinlichkeit der Bewegung einer Anleihe von einer Rating-Kategorie in eine andere innerhalb eines Zeitraums von einem Jahr. Beispielsweise hat eine Anleihe, die mit einem A-Rating startet, mit einer Wahrscheinlichkeit von 89,80% am Ende des Jahres immer noch ein A-Rating. Mit Wahrscheinlichkeit 0,10% fällt die Anleihe während des Jahres aus, mit Wahrscheinlichkeit 0,13% sinkt das Rating auf B usw.[18]

Bei der Simulation zur Bestimmung der Kreditverluste sollten die Rating-Änderungen für verschiedene Gegenparteien nicht als unabhängig angenommen werden. Die Gauß-Copula-Methode wird üblicherweise auf analoge Weise wie bei der Beschreibung der gemeinsamen Wahrscheinlichkeitsverteilung für Zeiten bis zum Ausfall dazu eingesetzt, die gemeinsame Wahrscheinlichkeitsverteilung von Rating-Änderungen zu konstruieren. Die Copula-Korrelation zwischen den Rating-Änderungen für zwei Unternehmen wird gewöhnlich gleich der Korrelation zwischen ihren Aktienrenditen gesetzt, wobei ein Faktor-Modell analog zu Abschnitt 24.8 verwendet wird.

Als Veranschaulichung der CreditMetrics-Methode nehmen wir an, dass wir unter Verwendung der Migrationsmatrix von Tabelle 24.5 die Rating-Änderung eines Aaa- und eines Baa-Unternehmens innerhalb eines Jahres simulieren. Die Korrelation zwischen den Aktien der beiden Unternehmen betrage 0,2. Wir würden also bei jedem Simulationsversuch zwei Zufallszahlen, x_A und x_B, der Normalverteilung ermitteln, deren Korrelation 0,2 beträgt. Die Variable x_A legt das neue Rating des Aaa-Unternehmens fest, die Variable x_B bestimmt das neue Rating des Baa-Unternehmens. Wegen $N^{-1}(0,9059) = 1,3159$, $N^{-1}(0,9059 + 0,0831) = 2,2904$ und $N^{-1}(0,9059 + 0,0831 + 0,0089) = 2,8627$ behält das Aaa-Unternehmen das Rating Aaa, falls $x_A < 1,3159$, für $1,3159 \leq x_A < 2,2904$ erhält es ein Aa-Rating, für $2,2904 \leq x_A < 2,8627$ erhält es das A-Rating usw. Analog erhält das Baa-Unternehmen wegen $N^{-1}(0,0004) = -3,3528$, $N^{-1}(0,0004 + 0,0030) = -2,7065$ und $N^{-1}(0,0004 + 0,0030 + 0,0458) = -1,6527$ für $x_B < -3,3528$ das Aaa-Rating, für $-3,3528 \leq x_B < -2,7065$ das Aa-Rating, für $-2,7065 \leq x_B < -1,6527$ das A-Rating usw. Das Aaa-Unternehmen kann in dem Jahr nicht ausfallen, das Baa-Unternehmen fällt aus, wenn $x_B > N^{-1}(0,9970)$, d. h. wenn $x_B > 2,7478$.

ZUSAMMENFASSUNG

Die Wahrscheinlichkeit, dass ein Unternehmen während eines bestimmten zukünftigen Zeitraums ausfällt, kann aus historischen Daten, Anleihepreisen oder Aktienkursen berechnet werden. Aus Anleihepreisen berechnete Ausfallwahrscheinlichkeiten sind risikoneutrale Wahrscheinlichkeiten. Die auf historischen Daten beruhenden Wahrscheinlichkeiten sind Wahrscheinlichkeiten in der Realwelt. Diese Wahrscheinlichkeiten sollten für die Szenarioanalyse und die Berechnung des Credit VaR verwendet werden. Risikoneutrale Wahrscheinlichkeiten sollten bei der Bewertung von Instrumenten benutzt werden, die vom Kreditrisiko abhängig sind. Die risikoneutralen Ausfallwahrscheinlichkei-

---

18 Technical Note 11 auf der Homepage des Autors erklärt, wie Migrationsmatrizen für andere Zeiträume als ein Jahr auf der Basis von Tabellen wie Tabelle 24.5 erzeugt werden können.

ten sind im Allgemeinen signifikant höher als die Wahrscheinlichkeiten in der Realwelt.

Die Bewertungsanpassung (*Credit Value Adjustment*, CVA) ist der Betrag, um den eine Bank den Wert eines Derivate-Portfolios aufgrund der Möglichkeit des Ausfalls der Gegenpartei reduziert. Die Schuldenbewertung (*debit/debt value adjustment*, DVA) ist der Betrag, um den sie den Wert eines Portfolios aufgrund der Möglichkeit des eigenen Ausfalls erhöht. Bei der CVA- und DVA-Berechnung wird eine zeitaufwendige Monte-Carlo-Simulation zur Bestimmung der zukünftigen Exposures für die beiden beteiligten Seiten vorgenommen.

Der Credit VaR kann analog zum VaR für Marktrisiken definiert werden. Ein Ansatz zur Berechnung des Credit VaR ist das Gaußsche-Copula-Modell für die Zeit bis zum Ausfall. Dieses wird von Aufsichtsbehörden für die Berechnung des Eigenkapitals zur Unterlegung von Kreditrisiken verwendet. Ein weiterer verbreiteter Ansatz zur Ermittlung des Credit VaR ist CreditMetrics. CreditMetrics verwendet zur Modellierung von Änderungen des Credit Rating die Gaußsche-Copula-Methode.

ZUSAMMENFASSUNG

Literaturempfehlungen

Altman, E.I., „Measuring Corporate Bond Mortality and Performance", *Journal of Finance*, 44 (1989), 902–922.

Altman, E.I., B. Brady, A. Resti und A. Sironi. „The Link Between Default and Recovery Rates: Theory, Empirical Evidence, and Implications", *Journal of Business*, 78, 6 (2005): 2203–2228.

Duffie, D. und K. Singleton, „Modeling Term Structures of Defaultable Bonds", *Review of Financial Studies*, 12 (1999), 687–720.

Finger, C.C., „A Comparison of Stochastic Default Rate Models", *RiskMetrics Journal*, 1 (November 2000), 49–73.

Gregory, J., *Counterparty Credit Risk and Credit Value Adjustment: A Continuing Challenge for Global Financial Markets*, 2. Auflage, Chichester, UK: Wiley, 2012.

Hull, J., M. Predescu und A. White, „The Relationship between Credit Default Swap Spreads, Bond Yields, and Credit Rating Announcements", *Journal of Banking and Finance*, 28 (November 2004), 2789–2811.

Kealhofer, S., „Quantifying Default Risk I: Default Prediction", *Financial Analysts Journal*, 59, 1 (2003a), 30–44.

Kealhofer, S., „Quantifying Default Risk II: Debt Valuation", *Financial Analysts Journal*, 59, 3 (2003b), 78–92.

Li, D.X., „On Default Correlation: A Copula Approach", *Journal of Fixed Income*, (März 2000), 43–54.

Merton, R.C., „On the Pricing of Corporate Debt: The Risk Structure of Interest Rates", *Journal of Finance*, 2 (1974), 449–470.

Vasicek, O., „Loan Portfolio Value", *Risk*, (Dezember 2002), 160–162.

Praktische Fragestellungen

24.1 Der Spread zwischen der Rendite einer dreijährigen Unternehmensanleihe ohne Kuponzahlung und der Rendite einer entsprechenden risikolosen Anleihe beträgt 50 Basispunkte. Die Recovery Rate beträgt 30%. Schätzen Sie die durchschnittliche Hazard Rate pro Jahr in dem 3-Jahres-Zeitraum.

24.2 Angenommen, in Aufgabe 24.1 beträgt der Spread zwischen einer fünfjährigen Anleihe desselben Unternehmens und der Rendite einer entsprechenden risikolosen Anleihe 60 Basispunkte. Die Recovery Rate beträgt wiederum 30%. Schätzen Sie die durchschnittliche Hazard Rate pro Jahr in dem 5-Jahres-Zeitraum. Was sagen Ihre Ergebnisse über die durchschnittliche Hazard Rate in den Jahren vier und fünf aus?

24.3 Sollten Wissenschaftler für (a) die Berechnung des Credit VaR und (b) für die Anpassung eines Derivatpreises wegen möglicher Ausfälle reale oder risikoneutrale Ausfallwahrscheinlichkeiten verwenden?

24.4 Wie werden Recovery Rates gewöhnlich definiert?

24.5 Erklären Sie den Unterschied zwischen Hazard Rate und Dichtefunktion der unbedingten Ausfallwahrscheinlichkeit.

24.6 Zeigen Sie (a), dass die Werte der zweiten Spalte in Tabelle 24.3 konsistent mit den Werten von Tabelle 24.1 sind, und (b), dass die Werte der vierten Spalte in Tabelle 24.4 konsistent sind mit den Werten von Tabelle 24.3 und einer Recovery Rate von 40%.

24.7 Beschreiben Sie die Funktionsweise des Netting. Eine Bank hat bereits eine Transaktion mit einem Geschäftspartner in ihren Büchern. Erklären Sie, warum eine weitere Transaktion der Bank mit diesem Partner das Kreditrisiko-Exposure der Bank erhöhen oder reduzieren kann.

24.8 „Das DVA kann die Bilanz aufbessern, wenn eine Bank in finanzielle Schieflage gerät." Erklären Sie, warum diese Aussage zutrifft.

24.9 Erläutern Sie den Unterschied zwischen dem Gauß-Copula-Modell für die Zeit bis zum Ausfall und CreditMetrics in Bezug auf folgende Punkte: (a) Definition des Kreditverlusts, (b) Art und Weise der Modellierung der Ausfallkorrelation.

24.10 Angenommen, die LIBOR/Swap-Rate-Strukturkurve ist flach bei 6% (stetige Verzinsung) und eine dreijährige Anleihe mit einem 5%-Kupon (halbjährliche Auszahlung) kostet 90,00. Wie würde ein Asset Swap auf die Anleihe aussehen? Welche Höhe hätte der für diese Situation berechnete Asset Swap Spread?

24.11 Zeigen Sie, dass der Wert einer kupontragenden Unternehmensanleihe gleich der Summe der Werte der einzelnen Zerobonds ist, wenn der ausstehende Betrag dem Wert der Anleihe bei Ausschluss des Ausfallrisikos entspricht. Zeigen Sie weiter, dass die Aussage nicht zutrifft, wenn der ausstehende Betrag gleich dem Nennwert der Anleihe plus Stückzinsen ist.

24.12 Eine vierjährige Unternehmensanleihe bietet einen Kupon von 4% mit halbjährlicher Auszahlung und hat eine Rendite von 5% bei stetiger Verzinsung. Die risikolose Renditekurve ist flach bei 3% mit stetiger Verzinsung. Angenommen, Ausfälle können am Ende eines Jahres (unmittelbar vor der Kupon- bzw. Nominalkapitalauszahlung) auftreten und die Recovery Rate beträgt 30%. Schätzen Sie die risikoneutrale Ausfallwahrscheinlichkeit unter der Annahme, dass diese jedes Jahr gleich ist.

24.13 Ein Unternehmen hat drei- und fünfjährige Anleihen mit einem Kupon von 4% mit jährlicher Auszahlung emittiert. Die Renditen der Anleihen (bei stetiger Verzinsung) betragen 4,5% bzw. 4,75%. Der risikolose Zinssatz liegt für alle Laufzeiten bei 3,5%, die Recovery Rate beträgt 40%. Ausfälle können immer zur Jahresmitte auftreten. Die risikoneutrale Ausfallrate pro Jahr beträgt in den ersten drei Jahren Q_1 und in den nächsten beiden Jahren Q_2. Schätzen Sie Q_1 und Q_2.

24.14 Angenommen, ein Finanzinstitut hat einen Swap auf Britische Pfund mit der Gegenpartei X und genau den entgegengesetzten Kontrakt mit der Gegenpartei Y abgeschlossen. Welche der folgenden Aussagen treffen zu und welche nicht?

a. Der Gesamt-Barwert der Ausfallkosten ist die Summe des Barwerts der Ausfallkosten auf den Kontrakt mit X und des Barwerts der Ausfallkosten auf den Kontrakt mit Y.

b. Das erwartete Exposure auf beide Kontrakte in einem Jahr ist die Summe des erwarteten Exposures auf den Kontrakt mit X und des erwarteten Exposures auf den Kontrakt mit Y.

c. Die obere 95%-Konfidenzgrenze auf beide Kontrakte ist die Summe der oberen 95%-Konfidenzgrenze auf den Kontrakt mit X und der oberen 95%-Konfidenzgrenze auf den Kontrakt mit Y.

Erläutern Sie Ihre Antworten.

24.15 „Eine Long-Position in einem Forward-Kontrakt, die einem Kreditrisiko unterliegt, entspricht der Kombination aus einer Short-Position in einem No-Default Put und einer Long-Position in einem Call, der ein Kreditrisiko aufweist." Erklären Sie diese Aussage.

24.16 Erklären Sie, warum das Kredit-Exposure auf ein Paar aufeinander abgestimmter Forward-Kontrakte an einen Straddle erinnert.

24.17 Erklären Sie, warum die Auswirkungen des Kreditrisikos auf ein Paar aufeinander abgestimmter Zinsswaps vermutlich kleiner sein werden als auf ein Paar aufeinander abgestimmter Währungsswaps.

24.18 „Wenn eine Bank Währungsswaps aushandelt, sollte sie versuchen sicherzustellen, dass sie die Währung mit dem geringerem Zinssatz von einem Unternehmen mit niedrigem Kreditrisiko erhält." Was ist der Grund dafür?

24.19 Gilt die Put-Call-Parität bei Existenz eines Ausfallrisikos? Erläutern Sie Ihre Antwort.

24.20 Angenommen, bei einem Asset Swap beträgt der Marktpreis der Anleihe je Dollar Nominalbetrag B und der Wert der Anleihe bei Ausschluss von Ausfällen je

Dollar Nominalbetrag B^*. V sei der Barwert des Asset Swap Spread je Dollar Nominalbetrag. Zeigen Sie, dass $V = B - B^*$.

24.21 Zeigen Sie, dass im Merton-Modell von Abschnitt 24.6 der Credit Spread auf einen T-jährigen Zerobond $\ln[N(d_2) + N(-d_1)/L]/T$ beträgt, wobei $L = De^{-rT}/V_0$.

24.22 Angenommen, der Spread zwischen den Renditen einer dreijährigen risikolosen Nullkupon-Anleihe und einer dreijährigen Nullkupon-Anleihe einer Aktiengesellschaft beträgt 1%. Um welchen Betrag übersteigt das Ergebnis der Black-Scholes-Formel den Wert einer von der Aktiengesellschaft verkauften europäischen Option?

24.23 Geben Sie je ein Beispiel für ein (a) „Right-Way Risk" und ein (b) „Wrong-Way Risk".

Zur weiteren Vertiefung

24.24 Angenommen, eine dreijährige Unternehmensanleihe liefert einen Kupon von 7% pro Jahr mit halbjährlicher Zahlung und hat eine Rendite von 5% (bei halbjährlicher Verzinsung). Die Renditen von risikolosen Anleihen betragen für alle Laufzeiten 4% per annum (bei halbjährlicher Verzinsung). Angenommen, Ausfälle können alle sechs Monate auftreten (unmittelbar vor einer Kuponzahlung) und die Recovery Rate beträgt 45%. Schätzen Sie die (als konstant angenommene) Hazard Rate für die drei Jahre.

24.25 Ein Unternehmen hat ein- und zweijährige Anleihen emittiert, die jeweils einen Kupon von 8% pro Jahr mit jährliche Auszahlung bieten. Die Anleiherenditen (bei stetiger Verzinsung) betragen 6,0% bzw. 6,6%. Der risikolose Zinssatz beträgt für alle Laufzeiten 4,5%, die Recovery Rate 35%. Ausfälle können jeweils zur Jahresmitte auftreten. Bestimmen Sie die risikoneutrale Ausfallrate für jedes Jahr.

24.26 Erläutern Sie ausführlich den Unterschied zwischen realen und risikoneutralen Ausfallwahrscheinlichkeiten. Welche ist höher? Eine Bank handelt ein Kreditderivat, bei dem sie sich zur Zahlung von 100 $ am Ende eines Jahres verpflichtet, falls das Credit Rating eines bestimmten Unternehmens während des Jahres von A auf Baa oder schlechter fällt. Der risikolose Zinssatz für ein Jahr beträgt 5%. Bestimmen Sie unter Verwendung von Tabelle 24.5 den Wert des Derivats. Welche Annahmen treffen Sie? Entsteht dadurch eine Tendenz zur Über- oder zur Unterbewertung des Derivats?

24.27 Der Wert des Eigenkapitals eines Unternehmens beträgt 4 Millionen $ und seine Volatilität liegt bei 60%. In zwei Jahren müssen Verbindlichkeiten in Höhe von 15 Millionen $ zurückgezahlt werden. Der risikolose Zinssatz liegt bei 6% per annum. Bestimmen Sie unter Verwendung des Merton-Modells den erwarteten Verlust bei Ausfall, die Ausfallwahrscheinlichkeit und die Recovery Rate bei Zahlungsausfall. Erläutern Sie, warum das Merton-Modell eine hohe Recovery Rate liefert. (*Hinweis*: Für diese Aufgabe empfiehlt sich der Einsatz der Solver-Funktion von Excel.)

24.28 Angenommen, eine Bank besitzt Exposures eines bestimmten Typs mit einem Gesamtvolumen von 10 Millionen Dollar. Die durchschnittliche 1-Jahres-Ausfallwahrscheinlichkeit beträgt 1% und die durchschnittliche Recovery Rate 40%. Der Copula-Korrelationsparameter hat den Wert 0,2. Bestimmen Sie den 99,5%-Credit-VaR für ein Jahr.

24.29 Führen Sie Beispiel 24.6 weiter und berechnen Sie das CVA unter der Annahme, dass in der Mitte jedes Monats ein Ausfall eintreten kann. Die Ausfallwahrscheinlichkeit je Monat beträgt im ersten Jahr 0,001667 und im zweiten Jahr 0,0025.

24.30 Berechnen Sie für Beispiel 24.6 das DVA unter der Annahme, dass in der Mitte jedes Monats ein Ausfall eintreten kann. Die Ausfallwahrscheinlichkeit der Bank beträgt in den zwei Jahren 0,001 je Monat.

Kreditderivate

25.1	Credit Default Swaps	701
25.2	Bewertung von Credit Default Swaps	705
25.3	Indizes für Kreditderivate	709
25.4	Die Verwendung von festen Kupons	710
25.5	Forward-Kontrakte und Optionen auf CDS	711
25.6	Basket Credit Default Swaps	711
25.7	Total Return Swaps	712
25.8	Collateralized Debt Obligations	713
25.9	Die Rolle der Korrelation bei Basket CDS und CDO	715
25.10	Bewertung einer synthetischen CDO	716
25.11	Alternativen zum Marktstandard	724
	Zusammenfassung	726
	Literaturempfehlungen	727
	Praktische Fragestellungen	727

Kreditderivate

Eine der wichtigsten Entwicklungen auf den Derivatemärkten seit den 1990er Jahren war der Vormarsch von Kreditderivaten. 2000 betrug das gesamte Nominalkapital offener Kreditderivat-Kontrakte etwa 800 Milliarden Dollar. Zur Kreditkrise 2007 waren es bereits 50 Billionen Dollar. Nach der Krise ging die Größe des Marktes zurück, im Dezember 2012 betrug das gesamte Nominalkapital noch 25 Billionen Dollar. Kreditderivate sind Kontrakte, deren Auszahlung von der Kreditwürdigkeit eines oder mehrerer Unternehmen oder Länder abhängt. In diesem Kapitel erklären wir die Funktionsweise von Kreditderivaten und diskutieren Aspekte ihrer Bewertung.

Kreditderivate erlauben es, Kreditrisiken in ähnlicher Weise wie Marktrisiken zu handeln. Früher konnten Banken und andere Finanzinstitute nur warten (und das Beste hoffen), wenn sie ein bestimmtes Kreditrisiko übernommen hatten. Mittlerweile können sie ihre Kreditrisiko-Portfolios aktiv steuern, indem sie bestimmte Risiken behalten und sich gegenüber anderen durch den Abschluss von Kreditderivaten absichern. Banken sind traditionell die größte Käufergruppe von Absicherungsmaßnahmen gegen Kreditrisiken und Versicherungsunternehmen die größte Verkäufergruppe.

Man kann Kreditderivate in zwei Kategorien einteilen: „Single-Name"- und „Multi-Name"-Geschäfte. Das populärste Single-Name-Kreditderivat ist der Credit Default Swap. Die Auszahlung aus diesem Instrument hängt von der Entwicklung eines Landes oder eines Unternehmens ab. Die zwei Seiten des Kontrakts werden vom Käufer und dem Verkäufer der Absicherung eingenommen. Der Verkäufer der Absicherung zahlt dem Käufer einen bestimmten Betrag, wenn die spezifizierte Wirtschaftseinheit (Land oder Unternehmen) ihren Zahlungsverpflichtungen nicht nachkommen kann. Ein populäres Multi-Name-Kreditderivat ist die Collateralized Debt Obligation. Bei ihr wird ein Portfolio von Schuldinstrumenten festgelegt und eine komplexe Struktur geschaffen, die dafür sorgt, dass die Cash Flows aus dem Portfolio an die verschiedenen Anlegerkategorien gezahlt werden. Kapitel 8 beschreibt, wie im Zeitraum vor der Kreditkrise Multi-Name-Kreditderivate aus Privathypotheken gebildet wurden. In diesem Kapitel konzentrieren wir uns auf den Fall, dass die zugrunde liegenden Kreditrisiken von Unternehmen oder Staaten ausgehen.

Dieses Kapitel erklärt zunächst die Funktionsweise und die Bewertung von Credit Default Swaps. Danach werden Kreditindizes behandelt und es wird gezeigt, wie Händler mit ihnen Absicherung für ihr Portfolio erwerben können. Weiterhin werden Basket Credit Default Swaps, Asset Backed Securities und Collateralized Debt Obligations vorgestellt. Das Material aus Kapitel 24 wird erweitert, um zu zeigen, wie das Gaußsche-Copula-Modell der Ausfallkorrelation zur Bewertung der Tranchen von Collateralized Debt Obligations benutzt werden kann.

> ## Business Snapshot 25.1 – Wer trägt das Kreditrisiko?
>
> Traditionell waren es Banken, die Darlehen gewährten und dann das Kreditrisiko eines Ausfalls des Kreditnehmers trugen. Seit einiger Zeit nehmen Banken jedoch nur widerwillig Kredite in ihre Bilanzen auf, da die durchschnittliche Rendite auf Kredite nach Berücksichtigung der von den Aufsichtsbehörden geforderten Kapitalrücklage oft weniger attraktiv ist als die auf andere Assets.

Wie in Abschnitt 8.1 diskutiert, schufen die Banken Asset Backed Securities, um Darlehen (und deren Kreditrisiko) auf Anleger zu übertragen. Um die Jahrtausendwende setzten Banken in großer Zahl Kreditderivate ein, um das Kreditrisiko an andere Teile des Finanzsystems weiterzureichen.

Somit trägt oft ein anderes Finanzinstitut das Kreditrisiko bei einem Darlehen, als dasjenige, das ursprünglich den Kredit gewährte. Wie die Kreditkrise von 2007 gezeigt hat, ist dies nicht immer gut für das Finanzsystem als Ganzes.

25.1 Credit Default Swaps

Das populärste Kreditderivat ist der *Credit Default Swap* (CDS). Er wurde schon in Abschnitt 7.12 vorgestellt. Hierbei handelt es sich um einen Kontrakt, der eine Absicherung gegen das Ausfallrisiko eines bestimmten Unternehmens bietet. Dieses Unternehmen ist das so genannte *Referenzunternehmen (Reference Entity)* bzw. der *Referenzschuldner* und der Zahlungsausfall des Unternehmens wird als *Kreditereignis (Credit Event)* bezeichnet. Der Käufer der Absicherung erhält das Recht, vom Unternehmen emittierte Anleihen zu ihrem Nennwert zu verkaufen, wenn ein Kreditereignis eintritt. Der Verkäufer der Absicherung verpflichtet sich, die Anleihen zum Nennwert zu kaufen, wenn ein Kreditereignis eintritt.[1] Der Gesamtnennwert der Anleihen, die verkauft werden können, wird als *Nominalbetrag* des Credit Default Swap bezeichnet.

Der Käufer des CDS leistet bis zum Ende der Laufzeit des CDS, oder bis ein Kreditereignis eintritt, regelmäßige Zahlungen an den Verkäufer. Die Zahlungen erfolgen typischerweise vierteljährlich, es kommen aber auch halbjährliche oder jährliche Zahlungen sowie Zahlungen im Voraus vor. Die Abrechnung bei einem Ausfall besteht entweder in der physischen Lieferung der Anleihe oder in einer Barzahlung.

Ein Beispiel soll veranschaulichen, wie ein typisches Geschäft strukturiert ist. Nehmen wir an, dass am 20. März 2015 zwei Parteien in einen fünfjährigen Credit Default Swap einsteigen. Wir nehmen an, dass der Nominalbetrag 100 Millionen \$ beträgt und der Käufer zustimmt, jährlich 90 Basispunkte als Absicherung gegen einen Zahlungsausfall des Referenzschuldners zu zahlen, wobei die Zahlungen in vierteljährlichen Raten erfolgen.

Der CDS ist in Abbildung 25.1 veranschaulicht. Wenn der Referenzschuldner nicht zahlungsunfähig ist (d. h. kein Kreditereignis eintritt), erhält der Käufer keine Auszahlung und zahlt ab 20. Juni 2015 vierteljährlich bis zum 20. März 2020 einen Betrag von 22,5 Basispunkten auf 100 000 000 \$. Der vierteljährlich zu zahlende Betrag beläuft sich auf $0{,}00225 \cdot 100\,000\,000 = 225\,000$ \$.[2] Wenn ein Kreditereignis eintritt, ist eine beträchtliche Auszahlung wahrscheinlich. Angenommen, der Käufer zeigt dem Verkäufer ein Kreditereignis für den 20. Mai 2018 an (nach zwei Monaten des vierten Jahres). Wenn der Vertrag eine physische Lieferung vorsieht, hat der Käufer das Recht, Referenzanleihen im Nominalwert von 100 Millionen \$

---

[1] Der Nennwert einer Kupon-Anleihe (Par Value) ist der Nominalbetrag, den der Emittent bei Fälligkeit zurückzahlt, wenn er nicht ausfällt.

[2] Aufgrund der Tagzählungskonventionen weichen die tatsächlichen vierteljährlichen Zahlungen vermutlich geringfügig von diesem Betrag ab.

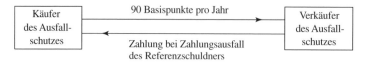

Abbildung 25.1: Credit Default Swap

für 100 Millionen $ zu verkaufen. Wenn der Vertrag, wie mittlerweile üblich, einen Barausgleich vorsieht, wird ein von der ISDA organisierter Auktionsprozess in Gang gesetzt, mit dem der mittlere Marktpreis der Referenzanleihe nach einer vorab festgelegten Anzahl von Tagen nach dem Kreditereignis bestimmt wird. Wenn sich der Wert der Referenzanleihe mit 35 $ pro 100 $ des Wertes ergibt, würde die Barauszahlung 65 Millionen $ betragen.

Die regelmäßigen vierteljährlichen, halbjährlichen oder jährlichen Zahlungen des Käufers an den Verkäufer der Absicherung werden bei Eintreten eines Kreditereignisses eingestellt. Da die Zahlungen jedoch nachschüssig erfolgen, wird gewöhnlich vom Käufer eine letzte Zahlung verlangt. In unserem Beispiel, bei Ausfall am 20. Mai 2018, müsste der Käufer dem Verkäufer den anteiligen Wert für den Zeitraum vom 20. März 2018 bis zum 20. Mai 2018 erstatten (näherungsweise 150 000 $), es wären aber keine weiteren Zahlungen erforderlich.

Der Gesamtbetrag, der pro Jahr als Prozentsatz des fiktiven Nominalbetrags für die Absicherung gezahlt wird (in unserem Beispiel 90 Basispunkte), heißt *CDS Spread*. Einige große Banken treten am CDS-Markt als Market Maker auf. Ein Market Maker könnte etwa für einen neuen fünfjährigen Credit Default Swap auf ein Unternehmen einen Ankaufkurs von 250 Basispunkten und einen Verkaufskurs von 260 Basispunkten abgeben. Das bedeutet, dass der Market Maker bereit ist, Absicherung durch die Zahlung von 250 Basispunkten pro Jahr (also 2,5 % des Nominalbetrags pro Jahr) zu kaufen und Absicherung für 260 Basispunkte pro Jahr (also 2,6 % des Nominalbetrags pro Jahr) zu verkaufen.

Viele verschiedene Unternehmen und Länder dienen als Referenzgrößen beim Handel mit CDS-Kontrakten. Die Zahlungen erfolgen, wie bereits erwähnt, gewöhnlich in vierteljährlichen Raten. Am verbreitetsten sind fünfjährige Kontrakte mit vierteljährlichen Zahlungen, wobei Kontrakte mit anderen Laufzeiten (1, 2, 3, 7, 10 Jahre) nicht unüblich sind. Die Kontrakte werden gewöhnlich an einem der Standardtermine 20. März, 20. Juni, 20. September oder 20. Dezember fällig. Diese Vielfalt hat zur Folge, dass die tatsächliche Laufzeit bei Abschluss eines Kontraktes in etwa der festgelegten Laufzeit entspricht. Angenommen, Sie rufen am 15. November 2015 einen Händler an, um eine Fünf-Jahres-Absicherung auf ein Unternehmen zu kaufen. Dieser Kontrakt würde wahrscheinlich bis zum 20. Dezember 2020 laufen. Sie müssten am 20. Dezember 2015 Ihre erste Zahlung leisten, deren Höhe den Zeitraum vom 15. November 2015 bis zum 20. Dezember 2015 abdeckt.[3] Ein wesentlicher Aspekt eines CDS-Kontrakts ist die Festlegung, welche Ereignisse als Ausfall betrachtet werden. Üblicherweise wird ein Kreditereignis definiert als Zahlungsausfall, Restrukturierung von Schulden oder eine Insolvenz. Bei einigen Kontrakten im nordamerikanischen Raum ist die Restrukturierung ausgenommen, insbeson-

---

3 Nur wenn der erste Standardtermin weniger als einen Monat entfernt ist, wird die erste Zahlung im Normalfall erst zum zweiten Standardtermin geleistet.

dere dann, wenn die Rendite auf die Unternehmensschulden hoch ist. Business Snapshot 25.2 enthält weitere Informationen zum CDS-Markt.

> ## Business Snapshot 25.2 – Der CDS-Markt
>
> In den Jahren 1998 und 1999 entwickelte die International Swaps and Derivatives Association (ISDA) einen Standardkontrakt für den Handel mit Credit Default Swaps am Over-The-Counter-Markt. Seitdem hat der Markt an Popularität gewonnen. Ein CDS-Kontrakt ähnelt in vielerlei Hinsicht einem Versicherungskontrakt. Es gibt jedoch einen wesentlichen Unterschied. Ein Versicherungskontrakt bietet Schutz gegen Verluste eines Assets, welches man besitzt. Im Falle des CDS muss man dieses Asset nicht zwingend besitzen.
>
> Während der Kreditwirren, die im August 2007 begannen, gerieten die Regulierungsbehörden in starke Sorge bezüglich des Systemrisikos (siehe Business Snapshot 1.2). Ihrer Ansicht nach stellten Credit Default Swaps eine Quelle der Anfälligkeit für die Finanzmärkte dar. Die Gefahr besteht darin, dass der Ausfall eines Finanzinstituts zu großen Verlusten bei den Gegenparteien in CDS-Geschäften und somit zu weiteren Ausfällen führt. Diese Bedenken wurden durch die Probleme beim Versicherungsriesen AIG noch verstärkt. AIG verstand sich als wichtigen Verkäufer von Absicherungen für AAA-Tranchen, welche aus Hypotheken gebildet wurden (siehe Kapitel 8). Diese Absicherungen stellten sich als sehr kostspielig für AIG heraus, das Unternehmen wurde von der US-Regierung gerettet.
>
> Für viele Arten von Kreditderivaten kam der Handel 2007/2008 zum Erliegen, CDS wurden jedoch weiter aktiv gehandelt (auch wenn die Kosten für die Absicherung drastisch stiegen). Der Vorteil der CDS gegenüber vielen anderen Kreditderivaten besteht darin, dass ihre Wirkungsweise ziemlich einsichtig ist. Anderen Kreditderivaten, wie z. B. jenen, die aus der Verbriefung von Privathypotheken entstehen (siehe Kapitel 8), fehlt diese Transparenz.
>
> Es ist nicht unüblich, dass der Umfang an CDS auf ein Unternehmen die tatsächlichen Verbindlichkeiten übersteigt. In diesem Fall ist definitiv eine Barabwicklung der Kontrakte angezeigt. Als Lehman im September 2008 ausfiel, beliefen sich die CDS-Kontrakte auf etwa 400 Milliarden Dollar, die Verbindlichkeiten von Lehman betrugen 155 Milliarden Dollar. Die (durch einen Auktionsprozess bestimmte) Auszahlung an die Käufer der Absicherungen betrug 91,375 % des Nominalbetrages.
>
> Es gibt einen wesentlichen Unterschied zwischen Credit Default Swaps und den anderen OTC-Derivaten, den wir in diesem Buch auch schon angeführt haben. Die anderen OTC-Derivate sind von Zinssätzen, Wechselkursen, Aktienindizes, Rohstoffpreisen usw. abhängig. Es besteht kein Grund zu der Annahme, dass irgendein Marktteilnehmer bessere Informationen über diese Variablen besitzt als die anderen.
>
> Credit Default Swaps hängen dagegen von der Wahrscheinlichkeit ab, dass ein bestimmtes Unternehmen in einem bestimmten Zeitraum ausfällt. Sicher besitzen einige Marktteilnehmer mehr Informationen zum Abschätzen dieser Wahrscheinlichkeit als andere. Ein Finanzinstitut, das eng mit einem Unterneh-

men in Bezug auf Beratung, Kreditgewährung und Neuemission von Wertpapieren zusammenarbeitet, wird vermutlich einen tieferen Einblick in die Kreditwürdigkeit des Unternehmens besitzen als ein anderes Finanzinstitut, das keine Geschäftsbeziehungen zu dem Unternehmen unterhält. Der wissenschaftliche Begriff für dieses Phänomen ist das Problem der *asymmetrischen Information*. Finanzinstitute betonen, dass die Entscheidung zum Erwerb von Ausfallschutz gegenüber einem Unternehmen normalerweise von einem Risikomanager getroffen wird und nicht auf zusätzlichen speziellen Informationen beruht, die womöglich in anderen Abteilungen des Finanzinstituts über das Unternehmen existieren.

Credit Default Swaps und Anleiherenditen

Man kann mit einem CDS eine Position in einer Unternehmensanleihe absichern. Angenommen, ein Anleger kauft eine fünfjährige Unternehmensanleihe, mit der er eine Rendite von 7% auf ihren Nennwert erzielt, und schließt gleichzeitig einen fünfjährigen CDS ab, um sich gegen den Ausfall des Anleiheemittenten abzusichern. Angenommen, der CDS Spread beträgt 200 Basispunkte, also 2%, per annum. Durch den CDS wird aus der Unternehmensanleihe (zumindest näherungsweise) eine risikolose Anleihe. Fällt der Anleiheemittent nicht aus, erhält der Anleger nach Verrechnung des CDS Spread mit der Rendite der Unternehmensanleihe 5% pro Jahr. Bei einem Ausfall der Anleihe erhält der Anleger bis zum Zeitpunkt des Ausfalls 5%. Dann kann er die Anleihe gemäß den Bestimmungen des CDS zum Nennwert verkaufen. Den erhaltenen Nennwert kann der Anleger für den Rest der fünf Jahre zum risikolosen Zinssatz anlegen.

Dies zeigt, dass der CDS Spread für n Jahre in etwa dem Überschuss der Par Yield einer n-jährigen Unternehmensanleihe über die Par Yield einer risikolosen n-jährigen Anleihe entsprechen sollte. Ist der CDS Spread deutlich kleiner, dann kann ein Anleger durch Kauf der Unternehmensanleihe und Kauf der Absicherung eine höhere Rendite als den risikolosen Zinssatz erzielen. Ist der Spread wesentlich kleiner, dann kann ein Anleger Kapital für weniger als den risikolosen Zinssatz aufnehmen, indem er die Unternehmensanleihe leerverkauft und einen CDS verkauft.

Die *CDS-Anleihe-Basis* wird definiert als

$$\text{CDS-Anleihe-Basis} = \text{CDS Spread} - \text{Bond Yield Spread}$$

oder äquivalent als

$$\text{CDS-Anleihe-Basis} = \text{CDS Spread} - \text{Asset Swap Spread}$$

Bei der Ermittlung des Bond Yield Spreads wird die LIBOR/Swap Rate als risikoloser Zinssatz verwendet. Gewöhnlich werden der Bond Yield Spread und der Asset Swap Spread gleichgesetzt.

Das oben angeführte Arbitrageargument legt nahe, dass die CDS-Anleihe-Basis nahe null liegen sollte. Tatsächlich ist ihr Wert manchmal positiv (z. B. vor 2007) und manchmal negativ (z. B. 2007–2009). Das Vorzeichen der CDS-Anleihe-Basis zu einem beliebigen Zeitpunkt kann vom Referenzunternehmen abhängen.

Jahr	Ausfallwahrscheinlichkeit während des Jahres	Überlebenswahrscheinlichkeit bis zum Jahresende
1	0,0198	0,9802
2	0,0194	0,9608
3	0,0190	0,9418
4	0,0186	0,9231
5	0,0183	0,9048

Tabelle 25.1: Unbedingte Ausfallwahrscheinlichkeiten und Überlebenswahrscheinlichkeiten

Die Cheapest-to-Deliver-Anleihe

Wie in Abschnitt 24.3 erklärt, ist die Recovery Rate einer Anleihe definiert als der Wert der Anleihe unmittelbar nach einem Ausfall in Prozent des Nennwerts. Die Auszahlung aus einem CDS ist demnach $L(1-R)$, wobei L das fiktive Nominalkapital bezeichnet und R die Recovery Rate.

Gewöhnlich können unter einem CDS bei einem Ausfall verschiedene Anleihen geliefert werden. Die Anleihen haben typischerweise alle den gleichen Rang, können aber unmittelbar nach einem Ausfall zu unterschiedlichen Kursen (in Prozent des Nennwerts) notieren.[4] Damit hat der Inhaber eines CDS eine CtD-Anleihe-Option. Wie bereits erwähnt, wird üblicherweise ein von der ISDA organisierter Auktionsprozess dazu benutzt, den Wert der CtD-Anleihe und damit die Höhe der Auszahlung an den Absicherungskäufer zu bestimmen.

25.2 Bewertung von Credit Default Swaps

Der CDS Spread auf einzelne Referenzunternehmen kann aus den Schätzern für Ausfallwahrscheinlichkeiten errechnet werden. Wir wollen dies an einem 5-Jahres-CDS illustrieren.

Angenommen, die Hazard Rate eines Referenzunternehmens beträgt 2% für die gesamte Laufzeit des CDS von fünf Jahren. Tabelle 25.1 zeigt die Überlebenswahrscheinlichkeiten und die unbedingten Ausfallwahrscheinlichkeiten. Die Überlebenswahrscheinlichkeit bis zum Zeitpunkt t beträgt $e^{-0,02t}$. Die Ausfallwahrscheinlichkeit während eines Jahres ist die Differenz von Überlebenswahrscheinlichkeit bis zum Jahresanfang und Überlebenswahrscheinlichkeit bis zum Jahresende. So ist z. B. die Überlebenswahrscheinlichkeit bis zum Ende des zweiten Jahres (= Anfang des dritten Jahres) $e^{-0,02 \cdot 2} = 0,9608$ und die Überlebenswahrscheinlichkeit bis zum Ende des dritten Jahres $e^{-0,02 \cdot 3} = 0,9418$. Die Wahrscheinlichkeit eines Ausfalls im dritten Jahr beträgt demzufolge $0,9608 - 0,9418 = 0,0190$.

---

[4] Dafür gibt es viele Gründe. Bei einem Ausfall wird typischerweise ein Anspruch auf den Nennwert plus Stückzinsen erhoben. Anleihen mit hohen Stückzinsen zum Zeitpunkt des Ausfalls haben unmittelbar nach Ausfall tendenziell auch höhere Preise. Außerdem kann eine Markteinschätzung vorliegen, dass nach einer Restrukturierung des Unternehmens einige Anleiheinhaber bevorzugt werden.

Wir unterstellen, dass Ausfälle immer zur Jahresmitte eintreten und dass die Zahlungen für den Credit Default Swap einmal jährlich am Jahresende erfolgen. Weiterhin nehmen wir an, dass der risikolose Zinssatz 5% per annum bei stetiger Verzinsung beträgt und die Recovery Rate bei 40% liegt. Die Berechnung gliedert sich in drei Schritte, die in den Tabellen 25.2 bis 25.4 dargestellt sind.

Zeit (Jahre)	Überlebenswahrscheinlichkeit	erwartete Zahlung	Diskontierungsfaktor	Barwert der erwarteten Zahlung
1	0,9802	0,9802s	0,9512	0,9324s
2	0,9608	0,9608s	0,9048	0,8694s
3	0,9418	0,9418s	0,8607	0,8106s
4	0,9231	0,9231s	0,8187	0,7558s
5	0,9048	0,9048s	0,7788	0,7047s
Gesamt				4,0728s

Tabelle 25.2: Berechnung des Barwerts der erwarteten Zahlungen, Zahlung: s per annum

Tabelle 25.2 zeigt die Berechnung des erwarteten Barwerts der Zahlungen auf den CDS unter der Annahme von Zahlungen der Höhe s pro Jahr auf einen fiktiven Nominalbetrag von 1 $. So erfolgt z. B. die dritte Zahlung von s mit einer Wahrscheinlichkeit von 0,9418. Die erwartete Zahlung beträgt somit 0,9418s und ihr Barwert ist $0{,}9418 s e^{-0{,}05 \cdot 3} = 0{,}8106 s$. Der Gesamtbarwert der erwarteten Zahlungen beträgt 4,0728s.

Tabelle 25.3 zeigt die Berechnung des erwarteten Barwerts der Auszahlung bei einem Nominalbetrag von 1 $. Wie bereits erwähnt, nehmen wir an, dass Ausfälle immer zur Jahresmitte eintreten. So beträgt beispielsweise die Wahrscheinlichkeit für eine Auszahlung im dritten Jahr 0,0190. Mit der Recovery Rate von 40% ergibt sich für diesen Zeitpunkt eine erwartete Auszahlung von $0{,}0190 \cdot 0{,}6 \cdot 1 = 0{,}0114$. Der Barwert der erwarteten Auszahlung ist $0{,}0114 e^{-0{,}05 \cdot 2{,}5} = 0{,}0101$. Der Gesamtbarwert aller erwarteten Auszahlungen beträgt 0,0506.

Zeit (Jahre)	Ausfallwahrscheinlichkeit	Recovery Rate	erwartete Auszahlung ($)	Diskontierungsfaktor	Barwert der erwarteten Auszahlung ($)
0,5	0,0198	0,4	0,0119	0,9753	0,0116
1,5	0,0194	0,4	0,0116	0,9277	0,0108
2,5	0,0190	0,4	0,0114	0,8825	0,0101
3,5	0,0186	0,4	0,0112	0,8395	0,0094
4,5	0,0183	0,4	0,0110	0,7985	0,0088
Gesamt					0,0506

Tabelle 25.3: Berechnung des Barwerts der erwarteten Auszahlungen, fiktiver Nominalbetrag: 1 $

25.2 Bewertung von Credit Default Swaps

Zeit (Jahre)	Ausfallwahrscheinlichkeit	erwartete Zahlung	Diskontierungsfaktor	Barwert der erwarteten Zahlung
0,5	0,0198	0,0099s	0,9753	0,0097s
1,5	0,0194	0,0097s	0,9277	0,0090s
2,5	0,0190	0,0095s	0,8825	0,0084s
3,5	0,0186	0,0093s	0,8395	0,0078s
4,5	0,0183	0,0091s	0,7985	0,0073s
Gesamt				0,0422s

Tabelle 25.4: Berechnung des Barwerts der anteiligen Zahlungen

Im letzten Schritt zeigt Tabelle 25.4 die anteilige Zahlung, die bei einem Ausfall noch zu leisten ist. Beispielsweise beträgt die Wahrscheinlichkeit für eine anteilige Zahlung in der Mitte des dritten Jahres 0,0190. Die Höhe der Zahlung ist $0,5s$. Die erwartete Zahlung für diesen Zeitpunkt ergibt sich folglich als $0,0190 \cdot 0,5s = 0,0095s$. Ihr Barwert beträgt $0,0095s e^{-0,05 \cdot 2,5} = 0,0084s$. Der gesamte Barwert der erwarteten Zahlungen ist $0,0422s$.

Aus den Tabellen 25.2 und 25.4 ergibt sich der Barwert der erwarteten Zahlungen als

$$4,0728s + 0,0422s = 4,1150s.$$

Aus Tabelle 25.3 entnehmen wir, dass der Barwert der erwarteten Auszahlungen 0,0506 beträgt. Durch Gleichsetzung der beiden Werte

$$4,1150s = 0,0506$$

erhalten wir $s = 0,0123$. Der mittlere CDS Spread für das 5-Jahres-Geschäft sollte also das 0,0123fache des Nominalwerts bzw. 123 Basispunkte pro Jahr betragen. Man kann dieses Ergebnis auch mit dem CDS-Arbeitsblatt von DerivaGem erhalten.

Bei den vorangegangenen Berechnungen wurde unterstellt, dass Ausfälle nur in der Mitte zwischen zwei Zahlterminen auftreten. Diese einfache Annahme liefert gewöhnlich gute Resultate, kann aber auch problemlos gelockert werden.

Marking to Market eines CDS

Ein CDS kann wie die meisten anderen Swaps täglich bewertet werden. Sein Wert kann positiv oder negativ werden. Angenommen, der Credit Default Swap in unserem Beispiel wurde vor einiger Zeit für einen Spread von 150 Basispunkten abgeschlossen. Der Barwert der vom Käufer zu leistenden Zahlungen wäre $4,1150 \cdot 0,0150 = 0,0617$, der Barwert der Auszahlung wie oben 0,0506. Der Wert des Swaps für den Verkäufer wäre somit $0,0617 - 0,0506 = 0,0111$, d. h. das 0,0111fache des Nominalbetrags. Analog wäre der aktuelle Marktwert des Swaps für den Käufer der Absicherung das $-0,0111$fache des Nominalbetrags.

Schätzung von Ausfallwahrscheinlichkeiten

Die zur Bewertung eines CDS verwendeten Ausfallwahrscheinlichkeiten sollten risikoneutrale und nicht reale Wahrscheinlichkeiten darstellen (in Abschnitt 24.5 wird der Unterschied zwischen diesen beiden Wahrscheinlichkeiten diskutiert). Wie in Kapitel 24 erläutert, können risikoneutrale Ausfallwahrscheinlichkeiten aus Anleihepreisen oder Asset Swaps ermittelt werden. Ein andere Möglichkeit ist, sie aus CDS-Notierungen zu ermitteln. Der letztere Ansatz weist Ähnlichkeiten mit der an Optionsmärkten gängigen Praxis auf, implizite Volatilitäten aus den Preisen aktiv gehandelter Optionen zu bestimmen und mit ihnen weitere Optionen zu bepreisen.

Angenommen, wir ändern das Beispiel der Tabellen 25.2 bis 25.4 in der Hinsicht ab, dass wir die Ausfallwahrscheinlichkeiten nicht kennen. Stattdessen wissen wir, dass der mittlere CDS Spread für einen neu emittierten fünfjährigen CDS 100 Basispunkte pro Jahr beträgt. In Umkehrung unserer Berechnungen erhalten wir die implizite Hazard Rate mit 1,63% pro Jahr. Mit DerivaGem kann man aus der Strukturkurve der Credit Spreads eine Strukturkurve der Hazard Rates ableiten.

Binary Credit Default Swaps

Ein Binary Credit Default Swap entspricht einem Standard-CDS mit der Ausnahme, dass ein fixer Betrag ausgezahlt wird. Angenommen, im Beispiel der Tabellen 25.1 bis 25.4 beträgt die Auszahlung 1 $ anstatt $(1 - R)$ Dollar. Der Swap Spread ist s. Die Tabellen 25.1, 25.2 und 25.4 erfahren keine Änderungen, nur Tabelle 25.3 wird durch Tabelle 25.5 ersetzt. Der CDS Spread für den neuen Binary CDS wird durch $4,1150s = 0,0844$ gegeben. Damit beträgt der CDS Spread 0,0205 oder 205 Basispunkte.

Zeit (Jahre)	Ausfallwahr- scheinlichkeit	erwartete Auszahlung ($)	Diskontie- rungsfaktor	Barwert der erwarteten Auszahlung ($)
0,5	0,0198	0,0198	0,9753	0,0193
1,5	0,0194	0,0194	0,9277	0,0180
2,5	0,0190	0,0190	0,8825	0,0168
3,5	0,0186	0,0186	0,8395	0,0157
4,5	0,0183	0,0183	0,7985	0,0146
Gesamt				0,0844

Tabelle 25.5: Berechnung des Barwerts der erwarteten Auszahlung aus einem Binary Credit Default Swap, fiktiver Nominalbetrag: 1 $

Welche Bedeutung hat die Recovery Rate?

Egal, ob wir CDS Spreads oder Anleihepreise zur Schätzung von Ausfallwahrscheinlichkeiten einsetzen, wir brauchen einen Schätzer für die Recovery Rate. Allerdings ist der Wert eines CDS (bzw. der Schätzer für den CDS Spread) nicht sehr empfindlich gegenüber der Recovery Rate, vorausgesetzt, wir verwenden die gleiche Recovery Rate (a) für die Schätzung risikoneutraler Ausfallwahrscheinlichkeiten und (b) für die Bewertung des CDS. Dies liegt daran, dass die impliziten Ausfallwahrscheinlichkeiten in etwa proportional zu $1/(1 - R)$ und die Auszahlungen aus einem CDS proportional zu $1 - R$ sind.

Für die Bewertung eines Binary CDS trifft diese Argumentation nicht zu. Die impliziten Ausfallwahrscheinlichkeiten sind zwar nach wie vor näherungsweise proportional zu $1/(1 - R)$, die Auszahlungen aus dem CDS sind jedoch unabhängig von R. Haben wir sowohl für einen Standard-CDS als auch für einen Binary CDS einen CDS Spread, können wir die Recovery Rate und die Ausfallwahrscheinlichkeit ermitteln (siehe Aufgabe 25.24).

25.3 Indizes für Kreditderivate

Marktteilnehmer haben Indizes zur Abbildung der CDS Spreads entwickelt. 2004 kam es unter den verschiedenen Indexanbietern zu einer Konsolidierung. Zwei Standardportfolios, die von Indexanbietern verwendet werden, sind die folgenden:

1. Der CDX-NA-IG-Index, ein Portfolio von 125 nordamerikanischen Investment-Grade-Unternehmen.
2. Der iTraxx-Europe-Index, ein Portfolio von 125 europäischen Investment-Grade-Unternehmen.

Diese Portfolios werden immer am 20. März und 20. September aktualisiert. Unternehmen, die den Investment-Grade-Status verloren haben, werden aus dem jeweiligen Index entfernt und durch neue Investment-Grade-Unternehmen ersetzt.[5]

Angenommen, ein Market Maker bietet für den 5-Jahres-CDX-NA-IG-Index einen Ankaufkurs von 65 Basispunkten und einen Verkaufskurs von 66 Basispunkten an. (Die Differenz wird als Index Spread bezeichnet.) Das bedeutet in etwa, dass ein Anleger eine Absicherung auf alle 125 Unternehmen des Index für 66 Basispunkte je Unternehmen kaufen kann. Angenommen, ein Anleger möchte ein Volumen von 800 000 \$ für jedes Unternehmen absichern. Die Gesamtkosten belaufen sich auf $0{,}0066 \cdot 800\,000 \cdot 125 = 660\,000\,\$$ pro Jahr. Er könnte auch analog eine Absicherung in Höhe von 800 000 \$ für jedes der 125 Unternehmen zum Preis von 650 000 \$ pro Jahr verkaufen. Wenn ein Unternehmen ausfällt, erhält der Käufer der Absicherung die normale CDS-Auszahlung und die jährliche Zahlung wird um $660\,000/125 = 5280\,\$$ reduziert. Es gibt einen regen Handel mit 3-, 5-, 7- und 10-jährigen CDS zur Indexabsicherung. Die Fälligkeitstermine dieser Index-Kontrakte sind üblicherweise der 20. Dezember und der 20. Juni. (Ein „5-jähriger" Kontrakt hat also eine tatsächliche Laufzeit zwischen $4\frac{3}{4}$ und $5\frac{1}{4}$ Jahren.) Man kann also ungefähr sagen, dass der Index den Mittelwert der CDS Spreads auf die Unternehmen im zugrunde liegenden Portfolio wiedergibt.[6]

---

[5] Am 20. September 2013 wurden die Portfolios Series 20 iTraxx Europe und Series 21 CDX NA IG festgelegt. Die Seriennummern zeigen an, dass der iTraxx Europe bis Ende September 2007 19-mal aktualisiert wurde, der CDX NA IG 20-mal.

[6] Genauer gesagt, liegt der Index etwas unter diesem Mittelwert. Um dies zu verstehen, betrachten wir ein Portfolio, das aus zwei Unternehmen besteht. Das eine Unternehmen besitzt einen Spread von 1000 Basispunkten, das andere einen Spread von 10 Basispunkten. Der Kauf einer Absicherung auf die beiden Unternehmen würde etwas weniger als 505 Basispunkte je Unternehmen kosten, da man erwartet, dass man nicht so lange für den 1000-Basispunkte-Spread bezahlt wie für den 10-Basispunkte-Spread. Eine andere Schwierigkeit beim CDX NA IG (nicht jedoch beim iTraxx Europe) besteht darin, dass die Definition

25.4 Die Verwendung von festen Kupons

Die genaue Funktionsweise von CDS- und CDS-Index-Geschäften ist etwas komplizierter als eben beschrieben. Für jedes Underlying und jede Laufzeit wird ein „Kupon" und eine Recovery Rate festgelegt. Der Preis wird aus dem angegebenen Spread mit folgendem Verfahren errechnet:

1. Annahme von vier Ratenzahlungen pro Jahr,
2. Ermittlung der Hazard Rate aus dem angegebenen Spread mit Berechnungen analog zu Abschnitt 25.2. Mittels Iteration wird die Hazard Rate ermittelt, die zu dem angegebenen Spread führt.
3. Berechnung der „Duration" D für die CDS-Zahlungen. Mit dieser Kennziffer wird der Spread multipliziert und man erhält den Barwert der Spreadzahlungen. (Im Beispiel von Abschnitt 25.2 beträgt dieser Wert 4,1150.)
4. Der Preis P ergibt sich aus der Gleichung $P = 100 - 100 \cdot D \cdot (s-c)$. Dabei bezeichnet s den Index Spread und c den Kupon in dezimaler Schreibweise.

Wenn ein Händler Indexabsicherung kauft, so zahlt er $100 - P$ je 100 $ des gesamten verbleibenden Nominalkapitals an den Verkäufer dieser Absicherung. (Ist $100 - P$ negativ, dann erhält der Käufer Geld vom Verkäufer.) Weiterhin zahlt der Käufer an jedem Zahlungstermin einen Betrag in Höhe von Kupon mal verbleibendes Nominalkapital. (Das verbleibende Nominalkapital ergibt sich als Anzahl der Titel im Index, die noch nicht ausgefallen sind, multipliziert mit dem Nominalbetrag je Titel.) Die Auszahlung bei einem Ausfall wird auf die übliche Weise berechnet. Diese Regelung erleichtert den Handel, da sie wie Anleihen gehandelt werden. Die regelmäßigen vierteljährlichen Zahlungen des Absicherungskäufers sind unabhängig vom Index Spread zum Zeitpunkt des Kontraktabschlusses.

Beispiel 25.1 Angenommen, der iTraxx Europe notiert bei 34 Basispunkten und der Kupon für einen genau 5 Jahre währenden Kontrakt beträgt 40 Basispunkte (beide Angaben in 30/360 Tagzählung, welche die übliche Konvention der Tagzählung an CDS- und CDS-Index-Märkten darstellt). Die äquivalenten Actual/Actual-Notierungen sind 0,345% für den Index und 0,406% für den Kupon. Weiter wird angenommen, dass die Zinsstrukturkurve flach bei 4% ist (Actual/Actual-Tagzählung, stetige Verzinsung). Bei einer unterstellten Recovery Rate von 40% und angenommen vier Zahlungen pro Jahr, ergibt sich eine Hazard Rate von 0,5717% und eine Duration von 4,447 Jahren. Der Preis beträgt daher

$$100 - 100 \cdot 4{,}447 \cdot (0{,}00345 - 0{,}00406) = 100{,}27\,.$$

Betrachten wir nun einen Kontrakt, der pro Titel 1 Million $ absichert. Anfänglich würde der Verkäufer der Absicherung dem Käufer einen Betrag von $1\,000\,000 \cdot 125 \cdot 0{,}0027$ bezahlen. Danach würde der Absicherungskäufer vierteljährliche Ratenzahlungen leisten, die sich je Jahr auf insgesamt $1\,000\,000 \cdot$

---

eines Ausfalls für den Index Restrukturierung mit einschließt, während dies die Definition für die zugrunde liegenden CDS-Kontrakte nicht vorsehen muss.

0,00406·n belaufen, wobei n die Anzahl der Unternehmen bezeichnet, die nicht ausgefallen sind. Fällt ein Unternehmen aus, wird die Auszahlung auf die übliche Weise berechnet und es erfolgt eine Ausgleichszahlung vom Käufer an den Verkäufer, die zu einer Rate von 0,406% pro Jahr auf 1 Million $ berechnet wird.

25.5 Forward-Kontrakte und Optionen auf CDS

Nachdem sich der CDS-Markt etabliert hatte, lag es für die Derivatehändler nahe, auch Forwards und Optionen auf CDS Spreads zu handeln.[7] Ein Forward Credit Default Swap ist die Verpflichtung, zu einem bestimmten zukünftigen Zeitpunkt T einen bestimmten Credit Default Swap auf ein bestimmtes Referenzunternehmen zu kaufen oder zu verkaufen. Fällt das Referenzunternehmen vor dem Zeitpunkt T aus, verfällt der Forward-Kontrakt. So könnte eine Bank einen Forward-Kontrakt über den Verkauf einer in einem Jahr beginnenden fünfjährigen Absicherung auf ein Unternehmen für 280 Basispunkte abzuschließen. Falls das Unternehmen im Laufe des nächsten Jahres ausfällt, würde der Forward-Kontrakt nicht mehr bestehen.

Eine Credit-Default-Swap-Option ist eine Option auf den Kauf oder Verkauf eines bestimmten Credit Default Swap auf ein bestimmtes Referenzunternehmen zu einem bestimmten zukünftigen Zeitpunkt T. Ein Händler könnte beispielsweise das Recht auf den Kauf einer in einem Jahr beginnenden fünfjährigen Absicherung auf ein Unternehmen für 280 Basispunkte aushandeln. Dieses stellt eine Kaufoption dar. Beträgt der 5-Jahres-CDS-Spread für das Unternehmen in einem Jahr mehr als 280 Basispunkte, wird die Option ausgeübt, sonst verfällt sie. Die Kosten der Option würden im Voraus gezahlt werden. Analog könnte ein Anleger das Recht auf den Verkauf einer in einem Jahr beginnenden fünfjährigen Absicherung auf ein Unternehmen für 280 Basispunkte aushandeln. Dieses stellt eine Verkaufsoption dar. Beträgt der 5-Jahres-CDS-Spread für das Unternehmen in einem Jahr weniger als 280 Basispunkte, wird die Option ausgeübt, sonst verfällt sie. Die Optionskosten würden wiederum im Voraus gezahlt werden. Wie CDS Forwards verfallen auch CDS-Optionen, wenn das Referenzunternehmen vor Fälligkeit der Option ausfällt.

25.6 Basket Credit Default Swaps

In einem *Basket Credit Default Swap* gibt es eine Reihe von Referenzschuldnern. Ein *Add-up Basket CDS* bietet eine Auszahlung, wenn eines dieser Referenzunternehmen zahlungsunfähig wird. Er ist äquivalent mit einem Portfolio von Credit Default Swaps mit einem CDS für jeden Referenzschuldner. Ein *First-to-Default CDS* bietet nur eine Auszahlung, wenn der erste Referenzschuldner zahlungsunfähig wird. Ein *Second-to-Default CDS* bietet nur eine Auszahlung, wenn der zweite Referenzschuldner zahlungsunfähig wird. Allgemeiner bietet ein *nth-to-Default CDS* nur eine Auszahlung, wenn der n-te Referenzschuldner zahlungsunfähig wird. Die Auszahlungen werden wie für Standard-CDS ermittelt. Nachdem der relevante Ausfall eingetreten ist, erfolgt die Abrechnung. Der Swap endet dann, und keine Partei muss weitere Zahlungen leisten.

---

7 Die Bewertung dieser Instrumente wird diskutiert in J.C. Hull und A. White, „The Valuation of Credit Default Swap Options", *Journal of Derivatives*, 10, 5 (Frühjahr 2003): 40–50.

25.7 Total Return Swaps

Ein *Total Return Swap* ist eine Variante eines Kreditderivats. Er ist ein Vertrag, den gesamten Ertrag einer Anleihe oder eines anderen Referenzassets gegen LIBOR plus einen Spread zu tauschen. Der Gesamtertrag beinhaltet Kupons, Zinsen sowie den Gewinn oder Verlust eines Assets während der Laufzeit des Swaps.

Ein Beispiel für einen Total Return Swap ist eine fünfjährige Vereinbarung mit einem fiktiven Nominalkapital von 100 Millionen $ über den Tausch des gesamten Ertrages einer 5%igen Kupon-Anleihe gegen LIBOR plus 25 Basispunkte. Dies ist in Abbildung 25.2 dargestellt. Zu den Terminen der Kuponzahlung entrichtet der Zahler die aus einem Investment von 100 Millionen $ in die Anleihe erzielten Kupons. Der Empfänger zahlt auf einen Nominalbetrag von 100 Millionen $ Zinsen zum LIBOR plus 25 Basispunkte. (LIBOR wird an einem Kupontermin festgesetzt und wie bei einem einfachen Zinsswap zum nächsten Kupontermin gezahlt.) Am Ende der Laufzeit des Swaps erfolgt eine Zahlung, welche die Änderung des Anleihewertes widerspiegelt. Wenn die Anleihe beispielsweise während der Laufzeit des Swaps um 10% an Wert gewinnt, muss der Zahler am Ende der fünf Jahre 10 Millionen $ (= 10% von 100 Millionen $) entrichten. Entsprechend ist der Empfänger verpflichtet, am Ende der fünf Jahre 15 Millionen $ zu zahlen, wenn der Wert der Anleihe um 15% fällt. Tritt ein Ausfall der Anleihe ein, wird der Swap gewöhnlich beendet und der Empfänger leistet eine Abschlusszahlung, die der Differenz zwischen dem Nominalwert von 100 Millionen $ und dem Marktpreis entspricht.

Wenn man am Ende der Laufzeit des Swaps auf beiden Seiten das fiktive Nominalkapital addiert, kann man den Total Return Swap wie folgt charakterisieren: Der Zahler entrichtet die Cash Flows aus einem Investment von 100 Millionen $ in eine 5%ige Unternehmensanleihe. Der Empfänger zahlt die Cash Flows auf eine Anleihe von 100 Millionen $, die LIBOR plus 25 Basispunkte zahlt. Wenn der Zahler Eigentümer der Anleihe ist, gestattet ihm der Total Return Swap, das Kreditrisiko der Anleihe an den Empfänger weiterzugeben. Ist er nicht Eigentümer der Anleihe, ermöglicht ihm der Total Return Swap, in der Anleihe die Short-Position einzunehmen.

Total Return Swaps werden gewöhnlich als Hilfsmittel im Rahmen einer Finanzierung eingesetzt. Das wahrscheinlichste Szenario, das zum Abschluss des Swaps in Abbildung 25.2 führt, ist das folgende: Der Empfänger will 100 Millionen $ in die Referenzanleihe investieren. Er nimmt mit dem Zahler Kontakt auf (bei dem es sich wahrscheinlich um ein Finanzinstitut handelt) und geht den Swap ein. Anschließend investiert der Zahler 100 Millionen $ in die Anleihe. Dies belässt den Empfänger in derselben Position, als wenn er zum Kauf der Anleihe einen Kredit zu LIBOR plus 25 Basispunkte aufgenommen hätte. Der Zahler behält während der Laufzeit des Swaps das Eigentum an der Anleihe. Er hat daher ein wesentlich geringeres Ausfallrisiko-Exposure gegenüber dem Empfänger als für den Fall, dass er dem Empfänger zum Erwerb der Anleihe Geld geliehen hätte, wobei die Anleihe zur Besicherung

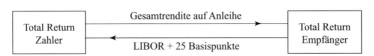

Abbildung 25.2: Total Return Swap

des Darlehens gedient hätte. Fällt der Empfänger aus, hat der Zahler nicht das rechtliche Problem der Verwertung der Besicherungsleistung. Total Return Swaps ähneln den Repos (siehe Abschnitt 4.1) dahingehend, dass sie so strukturiert sind, dass das Kreditrisiko bei der Finanzierung von Wertpapieren minimiert wird.

Der Spread über LIBOR, welchen der Zahler erhält, stellt eine Kompensation für das Risiko eines Zahlungsausfalls des Empfängers dar. Der Zahler verliert Geld, wenn der Zahlungsausfall des Empfängers zu einem Zeitpunkt eintritt, zu dem der Preis der Referenzanleihe fällt. Der Spread hängt daher von der Bonität des Empfängers, der Bonität des Emittenten der Anleihe sowie der Ausfallkorrelation zwischen beiden ab.

Es gibt eine Vielzahl von Varianten des eben beschriebenen Standardgeschäfts. Mitunter findet anstelle der Barzahlung der Änderung des Anleihewertes eine physische Lieferung statt. Hierbei tauscht der Zahler am Ende der Laufzeit des Swaps das zugrunde liegende Asset gegen das fiktive Nominalkapital. Mitunter werden die Zahlungen aufgrund der Änderung des Wertes periodisch durchgeführt anstatt zum Ende der Laufzeit.

25.8 Collateralized Debt Obligations

Asset Backed Securities (ABS) haben wir in Kapitel 8 behandelt. Abbildung 8.1 zeigt eine einfache Variante. Eine ABS, bei der Anleihen als zugrunde liegende Assets fungieren, heißt *Collateralized Debt Obligation* (CDO). Für die Zins- und Tilgungszahlungen auf die Anleihen wird ein Wasserfall analog zu Abbildung 8.2 definiert. Die exakten Regelungen, welche dem Wasserfall zugrunde liegen, sind kompliziert. Zusammenfassend lässt sich jedoch sagen, dass sie sicherstellen, dass höherrangige Tranchen mit höherer Wahrscheinlichkeit die versprochenen Zins- und Tilgungszahlungen erhalten.

Synthetische CDOs

Die eben besprochene Struktur (Bildung einer CDO aus einem Anleiheportfolio) wird als *Cash CDO* bezeichnet. Eine wichtige Erkenntnis im Markt lautet, dass die Long-Position in einer Unternehmensanleihe im Prinzip dasselbe Kreditrisiko hat wie eine Short-Position in einem CDS, dessen Referenzgröße gerade das emittierende Unternehmen ist. Diese Beobachtung führte zu einer alternativen Struktur, der *synthetischen CDO*, welche große Popularität erlangt hat.

Der Arrangeur einer synthetischen CDO stellt ein Portfolio aus Unternehmen zusammen und legt eine Laufzeit (z. B. 5 Jahre) für die Struktur fest. Dann verkauft er CDS-Absicherung auf jedes Unternehmen des Portfolios, wobei die CDS-Laufzeiten mit der Laufzeit der neuen Struktur übereinstimmen. Der Nominalbetrag der synthetischen CDO ist die Summe aller den CDS zugrunde liegenden Nominalbeträge. Die Geldzuflüsse des Arrangeurs ergeben sich aus den CDS Spreads, Geldabflüsse entstehen, wenn Unternehmen aus dem Portfolio ausfallen. Es werden wieder Tranchen gebildet und die Geldflüsse auf die Tranchen verteilt. Die Regelungen zur Bestimmung der Zu- und Abflüsse der Tranchen sind bei einer synthetischen CDO transparenter als bei einer Cash CDO. Angenommen, es gibt nur drei Tranchen: Equity, Mezzanine und Senior. Dann könnten die Regelungen so aussehen:

1. Die Equity-Tranche deckt die ersten 5% der Auszahlungen auf die CDS ab. Der Spread beträgt 1000 Basispunkte pro Jahr auf das verbleibende Kapital der Tranche.
2. Die Mezzanine-Tranche deckt die Zahlungen oberhalb von 5% bis hin zu maximal 20% des Nominalwerts der synthetischen CDO ab. Der Ertrag beträgt 100 Basispunkte pro Jahr auf das verbleibende Kapital der Tranche.
3. Die Senior-Tranche deckt die Zahlungen oberhalb von 20% ab. ab. Der Ertrag beträgt 10 Basispunkte pro Jahr auf das verbleibende Kapital der Tranche.

Um die Funktionsweise der synthetischen CDO zu verstehen, nehmen wir an, dass ihr Nominalkapital 100 Millionen $ beträgt. Das Nominalkapital für Equity-, Mezzanine- und Senior-Tranche beträgt 5 Millionen $, 15 Millionen $ bzw. 80 Millionen $. Die Tranchen erzielen zu Beginn die für diese Nominalbeträge festgelegten Spreads. Angenommen, nach einem Jahr hat das Portfolio von Credit Default Swaps Ausfallverluste in Höhe von 2 Millionen $ erlitten. Diese Verluste werden durch die Inhaber der Equity-Tranche getragen und das Nominalkapital der Tranche wird auf 3 Millionen $ reduziert, sodass der Spread (1000 Basispunkte) nun auf 3 Millionen $ statt auf 5 Millionen $ realisiert wird. Wenn später während der Laufzeit der CDO weitere 4 Millionen $ ausgezahlt werden müssen, dann beläuft sich die von der Equity-Tranche zu leistende Zahlung auf 5 Millionen $ und ihr Nominalkapital ist aufgebraucht. Die Inhaber der Mezzanine-Tranche müssen 1 Million $ zahlen. Dadurch reduziert sich ihr verbleibendes Nominalkapital auf 14 Millionen $.

Cash CDOs verlangen von den Tranchen-Inhabern eine Anfangsinvestition, um die zugrunde liegenden Anleihen zu finanzieren. Die Inhaber von synthetischen CDOs müssen dagegen keine anfänglichen Zahlungen leisten. Sie müssen nur der Berechnungsgrundlage für die Kapitalflüsse zustimmen. In der Realität sind sie allerdings so gut wie immer verpflichtet, den anfänglichen Nominalbetrag als Sicherheit zu hinterlegen. Wird die Tranche für Auszahlungen aus einem CDS herangezogen, so wird das Geld aus diesen Sicherheiten entnommen. Auf das Sicherheitskonto werden Zinsen in Höhe des LIBOR-Satzes gezahlt.

Standardportfolios und Single-Tranche-Handel

Bei den von uns beschriebenen synthetischen CDOs verkaufen die Trancheninhaber Absicherungen an den CDO-Arrangeur, welcher wiederum Absicherung auf CDS an andere Marktteilnehmer verkauft. Der Handel einer Tranche ohne Bildung des zugrunde liegenden Portfolios von CDS-Short-Positionen stellte eine Marktinnovation dar. Dieser Vorgang wird *Single-Tranche-Handel* genannt. Bei diesem Handel gibt es zwei Parteien: den Käufer der Absicherung auf die Tranche und den Verkäufer der Absicherung auf die Tranche. Das Portfolio von CDS-Short-Positionen wird als Bezugsgröße zur Berechnung der Kapitalflüsse zwischen beiden Seiten herangezogen, aber nicht wirklich zusammengestellt. Der Absicherungskäufer zahlt den Tranchen-Spread an den Absicherungsverkäufer, während der Absicherungsverkäufer an den Absicherungskäufer Beträge bezahlt, deren Höhe sich nach den Verlusten des CDS-Referenzportfolios der Tranche richtet.

In Abschnitt 25.3 diskutierten wir die CDS-Indizes wie den CDX NA IG und den iTraxx Europe. Der Markt verwendet die diesen Indizes zugrunde liegenden Portfolios zur Festlegung von Standardtranchen für synthetische CDOs. Diese Portfolios werden sehr aktiv gehandelt. Die sechs Standardtranchen des iTraxx Europe decken

Datum	0–3%	3–6%	Tranche 6–9%	9–12%	12–22%	iTraxx Index
31. Januar 2007	10,34%	41,59	11,95	5,60	2,00	23
31. Januar 2008	30,98%	316,90	212,40	140,00	73,60	77
30. Januar 2009	64,28%	1185,63	606,69	315,63	97,13	165

Tabelle 25.6: Notierungen der 5-Jahres-Tranchen des iTraxx Europe; Angabe in Basispunkten außer für die 0–3%-Tranche, bei der die Notierung den Prozentsatz der Tranche angibt, der im Voraus zusätzlich zu 500 Basispunkten pro Jahr geleistet werden muss. *Quelle:* Creditex Group Inc.

Verluste in den Bereichen 0–3%, 3–6%, 6–9%, 9–12%, 12–22% und 22–100% ab. Die sechs Standardtranchen des CDX-NA-IG-Index decken Verluste in den Bereichen 0–3%, 3–7%, 7–10%, 10–15%, 15–30% und 30–100% ab.

Tabelle 25.6 zeigt die Notierungen für die 5-Jahres-iTraxx-Tranchen in drei aufeinander folgenden Jahren jeweils Ende Januar. Der Index Spread entspricht den Kosten für den Kauf einer Absicherung auf alle Unternehmen im Portfolio, wie in Abschnitt 25.3 beschrieben. Die Angaben für alle Tranchen mit Ausnahme der 0–3%-Tranche drücken diese Kosten in Basispunkten aus. (Wie bereits erläutert, erfolgen die Zahlungen auf ein Nominal, welches abnimmt, wenn die Tranche Verluste erleidet.) Bei der 0–3%-Tranche (Equity Tranche) leistet der Absicherungskäufer eine anfängliche Zahlung und zahlt dann 500 Basispunkte pro Jahr auf das verbleibende Tranchenkapital. Die Angabe in der Tabelle beschreibt die Höhe der anfänglichen Zahlung als Prozentsatz des anfänglichen Tranchenkapitals.

Welchen Unterschied zwei Jahre auf den Kreditmärkten ausmachen! Wie Tabelle 25.6 zeigt, hat die Kreditkrise zu einem gewaltigen Anwachsen der Credit Spreads geführt. Der iTraxx-Index stieg von 23 Basispunkten im Januar 2007 auf 165 Basispunkte im Januar 2009. Auch die einzelnen Tranchennotierungen verzeichnen deutliche Zunahmen. Ein Grund für die Änderungen sind die Ausfallwahrscheinlichkeiten, die vom Markt für Investment-Grade-Unternehmen höher angesetzt werden. Es kommt allerdings hinzu, dass Absicherungsverkäufer in vielen Fällen Liquiditätsprobleme hatten. Ihre zunehmende Risikoaversion führte dazu, dass sie höhere Risikoprämien verlangten.

25.9 Die Rolle der Korrelation bei Basket CDS und CDO

Die Kosten für die Absicherung in einem kth-to-Default CDS oder die Tranche einer CDO hängen wesentlich von der Ausfallkorrelation ab. Angenommen, es wird ein Basket von 100 Referenzunternehmen herangezogen, um einen fünfjährigen kth-to-Default CDS zu definieren, und jedes Referenzunternehmen hat eine risikoneutrale Wahrscheinlichkeit von 2% für einen Ausfall während der fünf Jahre. Gibt es zwischen den Referenzunternehmen keine Ausfallkorrelation, liefert die Binomialverteilung als Wahrscheinlichkeit für mindestens einen Ausfall während der fünf Jahre den Wert 86,74% und als Wahrscheinlichkeit für mindestens zehn Ausfälle den Wert 0,0034%. Ein First-to-Default CDS wäre also ziemlich wertvoll, während ein Tenth-to-Default CDS so gut wie wertlos ist.

Mit zunehmender Ausfallkorrelation sinkt die Wahrscheinlichkeit für einen oder mehr Ausfälle und steigt die Wahrscheinlichkeit für zehn oder mehr Ausfälle. Im Grenzfall, wenn die Ausfallkorrelation zwischen den Referenzunternehmen perfekt ist, entspricht die Wahrscheinlichkeit für mindestens einen Ausfall gleich der Wahrscheinlichkeit für mindestens zehn Ausfälle und beträgt 2%. Das liegt daran, dass in dieser extremen Situation die Referenzunternehmen im Prinzip gleich sind. Entweder sie fallen alle aus (mit Wahrscheinlichkeit 2%) oder keines fällt aus (mit Wahrscheinlichkeit 98%).

Die Bewertung einer Tranche einer synthetischen CDO ist ebenfalls abhängig von der Ausfallkorrelation. Bei geringer Korrelation ist die Junior Equity Tranche sehr risikobehaftet, während die Senior-Tranchen relativ sicher sind. Mit zunehmender Ausfallkorrelation nimmt das Risiko für die Junior-Tranchen ab, während es für die Senior-Tranchen steigt. Im Grenzfall vollkommener Ausfallkorrelation haben alle Tranchen das gleiche Risiko.

25.10 Bewertung einer synthetischen CDO

Mit der DerivaGem-Software lassen sich synthetische CDOs bewerten. Zur Erklärung der Berechnungen nehmen wir an, dass $\tau_1, \tau_2, \ldots, \tau_m$ sowie $\tau_0 = 0$ die Zahlungstermine einer synthetischen CDO sind. Wir definieren E_j als das erwartete Tranchen-Nominalkapital zum Zeitpunkt τ_j und $v(\tau)$ als den Barwert von 1 \$ zum Zeitpunkt τ. Angenommen, der Spread für eine bestimmte Tranche (d.h., die Kosten der Absicherung in Basispunkten) beträgt s pro Jahr. Dieser Spread wird auf das verbleibende Tranchen-Nominalkapital gezahlt. Der Barwert der erwarteten regulären Spread-Zahlungen auf die CDO beträgt daher sA, wobei

$$A = \sum_{j=1}^{m} (\tau_j - \tau_{j-1}) E_j v(\tau_j) \,. \tag{25.1}$$

Der erwartete Verlust zwischen den Zeitpunkten τ_{j-1} und τ_j ist $E_{j-1} - E_j$. Wir unterstellen, dass der Verlust zur Mitte des Zeitintervalls eintritt (d.h., zum Zeitpunkt $0{,}5\tau_{j-1} + 0{,}5\tau_j$). Der Barwert der erwarteten Auszahlungen auf die CDO-Tranche beläuft sich somit auf

$$C = \sum_{j=1}^{m} (E_{j-1} - E_j) v(0{,}5\tau_{j-1} + 0{,}5\tau_j) \,. \tag{25.2}$$

Die Ausgleichszahlung bei Verlusten beträgt sB, wobei

$$B = \sum_{j=1}^{m} 0{,}5(\tau_j - \tau_{j-1})(E_{j-1} - E_j) v(0{,}5\tau_{j-1} + 0{,}5\tau_j) \,. \tag{25.3}$$

Der Wert der Tranche für den Absicherungskäufer ist $C - sA - sB$. Der Break-Even-Spread ist erreicht, wenn der Barwert der Einzahlungen dem Barwert der Auszahlungen entspricht:

$$C = sA + sB \,.$$

Er beträgt somit

$$s = \frac{C}{A + B} \,. \tag{25.4}$$

Die Gleichungen (25.1) bis (25.3) zeigen, dass dem erwarteten Tranchen-Nominalkapital bei der Berechnung des Break-Even-Spread der Tranche eine Schlüsselrolle zukommt. Wenn wir das erwartete Tranchen-Nominalkapital für alle Zahlungstermine und die Spot-Rate-Strukturkurve kennen, ist die Berechnung des Break-Even-Spread der Tranche mit Gleichung (25.4) möglich.

Verwendung des Gaußschen-Copula-Modells für die Zeit bis zum Ausfall

Das Einfaktor-Gauß-Copula-Modell für die Zeit bis zum Ausfall haben wir in Abschnitt 24.8 vorgestellt. Es ist das Standard-Markt-Modell für die Bewertung synthetischer CDOs. Es wird unterstellt, dass alle Unternehmen mit der gleichen Wahrscheinlichkeit $Q(t)$ bis zum Zeitpunkt t ausfallen. Gleichung (24.10) überführt diese unbedingte Ausfallwahrscheinlichkeit bis zum Zeitpunkt t in eine Ausfallwahrscheinlichkeit bis zum Zeitpunkt t in Abhängigkeit vom Faktor F:

$$Q(t|F) = N\left(\frac{N^{-1}[Q(t)] - \sqrt{\rho}F}{\sqrt{1-\rho}}\right), \qquad (25.5)$$

wobei ρ die Copula-Korrelation ist, welche für beliebige zwei Unternehmen immer die gleiche sein soll.

Bei der Berechnung von $Q(t)$ wird üblicherweise angenommen, dass die Hazard Rate für ein Unternehmen konstant ist und mit dem Index-Spread konsistent ist. Die angenommene Hazard Rate lässt sich mit dem Ansatz zur CDS-Bewertung aus Abschnitt 25.2 berechnen, indem man dort nach der Hazard Rate sucht, die den Index-Spread ergibt. Angenommen, diese Hazard Rate sei λ. Dann gilt mit Gleichung (24.1)

$$Q(t) = 1 - e^{-\lambda t}. \qquad (25.6)$$

Wegen der Eigenschaften der Binomialverteilung gilt mit dem Standard-Markt-Modell für die Wahrscheinlichkeit von genau k Ausfällen bis zum Zeitpunkt t in Abhängigkeit von F

$$P(k,t|F) = \frac{n!}{(n-k)!k!}Q(t|F)^k[1 - Q(t|F)]^{n-k}, \qquad (25.7)$$

wobei n die Anzahl der Referenzunternehmen bezeichnet. Angenommen, die betrachtete Tranche deckt die Verluste auf das Portfolio zwischen α_L und α_H ab. Der Parameter α_L heißt *Attachment Punkt*, der Parameter α_H wird als *Detachment Punkt* bezeichnet. Wir definieren

$$n_L = \frac{\alpha_L n}{1-R} \quad \text{und} \quad n_H = \frac{\alpha_H n}{1-R},$$

wobei R die Recovery-Rate bezeichnet. Weiterhin bezeichnen wir mit $m(x)$ die kleinste ganze Zahl, die größer als x ist. Ohne Einschränkung der Allgemeinheit nehmen wir an, dass das Nominalkapital der Tranche zu Beginn den Wert 1 aufweist. Solange die Anzahl k der Ausfälle kleiner als $m(n_L)$ ist, behält das Nominalkapital den Wert 1. Es hat den Wert null, wenn die Anzahl der Ausfälle größer oder gleich $m(n_H)$ ist. Dazwischen hat das Tranchen-Nominalkapital den Wert

$$\frac{\alpha_H - k(1-R)/n}{\alpha_H - \alpha_L}.$$

Wir definieren $E_j(F)$ als das erwartete Tranchen-Nominalkapital zum Zeitpunkt τ_j in Abhängigkeit vom Faktor F. Damit folgt

$$E_j(F) = \sum_{k=0}^{m(n_L)-1} P(k,\tau_j|F) + \sum_{k=m(n_L)}^{m(n_H)-1} P(k,\tau_j|F) \frac{\alpha_H - k(1-R)/n}{\alpha_H - \alpha_L}. \tag{25.8}$$

Wir bezeichnen mit $A(F)$, $B(F)$ und $C(F)$ die Werte von A, B und C in Abhängigkeit von F. Analog zu den Gleichungen (25.1) bis (25.3) gilt

$$A(F) = \sum_{j=1}^{m} (\tau_j - \tau_{j-1}) E_j(F) v(\tau_j) \tag{25.9}$$

$$B(F) = \sum_{j=1}^{m} 0{,}5(\tau_j - \tau_{j-1})(E_{j-1}(F) - E_j(F)) v(0{,}5\tau_{j-1} + 0{,}5\tau_j) \tag{25.10}$$

$$C(F) = \sum_{j=1}^{m} (E_{j-1}(F) - E_j(F)) v(0{,}5\tau_{j-1} + 0{,}5\tau_j). \tag{25.11}$$

Die Variable F ist standardnormalverteilt. Um die unbedingten Werte von A, B und C zu ermitteln, muss man $A(F)$, $B(F)$ und $C(F)$ über eine Standardnormalverteilung integrieren. Nachdem die unbedingten Werte von A, B und C zur Verfügung stehen, ergibt sich der Break-Even-Spread der Tranche als $C/(A+B)$.[8]

Die Integration wird zweckmäßiger Weise mithilfe der Gauß-Quadratur durchgeführt. Dabei wird die Näherung

$$\int_{-\infty}^{\infty} \frac{1}{\sqrt{2\pi}} e^{-F^2/2} g(F)\, dF \approx \sum_{k=1}^{M} w_k g(F_k) \tag{25.12}$$

verwendet, deren Genauigkeit mit steigendem M zunimmt. Die Werte für w_k und F_k für verschiedene Werte von M sind auf der Homepage des Autors angegeben.[9] Der Wert für M ist doppelt so hoch wie die Variable „Anzahl der Integrationspunkte" der DerivaGem-Software. Gewöhnlich wird mit $M = 20$ eine zufrieden stellende Genauigkeit erreicht.

Beispiel 25.2 Wir betrachten die Mezzanine-Tranche des iTraxx Europe (fünfjährige Laufzeit) mit einer Copula-Korrelation von 0,15 und einer Recovery Rate von 40%. In diesem Fall haben wir $\alpha_L = 0{,}03$, $\alpha_H = 0{,}06$, $n = 125$, $n_L = 6{,}25$ und $n_H = 12{,}5$. Wir unterstellen weiter, dass die Zinsstrukturkurve flach bei 3,5% ist, Zahlungen quartalsweise erfolgen und der CDS-Spread auf den Index 50 Basispunkte beträgt. Mit einer ähnlichen Rechnung wie in Abschnitt 25.2 erhält man als Wert der zu diesem CDS-Spread gehörenden

---

[8] Bei der Equity Tranche ergibt sich die Anfangszahlung, die zusätzlich zu 500 Basispunkten pro Jahr geleistet werden muss. Die Break-Even-Anfangszahlung beträgt $C - 0{,}05(A+B)$.
[9] Die Parameter w_k und F_k werden aus den Lösungen von Hermite-Polynomen gewonnen. Weitere Informationen zur Gauß-Quadratur erhält man auf der Homepage des Autors www.rotman.utoronto.ca/~hull/ofod/index.html unter Technical Note 21.

konstanten Hazard Rate 0,83%. Tabelle 25.7 zeigt einen Ausschnitt der verbleibenden Rechenschritte. In Gleichung (25.12) wird der Wert $M = 60$ verwendet. Die Faktorwerte F_k und ihre Gewichte w_k sind im ersten Tabellenabschnitt dargestellt. Das zweite Tabellensegment enthält die mit den Gleichungen (25.5) bis (25.8) ermittelten erwarteten Tranche-Nominalbeträge an den Zahlungsterminen in Abhängigkeit von den Faktorwerten. In den unteren drei Tabellenabschnitten werden die Werte für A, B und C in Abhängigkeit von den Faktorwerten unter Verwendung der Gleichungen (25.9) bis (25.11) ermittelt. Die unbedingten Werte für A, B und C ergeben sich aus der Integration von $A(F)$, $B(F)$ und $C(F)$ über die Wahrscheinlichkeitsverteilung von F. Dies wird durch jeweilige Gleichsetzung von $g(F)$ mit $A(F)$, $B(F)$ bzw. $C(F)$ in Gleichung (25.12) erreicht. Es ergeben sich die Werte

$$A = 4{,}2846\,, \quad B = 0{,}0187\,, \quad C = 0{,}1496\,.$$

Der Break-Even-Spread für die Tranche liegt somit bei $0{,}1496/(4{,}2846 + 0{,}0187) = 0{,}0348$, also 348 Basispunkten.

Man kann dieses Ergebnis mit DerivaGem ermitteln. Zunächst wird mit dem CDS-Tabellenblatt der Spread von 50 Basispunkten in eine Hazard Rate von 0,83% konvertiert. Dann wird das CDO-Tabellenblatt mit dieser Hazard Rate und 30 Integrationspunkten verwendet.

Bewertung eines *k*th-to-Default CDS

Ein kth-to-Default CDS kann ebenfalls unter Verwendung des Standardmodells in Abhängigkeit vom Faktor F bewertet werden. Die bedingte Wahrscheinlichkeit, dass der k-te Ausfall zwischen den Zeitpunkten τ_{j-1} und τ_j eintritt, ist die bedingte Wahrscheinlichkeit dafür, dass bis zum Zeitpunkt τ_j k oder mehr Ausfälle eintreten abzüglich der bedingten Wahrscheinlichkeit dafür, dass bis zum Zeitpunkt τ_{j-1} k oder mehr Ausfälle eintreten. Mit den Gleichungen (25.5) bis (25.7) lässt sich diese Wahrscheinlichkeit angeben:

$$\sum_{q=k}^{n} P(q, \tau_j | F) - \sum_{q=k}^{n} P(q, \tau_{j-1} | F)\,.$$

Es wird angenommen, dass die Ausfälle zwischen den Zeitpunkten τ_{j-1} und τ_j zum Zeitpunkt $0{,}5\tau_{j-1} + 0{,}5\tau_j$ eintreten. Damit kann man (in Abhängigkeit von F) die Barwerte der Zahlungen und der Auszahlungen auf die gleiche Weise ermitteln wie bei Auszahlungen für reguläre CDS (siehe Abschnitt 25.2). Mittels Integration über F können die unabhängigen Barwerte der Zahlungen und der Auszahlungen berechnet werden.

Beispiel 25.3 Wir betrachten ein Portfolio, welches aus 10 Anleihen besteht, die alle eine Hazard Rate von 2% per annum besitzen. Uns interessiert die Bewertung eines Third-to-Default CDS, bei dem die Zahlungen in jährlichen Raten erfolgen. Angenommen, die Copula-Korrelation beträgt 0,3, die Recovery Rate 40% und alle risikolosen Zinssätze 5%. Wie in Tabelle 25.7

betrachten wir 60 verschiedene Faktorwerte. Die unbedingte kumulative Ausfallwahrscheinlichkeit einer Anleihe im Jahr 1, 2, 3, 4, 5 beträgt 0,0198, 0,0392, 0,0582, 0,0769 bzw. 0,0952. Wir greifen uns nun willkürlich den Faktorwert $F = -1{,}0104$ heraus. Gleichung (25.5) liefert mit diesem Faktorwert die Ausfallwahrscheinlichkeiten 0,0361, 0,0746, 0,1122, 0,1484 bzw. 0,1830. Aus der Binomialverteilung ergeben sich für die bedingte Wahrscheinlichkeit von drei oder mehr Ausfällen bis zum Ende des Jahres 1, 2, 3, 4, 5 die Werte 0,0047, 0,0335, 0,0928, 0,1757 bzw. 0,2717. Die Wahrscheinlichkeit, dass der dritte Ausfall während des Jahres 1, 2, 3, 4, 5 eintritt, beträgt folglich 0,0047, 0,0289, 0,0593, 0,0829 bzw. 0,0960. Eine ähnliche Analyse wie in Abschnitt 25.2 ergibt die Barwerte für Auszahlungen, Zahlungen und Ausgleichszahlungen unter der Bedingung $F = -1{,}0104$ als $0{,}1379$, $3{,}8443s$ bzw. $0{,}1149s$, wobei s den Spread bezeichnet. Analoge Berechnungen werden für die anderen 59 Faktorwerte durchgeführt. Die Integration über F erfolgt mithilfe der Näherungsgleichung (25.12). Es ergeben sich als unabhängige Barwerte für Auszahlungen, Zahlungen und Ausgleichszahlungen $0{,}0629$, $4{,}0580s$ bzw. $0{,}0524s$. Der Break-Even-Spread des CDS ergibt sich daher zu

$$0{,}0629/(4{,}0580 + 0{,}0524) = 0{,}0153$$

bzw. 153 Basispunkten.

Implizite Korrelation

Im Modell, welches den Marktstandard darstellt, wird die Recovery Rate gewöhnlich mit 40% angenommen. Damit verbleibt im Modell nur der Parameter a (bzw. die Copula-Korrelation $\rho = a^2$) als unbekannte Größe. Damit weist das Modell Ähnlichkeiten zum Black-Scholes-Merton-Modell auf, das ebenfalls nur einen unbekannten Parameter, die Volatilität, besitzt. Marktteilnehmer leiten daher gern eine Korrelation für Tranchen aus den Marktnotierungen auf die gleiche Weise ab, wie sie es bei der impliziten Volatilität aus den Marktpreisen von Optionen machen.

Angenommen, die Wertepaare $\{\alpha_L, \alpha_H\}$ für aufeinanderfolgende Tranchen der höheren Bedienränge seien $\{\alpha_0, \alpha_1\}$, $\{\alpha_1, \alpha_2\}$, $\{\alpha_2, \alpha_3\}$, ..., wobei $\alpha_0 = 0$. (Für den iTraxx Europe ergeben sich z. B. die Werte $\alpha_0 = 0$, $\alpha_1 = 0{,}03$, $\alpha_2 = 0{,}06$, $\alpha_3 = 0{,}09$, $\alpha_4 = 0{,}12$, $\alpha_5 = 0{,}22$, $\alpha_6 = 1{,}00$.) Es gibt zwei alternative Maße für die implizite Korrelation. Eines ist die Compound Correlation (auch Tranche Correlation). Für eine Tranche $\{\alpha_{q-1}, \alpha_q\}$ gibt sie den Korrelationswert ρ an, der dazu führt, dass der mit dem Modell errechnete Spread mit dem Spread am Markt übereinstimmt. Dieser Wert wird durch Iteration gewonnen. Das andere Maß ist die Base Correlation. Für einen Parameter α_q ($q \geq 1$) beschreibt diese den Wert von ρ, der dazu führt, dass die $\{0, \alpha_q\}$-Tranche in Übereinstimmung mit dem Markt bepreist wird. Man erhält die Base Correlation mit dem folgenden Algorithmus:

1. Berechne die Compound Correlation für jede Tranche.
2. Berechne mithilfe der Compound Correlation den Barwert des erwarteten Verlusts jeder Tranche während der Laufzeit der CDO in Prozent des ursprünglichen

Faktorgewichte und -werte

w_k	...	...	0,1579	0,1579	0,1342	0,0969	...	...
F_k	...	...	0,2020	−0,2020	−0,6060	−1,0104	...	...

Erwarteter Nominalbetrag $E_j(F_k)$

Zeitpunkt								
$j=1$	...	...	1,0000	1,0000	1,0000	1,0000	...	...
⋮	⋮	⋮	⋮	⋮	⋮	⋮	⋮	⋮
$j=19$	...	...	0,9953	0,9687	0,8636	0,6134	...	...
$j=20$	...	...	0,9936	0,9600	0,8364	0,5648	...	...

Barwert der erwarteten Zahlung $A(F_k)$

$j=1$	...	...	0,2478	0,2478	0,2478	0,2478	...	...
⋮	⋮	⋮	⋮	⋮	⋮	⋮	⋮	⋮
$j=19$	...	...	0,2107	0,2051	0,1828	0,1299	...	...
$j=20$	...	...	0,2085	0,2015	0,1755	0,1185	...	...
Gesamt	...	...	4,5624	4,5345	4,4080	4,0361	...	...

Barwert der Ausgleichszahlung $B(F_k)$

$j=1$	...	...	0,0000	0,0000	0,0000	0,0000	...	...
⋮	⋮	⋮	⋮	⋮	⋮	⋮	⋮	⋮
$j=19$	...	...	0,0001	0,0008	0,0026	0,0051	...	...
$j=20$	...	...	0,0002	0,0009	0,0029	0,0051	...	...
Gesamt	...	...	0,0007	0,0043	0,0178	0,0478	...	...

Barwert der erwarteten Auszahlung $C(F_k)$

$j=1$	...	...	0,0000	0,0000	0,0000	0,0000	...	...
⋮	⋮	⋮	⋮	⋮	⋮	⋮	⋮	⋮
$j=19$	...	...	0,0011	0,0062	0,0211	0,0412	...	...
$j=20$	...	...	0,0014	0,0074	0,0230	0,0410	...	...
Gesamt	...	...	0,0055	0,0346	0,1423	0,3823	...	...

Tabelle 25.7: Bewertung der CDO in Beispiel 25.2: Nominalbetrag = 1; Zahlungsbeträge je Spreadeinheit

Nominalbetrags der Tranche. Diese Variable haben wir weiter oben als C definiert. C_q bezeichne den Wert von C für die Tranche $\{\alpha_{q-1}, \alpha_q\}$.

3. Berechne den Barwert des erwarteten Verlustes der $\{0, \alpha_q\}$-Tranche in Prozent des gesamten Nominalbetrages des zugrunde liegenden Portfolios. Er beträgt $\sum_{p=1}^{q} C_p(\alpha_p - \alpha_{p-1})$.

4. Der C-Wert für die $\{0, \alpha_q\}$-Tranche ist der in Schritt 3 ermittelte Wert geteilt durch α_q. Die Base Correlation ist nun derjenige Wert des Korrelationsparameters ρ, der mit diesem C-Wert konsistent ist. Er wird iterativ gewonnen.

Die Barwerte des Verlustes als Prozentwert des zugrunde liegenden Portfolios, die mit Schritt 3 für die iTraxx-Europe-Notierungen aus Tabelle 25.6 errechnet würden, sind in Abbildung 25.3 dargestellt. Die impliziten Korrelationen für diese Notierungen sind in Tabelle 25.8 zusammengefasst. Die Berechnungen wurden mithilfe von DerivaGem durchgeführt. Hierbei wurde unterstellt, dass die Zinsstrukturkurve flach bei konstant 3% liegt und die Recovery Rate 40% beträgt. Das CDS-Tabellenblatt

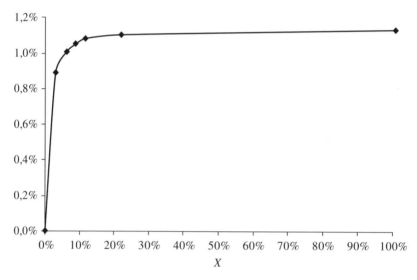

Abbildung 25.3: Die vertikale Achse gibt den Barwert des erwarteten Verlustes der $\{0, X\%\}$-Tranche in Prozent des gesamten Nominalbetrages des zugrunde liegenden Portfolios für den iTraxx Europe am 31. Januar 2007 an

Compound Correlations					
Tranche	0–3 %	3–6 %	6–9 %	9–12 %	12–22 %
Implizite Korrelation	17,7%	7,8%	14,0%	18,2%	23,3%
Base Correlations					
Tranche	0–3 %	0–6 %	0–9 %	0–12 %	0–22 %
Implizite Korrelation	17,7%	28,4%	36,5%	43,2%	60,5%

Tabelle 25.8: Implizite Korrelationen für fünfjährige iTraxx-Europe-Tranchen am 31. Januar 2007

weist für einen Spread von 23 Basispunkten eine Hazard Rate von 0,382 % auf. Die impliziten Korrelationen werden über das CDO-Tabellenblatt ermittelt. Die zugrunde liegenden Werte für Abbildung 25.3 können auch mit diesem Tabellenblatt berechnet werden, man muss dazu den Ausdruck vom obigen Schritt 3 benutzen.

Die Korrelationsmuster in Tabelle 25.8 spiegeln typische Eigenschaften der realen Welt wieder. Die Compound Correlations weisen einen „Correlation Smile" auf. Wenn der Bedienrang der Tranche steigt, nimmt die implizite Korrelation erst ab und dann zu. Die Base Correlations weisen einen Correlation Skew auf, die implizite Korrelation ist hier eine steigende Funktion des Detachment Points.

Wären die Marktpreise mit dem einfaktoriellen Gaußsche-Copula-Modell konsistent, dann wären die impliziten Korrelationen (sowohl Compound als auch Base Correlations) für alle Tranchen gleich. Aus den in der Realität zu beobachtenden ausgeprägten Smiles und Skews lässt sich ableiten, dass die Marktpreise nicht mit diesem Modell konsistent sind.

Bewertung von Nichtstandard-Tranchen

Zur Bewertung der Standard-Tranchen eines Standard-Portfolios wie des iTraxx Europe ist kein Modell notwendig, da die Spreads für diese Tranchen am Markt beobachtet werden können. Hin und wieder sind aber Notierungen für Nichtstandard-Tranchen eines Standard-Portfolios gefragt. Angenommen, es wird eine Notierung der 4–8 %-Tranche des iTraxx Europe benötigt. Ein möglicher Ansatz ist die Interpolation von Base Correlations, d. h. die Schätzung der Base Correlations für die 0–4 %-Tranche und die 0–8 %-Tranche. Diese beiden Base Correlations erlauben die Schätzung des Barwertes des erwarteten Verlustes (in Prozent des zugrunde liegenden Portfolio-Nominalbetrags) für diese beiden Tranchen. Ein Schätzer für den Barwert des erwarteten Verlustes der 4–8 %-Tranche (in Prozent des zugrunde liegenden Portfolios) kann nun mit der Differenz zwischen den Barwerten der erwarteten Verluste für die 0–8 %-Tranche und die 0–4 %-Tranche angegeben werden. Daraus kann man eine Compound Correlation und den Break-Even-Spread für die Trance gewinnen.

Mittlerweile hat man erkannt, dass dieses Vorgehen nicht optimal ist. Günstiger ist es, für jede Standard-Tranche den erwarteten Verlust zu ermitteln und ein Diagramm wie in Abbildung 25.3 zu erstellen, welches die Variation des erwarteten Verlustes für die $\{0, X\%\}$-Tranche bei Änderung von X ausweist. Aus dem Diagramm lassen sich die erwarteten Verluste der 0–4 %-Tranche und der 0–8 %-Tranche interpolieren. Die Differenz dieser beiden Werte ist ein besserer Schätzer für den erwarteten Verlust der 4–8 %-Tranche als der Schätzer aus dem Base-Correlation-Ansatz.

Wenn keine Arbitrage vorliegt, lässt sich zeigen, dass die erwarteten Verluste mit abnehmender Intensität steigen, wenn sie wie in Abbildung 25.3 berechnet werden. Wenn Base Correlations interpoliert und zur Berechnung von erwarteten Verlusten verwendet werden, ist diese No-Arbitrage-Bedingung oftmals nicht erfüllt. (Das Problem besteht darin dass die Base Correlation der 0–X %-Tranche eine nichtlineare Funktion des erwarteten Verlusts der 0–X %-Tranche ist.) Daher ist der direkte Ansatz der Interpolation der erwarteten Verluste wesentlich geeigneter als der indirekte Ansatz über die Interpolation von Base Correlations. Darüber hinaus kann man beim direkten Ansatz die Einhaltung der No-Arbitrage-Bedingung sicher stellen.

25.11 Alternativen zum Marktstandard

In diesem Abschnitt werden einige Alternativen zum einfaktoriellen Gaußsche-Copula-Modell, das zum Marktstandard geworden ist, vorgestellt.

Heterogenes Modell

Das einfaktorielle Gaußsche-Copula-Modell ist ein homogenes Modell in dem Sinne, dass die Wahrscheinlichkeitsverteilungen für die Zeit bis zum Ausfall als gleich für alle Unternehmen und die Copula-Korrelationen zwischen zwei beliebigen Unternehmen ebenfalls als gleich angenommen werden. Man kann die Homogenitätsannahme abschwächen, so dass ein allgemeineres Modell zur Anwendung kommt. Dieses Modell ist jedoch schwieriger zu implementieren, da jedes Unternehmen zu jedem beliebigen Zeitpunkt eine unterschiedliche Ausfallwahrscheinlichkeit besitzt und $P(k, t|F)$ nicht mehr mit der in Gleichung (25.7) verwendeten Binomialformel berechnet werden kann. Man muss dann numerische Verfahren, wie die von Andersen et al. (2003) oder Hull und White (2004) vorgeschlagenen, einsetzen.[10]

Andere Copulas

Das einfaktorielle Gaußsche-Copula-Modell repräsentiert ein spezielles Modell für die Korrelation zwischen den Ausfallzeiten. Es sind auch viele andere einfaktorielle Copula-Modelle, wie die Student-t-Copula, die Clayton-Copula, die Archimedische Copula oder die Marshall-Olkin-Copula, vorgeschlagen worden. Man kann auch neue einfaktorielle Copula-Modelle erzeugen, indem man annimmt, dass in (24.8) F und Z_i nichtnormale Verteilungen mit Mittelwert 0 und Standardabweichung 1 besitzen. Hull und White zeigen, dass eine gute Approximation des Marktes vorliegt, wenn F und die Z_i Student-t-Verteilungen mit vier Freiheitsgraden besitzen.[11] Sie bezeichnen dies als *doppelte t-Copula*.

Ein weiterer Ansatz besteht in der Erhöhung der Anzahl der Faktoren im Modell. Das Modell ist dann jedoch viel langsamer in der Ausführung, da über mehrere (statt eine) Normalverteilungen integriert werden muss.

Zufällige Faktorladungen

Andersen und Sidenius haben ein Modell vorgeschlagen, bei dem Copula-Korrelation ρ in Gleichung (25.5) eine Funktion von F ist.[12]

Im Allgemeinen steigt ρ, wenn F fällt. D. h., in Umweltzuständen, wenn die Ausfallrate hoch ist (und F somit niedrig), ist die Ausfallkorrelation ebenfalls hoch. Diese

---

[10] Siehe L. Andersen, J. Sidenius und S. Basu, „All Your Hedges in One Basket", *Risk*, November 2003; sowie J.C. Hull und A. White, „Valuation of a CDO and nth-to-Default Swap without Monte Carlo Simulation", *Journal of Derivatives*, 12, 2 (Winter 2004), 8–23.

[11] Siehe J.C. Hull und A. White, „Valuation of a CDO and nth-to-Default Swap without Monte Carlo Simulation", *Journal of Derivatives*, 12, 2 (Winter 2004), 8–23.

[12] Siehe L. Andersen und J. Sidenius, „Extension of the Gaussian Copula Model: Random Recovery and Random Factor Loadings", *Journal of Credit Risk*, 1, 1 (Winter 2004), 29–70.

Hypothese wird auch empirisch gestützt.[13] Gemäß Andersen und Sidenius spiegelt dieses Modell den Markt wesentlich besser wider als das Standard-Markt-Modell.

Das implizite Copula-Modell

Hull und White geben eine Möglichkeit an, eine Copula aus den Marktdaten zu gewinnen.[14] Die einfachste Version des Modells unterstellt, dass während der Laufzeit einer CDO ein gewisse durchschnittliche Hazard Rate für alle Unternehmen im Portfolio zutrifft. Diese Hazard Rate besitzt eine Wahrscheinlichkeitsverteilung, die aus der Bepreisung der Tranchen impliziert werden kann. Die Berechnung der impliziten Copula ähnelt in ihrem der Konzept der in Kapitel 20 dargestellten Idee, die implizite Wahrscheinlichkeitsverteilung des Aktienpreises aus Optionspreisen zu ermitteln.

Dynamische Modelle

Alle bisher vorgestellten Modelle kann man als statische Modelle bezeichnen. Sie modellieren im Grunde das durchschnittliche Ausfallumfeld während der Laufzeit einer CDO. Das für eine fünfjährige CDO konstruierte Modell unterscheidet sich von dem Modell für eine siebenjährige CDO, welches sich wiederum vom Modell für eine zehnjährige CDO unterscheidet. Im Gegensatz dazu, wird bei dynamischen Modellen versucht, die Verlustentwicklung eines Portfolios im Zeitverlauf zu modellieren. Es gibt drei Arten dynamischer Modelle.

1. *Strukturmodelle:* Diese sind den Modellen aus Abschnitt 24.8 ähnlich mit dem Unterschied, dass die stochastischen Prozesse für die Assetpreise vieler Unternehmen simultan modelliert werden. Erreicht der Assetpreis eines Unternehmens eine Barriere, tritt ein Zahlungsausfall ein. Die von den Assets befolgten Prozesse sind korreliert. Diese Modelle besitzen das Problem, dass sie mit Monte-Carlo-Simulation implementiert werden müssen und eine Kalibrierung deswegen kompliziert ist.

2. *Reduktionsmodelle:* In diesen Modellen werden die Hazard Rates der Unternehmen modelliert. Um Korrelationen realistisch abbilden zu können, müssen Sprünge in den Hazard Rates zugelassen werden.

3. *Top-Down-Modelle:* In diesen Modellen wird direkt der Gesamtverlust eines Portfolios modelliert. Es wird nicht weiter untersucht, was mit den einzelnen Unternehmen passiert.

---

13 Siehe etwa A. Sevigny und O. Renault, „Default Correlation: Empirical Evidence", Working Paper, Standard and Poors (2002); S.R. Das, L. Freed, G. Geng und N. Kapadia, „Correlated Default Risk", *Journal of Fixed Income*, 16 (2006), 2, 7–32; J.C. Hull, M. Predescu und A. White, „The Valuation of Correlation-Dependent Credit Derivatives Using a Structural Model", Working Paper, University of Toronto, 2005 und A. Ang und J. Chen, „Asymmetric Correlation of Equity Portfolios", *Journal of Financial Economics*, 63 (2002), 443–494.

14 Siehe J.C. Hull und A. White, „Valuing Credit Derivatives Using an Implied Copula Approach", *Journal of Derivatives*, 14 (2006), 8–28 und J.C. Hull und A. White, „An Improved Implied Copula Model and its Application to the Valuation of Bespoke CDO Tranches", *Journal of Investment Management*, 8, 3 (2010), 11-31.

Kreditderivate

ZUSAMMENFASSUNG

Kreditderivate ermöglichen es Banken und anderen Organisationen, ihre Kreditrisiken aktiv zu managen. Sie können eingesetzt werden, um Kreditrisiken von einem Unternehmen auf ein anderes zu übertragen oder um Kreditrisiken zu diversifizieren, indem ein Exposure gegen ein anderes ausgetauscht wird.

Das am häufigsten verwendete Kreditderivat ist der Credit Default Swap. Dabei handelt es sich um einen Kontrakt, bei dem ein Unternehmen eine Versicherung gegen den Ausfall der Anleihen eines anderen Unternehmens erwirbt. Die Auszahlung ist gewöhnlich die Differenz zwischen dem Nennwert der Anleihe und seinem Wert unmittelbar nach dem Zahlungsausfall. Credit Default Swaps können analysiert werden, indem der Barwert der erwarteten Kosten der Versicherung in einer risikoneutralen Welt sowie der Barwert der erwarteten Auszahlung berechnet wird.

Ein Forward Credit Default Swap ist eine Vereinbarung, zum Fälligkeitstermin einen bestimmten Credit Default Swap abzuschließen. Eine Credit-Default-Swap-Option beinhaltet das Recht, zum Fälligkeitstermin einen bestimmten Credit Default Swap abzuschließen. Beide Instrumente verfallen, falls das Referenzunternehmen vor dem Fälligkeitstermin ausfällt. Ein kth-to-Default CDS ist ein CDS, der eine Auszahlung vorsieht, wenn in einem Portfolio von Unternehmen der k-te Ausfall eintritt.

Ein Total Return Swap ist ein Instrument, bei dem der Ertrag auf ein Portfolio kreditempfindlicher Assets gegen LIBOR plus einem Spread getauscht wird. Ein Total Return Swap kann verwendet werden, um eine Unternehmensanleihe in eine Anleihe umzuwandeln, die einen auf LIBOR basierenden Ertrag ermöglicht. Er eliminiert hierbei sowohl das Marktrisiko als auch das Kreditrisiko. Total Return Swaps werden häufig im Rahmen von Finanzierungen eingesetzt. Ein Unternehmen, das ein Portfolio aus Vermögensgegenständen erwerben will, wendet sich an ein Finanzinstitut, das die Vermögensgegenstände in seinem Namen kauft. Das Finanzinstitut geht dann einen Total Return Swap mit dem Unternehmen ein, zahlt diesem die Erträge aus den Anleihen und erhält dafür LIBOR plus Spread. Der Vorteil dieser Art von Vereinbarung besteht darin, dass das Finanzinstitut sein Ausfallrisiko-Exposure gegenüber dem Unternehmen reduziert.

In einer Collateralized Debt Obligation wird ausgehend von einem Portfolio aus Unternehmensanleihen oder -krediten eine Reihe von unterschiedlichen Wertpapieren emittiert. Es gibt hierbei Regelungen, wie die Verluste den Wertpapieren zugeordnet werden. Im Ergebnis werden aus dem Portfolio sowohl Wertpapiere mit sehr hohen als auch mit sehr niedrigen Credit Ratings geschaffen. Eine synthetische Collateralized Debt Obligation erzeugt auf ähnliche Weise Wertpapiere aus Credit Default Swaps. Das Standardmodell zur Bewertung von kth-to-Default CDS und CDO-Tranchen ist das Einfaktor-Gauß-Copula-Modell für die Zeit bis zum Ausfall.

ZUSAMMENFASSUNG

Literaturempfehlungen

Andersen, L. und J. Sidenius, „Extension of the Gaussian Copula Model: Random Recovery and Random Factor Loadings", *Journal of Credit Risk*, 1, 1 (Winter 2004), 29–70.

Andersen, L., J. Sidenius und S. Basu, „All Your Hedges in One Basket", *Risk*, 16, 10 (November 2003), 67–72.

Das, S., *Credit Derivatives: Trading & Management of Credit & Default Risk*, 3. Auflage, Wiley, New York, 2005.

Hull, J.C. und A. White, „Valuation of a CDO and nth-to-Default Swap without Monte Carlo Simulation", *Journal of Derivatives*, 12, 2 (Winter 2004), 8–23.

Hull, J.C. und A. White, „Valuing Credit Derivatives Using an Implied Copula Approach", *Journal of Derivatives*, 14 (2006), 8–28.

Hull, J.C. und A. White, „An Improved Implied Copula Model and its Application to the Valuation of Bespoke CDO Tranches", *Journal of Investment Management*, 8, 3 (2010), 11–31.

Laurent, J.-P. und J. Gregory, „Basket Default Swaps, CDOs and Factor Copulas", *Journal of Risk*, 7, 4 (2005), 8–23.

Li, D.X., „On Default Correlation: A Copula Approach", *Journal of Fixed Income* (März 2000), 43–54.

Schönbucher, P.J., *Credit Derivatives Pricing Models*, New York: Wiley, 2003.

Tavakoli, J.M., *Credit Derivatives: A Guide to Instruments and Applications*, Wiley, New York, 1998.

Praktische Fragestellungen

25.1 Erläutern Sie den Unterschied zwischen einem Standard-Credit-Default-Swap und einem Binary Credit Default Swap.

25.2 Ein Credit Default Swap verlangt die halbjährliche Zahlung einer Prämie von 60 Basispunkten pro Jahr. Der Nominalbetrag ist 300 Millionen $ und der Credit Default Swap wird in bar abgerechnet. Nach vier Jahren und zwei Monaten tritt ein Zahlungsausfall ein und der Calculation Agent schätzt, dass der Preis der Referenzanleihe kurz nach dem Zahlungsausfall 40% ihres Nennwertes beträgt. Stellen Sie die Höhe der Cash Flows und ihre Zeitpunkte für den Käufer des Credit Default Swap zusammen.

25.3 Erläutern Sie die beiden Möglichkeiten der Abrechnung eines CDS.

25.4 Erläutern Sie, wie eine CDO und eine synthetische CDO erzeugt werden.

25.5 Erläutern Sie den First-to-Default CDS. Steigt oder sinkt sein Wert, wenn die Ausfallkorrelation zwischen den Unternehmen im Basket zunimmt? Erläutern Sie Ihre Antwort.

25.6 Erläutern Sie den Unterschied zwischen risikoneutralen und realen Wahrscheinlichkeiten.

25.7 Erläutern Sie, warum ein Total Return Swap ein sinnvolles Hilfsmittel im Rahmen der Finanzierung sein kann.

25.8 Angenommen, die risikolose Spot-Rate-Strukturkurve ist flach bei 7% per annum bei stetiger Verzinsung. Die Ausfälle eines neuen fünfjährigen Credit Default Swap können jeweils zur Jahresmitte auftreten. Die Recovery Rate beträgt 30% und die Hazard Rate 3%. Ermitteln Sie den Credit Default Swap Spread. Unterstellen Sie dabei jährliche Zahlungen.

25.9 Welchen Wert besitzt der Swap von Aufgabe 25.8 pro Dollar des Nominalwerts für den Käufer der Absicherung, wenn der Credit Default Swap Spread 150 Basispunkte beträgt?

25.10 Welchen Wert hat der Credit Default Swap Spread in Aufgabe 25.8, wenn es sich um einen Binary CDS handelt?

25.11 Erläutern Sie die Funktionsweise eines fünfjährigen nth-to-Credit-Default Swaps. Betrachten Sie ein Basket von 100 Referenzunternehmen, wobei jedes Unternehmen in jedem Jahr eine Ausfallwahrscheinlichkeit von 1% aufweist. Was erwarten Sie für den Wert des Swaps bei steigender Ausfallkorrelation zwischen den Referenzunternehmen, wenn (a) $n = 1$ und (b) $n = 25$? Begründen Sie Ihre Antwort.

25.12 Welche Formel verbindet die Auszahlung eines CDS mit dem Nominalbetrag und der Recovery Rate?

25.13 Zeigen Sie, dass der Spread eines neuen Standard-CDS das $(1 - R)$fache des Spreads eines entsprechenden neuen Binary CDS betragen sollte. R bezeichnet dabei die Recovery Rate.

25.14 Verifizieren Sie, dass die Hazard Rate für ein Jahr im Beispiel der Tabellen 25.1 bis 25.4 1,63% betragen muss, wenn der CDS Spread 100 Basispunkte beträgt. Wie ändert sich die Hazard Rate, wenn die Recovery Rate 20% statt 40% beträgt? Überprüfen Sie, ob Ihr Ergebnis mit der Aussage konsistent ist, dass die implizite Ausfallwahrscheinlichkeit ungefähr proportional zu $1/(1 - R)$ ist. R bezeichnet wiederum die Recovery Rate.

25.15 Ein Unternehmen schließt einen Total Return Swap ab, bei dem es die Rendite einer Unternehmensanleihe, welche einen Kupon von 5% zahlt, erhält und LIBOR zahlt. Erläutern Sie den Unterschied zwischen diesem Geschäft und einem Standard-Swap, bei welchem 5% gegen den LIBOR getauscht werden.

25.16 Erläutern Sie, wie Forward-Kontrakte und Optionen auf Credit Default Swaps aufgebaut sind.

25.17 „Die Position des Käufers eines Credit Default Swap entspricht der Position eines Investors, der die Long-Position in einer risikolosen Anleihe und die Short-Position in einer Unternehmensanleihe einnimmt." Erläutern Sie diese Aussage.

25.18 Warum tritt bei Credit Default Swaps potenziell das Problem der Informationsasymmetrie auf?

25.19 Führt die Bewertung eines CDS mit realen statt risikoneutralen Ausfallwahrscheinlichkeiten zu einer Über- oder einer Unterschätzung seines Wertes? Begründen Sie Ihre Antwort.

25.20 Erläutern Sie den Unterschied zwischen einem Total Return Swap und einem Asset Swap.

25.21 Angenommen, in einem Einfaktor-Gauß-Copula-Modell beträgt die fünfjährige Ausfallwahrscheinlichkeit für jeden der 125 Titel 3% und die paarweise Copula-Korrelation beträgt 0,2. Berechnen Sie für jeden der folgenden Faktorwerte $-2, -1, 0, 1$ und 2 (a) die Ausfallwahrscheinlichkeit in Abhängigkeit vom Faktorwert und (b) die Wahrscheinlichkeit für mehr als zehn Ausfälle in Abhängigkeit vom Faktorwert.

25.22 Erläutern Sie den Unterschied zwischen Base Correlation und Compound Correlation.

25.23 Welchen Spread besitzt die 9%–12%-Tranche in Beispiel 25.2 bei einer Tranchenkorrelation von 0,15?

Zur weiteren Vertiefung

25.24 Nehmen Sie an, dass eine risikolose Zinsstrukturkurve flach ist bei 6% per annum bei stetiger Verzinsung und dass in einem einfachen zweijährigen Credit Default Swap mit halbjährlichen Zahlungen Zahlungsausfälle nach 0,25 Jahren, 0,75 Jahren, 1,25 Jahren oder 1,75 Jahren eintreten können. Nehmen Sie außerdem an, dass die Recovery Rate 20% beträgt und die unbedingten Wahrscheinlichkeiten eines Zahlungsausfalls (vom Zeitpunkt null aus gesehen) nach 0,25 Jahren und 0,75 Jahren 1% sowie nach 1,25 Jahren und 1,75 Jahren 1,5% betragen. Welcher Credit Default Swap Spread ergibt sich? Welcher Credit Default Spread würde sich ergeben, wenn es sich bei dem Kreditderivat um einen Binary Credit Default Swap handeln würde?

25.25 Angenommen, die Hazard Rate eines Unternehmens beträgt λ, die Recovery Rate ist R. Der risikolose Zinssatz liegt bei 5% per annum. Ausfälle treten immer zur Jahresmitte auf. Der Spread für einen fünfjährigen Plain Vanilla CDS mit jährlichen Zahlungen beträgt 120 Basispunkte, der Spread für einen fünfjährigen Binary CDS mit jährlichen Zahlungen beträgt 160 Basispunkte. Bestimmen Sie R und λ.

25.26 Erläutern Sie Ihre Erwartung bezüglich der Renditen verschiedener Tranchen einer CDO, wenn die Korrelation zwischen den Anleihen des Portfolios steigt.

25.27 Wir treffen folgende Annahmen:

a. Die Rendite einer fünfjährigen risikolosen Anleihe beträgt 7%.

b. Die Rendite einer fünfjährigen Unternehmensanleihe von Unternehmen X beträgt 9,5%.

c. Ein fünfjähriger Credit Default Swap, der eine Absicherung gegen den Ausfall von Unternehmen X gewährt, kostet 150 Basispunkte pro Jahr.

Welches Arbitragegeschäft ist in dieser Situation möglich? Welche Arbitragemöglichkeit ergäbe sich, wenn der Credit Default Swap Spread 300 statt 150 Basispunkte betragen würde?

25.28 Wie hoch ist der Spread in Beispiel 25.3 (a) für den First-to-Default CDS, (b) für den Second-to-Default CDS?

25.29 Welchen Spread besitzt die 6%–9%-Tranche in Beispiel 25.2 bei einer Tranchenkorrelation von 0,15?

25.30 Die 1-, 2-, 3-, 4- bzw. 5-Jahres-CDS Spreads betragen 100, 120, 135, 145 und 152 Basispunkte. Der risikolose Zinssatz beträgt 3% für alle Laufzeiten, die Recovery Rate 35%, Zahlungen erfolgen vierteljährlich. Berechnen Sie mithilfe von DerivaGem die Hazard Rate für jedes Jahr. Welche Ausfallwahrscheinlichkeit ergibt sich für Jahr 1 bzw. Jahr 2?

25.31 Tabelle 25.6 lässt sich entnehmen, dass der 5-Jahres-iTraxx am 31. Januar 2008 77 Basispunkte betrug. Unterstellen Sie, dass der risikolose Zinssatz 3% für alle Laufzeiten beträgt, die Recovery Rate 40%; Zahlungen erfolgen vierteljährlich. Weiterhin soll der Spread von 77 Basispunkten für alle Laufzeiten gelten. Berechnen Sie mithilfe des CDS-Tabellenblatts von DerivaGem die zu diesem Spread gehörende Hazard Rate. Ermitteln Sie dann mit diesem Wert im CDO-Tabellenblatt aus den Angaben für den 31. Januar 2008 Base Correlations für jede Tranche.

Exotische Optionen

26.1	Packages	732
26.2	Unbefristete amerikanische Call- und Put-Optionen	733
26.3	Amerikanische Nichtstandardoptionen	734
26.4	Gap Options	734
26.5	Forward Start Options	736
26.6	Cliquet Options	736
26.7	Compound Options	736
26.8	Chooser Options	737
26.9	Barrier Options	738
26.10	Digitale Optionen	741
26.11	Lookback Options	742
26.12	Shout Options	744
26.13	Asiatische Optionen	744
26.14	Exchange Options	746
26.15	Optionen auf mehrere Assets	747
26.16	Volatility Swaps und Varianz-Swaps	748
26.17	Statische Nachbildung von Optionen	751
	Zusammenfassung	754
	Literaturempfehlungen	755
	Praktische Fragestellungen	756

Derivate, wie europäische und amerikanische Calls und Puts, werden Plain-Vanilla-Produkte *genannt.* Sie besitzen eindeutig definierte, standardisierte Eigenschaften und werden aktiv gehandelt. Ihre Preise und ihre impliziten Volatilitäten werden regelmäßig von Börsen bzw. Brokern angegeben. Ein spannender Aspekt des OTC-Derivatemarktes sind die nicht standardisierten (exotischen) Produkte, die im Rahmen des Financial Engineering geschaffen wurden. Diese Produkte werden exotische Optionen *bzw.* Exotics *genannt.* Obwohl sie nur einen verhältnismäßig kleinen Teil ihres Portfolios ausmachen, sind diese exotischen Produkte für einen Derivatehändler dennoch wichtig, da sie im Allgemeinen viel profitabler sind als Plain-Vanilla-Produkte.

Exotische Produkte entstehen aus einer Vielzahl von Gründen. Manchmal erfüllen sie ein am Markt vorhandenes Absicherungsbedürfnis, manchmal sind es steuerliche, bilanzielle, juristische oder regulatorische Gründe, die exotische Optionen für Finanzmanager attraktiv machen, und manchmal sind die Produkte so gestaltet, dass sie die Erwartungen eines Finanzmanagers über potenzielle zukünftige Bewegungen bestimmter Marktvariablen wiedergeben. Gelegentlich wird ein exotisches Produkt von einer Investmentbank entworfen, damit es einem unkundigen Finanz- oder Fondsmanager attraktiver erscheint, als es wirklich ist.

In diesem Kapitel beschreiben wir einige der am häufigsten vorkommenden exotischen Optionen und diskutieren ihre Bewertung. Wir nehmen an, dass das Asset eine Rendite von q aufweist. Wie in den Kapiteln 17 und 18 diskutiert, ist q für eine Option auf einen Aktienindex gleich der Dividendenrendite des Index zu setzen, für eine Option auf eine Währung gleich dem ausländischen risikolosen Zinssatz und für eine Option auf einen Futures-Kontrakt gleich dem inländischen risikolosen Zinssatz. Viele der in diesem Kapitel behandelten Optionen lassen sich mit der DerivaGem-Software bewerten.

26.1 Packages

Ein *Package* (Bündel) ist ein Portfolio, das aus europäischen Standard-Calls und -Puts, Forward-Kontrakten, liquiden Mitteln sowie dem Underlying selbst besteht. In Kapitel 12 wurden bereits einige Arten verschiedener Packages erörtert: Bull Spreads, Bear Spreads, Butterfly Spreads, Calendar Spreads, Straddles, Strangles usw.

Ein Package wird von Händlern oftmals so strukturiert, dass seine Anfangskosten null betragen. Ein Beispiel dafür ist der *Range-Forward-Kontrakt*.[1] Wir haben ihn bereits in Abschnitt 17.2 erörtert. Er besteht aus einer Short-Position in einem Put und einer Long-Position in einem Call oder aus einer Long-Position in einem Put und einer Short-Position in einem Call. Der Basispreis des Calls ist größer als der Basispreis des Puts. Die Basispreise werden so gewählt, dass der Wert des Calls gleich dem Wert des Puts ist.

Es soll noch erwähnt werden, dass jedes Derivat durch die Verschiebung der Zahlung bis zur Fälligkeit in ein Produkt ohne Kapitaleinsatz transformiert werden kann. Wir betrachten eine europäische Kaufoption. Bezeichnet c die Kosten der Option zum Zeitpunkt null, so betragen bei Zahlung zum Zeitpunkt T die Kosten $A = ce^{rT}$. Als Auszahlung ergibt sich dann $\max(S_T - K, 0) - A$ bzw. $\max(S_T - K - A, -A)$. Bei

---

1 Andere gebräuchliche Namen für einen Range-Forward-Kontrakt sind Zero-Cost-Collar, Flexible Forward, Cylinder Option, Option Fence, Min-Max und Forward Band.

Identität von Basispreis K und Forward-Preis hat die Option mit verzögerter Zahlung auch folgende Namen: Break Forward, Boston-Option oder kündbarer Forward.

26.2 Unbefristete amerikanische Call- und Put-Optionen

Die Differentialgleichung, die der Preis eines Derivates erfüllen muss, wenn eine Dividende der Höhe q gezahlt wird, ist Gleichung (17.6):

$$\frac{\partial f}{\partial t} + (r-q)S\frac{\partial f}{\partial S} + \frac{1}{2}\sigma^2 S^2 \frac{\partial^2 f}{\partial S^2} = rf.$$

Wir betrachten ein Derivat, das einen festen Betrag Q auszahlt, wenn zum ersten Mal der Fall $S = H$ auftritt. Für $S < H$ lauten die Randbedingungen der Differentialgleichung $f = Q$ bei $S = H$ und $f = 0$ bei $S = 0$. Die Lösung $f = Q(S/H)^\alpha$ erfüllt diese Bedingungen, falls $\alpha > 0$. Sie erfüllt außerdem die Differentialgleichung, falls

$$(r-q)\alpha + \frac{1}{2}\alpha(\alpha-1)\sigma^2 = r.$$

Die positive Lösung dieser Gleichung ist $\alpha = \alpha_1$ mit

$$\alpha_1 = \frac{-w + \sqrt{w^2 + 2\sigma^2 r}}{\sigma^2},$$

wobei $w = r - q - \sigma^2/2$. Damit muss der Wert des Derivates $Q(S/H)^{\alpha_1}$ sein, da dieser Wert sowohl die Randbedingungen als auch die Differentialgleichung erfüllt.

Betrachten wir nun eine unbefristete amerikanische Call-Option mit Basispreis K. Wird die Option bei $S = H$ ausgeübt, beträgt die Auszahlung $H - K$ und das gerade hergeleitete Resultat gibt für den Wert der Option $(H-K)(S/H)^{\alpha_1}$. Der Optionsinhaber kann wählen, bei welchem Assetpreis er die Option ausübt. Der optimale Wert für H ist derjenige, der den Optionswert maximiert. Mit Standardmitteln der Analysis erhält man $H = H_1$ mit

$$H_1 = K\frac{\alpha_1}{\alpha_1 - 1}.$$

Der Preis eines unbefristeten Calls beträgt daher für $S < H_1$

$$\frac{K}{\alpha_1 - 1}\left(\frac{\alpha_1 - 1}{\alpha_1}\frac{S}{K}\right)^{\alpha_1}.$$

Ist $S > H_1$, sollte der Call unverzüglich ausgeübt werden. Er hat dann den Wert $S - K$.

Zur Bewertung eines amerikanischen Puts betrachten wir ein Derivat, das für $S = H$ die Auszahlung Q bietet, in der Situation $S > H$ (die Schranke H wird also von oben erreicht). In diesem Fall lauten die Randbedingungen für die Differentialgleichung $f = Q$ bei $S = H$ und $f = 0$ bei $S \to \infty$. In diesem Fall erfüllt die Lösung $f = Q(S/H)^{-\alpha}$ diese Bedingungen, falls $\alpha > 0$. Wie oben kann man zeigen, dass sie außerdem die Differentialgleichung erfüllt, falls $\alpha = \alpha_2$ mit

$$\alpha_2 = \frac{w + \sqrt{w^2 + 2\sigma^2 r}}{\sigma^2}.$$

Übt der Optionsinhaber die Option bei $S = H$ aus, hat der Put den Wert $(K - H)(S/H)^{-\alpha_2}$. Zur Maximierung dieses Wertes wird er den Put bei $H = H_2$ ausüben, wobei

$$H_2 = K \frac{\alpha_2}{\alpha_2 + 1}.$$

Der Preis eines unbefristeten Puts beträgt daher für $S > H_2$

$$\frac{K}{\alpha_2 + 1} \left(\frac{\alpha_2 + 1}{\alpha_2} \frac{S}{K} \right)^{-\alpha_2}.$$

Ist $S < H_2$, sollte der Put unverzüglich ausgeübt werden. Er hat dann den Wert $K - S$.

Abschnitt 15.6 und Aufgabe 15.23 sind Spezialfälle der hier gezeigten Resultate für $q = 0$.

26.3 Amerikanische Nichtstandardoptionen

Bei einer amerikanischen Standardoption kann die Ausübung während der Laufzeit der Option jederzeit und immer zum selben Preis erfolgen. In der Realität haben die amerikanischen Optionen, die auf dem OTC-Markt gehandelt werden, mitunter davon abweichende Merkmale, z. B.:

1. Die vorzeitige Ausübung kann auf bestimmte Termine beschränkt sein. Dieses Instrument wird *Bermuda-Option* genannt (da die Bermudas zwischen Europa und Amerika liegen).
2. Die vorzeitige Ausübung kann auf einen Teil der Optionslaufzeit beschränkt sein. Beispielsweise kann es eine anfängliche Sperrfrist geben, während der eine vorzeitige Ausübung nicht möglich ist.
3. Der Basispreis kann sich während der Optionslaufzeit verändern.

Die von Unternehmen auf ihre eigenen Aktien emittierten Optionsscheine besitzen oft einige dieser Merkmale. So könnte z. B. die Ausübung bei einem siebenjährigen Optionsschein nur zu bestimmten Terminen während der Jahre 3 bis 7 möglich sein, wobei der Basispreis in den Jahren 3 und 4 30 $ beträgt, in den darauffolgenden zwei Jahren 32 $ und im letzten Jahr 33 $.

Amerikanische Nichtstandard-Optionen können gewöhnlich mit einem Binomialbaum bewertet werden. Dabei wird für jeden Knoten der Test für die vorzeitige Ausübung (falls diese möglich ist) so angepasst, dass er die Kontraktspezifikationen widerspiegelt.

26.4 Gap Options

Eine Gap-Kaufoption ist ein europäischer Call mit der Auszahlung $S_T - K_1$, falls $S_T > K_2$. Der Unterschied zwischen einer Gap-Kaufoption und einem regulären Call mit Basispreis K_2 besteht darin, dass im Fall $S_T > K_2$ die Auszahlung um $K_2 - K_1$ verändert wird. (Diese Änderung kann positiv oder negativ sein – je nachdem, ob $K_2 > K_1$ oder $K_1 > K_2$.)

Gap-Kaufoptionen lassen sich durch eine kleine Modifikation der Black-Scholes-Merton-Formel bewerten. Der Wert beträgt mit unserer üblichen Notation

$$S_0 e^{-qT} N(d_1) - K_1 e^{-rT} N(d_2), \tag{26.1}$$

wobei

$$d_1 = \frac{\ln(S_0/K_2) + (r - q + \sigma^2/2)T}{\sigma\sqrt{T}}$$
$$d_2 = d_1 - \sigma\sqrt{T}.$$

Mit dieser Formel ergibt sich ein Preis, welcher das Black-Scholes-Merton-Resultat für einen regulären Call mit Basispreis um

$$(K_2 - K_1)e^{-rT}N(d_2)$$

übersteigt. Dieser Unterschied lässt sich am besten verstehen, wenn man sich vor Augen hält, dass die Wahrscheinlichkeit für die Ausübung der Option gerade $N(d_2)$ beträgt und dass die Auszahlung an den Gap-Optionsinhaber im Falle einer Ausübung um $K_2 - K_1$ größer ist als die Auszahlung an den Halter einer regulären Option.

Für eine Gap-Verkaufsoption beträgt die Auszahlung $K_1 - S_T$, falls $S_T < K_2$. Der Wert der Option beträgt

$$K_1 e^{-rT} N(-d_2) - S_0 e^{-qT} N(-d_1), \tag{26.2}$$

wobei d_1 und d_2 genauso definiert sind wie in Gleichung (26.1).

Beispiel 26.1 Ein Asset ist gegenwärtig 500 000 \$ wert. Für das nächste Jahr wird eine Volatilität von 20% erwartet. Der risikolose Zinssatz beträgt 5%, das Asset generiert keine Einkünfte. Angenommen, ein Versicherungsunternehmen verpflichtet sich, dass Asset am Ende des Jahres für 400 000 \$ zu kaufen, falls es dann im Wert unter 400 000 \$ gefallen ist. Somit beträgt die Auszahlung 400 000 $- S_T$, falls der Wert des Assets unter 400 000 \$ liegt. Das Versicherungsunternehmen hat einen regulären Put geschrieben, der dem Versicherten das Recht einräumt, das Asset in einem Jahr für 400 000 \$ an das Versicherungsunternehmen zu verkaufen. Man kann nun Gleichung (15.22) mit $S_0 = 500\,000$, $K = 400\,000$, $r = 0{,}05$, $\sigma = 0{,}2$ und $T = 1$ benutzen, um diesen Put zu bewerten. Es ergibt sich ein Wert von 3436 \$.

Nehmen wir weiter an, dass die Kosten für den Transfer dieses Assets 50 000 \$ betragen und diese vom Versicherten getragen werden müssen. Dann wird die Option nur dann ausgeübt, wenn der Wert des Assets weniger als 350 000 \$ beträgt. In diesem Fall hat das Versicherungsunternehmen Kosten in Höhe von $K_1 - S_T$, wenn $S_T < K_2$. Dabei ist $K_2 = 350\,000$, $K_1 = 400\,000$ und S_T der Preis des Assets in einem Jahr. Die Option ist nun eine Gap-Verkaufsoption. Ihren Wert kann man mit Gleichung (26.2) und den Parametern $S_0 = 500\,000$, $K_1 = 400\,000$, $K_2 = 350\,000$, $r = 0{,}05$, $q = 0$, $\sigma = 0{,}2$ und $T = 1$ ermitteln. Er beträgt 1896 \$. Das Versicherungsunternehmen kann also in diesem Fall die Kosten der Police um etwa 45% reduzieren, indem es die Kosten für die Anmeldung eines Anspruchs durch den Policeninhaber tragen lässt.

26.5 Forward Start Options

Forward Start Options sind Optionen, deren Laufzeit zu einem zukünftigen Zeitpunkt beginnt. Sie werden manchmal bei Anreizsystemen für Mitarbeiter verwendet (siehe Kapitel 16). Die Optionen sind gewöhnlich so ausgestaltet, dass sie zu Laufzeitbeginn am Geld liegen.

Wir betrachten einen am Geld liegenden europäischen Forward Start Call, dessen Laufzeit zum Zeitpunkt T_1 beginnt und der zum Zeitpunkt T_2 fällig wird. Angenommen, der Assetpreis beträgt S_0 zum Zeitpunkt null und S_1 zum Zeitpunkt T_1. Zur Bewertung der Option verwenden wir das aus den Bewertungsformeln für europäische Optionen in den Kapiteln 15 und 17 abgeleitete Ergebnis, dass der Wert einer Option am Geld proportional zum Assetpreis ist. Somit hat die Forward Start Option zum Zeitpunkt T_1 den Wert cS_1/S_0, wobei c der Wert einer Option am Geld mit Laufzeit $T_2 - T_1$ zum Zeitpunkt null ist. Bei Verwendung der risikoneutralen Bewertung beträgt der Wert der Forward Start Option zum Zeitpunkt null

$$e^{-rT_1} \hat{E}\left[c\frac{S_1}{S_0}\right],$$

wobei $\hat{E}$ den Erwartungswert in einer risikoneutralen Welt bezeichnet. Da c und S_0 bekannt sind und $\hat{E}[S_1] = S_0 e^{(r-q)T_1}$, folgt daraus ein Wert der Forward Start Option von ce^{-qT_1}. Für eine dividendenlose Aktie gilt $q = 0$, und der Wert der Forward Start Option stimmt genau mit dem Wert einer am Geld liegenden Standard-Option mit derselben Laufzeit wie die Forward Start Option überein.

26.6 Cliquet Options

Eine Cliquet Option (auch Ratchet Option bzw. Strike Reset Option genannt) besteht aus einer Reihe von Calls oder Puts mit Regeln zur Bestimmung des Basispreises. Angenommen, die Anpassungstermine seien $\tau, 2\tau, \ldots, (n-1)\tau$ und $n\tau$ markiere das Laufzeitende des Cliquets. Eine einfache Struktur würde wie folgt aussehen: Die erste Option besitzt den Basispreis K (der dem ursprünglichen Assetpreis entsprechen könnte) und gilt für den Zeitraum zwischen 0 und τ; die zweite Option bietet zum Zeitpunkt 2τ eine Auszahlung mit einem Basispreis, der gleich dem Wert des Assets zum Zeitpunkt τ ist; die dritte Option bietet zum Zeitpunkt 3τ eine Auszahlung mit einem Basispreis, der gleich dem Wert des Assets zum Zeitpunkt 2τ ist; usw. Dadurch ergeben sich eine reguläre Option und $n-1$ Forward Start Options. Die Bewertung von Forward Start Options haben wir in Abschnitt 26.5 beschrieben.

Es gibt Cliquet Options, welche viel komplizierter aufgebaut sind als die hier beschriebenen Optionen. So gibt es z. B. mitunter Unter- und Obergrenzen für die Gesamtauszahlung über den gesamten Zeitraum. Andere Cliquets dagegen verfallen am Ende eines Zeitraums, wenn sich der Assetpreis in einem bestimmten Bereich bewegt. Wenn keine analytischen Resultate verfügbar sind, kann häufig die Monte-Carlo-Simulation zur Bewertung herangezogen werden.

26.7 Compound Options

Compound Options sind Optionen auf Optionen. Es gibt vier Haupttypen von Compound Options: ein Call auf einen Call, ein Put auf einen Call, ein Call auf einen Put und ein Put auf einen Put. Compound Options haben zwei Basispreise und zwei Ausübungstermine. Betrachten wir beispielsweise einen Call auf einen Call. Der Inhaber der Compound Option ist am ersten Ausübungstermin T_1 berechtigt, durch Zahlung des ersten Basispreises K_1 einen Call zu erwerben. Dieser gibt dem Inhaber das Recht, das Underlying am zweiten Ausübungstermin T_2 zum zweiten Basispreis K_2 zu kaufen. Die Compound Option wird am ersten Ausübungstermin nur dann ausgeübt, wenn der Wert der Option zu diesem Zeitpunkt über dem ersten Basispreis liegt.

Wird wie üblich die Annahme einer geometrischen Brownschen Bewegung getroffen, können europäische Compound Options analytisch über Integrale der zweidimensionalen Normalverteilung bewertet werden.[2] Mit unserer üblichen Notation beträgt der Wert einer europäischen Kaufoption auf einen Call zum Zeitpunkt null

$$S_0 e^{-qT_2} M(a_1, b_1; \sqrt{T_1/T_2}) - K_2 e^{-rT_2} M(a_2, b_2; \sqrt{T_1/T_2}) - e^{-rT_1} K_1 N(a_2),$$

wobei

$$a_1 = \frac{\ln(S_0/S^*) + (r - q + \sigma^2/2)T_1}{\sigma\sqrt{T_1}}, \qquad a_2 = a_1 - \sigma\sqrt{T_1}$$

$$b_1 = \frac{\ln(S_0/K_2) + (r - q + \sigma^2/2)T_2}{\sigma\sqrt{T_2}}, \qquad b_2 = b_1 - \sigma\sqrt{T_2}.$$

Die Funktion M bezeichnet die kumulierte zweidimensionale Normalverteilung für die Wahrscheinlichkeit, dass die erste Variable kleiner als a und die zweite Variable kleiner als b ist, wobei die Korrelation der beiden Variablen ρ beträgt.[3] Die Variable S^* ist jener Assetpreis zum Zeitpunkt T_1, bei dem der Optionspreis zum Zeitpunkt T_1 gleich K_1 ist. Liegt der tatsächliche Assetpreis zum Zeitpunkt T_1 über S^*, wird die erste Option ausgeübt. Liegt er unter S^*, verfällt die Option.

Mit ähnlicher Notation beträgt der Wert einer europäischen Verkaufsoption auf einen Call

$$K_2 e^{-rT_2} M(-a_2, b_2; -\sqrt{T_1/T_2}) - S_0 e^{-qT_2} M(-a_1, b_1; -\sqrt{T_1/T_2}) + e^{-rT_1} K_1 N(-a_2).$$

Der Wert einer europäischen Kaufoption auf einen Put ist

$$K_2 e^{-rT_2} M(-a_2, -b_2; \sqrt{T_1/T_2}) - S_0 e^{-qT_2} M(-a_1, -b_1; \sqrt{T_1/T_2}) - e^{-rT_1} K_1 N(-a_2)$$

und der Wert einer europäischen Verkaufsoption auf einen Put ist

$$S_0 e^{-qT_2} M(a_1, -b_1; -\sqrt{T_1/T_2}) - K_2 e^{-rT_2} M(a_2, -b_2; -\sqrt{T_1/T_2}) + e^{-rT_1} K_1 N(a_2).$$

26.8 Chooser Options

Bei einer *Chooser* Option (manchmal auch *As You Like It* Option genannt) kann der Inhaber nach einer festgelegten Zeitspanne entscheiden, ob die Option ein Call oder

---
2 Siehe R. Geske, „The Valuation of Compound Options", *Journal of Financial Economics*, 7 (1979), 63–81; M. Rubinstein, „Double Trouble", *Risk*, Dezember 1991/Januar 1992, S. 53–56.
3 Siehe Technical Note 5 auf der Homepage des Autors (www.rotman.utoronto.ca/~hull/ofod/index.html) zur Berechnung von M mit einem numerischen Verfahren. Auf der Homepage wird auch eine Funktion zur Berechnung von M zur Verfügung gestellt.

ein Put sein soll. Angenommen, diese Wahl wird zum Zeitpunkt T_1 getroffen. Zu diesem Zeitpunkt beträgt der Wert der Chooser Option

$$\max(c, p),$$

wobei c der Wert des zugrunde liegenden Calls ist und p der Wert des zugrunde liegenden Puts.

Handelt es sich bei beiden Optionen, die der Chooser Option zugrunde liegen, um europäische Optionen, die denselben Basispreis haben, kann man die Put-Call-Parität zur Bestimmung einer Bewertungsformel verwenden. Angenommen, S_1 ist der Assetpreis zum Zeitpunkt T_1, K der Basispreis, T_2 die Laufzeit der Optionen und r der risikolose Zinssatz. Die Put-Call-Parität impliziert

$$\max(c, p) = \max\left(c, c + Ke^{-r(T_2-T_1)} - S_1 e^{-q(T_2-T_1)}\right)$$
$$= c + e^{-q(T_2-T_1)} \max\left(0, Ke^{-(r-q)(T_2-T_1)} - S_1\right).$$

Daraus wird ersichtlich, dass die Chooser Option ein Package mit folgenden Bestandteilen ist:

1. Eine Kaufoption mit Basispreis K und Laufzeit T_2
2. $e^{-q(T_2-T_1)}$ Verkaufsoptionen mit Basispreis $Ke^{-(r-q)(T_2-T_1)}$ und Laufzeit T_1

Damit kann sie ohne weiteres bewertet werden.

Man kann komplexere Chooser Options definieren, bei denen Call und Put nicht denselben Basispreis und dieselbe Laufzeit haben. Dann handelt es sich nicht um Packages; vielmehr weisen die Optionen dann Eigenschaften auf, die an Compound Options erinnern.

26.9 Barrier Options

Barrier Options sind Optionen, bei denen die Auszahlung davon abhängt, ob der Preis des Underlyings in einem bestimmten Zeitraum eine bestimmte Höhe erreicht.

Am OTC-Markt werden regelmäßig verschiedene Arten von Barrier Options gehandelt. Sie sind für einige Marktteilnehmer attraktiv, da sie weniger kosten als die entsprechenden Standard-Optionen. Die Barrier Options können in *Knock-out Options* und *Knock-in Options* eingeteilt werden. Eine Knock-out Option verfällt, wenn der Preis des Underlying eine bestimmte Kursschwelle (Barrier) erreicht hat. Eine Knock-in Option beginnt erst dann zu existieren, wenn der Preis des Underlyings eine bestimmte Barrier erreicht hat.

Die Gleichungen (17.4) und (17.5) zeigen, dass der Wert eines Standard-Calls bzw. eines Standard-Puts zum Zeitpunkt null

$$c = S_0 e^{-qT} N(d_1) - Ke^{-rT} N(d_2)$$
$$p = Ke^{-rT} N(-d_2) - S_0 e^{-qT} N(-d_1)$$

beträgt, wobei

$$d_1 = \frac{\ln(S_0/K) + (r - q + \sigma^2/2)T}{\sigma\sqrt{T}}$$
$$d_2 = \frac{\ln(S_0/K) + (r - q - \sigma^2/2)T}{\sigma\sqrt{T}} = d_1 - \sigma\sqrt{T}.$$

26.9 Barrier Options

Eine Form der Knock-out Option ist der *Down-and-out Call*. Dieser ist eine reguläre Kaufoption, welche verfällt, wenn der Assetpreis eine bestimmte Barrier H erreicht. Die Barrier liegt dabei unter dem anfänglichen Assetpreis. Die entsprechende Knock-in Option ist ein *Down-and-in Call*. Dieser ist ein Standard-Call, welcher erst dann zu existieren beginnt, wenn der Assetpreis eine bestimmte Barrier H erreicht.

Falls H kleiner oder gleich dem Basispreis K ist, ist der Wert eines Down-and-in Call zum Zeitpunkt null gegeben durch

$$c_{di} = S_0 e^{-qT}(H/S_0)^{2\lambda} N(y) - K e^{-rT}(H/S_0)^{2\lambda-2} N(y - \sigma\sqrt{T}),$$

wobei

$$\lambda = \frac{r - q + \sigma^2/2}{\sigma^2}$$

$$y = \frac{\ln[H^2/(S_0 K)]}{\sigma\sqrt{T}} + \lambda\sigma\sqrt{T}.$$

Da der Wert eines Standard-Call gleich dem Wert eines Down-and-in Call plus dem Wert eines Down-and-out Call ist, ergibt sich der Wert des Down-and-out Call als

$$c_{do} = c - c_{di}.$$

Für $H \geq K$ gilt

$$c_{do} = S_0 N(x_1) e^{-qT} - K e^{-rT} N(x_1 - \sigma\sqrt{T}) - S_0 e^{-qT}(H/S_0)^{2\lambda} N(y_1)$$
$$+ K e^{-rT}(H/S_0)^{2\lambda-2} N(y_1 - \sigma\sqrt{T})$$

und

$$c_{di} = c - c_{do},$$

wobei

$$x_1 = \frac{\ln(S_0/H)}{\sigma\sqrt{T}} + \lambda\sigma\sqrt{T}, \qquad y_1 = \frac{\ln(H/S_0)}{\sigma\sqrt{T}} + \lambda\sigma\sqrt{T}.$$

Ein *Up-and-out Call* ist eine Standard-Kaufoption, welche verfällt, wenn der Assetpreis eine Barrier H erreicht, die über dem gegenwärtigen Assetpreis liegt. Ein *Up-and-in Call* ist eine Standard-Kaufoption, welche erst dann zu existieren beginnt, wenn die Barrier erreicht wird. Falls H kleiner oder gleich dem Basispreis K ist, ist der Wert c_{uo} des Up-and-out Call null und der Wert c_{ui} des Up-and-in Call beträgt c. Ist H größer als K, gilt

$$c_{ui} = S_0 N(x_1) e^{-qT} - K e^{-rT} N(x_1 - \sigma\sqrt{T}) - S_0 e^{-qT}(H/S_0)^{2\lambda}[N(-y) - N(-y_1)]$$
$$+ K e^{-rT}(H/S_0)^{2\lambda-2}[N(-y + \sigma\sqrt{T}) - N(-y_1 + \sigma\sqrt{T})]$$

und

$$c_{uo} = c - c_{ui}.$$

Barrier Put Options werden analog zu Barrier Call Options definiert. Ein *Up-and-out Put* ist eine Verkaufsoption, welche verfällt, wenn eine Barrier H erreicht wird, die über dem gegenwärtigen Assetpreis liegt. Ein *Up-and-in Put* ist ein Put, welcher erst dann zu existieren beginnt, wenn die Barrier erreicht wird. Ist die Barrier H größer oder gleich dem Basispreis K, betragen ihre Werte

$$p_{ui} = -S_0 e^{-qT}(H/S_0)^{2\lambda} N(-y) + K e^{-rT}(H/S_0)^{2\lambda-2} N(-y + \sigma\sqrt{T})$$

und

$$p_{uo} = p - p_{ui}.$$

Ist H kleiner oder gleich K, gilt

$$p_{uo} = -S_0 N(-x_1) e^{-qT} + K e^{-rT} N(-x_1 + \sigma\sqrt{T}) + S_0 e^{-qT}(H/S_0)^{2\lambda} N(-y_1)$$
$$- K e^{-rT}(H/S_0)^{2\lambda-2} N(-y_1 + \sigma\sqrt{T})$$

und

$$p_{ui} = p - p_{uo}.$$

Ein *Down-and-out Put* ist eine Verkaufsoption, welche verfällt, wenn eine Barrier unter dem gegenwärtigen Assetpreis erreicht wird. Ein *Down-and-in Put* ist eine Verkaufsoption, welche erst dann zu existieren beginnt, wenn die Barrier erreicht wird. Ist die Barrier größer als der Basispreis, gilt $p_{do} = 0$ und $p_{di} = p$. Ist die Barrier kleiner als der Basispreis, dann gilt

$$p_{di} = -S_0 N(-x_1) e^{-qT} + K e^{-rT} N(-x_1 + \sigma\sqrt{T}) + S_0 e^{-qT}(H/S_0)^{2\lambda}[N(y) - N(y_1)]$$
$$- K e^{-rT}(H/S_0)^{2\lambda-2}[N(y - \sigma\sqrt{T}) - N(y_1 - \sigma\sqrt{T})]$$

und

$$p_{do} = p - p_{di}.$$

Diese Bewertungen gehen alle von der üblichen Annahme aus, dass der Assetpreis zu einem zukünftigen Zeitpunkt lognormalverteilt ist. Von großer Bedeutung für Barrier Options ist die Häufigkeit der Beobachtung des Assetpreises S, um festzustellen, ob die Barrier erreicht wurde. In den analytischen Formeln dieses Abschnitts haben wir angenommen, dass S kontinuierlich beobachtet wird, was auch manchmal der Fall ist.[4] Oftmals legen die Bedingungen eines Kontraktes fest, dass S in regelmäßigen Abständen beobachtet wird, z. B. einmal am Tag um 12.00 Uhr. Broadie, Glasserman und Kou haben einen Weg zur Anpassung der von uns oben aufgeführten Formeln für den Fall diskreter Beobachtungen des Underlying-Preises angegeben.[5] Die Barrier H wird für eine Up-and-in Option oder eine Up-and-out Option durch $H e^{0{,}5826\sigma\sqrt{T/m}}$ und für eine Down-and-in Option oder eine Down-and-out Option durch $H e^{-0{,}5826\sigma\sqrt{T/m}}$ ersetzt, wobei m angibt, wie oft der Assetpreis festgestellt wird (T/m ist damit die Länge eines Zeitintervalls zwischen zwei Beobachtungen).

Die Eigenschaften von Barrier Options unterscheiden sich häufig von denen der Standard-Optionen. Beispielsweise ist das Vega manchmal negativ. Wir betrachten einen Up-and-out Call, der Assetpreis liegt nahe an der Barrier. Wenn die Volatilität steigt, erhöht sich die Wahrscheinlichkeit, dass die Barrier erreicht wird. Im Ergebnis

---

[4] Eine Möglichkeit zu verfolgen, ob eine Barrier von unten (oben) erreicht wurde, besteht darin, eine Limit-Order zum Verkauf (Kauf) des Assets in Höhe der Barrier an die Börse zu geben und herauszufinden, ob die Order ausgeführt wird.

[5] M. Broadie, P. Glasserman und S.G. Kou, „A Continuity Correction for Discrete Barrier Options", *Mathematical Finance*, 7, Nr. 4 (Oktober 1997), 325–349.

kann ein Anstieg der Volatilität unter diesen Umständen einen Rückgang des Preises der Barrier Option zur Folge haben.

Ein Nachteil der bisher betrachteten Barrier Options besteht darin, dass bereits eine kleine „Spitze" („Spike") im Assetpreis dazu führen kann, dass die Option aufhört zu existieren bzw. dass sie aktiv wird. Eine alternative Struktur ist die *Pariser Option*, bei der der Assetpreis über einen bestimmten Zeitraum über bzw. unter der Barrier liegen muss, ehe die Option in Kraft tritt bzw. verfällt. So könnte für einen Pariser Down-and-Out-Put, dessen Basispreis 90% des ursprünglichen Assetpreises und dessen Barrier 75% des ursprünglichen Assetpreises betragen, festgelegt werden, dass die Option verschwindet, falls der Assetpreis 50 Tage lang unter der Barrier liegt. In der Confirmation kann festgelegt werden, ob es sich um „50 aufeinanderfolgende Tage" oder „50 beliebige Tage während der Laufzeit" handelt. Pariser Optionen lassen sich schwieriger bewerten als reguläre Barrier Options.[6] Man kann Monte-Carlo-Simulation und Binomialbäume einschließlich der in den Abschnitten 27.5 und 27.6 vorgestellten Erweiterungen verwenden.

26.10 Digitale Optionen

Digitale Optionen sind Optionen mit nichtkontinuierlichen Auszahlungen. Ein einfaches Beispiel einer digitalen Option ist der *Cash-or-nothing Call*. Dieser zahlt nichts aus, wenn der Assetpreis zum Zeitpunkt der Fälligkeit, T, unter dem Basispreis liegt, und er zahlt einen festen Betrag Q, wenn der Assetpreis bei Fälligkeit über dem Basispreis liegt. In einer risikoneutralen Welt beträgt die Wahrscheinlichkeit, dass der Assetpreis bei Fälligkeit einer Option über dem Basispreis liegt, mit unserer üblichen Notation $N(d_2)$. Der Wert eines Cash-or-nothing Call ist daher $Qe^{-rT}N(d_2)$. Der *Cash-or-nothing Put* wird analog zum Cash-or-nothing Call definiert. Er zahlt den Betrag Q aus, wenn der Assetpreis unter dem Basispreis liegt, und nichts, wenn der Assetpreis über dem Basispreis liegt. Der Wert eines Cash-or-nothing Put ist $Qe^{-rT}N(-d_2)$.

Eine weitere Form einer digitalen Option ist der *Asset-or-nothing Call*. Dieser zahlt nichts aus, wenn der zugrunde liegende Assetpreis bei Fälligkeit unter dem Basispreis liegt, und er zahlt den Assetpreis aus, wenn dieser über dem Basispreis liegt. Mit unserer üblichen Notation beträgt der Wert eines Asset-or-nothing Call $S_0 e^{-qT} N(d_1)$. Ein *Asset-or-nothing Put* zahlt nichts aus, wenn der zugrunde liegende Assetpreis bei Fälligkeit über dem Basispreis liegt, und er zahlt den Assetpreis aus, wenn dieser unter dem Basispreis liegt. Der Wert eines Asset-or-nothing Put beträgt $S_0 e^{-qT} N(-d_1)$.

Eine europäische Standard-Kaufoption ist äquivalent mit einer Long-Position in einem Asset-or-nothing Call und einer Short-Position in einem Cash-or-nothing Call, wobei die Auszahlung aus dem Cash-or-nothing Call gleich dem Basispreis ist. Analog ist eine europäische Standard-Verkaufsoption äquivalent mit einer Long-Position in einem Cash-or-nothing Put und einer Short-Position in einem Asset-or-nothing Put, wobei die Auszahlung aus dem Cash-or-nothing Put gleich dem Basispreis ist.

---

6 Siehe z. B. M. Chesney, J. Cornwall, M. Jeanblanc-Picque, G. Kentwell und M. Yor, „Parisian pricing", *Risk*, 10, 1 (1977), 77–79.

26.11 Lookback Options

Die Auszahlungen aus Lookback Options hängen vom maximalen oder minimalen Preis ab, den das Asset während der Laufzeit der Option erreicht hat. Die Auszahlung aus einem Floating Lookback Call ist der Betrag, um den der Assetpreis bei Fälligkeit den kleinsten Assetpreis, der während der Laufzeit der Option erreicht wurde, übersteigt. Die Auszahlung aus einem Floating Lookback Put ist der Betrag, um den der größte Assetpreis, der während der Laufzeit der Option erreicht wurde, den Assetpreis bei Fälligkeit übersteigt.

Für europäische Lookbacks sind Bewertungsformeln entwickelt worden.[7] Der Wert eines Floating Lookback Call zum Zeitpunkt null beträgt

$$c_{fl} = S_0 e^{-qT} N(a_1) - S_0 e^{-qT} \frac{\sigma^2}{2(r-q)} N(-a_1) - S_{min} e^{-rT} \cdot \left[N(a_2) - \frac{\sigma^2}{2(r-q)} e^{Y_1} N(-a_3) \right],$$

wobei

$$a_1 = \frac{\ln(S_0/S_{min}) + (r - q + \sigma^2/2)T}{\sigma\sqrt{T}},$$

$$a_2 = a_1 - \sigma\sqrt{T}$$

$$a_3 = \frac{\ln(S_0/S_{min}) + (-r + q + \sigma^2/2)T}{\sigma\sqrt{T}}$$

$$Y_1 = -\frac{2(r - q - \sigma^2/2)\ln(S_0/S_{min})}{\sigma^2}.$$

S_{min} ist dabei der kleinste bis dato verzeichnete Assetpreis. (Falls der Lookback erst zum Betrachtungszeitpunkt emittiert wurde, gilt $S_{min} = S_0$.) Aufgabe 26.23 befasst sich mit dem Fall $r = q$.

Der Wert eines Floating Lookback Put beträgt

$$p_{fl} = S_{max} e^{-rT} \left[N(b_1) - \frac{\sigma^2}{2(r-q)} e^{Y_2} N(-b_3) \right] + S_0 e^{-qT} \frac{\sigma^2}{2(r-q)} N(-b_2) - S_0 e^{-qT} N(b_2),$$

wobei

$$b_1 = \frac{\ln(S_{max}/S_0) + (-r + q + \sigma^2/2)T}{\sigma\sqrt{T}},$$

$$b_2 = b_1 - \sigma\sqrt{T}$$

$$b_3 = \frac{\ln(S_{max}/S_0) + (r - q - \sigma^2/2)T}{\sigma\sqrt{T}}$$

$$Y_2 = \frac{2(r - q - \sigma^2/2)\ln(S_{max}/S_0)}{\sigma^2}.$$

---

[7] Siehe B. Goldman, H. Sosin und M.A. Gatto, „Path-Dependent Options: Buy at the Low, Sell at the High", *Journal of Finance*, 34 (Dezember 1979), 1111–1127; M. Garman, „Recollection in Tranquility", *Risk*, März 1989, S. 16–19.

$S_{\max}$ ist dabei der größte bis dato verzeichnete Assetpreis. (Falls der Lookback erst zum Betrachtungszeitpunkt emittiert wurde, gilt $S_{\max} = S_0$.)

Ein Floating Lookback Call versetzt den Inhaber in die Lage, das Underlying zum niedrigsten während der Optionslaufzeit erreichten Preis zu kaufen. Analog versetzt ein Floating Lookback Put den Inhaber in die Lage, das Underlying zum höchsten während der Optionslaufzeit beobachteten Preis zu verkaufen.

> **Beispiel 26.2** Wir betrachten einen neu emittierten Floating Lookback Put auf eine dividendenlose Aktie mit Aktienkurs 50, Aktienkursvolatilität von 40% per annum, risikolosem Zinssatz von 10% per annum und drei Monaten Laufzeit. In diesem Fall gilt $S_{\max} = 50$, $S_0 = 50$, $r = 0{,}1$, $q = 0$, $\sigma = 0{,}4$ und $T = 0{,}25$, sowie $b_1 = -0{,}025$, $b_2 = -0{,}225$, $b_3 = 0{,}025$ und $Y_2 = 0$, sodass sich 7,79 als Wert des Lookback Put ergibt. Ein neu emittierter Floating Lookback Call auf dieselbe Aktie hat einen Wert von 8,04.

Bei einem Fixed Lookback ist der Basispreis festgelegt. Bei einem Fixed Lookback Call entspricht die Auszahlung der aus einer regulären europäischen Kaufoption mit dem Unterschied, dass der Schlusspreis des Assets durch den höchsten während der Laufzeit der Option erreichten Preis ersetzt wird. Bei einem Fixed Lookback Put entspricht die Auszahlung der aus einer regulären europäischen Verkaufsoption mit dem Unterschied, dass der Schlusspreis des Assets durch den niedrigsten während der Laufzeit der Option erreichten Preis ersetzt wird. Wir definieren $S^*_{\max} = \max(S_{\max}, K)$, wobei wie gehabt $S_{\max}$ der höchste bis dahin erreichte Assetpreis während der Laufzeit der Option ist. Weiterhin sei p^*_{fl} der Wert eines Floating Lookback Put, der genauso lange läuft wie der Fixed Lookback Call, bei dem der bisher tatsächlich erreichte maximale Assetpreis $S_{\max}$ durch $S^*_{\max}$ ersetzt wird. Ein Argument im Stil der Put-Call-Parität zeigt, dass der Wert c_{fix} eines Fixed Lookback Call gegeben ist durch[8]

$$c_{\mathrm{fix}} = p^*_{\mathrm{fl}} + S_0 e^{-qT} - K e^{-rT}.$$

Definiert man $S^*_{\min} = \min(S_{\min}, K)$, so ergibt sich für den Wert p_{fix} eines Fixed Lookback Put

$$p_{\mathrm{fix}} = c^*_{\mathrm{fl}} + K e^{-rT} - S_0 e^{-qT},$$

wobei c^*_{fl} den Wert eines Floating Lookback Calls bezeichnet, der genauso lange läuft wie der Fixed Lookback Put, bei dem der bisher tatsächlich erreichte minimale Assetpreis $S_{\min}$ durch $S^*_{\min}$ ersetzt wird. Somit ist gezeigt, dass die obigen Gleichungen zur Bewertung von Floating Lookbacks mit einigen Modifikationen auch zur Bewertung von Fixed Lookbacks verwendet werden können.

Lookbacks sind attraktiv für Anleger, aber im Vergleich zu regulären Optionen sehr teuer. Wie bei Barrier Options hängt der Wert einer Lookback Option stark davon ab, wie oft der Assetpreis zur Bestimmung von Maximum und Minimum beobachtet wird. In den obigen Formeln wird angenommen, dass der Assetpreis stetig beobach-

---

[8] Dies wurde von H.Y. Wong und Y.K. Kwok, „Sub-replication and Replenishing Premium: Efficient Pricing of Multi-state Lookbacks", *Review of Derivatives Research*, 6 (2003), 83–106, vorgeschlagen.

tet wird. Broadie, Glasserman und Kou zeigen einen Weg zur Anpassung der oben angegebenen Formeln an den Fall diskreter Beobachtungen des Underlying-Preises.[9]

26.12 Shout Options

Eine *Shout Option* ist eine europäische Option, bei der der Inhaber den Verkäufer einmal während der Optionslaufzeit „rufen" kann. Am Ende der Laufzeit der Option erhält der Inhaber entweder die normale Auszahlung aus einer europäischen Option oder den inneren Wert zur Zeit des Shouts (Zuruf), je nachdem, welcher Wert höher ist. Angenommen, der Basispreis beträgt 50 $ und der Inhaber eines Calls führt den Shout aus, wenn der Preis des Underlyings bei 60 $ steht. Beträgt der Assetpreis bei Fälligkeit weniger als 60 $, dann erhält der Optionsinhaber eine Auszahlung von 10 $. Liegt der Assetpreis bei Fälligkeit über 60 $, erhält der Inhaber die Differenz des Assetpreises zu 50 $.

Eine Shout Option weist einige Merkmale einer Lookback Option auf, ist aber wesentlich billiger. Bei der Bewertung ist zu beachten, dass, wenn der Shout zum Zeitpunkt τ bei einem Assetpreis S_τ erfolgt, die Auszahlung aus der Option

$$\max(0, S_T - S_\tau) + (S_\tau - K)$$

beträgt. Hierbei ist wie üblich K der Basispreis und S_T der Assetpreis zum Zeitpunkt T. Der Wert der Option bei erfolgtem Shout zum Zeitpunkt τ ist demnach die Summe des Barwerts von $S_\tau - K$ (erhalten zum Zeitpunkt T) und des Werts der europäischen Option mit Basispreis S_τ. Letzterer Wert kann mithilfe der Black-Scholes-Merton-Formeln berechnet werden.

Wir bewerten eine Shout Option durch die Konstruktion eines Binomial- oder Trinomialbaums für das Underlying in der üblichen Art und Weise. Während wir den Baum rückwärts durchlaufen, berechnen wir an jedem Knoten die Werte der Option mit und ohne Shout. Der Optionspreis am Knoten ist der größere der beiden Werte. Das Verfahren zur Bewertung einer Shout Option ist daher dem Verfahren für die Bewertung einer amerikanischen Standard-Option sehr ähnlich.

26.13 Asiatische Optionen

Asiatische Optionen sind Optionen, bei denen die Auszahlung vom arithmetischen Mittels des Preises des Underlyings während der Optionslaufzeit abhängt. Die Auszahlung beträgt bei einem Average Price Call $\max(0, S_{\text{ave}} - K)$ und bei einem Average Price Put $\max(0, K - S_{\text{ave}})$, wobei S_{ave} den Durchschnittswert des Underlyings bezeichnet. Average Price Options sind nicht so teuer wie Standard-Optionen und für die Bedürfnisse einiger Finanzmanager wohl auch sinnvoller als diese. Wir nehmen an, ein Finanzmanager in den USA erwartet einen gleichmäßig über das nächste Jahr verteilten Cash Flow von 100 Millionen Australischen Dollar von der Niederlassung in Australien. Gewiss ist der Finanzmanager an einer Option interessiert, die sicherstellt, dass der durchschnittliche Wechselkurs während des ganzen Jahres über einem bestimmten Niveau liegt. Ein Average Price Put erreicht dies effektiver als Standard-Puts.

---

9 M. Broadie, P. Glasserman und S.G. Kou, „Connecting Discrete and Continuous Path-Dependent Options", *Finance and Stochastics*, 2 (1998), 1–28.

Average Price Options können mit analogen Formeln bewertet werden wie reguläre Optionen, wenn unterstellt wird, dass S_{ave} lognormalverteilt ist. Dies ist im Übrigen eine plausible Annahme, wenn für den Prozess, dem der Assetpreis folgt, die übliche Annahme getroffen wird.[10] Ein verbreitetes Verfahren besteht darin, eine passende Lognormalverteilung für die ersten beiden Momente von S_{ave} zu finden und das Black-Modell verwenden.[11] Wir bezeichnen die ersten beiden Momente von S_{ave} mit M_1 und M_2. Die Werte für Average Price Calls und Average Price Puts ergeben sich aus den Gleichungen (18.8) und (18.9) mit

$$F_0 = M_1 \tag{26.3}$$

und

$$\sigma^2 = \frac{1}{T} \ln\left(\frac{M_2}{M_1^2}\right). \tag{26.4}$$

Wird der stetige Durchschnitt ermittelt und sind r, q und σ konstant (wie in Deriva-Gem), so gilt:

$$M_1 = \frac{e^{(r-q)T} - 1}{(r-q)T} S_0$$

und

$$M_2 = \frac{2e^{[2(r-q)+\sigma^2]T} S_0^2}{(r-q+\sigma^2)(2r-2q+\sigma^2)T^2} + \frac{2S_0^2}{(r-q)T^2}\left[\frac{1}{2(r-q)+\sigma^2} - \frac{e^{(r-q)T}}{r-q+\sigma^2}\right].$$

Allgemeiner gilt, wenn der Durchschnitt aus den Beobachtungen zu den Zeitpunkten T_i ($1 \le i \le m$) errechnet wird,

$$M_1 = \frac{1}{m}\sum_{i=1}^{m} F_i \quad \text{und} \quad M_2 = \frac{1}{m^2}\left(\sum_{i=1}^{m} F_i^2 e^{\sigma_i^2 T_i} + 2\sum_{j=1}^{m}\sum_{i=1}^{j-1} F_i F_j e^{\sigma_i^2 T_i}\right).$$

Hierbei bezeichnen F_i und σ_i Forward-Preis bzw. implizite Volatilität für die Laufzeit T_i. Technical Note 27 auf der Homepage des Autors (www.rotman.utoronto.ca/~hull/ofod/index.html) zeigt einen Beweis für dieses Resultat.

Beispiel 26.3 Wir betrachten einen neu emittierten Average Price Call auf eine dividendenlose Aktie. Der Aktienkurs beträgt 50, der Basispreis ebenfalls 50, die Volatilität des Aktienkurses 40% per annum, der risikolose Zinssatz 10% per annum und die Laufzeit ein Jahr. In diesem Fall gilt $S_0 = 50$, $K = 50$, $r = 0{,}1$, $q = 0$, $\sigma = 0{,}4$ und $T = 1$. Wird der Durchschnittskurs stetig ermittelt, ergibt sich $M_1 = 52{,}59$ und $M_2 = 2922{,}76$. Mit den Gleichungen (26.3) und (26.4) ergibt sich $F_0 = 52{,}59$ und $\sigma = 23{,}54\%$. Gleichung (18.8) liefert mit $K = 50$, $T = 1$ und $r = 0{,}1$ als Wert für die Option 5,62. Wird der Durchschnitt aus 12, 52 bzw. 250 Beobachtungen ermittelt, ergibt sich als Preis 6,00, 5,70 bzw. 5,63.

---

10 Folgt der Assetpreis einer geometrischen Brownschen Bewegung, dann ist das geometrische Mittel des Preises exakt lognormalverteilt und das arithmetische Mittel annähernd lognormalverteilt.

11 Siehe S.M. Turnbull und L.M. Wakeman, „A Quick Algorithm for Pricing European Average Options", *Journal of Financial and Quantitative Analysis*, 26 (September 1991), 377–389.

Wir können unsere Analyse an eine Situation anpassen, in der die Option nicht neu emittiert ist und bereits einige der zur Bestimmung des Durchschnitts herangezogene Preise beobachtet wurden. Angenommen, der Zeitraum für die Durchschnittsberechnung besteht aus einer Periode der Länge t_1, für die bereits Preise beobachtet wurden, und einer zukünftigen Periode der Länge t_2 (Restlaufzeit der Option). Der durchschnittliche Assetpreis der ersten Periode ist $\bar{S}$. Die Auszahlung aus einem Average Price Call beträgt

$$\max\left(\frac{\bar{S}t_1 + S_{\text{ave}}t_2}{t_1 + t_2} - K, 0\right),$$

wobei S_{ave} den durchschnittlichen Assetpreis während der Restlaufzeit bezeichnet. Dies entspricht

$$\frac{t_2}{t_1 + t_2} \max(S_{\text{ave}} - K^*, 0),$$

wobei

$$K^* = \frac{t_1 + t_2}{t_2} K - \frac{t_1}{t_2} \bar{S}.$$

Für $K^* > 0$ kann die Option auf die gleiche Weise bewertet werden wie eine neu emittierte asiatische Option, wenn wir den Basispreis von K auf K^* ändern und das Ergebnis mit $t_2/(t_1 + t_2)$ multiplizieren. Im Fall $K^* < 0$ wird die Option mit Sicherheit ausgeübt und kann wie ein Forward-Kontrakt bewertet werden. Der Wert beträgt dann

$$\frac{t_2}{t_1 + t_2}\left(M_1 e^{-rt_2} - K^* e^{-rt_2}\right).$$

Eine weitere Form asiatischer Optionen ist eine Average Strike Option. Ein *Average Strike Call* zahlt $\max(0, S_T - S_{\text{ave}})$ aus, ein *Average Strike Put* $\max(0, S_{\text{ave}} - S_T)$. Average Strike Options können gewährleisten, dass der für ein Asset bei häufigem Handel während einer Zeitperiode gezahlte Durchschnittspreis nicht über dem Preis bei Fälligkeit liegt. Alternativ können sie sicherstellen, dass der für ein Asset bei häufigem Handel während einer Zeitperiode erzielte Durchschnittspreis nicht unter dem Preis bei Fälligkeit liegt. Eine Average Strike Option kann für Bewertungszwecke als Exchange Option angesehen werden, wenn man S_{ave} als lognormal verteilt annimmt.

26.14 Exchange Options

Optionen zum Austausch eines Assets gegen ein anderes (auch als *Exchange Options* bezeichnet) entstehen in verschiedenen Situationen. Eine Option auf den Kauf von Yen mit Australischen Dollar ist, aus Sicht eines US-Investors, eine Option zum Austausch einer Währung gegen eine andere Währung. Ein Angebot zum Aktientausch ist eine Option, Anteile einer Aktie gegen Anteile einer anderen Aktie zu tauschen.

Wir betrachten eine europäische Option zur Abgabe eines Assets, das zum Zeitpunkt T den Wert U_T besitzt, im Austausch gegen ein Asset mit dem Wert V_T zum Zeitpunkt T. Die Auszahlung aus dieser Option beträgt

$$\max(V_T - U_T, 0).$$

Margrabe lieferte als Erster eine Formel zur Bewertung dieser Option.[12] Wir nehmen an, dass die Assetpreise U und V jeweils einer geometrischen Brownschen Bewegung mit Volatilität σ_U bzw. σ_V folgen. Weiterhin nehmen wir an, dass die momentane Korrelation zwischen U und V gleich ρ ist und dass U und V die Rendite q_U bzw. q_V erzielen. Der Wert der Option zum Zeitpunkt null beträgt

$$V_0 e^{-q_V T} N(d_1) - U_0 e^{-q_U T} N(d_2) \,. \tag{26.5}$$

Dabei gilt

$$d_1 = \frac{\ln(V_0/U_0) + (q_U - q_V + \hat{\sigma}^2/2)T}{\hat{\sigma}\sqrt{T}}, \quad d_2 = d_1 - \hat{\sigma}\sqrt{T}$$

und

$$\hat{\sigma} = \sqrt{\sigma_U^2 + \sigma_V^2 - 2\rho\sigma_U\sigma_V} \,,$$

U_0 und V_0 sind die Werte von U und V zum Zeitpunkt null.

Dieses Ergebnis werden wir in Kapitel 28 beweisen. Interessanterweise ist Gleichung (26.5) unabhängig vom risikolosen Zinssatz r. Das liegt darin begründet, dass mit wachsendem r die erwartete Rendite beider Assets in einer risikoneutralen Welt steigt, dies jedoch durch den Anstieg des Diskontierungssatzes genau ausgeglichen wird. Die Variable $\hat{\sigma}$ gibt die Volatilität von V/U an. Ein Vergleich mit Gleichung (17.4) zeigt, dass der Optionspreis mit dem Preis von U_0 europäischen Kaufoptionen auf ein Asset mit dem Wert V/U übereinstimmt, wenn der Basispreis 1,0 beträgt, der risikolose Zinssatz q_U und die Dividendenrendite des Assets q_V. Mark Rubinstein hat nachgewiesen, dass die amerikanische Version dieser Option für Bewertungszwecke ähnlich charakterisiert werden kann.[13] Man kann sie auffassen als U_0 amerikanische Optionen auf den Kauf eines Assets mit dem Wert V/U zum Basispreis 1,0, wenn der risikolose Zinssatz q_U und die Dividendenrendite des Assets q_V beträgt. Folglich kann die Option, wie in Kapitel 21 beschrieben, mit einem Binomialbaum bewertet werden.

Eine Option zum Erhalt des besseren oder des schlechteren von zwei Assets kann angesehen werden als Position in einem der Assets kombiniert mit einer Option, dieses gegen das andere Asset auszutauschen:

$$\min(U_T, V_T) = V_T - \max(V_T - U_T, 0)$$
$$\max(U_T, V_T) = U_T + \max(V_T - U_T, 0) \,.$$

26.15 Optionen auf mehrere Assets

Optionen, die sich auf zwei oder mehr risikobehaftete Assets beziehen, werden manchmal als *Rainbow Options* bezeichnet. Ein Beispiel dafür ist der an der CBOT gehandelte Anleihe-Futures-Kontrakt, den wir in Kapitel 6 beschrieben haben. Die Partei mit der Short-Position hat die Möglichkeit, bei Lieferung zwischen einer Vielzahl verschiedener Anleihen zu wählen.

---

12 Siehe W. Margrabe, „The Value of an Option to Exchange One Asset for Another", *Journal of Finance*, 33 (März 1978), 177–186.
13 Siehe M. Rubinstein, „One for Another", *Risk*, Juli/August 1991, 30–32.

Die wahrscheinlich populärste Rainbow Option ist die *Basket Option*. Dies ist eine Option, deren Auszahlung vom Wert eines Portfolios (Baskets) von Assets abhängig ist. Die Assets sind gewöhnlich einzelne Aktien, Aktienindizes oder Währungen. Eine europäische Basket Option kann mit einer Monte-Carlo-Simulation bewertet werden, wenn angenommen wird, dass die Assets korrelierten geometrischen Brownschen Bewegungen folgen. Ein wesentlich schnellerer Ansatz besteht in der Berechnung der ersten beiden Momente des Baskets bei Fälligkeit der Option in einer risikoneutralen Welt und der Annahme, dass der Wert des Baskets zu diesem Zeitpunkt lognormalverteilt ist. Die Option kann dann mit dem Black-Modell und den in den Gleichungen (26.3) und (26.4) angegebenen Parametern bewertet werden. In diesem Fall gilt

$$M_1 = \sum_{i=1}^{n} F_i \quad \text{und} \quad M_2 = \sum_{i=1}^{n} \sum_{j=1}^{n} F_i F_j e^{\rho_{ij} \sigma_i \sigma_j T},$$

wobei n die Anzahl der Assets bezeichnet, T die Laufzeit der Option, F_i und σ_i Forward-Preis bzw. Volatilität des i-ten Assets sowie ρ_{ij} die Korrelation zwischen i-tem und j-tem Asset. Siehe auch Technical Note 28 auf der Homepage des Autors (www.rotman.utoronto.ca/~hull/ofod/index.html).

26.16 Volatility Swaps und Varianz-Swaps

Bei einem Volatility Swap wird die realisierte Volatilität eines Assets im Zeitraum von 0 bis T gegen eine vorher festgelegte konstante Volatilität getauscht. Die realisierte Volatilität wird berechnet, wie in Abschnitt 15.4 beschrieben, es wird allerdings unterstellt, dass der mittlere tägliche Ertrag null ist. Angenommen, zwischen den Zeitpunkten 0 und T liegen n Observationen des Assetpreises vor. Die realisierte Volatilität beträgt dann

$$\bar{\sigma} = \sqrt{\frac{252}{n-2} \sum_{i=1}^{n-1} \left[\ln\left(\frac{S_{i+1}}{S_i}\right)\right]^2},$$

wobei S_i die i-te Observation des Assetpreises bezeichnet. (Manchmal wird in dieser Formel auch $n-2$ durch $n-1$ ersetzt.)

Die Auszahlung aus dem Volatility Swap zum Zeitpunkt T an den Zahler der konstanten Volatilität beträgt $L_{\text{vol}}(\bar{\sigma} - \sigma_K)$; hierbei bezeichnet L_{vol} das Nominalkapital und σ_K die konstante Volatilität. Während eine Option ein komplexes Exposure gegenüber Assetpreis und Volatilität darstellt, ist der Volatility Swap einfacher, da er nur ein Exposure gegenüber der Volatilität bietet.

Bei einem Varianz-Swap wird die realisierte Varianz $\bar{V}$ eines Assets im Zeitraum von 0 bis T gegen ein vorher festgelegte Varianz getauscht. Die Varianzrate ist das Quadrat der Volatilität ($\bar{V} = \bar{\sigma}^2$). Varianzswaps lassen sich einfacher bewerten als Volatility Swaps, da die Varianz im Zeitraum von 0 bis T mittels eines Portfolios aus Calls und Puts nachgebildet werden kann. Die Auszahlung aus dem Varianz-Swap zum Zeitpunkt T an den Zahler der konstanten Varianz beträgt $L_{\text{var}}(\bar{V} - V_K)$; hierbei bezeichnet L_{var} das Nominalkapital und V_K die konstante Varianz. Oftmals wird das Nominalkapital eines Varianz-Swaps mithilfe des entsprechenden Nominalkapitals eines Volatility Swaps durch die Beziehung $L_{\text{var}} = L_{\text{vol}}/(2\sigma_K)$ ausgedrückt.

Bewertung eines Varianz-Swaps

Wie Technical Note 22 auf der Homepage des Autors (www.rotman.utoronto.ca/~hull/ofod/index.html) zeigt, ist für einen beliebigen Assetpreis S^* der Erwartungswert der durchschnittlichen Varianz im Zeitraum von 0 bis T gegeben durch

$$\hat{E}(\bar{V}) = \frac{2}{T} \ln \frac{F_0}{S^*} - \frac{2}{T}\left[\frac{F_0}{S^*} - 1\right] + \frac{2}{T}\left[\int_{K=0}^{S^*} \frac{1}{K^2} e^{rT} p(K)\, dK + \int_{K=S^*}^{\infty} \frac{1}{K^2} e^{rT} c(K)\, dK\right], \tag{26.6}$$

wobei F_0 den Forwardpreis des Assets für einen Kontrakt mit Fälligkeit zum Zeitpunkt T bezeichnet, $c(K)$ den Preis einer europäischen Kaufoption mit Basispreis K und Restlaufzeit T und $p(K)$ den Preis einer europäischen Verkaufsoption mit Basispreis K und Restlaufzeit T.

Damit können wir nun Varianz-Swaps bewerten.[14] Der Wert des Swaps, der eine Vereinbarung über den Erhalt der realisierten Varianz im Zeitraum von 0 bis T und die Zahlung der Varianzrate V_K darstellt, jeweils bezogen auf den Nominalbetrag L_{var}, ist

$$L_{\text{var}}[\hat{E}(\bar{V}) - V_K]e^{-rT}. \tag{26.7}$$

Angenommen, die Preise von europäischen Kaufoptionen mit den Basispreisen K_i ($1 \le i \le n$, $K_1 < K_2 < \cdots < K_n$) sind bekannt. Ein Standardansatz zur Implementierung von Gleichung (26.6) besteht in der Gleichsetzung von S^* mit dem ersten Basispreis unterhalb F_0 und der Approximation der Integrale mittels

$$\int_{K=0}^{S^*} \frac{1}{K^2} e^{rT} p(K)\, dK + \int_{K=S^*}^{\infty} \frac{1}{K^2} e^{rT} c(K)\, dK = \sum_{i=1}^{n} \frac{\Delta K_i}{K_i^2} e^{rT} Q(K_i). \tag{26.8}$$

Hierbei ist $\Delta K_i = 0{,}5(K_{i+1} - K_{i-1})$ für $2 \le i \le n-1$, $\Delta K_1 = K_2 - K_1$ und $\Delta K_n = K_n - K_{n-1}$. Die Funktion $Q(K_i)$ beschreibt für $K_i < S^*$ den Preis einer europäischen Verkaufsoption mit Basispreis K_i und für $K_i > S^*$ den Preis einer europäischen Kaufoption mit Basispreis K_i. Für $K_i = S^*$ ist $Q(K_i)$ gleich dem Mittelwert der Preise von europäischem Call und europäischem Put mit Basispreis K_i.

Beispiel 26.4 Wir betrachten einen dreimonatigen Kontrakt auf den Erhalt der über diesen Zeitraum realisierten Varianzrate auf einen Index und die Zahlung der Varianzrate von 0,045 auf ein Nominalkapital von 100 Millionen $. Der risikolose Zinssatz beträgt 4% und die Dividendenrendite auf den Index 1%. Der Index hat gegenwärtig das Niveau 1020. Angenommen, für die Basispreise 800, 850, 900, 950, 1000, 1050, 1100, 1150, 1200 betragen die impliziten 3-Monats-Volatilitäten des Index 29%, 28%, 27%, 26%, 25%, 24%, 23%, 22% bzw. 21%. In diesem Fall ist $n = 9$, $K_1 = 800$, $K_2 = 850, \ldots, K_9 = 1200$, $F_0 = 1020e^{(0{,}04-0{,}01)\cdot 0{,}25} = 1027{,}68$ und $S^* = 1000$. Mit DerivaGem erhält man $Q(K_1) = 2{,}22$, $Q(K_2) = 5{,}22$, $Q(K_3) = 11{,}05$, $Q(K_4) =$

---

14 Siehe auch K. Demeterfi, E. Derman, M. Kamal und J. Zou, „More Than You Ever Wanted to Know About Volatility Swaps", *The Journal of Derivatives*, 6, 4 (Sommer 1999), 9–32. Zu Optionen auf Varianz und Volatilität siehe P. Carr und R. Lee, „Realized Volatility and Variance: Options via Swaps", *Risk*, Mai 2007, 76–83.

21,27, $Q(K_5) = 51{,}21$, $Q(K_6) = 38{,}94$, $Q(K_7) = 20{,}69$, $Q(K_8) = 9{,}44$, $Q(K_9) = 3{,}57$ sowie $\Delta K_i = 50$ für alle i. Daher ergibt sich

$$\sum_{i=1}^{n} \frac{\Delta K_i}{K_i^2} e^{rT} Q(K_i) = 0{,}008139 \, .$$

Aus den Gleichungen (26.6) und (26.8) folgt somit

$$\hat{E}(\bar{V}) = \frac{2}{0{,}25} \ln\left(\frac{1027{,}68}{1000}\right) - \frac{2}{0{,}25}\left(\frac{1027{,}68}{1000} - 1\right) + \frac{2}{0{,}25} \cdot 0{,}008139 = 0{,}0621 \, .$$

Mit Gleichung (26.7) ergibt sich als Wert des Varianz-Swaps (in Millionen Dollar) $100 \cdot (0{,}0621 - 0{,}045) e^{-0{,}04 \cdot 0{,}25} = 1{,}69$.

Bewertung eines Volatility Swaps

Für die Bewertung eines Volatility Swaps benötigen wir die Größe $\hat{E}(\bar{\sigma})$, wobei $\bar{\sigma}$ den Mittelwert der Volatilität im Zeitraum von 0 bis T beschreibt. Es ist

$$\bar{\sigma} = \sqrt{\hat{E}(\bar{V})} \sqrt{1 + \frac{\bar{V} - \hat{E}(\bar{V})}{\hat{E}(\bar{V})}} \, .$$

Die Entwicklung des zweiten Terms auf der rechten Seite in einer Reihe liefert

$$\bar{\sigma} = \sqrt{\hat{E}(\bar{V})} \left\{ 1 + \frac{\bar{V} - \hat{E}(\bar{V})}{2\hat{E}(\bar{V})} - \frac{1}{8}\left[\frac{\bar{V} - \hat{E}(\bar{V})}{\hat{E}(\bar{V})}\right]^2 \right\} \, .$$

Bildung des Erwartungswertes auf beiden Seiten führt zu der Beziehung

$$\hat{E}(\bar{\sigma}) = \sqrt{\hat{E}(\bar{V})} \left\{ 1 - \frac{1}{8}\left[\frac{\mathrm{var}(\bar{V})}{\hat{E}(\bar{V})^2}\right] \right\} \, . \tag{26.9}$$

Dabei bezeichnet $\mathrm{var}(\bar{V})$ die Varianz von $\bar{V}$. Die Bewertung eines Volatility Swaps erfordert also eine Schätzung der Varianz der durchschnittlichen Varianzrate während der Kontraktlaufzeit. Der Wert des Swaps, der eine Vereinbarung über den Erhalt der realisierten Volatilität im Zeitraum von 0 bis T und die Zahlung der Volatilität σ_K darstellt, jeweils bezogen auf den Nominalbetrag L_{vol}, ist

$$L_{\mathrm{vol}}[\hat{E}(\bar{\sigma}) - \sigma_K]e^{-RT} \, .$$

Beispiel 26.5 Unter den Gegebenheiten von Beispiel 26.4 betrachten wir einen Volatility Swap bei dem auf ein Nominalkapital von 100 Millionen \$ die realisierte Volatilität eingenommen und eine Volatilität von 23% gezahlt wird. Angenommen, die Standardabweichung der durchschnittlichen

Varianz über drei Monate ist mit 0,01 geschätzt worden. Damit ist var$(\bar{V}) = 0{,}0001$. Gleichung (26.9) liefert

$$\hat{E}(\bar{\sigma}) = \sqrt{0{,}0621}\left(1 - \frac{1}{8} \cdot \frac{0{,}0001}{0{,}0621^2}\right) = 0{,}2484\,.$$

Der Wert des Swaps (in Millionen Dollar) beträgt

$$100 \cdot (0{,}2484 - 0{,}23)\mathrm{e}^{-0{,}04 \cdot 0{,}25} = 1{,}82\,.$$

Der VIX-Index

In Gleichung (26.6) kann die ln-Funktion durch die ersten beiden Glieder einer Reihenentwicklung approximiert werden:

$$\ln\left(\frac{F_0}{S^*}\right) = \left(\frac{F_0}{S^*} - 1\right) - \frac{1}{2}\left(\frac{F_0}{S^*} - 1\right)^2\,.$$

Dies erlaubt die Ermittlung der risikoneutralen erwarteten kumulierten Varianz zu

$$\hat{E}(\bar{V})T = -\left(\frac{F_0}{S^*} - 1\right)^2 + 2\sum_{i=1}^{n}\frac{\Delta K_i}{K_i^2}\mathrm{e}^{rT}Q(K_i)\,. \tag{26.10}$$

Seit 2004 basiert der VIX-Volatilitätsindex (siehe Abschnitt 15.11) auf Gleichung (26.10). Das an einem beliebigen Tag verwendete Verfahren besteht in der jeweiligen Berechnung von $\hat{E}(\bar{V})T$ für am Markt gehandelte Optionen mit Restlaufzeiten von etwas weniger und von etwas mehr als 30 Tagen. Die risikolose erwartete kumulierte Varianz für 30 Tage wird aus diesen beiden Zahlen durch Mittelwertbildung gewonnen. Der Index ergibt sich dann als Quadratwurzel aus dem mit 365/30 multiplizierten Mittelwert. Weitere Details zur Berechnung finden sich unter www.cboe.com/micro/vix/vixwhite.pdf.

26.17 Statische Nachbildung von Optionen

Wenn man die in Kapitel 19 beschriebenen Verfahren zum Hedging exotischer Optionen einsetzt, stellt man fest, dass einige von ihnen einfach zu handhaben sind, während andere aufgrund von Unstetigkeiten (siehe Business Snapshot 26.1) Schwierigkeiten bereiten. Für komplizierte Fälle kann mitunter die *statische Nachbildung von Optionen* (Static Option Replication) herangezogen werden.[15] Dies beinhaltet die Suche nach einem Portfolio aktiv gehandelter Optionen, welche näherungsweise die Optionsposition nachbilden. Eine Short-Position in diesem Portfolio führt zur Absicherung.

---

15 Siehe E. Derman, D. Ergener und I. Kani, „Static Options Replication", *Journal of Derivatives*, 2, Nr. 4 (Sommer 1995), 78–95.

Business Snapshot 26.1 – Delta-Hedging bei exotischen Optionen

Wie in Kapitel 19 beschrieben, können wir das Problem der Absicherung exotischer Optionen durch Schaffung einer deltaneutralen Position und häufiges Rebalancing zur Beibehaltung der Deltaneutralität angehen. Wir werden dann feststellen, dass einige exotische Optionen leichter zu hedgen sind als Standard-Optionen und andere schwerer.

Ein Beispiel für eine relativ leicht abzusichernde exotische Option ist eine Average Price Option, bei der die Zeitspanne für die Durchschnittsberechnung der gesamten Laufzeit der Option entspricht. Im Lauf der Zeit beobachten wir immer mehr Assetpreise, die am Schluss für die Ermittlung des Durchschnitts verwendet werden, d. h. unsere Unsicherheit über die Auszahlung sinkt mit fortschreitender Zeit. Demzufolge gestaltet sich die Absicherung der Option zunehmend einfacher. In den letzten Tagen geht das Delta der Option gegen null, da Preisbewegungen in dieser Zeit einen relativ geringen Einfluss auf die Auszahlung haben.

Im Gegensatz dazu sind Barrier Options relativ schwer abzusichern. Wir betrachten einen Down-and-out Call auf eine Währung. Der Wechselkurs liegt 0,0005 über der Barrier. Wird die Barrier getroffen, hat die Option keinen Wert mehr. Wird die Barrier nicht getroffen, kann die Option durchaus noch wertvoll werden. Das Delta der Option ist an der Barrier nicht stetig, was herkömmliches Hedging enorm erschwert.

Das Grundprinzip hinter der statischen Nachbildung von Optionen ist das folgende: Besitzen zwei Portfolios an einer bestimmten Randbedingung den gleichen Wert, dann besitzen sie auch für alle inneren Punkte dieses Rands den gleichen Wert. Wir betrachten z. B. einen Up-and-out Call auf eine dividendenlose Aktie mit einer Laufzeit von neun Monaten. Der Aktienkurs beträgt 50, der Basispreis 50, die Barrier 60, der risikolose Zinssatz 10% per annum und die Volatilität 30% per annum. Angenommen, $f(S, t)$ ist der Wert der Option zum Zeitpunkt t bei einem Aktienkurs von S. Um das Replikationsportfolio zu erzeugen, können wir einen beliebigen Rand aus dem (S, t)-Raum verwenden. Eine zweckmäßige Wahl ist in Abbildung 26.1 dargestellt. Sie ist durch $S = 60$ und $t = 0,75$ definiert. Die Werte der Up-and-out Option auf dem Rand sind durch

$$f(S, 0,75) = \max(S - 50, 0) \quad \text{für } S < 60$$
$$f(60, t) = 0 \quad \text{für } 0 \leq t \leq 0,75$$

gegeben. Es gibt viele Möglichkeiten, diese Randbedingungen mit regulären Optionen näherungsweise zu erfüllen. Um die erste Randbedingung zu erfüllen, ist das naheliegendste Wertpapier ein europäischer Standard-Call mit Basispreis 50 und einer Laufzeit von neun Monaten. Daher wird man sicher als erstes Instrument eine Einheit dieser Option in das Replikationsportfolio einbauen. (Wir werden diese Option als Option A bezeichnen). Man kann nun beispielsweise wie folgt weiter verfahren, um die zweite Randbedingung zu erfüllen:

26.17 Statische Nachbildung von Optionen

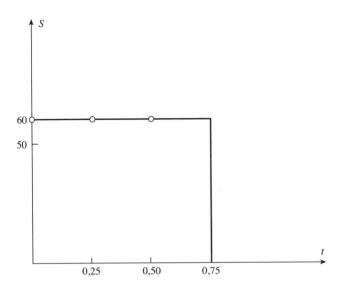

Abbildung 26.1: Für das Beispiel der statischen Optionsnachbildung verwendete Randpunkte

1. Unterteile die Optionslaufzeit in N Zeitintervalle der Länge Δt.
2. Wähle eine europäische Kaufoption mit Basispreis 60 und Fälligkeit zum Zeitpunkt $N\Delta t$ (in neun Monaten), um die Randbedingung im Punkt $\{60, (N-1)\Delta t\}$ zu erfüllen.
3. Wähle eine europäische Kaufoption mit Basispreis 60 und Fälligkeit zum Zeitpunkt $(N-1)\Delta t$, um die Randbedingung im Punkt $\{60, (N-2)\Delta t\}$ zu erfüllen,

usw. Man beachte, dass die Optionen nacheinander ausgewählt werden, so dass sie in den Teilen des Randes, der von vorher gewählten Optionen getroffen wird, den Wert null besitzen.[16] Die Option mit dem Basispreis 60, die in neun Monaten fällig ist, hat den Wert null auf dem vertikalen Rand, der von Option A erfüllt wird. Für $1 \leq i \leq N-1$ hat die Option, die zum Zeitpunkt $i\Delta t$ fällig ist, den Wert null im Punkt $\{60, i\Delta t\}$, welcher von der Option, die zum Zeitpunkt $(i+1)\Delta t$ fällig ist, getroffen wird.

Angenommen, $\Delta t = 0{,}25$. Dann besteht das Nachbildungs-Portfolio aus Positionen in europäischen Optionen mit Basispreis 60 und Fälligkeiten in neun, sechs bzw. drei Monaten, welche wir als Option B, C und D bezeichnen werden. Mit unseren Annahmen hinsichtlich Volatilitäten und Zinssätzen hat die Option B im Punkt $\{60, 0{,}5\}$ den Wert 4,33. Option A besitzt in diesem Punkt den Wert 11,54. Die notwendige Position in Option B zur Erfüllung der Randbedingung im Punkt $\{60, 0{,}5\}$ ist $-11{,}54/4{,}33 = -2{,}66$. Option C hat im Punkt $\{60, 0{,}25\}$ den Wert 4,33. Die Positionen in den Optionen A und B besitzen in diesem Punkt den Wert $-4{,}21$. Die notwendige Position in Option C zur Erfüllung der Randbedingung im Punkt $\{60, 0{,}25\}$ ist daher $4{,}21/4{,}33 = 0{,}97$. Analoge Überlegungen ergeben, dass die notwendige Position in

---

16 Dies ist nicht unbedingt notwendig. Wenn K Punkte auf dem Rand getroffen werden sollen, können wir K Optionen wählen und dann ein Gleichungssystem mit K Gleichungen lösen, um die benötigten Positionen in den Optionen zu ermitteln.

Option	Basispreis	Laufzeit (in Jahren)	Position	Anfangswert
A	50	0,75	1,00	6,99
B	60	0,75	−2,66	−8,21
C	60	0,50	0,97	1,78
D	60	0,25	0,28	0,17

Tabelle 26.1: Portfolio von europäischen Optionen zur Nachbildung einer Up-and-out Option

Option D zur Erfüllung der Randbedingung im Punkt $\{60, 0\}$ den Wert 0,28 aufweisen muss.

Das gewählte Portfolio ist in Tabelle 26.1 zusammengefasst. Es besitzt einen Anfangswert von 0,73 (d. h. zum Zeitpunkt null bei einem Aktienkurs von 50). Das ist mit dem Ergebnis von 0,31, welches die in diesem Kapitel an früherer Stelle angegebene analytische Formel für die Up-and-out Option liefert, zu vergleichen. Das Replikationsportfolio entspricht nicht exakt der Up-and-out Option, da es mit dieser für die zweite Randbedingung nur an drei Punkten übereinstimmt. Wenden wir dasselbe Verfahren an, sorgen aber für die zweite Randbedingung für Übereinstimmung in 18 Punkten (indem wir Optionen verwenden, die alle halbe Monate auslaufen), reduziert sich der Wert des Replikationsportfolios auf 0,38. Bei 100 Punkten reduziert sich der Wert noch weiter auf 0,32.

Zur Absicherung eines Derivates muss man die Short-Position in dem Portfolio einnehmen, welches die Randbedingungen nachbildet. Wenn irgendeine der Randbedingungen erreicht ist, muss das Portfolio aufgelöst werden.

Der Ansatz der statischen Nachbildung hat gegenüber dem Delta-Hedging den Vorteil, dass häufiges Rebalancing nicht notwendig ist. Er kann für ein breites Spektrum von Derivaten herangezogen werden. Der Anwender ist sehr flexibel in der Wahl der zu erfüllenden Randbedingungen und der zu verwendenden Optionen.

ZUSAMMENFASSUNG

Exotische Optionen sind Optionen mit Auszahlungsprofilen, welche komplizierter sind als bei Standardoptionen. Wir haben 14 verschiedene Typen von exotischen Optionen behandelt: Packages, unbefristete (perpetual) amerikanische Optionen, nichtstandardisierte amerikanische Optionen, Gap Options, Forward Start Options, Cliquet Options, Compound Options, Chooser Options, Barrier Options, digitale Optionen, Lookback Options, Shout Options, asiatische Optionen, Exchange Options und Basket Options. Wir haben diskutiert, wie diese unter den gleichen Annahmen wie bei der Herleitung der Black-Scholes-Merton-Formeln in Kapitel 15 bewertet werden können. Einige der Optionen können analytisch bewertet werden, wobei allerdings weitaus kompliziertere Formeln als für europäische Standard-Calls und -Puts verwendet werden, andere können mit analytischen Näherungsverfahren bewertet werden und wieder andere können unter Verwendung von Erweiterungen der numerischen Verfahren von Kapitel 21 bewertet werden. In Kapitel 27 werden wir weitere Verfahren zur Bewertung von exotischen Optionen präsentieren.

> Einige exotische Optionen sind leichter abzusichern als die entsprechenden Standard-Optionen, bei anderen ist es schwieriger. Asiatische Optionen sind im Allgemeinen leichter abzusichern, da die Auszahlung zunehmend sicherer wird, je näher die Fälligkeit heranrückt. Für Barrier Options kann die Absicherung schwierig werden, da das Delta an der Barrier nicht kontinuierlich ist. Ein Ansatz zur Absicherung einer exotischen Option, die so genannte statische Nachbildung von Optionen, besteht darin, ein Portfolio von Standard-Optionen zu finden, dessen Wert für gewisse Randbedingungen dem Wert der exotischen Option entspricht. Die exotische Option wird durch Einnahme der Short-Position in diesem Portfolio abgesichert.
>
> **ZUSAMMENFASSUNG**

Literaturempfehlungen

Carr, P. und R. Lee, „Realized Volatility and Variance: Options via Swaps", *Risk*, Mai 2007, 76–83.

Clewlow, L. und C. Strickland, *Exotic Options: The State of the Art*. Thomson Business Press, London, 1997.

Derman, E., D. Ergener und I. Kani, „Static Options Replication", *Journal of Derivatives*, 2, Nr. 4 (Sommer 1995), 78–95.

Derman, E., I. Kani und N. Chriss, „Static Options Replication", *Journal of Derivatives*, 1, Nr. 4 (Sommer 1994), 6–14.

Geske, R., „The Valuation of Compound Options", *Journal of Financial Economics*, 7 (1979), 63–81.

Goldman, B., H. Sosin und M.A. Gatto, „Path Dependent Options: Buy at the Low, Sell at the High", *Journal of Finance*, 34 (Dezember 1979), 1111–1127.

Margrabe, W., „The Value of an Option to Exchange One Asset for Another", *Journal of Finance*, 33 (März 1978), 177–186.

Rubinstein, M. und E. Reiner, „Breaking Down the Barriers", *Risk*, September 1991, 28–35.

Rubinstein, M., „Double Trouble", *Risk*, Dezember 1991/Januar 1992, S. 53–56.

Rubinstein, M., „One for Another", *Risk*, Juli/August 1991, S. 30–32.

Rubinstein, M., „Options for the Undecided", *Risk*, April 1991, S. 70–73.

Rubinstein, M., „Pay Now, Choose Later", *Risk*, Februar 1991, S. 44–47.

Rubinstein, M., „Somewhere Over the Rainbow", *Risk*, November 1991, S. 63–66.

Rubinstein, M., „Two in One", *Risk*, Mai 1991, S. 49.

Rubinstein, M. und E. Reiner, „Unscrambling the Binary Code", *Risk*, Oktober 1991, S. 75–83.

Stulz, R., „Options on the Minimum or Maximum of Two Assets", *Journal of Financial Economics*, 10 (1982), 161–185.

Turnbull, S.M. und L.M. Wakeman, „A Quick Algorithm for Pricing European Average Options", *Journal of Financial and Quantitative Analysis*, 26 (September 1991), 377–389.

Praktische Fragestellungen

26.1 Erläutern Sie den Unterschied zwischen einer Forward Start Option und einer Chooser Option.

26.2 Beschreiben Sie die Auszahlung aus einem Portfolio, das aus einem Lookback Call und einem Lookback Put mit der gleichen Laufzeit besteht.

26.3 Wir betrachten eine Chooser Option, deren Inhaber berechtigt ist, in einem Zeitraum von zwei Jahren jederzeit zwischen einem europäischen Call und einem europäischen Put zu wählen. Die Fälligkeitstermine und Basispreise für die Calls und Puts sind dieselben, unabhängig vom Zeitpunkt der Wahl. Ist es jemals optimal, die Wahl vor Ablauf der zwei Jahre zu treffen? Begründen Sie Ihre Antwort.

26.4 Angenommen, c_1 und p_1 sind die Preise für einen europäischen Average Price Call und einen europäischen Average Price Put mit Basispreis K und Laufzeit T; c_2 und p_2 sind die Preise für einen europäischen Average Strike Call und einen europäischen Average Strike Put mit Laufzeit T; c_3 und p_3 sind die Preise für einen europäischen Standard-Call und einen europäischen Standard-Put mit Basispreis K und Laufzeit T. Weisen Sie nach, dass $c_1 + c_2 - c_3 = p_1 + p_2 - p_3$ gilt.

26.5 Im Text wird für eine bestimmte Chooser Option eine Zerlegung in einen Call mit Laufzeit T_2 und einen Put mit Laufzeit T_1 hergeleitet. Leiten Sie eine alternative Zerlegung in einen Call mit Laufzeit T_1 und einen Put mit Laufzeit T_2 her.

26.6 In Abschnitt 26.9 werden zwei Formeln für Down-and-out Calls angegeben. Die erste wird angewendet, falls die Barrier H kleiner oder gleich dem Basispreis K ist, die zweite, falls $H \geq K$. Zeigen Sie, dass beide Formeln für $H = K$ übereinstimmen.

26.7 Erklären Sie, warum ein Down-and-out Put den Wert null hat, wenn die Barrier über dem Basispreis liegt.

26.8 Angenommen, der Basispreis eines amerikanischen Calls auf eine dividendenlose Aktie wächst mit der Rate g. Zeigen Sie, dass es nie optimal ist, den Call vorzeitig auszuüben, falls g unterhalb des risikolosen Zinssatzes r liegt.

26.9 Wie kann der Wert einer Forward Start Option auf eine dividendenlose Aktie berechnet werden, wenn vereinbart wird, dass der Basispreis zu Beginn der Optionslaufzeit 10% über dem Aktienpreis liegt?

26.10 Ein Aktienkurs folge einer geometrischen Brownschen Bewegung. Welchem Prozess folgt das arithmetische Mittel $A(t)$ des Aktienkurses zwischen den Zeitpunkten null und t?

26.11 Erläutern Sie, warum Delta-Hedging für asiatische Optionen leichter funktioniert als für Standard-Optionen.

26.12 Berechnen Sie den Preis einer einjährigen europäischen Option auf die Abgabe von 100 Unzen Silber im Tausch gegen eine Unze Gold. Die aktuellen Preise für Gold und Silber betragen 1520 $ bzw. 16 $, der risikolose Zinssatz 10% per annum, die Volatilität der Rohstoffpreise ist 20% und die Korrelation zwischen den beiden Preisen liegt bei 0,7. Kosten für Lagerhaltung können vernachlässigt werden.

26.13 Besitzt eine europäische Down-and-out Option auf ein Asset denselben Wert wie eine europäische Down-and-out Option auf den Futures-Kurs des Assets für einen Futures-Kontrakt, der zum selben Zeitpunkt fällig ist wie die Option?

26.14 Beantworten Sie die folgenden Fragen über Compound Options.

a. Welche Put-Call-Parität existiert zwischen dem Preis eines europäischen Calls auf einen Call und dem Preis eines europäischen Puts auf einen Call? Zeigen Sie, dass die im Text angegebenen Formeln diese Beziehung erfüllen.

b. Welche Put-Call-Parität existiert zwischen dem Preis eines europäischen Calls auf einen Put und dem Preis eines europäischen Puts auf einen Put? Zeigen Sie, dass die im Text angegebenen Formeln diese Beziehung erfüllen.

26.15 Gewinnt oder verliert ein Floating Lookback Call an Wert, wenn wir die Häufigkeit der Beobachtung des Assetpreises für die Berechnung des Minimums erhöhen?

26.16 Gewinnt oder verliert ein Down-and-out Call an Wert, wenn wir die Häufigkeit der Beobachtung des Assetpreises erhöhen, um festzustellen, ob die Knock-out-Schwelle durchbrochen wurde? Wie lautet die Antwort auf die gleiche Frage für einen Down-and-in Call?

26.17 Erläutern Sie, warum ein europäischer Standard-Call die Summe eines europäischen Down-and-out Call und eines europäischen Down-and-in Call ist. Gilt dies auch für amerikanische Calls?

26.18 Welchen Wert hat ein Derivat, welches in sechs Monaten 100 $ auszahlt, falls der S&P 500 Index über 1000 liegt, andernfalls aber nichts auszahlt. Nehmen Sie an, dass der Index gegenwärtig bei 960 steht, der risikolose Zinssatz 8% per annum, die Dividendenrendite des Index 3% und die Volatilität des Index 20% beträgt.

26.19 Bei einem dreimonatigen Down-and-out Call auf Silber-Futures beträgt der Basispreis 20 $ pro Unze, die Knock-out-Schwelle liegt bei 18 $. Der gegenwärtige Futures-Preis beträgt 19 $, der risikolose Zinssatz 5% und die Volatilität von Silber-Futures 40% per annum. Erläutern Sie die Funktionsweise der Option und berechnen Sie ihren Wert. Welchen Wert hat eine Standard-Kaufoption auf Silber-Futures mit denselben Eigenschaften? Welchen Wert hat ein Down-and-in Call auf Silber-Futures mit denselben Eigenschaften?

26.20 Ein neuer Floating Lookback Call europäischen Typs auf einen Aktienindex hat eine Laufzeit von neun Monaten. Der Index steht gegenwärtig bei 400, der risikolose Zinssatz beträgt 6% per annum, die Dividendenrendite des Index 4% per annum und die Volatilität des Index 20%. Bewerten Sie die Option unter Verwendung von DerivaGem.

26.21 Berechnen Sie den Wert eines neuen Average Price Call europäischen Typs auf eine dividendenlose Aktie mit einer Laufzeit von sechs Monaten. Der anfängliche Aktienkurs beträgt 30 $, der Basispreis 30 $, der risikolose Zinssatz 5% und die Volatilität des Aktienkurses 30%.

26.22 Benutzen Sie DerivaGem zur Berechnung des Wertes

a. eines europäischen Standard-Calls auf eine dividendenlose Aktie bei einem Aktienpreis von 50 $, einem Basispreis von 50 $, einem risikolosen Zinssatz von 5%, einer Volatilität von 30% und einer Restlaufzeit von einem Jahr,

b. eines europäischen Down-and-out Call mit den Angaben von (a) und einer Barrier von 45 $,

c. eines europäischen Down-and-in Call mit den Angaben von (a) und einer Barrier von 45 $.

Zeigen Sie, dass der Wert der Option in (a) der Summe der Werte der Optionen in (b) und (c) entspricht.

26.23 Erläutern Sie, welche Anpassungen für den Fall $r = q$ vorzunehmen sind, (a) in den Bewertungsformeln für Lookback Options in Abschnitt 26.11 und (b) in den Formeln für M_1 und M_2 in Abschnitt 26.13.

26.24 Bewerten Sie den Varianz-Swap in Beispiel 26.4 in Abschnitt 26.16 unter der Annahme, dass die impliziten Volatilitäten für Optionen mit den Basispreisen 800, 850, 900, 950, 1000, 1050, 1100, 1150, 1200 die Werte 20%, 20,5%, 21%, 21,5%, 22%, 22,5%, 23%, 23,5% bzw. 23,5% aufweisen.

26.25 Zeigen Sie, dass die Resultate aus Abschnitt 26.2 für den Wert eines Derivates, das eine Auszahlung Q vorsieht, wenn $S = H$ ist, mit denen aus Abschnitt 15.6 konsistent sind.

Zur weiteren Vertiefung

26.26 Welchen Wert (in Dollar) hat ein Derivat, welches in einem Jahr 10 000 GBP auszahlt, vorausgesetzt der Dollar-Pfund-Wechselkurs steht zu diesem Zeitpunkt bei über 1,5000? Der gegenwärtige Wechselkurs ist 1,4800. Die Zinssätze für Dollar und Pfund betragen 4% bzw. 8% per annum, die Volatilität des Wechselkurses liegt bei 12% per annum.

26.27 Wir betrachten einen Up-and-out Barrier Call auf eine dividendenlose Aktie. Der Aktienkurs beträgt 50, der Basispreis 50, die Volatilität 30%, der risikolose Zinssatz 5%, die Restlaufzeit ein Jahr und die Knock-out-Schwelle 80 $. Benutzen Sie die DerivaGem-Software zur Bestimmung des Optionswertes und stellen Sie die Beziehung zwischen (a) Optionspreis und Aktienkurs, (b) Delta und Optionspreis, (c) Optionspreis und Restlaufzeit sowie (d) Optionspreis und Volatilität grafisch dar. Geben Sie eine intuitive Erklärung für die von Ihnen erhaltenen Ergebnisse. Zeigen Sie, dass Delta, Gamma, Theta und Vega für einen Up-and-out Barrier Call entweder positiv oder negativ sein können.

26.28 Die Sample Application F der DerivaGem Application Builder Software befasst sich mit dem Beispiel der statischen Nachbildung von Optionen aus Abschnitt 26.17. Es zeigt einen Weg auf, wie eine Absicherung aus vier Optionen (wie in Abschnitt 26.17) konstruiert werden kann, und zwei Wege für eine Absicherung mit 16 Optionen.

a. Erläutern Sie den Unterschied zwischen den beiden Wegen der Konstruktion einer Absicherung mit 16 Optionen. Erklären Sie intuitiv, warum die zweite Methode besser funktioniert.

b. Verbessern Sie die Absicherung mit vier Optionen, indem Sie Tmat für die dritte und die vierte Option ändern.

c. Prüfen Sie, wie gut die 16-Optionen-Portfolios in Delta, Gamma und Vega mit der Barrier Option übereinstimmen.

26.29 Wir betrachten einen Down-and-out Call auf eine Währung. Der ursprüngliche Wechselkurs liegt bei 0,90, die Laufzeit beträgt zwei Jahre, der Basispreis 1,00, die Barrier 0,80, der inländische risikolose Zinssatz 5%, der ausländische risikolose Zinssatz 6% und die Volatilität 25% per annum. Entwickeln Sie unter Verwendung von DerivaGem eine Strategie zur statischen Nachbildung der Option, die fünf Optionen umfasst.

26.30 Angenommen, ein Aktienindex steht zur Zeit bei 900. Die Dividendenrendite beträgt 2%, der risikolose Zinssatz 5% und die Volatilität 40%. Benutzen Sie die Resultate aus Technical Note 27 von der Homepage des Autors zur Berechnung des Wertes eines Average Price Call mit Basispreis 900 und einer Laufzeit von einem Jahr, wobei der Indexstand für die Mittelwertbildung am Ende jedes Quartals beobachtet wird. Vergleichen Sie diesen Wert mit dem von DerivaGem errechneten Wert für eine Average Price Option mit einer Laufzeit von einem Jahr, deren Preis kontinuierlich beobachtet wird. Geben Sie eine intuitive Erklärung für etwaige Unterschiede in den Preisen.

26.31 Verwenden Sie die DerivaGem-Software zum Vergleich der Effektivität eines täglichen Delta-Hedging (a) für die in den Tabellen 19.2 und 19.3 betrachteten Optionen und (b) für einen Average Price Call mit den gleichen Parametern. Verwenden Sie Sample Application C. Bei der Average Price Option wird es nötig sein, die Berechnung des Optionspreises in Zelle C16, die Auszahlungen in den Zellen H15 und H16 sowie die Deltas (G46 bis G186 und N46 bis N186) zu ändern. Führen Sie durch wiederholtes Betätigen der „F9"-Taste für jede Option 20 Durchläufe einer Monte-Carlo-Simulation durch. Notieren Sie für jeden Durchlauf die Kosten für Verkauf und Absicherung der Option, das Handelsvolumen für die gesamten 20 Wochen sowie das Handelsvolumen für die Wochen 11 bis 20. Kommentieren Sie die Ergebnisse.

26.32 Modifizieren Sie Sample Application D der DerivaGem Application Builder Software, um die Effektivität einer Delta- und Gamma-Absicherung eines Calls auf einen Call auf 100 000 Einheiten einer Währung zu überprüfen. Der Wechselkurs beträgt 0,67, der inländische risikolose Zinssatz 5%, der ausländische risikolose Zinssatz 6%, die Volatilität 12%. Bis zur Fälligkeit der ersten Option sind es noch 20 Wochen, ihr Basispreis beträgt 0,015. Die zweite Option ist in 40 Wochen fällig und hat einen Basispreis von 0,68. Erläutern Sie, wie Sie die Zellen angepasst haben. Kommentieren Sie die Effektivität der Absicherung.

26.33 Outperformance-Zertifikate (auch „Sprint-Zertifikate", „Accelerator-Zertifikate" oder „Speeders" genannt) werden von vielen europäischen Banken als Möglichkeit angeboten, in die Aktie eines Unternehmens zu investieren. Die Anfangsinvestition entspricht dem Aktienkurs S_0. Steigt der Aktienkurs im Zeitraum von 0 bis T, erhält der Anleger zum Zeitpunkt T das k-fache des Anstiegs ($k > 1$, konstant). Der Aktienkurs zur Ermittlung des Profits zum Zeitpunkt T ist jedoch nach oben durch ein Maximum M begrenzt. Fällt der Kurs der Aktie, ist der Verlust des Anlegers gleich der Differenz zu S_0. Dividenden werden nicht gezahlt.

a. Zeigen Sie, dass ein Outperformance-Zertifikat ein Package darstellt.
b. Berechnen Sie mit DerivaGem den Wert eines einjährigen Outperformance-Zertifikats, wenn der Aktienkurs 50 Euro, $k = 1{,}5$, $M = 70$ Euro, der risikolose Zinssatz 5% und die Volatilität des Aktienkurses 25% betragen. Es werden in 2, 5, 8 und 11 Monaten Dividenden in der Höhe von 0,50 Euro erwartet.

26.34 Führen Sie die Analyse von Beispiel 26.4 in Abschnitt 26.16 zur Bewertung des Varianz-Swaps unter der Annahme durch, dass die Laufzeit des Swaps einen Monat statt drei Monate beträgt.

26.35 Welche Beziehung besteht zwischen einer regulären, einer digitalen und einer Gap-Kaufoption?

26.36 Ermitteln Sie eine Formel zur Bewertung einer Cliquet Option, bei der ein Betrag Q angelegt wird, welcher am Ende von n Zeitperioden zu einer Auszahlung führen soll. Die in jeder Periode erzielte Rendite soll dabei, falls positiv, die Indexrendite (exklusive Dividenden), andernfalls null sein.

Modellierung und numerische Verfahren: Vertiefung

27.1 Alternativen zum Black-Scholes-Merton-Modell 762
27.2 Modelle mit stochastischer Volatilität 768
27.3 Das IVF-Modell 770
27.4 Wandelanleihen 771
27.5 Pfadabhängige Derivate 775
27.6 Barrier Options 779
27.7 Optionen auf zwei korrelierte Assets 783
27.8 Monte-Carlo-Simulation und amerikanische Optionen 786
Zusammenfassung 790
Literaturempfehlungen 791
Praktische Fragestellungen 793

27 Modellierung und numerische Verfahren: Vertiefung

Die Modelle, die bislang zur Bewertung von Optionen verwendet wurden, basierten auf einer Modellierung des Assetpreises als geometrische Brownsche Bewegung, die damit auch den Black-Scholes-Merton-Formeln zugrunde liegt. Zudem waren die von uns benutzten numerischen Verfahren verhältnismäßig einfach. In diesem Kapitel stellen wir einige neue Modelle vor und erläutern, wie die numerischen Verfahren an bestimmte Situationen angepasst werden können.

In Kapitel 20 erläuterten wir, wie Händler die Schwächen des Modells der geometrischen Brownschen Bewegung durch die Verwendung von Volatility Surfaces überwinden können. Eine Volatility Surface bestimmt eine angemessene Volatilität, die bei der Bewertung von Plain-Vanilla-Optionen in die Black-Scholes-Merton-Formeln eingesetzt werden kann. Leider sagt sie wenig über die Volatilität, die zur Bewertung von exotischen Optionen mit den Formeln aus Kapitel 26 verwendet werden sollte, aus. Angenommen, die Volatility Surface besagt, dass die korrekte Volatilität für die Bewertung einer einjährigen Standardoption mit Basispreis 40 \$ 27% beträgt. Für die Bewertung einer Barrier Option (oder einer anderen exotischen Option) mit Basispreis 40 \$ und Laufzeit von einem Jahr ist dieser Wert wahrscheinlich nicht geeignet.

Im ersten Teil des Kapitels werden einige Alternativen zum Modell der geometrischen Brownschen Bewegung diskutiert. Diese wurden entworfen, um das Problem der Bewertung exotischer Optionen in Konsistenz mit Plain-Vanilla-Optionen zu bewältigen. Diese alternativen Assetpreis-Prozesse passen besser zu den Marktpreisen von Plain-Vanilla-Optionen als die geometrische Brownsche Bewegung. Wir können diese daher eher für die Bewertung von exotischen Optionen einsetzen.

Im zweiten Teil des Kapitels erweitern wir die Diskussion von numerischen Verfahren. Wir erläutern, wie Wandelanleihen sowie einige Arten von pfadabhängigen Derivaten mit Bäumen bewertet werden können. Wir erörtern mit der numerischen Bewertung von Barrier Options zusammenhängende Probleme. Wir skizzieren alternative Wege, Bäume für zwei korrelierte Variablen zu konstruieren. Schließlich zeigen wir, wie die Monte-Carlo-Simulation zur Bewertung von Derivaten bei der Möglichkeit vorzeitiger Ausübung verwendet werden kann.

Wie in den Kapiteln zuvor gelten unsere Resultate für Derivate, die von einem Asset abhängen, das einen Ertrag q erzielt. Ist das Asset ein Aktienindex, dann sollte q mit der Dividendenrendite auf den Index gleichgesetzt werden. Ist das Asset eine Währung, sollte q dem ausländischem risikolosen Zinssatz entsprechen. Bei einer Option auf einen Futures-Kontrakt sollte q gleich dem inländischen risikolosen Zinssatz sein.

27.1 Alternativen zum Black-Scholes-Merton-Modell

Das Black-Scholes-Merton-Modell nimmt an, dass sich der Preis eines Assets stetig so ändert, dass der Preis für einen zukünftigen Zeitpunkt durch eine Lognormalverteilung beschrieben wird. Man kann viele andere Prozesse unterstellen. Eine Möglichkeit ist die Beibehaltung der Eigenschaft sich stetig ändernder Assetpreise, allerdings durch einen anderen Prozess als die geometrische Brownsche Bewegung. Eine weitere Alternative ist die Überlagerung der stetigen Assetpreisänderungen mit Preissprüngen. Noch eine andere Möglichkeit ist die Annahme eines Prozesses, bei dem alle Änderungen des Assetpreises Kurssprünge darstellen. Wir werden in diesem Abschnitt Beispiele für alle drei Arten von Prozessen betrachten. Speziell befassen wir uns mit dem CEV-Modell, dem gemischten Jump-Diffusions-Modell nach Merton und dem Varianz-Gamma-Modell. Diese drei Modelle sind allesamt in DerivaGem 3.00 implementiert. Die in diesem Abschnitt diskutierten Prozesse werden unter dem Begriff *Levy-Prozesse* zusammengefasst.[1]

Das CEV-Modell

Ein Alternative zum Black-Scholes-Merton-Modell ist das *Modell der konstanten Elastizität der Varianz* (constant elasticity of variance, CEV). Bei diesem Diffusions-Modell wird unterstellt, dass der risikoneutrale Prozess für den Aktienkurs

$$dS = (r-q)S\,dt + \sigma S^\alpha\,dz$$

folgt, wobei r der risikolose Zinssatz ist, q die Dividendenrendite, dz ein Wiener-Prozess, σ ein Volatilitätsparameter und α eine positive Konstante.[2]

Für $\alpha = 1$ entspricht das CEV-Modell der Annahme einer geometrischen Brownschen Bewegung, die wir bislang verwendet haben. Ist $\alpha < 1$, steigt die Volatilität mit sinkendem Aktienkurs. Dies führt zu einer ähnlichen Wahrscheinlichkeitsverteilung, wie sie für Aktien mit mehr Wahrscheinlichkeitsmasse im linken Rand der Verteilung und weniger Wahrscheinlichkeitsmasse im rechten Rand (siehe Abbildung 20.4) beobachtet wurde[3]. Mit $\alpha > 1$ steigt die Volatilität, wenn der Aktienkurs steigt. Es ergibt sich eine Wahrscheinlichkeitsverteilung mit mehr Wahrscheinlichkeitsmasse im rechten Rand der Verteilung und weniger Wahrscheinlichkeitsmasse im linken Rand. Dies korrespondiert mit einem Volatility Smile, bei dem die implizite Volatilität eine steigende Funktion des Aktienkurses ist. Ein derartiger Volatility Smile wird zeitweise für Optionen auf Futures beobachtet (siehe Problem 18.25).

Die Bewertungsformeln für europäische Calls und Puts lauten im CEV-Modell

$$c = S_0 e^{-qT}[1 - \chi^2(a, b+2, c)] - Ke^{-rT}\chi^2(c, b, a)$$
$$p = Ke^{-rT}[1 - \chi^2(c, b, a)] - S_0 e^{-qT}\chi^2(a, b+2, c)$$

für $0 < \alpha < 1$ und

$$c = S_0 e^{-qT}[1 - \chi^2(c, -b, a)] - Ke^{-rT}\chi^2(a, 2-b, c)$$
$$p = Ke^{-rT}[1 - \chi^2(a, 2-b, c)] - S_0 e^{-qT}\chi^2(c, -b, a)$$

bei $\alpha > 1$. Dabei ist

$$a = \frac{[Ke^{-(r-q)T}]^{2(1-\alpha)}}{(1-\alpha)^2 v}, \quad b = \frac{1}{1-\alpha}, \quad c = \frac{S^{2(1-\alpha)}}{(1-\alpha)^2 v},$$

$$\text{mit } v = \frac{\sigma^2}{2(r-q)(\alpha-1)}[e^{2(r-q)(\alpha-1)T} - 1]$$

---

[1] Grob gesagt ist ein Levy-Prozess ein stochastischer Prozess in stetiger Zeit mit unabhängigen stationären Schrittweiten.

[2] Siehe J.C. Cox und S.A. Ross, „The Valuation of Options for Alternative Stochastic Processes", *Journal of Financial Economics*, 3 (März 1976), 145–166.

[3] Dies hat folgenden Grund: Wenn der Aktienkurs sinkt, steigt die Volatilität und macht einen noch niedrigeren Aktienkurs wahrscheinlicher. Steigt der Aktienkurs, sinkt die Volatilität und lässt höhere Aktienkurse weniger wahrscheinlich werden.

und $\chi^2(z, k, v)$ bezeichnet die Wahrscheinlichkeitsdichte, dass eine Variable mit nicht-zentraler χ^2-Verteilung mit Nichtzentralitätsparameter v und k Freiheitsgraden kleiner als z ist. Ein Verfahren zur Berechnung von $\chi^2(z, k, v)$ ist in Technical Note 12 auf der Homepage des Autors (www.rotman.utoronto.ca/~hull/ofod/index.html) angegeben.

Das CEV-Modell ist bei der Bewertung von exotischen Optionen einsetzbar. Die Parameter des Modells können so gewählt werden, dass sie die Preise von Plain-Vanilla-Optionen möglichst genau widerspiegeln. Dies wird durch Minimierung der Summe der quadratischen Abweichung von Modell- und Marktpreisen erreicht.

Das gemischte Jump-Diffusions-Modell nach Merton

Merton hat ein Modell vorgeschlagen, bei dem Sprünge mit stetigen Veränderungen kombiniert werden.[4] Wir definieren:

λ: durchschnittliche Zahl der Sprünge pro Jahr

k: durchschnittliche Sprunghöhe in Prozent des Assetpreises

Bei dem Modell wird angenommen, dass die relative Sprunghöhe zufällig aus einer Wahrscheinlichkeitsverteilung bestimmt wird.

Die Wahrscheinlichkeit eines Sprungs im Zeitraum Δt ist $\lambda \Delta t$. Daher beträgt die durchschnittliche Wachstumsrate des Assetpreises aufgrund der Sprünge λk. Der Prozess für den Assetpreis lautet

$$\frac{dS}{S} = (r - q - \lambda k)\,dt + \sigma\,dz + dp,$$

wobei dz ein Wiener-Prozess ist, dp der Poisson-Prozess zur Erzeugung der Sprünge und σ die Volatilität der Brownschen Bewegung. Es wird angenommen, dass die Prozesse dz und dp voneinander unabhängig sind.

Ein wichtiger Spezialfall des Merton-Modells entsteht, wenn der Logarithmus von $\lambda' = \lambda(1+k)$ normalverteilt ist. Angenommen, die Standardabweichung der Normalverteilung ist s. Merton weist nach, dass der Preis einer europäischen Option dann

$$\sum_{n=0}^{\infty} \frac{e^{-\lambda' T}(\lambda' T)^n}{n!} f_n$$

entspricht. Die Variable f_n gibt den Black-Scholes-Merton-Optionspreis bei einer Dividendenrendite von q an, die Varianz beträgt

$$\sigma^2 + \frac{ns^2}{T}$$

und der risikolose Zinssatz

$$r - \lambda k + \frac{n\gamma}{T},$$

wobei $\gamma = \ln(1 + k)$.

---

[4] Siehe R.C. Merton, „Option Pricing When Underlying Stock Returns Are Discontinuous", *Journal of Financial Economics*, 3 (März 1976), 125–144.

27.1 Alternativen zum Black-Scholes-Merton-Modell

Dieses Modell hat schwerere Ränder als bei Black-Scholes-Merton zur Folge. Es kann zur Bewertung von Währungsoptionen eingesetzt werden. Wie beim CEV-Modell wählen wir die Parameter durch Minimierung der Summe der quadratischen Abweichung zwischen Modell- und Marktpreisen.

Modelle mit Sprüngen wie das von Merton können mit Monte-Carlo-Simulation implementiert werden. Werden die Sprünge durch einen Poisson-Prozess generiert, dann beträgt die Wahrscheinlichkeit für genau m Sprünge in der Zeit t

$$\frac{e^{-\lambda t}(\lambda t)^m}{m!},$$

wobei λ die durchschnittliche Anzahl der Sprünge pro Jahr bezeichnet. λt steht demnach für die durchschnittliche Anzahl der Sprünge im Zeitraum t.

Nehmen wir an, dass pro Jahr durchschnittlich 0,5 Sprünge auftreten. Die Wahrscheinlichkeit für m Sprünge in zwei Jahren beträgt dann

$$\frac{e^{-0,5 \cdot 2}(0,5 \cdot 2)^m}{m!}.$$

Tabelle 27.1 zeigt die Wahrscheinlichkeiten und die kumulativen Wahrscheinlichkeiten für 0, 1, 2, 3, 4, 5, 6, 7 bzw. 8 Sprünge in zwei Jahren. (Die Werte einer solchen Tabelle können in Excel mit der POISSON-Funktion gewonnen werden.)

Zur Simulation eines Prozesses, der die Sprünge innerhalb von zwei Jahren verfolgt, müssen für jeden Simulationsschritt

1. die Anzahl der Sprünge und
2. die Höhe jedes Sprungs

bestimmt werden. Zur Bestimmung der Anzahl der Sprünge wählen wir in jedem Simulationsschritt eine Zufallszahl zwischen 0 und 1 und benutzen Tabelle 27.1 als Referenztabelle. Liegt die Zufallszahl zwischen 0 und 0,3679, treten keine Sprünge

Anzahl der Sprünge, m	Wahrscheinlichkeit für genau m Sprünge	Wahrscheinlichkeit für höchstens m Sprünge
0	0,3679	0,3679
1	0,3679	0,7358
2	0,1839	0,9197
3	0,0613	0,9810
4	0,0153	0,9963
5	0,0031	0,9994
6	0,0005	0,9999
7	0,0001	1,0000
8	0,0000	1,0000

Tabelle 27.1: Wahrscheinlichkeiten für die Anzahl der Sprünge in zwei Jahren

auf; liegt sie zwischen 0,3679 und 0,7358, tritt ein Sprung auf; liegt sie zwischen 0,7358 und 0,9197, treten zwei Sprünge auf usw. Bei der Bestimmung der Höhe jedes Sprungs ist es notwendig, in jedem Simulationsschritt einen Zufallswert aus der Wahrscheinlichkeitsverteilung für die Sprunghöhe einzeln für jeden Sprung zu ermitteln. Sind Anzahl und Höhe der Sprünge ermittelt, lässt sich der finale Wert der simulierten Variablen für diesen Simulationsschritt angeben.

Im gemischten Jump-Diffusions-Modell von Merton werden die Sprünge in den üblichen lognormalen Diffusionsprozess für Aktienkurse eingepasst. Der Prozess besitzt dann zwei Komponenten (die gewöhnliche Diffusionskomponente und die Sprungkomponente), die separat betrachtet werden müssen. Wie man einen Zufallswert für die Diffusionskomponente erhält, haben wir in den Abschnitten 21.6 und 21.7 beschrieben. Für die Sprungkomponente erhält man einen Zufallswert auf die gerade dargestellte Weise. Bei der Bewertung von Derivaten muss sichergestellt sein, dass die erwartete Gesamttrendite des Assets (aus beiden Komponenten) dem risikolosen Zinssatz entspricht. Die Drift für die Diffusionskomponente in Mertons Modell muss demnach $r - q - \lambda k$ betragen.

Das Varianz-Gamma-Modell

Ein Beispiel für ein reines Jump-Modell, das sich als recht populär erwiesen hat, ist das *Varianz-Gamma-Modell*.[5] Wir definieren eine Variable g als Änderung einer Variablen, die einem Gamma-Prozess mit Mittelwert 1 und Varianzrate v folgt, über einen Zeitraum der Länge T. Die Wahrscheinlichkeitsdichte von g hat die Gestalt

$$\frac{g^{T/v-1} e^{-g/v}}{v^{T/v} \Gamma(T/v)},$$

wobei $\Gamma(\cdot)$ die Gammafunktion bezeichnet. Diese Wahrscheinlichkeitsdichte kann in Excel mittels GAMMAVERT(·,·,·,·) berechnet werden. Das erste Argument der Funktion ist g, das zweite T/v, das dritte v und das vierte entweder WAHR oder FALSCH. WAHR ergibt die kumulierte Wahrscheinlichkeitsverteilung, FALSCH die gerade angegebene Wahrscheinlichkeitsdichte.

Wie üblich definieren wir S_T als Assetpreis zum Zeitpunkt T und S_0 als den heutigen Assetpreis. In einer risikoneutralen Welt ist $\ln S_T$ unter dem Varianz-Gamma-Modell normalverteilt mit Mittelwert

$$\ln S_0 + (r-q)T + \omega + \theta g$$

und Standardabweichung

$$\sigma \sqrt{g},$$

wobei

$$\omega = \frac{T}{v} \ln(1 - \theta v - \sigma^2 v/2).$$

Das Varianz-Gamma-Modell besitzt folglich drei Parameter: v, σ und θ.[6]

---

5 Siehe D.B. Madan, P.P. Carr und E.C. Chang, „The Variance-Gamma Process and Option Pricing", *European Finance Review*, 2 (1998): 7–105.

6 Man beachte, dass sich all diese Parameter in der Regel ändern, wenn wir von der realen in die risikoneutrale Welt übergehen. Dies ist ein Unterschied zu den reinen Diffusions-Modellen, bei denen die Volatilität gleich bleibt.

Der Parameter v ist die Varianzrate des Gamma-Prozesses, σ die Volatilität und θ ein Parameter zur Definition der Schiefe. Wenn $\theta = 0$, ist $\ln S_T$ symmetrisch. Bei $\theta < 0$ ist $\ln S_T$ linksschief (wie bei Aktien), bei $\theta > 0$ ist $\ln S_T$ rechtsschief.

Angenommen, wir wollen 10 000 Zufallswerte für die Änderung des Assetpreises zwischen den Zeitpunkten null und T unter Verwendung des Varianz-Gamma-Modells in Excel erzeugen. Vorab belegen wir die Zellen E1 bis E7 mit den Werten von $T, v, \theta, \sigma, r, q$ und S_0. Durch die Definition von Zelle E8 als

$$= \$E\$1 * \text{LN}(1 - \$E\$3 * \$E\$2 - \$E\$4 * \$E\$4 * \$E\$2/2)/\$E\$2$$

wird diese Zelle mit dem Wert von ω belegt. Wir gehen nun folgendermaßen vor:

1. Mit der GAMMAINV-Funktion ermitteln wir Zufallswerte für g. Wir belegen die Zellen A1 bis A10 000 mit

    $$\text{GAMMAINV}(\text{ZUFALLSZAHL}(), \$E\$1/\$E\$2, \$E\$2).$$

2. Zu jedem Wert von g ermitteln wir einen Zufallswert der Variable X, welche normalverteilt mit Mittelwert θg und Standardabweichung $\sigma \sqrt{g}$ ist. Dies geschieht, indem Zelle B1

    $$= \text{A1} * \$E\$3 + \text{WURZEL}(\text{A1}) * \$E\$4 * \text{STANDNORMINV}(\text{ZUFALLSZAHL}()).$$

    Mit B2 bis B10000 wird analog verfahren.

3. Der Aktienkurs S_T wird durch

    $$S_T = S_0 \exp[(r-q)T + \omega + \theta g]$$

    beschrieben. Definieren wir C1 als

    $$= \$E\$7 * \text{EXP}((\$E\$5 - \$E\$6) * \$E\$1 + \text{B1} + \$E\$3)$$

    und belegen die Zellen C2 bis C10 000 analog, haben wir 10 000 Zufallswerte der Verteilung von S_T erzeugt.

Abbildung 27.1 zeigt die mit dem Varianz-Gamma-Modell erhaltene Wahrscheinlichkeitsverteilung von S_T mit $S_0 = 100, t = 0{,}5, v = 0{,}5, \theta = 0{,}1, \sigma = 0{,}2$ und $r = q = 0$. Zum Vergleich ist auch die durch die geometrische Brownsche Bewegung mit einer Volatilität von $\sigma = 0{,}2 \,(= 20\%)$ gegebene Verteilung abgebildet. Auch wenn dies in Abbildung 27.1 nicht klar zum Ausdruck kommt, hat die Varianz-Gamma-Verteilung schwerere Ränder als die durch die geometrische Brownsche Bewegung gegebene Lognormalverteilung.

Eine Möglichkeit zur Charakterisierung der Varianz-Gamma-Verteilung ist, dass g beschreibt, wie in einem Zeitraum der Länge T Informationen eintreffen. Ist g groß, treffen viele Informationen ein, und die Stichprobe, die wir für die Bestimmung von X aus der Normalverteilung entnehmen, hat einen relativ hohen Mittelwert und eine relativ hohe Varianz. Ist g klein, treffen wenig Informationen ein, und X hat einen relativ niedrigen Mittelwert und eine relativ niedrige Varianz. Der Parameter T wird in Kalendertagen angegeben, und g wird manchmal als Maß der „ökonomischen" Zeit oder als um den Informationsfluss adjustierte Zeit bezeichnet.

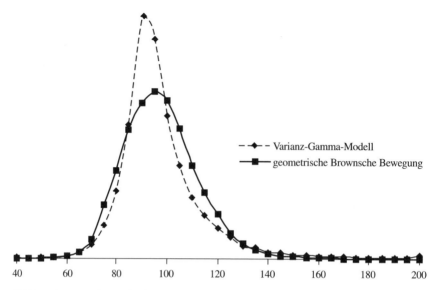

Abbildung 27.1: Verteilungen für den Varianz-Gamma-Prozess und die geometrische Brownsche Bewegung

Madan et al. (1998) geben zum Teil analytische Bewertungsformeln für europäische Optionen an. Das Varianz-Gamma-Modell produziert tendenziell einen U-förmigen Volatility Smile. Dieser Smile ist nicht notwendigerweise symmetrisch. Er ist sehr ausgeprägt für kurze Laufzeiten und schwächt sich für längere Laufzeiten ab. Das Modell kann an Preise von Plain-Vanilla-Optionen auf Aktien oder Währungen angepasst werden.

27.2 Modelle mit stochastischer Volatilität

Das Black-Scholes-Merton-Modell geht von konstanter Volatilität aus. Wie wir in Kapitel 23 gesehen haben, ändert sich aber in der Realität die Volatilität im Zeitablauf. Das Varianz-Gamma-Modell berücksichtigt dies mit dem Parameter g. Niedrige Werte von g entsprechen dem Eintreffen von wenigen Informationen pro Zeiteinheit und einer niedrigen Volatilität, hohe Werte von g entsprechen dem Eintreffen von vielen Informationen und einer hohen Volatilität.

Eine Alternative zum Varianz-Gamma-Modell ist ein Modell, bei dem der durch die Volatilität befolgte Prozess explizit spezifiziert wird. Nehmen wir zunächst an, dass der Volatilitätsparameter der geometrischen Brownschen Bewegung eine bekannte Funktion der Zeit ist. Der vom Assetpreis befolgte risikoneutrale Prozess lautet dann

$$dS = (r-q)S\,dt + \sigma(t)S\,dz. \tag{27.1}$$

Die Black-Scholes-Merton-Formeln treffen dann zu, wenn die Varianz der durchschnittlichen Varianz während der Optionslaufzeit entspricht (siehe Aufgabe 27.6). Die Varianz ist das Quadrat der Volatilität. Angenommen, im Zeitraum von einem Jahr beträgt die Volatilität in den ersten sechs Monaten 20 % und in den zweiten

27.2 Modelle mit stochastischer Volatilität

sechs Monaten 30%. Die durchschnittliche Varianz beträgt

$$0{,}5 \cdot 0{,}20^2 + 0{,}5 \cdot 0{,}30^2 = 0{,}065 \; .$$

Dann ist die Anwendung der Black-Scholes-Merton-Formel mit einer Varianz von 0,065 korrekt. Dies entspricht einer Volatilität von $\sqrt{0{,}065} = 0{,}255$ bzw. 25,5%.

Gleichung (27.1) unterstellt, dass die momentane Volatilität eines Assets vollständig vorhersagbar ist. In der Realität unterliegt die Volatilität allerdings stochastischen Schwankungen. Dies hat einige Wissenschaftler dazu angeregt, komplexere Modelle zu entwickeln, bei denen es zwei Zufallsgrößen gibt: den Aktienkurs und seine Volatilität.

Ein von Wissenschaftlern verwendetes Modell ist

$$\frac{dS}{S} = (r-q)\,dt + \sqrt{V}\,dz_S \tag{27.2}$$

$$dV = a(V_L - V)\,dt + \xi V^\alpha\,dz_V \; . \tag{27.3}$$

Dabei sind a, V_L, ξ und α Konstanten und dz_S sowie dz_V Wiener-Prozesse. Die Variable V bezeichnet in diesem Modell die Varianz des Assets. Die Varianz hat eine Drift, die mit der Rate a zum Niveau V_L tendiert.

Hull und White haben nachgewiesen, dass bei stochastischer, mit dem Assetpreis jedoch unkorrelierter Volatilität sich als Preis einer europäischen Option der Black-Scholes-Merton-Preis ergibt, der über die Wahrscheinlichkeitsverteilung der durchschnittlichen Varianz während der Optionslaufzeit integriert wird.[7] Somit beträgt der Preis eines europäischen Calls

$$\int_0^\infty c(\bar{V}) g(\bar{V})\,d\bar{V} \; .$$

Hierbei ist $\bar{V}$ die durchschnittliche Varianz, c der als Funktion von $\bar{V}$ ausgedrückte Black-Scholes-Merton-Preis und g die Wahrscheinlichkeitsdichtefunktion von $\bar{V}$ in einer risikoneutralen Welt. Mit diesem Resultat lässt sich zeigen, dass Black-Scholes Optionen, die (nahe) am Geld liegen, überbewertet und Optionen, die tief im oder aus dem Geld liegen, unterbewertet. Das Modell ist konsistent mit dem Verhalten der impliziten Volatilitäten, welches für Währungsoptionen beobachtet wurde (siehe Abschnitt 20.2).

Weitaus komplizierter ist der Fall, wenn Assetpreis und Volatilität korreliert sind. Optionspreise können über eine Monte-Carlo-Simulation ermittelt werden. Für den Spezialfall $\alpha = 0{,}5$ haben Hull und White eine Reihenentwicklung angegeben und von Heston wurde ein analytisches Resultat abgeleitet.[8] Das Muster der impliziten Volatilitäten, das sich ergibt, wenn die Volatilität negativ mit dem Assetpreis korreliert ist, ähnelt dem für Aktienoptionen beobachteten (siehe Abschnitt 20.3).[9]

---

7 Siehe J.C. Hull und A. White, „The Pricing of Options on Assets with Stochastic Volatilities", *Journal of Finance*, 42 (Juni 1987), 281–300. Das Ergebnis ist unabhängig vom Prozess der Varianz.

8 Siehe J.C. Hull und A. White, „An Analysis of the Bias in Option Pricing Caused by a Stochastic Volatility", *Advances in Futures and Options Research*, 3 (1988), 27–61; S.L. Heston, „A Closed Form Solution for Options with Stochastic Volatility with Applications to Bonds and Currency Options", *Review of Financial Studies*, 6, Nr. 2 (1993), 327–343.

9 Der Grund wurde in Fußnote 3 angeführt.

In Kapitel 23 wurden das EWMA- und das GARCH(1,1)-Modell diskutiert. Sie stellen alternative Ansätze eines Modells mit stochastischer Volatilität dar. Duan hat gezeigt, dass es möglich ist, GARCH(1,1) als Basis für ein in sich geschlossenes Optionsbewertungsmodell zu verwenden.[10] (Siehe auch Aufgabe 23.14 zur Äquivalenz von GARCH(1,1) und Modellen mit stochastischer Volatilität.)

Man kann Modelle mit stochastischer Volatilität an die Preise von Plain-Vanilla-Optionen anpassen und dann zur Bewertung exotischer Optionen einsetzen.[11] Für Optionen mit weniger als einem Jahr Restlaufzeit ist der Einfluss der stochastischen Volatilität absolut gesehen ziemlich gering (obgleich er prozentual für weit aus dem Geld liegende Optionen sehr hoch sein kann). Der Einfluss wird mit zunehmender Optionslaufzeit größer. Auf die Performance des Delta-Hedgings hat die stochastische Volatilität im Allgemeinen relativ große Auswirkungen. Dies haben die Händler erkannt und sie beobachten ihr Exposure gegenüber Änderungen der Volatilität durch die Ermittlung von Vega, wie in Kapitel 19 beschrieben.

27.3 Das IVF-Modell

Die Parameter der Modelle, die wir bis hierhin diskutiert haben, können so gewählt werden, dass sie an jedem beliebigen Tag ungefähr zu den Preisen der Plain-Vanilla-Optionen passen. Manchmal wollen Finanzinstitute noch einen Schritt weiter gehen und verwenden ein Modell, das exakt auf die Preise dieser Optionen passt.[12] Die Modelle, die wir bis jetzt betrachtet haben, können an einem beliebigen Tag so kalibriert werden, dass sie eine vernünftige Näherung für Preise dieser Standardoptionen liefern, doch sie liefern keine exakten Preise. Derman und Kani, Dupire sowie Rubinstein entwickelten 1994 das *Implied-Volatility-Function*-Modell (IVF-Modell), welches auch als *Implied-Tree*-Modell bezeichnet wird.[13] Dieses Modell ist so beschaffen, dass es genau die heute beobachteten Preise für alle europäischen Optionen liefert, unabhängig von der Gestalt des Volatility Surface.

Der risikoneutrale Prozess für den Assetpreis hat im Modell die Form

$$dS = [r(t) - q(t)]S\,dt + \sigma(S,t)S\,dz\,,$$

wobei $r(t)$ den momentanen Forward-Zinssatz für einen zum Zeitpunkt t fälligen Kontrakt bezeichnet und $q(t)$ die Dividendenrendite als Funktion der Zeit darstellt. Die Volatilität $\sigma(S,t)$ ist eine Funktion von S und t und wird so gewählt, dass das Modell alle europäischen Optionen in Übereinstimmung mit dem Markt bewertet. Es wurde sowohl von Dupire als auch von Andersen und Brotherton-Ratcliffe nach-

---

[10] Siehe J.-C. Duan, „The GARCH Option Pricing Model", *Mathematical Finance*, 5 (1995), 13–32; J.-C. Duan, „Cracking the Smile", *Risk*, Dezember 1996, S. 55–59.

[11] Ein Beispiel findet sich in J.C. Hull und W. Suo, „A Methodology for the Assessment of Model Risk and its Application to the Implied Volatility Function Model", *Journal of Financial and Quantitative Analysis*, 37, 2 (Juni 2002), 297–318.

[12] Dafür gibt es einen praktischen Grund. Verwendet eine Bank kein Modell mit dieser Eigenschaft, besteht die Gefahr, dass für die Bank tätige Händler ihre Zeit mit Arbitrage zwischen den internen Bank-Modellen verbringen.

[13] Siehe B. Dupire, „Pricing with a Smile", *Risk*, Februar 1994, S. 18-20; E. Derman und I. Kani, „Riding on a Smile", *Risk*, Februar 1994, S. 32–39; M. Rubinstein, „Implied Binomial Trees", *Journal of Finance*, 49, Nr. 3 (Juli 1994), 771–818.

gewiesen, dass $\sigma(S,t)$ analytisch berechnet werden kann:[14]

$$[\sigma(K,T)]^2 = 2\, \frac{\partial c_{\text{mkt}}/\partial T + q(T)c_{\text{mkt}} + K[r(T)-q(T)]\partial c_{\text{mkt}}/\partial K}{K^2(\partial^2 c_{\text{mkt}}/\partial K^2)}\,, \qquad (27.4)$$

wobei $c_{\text{mkt}}(K,T)$ den Marktpreis eines europäischen Calls mit Basispreis K und Laufzeit T bezeichnet. Ist am Markt eine hinreichend große Anzahl an europäischen Call-Preisen verfügbar, kann Gleichung (27.4) zur Schätzung der $\sigma(S,t)$-Funktion benutzt werden.[15]

Andersen und Brotherton-Ratcliffe setzen das Modell um, indem sie Gleichung (27.4) in Verbindung mit der impliziten Finite-Differenzen-Methode benutzen. Ein alternativer Ansatz, die Implied-Tree-Methode, wird von Derman und Kani sowie von Rubinstein vorgeschlagen. Hierbei wird für den Assetpreis ein Baum konstruiert, welcher konsistent ist mit den Optionspreisen am Markt. Wir werden im Folgenden die Derman-Kani-Version des Implied-Tree-Ansatzes beschreiben.

Bei seiner Anwendung in der Realität wird das IVF-Modell täglich mit den Preisen der Plain-Vanilla-Optionen kalibriert. Es ist ein Mittel zur konsistenten Bewertung exotischer Optionen mittels Plain-Vanilla-Optionen. Wie in Kapitel 20 diskutiert wurde, definieren Plain-Vanilla-Optionen die risikoneutrale Wahrscheinlichkeitsverteilung des Assetpreises für alle zukünftigen Zeitpunkte. Daraus folgt, dass das IVF-Modell die risikoneutrale Wahrscheinlichkeitsverteilung des Assetpreises für alle zukünftigen Zeitpunkte korrekt erfasst. Das bedeutet, dass Optionen mit nur einer einmaligen Auszahlung (z. B. All-or-nothing und Asset-or-nothing Options) vom IVF-Modell korrekt bewertet werden. Allerdings erfasst das Modell die gemeinsame Verteilung des Assetpreises für zwei oder mehr Zeitpunkte nicht mehr unbedingt korrekt. Das heißt exotische Optionen wie Compound Options oder Barrier Options werden möglicherweise nicht richtig bewertet.[16]

27.4 Wandelanleihen

Wir fahren nun mit der Diskussion fort, wie die in Kapitel 21 vorgestellten numerischen Verfahren zur Bewältigung spezieller Bewertungsprobleme modifiziert werden können. Wir beginnen mit der Betrachtung von Wandelanleihen.

Wandelanleihen werden von einem Unternehmen herausgegeben und bieten dem Inhaber die Option, sie zu einem bestimmten zukünftigen Zeitpunkt in Aktien des Unternehmens umzutauschen. Das *Umtausch- oder Wandelverhältnis* ist die Anzahl der Aktien, die man für eine Anleihe erhält. Es ist gewöhnlich konstant, mitunter

---

[14] Siehe B. Dupire, „Pricing with a Smile", *Risk*, Februar 1994, S. 18–20; L.B.G. Andersen und R. Brotherton-Ratcliffe, „The Equity Option Volatility Smile: An Implicit Finite Difference Approach", *Journal of Computational Finance*, 1, Nr. 2 (Winter 1997/98), 5–37. Dupire untersucht den Fall, wenn r und q null sind, Andersen und Brotherton-Ratcliffe betrachten eine allgemeinere Situation.
[15] Eine gewisse Glättung der beobachteten Volatilität ist dabei jedoch typischerweise notwendig.
[16] Hull und Suo testen das IVF-Modell unter der Annahme, dass alle Derivatepreise von einem Modell mit stochastischer Volatilität bestimmt werden. Sie fanden heraus, dass das Modell für Compound Options einigermaßen gut funktioniert, bei Barrier Options jedoch zum Teil gravierende Fehler produziert. Siehe J.C. Hull und W. Suo, „A Methodology for the Assessment of Model Risk and Its Application to the Implied Volatility Function Model", *Journal of Financial and Quantitative Analysis*, 37, Nr. 2 (Juni 2002), 297–318.

allerdings zeitabhängig. Die Anleihen sind fast immer kündbar (d. h. der Emittent hat das Recht, die Anleihen zu einem bestimmten Zeitpunkt und zu vorher festgelegten Preisen zurückzukaufen). Der Inhaber hat stets das Recht, die Anleihe zu wandeln, sobald sie gekündigt wurde. Dieses so genannte Call Feature ist daher eine Möglichkeit, die Umwandlung früher durchzuführen, als es der Inhaber sonst tun würde. Mitunter ist die Kaufoption des Inhabers dadurch bedingt, dass der Preis der Aktie ein bestimmtes Niveau überschreitet.

Kreditrisiken spielen bei der Bewertung von Wandelanleihen eine wichtige Rolle. Falls wir das Kreditrisiko vernachlässigen, erhalten wir ungenaue Preise, da unter der Annahme, dass keine Umwandlung stattfindet, die Kupons und Zahlungen auf die Anleihe überbewertet würden. Ingersoll schlägt ein Modell zur Bewertung von Wandelanleihen vor, das dem in Abschnitt 24.6 behandelten Merton-Modell (1974) ähnelt.[17] Er nimmt eine geometrische Brownsche Bewegung für das Gesamtvermögen des Emittenten an und modelliert das Eigenkapital des Unternehmens, seine Wandelschuldverschreibungen und seine anderen Verbindlichkeiten in Abhängigkeit vom Wert der Assets. Das Kreditrisiko wird berücksichtigt, da die Inhaber der Verbindlichkeiten nur dann eine vollständige Rückzahlung erhalten, wenn der Wert der Assets den ausstehenden Betrag überschreitet.

Ein einfacheres Modell, das in der Praxis eine breite Anwendung findet, beinhaltet die Modellierung des Aktienkurses des Emittenten. Es wird unterstellt, dass die Aktie einer geometrischen Brownschen Bewegung folgt mit der Ausnahme, dass in jedem kurzen Zeitraum Δt mit Wahrscheinlichkeit $\lambda \Delta t$ ein Ausfall eintritt. Bei einem Ausfall fällt der Aktienkurs auf null, und auf die Anleihe wird eine Recovery gezahlt. Die Variable λ ist die in Abschnitt 24.2 eingeführte risikoneutrale Ausfallintensität.

Man kann den Prozess für den Aktienkurs mit einem gewöhnlichen Binomialbaum darstellen, sodass an jedem Knoten

1. mit Wahrscheinlichkeit p_u eine prozentuale Aufwärtsbewegung um u innerhalb der folgenden Periode der Länge Δt erfolgt,
2. mit Wahrscheinlichkeit p_d eine prozentuale Abwärtsbewegung um d innerhalb der folgenden Periode der Länge Δt erfolgt,
3. mit Wahrscheinlichkeit $\lambda \Delta t$, oder genauer $1 - e^{-\lambda \Delta t}$, der folgenden Periode der Länge Δt ein Ausfall eintritt, der einen Aktienkurs von null zur Folge hat.

Die Parameterwerte, die so gewählt sind, dass sie auf die ersten beiden Momente der Aktienkursverteilung passen, lauten

$$p_u = \frac{a - de^{-\lambda \Delta t}}{u - d}, \quad p_d = \frac{ue^{-\lambda \Delta t} - a}{u - d}, \quad u = e^{\sqrt{(\sigma^2 - \lambda)\Delta t}}, \quad d = \frac{1}{u},$$

wobei $a = e^{(r-q)\Delta t}$, r der risikolose Zinssatz und q die Dividendenrendite der Aktie ist.

Die Laufzeit des Baumes wird gleich der Laufzeit der Wandelanleihe gesetzt. Der an den Endknoten des Baumes berechnete Wert der Wandelanleihe basiert auf den Wandeloptionen, die der Inhaber zu diesem Zeitpunkt besitzt. Wir arbeiten uns dann rekursiv durch den Baum. An den Knoten, an denen die Bestimmungen der Anleihe eine Umwandlung zulassen, prüfen wir, ob diese optimal ist. Wir prüfen außerdem,

---

17 Siehe J.E. Ingersoll, „A Contingent Claims Valuation of Convertible Securities", *Journal of Financial Economics*, 4 (Mai 1977), 289–322.

ob die Position des Emittenten durch die Kündigung der Anleihen verbessert werden kann. Falls dies zutrifft, nehmen wir an, dass die Anleihen gekündigt wurden, und prüfen erneut, ob die Umwandlung optimal ist. Dies ist äquivalent mit, den Wert an einem Knoten gleich

$$\max[\min(Q_1, Q_2), Q_3]$$

zu setzen. Dabei ist Q_1 der mithilfe des rekursiven Verfahrens bestimmte Wert (unter der Annahme, dass die Anleihe an diesem Knoten weder ungewandelt noch gekündigt wurde), Q_2 der Kaufpreis und Q_3 der Wert, falls eine Umwandlung stattfindet.

Beispiel 27.1 Wir betrachten eine vom Unternehmen XYZ herausgegebene neunmonatige Nullkupon-Anleihe mit einem Nennwert von 100 \$. Wir nehmen an, dass sie zu einer beliebigen Zeit während dieser neun Monate in zwei Aktienanteile des Unternehmens XYZ getauscht werden kann. Wir nehmen außerdem an, dass sie für 113 \$ jederzeit gekündigt werden kann. Der anfängliche Aktienkurs liegt bei 50 \$, die Volatilität ist 30% per annum und es werden keine Dividenden gezahlt. Die Hazard Rate λ beträgt 1% pro Jahr und die risikolosen Zinssätze für alle Laufzeiten liegen bei 5%. Wir unterstellen, dass die Anleihe bei einem Ausfall noch 40 \$ wert ist (d.h. die Recovery Rate beträgt 40%).

Abbildung 27.2 zeigt den Baum für den Aktienkurs, der zur Bewertung der Wandelanleihe verwendet werden kann, mit drei Zeitschritten ($\Delta t = 0{,}25$). Der obere Wert an jedem Knoten gibt den Aktienkurs an, der untere Wert den Preis der Wandelanleihe. Die Parameter des Baumes lauten

$$u = e^{\sqrt{(0{,}09-0{,}01)\cdot 0{,}25}} = 1{,}1519, \quad d = 1/u = 0{,}8681, \quad a = e^{0{,}05\cdot 0{,}25} = 1{,}0126,$$

$$p_u = 0{,}5167, \quad p_d = 0{,}4808.$$

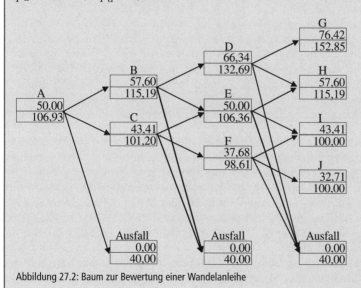

Abbildung 27.2: Baum zur Bewertung einer Wandelanleihe

Die Wahrscheinlichkeit für einen Ausfall (d. h. einer Bewegung zu den untersten Knoten des Baumes) ist $1 - e^{0,01 \cdot 0,25} = 0,002497$. An den drei Ausfallknoten ist der Aktienkurs null und der Anleihepreis beträgt 40 $.

Wir betrachten zunächst die Endknoten. In den Knoten G und H sollte die Anleihe gewandelt werden, ihr Wert entspricht dem Zweifachen des Aktienkurses. In den Knoten I und J sollte die Anleihe nicht gewandelt werden, ihr Wert ist 100.

Dann durchlaufen wir den Baum rückwärts und bewerten die Anleihe in den früheren Knoten. Betrachten wir beispielsweise den Knoten E. Wird die Anleihe gewandelt, beträgt ihr Wert $2 \cdot 50 = 100$ \$. Wird sie nicht gewandelt, erfolgt (a) mit Wahrscheinlichkeit 0,5167 eine Bewegung zum Knoten H, an dem die Anleihe den Wert 115,19 hat, (b) mit Wahrscheinlichkeit 0,4808 eine Bewegung zum Knoten I, an dem sie den Wert 100 hat, und (c) mit Wahrscheinlichkeit 0,002497 ein Ausfall, sodass die Anleihe den Wert 40 hat. Der Wert der nicht gewandelten Anleihe ist somit

$$(0,5167 \cdot 115,19 + 0,4808 \cdot 100 + 0,002497 \cdot 40) \cdot e^{-0,05 \cdot 0,25} = 106,36 \,.$$

Das liegt über dem Wert von 100, den die Anleihe bei Umwandlung gehabt hätte. Also lohnt sich im Knoten E eine Umwandlung nicht. Zudem wird der Emittent die Anleihe nicht kündigen, da er sonst 113 für eine Anleihe bieten würde, die nur 106,36 wert ist.

Wir wollen zudem Knoten B betrachten. Bei Umwandlung beträgt der Wert der Wandelanleihe $2 \cdot 57,596 = 115,19$. Wird sie nicht gewandelt, beträgt ihr Wert gemäß einer analogen Rechnung wie für Knoten E 118,31. Der Inhaber der Wandelanleihe wird sich daher dafür entscheiden, die Anleihe nicht zu wandeln. Allerdings wird der Anleiheemittent nun die Anleihe für 113 kündigen, worauf der Anleiheinhaber die Anleihe sicherlich wandeln wird, da dies lukrativer als die Kündigung ist. Daher beträgt der Wert der Anleihe im Knoten B 115,19. Mit einer entsprechenden Argumentation gelangen wir zu dem Wert im Knoten D. Ohne Umwandlung beträgt er 132,79. Die Anleihe wird jedoch gekündigt, was die Umwandlung erzwingt und den Wert an diesem Knoten auf 132,69 reduziert. Der Wert der Wandelanleihe entspricht ihrem Wert am Ausgangsknoten A und dieser beträgt 106,93.

Falls auf das Fremdkapital Zinsen gezahlt werden, so müssen diese berücksichtigt werden. An jedem Knoten sollte, wenn wir die Anleihe unter der Annahme bewerten, dass sie nicht gewandelt wird, der Barwert aller im nächsten Zeitschritt zahlbaren Zinsen auf die Anleihe mit eingeschlossen werden. Die risikoneutrale Hazard Rate λ kann entweder aus Anleihepreisen oder Credit Default Swap Spreads geschätzt werden. In einer allgemeineren Modellierung sind λ, σ und r Funktionen der Zeit. Hier ist der Einsatz eines Trinomialbaums anstelle eines Binomialbaums sinnvoll (siehe Abschnitt 21.4).

Ein Nachteil des hier angegebenen Modells besteht in der Unabhängigkeit der Ausfallwahrscheinlichkeit vom Aktienkurs. Einige Wissenschaftler haben daher eine Implementierung des Modells auf Basis einer impliziten Finite-Differenzen-Methode vorgeschlagen, bei der die Hazard Rate λ eine Funktion sowohl des Aktienkurses als auch der Zeit ist.[18]

27.5 Pfadabhängige Derivate

Ein pfadabhängiges Derivat (auch vergangenheitsabhängiges Derivat) ist ein Derivat, dessen Auszahlung nicht nur von seinem Endwert abhängt, sondern auch von dem Pfad, dem der Preis des Underlyings gefolgt ist. Asiatische Optionen und Lookback Options sind Beispiele für pfadabhängige Derivate. Wie in Kapitel 26 erläutert, hängt die Auszahlung einer asiatischen Option vom Durchschnittspreis des Underlyings ab. Die Auszahlung einer Lookback Option hängt von ihrem Maximal- bzw. Minimalpreis ab. Wenn keine analytischen Resultate zur Verfügung stehen, ist ein Ansatz zur Bewertung pfadabhängiger Derivate die in Kapitel 21 vorgestellte Monte-Carlo-Simulation. Ein Beispielwert des Derivats kann ermittelt werden, indem ein zufälliger Pfad für das Underlying in einer risikoneutralen Welt simuliert, die Auszahlung berechnet und zum risikolosen Zinssatz diskontiert wird. Ein Schätzer für den Wert des Derivats kann dann ermittelt werden, indem auf diese Weise viele Werte für das Derivat erzeugt werden und daraus der Mittelwert gebildet wird.

Das Hauptproblem bei der Anwendung der Monte-Carlo-Simulation zur Bewertung pfadabhängiger Derivate besteht darin, dass die benötigte Rechenzeit für die gewünschte Genauigkeit unangemessen hoch sein kann. Außerdem können pfadabhängige Derivate amerikanischen Typs (d. h. pfadabhängige Derivate, bei denen eine Seite Ausübungs- oder andere Entscheidungsmöglichkeiten hat) nicht auf einfache Weise behandelt werden. In diesem Abschnitt zeigen wir, wie die Binomialbäume aus Kapitel 21 so erweitert werden, dass sie einige pfadabhängige Derivate bewerten können.[19] Das Verfahren kann pfadabhängige Derivate amerikanischen Typs handhaben und ist rechnerisch effizienter als eine Monte-Carlo-Simulation für pfadabhängige Derivate europäischen Typs.

Damit das Verfahren funktioniert, müssen zwei Bedingungen erfüllt sein:

1. Die Auszahlung aus dem Derivat darf nur von einer einzigen Funktion F des Pfades des Underlyings (Pfadfunktion) abhängen.
2. Es muss möglich sein, den Wert von F zum Zeitpunkt $\tau + \Delta t$ aus dem Wert von F zum Zeitpunkt τ und dem Wert des Underlyings zum Zeitpunkt $\tau + \Delta t$ zu berechnen.

Veranschaulichung anhand von Lookback Options

Als erste Illustration des Verfahrens betrachten wir einen amerikanischen Floating Lookback Put auf eine dividendenlose Aktie.[20] Wird dieser zum Zeitpunkt τ ausge-

---

[18] Siehe z. B. L. Andersen und D. Buffum, „Calibration and Implementation of Convertible Bond Models", *Journal of Computational Finance*, 7, 1 (Winter 2003/04), 1–34. Die Autoren schlagen vor, dass die Ausfallintensität umgekehrt proportional zu S^{α} ist, wobei S den Aktienkurs bezeichnet und α eine positive Konstante ist.

[19] Dieser Ansatz wurde vorgeschlagen von J. Hull und A. White, „Efficient Procedures for Valuing European and American Path-Dependent Options", *Journal of Derivatives*, 1, Nr. 1 (Herbst 1993), 21–31.

[20] Dieses Beispiel dient als eine erste Illustration des allgemeinen Verfahrens zur Behandlung der Pfadabhängigkeit. Einen effektiveren Ansatz zur Bewertung von Lookback Options amerikanischen Typs geben wir in Technical Note 13 unter www.rotman.utoronto.ca/~hull/ofod/index.html an.

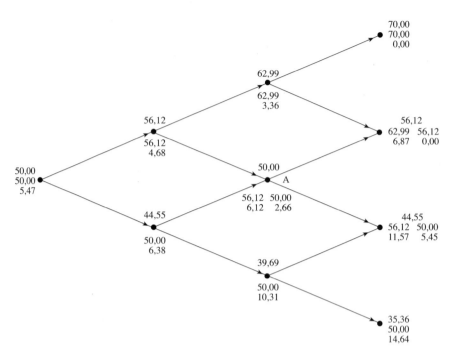

Abbildung 27.3: Baum zur Bewertung einer amerikanischen Lookback Option

übt, so wird der Betrag ausgezahlt, um welchen der maximale Aktienkurs zwischen den Zeitpunkten null und τ den gegenwärtigen Aktienkurs übersteigt. Wir unterstellen, dass der anfängliche Aktienkurs 50 \$ beträgt, die Volatilität des Aktienkurses 40% per annum, der risikolose Zinssatz 10% per annum, die Gesamtlaufzeit der Option drei Monate, und dass Aktienkursbewegungen in einem Dreiperioden-Binomialbaum wiedergegeben werden. Dies bedeutet in unserer üblichen Notation, dass $S_0 = 50$, $\sigma = 0{,}4$, $r = 0{,}10$, $\Delta t = 0{,}08333$, $u = 1{,}1224$, $d = 0{,}8909$, $a = 1{,}0084$ und $p = 0{,}5073$.

Dieser Baum ist in Abbildung 27.3 zu sehen. Die Pfadfunktion F gibt dabei das bisherige Maximum des Aktienkurses an. Die oberste Zahl an jedem Knoten bezeichnet den Aktienkurs. Die nächste Zahl an jedem Knoten stellt die möglichen maximalen Aktienkurse dar, die auf Pfaden erreicht werden können, welche zu diesem Knoten führen. Die untere Zahl gibt die Werte des Derivats an, welche sich aus den möglichen maximalen Aktienkursen ergeben.

Die Werte an den Endknoten des Baumes ergeben sich als Differenz von maximalem und tatsächlichem Aktienkurs.

Zur Veranschaulichung des rekursiven Verfahrens der Bewertung nehmen wir an, dass wir uns im Knoten A befinden, wo der Aktienkurs 50 \$ beträgt. Der maximale Aktienkurs bis zu diesem Knoten beträgt entweder 56,12 oder 50. Wir betrachten zunächst letztere Situation. Gibt es eine Aufwärtsbewegung, dann erreicht der maximale Aktienkurs den Wert 56,12 und der Wert des Derivats beträgt null. Bei einer Abwärtsbewegung ist der maximale Aktienkurs weiterhin 50 und der Wert des Derivats beträgt 5,45. Unter der Annahme, dass keine vorzeitige Ausübung erfolgt, ist der

Wert des Derivats im Knoten A

$$(0 \cdot 0{,}5073 + 5{,}45 \cdot 0{,}4927) e^{-0{,}1 \cdot 0{,}08333} = 2{,}66,$$

falls das bis dato erreichte Maximum 50 beträgt. Selbstverständlich lohnt es sich nicht, unter diesen Bedingungen am Knoten A die Option auszuüben, da die Auszahlung daraus null beträgt. Eine analoge Rechnung ergibt für einen maximalen Wert von 56,12 im Knoten A ohne vorzeitige Ausübung

$$(0 \cdot 0{,}5073 + 11{,}57 \cdot 0{,}4927) e^{-0{,}1 \cdot 0{,}08333} = 5{,}65.$$

Die vorzeitige Ausübung würde in diesem Fall einen Wert von 6,12 liefern, sie stellt die optimale Strategie dar. Wenn man den Baum auf diese Art und Weise rückwärts durchläuft, erhält man als Wert des amerikanischen Lookbacks 5,47 $.

Verallgemeinerung

Der eben beschriebene Ansatz ist rechnerisch handhabbar, falls die Anzahl der verschiedenen Werte der Pfadfunktion F in jedem Knoten bei steigender Anzahl an Zeitschritten nicht zu schnell anwächst. Das von uns gewählte Beispiel der Lookback Option stellte kein Problem dar, da die Anzahl der verschiedenen Werte für den maximalen Assetpreis an einem Knoten eines Binomialbaums mit n Zeitschritten nie größer als n ist.

Glücklicherweise kann der Ansatz so erweitert werden, dass er Konstellationen bewältigt, bei denen an jedem Knoten eine sehr große Anzahl verschiedener Werte der Pfadfunktion auftritt. Die Grundidee sieht folgendermaßen aus: Wir führen an einem Knoten die Berechnungen für eine kleine Anzahl repräsentativer Werte von F durch. Wird der Wert des Derivates für andere Werte der Pfadfunktion benötigt, ermitteln wir ihn aus den bekannten Werten durch Interpolation.

In der ersten Stufe arbeiten wir uns vorwärts durch den Baum und stellen dabei die maximalen und minimalen Werte der Pfadfunktion in jedem Knoten auf. Unter der Annahme, dass der Wert der Pfadfunktion zum Zeitpunkt $\tau + \Delta t$ nur von ihrem Wert zum Zeitpunkt τ und dem Wert der zugrunde liegenden Variablen zum Zeitpunkt $\tau + \Delta t$ abhängt, können die maximalen und minimalen Werte der Pfadfunktion der Knoten zum Zeitpunkt $\tau + \Delta t$ direkt aus denen der Knoten zum Zeitpunkt τ berechnet werden. Die zweite Stufe besteht in der Wahl von repräsentativen Werten für jeden Knoten. Hierfür gibt es eine Reihe von Vorgehensweisen. Eine einfache Regel besteht darin, als repräsentative Werte den maximalen und den minimalen Wert sowie eine Anzahl von anderen Werten, die gleichmäßig zwischen Maximum und Minimum verteilt sind, auszuwählen. Bei der Wiederholung des Durchlaufs durch den Baum bewerten wir das Derivat für jeden der repräsentativen Werte der Pfadfunktion.

Wir illustrieren die Art der Berechnung, indem wir das Bewertungsproblem für den Average Price Call aus Beispiel 26.3 in Abschnitt 26.13 betrachten, wo die Auszahlung vom arithmetischen Mittel des Aktienkurses abhängt. Der anfängliche Aktienkurs beträgt 50, der Basispreis 50, der risikolose Zinssatz 10%, die Volatilität des Aktienkurses 40% und die Restlaufzeit ein Jahr. Die Parameter für den Binomialbaum sind bei Verwendung von 20 Zeitschritten $\Delta t = 0{,}05$, $u = 1{,}0936$, $d = 0{,}9144$, $p = 0{,}5056$ und $1 - p = 0{,}4944$. Das arithmetische Mittel des Aktienkurses stellt die Pfadfunktion dar.

27 Modellierung und numerische Verfahren: Vertiefung

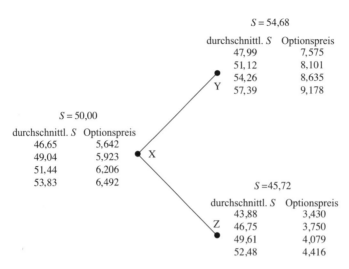

Abbildung 27.4: Teil eines Baums zur Bewertung einer Option auf das arithmetische Mittel

Abbildung 27.4 zeigt die in einem kleinen Teil des Baumes ausgeführten Rechnungen. Der Knoten X ist der zentrale Knoten zum Zeitpunkt 0,2 Jahre (am Ende des vierten Schrittes). Die Knoten Y und Z sind die zwei Knoten zum Zeitpunkt 0,25 Jahre, die vom Knoten X aus erreichbar sind. Der Aktienkurs beträgt am Knoten X 50. Vorwärtsinduktion ergibt, dass der maximale Durchschnittskurs der Aktie, der auf dem Weg zum Knoten X erreichbar ist, 53,83 beträgt. Das Minimum liegt bei 46,65. (Bei der Berechnung des Mittelwertes beziehen wir die Aktienkurse in den Anfangs- und Endknoten des Baumes mit ein.) Vom Knoten X springen wir zu einem der beiden Knoten Y und Z. Am Knoten Y beträgt der Aktienkurs 54,68 und die Schranken für das Mittel sind 47,99 und 57,39. Am Knoten Z beträgt der Aktienkurs 45,72 und die Schranken für das Mittel sind 43,88 und 52,48.

Angenommen, wir haben an jedem Knoten vier gleichmäßig verteilte Werte als repräsentative Werte für den Durchschnitt ausgewählt. Das bedeutet, dass wir am Knoten X die Mittelwerte 46,65, 49,04, 51,44 und 53,83 betrachten. Am Knoten Y betrachten wir die Mittelwerte 47,99, 51,12, 54,26 und 57,39. Am Knoten Z betrachten wir die Mittelwerte 43,88, 46,75, 49,61 und 52,48. Wir nehmen an, dass die Option bereits für jeden betrachteten Mittelwert an den Knoten Y und Z durch Rückwärtsinduktion bewertet wurde. Diese Werte sind in Abbildung 27.4 abgebildet. Am Knoten Y beträgt zum Beispiel der Wert der Option 8,101, wenn der Durchschnitt bei 51,12 liegt.

Wir betrachten die Berechnungen am Knoten X für den Durchschnittswert von 51,44. Bewegt sich der Aktienkurs aufwärts zum Knoten Y, wird der neue Durchschnitt

$$\frac{5 \cdot 51{,}44 + 54{,}68}{6} = 51{,}98$$

betragen. Der Wert des Derivats für diesen Durchschnitt am Knoten Y kann durch Interpolation zwischen den Durchschnittswerten 51,12 und 54,26 ermittelt werden. Er beträgt

$$\frac{(51{,}98 - 51{,}12) \cdot 8{,}635 + (54{,}26 - 51{,}98) \cdot 8{,}101}{54{,}26 - 51{,}12} = 8{,}247.$$

Analog beträgt der neue Durchschnitt, falls sich der Aktienkurs abwärts zum Knoten Z bewegt,
$$\frac{5 \cdot 51{,}44 + 45{,}72}{6} = 50{,}49$$
und der mittels Interpolation gefundene Wert des Derivats ist 4,182.

Der Wert des Derivats am Knoten X für den Durchschnittswert von 51,44 beträgt folglich
$$(0{,}5056 \cdot 8{,}247 + 0{,}4944 \cdot 4{,}182) e^{-0{,}1 \cdot 0{,}05} = 6{,}206\,.$$

Die anderen Werte am Knoten X werden analog berechnet. Sind für alle Knoten zum Zeitpunkt 0,2 Jahre die Derivatwerte ermittelt worden, können wir zu den Knoten zum Zeitpunkt 0,15 Jahre übergehen.

Der aus dem gesamten Baum ermittelte Optionswert zum Zeitpunkt null beträgt 7,17. Bei Erhöhung der Zeitschrittanzahl und der Anzahl der betrachteten Durchschnittswerte konvergiert der Optionswert gegen das korrekte Ergebnis. Für 60 Zeitschritte und 100 Durchschnittswerte für jeden Knoten beträgt der Optionswert 5,58. Die in Beispiel 26.3 ermittelte analytische Näherung des Optionswertes war 5,62.

Ein wesentlicher Vorteil der hier vorgestellten Methode besteht darin, dass sie auch für amerikanische Optionen eingesetzt werden kann. Dabei werden die Berechnungen wie beschrieben durchgeführt, allerdings testen wir an jedem Knoten für jeden der möglichen Werte der Pfadfunktion an diesem Knoten, ob eine vorzeitige Ausübung sinnvoll ist. (In der Realität ist die Entscheidung über eine vorzeitige Ausübung sowohl vom Wert der Pfadfunktion als auch vom Wert des Underlyings abhängig.) Wir betrachten die amerikanische Version des eben von uns untersuchten Average Price Call. Der aus einem Baum mit 20 Schritten und vier Durchschnittswerten an jedem Knoten berechnete Wert beträgt 7,77; mit 60 Zeitschritten und 100 Durchschnittswerten liegt er bei 6,17.

Der hier beschriebene Ansatz kann in einer Vielzahl verschiedener Situationen benutzt werden. Die zwei Bedingungen, die erfüllt sein müssen, haben wir zu Beginn dieses Abschnitts angeführt.

Durch quadratische (statt linearer) Interpolation an jedem Knoten wird die Effizienz etwas verbessert.

27.6 Barrier Options

In Kapitel 26 haben wir analytische Resultate für gewöhnliche Barrier Options angegeben. In diesem Abschnitt betrachten wir die numerischen Verfahren, die zur Anwendung kommen können, wenn keine analytischen Resultate vorliegen.

Prinzipiell kann eine Barrier Option mithilfe der in Kapitel 21 erörterten Binomial- und Trinomialbäume bewertet werden. Wir betrachten eine Up-and-out Option. Ein einfacher Ansatz besteht darin, diese genauso zu bewerten wie eine Standard-Option mit der Ausnahme, dass wir den Wert der Option null setzen, falls wir auf einen Knoten oberhalb der Barrier treffen.

Trinomialbäume funktionieren besser als Binomialbäume, aber selbst bei der Verwendung von Trinomialbäumen ist die Konvergenz bei Verwendung dieses einfachen Ansatzes sehr langsam. Um ein Resultat mit angemessener Genauigkeit zu bekommen, ist eine große Anzahl an Zeitschritten notwendig. Der Grund dafür liegt darin, dass sich die vom Baum vorausgesetzte Barrier von der wahren Barrier unter-

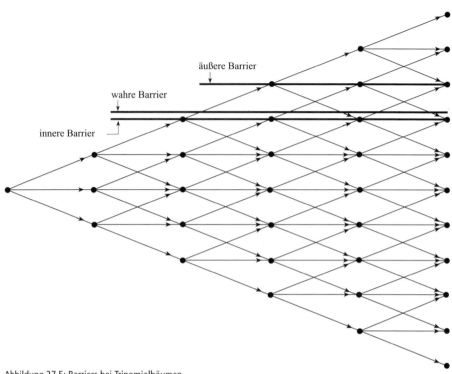

Abbildung 27.5: Barriers bei Trinomialbäumen

scheidet.[21] Wir definieren die *innere Barrier* als die von den Knoten gerade unterhalb der wahren Barrier (d. h. näher am Zentrum des Baumes) gebildete Barrier und die *äußere Barrier* als die gerade oberhalb der wahren Barrier (d. h. weiter weg vom Zentrum des Baumes) gebildete Barrier. Abbildung 27.5 zeigt die innere und äußere Barrier für einen Trinomialbaum unter der Voraussetzung, dass die wahre Barrier horizontal verläuft. Die üblichen Berechnungen für Bäume setzen implizit voraus, dass die äußere Barrier gleich der wahren Barrier ist, da die Barrierbedingungen zuerst für Knoten auf dieser Barrier greifen. Hat ein Zeitschritt die Länge Δt, so besitzt der vertikale Abstand zwischen den Knoten die Größenordnung $\sqrt{\Delta t}$. Damit haben Fehler, die durch die Differenz von wahrer und äußerer Barrier entstehen, grundsätzlich ebenfalls eine Größenordnung von $\sqrt{\Delta t}$.

Ein Ansatz zur Lösung des Problems ist durch folgendes Vorgehen gekennzeichnet:

1. Berechnung des Preises des Derivats unter der Annahme, dass die innere Barrier die wahre Barrier ist.
2. Berechnung des Preises des Derivats unter der Annahme, dass die äußere Barrier die wahre Barrier ist.
3. Interpolation zwischen beiden Preisen.

Ein anderer Ansatz besteht darin, sicherzustellen, dass die Knoten auf der Barrier liegen. Der anfängliche Aktienkurs sei S_0 und die Barrier liege bei H. In einem Tri-

---

[21] Siehe P.P. Boyle und S.H. Lau, „Bumping Up Against the Barrier with the Binomial Method", *Journal of Derivatives*, 1, Nr. 4 (Sommer 1994), 6–14, zur Diskussion dieses Sachverhalts.

nomialbaum gibt es an jedem Knoten drei mögliche Bewegungen des Assetpreises: aufwärts um einen Faktor u, keine Veränderung im Wert und abwärts um einen Faktor d mit $d = 1/u$. Wir können u immer so wählen, dass Knoten auf beiden Barriers liegen. Die Bedingung, die u hierfür erfüllen muss, lautet

$$H = S_0 u^N$$

bzw.

$$\ln H = \ln S_0 + N \ln u$$

für eine beliebige positive oder negative Zahl N.

Bei der Diskussion von Trinomialbäumen in Abschnitt 21.4 wurde für u der Wert $e^{\sigma\sqrt{3\Delta t}}$ vorgeschlagen, womit $\ln u = \sigma\sqrt{3\Delta t}$ gilt. In der hier vorliegenden Situation ist es eine sinnvolle Regel, $\ln u$ so nahe wie möglich an diesem Wert zu wählen, in Übereinstimmung mit der oben angegebenen Bedingung. Das bedeutet,

$$\ln u = \frac{\ln H - \ln S_0}{N},$$

wobei

$$N = \mathrm{int}\left[\frac{\ln H - \ln S_0}{\sigma\sqrt{3\Delta t}} + 0{,}5\right].$$

Hierbei bezeichnet int[x] den ganzzahligen Anteil von x.

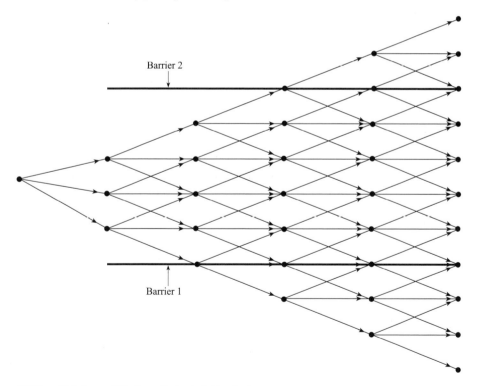

Abbildung 27.6: Baum mit Knoten auf jeder der beiden Barriers

Dies führt zu einem Baum der in Abbildung 27.6 gezeigten Form. Die Wahrscheinlichkeiten p_u, p_m und p_d auf den unteren, mittleren und oberen Verzweigungen des Baumes sind so gewählt, dass sie zu den ersten beiden Momenten der Rendite passen, d. h. es gilt

$$p_d = -\frac{(r-q-\sigma^2/2)\Delta t}{2\ln u} + \frac{\sigma^2 \Delta t}{2(\ln u)^2}, \quad p_m = \frac{\sigma^2 \Delta t}{(\ln u)^2},$$

$$p_u = \frac{(r-q-\sigma^2/2)\Delta t}{2\ln u} + \frac{\sigma^2 \Delta t}{2(\ln u)^2}.$$

Das Adaptive-Mesh-Modell

Die bis jetzt dargestellten Methoden funktionieren verhältnismäßig gut, wenn der Assetpreis zu Beginn nicht nahe an einer Barrier liegt. Wenn hingegen der anfängliche Assetpreis nahe an einer Barrier liegt, kann das in Abschnitt 21.4 vorgestellte Adaptive-Mesh-Modell verwendet werden.[22] Die Idee bei diesem Modell ist, dass die Recheneffizienz verbessert werden kann, indem man an den Stellen, an denen es notwendig ist, einen Baum mit niedriger Auflösung durch einen Baum mit hoher Auflösung überlagert und so eine detailliertere Modellierung des Assetpreises erreicht.

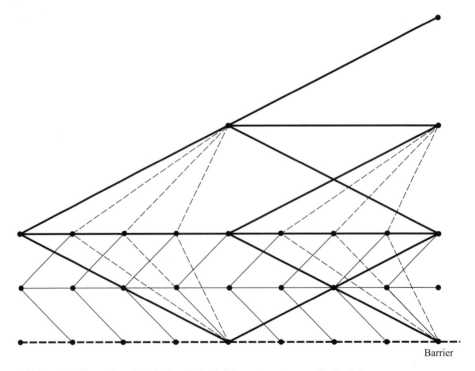

Abbildung 27.7: Verwendung des Adaptive-Mesh-Modells zur Bewertung von Barrier Options

---

[22] Siehe S. Figlewski und B. Gao, „The Adaptive Mesh Model: A New Approach to Efficient Option Pricing", *Journal of Financial Economics*, 53 (1999), 313–351.

Bei der Bewertung einer Barrier Option ist es hilfreich, in der Nähe der Barrier eine hohe Auflösung zu haben. Abbildung 27.7 veranschaulicht die Gestalt eines solchen Baumes. Der Baum ist so konstruiert, dass Knoten auf der Barrier liegen. Die Wahrscheinlichkeiten der Verzweigungen des Baumes sind wie gewöhnlich so gewählt, dass sie zu den ersten beiden Momenten des Prozesses des Underlyings passen. Die fett gedruckten Linien in Abbildung 27.7 sind die Verzweigungen des Baumes mit der niedrigen Auflösung. Die dünnen durchgezogenen Linien geben die Verfeinerung durch einen Baum mit hoher Auflösung an. Zunächst durchlaufen wir den ursprünglichen Baum auf dem üblichen Weg rückwärts. Dann berechnen wir den Wert an zusätzlichen Knoten unter Verwendung der Verzweigungen, die durch die gestrichelten Linien angedeutet werden. Schließlich durchlaufen wir den Baum mit der hohen Auflösung.

27.7 Optionen auf zwei korrelierte Assets

Ein weiteres schwieriges numerisches Problem stellt die Bewertung von Optionen auf zwei Assets, deren Preise korreliert sind, dar. Hierfür wurden einige alternative Ansätze vorgeschlagen, von denen hier drei vorgestellt werden.

Variablentransformation

Es ist relativ einfach, einen dreidimensionalen Baum zu konstruieren, um die Bewegungen zweier *unkorrelierter* Variablen darzustellen. Das Verfahren sieht so aus: Zunächst konstruieren wir für jede Variable einen zweidimensionalen Baum. Diese beiden Bäume kombinieren wir dann zu einem dreidimensionalen Baum. Die Wahrscheinlichkeit der Verzweigungen des dreidimensionalen Baumes sind dabei das jeweilige Produkt der entsprechenden Wahrscheinlichkeiten der zweidimensionalen Bäume. Nehmen wir beispielsweise an, dass die Aktienkurse S_1 und S_2 die Variablen sind. Sie können jeweils im zweidimensionalen Raum in einem Binomialbaum nach Cox, Ross und Rubinstein dargestellt werden. Angenommen, S_1 bewegt sich mit einer Wahrscheinlichkeit p_1 um einen Faktor u_1 aufwärts und mit einer Wahrscheinlichkeit von $1 - p_1$ um einen Faktor d_1 abwärts. Weiterhin wird angenommen, dass sich S_2 mit einer Wahrscheinlichkeit von p_2 um einen Faktor u_2 aufwärts und mit einer Wahrscheinlichkeit von $1 - p_2$ um einen Faktor d_2 abwärts bewegt. Im dreidimensionalen Baum gehen von jedem Knoten vier Verzweigungen aus. Die Wahrscheinlichkeiten betragen:

$$p_1 p_2 : S_1 \text{ steigt}; S_2 \text{ steigt}.$$
$$p_1(1 - p_2) : S_1 \text{ steigt}; S_2 \text{ fällt}.$$
$$(1 - p_1)p_2 : S_1 \text{ fällt}; S_2 \text{ steigt}.$$
$$(1 - p_1)(1 - p_2) : S_1 \text{ fällt}; S_2 \text{ fällt}.$$

Betrachten wir nun die Situation, wenn S_1 und S_2 korreliert sind. Wir nehmen an, dass die risikoneutralen Prozesse folgende Gestalt haben:

$$dS_1 = (r - q_1)S_1 \, dt + \sigma_1 S_1 \, dz_1, \qquad dS_2 = (r - q_2)S_2 \, dt + \sigma_2 S_2 \, dz_2$$

und dass die momentane Korrelation zwischen den Wiener-Prozessen dz_1 und dz_2 ρ beträgt. Dies bedeutet, dass

$$d \ln S_1 = (r - q_1 - \sigma_1^2/2)\,dt + \sigma_1\,dz_1\,, \qquad d \ln S_2 = (r - q_2 - \sigma_2^2/2)\,dt + \sigma_2\,dz_2\,.$$

Wir definieren nun die folgenden zwei unkorrelierten Variablen:[23]

$$x_1 = \sigma_2 \ln S_1 + \sigma_1 \ln S_2, \qquad x_2 = \sigma_2 \ln S_1 - \sigma_1 \ln S_2\,.$$

Diese Variablen folgen den Prozessen

$$dx_1 = \left[\sigma_2(r - q_1 - \sigma_1^2/2) + \sigma_1(r - q_2 - \sigma_2^2/2)\right]dt + \sigma_1 \sigma_2 \sqrt{2(1+\rho)}\,dz_A$$
$$dx_2 = \left[\sigma_2(r - q_1 - \sigma_1^2/2) - \sigma_1(r - q_2 - \sigma_2^2/2)\right]dt + \sigma_1 \sigma_2 \sqrt{2(1-\rho)}\,dz_B\,,$$

hierbei bezeichnen dz_A und dz_B unkorrelierte Wiener-Prozesse.

Die Variablen x_1 und x_2 können mit zwei separaten Binomialbäumen modelliert werden. Im Zeitraum Δi steigt x_i mit einer Wahrscheinlichkeit von p_i um h_i und sinkt mit einer Wahrscheinlichkeit von $1 - p_i$ um h_i. Die Variablen h_i und p_i sind so gewählt, dass der Baum korrekte Werte für die ersten beiden Momente der Verteilung von x_1 und x_2 liefert. Die beiden Bäume können, da sie unkorreliert sind, in der bereits beschriebenen Art und Weise zu einem dreidimensionalen Baum zusammengefasst werden. An jedem Knoten des Baumes können S_1 und S_2 aus x_1 und x_2 unter Verwendung des umgekehrten Zusammenhangs

$$S_1 = \exp\left[\frac{x_1 + x_2}{2\sigma_2}\right]$$
$$S_2 = \exp\left[\frac{x_1 - x_2}{2\sigma_1}\right]$$

berechnet werden. Das rekursive Verfahren für einen dreidimensionalen Baum zur Bewertung eines Derivats verläuft analog zu dem für einen zweidimensionalen Baum.

Verwendung eines nicht rechtwinkligen Baumes

Rubinstein hat einen Weg zur Konstruktion eines dreidimensionalen Baumes für zwei korrelierte Aktienkurse unter Verwendung einer nicht rechtwinkligen Anordnung der Knoten vorgeschlagen.[24] Ausgehend von einem Knoten (S_1, S_2), wobei S_1 den ersten Aktienkurs bezeichnet und S_2 den zweiten, haben wir jeweils eine 25%ige Wahrscheinlichkeit einer Bewegung zu einem der folgenden Knoten

$$(S_1 u_1, S_2 A), \quad (S_1 u_1, S_2 B), \quad (S_1 d_1, S_2 C), \quad (S_2 u_1, S_2 D)\,,$$

---

[23] Diese Idee wurde vorgeschlagen in J. Hull und A. White, „Valuing Derivative Securities Using the Explicit Finite Difference Method", *Journal of Financial and Quantitative Analysis*, 25 (1990), 87–100.

[24] Siehe M. Rubinstein, „Return to Oz", *Risk*, November 1994, S. 67–70.

wobei

$$u_1 = \exp\bigl[(r - q_1 - \sigma_1^2/2)\Delta t + \sigma_1\sqrt{\Delta t}\,\bigr]$$
$$d_1 = \exp\bigl[(r - q_1 - \sigma_1^2/2)\Delta t - \sigma_1\sqrt{\Delta t}\,\bigr]$$
$$A = \exp\bigl[(r - q_2 - \sigma_2^2/2)\Delta t + \sigma_2\sqrt{\Delta t}\,(\rho + \sqrt{1-\rho^2}\,)\bigr]$$
$$B = \exp\bigl[(r - q_2 - \sigma_2^2/2)\Delta t + \sigma_2\sqrt{\Delta t}\,(\rho - \sqrt{1-\rho^2}\,)\bigr]$$
$$C = \exp\bigl[(r - q_2 - \sigma_2^2/2)\Delta t - \sigma_2\sqrt{\Delta t}\,(\rho - \sqrt{1-\rho^2}\,)\bigr]$$
$$D = \exp\bigl[(r - q_2 - \sigma_2^2/2)\Delta t - \sigma_2\sqrt{\Delta t}\,(\rho + \sqrt{1-\rho^2}\,)\bigr].$$

Bei einer Korrelation von null stimmt diese Methode zur Konstruktion separater Bäume für S_1 und S_2 mit der alternativen Methode zur Konstruktion eines binomialen Baums aus Abschnitt 21.4 überein.

Anpassung der Wahrscheinlichkeiten

Ein dritter Ansatz zur Konstruktion eines dreidimensionalen Baums für S_1 und S_2 besteht darin, zunächst keine Korrelation zu unterstellen und dann die Wahrscheinlichkeiten in jedem Knoten so anzupassen, dass die Korrelation erfasst wird.[25] Wir wenden die alternative Konstruktionsmethode für Binomialbäume aus Abschnitt 21.4 jeweils auf S_1 und S_2 an. Bei diesem Verfahren sind alle Wahrscheinlichkeiten 0,5. Werden beide Binomialbäume unter der Annahme, dass sie nicht korreliert sind, kombiniert, ergeben sich die in Tabelle 27.2 ausgewiesenen Wahrscheinlichkeiten. Bei der Anpassung der Wahrscheinlichkeit zur Erfassung der Korrelation ergeben sich die Werte von Tabelle 27.3.

S_2-Bewegung	S_1-Bewegung	
	Abwärts	Aufwärts
Aufwärts	0,25	0,25
Abwärts	0,25	0,25

Tabelle 27.2: Kombination von Binomialbäumen ohne Korrelation

S_2-Bewegung	S_1-Bewegung	
	Abwärts	Aufwärts
Aufwärts	0,25(1−ρ)	0,25(1+ρ)
Abwärts	0,25(1+ρ)	0,25(1−ρ)

Tabelle 27.3: Kombination von Binomialbäumen mit Korrelation ρ

---

25 Dieser Ansatz wurde im Zusammenhang mit Bäumen für Zinssätze vorgeschlagen von J. Hull und A. White, „Numerical Procedures for Implementing Term Structure Models II: Two-Factor Models", *Journal of Derivatives*, Winter 1994, 37–48.

27.8 Monte-Carlo-Simulation und amerikanische Optionen

Die Monte-Carlo-Simulation ist gut geeignet zur Bewertung von pfadabhängigen Optionen und Optionen mit einer großen Zahl von stochastischen Variablen. Bäume und Finite-Differenzen-Methoden eignen sich gut zur Bewertung von Optionen amerikanischen Typs. Was geschieht aber, wenn eine Option sowohl pfadabhängig als auch amerikanisch ist? Und was, wenn eine amerikanische Option von mehreren stochastischen Variablen abhängt? In Abschnitt 27.5 haben wir erklärt, wie der Binomialbaum-Ansatz modifiziert werden kann, damit in einigen Situationen die Bewertung pfadabhängiger Optionen möglich ist. Einige Wissenschaftler haben einen anderen Ansatz gewählt, indem sie nach einem Weg suchten, wie die Monte-Carlo-Simulation zur Bewertung von Optionen amerikanischen Typs eingesetzt werden kann.[26] Wir erläutern hier zwei alternative Vorgehensweisen.

Der Ansatz der kleinsten Quadrate

Um eine Option amerikanischen Typs bewerten zu können, ist es notwendig, zu jedem Zeitpunkt, an dem eine vorzeitige Ausübung möglich ist, zwischen Ausübung und dem weiteren Halten der Option zu wählen. Der Wert bei Ausübung ist in der Regel leicht zu bestimmen. Eine ganze Reihe von Wissenschaftlern, z. B. Longstaff und Schwartz, geben einen Weg an, den Wert bei Halten der Optionen zu bestimmen, wenn die Monte-Carlo-Simulation benutzt wird.[27] Ihr Ansatz beinhaltet die Verwendung der Methode der kleinsten Quadrate. Hiermit wird eine Funktion geschätzt, welche den Zusammenhang zwischen dem Wert bei Halten der Option und den Werten der relevanten Variablen zu jedem Ausübungszeitpunkt bestmöglich beschreibt. Am besten lässt sich der Ansatz mit einem numerischen Beispiel erklären. Wir verwenden das Beispiel aus dem Artikel von Longstaff und Schwartz.

Wir betrachten eine amerikanische Verkaufsoption auf eine dividendenlose Aktie mit drei Jahren Laufzeit, welche am Ende von Jahr 1, am Ende von Jahr 2 und am Ende von Jahr 3 ausgeübt werden kann. Der risikolose Zinssatz beträgt 6% per annum (bei stetiger Verzinsung). Der gegenwärtige Aktienkurs liegt bei 1,00 und der Basispreis ist 1,10. Angenommen, wir simulieren die acht Pfade, die in Tabelle 27.4 angegeben sind. (Dieses Beispiel dient nur der Illustration. In der Realität würde eine weitaus größere Anzahl Pfade untersucht werden.) Falls die Option nur nach drei Jahren ausgeübt werden kann, gewährt sie einen Cash Flow, der ihrem inneren Wert zu diesem Zeitpunkt entspricht. Dies ist in der letzten Spalte von Tabelle 27.5 dargestellt.

Falls sich die Verkaufsoption nach zwei Jahren im Geld befindet, muss der Optionsinhaber über die vorzeitige Ausübung entscheiden. Aus Tabelle 27.4 entnehmen wir, dass die Option nach zwei Jahren für die Pfade 1, 3, 4, 6 und 7 im Geld liegt. Für

---

[26] Tilley war der erste Wissenschaftler, der eine Lösung für dieses Problem veröffentlichte. Siehe J.A. Tilley, „Valuing American Options in a Path Simulation Model", *Transactions of the Society of Actuaries*, 45 (1993), 83–104.

[27] Siehe F.A. Longstaff und E.S. Schwartz, „Valuing American Options by Simulation: A Simple Least-Squares Approach", *Review of Financial Studies*, 14, Nr. 1 (Frühjahr 2001), 113–147.

27.8 Monte-Carlo-Simulation und amerikanische Optionen

Pfad	$t=0$	$t=1$	$t=2$	$t=3$
1	1,00	1,09	1,08	1,34
2	1,00	1,16	1,26	1,54
3	1,00	1,22	1,07	1,03
4	1,00	0,93	0,97	0,92
5	1,00	1,11	1,56	1,52
6	1,00	0,76	0,77	0,90
7	1,00	0,92	0,84	1,01
8	1,00	0,88	1,22	1,34

Tabelle 27.4: Simulationspfade für das Put-Beispiel

Pfad	$t=1$	$t=2$	$t=3$
1	0,00	0,00	0,00
2	0,00	0,00	0,00
3	0,00	0,00	0,07
4	0,00	0,00	0,18
5	0,00	0,00	0,00
6	0,00	0,00	0,20
7	0,00	0,00	0,09
8	0,00	0,00	0,00

Tabelle 27.5: Cash Flows bei Ausübung ausschließlich nach drei Jahren

diese Pfade nehmen wir näherungsweise die Gültigkeit der Beziehung

$$V = a + bS + cS^2$$

an. Hierbei bezeichnet S den Aktienkurs nach zwei Jahren und V den auf diesen Zeitpunkt diskontierten Wert für das Halten der Option. Unsere fünf Messwerte für S sind 1,08, 1,07, 0,97, 0,77 und 0,84. Die entsprechenden Werte für V sind gemäß Tabelle 27.5: $0,00e^{-0,06\cdot 1}$, $0,07e^{-0,06\cdot 1}$, $0,18e^{-0,06\cdot 1}$, $0,20e^{-0,06\cdot 1}$ und $0,09e^{-0,06\cdot 1}$. Die Werte a, b und c, die den Ausdruck

$$\sum_{i=1}^{5}(V_i - a - bS_i - cS_i^2)^2$$

minimieren, sind $a = -1{,}070$, $b = 2{,}983$ und $c = -1{,}813$. S_i und V_i bezeichnen dabei die i-te Beobachtung von S bzw. V. Es ergibt sich für die geschätzte Funktion

$$V = -1{,}070 + 2{,}983S - 1{,}813S^2 \,.$$

Pfad	$t=1$	$t=2$	$t=3$
1	0,00	0,00	0,00
2	0,00	0,00	0,00
3	0,00	0,00	0,07
4	0,00	0,13	0,00
5	0,00	0,00	0,00
6	0,00	0,33	0,00
7	0,00	0,26	0,00
8	0,00	0,00	0,00

Tabelle 27.6: Cash Flows bei Ausübung nach zwei oder drei Jahren

Daraus ergeben sich die Werte 0,0369, 0,0461, 0,1176, 0,1520 und 0,1565 bei Halten der Option für die Pfade 1, 3, 4, 6 bzw. 7. Die Werte bei Ausübung betragen gemäß Tabelle 27.4 0,02, 0,03, 0,13, 0,33 und 0,26. Das bedeutet, wir sollten nach zwei Jahren die Option bei den Pfaden 4, 6 und 7 ausüben. Tabelle 27.6 fasst unter der Annahme, dass eine Ausübung entweder nach zwei oder drei Jahren möglich ist, den Cash Flow für die acht Pfade zusammen.

Als Nächstes betrachten wir die Pfade, die sich nach einem Jahr im Geld befinden. Das sind die Pfade 1, 4, 6, 7 und 8. Nach Tabelle 27.4 betragen die S-Werte für die Pfade 1,09, 0,93, 0,76, 0,92 bzw. 0,88. Die zugehörigen V-Werte sind gemäß Tabelle 27.6 $0,00e^{-0,06\cdot 1}$, $0,13e^{-0,06\cdot 1}$, $0,33e^{-0,06\cdot 1}$, $0,26e^{-0,06\cdot 1}$ bzw. $0,00e^{-0,06\cdot 1}$. Die Kleinste-Quadrat-Beziehung lautet

$$V = 2{,}038 - 3{,}335 S + 1{,}356 S^2 \ .$$

Daraus ergeben sich für die Pfade 1, 4, 6, 7 bzw. 8 die Werte 0,0139, 0,1092, 0,2866, 0,1175 und 0,1533 bei Fortbestand der Option. Die Werte bei Ausübung betragen gemäß Tabelle 27.4 0,01, 0,17, 0,34, 0,18 und 0,22. Dies bedeutet, wir sollten nach einem Jahr die Option in den Pfaden 4, 6, 7 und 8 ausüben.

Die Cash Flows auf Basis der Annahme, dass eine vorzeitige Ausübung zu allen drei Zeitpunkten möglich ist, fasst Tabelle 27.7 zusammen. Den Optionswert erhält man, indem jeder Cash Flow zum risikolosen Zinssatz auf den Zeitpunkt diskontiert und der Durchschnitt der Ergebnisse gebildet wird. Dies ist

$$\frac{1}{8}(0{,}07 e^{-0,06\cdot 3} + 0{,}17 e^{-0,06\cdot 1} + 0{,}34 e^{-0,06\cdot 1} + 0{,}18 e^{-0,06\cdot 1} + 0{,}22 e^{-0,06\cdot 1}) = 0{,}1144 \ .$$

Da dieser Wert über 0,10 liegt, ist eine sofortige Ausübung der Option nicht optimal.

Diese Methode kann auf verschiedene Weise erweitert werden. Kann die Option jederzeit ausgeübt werden, dann können wir ihren Wert durch Untersuchung einer großen Anzahl von Ausübungszeitpunkten approximieren (genau wie im Binomialbaum). Man kann auch eine kompliziertere Beziehung zwischen V und S annehmen. Beispielsweise können wir annehmen, dass V eine kubische statt einer quadratischen Funktion von S ist. Die Methode kann angewendet werden, wenn die Entscheidung über die vorzeitige Ausübung von mehreren Zustandsvariablen abhängt.

27.8 Monte-Carlo-Simulation und amerikanische Optionen

Pfad	$t=1$	$t=2$	$t=3$
1	0,00	0,00	0,00
2	0,00	0,00	0,00
3	0,00	0,00	0,07
4	0,17	0,00	0,00
5	0,00	0,00	0,00
6	0,34	0,00	0,00
7	0,18	0,00	0,00
8	0,22	0,00	0,00

Tabelle 27.7: Cash Flows aus der Option

Für die Beziehung zwischen V und den Variablen wird ein Zusammenhang in Form einer Funktion angenommen und die Parameter werden wie im gerade betrachteten Beispiel mithilfe der Methode der kleinsten Quadrate geschätzt.

Die Parametrisierung der Ausübungsschranke

Eine Reihe von Wissenschaftlern, unter ihnen Andersen, haben ein alternatives Vorgehen vorgeschlagen, bei dem die Schranke für die vorzeitige Ausübung parametrisiert wird und iterativ durch Start am Ende der Optionslaufzeit und anschließender rekursiver Berechnung Optimalwerte für die Parameter bestimmt werden.[28] Zur Veranschaulichung des Ansatzes führen wir das Beispiel der Verkaufsoption weiter und nehmen an, dass die acht Pfade aus Tabelle 27.4 mittels einer Simulation bestimmt wurden. In diesem Fall kann die Ausübungsschranke zum Zeitpunkt t mit einem kritischen Wert $S^*(t)$ für S parametrisiert werden. Liegt der Assetpreis zum Zeitpunkt t unter $S^*(t)$, üben wir die Option zum Zeitpunkt t aus. Liegt er über $S^*(t)$, üben wir die Option zum Zeitpunkt t nicht aus. Der Wert für $S^*(3)$ beträgt 1,10. Liegt der Aktienkurs in $t=3$ (Ende der Optionslaufzeit) über 1,10, üben wir die Option nicht aus; liegt er unter 1,10, üben wir die Option aus. Wir wollen nun $S^*(2)$ bestimmen.

Angenommen, wir wählen für $S^*(2)$ einen Wert kleiner als 0,77. Dann wird die Option für keinen der acht Pfade nach zwei Jahren ausgeübt. Der Wert der Option nach zwei Jahren beträgt dann für die acht Pfade 0,00, 0,00, $0,07e^{-0,06 \cdot 1}$, $0,18e^{-0,06 \cdot 1}$, 0,00, $0,20e^{-0,06 \cdot 1}$, $0,09e^{-0,06 \cdot 1}$ bzw. 0,00. Der Durchschnitt dieser Werte beträgt 0,0636. Nehmen wir als Nächstes an, dass $S^*(2) = 0,77$. Der Wert der Option nach zwei Jahren beträgt dann für die acht Pfade 0,00, 0,00, $0,07e^{-0,06 \cdot 1}$, $0,18e^{-0,06 \cdot 1}$, 0,00, 0,33, $0,09e^{-0,06 \cdot 1}$ bzw. 0,00. Der Durchschnitt dieser Werte beträgt 0,0813. Analog ergibt sich, wenn $S^*(2)$ gleich 0,84, 0,97, 1,07 und 1,08 ist, als Durchschnittswert der Option nach zwei Jahren 0,1032, 0,0982, 0,0938 bzw. 0,0963. Diese Analyse zeigt, dass der Optimalwert für $S^*(2)$ (d.h. jener Wert, für den der Durchschnittswert der Option maximal wird) 0,84 ist. (Genauer gesagt gilt

---

[28] Siehe L. Andersen, „A Simple Approach to the Pricing of Bermudan Swaptions in the Multifactor LIBOR Market Model", *Journal of Computational Finance*, 3, Nr. 2 (Winter 2000), 1–32.

für den Optimalwert $0{,}84 \leq S^*(2) < 0{,}97$.) Wenn wir diesen Optimalwert für $S^*(2)$ wählen, dann beträgt der Wert der Option nach zwei Jahren für die acht Pfade 0,00, 0,00, 0,0659, 0,1695, 0,00, 0,33, 0,26 bzw. 0,00. Der Durchschnittswert lautet 0,1032.

Wir gehen nun zur Berechnung von $S^*(1)$ über. Falls $S^*(1) < 0{,}76$, wird die Option nach einem Jahr für keinen Pfad ausgeübt und der Wert der Option nach einem Jahr beträgt $0{,}1032 e^{-0{,}06 \cdot 1} = 0{,}0972$. Für $S^*(1) = 0{,}76$ beträgt der Wert der Option nach einem Jahr für die acht Pfade 0,00, 0,00, $0{,}0659 e^{-0{,}06 \cdot 1}$, $0{,}1695 e^{-0{,}06 \cdot 1}$, 0,00, 0,34, $0{,}26 e^{-0{,}06 \cdot 1}$ bzw. 0,00. Der Durchschnittswert der Option ist 0,1008. Analog ergibt sich, wenn $S^*(1)$ gleich 0,88, 0,92, 0,93 und 1,09 ist, als Durchschnittswert der Option 0,1283, 0,1202, 0,1215 bzw. 0,1228. Die Analyse zeigt daher, dass der Optimalwert für $S^*(1)$ 0,88 ist. (Genauer gesagt gilt für den Optimalwert $0{,}88 \leq S^*(1) < 0{,}92$.) Der Wert der Option zum Zeitpunkt null ohne vorzeitige Ausübung beträgt $0{,}1283 e^{-0{,}06 \cdot 1} = 0{,}1208$. Dieser Wert ist größer als 0,10, der Wert, den man bei vorzeitiger Ausübung zum Zeitpunkt null erhalten würde.

In der Praxis werden Zehntausende Simulationen durchgeführt, um die Schranke für die vorzeitige Ausübung auf die beschriebene Weise zu ermitteln. Haben wir diese Schranke erhalten, verwerfen wir die Pfade für die Variablen und führen eine erneute Monte-Carlo-Simulation mit dieser Ausübungsschranke durch, um die Option zu bewerten. Unser Beispiel eines amerikanischen Puts ist insofern einfach, als wir wissen, dass die Schranke für die vorzeitige Ausübung zu einem Zeitpunkt vollständig über den Aktienkurs zu diesem Zeitpunkt definiert werden kann. In komplizierteren Situationen ist es nötig, Annahmen zu treffen, wie die Schranke für eine vorzeitige Ausübung parametrisiert werden muss.

Obere Schranken

Die beiden von uns skizzierten Ansätze neigen dazu, Optionen amerikanischen Typs unterzubewerten, da sie eine suboptimale Barrier für die vorzeitige Ausübung annehmen. Andersen und Broadie haben deswegen ein Verfahren vorgeschlagen, welches eine obere Barrier für den Preis liefert.[29] Dieses Verfahren kann in Verbindung mit jedem Algorithmus, der eine untere Barrier erzeugt, verwendet werden und es lokalisiert den wahren Wert einer Option amerikanischen Typs damit präziser.

> **Z U S A M M E N F A S S U N G**
>
> Eine Vielzahl von Modellen ist entwickelt worden, um die in der Realität beobachteten Volatility Smiles zu berücksichtigen. Das Modell der konstanten Elastizität der Varianz (CEV-Modell) führt zu einem ähnlichen Volatility Smile wie bei Aktienoptionen. Das Jump-Diffusion-Modell führt zu einem ähnlichen Volatility Smile, wie er bei Währungsoptionen anzutreffen ist. Modelle mit stochastischer Volatilität sind insofern flexibler, als sie sowohl zu einem Volatility Smile wie bei Aktienoptionen als auch zu einem Volatility Smile wie bei Währungsoptionen führen können. Das Implied-Volatility-Function-Modell (IVF-Modell) bietet eine noch größere Flexibilität. Es ist so konstruiert, dass es exakt zu jedem Muster von am Markt beobachteten europäischen Optionspreisen passt.

---

[29] Siehe L. Andersen und M. Broadie, „A Primal-Dual Simulation Algorithm for Pricing Multi-Dimensional American Options", Working Paper, Columbia University, 2001.

Eine nahe liegende Technik zur Bewertung von pfadabhängigen Optionen ist die Monte-Carlo-Simulation. Diese hat allerdings den Nachteil, dass sie relativ langsam ist und Derivate amerikanischen Typs nicht leicht behandeln kann. Glücklicherweise können Bäume zur Bewertung vieler pfadabhängiger Optionen benutzt werden. Das Verfahren besteht darin, an jedem Knoten repräsentative Werte für die zugrunde liegende Pfadfunktion auszuwählen und bei einer rekursiven Bewertung durch den Baum den Wert des Derivates für jeden Wert der Pfadfunktion zu berechnen.

Binomialbäume können zur Bewertung von Wandelanleihen erweitert werden. An den Baum werden zusätzliche Verzweigungen angefügt, die einen Ausfall des Unternehmens repräsentieren. Die rekursiven Berechnungen reflektieren dann die Wandeloption des Inhabers und die Kündigungsoption des Emittenten.

Bäume können auch zur Bewertung vieler Arten von Barrier Options eingesetzt werden. Allerdings ist die Konvergenz des berechneten Optionswerts gegen den korrekten Wert mit steigender Zahl der Zeitschritte eher langsam. Ein Ansatz zur Verbesserung der Konvergenz besteht darin, den Baum so zu konstruieren, dass die Knoten immer auf der Barrier liegen. Einen anderen Ansatz stellt die Nutzung eines Interpolationsschemas dar, um zu berücksichtigen, dass die vom Baum angenommene Barrier von der wahren Barrier abweicht. Eine dritte Möglichkeit besteht darin, den Baum so zu gestalten, dass er in der Nähe der Barrier eine höhere Auflösung für die Bewegungen des zugrunde liegenden Assetpreis hat.

Ein Weg zur Bewertung von Optionen auf zwei korrelierte Vermögensgegenstände ist eine Transformation des Assetpreises zur Erzeugung von zwei neuen unkorrelierten Variablen. Diese beiden Variablen werden jeweils in einem Baum modelliert und die beiden Bäume werden zu einem dreidimensionalen Baum kombiniert. An jedem Knoten des Baumes liefert die Rücktransformation die Assetpreise. Ein zweiter Ansatz beinhaltet eine derartige Anordnung der Knoten, dass die Korrelation wiedergegeben wird. Ein dritter Ansatz geht von einem Baum ohne Korrelation zwischen den Variablen aus, bei dem die Wahrscheinlichkeiten dann so angepasst werden, dass die Korrelation erfasst wird.

Die Monte-Carlo-Simulation ist grundsätzlich nicht zur Bewertung von Optionen amerikanischen Typs geeignet. Es gibt aber zwei Möglichkeiten, sie hierfür anzupassen. Die erste verwendet eine Kleinste-Quadrate-Approximation, welche den Wert des Fortbestehens der Option (d. h. der Nichtausübung) zu den Werten der relevanten Variablen in Beziehung setzt. Bei der zweiten Möglichkeit wird die Barrier für die vorzeitige Ausübung parametrisiert und dann durch eine Berechnung vom Ende der Optionslaufzeit bis zu ihrem Beginn bestimmt.

ZUSAMMENFASSUNG

Literaturempfehlungen

Andersen, L., „A simple Approach to the Pricing of Bermudan Swaptions in the Multifactor LIBOR Market Model", *Journal of Computational Finance*, 3, Nr. 2 (Winter 2000), 1–32.

Andersen, L.B.G. und R. Brotherton-Ratcliffe, „The Equity Option Volatility Smile: An Implicit Finite Difference Approach", *Journal of Computational Finance*, 1, Nr. 2 (Winter 1997/98), 3–37.

Bodurtha, J.N. und M. Jermakyan, „Non-Parametric Estimation of an Implied Volatility Surface", *Journal of Computational Finance*, 2, 4 (Sommer 1999), 29–61.

Boyle, P.P. und S.H. Lau, „Bumping Up Against the Barrier with the Binomial Method", *Journal of Derivatives*, 1, Nr. 4 (Sommer 1994), 6–14.

Cox, J.C. und S.A. Ross, „The Valuation of Options for Alternative Stochastic Processes", *Journal of Financial Economics*, 3 (März 1976), 145–166.

Derman, E. und I. Kani, „Riding on a Smile", *Risk*, Februar 1994, S. 32–39.

Duan, J.-C., „The GARCH Option Pricing Model", *Mathematical Finance*, 5 (1995), 13–32.

Duan, J.-C. „Cracking the Smile", *Risk*, Dezember 1996, S. 55–59.

Dupire, B., „Pricing with a Smile", *Risk*, Februar 1994, S. 18–20.

Figlewski, S. und B. Gao, „The Adaptive Mesh Model: A New Approach to Efficient Option Pricing", *Journal of Financial Economics*, 53 (1999), 313–51.

Heston, S.L., „A Closed Form Solution for Options with Stochastic Volatility with Applications to Bonds and Currency Options", *Review of Financial Studies*, 6, Nr. 2 (1993), 327–343.

Hull, J. und A. White, „Efficient Procedures for Valuing European and American Path-Dependent Options", *Journal of Derivatives*, 1, Nr. 1 (Herbst 1993), 21–31.

Hull, J.C. und A. White, „The Pricing of Options on Assets with Stochastic Volatilities", *Journal of Finance*, 42 (Juni 1987), 281–300.

Hull, J.C. und W. Suo, „A Methodology for the Assessment of Model Risk and its Application to the Implied Volatility Function Model", *Journal of Financial and Quantitative Analysis*, 37, Nr. 2 (Juni 2002), 297–318.

Longstaff, F.A. und E.S. Schwartz, „Valuing American Options by Simulation: A Simple Least-Squares Approach", *Review of Financial Studies*, 14, Nr. 1 (Frühjahr 2001), 113–147.

Madan, D.B., P.P. Carr und E.C. Chang, „The Variance-Gamma Process and Option Pricing", *European Finance Review*, 2 (1998), 79–105.

Merton, R.C., „Option Pricing When Underlying Stock Returns Are Discontinuous", *Journal of Financial Economics*, 3 (März 1976), 125–144.

Rebonato, R., *Volatility and Correlation: The Perfect Hedger and the Fox*, 2. Aufl., Chichester: Wiley, 2004.

Ritchken, P. und R. Trevor, „Pricing Options Under Generalized GARCH and Stochastic Volatility Processes", *Journal of Finance*, 54, Nr. 1 (Februar 1999), 377–402.

Rubinstein, M., „Implied Binomial Trees", *Journal of Finance*, 49, Nr. 3 (Juli 1994), 771–818.

Rubinstein, M., „Return to Oz", *Risk*, November 1994, S. 67–70.

Stutzer, M., „A Simple Nonparametric Approach to Derivative Security Valuation", *Journal of Finance*, 51 (Dezember 1996), 1633–1652.

Tilley, J.A., „Valuing American Options in a Path Simulation Model", *Transactions of the Society of Actuaries*, 45 (1993), 83–104.

Praktische Fragestellungen

27.1 Bestätigen Sie, dass die Formeln des CEV-Modells die Put-Call-Parität erfüllen.

27.2 Welchen Preis liefert das gemischte Jump-Diffusion-Modell von Merton für einen europäischen Call, wenn $r = 0{,}05$, $q = 0$, $\lambda = 0{,}3$, $k = 0{,}5$, $\sigma = 0{,}25$, $S_0 = 30$, $K = 30$, $s = 0{,}5$ und $T = 1$? Überprüfen Sie Ihr Ergebnis mit DerivaGem.

27.3 Bestätigen Sie, dass das Jump-Diffusion-Modell von Merton die Put-Call-Parität erfüllt, wenn die Sprunghöhe lognormalverteilt ist.

27.4 Angenommen, die Volatilität eines Vermögensgegenstands hat die Werte 20% von Monat 0 bis Monat 6, 22% von Monat 6 bis Monat 12 und 24% von Monat 12 bis Monat 24. Welche Volatilität sollte im Black-Scholes-Modell zur Bewertung einer Option mit zwei Jahren Laufzeit verwendet werden?

27.5 Wir betrachten das Jump-Diffusion-Modell von Merton, wobei Sprünge den Assetpreis immer auf null reduzieren. Wir nehmen an, dass die durchschnittliche Anzahl der Sprünge pro Jahr λ beträgt. Zeigen Sie, dass der Preis eines europäischen Calls der gleiche ist wie in einer Welt ohne Sprünge, mit dem Unterschied, dass der risikolose Zinssatz $r + \lambda$ statt r ist. Erhöht oder verringert die Möglichkeit von Sprüngen den Wert des Calls in diesem Fall? (*Hinweis*: Bewerten Sie die Option ohne Sprünge und für einen oder mehrere Sprünge. Die Wahrscheinlichkeit, dass bis zum Zeitpunkt T keine Sprünge auftreten, beträgt $e^{-\lambda T}$.)

27.6 Zum Zeitpunkt 0 beträgt der Preis einer dividendenlosen Aktie S_0. Angenommen, das Zeitintervall zwischen 0 und T wird in zwei Subintervalle der Längen t_1 bzw. t_2 zerlegt. Im ersten Subintervall betragen risikoloser Zinssatz und Volatilität r_1 bzw. σ_1. Im zweiten Subintervall betragen risikoloser Zinssatz und Volatilität r_2 bzw. σ_2. Es wird eine risikoneutrale Welt angenommen.

a. Verwenden Sie die Resultate von Kapitel 14, um die Verteilung des Aktienkurses zum Zeitpunkt T in Abhängigkeit von $r_1, r_2, \sigma_1, \sigma_2, t_1, t_2$ und S_0 zu bestimmen.

b. Angenommen, $\bar{r}$ ist der durchschnittliche Zinssatz zwischen den Zeitpunkten null und T und $\bar{V}$ die durchschnittliche Varianz zwischen den Zeitpunkten null und T. Wie sieht die Verteilung des Aktienkurses als Funktion von T in Abhängigkeit von $\bar{r}, \bar{V}, T$ und S_0 aus?

c. Welche Resultate erhält man für (a) und (b), wenn es drei Subintervalle mit unterschiedlichen Zinssätzen und Volatilitäten gibt?

d. Zeigen Sie, dass, falls der risikolose Zinssatz r und die Volatilität σ bekannte Funktionen der Zeit sind, für die Verteilung des Aktienkurses zum Zeitpunkt T in einer risikoneutralen Welt

$$\ln S_T \sim \phi\left[\ln S_0 + \left(\bar{r} - \frac{1}{2}\bar{V}\right)T,\ \bar{V}T\right]$$

gilt, wobei $\bar{r}$ den Mittelwert von r, $\bar{V}$ den Mittelwert von σ^2 und S_0 den heutigen Aktienkurs darstellt. $\phi(m, v)$ bezeichnet die Normalverteilung mit Mittelwert m und Varianz v.

27.7 Notieren Sie die Gleichungen für die Simulation des diskreten Pfads, dem der Assetpreis im Modell bei stochastischer Volatilität aus den Gleichungen (27.2) und (27.3) folgt.

27.8 „Das IVF-Modell beschreibt die Entwicklung des Volatility Surface nicht notwendigerweise korrekt." Erläutern Sie diese Aussage.

27.9 „Bei konstanten Zinssätzen bewertet das IVF-Modell jedes Derivat, dessen Auszahlung vom Wert des Underlyings zu nur einem Zeitpunkt abhängt, korrekt." Erläutern Sie, warum dies der Fall ist.

27.10 Verwenden Sie einen Dreiperioden-Baum zur Bewertung eines amerikanischen Lookback Call auf eine Währung. Der anfängliche Wechselkurs beträgt 1,6, der inländische risikolose Zinssatz 5% per annum, der ausländische risikolose Zinssatz 8% per annum, die Volatilität des Wechselkurses 15% und die Restlaufzeit 18 Monate. Verwenden Sie den Ansatz aus Abschnitt 27.5.

27.11 Was passiert mit dem Varianz-Gamma-Modell, wenn der Parameter v gegen null geht?

27.12 Verwenden Sie einen Dreiperioden-Baum zur Bewertung eines amerikanischen Puts auf das geometrische Mittel des Kurses einer dividendenlosen Aktie. Der Aktienkurs steht bei 40 \$, der Basispreis beträgt 40 \$, der risikolose Zinssatz 10% per annum, die Volatilität 35% per annum und die Restlaufzeit drei Monate. Das geometrische Mittel wird von heute bis zur Fälligkeit der Option ermittelt.

27.13 Kann das Verfahren zur Bewertung pfadabhängiger Optionen aus Abschnitt 27.5 zur Bewertung einer amerikanischen Option mit zwei Jahren Laufzeit und einer Auszahlung in Höhe von $\max(S_{ave} - K, 0)$ benutzt werden? S_{ave} bezeichnet dabei den durchschnittlichen Assetpreis in den drei Monaten vor Ausübung. Erläutern Sie Ihre Antwort.

27.14 Überprüfen Sie, ob die Zahl 6,492 in Abbildung 27.4 korrekt ist.

27.15 Untersuchen Sie die Strategie einer vorzeitigen Ausübung für die im Beispiel aus Abschnitt 27.8 betrachteten acht Pfade. Welcher Unterschied besteht zwischen der von der Kleinste-Quadrate-Methode und der von der Parametrisierung der Ausübungsschranken ermittelten Ausübungsstrategie? Wo ergibt sich für die simulierten Pfade ein höherer Optionspreis?

27.16 Wir betrachten eine europäische Verkaufsoption auf eine dividendenlose Aktie. Der Aktienkurs beträgt 100 \$, der Basispreis 110 \$, der risikolose Zinssatz 5% per annum und die Restlaufzeit ein Jahr. Angenommen, die Varianz während der Optionslaufzeit ist mit einer Wahrscheinlichkeit von 0,20 gleich 0,06, mit einer Wahrscheinlichkeit von 0,5 gleich 0,09 und mit einer Wahrscheinlichkeit von 0,3 gleich 0,12. Volatilität und Aktienkurs sind unkorreliert. Schätzen Sie den Optionswert. Verwenden Sie DerivaGem.

27.17 Wie kann man bei zwei Barriers einen Baum so konstruieren, dass auf beiden Barriers Knoten liegen?

27.18 Betrachten Sie einen 18-monatigen Zerobond mit einem Nennwert von 100 $, der zu einem beliebigen Zeitpunkt während seiner Laufzeit in fünf Aktien umgewandelt werden kann. Nehmen Sie an, dass der gegenwärtige Aktienkurs 20 $ beträgt, auf die Aktie keine Dividenden gezahlt werden, der risikolose Zinssatz für alle Laufzeiten 6% bei stetiger Verzinsung ist und die Volatilität des Aktienkurses bei 25% per annum liegt. Nehmen Sie an, dass die Ausfallintensität 3% pro Jahr und die Recovery Rate 35% betragen. Die Anleihe ist bei 110 $ kündbar. Verwenden Sie einen dreiperiodigen Baum, um den Wert der Anleihe zu berechnen. Welchen Wert hat die Wandeloption (Nettobetrag der Kaufoption des Emittenten)?

Zur weiteren Vertiefung

27.19 Ein neu emittierter europäischer Lookback Call auf einen Aktienindex hat eine Laufzeit von neun Monaten. Der Index steht gegenwärtig bei 400, der risikolose Zinssatz beträgt 6% per annum, die Dividendenrendite des Index ist 4% per annum und die Volatilität 20%. Verwenden Sie den Ansatz aus Abschnitt 27.5 zur Bewertung der Option und vergleichen Sie Ihre Antwort mit dem Ergebnis, das DerivaGem mit der Formel zur analytischen Bewertung ermittelt.

27.20 Angenommen, die Volatilitäten zur Bewertung einer Währungsoption mit sechs Monaten Restlaufzeit entsprechen den in Tabelle 20.2 angegebenen, der in- und der ausländische risikolose Zinssatz beträgt jeweils 5% per annum und der aktuelle Wechselkurs steht bei 1,00. Wir untersuchen einen Bull Spread, der aus einer Long-Position in einem 6-Monats-Call mit Basispreis 1,05 und einer Short-Position in einem 6-Monats-Call mit Basispreis 1,10 besteht.

a. Welchen Wert hat der Spread?
b. Welche Volatilität liefert, falls sie für beide Optionen angesetzt wird, den korrekten Wert des Bull Spread? (Verwenden Sie den DerivaGem Application Builder in Verbindung mit Zielwertsuche oder Solver.)
c. Unterstützt Ihre Antwort die Aussage vom Beginn des Kapitels, dass die Verwendung der korrekten Volatilität zur Bewertung exotischer Optionen nicht unmittelbar nachvollziehbar sein kann?
d. Liefert das IVF-Modell den korrekten Preis für den Bull Spread?

27.21 Wiederholen Sie die Analyse aus Abschnitt 27.8 für das Beispiel der Verkaufsoption unter der Annahme eines Basispreises von 1,13. Benutzen Sie sowohl die Kleinste-Quadrate-Methode als auch die Parametrisierung der Ausübungsschranken.

27.22 Ein europäischer Call auf eine dividendenlose Aktie besitzt eine Restlaufzeit von sechs Monaten und einen Basispreis von 100 $. Der Aktienkurs liegt bei 100 $, der risikolose Zinssatz beträgt 5%. Beantworten Sie mithilfe von DerivaGem folgende Fragen:

a. Welchen Black-Scholes-Merton-Preis besitzt die Option, wenn die Volatilität 30% beträgt?

b. Für welchen CEV-Parameter ergibt sich der gleiche Preis wie in a. ($\alpha = 0{,}5$)?

c. Im gemischten Jump-Diffusion-Modell von Merton ist die durchschnittliche Häufigkeit der Sprünge eins pro Jahr. Die durchschnittliche prozentuale Sprunghöhe beträgt 2% und die Standardabweichung des Logarithmus aus 1 plus der prozentualen Sprunghöhe ist 20%. Welche Volatilität besitzt die Diffusionskomponente des Prozesses, die den gleichen Optionspreis wie in a. liefert?

d. Im Varianz-Gamma-Modell ist $\theta = 0$ und $v = 40\%$. Welchen Wert muss die Volatilität haben, damit sich der gleiche Optionspreis wie in a. ergibt?

e. Ermitteln Sie für die in b., c. und d. entwickelten Modelle den jeweiligen Volatility Smile durch Bepreisung von Optionen mit Basispreisen zwischen 80 und 120. Beschreiben Sie die Eigenschaften der durch die Smiles implizierten Wahrscheinlichkeitsverteilungen.

27.23 Vom Unternehmen ABC ist eine dreijährige Wandelanleihe mit einem Nennwert von 100 $ emittiert worden. Das Unternehmen zahlt am Ende jedes Jahres einen Kupon von 5 $ und kann am Ende des ersten Jahres oder am Ende des zweiten Jahres in Aktien des Unternehmens ABC umgewandelt werden. Am Ende des ersten Jahres kann sie unmittelbar nach dem Kupon-Termin gegen 3,6 Anteile und am Ende des zweiten Jahres ebenfalls unmittelbar nach dem Kupon-Termin gegen 3,5 Anteile getauscht werden. Der gegenwärtige Aktienkurs liegt bei 25 $ und die Volatilität des Aktienkurses beträgt 25%. Es werden auf die Aktie keine Dividenden gezahlt. Der risikolose Zinssatz ist 5% bei stetiger Verzinsung. Die Rendite auf Anleihen, die von ABC emittiert wurden, beträgt 7% bei stetiger Verzinsung, die Recovery Rate beträgt 30%.

a. Verwenden Sie einen dreiperiodigen Baum, um den Wert der Anleihe zu berechnen.

b. Wie viel ist die Wandeloption wert?

c. Welchen Unterschied macht es für den Wert der Anleihe und den Wert der Wandeloption, wenn die Anleihe zu jeder beliebigen Zeit innerhalb der ersten beiden Jahre für 115 $ kündbar ist?

d. Erläutern Sie, wie sich Ihre Analyse ändern würde, wenn es nach 6, 18 und 30 Monaten eine Dividendenzahlung von 1 $ gäbe. Detaillierte Berechnungen sind nicht erforderlich.

(*Hinweis:* Verwenden Sie Gleichung (24.2) zur Ermittlung der Ausfallintensität.)

Martingale und Wahrscheinlichkeitsmaße

28.1 Der Marktpreis des Risikos 799
28.2 Mehrere Zustandsvariablen 802
28.3 Martingale 803
28.4 Alternative Möglichkeiten für das Numeraire 805
28.5 Erweiterung auf mehrere Faktoren 809
28.6 Mehr zum Black-Modell 810
28.7 Exchange Options 811
28.8 Austausch des Numeraires 812
Zusammenfassung 814
Literaturempfehlungen 814
Praktische Fragestellungen 815

28 Martingale und Wahrscheinlichkeitsmaße

Bisher haben wir bei der Bewertung von Optionen angenommen, dass die verwendeten Zinssätze über die Laufzeit der Derivate konstant sind. In diesem Kapitel wollen wir diese Annahme in Vorbereitung auf die Bewertung von Zinsderivaten in den Kapiteln 29 bis 33 lockern.

Das Prinzip der risikoneutralen Bewertung besagt, dass ein Derivat bewertet werden kann durch (a) die Berechnung der erwarteten Auszahlung unter der Annahme, dass die erwartete Rendite des Underlyings gleich dem risikolosen Zinssatz ist, und (b) das Diskontieren der erwarteten Auszahlung mit dem risikolosen Zinssatz. Bei konstanten Zinssätzen bietet die risikoneutrale Bewertung einen eindeutigen Bewertungsansatz. Wenn die Zinssätze stochastisch sind, ist diese risikoneutrale Bewertung nicht mehr eindeutig. Was bedeutet es, eine erwartete Rendite des zugrunde liegenden Assets in Höhe des risikolosen Zinssatzes anzunehmen? Heißt dies (a), dass die tägliche erwartete Rendite dem risikolosen Zinssatz für einen Tag entspricht, oder (b), dass die jährliche erwartete Rendite dem risikolosen Zinssatz für ein Jahr entspricht, oder (c), dass über einen Zeitraum von fünf Jahren die erwartete Rendite zu Beginn dieses Zeitabschnitts dem Zinssatz für fünf Jahre entspricht? Was bedeutet es, erwartete Auszahlungen mit dem risikolosen Zinssatz zu diskontieren? Können wir beispielsweise eine in fünf Jahren erwartete Auszahlung mit dem heutigen risikolosen Zinssatz für fünf Jahre diskontieren?

In diesem Kapitel erläutern wir die theoretischen Grundlagen der risikoneutralen Bewertung bei stochastischen Zinssätzen und zeigen, dass es eine Reihe verschiedener risikoneutraler Welten gibt, die für eine beliebige gegebene Situation angenommen werden können. Zunächst definieren wir einen Parameter, der als Marktpreis des Risikos *bezeichnet wird, und zeigen, dass die von einem Derivat in einem kurzen Zeitabschnitt erzielte Überschussrendite über den risikolosen Zinssatz linear von den Marktpreisen des Risikos der zugrunde liegenden stochastischen Variablen abhängt. In der so genannten* klassischen risikoneutralen Welt *nehmen wir an, dass alle Marktpreise des Risikos gleich null sind; wir stellen aber fest, dass in bestimmten Situationen andere Annahmen über den Marktpreis des Risikos zweckmäßig sind.*

Martingale und (Wahrscheinlichkeits-)Maße sind für das umfassende Verständnis der risikoneutralen Bewertung von entscheidender Bedeutung. Ein Martingal ist ein stochastischer Prozess mit einer Drift von null. Ein Maß bezieht sich auf die Einheit, in der wir Preise von Wertpapieren messen. Ein wesentliches Ergebnis in diesem Kapitel ist dasjenige über das äquivalente Martingalmaß. *Dieses besagt, dass es dann einen Marktpreis des Risikos gibt, für den alle Wertpapierpreise Martingalen folgen, wenn wir den Preis eines gehandelten Wertpapiers als Maßeinheit verwenden.*

In diesem Kapitel illustrieren wir die Einsatzmöglichkeiten des äquivalenten Martingalmaßes, indem wir es zur Erweiterung des Black-Modells (siehe Abschnitt 18.8) einsetzen, wenn die Zinssätze stochastisch sind, und zur Bewertung von Exchange Options. In Kapitel 29 verwenden wir das Ergebnis, um Standard-Markt-Modelle zur Bewertung von Zinsderivaten zu verstehen. In Kapitel 30 werden wir mit seiner Hilfe einige Nichtstandard-Derivate bewerten. In Kapitel 32 wird es bei der Entwicklung des LIBOR-Markt-Modells hilfreich sein.

28.1 Der Marktpreis des Risikos

Wir betrachten zunächst die Eigenschaften von Derivaten, die vom Wert einer einzelnen Variablen θ abhängen. Wir nehmen an, dass θ dem Prozess

$$\frac{d\theta}{\theta} = m\,dt + s\,dz \tag{28.1}$$

folgt, wobei dz ein Wiener-Prozess ist. Die Parameter m und s sind die erwartete Wachstumsrate von θ bzw. die Volatilität von θ. Wir nehmen an, dass sie nur von θ und der Zeit t abhängen. Die Variable θ muss nicht der Preis eines Investitionsguts sein. Es kann sich daher um etwas von den Finanzmärkten weit Entferntes, wie z. B. die Temperatur im Zentrum von New Orleans, handeln.

Angenommen, f_1 und f_2 sind die Preise zweier Derivate, die nur von θ und der Zeit t abhängen. Dies können Optionen oder andere Instrumente sein, die eine Auszahlung gemäß einer Funktion von θ zu einem zukünftigen Zeitpunkt bieten. Wir nehmen an, dass f_1 und f_2 im betrachteten Zeitabschnitt keine Einkünfte bieten.[1]

Wir nehmen weiter an, dass f_1 und f_2 den Prozessen

$$\frac{df_1}{f_1} = \mu_1\,dt + \sigma_1\,dz$$

und

$$\frac{df_2}{f_2} = \mu_2\,dt + \sigma_2\,dz$$

folgen, wobei μ_1, μ_2, σ_1 und σ_2 Funktionen von θ und t sind. Das „dz" ist derselbe Wiener-Prozess wie in Gleichung (28.10), da dies die einzige Quelle der Unsicherheit in den Preisen von f_1 und f_2 ist.

Wir stellen nun einen Zusammenhang zwischen den Preisen f_1 und f_2 her, indem wir eine Analyse ähnlich der in Abschnitt 15.6 angegebenen Black-Scholes-Analyse durchführen. Die diskreten Versionen der Prozesse für f_1 und f_2 lauten

$$\Delta f_1 = \mu_1 f_1\,\Delta t + \sigma_1 f_1\,\Delta z \tag{28.2}$$
$$\Delta f_2 = \mu_2 f_2\,\Delta t + \sigma_2 f_2\,\Delta z\,. \tag{28.3}$$

Wir können Δz durch die Bildung eines momentan risikolosen Portfolios eliminieren, das $\sigma_2 f_2$ des ersten Derivats und $-\sigma_1 f_1$ des zweiten Derivats enthält. Wenn Π der Wert des Portfolios ist, folgt

$$\Pi = (\sigma_2 f_2)f_1 - (\sigma_1 f_1)f_2 \tag{28.4}$$

und

$$\Delta \Pi = \sigma_2 f_2\,\Delta f_1 - \sigma_1 f_1\,\Delta f_2\,.$$

Durch Substituieren von Gleichung (28.2) und (28.3) erhalten wir

$$\Delta \Pi = (\mu_1 \sigma_2 f_1 f_2 - \mu_2 \sigma_1 f_1 f_2)\,\Delta t\,. \tag{28.5}$$

Da das Portfolio momentan risikolos ist, muss es den risikolosen Zinssatz erzielen. Folglich gilt

$$\Delta \Pi = r\Pi\,\Delta t\,.$$

---

[1] Die Analyse kann auf Derivate erweitert werden, die Einkünfte bieten (siehe Aufgabe 28.7).

Einsetzen von Gleichung (28.4) und (28.5) in diese Gleichung ergibt

$$\mu_1 \sigma_2 - \mu_2 \sigma_1 = r\sigma_2 - r\sigma_1$$

oder

$$\frac{\mu_1 - r}{\sigma_1} = \frac{\mu_2 - r}{\sigma_2} . \qquad (28.6)$$

Man beachte, dass die linke Seite von Gleichung (28.6) nur von Parametern des Prozesses für f_1 abhängt und die rechte Seite nur von Parametern des Prozesses für f_2. Wir definieren λ als den Wert jeder Seite in Gleichung (28.6), sodass

$$\frac{\mu_1 - r}{\sigma_1} = \frac{\mu_2 - r}{\sigma_2} = \lambda$$

gilt. Indem wir die Indizes weglassen, haben wir Folgendes gezeigt: Wenn f der Preis eines Derivats ist, das nur von θ und t abhängt, mit

$$\frac{df}{f} = \mu \, dt + \sigma \, dz , \qquad (28.7)$$

dann gilt

$$\frac{\mu - r}{\sigma} = \lambda . \qquad (28.8)$$

Der Parameter λ wird als *Marktpreis des Risikos* von θ bezeichnet. (Im Kontext der Performancemessung von Portfolios heißt er *Sharpe Ratio*.) Er kann von θ und t, jedoch nicht von der Art des Derivats f abhängen. Unsere Analyse zeigt, dass, um Arbitrage auszuschließen, die Größe $(\mu - r)/\sigma$ zu einem beliebigen gegebenen Zeitpunkt für alle Derivate, die nur von θ und t abhängen, gleich sein muss.

Der Marktpreis des Risikos von θ misst das Austauschverhältnis zwischen Risiko und Rendite für Wertpapiere, die von θ abhängen. Gleichung (28.8) kann in der Form

$$\mu - r = \lambda \sigma \qquad (28.9)$$

geschrieben werden. Die Variable σ kann im Wesentlichen als die Höhe des θ-Risikos in f interpretiert werden. Deshalb multipliziert man auf der rechten Seite der Gleichung die Höhe des θ-Risikos mit dem Preis des θ-Risikos. Die linke Seite entspricht der erwarteten Überschussrendite über den risikolosen Zinssatz, die für die Kompensation des Risikos gefordert wird. Gleichung (28.9) ist analog zum Capital Asset Pricing Model, das die erwartete Überschussrendite einer Aktie zu ihrem Risiko in Beziehung setzt. Wir werden uns in diesem Kapitel nicht mit der Bestimmung des Marktpreises des Risikos beschäftigen. Dies wird in Kapitel 35 im Zusammenhang mit der Bewertung von Realoptionen diskutiert.

Es ist naheliegend anzunehmen, dass der Parameter σ, der Koeffizient von dz, in Gleichung (28.7) die Volatilität von f bezeichnet. Tatsächlich kann σ auch negativ werden. Dies ist der Fall, wenn f von θ negativ abhängig ist (sodass $\partial f/\partial \theta$ negativ ist). Die Volatilität von f wird durch den Absolutbetrag $|\sigma|$ ausgedrückt. Eine Möglichkeit dies nachzuvollziehen, ist die Beobachtung, dass der Prozess für f seine statistischen Eigenschaften beibehält, wenn wird dz durch $-dz$ ersetzen.

In Kapitel 5 haben wir zwischen Investitionsgütern und Konsumgütern unterschieden. Ein Investitionsgut ist ein Asset, das von einigen Anlegern ausschließlich zu Anlagezwecken erworben oder verkauft wird. Konsumgüter werden vorrangig für den Verbrauch gehalten. Gleichung (28.8) gilt für alle Investitionsgüter, die keine Einkünfte erbringen. Wenn die Variable θ der Preis eines Investitionsguts ist, muss

$$\frac{m-r}{s} = \lambda$$

gelten. Wenn θ jedoch der Preis eines Konsumguts ist, ist diese Beziehung nicht notwendigerweise erfüllt.

Beispiel 28.1 Wir betrachten ein Derivat, dessen Preis positiv abhängig ist vom Ölpreis und sonst von keinen weiteren stochastischen Variablen abhängt. Wir nehmen an, dass Öl eine erwartete Rendite von 12% per annum bietet, eine Volatilität von 20% per annum aufweist und der risikolose Zinssatz 8% per annum beträgt. Daraus ergibt sich der Marktpreis des Risikos für Öl mit

$$\frac{0{,}12 - 0{,}08}{0{,}2} = 0{,}2 \, .$$

Beachten Sie, dass Öl eher ein Konsumgut als ein Investitionsgut ist. Deshalb kann sein Marktpreis des Risikos nicht nach Gleichung (28.8) berechnet werden, indem μ gleich der erwarteten Rendite einer Investition in Öl und σ gleich der Volatilität des Ölpreises gesetzt wird.

Beispiel 28.2 Wir betrachten zwei Wertpapiere, die beide positiv abhängig sind vom Zinssatz für 90 Tage. Wir nehmen an, dass das erste Wertpapier eine erwartete Rendite von 3% per annum und eine Volatilität von 20% per annum aufweist und das zweite eine Volatilität von 30% per annum. Angenommen, der momentane risikolose Zinssatz beträgt 6% per annum. Der Marktpreis des Zinsrisikos unter Verwendung der erwarteten Rendite und der Volatilität des ersten Wertpapiers ist

$$\frac{0{,}03 - 0{,}06}{0{,}2} = -0{,}15 \, .$$

Nach Umstellung von Gleichung (28.9) ergibt sich die erwartete Rendite des zweiten Wertpapiers mit

$$0{,}06 - 0{,}15 \cdot 0{,}3 = 0{,}015$$

oder 1,5% per annum.

Alternative Modellwelten

Der Derivatpreis f folgt dem Prozess

$$df = \mu f \, dt + \sigma f \, dz \, .$$

Der Wert von μ hängt von den Risikopräferenzen der Anleger ab. In einer Welt, in der der Marktpreis des Risikos null ist, ist λ gleich null. Gemäß Gleichung (28.9) gilt $\mu = r$, sodass der Prozess, dem f folgt,

$$\mathrm{d}f = rf\,\mathrm{d}t + \sigma f\,\mathrm{d}z$$

ist. Wir werden dies als *klassische risikoneutrale Welt* bezeichnen.

Andere Annahmen für den Marktpreis des Risikos, λ, lassen die Definition anderer Modellwelten zu, die in sich konsistent sind. Aus Gleichung (28.9) folgt

$$\mu = r + \lambda\sigma$$

und damit

$$\mathrm{d}f = (r + \lambda\sigma)f\,\mathrm{d}t + \sigma f\,\mathrm{d}z\,. \tag{28.10}$$

Der Marktpreis des Risikos einer Variablen bestimmt die Wachstumsraten aller Wertpapiere, die von dieser Variablen abhängen. Wenn wir uns von einem Marktpreis des Risikos zu einem anderen bewegen, verändern sich die erwarteten Wachstumsraten der Wertpapierpreise, ihre Volatilitäten bleiben aber dieselben. Dies ist die Aussage des Girsanov-Theorems, welches wir in Abschnitt 13.7 für das Binomialmodell erläutert haben. Die Wahl eines bestimmten Marktpreises des Risikos bezeichnet man auch als die Definition des *Wahrscheinlichkeitsmaßes*. Für einen bestimmten Wert des Marktpreises des Risikos erhalten wir die „reale Welt" sowie die Wachstumsraten der Wertpapierpreise, die wir in der Realität beobachten.

28.2 Mehrere Zustandsvariablen

Angenommen, n Variablen $\theta_1, \theta_2, \ldots, \theta_n$ folgen stochastischen Prozessen der Form

$$\frac{\mathrm{d}\theta_i}{\theta_i} = m_i\,\mathrm{d}t + s_i\,\mathrm{d}z_i \tag{28.11}$$

für $i = 1, 2, \ldots, n$, wobei die $\mathrm{d}z_i$ Wiener-Prozesse sind. Die Parameter m_i und s_i sind die erwarteten Wachstumsraten sowie die Volatilitäten und können Funktionen der θ_i und der Zeit sein. Der Anhang zu diesem Kapitel zeigt eine Version von Itôs Lemma auf, die Funktionen mehrerer Variablen umfasst. Es zeigt sich, dass der Prozess des Wertpapierpreises f, der von den θ_i abhängt, n stochastische Komponenten besitzt und die Form

$$\frac{\mathrm{d}f}{f} = \mu\,\mathrm{d}t + \sum_{i=1}^{n} \sigma_i\,\mathrm{d}z_i \tag{28.12}$$

hat. In dieser Gleichung ist μ die erwartete Rendite des Wertpapiers und $\sigma_i\,\mathrm{d}z_i$ die Risikokomponente der Rendite, die θ_i zuzuordnen ist. Sowohl μ als auch die σ_i hängen potenziell von den θ_i und der Zeit ab.

Technical Note 30 unter `www.rotman.utoronto.ca/~hull/ofod/index.html` zeigt, dass

$$\mu - r = \sum_{i=1}^{n} \lambda_i \sigma_i \tag{28.13}$$

gilt, wobei λ_i der Marktpreis des Risikos von θ_i ist. Diese Gleichung setzt die erwartete Überschussrendite, welche die Anleger für das Wertpapier fordern, in Beziehung zu den λ_i und σ_j. Gleichung (28.9) ist der Spezialfall dieser Gleichung für $n=1$. Der Term $\lambda_i \sigma_i$ auf der rechten Seite misst, wie stark die von den Anlegern geforderte Überschussrendite des Wertpapiers von der Abhängigkeit des Wertpapiers von θ_i beeinflusst wird. Im Falle $\lambda_i \sigma_i = 0$ gibt es keinen Einfluss; gilt $\lambda_i \sigma_i > 0$, fordern die Anleger eine höhere Rendite, um das aus den θ_i resultierende Risiko zu kompensieren. Wenn $\lambda_i \sigma_i < 0$ ist, veranlasst die Abhängigkeit des Wertpapiers von θ_i die Anleger, eine geringere Rendite zu fordern, als dies sonst der Fall wäre. Der Fall $\lambda_i \sigma_i < 0$ tritt ein, wenn die Variable die Risiken im Portfolio eines typischen Investors reduziert anstatt sie zu erhöhen.

> **Beispiel 28.3** Ein Aktienkurs hängt von drei zugrunde liegenden Variablen ab: dem Ölpreis, dem Goldpreis und der Wertentwicklung eines Aktienindex. Angenommen, die Marktpreise des Risikos dieser Variablen sind 0,2, −0,1 bzw. 0,4. Wir nehmen außerdem an, dass die σ_i in Gleichung (28.12), die mit den drei Variablen korrespondieren, mit 0,05, 0,1 bzw. 0,15 geschätzt wurden. Die Überschussrendite der Aktie über den risikolosen Zinssatz ist dann
>
> $$0{,}2 \cdot 0{,}05 - 0{,}1 \cdot 0{,}1 + 0{,}4 \cdot 0{,}15 = 0{,}06$$
>
> oder 6,0% per annum. Wenn andere als diese betrachteten Variablen den Aktienkurs beeinflussen, bleibt dieses Ergebnis immer noch gültig, wenn der Marktpreis des Risikos für jede dieser anderen Variablen null ist.

Gleichung (28.13) ist eng verwandt mit der Arbitrage Pricing Theory, die 1976 von Stephen Ross entwickelt wurde.[2] Die zeitstetige Version des Capital Asset Pricing Model (CAPM) kann als Spezialfall der Gleichung angesehen werden. Das CAPM (siehe Anhang zu Kapitel 3) besagt, dass ein Anleger Überschussrenditen für die Kompensation der Risiken fordert, die mit dem Risiko der Renditen des Aktienmarkts korreliert sind, jedoch nicht für andere Risiken. Risiken, die mit der Rendite des Aktienmarkts korreliert sind, werden als *systematisch* bezeichnet; andere Risiken als *unsystematisch*. Bei Gültigkeit der CAPM ist λ_i proportional zur Korrelation zwischen den Änderungen in θ_i und der Marktrendite. Wenn θ_i nicht mit der Rendite des Markts korreliert ist, beträgt λ_i null.

28.3 Martingale

Ein Martingal ist ein stochastischer Prozess mit einer Drift von null.[3] Eine Variable θ folgt einem Martingal, wenn ihr Prozess die Form

$$d\theta = \sigma \, dz$$

---

[2] Siehe S.A. Ross, „The Arbitrage Theory of Capital Asset Pricing", *Journal of Economic Theory*, 13 (Dezember 1976), 343–362.

[3] Formaler ausgedrückt, ist eine Folge $X_0, X_1, \ldots$ von Zufallsvariablen ein Martingal, falls für alle $i > 0$

$$E(X_i | X_{i-1}, X_{i-2}, \ldots, X_0) = X_{i-1},$$

wobei E den Erwartungswert bezeichnet.

hat, wobei dz ein Wiener-Prozess ist. Die Variable σ kann selbst stochastisch sein. Sie kann von θ und anderen stochastischen Variablen abhängen. Ein Martingal hat die angenehme Eigenschaft, dass sein Erwartungswert zu jedem beliebigen zukünftigen Zeitpunkt gleich seinem heutigen Wert ist. Es gilt also

$$E(\theta_T) = \theta_0 \, ,$$

wobei θ_0 und θ_T die Werte von θ zu den Zeitpunkten null und T sind. Um dieses Ergebnis zu verstehen, halten wir fest, dass die Änderung von θ in einem sehr kleinen Zeitintervall normalverteilt ist mit dem Mittelwert null. Die erwartete Änderung von θ für ein sehr kleines Zeitintervall beträgt deshalb null. Die Änderung von θ zwischen den Zeitpunkten null und T entspricht der Summe der Veränderungen während vieler kleiner Zeitintervalle. Folglich muss die erwartete Änderung von θ zwischen den Zeitpunkten null und T ebenfalls null sein.

Das äquivalente Martingalmaß

Wir nehmen an, dass f und g die Preise von gehandelten Wertpapieren sind, die von einem einzelnen Unsicherheitsfaktor abhängen. Wir nehmen weiter an, dass die Wertpapiere während des betrachteten Zeitabschnitts keine Einkünfte bieten und definieren $\phi = f/g$.[4] Die Variable ϕ ist der relative Preis von f bezüglich g. ϕ kann als Preis von f in Einheiten von g anstatt in Geldeinheiten gesehen werden. Der Wertpapierpreis g wird als *Numeraire* bezeichnet.

Wenn keine Arbitragemöglichkeiten existieren, ergibt sich aus dem *äquivalenten Martingalmaß*, dass ϕ für bestimmte Marktpreise des Risikos ein Martingal ist. Mehr noch, für ein gegebenes Numeraire-Wertpapier g macht dieselbe Wahl für den Marktpreis des Risikos die Variable ϕ zu einem Martingal für alle Wertpapiere f. Diese Wahl für den Marktpreis des Risikos ist die Volatilität von g. Mit anderen Worten, wenn der Marktpreis des Risikos gleich der Volatilität von g gesetzt wird, ist das Verhältnis f/g ein Martingal für alle Wertpapierpreise f. Man beachte, dass der Marktpreis des Risikos die gleiche Dimension aufweist wie die Volatilität, nämlich „pro Quadratwurzel der Zeit". Somit ist die Setzung des Marktpreises des Risikos als Volatilität dimensionsmäßig sinnvoll.

Um das Ergebnis zu beweisen, nehmen wir an, dass die Volatilitäten von f und g durch σ_f und σ_g gegeben sind. In einer Welt mit einem Marktpreis des Risikos von σ_g erhalten wir aus Gleichung (28.10)

$$df = (r + \sigma_g \sigma_f) f \, dt + \sigma_f f \, dz$$
$$dg = (r + \sigma_g^2) g \, dt + \sigma_g g \, dz \, .$$

Unter Verwendung von Itôs Lemma ergibt sich

$$d \ln f = (r + \sigma_g \sigma_f - \sigma_f^2/2) \, dt + \sigma_f \, dz$$
$$d \ln g = (r + \sigma_g^2/2) \, dt + \sigma_g \, dz \, ,$$

sodass

$$d(\ln f - \ln g) = (\sigma_g \sigma_f - \sigma_f^2/2 - \sigma_g^2/2) \, dt + (\sigma_f - \sigma_g) \, dz$$

---

[4] Aufgabe 28.8 erweitert die Analyse für den Fall, dass Wertpapiere Einkünfte bieten.

oder

$$d\left(\ln \frac{f}{g}\right) = -\frac{(\sigma_f - \sigma_g)^2}{2} \, dt + (\sigma_f - \sigma_g) \, dz$$

gilt. Verwenden wir Itôs Lemma, um den Prozess für f/g aus dem Prozess für $\ln(f/g)$ zu bestimmen, so erhalten wir

$$d\left(\frac{f}{g}\right) = (\sigma_f - \sigma_g)\frac{f}{g} \, dz. \qquad (28.14)$$

f/g ist also ein Martingal, was zu zeigen war. Wir werden eine Welt, in der der Marktpreis des Risikos σ_g ist, als eine *Forward-risikoneutrale* Welt bezüglich g bezeichnen.

Da f/g ein Martingal in einer Forward-risikoneutralen Welt bezüglich g ist, folgt

$$\frac{f_0}{g_0} = E_g\left(\frac{f_T}{g_T}\right)$$

oder

$$f_0 = g_0 E_g\left(\frac{f_T}{g_T}\right), \qquad (28.15)$$

wobei E_g den Erwartungswert in einer Forward-risikoneutralen Welt bezüglich g bezeichnet.

28.4 Alternative Möglichkeiten für das Numeraire

Wir stellen nun eine Reihe von Beispielen für die Anwendung des äquivalenten Martingalmaßes vor. Das erste Beispiel zeigt, dass es mit dem Ergebnis der klassischen risikoneutralen Bewertung konsistent ist, welches in den früheren Kapiteln zur Anwendung kam. Die anderen Beispiele bereiten die Bewertung von Anleiheoptionen, Zinscaps und Swaps in Kapitel 29 vor.

Geldmarktkonto als Numeraire

Das (Dollar-) Geldmarktkonto ist ein Wertpapier, das zum Zeitpunkt null 1 \$ wert ist und zu jeder beliebigen gegebenen Zeit den momentanen risikolosen Zinssatz r erzielt.[5] Die Variable r kann stochastisch sein. Wenn wir g gleich dem Geldmarktkonto setzen, wächst es mit der Rate r, sodass gilt

$$dg = rg \, dt. \qquad (28.16)$$

Die Drift von g ist stochastisch, die Volatilität von g jedoch null. Aus den Ergebnissen von Abschnitt 28.3 folgt, dass f/g in einer Welt, in der der Marktpreis des Risikos

---

[5] Das Geldmarktkonto ist der Grenzwert, wenn Δt für das folgende Wertpapier gegen null geht. Für den ersten kurzen Zeitabschnitt der Länge Δt ist das Wertpapier zum anfänglichen Periodenzins des Abschnitts Δt investiert; zur Zeit Δt wird es in einem weiteren Zeitabschnitt Δt zur neuen Verzinsung des Abschnitts Δt reinvestiert; zur Zeit $2\,\Delta t$ wird es erneut in einem weiteren Zeitabschnitt Δt zur neuen Verzinsung des Abschnitts Δt reinvestiert usw. Die Geldmarktkonten in anderen Währungen werden analog zum Dollar-Geldmarktkonto definiert.

null ist, ein Martingal ist. Hierbei handelt es sich um die Welt, die wir weiter oben als klassische risikoneutrale Welt definiert haben. Gemäß Gleichung (28.15) folgt

$$f_0 = g_0 \hat{E}\left(\frac{f_T}{g_T}\right), \qquad (28.17)$$

wobei $\hat{E}$ den Erwartungswert in der klassischen risikoneutralen Welt bezeichnet.

In diesem Falle ist $g_0 = 1$ und es gilt

$$g_T = e^{\int_0^T r \, dt},$$

sodass sich Gleichung (28.17) reduziert auf

$$f_0 = \hat{E}\left(e^{-\int_0^T r \, dt} f_T\right) \qquad (28.18)$$

oder

$$f_0 = \hat{E}(e^{-\bar{r}T} f_T), \qquad (28.19)$$

wobei $\bar{r}$ den Durchschnittswert von r zwischen den Zeitpunkten 0 und T bezeichnet. Diese Gleichung zeigt, dass eine Möglichkeit für die Bewertung eines Zinsderivats darin besteht, den kurzfristigen Zinssatz r in der klassischen risikoneutralen Welt zu simulieren. Für jede Simulation berechnen wir die Auszahlung und diskontieren mit dem durchschnittlichen Wert des kurzfristigen Zinssatzes auf dem Zufallspfad.

Wenn der kurzfristige Zinssatz r als konstant angenommen wird, vereinfacht sich Gleichung (28.19) zu

$$f_0 = e^{-rT} \hat{E}(f_T)$$

und damit zur Beziehung der risikoneutralen Bewertung, die wir in früheren Kapiteln verwendet haben.

Preis einer Nullkupon-Anleihe als Numeraire

Definieren wir $P(t, T)$ als den Preis einer Nullkupon-Anleihe zur Zeit t, die zur Zeit T 1 \$ auszahlt. Wir untersuchen nun die Auswirkungen, wenn g gleich $P(t, T)$ gesetzt wird. Wir verwenden E_T für den Erwartungswert in einer Forward-risikoneutralen Welt bezüglich $P(t, T)$. Wegen $g_T = P(T, T) = 1$ und $g_0 = P(0, T)$ ergibt Gleichung (28.15)

$$f_0 = P(0, T) E_T(f_T). \qquad (28.20)$$

Zu beachten ist der Unterschied zwischen Gleichung (28.20) und (28.19). In Gleichung (28.19) liegt die Diskontierung innerhalb des Erwartungswertoperators. In Gleichung (28.20) dagegen liegt die im $P(0, T)$-Term abgebildete Diskontierung außerhalb des Erwartungswertoperators. Indem wir eine Forward-risikoneutrale Welt bezüglich $P(t, T)$ verwenden, vereinfachen wir die Berechnung für ein Wertpapier, das eine Auszahlung ausschließlich zum Zeitpunkt T bietet, beträchtlich.

Wir betrachten eine beliebige Variable θ, die keinen Zinssatz darstellt.[6] Ein Forward-Kontrakt auf θ mit Laufzeit T ist definiert als Kontrakt mit einer Auszahlung

---

[6] Die hier angegebene Analyse trifft auf Zinssätze nicht zu, da Forward-Kontrakte auf Zinssätze anders definiert sind als Forward-Kontrakte auf andere Variablen. Ein Forward-Zinssatz ist der vom zugehörigen Forward-Anleihepreis implizierte Zinssatz.

$\theta_T - K$, wobei θ_T den Wert von θ zum Zeitpunkt T bezeichnet. Sei f der Wert dieses Forward-Kontrakts. Nach Gleichung (28.20) gilt

$$f_0 = P(0, T)[E_T(\theta_T) - K] \, .$$

Der Forward-Preis F von θ ist jener Wert von K, für den f_0 null ist. Es folgt also, dass

$$P(0, T)[E_T(\theta_T) - F] = 0$$

bzw.
$$F = E_T(\theta_T) \, . \tag{28.21}$$

Gleichung (28.21) zeigt, dass der Forward-Preis einer beliebigen Variablen (mit Ausnahme von Zinssätzen) gleich ihrem erwarteten zukünftigen Spotkurs in einer bezüglich $P(t, T)$ Forward-risikoneutralen Welt ist. Man beachte hier den Unterschied zwischen Forward- und Futures-Preisen. Nach der Argumentation von Abschnitt 18.7 entspricht der Futures-Preis einer Variablen dem erwarteten zukünftigen Spotkurs in der klassischen risikoneutralen Welt.

Gleichung (28.20) besagt, dass wir jedes Wertpapier, das eine Auszahlung zum Zeitpunkt T bietet, durch die Berechnung seiner erwarteten Auszahlung in einer Forward-risikoneutralen Welt bezüglich einer in T fälligen Anleihe und die Diskontierung bei Fälligkeit mit dem risikolosen Zinssatz bewerten können. Gleichung (28.21) zeigt, dass beim Berechnen der erwarteten Auszahlung die Annahme korrekt ist, dass der Erwartungswert des zugrunde liegenden Assets und sein Forward-Wert gleich sind.

Zinssätze bei einem Anleihepreis als Numeraire

Für das nächste Ergebnis definieren wir $R(t, T, T^*)$ als den zum Zeitpunkt t beobachteten Forward-Zinssatz für den Abschnitt zwischen T und T^*, ausgedrückt bei einem Verzinsungszeitraum von $T^* - T$ (z. B. wird für $T^* - T = 0{,}5$ der Zinssatz mit halbjährlicher Verzinsung angegeben; für $T^* - T = 0{,}25$ wird er mit vierteljährlicher Verzinsung angegeben usw). Der Forward-Preis eines Zerobonds zum Zeitpunkt t, der eine Laufzeit von T bis T^* aufweist, ist

$$\frac{P(t, T^*)}{P(t, T)} \, .$$

Der Forward-Zinssatz wird anders definiert als der Forward Value der meisten Variablen. Bei einem risikolosen Forward-Zinssatz handelt es sich um den Zinssatz, der aus den entsprechenden risikolosen Preisen von Nullkupon-Anleihen folgt. Daher gilt die Beziehung

$$\frac{1}{1 + (T^* - T)R(t, T, T^*)} = \frac{P(t, T^*)}{P(t, T)} \, ,$$

sodass
$$R(t, T, T^*) = \frac{1}{T^* - T}\left[\frac{P(t, T)}{P(t, T^*)} - 1\right]$$

bzw.
$$R(t, T, T^*) = \frac{1}{T^* - T}\left[\frac{P(t, T) - P(t, T^*)}{P(t, T^*)}\right] \, .$$

Wenn wir

$$f = \frac{1}{T^* - T}[P(t, T) - P(t, T^*)]$$

und $g = P(t, T^*)$ setzen, zeigt das Ergebnis des äquivalenten Martingalmaßes, dass $R(t, T, T^*)$ in einer Forward-risikoneutralen Welt ein Martingal bezüglich $P(t, T^*)$ ist. Daher gilt

$$R(0, T, T^*) = E_{T^*}[R(T, T, T^*)], \qquad (28.22)$$

wobei E_{T^*} den Erwartungswert in einer Forward-risikoneutralen Welt bezüglich $P(t, T^*)$ bezeichnet.

Die Variable $R(0, T, T^*)$ beschreibt, vom Zeitpunkt 0 aus gesehen, den Forward-Zinssatz im Zeitraum zwischen T und T^*, während $R(T, T, T^*)$ der realisierte Zinssatz im Zeitraum zwischen T und T^* ist. Gleichung (28.22) zeigt daher, dass in einer Forward-risikoneutralen Welt bezüglich einer in T^* fälligen Nullkupon-Anleihe der Forward-Zinssatz gleich dem erwarteten zukünftigen Zinssatz ist. Dieses Ergebnis ist zusammen mit dem Ergebnis in Gleichung (28.20) entscheidend für das Verständnis des Standard-Markt-Modells für Zinscaps im nächsten Kapitel.

Annuitätenfaktor als Numeraire

Für die nächste Anwendung des Ergebnisses des äquivalenten Martingalmaßes betrachten wir einen LIBOR-for-Fixed-Swap, der zu einem zukünftigen Zeitpunkt T startet und Auszahlungstermine zu den Zeitpunkten $T_1, T_2, \ldots, T_N$ hat. Bei dem Swap wird ein fester Zinssatz gegen den variablen LIBOR-Satz ausgetauscht. Wir definieren $T_0 = T$. Angenommen, der Nominalbetrag ist 1 \$. Wir gehen davon aus, dass die Forward Swap Rate (d. h. der Zinssatz auf die fixe Seite, die für einen Wert des Swaps von null sorgt) zum Zeitpunkt t ($t \leq T$) gleich $s(t)$ ist. Der Wert für die fixe Seite des Swaps ist

$$s(t)A(t)$$

mit

$$A(t) = \sum_{i=0}^{N-1} (T_{i+1} - T_i)P(t, T_{i+1}).$$

Wir unterstellen Diskontierung zum LIBOR. Der Wert der variablen Seite des Swaps zum Anfangstermin ist dann gleich dem zugrunde liegenden Nominalbetrag, wenn der Nominalbetrag zur letzten Swap-Auszahlung addiert wird. Dies liegt darin begründet, dass auf der variablen Seite eine LIBOR-Anleihe mit variablem Zinssatz vorliegt, die zum LIBOR diskontiert wird. Diese Argumentation hat in Abschnitt 7.7 die Bewertung eines Swaps über Anleihepreise begründet. Daraus folgt, dass die variable Seite zum Zeitpunkt T_0 1 \$ wert ist, wenn wir im Zeitpunkt T_N 1 \$ addieren. Der Wert eines zum Zeitpunkt T_N erhaltenen Dollars ist $P(t, T_N)$. Der Wert eines in T_0 erhaltenen Dollars ist $P(t, T_0)$. Der Wert der variablen Seite zum Zeitpunkt t beträgt daher

$$P(t, T_0) - P(t, T_N).$$

Gleichsetzen der Werte für die fixe und die variable Seite führt zu

$$s(t)A(t) = P(t, T_0) - P(t, T_N)$$

bzw.
$$s(t) = \frac{P(t, T_0) - P(t, T_N)}{A(t)}. \qquad (28.23)$$

Wir können das Ergebnis des äquivalenten Martingalmaßes anwenden, indem wir f gleich $P(t, T_0) - P(t, T_N)$ und g gleich $A(t)$ setzen. Dies führt auf

$$s(t) = E_A[s(T)], \qquad (28.24)$$

wobei E_A den Erwartungswert in einer Forward-risikoneutralen Welt bezüglich $A(t)$ bezeichnet. In einer Forward-risikoneutralen Welt bezüglich $A(t)$ ist die erwartete zukünftige Swap Rate gleich der gegenwärtigen Swap Rate.

Für jedes Wertpapier f zeigt das Ergebnis in Gleichung (28.15)

$$f_0 = A(0) E_A\left[\frac{f_T}{A(T)}\right]. \qquad (28.25)$$

Dieses Ergebnis ist zusammen mit dem Ergebnis in Gleichung (28.24) entscheidend für das Verständnis des Standard-Markt-Modells für europäische Swaptions im nächsten Kapitel. Wie wir noch sehen werden, kann es auch OIS-Diskontierung berücksichtigen.

28.5 Erweiterung auf mehrere Faktoren

Die in den Abschnitten 28.3 und 28.4 dargestellten Ergebnisse können auf Fälle mit mehreren unabhängigen Faktoren ausgedehnt werden.[7] Wir nehmen an, dass es n unabhängige Faktoren gibt und dass für die Prozesse für f und g in der klassischen risikoneutralen Welt

$$df = rf\,dt + \sum_{i=1}^{n} \sigma_{f,i} f\,dz_i$$

und

$$dg = rg\,dt + \sum_{i=1}^{n} \sigma_{g,i} g\,dz_i$$

gilt. Gemäß Abschnitt 28.2 folgt daraus, dass andere in sich konsistente Modellwelten definiert werden können, indem man

$$df = \left[r + \sum_{i=1}^{n} \lambda_i \sigma_{f,i}\right] f\,dt + \sum_{i=1}^{n} \sigma_{f,i} f\,dz_i$$

und

$$dg = \left[r + \sum_{i=1}^{n} \lambda_i \sigma_{g,i}\right] g\,dt + \sum_{i=1}^{n} \sigma_{g,i} g\,dz_i$$

setzt. Dabei sind die λ_i ($1 \leq i \leq n$) die n Marktpreise des Risikos. Eine dieser anderen Welten ist die reale Welt.

---

[7] Die Unabhängigkeitsbedingung ist nicht kritisch. Wenn Faktoren nicht unabhängig sind, können sie orthogonalisiert werden.

Die Definition der Forward-Risikoneutralität kann erweitert werden, sodass eine Welt bezüglich g risikoneutral ist, wenn $\lambda_i = \sigma_{g,i}$ für alle i gilt. Es kann unter Verwendung der Tatsache, dass die dz_i unkorreliert sind, anhand von Itôs Lemma gezeigt werden, dass f/g in dieser Welt einem Prozess mit Drift null folgt (siehe Aufgabe 28.12). Die weiteren Ergebnisse der beiden vorangegangenen Abschnitte (ab Gleichung (28.15)) bleiben daher gültig.

28.6 Mehr zum Black-Modell

In Abschnitt 18.8 wurde erklärt, dass das Black-Modell ein populäres Werkzeug zur Bepreisung europäischer Optionen mit Bezug auf den Forward- oder Futures-Kurs des Underlyings ist, wenn die Zinssätze konstant sind. Wir sind nun in der Lage, die Annahme eines konstanten Zinssatzes zu lockern und können zeigen, dass das Black-Modell auch im Fall stochastischer Zinssätze zur Bepreisung europäischer Optionen mit Bezug auf den Forward-Kurs des Underlyings verwendet werden kann.

Betrachten wir eine europäische Kaufoption auf eine dividendenlose Aktie mit Basispreis K, die zum Zeitpunkt T fällig ist. Gemäß Gleichung (28.20) ist der Preis der Kaufoption gegeben mit

$$c = P(0, T) E_T[\max(S_T - K, 0)], \qquad (28.26)$$

wobei S_T der Assetpreis in T ist. E_T ist der Erwartungswert in einer Forward-risikoneutralen Welt bezüglich $P(t, T)$. Wir definieren F_0 und F_T als Forward-Kurs des Assets zum Zeitpunkt 0 bzw. T für einen in T fälligen Kontrakt. Wegen $S_T = F_T$ gilt

$$c = P(0, T) E_T[\max(F_T - K, 0)].$$

Angenommen, F_T ist in der betrachteten Welt lognormalverteilt, und die Standardabweichung von $\ln(F_T)$ ist $\sigma_F \sqrt{T}$. Da der Forwardpreis einem stochastischen Prozess mit konstanter Volatilität σ_F folgt, ist dies möglich. Aus dem Anhang von Kapitel 15 folgt

$$E_T[\max(F_T - K, 0)] = E_T(F_T) N(d_1) - K N(d_2) \qquad (28.27)$$

mit

$$d_1 = \frac{\ln[E_T(F_T)/K] + \sigma_F^2 T/2}{\sigma_F \sqrt{T}}$$

$$d_2 = \frac{\ln[E_T(F_T)/K] - \sigma_F^2 T/2}{\sigma_F \sqrt{T}}.$$

Aus Gleichung (28.21) ergibt sich $E_T(F_T) = E_T(S_T) = F_0$. Folglich haben wir

$$c = P(0, T)[F_0 N(d_1) - K N(d_2)] \qquad (28.28)$$

mit

$$d_1 = \frac{\ln(F_0/K) + \sigma_F^2 T/2}{\sigma_F \sqrt{T}}$$

$$d_2 = \frac{\ln(F_0/K) - \sigma_F^2 T/2}{\sigma_F \sqrt{T}}.$$

Analog ergibt sich

$$p = P(0, T)[KN(-d_2) - F_0 N(-d_1)], \qquad (28.29)$$

wobei p den Preis einer europäischen Option auf das Asset mit Basispreis K und Restlaufzeit T bezeichnet. Dies ist das Black-Modell. Es gilt sowohl für Investitionsgüter als auch für Konsumgüter und trifft, wie wir gerade gezeigt haben, für stochastische Zinssätze zu, vorausgesetzt, F_0 ist der Forward-Assetpreis. Die Variable σ_F kann als Volatilität des Forward-Assetpreises aufgefasst werden.

28.7 Exchange Options

Wir betrachten als Nächstes eine Option zum Austausch eines Investitionsguts mit dem Wert U gegen ein Investitionsgut mit dem Wert V. Dies wurde bereits in Abschnitt 26.14 diskutiert. Wir nehmen an, dass σ_U und σ_V die Volatilitäten von U und V sind und dass ρ der Korrelationskoeffizient zwischen beiden ist.

Zunächst nehmen wir an, dass die Assets keine Einkünfte bieten. Wir wählen U als Numeraire-Wertpapier. Setzen wir in Gleichung (28.15) $f = V$, so erhalten wir

$$V_0 = U_0 E_U \left(\frac{V_T}{U_T} \right), \qquad (28.30)$$

wobei E_U den Erwartungswert in einer Forward-risikoneutralen Welt bezüglich U bezeichnet.

Die Variable f in Gleichung (28.15) kann dem Wert der betrachteten Option gleichgesetzt werden, sodass $f_T = \max(V_T - U_T, 0)$ gilt. Daraus folgt

$$f_0 = U_0 E_U \left[\frac{\max(V_T - U_T, 0)}{U_T} \right]$$

bzw.

$$f_0 = U_0 E_U \left[\max\left(\frac{V_T}{U_T} - 1, 0 \right) \right]. \qquad (28.31)$$

Die Volatilität von V/U ist $\hat{\sigma}$ (siehe Aufgabe 28.13), wobei

$$\hat{\sigma}^2 = \sigma_U^2 + \sigma_V^2 - 2\rho\sigma_U\sigma_V$$

gilt. Gemäß dem Anhang zu Kapitel 15 wird Gleichung (28.31) zu

$$f_0 = U_0 \left[E_U \left(\frac{V_T}{U_T} \right) N(d_1) - N(d_2) \right]$$

mit

$$d_1 = \frac{\ln(V_0/U_0) + \hat{\sigma}^2 T/2}{\hat{\sigma}\sqrt{T}} \quad \text{und} \quad d_2 = d_1 - \hat{\sigma}\sqrt{T}.$$

Durch Substitution von Gleichung (28.30) erhalten wir

$$f_0 = V_0 N(d_1) - U_0 N(d_2). \qquad (28.32)$$

Dies ist der Wert einer Exchange Option, wenn die Assets keine Einkünfte bieten.

In Aufgabe 28.8 wird gezeigt, dass Gleichung (28.15) zu

$$f_0 = g_0 e^{(q_f - q_g)T} E_g\left(\frac{f_T}{g_T}\right)$$

wird, wenn f und g Einkünfte in Höhe von q_f und q_g liefern. Dies bedeutet, dass die Gleichungen (28.30) und (28.31) zu

$$E_U\left(\frac{V_T}{U_T}\right) = e^{(q_U - q_V)T}\frac{V_0}{U_0}$$

und

$$f_0 = e^{-q_U T} U_0 E_U\left[\max\left(\frac{V_T}{U_T} - 1, 0\right)\right]$$

werden und Gleichung (28.32) zu

$$f_0 = e^{-q_V T} V_0 N(d_1) - e^{-q_U T} U_0 N(d_2),$$

wobei d_1 und d_2 umdefiniert werden als

$$d_1 = \frac{\ln(V_0/U_0) + (q_U - q_V + \hat{\sigma}^2/2)T}{\hat{\sigma}\sqrt{T}} \quad \text{und} \quad d_2 = d_1 - \hat{\sigma}\sqrt{T}.$$

Dies ist das in Gleichung (26.5) angegebene Ergebnis für den Wert einer Exchange Option.

28.8 Austausch des Numeraires

In diesem Abschnitt betrachten wir die Auswirkung eines Austauschs des Numeraires auf den Prozess, dem eine Marktvariable folgt. Diese Variable sei der Preis f eines gehandelten Wertpapiers. In einer Modellwelt, in welcher der Marktpreis des dz_i-Risikos den Wert λ_i annimmt, gilt

$$df = \left[r + \sum_{i=1}^{n}\lambda_i\sigma_{f,i}\right]f\,dt + \sum_{i=1}^{n}\sigma_{f,i}f\,dz_i.$$

Wenn dieser Preis gleich λ^* ist, gilt analog

$$df = \left[r + \sum_{i=1}^{n}\lambda_i^*\sigma_{f,i}\right]f\,dt + \sum_{i=1}^{n}\sigma_{f,i}f\,dz_i.$$

Die Auswirkung des Übergangs von der ersten Welt zur zweiten besteht deshalb in der Zunahme der erwarteten Wachstumsrate des Preises jedes beliebigen gehandelten Wertpapiers f um

$$\sum_{i=1}^{n}(\lambda_i^* - \lambda_i)\sigma_{f,i}.$$

Als Nächstes betrachten wir eine Variable v, die nicht der Preis eines gehandelten Wertpapiers ist. Wie wir in Technical Note 30 unter www.rotman.utoronto.ca/~hull/ofod/index.html zeigen, reagiert die erwartete Wachstumsrate von v genau gleich auf den Austausch des Numeraires wie die erwartete Wachstumsrate des Preises der gehandelten Wertpapiere. Sie steigt um

$$\alpha_V = \sum_{i=1}^{n} (\lambda_i^* - \lambda_i)\sigma_{V,i}, \qquad (28.33)$$

wobei $\sigma_{V,i}$ die i-te Komponente der Volatilität von v bezeichnet.

Wenn wir vom Numeraire von g zum Numeraire von h übergehen, ist $\lambda_i = \sigma_{g,i}$ und $\lambda_i^* = \sigma_{h,i}$. Wir definieren $w = h/g$ und $\sigma_{w,i}$ als die i-te Komponente der Volatilität von w. Nach Itôs Lemma (siehe Aufgabe 28.13) gilt

$$\sigma_{w,i} = \sigma_{h,i} - \sigma_{g,i},$$

so dass aus Gleichung (28.33)

$$\alpha_V = \sum_{i=1}^{n} \sigma_{w,i}\sigma_{V,i} \qquad (28.34)$$

wird. Wir bezeichnen w als den *Numeraire-Quotienten*. Gleichung (28.34) ist äquivalent mit

$$\alpha_V = \rho\sigma_V\sigma_W, \qquad (28.35)$$

wobei σ_V die Gesamtvolatilität von v, σ_W die Gesamtvolatilität von w und ρ die momentane Korrelation zwischen v und w ist.[8]

Dies ist ein überraschend einfaches Ergebnis. Wenn wir von einem Numeraire zu einem anderen wechseln, ist die Anpassung an die erwartete Wachstumsrate der Variablen v gleich der momentanen Kovarianz zwischen der prozentualen Änderung in v und der prozentualen Änderung des Numeraire-Quotienten. Wir werden dieses Ergebnis bei der Behandlung der Anpassung an Zahlungstermine und Quantos in Kapitel 29 verwenden.

Ein Spezialfall der Resultate dieses Abschnitts ergibt sich, wenn wir von der Realwelt in die traditionelle risikoneutrale Welt (in der der Marktpreis des Risikos immer null ist) wechseln. Gemäß Gleichung (28.33) ändert sich die Wachstumsrate von v um $-\sum_{i=1}^{n} \lambda_i \sigma_{V,i}$. Dies korrespondiert mit dem Resultat in Gleichung (28.13), wenn v der Preis eines gehandelten Wertpapiers ist. Wir haben nun gezeigt, dass das Resultat auch gültig ist, wenn v nicht der Preis eines gehandelten Wertpapiers ist. Allgemein lässt sich feststellen, dass sich der Übergang von einer Welt in eine andere für Variablen, welche nicht den Preis eines gehandelten Wertpapiers darstellen, auf die gleiche Weise vollzieht, wie für Variablen, welche den Preis eines gehandelten Wertpapiers darstellen.

---

[8] Um dies einzusehen, stellen wir fest, dass in einem kurzen Zeitabschnitt Δt die Änderungen Δv und Δw in v und w durch

$$\Delta v = \cdots + \sum \sigma_{v,i} v \epsilon_i \sqrt{\Delta t}, \qquad \Delta w = \cdots + \sum \sigma_{w,i} w \epsilon_i \sqrt{\Delta t}$$

gegeben sind. Da die dz_i unkorreliert sind, gilt $E(\epsilon_i \epsilon_j) = 0$ für $i \neq j$. Gemäß der Definition von ρ gilt außerdem

$$\rho v \sigma_V w \sigma_W = E(\Delta v \, \Delta w) - E(\Delta v)E(\Delta w).$$

Werden Terme höherer Ordnung als Δt vernachlässigt, erhalten wir

$$\rho \sigma_V \sigma_W = \sum \sigma_{w,i} \sigma_{v,i}.$$

> **ZUSAMMENFASSUNG**
>
> Der Marktpreis des Risikos einer Variablen definiert das Austauschverhältnis zwischen dem Risiko und dem Ertrag eines gehandelten Wertpapiers, das von der Variablen abhängt. Wenn es nur eine zugrunde liegende Variable gibt, ist die Überschussrendite eines Derivats über den risikolosen Zinssatz gleich dem Marktpreis des Risikos multipliziert mit der Volatilität der Variablen. Wenn es mehrere zugrunde liegende Variablen gibt, ist die Überschussrendite die Summe der Marktpreise des Risikos multipliziert mit der Volatilität jeder einzelnen Variablen.
>
> Ein leistungsfähiger Ansatz für die Bewertung von Derivaten ist die risikoneutrale Bewertung, die in den Kapiteln 13 und 15 vorgestellt wurde. Das Prinzip der risikoneutralen Bewertung zeigt, dass wir – nicht nur in einer risikoneutralen Welt, sondern auch in allen anderen Welten – die richtige Antwort erhalten, wenn wir bei der Bewertung von Derivaten annehmen, dass die Welt risikoneutral ist. In der klassischen risikoneutralen Welt ist der Marktpreis des Risikos für alle Variablen null. In diesem Kapitel wurde das Prinzip der risikoneutralen Bewertung erweitert. Es wurde gezeigt, dass es für den Fall stochastischer Zinssätze viele interessante und nützliche Alternativen zur klassischen risikoneutralen Welt gibt.
>
> Ein Martingal ist ein stochastischer Prozess mit einer Drift von null. Jede Variable, die einem Martingal folgt, hat die Eigenschaft, dass ihr Erwartungswert zu jedem zukünftigen Zeitpunkt gleich dem heutigen Wert ist. Das Resultat für das äquivalente Martingalmaß zeigt, dass es bezüglich eines Wertpapierpreises g eine Welt gibt, in der der Quotient f/g für alle anderen Wertpapierpreise f ein Martingal ist. Es stellt sich heraus, dass wir bei geeigneter Auswahl des Numeraire-Wertpapiers g die Bewertung zahlreicher zinsabhängiger Derivate vereinfachen können.
>
> In diesem Kapitel wurde das äquivalente Martingalmaß dazu verwendet, das Black-Modell für den Fall stochastischer Zinssätze und für die Bewertung von Exchange Options zu erweitern. In den Kapiteln 30–33 wird es bei der Bewertung von Zinsderivaten hilfreich sein.
>
> **ZUSAMMENFASSUNG**

Literaturempfehlungen

Baxter, M. und A. Rennie, *Financial Calculus*, Cambridge University Press, Cambridge, 1996.

Cox, J.C., J.E. Ingersoll und S.A. Ross, „An Intertemporal General Equilibrium Model of Asset Prices", *Econometrica*, 53 (1985), 363–84.

Duffie, D., *Dynamic Asset Pricing Theory*, Princeton University Press, Princeton, NJ, 1992.

Harrison, J.M. und D.M. Kreps, „Martingales and Arbitrage in Multiperiod Securities Markets", *Journal of Economic Theory*, 20 (1979), 381–408.

Harrison, J.M. und S.R. Pliska, „Martingales and Stochastic Integrals in the Theory of Continuous Trading", *Stochastic Processes and Their Applications*, 11 (1981), 215–60.

Praktische Fragestellungen

28.1 Wie ist der Marktpreis des Risikos für eine Variable definiert, die nicht der Preis eines Investitionsguts ist?

28.2 Nehmen Sie an, dass der Marktpreis des Risikos für Gold null ist. Wie ist die erwartete Wachstumsrate des Goldpreises, wenn die Lagerkosten 1% per annum und der risikolose Zinssatz 6% per annum sind? Nehmen Sie an, dass Gold keine zusätzlichen Einkünfte bietet.

28.3 Wir betrachten zwei Wertpapiere, die beide von der gleichen Marktvariablen abhängen. Die erwarteten Renditen der Wertpapiere betragen 8% und 12%. Die Volatilität des ersten Wertpapiers beträgt 15%. Der momentane risikolose Zinssatz liegt bei 4%. Welche Volatilität hat das zweite Wertpapier?

28.4 Ein Ölunternehmen ist ausschließlich zu dem Zweck gegründet worden, in einem bestimmten kleinen Gebiet in Texas nach Öl zu suchen. Sein Wert hängt hauptsächlich von zwei stochastischen Variablen ab: dem Ölpreis und der Menge der nachgewiesenen Ölreserven. Diskutieren Sie, ob der Marktpreis des Risikos für die zweite der beiden Variablen voraussichtlich eher positiv, negativ bzw. null ist.

28.5 Leiten Sie die Differentialgleichung für ein Derivat her, das von den Preisen zweier dividendenloser gehandelter Wertpapiere abhängt, indem Sie ein risikoloses Portfolio bilden, das aus dem Derivat und den beiden gehandelten Wertpapieren besteht.

28.6 Nehmen Sie an, dass ein Zinssatz x dem Prozess

$$dx = a(x_0 - x)\,dt + c\sqrt{x}\,dz$$

folgt, wobei a, x_0 und c positive Konstanten sind. Nehmen Sie außerdem an, dass λ der Marktpreis des Risikos für x ist. Wie lautet der Prozess, dem x in der klassischen risikoneutralen Welt folgt?

28.7 Beweisen Sie, dass Gleichung (28.9) zu $\mu + q - r = \lambda\sigma$ wird, wenn das Wertpapier f Einkünfte in Höhe von q liefert. (*Hinweis:* Bilden Sie unter der Annahme, dass alle Einkommen aus f in f reinvestiert werden, ein neues Wertpapier f^* ohne Einkünfte.)

28.8 Zeigen Sie, dass Gleichung (28.15) zu

$$f_0 = g_0 e^{(q_f - q_g)T} E_g\left(\frac{f_T}{g_T}\right)$$

wird, wenn f und g Einkünfte in Höhe von q_f bzw. q_g besitzen. (*Hinweis:* Bilden Sie unter der Annahme, dass alle Einkommen aus f in f und alle Einkommen aus g in g reinvestiert werden, neue Wertpapiere f^* und g^*, die keine Einkünfte bieten.)

28.9 „Der erwartete zukünftige Wert eines Zinssatzes ist in einer risikoneutralen Welt größer als in der realen Welt." Was folgt aus dieser Feststellung für den Marktpreis des Risikos (a) eines Zinssatzes und (b) eines Anleihepreises? Glauben Sie, dass diese Aussage wahrscheinlich zutrifft? Begründen Sie Ihre Antwort.

28.10 Die Variable S ist ein Investitionsgut, das Einkünfte in Höhe von q liefert, gemessen in der Währung A. Sie folgt in der realen Welt dem Prozess

$$dS = \mu_S S\, dt + \sigma_S S\, dz\,.$$

Geben Sie für folgende Varianten den Prozess für S sowie den Marktpreis des Risikos an, definieren Sie falls notwendig neue Variablen:

a. Eine Welt, die für die Währung A klassisch risikoneutral ist.
b. Eine Welt, die für die Währung B klassisch risikoneutral ist.
c. Eine Welt, die Forward-risikoneutral ist bezüglich eines Zerobonds in der Währung A, der zur Zeit T fällig wird.
d. Eine Welt, die Forward-risikoneutral ist bezüglich eines Zerobonds in der Währung B, der zur Zeit T fällig wird.

28.11 Erläutern Sie den Unterschied zwischen der Art der Definition der Forward Rate und der Art der Definition des Forward Value anderer Marktvariablen wie Aktienkurse, Rohstoffpreise und Wechselkurse.

28.12 Beweisen Sie das Ergebnis aus Abschnitt 28.5, dass f/g ein Martingal für $\lambda_i = \sigma_{g,i}$ ist, wenn mit unkorrelierten dz_i

$$df = \left[r + \sum_{i=1}^{n} \lambda_i \sigma_{f,i}\right] f\, dt + \sum_{i=1}^{n} \sigma_{f,i} f\, dz_i$$

$$dg = \left[r + \sum_{i=1}^{n} \lambda_i \sigma_{g,i}\right] g\, dt + \sum_{i=1}^{n} \sigma_{g,i} g\, dz_i$$

gilt. (*Hinweis*: Ermitteln Sie zunächst mit Gleichung (14.30) die Prozesse für $\ln f$ und $\ln g$.)

28.13 Zeigen Sie, dass die i-te Komponente der Volatilität von w die i-te Komponente der Volatilität von h minus der i-ten Komponente der Volatilität von g ist, wenn $w = h/g$ gilt und h und g jeweils von n Wiener-Prozessen abhängen. (*Hinweis*: Ermitteln Sie zunächst mit Gleichung (14.30) die Prozesse für $\ln g$ und $\ln h$.)

28.14 „Ist X der Erwartungswert einer Variablen, dann folgt X einem Martingal." Erläutern Sie diese Aussage.

Zur weiteren Vertiefung

28.15 Ein Wertpapierpreis ist von zwei Variablen positiv abhängig: dem Kupferpreis und dem Wechselkurs von Yen zu Dollar. Nehmen Sie an, dass der Marktpreis des

Risikos dieser Variablen 0,5 bzw. 1,0 ist. Hält man den Kupferpreis konstant, wäre die Volatilität des Wertpapiers 8% per annum. Hält man den Yen-Dollar-Wechselkurs konstant, wäre die Volatilität des Wertpapiers 12% per annum. Der risikolose Zinssatz liegt bei 7% per annum. Welche erwartete Rendite hat das Wertpapier? Welche Volatilität hat das Wertpapier, wenn die beiden Variablen unkorreliert sind?

28.16 Angenommen, der Preis einer Nullkupon-Anleihe, die zum Zeitpunkt T fällig ist, folgt dem Prozess

$$dP(t, T) = \mu_P P(t, T)\, dt + \sigma_P P(t, T)\, dz$$

und der Preis eines von dieser Anleihe abhängigen Derivats folgt dem Prozess

$$df = \mu_f f\, dt + \sigma_f f\, dz\,.$$

Nehmen Sie an, dass es nur einen Unsicherheitsfaktor gibt und dass f keine Einkünfte liefert.

a. Welchen Forward-Preis F hat f für einen Kontrakt, der zum Zeitpunkt T fällig ist?
b. Wie lautet der Prozess für F in einer Forward-risikoneutralen Welt bezüglich $P(t, T)$?
c. Wie lautet der Prozess für F in einer klassischen risikoneutralen Welt?
d. Wie lautet der Prozess für f in einer Forward-risikoneutralen Welt bezüglich einer Anleihe, die zum Zeitpunkt T^* fällig ist, wobei $T^* \neq T$ gilt? Nehmen Sie an, dass σ_P^* die Volatilität dieser Anleihe ist.

28.17 Wir betrachten eine Variable, die keinen Zinssatz darstellt.

a. In welcher Welt ist der Futures-Preis der Variablen ein Martingal?
b. In welcher Welt ist der Forward-Preis der Variablen ein Martingal?
c. Leiten Sie einen Ausdruck für die Differenz zwischen der Drift des Futures-Preises und der Drift des Forward-Preises in der klassischen risikoneutralen Welt her. Führen Sie ggf. notwendige Variablen ein.
d. Zeigen Sie, dass Ihr Resultat mit den Aussagen aus Abschnitt 5.8 über die Differenz von Futures- und Forward-Preisen konsistent ist.

Zinsderivate: Die Standard-Markt-Modelle

29.1 Anleiheoptionen 820
29.2 Zinscaps und Zinsfloors 825
29.3 Europäische Swaptions 832
29.4 OIS-Diskontierung 837
29.5 Hedging von Zinsderivaten 837
Zusammenfassung 839
Literaturempfehlungen 839
Praktische Fragestellungen 839

Zinsderivate: Die Standard-Markt-Modelle

Zinsderivate sind Finanzinstrumente, deren Auszahlungen in irgendeiner Weise von Zinssätzen abhängen. In den 1980er und 1990er Jahren ist das Handelsvolumen von Zinsderivaten sowohl am OTC-Markt als auch an Börsen stark angestiegen. Viele neue Produkte wurden entwickelt, um den besonderen Bedürfnissen der Anleger entgegenzukommen. Eine zentrale Herausforderung für Derivathändler besteht in der Entwicklung sinnvoller und robuster Verfahren zur Bewertung und Absicherung dieser Produkte. Zinsderivate sind schwieriger zu bewerten als Aktien- und Währungsderivate. Dafür gibt es eine Reihe von Gründen:

1. *Das Verhalten eines einzelnen Zinssatzes ist komplexer als das eines Aktien- oder Wechselkurses.*
2. *Für die Bewertung zahlreicher Produkte ist es notwendig, ein Modell zu entwickeln, das das Verhalten der gesamten Spot-Rate-Strukturkurve beschreibt.*
3. *Die Volatilitäten an verschiedenen Punkten der Renditekurve sind unterschiedlich.*
4. *Zinssätze werden sowohl für die Diskontierung als auch für die Bestimmung der Auszahlung des Derivats herangezogen.*

In diesem Kapitel betrachten wir die drei am weitesten verbreiteten OTC-Zinsoptionen: Anleiheoptionen, Zinscaps bzw. -floors und Swaptions. Wir erläutern die Funktionsweise dieser Produkte und die Standardmodelle (Standard-Markt-Modelle), die in der Praxis regelmäßig zu ihrer Bewertung eingesetzt werden.

29.1 Anleiheoptionen

Eine Anleiheoption ist eine Option auf den Kauf oder Verkauf einer bestimmten Anleihe zu einem bestimmten Zeitpunkt für einen bestimmten Preis. Neben dem Handel am OTC-Markt werden Anleiheoptionen auch häufig in die Anleihebedingungen bei der Emission eingebunden, um sie entweder für den Emittenten oder für potenzielle Käufer attraktiver zu machen.

Eingebettete Anleiheoptionen

Ein Beispiel für eine Anleihe mit einer eingebetteten Anleiheoption ist ein *Callable Bond*. Dabei handelt es sich um eine Anleihe, die es dem emittierenden Unternehmen erlaubt, die Anleihe zu einem vorher festgelegten Preis zu bestimmten zukünftigen Zeitpunkten zurückzukaufen. Der Inhaber einer solchen Anleihe hat dem Emittenten eine Kaufoption verkauft. Der Basispreis der Option ist der vorher festgelegte Preis, den der Emittent dem Inhaber zahlen muss. Callable Bonds können gewöhnlich in den ersten Jahren ihrer Laufzeit nicht ausgeübt bzw. gekündigt werden. (Dies ist als so genannte Sperrfrist bekannt.) Dann ist der Basispreis im Allgemeinen eine fallende Funktion der Zeit. Beispielsweise kann es in den ersten beiden Jahren eines zehnjährigen Callable Bond möglicherweise keine Rückkaufmöglichkeit geben. Danach kann der Emittent das Recht besitzen, die Anleihe in den Jahren 3 und 4 ihrer Laufzeit zu einem Preis von 110 zurückzukaufen, in den Jahren 5 und 6 zu einem Preis von 107,5, in den Jahren 7 und 8 zu einem Preis von 106 sowie in den Jahren 9 und 10 zu einem Preis von 103. Der Wert der Kaufoption spiegelt sich in den notierten Anleiherenditen wider. Anleihen mit Kaufoptionen bieten im Allgemeinen höhere Renditen als Anleihen ohne Kaufoptionen.

Ein anderer Typ einer Anleihe mit eingebetteter Option ist der *Puttable Bond*. Diese Anleihe erlaubt dem Inhaber, zu bestimmten zukünftigen Zeitpunkten den vorzeitigen Rückkauf zu einem vorher festgelegten Preis zu verlangen. Der Inhaber einer solchen Anleihe hat sowohl eine Verkaufsoption auf die Anleihe als auch die Anleihe selbst erworben. Da die Verkaufsoption für den Inhaber den Wert der Anleihe erhöht, bieten Anleihen mit Verkaufsoptionen geringere Renditen als Anleihen ohne Verkaufsoptionen. Ein einfaches Beispiel für einen Puttable Bond ist eine zehnjährige Anleihe, bei der der Inhaber das Recht hat, nach fünf Jahren die Rückzahlung der Anleihe zu verlangen.

Kredite und Bankeinlagen enthalten häufig eingebettete Anleiheoptionen. Beispielsweise enthält eine fünfjährige Einlage bei einem Finanzinstitut, welche jederzeit ohne Einbußen gekündigt werden kann, eine amerikanische Verkaufsoption auf eine Anleihe. (Die Einlage kann als Anleihe aufgefasst werden, die es dem Anleger gestattet, sie jederzeit dem Finanzinstitut zurückzugeben.) Die Möglichkeit einer vorzeitigen Tilgung von Krediten oder Hypotheken stellen ebenfalls Kaufoptionen auf Anleihen dar.

Schließlich ist noch festzustellen, dass eine mit einem Kreditinstitut oder einer Bank vereinbarte Kreditzusage eine Verkaufsoption auf eine Anleihe darstellt. Betrachten wir zum Beispiel den Fall, dass eine Bank einem potenziellen Kreditnehmer einen fünfjährigen Zinssatz von 12% per annum anbietet und erklärt, dass das Zinsangebot für die nächsten beiden Monate gültig ist. In Wirklichkeit hat der Kunde das Recht erhalten, eine fünfjährige Anleihe mit einem Kupon von 12% jederzeit innerhalb der nächsten beiden Monate zu ihrem Nennwert an das Finanzinstitut zu verkaufen. Die Option wird ausgeübt, wenn die Zinssätze steigen.

Europäische Anleiheoptionen

Viele OTC-Anleiheoptionen und einige eingebettete Anleiheoptionen sind europäischen Typs. Gewöhnlich wird in den Standard-Markt-Modellen zur Bewertung europäischer Anleiheoptionen angenommen, dass der Forward-Anleihepreis eine konstante Volatilität σ_B besitzt. Damit ist das Black-Modell aus Abschnitt 28.6 anwendbar. Dazu wird in den Gleichungen (28.28) und (28.29) σ_F gleich σ_B und F_0 gleich dem Forward-Anleihepreis F_B gesetzt. Es ergibt sich

$$c = P(0,T)[F_B N(d_1) - K N(d_2)] \qquad (29.1)$$

$$p = P(0,T)[K N(-d_2) - F_B N(-d_1)] , \qquad (29.2)$$

wobei

$$d_1 = \frac{\ln(F_B/K) + \sigma_B^2 T/2}{\sigma_B \sqrt{T}} \quad \text{und} \quad d_2 = d_1 - \sigma_B \sqrt{T} .$$

In diesen Gleichungen bezeichnet K den Basispreis der Anleiheoption, T die Restlaufzeit und $P(0,T)$ den (risikolosen) Diskontierungsfaktor zur Fälligkeit T.

Gemäß Abschnitt 5.5 kann F_B unter Verwendung der Formel

$$F_0 = \frac{B_0 - I}{P(0,T)} \qquad (29.3)$$

berechnet werden, wobei B_0 der Anleihepreis zum Zeitpunkt null und I der Barwert der Kuponzahlungen ist, die während der Laufzeit der Option gezahlt werden. In dieser Formel sind sowohl der Spot-Anleihepreis als auch der Forward-Anleihepreis als Dirty Price und nicht als Clean Price aufzufassen. Die Beziehung zwischen Dirty und Clean Price ist in Abschnitt 6.1 erläutert.

Der Basispreis K in Gleichung (29.1) und (29.2) sollte dem tatsächlich zu bezahlenden Betrag (Dirty Price) entsprechen. Für die Auswahl des korrekten Wertes von K sind deshalb die konkreten Ausstattungsmerkmale der Option von Bedeutung. Wenn der Basispreis als die Geldsumme definiert ist, die bei der Ausübung der Option gegen die Anleihe getauscht wird, sollte K gleich diesem Basispreis gesetzt werden. Wenn der Basispreis, was gebräuchlicher ist, dem bei der Ausübung der Option geltenden Anleihekurs (Clean Price) entspricht, sollte K gleich dem Basispreis plus den bis zum Ausübungstermin der Option aufgelaufenen Stückzinsen gesetzt werden.

Beispiel 29.1 Betrachten wir eine zehnmonatige europäische Kaufoption auf eine 9,75-jährige Anleihe mit einem Nennwert von 1000 $. (Bei Fälligkeit der Option hat die Anleihe eine Restlaufzeit von acht Jahren und elf Monaten.) Wir nehmen an, dass der gegenwärtige Dirty Price der Anleihe 960 $ ist, der Basispreis 1000 $, der zehnmonatige risikolose Zinssatz 10% per annum und die Volatilität des Forward-Anleihepreises für einen in zehn Monaten fälligen Kontrakt 9% per annum. Die Anleihe zahlt einen halbjährlichen Kupon von 10%. In drei Monaten und in neun Monaten werden Kuponzahlungen von 50 $ erwartet. (Dies bedeutet, dass die Stückzinsen 25 $ betragen und der Clean Price der Anleihe 935 $ ist.) Wir nehmen an, dass der dreimonatige und der neunmonatige risikolose Zinssatz bei 9,0% bzw. 9,5% per annum liegen. Der Barwert der Kuponzahlungen beläuft sich deshalb auf

$$50e^{-0,25 \cdot 0,09} + 50e^{-0,75 \cdot 0,095} = 95,45$$

oder 95,45 $. Gemäß Gleichung (29.3) ist der Forward-Anleihepreis

$$F_0 = (960 - 95,45)e^{0,1 \cdot 0,8333} = 939,68 \ .$$

(a) Wenn der Basispreis dem bei der Ausübung der Anleihe gezahlten Dirty Price entspricht, sind die Parameter für Gleichung (29.1) durch $F_B = 939,68$, $K = 1000$, $P(0, T) = e^{-0,1 \cdot (10/12)} = 0,9200$, $\sigma_B = 0,09$ und $T = 10/12$ gegeben. Der Preis der Kaufoption ist 9,49 $.

(b) Wenn der Basispreis dem bei der Ausübung der Anleihe gezahlten Clean Price entspricht, müssen die in einem Monat aufgelaufenen Stückzinsen zu K addiert werden, da die Fälligkeit der Option einen Monat nach einem Kupontermin liegt. Dies ergibt für K einen Wert von

$$1000 + 100 \cdot 0,08333 = 1008,33 \ .$$

Die Werte der anderen Parameter in Gleichung (29.1) bleiben unverändert (d. h. es gilt $F_B = 939,68$, $P(0, T) = 0,9200$, $\sigma_B = 0,09$ und $T = 0,8333$). Der Optionspreis beträgt 7,97 $.

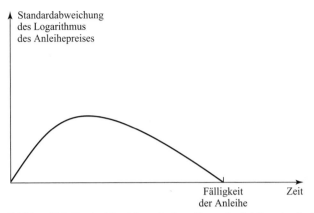

Abbildung 29.1: Standardabweichung des Logarithmus des Anleihepreises in der Zukunft

Abbildung 29.1 zeigt, wie sich die Standardabweichung des Logarithmus des Anleihepreises im Zeitablauf ändert. Zum heutigen Zeitpunkt hat die Standardabweichung den Wert null, da es keine Unsicherheit hinsichtlich des heutigen Anleihepreises gibt. Bei Fälligkeit wird die Standardabweichung ebenfalls null betragen, da wir wissen, dass dann der Anleihepreis gleich dem Nennwert ist. Im Zeitraum zwischen dem heutigen Tag und der Fälligkeit der Anleihe steigt die Standardabweichung zunächst an und sinkt später wieder.

Die Volatilität σ_B, die zur Bewertung einer europäischen Option auf die Anleihe verwendet werden sollte, ist

$$\frac{\text{Standardabweichung des Logarithmus des Anleihepreises bei Fälligkeit der Option}}{\sqrt{\text{Zeit bis zur Fälligkeit der Option}}}$$

Was geschieht, wenn für ein bestimmtes Underlying die Laufzeit der Option erhöht wird? Abbildung 29.2 zeigt einen typischen Verlauf von σ_B als Funktion der Laufzeit der Option. Im Allgemeinen wird σ_B mit zunehmender Laufzeit der Option kleiner.

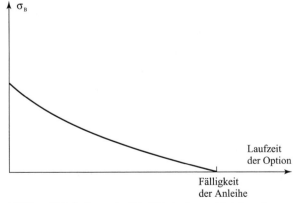

Abbildung 29.2: Änderung der Volatilität des Forward-Anleihepreises, σ_B, mit der Laufzeit der Option bei fixierter Anleihe

Renditevolatilitäten

Die für Anleiheoptionen angegebenen Volatilitäten sind häufig Renditevolatilitäten und keine Preisvolatilitäten. Das in Kapitel 4 vorgestellte Konzept der Duration wird am Markt verwendet, um eine angegebene Renditevolatilität in eine Preisvolatilität umzuwandeln. Wir nehmen an, dass D, wie in Kapitel 4 definiert, die Modified Duration der Anleihe ist, die der Option zugrunde liegt. Die Beziehung zwischen der Änderung ΔF_B des Forward-Anleihepreises F_B und der Änderung Δy_F der Forward-Rendite y_F ist

$$\frac{\Delta F_B}{F_B} \approx -D\,\Delta y_F$$

oder

$$\frac{\Delta F_B}{F_B} \approx -Dy_F \frac{\Delta y_F}{y_F}\,.$$

Die Volatilität ist ein Maß für die Standardabweichung der prozentualen Änderung des Wertes einer Variablen. Daher zeigt diese Gleichung an, dass die Volatilität σ_B des im Black-Modell verwendeten Anleihepreises mit der Volatilität σ_y der Forward-Anleiherendite über die Gleichung

$$\sigma_B = Dy_0\sigma_y \tag{29.4}$$

zusammenhängt, wobei y_0 der Anfangswert von y_F ist. Ist für eine Anleiheoption eine Renditevolatilität angegeben, dann besteht die implizite Annahme gewöhnlich darin, dass sie unter Verwendung von Gleichung (29.4) in eine Preisvolatilität umgewandelt wird und dass diese Volatilität dann in Verbindung mit Gleichung (29.1) oder (29.2) herangezogen wird, um den Optionspreis zu bestimmen. Wir nehmen an, dass die einer Kaufoption zugrunde liegende Anleihe bei Fälligkeit der Option eine Modified Duration von fünf Jahren aufweist, dass die Forward-Rendite 8% und die von einem Broker angegebene Forward-Renditevolatilität 20% beträgt. Dies bedeutet, dass der Marktpreis der Option entsprechend der Angabe des Brokers durch Gleichung (29.1) gegeben ist, wenn die Volatilität σ_B

$$5 \cdot 0{,}08 \cdot 0{,}2 = 0{,}08\,,$$

also 8% per annum beträgt. Abbildung 29.2 zeigt, dass Forward-Anleihevolatilitäten von der betrachteten Option abhängen. Die eben definierten Forward-Renditevolatilitäten sind stabiler und werden daher von den Händlern präferiert.

Das mit diesem Buch gelieferte „Bond_Options"-Arbeitsblatt der DerivaGem-Software kann zur Bewertung europäischer Anleiheoptionen unter Verwendung des Black-Modells benutzt werden, wenn man als Bewertungsmodell „Black-European" auswählt. Der Nutzer gibt eine Renditevolatilität ein, die auf die eben beschriebene Weise verwendet wird. Als Basispreis kann der Dirty Price oder der Clean Price dienen.

Beispiel 29.2 Betrachten wir eine europäische Verkaufsoption auf eine zehnjährige Anleihe mit einem Nominalwert von 100. Der Kupon beträgt 8% pro Jahr bei halbjährlicher Zahlung. Die Laufzeit der Option ist

2,25 Jahre, ihr Basispreis 115 und die Forward-Renditevolatilität 20%. Die Zinsstrukturkurve ist flach bei 5% und stetiger Verzinsung. DerivaGem (die Software zum Buch) zeigt, dass der Clean Price der Anleihe bei 122,84 liegt. Wenn der Basispreis ein Clean Price ist, ist der Optionspreis 2,36. Wenn der Basispreis ein Dirty Price ist, ist der Optionspreis 1,74 $. (Die manuelle Berechnung findet sich in Aufgabe 29.16.)

29.2 Zinscaps und Zinsfloors

Eine weit verbreitete Zinsoption, die von Finanzinstituten am OTC-Markt angeboten wird, ist der *Zinscap* (Vereinbarung einer Zinsobergrenze). Zinscaps sind am besten zu verstehen, wenn man zunächst eine Anleihe mit variabler Verzinsung betrachtet, deren Zinssatz regelmäßig an den LIBOR angepasst wird. Die Zeit zwischen den Zinsanpassungen wird im Englischen als *Tenor* bezeichnet. Nehmen wir an, die Zeitspanne zwischen den Zinsanpassungen beträgt drei Monate. Der Zinssatz der Anleihe entspricht für die ersten drei Monate dem anfänglichen dreimonatigen LIBOR-Satz; für die nächsten drei Monate wird der Zinssatz gleich dem dreimonatigen LIBOR-Satz gesetzt, der nach drei Monaten am Markt vorherrscht usw.

Zinscaps werden zur Absicherung gegen einen Anstieg der Zinssätze auf die variabel verzinsliche Anleihe über ein bestimmtes Niveau eingesetzt. Dieses Niveau wird als *Cap Rate* (Zinsobergrenze) bezeichnet. Angenommen, der Nennwert liegt bei 10 Millionen $, die Zeitspanne zwischen den Zinsanpassungen beträgt drei Monate, die Laufzeit des Caps drei Jahre und die Cap Rate 4%. (Da die Auszahlungen vierteljährlich erfolgen, handelt es sich hierbei um eine Zinsobergrenze mit vierteljährlicher Verzinsung.) Der Cap bietet eine Absicherung gegen das Ansteigen des Zinssatzes der variabel verzinslichen Anleihe auf über 4%.

Für den Moment ignorieren wir das Problem der Tagzählung und nehmen an, dass zwischen zwei Anpassungsterminen immer exakt 0,25 Jahre liegen. (Zu Tagzählungsaspekten werden wir in diesem Abschnitt noch zurückkommen.) Nehmen wir an, dass an einem bestimmten Zinsanpassungstermin der dreimonatige LIBOR-Zinssatz 5% beträgt. Die variabel verzinsliche Anleihe würde in drei Monaten eine Auszahlung von

$$0{,}25 \cdot 0{,}05 \cdot 10\,000\,000\,\$ = 125\,000\,\$$$

an Zinsen verlangen. Mit einem dreimonatigen LIBOR-Zinssatz von 4% würde sich eine Auszahlung von

$$0{,}25 \cdot 0{,}04 \cdot 10\,000\,000\$ = 100\,000\$$$

an Zinsen ergeben. Der Cap bietet daher eine Auszahlung von 25 000 $. Es ist zu beachten, dass die Auszahlung nicht zum Anpassungstermin erfolgt, an dem die 5% beobachtet werden. Die Auszahlung erfolgt drei Monate später. Dies spiegelt die übliche Zeitverzögerung zwischen der Beobachtung des Zinssatzes und der daraus resultierenden Auszahlung wider.

Bei jedem Zinsanpassungstermin während der Laufzeit des Caps beobachten wir den LIBOR-Zinssatz. Wenn er unter 4% liegt, gibt es drei Monate später keine Auszahlung aus dem Cap. Ist der LIBOR-Zinssatz größer als 4%, beträgt die Auszahlung ein Viertel der Überschreitung des Zinssatzes auf das Nominalkapital von 10 Millionen $. Zu beachten ist, dass Caps gewöhnlich so gestaltet sind, dass der anfängliche LIBOR-Satz, selbst wenn er höher als der Cap ist, zu keiner Auszahlung am ersten Anpassungstermin führt. In unserem Beispiel gilt der Cap für fünf Jahre. Daher gibt es insgesamt 19 Zinsanpassungstermine (nach $0,25, 0,5, 0,75, \ldots, 4,75$ Jahren) und 19 potenzielle Auszahlungen aus den Caps (nach $0,50, 0,75, 1,00, \ldots, 5,00$ Jahren).

Der Cap als Portfolio von Zinsoptionen

Betrachten wir einen Cap mit einer Gesamtlaufzeit von T, einem Nominalbetrag von L und einer Cap Rate von R_K. Wir nehmen an, dass die Anpassungstermine $t_1, t_2, \ldots, t_n$ sind und definieren $t_{n+1} = T$. R_k definieren wir als den zum Zeitpunkt t_k ($1 \leq k \leq n$) beobachteten LIBOR-Zinssatz für den Zeitabschnitt zwischen t_k und t_{k+1}. Der Cap führt zu einer Auszahlung zum Zeitpunkt t_{k+1} ($k = 1, 2, \ldots, n$) von

$$L\delta_k \max(R_k - R_K, 0) \qquad (29.5)$$

mit $\delta_k = t_{k+1} - t_k$.[1] Sowohl R_k als auch R_K werden mit einer Verzinsung angegeben, die der Häufigkeit der Anpassungen entspricht.

Der Ausdruck (29.5) ist die Auszahlung aus einer Kaufoption auf den zum Zeitpunkt t_k beobachteten LIBOR-Zinssatz mit einer Auszahlung zum Zeitpunkt t_{k+1}. Der Cap ist ein aus n solchen Optionen bestehendes Portfolio. Die LIBOR-Sätze werden zu den Zeitpunkten $t_1, t_2, t_3, \ldots, t_n$ beobachtet und die entsprechenden Auszahlungen finden zu den Zeitpunkten $t_2, t_3, t_4, \ldots, t_{n+1}$ statt. Die dem Cap zugrunde liegenden n Kaufoptionen werden als *Caplets* bezeichnet.

Ein Cap als Portfolio von Anleiheoptionen

Ein Zinscap kann auch als Portfolio von Verkaufsoptionen auf Zerobonds dargestellt werden, deren Auszahlungen zu den Zeitpunkten erfolgen, zu denen sie festgelegt wurden. Die Auszahlung in Gleichung (29.5) zum Zeitpunkt t_{k+1} ist äquivalent mit

$$\frac{L\delta_k}{1 + R_k \delta_k} \max(R_k - R_K, 0)$$

zum Zeitpunkt t_k. Dies vereinfacht sich zu

$$\max\left[L - \frac{L(1 + R_K \delta_k)}{1 + \delta_k R_k}, 0\right]. \qquad (29.6)$$

Der Ausdruck

$$\frac{L(1 + R_K \delta_k)}{1 + \delta_k R_k}$$

ist der Wert eines Zerobonds zum Zeitpunkt t_k, der zum Zeitpunkt t_{k+1} den Betrag $L(1 + R_K \delta_k)$ auszahlt. Der Ausdruck in Gleichung (29.6) entspricht deshalb der Auszahlung aus einer Verkaufsoption mit der Laufzeit t_k auf einen Zerobond mit der Laufzeit t_{k+1}, wenn der Nennwert der Anleihe $L(1 + R_K \delta_k)$ und der Basispreis L ist. Folglich kann ein Zinscap als Portfolio von europäischen Verkaufsoptionen auf Zerobonds betrachtet werden.

---

[1] Aspekte der Tagzählung werden später in diesem Abschnitt behandelt.

Floors und Collars

Zinsfloors und Zinscollars (mitunter auch als Floor Ceiling Agreements bezeichnet) werden analog zu Caps definiert. Ein *Floor* bietet eine Auszahlung, wenn der Zinssatz der zugrunde liegenden variabel verzinslichen Anleihe unter einen bestimmten Wert fällt. In der bereits eingeführten Notation führt ein Floor zum Zeitpunkt t_{k+1} ($k = 1, 2, \ldots, n$) zu einer Auszahlung von

$$L\delta_k \max(R_K - R_k, 0) \, .$$

Analog zum Zinscap handelt es sich beim Zinsfloor um ein Portfolio von Verkaufsoptionen auf Zinssätze oder ein Portfolio von Kaufoptionen auf Zerobonds. Jede der einzelnen Optionen, aus denen sich ein Floor zusammensetzt, wird als *Floorlet* bezeichnet. Ein *Collar* ist ein Instrument um sicherzustellen, dass der Zinssatz der zugrunde liegenden variabel zum LIBOR-Satz verzinslichen Anleihe immer zwischen zwei Werten liegt. Ein Collar ist eine Kombination aus einer Long-Position in einem Cap und einer Short-Position in einem Floor. Gewöhnlich ist der Collar so gestaltet, dass zu Beginn der Preis des Caps gleich dem Preis des Floors ist. Die Kosten für den Einstieg in einen Collar sind in diesem Fall null.

Business Snapshot 29.1 zeigt die Put-Call-Parität zwischen Caps und Floors.

Business Snapshot 29.1 – Put-Call-Parität für Caps und Floors

Es existiert eine Put-Call-Parität zwischen den Preisen von Caps und Floors:

Wert des Caps = Wert des Floors + Wert des Swaps .

Bei diesem Zusammenhang haben Cap und Floor denselben Basispreis R_K. Der Swap ist eine Vereinbarung zum Erhalt von LIBOR und der Zahlung eines fixen Zinssatzes R_K ohne den Austausch der Zahlungen zum ersten Anpassungstermin. Alle drei Instrumente haben dieselbe Laufzeit und dieselbe Zahlungshäufigkeit.

Dass dieses Ergebnis korrekt ist, sieht man, wenn man eine Long-Position im Cap mit einer Short-Position im Floor kombiniert. Der Cap liefert einen Cash Flow von LIBOR $- R_K$ für Zeiträume, in denen der LIBOR über R_K liegt. Aus der Short-Position im Floor ergibt sich ein Cash Flow von $-(R_K - $ LIBOR$) = $ LIBOR $- R_K$ für Zeiträume, in denen der LIBOR unter R_K liegt. Folglich beträgt der Cash Flow in jeder Situation LIBOR$-R_K$ und entspricht dem Cash Flow aus dem Swap. Daraus folgt, dass die Differenz zwischen dem Wert des Caps und des Floors gleich dem Swapwert sein muss.

Swaps sind in der Regel so strukturiert, dass der LIBOR zum Zeitpunkt null den Zahlungsaustausch zum ersten Anpassungstermin bestimmt. Caps und Floors sind so strukturiert, dass zum ersten Anpassungstermin keine Auszahlung anfällt. Dies erklärt, weshalb wir den Swap so definieren müssen, dass er am ersten Anpassungstermin keine Zahlung bedingt.

Bewertung von Caps und Floors

Wie in Gleichung (29.5) gezeigt, bietet das Caplet gemäß des zum Zeitpunkt t_k beobachteten Zinssatzes zum Zeitpunkt t_{k+1} eine Auszahlung von

$$L\delta_k \max(R_k - R_K, 0) \, .$$

Mit dem Standard-Markt-Modell beträgt der Wert dieses Caplets

$$L\delta_k P(0, t_{k+1})[F_k N(d_1) - R_K N(d_2)] \, , \tag{29.7}$$

wobei

$$d_1 = \frac{\ln(F_k/R_K) + \sigma_k^2 t_k/2}{\sigma_k \sqrt{t_k}}$$

$$d_2 = \frac{\ln(F_k/R_K) - \sigma_k^2 t_k/2}{\sigma_k \sqrt{t_k}} = d_1 - \sigma_k \sqrt{t_k}$$

gilt. F_k ist hier die Forward Rate des Zeitabschnitts zwischen t_k und t_{k+1} zum Zeitpunkt 0 und σ_k die Volatilität dieser Forward Rate. Es liegt hier eine natürliche Erweiterung des Black-Modells vor. Die Volatilität σ_k wird mit $\sqrt{t_k}$ multipliziert, da der Zinssatz R_k zum Zeitpunkt t_k beobachtet wird, doch der risikolose Diskontierungsfaktor $P(0, t_{k+1})$ reflektiert die Tatsache, dass die Auszahlung zum Zeitpunkt t_{k+1} stattfindet und nicht zum Zeitpunkt t_k. Der Wert des entsprechenden Floorlets ist

$$L\delta_k P(0, t_{k+1})[R_K N(-d_2) - F_k N(-d_1)] \, . \tag{29.8}$$

> **Beispiel 29.3** Betrachten wir einen Kontrakt, der den Zinssatz auf einen Kredit in Höhe von 10 000 \$ über einen dreimonatigen Zeitraum, der in einem Jahr beginnt, auf 8% per annum (mit vierteljährlicher Verzinsung) begrenzt. Dies ist ein Caplet und könnte ein Teil eines Caps sein. Wir nehmen an, dass die Zinsstrukturkurve flach ist bei 7% per annum mit vierteljährlicher Verzinsung und dass die einjährige Volatilität des dem Caplet zugrunde liegenden dreimonatigen Zinssatzes 20% per annum ist. Die Spot-Rate aller Laufzeiten bei stetiger Verzinsung beträgt 6,9394%. In Gleichung (29.7) gilt $F_k = 0{,}07$, $\delta_k = 0{,}25$, $L = 10\,000$, $R_K = 0{,}08$, $t_k = 1{,}0$, $t_{k+1} = 1{,}25$, $P(0, t_{k+1}) = e^{-0{,}069394 \cdot 1{,}25} = 0{,}9169$ und $\sigma_k = 0{,}20$. Außerdem ist
>
> $$d_1 = \frac{\ln(0{,}07/0{,}08) + 0{,}2^2 \cdot 1/2}{0{,}20 \cdot 1} = -0{,}5677$$
>
> $$d_2 = d_1 - 0{,}20 = -0{,}7677 \, ,$$
>
> sodass der Preis des Caplets in Millionen Dollar
>
> $$0{,}25 \cdot 10\,000 \cdot 0{,}9169[0{,}07 N(-0{,}5677) - 0{,}08 N(-0{,}7677)] = 0{,}005162$$
>
> beträgt. Der Preis liegt folglich bei 5162 \$. DerivaGem liefert das gleiche Resultat.

Jedes Caplet eines Caps muss mithilfe von Gleichung (29.7) separat bewertet werden. Analog muss jedes Floorlet eines Floors mithilfe von Gleichung (29.8) separat bewertet werden. Im Rahmen der Bewertung besteht die Möglichkeit, für jedes Caplet (Floorlet) eine andere Volatilität zu verwenden. Die Volatilitäten werden dann als *Spot-Volatilitäten* bezeichnet. Ein alternatives Verfahren besteht darin, für alle Caplets (Floorlets), die einen bestimmten Cap (Floor) bilden, dieselbe Volatilität zu verwenden, diese Volatilität jedoch entsprechend der Laufzeit des Caps (Floors) zu variieren. Die dann verwendeten Volatilitäten werden im Englischen als *Flat Volatilities* bezeichnet.[2] Die am Markt angegebenen Volatilitäten sind gewöhnlich solche Flat Volatilities. Viele Händler arbeiten jedoch gern mit Spot-Volatilitäten, da ihnen diese die Möglichkeit geben, überbewertete und unterbewertete Caplets (Floorlets) zu erkennen. Verkaufs- (Kauf-) Optionen auf Eurodollar-Futures sind den Caplets (Floorlets) sehr ähnlich und die für Caplets (Floorlets) auf den dreimonatigen LIBOR verwendeten Spot-Volatilitäten werden häufig mit jenen verglichen, die aus den Optionspreisen auf Eurodollar-Futures berechnet wurden.

Spot-Volatilitäten und Flat Volatilities

Abbildung 29.3 zeigt einen typischen Verlauf für Spot-Volatilitäten und Flat Volatilities als Funktion der Laufzeit. (Im Fall der Spot-Volatilität handelt es sich bei der Laufzeit um die Laufzeit eines Caplets oder Floorlets, im Fall von Flat Volatilities ist es die Laufzeit eines Caps bzw. Floors.) Diese Volatilitäten sind dem kumulierten Mittel der Spot-Volatilitäten sehr ähnlich und weisen deshalb geringere Schwankungen auf. Wie in Abbildung 29.3 dargestellt, beobachten wir gewöhnlich einen „Buckel" bzw. „Hügel" in den Volatilitäten, den so genannten „Volatility Hump". Das Maximum des Hügels liegt etwa zwischen zwei und drei Jahren. Dieser Volatility Hump wird sowohl dann beobachtet, wenn die Volatilitäten implizit aus Optionspreisen bestimmt werden, als auch wenn sie aus historischen Daten berechnet wer-

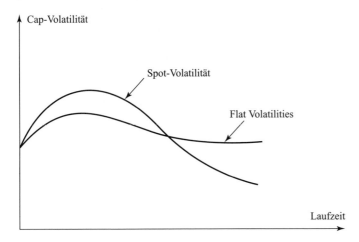

Abbildung 29.3: Volatility Hump

---

2 Flat Volatilities können aus Spot-Volatilitäten berechnet werden und umgekehrt (siehe Aufgabe 29.20).

Laufzeit	Cap Geld	Cap Brief	Floor Geld	Floor Brief
1 Jahr	18,00	20,00	18,00	20,00
2 Jahre	23,25	24,25	23,75	24,75
3 Jahre	24,00	25,00	24,50	25,50
4 Jahre	23,75	24,75	24,25	25,25
5 Jahre	23,50	24,50	24,00	25,00
7 Jahre	21,75	22,75	22,00	23,00
10 Jahre	20,00	21,00	20,25	21,25

Tabelle 29.1: Typische Volatilitätsnotierungen durch Broker für US-Dollar-Caps

den. Es gibt keine allgemeingültige Erklärung dafür, warum dieser Volatility Hump auftritt. Eine mögliche Erklärung ist die folgende: Die Zinssätze am kurzen Ende der Zinsstrukturkurve werden von den Zentralbanken gesteuert. Die zwei- bis dreijährigen Zinssätze werden dagegen zu einem großen Teil von den Aktivitäten der Händler bestimmt. Diese Händler könnten aufgrund der Veränderungen, die sie in den kurzfristigen Zinsen beobachten, überreagieren und für die zwei- bis dreijährigen Zinssätze höhere Volatilitäten als für die kurzfristigen Zinssätze verursachen. Für Laufzeiten jenseits von zwei bis drei Jahren bewirkt die Mean Reversion der Zinssätze, die wir in Kapitel 31 diskutieren werden, fallende Volatilitäten.

Interdealer-Broker stellen Tabellen von Flat Volatilities für Caps und Floors zur Verfügung. Die den Notierungen zugrunde liegenden Instrumente befinden sich gewöhnlich am Geld. Damit ist die Situation beschrieben, dass die Cap/Floor Rate gleich der Swap Rate für einen Swap ist, der dieselben Auszahlungstermine wie der Cap hat. Tabelle 29.1 zeigt typische Brokernotierungen für den US-Dollar-Markt. Die Zeitspanne zwischen den Zinsanpassungen des Cap beträgt drei Monate und die Laufzeit des Cap variiert zwischen einem und zehn Jahren. Die Daten weisen jene Art von „Buckel" auf, die in Abbildung 29.3 dargestellt ist.

Theoretische Bestätigung des Modells

Wir können zeigen, dass das Black-Modell für ein Caplet in sich konsistent ist, indem wir eine Forward-risikoneutrale Welt bezüglich eines Zerobonds betrachten, der zum Zeitpunkt t_{k+1} fällig wird. Die Analyse in Abschnitt 28.4 zeigt:

1. Der gegenwärtige Wert eines beliebigen Wertpapiers entspricht in dieser Welt dem Erwartungswert zum Zeitpunkt t_{k+1}, multipliziert mit dem Preis des zum Zeitpunkt t_{k+1} fälligen Zerobonds (siehe Gleichung (28.20)).
2. Der Erwartungswert eines Zinssatzes für den Zeitraum zwischen t_k und t_{k+1} ist in dieser Welt gleich der Forward Rate (siehe Gleichung (28.22)).

Das erste dieser Ergebnisse zeigt in der an früherer Stelle eingeführten Notation, dass der Preis eines Caplets, das eine Auszahlung zum Zeitpunkt t_{k+1} bietet,

$$L\delta_k P(0, t_{k+1}) E_{k+1}[\max(R_k - R_K, 0)] \qquad (29.9)$$

ist, wobei E_{k+1} den Erwartungswert in einer Forward-risikoneutralen Welt bezüglich eines Zerobonds beschreibt, der zum Zeitpunkt t_{k+1} fällig wird. Unterstellt man der dem Cap zugrunde liegenden Forward Rate (anfänglich F_k) eine konstante Volatilität σ_k, ist R_k in der betrachteten Welt lognormal verteilt und die Standardabweichung von $\ln(R_k)$ ist $\sigma\sqrt{t_k}$. Gemäß Gleichung (15.27) ergibt sich aus Gleichung (29.9)

$$L\delta_k P(0, t_{k+1})[E_{k+1}(R_k)N(d_1) - R_K N(d_2)]$$

mit

$$d_1 = \frac{\ln[E_{k+1}(R_k)/R_K] + \sigma_k^2 t_k/2}{\sigma_k \sqrt{t_k}}$$

$$d_2 = \frac{\ln[E_{k+1}(R_k)/R_K] - \sigma_k^2 t_k/2}{\sigma_k \sqrt{t_k}} = d_1 - \sigma\sqrt{t_k}.$$

Das zweite Ergebnis besagt, dass

$$E_{k+1}(R_k) = F_k$$

gilt. Dieses Ergebnis gilt gemäß Gleichung (28.22), wenn LIBOR als risikoloser Diskontierungssatz verwendet wird. In Abschnitt 29.4 zeigen wir, dass es auch bei OIS-Diskontierung gilt, falls die Forward-LIBOR-Sätze konsistent dazu ermittelt werden. Gemeinsam führen die Ergebnisse zum Cap-Bewertungsmodell in Gleichung (29.7). Sie zeigen, dass wir mit dem aktuell am Markt beobachteten Zinssatz für eine Laufzeit von t_{k+1} diskontieren können, vorausgesetzt, wir setzen den erwarteten Zinssatz gleich dem Forward-Zinssatz.

Verwendung von DerivaGem

Die auf der Companion Website zum Buch beiliegende Software DerivaGem kann verwendet werden, um mithilfe des Black-Modells Zinscaps und -floors zu bewerten. Im Arbeitsblatt „Cap_and_Swap_Option" ist als Underlying Type „Cap/Floor" und als Pricing Model „Black-European" auszuwählen. Die LIBOR/Swap-Strukturkurve wird unter Verwendung von Zinssätzen mit stetiger Verzinsung eingegeben. (Bei OIS-Diskontierung muss auch die OIS-Zinsstrukturkurve eingegeben werden.) Die Eingaben umfassen das Anfangs- und das Enddatum des vom Cap abgedeckten Zeitabschnitts, die Flat Volatility sowie die Anpassungshäufigkeit des Cap. Die Software berechnet die Auszahlungstermine durch ein rekursives Vorgehen vom Ende des Zeitabschnitts zum Anfang. Es wird angenommen, dass das Anfangscaplet/-floorlet einen Abschnitt zwischen dem 0,5fachen und 1,5fachen der Länge eines regulären Abschnitts umfasst. Wir nehmen beispielsweise an, dass der vom Cap abgedeckte Zeitabschnitt zwischen 1,22 Jahren und 2,8 Jahren liegt und die Anpassung vierteljährlich erfolgt. Es gibt daher sechs Caplets, die die Zeitabschnitte von 2,55 Jahren bis 2,80 Jahren, von 2,30 Jahren bis 2,55 Jahren, von 2,05 Jahren bis 2,30 Jahren, von 1,80 Jahren bis 2,05 Jahren, von 1,55 Jahren bis 1,80 Jahren und von 1,22 Jahren bis 1,55 Jahren umfassen.

Der Einfluss von Konventionen der Tagzählung

In den bisher in diesem Kapitel dargestellten Formeln werden die Konventionen der Tagzählung (welche in Abschnitt 6.1 ausführlich diskutiert wurden) vernachlässigt. Angenommen, die Cap Rate R_K wird mit der Tagzählung Actual/360 angegeben (wie es in den USA üblich ist). Dann muss das Zeitintervall δ_k in unseren Formeln durch den Jahresbruchteil a_k für den Zeitraum zwischen t_k und t_{k+1} ersetzt werden. Sei beispielsweise t_k der 1. Mai und t_{k+1} der 1. August. Mit Actual/360 liegen zwischen den beiden Zahlungsterminen 92 Tage, sodass $a_k = 92/360 = 0{,}2556$. Auch die Forward Rate F_k muss mit der Tagzählung Actual/360 ausgedrückt werden. Das bedeutet, dass wir F_k durch Lösung der Gleichung

$$1 + a_k F_k = \frac{P(0, t_k)}{P(0, t_{k+1})}$$

festlegen müssen. Die Auswirkungen dieses Vorgehens entsprechen größtenteils der Berechnung von δ_k auf Basis von Actual/Actual, Umrechnung von R_K von Actual/360 nach Actual/Actual und Berechnung von F_k auf Basis von Actual/Actual durch Lösen der Gleichung

$$1 + \delta_k F_k = \frac{P(0, t_k)}{P(0, t_{k+1})} \,.$$

29.3 Europäische Swaptions

Swap-Optionen oder *Swaptions* sind Optionen auf Zinsswaps; sie stellen eine weitere populäre Variante von Zinsoptionen dar. Sie geben ihrem Inhaber das Recht, zu einem bestimmten zukünftigen Zeitpunkt in einen bestimmten Zinsswap einzutreten. (Der Inhaber muss dieses Recht natürlich nicht ausüben.) Viele große Finanzinstitute, die ihren Firmenkunden Zinsswap-Kontrakte anbieten, sind auch darauf eingerichtet, Swaptions zu verkaufen oder zu kaufen. Wie in Business Snapshot 29.2 gezeigt wird, kann man eine Swaption als Variante einer Anleiheoption ansehen.

Als Beispiel für die Verwendung von Swaptions betrachten wir ein Unternehmen, das in sechs Monaten ein Darlehen mit variabler Verzinsung und einer Laufzeit von fünf Jahren abschließen wird und die variablen Zinszahlungen in feste Zinszahlungen tauschen will, um den Kredit in einen Kredit mit festem Zinssatz umzuwandeln (in Kapitel 7 haben wir diskutiert, wie Swaps in dieser Weise verwendet werden können). Das Unternehmen könnte für eine bestimmte Prämie in eine Swaption einsteigen, die ihm das Recht gibt, den sechsmonatigen LIBOR-Satz zu erhalten und einen bestimmten festen Zinssatz – z. B. 3% per annum – für einen in sechs Monaten beginnenden Fünfjahresabschnitt zu zahlen. Wenn der fixe Zinssatz im Tausch gegen den variablen Zins bei einem regulären Fünfjahres-Swap in sechs Monaten bei weniger als 3% per annum liegt, wird sich das Unternehmen entscheiden, die Swaption nicht auszuüben, sondern in der üblichen Weise in einen Swap-Kontrakt einzusteigen. Wenn er sich jedoch als größer als 3% per annum herausstellen sollte, wird sich das Unternehmen für die Ausübung der Swaption entscheiden und einen Swap zu günstigeren Bedingungen erhalten als am Markt üblich.

Swaptions, die auf die eben beschriebene Weise verwendet werden, bieten den Unternehmen die Sicherheit, dass der feste Zinssatz, den sie zu einem zukünftigen Zeitpunkt auf einen Kredit zahlen, ein bestimmtes Niveau nicht überschreitet. Sie stellen eine Alternative zu Forward Swaps (mitunter als *Deferred Swaps* bezeichnet) dar. Forward Swaps beinhalten keine Prämie im Voraus, haben aber den Nachteil, dass sie das Unternehmen verpflichten, in einen Swap-Kontrakt einzusteigen. Mit einer Swaption erhält das Unternehmen die Möglichkeit, von günstigen Zinsbewegungen zu profitieren, während es gleichzeitig gegen ungünstige Zinsbewegungen abgesichert ist. Der Unterschied zwischen einer Swaption und einem Forward Swap ist analog zum Unterschied zwischen einer Währungsoption und einem Forward-Kontrakt auf eine Währung.

> **Business Snapshot 29.2 –**
> **Swaptions und Anleiheoptionen**
>
> In Kapitel 7 wurde erläutert, dass ein Zinsswap als Vereinbarung betrachtet werden kann, eine fest verzinsliche Anleihe gegen eine Anleihe mit variabler Verzinsung zu tauschen. Beim Start eines Swaps ist der Wert der Anleihe mit variabler Verzinsung immer gleich dem fiktiven Nominalbetrag des Swaps.
>
> Eine Swaption kann daher als Option auf den Tausch einer festverzinslichen Anleihe gegen den Nominalbetrag des Swaps angesehen werden. Damit stellt eine Swaption eine Variante einer Anleihe-Option dar. Wenn eine Swaption dem Inhaber das Recht gibt, einen festen Zinssatz zu bezahlen und einen variablen Zinssatz zu erhalten, so handelt es sich um eine Verkaufsoption auf eine festverzinsliche Anleihe mit einem Basispreis in Höhe des Nominalbetrags. Wenn eine Swaption dem Inhaber das Recht gibt, eine variable Verzinsung zu zahlen und eine feste Verzinsung zu erhalten, so handelt es sich um eine Kaufoption auf eine fest verzinsliche Anleihe mit einem Basispreis in Höhe des Nominalbetrags.

Bewertung europäischer Swaptions

Wie in Kapitel 7 ausgeführt, ist die Swap Rate für eine bestimmte Laufzeit zu einer bestimmten Zeit der feste Zinssatz, der in einem neu emittierten Swap mit dieser Laufzeit gegen den LIBOR-Satz getauscht werden kann. Das gewöhnlich zur Bewertung einer europäischen Option auf einen Swap verwendete Modell nimmt an, dass die betreffende Swap Rate bei Fälligkeit der Option lognormalverteilt ist. Betrachten wir eine Swaption, die dem Inhaber das Recht gibt, einen Zins s_K zu bezahlen und LIBOR auf einen Swap zu erhalten, der in T Jahren startet und n Jahre laufen wird. Wir nehmen an, dass es pro Jahr m Zahlungen aus dem Swap gibt und das fiktive Nominalkapital L ist.

In Kapitel 7 haben wir bereits festgestellt, dass aufgrund der Konventionen der Tagzählung auch die festen Zahlungen bei einem Swap leichte Unterschiede an den einzelnen Zahlungsterminen aufweisen können. Wir wollen den Einfluss der Tagzählungskonventionen vorerst ignorieren und annehmen, dass die festen Zahlungen des Swaps als fester Zinssatz multipliziert mit L/m berechnet werden können. Die Auswirkungen der Konventionen der Tagzählung werden wir später in diesem Abschnitt betrachten.

Wir nehmen an, dass s_T die Swap Rate eines n-Jahres-Swaps bei Fälligkeit der Option ist. Durch den Vergleich der Cash Flows auf einen Swap mit der festen Verzinsung s_T mit den Cash Flows auf einen Swap mit der festen Verzinsung s_K kann

man erkennen, dass die Auszahlung der Swaption aus einer Serie von Cash Flows in Höhe von
$$\frac{L}{m}\max(s_T - s_K, 0)$$
besteht. Die Cash Flows werden während der Laufzeit des Swaps von n Jahren m-mal pro Jahr entgegengenommen. Wir nehmen an, dass die Zahlungstermine $T_1, T_2, \ldots, T_{mn}$ sind, gemessen in Jahren von heute an (näherungsweise gilt $T_k = T + k/m$). Jeder Cash Flow entspricht der Auszahlung einer Kaufoption auf s_T mit dem Basispreis s_K.

Während ein Cap ein Portfolio von Zins-Optionen darstellt, handelt es sich bei einer Swaption um eine einzelne Option mit wiederkehrenden Auszahlungen. Das Standard-Markt-Modell liefert für eine Swaption, deren Inhaber das Recht zur Zahlung von s_K hat, den Wert

$$\sum_{i=1}^{mn} \frac{L}{m} P(0, T_i)[s_0 N(d_1) - s_K N(d_2)] \, .$$

wobei

$$d_1 = \frac{\ln(s_0/s_K) + \sigma^2 T/2}{\sigma\sqrt{T}}$$

$$d_2 = \frac{\ln(s_0/s_K) - \sigma^2 T/2}{\sigma\sqrt{T}} = d_1 - \sigma\sqrt{T}$$

gilt, s_0 die nach Gleichung (28.23) berechnete Forward Swap Rate zum Zeitpunkt null ist und σ die Volatilität der Forward Swap Rate (sodass $\sigma\sqrt{T}$ die Standardabweichung von $\ln s_T$ ist).

Dies ist eine natürliche Erweiterung des Black-Modells. Die Volatilität σ wird mit $\sqrt{T}$ multipliziert. Der Ausdruck $\sum_{i=1}^{mn} P(0, T_i)$ bezeichnet den Diskontierungsfaktor für die mn Auszahlungen. Definieren wir A als den Wert des Kontrakts, der $1/m$ zu den Zeitpunkten T_i ($1 \leq i \leq mn$) bezahlt, wird der Wert der Swaption zu

$$LA[s_0 N(d_1) - s_K N(d_2)] \tag{29.10}$$

mit

$$A = \frac{1}{m}\sum_{i=1}^{mn} P(0, T_i) \, .$$

Wenn die Swaption dem Inhaber das Recht gibt, den festen Zins s_K zu erhalten anstatt ihn zu bezahlen, gilt für die Auszahlung der Swaption

$$\frac{L}{m}\max(s_K - s_T, 0) \, .$$

Dies ist eine Verkaufsoption auf s_T. Wie eben werden die Auszahlungen zu den Zeitpunkten T_i ($1 \leq i \leq mn$) entgegengenommen. Das Standard-Markt-Modell gibt den Wert der Swaption mit

$$LA[s_K N(-d_2) - s_0 N(-d_1)] \tag{29.11}$$

an. Mit DerivaGem lassen sich Swaptions mit dem Black-Modell bewerten. Im Arbeitsblatt „Cap_and_Swap_Options" ist dazu als Underlying Type „Swap Options" und als Pricing Model „Black-European" auszuwählen. Die LIBOR/Swap-

Strukturkurve und, bei Bedarf, die OIS-Zinsstrukturkurve werden unter Verwendung von Zinssätzen mit stetiger Verzinsung eingegeben.

> **Beispiel 29.4** Nehmen wir an, dass eine flache LIBOR-Renditekurve an bei 6% per annum mit stetiger Verzinsung zur Diskontierung verwendet wird. Wir betrachten eine Swaption, die dem Inhaber das Recht gibt, 6,2% in einem dreijährigen Swap zu bezahlen, der in fünf Jahren startet. Die Volatilität der Swap Rate beträgt 20%. Die Zahlungen erfolgen halbjährlich und das Nominalkapital ist 100 $. In diesem Falle gilt
>
> $$A = \frac{1}{2}[e^{-0{,}06 \cdot 5{,}5} + e^{-0{,}06 \cdot 6} + e^{-0{,}06 \cdot 6{,}5} + e^{-0{,}06 \cdot 7} + e^{-0{,}06 \cdot 7{,}5} + e^{-0{,}06 \cdot 8}] = 2{,}0035\,.$$
>
> Ein Zins von 6% per annum mit stetiger Verzinsung kann in einen Zins von 6,09% mit halbjährlicher Verzinsung überführt werden. Daraus folgt in diesem Beispiel $s_0 = 0{,}0609$, $s_K = 0{,}062$, $T = 5$, $\sigma = 0{,}2$, sodass
>
> $$d_1 = \frac{\ln(0{,}0609/0{,}062) + 0{,}2^2 \cdot 5/2}{0{,}2\sqrt{5}} = 0{,}1836$$
>
> $$d_2 = d_1 - 0{,}2\sqrt{5} = -0{,}2636$$
>
> gilt. Gemäß Gleichung (29.10) ist der Wert der Swaption (in Millionen Dollar)
>
> $$100 \cdot 2{,}0035[0{,}0609 \cdot N(0{,}1836) - 0{,}062 \cdot N(-0{,}2636)] = 2{,}07\,,$$
>
> also 2,07 Millionen Dollar. (Dies stimmt mit dem von DerivaGem angegebenen Wert überein.)

Broker Quotes

Interdealer-Broker bieten Tabellen impliziter Volatilitäten für europäische Swaptions (d. h., Werte für σ, die durch die Marktpreise bei Verwendung der Gleichungen (29.10) und (29.11) impliziert werden) an. Die den Notierungen zugrunde liegenden Instrumente sind gewöhnlich am Geld in dem Sinne, dass der Basispreis (Strike Swap Rate) gleich der Forward Swap Rate ist. Tabelle 29.2 zeigt typische Broker Quotes für den US-Dollar-Markt. Die Häufigkeit der Anpassung des variablen Zinses der zugrunde liegenden Swaps beträgt sechs Monate. Die Laufzeit der Option ist in der ersten Spalte angegeben. Sie variiert von einem Monat bis zu fünf Jahren. Die Laufzeit des zugrunde liegenden Swaps bei Fälligkeit der Option ist in der ersten Zeile angegeben. Sie variiert von einem Jahr bis zu zehn Jahren. Die Volatilitäten in der Spalte für einjährige Swaps in der Tabelle entsprechen Instrumenten, die Caps ähnlich sind. Sie weisen den weiter oben diskutierten Volatility Hump auf. Wenn wir zu den Spalten übergehen, die den Optionen auf Swaps mit längerer Laufzeit entsprechen, bleibt diese Struktur bestehen, ist aber weniger ausgeprägt.

Laufzeit des Swaps Verfalltermin	1 Jahr	2 Jahre	3 Jahre	4 Jahre	5 Jahre	7 Jahre	10 Jahre
1 Monat	17,75	17,75	17,75	17,50	17,00	17,00	16,00
3 Monate	19,50	19,00	19,00	18,00	17,50	17,00	16,00
6 Monate	20,00	20,00	19,25	18,50	18,75	17,75	16,75
1 Jahr	22,50	21,75	20,50	20,00	19,50	18,25	16,75
2 Jahre	22,00	22,00	20,75	19,50	19,75	18,25	16,75
3 Jahre	21,50	21,00	20,00	19,25	19,00	17,75	16,50
4 Jahre	20,75	20,25	19,25	18,50	18,25	17,50	16,00
5 Jahre	20,00	19,50	18,50	17,75	17,50	17,00	15,50

Tabelle 29.2: Typische Notierungen durch Broker für US-Swaptions europäischen Typs (Volatilitäten zur Mitte der Geld-Brief-Kurse in Prozent per annum)

Theoretische Begründung des Swaption-Modells

Wir können zeigen, dass das Black-Modell für Swaptions in sich konsistent ist, indem wir eine Forward-risikoneutrale Welt bezüglich der Annuität A annehmen. Die Analyse in Abschnitt 28.4 zeigt:

1. Der gegenwärtige Wert eines beliebigen Wertpapiers ist der gegenwärtige Wert der Annuität, multipliziert mit dem Erwartungswert von

$$\frac{\text{Preis des Wertpapiers zum Zeitpunkt } T}{\text{Wert der Annuität zum Zeitpunkt } T}$$

   in dieser Welt (siehe Gleichung (28.25)).

2. Der Erwartungswert der Swap Rate zum Zeitpunkt T ist in dieser Welt gleich der Forward Swap Rate (siehe Gleichung (28.24)).

Das erste Ergebnis zeigt, dass der Wert der Swaption

$$LAE_A[\max(s_T - s_K, 0)]$$

ist. Gemäß Gleichung (15.27) folgt daraus

$$LA[E_A(s_T)N(d_1) - s_K N(d_2)]$$

mit

$$d_1 = \frac{\ln[E_A(s_T)/s_K] + \sigma^2 T/2}{\sigma \sqrt{T}}$$

$$d_2 = \frac{\ln[E_A(s_T)/s_K] - \sigma^2 T/2}{\sigma \sqrt{T}} = d_1 - \sigma \sqrt{T}.$$

Das zweite Ergebnis zeigt, dass $E_A(s_T)$ gleich s_0 ist. Dieses Ergebnis gilt gemäß Gleichung (28.24), wenn LIBOR als risikoloser Diskontierungssatz verwendet wird. In

Abschnitt 29.4 zeigen wir, dass es auch bei OIS-Diskontierung gilt, falls die Forward Swap Rates konsistent dazu ermittelt werden. Gemeinsam führen die Ergebnisse zu der in Gleichung (29.10) angegebenen Bewertungsformel für Swaptions. Sie zeigen, dass wir Zinssätze für die Diskontierung als konstant betrachten können, wenn wir außerdem die erwartete Swap Rate gleich der Forward Swap Rate setzen.

Der Einfluss von Konventionen der Tagzählung

Man kann die obigen Formeln durch die Berücksichtigung der Konventionen der Tagzählung präzisieren. Der feste Zinssatz für den Swap, welcher der Swaption zugrunde liegt wird mit einer Tagzählung wie Actual/365 oder 30/360 angegeben. Sei $T_0 = T$ und a_i der Jahresbruchteil der geltenden Tagzählungskonvention zwischen den Zeitpunkten T_{i-1} und T_i. (Wenn beispielsweise bei der Tagzählung Actual/365 T_{i-1} für den 1. März steht und T_i für den 1. September, dann gilt $a_i = 184/365 = 0{,}5041$.) Die von uns angegebenen Formeln sind dann korrekt, wenn der Annuitätenfaktor als

$$A = \sum_{i=1}^{mn} a_i P(0, T_i)$$

definiert ist. Bei LIBOR-Diskontierung kann man die Forward Swap Rates mit Gleichung (28.23) ermitteln.

29.4 OIS-Diskontierung

Bei den Überlegungen zu Caps/Floors und Swaptions in diesem Kapitel sind wir davon ausgegangen, dass LIBOR nicht nur zur Bestimmung der Cash Flows benutzt wird, sondern auch zur Bestimmung der risikolosen Diskontierungssätze. Wird OIS-Diskontierung verwendet, kann man mit dem in Abschnitt 9.3 vorgestellten Ansatz Forward-LIBOR-Sätze ermitteln. Der Forward-LIBOR-Satz im Zeitraum zwischen t_k und t_{k+1} ist dann $E_{k+1}(R_k)$, wobei R_k der in diesem Zeitraum realisierte LIBOR-Satz ist, während E_{k+1} die Erwartung in einer in Bezug auf eine (OIS-)risikolose Nullkupon-Anleihe mit Fälligkeit zum Zeitpunkt t_{k+1} risikoneutralen Welt bezeichnet.

Für die Bewertung von Caps gilt nach wie vor Gleichung (29.9). Sie führt zurück auf Gleichung (29.7), wenn F_k gleich $E_{k+1}(R_k)$ gesetzt wird und $P(0, t_{k+1})$ aus der OIS-Zinsstrukturkurve ermittelt wird.

Für die Bewertung von Swaptions gilt eine ähnliche Argumentation. Die Gleichungen (29.10) und (29.11) gelten auch bei OIS-Diskontierung. Der Annuitätenfaktor A wird aus der OIS-Zinsstrukturkurve berechnet. Die Forward Swap Rate s_0 wird mithilfe der Forward-LIBOR-Sätze ermittelt. Damit hat der Forward Swap bei OIS-Diskontierung den Wert null.

Diese Thematik wird in Abschnitt 32.3 noch einmal aufgegriffen.

29.5 Hedging von Zinsderivaten

In diesem Abschnitt diskutieren wir, wie die Sensitivitätskennzahlen in Kapitel 19 auf Zinsderivate angepasst werden können.

Im Zusammenhang mit Zinsderivaten ist das Delta-Risiko das mit einer Verschiebung der Zinsstrukturkurve verbundene Risiko. Da es viele Möglichkeiten für eine Verschiebung der Zinsstrukturkurve gibt, können viele unterschiedliche Delta-Faktoren berechnet werden. Einige Alternativen sind:

1. Man berechnet den Einfluss einer Parallelverschiebung der Zinsstrukturkurve um einen Basispunkt. Dies wird mitunter als DV01 (Dollar Value of a Basis Point) bezeichnet.
2. Man berechnet den Einfluss einer kleinen Änderung in den Notierungen jedes Finanzinstruments, das für die Konstruktion der Zinsstrukturkurve verwendet wurde.
3. Man unterteilt die Spot-Rate-Strukturkurve (oder die Forward-Rate-Strukturkurve) in einzelne Abschnitte (Buckets) und berechnet den Einfluss einer Verschiebung der Zinssätze um einen Basispunkt in einem Abschnitt, wobei der Rest der anfänglichen Zinsstruktur unverändert bleibt.
4. Man führt wie in Abschnitt 22.9 beschrieben eine Hauptkomponentenanalyse durch. Es wird ein Delta-Faktor bezüglich der Änderungen in den wichtigsten Faktoren berechnet. Das erste Delta misst dann den Einfluss einer kleinen, näherungsweise parallelen Verschiebung der Zinsstrukturkurve, das zweite Delta misst den Einfluss einer geringen Drehung der Zinsstrukturkurve usw.

In der Praxis bevorzugen Händler tendenziell das zweite Verfahren. Sie behaupten, dass die einzige Möglichkeit für eine Veränderung der Zinsstrukturkurve darin bestehe, dass sich die Notierung eines der Instrumente, das für die Berechnung der Zinsstrukturkurve verwendet wird, verändert. Sie sind daher der Meinung, dass es sinnvoll ist, sich auf Exposures zu konzentrieren, die sich aus Änderungen im Preis dieser Instrumente ergeben.

Wenn verschiedene Delta-Faktoren berechnet werden, gibt es viele mögliche Gamma-Faktoren. Angenommen, es werden zehn Instrumente verwendet, um die Zinsstrukturkurve zu berechnen, und wir ermitteln Deltas durch die Betrachtung der Auswirkungen, wenn sich die Notierungen für jedes dieser Instrumente ändern. Gamma ist die zweite partielle Ableitung der Form $\partial^2 \Pi / \partial x_i \partial x_j$, wobei Π der Wert des Portfolios ist. Wir haben zehn Auswahlmöglichkeiten für x_i, zehn Auswahlmöglichkeiten für x_j und insgesamt 55 verschiedene Maße für Gamma. Dies ist mehr, als ein Händler im Normalfall überblicken kann. Eine Möglichkeit ist nur die Gamma-Faktoren zu berücksichtigen, für die $i = j$ gilt. Ein anderes Verfahren besteht darin, einen einzelnen Gamma-Faktor als zweite partielle Ableitung des Portfoliowertes bezüglich einer Parallelverschiebung der Zinsstrukturkurve zu berechnen. Eine weitere Möglichkeit ist die Berechnung des Gammas bezüglich der ersten beiden Faktoren der Hauptkomponentenanalyse.

Der Vega-Faktor eines Portfolios von Zinsderivaten misst seine Sensitivität hinsichtlich Volatilitätsänderungen. Ein Verfahren besteht darin, den Einfluss auf das Portfolio zu berechnen, den dieselben kleinen Änderungen der Black-Volatilitäten für alle Caps und europäischen Swaptions haben. Dies setzt jedoch voraus, dass ein Faktor alle Volatilitäten beeinflusst, und ist vielleicht zu stark vereinfacht. Eine bessere Idee ist es, eine Hauptkomponentenanalyse für die Volatilitäten von Caps und Swaptions durchzuführen und die Vega-Faktoren entsprechend der ersten beiden oder ersten drei Faktoren zu berechnen.

> **ZUSAMMENFASSUNG**
>
> Das Black-Modell und seine Erweiterungen bieten ein populäres Verfahren zur Bewertung von Zinsoptionen europäischen Typs. Die Grundidee des Black-Modells ist, dass der Wert der der Option zugrunde liegenden Variablen bei Fälligkeit der Option als lognormalverteilt angenommen wird. Im Falle einer europäischen Anleiheoption nimmt das Black-Modell an, dass der zugrunde liegende Anleihepreis bei Fälligkeit der Option lognormalverteilt ist. Für einen Cap gilt die Annahme der Lognormalverteilung für den jedem einzelnen Caplet zugrunde liegenden Zinssatz. Im Fall einer Swaption nimmt das Modell an, dass die zugrunde liegende Swap Rate lognormalverteilt ist.
>
> Jedes der vorgestellten Modelle ist in sich konsistent, aber die Modelle sind nicht untereinander konsistent. Sind z. B. die zukünftigen Anleihepreise lognormalverteilt, gilt dies nicht für die zukünftigen Zinssätze und Swap Rates; sind die zukünftigen Zinssätze lognormalverteilt, gilt dies nicht für die zukünftigen Anleihepreise und Swap Rates. Man kann die Modelle nicht ohne Probleme zur Bewertung etwa von amerikanischen Swaptions erweitern. In den Kapiteln 31 und 32 werden allgemeinere Zinsmodelle vorgestellt, die zwar komplexer sind, dafür aber auch für eine größere Produktbreite eingesetzt werden können.
>
> Das Black-Modell beinhaltet die Berechnung der erwarteten Auszahlung unter der Annahme, dass der Erwartungswert einer Variablen gleich ihrem Forward-Preis ist, und diskontiert dann die erwartete Auszahlung mit der gegenwärtig am Markt beobachteten Spot Rate. Für die in diesem Kapitel betrachteten Standard-Instrumente ist dies das korrekte Verfahren. Wie wir jedoch im nächsten Kapitel sehen werden, ist es nicht in allen Situationen anwendbar.

Literaturempfehlungen

Black, F., „The Pricing of Commodity Contracts", *Journal of Financial Economics*, 3 (März 1976), 167–79.
Hull, J. und A. White, „OIS Discounting and the Pricing of Interest Rate Derivatives", Working Paper, University of Toronto, 2013.

Praktische Fragestellungen

29.1 Ein Unternehmen begrenzt den dreimonatigen LIBOR durch einen Cap bei 10% per annum. Der Nominalbetrag ist 20 Millionen $. An einem Anpassungstermin liegt der dreimonatige LIBOR bei 12% per annum. Zu welcher Auszahlung würde dies unter dem Cap führen? Wann würde die Auszahlung erfolgen?

29.2 Erläutern Sie, warum eine Swaption als Variante einer Anleiheoption betrachtet werden kann.

29.3 Bewerten Sie mithilfe des Black-Modells eine einjährige europäische Verkaufsoption auf eine zehnjährige Anleihe. Nehmen Sie an, dass der gegenwärtige Wert der Anleihe 125 $, der Basispreis 110 $, der einjährige risikolose Zinssatz 10% per annum, die Volatilität des Anleihepreises 8% per annum und der Barwert der während der Laufzeit der Option zu zahlenden Kupons 10 $ ist.

29.4 Erläutern Sie, wie Sie (a) Spot-Volatilitäten und (b) Flat Volatilities benutzen würden, um einen fünfjährigen Cap zu bewerten.

29.5 Berechnen Sie den Preis einer Option, die den Dreimonatszins in 15 Monaten auf 13% begrenzt (bei vierteljährlicher Verzinsung). Der Nominalbetrag sei 1000 $. Die Forward Rate im fraglichen Zeitabschnitt ist 12% per annum (bei vierteljährlicher Verzinsung), der 18-monatige risikolose Zinssatz 11,5% per annum (bei stetiger Verzinsung) und die Volatilität der Forward Rate 12% per annum.

29.6 Eine Bank bewertet mithilfe des Black-Modells europäische Anleiheoptionen. Nehmen Sie an, dass eine implizite Preisvolatilität für eine fünfjährige Option auf eine Anleihe, die in zehn Jahren fällig wird, dazu verwendet wird, eine neunjährige Option auf die Anleihe zu bewerten. Würden Sie den resultierenden Preis als zu hoch oder zu niedrig einschätzen? Erläutern Sie Ihre Antwort.

29.7 Berechnen Sie mithilfe des Black-Modells den Wert einer vierjährigen europäischen Kaufoption auf eine fünfjährige Anleihe. Der fünfjährige Dirty Price ist 105 $, der Dirty Price einer vierjährigen Anleihe mit demselben Kupon 102 $, der Basispreis 100 $, der vierjährige risikolose Zinssatz 10% per annum bei stetiger Verzinsung und die Volatilität des Anleihepreises in vier Jahren 2% per annum.

29.8 Wie sollte eine fünfjährige Verkaufsoption auf eine in zehn Jahren fällige Anleihe bewertet werden, wenn die Renditevolatilität mit 22% angegeben ist? Nehmen Sie an, dass auf der Grundlage der gegenwärtigen Zinssätze die Modified Duration der Anleihe bei Fälligkeit der Option 4,2 Jahre beträgt und die Forward-Rendite der Anleihe 7% ist.

29.9 Welches andere Instrument ist identisch mit einem fünfjährigen Collar mit einem Preis von null, wenn der Basispreis des Caps gleich dem Basispreis des Floors ist? Was entspricht dem Basispreis?

29.10 Leiten Sie die Put-Call-Parität für europäische Anleiheoptionen her.

29.11 Leiten Sie die Put-Call-Parität für europäische Swaptions her.

29.12 Erläutern Sie, warum es eine Arbitragemöglichkeit gibt, wenn sich die implizite Black-Volatilität eines Caps (eine Flat Volatility) von der eines Floors unterscheidet. Bieten die Broker-Notierungen in Tabelle 29.1 eine Arbitragemöglichkeit?

29.13 Kann die Anleiherendite negativ sein, wenn der Anleihepreis lognormalverteilt ist? Erläutern Sie Ihre Antwort.

29.14 Welchen Wert hat eine europäische Swaption, die dem Inhaber das Recht gibt, in vier Jahren in einen dreijährigen Swap mit jährlicher Zahlung einzusteigen, wobei ein fester Zins von 5% gezahlt und LIBOR erhalten wird. Das Nominalkapital des Swaps beträgt 10 Millionen $. Nehmen Sie an, dass die zur Diskontierung verwendete LIBOR/Swap-Renditekurve flach ist bei 5% per annum mit jährlicher

Verzinsung und dass die Volatilität der Swap Rate 20% ist. Vergleichen Sie Ihre Antwort mit der Lösung von DerivaGem. Nehmen Sie dann an, dass alle Swap Rates 5% und alle OIS Rates 4,7% betragen. Ermitteln Sie mithilfe von DerivaGem die LIBOR-Zinsstrukturkurve und den Wert der Swap Option.

29.15 Nehmen Sie an, dass die Rendite R eines Zerobonds dem Prozess

$$dR = \mu \, dt + \sigma \, dz$$

folgt, wobei μ und σ Funktionen von R und t sind und dz ein Wiener-Prozess ist. Zeigen Sie mithilfe von Itôs Lemma, dass die Volatilität für den Preis des Zerobonds bei Fälligkeit gegen null geht.

29.16 Führen Sie (ohne den Einsatz von Software) eine Berechnung durch, um die Optionspreise in Beispiel 29.2 zu verifizieren.

29.17 Nehmen Sie an, dass 6%, 6,4%, 6,7%, 6,9% und 7% die einjährigen, zweijährigen, dreijährigen, vierjährigen bzw. fünfjährigen LIBOR-for-Fixed-Swap Rates für Swaps mit halbjährlichen Zahlungen sind. Der Preis eines fünfjährigen Caps mit halbjährlichen Auszahlungsterminen und einem Nominalbetrag von 100 $ beträgt 3 $ bei einer Cap Rate von 8%. Bestimmen Sie mithilfe von DerivaGem

a. die fünfjährige Flat Volatility für Caps und Floors bei LIBOR-Diskontierung,

b. die Floor Rate in einem fünfjährigen Collar (der einen Wert von null aufweist), wenn die Cap Rate bei 8% liegt und LIBOR-Diskontierung verwendet wird.

c. Wie lauten die Antworten für a. und b., wenn OIS-Diskontierung benutzt wird und die Overnight-Sätze 100 Basispunkte unter den LIBOR/Swap Rates liegen?

29.18 Zeigen Sie, dass $V_1 + f = V_2$ gilt. Dabei ist V_1 der Wert einer Swaption auf die Zahlung eines festen Zinssatzes s_K und den Erhalt von LIBOR zwischen den Zeitpunkten T_1 und T_2. f ist der Wert eines Forward-Swaps auf den Erhalt eines festen Zinses s_K und die Zahlung von LIBOR zwischen den Zeitpunkten T_1 und T_2. V_2 ist der Wert einer Swaption auf den Erhalt einer festen Verzinsung von s_K zwischen den Zeitpunkten T_1 und T_2. Leiten Sie $V_1 = V_2$ her, wenn s_K gleich der gegenwärtigen Forward Swap Rate ist.

29.19 Nehmen Sie dieselben LIBOR-Spot Rates wie in Aufgabe 29.17 an. Bestimmen Sie mithilfe von DerivaGem den Wert einer Option auf einen fünfjährigen Swap, der eine fixe Verzinsung von 6% zahlt und LIBOR erhält. Der Swap startet in einem Jahr. Nehmen Sie an, dass der Nominalbetrag 100 Millionen $ beträgt, halbjährlich Zahlungen ausgetauscht werden und die Volatilität der Swap Rate 21% ist. Verwenden Sie LIBOR-Diskontierung.

29.20 Beschreiben Sie, wie Sie für Caps (a) Flat Volatilities aus Spot-Volatilitäten und (b) Spot-Volatilitäten aus Flat Volatilities berechnen würden.

Zur weiteren Vertiefung

29.21 Betrachten Sie eine achtmonatige europäische Verkaufsoption auf einen Treasury Bond, der eine Restlaufzeit von 14,25 Jahren hat. Der gegenwärtige Dirty Price der Anleihe ist 910 $, der Ausübungspreis 900 $ und die Volatilität des Anleihepreises 10% per annum. Die Anleihe wird in drei Monaten einen Kupon von 35 $ auszahlen. Für alle Laufzeiten von bis zu einem Jahr beträgt der risikolose Zinssatz 8%. Bestimmen Sie den Optionspreis mithilfe des Black-Modells. Betrachten Sie sowohl den Fall, dass der Basispreis sich auf den Dirty Price der Anleihe bezieht, als auch den Fall, dass er sich auf den Clean Price bezieht.

29.22 Berechnen Sie den Preis eines Caps auf den 90-Tages-LIBOR in neun Monaten, wenn der Nominalbetrag 1000 $ ist. Verwenden Sie das Black-Modell mit LIBOR-Diskontierung sowie die folgenden Informationen:

a. Der neunmonatige Futures-Preis auf Eurodollar notiert bei 92. (Vernachlässigen Sie die Unterschiede zwischen Futures und Forwards.)
b. Die implizite Volatilität des Zinssatzes aus einer neunmonatigen Option auf Eurodollar liegt bei 15% per annum.
c. Der gegenwärtige zwölfmonatige Zinssatz mit stetiger Verzinsung ist 7,5% per annum.
d. Die Cap Rate beträgt 8% per annum. (Nehmen Sie die Tagzählungskonvention Actual/360 an.)

29.23 Nehmen Sie an, dass die LIBOR-Renditekurve flach ist bei 8% mit jährlicher Verzinsung. Eine Swaption gibt dem Inhaber das Recht, in einem in vier Jahren startenden fünfjährigen Swap 7,6% zu erhalten. Die Zahlungen erfolgen jährlich. Die Volatilität der Swap Rate ist 25% per annum und das Nominalkapital 1 Million $. Verwenden Sie das Black-Modell, um die Swaption mit LIBOR-Diskontierung zu bewerten. Vergleichen Sie Ihre Antwort mit der Lösung von DerivaGem.

29.24 Bewerten Sie mithilfe der DerivaGem-Software einen fünfjährigen Collar, der für einen LIBOR-basierten Kredit (mit vierteljährlicher Zinsanpassung) minimale und maximale Zinssätze von 5% bzw. 7% sicherstellt. Die LIBOR-Spot-Rate-Strukturkurve und die OIS-Zinsstrukturkurve (jeweils mit stetiger Verzinsung) sind gegenwärtig flach bei 6% bzw. 5,8%. Verwenden Sie eine Flat Volatility von 20%. Nehmen Sie ein Nominalkapital von 100 $ an. Benutzen Sie OIS-Diskontierung.

29.25 Bewerten Sie mithilfe der DerivaGem-Software eine europäische Swaption, die Ihnen das Recht gibt, in zwei Jahren in einen fünfjährigen Swap einzusteigen, in dem Sie einen fixen Zins von 6% bezahlen und einen variablen Zins erhalten. Die Cash Flows auf den Swap werden halbjährlich ausgetauscht. Die einjährigen, zweijährigen, fünfjährigen und zehnjährigen LIBOR-for-Fixed-Swap Rates bei halbjährlichem Zahlungsaustausch sind 5%, 6%, 6,5% bzw. 7%. Nehmen Sie ein Nominalkapital von 100 $ und eine Volatilität von 15% per annum an.

a. Verwenden Sie LIBOR-Diskontierung.
b. Verwenden Sie OIS-Diskontierung und nehmen Sie an, dass die Overnight-Sätze 80 Basispunkte unter den LIBOR/Swap Rates liegen.
c. Gehen Sie inkorrekt vor, indem Sie OIS-Diskontierung auf Swap Rates anwenden, die mit LIBOR-Diskontierung ermittelt wurden. Welcher Fehler ergibt sich bei diesem inkorrekten Ansatz?

Anpassungen: Konvexität, Zahlungstermine und Quantos

30.1	Konvexitätsanpassungen	844
30.2	Anpassung an die Zahlungstermine	848
30.3	Quantos	850
Zusammenfassung		854
Literaturempfehlungen		854
Praktische Fragestellungen		854
Anhang: Beweis der Formel für die Konvexitätsanpassung		857

Ein weit verbreitetes Verfahren zur Bewertung von Derivaten europäischen Typs besteht aus folgenden zwei Schritten:

1. *Berechnung der erwarteten Auszahlung(en) unter der Annahme, dass der Erwartungswert jeder zugrunde liegenden Variablen gleich ihrem Forward-Wert ist,*
2. *Diskontierung der erwarteten Auszahlung(en) mit dem zwischen Bewertungszeitpunkt und Zahlungstermin(en) geltenden risikolosen Zinssatz.*

Dieses Verfahren haben wir zuerst in Kapitel 4 bei der Bewertung von FRAs eingesetzt. Man kann ein FRA bewerten, indem man die Auszahlung unter der Annahme, dass die Forward Rate realisiert wird, berechnet und diese Auszahlung dann mit dem risikolosen Zinssatz diskontiert. In Kapitel 7 wurde diese Vorgehensweise erweitert, indem wir zeigten, dass Swaps bewertet werden können, indem man die Auszahlungen unter der Annahme, dass sich die Forward Rates realisieren, berechnet und dann mit dem risikolosen Zinssatz diskontiert. In den Kapiteln 18 und 28 wurde mit dem Black-Modell ein allgemeiner Ansatz zur Bewertung vieler verschiedener europäischer Optionen dargestellt. Das Black-Modell basiert ebenfalls auf einer Anwendung dieser beiden Schritte. Die in Kapitel 29 vorgestellten Modelle für Anleiheoptionen, Caps/Floors und Swaptions sind alle Beispiele für dieses zweistufige Vorgehen.

Damit stellt sich die Frage, ob es immer korrekt ist, ein Zinsderivat europäischen Typs unter Anwendung der beiden Schritte zu bewerten. Die Antwort lautet: Nein! Bei Nichtstandard-Zinsderivaten muss das zweistufige Verfahren manchmal modifiziert werden, indem der Forward-Wert der Variablen im ersten Schritt eine Anpassung erfährt. In diesem Kapitel soll es um drei Arten von Anpassungen gehen: Konvexitätsanpassungen, Anpassungen an Zahlungstermine und Quantoanpassungen.

30.1 Konvexitätsanpassungen

Wir beginnen mit der Betrachtung eines Instruments, welches eine Auszahlung bietet, die von der zum Auszahlungszeitpunkt beobachtbaren Anleiherendite abhängt.

Der Forward-Wert einer Variablen S wird gewöhnlich unter Bezugnahme auf einen Forward-Kontrakt, der zum Zeitpunkt T den Betrag $S_T - K$ auszahlt, berechnet. Es ist der Wert von K, der zu einem Kontraktwert von null führt. Wie wir in Abschnitt 28.4 diskutiert haben, sind Forward Rates und Forward-Renditen unterschiedlich definiert. Eine Forward Rate wird durch einen Forward-Zerobond bestimmt. Eine Forward-Anleiherendite wird allgemeiner durch den Forward-Anleihepreis impliziert.

Wir nehmen an, dass B_T der Anleihepreis zum Zeitpunkt T ist, y_T seine Rendite darstellt und die Beziehung zwischen B_T und y_T durch die Gleichung

$$B_T = G(y_T)$$

beschrieben wird. Wir definieren F_0 als den Forward-Anleihepreis eines zum Zeitpunkt T fälligen Kontrakts zum Zeitpunkt null und y_0 als die Forward-Anleiherendite zum Zeitpunkt null. Die Definition der Forward-Anleiherendite besagt, dass

$$F_0 = G(y_0)$$

gilt. Die Funktion G ist nichtlinear. Die erwartete zukünftige Anleiherendite ist daher nicht gleich der Forward-Anleiherendite, wenn der erwartete zukünftige Anleihepreis dem Forwardpreis der Anleihe entspricht (d. h. wenn wir uns in einer Forward-

30.1 Konvexitätsanpassungen

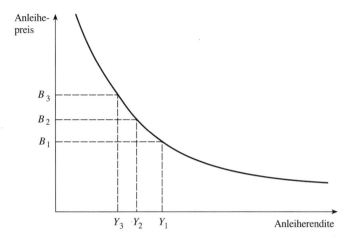

Abbildung 30.1: Beziehung zwischen Anleihepreisen und Anleiherenditen zum Zeitpunkt T

risikoneutralen Welt bezüglich einer zum Zeitpunkt T fälligen Nullkupon-Anleihe befinden).

Dies ist in Abbildung 30.1 dargestellt, die die Beziehung zwischen Anleihepreisen und Anleiherenditen zum Zeitpunkt T zeigt. Zur Vereinfachung nehmen wir an, dass es nur drei mögliche Anleihepreise, B_1, B_2 und B_3, gibt und dass sie in einer Forward-risikoneutralen Welt bezüglich $P(t, T)$ gleichwahrscheinlich sind. Wir nehmen an, dass die Anleihepreise äquidistant sind, sodass $B_2 - B_1 = B_3 - B_2$ gilt. Der erwartete Anleihepreis ist B_2 und dies ist auch der Forward-Anleihepreis. Die Anleihepreise sind in drei gleichwahrscheinliche Anleiherenditen, Y_1, Y_2 und Y_3, überführbar, die nicht äquidistant sind. Die Variable Y_2 ist die Forward-Anleiherendite, da sie jene Rendite ist, die dem Forward-Preis der Anleihe entspricht. Die erwartete Anleiherendite ist der Mittelwert von Y_1, Y_2 und Y_3 und offensichtlich größer als Y_2.

Betrachten wir ein Derivat, das eine Auszahlung bietet, die von der Anleiherendite zum Zeitpunkt T abhängt. Gemäß Gleichung (28.20) kann das Derivat bewertet werden, indem (a) die erwartete Auszahlung in einer Forward-risikoneutralen Welt bezüglich einer zum Zeitpunkt T fälligen Nullkupon-Anleihe berechnet wird und (b) mit dem gegenwärtigen risikolosen Zinssatz der Laufzeit T diskontiert wird. Wir wissen, dass der erwartete Anleihepreis in der betrachteten Welt gleich dem Forward-Preis ist. Wir müssen deshalb den Wert der erwarteten Anleiherendite kennen, wenn der erwartete Anleihepreis gleich dem Forward-Preis der Anleihe ist. Die Analyse im Anhang zu diesem Kapitel zeigt, dass sich die geforderte erwartete Anleiherendite näherungsweise durch den Ausdruck

$$E_T(y_T) = y_0 - \frac{1}{2} y_0^2 \sigma_y^2 T \frac{G''(y_0)}{G'(y_0)} \qquad (30.1)$$

darstellen lässt. Dabei ist G' bzw. G'' die erste bzw. zweite partielle Ableitung von G, E_T der Erwartungswert in einer Forward-risikoneutralen Welt bezüglich $P(t, T)$ und σ_y die Forward-Renditevolatilität. Folglich können wir die erwarteten Auszahlungen zum gegenwärtigen risikolosen Zinssatz der Laufzeit T diskontieren, wenn wir für die erwartete Anleiherendite

$$y_0 - \frac{1}{2} y_0^2 \sigma_y^2 T \frac{G''(y_0)}{G'(y_0)}$$

anstatt y_0 annehmen. Der Unterschied zwischen der erwarteten Anleiherendite und der Forward-Anleiherendite wird als *Konvexitätsanpassung* (Convexity Adjustment) bezeichnet. Dieser Unterschied entspricht der Differenz zwischen Y_2 und der erwarteten Rendite in Abbildung 30.1. (Die Konvexitätsanpassung ist positiv, da $G'(y_0) < 0$ und $G''(y_0) > 0$ gilt.)

Anwendung 1: Zinssätze

Als erste Anwendung von Gleichung (30.1) betrachten wir ein Instrument, das einen Cash Flow zum Zeitpunkt T bietet, der einer Zinszahlung zwischen den Zeiten T und T^* auf einen Nominalbetrag L entspricht. (Dieses Beispiel wird für die Betrachtung von LIBOR in Arrears Swaps in Kapitel 33 von Nutzen sein.) Es ist zu beachten, dass der auf den Zeitabschnitt T bis T^* anwendbare Zinssatz üblicherweise in T^* gezahlt wird. Hier nehmen wir an, dass er früher gezahlt wird, nämlich zum Zeitpunkt T.

Der Cash Flow zum Zeitpunkt T ist $LR_T\tau$, wobei $\tau = T^* - T$ gilt und R_T die auf den Zeitabschnitt T bis T^* anwendbare Spot Rate ist (ausgedrückt für einen Verzinsungszeitraum von τ).[1] Die Variable R_T kann als die Rendite eines zum Zeitpunkt T^* fälligen Zerobonds angesehen werden. Die Beziehung zwischen dem Preis dieser Anleihe und seiner Rendite ist

$$G(y) = \frac{1}{1 + y\tau}.$$

Gemäß Gleichung (30.1) gilt

$$E_T(R_T) = R_0 - \frac{1}{2} R_0^2 \sigma_R^2 T \frac{G''(R_0)}{G'(R_0)}$$

bzw.

$$E_T(R_T) = R_0 + \frac{R_0^2 \sigma_R^2 \tau T}{1 + R_0 \tau}, \qquad (30.2)$$

wobei R_0 die auf den Zeitabschnitt T bis T^* anwendbare Forward Rate und σ_R die Volatilität der Forward Rate ist.

Der Wert des Instruments beträgt deshalb

$$P(0, T) L \tau \left[R_0 + \frac{R_0^2 \sigma_R^2 \tau T}{1 + R_0 \tau} \right].$$

Beispiel 30.1 Betrachten wir ein Derivat, das in drei Jahren eine Auszahlung bietet, die gleich der einjährigen risikolosen Spot Rate (jährlich verzinst) zu diesem Zeitpunkt mal 1000 \$ ist. Wir nehmen an, dass die Spot Rate

---

[1] Wie üblich unterstellen wir in unseren Beispielen vereinfachend Actual/Actual-Tagzählung.

für alle Laufzeiten 10% per annum bei jährlicher Verzinsung beträgt und die auf den Zeitraum zwischen den Jahren drei und vier anwendbare Volatilität der Forward Rate 20% ist. In diesem Falle gilt $R_0 = 0{,}10$, $\sigma_R = 0{,}20$, $T = 3$, $\tau = 1$ und $P(0,3) = 1/1{,}10^3 = 0{,}7513$. Der Wert des Derivats ist

$$0{,}7513 \cdot 1000 \cdot 1 \left[0{,}10 + \frac{0{,}10^2 \cdot 0{,}20^2 \cdot 1 \cdot 3}{1 + 0{,}10 \cdot 1} \right]$$

oder 75,95 $. (Dies steht einem Preis von 75,13 $ gegenüber, wenn keine Konvexitätsanpassung erfolgt.)

Anwendung 2: Swap Rates

Betrachten wir nun ein Derivat, das zum Zeitpunkt T eine Auszahlung gleich der Swap Rate bietet, die zu dieser Zeit beobachtet wird. Eine Swap Rate entspricht einer Par Yield, wenn LIBOR-Diskontierung eingesetzt wird. Um eine Konvexitätsanpassung zu berechnen, verwenden wir eine Näherung und nehmen an, dass die N-Jahres-Swap-Rate zum Zeitpunkt T gleich der Rendite zu diesem Zeitpunkt auf eine N-jährige Anleihe mit einem Kupon ist, welcher der gegenwärtigen Forward Swap Rate entspricht. Dies ermöglicht die Verwendung von Gleichung (30.1).

Beispiel 30.2 Betrachten wir ein Instrument, das in drei Jahren eine Auszahlung bietet, welche der Dreijahres-Swap Rate zu diesem Zeitpunkt mal 100 $ entspricht. Wir nehmen an, dass die Zahlungen auf den Swap jährlich erfolgen, dass die Swap Rate für alle Laufzeiten 12% per annum bei jährlicher Verzinsung beträgt, dass die aus Swaption-Preisen berechnete implizite Volatilität der dreijährigen Forward Swap Rate in drei Jahren 22% ist und dass die LIBOR/Swap-Zinsstrukturkurve zur Diskontierung verwendet wird. Wir nähern die Swap Rate durch die Rendite einer 12%igen Anleihe an, sodass für die relevante Funktion $G(y)$

$$G(y) = \frac{0{,}12}{1+y} + \frac{0{,}12}{(1+y)^2} + \frac{1{,}12}{(1+y)^3}$$

$$G'(y) = -\frac{0{,}12}{(1+y)^2} - \frac{0{,}24}{(1+y)^3} - \frac{3{,}36}{(1+y)^4}$$

$$G''(y) = \frac{0{,}24}{(1+y)^3} + \frac{0{,}72}{(1+y)^4} + \frac{13{,}44}{(1+y)^5}$$

gilt. In diesem Falle ist die Forward-Rendite y_0 gleich 0,12, sodass $G'(y_0) = -2{,}4018$ und $G''(y_0) = 8{,}2546$ gilt. Gemäß Gleichung (30.1) ist

$$E_T(y_T) = 0{,}12 + \frac{1}{2} \cdot 0{,}12^2 \cdot 0{,}22^2 \cdot 3 \cdot \frac{8{,}2546}{2{,}4018} = 0{,}1236 \,.$$

Wenn wir das Instrument bewerten, sollten wir daher eine Forward Swap Rate von 0,1236 (= 12,36%) anstelle von 0,12 annehmen. Das Instrument ist daher

$$\frac{100 \cdot 0{,}1236}{1{,}12^3} = 8{,}80$$

oder 8,80 $ wert. (Dies steht einem Preis von 8,54 gegenüber, den man ohne Konvexitätsanpassung erhält.)

30.2 Anpassung an die Zahlungstermine

In diesem Abschnitt behandeln wir den Fall, dass eine Marktvariable V zum Zeitpunkt T beobachtet wird und ihr Wert zur Berechnung einer Auszahlung zu einem späteren Zeitpunkt T^* herangezogen wird. Wir definieren:

V_T: Wert von V zum Zeitpunkt T

$E_T(V_T)$: Erwartungswert von V_T in einer Forward-risikoneutralen Welt bezüglich $P(t, T)$

$E_{T^*}(V_T)$: Erwartungswert von V_T in einer Forward-risikoneutralen Welt bezüglich $P(t, T^*)$

Wenn wir vom $P(t, T)$-Numeraire zum $P(t, T^*)$-Numeraire übergehen, ist der Numeraire-Quotient

$$W = \frac{P(t, T^*)}{P(t, T)}.$$

W ist der Forward-Preis eines Zerobonds mit einer Laufzeit von T bis T^*. Wir definieren:

σ_V: Volatilität von V

σ_W: Volatilität von W

ρ_{VW}: Korrelation zwischen V und W

Gemäß Gleichung (28.35) nimmt die Wachstumsrate von V durch den Wechsel des Numeraires um α_V zu, wobei

$$\alpha_V = \rho_{VW}\sigma_V\sigma_W. \tag{30.3}$$

Dieses Ergebnis können wir durch die Forward Rate zwischen T und T^* ausdrücken. Wir definieren:

R: Forward Rate für die Zeit zwischen T und T^*, ausgedrückt mit einer Verzinsungshäufigkeit von m

σ_R: Volatilität von R

Die Beziehung zwischen W und R lautet

$$W = \frac{1}{(1 + R/m)^{m(T^*-T)}}.$$

Die Beziehung zwischen der Volatilität von W und der Volatilität von R kann nach Itôs Lemma durch

$$\sigma_W W = \sigma_R R \frac{\partial W}{\partial R} = -\frac{\sigma_R R(T^* - T)}{(1 + R/m)^{m(T^*-T)+1}}$$

berechnet werden. Dies ergibt

$$\sigma_W = -\frac{\sigma_R R(T^* - T)}{1 + R/m}$$

Damit wird Gleichung (30.3) zu[2]

$$\alpha_V = -\frac{\rho_{VR}\sigma_V \sigma_R R(T^* - T)}{1 + R/m},$$

wobei $\rho_{VR} = -\rho_{VW}$ die momentane Korrelation zwischen V und R bezeichnet. Wir können näherungsweise annehmen, dass R seinen Startwert R_0 beibehält und dass die Volatilitäten und die Korrelation in diesem Ausdruck konstant sind. Damit erhalten wir

$$E_{T^*}(V_T) = E_T(V_T) \exp\left[-\frac{\rho_{VR}\sigma_V \sigma_R R_0(T^* - T)}{1 + R_0/m} T\right]. \tag{30.4}$$

Beispiel 30.3 Betrachten wir ein Derivat, das in sechs Jahren eine Auszahlung gleich dem Stand eines Aktienindex bietet, der in fünf Jahren beobachtet wird. Wir nehmen an, dass der Forward-Wert des Aktienindex für einen in fünf Jahren fälligen Kontrakt bei 1200 liegt, die Volatilität des Forward-Wertes auf den Index 20% ist, die Volatilität der Forward Rate zwischen den Jahren fünf und sechs 18% und die Korrelation zwischen den beiden $-0{,}4$. Weiterhin nehmen wir an, dass die risikolose Zinsstrukturkurve flach ist bei 8% mit jährlicher Verzinsung. Die eben erhaltenen Ergebnisse können, mit V als dem Wert des Index, angewendet werden auf $T = 5$, $T^* = 6$, $m = 1$, $R_0 = 0{,}08$, $\rho_{VR} = -0{,}4$, $\sigma_V = 0{,}20$ und $\sigma_R = 0{,}18$, sodass

$$E_{T^*}(V_T) = E_T(V_T) \exp\left[\frac{-0{,}4 \cdot 0{,}20 \cdot 0{,}18 \cdot 0{,}08 \cdot 1}{1 + 0{,}08} \cdot 5\right]$$

oder $E_{T^*}(V_T) = 1{,}00535 E_T(V_T)$. Aus der Argumentation in Kapitel 28 wissen wir, dass $E_T(V_T)$ der Forward-Preis des Index, also 1200, ist. Folglich gilt $E_{T^*}(V_T) = 1200 \cdot 1{,}00535 = 1206{,}42$. Wenn wir die Argumentation von Kapitel 28 erneut anwenden, folgt aus Gleichung (28.20), dass der Wert des Derivats $1206{,}42 \cdot P(0,6)$ ist. In diesem Fall gilt $P(0,6) = 1/1{,}08^6 = 0{,}6302$, sodass der Wert des Derivats 760,25 beträgt.

Nachbetrachtung zu Anwendung 1

Die eben durchgeführte Analyse zeigt einen alternativen Weg, um das Ergebnis in Anwendung 1 des Abschnitts 30.1 darzustellen. Mit der in dieser Anwendung eingeführten Notation ist R_T der Zinssatz zwischen T und T^* und R_0 die Forward Rate für die Zeit zwischen T und T^*. Mit Gleichung (28.22) wissen wir, dass

$$E_{T^*}(R_T) = R_0.$$

---

[2] Die Variablen R und W sind negativ korreliert. Durch $\sigma_W = -\sigma_r(T^*-T)/(1+R/m) < 0$ und $\rho_{VW} = \rho_{VR}$ können wir dies reflektieren. Wir können auch das Vorzeichen von σ_W positiv wählen und $\rho_{VW} = -\rho_{VR}$ setzen. In beiden Fällen erhalten wir die gleiche Formel für α_V.

Wir können nun Gleichung (30.4) für $V = R$ anwenden und erhalten

$$E_{T^*}(R_T) = E_T(R_T) \exp\left[-\frac{\sigma_R^2 R_0 \tau}{1 + R_0 \tau} T\right],$$

wobei $\tau = T^* - T$ (man beachte, dass $m = 1/\tau$). Daraus folgt

$$R_0 = E_T(R_T) \exp\left[-\frac{\sigma_R^2 R_0 T \tau}{1 + R_0 \tau}\right]$$

bzw.

$$E_T(R_T) = R_0 \exp\left[\frac{\sigma_R^2 R_0 T \tau}{1 + R_0 \tau}\right].$$

Approximieren wir die Exponentialfunktion, so erhalten wir

$$E_T(R_T) = R_0 + \frac{R_0^2 \sigma_R^2 \tau T}{1 + R_0 \tau}.$$

Dies ist dasselbe Ergebnis wie Gleichung (30.2).

30.3 Quantos

Als *Quanto* oder *Cross-Currency-Derivat* bezeichnet man ein Instrument, welches sich auf zwei Währungen bezieht. Die Auszahlung ist bezüglich einer Variablen definiert, die in einer der Währungen gemessen wird. Die Auszahlung selbst wird jedoch in der anderen Währung vorgenommen. Ein Beispiel für einen Quanto ist der in Business Snapshot 5.3 erwähnte CME-Futures-Kontrakt auf den Nikkei. Die diesem Kontrakt zugrunde liegende Marktvariable ist der in Yen gemessene Nikkei-225-Index. Abgerechnet wird der Kontrakt jedoch in US-Dollar.

Betrachten wir einen Quanto, der eine Auszahlung in der Währung X zum Zeitpunkt T bietet. Wir nehmen an, dass die Auszahlung vom Wert einer Variablen V abhängt, welcher in der Währung Y zum Zeitpunkt T festgestellt wird. Wir definieren:

$P_X(t, T)$: Wert eines Zerobonds in der Währung X zum Zeitpunkt t, der in T eine Einheit der Währung X auszahlt

$P_Y(t, T)$: Wert eines Zerobonds in der Währung X zum Zeitpunkt t, der in T eine Einheit der Währung Y auszahlt

V_T: Wert von V zum Zeitpunkt T

$E_X(V_T)$: Erwartungswert von V_T in einer bezüglich $P_X(t, T)$ Forward-risikoneutralen Welt

$E_Y(V_T)$: Erwartungswert von V_T in einer bezüglich $P_Y(t, T)$ Forward-risikoneutralen Welt

Wenn wir vom $P_Y(t, T)$-Numeraire zum $P_X(t, T)$-Numeraire übergehen, ist der Numeraire-Quotient

$$W(t) = \frac{P_X(t, T)}{P_Y(t, T)} S(t),$$

wobei $S(t)$ den Kassawechselkurs (in Einheiten von Y pro Einheit von X) zum Zeitpunkt t bezeichnet. Daraus folgt, dass der Numeraire-Quotient $W(t)$ der Forward-Wechselkurs (in Einheiten von Y pro Einheit von X) für einen zum Zeitpunkt T fälligen Kontrakt ist. Wir definieren:

σ_W: Volatilität von W
σ_V: Volatilität von V
ρ_{VW}: Momentane Korrelation zwischen V und W

Gemäß Gleichung (28.35) nimmt die Wachstumsrate von V durch den Wechsel des Numeraires um α_V zu, wobei

$$\alpha_V = \rho_{VW}\sigma_V\sigma_W . \qquad (30.5)$$

Wenn man annimmt, dass die Volatilitäten und die Korrelation konstant sind, bedeutet dies, dass

$$E_X(V_T) = E_Y(V_T)e^{\rho\sigma_V\sigma_W T}$$

bzw. als Approximation

$$E_X(V_T) = E_Y(V_T)(1 + \rho^{\sigma_V\sigma_W T}) . \qquad (30.6)$$

Diese Gleichung werden wir in Kapitel 33 bei der Bewertung der so genannten Diff Swaps anwenden.

Beispiel 30.4 Wir nehmen an, dass der aktuelle Wert des Nikkei-Aktienindex 15 000 Yen ist, der einjährige risikolose Zinssatz auf Dollar 5%, der einjährige risikolose Zinssatz auf Yen 2% und die Dividendenrendite des Nikkei 1%. Der Forward-Preis des Nikkei für einen auf Yen lautenden einjährigen Kontrakt kann gemäß Gleichung (5.8) in der üblichen Weise berechnet werden:

$$15\,000e^{(0{,}02-0{,}01)\cdot 1} = 15\,150{,}75 .$$

Angenommen, die Volatilität des einjährigen Forward-Kurses auf den Index beträgt 20%, die Volatilität des einjährigen Forward-Wechselkurses (Yen pro Dollar) 12% und die Korrelation zwischen dem einjährigen Forward-Kurs des Nikkei und dem einjährigen Forward-Wechselkurs 0,3. In diesem Fall gilt $E_Y(V_T) = 15\,150{,}75$, $\sigma_V = 0{,}20$, $\sigma_W = 0{,}12$ und $\rho = 0{,}3$. Gemäß Gleichung (30.6) ist der Erwartungswert des Nikkei in einer Forward-risikoneutralen Welt bezüglich einer in einem Jahr fälligen Dollar-Anleihe

$$15\,150{,}75e^{0{,}3\cdot 0{,}2\cdot 0{,}12\cdot 1} = 15\,260{,}23 .$$

Dies ist der Forward-Preis des Nikkei für einen Kontrakt, der eine Auszahlung in Dollar anstelle von Yen vorsieht. (Außerdem ist dieser Wert eine Näherung für den Futures-Preis eines solchen Kontrakts.)

Verwendung traditioneller risikoneutraler Maße

Die Forward-risikoneutrale Welt eignet sich insbesondere, wenn die Auszahlungen nur zu einem Zeitpunkt stattfinden. In anderen Fällen ist es oftmals sinnvoller, das klassische risikoneutrale Maß zu verwenden. Angenommen, wir kennen den Prozess, dem die Variable V in der klassischen risikoneutralen Welt der Währung Y folgt, und wollen ihren Prozess in der klassischen risikoneutralen Welt der Währung X ermitteln. Wir definieren:

S: Kassawechselkurs (Einheiten von Y pro Einheit von X)

σ_S: Volatilität von S

σ_V: Volatilität von V

ρ: momentane Korrelation zwischen S und V

In diesem Fall findet der Austausch des Numeraires vom Geldmarktkonto der Währung Y zum Geldmarktkonto der Währung X statt (beide Geldmarktkonten lauten auf die Währung X). Wir definieren g_X als den Wert des Geldmarktkontos in der Währung X und g_Y als den Wert des Geldmarktkontos in der Währung Y. Der Numeraire-Quotient beträgt

$$\frac{g_X}{g_Y}S \, .$$

Die Variablen $g_X(t)$ und $g_Y(t)$ besitzen eine stochastische Drift, aber eine Volatilität von null, wie in Abschnitt 27.4 ausgeführt. Mit Itôs Lemma folgt, dass σ_S die Volatilität des Numeraire-Quotienten ist. Der Numeraire-Austausch führt daher zu einer Zunahme der Wachstumsrate von V um

$$\rho \sigma_V \sigma_S \, . \tag{30.7}$$

Der Marktpreis des Risikos verändert sich damit von null auf $\rho \sigma_S$. Eine Anwendung dieses Resultat liefert das Siegel-Paradoxon (siehe Business Snapshot 30.1).

Business Snapshot 30.1 – Das Siegel-Paradoxon

Wir betrachten zwei Währungen, X und Y, und nehmen an, dass die Zinssätze r_X und r_Y in den beiden Währungen jeweils konstant sind. Wir definieren S als die Anzahl der Einheiten der Währung Y pro Einheit der Währung X. Wie in Kapitel 5 erläutert, stellt eine Währung ein Asset dar, das eine Rendite in Höhe des ausländischen risikolosen Zinssatzes bezahlt. Der klassische risikoneutrale Prozess für S lautet daher

$$dS = (r_Y - r_X)S \, dt + \sigma_S S \, dz \, .$$

Nach Itôs Lemma folgt hieraus für den Prozess für $1/S$

$$d(1/S) = (r_X - r_Y + \sigma_S^2)(1/S) \, dt - \sigma_S(1/S) \, dz \, .$$

Dies führt zum so genannten *Siegel-Paradoxon*. Da die erwartete Wachstumsrate von S in einer risikoneutralen Welt gleich $r_Y - r_X$ ist, sollte die erwartete Wachstumsrate von $1/S$ aus Symmetriegründen eigentlich $r_X - r_Y$ statt $r_X - r_Y + \sigma_S^2$ betragen.

Um das Siegel-Paradoxon zu verstehen, ist es notwendig zu erkennen, dass der für S angegebene Prozess der risikoneutrale Prozess für S in einer Welt ist, in der das Geldmarktkonto der Währung Y das Numeraire ist. Der Prozess für $1/S$, der aus dem Prozess für S abgeleitet ist, nimmt daher ebenfalls an, dass dieses Konto das Numeraire ist. Weil $1/S$ die Anzahl der Einheiten von X pro Einheit von Y angibt, sollten wir aus Symmetriegründen den Prozess für $1/S$ in einer Welt bestimmen, in der das Geldmarktkonto der Währung X das Numeraire darstellt. Gleichung (30.7) zeigt, dass die Wachstumsrate einer Variablen V um $\rho \sigma_V \sigma_S$ zunimmt, wenn wir das Numeraire vom Geldmarktkonto der Währung Y gegen das Geldmarktkonto der Währung X austauschen, wobei ρ die Korrelation zwischen S und V ist. In diesem Falle gilt $V = 1/S$ und somit ist $\rho = -1$ und $\sigma_V = \sigma_S$. Folglich bewirkt ein Numeraire-Austausch eine Zunahme der Wachstumsrate von $1/S$ um $-\sigma_S^2$. Dadurch wird der Summand $+\sigma_S^2$ in dem oben angegebenen Prozess für $1/S$ neutralisiert. In einer Welt, in der das Geldmarktkonto der Währung X das Numeraire ist, gilt deshalb für den Prozess von $1/S$

$$\mathrm{d}(1/S) = (r_X - r_Y)(1/S)\,\mathrm{d}t - \sigma_S(1/S)\,\mathrm{d}z\,.$$

Dieser Prozess ist symmetrisch zu dem anfänglichen Prozess für S. Das Paradoxon ist also geklärt!

Beispiel 30.5 Eine zweijährige amerikanische Option bietet eine Auszahlung von $\max(S - K, 0)$ Pfund Sterling, wobei S den Stand des S&P 500 zum Zeitpunkt der Ausübung und K den Basispreis angibt. Gegenwärtig steht der S&P 500 bei 1200. Die risikolosen Zinssätze in Sterling und Dollar sind beide konstant bei 5% und 3%, die Korrelation zwischen dem Wechselkurs in Dollar pro Sterling und dem S&P 500 ist 0,2, die Volatilität des S&P 500 25% und die Volatilität des Wechselkurses 12%. Die Dividendenrendite des S&P 500 liegt bei 1,5%.

Wir können diese Option bewerten, indem wir einen Binomialbaum für den S&P 500 aufstellen und als Numeraire das Geldmarktkonto in Großbritannien verwenden (d. h. wir verwenden die klassische risikoneutrale Bewertung aus der Sicht eines britischen Anlegers). Wir haben bereits gezeigt, dass der Numeraire-Austausch zu einer Zunahme der erwarteten Wachstumsrate von

$$0{,}2 \cdot 0{,}25 \cdot 0{,}12 = 0{,}006$$

oder 0,6% führt. Die Wachstumsrate des S&P 500 unter Verwendung des US-Dollar als Numeraire ist $3 - 1{,}5 = 1{,}5\%$. Die Wachstumsrate unter Verwendung von Sterling als Numeraire ist folglich 2,1%. Der risikolose Zinssatz in Sterling beträgt 5%. Unter Verwendung des Sterling-Numeraire verhält sich der S&P 500 daher wie ein Asset, das eine Dividendenrendite von $5 - 2{,}1 = 2{,}9\%$ bietet. DerivaGem berechnet den Optionswert mit 179,83 GBP, wenn die Parameterwerte $S = 1200$, $K = 1200$, $r = 0{,}05$, $q = 0{,}029$, $\sigma = 0{,}25$ und $T = 2$ bei 100 Zeitschritten herangezogen werden.

Anpassungen: Konvexität, Zahlungstermine und Quantos

> **ZUSAMMENFASSUNG**
>
> Bei der Bewertung eines Derivats, welches zu einem bestimmten zukünftigen Zeitpunkt eine Auszahlung liefert, ist es nahe liegend anzunehmen, dass die Variablen, die dem Derivat zugrunde liegen, ihren Forward-Werten entsprechen, und mit dem Zinssatz, der zwischen den Zeitpunkten der Bewertung und Auszahlung gilt, zu diskontieren.
>
> Wie Gleichung (30.1) ausweist, sollte die erwartete Rendite höher angesetzt werden als die Forward-Rendite, wenn die Auszahlung von einer zum Zeitpunkt T beobachteten Anleiherendite y abhängt. Dieses Resultat kann auf Situationen übertragen werden, in denen die Auszahlung von einer Swap Rate abhängt. Wenn eine Variable zum Zeitpunkt T beobachtet wird, die Auszahlung aber erst zu einem späteren Zeitpunkt T^* stattfindet, sollte der Wert der Variablen gemäß Gleichung (30.4) angepasst werden. Wird eine Variable in einer Währung beobachtet, die Auszahlung aber in einer anderen Währung geleistet, sollte der Forward-Wert der Variablen ebenfalls angepasst werden. Die Anpassung für diesen Fall wird durch Gleichung (30.6) gegeben.
>
> Wir werden diese Ergebnisse bei der Betrachtung von Nichtstandard-Swaps in Kapitel 32 verwenden können.

Literaturempfehlungen

Brotherton-Ratcliffe, R. und B. Iben, „Yield Curve Applications of Swap Products", in *Advanced Strategies in Financial Risk Management*, R. Schwartz und C. Smith (Eds.), New York Institute of Finance, New York, 1993.

Jamshidian, F., „Corralling Quantos", *Risk*, (März 1994), 71–75.

Reiner, E., „Quanto Mechanics", *Risk*, (März 1992), 59–63.

Praktische Fragestellungen

30.1 Erläutern Sie, wie Sie ein Derivat bewerten würden, das in fünf Jahren $100R$ auszahlt, wobei R der einjährige Zinssatz (bei jährlicher Verzinsung) ist, der in vier Jahren beobachtet wird. Welchen Unterschied würde es machen, wenn die Auszahlung (a) in vier Jahren und (b) in sechs Jahren erfolgen würde?

30.2 Erläutern Sie, ob eine Konvexitätsanpassung oder eine Anpassung an die Zahlungstermine in folgenden Situationen erforderlich ist:

a. Wir wollen eine Spread Option bewerten, die vierteljährlich den Betrag auszahlt, um den die fünfjährige Swap Rate den dreimonatigen LIBOR überschreitet, bezogen auf ein Nominalkapital von 100 $. Die Auszahlung findet 90 Tage, nachdem die Zinssätze beobachtet wurden, statt.

b. Wir wollen ein Derivat bewerten, das vierteljährlich den dreimonatigen LIBOR minus der dreimonatigen Treasury Bill Rate auszahlt. Die Auszahlung findet 90 Tage, nachdem die Zinssätze beobachtet wurden, statt.

30.3 Nehmen Sie in Beispiel 29.3 von Abschnitt 29.2 an, dass die Auszahlung nach einem Jahr erfolgt (d. h. wenn der Zinssatz beobachtet wird) anstatt in 15 Monaten. Welcher Unterschied ergibt sich daraus für die Input-Parameter des Black-Modells?

30.4 Die zur Diskontierung verwendete LIBOR/Swap-Renditekurve sei flach bei 10% per annum mit jährlicher Verzinsung. Berechnen Sie den Wert eines Finanzinstruments, wenn in fünf Jahren die zweijährige Swap Rate (mit jährlicher Verzinsung) erhalten und eine feste Verzinsung von 10% gezahlt wird. Beide Sätze werden auf ein fiktives Nominalkapital von 100 $ bezogen. Nehmen Sie an, dass die Volatilität der Swap Rate 20% per annum ist. Erläutern Sie, warum sich der Wert des Instruments von null unterscheidet.

30.5 Welchen Unterschied macht es in Aufgabe 30.4, wenn die Swap Rate in fünf Jahren beobachtet wird, der Zahlungsaustausch aber in (a) sechs Jahren oder (b) sieben Jahren stattfindet? Nehmen Sie an, dass die Volatilitäten aller Forward Rates 20% sind. Nehmen Sie außerdem an, dass die Forward Swap Rate für den Zeitabschnitt zwischen den Jahren fünf und sieben eine Korrelation von 0,8 mit der Forward Rate zwischen den Jahren fünf und sechs aufweist, sowie eine Korrelation von 0,95 mit der Forward Rate zwischen den Jahren fünf und sieben.

30.6 Der bezüglich seiner Rendite zum Zeitpunkt T angegebene Anleihepreis ist $G(y_T)$. Nehmen Sie für die Forward-Anleiherendite y in einer Forward-risikoneutralen Welt bezüglich einer in T fälligen Anleihe eine geometrische Brownsche Bewegung an. Nehmen Sie außerdem an, dass α die Wachstumsrate der Forward-Anleiherendite und σ_y ihre Volatilität ist.

a. Verwenden Sie Itôs Lemma, um den Prozess des Forward-Anleihepreises bezüglich α, σ_y, y und $G(y)$ zu berechnen.

b. Der Forwardpreis der Anleihe sollte in der betrachteten Welt einem Martingal folgen. Verwenden Sie diese Tatsache, um einen Ausdruck für α zu berechnen.

c. Zeigen Sie, dass der Ausdruck für α als erste Näherungslösung mit Gleichung (30.1) konsistent ist.

30.7 Die Variable S ist ein Investitionsgut, das Einkünfte in Höhe von q in der Währung A liefert. Sie folgt in der realen Welt dem Prozess

$$dS = \mu_S S\, dt + \sigma_S S\, dz\,.$$

Geben Sie für folgende Varianten den Prozess für S sowie den Marktpreis des Risikos an; definieren Sie soweit notwendig neue Variablen:

a. eine Welt, die für die Währung A klassisch risikoneutral ist

b. eine Welt, die für die Währung B klassisch risikoneutral ist

c. eine Welt, die Forward-risikoneutral ist bezüglich eines Zerobonds in der Währung A, der zum Zeitpunkt T fällig ist

d. eine Welt, die Forward-risikoneutral ist bezüglich eines Zerobonds in der Währung B, der zum Zeitpunkt T fällig ist.

30.8 Eine Kaufoption bietet zur Zeit T eine Auszahlung von $\max(S_T - K, 0)$ Yen, wobei S_T der Goldpreis in Dollar zur Zeit T und K der Basispreis ist. Berechnen Sie den Wert des Kontrakts unter der Annahme, dass die Lagerkosten von Gold null sind, und definieren Sie falls nötig weitere Variablen.

30.9 Ein kanadischer Aktienindex steht gegenwärtig bei 400. Der kanadische Dollar ist zurzeit 0,70 US-Dollar wert. Die risikolosen Zinssätze in Kanada und den USA sind konstant bei 6% bzw. 4%. Die Dividendenrendite des Index beträgt 3%. Definieren Sie Q als die Anzahl kanadischer Dollar pro US-Dollar und S als den Wert des Index. Die Volatilität von S ist 20%, die Volatilität von Q 6% und die Korrelation zwischen S und Q 0,4. Benutzen Sie DerivaGem, um den Wert einer zweijährigen amerikanischen Kaufoption auf den Index zu bestimmen, die

a. den Betrag in kanadischen Dollar auszahlt, um den der Index 400 überschreitet,

b. den Betrag in US-Dollar auszahlt, um den der Index 400 überschreitet.

Zur weiteren Vertiefung

30.10 Betrachten wir ein Instrument, das in zwei Jahren S Dollar auszahlen wird, wobei S der Stand des Nikkei-Index ist. Gegenwärtig steht der Index bei 20 000. Der Dollar-Yen-Wechselkurs (Yen pro Dollar) ist 100. Die Korrelation zwischen Wechselkurs und Index ist 0,3 und die Dividendenrendite des Index 1% per annum. Die Volatilität des Nikkei-Index beträgt 20%, die Volatilität des Yen-Dollar-Wechselkurses 12%. Die als konstant angenommenen Zinssätze in den USA und Japan liegen bei 4% bzw. 2%.

a. Welchen Wert hat das Instrument?
b. Nehmen Sie an, dass Q der Wechselkurs zu irgendeinem Zeitpunkt während der Laufzeit des Wertpapiers und S der Indexstand ist. Zeigen Sie, dass ein US-amerikanischer Anleger ein Portfolio bilden kann, das sich im Wert um etwa ΔS Dollar verändert, wenn sich der Index um ΔS ändert, indem eine Investition von S Dollar in den Nikkei-Index und ein Leerverkauf von SQ Yen durchgeführt wird.
c. Bestätigen Sie, dass dies korrekt ist, indem Sie annehmen, dass sich der Index von 20 000 auf 20 050 und der Wechselkurs von 100 auf 99,7 ändert.
d. Wie würden Sie ein Delta-Hedging für das betrachtete Instrument durchführen?

30.11 Nehmen Sie an, dass die LIBOR-Renditekurve flach ist bei 8% (mit stetiger Verzinsung). Die Auszahlung eines Derivats erfolgt in vier Jahren. Sie ist gleich dem Fünfjahres-Zins minus dem Zweijahres-Zins zu diesem Zeitpunkt, bezogen auf ein Nominalkapital von 100 $ mit stetiger Verzinsung beider Zinssätze. (Die Auszahlung kann positiv oder negativ sein.) Berechnen Sie den Wert des Derivats. Nehmen Sie an, dass die Volatilität aller Zinssätze 25% ist. Welchen Unterschied macht es, wenn die Auszahlung in fünf anstatt in vier Jahren erfolgt? Nehmen Sie an, dass die Zinssätze perfekt korreliert sind. Verwenden Sie LIBOR-Diskontierung.

30.12 Nehmen Sie an, dass die Auszahlung eines Derivats in zehn Jahren erfolgen und gleich der zu diesem Zeitpunkt beobachteten Swap Rate für einen Swap mit halbjährlichen Zahlungen bezogen auf ein bestimmtes Nominalkapital sein wird.

Nehmen Sie an, dass die zur Diskontierung verwendete Swap-Renditekurve flach ist bei 8% (mit halbjährlicher Verzinsung) per annum in US-Dollar und 3% (ebenfalls mit halbjährlicher Verzinsung) in Yen. Die Volatilität der Forward Swap Rate ist 18%, die Volatilität des zehnjährigen Forward-Wechselkurses (Yen pro Dollar) 12% und die Korrelation zwischen diesem Wechselkurs und dem Zinssatz des US-Dollar 0,25.

a. Welchen Wert hat das Derivat, wenn die Swap Rate auf ein Nominalkapital von 100 Dollar und eine Auszahlung in Dollar bezogen wird?

b. Welchen Wert hat das Derivat, wenn die Swap Rate auf ein Nominalkapital von 100 Millionen Yen und eine Auszahlung in Yen bezogen wird?

30.13 Die Auszahlung eines Derivats wird in acht Jahren erfolgen. Sie wird gleich dem Mittelwert der einjährigen risikolosen Zinssätze nach fünf, sechs, sieben und acht Jahren sein, bezogen auf ein Nominalkapital von 100 $. Die risikolose Renditekurve ist flach bei 6% mit jährlicher Verzinsung und die Volatilitäten aller Zinssätze sind 16%. Nehmen Sie eine perfekte Korrelation zwischen allen Zinssätzen an. Welchen Wert hat das Derivat?

Anhang: Beweis der Formel für die Konvexitätsanpassung

In diesem Anhang berechnen wir eine Konvexitätsanpassung für eine Forward-Anleiherendite. Wir nehmen an, dass die Auszahlung eines Derivats zum Zeitpunkt T von einer zu diesem Zeitpunkt beobachteten Anleiherendite abhängt. Wir definieren:

y_0: gegenwärtig beobachtete Forward-Anleiherendite eines Forward-Kontrakts mit der Laufzeit T

y_T: Anleiherendite zum Zeitpunkt T

B_T: Anleihepreis zum Zeitpunkt T

σ_y: Volatilität der Forward-Anleiherendite

Wir nehmen an, dass

$$B_T = G(y_T)$$

gilt. Eine Taylor-Reihenentwicklung von $G(y_T)$ an der Stelle $y_T = y_0$ ergibt die Näherung

$$B_T = G(y_0) + (y_T - y_0)G'(y_0) + 0{,}5(y_T - y_0)^2 G''(y_0) \, ,$$

wobei G' und G'' die erste und zweite partielle Ableitung von G sind. Für die Erwartungswerte in einer Forward-risikoneutralen Welt bezüglich eines Zerobonds, der zum Zeitpunkt T fällig wird, erhalten wir

$$E_T(B_T) = G(y_0) + E_T(y_T - y_0)G'(y_0) + \frac{1}{2}E_T\big[(y_T - y_0)^2\big]G''(y_0)$$

mit E_T als Erwartungswert in dieser Welt. Der Ausdruck $G(y_0)$ ist per Definition der Forward-Preis der Anleihe. Da wir in einer speziellen Welt arbeiten, ist $E_T(B_T)$ ebenfalls gleich dem Forward-Preis der Anleihe. Folglich ist $E_T(B_T) = G(y_0)$, sodass

$$E_T(y_T - y_0)G'(y_0) + \frac{1}{2}E_T\big[(y_T - y_0)^2\big]G''(y_0) = 0$$

gilt. Der Ausdruck $E_T[(y_T - y_0)^2]$ ist näherungsweise $\sigma_y^2 y_0^2 T$. Folglich gilt näherungsweise

$$E_T(y_T) = y_0 - \frac{1}{2} y_0^2 \sigma_y^2 T \frac{G''(y_0)}{G'(y_0)} \ .$$

Um die erwartete Anleiherendite in einer Forward-risikoneutralen Welt bezüglich eines Zerobonds zu erhalten, der zum Zeitpunkt T fällig ist, müssen wir also

$$-\frac{1}{2} y_0^2 \sigma_y^2 T \frac{G''(y_0)}{G'(y_0)}$$

zur Forward-Anleiherendite addieren. Dies entspricht dem Ergebnis in Gleichung (30.1). Einen alternativen Beweis finden Sie in Aufgabe 30.6.

Zinsderivate: Die Short-Rate-Modelle

31.1 Hintergrund 860
31.2 Gleichgewichtsmodelle 861
31.3 No-Arbitrage-Modelle 869
31.4 Optionen auf Anleihen 874
31.5 Volatilitätsstrukturen 875
31.6 Zinsbäume 876
31.7 Ein allgemeines Verfahren zur Konstruktion von Bäumen 878
31.8 Kalibrierung 890
31.9 Hedging mit einem Einfaktor-Modell 891
Zusammenfassung 892
Literaturempfehlungen 892
Praktische Fragestellungen 893

Die bisher vorgestellten Modelle zur Bewertung von Zinsoptionen setzen voraus, dass ein Zinssatz, ein Anleihepreis oder eine andere Variable zu einem zukünftigen Zeitpunkt lognormalverteilt sind. Sie finden breite Anwendung bei der Bewertung von Caps, europäischen Anleiheoptionen und europäischen Swaptions. Die Modelle haben jedoch auch ihre Grenzen. So beschreiben sie nicht die Veränderung von Zinssätzen im Zeitablauf. Folglich können sie nicht zur Bewertung von Zinsderivaten amerikanischen Typs oder strukturierten Anleihen eingesetzt werden.

In diesem und dem nächsten Kapitel werden alternative Verfahren diskutiert, mit denen diese Einschränkungen überwunden werden können. Hierzu gehört die Ableitung so genannter Zinsstrukturmodelle. Dabei handelt es sich um Modelle, welche die Entwicklung aller Nullkupon-Zinssätze (Spot Rates) beschreiben.[1] In diesem Kapitel konzentrieren wir uns auf Zinsstrukturmodelle, die das Verhalten des kurzfristigen Zinssatzes r (Short Rate) modellieren.

In diesem Kapitel geht es um die Modellierung einer einzelnen risikofreien Strukturkurve. Der in Kapitel 9 diskutierte Trend zur OIS-Diskontierung erfordert oftmals die gleichzeitige Erstellung von zwei Strukturkurven. Für die Modelle dieses Kapitels wird jeweils der Overnight-Satz verwendet. Für den Spread zwischen Overnight- und LIBOR-Satz wird ein separates Modell entwickelt, welches in Abschnitt 32.3 diskutiert wird.

31.1 Hintergrund

Die risikolose Short Rate r zum Zeitpunkt t ist der Zinssatz, der zum Zeitpunkt t für einen infinitesimal kurzen Zeitabschnitt gilt. Dieser wird auch als *momentaner kurzfristiger Zinssatz* bezeichnet. Nicht verwendet wird der Prozess von r in der realen Welt. Wie in Kapitel 28 erläutert, ist die klassische risikoneutrale Welt eine Welt, in der die Anleger in einem sehr kurzen Zeitintervall zwischen t und $t + \Delta t$ im Mittel $r(t)\,\Delta t$ erwirtschaften. Alle Prozesse für r, die wir in diesem Kapitel vorstellen, sind, wenn nichts Anderes angegeben ist, Prozesse in dieser klassischen risikoneutralen Welt.

Gemäß Gleichung (28.19) ist der Wert eines Zinsderivats, das zum Zeitpunkt T eine Auszahlung von f_T leistet, zum Zeitpunkt t gleich

$$\hat{E}\left[e^{-\bar{r}(T-t)} f_T\right], \tag{31.1}$$

wobei $\bar{r}$ der durchschnittliche Wert von r im Zeitintervall t bis T und $\hat{E}$ der Erwartungswert in der klassischen risikoneutralen Welt ist.

Wie gewohnt definieren wir $P(t, T)$ als den Preis einer risikolosen Nullkupon-Anleihe zum Zeitpunkt t, die in T den Betrag von 1\$ auszahlt. Gemäß Gleichung (31.1) gilt

$$P(t, T) = \hat{E}\left[e^{-\bar{r}(T-t)}\right]. \tag{31.2}$$

Wenn $R(t, T)$ der risikolose Zinssatz zum Zeitpunkt t bei stetiger Verzinsung für eine Periode $T - t$ ist, dann gilt

$$P(t, T) = e^{-R(t,T)(T-t)}$$

---

[1] Ein Vorteil der Zinsstrukturmodelle besteht darin, dass die im vorigen Kapitel diskutierten Konvexitätsanpassungen, Anpassungen an die Zahlungstermine und Quantoanpassungen nicht notwendig sind.

und somit
$$R(t, T) = -\frac{1}{T-t} \ln P(t, T) \,. \tag{31.3}$$

Mit Gleichung (31.2) ergibt sich hieraus

$$R(t, T) = -\frac{1}{T-t} \ln \hat{E}\left[e^{-\bar{r}(T-t)}\right] \,. \tag{31.4}$$

Diese Gleichung ermöglicht, die Laufzeitstruktur der Zinssätze zu jedem beliebigen Zeitpunkt aus dem Wert von r zu diesem Zeitpunkt und dem risikoneutralen Prozess für r abzuleiten. Sie zeigt, dass, sobald der Prozess für r festgelegt ist, auch die anfängliche Zinsstrukturkurve und ihre zeitliche Entwicklung bestimmt sind.

Angenommen, r folgt dem allgemeinen Prozess

$$dr = m(r, t)\, dt + s(r, t)\, dz \,.$$

Nach Itôs Lemma folgt jedes von r abhängige Derivat dem Prozess

$$df = \left(\frac{\partial f}{\partial t} + m\frac{\partial f}{\partial r} + \frac{1}{2}s^2 \frac{\partial f}{\partial r^2}\right) dt + s\frac{\partial f}{\partial r}\, dz \,.$$

Da wir in der klassischen risikoneutralen Welt arbeiten, muss dieser Prozess, wenn das Derivat keine Einkünfte abwirft, die Form

$$df = rf\, dt + \ldots$$

besitzen, so dass

$$\frac{\partial f}{\partial t} + m\frac{\partial f}{\partial r} + \frac{1}{2}s^2 \frac{\partial f}{\partial r^2} = rf \,. \tag{31.5}$$

Diese Gleichung ist das Äquivalent zur Black-Scholes-Merton-Differentialgleichung für Zinsderivate. Eine spezielle Lösung der Gleichung muss der Preis $P(t, T)$ der Nullkupon-Anleihe sein.

31.2 Gleichgewichtsmodelle

Gleichgewichtsmodelle beginnen in der Regel mit Annahmen über ökonomische Variablen und leiten einen Prozess für den kurzfristigen Zinssatz r her. Sie untersuchen dann, was aus dem Prozess von r für die Anleihe- und Optionspreise folgt.

In einem Gleichgewichtsmodell mit einem Faktor enthält der Prozess für r nur eine Unsicherheitsquelle. Grundsätzlich wird der risikoneutrale Prozess für den kurzfristigen Zinssatz durch einen Itô-Prozess der Form

$$dr = m(r)\, dt + s(r)\, dz$$

beschrieben. Es wird unterstellt, dass die momentane Drift m und die momentane Standardabweichung s Funktionen von r, aber zeitunabhängig sind. Die Annahme eines einzigen Faktors ist nicht so einschränkend, wie es zuerst erscheint. Das Einfaktor-Modell impliziert, dass sich alle Zinssätze in einem beliebig kurzen Zeitintervall in dieselbe Richtung ändern, nicht jedoch, dass sie sich um denselben Betrag ändern. Die Gestalt der Zinsstrukturkurve kann sich daher im Laufe der Zeit verändern.

Zinsderivate: Die Short-Rate-Modelle

Wir betrachten nun drei Gleichgewichtsmodelle mit einem Faktor:

$m(r) = \mu r,$ $\quad s(r) = \sigma r$ $\quad$ (Rendleman Bartter Modell)
$m(r) = a(b-r),$ $\quad s(r) = \sigma$ $\quad$ (Vasicek Modell)
$m(r) = a(b-r),$ $\quad s(r) = \sigma \sqrt{r}$ $\quad$ (Modell von Cox, Ingersoll und Ross)

Das Rendleman-Bartter-Modell

Beim Rendleman-Bartter-Modell ist der risikoneutrale Prozess für r durch[2]

$$dr = \mu r \, dt + \sigma r \, dz$$

gegeben, wobei μ und σ Konstanten sind. Dies bedeutet, dass r einer geometrischen Brownschen Bewegung folgt. Der Prozess für r ist vom gleichen Typ wie derjenige, der in Kapitel 15 für Aktienkurse unterstellt wurde. Er kann durch einen Binomialbaum dargestellt werden, der dem in Kapitel 13 für Aktien verwendeten Baum ähnelt.[3]

Die Annahme, dass sich ein kurzfristiger Zinssatz wie ein Aktienkurs verhält, ist ein natürlicher Ausgangspunkt, aber bei weitem nicht optimal. Ein wichtiger Unterschied zwischen Zinssätzen und Aktienkursen besteht darin, dass Zinssätze im Laufe der Zeit anscheinend auf ein langfristiges Durchschnittsniveau zurücktendieren. Dieses Phänomen ist als *Mittelwerttendenz* (*Mean Reversion*) bekannt. Wenn r hoch ist, führt die Mean Reversion zu einer negativen Driftrate; ist r niedrig, bewirkt sie eine positive Driftrate. Mean Reversion ist in Abbildung 31.1 illustriert. Das Rendleman-Bartter-Modell berücksichtigt diese Mean Reversion nicht.

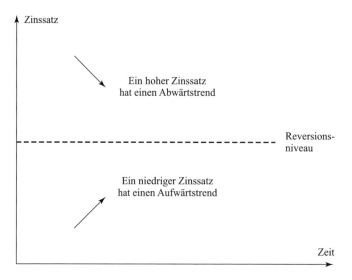

Abbildung 31.1: Mean Reversion

---

2 Siehe R. Rendleman und B. Bartter, „The Pricing of Options on Debt Securities", *Journal of Financial and Quantitative Analysis*, 15 (März 1980), 11–24.
3 Die Anwendung eines Zinsbaums wird weiter hinten in diesem Kapitel erläutert.

Es existieren zwingende ökonomische Argumente, die für Mean Reversion sprechen. Wenn die Zinssätze hoch sind, wird die Wirtschaft gebremst und es gibt seitens der Kreditnehmer eine geringe Nachfrage nach Zahlungsmitteln. Als Ergebnis fallen die Zinssätze. Wenn die Zinssätze niedrig sind, steigt die Nachfrage nach Mitteln von Seiten der Kreditnehmer und die Zinssätze steigen tendenziell an.

Das Vasicek-Modell

Im Vasicek-Modell ist der risikoneutrale Prozess für r

$$dr = a(b - r)\,dt + \sigma\,dz\,,$$

wobei a, b und σ Konstanten sind.[4] Dieses Modell berücksichtigt Mean Reversion. Der kurzfristige Zinssatz wird mit einer Rate a auf ein Niveau b „gezogen". Diese Tendenz wird von einem normalverteilten stochastischen Term $\sigma\,dz$ überlagert.

Im Vasicek-Modell werden die Preise der Nullkupon-Anleihen gegeben durch:

$$P(t, T) = A(t, T)e^{-B(t,T)r(t)}\,, \tag{31.6}$$

wobei

$$B(t, T) = \frac{1 - e^{-a(T-t)}}{a} \tag{31.7}$$

und

$$A(t, T) = \exp\left[\frac{(B(t, T) - T + t)(a^2 b - \sigma^2/2)}{a^2} - \frac{\sigma^2 B(t, T)^2}{4a}\right]. \tag{31.8}$$

Für $a = 0$ gilt $B(t, T) = T - t$ und $A(t, T) = \exp[\sigma^2(T - t)^3/6]$.

Für den Nachweis beachten wir, dass in Gleichung (31.5) $m = a(b - r)$ und $s = \sigma$. Damit gilt

$$\frac{\partial f}{\partial t} + a(b - r)\frac{\partial f}{\partial r} + \frac{1}{2}\sigma^2 \frac{\partial f}{\partial r^2} = rf\,.$$

Durch Substitution erkennen wir, dass $f = A(t, T)e^{-B(t,T)r}$ diese Differentialgleichung erfüllt, falls

$$B_t - aB + 1 = 0$$

und

$$A_t - abAB + \frac{1}{2}\sigma^2 AB^2 = 0\,,$$

wobei die A_t und B_t die partiellen Ableitungen nach t bezeichnen. Die Ausdrücke für $A(t, T)$ und $B(t, T)$ in den Gleichungen (31.7) und (31.8) sind die Lösungen für diese Gleichungen. Darüber hinaus erfüllen sie wegen $A(T, T) = 1$ und $B(T, T) = 0$ die Randbedingung $P(T, T) = 1$.

Das Modell von Cox, Ingersoll und Ross

Cox, Ingersoll und Ross (CIR) haben das folgende alternative Modell vorgeschlagen:[5]

$$dr = a(b - r)\,dt + \sigma\sqrt{r}\,dz\,,$$

---

[4] Siehe O.A. Vasicek, „An Equilibrium Characterization of the Term Structure", *Journal of Financial Economics*, 5 (1977), 177–188.

[5] Siehe J.C. Cox, J.E. Ingersoll und S.A. Ross, „A Theory of the Term Structure of Interest Rates", *Econometrica*, 53 (1985), 385–407.

wobei a, b und σ nichtnegative Konstanten sind. Das Modell hat dieselbe Drift mit Mean Reversion wie das Vasicek-Modell, die Standardabweichung der Änderung des kurzfristigen Zinssatzes in einem kurzen Zeitabschnitt ist aber proportional zu $\sqrt{r}$. Wenn der kurzfristige Zinssatz steigt, bedeutet dies, dass auch seine Standardabweichung größer wird.

Die Anleihepreise im CIR-Modell haben dieselbe allgemeine Form wie im Vasicek-Modell, nämlich

$$P(t,T) = A(t,T)e^{-B(t,T)r} .$$

Die Funktionen $B(t,T)$ und $A(t,T)$ sind jedoch verschieden:

$$B(t,T) = \frac{2(e^{\gamma(T-t)} - 1)}{(\gamma + a)(e^{\gamma(T-t)} - 1) + 2\gamma}$$

$$A(t,T) = \left[\frac{2\gamma e^{(a+\gamma)(T-t)/2}}{(\gamma + a)(e^{\gamma(T-t)} - 1) + 2\gamma}\right]^{2ab/\sigma^2}$$

mit $\gamma = \sqrt{a^2 + 2\sigma^2}$.

Für den Nachweis substituieren wir in Gleichung (31.5) $m = a(b-r)$ und $s = \sigma\sqrt{r}$. Damit gilt

$$\frac{\partial f}{\partial t} + a(b-r)\frac{\partial f}{\partial r} + \frac{1}{2}\sigma^2 r \frac{\partial f}{\partial r^2} = rf .$$

Wie beim Vasicek-Modell können wir das Resultat der Anleihebepreisung durch die Substitution $f = A(t,T)e^{-B(t,T)r}$ in der Differentialgleichung verifizieren. Im vorliegenden Fall sind $A(t,T)$ und $B(t,T)$ die Lösungen der Gleichungen

$$B_t - aB - \frac{1}{2}\sigma^2 B^2 + 1 = 0$$

und

$$A_t - abAB = 0 .$$

Darüber hinaus ist die Randbedingung $P(T,T) = 1$ erfüllt.

Eigenschaften des Vasicek- und des CIR-Modells

Die Funktionen $A(t,T)$ und $B(t,T)$ sind bei Vasicek und CIR verschieden, doch in beiden Modellen gilt

$$P(t,T) = A(t,T)e^{-B(t,T)r(T)} ,$$

sodass

$$\frac{\partial P(t,T)}{\partial r(t)} = -B(t,T)P(t,T) . \tag{31.9}$$

Unter Verwendung von Gleichung (31.3) erhalten wir die Zero Rate zum Zeitpunkt t für einen Zeitraum der Länge $T - t$:

$$R(t,T) = -\frac{1}{T-t}\ln A(t,T) + \frac{1}{T-t}B(t,T)r(t) ,$$

31.2 Gleichgewichtsmodelle

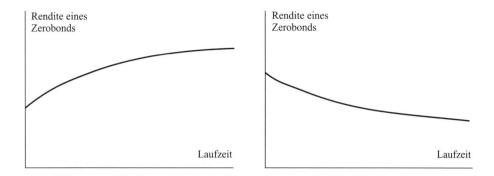

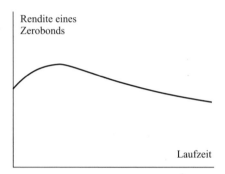

Abbildung 31.2: Mögliche Formen der Zinsstrukturkurve nach dem Vasicek-Modell

was zeigt, dass die gesamte Zinsstrukturkurve als Funktion von $r(t)$ beschrieben werden kann, sobald a, b und σ bestimmt sind. $R(t, T)$ ist linear abhängig von $r(t)$.[6] Das bedeutet, dass der Wert von $r(t)$ das Niveau der Zinsstrukturkurve zu Zeitpunkt t bestimmt. Die Form der Zinsstrukturkurve zum Zeitpunkt t hängt dagegen nicht von $r(t)$, sondern von t ab. Ihre Form kann für einen bestimmten Zeitpunkt nach oben geneigt, nach unten geneigt oder mit einem Hügel versehen sein (siehe Abbildung 31.2).

In Kapitel 4 haben wir gesehen, dass die Modified Duration D einer Anleihe bzw. eines anderen zinsabhängigen Instruments mit Preis Q so definiert ist, dass

$$\frac{\Delta Q}{Q} = -D \Delta y \ ,$$

wobei Δy die Parallelverschiebung der Renditekurve beschreibt. Alternativ kann man im Vasicek- oder im CIR-Modell ein alternatives Durationsmaß $\hat{D}$ verwenden, welches durch

$$\hat{D} = -\frac{1}{Q}\frac{\partial Q}{\partial r}$$

---

[6] Einige Wissenschaftler haben Zwei-Faktor-Modelle entwickelt, die eine größere Zahl möglicher Bewegungen in der Zinsstrukturkurve berücksichtigen als Vasicek oder CIR. Siehe z. B. F.A. Longstaff und E.S. Schwartz, „Interest Rate Volatility and the Term Structure: A Two Factor General Equilibrium Model", *Journal of Finance*, 47, Nr. 4 (September 1992), 1259–1282.

gegeben ist. Ist Q eine Nullkupon-Anleihe $P(t,T)$, dann folgt aus Gleichung (31.9), dass $\hat{D} = B(t,T)$.

> **Beispiel 31.1** Wir betrachten eine Nullkupon-Anleihe mit einer Laufzeit von 4 Jahren. Damit gilt $D = 4$ und eine Parallelverschiebung der Zinsstrukturkurve um 10 Basispunkte (0,1%) führt zu einem Rückgang des Anleihepreises um etwa 0,4%. Verwendet man das Vasicek-Modell mit $a = 0,1$, dann ist
> $$\hat{D} = B(0,4) = \frac{1 - e^{-0,1 \cdot 4}}{0,1} = 3,29 \;.$$
> Eine Anwachsen des kurzfristigen Zinssatzes um 10 Basispunkte führt also zu einem Rückgang des Anleihepreises um etwa 0,329%. Die Sensitivität des Anleihepreises gegenüber Bewegungen des kurzfristigen Zinssatzes ist kleiner als gegenüber Parallelverschiebungen der Zinsstrukturkurve, da sich die Mean Reversion auswirkt.

Beschreibt Q ein Portfolio von n Nullkupon-Anleihen $P(t,T_i)$ ($1 \leq i \leq n$), und ist c_i der Nominalbetrag der i-ten Anleihe, dann haben wir

$$\hat{D} = \frac{1}{Q}\frac{\partial Q}{\partial r} = \frac{1}{Q}\sum_{i=1}^{n} c_i \frac{\partial P(t,T_i)}{\partial r} = \sum_{i=1}^{n} \frac{c_i P(t,T_i)}{Q} \hat{D}_i \;,$$

wobei $\hat{D}_i$ das Maß $\hat{D}$ für $P(t,T_i)$ bezeichnet. Damit haben wir gezeigt, dass das Maß $\hat{D}$ für eine kupontragende Anleihe als gewichteter Durchschnitt der $\hat{D}$s der zugrunde liegenden Nullkupon-Anleihen berechnet werden kann, in Analogie zur Berechnung des gewöhnlichen Durationsmaßes D (siehe Tabelle 4.6). Auf ähnliche Weise kann man für Vasicek- und CIR-Modell auch ein Konvexitätsmaß definieren (siehe Aufgabe 31.21).

Die erwartete Wachstumsrate von $P(t,T)$ in der klassischen risikoneutralen Welt zum Zeitpunkt t ist $r(t)$, da $P(t,T)$ der Preis eines gehandelten Wertpapiers ist. Da $P(t,T)$ eine Funktion von $r(t)$ ist, kann der Koeffizient von $dz(t)$ im Prozess für $P(t,T)$ aus Itôs Lemma gewonnen werden. Er beträgt $\sigma \partial P(t,T)/\partial r(t)$ für das Vasicek-Modell und $\sigma \sqrt{r} \partial P(t,T)/\partial r(t)$ für das CIR-Modell. Durch Substitution in Gleichung (31.9) ergeben sich folglich die Prozesse in der risikoneutralen Welt für $P(t,T)$:

Vasicek: $dP(t,T) = r(t)P(t,T)\,dt - \sigma B(t,T)P(t,T)\,dz(t)$

CIR: $dP(t,T) = r(t)P(t,T)\,dt - \sigma \sqrt{r(t)} B(t,T) P(t,T)\,dz(t) \;.$

Für den Vergleich der Zinsstrukturkurven von Vasicek- und CIR-Modell für einen bestimmten Wert von r ist es sinnvoll, die gleichen Parameter a und b zu verwenden. Allerdings sollte σ_{vas}, das σ im Vasicek-Modell, so gewählt werden, dass $\sigma_{\text{vas}} = \sigma_{\text{cir}} \cdot \sqrt{r}$, wobei σ_{cir} das σ im CIR-Modell bezeichnet. Wenn also $r = 4\%$ und $\sigma_{\text{vas}} = 0,01$, dann wäre $0,01/\sqrt{0,04} = 0,05$ ein geeigneter Wert für σ_{cir}. Software zum Experimentieren mit den Modellen finden Sie unter www.rotman.utoronto.ca/~hull/VasicekCIR. Im Vasicek-Modell kann r negativ werden, im CIR-Modell ist das hingegen nicht möglich.[7]

Anwendungsbereiche von Gleichgewichtsmodellen

Im nächsten Abschnitt legen wir dar, dass es bei der Bewertung von Derivaten wichtig ist, dass das verwendete Modell exakt zur aktuellen Zinsstrukturkurve passt. Wird jedoch zum Zweck einer Szenarioanalyse eine Monte-Carlo-Simulation durchgeführt, dann können die in diesem Abschnitt vorgestellten Gleichgewichtsmodelle von Nutzen sein. Pensionskassen oder Versicherungsunternehmen, denen am Wert ihres Portfolios in 20 Jahren gelegen ist, sind vermutlich der Auffassung, dass die genaue Gestalt der aktuellen Zinsstrukturkurve relativ wenige Auswirkungen auf ihre Risiken hat.

Ist eines der von uns betrachteten Modelle gewählt worden, besteht ein Ansatz darin, die Parameter aus den vergangenen Bewegungen des kurzfristigen Zinssatzes zu bestimmen. Stellvertretend für den kurzfristigen Zinssatz kann man den 1-Monats- oder den 3-Monats-Zinssatz benutzen. Dazu kann man Daten über die täglichen, wöchentlichen oder monatlichen Änderungen des kurzfristigen Zinssatzes erfassen und die Parameter mittels linearer Regression von Δ gegen r (siehe Beispiel 31.2) oder des Maximum-Likelihood-Verfahrens (siehe Aufgabe 31.13) bestimmen. Ein anderer Ansatz ist die Erfassung von Anleihepreisen und die Bestimmung der Werte von a, b und σ, die die Summen der quadratischen Abweichungen der Modellpreise von den Marktpreisen der Anleihen minimieren (z. B. mit der SOLVER-Routine in Excel).

Zwischen diesen zwei Ansätzen besteht ein wichtiger Unterschied. Der erste Ansatz (Anpassung an historische Daten) liefert Parameterschätzer in der Realwelt. Der zweit Ansatz (Anpassung an Anleihepreise) liefert Parameterschätzer in der risikoneutralen Welt. Wenn wir eine Szenarioanalyse durchführe, wollen wir das Verhalten des kurzfristigen Zinssatzes in der Realwelt modellieren. Allerdings werden wir auch die komplette Zinsstrukturkurve zu verschiedenen Zeitpunkten der Monte-Carlo-Simulation wissen wollen. Deshalb brauchen wir risikoneutrale Parameterschätzer.

Wenn wir von der Realwelt in die risikoneutrale Welt übergehen, ändert sich die Volatilität des kurzfristigen Zinssatzes nicht, dafür jedoch die Drift. Um die Änderung der Drift zu bestimmen, muss man einen Schätzer für den Marktpreis des Zinsrisikos angeben. Ahmad und Wilmott vergleichen zu diesem Zweck den Anstieg der Spot-Rate-Strukturkurve mit der Drift des kurzfristigen Zinssatzes in der Realwelt.[8] Ihr Schätzer für den langfristigen durchschnittlichen Marktpreis des Zinsrisikos für US-Zinsen liegt bei etwa 1,2. Dieser Schätzer weist im Zeitverlauf eine beträchtliche Schwankung auf. Unter schwierigen Marktbedingungen, wenn der „Angstfaktor" (wie etwa während der Kreditkrise 2007-2009) hoch ist, wurde für den Marktpreis des Zinsrisikos ein viel höherer negativer Wert als $-1,2$ ermittelt.

---

7 Wenn im CIR-Modell die Zinssätze gegen null gehen, wird die Variabilität der Zinssätze sehr klein. Negative Zinssätze sind generell ausgeschlossen und für $2ab \geq \sigma^2$ kann der Zinssatz auch nicht null werden.
8 Siehe R. Ahmad und P. Wilmott, „The Market Price of Interest-Rate Risk: Measuring and Modeling Fear and Greed in the Fixed-Income Markets", *Wilmott*, Januar 2007, 64–70.

> **Beispiel 31.2** Angenommen, es wird die diskrete Version
>
> $$\Delta r = a(b-r)\Delta t + \sigma \epsilon \sqrt{\Delta t}$$
>
> des Vasicek-Modells verwendet, um wöchentliche Daten über den kurzfristigen Zinssatz über einen Zeitraum von zehn Jahren für eine Monte-Carlo-Simulation aufzubereiten. Angenommen, die Regression von Δr (der Änderung des kurzfristigen Zinssatzes in einer Woche) gegen r ergibt einen Anstieg von $-0{,}004$, einen Achsenabschnitt (Alpha) von $0{,}00016$ und einen Standardfehler von $0{,}001$. In diesem Fall ist $\Delta t = 1/52$, so dass $a/52 = 0{,}004$, $ab/52 = 0{,}00016$ und $\sigma/\sqrt{52} = 0{,}001$. Daraus erhält man $a = 0{,}21$, $b = 0{,}04$ und $\sigma = 0{,}0072$. (Die Parameter besagen, dass der kurzfristige Zinssatz mit einer Reversion Rate von 21% gegen einen Wert von 4% tendiert. Die Volatilität des kurzfristigen Zinssatzes zu einem beliebigen Zeitpunkt ist $0{,}72\%$ geteilt durch den kurzfristigen Zinssatz.) Nunmehr kann der kurzfristige Zinssatz für die Realwelt simuliert werden.
>
> Bei der Bestimmung des risikoneutralen Prozesses für r haben wir im Auge, dass die proportionale Drift von r gleich $a(b-r)/r$ ist und seine Volatilität σ/r. Aus den Resultaten von Kapitel 28 wissen wir, dass sich die proportionale Drift beim Übergang von der Realwelt zur risikoneutralen Welt um $\lambda\sigma/r$ reduziert, wobei λ den Marktpreis des Zinsrisikos bezeichnet. Der Prozess für r in der risikoneutralen Welt lautet daher
>
> $$dr = [a(b-r) - \lambda\sigma]dt + \sigma\,dz$$
>
> bzw.
>
> $$dr = [a(b^* - r)]dt + \sigma\,dz$$
>
> mit
>
> $$b^* = g - \lambda\sigma/a\,.$$
>
> Unter Berücksichtigung der Resultate von Ahmad und Wilmott könnten wir $\lambda = -1{,}2$ wählen, woraus sich $b^* = 0{,}04 + 1{,}2 \cdot 0{,}0072/0{,}21 = 0{,}082$ ergibt. Nun kann man die Gleichungen (31.6) bis (31.8) (mit $b = b^*$) verwenden, um die vollständige Zinsstrukturkurve zu jedem beliebigen Zeitpunkt der Monte-Carlo-Simulation zu bestimmen.

> **Beispiel 31.3** Das Cox-Ingersoll-Ross-Modell
>
> $$dr = a(b-r)\,dt + \sigma\sqrt{r}\,dz$$
>
> kann unter Benutzung der analytischen Resultate des Modells zur Bewertung von Anleihen beliebiger Laufzeit verwendet werden. Angenommen, die Werte für a, b und σ, welche die Summe der quadratischen Abweichungen zwischen den Marktpreisen einiger Anleihen und den vom Modell ermittelten Preisen minimieren, lauten $a = 0{,}15$, $b = 0{,}06$ und $\sigma = 0{,}05$. Die Parameterwerte liefern einen risikoneutralen Best-Fit-Prozess für den risikolosen Zinssatz. In diesem Fall beträgt die proportionale Drift von des kurzfristigen Zinssatzes $a(b-r)/r$ ist

und seine Volatilität $\sigma/\sqrt{r}$. Aus den Resultaten von Kapitel 28 wissen wir, dass sich die proportionale Drift beim Übergang von der risikoneutralen Welt zur Realwelt um $\lambda\sigma/\sqrt{r}$ erhöht, wobei λ den Marktpreis des Zinsrisikos bezeichnet. Der Prozess für r in der Realwelt lautet daher

$$\mathrm{d}r = [a(b-r) + \lambda\sigma\sqrt{r}]\,\mathrm{d}t + \sigma\sqrt{r}\,\mathrm{d}z\,.$$

Mit dieser Gleichung lässt sich der Prozess für den kurzfristigen Zinssatz in der Realwelt simulieren.[9] Langfristigere Zinssätze lassen sich für jeden beliebigen Zeitpunkt unter Verwendung des risikoneutralen Prozesses und der analytischen Resultate bestimmen. Wie oben können wir $\lambda = -1{,}2$ wählen.

31.3 No-Arbitrage-Modelle

Der Nachteil der in den vorangegangenen Abschnitten vorgestellten Gleichgewichtsmodelle besteht darin, dass sie nicht unbedingt automatisch zur aktuellen Zinsstruktur passen. Durch geschickte Wahl der Parameter kann eine näherungsweise Anpassung an zahlreiche in der Praxis vorkommende Formen der Zinsstruktur erreicht werden. Dabei handelt es sich jedoch um keine exakte Anpassung. Für die meisten Händler ist dies unbefriedigend. Nicht zu Unrecht wenden sie ein, dass sie nur ein sehr geringes Vertrauen in den Preis einer Anleiheoption haben können, wenn das Modell die zugrunde liegende Anleihe nicht korrekt bewertet. Ein Fehler von z. B. 1% im Preis der zugrunde liegenden Anleihe kann so zu einem Fehler von 25% im Optionspreis führen.

No-Arbitrage-Modelle sind so gestaltet, dass sie exakt mit der aktuellen Zinsstruktur übereinstimmen. Der wesentliche Unterschied zwischen einem Gleichgewichts- und einem No-Arbitrage-Modell ist deshalb der folgende: In einem Gleichgewichtsmodell ist die aktuelle Zinsstruktur ein Modelloutput. In einem No-Arbitrage-Modell dagegen ist die aktuelle Zinsstruktur ein Modellinput.

In einem Gleichgewichtsmodell ist die Driftrate der Short Rate (d. h. der Koeffizient von $\mathrm{d}t$) in der Regel keine Funktion der Zeit. In einem No-Arbitrage-Modell hängt die Driftrate im Allgemeinen von der Zeit ab. Dies liegt daran, dass die anfängliche Form der Zinsstrukturkurve den durchschnittlichen Pfad bestimmt, welchem die weitere Entwicklung des kurzfristigen Zinssatzes in einem No-Arbitrage-Modell folgt. Wenn die Zinsstrukturkurve für Laufzeiten zwischen t_1 und t_2 deutlich steigt, hat r zwischen diesen Zeitpunkten eine positive Drift. Wenn sie für diese Laufzeiten deutlich sinkt, hat r zwischen diesen Zeitpunkten eine negative Drift.

Man kann einige Gleichgewichtsmodelle in No-Arbitrage-Modelle überleiten, indem die Drift des kurzfristigen Zinssatzes zeitabhängig modelliert wird. Wir betrachten nun das Ho-Lee-Modell, das Hull-White-Modell (mit einem Faktor und mit zwei Faktoren), das Black-Derman-Toy-Modell und das Black-Karasinski-Modell.

---

[9] Beim Wechsel zwischen Realwelt und risikoneutraler Welt im Cox-Ingersoll-Ross-Modell bietet sich die Annahme an, dass λ proportional zu $\sqrt{r}$ oder $1/\sqrt{r}$ ist, weil so die Drift in funktionaler Form erhalten bleibt.

Das Ho-Lee-Modell

Ho und Lee stellten 1986 das erste No-Arbitrage-Modell für die Zinsstruktur vor.[10] Sie führten das Modell in Form eines Binomialbaums von Anleihepreisen mit zwei Parametern aus: der kurzfristigen Standardabweichung und dem Marktpreis des Risikos des kurzfristigen Zinssatzes. Es wurde gezeigt, dass das Modell in stetiger Zeit in der klassischen risikoneutralen Welt gegen

$$dr = \theta(t)\, dt + \sigma\, dz \qquad (31.10)$$

konvergiert. Dabei ist die momentane Standardabweichung σ des kurzfristigen Zinssatzes konstant und $\theta(t)$ ist eine Funktion der Zeit, die so gewählt wird, dass das Modell an die anfängliche Zinsstruktur angepasst ist. Die Variable $\theta(t)$ definiert die mittlere Richtung, in die sich r zum Zeitpunkt t bewegt; sie ist unabhängig von der Höhe von r. Der Parameter von Ho und Lee, der den Marktpreis des Risikos betrifft, erweist sich als irrelevant, wenn das Modell zur Bewertung von Zinsderivaten verwendet wird.

Technical Note 31 unter `www.rotman.utoronto.ca/~hull/ofod/index.html` zeigt, dass

$$\theta(t) = F_t(0, t) + \sigma^2 t, \qquad (31.11)$$

wobei $F(0, t)$ die momentane Forward Rate für einen Fälligkeitstermin t zum Zeitpunkt null ist und der Index t die partielle Ableitung nach t bezeichnet. Näherungsweise ist $\theta(t)$ gleich $F_t(0, t)$. Dies bedeutet, dass die durchschnittliche Richtung, in die sich der kurzfristige Zinssatz zukünftig bewegen wird, näherungsweise gleich

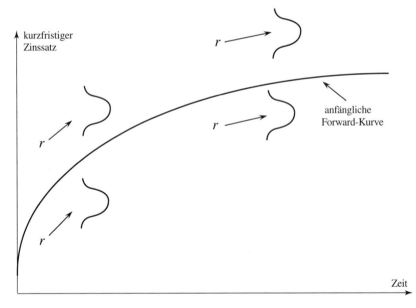

Abbildung 31.3: Das Ho-Lee-Modell

---

10 Siehe T.S.Y. Ho und S.-B. Lee, „Term Structure Movements and Pricing Interest Rate Contingent Claims", *Journal of Finance*, 41 (Dezember 1986), 1011–1029.

der Steigung der momentanen Forward-Kurve ist. Das Ho-Lee-Modell ist in Abbildung 31.3 dargestellt. Normalverteilte Zufallsgrößen überlagern die durchschnittliche Bewegung des kurzfristige Zinssatzes.

Technical Note 31 besagt außerdem, dass

$$P(t, T) = A(t, T)e^{-r(t)(T-t)} \qquad (31.12)$$

mit

$$\ln A(t, T) = \ln \frac{P(0, T)}{P(0, t)} + (T - t)F(0, t) - \frac{1}{2}\sigma^2 t(T - t)^2 \,.$$

Aus Abschnitt 4.6 wissen wir, dass $F(0, t) = -\partial \ln P(0, t)/\partial t$. Die Preise $P(0, t)$ der Nullkupon-Anleihen sind aus der aktuellen Zinsstrukturkurve für alle t bekannt. Gleichung (31.12) liefert somit den Preis einer Nullkupon-Anleihe für einen zukünftigen Zeitpunkt t in Abhängigkeit vom kurzfristigen Zinssatz zum Zeitpunkt t und den aktuellen Anleihepreisen.

Das Einfaktor-Modell von Hull-White

In einer Veröffentlichung aus dem Jahre 1990 untersuchten Hull und White Erweiterungen des Vasicek-Modells, um eine exakte Anpassung an die anfängliche Zinsstruktur zu ermöglichen.[11] Eine von ihnen betrachtete Version des erweiterten Vasicek-Modells ist

$$dr = [\theta(t) - ar]\,dt + \sigma\,dz \qquad (31.13)$$

oder

$$dr = a\left[\frac{\theta(t)}{a} - r\right]dt + \sigma\,dz \,,$$

wobei a und σ Konstanten sind. Dies wird auch als Hull-White-Modell bezeichnet. Es kann charakterisiert werden als Ho-Lee-Modell mit Mean Reversion der Rate a. Alternativ kann es als Vasicek-Modell mit zeitabhängigem Reversionsniveau bezeichnet werden. Zum Zeitpunkt t tendiert der kurzfristige Zinssatz zu einem Niveau von $\theta(t)/a$ mit der Rate a. Das Ho-Lee-Modell ist somit ein Spezialfall des Hull-White-Modells für $a = 0$.

Dieses Modell ist ebenso gut analytisch handhabbar wie das Ho-Lee-Modell. Technical Note 31 besagt, dass

$$\theta(t) = F_t(0, t) + aF(0, t) + \frac{\sigma^2}{2a}(1 - e^{-2at}) \,. \qquad (31.14)$$

Der letzte Term in dieser Gleichung ist gewöhnlich sehr klein. Wenn wir ihn vernachlässigen, besagt die Gleichung, dass $F_t(0, t) + a[F(0, t) - r]$ die Driftrate des Prozesses für r zum Zeitpunkt t ist. Dies zeigt, dass r im Mittel der Steigung der anfänglichen Kurve der momentanen Forward Rates folgt. Wenn es von dieser Kurve abweicht, kehrt es wieder mit der Rate a zurück. Dieses Modell ist in Abbildung 31.4 dargestellt.

Im Hull-White-Modell sind Anleihepreise zum Zeitpunkt t gemäß Technical Note 31 durch

$$P(t, T) = A(t, T)e^{-B(t,T)r(t)} \qquad (31.15)$$

---

[11] Siehe J. Hull und A. White, „Pricing Interest Rate Derivative Securities", *Review of Financial Studies*, 3, Nr. 4 (1990), 573–592.

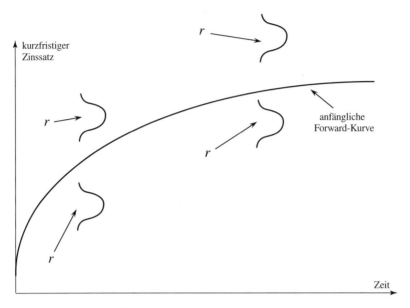

Abbildung 31.4: Das Hull-White-Modell

gegeben. Dabei gilt

$$B(t, T) = \frac{1 - e^{-a(T-t)}}{a} \tag{31.16}$$

und

$$\ln A(t, T) = \ln \frac{P(0, T)}{P(0, t)} + B(t, T)F(0, t) - \frac{1}{4a^3}\sigma^2(e^{-aT} - e^{-at})^2(e^{2at} - 1). \tag{31.17}$$

Im nächsten Abschnitt zeigen wir, dass europäische Anleiheoptionen analytisch mit dem Ho-Lee- und dem Hull-White-Modell bepreist werden können. Wir werden in diesem Kapitel noch auf eine Methode zur Repräsentation des Hull-White-Modells in Form eines Trinomialbaums eingehen. Sie ist von Nutzen, wenn amerikanische Optionen und andere Derivate, die nicht analytisch bewertet werden können, betrachten werden.

Das Black-Derman-Toy-Modell

Im Jahr 1990 schlugen Black, Derman und Toy ein Binomialbaum-Modell für einen lognormalen Prozess des kurzfristigen Zinssatzes vor.[12] Ihr Verfahren zur Erzeugung des Binomialbaums ist in Technical Note 23 unter `www.rotman.utoronto.ca/~hull/ofod/index.html` erläutert. Man kann zeigen, dass der zum Modell korrespondierende stochastische Prozess die Gestalt

$$d \ln r = [\theta(t) - a(t) \ln r] dt + \sigma(t) dz$$

---

[12] Siehe F. Black, E. Derman, und W. Toy, „A One-Factor Model of Interest Rates and Its Application to Treasury Bond Prices", *Financial Analysts Journal*, (Januar/Februar 1990): 33–39.

mit
$$a(t) = \frac{\sigma'(t)}{\sigma(t)}$$

besitzt, wobei $\sigma'(t)$ die Ableitung von σ nach t bezeichnet. Dieses Modell hat gegenüber dem Ho-Lee- und dem Hull-White-Modell den Vorteil, dass der Zinssatz nicht negativ werden kann. Der Wiener-Prozess dz kann dafür sorgen, dass $\ln(r)$ negativ wird, doch r selbst ist immer positiv. Ein Nachteil des Modells besteht darin, dass es keine analytischen Eigenschaften besitzt. Ein noch ernsterer Nachteil ist, dass die Art und Weise der Konstruktion des Baums eine Beziehung zwischen dem Volatilitätsparameter $\sigma(t)$ und dem Parameter $a(t)$ herstellt. Dieser ist nur dann positiv, wenn die Volatilität des kurzfristigen Zinssatzes eine fallende Funktion der Zeit ist.

In der Praxis ergibt sich die günstigste Version des Modells, wenn $\sigma(t)$ konstant ist. Dann ist der Parameter a null und das Modell reduziert sich zu

$$d\ln r = \theta(t)\,dt + \sigma\,dz\,.$$

Man spricht auch von einer Lognormalversion des Ho-Lee-Modells.

Das Black-Karasinski-Modell

1991 stellten Black und Karasinski eine Weiterentwicklung des Black-Derman-Toy-Modells vor, bei der Reversionsrate und Volatilität jeweils separat bestimmt werden.[13] In der allgemeinsten Form hat das Modell die Gestalt

$$d\ln r = [\theta(t) - a(t)\ln(r)]\,dt + \sigma(t)\,dz\,.$$

Das Modell entspricht dem Black-Derman-Toy-Modell, allerdings gibt es keine Verknüpfung zwischen $a(t)$ und $\sigma(t)$. In der Realität werden $a(t)$ und $\sigma(t)$ oft als konstant angenommen. Das Modell hat dann folgendes Aussehen:

$$d\ln r = [\theta(t) - a\ln(r)]\,dt + \sigma\,dz\,. \tag{31.18}$$

Wie bei allen von uns betrachteten Modellen wird auch hier die Funktion $\theta(t)$ so bestimmt, dass die anfängliche Zinsstruktur exakt abgebildet wird. Das Modell ist analytisch nicht handhabbar. Wir werden jedoch in diesem Kapitel noch eine Möglichkeit vorstellen, wie man auf günstige Weise gleichzeitig $\theta(t)$ bestimmen und den Prozess für r in Form eines Trinomialbaums darstellen kann.

Das Zweifaktoren-Modell von Hull-White

Hull und White haben ein Zweifaktoren-Modell entwickelt:[14]

$$df(r) = [\theta(t) + u - af(r)]\,dt + \sigma_1\,dz_1\,, \tag{31.19}$$

wobei $f(r)$ eine Funktion von r ist, u einen Anfangswert von null hat und dem Prozess

$$du = -bu\,dt + \sigma_2\,dz_2$$

---

13 Siehe F. Black und P. Karasinski, „Bond and Option Pricing When Short Rates Are Lognormal", *Financial Analysts Journal*, (Juli/August 1991), 52–59.
14 Siehe J. Hull und A. White, „Numerical Procedures for Implementing Term Structure Models II: Two-Factor Models", *Journal of Derivatives*, 2, Nr. 2 (Winter 1994), 37–48.

folgt. Wie bei den eben betrachteten Einfaktor-Modellen wird der Parameter $\theta(t)$ so gewählt, dass das Modell konsistent mit der anfänglichen Zinsstruktur ist. Die Zufallsvariable u ist eine Komponente des Reversionsniveaus von r und kehrt mit der Rate b auf den Wert null zurück. Die Parameter a, b, σ_1 und σ_2 sind Konstanten, dz_1 und dz_2 sind Wiener-Prozesse mit einer momentanen Korrelation von ρ.

Dieses Modell ermöglicht im Vergleich zu Einfaktor-Modellen wesentlich umfangreichere Zinsstrukturbewegungen und Volatilitätsstrukturen für r. Weitere Informationen über die analytischen Eigenschaften dieses Modells und über die Konstruktion eines Baumes bietet Technical Note 14 unter www.rotman.utoronto.ca/~hull/ofod/index.html.

31.4 Optionen auf Anleihen

Einige der beschriebenen Modelle erlauben die analytische Bewertung von Optionen auf Zerobonds. In den Modellen von Vasicek, Ho-Lee und Hull-White (einfaktoriell) ist der Preis zum Zeitpunkt null einer in T fälligen Kaufoption auf einen Zerobond mit Laufzeit bis zum Zeitpunkt s

$$LP(0,s)N(h) - KP(0,T)N(h - \sigma_P) \,, \qquad (31.20)$$

wobei L der Nennwert der Anleihe, K der Basispreis und

$$h = \frac{1}{\sigma_P} \ln \frac{LP(0,s)}{P(0,T)K} + \frac{\sigma_P}{2}$$

ist. Der Preis einer Verkaufsoption auf dieselbe Anleihe ist

$$KP(0,T)N(-h + \sigma_P) - LP(0,s)N(-h) \,.$$

In den Modellen von Vasicek und Hull-White gilt gemäß Technical Note 31

$$\sigma_P = \frac{\sigma}{a}[1 - e^{-a(s-T)}]\sqrt{\frac{1 - e^{-2aT}}{2a}} \,,$$

beim Ho-Lee-Modell dagegen

$$\sigma_P = \sigma(s - T)\sqrt{T} \,.$$

Gleichung (31.20) entspricht im Wesentlichen dem Black-Modell zur Bewertung von Anleiheoptionen in Abschnitt 29.1, wobei die Volatilität des Forward-Anleihepreises gleich $\sigma_P/\sqrt{T}$ ist. Die Volatilität des Anleihepreises ist $\sigma_P/\sqrt{T}$ und die Standardabweichung des Logarithmus des Anleihepreises zum Zeitpunkt T ist σ_P. Wie in Abschnitt 29.2 erläutert, kann ein Zinscap oder -floor als Portfolio von Optionen auf Zerobonds ausgedrückt werden. Zinscaps oder -floors können deshalb mit den eben präsentierten Gleichungen analytisch bewertet werden.

Auch im Modell von Cox, Ingersoll und Ross gibt es Formeln zur Bewertung von Optionen auf Zerobonds.[15] Diese enthalten Integrale der nichtzentralen χ^2-Verteilung.

---

15 Siehe J.C. Cox, J.E. Ingersoll und S.A. Ross, „A Theory of the Term Structure of Interest Rates", *Econometrica*, 53 (1985), 385–407.

Optionen auf Kupon-Anleihen

In einem Einfaktor-Modell für r steigen alle Zerobonds im Preis, wenn r fällt, und alle Zerobonds fallen im Preis, wenn r steigt. Deshalb kann bei einem Einfaktor-Modell eine europäische Option auf eine Kupon-Anleihe als Summe von europäischen Optionen auf Zerobonds ausgedrückt werden. Das Verfahren ist wie folgt:

1. Berechnung von r^*, dem kritischen Wert für r, für den der Preis der Kupon-Anleihe dem Basispreis bei Fälligkeit der Option entspricht.
2. Berechnung der Preise der europäischen Optionen mit Laufzeit T auf jene Zerobonds, welche die Kupon-Anleihe bilden. Der Basispreis jeder Option wird dabei gleich dem Wert des jeweiligen Zerobonds zum Zeitpunkt T für den Fall $r = r^*$ gesetzt.
3. Der Preis der europäischen Option auf die Kupon-Anleihe wird gleich der Summe der in Schritt 2 ermittelten Preise der Optionen auf die Zerobonds gesetzt.

Damit kann man Optionen auf Kupon-Anleihen mit den Modellen von Vasicek, Cox-Ingersoll-Ross, Ho-Lee und Hull-White bewerten. Wie in Business Snapshot 29.2 erläutert, kann eine europäische Swaption als Option auf eine Kupon-Anleihe angesehen werden. Sie kann daher ebenfalls mit diesem Verfahren bewertet werden. Weitere Einzelheiten zu dem Verfahren sind in Technical Note 15 unter www.rotman.utoronto.ca/~hull/ofod/index.html nachzulesen.

31.5 Volatilitätsstrukturen

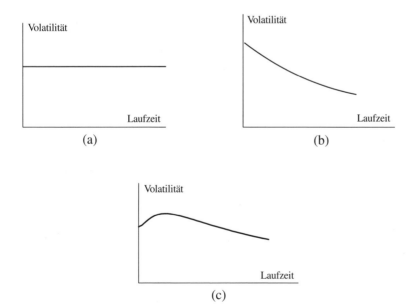

Abbildung 31.5: Volatilität der 3-Monats-Forward-Rate als Funktion der Laufzeit für (a) das Ho-Lee-Modell, (b) das Einfaktor-Modell von Hull-White und (c) das Zweifaktoren-Modell von Hull-White (bei geeigneter Wahl der Parameter)

Die betrachteten Modelle führen zu unterschiedlichen Volatilitätstrukturen. In Abbildung 31.5 wird die Volatilität der 3-Monats-Forward-Rate als Funktion der Laufzeit für das Ho-Lee-Modell, das Einfaktor-Modell von Hull-White und das Zweifaktoren-Modell von Hull-White dargestellt. Die Zinsstruktur wird als flach unterstellt.

Für das Ho-Lee-Modell ist die Volatilität der 3-Monats-Forward-Rate für alle Laufzeiten gleich. Im Einfaktor-Modell von Hull-White ist die Volatilität der 3-Monats-Forward-Rate aufgrund der Mean Reversion eine fallende Funktion der Laufzeit. Im Zweifaktoren-Modell von Hull-White mit geeigneter Parameterwahl weist die Volatilität der 3-Monats-Forward-Rate einen Hügel auf. Dies deckt sich mit empirischen Ergebnissen und den impliziten Cap-Volatilitäten, die wir in Abschnitt 29.2 diskutierten.

31.6 Zinsbäume

Ein Zinsbaum ist eine zeitdiskrete Darstellung des stochastischen Prozesses für den kurzfristigen Zinssatz, ähnlich wie ein Aktienkursbaum eine zeitdiskrete Darstellung des Prozesses eines Aktienkurses ist. Wenn ein Zeitschritt im Baum Δt ist, sind die Zinssätze im Baum stetig verzinste Zinssätze für ein Zeitintervall der Länge Δt. Die übliche Annahme bei der Konstruktion eines Baumes besteht darin, dass der Zinssatz R für den Zeitabschnitt Δt demselben stochastischen Prozess folgt wie der momentane Zinssatz r im entsprechenden zeitstetigen Modell. Der wesentliche Unterschied zwischen Zins- und Aktienkursbäumen besteht in der Art und Weise der Diskontierung. In einem Aktienkursbaum wird der Diskontierungszinssatz gewöhnlich für jeden Knoten als gleich unterstellt. In einem Zinsbaum dagegen variiert der Diskontierungszinssatz von Knoten zu Knoten.

Oftmals erweist es sich als zweckmäßiger, für Zinssätze einen Trinomialbaum anstelle eines Binomialbaums zu verwenden. Der wesentliche Vorteil eines Trinomialbaums besteht darin, dass er einen zusätzlichen Freiheitsgrad bereitstellt. Dadurch wird es einfacher, im Baum Eigenschaften von Zinssätzen wie Mean Reversion abzubilden. Wie in Abschnitt 21.8 erwähnt, entspricht die Verwendung eines Trinomialbaums einer Anwendung der expliziten Finite-Differenzen-Methode.

Veranschaulichung der Anwendung von Trinomialbäumen

Um zu veranschaulichen, wie trinomiale Zinsbäume zur Bewertung von Derivaten verwendet werden, betrachten wir das einfache Beispiel aus Abbildung 31.6. Dies ist ein zweiperiodiger Baum, in dem jeder Zeitschritt eine Länge von einem Jahr hat; d. h. es gilt $\Delta t = 1$ Jahr. Wir unterstellen, dass die Wahrscheinlichkeiten einer Aufwärts-, Abwärts- oder gleichbleibenden Bewegung in jedem Knoten 0,25, 0,25 bzw. 0,50 sind. Der unterstellte Zinssatz für den Zeitabschnitt Δt ist in jedem Knoten in der oberen Zahl angegeben.[16]

Der Baum wird verwendet, um ein Derivat zu bewerten, das am Ende des zweiten Zeitschritts eine Auszahlung von

$$\max[100(R - 0{,}11),\ 0]$$

---

[16] Wie werden später erläutern, wie Wahrscheinlichkeiten und Zinssätze in einem Zinsbaum bestimmt werden.

leistet, wobei R der Zinssatz des Zeitabschnitts Δt ist. Der errechnete Wert des Derivats ist an jedem Knoten mit der unteren Zahl angegeben. An den Endknoten entspricht der Wert des Derivats der jeweiligen Auszahlung. Beispielsweise ist der Wert am Knoten E $100 \cdot (0{,}14 - 0{,}11) = 3$. An vorgelagerten Knoten wird der Wert des Derivats mit den in den Kapiteln 13 und 21 erläuterten rekursiven Verfahren berechnet. Am Knoten B ist der einjährige Zinssatz 12%. Dieser wird zur Diskontierung verwendet, um den Wert des Derivats am Knoten B aus den Werten der Knoten E, F und G zu erhalten:

$$(0{,}25 \cdot 3 + 0{,}5 \cdot 1 + 0{,}25 \cdot 0)e^{-0{,}12 \cdot 1} = 1{,}11 \,.$$

Am Knoten C ist der einjährige Zinssatz 10%. Dieser wird genauso zur Diskontierung verwendet, um den Wert des Derivats am Knoten C zu bestimmen:

$$(0{,}25 \cdot 1 + 0{,}5 \cdot 0 + 0{,}25 \cdot 0)e^{-0{,}1 \cdot 1} = 0{,}23 \,.$$

Am Anfangsknoten A ist der Zinssatz ebenfalls 10% und der Wert des Derivats beträgt
$$(0{,}25 \cdot 1{,}11 + 0{,}5 \cdot 0{,}23 + 0{,}25 \cdot 0)e^{-0{,}1 \cdot 1} = 0{,}35 \,.$$

Alternative Verzweigungen

Gelegentlich erweist es sich als zweckmäßig, das Standardschema der trinomialen Verzweigung, wie es in Abbildung 31.6 an allen Knoten benutzt wird, zu modifizieren. In Abbildung 31.7 sind drei alternative Verzweigungsmöglichkeiten dargestellt. Die übliche Verzweigung ist in Abbildung 31.7a zu sehen. Es handelt sich um eine „Eins-aufwärts-, Geradeaus- und Eins-abwärts-Verzweigung". Eine Alternative dazu ist die in Abbildung 31.7b dargestellte „Zwei-aufwärts-, Eins-aufwärts- und Geradeaus-Verzweigung". Diese erweist sich zur Berücksichtigung von Mean Reversion bei

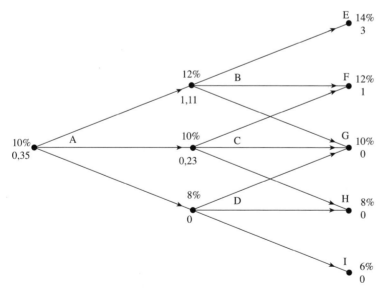

Abbildung 31.6: Beispiel zur Anwendung eines trinomialen Zinsbaumes: Die obere Zahl an jedem Knoten gibt den Zinssatz an, die untere Zahl den Wert des Derivats

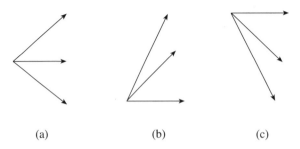

(a) (b) (c)

Abbildung 31.7: Alternative Verzweigungsschemata in einem Trinomialbaum

sehr niedrigen Zinssätze als nützlich. In Abbildung 31.7c ist mit der „Geradeaus-, Eins-abwärts- und Zwei-abwärts-Verzweigung" ein drittes Verzweigungsmuster dargestellt. Dieses erweist sich zur Berücksichtigung von Mean Reversion für sehr hohe Zinssätze als nützlich. Im folgenden Abschnitt illustrieren wir die Verwendung unterschiedlicher Verzweigungsmuster.

31.7 Ein allgemeines Verfahren zur Konstruktion von Bäumen

Hull und White haben ein robustes zweistufiges Verfahren zur Konstruktion von Trinomialbäumen vorgeschlagen, um ein breites Spektrum von Einfaktor-Modellen abzudecken.[17] In diesem Abschnitt erläutern wir zunächst, wie das Verfahren auf das Hull-White-Modell in Gleichung (31.13) angewendet werden kann, und zeigen dann, wie es auf andere Modelle (wie z. B. das Black-Karasinski-Modell) verallgemeinert werden kann.

Der erste Schritt

Das Hull-White-Modell für den momentanen kurzfristigen Zinssatz r ist

$$dr = [\theta(t) - ar]\,dt + \sigma\,dz\,.$$

Für unsere einleitende Diskussion unterstellen wir, dass ein Zeitschritt im Baum gleich Δt und konstant ist.[18]

Wir nehmen an, dass der Zinssatz R für das Intervall Δt demselben Prozess wie r folgt:

$$dR = [\theta(t) - aR]\,dt + \sigma\,dz\,.$$

Offensichtlich ist dies sinnvoll, wenn Δt gegen null geht. Der erste Schritt beim Aufstellen eines Baumes für dieses Modell besteht darin, einen Baum für eine Variable R^* zu konstruieren, die zu Beginn null ist und dem Prozess

$$dR^* = -aR^*\,dt + \sigma\,dz$$

---

17 Siehe J. Hull und A. White, „Numerical Procedures for Implementing Term Structure Models I: Single-Factor Models", *Journal of Derivatives*, 2, Nr. 1 (1994), 7–16; J. Hull und A. White, „Using Hull-White Interest Rate Trees", *Journal of Derivatives*, Frühjahr 1996, 26–36.

18 Siehe Technical Note 16 unter www.rotman.utoronto.ca/~hull/ofod/index.html für eine Diskussion der Verwendung von nichtkonstanten Zeitschritten.

folgt. Dieser Prozess ist symmetrisch um $R^* = 0$. Die Variable $R^*(t + \Delta t) - R^*(t)$ ist normalverteilt. Wenn Terme höherer Ordnung als Δt vernachlässigt werden, ist $-aR^*(t)\Delta t$ der Erwartungswert von $R^*(t + \Delta t) - R^*(t)$ und $\sigma^2 \Delta t$ die Varianz von $R^*(t + \Delta t) - R^*(t)$.

Der Abstand ΔR zwischen den Zinssätzen im Baum wird

$$\Delta R = \sigma \sqrt{3 \Delta t}$$

gesetzt. Dies erweist sich im Hinblick auf die Fehlerminimierung als eine gute Wahl für ΔR.

Das Ziel im ersten Schritt des Verfahrens ist es, einen Baum für R^* gemäß dem in Abbildung 31.8 dargestellten Baum zu konstruieren. Um dies zu tun, müssen wir klären, welche der drei Verzweigungsmethoden aus Abbildung 31.7 in jedem Knoten zur Anwendung kommen kann. Dies bestimmt den allgemeinen Aufbau des Baumes. Wenn dies geklärt ist, müssen außerdem die Verzweigungswahrscheinlichkeiten berechnet werden.

Wir definieren (i, j) als den Knoten mit $t = i \Delta t$ und $R^* = j \Delta R$. (Die Variable i ist eine positive und j eine positive oder negative ganze Zahl.) Die am jeweiligen Knoten verwendete Verzweigungsmethode muss zu positiven Wahrscheinlichkeiten für alle drei Zweige führen. Meistens ist die in Abbildung 31.7a dargestellte Verzweigung geeignet. Für $a > 0$ ist es notwendig, von der Verzweigung nach Abbildung 31.7a zur Verzweigung nach Abbildung 31.7c für hinreichend große j zu wechseln. Entspre-

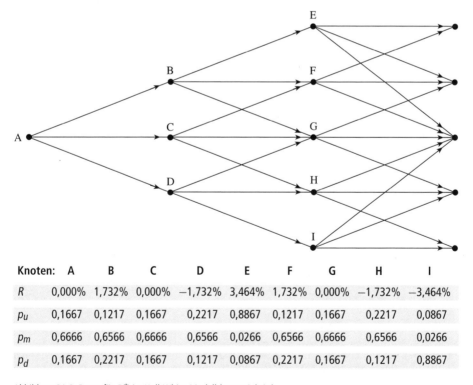

Knoten:	A	B	C	D	E	F	G	H	I
R	0,000%	1,732%	0,000%	−1,732%	3,464%	1,732%	0,000%	−1,732%	−3,464%
p_u	0,1667	0,1217	0,1667	0,2217	0,8867	0,1217	0,1667	0,2217	0,0867
p_m	0,6666	0,6566	0,6666	0,6566	0,0266	0,6566	0,6666	0,6566	0,0266
p_d	0,1667	0,2217	0,1667	0,1217	0,0867	0,2217	0,1667	0,1217	0,8867

Abbildung 31.8: Baum für R^* im Hull-White-Modell (erster Schritt)

chend ist es notwendig, von der Verzweigung entsprechend Abbildung 31.7a zur Verzweigung wie in Abbildung 31.7b zu wechseln, wenn j negativ und betragsmäßig hinreichend groß ist. Wir definieren j_{max} als den Wert von j, an dem wir von der Verzweigung nach Abbildung 31.7a zur Verzweigung entsprechend Abbildung 31.7c wechseln, und j_{min} als den Wert von j, an dem wir von der Verzweigung wie in Abbildung 31.7a zur Verzweigung entsprechend Abbildung 31.7b wechseln. Hull und White haben gezeigt, dass die Wahrscheinlichkeiten stets positiv sind, wenn j_{max} gleich der kleinsten ganzen Zahl gesetzt wird, die größer ist als $0{,}184/(a\,\Delta t)$, und j_{min} gleich $-j_{max}$ gilt.[19] Wir definieren p_u, p_m und p_d als die Wahrscheinlichkeiten der höchsten, mittleren und niedrigsten Verzweigung, die vom Knoten ausgeht. Die Wahrscheinlichkeiten werden auf die erwartete Änderung und die Varianz der Änderung in R^* über das nächste Zeitintervall Δt kalibriert. Die Wahrscheinlichkeiten müssen sich zudem zu eins addieren. Dies führt zu drei Gleichungen mit drei Wahrscheinlichkeiten.

Wie bereits erwähnt, ist die durchschnittliche Änderung von R^* in Δt gleich $-aR^*\,\Delta t$ und die Varianz der Änderung ist $\sigma^2\,\Delta t$. Im Knoten (i,j) gilt $R^* = j\,\Delta R$. Wenn die Verzweigung die in Abbildung 31.7a dargestellte Form besitzt, müssen die Wahrscheinlichkeiten p_u, p_m, und p_d im Knoten (i,j) die folgenden drei Gleichungen erfüllen, damit Mittelwert und Standardabweichung erreicht werden:

$$p_u\,\Delta R - p_d\,\Delta R = -aj\,\Delta R\,\Delta t$$
$$p_u\,\Delta R^2 + p_d\,\Delta R^2 = \sigma^2\,\Delta t + a^2 j^2\,\Delta R^2\,\Delta t^2$$
$$p_u + p_m + p_d = 1\,.$$

Mit $\Delta R = \sigma\sqrt{3\,\Delta t}$ finden wir die folgenden Lösungen für diese Gleichungen:

$$p_u = \frac{1}{6} + \frac{1}{2}(a^2 j^2\,\Delta t^2 - aj\,\Delta t)$$
$$p_m = \frac{2}{3} - a^2 j^2\,\Delta t^2$$
$$p_d = \frac{1}{6} + \frac{1}{2}(a^2 j^2\,\Delta t^2 + aj\,\Delta t)\,.$$

Wenn die Verzweigung die in Abbildung 31.7b dargestellte Form hat, gilt entsprechend:

$$p_u = \frac{1}{6} + \frac{1}{2}(a^2 j^2\,\Delta t^2 + aj\,\Delta t)$$
$$p_m = -\frac{1}{3} - a^2 j^2\,\Delta t^2 - 2aj\,\Delta t$$
$$p_d = \frac{7}{6} + \frac{1}{2}(a^2 j^2\,\Delta t^2 + 3aj\,\Delta t)\,.$$

---

19 Die Wahrscheinlichkeiten sind positiv für jeden beliebigen Wert von j_{max} zwischen $0{,}184/(a\,\Delta t)$ und $0{,}816/(a\,\Delta t)$ und jeden beliebigen Wert von j_{min} zwischen $-0{,}184/(a\,\Delta t)$ und $-0{,}816/(a\,\Delta t)$. Eine Änderung der Verzweigung am ersten möglichen Knoten erweist sich als numerisch am effizientesten.

Wenn die Verzweigung schließlich die in Abbildung 31.7c dargestellte Form hat, sind die Wahrscheinlichkeiten

$$p_u = \frac{7}{6} + \frac{1}{2}(a^2 j^2 \Delta t^2 - 3aj\Delta t)$$

$$p_m = -\frac{1}{3} - a^2 j^2 \Delta t^2 + 2aj\Delta t$$

$$p_d = \frac{1}{6} + \frac{1}{2}(a^2 j^2 \Delta t^2 - aj\Delta t) \,.$$

Um den ersten Schritt der Konstruktion des Baumes zu veranschaulichen, nehmen wir an, dass $\sigma = 0{,}01$, $a = 0{,}1$ und $\Delta t = 1$ Jahr ist. In dem Falle gilt $\Delta R = 0{,}01\sqrt{3} = 0{,}0173$, j_{max} wird gleich dem kleinsten ganzzahligen Wert gesetzt, der größer als $0{,}184/0{,}1$ ist, und j_{min} ist gleich $-j_{max}$. Dies bedeutet, dass $j_{max} = 2$ und $j_{min} = -2$ gilt. Der resultierende Baum ist in Abbildung 31.8 dargestellt. Die Wahrscheinlichkeiten der Verzweigungen, die von jedem Knoten ausgehen, sind unter dem Baum dargestellt und wurden mit den obigen Gleichungen für p_u, p_m und p_d berechnet.

Es fällt auf, dass in Abbildung 31.8 die Wahrscheinlichkeiten an jedem Knoten nur von j abhängen. Die Wahrscheinlichkeit im Knoten B ist beispielsweise dieselbe wie im Knoten F. Zudem ist der Baum symmetrisch. Die Wahrscheinlichkeiten am Knoten D sind Spiegelbilder der Wahrscheinlichkeiten am Knoten B.

Der zweite Schritt

Der zweite Schritt bei der Konstruktion eines Baumes ist die Transformation des Baumes für R^* in einen Baum für R. Dazu werden die Knoten des R^*-Baumes so verschoben, dass die anfängliche Laufzeitstruktur der Zinssätze exakt wiedergegeben wird. Wir definieren

$$\alpha(t) = R(t) - R^*(t) \,.$$

Die α-Werte für infinitesimal kleine Zeitschritte Δt im Baum können mit Gleichung (31.11) analytisch bestimmt werden.[20] Da wir jedoch einen Baum mit endlich vielen Zeitschritten zur exakten Replikation der Zinsstruktur konstruieren wollen, werden die Werte für α iterativ bestimmt.

Wir definieren α_i als $\alpha(i\Delta t)$, den Wert von R im R-Baum in $i\Delta t$ abzüglich des entsprechenden Werts von R^* im r^*-Baum in $i\Delta t$. Weiterhin definieren wir $Q_{i,j}$ als den Barwert eines Wertpapiers, das bei Erreichen des Knotens (i,j) einen Betrag von 1\$ und sonst nichts auszahlt. Die α_i und $Q_{i,j}$ können mit einem vorwärts gerichteten Verfahren so berechnet werden, dass die anfängliche Zinsstruktur exakt abgebildet wird.

---

20 Den Momentanwert für $\alpha(t)$ kann man analytisch schätzen, indem man beachtet, dass

$$dR = [\theta(t) - aR]\,dt + \sigma\,dz \quad \text{und} \quad dR^* = -aR^*\,dt + \sigma\,dz \,,$$

sodass $d\alpha = [\theta(t) - a\alpha(t)]\,dt$. Unter Verwendung von Gleichung (31.11) ergibt sich hierfür als Lösung

$$\alpha(t) = F(0,t) + \frac{\sigma^2}{2a^2}(1 - e^{-at})^2 \,.$$

Veranschaulichung des zweiten Schrittes

Wir nehmen an, dass für stetig verzinste Spot Rates aus dem Beispiel in Abbildung 31.8 die in Tabelle 31.1 aufgeführten Werte gelten. Der Wert von $Q_{0,0}$ ist 1,0. Der Wert von α_0 wird so gewählt, dass der korrekte Wert einer zum Zeitpunkt Δt fälligen Nullkupon-Anleihe resultiert. Also wird α_0 gleich dem Zinssatz des Zeitabschnitts Δt gesetzt. Da in diesem Beispiel $\Delta t = 1$ gilt, ergibt sich $\alpha_0 = 0{,}03824$. Hier-

Laufzeit	Zinssatz in Prozent
0,5	3,430
1,0	3,824
1,5	4,183
2,0	4,512
2,5	4,812
3,0	5,086

Tabelle 31.1: Spot Rate für das Beispiel

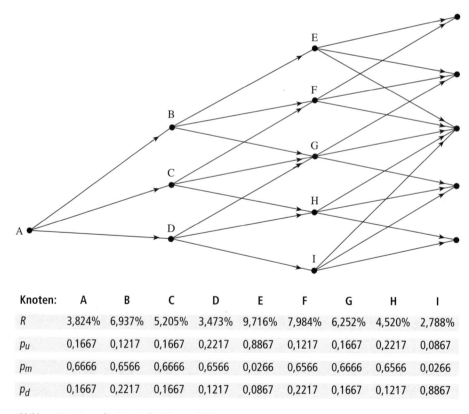

Knoten:	A	B	C	D	E	F	G	H	I
R	3,824%	6,937%	5,205%	3,473%	9,716%	7,984%	6,252%	4,520%	2,788%
p_u	0,1667	0,1217	0,1667	0,2217	0,8867	0,1217	0,1667	0,2217	0,0867
p_m	0,6666	0,6566	0,6666	0,6566	0,0266	0,6566	0,6666	0,6566	0,0266
p_d	0,1667	0,2217	0,1667	0,1217	0,0867	0,2217	0,1667	0,1217	0,8867

Abbildung 31.9: Baum für R im Hull-White-Modell (zweiter Schritt)

mit wird die Position des Anfangsknotens im R-Baum in Abbildung 31.9 festgelegt. Der nächste Schritt besteht darin, die Werte von $Q_{1,1}$, $Q_{1,0}$ und $Q_{1,-1}$ zu berechnen. Die Wahrscheinlichkeit für das Erreichen des Knotens $(1,1)$ liegt bei 0,1667 und der Diskontierungszinssatz für den ersten Zeitschritt ist 3,82%. Der Wert $Q_{1,1}$ beträgt also $0{,}1667 e^{-0,0382} = 0{,}1604$. Entsprechend ergibt sich $Q_{1,0} = 0{,}6417$ und $Q_{1,-1} = 0{,}1604$.

Nachdem $Q_{1,1}$, $Q_{1,0}$ und $Q_{1,-1}$ berechnet wurden, lässt sich α_1 bestimmen. Dies wird so gewählt, dass es den korrekten Wert einer zum Zeitpunkt $2\,\Delta t$ fälligen Nullkupon-Anleihe ergibt. Wegen $\Delta R = 0{,}01732$ und $\Delta t = 1$ ergibt sich im Knoten B ein Preis dieser Anleihe von $e^{-(\alpha_1 + 0,01732)}$. Entsprechend ist der Wert im Knoten C gleich $e^{-\alpha_1}$ und im Knoten D gleich $e^{-(\alpha_1 - 0,01732)}$. Der Preis am Anfangsknoten A ist somit

$$Q_{1,1} e^{-(\alpha_1 + 0,01732)} + Q_{1,0} e^{-\alpha_1} + Q_{1,-1} e^{-(\alpha_1 - 0,01732)}. \quad (31.21)$$

Gemäß der anfänglichen Zinsstruktur muss dieser Anleihepreis $e^{-0,04512 \cdot 2} = 0{,}9137$ sein. Substitution der Q in Gleichung (31.21) ergibt

$$0{,}1604 e^{-(\alpha_1 + 0,0173)} + 0{,}6417 e^{-\alpha_1} + 0{,}1604 e^{-(\alpha_1 - 0,0173)} = 0{,}9137$$

oder

$$e^{\alpha_1} \left(0{,}1604 e^{-0,01732} + 0{,}6417 + 0{,}1604 e^{0,01732} \right) = 0{,}9137$$

oder

$$\alpha_1 = \ln\left[\frac{0{,}1604 e^{-0,01732} + 0{,}6417 + 0{,}1604 e^{0,01732}}{0{,}9137} \right] = 0{,}05205 \,.$$

Dies bedeutet, dass der zentrale Knoten im Baum für R zum Zeitpunkt Δt einem Zinssatz von 5,205% entspricht (siehe Abbildung 31.9).

Im nächsten Schritt werden $Q_{2,2}$, $Q_{2,1}$, $Q_{2,0}$, $Q_{2,-1}$ und $Q_{2,-2}$ berechnet. Die Berechnungen lassen sich verkürzen, indem die zuvor bestimmten Werte für Q verwendet werden. Betrachten wir beispielsweise $Q_{2,1}$. Dies ist der Wert eines Wertpapiers, das 1 \$ zahlt, wenn der Knoten F erreicht wird, und ansonsten nichts. Der Knoten F kann nur von den Knoten B und C aus erreicht werden. Die Zinssätze an diesen Knoten sind 6,937% bzw. 5,205%. Für die mit den B-F- und C-F-Verzweigungen verbundenen Wahrscheinlichkeiten erhalten wir 0,6566 und 0,1667. Der Wert eines Wertpapiers, das 1 \$ zahlt, wenn der Knoten F erreicht wird, ist daher am Knoten B $0{,}6566 e^{-0,06937}$. Der Wert am Knoten C beträgt $0{,}1667 e^{-0,05205}$. Die Variable $Q_{2,1}$ ist $0{,}6566 e^{-0,06937}$ multipliziert mit dem Barwert von 1 \$, erhalten am Knoten B, zuzüglich $0{,}1667 e^{-0,05205}$ multipliziert mit dem Barwert von 1 \$, erhalten am Knoten C, sodass

$$Q_{2,1} = 0{,}6566 e^{-0,0693} \cdot 0{,}1604 + 0{,}1667 e^{-0,05205} \cdot 0{,}6417 = 0{,}1998$$

gilt. Entsprechend ergeben sich $Q_{2,2} = 0{,}0182$, $Q_{2,0} = 0{,}4736$, $Q_{2,-1} = 0{,}2033$ und $Q_{2,-2} = 0{,}0189$.

Der nächste Schritt zur Aufstellung des Baumes für R in Abbildung 31.9 ist die Berechnung von α_2. Danach können die $Q_{3,j}$ berechnet werden. Anschließend können wir die α_3 berechnen usw.

Formeln für α und Q

Um das Verfahren formaler auszudrücken, setzen wir voraus, dass die $Q_{i,j}$ für $i \leq m$ ($m \geq 0$) bereits bestimmt worden sind. Der nächste Schritt besteht darin, α_m zu berechnen, sodass der Baum einen zum Zeitpunkt $(m+1)\,\Delta t$ fälligen Zerobond korrekt bewertet. Für den Zinssatz am Knoten (m, j) gilt $\alpha_m + j\,\Delta R$, sodass der Preis eines zum Zeitpunkt $(m+1)\,\Delta t$ fälligen Zerobonds durch

$$P_{m+1} = \sum_{j=-n_m}^{n_m} Q_{m,j} \exp[-(\alpha_m + j\,\Delta R)\,\Delta t] \tag{31.22}$$

gegeben ist. Dabei ist n_m die Anzahl der Knoten zu beiden Seiten des zentralen Knotens in $m\,\Delta t$. Die Lösung dieser Gleichung ist

$$\alpha_m = \frac{\ln \sum_{j=-n_m}^{n_m} Q_{m,j} e^{-j\,\Delta R\,\Delta t} - \ln P_{m+1}}{\Delta t}.$$

Wenn wir α_m bestimmt haben, können wir $Q_{i,j}$ für $i = m+1$ mit

$$Q_{m+1,j} = \sum_k Q_{m,k}\, q(k,j) \exp[-(\alpha_m + k\,\Delta R)\,\Delta t]$$

berechnen, wobei $q(k, j)$ die Wahrscheinlichkeit für die Bewegung vom Knoten (m, k) zum Knoten $(m+1, j)$ ist und die Summation über alle k vorgenommen wird, für die dieser Term nicht null ist.

Erweiterung auf andere Modelle

Das oben skizzierte Verfahren kann auf allgemeinere Modelle der Form

$$df(r) = [\theta(t) - af(r)]\,dt + \sigma\,dz \tag{31.23}$$

ausgeweitet werden, wobei f eine monotone Funktion von r ist. Diese Familie von Modellen besitzt die Eigenschaft, jede beliebige Zinsstruktur abbilden zu können.[21]

Wie bisher nehmen wir an, dass der Zinssatz für den Zeitabschnitt Δt, R, demselben Prozess wie r folgt:

$$df(R) = [\theta(t) - af(R)]\,dt + \sigma\,dz.$$

Wir setzen zunächst $x = f(R)$, sodass

$$dx = [\theta(t) - ax]\,dt + \sigma\,dz$$

gilt. Der erste Schritt besteht darin, einen Baum für eine Variable x^* zu konstruieren, die demselben Prozess wie x folgt, nur dass $\theta(t) = 0$ gilt und der Anfangswert

---

[21] Nicht alle No-Arbitrage-Modelle haben diesen Vorteil. Beispielsweise kann das erweiterte CIR-Modell, das von Cox, Ingersoll und Ross (1985) sowie Hull und White (1990) untersucht wurde und die Form

$$dr = [\theta(t) - ar]\,dt + \sigma\sqrt{r}\,dz$$

hat, keine Zinsstrukturkurven abbilden, bei denen die Forward Rate stark fällt. Dies liegt daran, dass der Prozess für negative $\theta(t)$ nicht wohldefiniert ist.

von x null ist. Dieses Verfahren ist identisch mit dem z. B. in Abbildung 31.8 bereits behandelten Verfahren zur Konstruktion eines Baumes.

Wie in Abbildung 31.9 gezeigt, verschieben wir dann die Knoten zum Zeitpunkt $i \Delta t$ um einen Betrag α_j, um eine exakte Anpassung an die anfängliche Zinsstruktur zu erreichen. Die Gleichungen zur induktiven Bestimmung von α_j und $Q_{i,j}$ unterscheiden sich etwas von denjenigen, die für den Fall $f(R) = R$ gelten. Es ist $Q_{0,0} = 1$. Die $Q_{i,j}$ seien für $i \leq m$ ($m \geq 0$) bestimmt worden. Der nächste Schritt besteht darin, α_m so zu bestimmen, dass der Baum eine $(m+1)\Delta t$-Nullkupon-Anleihe korrekt bewertet. Wir definieren g als die Inverse von f, sodass für den Zinssatz des Zeitabschnitts Δt am j-ten Knoten zum Zeitpunkt $m \Delta t$

$$g(\alpha_m + j \Delta x)$$

gilt. Der Preis einer in $(m+1)\Delta t$ fälligen Nullkupon-Anleihe ist gegeben durch

$$P_{m+1} = \sum_{j=-n_m}^{n_m} Q_{m,j} \exp[-g(\alpha_m + j \Delta x) \Delta t] . \qquad (31.24)$$

Diese Gleichung kann mit einem numerischen Verfahren (z. B. Newton-Raphson) gelöst werden. Der Wert von α für $m = 0$ ist $\alpha_0 = f(R(0))$.

Wenn α_m bestimmt worden ist, können die $Q_{i,j}$ für $i = m+1$ mithilfe von

$$Q_{m+1,j} = \sum_k Q_{m,k} q(k,j) \exp[-g(\alpha_m + k \Delta x) \Delta t]$$

berechnet werden, wobei $q(k,j)$ die Wahrscheinlichkeit einer Bewegung vom Knoten (m,k) zum Knoten $(m+1,j)$ ist und die Summation über alle k vorgenommen wird, für die die Wahrscheinlichkeit nicht null ist.

Abbildung 31.10 zeigt die Ergebnisse einer Anwendung des Verfahrens auf das Black-Karasinski-Modell in Gleichung (31.18):

$$d \ln(r) = [\theta(t) - a \ln(r)] dt + \sigma \, dz$$

mit $a = 0{,}22$, $\sigma = 0{,}25$, $\Delta t = 0{,}5$ und den in Tabelle 31.1 aufgeführten Spot Rates.

Für $f(r) = r$ erhalten wir das Hull-White-Modell aus Gleichung (31.13). Für $f(r) = \ln(r)$ erhalten wir das Black-Karasinski-Modell aus Gleichung (31.18). Der wichtigste Vorteil des Modells mit $f(r) = r$ ist seine analytische Handhabbarkeit. Sein Nachteil besteht darin, dass negative Zinssätze möglich sind. In den meisten Fällen ist die Wahrscheinlichkeit negativer Zinssätze bei diesem Modell sehr gering. Aber Analysten benutzen nur ungern ein Modell, das zu negativen Zinssätzen führen kann. Das Modell mit $f(r) = \ln r$ ist nicht analytisch lösbar, hat aber den Vorteil, dass die Zinssätze stets positiv sind.

Niedrigzins-Umfeld

Bei niedrigen Zinssätzen ist die Auswahl eines sinnvollen Modells nicht einfach. Die Wahrscheinlichkeit negativer Zinssätze im Hull-White-Modell ist dann nicht länger vernachlässigbar. Das Black-Karasinski-Modell ist ebenfalls unbefriedigend, weil die Volatilität für niedrige Zinssätze nicht die gleiche ist wie für hohe Zinssätze. Eine Idee zur Vermeidung negativer Zinssätze besteht darin, $f(r)$ so zu wählen, $f(r)$ für

31 Zinsderivate: Die Short-Rate-Modelle

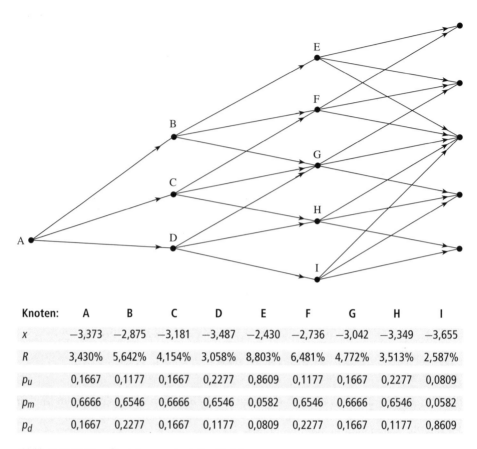

Knoten:	A	B	C	D	E	F	G	H	I
x	−3,373	−2,875	−3,181	−3,487	−2,430	−2,736	−3,042	−3,349	−3,655
R	3,430%	5,642%	4,154%	3,058%	8,803%	6,481%	4,772%	3,513%	2,587%
p_u	0,1667	0,1177	0,1667	0,2277	0,8609	0,1177	0,1667	0,2277	0,0809
p_m	0,6666	0,6546	0,6666	0,6546	0,0582	0,6546	0,6666	0,6546	0,0582
p_d	0,1667	0,2277	0,1667	0,1177	0,0809	0,2277	0,1667	0,1177	0,8609

Abbildung 31.10: Baum für ein lognormalverteiltes Modell

sehr kleine r proportional zu $\ln r$ und sonst proportional zu r ist.[22] Eine weitere Idee ist, für den kurzfristigen Zinssatz den Absolutwert des Zinssatzes zu wählen, der vom Vasicek-Modell geliefert wird. Noch besser scheint folgende Idee von Alexander Sokol zu sein: Man konstruiert ein Modell, bei dem Reversionsrate und Volatilität von r Funktionen in r sind, welche aus empirischen Daten geschätzt werden. Die Variable r lässt sich dann zu einer neuen Variablen x transformieren, bei der Faktor dz konstant ist. Nun lässt sich zur Implementierung des Modells ein Trinomialbaum-Verfahren anwenden, das etwas allgemeiner ist als das in Abbildung 31.7 dargestellte.

Verwendung analytischer Ergebnisse in Verbindung mit Bäumen

Wenn für die Version $f(r) = r$ des Hull-White-Modells ein Baum konstruiert wird, können die analytischen Ergebnisse aus Abschnitt 31.3 für die gesamte Zinsstruktur und die Preise europäischer Optionen für jeden Knoten verwendet werden. Es ist

---

[22] Siehe J. Hull und A. White, „Taking Rates to the Limit", *Risk*, Dezember 1997, 168–169.

wichtig zu erkennen, dass der Zinssatz des Baumes den Zinssatz R des Zeitabschnitts Δt repräsentiert, also nicht den momentanen kurzfristigen Zinssatz r.

Mit den Gleichungen (31.15), (31.16) und (31.17) kann man zeigen (siehe Aufgabe 31.20), dass

$$P(t, T) = \hat{A}(t, T) e^{-\hat{B}(t,T)R} \tag{31.25}$$

mit

$$\ln \hat{A}(t, T) = \ln \frac{P(0, T)}{P(0, t)} - \frac{B(t, T)}{B(t, t + \Delta t)} \ln \frac{P(0, t + \Delta t)}{P(0, t)} \\ - \frac{\sigma^2}{4a}(1 - e^{-2at}) B(t, T)[B(t, T) - B(t, t + \Delta t)] \tag{31.26}$$

und

$$\hat{B}(t, T) = \frac{B(t, T)}{B(t, t + \Delta t)} \Delta t \,. \tag{31.27}$$

(Im Ho-Lee-Modell setzen wir in diesen Gleichungen $\hat{B}(t, T) = T - t$.)

Wir müssen daher Anleihepreise mit Gleichung (31.25) und nicht mit Gleichung (31.15) berechnen.

Beispiel 31.4 Wir verwenden die Spot Rates aus Tabelle 31.2. Für Laufzeiten, die zwischen den angegebenen Werten liegen, werden die Zinssätze durch lineare Interpolation ermittelt.

Laufzeit	Tage	Zinssatz in Prozent
3 Tage	3	5,01772
1 Monat	31	4,98284
2 Monate	62	4,97234
3 Monate	94	4,96157
6 Monate	185	4,99058
1 Jahr	367	5,09389
2 Jahre	731	5,79733
3 Jahre	1096	6,30595
4 Jahre	1461	6,73464
5 Jahre	1826	6,94816
6 Jahre	2194	7,08807
7 Jahre	2558	7,27527
8 Jahre	2922	7,30852
9 Jahre	3287	7,39790
10 Jahre	3653	7,49015

Tabelle 31.2: Spot-Rate-Strukturkurve mit stetig verzinsten Zinssätzen

Wir betrachten eine europäische Verkaufsoption mit drei Jahren ($= 3 \cdot 365$ Tage) Laufzeit auf eine Nullkupon-Anleihe, die in neun Jahren ($= 9 \cdot 365$ Tage) fällig wird. Es wird angenommen, dass die Zinssätze dem Hull-White-Modell ($f(r) = r$) folgen. Der Basispreis ist 63, es gilt $a = 0,1$ und $\sigma = 0,01$. Wir konstruieren einen dreijährigen Baum und berechnen, wie eben beschrieben, analytisch die Preise der Nullkupon-Anleihe an den Endknoten. Wie aus Tabelle 31.3 ersichtlich ist, sind die Ergebnisse, die man mit dem Baum erhält, mit dem analytischen Ergebnis des Optionspreises konsistent.

Schritte	Baum	analytisch
10	1,8658	1,8093
30	1,8234	1,8093
50	1,8093	1,8093
100	1,8144	1,8093
200	1,8097	1,8093
500	1,8093	1,8093

Tabelle 31.3: Wert einer Verkaufsoption auf eine in neun Jahren fällige Nullkupon-Anleihe mit drei Jahren Laufzeit und einem Basispreis von 63, $a = 0, 1$, $\sigma = 0, 01$ und der Spot-Rate-Strukturkurve aus Tabelle 31.2

Dieses Beispiel stellt einen guten Test einer Implementierung des Modells dar, da sich die Steigung der Zinsstrukturkurve unmittelbar nach Ablauf der Option deutlich ändert. Kleine Fehler in der Konstruktion und Verwendung des Baumes zeigen erhebliche Auswirkungen auf die ermittelten Optionswerte. (Das Beispiel wird in Sample Application G der DerivaGem Application Builder Software benutzt.)

Baum für amerikanische Optionen auf Anleihen

Die diesem Buch beiliegende DerivaGem-Software beinhaltet das normalverteilte und das lognormalverteilte Modell zur Bewertung europäischer und amerikanischer Anleiheoptionen, Caps/Floors und europäischer Swaptions. Abbildung 31.11 zeigt den von der Software erstellten Baum, der für die Bewertung einer amerikanischen Kaufoption mit 1,5 Jahren Laufzeit auf eine Zehnjahres-Anleihe benutzt wird, mit vier Zeitschritten und dem Modell der Lognormalverteilung (Black-Karasinski-Modell). Die in diesem Modell benutzten Parameter sind $a = 5\%$ und $\sigma = 20\%$. Die zugrunde liegende Anleihe läuft zehn Jahre, hat einen Nennwert von 100 und zahlt halbjährlich einen Kupon von 5% per annum. Die Zinsstrukturkurve ist flach bei 5% per annum und der Basispreis liegt bei 105. Wie in Abschnitt 29.1 erläutert, kann es sich um einen tatsächlich zu zahlenden Betrag (Dirty Price) oder einen Clean Price als Basispreis handeln. Im Beispiel ist es ein Clean Price als Basispreis. Der im Baum angegebene Anleihepreis ist der Dirty Price der Anleihe. Die Stückzinsen sind unterhalb des Baumes dargestellt. Der Dirty Price wird als Summe des Clean Price und der Stückzinsen berechnet. Der Clean Price der Anleihe ergibt sich aus dem Dirty

31.7 Ein allgemeines Verfahren zur Konstruktion von Bäumen

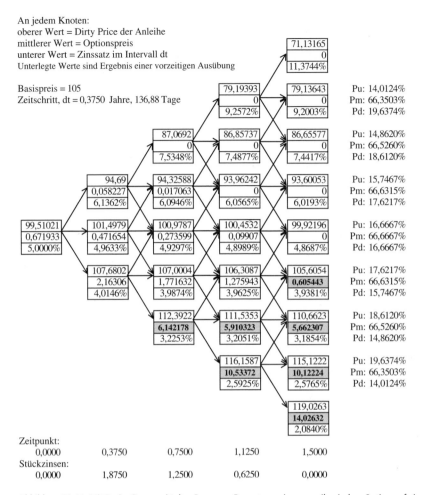

Abbildung 31.11: Mit DerivaGem ermittelter Baum zur Bewertung einer amerikanischen Option auf eine Anleihe

Price der Anleihe abzüglich der Stückzinsen. Die Auszahlung der Option entspricht dem Dirty Price der Anleihe abzüglich des Dirty Price als Basispreis. Äquivalent dazu ergibt sich die Auszahlung aus dem Clean Price der Anleihe abzüglich des Clean Price als Basispreis.

Der Baum ermittelt den Optionspreis mit 0,672. Ein viel größerer Baum mit 100 Zeitschritten bestimmt den Optionspreis mit 0,703. Es sei angemerkt, dass der Preis einer zehnjährigen Anleihe im Modell mit der Lognormalverteilung nicht analytisch berechnet werden kann. Er wird numerisch mittels eines rekursiven Verfahrens durch einen viel größeren als den dargestellten Baum bestimmt.

31.8 Kalibrierung

Bisher haben wir angenommen, dass die Volatilitätsparameter a und σ bekannt sind. Wir diskutieren nun, wie sie bestimmt werden. Dies wird als Kalibrierung des Modells bezeichnet.

Die Volatilitätsparameter werden aus Marktdaten von aktiv gehandelten Optionen bestimmt (z. B. Notierungen durch Broker wie in den Tabellen 29.1 und 29.2). Diese sind die so genannten *Kalibrierungsinstrumente*. Der erste Schritt bei der Kalibrierung ist die Wahl eines Maßes für die Güte der Anpassung. Wir nehmen an, dass es n Kalibrierungsinstrumente gibt. Eine gebräuchliches Maß für die Güte der Anpassung ist

$$\sum_{i=1}^{n}(U_i - V_i)^2,$$

wobei U_i der Marktpreis des i-ten Kalibrierungsinstruments und V_i der vom Modell angegebene Preis für dieses Instrument ist. Das Ziel der Kalibrierung besteht darin, die Parameter des Modells so auszuwählen, dass das Maß für die Güte der Anpassung minimiert wird.

Die Anzahl der Volatilitätsparameter muss stets geringer sein als die Anzahl der Kalibrierungsinstrumente. Wenn a und σ konstant sind, gibt es nur zwei Volatilitätsparameter. Ein bequemer Weg, um a und σ zu Funktionen der Zeit zu machen, besteht darin, eine Schrittfunktion anzunehmen. Nehmen wir z. B. an, dass a konstant ist und σ zeitabhängig. Wir können die Zeiten $t_1, t_2, \ldots, t_n$ wählen und $\sigma(t) = \sigma_0$ für $t \leq t_1$, $\sigma(t) = \sigma_i$ für $t_i < t \leq t_{i+1}$ ($1 \leq i \leq n-1$) und $\sigma(t) = \sigma_n$ für $t > t_n$ annehmen. Es gäbe dann insgesamt $n+2$ Volatilitätsparameter: $a, \sigma_0, \sigma_1, \ldots, \sigma_n$.

Die Minimierung des Maßes für die Güte der Anpassung wird mit dem Levenberg-Marquardt-Verfahren erreicht.[23] Wenn a oder σ oder beide Funktionen der Zeit sind, wird zum Maß für die Güte der Anpassung eine Strafkosten-Funktion addiert, sodass die Funktionen sich „wohlverhalten". Im oben erwähnten Beispiel, in dem σ eine Schrittfunktion ist, ist

$$\sum_{i=1}^{n}(U_i - V_i)^2 + \sum_{i=1}^{n}w_{1,i}(\sigma_i - \sigma_{i-1})^2 + \sum_{i=1}^{n-1}w_{2,i}(\sigma_{i-1} + \sigma_{i+1} - 2\sigma_i)^2$$

eine geeignete Zielfunktion. Der zweite Term stellt Strafkosten für große Änderungen in σ zwischen einem Schritt und dem nächsten dar. Der dritte Term stellt Strafkosten für eine starke Krümmung dar. Geeignete Werte für $w_{1,i}$ und $w_{2,i}$ ergeben sich gewöhnlich aus der Erfahrung und werden so gewählt, dass die Funktion σ hinreichend glatt wird.

Die gewählten Kalibrierungsinstrumente sollten dem zu bewertenden Wertpapier so ähnlich wie möglich sein. Angenommen, wir bewerten eine Swaption vom Bermuda-Typ, die zehn Jahre läuft und zu einem beliebigen Zahlungstermin zwischen dem fünften und neunten Jahr in einen Swap, der in zehn Jahren fällig ist, ausgeübt werden kann. Die wichtigsten Kalibrierungsinstrumente sind 5×5, 6×4, 7×3, 8×2 und 9×1 europäische Swaptions. (Eine $n \times m$-Swaption europäischen

---

[23] Eine gute Beschreibung dieses Verfahrens bieten W.H. Press, B.P. Flannery, S.A. Teukolsky und W.T. Vetterling, *Numerical Recipes: The Art of Scientific Computing*, 3. Aufl., Cambridge University Press, 2007.

Typs ist eine Option mit einer Laufzeit von n Jahren auf den Einstieg in einen Swap, der nach Fälligkeit der Option m Jahre weiterläuft.)

Die Modelle enthalten in der dargestellten Form mit $\theta(t)$ nur eine Funktion der Zeit. Der Vorteil, a oder σ (oder beide) zeitabhängig zu gestalten, besteht darin, dass die Modelle genauer an die Preise aktiv am Markt gehandelter Wertpapiere angepasst werden können. Nachteilig ist allerdings, dass die Volatilitätsstruktur nichtstationär wird. Das vom Modell ermittelte zukünftige Volatility Surface unterscheidet sich stark von demjenigen, das zum Bewertungszeitpunkt am Markt anzutreffen ist.[24]

Ein anderes Kalibrierungsverfahren benutzt alle verfügbaren Kalibrierungsinstrumente, um die global beste Anpassung der konstanten Parameter a und σ zu berechnen. Der Parameter a wird auf den Wert mit der besten Anpassung fixiert. Das Modell kann dann in der gleichen Weise wie das Black-Scholes-Merton-Modell verwendet werden. Es gilt eine eindeutige Beziehung zwischen den Optionspreisen und dem Parameter σ. Das Modell kann benutzt werden, um Tabellen wie 29.1 und 29.2 in Tabellen von impliziten Werten für σ umzuwandeln.[25] Diese Tabellen können verwendet werden, um das passende σ zur Bewertung des betrachteten Instruments abzuschätzen.

31.9 Hedging mit einem Einfaktor-Modell

Wir haben in Abschnitt 29.5 einige allgemeine Verfahren zur Absicherung eines Portfolios aus Zinsderivaten behandelt. Diese Verfahren können gemeinsam mit den in diesem Kapitel diskutierten Zinsstrukturmodellen verwendet werden. Die Berechnung von Delta-, Gamma- und Vega-Faktoren erfordert kleine Änderungen entweder der Zinsstrukturkurve oder der Volatilitätsstruktur sowie eine erneute Berechnung des Portfoliowertes.

Man beachte, dass man für die Absicherung mehr als einen Faktor unterstellen sollte, obwohl wir dies bei der Bewertung von Zinsderivaten oftmals nicht tun. Beispielsweise lassen die berechneten Delta-Faktoren zahlreiche unterschiedliche Veränderungen in der Renditekurve zu, nicht nur diejenigen, die im ausgewählten Modell möglich sind. Die Berücksichtigung von Änderungen, die in dem betrachteten Modell gar nicht vorkommen können, ist als *Absicherung außerhalb des Modells* (Outside Model Hedging) bekannt und gehört für Händler zum Standard.[26] In der Realität liefern relativ einfache Einfaktor-Modelle bei sorgfältiger Verwendung gewöhnlich vernünftige Preise für die betrachteten Instrumente, jedoch müssen sinnvolle Absicherungsmethoden explizit oder implizit mehrere Faktoren unterstellen.

---

24 Zur Diskussion der Umsetzung eines Modells, bei dem a und σ Funktionen der Zeit sind, siehe Technical Note 16 unter www.rotman.utoronto.ca/~hull/ofod/index.html.

25 Man beachte, dass in einem Zinsstrukturmodell die impliziten σ-Werte nicht dieselben wie die in den Tabellen 29.1 und 29.2 mit dem Black-Modell berechneten impliziten Volatilitäten sind. Das Verfahren zur Berechnung impliziter σ-Werte funktioniert wie folgt: Die Black-Volatilitäten werden mit dem Black-Modell in Preise umgewandelt. Anschließend wird ein iteratives Verfahren angewendet, um den Parameter σ in das Zinsstrukturmodell für den Preis einzubeziehen.

26 Ein einfaches Beispiel für Outside Model Hedging ist die Art und Weise, wie das Black-Scholes-Merton-Modell verwendet wird. Das Modell setzt eine konstante Volatilität voraus. Die Händler berechnen jedoch regelmäßig den Vega-Faktor und sichern sich gegen Änderungen der Volatilität ab.

ZUSAMMENFASSUNG

Die in der Finanzwelt verwendeten klassischen Modelle der Zinsstruktur sind so genannte Gleichgewichtsmodelle. Sie sind zum Verständnis potenzieller Beziehungen zwischen den Variablen der Ökonomie geeignet, haben jedoch den Nachteil, dass die anfängliche Zinsstruktur ein Modelloutput anstatt eines Modellinputs ist. Bei der Bewertung von Derivaten ist es aber wichtig, dass das verwendete Modell mit der am Markt beobachteten anfänglichen Zinsstruktur konsistent ist. No-Arbitrage-Modelle wurden deshalb so entwickelt, dass sie diese Eigenschaft besitzen. Sie nehmen die anfängliche Zinsstruktur als gegeben und legen fest, wie sie sich entwickeln kann.

In diesem Kapitel wurde eine Reihe von No-Arbitrage-Modellen des kurzfristigen Zinssatzes (Short Rate) mit einem Faktor beschrieben. Diese Modelle sind sehr robust und können in Verbindung mit einer beliebigen Menge von anfänglichen Spot Rates verwendet werden. Das einfachste Modell ist das Ho-Lee-Modell. Es hat den Vorteil, dass es analytisch lösbar ist. Sein hauptsächlicher Nachteil liegt in der impliziten Annahme, dass alle Zinssätze zu allen Zeiten gleich variabel sind. Das Hull-White-Modell ist eine Variante des Ho-Lee-Modells, das Mean Reversion berücksichtigt. Es ermöglicht eine umfangreichere Beschreibung der Volatilitätsumgebung bei gleichzeitiger Einhaltung der analytischen Handhabbarkeit. Lognormalverteilte Einfaktor-Modelle vermeiden negative Zinssätze, sind aber nicht analytisch lösbar.

Literaturempfehlungen

Gleichgewichtsmodelle

Ahmad, R. und P. Wilmott, „The Market Price of Interest-Rate Risk: Measuring and Modeling Fear and Greed in the Fixed-Income Markets", *Wilmott*, Januar 2007, 64–70.

Cox, J.C., J.E. Ingersoll und S.A. Ross, „A Theory of the Term Structure of Interest Rates", *Econometrica*, 53 (1985), 385–407.

Longstaff, F.A. und E.S. Schwartz, „Interest Rate Volatility and the Term Structure: A Two Factor General Equilibrium Model", *Journal of Finance*, 47, Nr. 4 (September 1992), 1259–1282.

Vasicek, O.A., „An Equilibrium Characterization of the Term Structure", *Journal of Financial Economics*, 5 (1977), 177–188.

No-Arbitrage-Modelle

Black, F., E. Derman, und W. Toy, „A One-Factor Model of Interest Rates and Its Application to Treasury Bond Prices", *Financial Analysts Journal*, (Januar/Februar 1990): 33–39.

Black, F. und P. Karasinski, „Bond and Option Pricing When Short Rates Are Lognormal", *Financial Analysts Journal*, (Juli/August 1991), 52–59.

Brigo, D. und F. Mercurio, *Interest Rate Models: Theory and Practice*, 2. Aufl., Springer, New York, 2006.

Ho, T.S.Y. und S.-B. Lee, „Term Structure Movements and Pricing Interest Rate Contingent Claims", *Journal of Finance*, 41 (Dezember 1986), 1011–1029.

Hull, J. und A. White, „Bond Option Pricing Based on a Model for the Evolution of Bond Prices", *Advances in Futures and Options Research*, 6 (1993), 1–13.

Hull, J. und A. White, „Pricing Interest Rate Derivative Securities", *The Review of Financial Studies*, 3, Nr. 4 (1990), 573–592.

Hull, J. und A. White, „Using Hull-White Interest Rate Trees", *Journal of Derivatives*, (Frühjahr 1996), 26–36.

Rebonato, R., *Interest Rate Option Models*, Wiley, Chichester, 1998.

Praktische Fragestellungen

31.1 Worin liegt der Unterschied zwischen einem Gleichgewichts- und einem No-Arbitrage-Modell?

31.2 Nehmen Sie an, dass der kurzfristige Zinssatz gegenwärtig 4% und seine Standardabweichung 1% per annum beträgt. Wie ändert sich die Standardabweichung, wenn der kurzfristige Zinssatz (a) im Vasicek-Modell, (b) im Rendleman-Bartter-Modell und (c) im Modell von Cox, Ingersoll und Ross auf 8% ansteigt?

31.3 Wenn ein Aktienkurs eine Mittelwerttendenz besäße oder einem pfadabhängigen Prozess folgen würde, dann gäbe es eine Marktineffizienz. Warum besteht diese Marktineffizienz nicht, wenn sich der kurzfristige Zinssatz genauso verhält?

31.4 Erläutern Sie den Unterschied zwischen einem Einfaktor- und einem Zweifaktor-Modell für Zinssätze.

31.5 Kann das in Abschnitt 31.4 beschriebene Verfahren zur Zerlegung einer Option auf eine Kupon-Anleihe in ein Portfolio von Optionen auf Nullkupon-Anleihen in Verbindung mit einem Zweifaktor-Modell verwendet werden? Erläutern Sie Ihre Antwort.

31.6 Nehmen Sie für das Vasicek-Modell wie auch für das Modell von Cox, Ingersoll und Ross $a = 0{,}1$ und $b = 0{,}1$ an. In beiden Modellen liegt der anfängliche kurzfristige Zinssatz bei 10% und die anfängliche Standardabweichung der Änderung des kurzfristigen Zinssatzes in einem kurzen Zeitintervall Δt bei $0{,}02\sqrt{\Delta t}$. Vergleichen Sie die von den Modellen ermittelten Preise für eine in zehn Jahren fällige Nullkupon-Anleihe.

31.7 Nehmen Sie im Vasicek-Modell mit einem anfänglichen kurzfristigen Zinssatz von 5% $a = 0{,}1$, $b = 0{,}08$ und $\sigma = 0{,}015$ an. Berechnen Sie für einen Basispreis von 87 $ den Preis einer europäischen Kaufoption mit einer Laufzeit von einem Jahr auf eine Nullkupon-Anleihe, die in drei Jahren fällig wird und einen Nennwert von 100 $ hat.

31.8 Wiederholen Sie Aufgabe 31.7 und bewerten Sie eine europäische Verkaufsoption mit einem Basispreis von 87 $. Wie ist die Put-Call-Parität zwischen den Preisen europäischer Kauf- und Verkaufsoptionen definiert? Zeigen Sie, dass die Preise der Kauf- und Verkaufsoptionen in diesem Fall die Put-Call-Parität erfüllen.

31.9 Nehmen Sie für das Vasicek-Modell mit einem anfänglichen kurzfristigen Zinssatz von 6% $a = 0{,}05$, $b = 0{,}08$ und $\sigma = 0{,}015$ an. Berechnen Sie den Preis einer europäischen Kaufoption mit einer Laufzeit von 2,1 Jahren auf eine in drei Jahren fällige Anleihe. Nehmen Sie an, dass die Anleihe halbjährlich einen Kupon von 5% zahlt. Der Nennwert der Anleihe ist 100 und der Basispreis der Option liegt bei 99. Der Basispreis ist der Dirty Price (nicht der Clean Price), der für die Anleihe gezahlt wird.

31.10 Verwenden Sie Ihre Antwort aus Aufgabe 31.9 sowie die Argumentation mit der Put-Call-Parität, um den Preis einer Verkaufsoption mit denselben Eigenschaften wie die Kaufoption aus Aufgabe 31.9 zu berechnen.

31.11 Im Hull-White-Modell sei $a = 0{,}08$ und $\sigma = 0{,}01$. Berechnen Sie für eine Laufzeit von einem Jahr den Preis einer europäischen Kaufoption auf eine in fünf Jahren fällige Nullkupon-Anleihe, wenn die Zinsstruktur flach bei 10% ist, der Nennwert der Anleihe 100 $ und der Basispreis 68 $ beträgt.

31.12 Angenommen, im Hull-White-Modell mit einer flachen anfänglichen Zinsstruktur von 6% bei halbjährlicher Verzinsung gilt $a = 0{,}05$ und $\sigma = 0{,}015$. Berechnen Sie den Preis einer europäischen Kaufoption mit 2,1 Jahren Laufzeit auf eine in drei Jahren fällige Anleihe. Nehmen Sie an, dass die Anleihe halbjährlich einen Kupon von 5% per annum zahlt. Der Nennwert der Anleihe ist 100 und der Basispreis der Option 99. Der Basispreis ist der Dirty Price (nicht der Clean Price), der für die Anleihe gezahlt wird.

31.13 Der kurzfristige Zinssatz wird für Zeitintervalle der Länge Δt beobachtet. Die i-te Beobachtung ist r_i ($0 \leq i \leq m$). Zeigen Sie, dass man die Maximum-Likelihood-Schätzer für a, b und σ im Vasicek-Modell durch die Maximierung von

$$\sum_{i=1}^{m} \left(-\ln(\sigma^2 \Delta t) - \frac{[r_i - r_{i-1} - a(b - r_{i-1})\Delta t]^2}{\sigma^2 \Delta t} \right)$$

erhält. Wie lautet das entsprechende Resultat für das CIR-Modell?

31.14 Nehmen Sie an, dass $a = 0{,}05$ und $\sigma = 0{,}015$ gilt und die Zinsstruktur flach bei 10% ist. Konstruieren Sie einen Trinomialbaum für das Hull-White-Modell, der zwei Zeitschritte von jeweils einem Jahr beinhaltet.

31.15 Berechnen Sie mit dem Baum aus Abbildung 31.6 den Preis eines zweijährigen Zerobonds.

31.16 Berechnen Sie mit dem Baum aus Abbildung 31.9 den Preis einer zweijährigen Nullkupon-Anleihe und prüfen Sie, ob dieser mit der anfänglichen Zinsstruktur übereinstimmt.

31.17 Berechnen Sie mit dem Baum aus Abbildung 31.10 den Preis einer 18-monatigen Nullkupon-Anleihe und prüfen Sie, ob dieser mit der anfänglichen Zinsstruktur übereinstimmt.

31.18 Was beinhaltet die Kalibrierung eines Zinsstrukturmodells mit einem Faktor?

31.19 Verwenden Sie die DerivaGem-Software, um 1×4, 2×3, 3×2 und 4×1 europäische Swaptions zu bewerten, welche einen fixen Zinssatz erhalten und einen variablen Zinssatz zahlen. Nehmen Sie an, dass die einjährigen, zweijährigen, dreijährigen, vierjährigen und fünfjährigen Zinssätze 6%, 5,5%, 6%, 6,5% bzw. 7% betragen. Die Zahlungen aus dem Swap finden halbjährlich statt und der fixe Zinssatz beträgt 6% per annum bei halbjährlicher Verzinsung. Verwenden Sie das Hull-White-Modell mit $a = 3\%$ und $\sigma = 1\%$. Berechnen Sie für jede Option die implizite Volatilität aus dem Black-Modell.

31.20 Beweisen Sie die Gleichungen (31.25), (31.26) und (31.27).

31.21

a. Wie lautet die zweite partielle Ableitung von $P(t, T)$ nach r im Vasicek- bzw. im CIR-Modell?

b. In Abschnitt 31.2 wird $\hat{D}$ als Alternative zum Standard-Durationsmaß D eingeführt. Wie sieht eine analoge Alternative $\hat{C}$ zum Konvexitätsmaß aus Abschnitt 4.9 aus?

c. Geben Sie $\hat{C}$ für $P(t, T)$ an. Wie würden Sie $\hat{C}$ für eine Kupon-Anleihe ermitteln?

d. Geben Sie eine Taylorreihen-Entwicklung für $\Delta P(t, T)$ für Δr und $(\Delta r)^2$ im Vasicek- und im CIR-Modell an.

31.22 Angenommen, der kurzfristige Zinssatz beträgt 4%. Sein Realweltprozess wird durch
$$dr = 0{,}1[0{,}05 - r]\,dt + 0{,}01\,dz$$
und der risikoneutrale Prozess durch
$$dr = 0{,}1[0{,}11 - r]\,dt + 0{,}01\,dz$$
beschrieben.

a. Wie hoch ist der Marktpreis des Zinsrisikos?

b. Wie hoch sind erwartete Rendite und Volatilität für eine fünfjährige Nullkupon-Anleihe in der risikoneutralen Welt?

c. Wie hoch sind erwartete Rendite und Volatilität für eine fünfjährige Nullkupon-Anleihe in der Realwelt?

Zur weiteren Vertiefung

31.23 Konstruieren Sie einen Trinomialbaum für das Ho-Lee-Modell mit $\sigma = 0{,}02$. Nehmen Sie an, dass der anfängliche Nullkupon-Zinssatz für Laufzeiten von 0,5, 1,0 und 1,5 Jahren 7,5 %, 8 % und 8,5 % beträgt. Verwenden Sie zwei Zeitschritte von jeweils sechs Monaten. Berechnen Sie an den Endknoten des Baumes den Wert einer Nullkupon-Anleihe mit einem Nennwert von 100 $ und einer Restlaufzeit von sechs Monaten. Verwenden Sie den Baum, um eine europäische Verkaufsoption mit einjähriger Laufzeit und einem Basispreis von 95 auf eine Anleihe zu bewerten. Vergleichen Sie den mit Ihrem Baum berechneten Preis mit dem von DerivaGem ermittelten analytischen Preis.

31.24 Ein Händler möchte für eine Laufzeit von einem Jahr den Preis einer amerikanischen Kaufoption auf eine Anleihe mit Fälligkeit in fünf Jahren und einem Nennwert von 100 berechnen. Die Anleihe zahlt halbjährlich einen Kupon von 6 % und der Clean Price-Basispreis der Option liegt bei 100 $. Die stetig verzinsten Spot Rates für Laufzeiten von sechs Monaten, einem Jahr, zwei, drei, vier und fünf Jahren sind 4,5 %, 5 %, 5,5 %, 5,8 %, 6,1 % bzw. 6,3 %. Die bestangepasste Reversionsrate wurde sowohl für das normalverteilte als auch für das lognormalverteilte Modell mit 5 % geschätzt.

Eine europäische Kaufoption auf eine Anleihe mit einem Clean Price als Basispreis von 100 und einer Laufzeit von einem Jahr wird aktiv gehandelt. Ihr Marktpreis liegt bei 0,50 $. Der Händler entscheidet sich, diese Option zur Kalibrierung zu benutzen. Verwenden Sie die DerivaGem-Software mit zehn Zeitschritten, um die folgenden Aufgaben zu lösen.

  a. Leiten Sie unter der Annahme eines normalverteilten Modells den Parameter σ aus dem Preis der europäischen Option ab.
  b. Berechnen Sie mithilfe des Parameters σ den Preis der Option, wenn sie amerikanischen Typs ist.
  c. Wiederholen Sie (a) und (b) für das lognormalverteilte Modell. Zeigen Sie, dass das verwendete Modell den errechneten Preis nicht signifikant beeinflusst, vorausgesetzt, es ist mit dem bekannten europäischen Preis kalibriert.
  d. Stellen Sie den Baum für das normalverteilte Modell dar und berechnen Sie die Wahrscheinlichkeit, dass ein negativer Zinssatz auftritt.
  e. Stellen Sie den Baum für das lognormalverteilte Modell dar und prüfen Sie, ob der Optionspreis an dem Knoten, für den mit der Notation aus Abschnitt 31.7 $i = 9$ und $j = -1$ gilt, korrekt berechnet ist.

31.25 Verwenden Sie die DerivaGem-Software, um 1×4, 2×3, 3×2 und 4×1 europäische Swaptions zu bewerten, welche einen variablen Zinssatz erhalten und einen fixen Zinssatz zahlen. Nehmen Sie an, dass die einjährigen, zweijährigen, dreijährigen, vierjährigen und fünfjährigen Zinssätze 3 %, 3,5 %, 3,8 %, 4,0 % bzw. 4,1 % betragen. Die Zahlungen aus dem Swap finden halbjährlich statt und der fixe Zinssatz beträgt 4 % per annum bei halbjährlicher Verzinsung. Verwenden Sie das lognormalverteilte Modell mit $a = 5\%$, $\sigma = 15\%$ und 50 Zeitschritten. Berechnen Sie für jede Option die implizite Volatilität aus dem Black-Modell.

31.26 Verifizieren Sie, dass die DerivaGem-Software für das betrachtete Beispiel zu Abbildung 31.11 führt. Berechnen Sie mit der Software den Preis einer amerikanischen Anleiheoption für ein lognormalverteiltes und ein normalverteiltes Modell, wenn der Basispreis 95, 100 bzw. 105 beträgt. Nehmen Sie im Fall des normalverteilten Modells an, dass $a = 5\%$ und $\sigma = 1\%$ gilt. Diskutieren Sie die Ergebnisse im Zusammenhang mit der Argumentation der Schwere der Ränder aus Kapitel 20.

31.27 Modifizieren Sie Sample Application G der DerivaGem Application Builder Software, um die Konvergenz des mit einem Binomialbaum bestimmten Preises zu testen, der zur Bewertung einer zweijährigen Kaufoption auf eine fünfjährige Anleihe mit einem Nennwert von 100 verwendet wird. Nehmen Sie an, dass der Clean Price als Basispreis 100 und die Kupon-Höhe 7% mit halbjährlicher Zahlung beträgt. Unterstellen Sie die Zinsstrukturkurve aus Tabelle 31.2. Vergleichen Sie die Ergebnisse für die folgenden Fälle:

a. europäische Option; normalverteiltes Modell mit $\sigma = 0{,}01$ und $a = 0{,}05$

b. europäische Option; lognormalverteiltes Modell mit $\sigma = 0{,}15$ und $a = 0{,}05$

c. amerikanische Option; normalverteiltes Modell mit $\sigma = 0{,}01$ und $a = 0{,}05$

d. amerikanische Option; lognormalverteiltes Modell mit $\sigma = 0{,}15$ und $a = 0{,}05$.

31.28 Angenommen, der (CIR-)Prozess für die Bewegungen des kurzfristigen Zinssatzes in der risikoneutralen Welt lautet

$$dr = a(b-r)\,dt + \sigma\sqrt{r}\,dz$$

und der Marktpreis des Zinsrisikos ist λ.

a. Wie lautet der Realwelt-Prozess für r?

b. Wie hoch sind erwartete Rendite und Volatilität für eine zehnjährige Anleihe in der risikoneutralen Welt?

c. Wie hoch sind erwartete Rendite und Volatilität für eine zehnjährige Anleihe in der Realwelt?

Das HJM-, das LIBOR-Market-Modell und mehrere Zinsstrukturkurven

32.1	Das Modell von Heath, Jarrow und Morton	900
32.2	Das LIBOR-Market-Modell	903
32.3	Die Behandlung mehrerer Zinsstrukturkurven	914
32.4	Agency Mortgage-Backed Securities	916
Zusammenfassung		918
Literaturempfehlungen		919
Praktische Fragestellungen		920

Die in Kapitel 31 diskutierten Zinsmodelle werden häufig dann für die Bewertung von Finanzinstrumenten eingesetzt, wenn die einfacheren Modelle aus Kapitel 29 nicht ausreichen. Sie sind einfach zu implementieren und können bei sorgfältiger Handhabung sicherstellen, dass die meisten Nichtstandard-Zinsderivate im Hinblick auf aktiv gehandelte Instrumente wie z. B. Zinscaps, europäische Swaptions und europäische Anleiheoptionen konsistent bepreist sind. Diese Modelle enthalten jedoch zwei Einschränkungen:

1. *Sie beziehen nur einen Faktor (d. h. eine Unsicherheitsquelle) mit ein.*
2. *Sie lassen dem Anwender keine vollständige Freiheit in der Wahl der Volatilitätsstruktur.*

Indem die Parameter a und σ als Funktionen der Zeit aufgefasst werden, können Analysten die Modelle so verwenden, dass sie exakt zu den heute am Markt beobachteten Volatilitäten passen. Wie in Abschnitt 31.8 erläutert, ist die Laufzeitstruktur der Volatilität dann allerdings nichtstationär. Die vom Modell ermittelte zukünftige Volatilitätsstruktur unterscheidet sich stark von der zum Bewertungszeitpunkt am Markt vorliegenden.

Dieses Kapitel diskutiert einige allgemeine Ansätze zur Aufstellung von Zinsstrukturmodellen, die dem Anwender eine größere Freiheit in der Festlegung der Volatilitätsstruktur geben und die Verwendung mehrerer Faktoren zulassen. Wird OIS-Diskontierung verwendet, benötigt man oft ein Modell, das die Erstellung von zwei (oder mehr) Renditekurven (z. B. LIBOR-Strukturkurve und OIS-Strukturkurve) beschreibt. Dieses Kapitel zeigt, wie man dies bewerkstelligen kann.

Dieses Kapitel behandelt außerdem den Markt für Agency Mortgage-Backed Securities in den USA und beschreibt, wie einige der in diesem Kapitel vorgestellten Ideen zur Bewertung von Instrumenten auf diesem Markt benutzt werden können.

32.1 Das Modell von Heath, Jarrow und Morton

Im Jahr 1990 veröffentlichten David Heath, Bob Jarrow und Andy Morton (HJM) einen bedeutenden Artikel, in welchem sie die No-Arbitrage-Bedingungen beschrieben, die ein Modell einer Zinsstrukturkurve erfüllen muss.[1] Zur Darstellung ihres Modells verwenden wir folgende Notation:

$P(t, T)$: Preis eines risikolosen Zerobonds mit Nominalkapital 1 $ und Fälligkeit in T zum Zeitpunkt t

Ω_t: Vektor der vergangenen und gegenwärtigen Zinssätze und Anleihepreise zum Zeitpunkt t, die zur Bestimmung der Volatilitäten der Anleihepreise zu diesem Zeitpunkt relevant sind

$v(t, T, \Omega_t)$: Volatilität von $P(t, T)$

$f(t, T_1, T_2)$: Forward Rate zum Zeitpunkt t für den Zeitraum zwischen T_1 und T_2

$F(t, T)$: Momentane Forward Rate zum Zeitpunkt t für einen zum Zeitpunkt T fälligen Kontrakt

$r(t)$: kurzfristiger risikoloser Zinssatz zum Zeitpunkt t

$dz(t)$: Wiener-Prozess, der die Zinsstrukturbewegungen treibt

---

[1] Siehe D. Heath, R. Jarrow und A. Morton, „Bond Pricing and the Term Structure of Interest Rates: A New Methodology", *Econometrica*, 60, 1 (1992), 77–105.

Prozesse für Zerobond-Preise und Forward Rates

Wir beginnen mit der Annahme eines einzigen Faktors und werden die klassische risikoneutrale Welt verwenden. Ein Zerobond stellt ein gehandeltes Wertpapier ohne laufende Einkünfte dar. Seine Rendite in der klassischen risikoneutralen Welt beträgt daher r. Der stochastische Prozess lautet daher

$$dP(t,T) = r(t)P(t,T)\,dt + v(t,T,\Omega_t)P(t,T)\,dz(t)\,. \tag{32.1}$$

Wie das Argument Ω_t andeutet, kann die Volatilität v in der allgemeinsten Form des Modells eine beliebige Funktion der vergangenen und gegenwärtigen Zinssätze und Anleihepreise sein. Da die Volatilität eines Anleihepreises bei Fälligkeit auf null sinkt, muss

$$v(t,t,\Omega_t) = 0$$

gelten.[2] Mit Gleichung (4.5) kann die Forward Rate $f(t,T_1,T_2)$ folgendermaßen zu den Zerobondpreisen in Beziehung gesetzt werden:

$$f(t,T_1,T_2) = \frac{\ln[P(t,T_1)] - \ln[P(t,T_2)]}{T_2 - T_1}\,. \tag{32.2}$$

Nach Gleichung (32.1) und dem Lemma von Itô gilt

$$d\ln[P(t,T_1)] = \left[r(t) - \frac{v(t,T_1,\Omega_t)^2}{2}\right]dt + v(t,T_1,\Omega_t)\,dz(t)$$

sowie

$$d\ln[P(t,T_2)] = \left[r(t) - \frac{v(t,T_2,\Omega_t)^2}{2}\right]dt + v(t,T_2,\Omega_t)\,dz(t)$$

und folglich mit Gleichung (32.2)

$$df(t,T_1,T_2) = \frac{v(t,T_2,\Omega_t)^2 - v(t,T_1,\Omega_t)^2}{2(T_2 - T_1)}\,dt + \frac{v(t,T_1,\Omega_t) - v(t,T_2,\Omega_t)}{T_2 - T_1}\,dz(t)\,. \tag{32.3}$$

Wir entnehmen Gleichung (32.3), dass der risikoneutrale Prozess für f ausschließlich von den Werten von v abhängt. Von r und den Werten von P hängt er nur so weit ab, wie die Werte von v selbst von diesen Variablen abhängen.

Setzen wir in Gleichung (32.3) $T_1 = T$ und $T_2 = T + \Delta T$ und vollziehen den Grenzübergang, wenn ΔT gegen null geht, so wird $f(t,T_1,T_2)$ zu $F(t,T)$, der Koeffizient von $dz(t)$ wird $v_T(t,T,\Omega_t)$ und der Koeffizient von dt wird

$$\frac{1}{2}\frac{\partial[v(t,T,\Omega_t)^2]}{\partial T} = v(t,T,\Omega_t)v_T(t,T,\Omega_t)\,,$$

wobei der Index von v eine partielle Ableitung bezeichnet. Daraus folgt, dass

$$dF(t,T) = v(t,T,\Omega_t)v_T(t,T,\Omega_t)\,dt - v_T(t,T,\Omega_t)\,dz(t)\,. \tag{32.4}$$

---

[2] Die Bedingung $v(t,t,\Omega_t) = 0$ ist äquivalent mit der Annahme, dass Zerobonds immer eine endliche Driftrate besitzen. Wenn die Volatilität der Anleihe bei Fälligkeit nicht auf null zurückgeht, kann die Annahme einer unendlich großen Driftrate nötig sein, um sicherzustellen, dass der Anleihepreis bei Fälligkeit gleich dem Nennwert ist.

Sobald die Funktion $v(t, T, \Omega_t)$ spezifiziert ist, sind die risikoneutralen Prozesse für die momentanen Forward Rates $F(t, T)$ bekannt.

Gleichung (32.4) zeigt, dass zwischen der Driftrate und der Standardabweichung einer momentanen Forward Rate ein Zusammenhang existiert. Dies ist das Schlüsselresultat von HJM. Die Integration von $v_\tau(t, \tau, \Omega_t)$ zwischen $\tau = t$ und $\tau = T$ ergibt

$$v(t, T, \Omega_t) - v(t, t, \Omega_t) = \int_t^T v_\tau(t, \tau, \Omega_t)\,d\tau .$$

Wegen $v(t, t, \Omega_t) = 0$ ist dies gleichbedeutend mit

$$v(t, T, \Omega_t) = \int_t^T v_\tau(t, \tau, \Omega_t)\,d\tau .$$

Bezeichnen $m(t, T, \Omega_t)$ und $s(t, T, \Omega_t)$ die momentane Driftrate bzw. die Standardabweichung von $F(t, T)$, sodass

$$dF(t, T) = m(t, T, \Omega_t)\,dt + s(t, T, \Omega_t)\,dz ,$$

dann folgt aus Gleichung (32.4), dass

$$m(t, T, \Omega_t) = s(t, T, \Omega_t) \int_t^T s(t, \tau, \Omega_t)\,d\tau . \tag{32.5}$$

Dies ist das Resultat von HJM.

Im allgemeinen HJM-Modell besitzt der Prozess für den kurzfristigen Zinssatz r nicht die Markov-Eigenschaft. Das bedeutet, dass der Prozess für r zu einem zukünftigen Zeitpunkt t von dem speziellen Pfad abhängt, dem r zwischen den Zeitpunkten null und t folgt, sowie von dem Wert, den r zu Zeitpunkt t annimmt.[3] Dies ist das Hauptproblem bei der Umsetzung eines allgemeinen HJM-Modells. Wir müssen dann die Monte-Carlo-Simulation verwenden. Bäume sind mit Schwierigkeiten verbunden. Wenn wir einen Baum konstruieren, der die Bewegungen der Zinsstruktur aufzeigt, ist dieser in der Regel nicht rekombinierend. Angenommen, wir betrachten ein Einfaktor-Modell und einen Binomialbaum wie in Abbildung 32.1. Dann gibt es nach n Zeitschritten 2^n Knoten (Für $n = 30$ ist 2^n etwa 10^9).

Die Komplexität des HJM-Modells in Gleichung (32.4) ist irreführend. Eine bestimmte Forward Rate $F(t, T)$ besitzt in den meisten Anwendungen des Modells die Markov-Eigenschaft und kann durch einen rekombinierenden Baum repräsentiert werden. Man kann jedoch nicht denselben Baum für alle Forward Rates verwenden. Setzt man $s(t, T, \Omega_t) = \sigma$(konstant), erhält man das Ho-Lee-Modell (siehe Aufgabe 32.3); setzt man $s(t, T, \Omega_t) = \sigma e^{-a(T-t)}$, erhält man das Hull-White-Modell (siehe Aufgabe 32.4). Es handelt sich bei jenen Modellen also um spezielle Fälle des HJM-Modells mit Markov-Eigenschaft, bei denen der gleiche rekombinierende Baum für den kurzfristigen Zinssatz r und alle Forward Rates verwendet werden kann.

Erweiterung auf mehrere Faktoren

Das Ergebnis von HJM kann auf die Situation erweitert werden, wenn mehrere unabhängige Faktoren existieren. Angenommen, es gilt

$$dF(t, T) = m(t, T, \Omega_t)\,dt + \sum_k s_k(t, T, \Omega_t)\,dz_k .$$

---

[3] Weitere Einzelheiten sind in Technical Note 17 unter www.rotman.utoronto.ca/~hull/ofod/index.html nachzulesen.

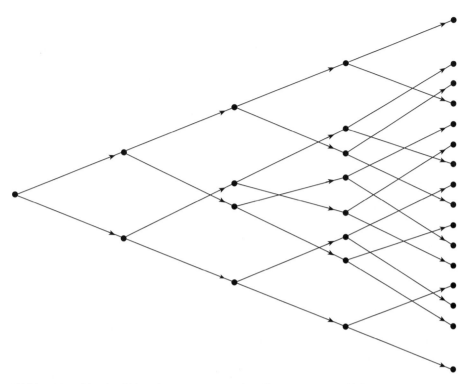

Abbildung 32.1: Nicht rekombinierender Baum, wie er aus dem allgemeinen HJM-Modell folgt

Eine mit der oben vergleichbaren Analyse (siehe Aufgabe 32.2) ergibt

$$m(t, T, \Omega_t) = \sum_k s_k(t, T, \Omega_t) \int_t^T s_k(t, \tau, \Omega_t)\, d\tau \,. \tag{32.6}$$

32.2 Das LIBOR-Market-Modell

Ein Nachteil des HJM-Modells besteht darin, dass es auf momentanen Forward Rates basiert, welche jedoch nicht direkt am Markt beobachtbar sind. Ein weiterer Nachteil in dieser Hinsicht ist die Schwierigkeit, das Modell auf die Preise aktiv gehandelter Instrumente zu kalibrieren. Daher haben Brace, Gatarek und Musiela (BGM), Jamshidian sowie Miltersen, Sandmann und Sondermann eine Alternative vorgeschlagen.[4] Diese wird als LIBOR-Market-Modell (LMM) bzw. BGM-Modell bezeichnet. Es basiert auf Forward Rates, die die Händler bei der LIBOR-Diskontierung benutzen.

---

4 Siehe A. Brace, D. Gatarek und M. Musiela, „The Market Model of Interest Rate Dynamics", Mathematical Finance, 7, Nr. 2 (1997), 127–155; F. Jamshidian, „LIBOR and Swap Market Models and Measures", *Finance and Stochastics*, 1 (1997), 293–330; K. Miltersen, K. Sandmann und D. Sondermann, „Closed Form Solutions for Term Structure Derivatives with Lognormal Interest Rate", *Journal of Finance*, 52, Nr. 1 (März 1997), 409–430.

Das Modell

Wir definieren $t_0 = 0$ und bezeichnen die Anpassungszeitpunkte für derzeit am Markt gehandelte Caps mit $t_1, t_2, \ldots$ In den USA werden die populärsten Caps vierteljährlich angepasst, sodass ungefähr $t_1 = 0{,}25$, $t_2 = 0{,}5$, $t_3 = 0{,}75$ usw. gilt. Wir definieren $\delta_k = t_{k+1} - t_k$ sowie

$F_k(t)$: Forward Rate zwischen t_k und t_{k+1} zum Zeitpunkt t, ausgedrückt für eine Verzinsungsperiode δ_k und Tagzählung Actual/Actual,

$m(t)$: Index für den nächsten Anpassungstermin zum Zeitpunkt t; d. h. $m(t)$ ist die kleinste ganze Zahl mit $t \leq t_{m(t)}$,

$\zeta_k(t)$: Volatilität von $F_k(t)$ zum Zeitpunkt t,

Zunächst wollen wir davon ausgehen, dass nur ein Faktor existiert.

Wie in Abschnitt 28.4 gezeigt, ist $F_k(t)$ in einer bezüglich $P(t, t_{k+1})$ Forward-risikoneutralen Welt ein Martingal und folgt dem Prozess

$$dF_k(t) = \zeta_k(t) F_k(t)\, dz, \qquad (32.7)$$

wobei dz ein Wiener-Prozess ist.

In der Realität ist es oft am zweckmäßigsten, bei der Bewertung von Zinsderivaten in einer Modellwelt zu arbeiten, die ständig Forward-risikoneutral bezüglich einer zum nächsten Anpassungstermin fälligen Anleihe ist. Wir bezeichnen diese als *rollierend Forward-risikoneutrale Welt*.[5] In dieser Welt können wir vom Zeitpunkt t_{k+1} auf den Zeitpunkt t_k diskontieren, indem wir die zum Zeitpunkt t_k beobachtete Spot Rate für die Laufzeit t_{k+1} heranziehen. Wir brauchen uns über die Veränderung der Zinssätze zwischen den Zeitpunkten t_{k+1} und t_k keine Gedanken machen.

Zum Zeitpunkt t ist die rollierend Forward-risikoneutrale Welt Forward-risikoneutral bezüglich des Anleihepreises $P(t, t_{m(t)})$. Gleichung (32.7) gibt den Prozess an, dem $F_k(t)$ in einer bezüglich $P(t, t_{k+1})$ Forward-risikoneutralen Welt folgt. Aus Abschnitt 28.8 folgt, dass der Prozess für $F_k(t)$ in einer rollierend Forward-risikoneutralen Welt die Gestalt

$$dF_k(t) = \zeta_k(t)[v_{m(t)}(t) - v_{k+1}(t)] F_k(t)\, dt + \zeta_k(t) F_k(t)\, dz \qquad (32.8)$$

besitzt. Zwischen den Forward Rates und den Anleihepreisen besteht die Beziehung

$$\frac{P(t, t_i)}{P(t, t_{i+1})} = 1 + \delta_i F_i(t)$$

bzw.

$$\ln P(t, t_i) - \ln P(t, t_{i+1}) = \ln[1 + \delta_i F_i(t)].$$

---

5 In der Terminologie von Abschnitt 28.4 entspricht diese Welt der Verwendung eines „rollierenden CD" als Numeraire. Bei einem rollierenden CD (Certificate of Deposit, verbrieftes Termingeld) starten wir mit 1 $, kaufen eine Anleihe, die zum Zeitpunkt t_1 fällig ist, reinvestieren die Erlöse zum Zeitpunkt t_1 in eine Anleihe, die zum Zeitpunkt t_2 fällig ist, reinvestieren die Erlöse zum Zeitpunkt t_2 in eine Anleihe, die zum Zeitpunkt t_3 fällig ist, usw. Genau genommen liegen die Zinsbäume, die wir in Kapitel 31 konstruiert haben, in einer rollierend Forward-risikoneutralen Welt statt in einer klassischen risikoneutralen Welt. Das Numeraire ist ein CD, das am Ende jedes Zeitschritts rolliert wird.

Durch Anwendung von Itôs Lemma können wir den Prozess der linken und rechten Seite dieser Gleichung berechnen. Durch Koeffizientenvergleich für dz ergibt sich[6]

$$v_i(t) - v_{i+1}(t) = \frac{\delta_i F_i(t) \zeta_i(t)}{1 + \delta_i F_i(t)} \,. \tag{32.9}$$

Somit gilt mit Gleichung (32.8) für den Prozess von $F_k(t)$ in der rollierend Forward-risikoneutralen Welt

$$\frac{dF_k(t)}{F_k(t)} = \sum_{i=m(t)}^{k} \frac{\delta_i F_i(t) \zeta_i(t) \zeta_k(t)}{1 + \delta_i F_i(t)} \, dt + \zeta_k(t) \, dz \,. \tag{32.10}$$

Das HJM-Resultat in Gleichung (32.4) stellt den Grenzfall dieses Modells dar, wenn die δ_i gegen null gehen. (Siehe Aufgabe 32.7.)

Forward-Rate-Volatilitäten

Wir vereinfachen nun das Modell, indem wir annehmen, dass $\zeta_k(t)$ nur eine Funktion ganzer Verzinsungsperioden zwischen dem nächsten Anpassungstermin und dem Zeitpunkt t_k ist. Wir definieren Λ_i als den Wert von $\zeta_k(t)$, wenn es i derartige Verzinsungsperioden gibt. Das bedeutet, dass $\zeta_k(t) = \Lambda_{k-m(t)}$ eine Schrittfunktion ist.

Die Λ_i können (zumindest theoretisch) aus den zur Bewertung von Caplets im Black-Modell verwendeten Volatilitäten (d. h. aus den Spot-Volatilitäten in Abbildung 29.3) geschätzt werden.[7] Angenommen, σ_k ist die Black-Volatilität für das Caplet des Zeitraums zwischen t_k und t_{k+1}. Bei Gleichsetzen der Varianzen muss

$$\sigma_k^2 t_k = \sum_{i=1}^{k} \Lambda_{k-i}^2 \delta_{i-1} \tag{32.11}$$

gelten. Diese Gleichung kann verwendet werden, um die Λ iterativ zu bestimmen.

Beispiel 32.1 Angenommen, alle δ_i sind gleich und die Spot-Volatilitäten der Caplets aus dem Black-Modell betragen für die ersten drei Caplets 24%, 22% und 20%. Es gilt also $\Lambda_0 = 24\%$. Wegen

$$\Lambda_0^2 + \Lambda_1^2 = 2 \cdot 0{,}22^2$$

beträgt Λ_1 19,80%. Weiterhin ist wegen

$$\Lambda_0^2 + \Lambda_1^2 + \Lambda_2^2 = 3 \cdot 0{,}20^2$$

Λ_2 gleich 15,23%.

---

6 Da die Werte für v und ζ entgegengesetzte Vorzeichen besitzen, steigt (absolut betrachtet) die Volatilität des Anleihepreises mit wachsender Restlaufzeit. Dies entspricht unseren Erwartungen.

7 In der Realität werden die Λ mithilfe einer Kleinste-Quadrate-Kalibrierung bestimmt, die wir später diskutieren werden.

> **Beispiel 32.2** Wir betrachten in Tabelle 32.1 die Daten für die Volatilitäten der Caplets. Diese haben den in Abschnitt 29.3 diskutierten „Buckel". Die Werte für Λ sind in der zweiten Zeile zu sehen. Man beachte, dass der Volatility Hump für die Λ-Werte viel deutlicher ist als für die σ-Werte.
>
> | Jahr, k | 1 | 2 | 3 | 4 | 5 | 6 | 7 | 8 | 9 | 10 |
> |---|---|---|---|---|---|---|---|---|---|---|
> | σ_k (%) | 15,50 | 18,25 | 17,91 | 17,74 | 17,27 | 16,79 | 16,30 | 16,01 | 15,76 | 15,54 |
> | Λ_{k-1} (%) | 15,50 | 20,64 | 17,21 | 17,22 | 15,25 | 14,15 | 12,98 | 13,81 | 13,60 | 13,40 |
>
> Tabelle 32.1: Volatilitäten, Verzinsungsperiode = 1 Jahr

Umsetzung des Modells

Das LIBOR-Market-Modell kann über eine Monte-Carlo-Simulation implementiert werden. Als Funktion von Λ_i dargestellt, lautet Gleichung (32.10)

$$\frac{dF_k(t)}{F_k(t)} = \sum_{i=m(t)}^{k} \frac{\delta_i F_i(t) \Lambda_{i-m(t)} \Lambda_{k-m(t)}}{1 + \delta_i F_i(t)} dt + \Lambda_{k-m(t)} dz, \quad (32.12)$$

sodass mit Itôs Lemma

$$d \ln F_k(t) = \left[\sum_{i=m(t)}^{k} \frac{\delta_i F_i(t) \Lambda_{i-m(t)} \Lambda_{k-m(t)}}{1 + \delta_i F_i(t)} - \frac{(\Lambda_{k-m(t)})^2}{2} \right] dt + \Lambda_{k-m(t)} dz \quad (32.13)$$

folgt. Wenn wir bei der Berechnung der Driftrate von $\ln F_k(t)$ näherungsweise annehmen, dass $F_i(t) = F_i(t_j)$ für $t_j < t < t_{j+1}$, ergibt sich

$$F_k(t_{j+1}) = F_k(t_j) \exp\left[\left(\sum_{i=j+1}^{k} \frac{\delta_i F_i(t_j) \Lambda_{i-j-1} \Lambda_{k-j-1}}{1 + \delta_i F_i(t_j)} - \frac{\Lambda_{k-j-1}^2}{2} \right) \delta_j + \Lambda_{k-j-1} \epsilon \sqrt{\Delta_j} \right], \quad (32.14)$$

wobei ϵ eine normalverteilte Zufallszahl mit Mittelwert null und Standardabweichung eins ist. Bei der Monte-Carlo-Simulation wird diese Gleichung verwendet, um zunächst die Forward Rates zum Zeitpunkt t_1 aus denen zum Zeitpunkt null zu ermitteln, dann die Forward Rates zum Zeitpunkt t_2 aus denen zum Zeitpunkt t_1 usw.

Erweiterung auf mehrere Faktoren

Das LIBOR-Market-Modell kann so erweitert werden, dass es mehrere unabhängige Faktoren einbezieht. Angenommen, es gibt p Faktoren und $\zeta_{k,q}$ bezeichnet die Komponente der Volatilität von $F_k(t)$, welche dem q-ten Faktor zugeschrieben werden kann. Gleichung (32.10) erhält dann die Gestalt (siehe Aufgabe 32.11)

$$\frac{dF_k(t)}{F_k(t)} = \sum_{i=m(t)}^{k} \frac{\delta_i F_i(t) \sum_{q=1}^{p} \zeta_{i,q}(t) \zeta_{k,q}(t)}{1 + \delta_i F_i(t)} dt + \sum_{q=1}^{p} \zeta_{k,q}(t) dz_q. \quad (32.15)$$

Wir definieren $\lambda_{i,q}$ als die q-te Komponente der Volatilität, wenn zwischen dem nächsten Anpassungstermin und der Fälligkeit des Forward-Kontrakts noch i Verzinsungsperioden auftreten. Aus Gleichung (32.14) wird dann

$$F_k(t_{j+1}) = F_k(t_j)\exp\left[\left(\sum_{i=j+1}^{k} \frac{\delta_i F_i(t_j)\sum_{q=1}^{p}\lambda_{i-j-1,q}\lambda_{k-j-1,q}}{1+\delta_i F_i(t_j)} - \frac{\sum_{q=1}^{p}\lambda_{k-j-1,q}^2}{2}\right)\delta_j + \sum_{q=1}^{p}\lambda_{k-j-1,q}\epsilon_q\sqrt{\delta_j}\right], \quad (32.16)$$

wobei die ϵ_q normalverteilte Zufallszahlen mit Mittelwert null und Standardabweichung eins sind.

Die vereinfachende Annahme, dass die Drift einer Forward Rate in jeder Verzinsungsperiode konstant bleibt, erlaubt es uns, in der Simulation von einem Anpassungstermin zum nächsten zu springen. Dies ist zweckmäßig, da die rollierend Forward-risikoneutrale Welt, wie bereits erwähnt, eine Diskontierung von einem Anpassungstermin zum nächsten erlaubt. Angenommen, wir wollen eine Spot-Rate-Strukturkurve für N Verzinsungsperioden simulieren. Bei jedem Simulationslauf starten wir mit den Forward Rates zum Zeitpunkt null, $F_0(0), F_1(0), \ldots, F_{N-1}(0)$, die aus der anfänglichen Spot-Rate-Strukturkurve ermittelt werden. Dann berechnen wir mit Gleichung (32.16) $F_1(t_1), F_2(t_1), \ldots, F_{N-1}(t_1)$. Danach ermitteln wir mit Gleichung (32.16) $F_2(t_2), F_3(t_2), \ldots, F_{N-1}(t_2)$ usw., bis wir $F_{N-1}(t_{N-1})$ erhalten. Man beachte, dass die Spot-Rate-Strukturkurve immer kürzer wird, wenn man sich auf dem Zeitstrahl fortbewegt. Nehmen wir beispielsweise an, dass jede Verzinsungsperiode drei Monate lang ist und $N = 40$. Wir beginnen mit einer Spot-Rate-Strukturkurve für zehn Jahre. Nach sechs Jahren (zum Zeitpunkt t_{24}) liefert die Simulation Informationen über die Spot-Rate-Strukturkurve für vier Jahre.

Man kann unsere Annahme für die Driftrate ($F_i(t) = F_i(t_j)$ für $t_j < t < t_{j+1}$) überprüfen, indem man Caplets unter Verwendung von Gleichung (32.16) bewertet und die Preise mit den vom Black-Modell ermittelten Preisen vergleicht. Der Wert von $F_k(t_k)$ ist der realisierte Zinssatz für den Zeitraum zwischen t_k und t_{k+1}. Dieser erlaubt die Berechnung der Caplet-Auszahlung zum Zeitpunkt t_{k+1}. Diese Auszahlung wird Periode für Periode bis auf den Zeitpunkt null diskontiert. Der Caplet-Wert ergibt sich als Durchschnitt der diskontierten Auszahlungen. Hull und White fanden heraus, dass die auf diese Weise ermittelten Werte nicht wesentlich von denen aus dem Black-Modell abweichen. Das trifft sogar dann zu, wenn die Verzinsungsperioden ein Jahr betragen und eine sehr große Zahl von Simulationsläufen verwendet wird.[8] Dies deutet an, dass die vereinfachende Drift-Annahme in den meisten Situationen keine großen Auswirkungen hat.

Ratchet Caps, Sticky Caps und Flexi Caps

Das LIBOR-Market-Modell kann zur Bewertung bestimmter Nichtstandard-Caps benutzt werden. Wir betrachten Ratchet Caps und Sticky Caps. Diese enthalten

---

[8] Siehe J.C. Hull und A. White, „Forward Rate Volatilities, Swap Rate Volatilities, and the Implementation of the LIBOR Market Model", *Journal of Fixed Income*, 10, Nr. 2 (September 2000), 46–62. Eine Ausnahme hiervon tritt nur bei sehr hohen Cap-Volatilitäten auf.

Regeln, wie die Cap Rate für jedes Caplet festgelegt wird. Bei einem Ratchet Cap ist die Cap Rate gleich dem LIBOR-Satz zum vorhergehenden Anpassungstermin zuzüglich eines Spreads. Bei einem Sticky Cap ist die Cap Rate gleich der vorhergehenden Cap Rate zuzüglich eines Spreads. Angenommen, die Cap Rate zum Zeitpunkt t_j beträgt K_j, der LIBOR-Satz zum Zeitpunkt t_j ist R_j und der Spread beträgt s. Bei einem Ratchet Cap gilt dann $K_{j+1} = R_j + s$, bei einem Sticky Cap gilt $K_{j+1} = \min(R_j, K_j) + s$.

Startzeitpunkt des Caplets (in Jahren)	Ein Faktor	Zwei Faktoren	Drei Faktoren
1	0,196	0,194	0,195
2	0,207	0,207	0,209
3	0,201	0,205	0,210
4	0,194	0,198	0,205
5	0,187	0,193	0,201
6	0,180	0,189	0,193
7	0,172	0,180	0,188
8	0,167	0,174	0,182
9	0,160	0,168	0,175
10	0,153	0,162	0,169

Tabelle 32.2: Bewertung von Ratchet Caplets

Startzeitpunkt des Caplets (in Jahren)	Ein Faktor	Zwei Faktoren	Drei Faktoren
1	0,196	0,194	0,195
2	0,336	0,334	0,336
3	0,412	0,413	0,418
4	0,458	0,462	0,472
5	0,484	0,492	0,506
6	0,498	0,512	0,524
7	0,502	0,520	0,533
8	0,501	0,523	0,537
9	0,497	0,523	0,537
10	0,488	0,519	0,534

Tabelle 32.3: Bewertung von Sticky Caplets

Die Tabellen 32.2 und 32.3 zeigen die Bewertung eines Ratchet Cap und eines Sticky Cap unter Verwendung des LIBOR-Market-Modells mit einem, zwei bzw. drei Faktoren und LIBOR-Diskontierung. Der Nominalbetrag ist 100 $. Es wird angenommen, dass die Zinsstruktur flach bei 5% per annum bei stetiger Verzinsung bzw. 5,127% bei jährlicher Verzinsung ist und Caplet-Volatilitäten wie in Tabelle 32.1 bestehen. Der Zinssatz wird jährlich angepasst, der Spread beträgt 25 Basispunkte bezogen auf den Zinssatz bei jährlicher Verzinsung. Die Tabellen 32.4 und 32.5 verdeutlichen, wie die Volatilität bei der Verwendung der Zwei- und Dreifaktorenmodelle in Komponenten zerlegt wurde. Die Resultate basieren auf 100 000 Monte-Carlo-Simulationen unter Einbeziehung der in Abschnitt 21.7 beschriebenen Antithetic-Variates-Technik. Der Standardfehler jedes Preises beträgt etwa 0,001.

Eine dritte Klasse von Nichtstandard-Caps bildet der *Flexi Cap*. Dieser entspricht einem regulären Cap, allerdings gibt es eine Obergrenze für die Gesamtzahl ausübbarer Caplets. Wir betrachten einen Flexi Cap mit jährlichen Auszahlungen und einem Nominalbetrag von 100 $, flacher Zinsstruktur bei 5% und Cap-Volatilitäten, wie in den Tabellen 32.1, 32.4 und 32.5 aufgeführt. Angenommen, alle im Geld befindlichen Caplets werden bis zu einer Maximalzahl von fünf ausgeübt. Das LIBOR-Market-Modell ermittelt für dieses Instrument mit einem, zwei und drei Faktoren die Preise 3,43, 3,58 bzw. 3,61 (siehe Aufgabe 32.15 für weitere Arten von Flexi Caps).

Die Bewertung eines Plain-Vanilla-Caps hängt hingegen nur von der Gesamtvolatilität ab und ist unabhängig von der Anzahl der Faktoren, weil der Preis eines Plain-Vanilla-Caplets vom Verhalten nur einer Forward Rate abhängt. Die Preise der Caplets bei den von uns betrachteten Nichtstandard-Instrumenten sind verschieden, weil sie von der gemeinsamen Wahrscheinlichkeitsverteilung mehrerer unterschiedlicher Forward Rates abhängen. Sie hängen demzufolge von der Anzahl der Faktoren ab.

Jahr, k	1	2	3	4	5	6	7	8	9	10
$\lambda_{k-1,1}$ (%)	14,10	19,52	16,78	17,11	15,25	14,06	12,65	13,06	12,36	11,63
$\lambda_{k-1,2}$ (%)	−6,45	−6,70	−3,84	−1,96	0,00	1,61	2,89	4,48	5,65	6,65
Gesamtvol. (%)	15,50	20,64	17,21	17,22	15,25	14,15	12,98	13,81	13,60	13,40

Tabelle 32.4: Volatilitätskomponenten im Zweifaktoren-Modell

Jahr, k	1	2	3	4	5	6	7	8	9	10
$\lambda_{k-1,1}$ (%)	13,65	19,28	16,72	16,98	14,85	13,95	12,61	12,90	11,97	10,97
$\lambda_{k-1,2}$ (%)	−6,62	−7,02	−4,06	−2,06	0,00	1,69	3,06	4,70	5,81	6,66
$\lambda_{k-1,3}$ (%)	3,19	2,25	0,00	−1,98	−3,47	−1,63	0,00	1,51	2,80	3,84
Gesamtvol. (%)	15,50	20,64	17,21	17,22	15,25	14,15	12,98	13,81	13,60	13,40

Tabelle 32.5: Volatilitätskomponenten im Dreifaktoren-Modell

Bewertung europäischer Swaptions

Es gibt eine analytische Näherungslösung für die Bewertung europäischer Swaptions im LIBOR-Market-Modell.[9] Wir nehmen an, dass LIBOR-Diskontierung verwendet wird. T_0 sei die Laufzeit der Swaption. Wir bezeichnen die Auszahlungstermine des Swaps mit $T_1, T_2, \ldots, T_N$ und setzen $\tau_i = T_{i+1} - T_i$. Mit Gleichung (28.23) ergibt sich die Swap Rate zum Zeitpunkt t mit

$$s(t) = \frac{P(t, T_0) - P(t, T_N)}{\sum_{i=0}^{N-1} \tau_i P(t, T_{i+1})}.$$

Außerdem gilt die Beziehung

$$\frac{P(t, T_i)}{P(t, T_0)} = \prod_{j=0}^{i-1} \frac{1}{1 + \tau_j G_j(t)}$$

für $1 \leq i \leq N$, wobei $G_j(t)$ die Forward Rate zum Zeitpunkt t für den Zeitraum zwischen T_j und T_{j+1} bezeichnet. Diese beiden Gleichungen definieren zusammen einen Zusammenhang zwischen $s(t)$ und den $G_j(t)$. Bei Anwendung von Itôs Lemma (siehe Aufgabe 32.12) ist die Varianz $s(t)$ der Swap Rate gegeben durch

$$V(t) = \sum_{q=1}^{p} \left[\sum_{k=0}^{N-1} \frac{\tau_k \beta_{k,q}(t) G_k(t) \gamma_k(t)}{1 + \tau_k G_k(t)} \right]^2. \qquad (32.17)$$

Hierbei ist

$$\gamma_k(t) = \frac{\prod_{j=0}^{N-1}[1 + \tau_j G_j(t)]}{\prod_{j=0}^{N-1}[1 + \tau_j G_j(t)] - 1} - \frac{\sum_{i=0}^{k-1} \tau_i \prod_{j=i+1}^{N-1}[1 + \tau_j G_j(t)]}{\sum_{i=0}^{N} \tau_i \prod_{j=i+1}^{N-1}[1 + \tau_j G_j(t)]}$$

und $\beta_{j,q}(t)$ bezeichnet die q-te Komponente der Volatilität von $G_j(t)$. Wir approximieren $V(t)$, indem wir für alle j und alle t $G_j(t) = G_j(0)$ setzen. Die Swap-Volatilität, die zur Bewertung einer Swaption in das Standard-Market-Modell eingesetzt wird, beträgt dann

$$\sqrt{\frac{1}{T_0} \int_{t=0}^{T_0} V(t)\, dt}$$

bzw.

$$\sqrt{\frac{1}{T_0} \int_{t=0}^{T_0} \sum_{q=1}^{p} \left(\sum_{k=0}^{N-1} \frac{\tau_k \beta_{k,q}(t) G_k(0) \gamma_k(0)}{1 + \tau_k G_k(0)} \right)^2 dt}. \qquad (32.18)$$

Ist die Länge der Verzinsungsperiode für den Swap, welcher der Swaption zugrunde liegt, die gleiche wie die Länge der Verzinsungsperiode für einen Cap, dann bezeichnet $\beta_{k,q}(t)$ die q-te Volatilitätskomponente der Forward Rate eines Caps mit Restlaufzeit $T_k - t$. Dies kann man in Tabellen wie Tabelle 32.5 ablesen.

---

[9] Siehe J.C. Hull und A. White, „Forward Rate Volatilities, Swap Rate Volatilities, and the Implementation of the LIBOR Market Model", *Journal of Fixed Income*, 10, 2 (September 2000), 46–62. Andere analytische Näherungslösungen wurden vorgeschlagen von A. Brace, D. Gatarek und M. Musiela, „The Market Model of Interest Rate Dynamics", *Mathematical Finance*, 7, 2 (1997), 127–155, sowie L. Andersen und J. Andreasen, „Volatility Skews and Extensions of the LIBOR Market Model", *Applied Mathematical Finance*, 7, 1 (2000), 1–32.

Die Verzinsungsperioden für Swaps, die Brokernotierungen für europäische Swaptions zugrunde liegen, stimmen nicht immer mit den unterstellten Verzinsungsperioden für Caps und Floors überein. Zum Beispiel haben Standard-Caps und -Floors in den USA vierteljährliche Anpassungstermine, während Swaps, die europäischen Standard-Swaptions zugrunde liegen, halbjährliche Anpassungstermine aufweisen. Glücklicherweise kann das Bewertungsresultat für europäische Swaptions auf den Fall erweitert werden, bei dem jede Swap-Verzinsungsperiode M Subperioden enthält, die Verzinsungsperioden eines typischen Caps sein könnten. Wir definieren $\tau_{j,m}$ als die Länge der m-ten Subperiode in der j-ten Verzinsungsperiode. Somit gilt

$$\tau_j = \sum_{m=1}^{M} \tau_{j,m}\,.$$

Wir definieren weiterhin $G_{j,m}(t)$ als die zum Zeitpunkt t beobachtete Forward Rate für die $\tau_{j,m}$-Verzinsungsperiode. Wegen

$$1 + \tau_j G_j(t) = \prod_{m=1}^{M} [1 + \tau_{j,m} G_{j,m}(t)]$$

können wir die Analyse, die zu Gleichung (32.18) führte, so modifizieren, dass wir die Volatilität von $s(t)$ als Funktion von $G_{j,m}(t)$-Volatilitäten anstatt von $G_j(t)$-Volatilitäten erhalten. Die Swap-Volatilität, die zur Bewertung einer Swaption in das Standard-Market-Modell substituiert wird, ergibt sich als (siehe Aufgabe 32.13)

$$\sqrt{\frac{1}{T_0} \int_{t=0}^{T_0} \sum_{q=1}^{p} \left(\sum_{k=n}^{N-1} \sum_{m=1}^{M} \frac{\tau_{k,m} \beta_{k,m,q}(t) G_{k,m}(0) \gamma_k(0)}{1 + \tau_{k,m} G_{k,m}(0)} \right)^2 \mathrm{d}t}\,. \quad (32.19)$$

Hierbei bezeichnet $\beta_{j,m,q}(t)$ die q-te Komponente der Volatilität von $G_{j,m}(t)$, d. h. die q-te Komponente der Volatilität einer Cap Forward Rate, wenn die Restlaufzeit den Zeitraum von t bis zum Beginn der m-ten Subperiode der (T_j, T_{j+1})-Swap-Verzinsungsperiode umfasst.

Die Ausdrücke für die Swap-Volatilität in den Gleichungen (32.18) und (32.19) enthalten die Näherungen $G_j(t) = G_j(0)$ und $G_{j,m}(t) = G_{j,m}(0)$. Hull und White haben die mit den Gleichungen (32.18) und (32.19) berechneten Preise für europäische Swaptions mit Preisen, die mit einer Monte-Carlo-Simulation ermittelt wurden, verglichen und keine nennenswerten Differenzen festgestellt. Ist der LIBOR-Markt einmal kalibriert, bieten die Gleichungen (32.18) und (32.19) einen schnellen Weg zur Bewertung von europäischen Swaptions. Analysten können untersuchen, ob europäische Swaptions gegenüber Caps über- oder unterbewertet sind. Wie wir bald sehen werden, können sie die Ergebnisse auch zur Kalibrierung des Modells auf die Marktpreise von Swaptions verwenden. Die Untersuchung kann auf die OIS-Diskontierung ausgeweitet werden.

Kalibrierung des Modells

Die Variable Λ_j bezeichnet die Volatilität der Forward Rate F_j zum Zeitpunkt t für den Zeitraum zwischen t_k und t_{k+1}, wobei zwischen t und t_k genau j ganze Verzinsungsperioden liegen. Zur Kalibrierung des LIBOR-Market-Modells müssen wir die

Λ_j bestimmen und festlegen, wie sie in die $\lambda_{j,q}$ zerlegt werden. Die Λ-Werte werden gewöhnlich aus aktuellen Marktdaten gewonnen, während die Zerlegung in die λ-Werte aus historischen Daten bestimmt wird.

Wir befassen uns zunächst mit der Bestimmung der λ-Werte aus den Λ-Werten. Hierfür kann eine Hauptkomponentenanalyse (siehe Abschnitt 22.9) der Forward-Rate-Daten verwendet werden. Das Hauptkomponentenmodell lautet

$$\Delta F_j = \sum_{q=1}^{M} \alpha_{j,q} x_q \, .$$

Dabei ist M die Gesamtzahl der Faktoren (d.h. die Anzahl der verschiedenen Forward Rates), ΔF_j die Änderung der j-ten Forward Rate, $\alpha_{j,q}$ die Faktorladung für die j-te Forward Rate und den q-ten Faktor und x_q der Faktorwert für den q-ten Faktor. Wir definieren s_q als die Standardabweichung des q-ten Faktorwerts. Ist die Anzahl p der im LIBOR-Market-Modell benutzten Faktoren gleich der Gesamtzahl M der Faktoren, kann man

$$\lambda_{j,q} = \alpha_{j,q} s_q$$

für $1 \leq j, q \leq M$ setzen. Falls $p < M$, müssen die $\lambda_{j,q}$ so skaliert werden, dass

$$\Lambda_j = \sqrt{\sum_{q=1}^{p} \lambda_{j,q}^2} \, .$$

Dies hat die Setzung

$$\lambda_{j,q} = \frac{\Lambda_j s_q \alpha_{j,q}}{\sqrt{\sum_{q=1}^{p} s_q^2 \alpha_{j,q}^2}} \tag{32.20}$$

zur Folge.

Nun gehen wir zur Bestimmung der Λ-Werte über. Gleichung (32.11) bietet eine theoretische Möglichkeit, die Λ-Werte so zu bestimmen, dass sie mit den Capletpreisen konsistent sind. In der Praxis wird die Gleichung gewöhnlich nicht verwendet, da sie oft zu extremen Ausschlägen der Λ führt. Außerdem existiert manchmal keine Menge von Λ-Werten, die mit einer Menge von Cap-Notierungen konsistent ist. Ein weit verbreitetes Kalibrierungsverfahren ähnelt dem in Abschnitt 31.8 beschriebenen Verfahren. Angenommen, U_i ist der Marktpreis des i-ten Instruments zur Kalibrierung (welches üblicherweise ein Cap oder eine europäische Swaption ist) und V_i der Modell-Preis. Wir wählen die Λ-Werte zur Minimierung von

$$\sum_i (U_i - V_i)^2 + P \, ,$$

wobei P eine Straffunktion ist, die gewährleisten soll, dass die Λ-Werte „wohlverhaltend" sind. P könnte analog zu Abschnitt 31.8 die Form

$$P = \sum_i w_{1,i} (\Lambda_{i+1} - \Lambda_i)^2 + \sum_i w_{2,i} (\Lambda_{i+1} + \Lambda_{i-1} - 2\Lambda_i)^2$$

besitzen. Ist das Kalibrierungsinstrument eine europäische Swaption, ermöglichen die Formeln der Gleichungen (32.18) und (32.19) die Minimierung mithilfe des Levenberg-Marquardt-Verfahrens. Gleichung (32.20) wird zur Bestimmung der λ-Werte aus den Λ-Werten benutzt.

Volatility Skews

Mittlerweile geben Broker sowohl Notierungen für Caps an, die nicht am Geld liegen, als auch für solche, die am Geld liegen. Auf einigen Märkten ist ein Volatility Skew zu beobachten, d. h. die angegebene (Black-)Volatilität für einen Cap oder einen Floor ist eine fallende Funktion des Basispreises. In diesem Fall ist das CEV-Modell (siehe Abschnitt 27.1 zur Anwendung des CEV-Modells auf Aktien) anwendbar. Dieses Modell besitzt die Gestalt

$$dF_i(t) = \cdots + \sum_{q=1}^{p} \zeta_{i,q}(t) F_i(t)^\alpha \, dz_q \,, \tag{32.21}$$

wobei α eine Konstante mit $0 < \alpha < 1$ ist. Es zeigt sich, dass das Modell auf ähnliche Weise angewendet werden kann wie das Lognormal-Modell. Caps und Floors können analytisch mit der kumulativen nichtzentralen χ^2-Verteilung bewertet werden. Es gibt ähnliche analytische Näherungslösungen wie diejenigen, die weiter oben für die Preise europäischer Swaptions angegeben sind.[10]

Bermuda-Swaptions

Eine Bermuda-Swaption ist ein weit verbreitetes Zinsderivat. Es handelt sich hierbei um eine Swaption, die an einigen oder auch an allen Zahlungsterminen des zugrunde liegenden Swaps ausgeübt werden kann. Die Bewertung von Bermuda-Swaptions mit dem LIBOR-Market-Modell gestaltet sich problematisch, weil das LIBOR-Market-Modell auf der Monte-Carlo-Simulation aufbaut, bei der es schwierig ist, Entscheidungen einer vorzeitigen Ausübung zu bewerten. Glücklicherweise können aber die in Abschnitt 27.8 beschriebenen Verfahren verwendet werden. Für den Fall einer großen Anzahl Faktoren haben Longstaff und Schwartz ein Kleinste-Quadrate-Verfahren verwendet. Dabei wurde unterstellt, dass der Wert eines Verzichts auf eine Ausübung an einem bestimmten Zahlungstermin ein Polynom der Faktorwerte ist.[11] Andersen hat nachgewiesen, dass das Verfahren einer optimalen vorzeitigen Ausübungsschranke benutzt werden kann. Er hat mit verschiedenen Möglichkeiten der Parametrisierung der Ausübungsschranke experimentiert und festgestellt, dass man unter der Annahme, die Entscheidung für die vorzeitige Ausübung hänge nur vom inneren Wert der Option ab, sinnvolle Ergebnisse erhält.[12] Die meisten Händler bewerten Bermuda-Optionen, indem sie eines der in Kapitel 31 diskutierten Einfaktor-Modelle verwenden. Die Genauigkeit von Einfaktor-Modellen zur Bewertung von Bermuda-Swaptions ist zu einem kontroversen Thema geworden.[13]

---

10 Einzelheiten finden sich in L. Andersen und J. Andreasen, „Volatility Skews and Extensions of the LIBOR Market Model", *Applied Mathematical Finance*, 7, Nr. 1 (2000), 1–32, sowie in J.C. Hull und A. White, „Forward Rate Volatilities, Swap Rate Volatilities, and the Implementation of the LIBOR Market Model", *Journal of Fixed Income*, 10, Nr. 2 (September 2000), 46–62.
11 Siehe F.A. Longstaff und E.S. Schwartz, „Valuing American Options by Simulation: A Simple Least Squares Approach", *Review of Financial Studies*, 14, Nr. 1 (2001), 113–147.
12 L. Andersen, „A simple Approach to the Pricing of Bermudan Swaptions in the Multifactor LIBOR Market Model", *Journal of Computational Finance*, 3, Nr. 2 (Winter 2000), 1–32.
13 Entgegengesetzte Standpunkte werden in L. Andersen und J. Andreasen, „Factor Dependence of Bermudan Swaptions: Fact or Fiction" sowie in F.A. Longstaff, P. Santa-Clara und E.S. Schwartz, „Throwing Away a Billion Dollars: The Cost of Suboptimal Exercise Strategies in the Swaption Market" vertreten. Beide Artikel finden sich im *Journal of Financial Economics*, 62, Nr. 1 (Oktober 2001).

32.3 Die Behandlung mehrerer Zinsstrukturkurven

Die Modelle in den Kapiteln 29 bis 31 gehen ebenso wie die bisher in diesem Kapitel betrachteten Modelle davon aus, dass zur Bewertung eines Zinsderivates nur eine Zinsstrukturkurve notwendig ist. Vor der 2007 einsetzenden Kreditkrise war dies auch der Normalfall. Für viele Derivate wurden sowohl die Auszahlungen als auch die Diskontierungsfaktoren aus der LIBOR/Swap-Zinsstrukturkurve ermittelt. Wie in Kapitel 9 erläutert, verwendet man heute gewöhnlich die OIS-Zinsstrukturkurve für die Diskontierung – zumindest, wenn besicherte Transaktionen bewertet werden. Dies bedeutet, dass für Derivate, deren Auszahlung vom LIBOR abhängt (z. B. Swaps, Zinscaps und Swaptions), mehr als eine Strukturkurve modelliert werden muss. Zur Berechnung der Auszahlungen benötigt man eine LIBOR-Zinsstrukturkurve, für die Diskontierung eine OIS-Zinsstrukturkurve.

Wenn wir bei der Modellierung von OIS-Zinsstrukturkurve und LIBOR/Swap-Zinsstrukturkurve davon ausgehen, dass Banken zu den Zinssätzen beider Kurven risikolos Kapital aufnehmen oder leihen können, ist unsere bisherige Annahme, dass an Finanzmärkten keine Arbitragemöglichkeiten bestehen, nicht mehr gültig. Die Banken können durch Kapitalaufnahme zum Overnight-Satz und Kreditgewährung zum LIBOR einen Gewinn erzielen. Alternativ könnte man auch Kreditrisiko und Liquiditätsrisiko so modellieren, dass der Spread zwischen LIBOR und Overnight-Satz berücksichtigt wird. Dadurch erhöht sich jedoch die Komplexität erheblich und die Verwendbarkeit der Modelle wird stark erschwert. Man ist daher in der Praxis dazu übergegangen, LIBOR und Overnight-Satz separat ohne explizite Berücksichtigung von Ausfallrisiko und Liquiditätsrisiko zu modellieren. Die sich aus der Arbeit mit mehreren Strukturkurven ergebenden Arbitragemöglichkeiten werden ignoriert.

Man könnte denken, dass es eine einzige LIBOR-Strukturkurve gibt. Aus dem Prozess für den aktuellen kurzfristigen LIBOR-Satz könnten wir, wie in Kapitel 31 erläutert, die gesamte LIBOR-Strukturkurve erstellen. Im Vorfeld der Kreditkrise war diese Annahme ausreichend. Seit der Krise werden für Derivate, die von unterschiedlichen LIBOR-Sätzen (für einen, drei, sechs, zwölf Monate) abhängen, separate Strukturkurven ermittelt. Diese Strukturkurven sind nicht gleich.[14] In der Praxis werden für LIBOR-basierte Produkte meist mindestens fünf verschiedene Strukturkurven verwendet.

Die Modellierung der OIS-Zinsstrukturkurve ist im Prinzip unkompliziert. Man kann entweder ein Short-Rate-Modell wie in Kapitel 31 oder den in diesem Kapitel diskutierten HJM-/LMM-Ansatz benutzen. (Das „LIBOR-Market-Modell" würde dann zum „OIS-Market-Modell".) In Abschnitt 9.3 hatten wir erklärt, dass die mit OIS-Diskontierung ermittelten Forward-LIBOR-Sätze sich von den mit LIBOR-Diskontierung ermittelten Forward-LIBOR-Sätzen unterscheiden. Dieser wichtige Aspekt wird mitunter von den Anwendern übersehen. Wir bezeichnen mit $F_{LD}(t, t_1, t_2)$ den Forward-LIBOR-Satz zum Zeitpunkt t für den Zeitraum zwischen t_1 und t_2 bei Verwendung von LIBOR-Diskontierung und mit $F_{OD}(t, t_1, t_2)$ den entsprechenden Forward-LIBOR-Satz bei Verwendung von OIS-Diskontierung. Die Beispiele 9.2 und 9.3 zeigen, wie man $F_{LD}(t, t_1, t_2)$ und $F_{OD}(t, t_1, t_2)$ aus den Notierungen für

---

14 Eine Diskussion einschließlich einer Illustration der Unterschiede findet man bei M. Bianchetti, „Two Curves, One Price", *Risk*, 23, 8 (August 2006), 66–72. Die Verwendung mehrerer LIBOR-Strukturkurven reflektiert das Kreditrisiko. Ein 12-Monats-LIBOR-Darlehen hat ein größeres Risiko als zwölf direkt aufeinanderfolgende 1-Monats-LIBOR-Darlehen.

LIBOR-for-Fixed-Swaps gewinnen kann.[15] Wir bezeichnen mit $P_{LD}(t,T)$ den Preis eines Zerobonds mit Restlaufzeit T zum Zeitpunkt t bei Verwendung von LIBOR-Diskontierung und mit $P_{OD}(t,t_1,t_2)$ den entsprechenden Preis bei Verwendung von OIS-Diskontierung. Gemäß Abschnitt 28.4 ist $F_{LD}(t,t_1,t_2)$ ein Martingal in einer bezüglich $P_{LD}(t,t_2)$ risikoneutralen Welt, entspricht folglich dem erwarteten LIBOR-Satz zwischen t_1 und t_2 in dieser Welt. Dieses Ergebnis hatten wir bei der Bewertung von Caplets mit LIBOR-Diskontierung verwendet (siehe Abschnitt 29.2). Allerdings ist $F_{LD}(t,t_1,t_2)$ im Allgemeinen kein Martingal in einer bezüglich $P_{OD}(t,t_2)$ risikoneutralen Welt. Wird OIS-Diskontierung verwendet, muss man mit $F_{OD}(t,t_1,t_2)$ statt $F_{LD}(t,t_1,t_2)$ arbeiten, da $F_{OD}(t,t_1,t_2)$ ein Martingal in einer bezüglich $P_{OD}(t,t_2)$ risikoneutralen Welt ist und daher dem erwarteten LIBOR-Satz zwischen t_1 und t_2 in dieser Welt entspricht.

Wie in Kapitel 9 erläutert, nehmen wir bei der Bewertung eines Swaps mit OIS-Diskontierung an, dass die Forward Rates $F_{OD}(t,t_1,t_2)$ realisiert und zu den Overnight-Sätzen diskontiert werden. Bei der Bewertung von Caplets und Floors können wir die Gleichungen (29.7) und (29.8) verwenden, müssen jedoch, wie in Abschnitt 29.4 erläutert, darauf achten, dass wir die Variablen korrekt definieren. Die Variable F_k in diesen Gleichungen entspricht $F_{OD}(0,t_k,t_{k+1})$, die Variable $P(0,t_{k+1})$ in diesen Gleichungen entspricht $P_{OD}(0,t_{k+1})$. Die Volatilität σ, die gewöhnlich aus Marktpreisen impliziert wird, kann davon abhängen, ob LIBOR- oder OIS-Diskontierung verwendet wird.

Ähnliche Argumente kann man bei der Bewertung von Swaptions mit OIS-Diskontierung anführen. Man kann die Gleichungen (29.10) und (29.11) verwenden, wenn man die Setzung

$$A = \frac{1}{m}\sum_{i=1}^{mn} P_{OD}(0,T_i)$$

vornimmt und die Forward Swap Rate aus den F_{OD}-Werten statt den F_{LD}-Werten berechnet. Die impliziten Volatilitäten können wieder davon abhängen, ob LIBOR- oder OIS-Diskontierung verwendet wird.

DerivaGem 3.00 kann Swaps, Caps/Floors und Swaptions sowohl mit LIBOR- als auch mit OIS-Diskontierung bewerten.

Zur Bewertung von komplexeren Produkten ist es oft notwendig, die LIBOR- und die OIS-Zinsstrukturkurve gleichzeitig zu modellieren. Dafür gibt es einige Vorschläge aus der Forschung. Ein Ansatz ist die separate Entwicklung der beiden Kurven, indem man z. B. unterstellt, dass die kurzfristigen LIBOR- und Overnight-Sätze korrelierten stochastischen Prozessen folgen. Der Nachteil dabei ist, dass die Overnight-Sätze über den zugehörigen LIBOR-Sätzen liegen können. Eine bessere Idee ist daher die Verwendung eines Short-Rate-Modells wie in Kapitel 31 oder des in diesem Kapitel diskutierten HJM-/LMM-Ansatzes zur Modellierung der Overnight-Sätze. Die Strukturkurve des Spreads von LIBOR über OIS kann dann separat als nichtnegative Variable modelliert werden. Der einfachste Ansatz ist die Annahme, dass dieser Spread dem Forward Spread entspricht. Wir wissen, dass in einem stochastischen Spread-Modell der Forward-LIBOR $F_{OD}(t,t_i,t_{i+1})$ ein Martingal in einer bezüglich $P_{OD}(t,t_{i+1})$ risikoneutralen Welt darstellt. Der Forward-Overnight-Satz ist

---

15 Wie bereits erläutert, werden mittlerweile mehrere LIBOR-Strukturkurven verwendet. Im Folgenden unterstellen wir, dass die verwendete LIBOR-Kurve mit dem Tenor des betrachteten LIBOR-Satzes korrespondiert.

ebenfalls ein Martingal in dieser Welt. Demzufolge ist der Spread (d. h. die Differenz der beiden Martingale) ebenfalls ein Martingal in dieser Welt.

Das Modell für Forward Spreads kann analog zu den Modellen für Zinssätze in den Gleichungen (32.10) und (32.15) auf einem oder mehreren Faktoren basieren. Es gilt

$$\frac{dF_k(t)}{F_k(t)} = \cdots + \sum_{q=1}^{p} \zeta_{k,q}(t) dz_q \, .$$

In dieser Gleichung bezeichnet $F_k(t)$ den zum Zeitpunkt t bestehenden Forward Spread für den Zeitraum zwischen t_k und t_{k+1} und $\zeta_{k,q}$ ist die q-te Komponente der Volatilität dieses Forward Spreads. Es gelten dann alle Resultate aus Abschnitt 32.2 für die Berechnung des von den Zinssätzen befolgten Prozesses unter dem rollierend Forward-risikoneutralen Maß.

32.4 Agency Mortgage-Backed Securities

Die in diesem Kapitel vorgestellten Modelle werden u. a. auf dem Markt für Agency Mortgage-Backed Securities (MBS) in den USA angewendet.

Eine Agency MBS ähnelt der in Kapitel 8 vorgestellten ABS mit dem Unterschied, dass die Zahlungen im Allgemeinen von einer staatlichen Behörde, wie z. B. der Government National Mortgage Association (GNMA) oder der Federal National Mortgage Association (FNMA) abgesichert werden, sodass die Anleger gegen Zahlungsausfälle geschützt sind. Man könnte daher denken, dass eine Agency MBS ein reguläres von der Regierung emittiertes festverzinsliches Wertpapier darstellt. Tatsächlich gibt es jedoch einen wesentlichen Unterschied zwischen einer Agency MBS und einem regulären festverzinslichen Wertpapier, nämlich, dass für die Hypotheken in einem Agency MBS-Pool Rechte auf eine vorzeitige Tilgung bestehen. Diese Tilgungsrechte können für den Hausbesitzer ziemlich wertvoll sein. In den USA haben typische Hypotheken eine Laufzeit von 25 Jahren und können jederzeit vorher zurückgezahlt werden. Das bedeutet, dass der Hausbesitzer eine amerikanische Option mit 25 Jahren Laufzeit darauf besitzt, die Hypothek zum Nennwert an den Kreditgeber zurückzuzahlen.

Vorzeitige Tilgungen von Hypotheken treten aus einer Vielzahl von Gründen auf. Gelegentlich sind die Zinssätze gefallen und der Hauseigentümer beschließt, sich zu einem geringeren Zinssatz zu refinanzieren. In anderen Fällen wird die Hypothek einfach deshalb vorzeitig getilgt, da das Haus verkauft wird. Ein wesentliches Element bei der Bewertung einer Agency MBS ist die Bestimmung der so genannten *Funktion der vorzeitigen Tilgungen* (Prepayment-Funktion). Diese Funktion beschreibt die erwarteten vorzeitigen Tilgungen auf den zugrunde liegenden Hypothekenpool zum Zeitpunkt t in Abhängigkeit von der Renditekurve zum Zeitpunkt t und anderen relevanten Variablen.

Eine Tilgungsfunktion lässt keine zuverlässigen Prognosen für die tatsächliche Tilgung einer einzelnen Hypothek zu. Sind in einem Pool viele ähnliche Hypothekendarlehen vereint, wirkt das „Gesetz der großen Zahlen" und Tilgungen lassen sich aus der Analyse historischer Daten genauer vorhersagen. Wie schon erwähnt, sind vorzeitige Tilgungszahlungen jedoch nicht immer von reinen Zinserwägungen motiviert. Nichtsdestotrotz gibt es die Tendenz, dass vorzeitige Tilgungen eher bei niedrigen als bei hohen Zinssätzen erfolgen. Investoren fordern daher einen höheren Zinssatz auf eine Agency MBS als auf ein anderes festverzinsliches Wertpapier, um die Tilgungsoptionen, die sie verkauft haben, zu kompensieren.

Collateralized Mortgage Obligations

Die einfachsten Agency MBS besitzen eine *Pass-Through*-Struktur. Alle Investoren erhalten die gleiche Rendite und tragen das gleiche Risiko einer vorzeitigen Tilgung. Nicht alle Mortgage-Backed Securities funktionieren auf diese Weise. Bei einer *Collateralized Mortgage Obligation* (CMO) werden die Investoren in Klassen eingeteilt und es werden Regeln entwickelt, welche festlegen, wie die Tilgungszahlungen bei den verschiedenen Klassen erfolgen. Eine CMO erzeugt Wertpapierklassen mit unterschiedlichen Tilgungsrisiken auf die gleiche Art und Weise, wie die in Kapitel 8 betrachtete ABS-Struktur Wertpapierklassen mit unterschiedlichen Kreditrisiken erzeugt.

Als Beispiel für eine CMO betrachten wir eine Agency MBS, bei dem die Investoren in drei Klassen, A, B und C, eingeteilt sind. Alle Tilgungszahlungen (sowohl terminlich festgelegte als auch vorzeitige Rückzahlungen) werden an die Investoren der Klasse A weitergeleitet, bis diese vollständig ausbezahlt sind. Danach werden die Zahlungen an die Investoren der Klasse B geleitet, bis diese ebenfalls vollständig ausbezahlt sind. Schließlich werden die Rückzahlungen an die Investoren der Klasse C weitergeleitet. Bei dieser Strukturierung tragen die Investoren der Klasse A das größte Risiko vorzeitiger Tilgungen. Es ist daher zu erwarten, dass die Wertpapiere der Klasse A eine kürzere Laufzeit haben als die der Klasse B, welche wiederum eine kürzere Laufzeit aufweisen als die Wertpapiere der Klasse C.

Das Ziel dieser Strukturierung besteht darin, attraktivere Wertpapiere für institutionelle Investoren zu schaffen, als dies bei einfacheren MBS mit Pass-Through-Struktur der Fall ist. Die Höhe des Risikos vorzeitiger Tilgungen, das die verschiedenen Klassen tragen, hängt von dem Nennwert der jeweiligen Klasse ab. So trägt beispielsweise die Klasse C ein recht kleines Risiko vorzeitiger Tilgungen, wenn die Nennwerte der Klassen A, B und C 400, 300 bzw. 100 betragen. Ein höheres Risiko vorzeitiger Tilgungen besteht dagegen für Klasse C, wenn die Nennwerte 100, 200 und 500 betragen.

Es existiert eine Vielzahl von Mortgage-Backed Securities mit exotischen Strukturen. Business Snapshot 32.1 liefert ein Beispiel dafür.

Business Snapshot 32.1 – IOs und POs

Bei den so genannten *Stripped MBS* werden Kapitalzahlungen und Zinszahlungen voneinander getrennt. Alle Kapitalzahlungen werden einer Klasse von Wertpapieren, genannt *principal only* (PO), zugeführt. Alle Zinszahlungen fließen in eine andere Klasse von Wertpapieren, genannt *interest only* (IO). Sowohl IOs als auch POs gehören zu den risikobehafteten Anlagen. Bei steigenden vorzeitigen Tilgungszahlungen gewinnt der PO an Wert, während der IO an Wert verliert. Bei sinkenden vorzeitigen Tilgungen ist das Gegenteil der Fall. Bei einem PO erhält der Investor einen festen Nominalbetrag zurück, nur der Zeitpunkt ist unsicher. Ein hoher Anteil vorzeitiger Tilgungen auf den zugrunde liegenden Pool führt dazu, dass der Investor den Nominalbetrag eher erhält (was für ihn natürlich positiv ist). Ein niedriger Anteil vorzeitiger Tilgungen auf den zugrunde liegenden Pool verzögert die Rückzahlung des Nominalbetrags und reduziert die Rendite des PO. Bei einem IO ist die Summe der Cash Flows, die ein Investor erhält, unsicher. Je höher der Anteil vorzeitiger Tilgungen, desto niedriger ist der gesamte Cash Flow, den der Investor erhält, und umgekehrt.

Bewertung von Agency Mortgage-Backed Securities

Zur Bewertung von Agency Mortgage-Backed Securities wird gewöhnlich das Verhalten der Treasury Rates mittels Monte-Carlo-Simulation modelliert. Man kann dazu den HJM/LMM-Ansatz verwenden.

Um das Verhalten der Zinssätze in jedem Monat während der Laufzeit einer Agency MBS zu simulieren, kann man entweder das HJM- oder das LIBOR-Market-Modell benutzen. Untersuchen wir, was bei einem Simulationsdurchlauf geschieht. Jeden Monat werden die erwarteten vorzeitigen Tilgungen aus der aktuellen Zinsstrukturkurve und der Historie von Zinsstrukturänderungen berechnet. Diese vorzeitigen Tilgungen legen die erwarteten Cash Flows für den Inhaber der Agency MBS fest. Die Cash Flows werden zur Treasury Rate plus einem Spread auf den Zeitpunkt null diskontiert. Somit ergibt sich ein Wert für die Agency MBS. Der Durchschnitt aller Zufallswerte aus vielen Simulationsdurchläufen bildet den Schätzer für den Wert des Agency MBS.

Option-Adjusted Spread

Zusätzlich zur Ermittlung theoretischer Preise für Mortgage-Backed Securities und andere Anleihen mit eingebetteten Optionen berechnen Händler häufig den so genannten *Option-Adjusted Spread* (OAS). Dieser ist ein Maß für den Spread auf die Renditen von Treasury Bonds, die das Instrument bietet, wenn alle Optionen berücksichtigt worden sind.

Zur Berechnung des OAS für ein Instrument wird dieses wie oben beschrieben mithilfe von Treasury Rates plus einem Spread bewertet. Der Modellpreis wird dann mit dem Marktpreis verglichen. Danach wird iterativ der Wert des Spreads bestimmt, der Modellpreis und Marktpreis zur Übereinstimmung bringt. Dieser Spread ist der OAS.

Z U S A M M E N F A S S U N G

Das HJM- und das LIBOR-Market-Modell sind Verfahren, die dem Anwender in jeder Hinsicht freie Hand bei der Wahl der Laufzeitstruktur der Volatilität lassen. Gegenüber dem HJM-Modell weist das LIBOR-Market-Modell zwei wesentliche Vorteile auf. Erstens ist es nicht über momentane Forward Rates, sondern über die Forward Rates, welche die Bewertung von Caps bestimmen, modelliert. Zweitens kann man es relativ unkompliziert auf die Preise von Caps oder von europäischen Swaptions kalibrieren. Sowohl das HJM- als auch das LIBOR-Market-Modell haben den gravierenden Nachteil, dass sie nicht als rekombinierende Bäume dargestellt werden können. Das bedeutet, dass sie in der Praxis mittels Monte-Carlo-Simulation implementiert werden müssen und weitaus mehr Rechenzeit in Anspruch nehmen als die Modelle in Kapitel 31.

Seit dem Beginn der Kreditkrise 2007 wird der Overnight-Satz als risikoloser Diskontierungssatz bei besicherten Derivaten verwendet. Das bedeutet, dass die Bewertungsverfahren für Zinsswaps, Caps/Floors und Swaptions an die Verwendung von Overnight-Sätzen als Diskontierungssätze angepasst werden mussten. Forward Rates und Swap Rates müssen mithilfe adäquater Forward-risikoneutraler Maße berechnet werden. Bei komplexeren Instrumenten muss man die gleichzeitige Entwicklung von OIS- und LIBOR-Zinsstrukturkurve modellieren.

Der Markt für Agency Mortgage-Backed Securities in den USA hat viele exotische Zinsderivate hervorgebracht: CMOs, IOs, POs usw. Diese Instrumente generieren dem Inhaber Cash Flows, welche von den vorzeitigen Tilgungszahlungen eines Hypothekenpools abhängen. Diese vorzeitigen Tilgungen hängen unter anderem vom Zinsniveau ab. Da sie stark pfadabhängig sind, müssen Mortgage-Backed Securities üblicherweise mittels Monte-Carlo-Simulation bewertet werden. Sie sind daher ideale Kandidaten für die Anwendung des HJM- und des LIBOR-Market-Modells.

ZUSAMMENFASSUNG

Literaturempfehlungen

Andersen, L., „A Simple Approach to the Pricing of Bermudan Swaption in the Multi-Factor LIBOR Market Model", *Journal of Computational Finance*, 3, 2 (2000), 5–32.

Andersen, L. und J. Andreasen, „Volatility Skews and Extensions of the LIBOR Market Model", *Applied Mathematical Finance*, 7, 1 (2000), 1–32.

Andersen, L. und V. Piterbarg, *Interest Rate Modeling*, Bd. I–III. New York: Atlantic Financial Press, 2010.

Brace, A., D. Gatarek und M. Musiela, „The Market Model of Interest Rate Dynamics", *Mathematical Finance*, 7, Nr. 2 (1997), 127–155.

Duffie, D. und R. Kan, „A Yield-Factor Model of Interest Rates", *Mathematical Finance*, 6, Nr. 4 (1996), 379–406.

Heath, D., R. Jarrow und A. Morton, „Bond Pricing and the Term Structure of Interest Rates: A Discrete Time Approximation", *Journal of Financial and Quantitative Analysis*, 25, Nr. 4 (Dezember 1990), 419–440.

Heath, D., R. Jarrow und A. Morton, „Bond Pricing and the Term Structure of the Interest Rates: A New Methodology", *Econometrica*, 60, Nr. 1 (1992), 77–105.

Hull, J. und A. White, „Forward Rate Volatilities, Swap Rate Volatilities, and the Implementation of the LIBOR Market Model", *Journal of Fixed Income*, 10, Nr. 2 (September 2000), 46–62.

Jamshidian, F., „LIBOR and Swap Market Models and Measures", *Finance and Stochastics*, 1 (1997), 293–330.

Jarrow, R.A., *Modeling Fixed Income Securities and Interest Rate Options*, 2. Aufl., McGraw-Hill, New York, 2002.

Jarrow, R.A. und S.M. Turnbull, „Delta, Gamma, and Bucket Hedging of Interest Rate Derivatives", *Applied Mathematical Finance*, 1 (1994), 21–48.

Mercurio, F. und Z. Xie, „The Basis Goes Stochastic", *Risk*, 25, 12 (Dezember 2012), 78–83.

Miltersen, K., K. Sandmann und D. Sondermann, „Closed Form Solutions for Term Structure Derivatives with Lognormal Interest Rates", *Journal of Finance*, 52, Nr. 1 (März 1997), 409–430.

Rebonato, R., *Modern Pricing of Interest Rate Derivatives: The LIBOR Market Model and Beyond*, Princeton University Press, 2002.

Praktische Fragestellungen

32.1 Erläutern Sie den Unterschied zwischen Modellen des kurzfristigen Zinssatzes mit und ohne Markov-Eigenschaft.

32.2 Beweisen Sie die Beziehung zwischen Drift und Volatilität der Forward Rate für die Mehrfaktorenversion des HJM-Modells in Gleichung (32.6).

32.3 „Wenn die Volatilität $s(t, T)$ der Forward Rate im HJM konstant ist, ergibt sich das Ho-Lee-Modell." Verifizieren Sie diese Aussage, indem Sie zeigen, dass das HJM einen Prozess für Anleihepreise liefert, der mit dem Ho-Lee-Modell in Kapitel 31 konsistent ist.

32.4 „Wenn die Volatilität $s(t, T)$ der Forward Rate im HJM $\sigma e^{-a(T-t)}$ beträgt, ergibt sich das Hull-White-Modell." Verifizieren Sie diese Aussage, indem Sie zeigen, dass das HJM einen Prozess für Anleihepreise liefert, der mit dem Hull-White-Modell in Kapitel 31 konsistent ist.

32.5 Welchen Vorteil besitzt das LIBOR-Market-Modell gegenüber HJM?

32.6 Geben Sie eine intuitive Erklärung dafür an, warum der Wert eines Ratchet Cap steigt, wenn die Anzahl der Faktoren zunimmt.

32.7 Zeigen Sie, dass sich Gleichung (32.10) auf Gleichung (32.4) reduziert, wenn die δ_i gegen null gehen.

32.8 Erklären Sie, warum ein Sticky Cap teurer ist als ein vergleichbarer Ratchet Cap.

32.9 Erklären Sie, warum IOs und POs entgegengesetzte Sensitivitäten gegenüber dem Anteil vorzeitiger Tilgungen aufweisen.

32.10 „Ein Option-Adjusted Spread verhält sich analog zur Rendite einer Anleihe". Erläutern Sie diese Aussage.

32.11 Beweisen Sie Gleichung (32.15).

32.12 Beweisen Sie die Formel für die Varianz $V(T)$ der Swap Rate in Gleichung (32.17).

32.13 Beweisen Sie Gleichung (32.19).

Zur weiteren Vertiefung

32.14 Für einen Cap mit jährlichen Zahlungen betragen die Black-Volatilitäten für am Geld liegende Caplets mit den Laufzeiten 1, 2, 3 und 5 Jahre 18%, 20%, 22% bzw. 20%. Schätzen Sie die Volatilität einer 1-Jahres-Forward-Rate im LIBOR-Market-Modell, wenn die Restlaufzeit (a) 0 bis 1 Jahr, (b) 1 bis 2 Jahre, (c) 2 bis 3 Jahre und (d) 3 bis 5 Jahre beträgt. Nehmen Sie dabei an, dass die Spot-Rate-Strukturkurve flach ist bei 5% per annum (jährliche Verzinsung). Verwenden Sie DerivaGem zur Bestimmung der Flat Volatilities für am Geld liegende 2-, 3-, 4-, 5- und 6-Jahres-Caps.

32.15 Bei dem in Abschnitt 32.2 untersuchten Flexi Cap ist der Inhaber verpflichtet, die ersten N im Geld liegenden Caplets auszuüben. Danach können keine weiteren Caplets ausgeübt werden (im betrachteten Beispiel galt $N = 5$). Zwei weitere Möglichkeiten für die Definition von Flexi Caps sind:

a. Der Inhaber kann bei jedem Caplet wählen, ob er es ausüben will. Es gibt jedoch einen Maximalwert N für die Gesamtzahl an Caplets, die ausgeübt werden dürfen.

b. Wenn sich der Inhaber für die Ausübung eines Caplets entscheidet, müssen alle folgenden im Geld liegenden Caplets bis zu einer Maximalzahl N ausgeübt werden.

Diskutieren Sie die Probleme bei der Bewertung derartiger Flexi Caps. Welche der drei Arten von Flexi Caps halten Sie für die teuerste und welche für die preiswerteste?

Mehr zu Swaps

33.1	**Varianten von Plain-Vanilla-Swaps**	924
33.2	**Compounding Swaps**	926
33.3	**Währungsswaps**	928
33.4	**Komplexere Swaps**	929
33.5	**Equity Swaps**	933
33.6	**Swaps mit eingebetteten Optionen**	934
33.7	**Andere Swaps**	937
Zusammenfassung		939
Literaturempfehlungen		939
Praktische Fragestellungen		940

33 Mehr zu Swaps

Swaps haben wesentlich zum Erfolg von OTC-Märkten für Derivate beigetragen. Sie haben sich als sehr flexible Instrumente im Rahmen des Risikomanagements bewährt. Angesichts der Vielzahl der gegenwärtig gehandelten Kontrakte und dem zugehörigen jährlichen Geschäftsvolumen können Swaps wohl als eine der erfolgreichsten Finanzinnovationen angesehen werden.

In den Kapiteln 7 und 9 wurde die Bewertung von Plain-Vanilla-LIBOR-for-Fixed-Zinsswaps vorgestellt. Der Standardansatz kann wie folgt zusammengefasst werden: „Es wird angenommen, dass die aktuellen Forward Rates den zukünftigen Spot Rates entsprechen, d. h. die Forward Rates realisieren sich." Folgende Schritte sind notwendig:

1. Berechnung der Netto Cash Flows des Swaps unter der Annahme, dass zukünftige LIBOR-Sätze gleich den aus heute gehandelten Instrumenten berechneten Forward Rates sind. (Wie in Abschnitt 9.3 erläutert, unterscheiden sich die Forward Rates bei OIS-Diskontierung von denen bei LIBOR-Diskontierung.)
2. Gleichsetzung des Swapwertes mit dem Barwert der Netto Cash Flows.

In diesem Kapitel beschreiben wir einige Swap-Konstruktionen, die sich von den Plain-Vanilla-Swaps unterscheiden. Einige können unter der Annahme, dass die Forward Rates sich realisieren, bewertet werden, andere bedürfen einer Anpassung aufgrund der Konvexität bzw. unterschiedlicher Währungen und der jeweiligen Zahlungstermine (siehe Kapitel 30). Wiederum andere Swaps enthalten eingebettete Optionen, welche unter Verwendung der Methoden aus den Kapiteln 29, 31 und 32 bewertet werden können.

33.1 Varianten von Plain Vanilla Swaps

Viele Zinsswaps weisen nur geringfügige Abweichungen von den Bedingungen der in Kapitel 7 diskutierten Plain-Vanilla-Struktur auf. Bei einigen Swaps ändert sich der Nominalbetrag mit der Zeit. Swaps, bei denen der Nominalbetrag eine wachsende Funktion der Zeit ist, werden *Step-up Swaps* genannt. Swaps, bei denen der Nominalbetrag eine fallende Funktion der Zeit ist, heißen *Amortizing Swaps*. Step-up Swaps können beispielsweise für eine Baufirma von Nutzen sein, welche zur Finanzierung eines bestimmten Projekts die zunehmende Aufnahme von Mitteln zu einem variablen Zinssatz plant und dies in eine Festzins-Finanzierung umwandeln möchte. Ein Amortizing Swap könnte von einem Unternehmen eingesetzt werden, das Festzinskredite mit einem festgelegten Tilgungsplan aufgenommen hat und diese in Kredite mit variablem Zinssatz umwandeln möchte.

Der Nominalbetrag kann auf beiden Seiten des Swaps unterschiedlich sein. Ebenso können unterschiedliche Zahlungstermine vereinbart sein. Dies ist in Business Snapshot 33.1 dargestellt, welcher einen hypothetischen Swap zwischen Microsoft und Goldman Sachs wiedergibt, bei dem der Nominalbetrag auf der variablen Seite 120 Millionen \$ und auf der Festzinsseite 100 Millionen \$ beträgt. Auf der variablen Seite erfolgen die Zahlungen jeden Monat, auf der anderen alle sechs Monate. Diese Variationen der Plain-Vanilla-Grundstruktur haben keine Auswirkungen auf die Bewertungsmethode. Wir können nach wie von der Annahme ausgehen, dass die Forward Rates sich realisieren.

Business Snapshot 33.1 – Hypothetische Confirmation für einen Nichtstandard-Swap

Abschlusstag	4. Januar 2013
Datum des Inkrafttretens	11. Januar 2013
Geschäftstagskonvention	Nächster Geschäftstag
Feiertagskalender	US
Endtag	11. Januar 2018
Festzinsseite des Swaps	
Zahler des fixen Zinssatzes	Microsoft
Fiktiver Nominalbetrag für den Festzins	100 Millionen USD
Festzins	6% per annum
Festzins-Tagzählungskonvention	Actual/365
Festzins-Zahlungstermine	immer am 11. Juli und am 11. Januar, beginnend am 11. Juli 2013, bis einschließlich 11. Januar 2018
Variabel verzinsliche Seite des Swaps	
Zahler des variablen Zinssatzes	Goldman Sachs
Fiktiver Nominalbetrag für den variablen Zinssatz	120 Millionen USD
Variabler Zinssatz	1-Monats-LIBOR für USD
Tagzählungskonvention für variablen Zinssatz	Actual/360
Zahlungstermine für variablen Zinssatz	ab 11. Juli 2013 am 11. jedes Monats, einschließlich 11. Januar 2018

Der variable Referenzzinssatz eines Swaps ist nicht immer der LIBOR. Bei einigen Swaps kommt beispielsweise die 3-Monats-Treasury-Bill-Rate oder der Overnight-Satz zur Anwendung. Ein *Basis-Swap* besteht aus dem Austausch von Cash Flows, die unter Verwendung eines variablen Referenzzinssatzes berechnet wurden, gegen Cash Flows, die unter Verwendung eines anderen variablen Referenzzinssatzes berechnet wurden. Ein Beispiel wäre ein Swap, bei dem der 3-Monats-Overnight-Satz plus 60 Basispunkte gegen den 3-Monats-LIBOR ausgetauscht wird, wobei beiden Zinssätzen ein Nominalkapital von 100 Millionen Dollar zugrunde liegt. Ein Basis-Swap könnte von einem Finanzinstitut, dessen Vermögensgegenstände und Verbindlichkeiten von verschiedenen variablen Referenzzinssätzen abhängen, zum Risikomanagement eingesetzt werden.

Swaps, bei denen LIBOR nicht der variable Referenzzinssatz ist, können ebenfalls unter der Annahme bewertet werden, dass die Forward Rates sich realisieren. Die Forward Rate wird so berechnet, dass Swaps mit dem Referenzzinssatz den Wert null haben. Dies ist analog dazu, wie der LIBOR ermittelt wird, wenn OIS-Diskontierung verwendet wird.

Zur Berechnung der Netto Cash Flows ist eine sich von der LIBOR-Strukturkurve unterscheidende Spot-Rate-Strukturkurve notwendig. Wir diskontieren jedoch die berechneten Cash Flows immer mit dem LIBOR-Satz.

33.2 Compounding Swaps

Eine weitere Variante eines Plain Vanilla Swaps ist der *Compounding Swap*. Business Snapshot 33.2 zeigt eine hypothetische Confirmation für einen Compounding Swap. In diesem Beispiel gibt es für die festen und die variablen Zinszahlungen nur einen Zahlungstermin, nämlich bei Ablauf des Swaps. Der variable Zinssatz beträgt LIBOR plus 20 Basispunkte. Statt einer laufenden Auszahlung werden die Zinsen bis zum Ablauf des Swaps zum Zinssatz LIBOR plus 10 Basispunkte weiter verzinst. Der feste Zinssatz beträgt 6%. Statt einer laufenden Auszahlung werden die Zinsen bis zum Ablauf des Swaps zu einem festen Zinssatz von 6,3% weiter verzinst.

Business Snapshot 33.2 – Hypothetische Confirmation für einen Compounding Swap

Abschlusstag	4. Januar 2013
Datum des Inkrafttretens	11. Januar 2013
Feiertagskalender	US
Geschäftstagskonvention	Nächster Geschäftstag
Endtag	11. Januar 2018
Festzinsseite des Swaps	
Zahler des fixen Zinssatzes	Microsoft
Fiktiver Nominalbetrag für den Festzins	100 Millionen USD
Festzins	6% per annum
Festzins-Tagzählungskonvention	Actual/365
Festzins-Zahlungstermin	11. Januar 2018
Zinseszins für die Festzinsseite	mit 6,3%
Verzinsungstermine für die Festzinsseite	immer am 11. Juli und am 11. Januar, beginnend am 11. Juli 2013, einschließlich 11. Juli 2017

33.2 Compounding Swaps

Variabel verzinsliche Seite des Swaps

Zahler des variablen Zinssatzes	Goldman Sachs
Fiktiver Nominalbetrag für den variablen Zinssatz	120 Millionen USD
Variabler Zinssatz	6-Monats-LIBOR für USD plus 20 Basispunkte
Tagzählungskonvention für variablen Zinssatz	Actual/360
Zahlungstermin für den variablen Zinssatz	11. Januar 2018
Zinseszins für die variabel verzinsliche Seite	mit LIBOR plus 10 Basispunkte
Verzinsungstermine für variabel verzinsliche Seite	immer am 11. Juli und am 11. Januar, beginnend am 11. Juli 2013, einschließlich 11. Juli 2017

Für die Bewertung eines Compounding Swaps wie demjenigen in Business Snapshot 33.2 können wir, zumindest näherungsweise, annehmen, dass die Forward Rates sich realisieren. Die Behandlung der festen Seite ist unkompliziert, da die Höhe der bei Fälligkeit zu leistenden Zahlung bekannt ist. Für den variablen Teil ist die Annahme, dass die Forward Rates sich realisieren, gerechtfertigt, da wir eine Folge von Forward Rate Agreements (FRAs) angeben können, deren Werte gegen die variablen Cash Flows ausgetauscht werden können, wenn jeder variable Zinssatz gleich der entsprechenden Forward Rate ist.[1]

Beispiel 33.1 Ein Compounding Swap mit jährlicher Anpassung hat eine Laufzeit von drei Jahren. Es wird ein fester Zinssatz gezahlt und ein variabler Zinssatz eingenommen. Der feste Zinssatz beträgt 4%, der variable Zinssatz ist der 12-Monats-LIBOR. Die feste Seite wird mit 3,9% verzinst, die variable Seite mit LIBOR minus 20 Basispunkte. Die LIBOR-Spot-Rate-Strukturkurve wird zur Diskontierung verwendet. Sie ist flach und beträgt 5% bei jährlicher Verzinsung, der fiktive Nominalbetrag beträgt 100 Millionen $.

Auf der festen Seite wird am Ende des ersten Jahres ein Zins von 4 Millionen $ erwirtschaftet. Dieser verzinst sich bis zum Ende des zweiten Jahres auf $4 \cdot 1{,}039 = 4{,}156$ Millionen $. Am Ende des zweiten Jahres kommt ein zweiter Zinsbetrag von 4 Millionen $ hinzu, sodass sich der zu verzinsende Gesamtbetrag auf 8,156 Millionen $ beläuft. Dieser wächst zum Ende des dritten Jahres auf $8{,}156 \cdot 1{,}039 = 8{,}474$ Millionen $ an und hinzu kommt der dritte Zinsbetrag

---

[1] Siehe Technical Note 18 unter www.rotman.utoronto.ca/~hull/ofod/index.html für Details. Die Annahme, dass sich die Forward Rates realisieren, funktioniert exakt, wenn der zur Verzinsung verwendete Spread s_C null ist oder so beschaffen, dass ein zum Zeitpunkt t vorhandenes Kapital Q bis zum Zeitpunkt $t + \tau$ auf das Kapital $Q(1 + R\tau)(1 + s_C \tau)$ anwächst, wobei R den LIBOR bezeichnet. Wenn Q jedoch, wie es gebräuchlicher ist, auf $Q[1 + (R + s_C)\tau]$ anwächst, dann liegt eine Näherungslösung vor.

von 4 Millionen \$. Am Ende des dritten Jahres beträgt der Cash Flow auf der festen Seite des Swaps somit 12,474 Millionen \$.

Auf der variablen Seite nehmen wir an, dass alle zukünftigen Zinssätze gleich den entsprechenden LIBOR-Forward-Rates sind. Da wir LIBOR-Diskontierung unterstellen, bedeutet dies, dass wir annehmen, alle zukünftigen Zinssätze betragen 5% bei jährlicher Verzinsung. Am Ende des ersten Jahres wird ein Zins von 5 Millionen \$ ermittelt. Eine Verzinsung mit 4,8% (LIBOR Forward Rate minus 20 Basispunkte) ergibt $5 \cdot 1{,}048 = 5{,}24$ Millionen \$ am Ende des zweiten Jahres. Nach Berücksichtigung des im zweiten Jahr anfallenden Zinses ergibt sich ein Betrag von 10,24 Millionen \$. Eine weitere Verzinsung ergibt zum Ende des dritten Jahres $10{,}24 \cdot 1{,}048 = 10{,}731$ Millionen \$. Nach Addition des letzten Zinsbetrags resultiert ein Cash Flow von 15,731 Millionen \$.

Wir können nun den Swap bewerten, indem wir annehmen, dass am Ende des dritten Jahres einem eingehenden Cash Flow von 15,731 Millionen \$ ein Abfluss von 12,474 Millionen \$ gegenübersteht. Der Wert des Swaps beträgt daher

$$\frac{15{,}731 - 12{,}474}{1{,}05^3} = 2{,}814 ,$$

also 2,814 Millionen \$. (Bei dieser Analyse wurde das Problem der Tagzählung vernachlässigt und die in Fußnote 1 beschriebene Näherung verwendet.)

33.3 Währungsswaps

Währungsswaps wurden in Kapitel 7 eingeführt. Diese erlauben es, ein Zins-Exposure in einer Währung in ein Zins-Exposure in einer anderen Währung zu überführen. Gewöhnlich werden zwei Nominalbeträge, einer in jeder Währung, festgelegt. Die Nominalbeträge werden am Beginn und am Ende der Swap-Laufzeit ausgetauscht, wie in Abschnitt 7.9 beschrieben.

Angenommen, es liegt ein Währungsswap mit US-Dollar (USD) und Britischen Pfund (GBP) vor. Bei einem Fixed-for-Fixed-Währungsswap wird in jeder Währung ein fester Zinssatz bestimmt. Die Zahlungen der einen Seite ergeben sich durch Anwendung des festen Zinssatzes in USD auf den USD-Nominalbetrag, die Zahlungen der anderen Seite durch Anwendung des festen Zinssatzes in GBP auf den GBP-Nominalbetrag. Die Bewertung dieser Art von Swaps haben wir in Abschnitt 7.10 erörtert.

Weitere Währungsswaps wurden in Abschnitt 7.11 diskutiert. Bei einem Floating-for-Floating-Währungsswap werden die Zahlungen der einen Seite durch Anwendung des USD LIBOR (eventuell mit zusätzlichem Spread) auf den USD-Nominalbetrag bestimmt, die Zahlungen der anderen Seite analog durch Anwendung des GBP LIBOR (eventuell mit zusätzlichem Spread) auf den GBP-Nominalbetrag. Bei einem Cross-Currency-Zinsswap wird ein variabler Zinssatz in einer Währung gegen einen festen Zinssatz in einer anderen Währung ausgetauscht.

Floating-for-Floating- und Cross-Currency-Zinsswaps können unter der Annahme bewertet werden, dass die Forward Rates realisiert werden. Es wird angenommen, dass zukünftige LIBOR-Sätze in jeder Währung gleich den heutigen Forward Rates sind. Damit lassen sich die Cash Flows in den jeweiligen Währungen ermitteln. Die

USD Cash Flows werden mit der USD Spot Rate diskontiert, die GBP Cash Flows mit der GBP Spot Rate. Mithilfe des aktuellen Wechselkurses werden die beiden Barwerte dann in derselben Währung dargestellt.

Gelegentlich wird eine Anpassung dieses Verfahrens an die realen Marktbedingungen vorgenommen. Theoretisch sollte ein neuer Floating-for-Floating Swap aus dem Austausch des LIBOR-Satzes in einer Währung gegen den LIBOR-Satz in einer anderen Währung (ohne zusätzliche Spreads) bestehen. In der Realität führen makroökonomische Effekte zu Spreads. Um dem Rechnung zu tragen, passen Finanzinstitute oftmals ihre Diskontierungssätze an. Nehmen wir beispielsweise an, dass unter den gegenwärtigen Marktbedingungen in neuen Floating-for-Floating Swaps jeglicher Laufzeit der USD LIBOR gegen den JPY (japanische Yen) LIBOR minus 20 Basispunkte getauscht wird. Ein US-amerikanisches Finanzinstitut würde USD Cash Flows zum USD LIBOR und JPY Cash Flows zum JPY LIBOR minus 20 Basispunkte diskontieren[2], und zwar bei allen Swaps, die sowohl JPY als auch USD Cash Flows beinhalten.

33.4 Komplexere Swaps

Wir betrachten im Folgenden einige Swaps, bei denen nicht mehr angenommen werden kann, dass die Forward Rates sich realisieren. In jedem Fall wird angenommen, dass eine angepasste (nicht die tatsächliche) Forward Rate realisiert wird. Dieser Abschnitt beruht auf der Diskussion von Kapitel 30.

Der LIBOR-in-Arrears Swap

Ein Plain-Vanilla-Zinsswap ist so aufgebaut, dass der zu einem Zahlungstermin beobachtete variable Zinssatz zum nächsten Termin gezahlt wird. Manchmal wird allerdings ein alternatives Wertpapier gehandelt, der *LIBOR-in-Arrears Swap*. Bei diesem Swap stimmt der zu einem Zahlungstermin gezahlte variable Zinssatz mit dem zu eben diesem Termin beobachteten Zinssatz überein.

Angenommen, die Anpassungstermine des Swaps sind t_i für $i = 0, 1, \ldots, n$ mit $\tau_i = t_{i+1} - t_i$. Wir bezeichnen den LIBOR-Satz im Zeitraum zwischen t_i und t_{i+1} mit R_i, die Forward Rate von R_i mit F_i und die Volatilität dieser Forward Rate mit σ_i. (Der Wert für σ_i wird üblicherweise aus den Preisen für Caplets abgeleitet.) Bei einem LIBOR-in-Arrears Swap ergibt sich die Zahlung auf der variablen Seite zum Zeitpunkt t_i aus R_i statt aus R_{i-1}. Wie in Abschnitt 30.1 erläutert, ist eine Konvexitätsanpassung der Forward Rate notwendig, wenn die Zahlung bewertet wird. Die Bewertung sollte unter der Annahme erfolgen, dass die Forward Rate

$$F_i + \frac{F_i^2 \sigma_i^2 \tau_i t_i}{1 + F_i \tau_i} \tag{33.1}$$

statt F_i beträgt.

---

[2] Diese Anpassung geschieht *ad hoc*. Wird sie jedoch nicht durchgeführt, dann erzielen Händler bei jedem Abschluss eines JPY-USD Floating-for-Floating Swap einen unmittelbaren Gewinn bzw. Verlust.

> **Beispiel 33.2** Der Nominalbetrag eines LIBOR-in-Arrears Swaps beträgt 100 Millionen \$. Jährlich werden feste Zinsen in Höhe von 5% eingenommen und variable Zinsen in Höhe des LIBOR gezahlt. Zahlungen werden am Ende der Jahre 1, 2, 3, 4 und 5 ausgetauscht. Zur Diskontierung wird die LIBOR-Spot-Rate-Strukturkurve verwendet. Sie ist flach bei 5% per annum (jährliche Verzinsung). Alle Caplet-Volatilitäten betragen 22% per annum.
>
> Die Forward Rate beträgt für jede variable Zahlung 5%. Würde es sich um einen Standard-Swap anstatt um einen LIBOR-in-Arrears Swap handeln, wäre sein Wert (bei Vernachlässigung von Tagzählungskonventionen usw.) exakt null. Weil wir es aber mit einem In-Arrears Swap zu tun haben, müssen wir Konvexitätsanpassungen vornehmen. Mit den Zahlen dieses Beispiels gilt in Gleichung (33.1) $F_i = 0{,}05$, $\sigma_i = 0{,}22$ und $\tau_i = i$ für alle i. Die Konvexitätsanpassung ändert den zum Zeitpunkt t_i angenommenen Zinssatz von 0,05 auf
>
> $$0{,}05 + \frac{0{,}05^2 \cdot 0{,}22^2 \cdot 1 \cdot t_i}{1 + 0{,}05 \cdot 1} = 0{,}05 + 0{,}000115 t_i \, .$$
>
> Als variable Zinssätze für Zahlungen am Ende der Jahre 1, 2, 3, 4 und 5 sollten daher die Werte 5,0115%, 5,0230% 5,0345% 5,0460% bzw. 5,0575% angenommen werden. Die Nettozahlung zum ersten Zahlungstermin entspricht einer Auszahlung von 0,0115% auf 100 Millionen \$, also 11 500 \$. Die Nettozahlungen für die anderen Austauschvorgänge werden auf gleiche Weise berechnet. Der Wert des Swaps beträgt dann
>
> $$-\frac{11\,500}{1{,}05} - \frac{23\,000}{1{,}05^2} - \frac{34\,500}{1{,}05^3} - \frac{46\,000}{1{,}05^4} - \frac{57\,500}{1{,}05^5}$$
>
> bzw. $-144\,514$ \$.

CMS und CMT Swaps

Ein Constant Maturity Swap (CMS) ist ein Zinsswap, bei dem der variable Zinssatz gleich der Swap Rate für einen Swap mit bestimmter Laufzeit ist. So könnten beispielsweise die variablen Zahlungen in einem CMS Swap alle sechs Monate zur 5-Jahres-Swap-Rate erfolgen. Dabei tritt gewöhnlich eine Verzögerung auf, sodass die Zahlung an einem bestimmten Zahlungstermin gleich der am vorhergehenden Zahlungstermin beobachteten Swap Rate ist. Angenommen, die Swap Rates werden zu den Zeitpunkten $t_0, t_1, t_2, \ldots$ bestimmt und die Zahlungen erfolgen zu den Zeitpunkten $t_1, t_2, t_3, \ldots$. Die variable Zahlung zum Zeitpunkt t_{i+1} beträgt

$$\tau_i L S_i \, ,$$

wobei $\tau_i = t_{i+1} - t_i$ und S_i die Swap Rate zum Zeitpunkt t_i bezeichnet.

Angenommen, y_i ist die Forward Rate zur Swap Rate S_i. Für die Bewertung der zum Zeitpunkt t_i+1 zu leistenden Zahlung ist eine Konvexitäts- und Terminierungsanpassung der Forward Swap Rate durchzuführen. Statt y_i wird somit die Swap Rate als

$$y_i - \frac{1}{2} y_i^2 \sigma_{y,i}^2 t_i \frac{G_i''(y_i)}{G_i'(y_i)} - \frac{y_i \tau_i F_i \rho_{y,i} \sigma_{F,i} t_i}{1 + F_i \tau_i} \qquad (33.2)$$

angenommen. In dieser Gleichung bezeichnet $\sigma_{y,i}$ die Volatilität der Forward Swap Rate, F_i die zwischen den Zeitpunkten t_i und t_{i+1} gültige Forward Rate, $\sigma_{F,i}$ die Volatilität dieser Forward Rate und ρ_i die Korrelation zwischen der Forward Swap Rate und der Forward Rate. $G_i(x)$ ist der Preis einer Anleihe zum Zeitpunkt t_i als Funktion ihrer Rendite x. Die Anleihe zahlt Kupons zum Zinssatz y_i und hat die gleiche Laufzeit und die gleichen Zahlungstermine wie der Swap, für den der CMS-Satz berechnet wird. $G_i'(x)$ und $G_i''(x)$ bezeichnen die erste und die zweite partielle Ableitung von G_i nach x. Die Volatilitäten $\sigma_{y,i}$ können aus Swaptions bestimmt werden, die Volatilitäten $\sigma_{F,i}$ aus Caplet-Preisen. Die Korrelation ρ_i kann aus historischen Daten geschätzt werden.

Gleichung (33.2) enthält eine Konvexitätsanpassung und Anpassung an die Zahlungstermine. Der Term

$$-\frac{1}{2}y_i^2 \sigma_{y,i}^2 t_i \frac{G_i''(y_i)}{G_i'(y_i)}$$

bedeutet eine Anpassung ähnlich der von Beispiel 30.2 in Abschnitt 30.1. Dies basiert auf der Annahme, dass die Swap Rate S_i nur zu einer Zahlung zum Zeitpunkt t_i statt zu einer Reihe von Zahlungen führt. Der Term

$$-\frac{y_i \tau_i F_i \rho_i \sigma_{y,i} \sigma_{F,i} t_i}{1 + F_i \tau_i}$$

ähnelt dem in Gleichung (30.4) berechneten Term und bedeutet eine Anpassung an die Tatsache, dass die mit S_i ermittelte Zahlung zum Zeitpunkt t_{i+1} statt zum Zeitpunkt t_i erfolgt.

Beispiel 33.3 Bei einem 6-Jahres-CMS-Swap wird auf einen fiktiven Nominalbetrag von 100 Millionen $ die 5-Jahres-Swap-Rate eingenommen und ein fester Zins zum Satz von 5% gezahlt. Der Zahlungsaustausch erfolgt halbjährlich (sowohl für den zugrunde liegenden 5-Jahres-Swap als auch für den CMS Swap). Die Höhe einer Zahlung bestimmt sich aus der Swap Rate zum vorangegangenen Zahlungstermin. Zur Diskontierung wird die LIBOR-Spot-Rate-Strukturkurve verwendet. Sie ist flach bei 5% per annum bei halbjährlicher Verzinsung. Alle Optionen auf 5-Jahres-Swaps haben eine implizite Volatilität von 15%, bei allen 6-Monats-Caplets beträgt diese 20%. Zwischen jeder Cap Rate und jeder Swap Rate besteht eine Korrelation von 0,7.

In diesem Fall gilt $y_i = 0{,}05$, $\sigma_{y,i} = 0{,}15$, $\tau_i = 0{,}5$, $F_i = 0{,}05$, $\sigma_{F,i} = 0{,}20$ und $\rho_i = 0{,}7$ für alle i. Weiterhin ist

$$G_i(x) = \sum_{i=1}^{10} \frac{2{,}5}{(1 + x/2)^i} + \frac{100}{(1 + x/2)^{10}}.$$

Somit gilt $G_i'(y_i) = -437{,}603$ und $G_i''(y_i) = 2261{,}23$. Gleichung (33.2) liefert eine Anpassung an Konvexität und Zahlungstermine von $0{,}0001197 t_i$, d. h. 1,197 Basispunkten pro Jahr, bis die Swap Rate zu beobachten ist. Beispielsweise sollte bei der Bewertung des CMS Swap angenommen werden, dass die 5-Jahres-Swap-Rate nach vier Jahren bei 5,0479% statt bei 5% liegt. Als Nettozahlung nach 4,5 Jahren sollten $0{,}5 \cdot 0{,}000479 \cdot 100\,000\,000 = 23\,940$ \$ angenommen werden. Andere Nettozahlungen werden analog berechnet. Setzt man sie zum Barwert an, ergibt sich als Wert des Swaps 159 811 \$.

Ein Constant Maturity Treasury Swap (CMT Swap) ist ähnlich aufgebaut wie ein CMS Swap. Anders als bei einem CMS Swap wird der variable Zinssatz durch die Rendite eines Treasury Bond mit festgelegter Laufzeit vorgegeben. Die Analyse eines CMT Swap stimmt im Wesentlichen mit der Analyse des CMS Swap überein, wenn man für S_i die Par Yield auf einen Treasury Bond mit festgelegter Laufzeit verwendet.

Differential Swaps

Ein *Differential Swap* (manchmal auch als *Diff Swap* bezeichnet) ist ein Zinsswap, bei dem ein variabler Zinssatz in einer Währung festgestellt und auf einen fiktiven Nominalbetrag in einer anderen Währung bezogen wird. Angenommen, wir beobachten den LIBOR für den Zeitraum zwischen t_i und t_{i+1} in der Währung Y und wenden ihn auf ein Nominalkapital in der Währung X an, wobei die Zahlung zum Zeitpunkt t_{i+1} erfolgt. Wir definieren V_i als Forward Rate in der Währung Y zwischen t_i und t_{i+1} und W_i als den Forward-Wechselkurs für einen Kontrakt mit Fälligkeitsdatum t_{i+1} (ausgedrückt in Einheiten der Währung Y, die einer Einheit der Währung X entsprechen). Wird der LIBOR-Satz der Währung Y auf ein Nominalkapital in der Währung Y bezogen, würden wir den Cash Flow unter der Annahme bewerten, dass der LIBOR-Satz zum Zeitpunkt t_i gleich V_i ist. Gemäß der Analyse von Abschnitt 30.3 ist eine Quanto-Anpassung nötig, wenn der LIBOR-Satz auf ein Nominalkapital in der Währung X angewendet wird. Der Cash Flow wird dann richtigerweise unter der Annahme bewertet, dass der LIBOR-Satz gleich

$$V_i + V_i \rho_i \sigma_{W,i} \sigma_{V,i} t_i \tag{33.3}$$

ist, wobei $\sigma_{V,i}$ die Volatilität von V_i bezeichnet, $\sigma_{W,i}$ die Volatilität von W_i und ρ_i die Korrelation zwischen V_i und W_i.

Beispiel 33.4 Zur Diskontierung werden die LIBOR/Swap-Spot Rates verwendet. Sie betragen für alle Laufzeiten 5% per annum bei halbjährlicher Verzinsung. Ein 3-Jahres-Diff-Swap mit jährlichen Zahlungen sieht die Einnahme des 12-Monats-LIBOR für USD und die Zahlung des 12-Monats-LIBOR für GBP vor, wobei beide Zinssätze auf ein Nominalkapital von 10 Millionen GBP bezogen werden. Die Volatilität aller 1-Jahres-Forward-Rates in den USA wird mit 20% geschätzt, die Volatilität des USD-GBP-Forward-Wechselkurses (in Dollar je Pfund) beträgt 12% für alle Laufzeiten, die Korrelation liegt bei 0,4.

In diesem Fall gilt $V_i = 0{,}05$, $\rho_i = 0{,}4$, $\sigma_{W,i} = 0{,}12$ und $\sigma_{V,i} = 0{,}2$. Die vom 1-Jahres-Dollar-Zinssatz abhängigen Cash Flows, welche zum Zeitpunkt t_i beobachtet werden, sollten daher unter der Annahme berechnet werden, dass der Zinssatz

$$0{,}05 + 0{,}05 \cdot 0{,}4 \cdot 0{,}12 \cdot 0{,}2 \cdot t_i = 0{,}05 + 0{,}00048 t_i$$

beträgt. Das bedeutet, dass die Nettozahlungen aus dem Swap nach einem, zwei und drei Jahren für die Bewertungszwecke 0, 4800 bzw. 9600 GBP betragen. Der Wert des Swaps ergibt sich daher zu

$$\frac{0}{1{,}05} + \frac{4800}{1{,}05^2} + \frac{9600}{1{,}05^3} = 12\,647 \,,$$

also 12 647 GBP.

33.5 Equity Swaps

Bei einem Equity Swap verspricht eine Partei, die Rendite eines Aktienindex auf ein fiktives Nominalkapital zu zahlen, während die andere Partei verspricht, eine feste oder variable Rendite auf ein fiktives Nominalkapital zu zahlen. Equity Swaps versetzen Fondsmanager in die Lage, ihr Exposure gegenüber einem Index zu erhöhen oder zu reduzieren, ohne dabei Aktien zu kaufen oder zu verkaufen. Ein Equity Swap stellt eine zweckmäßige Variante der Bündelung von Forward-Kontrakten auf einen Index dar, um den Erfordernissen des Marktes Rechnung zu tragen.

Der Aktienindex ist gewöhnlich ein Total Return Index, bei dem die Dividenden wieder in die Aktien, die den Index bilden, reinvestiert werden. Ein Beispiel für einen Equity Swap ist in Business Snapshot 33.3 dargestellt. Hierbei findet ein Austausch der 6-Monats-Rendite des S&P 500 gegen den LIBOR statt. Der Nominalwert beträgt auf beiden Seiten des Swaps 100 Millionen $, Zahlungen erfolgen alle sechs Monate.

Business Snapshot 33.3 – Hypothetische Confirmation für einen Equity Swap

Abschlusstag	4. Januar 2013
Datum des Inkrafttretens	11. Januar 2013
Feiertagskalender	US
Geschäftstagskonvention	modifizierter nächster Geschäftstag
Endtag	11. Januar 2018

> *Equity-Seite*
>
> | | |
> |---|---|
> | Equity-Zahler | Microsoft |
> | Aktienindex | S&P Total Return Index |
> | Equity-Zahlung | $100(I_1 - I_0)/I_0$, wobei I_1 den Indexstand zum Zahlungstermin bezeichnet und I_0 den Indexstand des unmittelbar vorhergehenden Zahlungstermins. Beim ersten Zahlungstermin entspricht I_0 dem Indexstand am 11. Januar 2013 |
> | Equity-Zahlungstermine | immer am 11. Juli und am 11. Januar, beginnend am 11. Juli 2013, bis einschließlich 11. Januar 2018 |
>
> *Variabel verzinsliche Seite des Swaps*
>
> | | |
> |---|---|
> | Zahler des variablen Zinssatzes | Goldman Sachs |
> | Fiktiver Nominalbetrag für den variablen Zinssatz | 100 Millionen USD |
> | Variabler Zinssatz | 6-Monats-LIBOR für USD |
> | Tagzählungskonvention für variablen Zinssatz | Actual/360 |
> | Zahlungstermine für variablen Zinssatz | immer am 11. Juli und am 11. Januar, beginnend am 11. Juli 2013, bis einschließlich 11. Januar 2018 |

Für einen Equity-for-Floating Swap wie in Business Snapshot 33.3 ist der Wert (bei LIBOR-Diskontierung) am Anfang null, da die Cash Flows auf eine Seite ohne Kosten reproduziert werden können, indem an jedem Zahlungstermin das Nominalkapital zum LIBOR-Satz aufgenommen und bis zum nächsten Zahlungstermin in den Index investiert wird, wobei alle Dividenden reinvestiert werden. Eine ähnliche Argumentation zeigt, dass der Swap unmittelbar nach einem Zahlungstermin immer den Wert null hat.

Zwischen den Zahlungsterminen müssen wir den Equity Cash Flow und den LIBOR Cash Flow zum nächsten Zahlungstermin bewerten. Der LIBOR Cash Flow wurde beim letzten Anpassungstermin festgelegt und kann damit einfach bewertet werden. Der Wert des Equity Cash Flow beträgt LE/E_0, wobei L der Nominalbetrag ist, E der gegenwärtige Stand des Aktienindex und E_0 dessen Wert zum letzten Zahlungstermin.[3]

33.6 Swaps mit eingebetteten Optionen

Einige Swaps enthalten eingebettete Optionen. In diesem Abschnitt betrachten wir einige häufig anzutreffende Beispiele.

---

[3] Siehe Technical Note 19 unter www.rotman.utoronto.ca/~hull/ofod/index.html für eine detailliertere Diskussion dieses Sachverhaltes.

Accrual Swaps

Accrual Swaps sind Swaps, bei denen die Zinsen auf einer Seite nur dann anfallen, wenn sich der variable Referenzzinssatz in einem bestimmten Bereich befindet. Dieser Bereich bleibt während der gesamten Laufzeit des Swaps konstant oder er wird in regelmäßigen Abständen neu festgelegt.

Ein einfaches Beispiel für einen Accrual Swap liegt vor, wenn der feste Zinssatz Q vierteljährlich gegen den 3-Monats-LIBOR-Satz ausgetauscht wird. Wir nehmen dabei an, dass der feste Zinssatz nur für die Tage anfällt, an denen der 3-Monats-LIBOR unter 8% per annum liegt. Das Nominalkapital betrage L. Bei einem normalen Swap würde der Zahler auf der festen Seite zu jedem Zahlungstermin den Betrag QLn_1/n_2 zahlen, wobei n_1 die Anzahl der Tage im vorhergehenden Quartal bezeichnet und n_2 die Anzahl der Tage in einem Jahr. (Hierbei wird angenommen, dass eine Actual/Actual-Tagzählung angewendet wird.) Bei einem Accrual Swap ändert sich dieser Betrag zu QLn_3/n_2, wobei n_3 die Anzahl der Tage im vorhergehenden Quartal bezeichnet, an denen der 3-Monats-LIBOR unter 8% lag.[4] An jedem Tag, an dem der 3-Monats-LIBOR über 8% liegt, spart der Zahler der festen Seite den Betrag QL/n_2 ein. Die Position des Zahlers der Festzinsseite ist daher identisch mit einem herkömmlichen Swap, der mit einer Reihe von digitalen Optionen kombiniert wird. Für jeden Tag während der Laufzeit wird solch eine digitale Option benötigt. Die Auszahlung beträgt jeweils QL/n_2, wenn der 3-Monats-LIBOR über 8% liegt.

Zur Verallgemeinerung nehmen wir an, dass der LIBOR-Schwellenwert (der im eben betrachteten Fall 8% betrug) R_K vorliegt und die Zahlungen alle τ Jahre ausgetauscht werden. Wir betrachten den Tag i während der Swap-Laufzeit und nehmen an, dass t_i die Zeit bis zum Tag i bezeichnet. Der τ-Jahres-LIBOR-Satz am Tag i sei R_i. Es fällt also für diesen Tag Zins an, wenn $R_i < R_K$. Wir definieren F_i als die Forward Rate von R_i und σ_i als die Volatilität von F_i. (Letztere wird aus den Caplet-Volatilitäten geschätzt.) Unter Verwendung der üblichen Annahme der Lognormalverteilung beträgt die Wahrscheinlichkeit, dass der LIBOR in einer bezüglich eines Zerobonds mit Fälligkeit zum Zeitpunkt $t_i + \tau$ Forward-risikoneutralen Welt über R_K liegt, $N(d_2)$, wobei

$$d_2 = \frac{\ln(F_i/R_K) - \sigma_i^2 t_i/2}{\sigma_i \sqrt{t_i}} \ .$$

Die Auszahlung aus der digitalen Option wird zu dem nächsten Zahlungstermin nach Tag i realisiert. Wir bezeichnen diesen Zeitpunkt mit s_i. Die Wahrscheinlichkeit, dass der LIBOR in einer bezüglich eines Zerobonds mit Fälligkeit zum Zeitpunkt s_i Forward-risikoneutralen Welt über R_K liegt, beträgt $N(d_2^*)$, wobei d_2^* mithilfe derselben Formel berechnet wird wie d_2, aber mit einer kleinen Anpassung von F_i an die Zahlungstermine, welche den Unterschied zwischen den Zeitpunkten $t_i + \tau$ und s_i ausdrückt.

Der Wert der zum Tag i gehörigen digitalen Option beträgt

$$\frac{QL}{n_2} P(0, s_i) N(d_2^*) \ .$$

Der Gesamtwert der digitalen Optionen ergibt sich aus der Summe dieser Werte für jeden Tag der Swap-Laufzeit. Die Anpassung an die Zahlungstermine (bedingt durch

---
4 Dabei ist die übliche Konvention, dass für einen Feiertag der Zinssatz des unmittelbar vorhergehenden Geschäftstages unterstellt wird.

die Verwendung von d_2^* anstelle von d_2) ist so gering, dass sie in der Realität häufig ignoriert wird.

Kündbarer Swap

Ein kündbarer Swap (Cancelable Swap) ist ein Plain-Vanilla-Zinsswap, bei dem eine Seite die Möglichkeit zur Beendigung an einem oder mehreren Zahlungsterminen hat. Die Beendigung eines Swaps ist gleichbedeutend mit dem Abschluss des ausgleichenden (entgegengesetzten) Swaps. Wir betrachten einen Swap zwischen Microsoft und Goldman Sachs. Falls Microsoft die Möglichkeit der Kündigung hat, so kann es den Swap als Standard-Swap zuzüglich einer Long-Position in einer Option auf den Abschluss des ausgleichenden Swaps betrachten. Hat Goldman Sachs die Kündigungsmöglichkeit, besitzt Microsoft einen Standard-Swap zuzüglich einer Short-Position in einer Option auf den Abschluss des ausgleichenden Swaps.

Gibt es nur einen Kündigungstermin, dann entspricht der kündbare Swap einem Standard-Swap zuzüglich einer Position in einer europäischen Option. Betrachten wir beispielsweise einen Swap mit zehn Jahren Laufzeit, bei dem Microsoft 6% erhält und LIBOR zahlt, und nehmen an, dass Microsoft die Möglichkeit hat, den Swap nach sechs Jahren zu kündigen. Der Swap entspricht einem Standard-Swap mit zehn Jahren Laufzeit zuzüglich einer Long-Position in einer Option auf den Abschluss eines 4-Jahres-Swaps, bei dem 6% gezahlt und LIBOR eingenommen wird (Letzterer wird als europäische 6 × 4-Swaption bezeichnet). Das Standard-Market-Modell zur Bewertung von europäischen Swaptions wurde in Kapitel 29 beschrieben.

Kann der Swap zu verschiedenen Zahlungsterminen gekündigt werden, dann liegt ein Standard-Swap zuzüglich einer Bermuda-Swaption vor. Betrachten wir etwa den Fall, dass Microsoft einen Swap mit fünf Jahren Laufzeit bei halbjährlichen Zahlungen abgeschlossen hat und dabei 6% erhält und LIBOR zahlt. Angenommen, die Gegenseite besitzt die Option, den Swap zu den Zahlungsterminen zwischen Jahr 2 und Jahr 5 zu kündigen. Damit liegen ein Standard-Swap und eine Short-Position in einer Bermuda-Swaption vor, wobei die Bermuda-Swaption eine Option zum Abschluss eines Swaps mit fünf Jahren Laufzeit über den Erhalt fester Beträge zu 6% und die variable Zahlung zum LIBOR-Satz darstellt. Die Swaption kann an jedem Zahlungstermin zwischen Jahr 2 und Jahr 5 ausgeübt werden. Verfahren zur Bewertung von Bermuda-Swaptions haben wir in den Kapiteln 31 und 32 beschrieben.

Kündbare Compounding Swaps

Manchmal können Compounding Swaps zu festgelegten Zahlungsterminen gekündigt werden. Bei Kündigung zahlt die variable Seite die auf diesen Zeitpunkt verzinsten variablen Beträge und die feste Seite die auf diesen Zeitpunkt verzinsten festen Beträge.

Zur Bewertung von kündbaren Compounding Swaps können einige Tricks angewendet werden. Nehmen wir zunächst an, dass der variable Satz der LIBOR-Satz ist, der Swap zum LIBOR-Satz verzinst wird und LIBOR-Diskontierung verwendet wird. Wir unterstellen, dass der Nominalbetrag sowohl auf der festen als auch auf der variablen Seite des Swaps zum Ende der Laufzeit gezahlt wird. Dies entspricht dem Übergang von Tabelle 7.1 zu Tabelle 7.2 für Standard-Swaps. Der Wert des Swaps ändert sich dabei nicht und es wird sichergestellt, dass der Wert der variablen Seite zum Zahlungstermin immer gleich dem fiktiven Nominalbetrag ist. Für die Kündigungsentscheidung müssen wir daher nur die feste Seite betrachten. Wir konstruieren, wie in Kapitel 31 skizziert, einen Zinsbaum. Wir durchlaufen den Baum auf die übliche Weise und bewerten dabei die feste Seite. An jedem Knoten, bei dem eine Kündigung möglich ist, prüfen wir, welches Vorgehen optimal ist: Beibehaltung des Swaps oder Kündigung. Eine Kündigung setzt den Wert der festen Seite gleich dem Nennwert. Zahlen wir feste und erhalten variable Beträge, dann ist die Minimierung des Wertes der festen Seite unser Ziel, erhalten wir feste und zahlen variable Beträge, dann ist die Maximierung des Wertes der festen Seite unser Ziel.

Besteht der variable Satz aus dem LIBOR plus einem Spread, verzinst zum LIBOR-Satz, können wir die auf den Spread zurückzuführenden Cash Flows von der festen Seite subtrahieren anstatt sie auf der variablen Seite zu addieren. Die Option kann dann genauso bewertet werden, als wenn es keinen Spread geben würde.

Wird zum LIBOR-Satz zuzüglich eines Spreads verzinst, kann folgendes Näherungsverfahren angewendet werden:[5]

1. Berechnung des Wertes der variablen Seite des Swaps zu jedem Kündigungstermin unter der Annahme, dass Forward Rates sich realisieren.
2. Berechnung des Wertes der variablen Seite des Swaps zu jedem Kündigungstermin unter der Annahme, dass der variable Zinssatz gleich dem LIBOR ist und zum LIBOR verzinst wird.
3. Bestimmung des Überschusses von Schritt (1) über Schritt (2) als Wert des Spreads zu einem Kündigungstermin.
4. Behandlung der Option auf die oben beschriebene Art und Weise. Bei der Entscheidung über die Ausübung der Kündigungsoption subtrahiert man den Wert des Spreads von den jeweiligen Werten für die feste Seite.

Bei OIS-Diskontierung kann man ein analoges Verfahren benutzen. Dabei wird angenommen, dass der LIBOR-OIS Spread gleich dem Forward Spread ist.

33.7 Andere Swaps

In diesem Kapitel wurden nur einige der verschiedenen Arten gehandelter Swaps besprochen. In der Realität begrenzen nur die Vorstellungskraft der Financial Engineers und die Bedürfnisse der Finanzmanager die Anzahl der gehandelten Wertpapiere.

Ein Swap, der Mitte der 1990er Jahre in den USA sehr populär war, ist der *Index Amortizing Swap* (auch *Indexed Principal Swap* genannt). Bei diesem Swap verringert sich der Nominalbetrag in Abhängigkeit vom Zinsniveau. Je niedriger der Zinssatz, desto höher die Reduzierung des Nominalbetrags. Ursprünglich war die feste Seite in einem Index Amortizing Swap so beschaffen, dass sie näherungsweise die Rendite widerspiegelte, welche ein Anleger in einer Agency Mortgage-Backed Security nach Berücksichtigung der Möglichkeit einer vorzeitigen Tilgung erhielt. Der Swap tauschte somit die Rendite auf ein MBS gegen eine variable Rendite aus.

---

[5] Dieser Ansatz ist insofern nicht exakt, als er annimmt, die Entscheidung zur Ausübung der Kündigungsoption werde nicht von künftigen Zahlungen, die mit einem anderen als dem LIBOR-Satz verzinst werden, beeinflusst.

Commodity Swaps erfreuen sich zur Zeit zunehmender Beliebtheit. Ein Unternehmen, das 100 000 Barrel Öl pro Jahr verbraucht, könnte sich für die nächsten zehn Jahre verpflichten, jedes Jahr 8 Millionen $ zu zahlen und im Gegenzug 100 000 S einzunehmen, wobei S den Marktpreis pro Barrel Öl bezeichnet. Dieses Geschäft würde die Kosten des Unternehmens für Öl auf 80 $ pro Barrel festschreiben. Ein Ölproduzent könnte in den entgegengesetzten Tauschhandel einwilligen und somit den pro Barrel Öl erzielten Preis auf 80 $ festschreiben. Derartige Energiederivate werden wir in Kapitel 34 behandeln.

Eine Reihe anderer Swap-Varianten werden an anderer Stelle im Buch behandelt: Asset Swaps in Kapitel 24, Total Return Swaps und verschiedene Formen von Credit Default Swaps in Kapitel 25, Volatility Swaps und Varianz-Swaps in Kapitel 26.

Außergewöhnliche Geschäfte

Einige Swaps beinhalten eine ziemlich ungewöhnliche Berechnung der auszutauschenden Zahlungen. Ein Beispiel dafür liefert das Geschäft, das Bankers Trust (BT) und Procter and Gamble (P&G) 1993 abschlossen (siehe Business Snapshot 33.4). Die Details dieser Transaktion sind öffentlich bekannt, da sie später Gegenstand eines Gerichtsverfahrens waren.[6]

Business Snapshot 33.4 – Das außergewöhnliche Geschäft von Procter and Gamble

Ein besonders außergewöhnlicher Swap ist der so genannte „5/30-Swap", den Bankers Trust (BT) und Procter and Gamble (P&G) am 2. November 1993 abschlossen. Es handelte sich dabei um einen 5-Jahres-Swap mit halbjährlichem Zahlungsaustausch. Der Nominalbetrag belief sich auf 200 Millionen $. BT zahlte P&G 5,30% per annum. P&G zahlte BT den durchschnittlichen 30-Tages-Zins für Commercial Papers abzüglich 75 Basispunkten und zuzüglich eines Spreads. Der durchschnittliche Commercial-Paper-Zinssatz wurde ermittelt, indem man während des vorangegangenen Zeitraums täglich den 30-Tages-Zins für Commercial Papers beobachtete und dann den Mittelwert bildete.

Bei der Abrechnung am Ende des ersten Zahlungstermins (am 2. Mai 1994) betrug der Spread null. Zu den verbleibenden neun Zahlungsterminen hatte er die Form

$$\max\left[0, \frac{98{,}5 \cdot \left(\frac{\text{5-Jahres-CMT\%}}{5{,}78\%}\right) - (\text{30-Jahres-TSY-Preis})}{100}\right].$$

Hierbei bezeichnet der 5-Jahres-CMT die Constant Maturity Treasury Yield (d. h. die Rendite auf eine 5-Jahres-Treasury-Note gemäß Angabe der Federal Reserve). Der 30-Jahres-TSY-Preis beschreibt den Mittelwert zwischen den Geld- und

---

6 Siehe D.J. Smith, „Aggressive Corporate Finance: A Close Look at the Procter and Gamble-Bankers Trust Leveraged Swap", *Journal of Derivatives*, 4, 4 (Sommer 1997), 67–79.

Briefkursen eines 6,25%-Treasury-Bonds mit Laufzeit bis August 2023. Man beachte, dass der mit der Formel ermittelte Spread ein dezimaler Zinssatz ist, der nicht in Basispunkten angegeben wird. Liefert die Formel 0,1 bei einem Commercial-Paper-Zins von 6%, beträgt der von P&G zu zahlende Satz 15,25%.

P&G hoffte, dass der Spread null sein und das Geschäft sie in die Lage versetzen würde, Festzinszahlungen zu einem Satz von 5,30% gegen Zahlungen zum Commercial-Paper-Satz abzüglich 75 Basispunkten auszutauschen. Tatsächlich stiegen die Zinsen Anfang 1994 beträchtlich, die Anleihekurse fielen und der Swap erwies sich als sehr, sehr teuer (siehe auch Aufgabe 33.10).

ZUSAMMENFASSUNG

Swaps haben sich als vielseitige Finanzinstrumente erwiesen. Viele Swaps lassen sich bewerten (a) unter der Annahme, dass der LIBOR (oder ein anderer variabler Referenzzinssatz) den Wert der Forward Rate annehmen wird, und (b) durch Diskontierung der resultierenden Cash Flows. Dies betrifft Plain Vanilla Swaps, die meisten Arten von Währungsswaps, Swaps, bei denen sich der Nominalbetrag auf eine festgelegte Weise ändert sowie Swaps mit verschiedenen Zahlungsterminen auf beiden Seiten und Compounding Swaps.

Bei einigen Swaps sind zur Bewertung Anpassungen an die Forward Rates notwendig. Dabei handelt es sich um Konvexitätsanpassungen, Währungsanpassungen sowie Anpassungen an die Zahlungstermine. Anpassungen sind u. a. bei LIBOR-in-Arrears Swaps, CMS/CMT Swaps und Differential Swaps erforderlich.

Equity Swaps beinhalten den Austausch der Rendite eines Aktienindex gegen einen festen oder variablen Zinssatz. Sie sind gewöhnlich so beschaffen, dass ihr Wert unmittelbar nach einem Zahlungstermin null beträgt. Zwischen Zahlungsterminen muss man jedoch bei der Bewertung einige Sorgfalt walten lassen.

Einige Swaps enthalten Optionen. Bei einem Accrual Swap handelt es sich um einen Standard-Swap zuzüglich eines großen Portfolios an digitalen Optionen (eine für jeden Tag der Swap-Laufzeit). Ein kündbarer Swap ist ein Standard-Swap zuzüglich einer Bermuda-Swaption.

Literaturempfehlungen

Chance, D. und D. Rich, „The Pricing of Equity Swap and Swaptions", *Journal of Derivatives*, 5, Nr. 4 (Sommer 1998), 19–31.

Smith, D.J., „Aggressive Corporate Finance: A Close Look at the Procter and Gamble-Bankers Trust Leveraged Swap", *Journal of Derivatives*, 4, Nr. 4 (Sommer 1997), 67–79.

Praktische Fragestellungen

33.1 Berechnen Sie für den Swap in Business Snapshot 33.1 alle Cash Flows auf der Festzinsseite und ihre genauen Zeitpunkte. Nehmen Sie dabei an, dass Tagzählungskonventionen zur Anwendung kommen, die angestrebte statt tatsächlicher Zahlungstermine verwenden.

33.2 Angenommen, bei einem Swap ist der Austausch eines festen Zinssatzes gegen den doppelten LIBOR-Satz vorgesehen. Kann man den Swap unter der Annahme bewerten, dass die Forward Rates sich realisieren?

33.3 Welchen Wert hat ein Fixed-for-Floating Compounding Swap mit einem Nominalbetrag von 100 Millionen \$ und halbjährlichem Zahlungsaustausch? Es werden Beträge zum festen Zinssatz eingenommen und zum variablen Zinssatz gezahlt. Der feste Zinssatz beträgt 8% und wird mit 8,3% (jeweils bei halbjährlicher Verzinsung) verzinst. Der variable Satz beträgt LIBOR plus 10 Basispunkte, er wird zum LIBOR-Satz plus 20 Basispunkten verzinst. Die LIBOR-Spot-Rate-Strukturkurve ist flach bei 8% mit halbjährlicher Verzinsung und wird für die Diskontierung verwendet.

33.4 Welchen Wert hat ein 5-Jahres-Swap, bei dem LIBOR auf die übliche Weise gezahlt wird und die Einnahme im zum LIBOR-Satz aufgezinsten LIBOR besteht? Der Nominalbetrag beträgt für beide Seiten 100 Millionen \$. Die Zahlungstermine der Zahlerseite und die Verzinsungstermine der Einnahmeseite treten alle sechs Monate auf. Die LIBOR-Renditekurve ist flach bei 5% mit halbjährlicher Verzinsung und wird für die Diskontierung verwendet.

33.5 Erläutern Sie ausführlich, warum eine Bank zur Diskontierung von Cash Flows in einem Währungsswap einen leicht vom LIBOR abweichenden Satz verwenden könnte.

33.6 Berechnen Sie die Summe aus der Konvexitätsanpassung und der Anpassung an die Zahlungstermine in Beispiel 33.3 von Abschnitt 33.4, wenn alle Cap-Volatilitäten 18% statt 20% und die Volatilitäten für Optionen auf 5-Jahres-Swaps 13% statt 15% betragen. Welche 5-Jahres-Swap-Rate sollte für die Bewertung des Swaps nach drei Jahren angenommen werden? Welchen Wert hat der Swap?

33.7 Erklären Sie, warum ein Plain-Vanilla-Swap und der Compounding Swap von Abschnitt 33.2 unter der Annahme, dass die Forward Rates sich realisieren, bewertet werden können, der LIBOR-in-Arrears Swap von Abschnitt 33.4 dagegen nicht.

33.8 Bei dem im Text diskutierten Accrual Swap fallen auf der festen Seite nur dann Zinsen an, wenn der variable Referenzzinssatz ein bestimmtes Niveau unterschreitet. Diskutieren Sie, wie die Analyse erweitert werden kann, um Situationen zu erfassen, bei denen auf der festen Seite nur dann Zinsen anfallen, wenn der variable Referenzzinssatz zwischen zwei bestimmten Niveaus liegt.

Zur weiteren Vertiefung

33.9 Die LIBOR Spot Rates in den USA und Australien liegen für sämtliche Laufzeiten bei 5% bzw. 10% (jeweils bei jährlicher Verzinsung). Unter einem 4-Jahres-Diff Swap wird LIBOR eingenommen und ein Zinssatz von 9% gezahlt, bezogen jeweils auf ein USD-Nominalkapital von 10 Millionen $. Der Austausch von Zahlungen erfolgt jährlich. Die Volatilität aller 1-Jahres-Forward-Rates in Australien wird mit 25% abgeschätzt, die Volatilität des USD-AUD-Forward-Wechselkurses (AUD pro USD) beträgt 15% für alle Laufzeiten und die Korrelation zwischen den beiden 0,3. Welchen Wert hat der Swap?

33.10 Schätzen Sie den von P&G auf den „5/30-Swap" in Abschnitt 33.7 gezahlten Zinssatz, falls (a) der Commercial-Paper-Satz 6,5% beträgt und die Treasury-Renditekurve flach ist und bei 6% liegt und (b) der Commercial-Paper-Satz 7,5% beträgt und die Treasury-Renditekurve flach ist und bei 7% mit halbjährlicher Verzinsung liegt.

33.11 Nehmen Sie an, Sie schließen einen LIBOR-in-Arrears Swap ab und die Gegenseite nimmt keine Konvexitätsanpassungen vor. Sollten Sie, um aus der Situation Vorteil zu schlagen, den festen Zinssatz zahlen oder einnehmen? Wie sollten Sie versuchen, den Swap in Bezug auf Laufzeit und Zahlungshäufigkeiten zu strukturieren?

Betrachten Sie die Situation, in der die Renditekurve flach ist und bei 10% per annum mit jährlicher Verzinsung liegt. Alle Cap-Volatilitäten betragen 18%. Bestimmen Sie die Unterschiede zwischen den Vorgehensweisen eines cleveren und eines naiven Händlers bei der Bewertung eines LIBOR In Arrears-Swaps, bei dem jährliche Zahlungen erfolgen und die Laufzeit (a) 5 Jahre, (b) 10 Jahre und (c) 20 Jahre beträgt. Der fiktive Nominalbetrag sei 1 Million $.

33.12 Angenommen, die LIBOR-Spot-Rate-Struktur wird zur Diskontierung verwendet und liegt für alle Laufzeiten bei 5% mit jährlicher Verzinsung. Unter einem 5-Jahres-Swap zahlt Unternehmen X einmal im Jahr einen festen Zinssatz von 6% und nimmt LIBOR ein. Die Volatilität der 2-Jahres-Swap-Rate in drei Jahren beträgt 20%, der Nominalwert 100 $.

a. Welchen Wert hat der Swap?
b. Berechnen Sie mit DerivaGem den Wert des Swaps, falls Unternehmen X die Option zur Kündigung nach drei Jahren besitzt.
c. Berechnen Sie mit DerivaGem den Wert des Swaps, falls die Gegenseite die Option zur Kündigung nach drei Jahren besitzt.
d. Welchen Wert hat der Swap, wenn beide Seiten den Swap nach drei Jahren kündigen können?

33.13 Wie würden Sie den Anfangswert des Equity Swaps in Business Snapshot 33.3 ermitteln, wenn OIS-Diskontierung verwendet wird?

Energie- und Rohstoffderivate

34.1 Landwirtschaftsprodukte 944
34.2 Metalle 945
34.3 Energiederivate 945
34.4 Modellierung von Warenpreisen 948
34.5 Wetterderivate 954
34.6 Versicherungsderivate 955
34.7 Bepreisung von Wetter- und Versicherungsderivaten 956
34.8 Wie ein Energieerzeuger Risiken absichern kann 958
Zusammenfassung 959
Literaturempfehlungen 959
Praktische Fragestellungen 960

Die einem Derivat zugrunde liegende Variable wird häufig als Underlying *bezeichnet. In den vorigen Kapiteln befassten wir uns mit Underlyings wie Aktienkursen, Aktienindizes Wechselkursen, Anleihepreisen, Zinssätzen oder Verlusten aus Kreditereignissen. Im vorliegenden Kapitel betrachten wir eine Vielzahl weiterer Underlyings.*

Im ersten Teil des Kapitels ist das Underlying ein Rohstoff. Wir haben bereits in Kapitel 2 Futures-Kontrakte auf Rohstoffe und in Kapitel 18 die Bewertung von europäischen und amerikanischen Optionen auf Rohstoff-Futures diskutiert. Da eine europäische Futures-Option bei gleicher Laufzeit die gleiche Auszahlung besitzt wie eine europäische Spot-Option, kann das Modell zur Bewertung von europäischen Futures-Optionen (das Black-Modell) auch zur Bewertung europäischer Spot-Optionen genutzt werden. Amerikanische Spot-Optionen und andere kompliziertere Derivate, welche vom Spotkurs eines Rohstoffs abhängen, benötigen dagegen ausgefeiltere Bewertungsverfahren. Rohstoffpreise weisen (ähnlich wie Zinssätze) oftmals Mean Reversion auf und unterliegen auch manchmal Sprüngen. Daher können einige der für Zinssätze entwickelten Modelle auch (modifiziert) auf Rohstoffe angewandt werden.

Teil 2 des Kapitels untersucht Wetter- und Versicherungsderivate. Ein hervorstechendes Merkmal dieser Derivate besteht darin, dass sie von Variablen abhängen, welche kein systematisches Risiko besitzen. So darf man vernünftigerweise annehmen, dass der Erwartungswert der Temperatur an einem bestimmten Ort oder die Verluste nach einem Hurrikan in risikoneutraler wie realer Welt den gleichen Wert aufweisen. Das bedeutet, dass historischen Daten bei der Bewertung dieser Derivate potenziell eine höhere Bedeutung zukommt als bei anderen Derivaten.

34.1 Landwirtschaftsprodukte

Zu den Landwirtschaftsprodukten zählen Anbauprodukte wie z. B. Mais, Weizen, Sojabohnen, Kakao, Kaffee, Zucker, Baumwolle, Orangensaftkonzentrat. Eine weitere Gruppe wird von Tieren und Tierprodukten wie Rind, Schweinen oder Schweinebäuchen gebildet. Wie bei allen Rohstoffen bestimmen sich die Preise von Landwirtschaftsprodukten über Angebot und Nachfrage. Das US-Landwirtschaftsministerium veröffentlicht Berichte über Bestände und Produktion. Eine Statistik, welche für Rohstoffe wie Mais und Weizen von Bedeutung ist, ist die *Stocks-to-Use-Ratio*. Sie drückt das Verhältnis des Bestands am Jahresende zum Jahresverbrauch aus und liegt im Normalfall zwischen 20% und 40%. Dieser Quotient beeinflusst die Volatilität. Wird er für einen Rohstoff niedriger, so reagiert der Kurs dieses Rohstoffs sensibler auf Änderungen der Angebotsmenge und die Volatilität nimmt zu.

Es gibt Gründe anzunehmen, dass die Kurse im Landwirtschaftssektor ein gewisses Maß an Mean Reversion aufweisen. Wenn die Preise fallen, haben die Bauern einen geringeren Anreiz zur Produktion dieses Rohstoffs, sodass die Angebotsmenge kleiner wird und die Preise wieder nach oben gedrückt werden. Analog lässt sich argumentieren, dass Bauern beim Anstieg eines Rohstoffpreises vermutlich vermehrte Anstrengungen zur Produktion dieses Rohstoffs unternehmen, was den Preis wieder nach unten drückt.

Die Preise von Landwirtschaftsprodukten unterliegen saisonalen Schwankungen, da die Lagerhaltung kostenintensiv ist und die Produkte nur für begrenzte Zeit gelagert werden können. Für viele Landwirtschaftsprodukte spielt das Wetter bei der

Bepreisung eine Schlüsselrolle. Frost kann die brasilianische Kaffeeernte dezimieren, ein Hurrikan in Florida hat sicher große Auswirkungen auf den Preis von Orangensaftkonzentrat usw. Bei einem Anbauprodukt ist die Volatilität vor der Ernte am höchsten und nimmt dann ab, wenn bekannt ist, wie die Ernte ausgefallen ist. In der Reifeperiode erlebt der Preisprozess eines Landwirtschaftsproduktes wegen der Wetteränderungen sicher einige Sprünge.

Viele der gehandelten Anbauprodukte werden als Viehfutter verwendet. (So bezieht sich der von der CME Group gehandelte Mais-Futures-Kontrakt auf Futtermais für Tiere.) Die Preise von Lebendvieh hängen daher auch von den Preisen dieser Produkte ab, welche wiederum vom Wetter beeinflusst werden.

34.2 Metalle

Metalle bilden eine weitere bedeutsame Rohstoffkategorie. Hierzu zählen Gold, Silber, Platin, Palladium, Kupfer, Zinn, Blei, Zink, Nickel und Aluminium. Metalle haben im Vergleich zu den Agrarprodukten andere Eigenschaften. Ihre Preise sind nicht abhängig von Wetter oder Jahreszeit. Sie werden aus dem Erdboden gefördert, sind teilbar und relativ einfach zu lagern. Einige Metalle (z. B. Kupfer) werden fast ausschließlich in der Güterproduktion eingesetzt und sollten daher als Konsumgüter klassifiziert werden. Wie schon in Abschnitt 5.1 ausgeführt, werden andere Metalle (z. B. Gold und Silber) sowohl zu reinen Investitionszwecken als auch zum Verbrauch gehalten und sollten als Investitionsgüter klassifiziert werden.

Analog zu den Agrarprodukten werden die Lagerbestände von Analysten überwacht, um die kurzfristige Preisvolatilität feststellen zu können. Zur Volatilität trägt auch der Wechselkurs bei, da das Metall oftmals in einem anderen Land gefördert wird als dem Land, in dessen Währung es gehandelt wird. Langfristig gesehen bestimmt sich der Preis eines Metalls durch den Ausmaß seines Gebrauchs in verschiedenen Produktionsprozessen und dem Auffinden neuer Vorkommen. Ein Einfluss geht auch von veränderten Schürf- und Fördermethoden, Kartellbildungen sowie geopolitischen und umweltrechtlichen Entscheidungen aus.

Eine potenzielle Quelle für das Metallangebot ist Recycling. Für die Herstellung eines Produkts kann ein Metall verwendet worden sein. In den nächsten 20 Jahren können 10% davon im Zuge eines Recycling-Prozesses wieder auf den Markt kommen.

Metalle, die als Investitionsgüter gehalten werden, folgen im Allgemeinen keinem Prozess mit Mean Reversion, da dieser Arbitragemöglichkeiten bieten würde. Metalle, die als Konsumgüter gehalten werden, können eine leichte Mean Reversion aufweisen. Wenn der Preis eines Metalls steigt, wird man vermutlich in einigen Produktionsprozessen nach Alternativen suchen und das Metall auch unter schwierigen Bedingungen fördern. Dadurch entsteht ein Abwärtsdruck auf den Preis. Auf analoge Weise führt ein Preisrückgang dazu, dass das Metall für einige Produktionvorgänge interessant wird und die Förderung auch unter schwierigen Bedingungen ökonomisch wenig Sinn macht. Dadurch entsteht ein Aufwärtsdruck für den Preis.

34.3 Energiederivate

Energieprodukte gehören zu den bedeutendsten und am aktivsten gehandelten Rohstoffen. Viele Energiederivate werden sowohl am OTC-Markt als auch an Börsen gehandelt. In diesem Kapitel wollen wir den Handel mit Erdöl-, Erdgas- und Stromderivaten betrachten. Es gibt Grund zur Annahme, dass alle drei Mean-Reversion-Prozesse befolgen. Wenn der Preis einer Energiequelle steigt, wird diese vermutlich weniger verbraucht, aber mehr produziert. Dies führt zu einem Abwärtsdruck auf den Preis. Wenn der Preis einer Energiequelle fällt, wird diese vermutlich mehr verbraucht, aber aus ökonomischen Gründen weniger produziert. Dies führt zu einem Aufwärtsdruck auf den Preis.

Erdöl

Erdöl ist einer der wichtigsten Rohstoffe der Welt mit einem täglichen Bedarf von 80 Millionen Barrel weltweit. Zehnjährige Lieferkontrakte mit fixem Preis sind seit vielen Jahren am OTC-Markt sehr verbreitet. Dabei handelt es sich um Swaps, in denen Öl zu einem fixen Preis gegen Öl zu einem variablen Preis getauscht wird.

Erdöl ist in Abhängigkeit von Schwere und Schwefelgehalt in viele verschiedene Grade eingeteilt. Zwei wichtige Orientierungswerte für die Bewertung sind das aus der Nordsee geförderte Brent-Erdöl und West Texas Intermediate-Erdöl. Aus Erdöl werden durch Raffinierung verschiedene Produkte wie Benzin, Heizöl, Schweröl und Kerosin gewonnen.

Am OTC-Markt ist nun im Prinzip jedes Derivat, das auf Aktien oder Aktienindizes verfügbar ist, auch auf Öl als zugrunde liegendem Asset erhältlich. Swaps, Forward-Kontrakte und Optionen sind weit verbreitet. Die Kontrakte werden manchmal bar abgerechnet, in anderen Fällen erfolgt dagegen eine Abrechnung mittels physischer Lieferung (d. h. einer Lieferung des Öls).

Die an den Börsen gehandelten Kontrakte sind ebenfalls populär. Die CME Group und die Intercontinental Exchange (ICE) handeln eine Reihe von Öl-Futures und Optionen auf Öl-Futures-Kontrakte. Einige dieser Futures-Kontrakte werden bar abgerechnet, andere mittels physischer Lieferung. Beispielsweise beinhaltet der an der ICE gehandelte Brent-Erdöl-Futures-Kontrakt eine Option auf Barabrechnung. Der von der CME Group gehandelte Light-Sweet-Crude-Oil-Futures-Kontrakt erfordert eine physische Lieferung. In beiden Fällen beträgt die einem Kontrakt zugrunde liegende Menge Rohöl 1000 Barrel. Von der CME Group werden auch populäre Kontrakte auf zwei raffinierte Erdölprodukte gehandelt: Heizöl und Benzin. In beiden Fällen beinhaltet ein Kontrakt eine Lieferung von 42 000 Gallonen.

Erdgas

Die Erdgasindustrie durchlief in den 1980er und 1990er Jahren auf der ganzen Welt eine Phase der Deregulierung und Auflösung der Staatsmonopole. Der Gaserzeuger ist nun nicht mehr notwendigerweise auch der Lieferant des Erdgases. Die Lieferanten sind mit dem Problem konfrontiert, die tägliche Nachfrage zu befriedigen.

Ein typischer OTC-Kontrakt betrifft die Lieferung einer bestimmten Menge von Erdgas, die möglichst gleichmäßig während eines Zeitraums von einem Monat geleistet werden soll. Forward-Kontrakte, Optionen und Swaps sind am OTC-Markt verfügbar. Der Verkäufer des Erdgases ist gewöhnlich für den Transport des Gases durch Pipelines zum Bestimmungsort verantwortlich.

Die CME Group handelt einen Kontrakt über die Lieferung von 10 000 Millionen British thermal units (Btu). Wird der Kontrakt nicht vorzeitig geschlossen, verlangt er die möglichst gleichmäßig über den Liefermonat verteilte physische Lieferung zu einem bestimmten Knotenpunkt in Louisiana. Die ICE handelt einen ähnlichen Kontrakt in London.

Elektrizität

Elektrizität ist ein ungewöhnlicher Rohstoff, weil sie nicht einfach gespeichert werden kann.[1] Das maximale Angebot an Elektrizität in einer Region zu einem beliebigen Zeitpunkt wird durch die maximale Kapazität aller Stromerzeuger in dieser Region bestimmt. In den USA gibt es 140 so genannte *Kontrollgebiete*. Nachfrage und Angebot werden zuerst innerhalb eines Kontrollgebiets in Übereinstimmung gebracht, und jede darüber hinaus gehende Strommenge wird an andere Kontrollgebiete verkauft. Dieser Überschuss an Strom begründet den Gesamtmarkt für Elektrizität. Die Fähigkeit eines Kontrollgebietes, Strom an ein anderes Kontrollgebiet zu verkaufen, hängt von der Übertragungskapazität der Leitungen zwischen den beiden Gebieten ab. Die Übertragung von einem Gebiet zu einem anderen ist mit Übertragungskosten verbunden, die an den Eigentümer der Leitung zu zahlen sind, und es gibt im Allgemeinen gewisse Übertragungs- bzw. Energieverluste.

Ein großer Teil der Elektrizität wird für Klimaanlagen verwendet. Deshalb ist der Strombedarf und damit auch der Strompreis in den Sommermonaten wesentlich höher als in den Wintermonaten. Die Tatsache, dass Strom nicht gespeichert werden kann, verursacht gelegentlich sehr starke Bewegungen des Spotkurses von Strom. Es ist bekannt, dass Hitzewellen den Spotkurs kurzzeitig um mehr als 1000% ansteigen lassen können.

Der Strommarkt hat ebenso wie jener für Erdgas eine Phase der Deregulierung und der Abschaffung von Staatsmonopolen hinter sich. Dies war begleitet von der Entwicklung eines Marktes für Stromderivate. Die CME Group handelt nun einen Futures-Kontrakt auf den Strompreis, und es gibt einen aktiven OTC-Markt für Forward-Kontrakte, Optionen und Swaps. Ein typischer Kontrakt (an der Börse oder OTC gehandelt) gewährt einem Vertragspartner den Erhalt einer bestimmten Anzahl an Megawattstunden zu einem bestimmten Preis an einem bestimmten Ort während eines bestimmten Monats. In einem 5×8-Kontrakt erhält man im festgelegten Monat Strom an fünf Tagen der Woche (Montag bis Freitag) außerhalb der Spitzenlastzeiten (von 23 bis 7 Uhr). In einem 5×16-Kontrakt erhält man im festgelegten Monat Strom an fünf Tagen der Woche in der Spitzenlastzeit (von 7 bis 23 Uhr). In einem 7×24-Kontrakt erhält man während des Monats jeden Tag Strom rund um die Uhr. Optionskontrakte werden entweder täglich oder monatlich ausgeübt. Im Falle der täglichen Ausübung kann der Optionsinhaber an jedem Tag des Monats mit einem Tag Vorlauf angeben, ob er die festgelegte Strommenge zum festgelegten Basispreis abrufen will. Bei einer monatlichen Ausübung wird am Anfang des Monats eine einzige Entscheidung darüber getroffen, ob für den gesamten Monat zum festgelegten Basispreis Strom bezogen werden soll.

Ein interessanter Kontrakt an Elektrizitäts- und Erdgasmärkten ist als *Swing Option* oder *Take-and-pay Option* bekannt. Hierbei werden für jeden Tag des Monats sowie für den Monat insgesamt ein Minimum und ein Maximum für die Strommenge angegeben, die vom Optionsinhaber zu einem bestimmten Preis abgenommen werden

---

[1] Stromerzeuger mit freien Kapazitäten benutzen diese häufig, um Wasser in ihren hydroelektrischen Anlagen nach oben zu pumpen, um daraus zu einem späteren Zeitpunkt Strom zu erzeugen. Auf diese Weise kommen sie einer Speicherung von Elektrizität am nächsten.

muss. Der Optionsinhaber kann die Strommenge ändern, aber üblicherweise gibt es eine Beschränkung der Gesamtanzahl an Änderungen, die vorgenommen werden dürfen.

34.4 Modellierung von Warenpreisen

Bei der Bewertung von Derivaten wollen wir oftmals den Spotpreis einer Ware in der traditionellen risikoneutralen Welt modellieren. Nach Abschnitt 18.7 entspricht der erwartete zukünftige Preis einer Ware in jener Welt ihrem Futures-Preis.

Ein einfacher Prozess

Ein einfacher Prozess für einen Warenpreis lässt sich konstruieren, indem man annimmt, dass die Wachstumsrate des Warenpreises nur zeitabhängig und die Volatilität des Warenpreises konstant ist. Dann besitzt der risikoneutrale Prozess des Warenpreises S die Form

$$\frac{dS}{S} = \mu(t)\,dt + \sigma\,dz \tag{34.1}$$

und es gilt

$$F(t) = \hat{E}[S(t)] = S(0)e^{\int_0^t \mu(\tau)\,d\tau},$$

wobei $F(t)$ der Futures-Preis für einen Kontrakt mit Laufzeit t ist und $\hat{E}$ den Erwartungswert in einer risikoneutralen Welt bezeichnet. Folglich gilt

$$\ln F(t) = \ln S(0) + \int_0^t \mu(\tau)\,d\tau\,.$$

Wenn wir beide Seiten nach der Zeit differenzieren, ergibt sich

$$\mu(t) = \frac{\partial}{\partial t}[\ln F(t)]\,.$$

Beispiel 34.1 Die Futures-Preise (in Cent pro Pfund) für Lebendrind lauten Ende Juli 2014 annahmegemäß wie folgt:

August 2014	62,20
Oktober 2014	60,60
Dezember 2014	62,70
Februar 2015	63,37
April 2015	64,42
Juni 2015	64,40

Diese können zur Bewertung der erwarteten Wachstumsrate der Preise für Lebendrind in einer risikoneutralen Welt verwendet werden. Wird beispielsweise das Modell aus Gleichung (34.1) verwendet, liegt die erwartete Wachstumsrate der Preise für Lebendrind zwischen Oktober und Dezember 2014 in einer risikoneutralen Welt bei

$$\ln\left(\frac{62{,}70}{60{,}60}\right) = 0{,}034$$

oder 3,4% für zwei Monate bei stetiger Verzinsung. Auf das Jahr umgerechnet beträgt dies 20,4% per annum.

Beispiel 34.2 Die Futures-Preise für Lebendrind stimmen mit Beispiel 34.1 überein. Eine bestimmte Zuchtstrategie würde ein sofortiges Investment von 100 000 $ sowie Aufwendungen von 20 000 $ in drei, sechs und neun Monaten erfordern. Als Ergebnis wird erwartet, dass dieses zusätzliche Vieh am Jahresende zum Verkauf zur Verfügung steht. Es bestehen dabei jedoch zwei wesentliche Unsicherheitsfaktoren: die Menge des zusätzlich für den Verkauf zur Verfügung stehenden Viehs in Pfund und der Preis pro Pfund. Die erwartete Menge liegt bei 300 000 Pfund. Der in einem Jahr erwartete Preis für Vieh beträgt in einer risikoneutralen Welt gemäß Beispiel 34.1 64,40 Cent pro Pfund. Unter der Annahme, dass der risikolose Zinssatz bei 10% per annum liegt, ist der Wert des Investments (in Tausend Dollar)

$$-100 - 20\mathrm{e}^{-0{,}1\cdot 0{,}25} - 20\mathrm{e}^{-0{,}1\cdot 0{,}50} - 20\mathrm{e}^{-0{,}1\cdot 0{,}75} + 300\cdot 0{,}644\mathrm{e}^{-0{,}1\cdot 1} = 17{,}729\,.$$

Dabei wird unterstellt, dass die Unsicherheit über die Menge des zusätzlichen zum Verkauf zur Verfügung stehenden Viehs kein systematisches Risiko enthält und die Menge des für den Verkauf zur Verfügung stehenden Viehs und dessen Preis nicht korreliert sind.

Mean Reversion

Wie bereits dargelegt, folgen die meisten Warenpreise Prozessen mit Mean Reversion. Sie werden also auf einen zentralen Wert zurückgezogen. Der risikoneutrale Prozess für den Warenpreis S

$$\mathrm{d}\ln S = [\theta(t) - a\ln S]\,\mathrm{d}t + \sigma\,\mathrm{d}z\,. \qquad (34.2)$$

ist realistischer als Gleichung (34.1). Dieser Prozess berücksichtigt Mean Reversion und entspricht dem lognormalverteilten Prozess, der in Kapitel 31 für den kurzfristigen Zinssatz unterstellt wurde. Man beachte, dass dieser Prozess mitunter in der Form

$$\frac{\mathrm{d}S}{S} = [\theta^*(t) - a\ln S]\,\mathrm{d}t + \sigma\,\mathrm{d}z$$

ausgedrückt wird. Nach Itôs Lemma entspricht dies dem Prozess in Gleichung (34.2), falls $\theta^*(t) = \theta(t) + \frac{1}{2}\sigma^2$.

Die Trinomialbaum-Methode aus Abschnitt 31.7 kann auf die Konstruktion eines Baumes für S und die Bestimmung des Wertes von $\theta(t)$ übertragen werden, sodass $F(t) = \hat{E}[S(t)]$ gilt. Wir wollen dieses Verfahren veranschaulichen, indem wir einen dreiperiodigen Baum konstruieren. Der Spotkurs liege bei 20 $ und die Futures-

Energie- und Rohstoffderivate

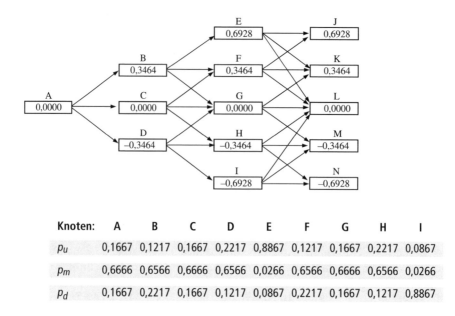

Knoten:	A	B	C	D	E	F	G	H	I
p_u	0,1667	0,1217	0,1667	0,2217	0,8867	0,1217	0,1667	0,2217	0,0867
p_m	0,6666	0,6566	0,6666	0,6566	0,0266	0,6566	0,6666	0,6566	0,0266
p_d	0,1667	0,2217	0,1667	0,1217	0,0867	0,2217	0,1667	0,1217	0,8867

Abbildung 34.1: Baum für X. Der erste Schritt bei der Konstruktion dieses Baumes besteht im Aufstellen eines Baumes für den Spotkurs S eines Rohstoffs. Die Wahrscheinlichkeiten für eine Aufwärts-, Abwärts- oder gleichbleibende Bewegung von einem Knoten sind p_u, p_d und p_m.

Preise für Laufzeiten von einem, zwei und drei Jahren betragen 22 \$, 23 \$ bzw. 24 \$. Wir nehmen außerdem an, dass in Gleichung (34.2) $a = 0,1$ und $\sigma = 0,2$ gilt. Zunächst definieren wir eine Variable X, die zu Beginn null ist und dem Prozess

$$dX = -aX\,dt + \sigma\,dz \qquad (34.3)$$

folgt. Mit dem Verfahren aus Abschnitt 31.7 kann für X ein Trinomialbaum konstruiert werden, der in Abbildung 34.1 dargestellt ist.

Die Variable $\ln S$ folgt bis auf eine zeitabhängige Drift demselben Prozess wie X. Analog zu Abschnitt 31.7 können wir den Baum für X in einen Baum für $\ln S$ überführen, indem wir die Positionen der Knoten verschieben. Dieser Baum ist in Abbildung 34.2 dargestellt. Der Anfangsknoten entspricht einem Preis von 20, sodass die Verschiebung für diesen Knoten $\ln 20$ ist. Wir nehmen an, dass die Verschiebungen der Knoten für ein Jahr α_1 sind. Die Werte für X an den drei Knoten sind am Ein-Jahres-Zeitpunkt $+0,3464$, 0 und $-0,3464$. Die entsprechenden Werte für $\ln S$ ergeben sich mit $0,3464+\alpha_1$, α_1 und $-0,3464+\alpha_1$. Die Werte für S sind daher $e^{0,3464+\alpha_1}$, e^{α_1} bzw. $e^{-0,3464+\alpha_1}$. Wir fordern, dass der Mittelwert von S dem Futures-Preis entspricht. Das heißt, es gilt

$$0,1667 e^{0,3464+\alpha_1} + 0,6666 e^{\alpha_1} + 0,1667 e^{-0,3464+\alpha_1} = 22\,.$$

Die Lösung hierfür lautet $\alpha_1 = 3,071$. Die Werte von S am Ein-Jahres-Zeitpunkt sind deshalb 30,49, 21,56 und 15,25.

Am Zwei-Jahres-Zeitpunkt berechnen wir zunächst aus den Wahrscheinlichkeiten, dass die Knoten B, C und D erreicht werden, die Wahrscheinlichkeiten, dass

34.4 Modellierung von Warenpreisen

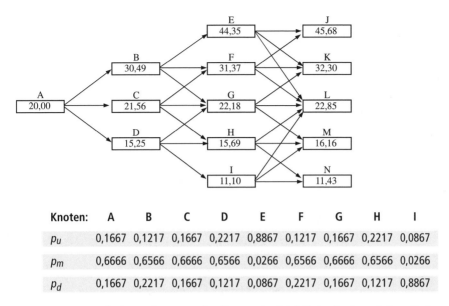

Abbildung 34.2: Baum für den Spotkurs eines Rohstoffs. Die Wahrscheinlichkeiten für eine Aufwärts-, Abwärts- oder gleichbleibende Bewegung von einem Knoten sind p_u, p_d und p_m.

die Knoten E, F, G, H und I erreicht werden. Die Wahrscheinlichkeit, dass Knoten F erreicht wird, ist die Wahrscheinlichkeit, dass Knoten B erreicht wird, multipliziert mit der Wahrscheinlichkeit einer Bewegung von B nach F zuzüglich der Wahrscheinlichkeit, dass Knoten C erreicht wird, multipliziert mit der Wahrscheinlichkeit einer Bewegung von C nach F. Dies ist

$$0{,}1667 \cdot 0{,}6566 + 0{,}6666 \cdot 0{,}1667 = 0{,}2206 \,.$$

Die Wahrscheinlichkeiten, dass die Knoten E, F, G, H und I erreicht werden, sind analog 0,0203, 0,2206, 0,5183, 0,2206 bzw. 0,0203. Der Betrag α_2, um den die Knoten am Zwei-Jahres-Zeitpunkt verschoben werden, muss die Gleichung

$$0{,}0203 e^{0{,}6928+\alpha_2} + 0{,}2206 e^{0{,}3464+\alpha_2} + 0{,}5183 e^{\alpha_2} + 0{,}2206 e^{-0{,}3464+\alpha_2}$$
$$+ 0{,}0203 e^{-0{,}6928+\alpha_2} = 23$$

erfüllen. Die Lösung hierfür lautet $\alpha_2 = 3{,}099$. Dies bedeutet, dass die Werte von S am Zwei-Jahres-Zeitpunkt 44,35, 31,37, 22,18, 15,69 und 11,10 betragen.

Eine ähnliche Berechnung kann nach drei Jahren durchgeführt werden. Abbildung 34.2 zeigt den Baum für S.

Beispiel 34.3 Angenommen, der Baum in Abbildung 34.2 dazu verwendet, eine dreijährige amerikanische Verkaufsoption auf den Spotkurs einer Ware zu bepreisen. Der Basispreis beträgt 20, der Zinssatz (bei stetiger Verzinsung) 3% pro Jahr. Durchlaufen wir den Baum auf die übliche Weise rückwärts, erhalten wir Abbildung 34.3, welche den Wert der Option mit 1,48 $

angibt. In den Knoten D, H und I wird die Option vorzeitig ausgeübt. Für einen genaueren Wert ist ein Baum mit deutlich mehr Zeitschritten notwendig. Für diesen würde man die Futures-Preise für den Zeitschritten entsprechende Laufzeiten interpolatorisch ermitteln.

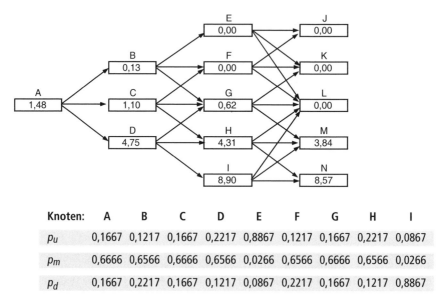

Abbildung 34.3: Bewertung einer amerikanischen Verkaufsoption mit einem Basispreis von 20 $ unter Verwendung des Baums aus Abbildung 34.2

Interpolation und Saisonalität

Wird eine große Zahl von Zeitschritten verwendet, muss man zur Bestimmung von Futures-Preisen für jeden einzelnen Zeitschritt zwischen existenten Futures-Preisen interpolieren. Dabei sollte das Interpolationsverfahren eventuell vorhandene Saisonalität reflektieren. Wir unterstellen monatliche Zeitschritte. Eine einfache Möglichkeit, die Saisonalität einzubeziehen, besteht darin, die historischen Daten für den monatlichen Spotkurs zu erfassen und daraus den gleitenden 12-Monats-Durchschnitt des Kurses zu bestimmen. Nun kann man schätzungsweise einen *prozentualen saisonalen Faktor* als durchschnittlichen Quotienten aus dem Spotkurs für den Monat und dem gleitenden 12-Monats-Durchschnitt, dessen Mitte der Monat (annähernd) darstellt, ermitteln.

Mit diesen Faktoren lassen sich dann die bekannten Futures-Preise saisonal bereinigen. Mittels Interpolation werden saisonbereinigte monatliche Futures-Preise berechnet. Mit den prozentualen saisonalen Faktoren werden dann saisonabhängige Futures-Preise ermittelt und der Baum erstellt. Nehmen wir an, dass am Markt für September und für Dezember Futures-Preise von 40 bzw. 44 beobachtet werden und dass wir die Futures-Preise für Oktober und November ermitteln wollen. Nehmen wir weiter an, dass sich aus den historischen Daten für September, Oktober, November und Dezember prozentuale saisonale Faktoren von 0,95, 0,85, 0,8 bzw. 1,1 ergeben. Damit betragen die saisonbereinigten Futures-Preise $40/0,95 = 42,1$ für September und $44/1,1 = 40$ für Dezember. Für die interpolierten saisonbereinigten Futures-Preise für Oktober und November ergeben sich die Werte 41,4 bzw. 40,7. Für den Baum würden die saisonalisierten Futures-Preise $41,4 \cdot 0,85 = 35,2$ für Oktober und $40,7 \cdot 0,8 = 32,6$ für November zur Anwendung kommen.

Wie bereits erwähnt, weist auch die Volatilität einer Ware mitunter Saisonalität auf. So sind z. B. die Preise einiger Agrarprodukte während der Reifephase volatiler aufgrund von Wetterunwägbarkeiten. Mit den in Kapitel 23 diskutierten Methoden kann die Volatilität erfasst und ein prozentualer saisonaler Faktor bestimmt werden. In den Gleichungen (34.2) und (34.3) kann man dann den Parameter σ durch $\sigma(t)$ ersetzen. In den Technical Notes 9 und 16 unter (www.rotman.utoronto.ca/~hull/ofod/index.html) wird ein Verfahren vorgestellt, mit welchem ein Trinomialbaum für den Fall konstruiert werden kann, dass die Volatilität eine Funktion der Zeit ist.

Sprünge

Waren wie Elektrizität und Erdgas sind von Preissprüngen betroffen, die durch wetterabhängige sprunghafte Nachfrage entstehen. Bei anderen Waren, insbesondere im Agrarbereich, treten oftmals Preissprünge infolge wetterabhängig schwankenden Angebots auf. Man kann Sprünge in Gleichung (34.2) einbeziehen, sodass der Prozess für den Spotkurs dann

$$d \ln S = [\theta(t) - a \ln S] \, dt + \sigma \, dz + dp$$

lautet, wobei dp den Poisson-Prozess der prozentualen Sprünge beschreibt. Man erkennt die Ähnlichkeit mit dem gemischten Jump-Diffusions-Modell von Merton aus Abschnitt 27.1. Hat man einmal die Sprunghäufigkeit und die Wahrscheinlichkeitsverteilung der Sprunghöhen gewählt, kann man den durch die Sprünge verursachten durchschnittlichen Anstieg des Warenpreises zu einem zukünftigen Zeitpunkt t berechnen. Zur Bestimmung von $\theta(t)$ kann man die Trinomialbaummethode benutzen, wobei die Futures-Preise für den Fälligkeitszeitpunkt t um eben diesen Anstieg reduziert werden. Das Modell lässt sich, wie in den Abschnitten 21.6 und 27.1 erläutert, mithilfe von Monte-Carlo-Simulation umsetzen.

Weitere Modelle

Für Ölpreise werden manchmal ausgefeiltere Modelle verwendet. Bezeichnet y die Convenience Yield, dann beträgt die proportionale Drift des Spotkurses $r - y$ (r ist hierbei der kurzfristige risikolose Zinssatz). Damit bietet sich für den Spotkurs die Annahme des Prozesses

$$\frac{dS}{S} = (r - y) \, dt + \sigma_1 \, dz_1$$

an. Gibson und Schwartz schlagen vor, die Convenience Yield als Prozess mit Mean Reversion zu modellieren:[2]

$$dy = k(\alpha - y) \, dt + \sigma_2 \, dz_2 \, ,$$

---

[2] Siehe R. Gibson und E.S. Schwartz, „Stochastic Convenience Yield and the Pricing of Oil Contingent Claims", *Journal of Finance*, 45 (1990): 959–76.

wobei k und α Konstanten sind und dz_2 einen Wiener-Prozess bezeichnet, welcher mit dem Wiener-Prozess dz_1 korreliert. Um eine exakte Anpassung an Futures-Preise zu erhalten, kann man α als Funktion der Zeit auffassen.

Eydeland und Geman schlagen für die Preise von Erdgas und Elektrizität eine stochastische Volatilität vor.[3] Sie hat die Form

$$\frac{dS}{S} = a(b - \ln S)\, dt + \sqrt{V}\, dz_1$$
$$dV = c(d - V)\, dt + e\sqrt{V}\, dz_2 \, .$$

Hierbei sind a, b, c, d und e Konstanten, dz_1 und dz_2 korrelierte Wiener-Prozesse. Später schlug Geman ein Modell für die Ölpreise vor, bei welchem auch das Reversionslevel b stochastisch ist.[4]

34.5 Wetterderivate

Viele Unternehmen befinden sich in der Situation, dass ihre Erträge vom Wetter nachteilig beeinflusst werden können.[5] Für diese Unternehmen ist es sinnvoll, das Wetterrisiko in der ziemlich gleichen Weise abzusichern wie Währungs- oder Zinsrisiken.

Die ersten OTC-Wetterderivate wurden 1997 eingeführt. Um ihre Funktionsweise zu verstehen, erläutern wir zunächst zwei Variablen:

    HDD: Heizgradtage (Heating Degree Days)

    CDD: Kühlungsgradtage (Cooling Degree Days)

Die HDD eines Tages sind durch

$$\text{HDD} = \max(0, 65 - A)$$

und die CDD eines Tages durch

$$\text{CDD} = \max(0, A - 65)$$

definiert, wobei A das Mittel aus der höchsten und der niedrigsten Temperatur an einer bestimmten Wetterstation im Laufe eines Tages ist, gemessen in Grad Fahrenheit. Wenn beispielsweise die Maximaltemperatur während eines Tages (von Mitternacht bis Mitternacht) bei 68° Fahrenheit (20 °C) und die Minimaltemperatur bei 44° Fahrenheit (6,67 °C) liegt, ist $A = 56$. Dieser Tag hat dann 9 HDD und 0 CDD.

Ein typisches OTC-Produkt ist ein Forward- oder Optionskontrakt, der eine Auszahlung bietet, die von den kumulierten HDD oder CDD während eines bestimmten Zeitabschnitts abhängt. Beispielsweise könnte ein Derivatehändler im Januar 2011 einem Kunden eine Kaufoption auf die kumulierten HDD im Februar 2012 an der Wetterstation am O'Hare-Flughafen in Chicago verkaufen, mit einem Basispreis von 700 und einer Auszahlung von 10 000 $ pro Gradtag (DD). Wenn die tatsächlichen

---

3 A. Eydeland und H. Geman, „Pricing Power Derivatives", *Risk*, September 1998.
4 H. Geman, „Scarcity and Price Volatility in Oil Markets", EDF Trading Technical Report, 2000.
5 Das Energieministerium der USA hat geschätzt, dass ein Siebtel der US-amerikanischen Wirtschaft Wetterrisiken ausgesetzt ist.

kumulierten HDD bei 820 liegen, beträgt die Auszahlung 1,2 Millionen $. Häufig enthalten Kontrakte eine Obergrenze (Cap) für die Auszahlung. Wenn der Cap in unserem Beispiel bei 1,5 Millionen $ liegt, ist der Kontrakt äquivalent mit einem Bull Spread (siehe Kapitel 12). Der Kunde hat eine Long-Position in einer Kaufoption auf kumulierte HDD mit einem Basispreis von 700 und eine Short-Position in einer Kaufoption mit einem Basispreis von 850.

Die HDD eines Tages sind ein Maß für die Energiemenge, die während dieses Tages zum Heizen benötigt wird. Die CDD eines Tages sind ein Maß für die Energiemenge, die während dieses Tages zum Kühlen benötigt wird. Die meisten Wetterderivate werden von Energieerzeugern und Energieverbrauchern abgeschlossen. Aber auch Einzelhändler, Handelsketten, Nahrungsmittel- und Getränkeproduzenten, Gesundheitsdienste, Agrarunternehmen und Unternehmen der Freizeitbranche sind potenzielle Nutzer von Wetterderivaten. Die Weather Risk Management Association (www.wrma.org) wurde gegründet, um die Interessen der Wetterrisikomanagement-Branche zu vertreten.

Im September 1999 startete die Chicago Mercantile Exchange (CME) den Handel von Wetter-Futures und europäischen Optionen auf Wetter-Futures. Die Kontrakte werden auf kumulierte HDD und CDD eines Monats an einer bestimmten Wetterstation abgeschlossen. Die Kontrakte werden unmittelbar nach Ende des Monats in bar abgerechnet, sobald die HDD und CDD bekannt sind. Ein Futures-Kontrakt bezieht sich auf 20 $ mal den kumulierten HDD oder CDD für diesen Monat. Die CME bietet mittlerweile Wetter-Futures und -Optionen für 42 verschiedene Städte auf der ganzen Welt an. Hinzu kommen Futures und Optionen auf Hurrikans, Frost und Schneefall.

34.6 Versicherungsderivate

Wenn Derivate für Absicherungszwecke verwendet werden, haben sie eine Reihe von Eigenschaften, die denen von Versicherungskontrakten ähneln. Beide Typen von Kontrakten wurden entwickelt, um einen Schutz gegen nachteilige Ereignisse zu bieten. Es überrascht nicht, dass zahlreiche Versicherungsunternehmen Tochterunternehmen besitzen, die Derivate handeln, und dass zahlreiche Aktivitäten der Versicherungsunternehmen denjenigen einer Investmentbank immer ähnlicher werden.

In der Vergangenheit hat die Versicherungsbranche ihre Exposures gegen Risiken von Naturkatastrophen (als CAT-Risiko bezeichnet) wie Hurrikans und Erdbeben mithilfe einer als Rückversicherung bezeichneten Methode abgesichert. Rückversicherungskontrakte können unterschiedliche Formen besitzen. Wir nehmen an, dass ein Versicherungsunternehmen ein Exposure von 100 Millionen $ gegenüber Erdbeben in Kalifornien aufweist und dieses auf 30 Millionen $ begrenzen will. Eine Alternative besteht darin, jährliche Rückversicherungskontrakte abzuschließen, die anteilig 70% des Engagements versichern. Wenn in einem bestimmten Jahr aufgrund von Erdbeben in Kalifornien Anspruch auf insgesamt 50 Millionen $ erhoben wird, würden die Kosten des Unternehmens dann nur 15 Millionen $ betragen. Eine andere populäre Alternative, die geringere Rückversicherungsprämien mit sich bringt, besteht darin, eine Reihe von Rückversicherungskontrakten zu erwerben, die die in Intervallen gestaffelte *Anschlussdeckung* für höhere Schadensbeträge liefern. Die erste Stufe könnte eine Entschädigung für Verluste zwischen 30 Millionen

$ und 40 Millionen $ bieten; die nächste Stufe könnte Verluste zwischen 40 Millionen $ und 50 Millionen $ versichern usw. Jeder Rückversicherungskontrakt ist ein so genannter *Schadensexzedenten-Rückversicherungsvertrag*. Der Rückversicherer hat einen Bull Spread auf den Gesamtverlust abgeschlossen. Dabei handelt es sich um eine Long-Position in einer Kaufoption mit einem Basispreis gleich der niedrigeren Seite der Stufe und eine Short-Position in einer Kaufoption mit einem Basispreis gleich der höheren Seite der Stufe.[6]

Einige Auszahlungen auf CAT-Risiken sind sehr hoch gewesen. So verursachte Hurrikan Andrew im Jahre 1992 in Florida etwa 15 Milliarden $ an Versicherungskosten. Dies ging über die Gesamtsumme der in Florida während der vorhergehenden sieben Jahre eingenommenen relevanten Versicherungsprämien hinaus. Hätte Hurrikan Andrew Miami getroffen, hätten die versicherten Verluste wahrscheinlich bei mehr als 40 Milliarden $ gelegen. Der Hurrikan Andrew und andere Katastrophen haben zu einem Anstieg der Versicherungs- und Rückversicherungsprämien geführt.

Am OTC-Markt entwickelte sich eine Reihe von Produkten, die Alternativen zu den herkömmlichen Rückversicherungen boten. Am weitesten verbreitet ist der CAT-Bond. Hierbei handelt es sich um eine Anleihe, die von einer Tochter eines Versicherungsunternehmens emittiert wird und einen über dem normalen Wert liegenden Zinssatz zahlt. Im Tausch gegen die höheren Zinsen willigt der Inhaber der Anleihe in einen Schadensexzedenten-Rückversicherungsvertrag ein. In Abhängigkeit von den Bestimmungen des CAT-Bonds können die Zinsen oder das Kapital (oder beide) verwendet werden, um Versicherungsansprüche zu befriedigen. Im weiter oben betrachteten Beispiel, in dem ein Versicherungsunternehmen eine Absicherung gegen erdbebenbedingte Verluste in Kalifornien zwischen 30 Millionen Dollar und 40 Millionen Dollar möchte, könnte das Versicherungsunternehmen CAT-Bonds zu einem Nominalbetrag von 10 Millionen $ emittieren. Wenn die erdbebenbedingten Verluste des Unternehmens 30 Millionen $ überschreiten, würden die Inhaber der Anleihe einen Teil oder ihr gesamtes Kapital verlieren. Als Alternative dazu könnte das Versicherungsunternehmen diese Anschlussdeckung erhalten, indem sie eine wesentlich größere Anleihe emittiert, in der nur die Zinsen der Inhaber der Anleihe risikobehaftet sind.

34.7 Bepreisung von Wetter- und Versicherungsderivaten

Ein hervorstechendes Merkmal von Wetter- und Versicherungsderivaten besteht darin, dass es kein systematisches Risiko (d. h. ein vom Markt bepreistes Risiko) bei den Auszahlungen gibt. Daher kann man unterstellen, dass die aus historischen Daten gewonnenen Schätzer (reale Schätzer) auch für die risikoneutrale Welt gelten. Somit lassen sich Wetter- und Versicherungsderivate bepreisen, indem man

1. mithilfe historischer Daten die erwartete Auszahlung bestimmt und
2. diese zum risikolosen Zinssatz diskontiert.

Eine weitere Besonderheit von Wetter- und Versicherungsderivaten ist die Art und Weise, wie die Unsicherheit gegenüber den zugrunde liegenden Variablen mit der

---

6 Eine Rückversicherung wird mitunter auch in Form einer einmaligen Pauschale angeboten, wenn eine bestimmte Verlusthöhe erreicht ist. Der Rückversicherer schreibt dann einen digitalen Cash or Nothing Call auf die Verluste.

34.7 Bepreisung von Wetter- und Versicherungsderivaten

Zeit zunimmt. Bei einem Aktienkurs nimmt die Unsicherheit in etwa mit der Quadratwurzel der Zeit zu. Unsere Unsicherheit gegenüber dem Aktienkurs in vier Jahren (gemessen durch die Standardabweichung des Logarithmus des Kurses) ist ungefähr doppelt so groß wie jene in einem Jahr. Bei einem Rohstoffpreis greift die Mean Reversion, doch die Unsicherheit über den Preis in vier Jahren ist immer noch erheblich größer als die Unsicherheit über den Preis in einem Jahr. Beim Wetter spielt das Wachstum der Unsicherheit mit der Zeit eine weitaus kleinere Rolle. Unsere Unsicherheit gegenüber der Februar-HDD an einem bestimmten Ort in vier Jahren ist im Normalfall nur geringfügig größer als unsere Unsicherheit gegenüber der Februar-HDD an diesem Ort in einem Jahr. Und auch unsere Unsicherheit gegenüber Verlusten durch Erdbeben für einen in vier Jahren beginnenden Zeitraum ist im Normalfall nur wenig größer als unsere Unsicherheit Verlusten durch Erdbeben für einen etwa gleich langen, in einem Jahr beginnenden Zeitraum.

Betrachten wir die Bewertung einer Option auf die kumulierten HDD. Wir könnten 50 Jahre lang Daten sammeln und eine Wahrscheinlichkeitsverteilung der HDD schätzen. Diese könnte an eine lognormale oder eine andere Wahrscheinlichkeitsverteilung angepasst werden, aus welcher die erwartete Auszahlung der Option berechnet werden kann. Daraus ergibt sich durch Diskontierung mit dem risikolosen Zinssatz der Optionswert. Diese Analyse lässt sich durch Untersuchung von Trends in den historischen Daten und Berücksichtigung der Wettervorhersagen von Meteorologen noch verfeinern.

Beispiel 34.4 Wir betrachten eine Kaufoption auf die kumulierten HDD im Februar 2016 an der Wetterstation am O'Hare-Flughafen in Chicago mit einem Basispreis von 700 und einer Auszahlung von 10 000 $ pro Gradtag. Wir unterstellen, dass sich aus den historischen Daten über 50 Jahre für die HDD annähernd eine Lognormalverteilung mit einem Mittelwert von 710 und einer Standardabweichung des natürlichen Logarithmus der HDD von 0,07 ergibt. Gemäß Gleichung (15.27) beträgt die erwartete Auszahlung

$$10\,000 \cdot [710\, N(d_1) - 700\, N(d_2)]$$

mit

$$d_1 = \frac{\ln(710/700) + 0{,}07^2/2}{0{,}07} = 0{,}2376$$

$$d_2 = \frac{\ln(710/700) - 0{,}07^2/2}{0{,}07} = 0{,}1676\,.$$

Es ergibt sich ein Wert von 250 900 $. Bei einem risikolosen Zinssatz von 3 % beträgt der Wert der Option im Februar 2015 (ein Jahr vor Fälligkeit)

$$250\,900\,\$ \cdot e^{-0{,}03 \cdot 1} = 243\,400\,\$\,. \tag{34.4}$$

Wir könnten nun den Mittelwert der Wahrscheinlichkeitsverteilung der HDD an Temperaturtrends anpassen. Nehmen wir einmal an, dass eine lineare Regression einen Rückgang der kumulierten HDD für Februar mit einer Rate von 0,5 pro Jahr (etwa als Folge der globalen Erwärmung) ergibt. Damit beträgt der Schätzer für den Erwartungswert der HDD im Februar 2016 nur noch 697.[7] Belassen

> wir den Schätzer für die Standardabweichung des natürlichen Logarithmus der Auszahlung, würden sich die erwartete Auszahlung auf 180 400 $ und der Wert der Option auf 175 100 $ verringern.
>
> Nehmen wir schließlich noch an, dass langfristige Wettervorhersagen den Februar 2016 als besonders mild einschätzen. Dadurch kann der Schätzer für die erwarteten HDD weiter zurückgehen, wodurch die Option noch an Wert verliert.

Für die Versicherungsbranche haben Litzenberger et al. nachgewiesen, dass es (wie man erwarten würde) keine statistisch signifikanten Korrelationen zwischen CAT-Bond-Renditen und Marktrenditen gibt.[8] Dieses Resultat bestätigt, dass hier kein systematisches Risiko vorliegt und die Bewertungen auf der Grundlage der von den Versicherungsunternehmen erfassten Daten vorgenommen werden können.

CAT-Bonds bieten gewöhnlich eine hohe Wahrscheinlichkeit für Zinssätze, die über dem normalen Wert liegen, sowie eine geringe Wahrscheinlichkeit für einen hohen Verlust. Warum sollten Anleger an derartigen Finanzinstrumenten interessiert sein? Die Antwort lautet, dass die erwartete Rendite (auch bei Berücksichtigung eventueller Verluste) größer als der risikolose Zinssatz ist. Das Risiko eines CAT-Bonds kann aber (zumindest theoretisch) in einem großen Portfolio vollkommen diversifiziert werden. CAT-Bonds besitzen daher das Potenzial, das Rendite-Risiko-Verhältnis zu verbessern.

34.8 Wie ein Energieerzeuger Risiken absichern kann

Es gibt zwei Risikokomponenten, mit denen ein Energieerzeuger konfrontiert wird: das mit dem Marktpreis für Energie zusammenhängende Risiko (Preisrisiko) und das zur zu kaufenden Energiemenge gehörige Risiko (Mengenrisiko). Obwohl sich Preise so anpassen, dass sie die am Markt verfügbare Menge widerspiegeln, gibt es zwischen beiden keine perfekte Beziehung, und die Energieerzeuger müssen bei der Entwicklung einer Absicherungsstrategie beide Risiken beachten. Das Preisrisiko kann mithilfe der in diesem Abschnitt vorgestellten Energiederivate abgesichert werden. Die Mengenrisiken können mithilfe der im letzten Abschnitt behandelten Wetterderivate abgesichert werden.

Wir definieren:

Y: Gewinn eines Monats

P: durchschnittliche Energiepreise eines Monats

T: relevante Temperaturvariable (HDD oder CDD) eines Monats

Ein Energieerzeuger kann historische Daten verwenden, um eine lineare Beziehung der Form

$$Y = a + bP + cT + \epsilon$$

---

[7] Der Mittelwert verringerte sich in den letzten 50 Jahren um 0,5 pro Jahr und betrug durchschnittlich 710. Er betrug also etwa 722,5 am Anfang dieses Zeitraums und 697,5 am Ende. 697 ist also ein plausibler Schätzer für das folgende Jahr.

[8] Siehe R.H. Litzenberger, D.R. Beaglehole und C.E. Reynolds, „Assessing Catastrophe Reinsurance-Linked Securities as a New Asset Class", *Journal of Portfolio Management*, Winter 1996, 76–86.

zu schätzen, wobei ϵ der Fehlerterm ist. Der Energieerzeuger kann dann für den Monat die Risiken absichern, indem er in Energie-Forwards oder Energie-Futures eine Position von $-b$ und in Wetter-Forwards oder Wetter-Futures eine Position von $-c$ einnimmt. Die Beziehung kann auch verwendet werden, um die Effektivität von alternativen Optionsstrategien zu analysieren.

ZUSAMMENFASSUNG

Derivatmärkte sind bei der Entwicklung neuer Produkte zum Management von Risiken sehr innovativ, um den Bedürfnissen des Marktes gerecht zu werden.

Es gibt viele verschiedene Arten von Rohstoffderivaten. Zu den Underlyings zählen landwirtschaftliche Anbauprodukte, Lebendvieh, Metalle und Energieprodukte. Die zu ihrer Bewertung verwendeten Modelle beinhalten gewöhnlich Mean Reversion. Mitunter wird die Saisonalität explizit modelliert und das Modell enthält Sprünge. Energiederivate mit Öl, Erdgas und Strom als Underlying sind von besonderer Wichtigkeit. Die Modelle für ihre Bewertung stehen den anspruchsvollen Modellen für Aktienpreise, Wechselkurse und Zinssätze in puncto Komplexität in keiner Weise nach.

Für den Markt für Wetterderivate wurden zwei Maße, HDD und CDD, entwickelt, um die Temperatur während eines Monats zu beschreiben. Diese werden zur Berechnung von börsengehandelten und OTC-Derivaten herangezogen. Im Zuge der Weiterentwicklung des Markts für Wetterderivate können auch Kontrakte auf Regen, Schnee und ähnliche Variablen ihre Verbreitung finden.

Versicherungsderivate sind eine Alternative zur traditionellen Rückversicherung. Versicherungsunternehmen setzen sie zunehmend beim Management ihrer Risiken gegenüber dem Eintritt von Katastrophen wie Hurrikans oder Erdbeben ein. Vielleicht erleben wir, dass andere Arten der Versicherung (z. B. Lebensversicherungen oder Kfz-Versicherungen) zukünftig in ähnlicher Weise verbrieft werden.

Wetter- und Versicherungsderivate haben die Eigenschaft, dass die zugrunde liegenden Variablen kein systematisches Risiko besitzen. Dies bedeutet, dass zur Bewertung eines Derivats die erwartete Auszahlung mithilfe historischer Daten berechnet und dann mit dem risikolosen Zinssatz diskontiert wird.

Literaturempfehlungen

Zu Energiederivaten

Clewlow, L. und C. Strickland, *Energy Derivatives: Pricing and Risk Management*, Lacima Group, 2000.

Edwards, D.W., *Energy, Trading, and Investing: Trading, Risk Management and Structuring Deals in the Energy Markets*. Maidenhead: McGraw-Hill, 2010.

Eydeland, A. und W. Krzysztof, *Energy and Power Risk Management*. Hoboken, NJ: Wiley, 2003.

Geman, H., *Commodities and Commodity Derivatives: Modeling and Pricing for Agriculturals, Metals, and Energy*. Chichester: Wiley, 2005.

Gibson, R. und E.S. Schwartz, „Stochastic Convenience Yield and the Pricing of Oil Contingent Claims", *Journal of Finance*, 45 (1990): 959–976.

Schofield, N.C., *Commodity Derivatives: Markets and Applications*. Chichester: Wiley, 2011.

Zu Wetterderivaten

Arditti, F., L. Cai, M. Cao und R. McDonald, „Whether to Hedge", *Risk*, Supplement on Weather Risk, 1999, 9–12.

Cao, M. und J. Wei, „Weather Derivatives Valuation and the Market Price of Weather Derivatives", *Journal of Futures Markets*, 24, 11 (November 2004), 1065–1089.

Zu Versicherungsderivaten

Canter, M.S., J.B. Cole und R.L. Sandor, „Insurance Derivatives: A New Asset Class for the Capital Markets and a New Hedging Tool for the Insurance Industry", *Journal of Applied Corporate Finance*, Herbst 1997, 69–83.

Froot, K.A., „The Market for Catastrophe Risk: A Clinical Examination", *Journal of Financial Economics*, 60 (2001): 529–571.

Litzenberger, R.H., D.R. Beaglehole und C.E. Reynolds, „Assessing Catastrophe Reinsurance-linked Securities as a New Asset Class", *Journal of Portfolio Management*, Winter 1996, 76–86.

Praktische Fragestellungen

34.1 Was bedeuten HDD und CDD?

34.2 Wie ist ein typischer Erdgas-Forward-Kontrakt aufgebaut?

34.3 Vergleichen Sie den Ansatz auf Basis historischer Daten und den Ansatz der risikoneutralen Bewertung zur Bewertung eines Derivats. In welcher Situation liefern beide Ansätze die gleichen Ergebnisse?

34.4 Nehmen Sie an, dass jeder Tag im Juli eine Minimaltemperatur von 68° Fahrenheit (20 °C) und eine Maximaltemperatur von 82° Fahrenheit (27,78 °C) hat. Welche Auszahlung ergibt sich für eine Kaufoption auf die kumulierten CDD während des Monats Juli mit einem Basispreis von 250 und einer Auszahlung von 5000 $ pro Gradtag (DD)?

34.5 Warum ist der Strompreis größeren Schwankungen unterworfen als der Preis anderer Energiequellen?

34.6 Warum ist für die Bewertung eines Wetterderivats und einer CAT-Anleihe ein Ansatz auf Basis historischer Daten sinnvoll?

34.7 „HDD und CDD können als Auszahlungen aus Optionen auf die Temperatur angesehen werden." Erläutern Sie diese Aussage.

34.8 Nehmen Sie an, dass Ihnen die Temperaturdaten von 50 Jahren zur Verfügung stehen. Erläutern Sie sorgfältig die Analyse, die Sie durchführen würden, um einen Forward-Kontrakt auf die kumulierten CDD für den nächsten Juli zu bewerten.

34.9 Würden Sie erwarten, dass die Volatilität des 1-Jahres-Forward-Preises von Öl größer oder kleiner als die Volatilität des Spotkurses ist? Begründen Sie Ihre Antwort.

34.10 Welche Eigenschaften besitzt ein Energieträger, dessen Preis eine sehr hohe Volatilität und eine starke Mean Revision aufweist? Geben Sie ein Beispiel für einen solchen Energieträger.

34.11 Wie kann ein Energieerzeuger die Derivatmärkte zur Absicherung von Risiken nutzen?

34.12 Erläutern Sie, wie ein 5×8-Optionskontrakt auf Strom für Mai 2009 mit täglicher Ausübung funktioniert. Erläutern Sie die Funktionsweise eines 5×8-Optionskontrakts auf Strom für Mai 2009 mit monatlicher Ausübung. Welcher Kontrakt ist mehr wert?

34.13 Erläutern Sie CAT-Bonds.

34.14 Betrachten Sie zwei Anleihen, die gleiche Kupons, die gleiche Laufzeit und den gleichen Preis haben. Die eine ist eine Unternehmensanleihe mit B-Rating, bei der anderen handelt es sich um eine CAT-Anleihe. Eine auf historischen Daten basierende Analyse zeigt, dass die erwarteten Verluste der beiden Anleihen in jedem Jahr ihrer Laufzeit gleich sind. Welche Anleihe würden Sie einem Portfolio-Manager empfehlen zu kaufen und warum?

34.15 Betrachten Sie einen Rohstoff mit konstanter Volatilität σ und einer erwarteten Wachstumsrate, die ausschließlich von der Zeit abhängt. Zeigen Sie, dass in der klassischen risikoneutralen Welt

$$\ln S_T \sim \phi \left(\ln F(T) - \frac{1}{2}\sigma^2 T, \sigma^2 T \right)$$

gilt. Dabei bezeichnet S_T den Rohstoffpreis zum Zeitpunkt T, $F(t)$ den Futures-Preis zum Zeitpunkt 0 für einen Kontrakt mit Fälligkeit t und $\phi(m, v)$ eine Normalverteilung mit Mittelwert m und Varianz v.

Zur weiteren Vertiefung

34.16 Die Verluste eines Versicherungsunternehmens einer bestimmten Art sind in guter Näherung normalverteilt mit einem Mittelwert von 150 Millionen Dollar und einer Standardabweichung von 50 Millionen Dollar. (Nehmen Sie an, dass sich die Verluste in einer risikoneutralen Welt und in der realen Welt nicht unterscheiden.) Der einjährige risikolose Zinssatz beträgt 5%. Schätzen Sie die Kosten für die folgenden Fälle:

a. einen Kontrakt, der in einem Jahr anteilig 60% der Kosten des Versicherungsunternehmens zahlt

b. einen Kontrakt, der in einem Jahr 100 Millionen Dollar zahlt, wenn die Verluste 200 Millionen Dollar überschreiten

34.17 Wie sieht der modifizierte Baum in Abbildung 34.2 aus, wenn die Preise für ein- und zweijährige Futures 21 \$ und 22 \$ statt 22 \$ bzw. 23 \$ betragen? Welche Auswirkungen ergeben sich für den Wert der amerikanischen Option in Beispiel 34.3?

Realoptionen

35.1 Investitionsbewertung 964

35.2 Verallgemeinerung der risikoneutralen Bewertung 965

35.3 Schätzung des Marktpreises des Risikos 967

35.4 Bewertung eines Geschäftsgebietes 968

35.5 Bewertung von Optionen in Investitionsmöglichkeiten 970

Zusammenfassung 976

Literaturempfehlungen 976

Praktische Fragestellungen 977

Realoptionen

Bisher haben wir uns fast ausschließlich mit der Bewertung von Derivaten beschäftigt, die von finanziellen Vermögenswerten abhängen. In diesem Kapitel untersuchen wir, wie die von uns vorgestellten Konzepte auf die Bewertung von Investitionen in reale Vermögensgegenstände wie Grundstücke, Gebäude, Betriebe und Ausstattung übertragen werden können. Oftmals gibt es bei diesen Realinvestitionen eingebettete Optionen (Option zur Erweiterung der Investition, Option zum Abbruch der Investition, Option zum Aufschub der Investition usw.). Deren Bewertung mit klassischen Verfahren der Investitionsberechnung gestaltet sich schwierig. Der so genannte Ansatz der Realoptionen *versucht, diesem Problem mit der Optionsbewertungstheorie beizukommen.*

Das Kapitel erläutert zunächst den klassischen Ansatz der Bewertung von Realinvestitionen und zeigt die Schwierigkeiten auf, die im Rahmen dieses Ansatzes bei der Bewertung von eingebetteten Optionen auftreten. Danach wird erklärt, wie der Ansatz der risikoneutralen Bewertung auf die Bewertung von Investitionen in reale Vermögensgegenstände verallgemeinert werden kann. Anhand vielfältiger Beispiele wird die Anwendung des Ansatzes in unterschiedlichen Situationen illustriert.

35.1 Investitionsbewertung

Das klassische Verfahren zur Bewertung eines potenziellen Investitionsvorhabens ist als *Kapitalwertmethode (Net Present Value, NPV)* bekannt. Der NPV eines Projekts ist der Barwert seiner erwarteten zukünftigen Geldzu- bzw. -abflüsse. Der zur Berechnung des Barwertes verwendete Diskontierungszinssatz ist ein *risikoangepasster* Diskontierungszinssatz, der so gewählt wird, dass er das Projektrisiko widerspiegelt. Wenn das Projektrisiko wächst, wird auch der Diskontierungszinssatz größer.

Wir betrachten als Beispiel ein Investment, das 100 Millionen $ kostet und fünf Jahre andauert. Der erwartete jährliche Mittelzufluss (in der Realwelt) wird auf 25 Millionen $ geschätzt. Wenn der risikoangepasste Diskontierungszinssatz 12% beträgt, ist der Kapitalwert des Investments (in Millionen Dollar)

$$-100 + 25e^{-0{,}12 \cdot 1} + 25e^{-0{,}12 \cdot 2} + 25e^{-0{,}12 \cdot 3} + 25e^{-0{,}12 \cdot 4} + 25e^{-0{,}12 \cdot 5} = -11{,}53\,.$$

Ein negativer NPV, wie wir ihn eben berechnet haben, weist darauf hin, dass das Projekt den Wert des Unternehmens für seine Anteilseigner reduzieren wird und daher nicht durchgeführt werden sollte. Ein positiver NPV hätte besagt, dass das Projekt realisiert werden sollte, da das Vermögen der Anteilseigner steigen wird.

Der risikoangepasste Diskontierungszinssatz sollte der vom Unternehmen oder den Anteilseignern des Unternehmens geforderten Rendite auf die Investition entsprechen. Diese kann auf verschiedenen Wegen berechnet werden. Ein häufig empfohlenes Verfahren verwendet das CAPM (siehe Kapitel 3). Die Schritte laufen wie folgt ab:

1. Man nehme eine Menge von Unternehmen, deren Hauptgeschäftsfeld mit dem des betrachteten Projekts übereinstimmt.
2. Man berechne die Beta-Werte der Unternehmen und ihren Durchschnitt, um einen stellvertretenden Beta-Wert für das Projekt zu erhalten.
3. Man setze die geforderte Rendite gleich dem risikolosen Zinssatz zuzüglich des stellvertretenden Beta-Wertes, multipliziert mit der über dem risikolosen Zinssatz liegenden Risikoprämie des Marktportfolios.

Ein Problem beim klassischen NPV-Verfahren besteht darin, dass viele Projekte eingebettete Optionen enthalten. Betrachten wir beispielsweise ein Unternehmen, das den Bau eines Betriebes in Erwägung zieht, um ein neues Produkt herzustellen. Häufig besitzt das Unternehmen die Option, das Projekt abzubrechen, wenn es sich nicht wie gewünscht entwickelt. Es kann außerdem die Option besitzen, das Werk zu erweitern, wenn die Nachfrage die Erwartungen übertrifft. Die Risikoeigenschaften dieser Optionen unterscheiden sich erheblich vom Grundvorhaben und erfordern andere Diskontierungssätze.

Um dieses Problem zu verstehen, kehren wir zu dem Beispiel am Beginn von Kapitel 13 zurück. Bei diesem Beispiel ging es um eine Aktie, deren gegenwärtiger Wert 20 $ beträgt. In drei Monaten wird der Preis entweder bei 18 $ oder bei 22 $ liegen. Eine risikoneutrale Bewertung zeigt auf, dass eine Kaufoption auf die Aktie mit drei Monaten Laufzeit und einem Basispreis von 21 den Wert 0,633 hat. Fußnote 1 in Kapitel 13 erläutert, dass die geforderte erwartete Rendite der Kaufoption bei 42,6 % liegt, wenn die von Anlegern in der realen Welt geforderte erwartete Rendite der Aktie 16 % beträgt. Eine ähnliche Analyse zeigt, dass die geforderte erwartete Rendite der Option bei −52,5 % liegt, wenn es sich anstelle einer Kaufoption um eine Verkaufsoption handelt. In der Praxis wäre es sehr schwierig, diese erwarteten Renditen direkt zu schätzen, um die Optionen bewerten zu können. (Wir kennen die Renditen nur, da wir in der Lage sind, die Optionen auf anderem Wege zu bewerten.) Dasselbe gilt für Optionen auf reale Vermögensgegenstände. Es ist nicht einfach, risikoangepasste Diskontierungssätze für Cash Flows zu schätzen, die sich aus der Option, etwas zu schließen oder zu expandieren, und anderen Optionen ergeben. Deshalb untersucht man, ob das Prinzip der risikoneutralen Bewertung für Optionen auf reale Vermögensgegenstände ebenso angewendet werden kann wie für Optionen auf finanzielle Vermögensgegenstände.

Ein weiteres Problem beim klassischen NPV-Verfahren liegt in der Schätzung eines geeigneten risikoangepassten Diskontierungszinssatzes für das Grundvorhaben (d. h. für das Projekt ohne eingebettete Optionen). Die Unternehmen, die zur Ermittlung eines stellvertretenden Beta-Wertes für das Projekt im oben beschriebenen dreistufigen Verfahren herangezogen werden, haben eigene Abbruchs- oder Erweiterungsoptionen. Ihre Beta-Werte spiegeln diese Optionen wider und können daher nicht zur Schätzung eines Beta-Wertes für das Grundvorhaben geeignet sein.

35.2 Verallgemeinerung der risikoneutralen Bewertung

In Abschnitt 28.1 haben wir den Marktpreis des Risikos für eine Variable θ als

$$\lambda = \frac{\mu - r}{\sigma} \tag{35.1}$$

definiert, wobei r der risikolose Zinssatz, μ die Rendite auf ein ausschließlich von θ abhängiges gehandeltes Wertpapier und σ dessen Volatilität ist. Wie wir in Abschnitt 28.1 gezeigt haben, ist der Marktpreis des Risikos, λ, unabhängig von der speziellen Wahl des gehandelten Wertpapiers.

Angenommen, ein Asset hängt von mehreren Variablen θ_i ($i = 1, 2, \ldots$) ab. Die Parameter m_i und s_i seien die erwartete Wachstumsrate bzw. die Volatilität von θ_i. Somit gilt

$$\frac{d\theta_i}{\theta_i} = m_i \, dt + s_i \, dz_i \, ,$$

wobei dz_i ein Wiener-Prozess ist. Wir definieren λ_i als Marktpreis des Risikos von θ_i. Wir können die risikoneutrale Bewertung erweitern und zeigen, dass jedes von den θ_i abhängige Wertpapier über die folgenden beiden Schritte bewertet werden kann:[1]

1. Reduktion der erwarteten Wachstumsrate für jedes θ_i von m_i auf $m_i - \lambda_i s_i$
2. Diskontierung der Cash Flows mit dem risikolosen Zinssatz

Beispiel 35.1 Die Mietkosten eines Gewerbegrundstücks in einer bestimmten Stadt sind zu dem Betrag pro Quadrat-Fuß ($= 0{,}093 \, \text{m}^2$) notiert, der bei Abschluss eines neuen Fünfjahres-Mietvertrags pro Jahr zu zahlen wäre. Die gegenwärtigen Kosten betragen 30 \$ pro Quadrat-Fuß. Die erwartete Wachstumsrate der Kosten ist 12 % per annum, ihre Volatilität liegt bei 20 % per annum und der zugehörige Marktpreis des Risikos ist 0,3. Ein Unternehmen hat die Gelegenheit, jetzt 1 Million \$ für die Option zu zahlen, dass es für einen in zwei Jahren beginnenden Fünfjahres-Zeitraum 100 000 Quadrat-Fuß zu einem Preis von 35 \$ pro Quadrat-Fuß mieten kann. Der risikolose Zinssatz beträgt konstant 5 % per annum. Wir definieren V als die Kosten pro Quadrat-Fuß Büroraum in zwei Jahren. Angenommen, die Miete wird jährlich im Voraus gezahlt. Die Auszahlung der Option beträgt

$$100\,000 A \max(V - 35, 0),$$

wobei A der Annuitätenfaktor ist:

$$A = 1 + 1 \cdot e^{-0{,}05 \cdot 1} + 1 \cdot e^{-0{,}05 \cdot 2} + 1 \cdot e^{-0{,}05 \cdot 3} + 1 \cdot e^{-0{,}05 \cdot 4} = 4{,}5355.$$

Die erwartete Rendite in einer risikoneutralen Welt ist daher

$$100\,000 \cdot 4{,}5355 \cdot \hat{E}[\max(V - 35, 0)] = 453\,550\, \hat{E}[\max(V - 35, 0)],$$

wobei $\hat{E}$ der Erwartungswert in einer risikoneutralen Welt ist. Mit dem Ergebnis aus Gleichung (15.27) erhalten wir

$$453\,550 [\hat{E}(V) N(d_1) - 35 N(d_2)]$$

mit

$$d_1 = \frac{\ln[\hat{E}(V)/35] + 0{,}2^2 \cdot 2/2}{0{,}2\sqrt{2}}$$

$$d_2 = \frac{\ln[\hat{E}(V)/35] - 0{,}2^2 \cdot 2/2}{0{,}2\sqrt{2}}.$$

---

[1] Um zu erkennen, dass dies mit der risikoneutralen Bewertung eines Investitionsguts konsistent ist, nehmen wir an, dass θ_i der Preis einer dividendenlosen Aktie ist. Da es sich um den Preis eines gehandelten Wertpapiers handelt, liefert Gleichung (35.1) $(m_i - r)/s_i = \lambda_i$ bzw. $m_i - \lambda_i s_i = r$. Die Anpassung der erwarteten Wachstumsrate entspricht daher der Gleichsetzung von Aktienrendite und risikolosem Zinssatz. Den Beweis des allgemeineren Resultats finden Sie in Technical Note 20 unter www.rotman.utoronto.ca/~hull/ofod/index.html

Die erwartete Wachstumsrate der Kosten des Gewerbegrundstücks ist in einer risikoneutralen Welt $m - \lambda s$, wobei m die Wachstumsrate in der Realwelt, s die Volatilität und λ der Marktpreis des Risikos ist. In diesem Falle gilt $m = 0{,}12$, $s = 0{,}2$ und $\lambda = 0{,}3$, sodass die risikoneutrale erwartete Wachstumsrate 0,06 oder 6% pro Jahr beträgt. Folglich ist $\hat{E}(V) = 30e^{0{,}06 \cdot 2} = 33{,}82$. Setzen wir dies in den obigen Ausdruck ein, so ergibt sich die erwartete Auszahlung in einer risikoneutralen Welt mit 1,5015 Millionen \$. Durch Diskontierung zum risikolosen Zinssatz erhalten wir den Optionswert von $1{,}5015 e^{-0{,}05 \cdot 2} = 1{,}3586$ Millionen \$. Dies zeigt, dass es sich lohnt, 1 Million \$ in die Option zu investieren.

35.3 Schätzung des Marktpreises des Risikos

Das risikoneutrale Verfahren zur Bewertung eines Investments vermeidet es, den Diskontierungszinssatz in der in Abschnitt 35.1 beschriebenen Weise schätzen zu müssen, aber es erfordert für alle stochastischen Variablen den jeweiligen Marktpreis des Risikos. Wenn historische Daten einer bestimmten Variablen verfügbar sind, kann ihr Marktpreis des Risikos mit dem CAPM geschätzt werden. Um zu zeigen, wie dies funktioniert, betrachten wir ein Investitionsgut, das nur von dieser Variablen abhängt, und definieren:

μ: erwartete Rendite des Investitionsguts

σ: Volatilität der Rendite des Investitionsguts

λ: Marktpreis des Risikos der Variablen

ρ: momentane Korrelation zwischen den relativen Änderungen der Variablen und der Rendite eines breiten Aktienindex

μ_m: erwartete Rendite eines breiten Aktienindex

σ_m: Volatilität der Rendite eines breiten Aktienindex

r: kurzfristiger risikoloser Zinssatz

Da das Investitionsgut nur von der einen Marktvariablen abhängt, ist die momentane Korrelation zwischen seiner Rendite und dem breiten Aktienindex ebenfalls ρ. Mit der stetigen Form des CAPM, die wir im Anhang zu Kapitel 3 vorgestellt hatten, erhalten wir[2]

$$\mu - r = \frac{\rho \sigma}{\sigma_m}(\mu_m - r) \ .$$

Nach Gleichung (35.1) lautet ein anderer Ausdruck für $\mu - r$

$$\mu - r = \lambda \sigma \ .$$

Folglich gilt

$$\lambda = \frac{\rho}{\sigma_m}(\mu_m - r) \ . \qquad (35.2)$$

Mit dieser Gleichung kann λ geschätzt werden.

---

[2] Bei der Regression der Überschussrendite für ein Asset gegen den Überhang über den Marktindex ist der Anstieg beta der Regressionsgeraden gleich $\rho\sigma/\sigma_m$.

> **Beispiel 35.2** Eine historische Analyse der Umsätze des Unternehmens auf Quartalsbasis zeigt, dass die prozentualen Änderungen des Umsatzes mit den Renditen des S&P-500-Index mit 0,3 korreliert sind. Die Volatilität des S&P-500-Index liegt bei 20% per annum und die auf den historischen Daten basierende Marktrisikoprämie des S&P-500-Index liegt 5% über dem risikolosen Zinssatz. Mit Gleichung (35.2) wird der Marktpreis des Risikos für die Umsätze des Unternehmens auf
>
> $$\frac{0{,}3}{0{,}2} \cdot 0{,}05 = 0{,}075$$
>
> geschätzt.

Wenn für eine bestimmte betrachtete Variable keine historischen Daten verfügbar sind, können mitunter ähnliche Variablen als Näherung verwendet werden. Wenn beispielsweise ein Werk gebaut wird, um ein neues Produkt herzustellen, können Daten von Verkäufen ähnlicher Produkte gesammelt werden. Es kann dann angenommen werden, dass die Korrelation des neuen Produkts mit dem Marktindex mit derjenigen der anderen Produkte übereinstimmt. In einigen Fällen muss die Schätzung von ρ in Gleichung (35.2) auf persönlichen Beurteilungen beruhen. Wenn ein Analyst davon überzeugt ist, dass eine bestimmte Variable unbeeinflusst vom Verhalten des Marktindex ist, sollte ihr Marktpreis des Risikos gleich null gesetzt werden.

Für einige Variablen ist es nicht notwendig, den Marktpreis des Risikos zu schätzen, da der Prozess, dem die Variable in einer risikoneutralen Welt folgt, direkt geschätzt werden kann. Wenn die Variable beispielsweise der Preis eines Investitionsguts ist, entspricht ihre Gesamtrendite in einer risikoneutralen Welt dem risikolosen Zinssatz. Wenn es sich bei der Variablen um den kurzfristigen Zinssatz r handelt, zeigt Kapitel 31, wie für die anfängliche Zinsstruktur der Zinssätze ein risikoneutraler Prozess abgeleitet werden kann.

Für Waren kann, wie in Kapitel 34 diskutiert, der risikoneutrale Prozess aus Futures-Preisen geschätzt werden. Beispiel 34.2 stellt eine einfache Anwendung des Realoptions-Verfahrens dar, indem Futures-Preise zur Bewertung einer Investition in eine Rinderzucht verwendet werden.

35.4 Bewertung eines Geschäftsgebietes

Die klassischen Methoden der Unternehmensbewertung, wie z. B. das Kurs-Gewinn-Verhältnis, funktionieren für neue Geschäftsgebiete nicht besonders gut. Typischerweise sind die Erträge eines Unternehmens in den Anfangsjahren negativ, da zunächst versucht wird, am Markt Fuß zu fassen und Beziehungen zu Kunden aufzubauen. Das Unternehmen muss bewertet werden, indem zukünftige Erträge und Cash Flows unter verschiedenen Szenarien geschätzt werden.

In diesem Fall bietet sich ein Ansatz mit Realoptionen an. Es wird ein Modell entwickelt, welches die zukünftigen Cash Flows des Unternehmens mit Variablen wie Umsatzwachstumsraten, variablen Kosten in Prozent des Umsatzes, Fixkosten usw. in Beziehung setzt. Für Schlüsselvariablen sollte ein risikoneutraler stochastischer Prozess, wie in den beiden vorangegangenen Abschnitten behandelt, geschätzt werden. Dann wird eine Monte-Carlo-Simulation durchgeführt, um alternative Szenarien für die jährlichen Netto-Cash-Flows in einer risikoneutralen Welt zu generieren. Das Unternehmen wird sich wahrscheinlich in einigen Szenarien sehr gut entwickeln, während es in einigen anderen Szenarien insolvent wird und die Produktion einstellt. (Die Simulation muss dann eine Regelung zur Feststellung einer Insolvenz enthalten.) Der Unternehmenswert ergibt sich als Barwert der jährlich erwarteten Cash Flows, diskontiert mit dem risikolosen Zinssatz. Business Snapshot 35.1 liefert ein Beispiel für die Anwendung dieses Ansatzes für Amazon.com.

Business Snapshot 35.1 – Bewertung von Amazon.com

Einer der ersten veröffentlichten Versuche der Bewertung eines Unternehmens auf Basis von Realoptionen war Schwartz und Moon (2000), welche am Ende des Jahres 1999 Amazon.com betrachteten. Sie nahmen folgende stochastische Prozesse für die Umsätze R des Unternehmens und deren Wachstumsrate μ an:

$$\frac{dR}{R} = \mu\, dt + \sigma(t)\, dz_1$$
$$d\mu = \kappa(\bar{\mu} - \mu)\, dt + \eta(t)\, dz_2\ .$$

Sie unterstellten, dass die beiden Wiener-Prozesse dz_1 und dz_2 unkorreliert waren, und trafen auf der Grundlage der verfügbaren Daten sinnvolle Annahmen für $\sigma(t)$, $\eta(t)$, κ und $\bar{\mu}$.

Schwartz und Moon nahmen weiterhin an, dass die Kosten der verkauften Waren 75% vom Umsatz betrugen, andere variable Aufwendungen 19% vom Umsatz ausmachten und die Fixkosten bei 75 Millionen Dollar pro Quartal lagen. Der anfängliche Umsatz lag bei 356 Millionen Dollar, der anfängliche steuerliche Verlustvortrag betrug 559 Millionen Dollar und der Steuersatz wurde mit 35% angenommen. Der Marktpreis des Risikos λ_R für R wurde anhand historischer Daten mit dem im vorhergehenden Abschnitt behandelten Verfahren geschätzt. Der Marktpreis des Risikos für μ wurde als null angenommen.

Die Zeitspanne der Analyse betrug 25 Jahre und als Fortführungswert (Terminal Value) des Unternehmens wurde das Zehnfache des Betriebsgewinns vor Steuern angenommen. Der anfängliche Kassenbestand betrug 906 Millionen $ und es wurde unterstellt, dass das Unternehmen insolvent würde, wenn der Kassenbestand negativ würde.

Mithilfe einer Monte-Carlo-Simulation wurden verschiedene Zukunftsszenarien generiert. Bei der Bewertung wurde die Möglichkeit der Ausübung von Wandelanleihen und von Mitarbeiteroptionen berücksichtigt. Der Wert des Unternehmens für die Anteilseigner wurde als Barwert der mit dem risikolosen Zinssatz diskontierten Netto-Cash-Flows berechnet.

Basierend auf diesen Annahmen, schätzten Schwartz und Moon den Wert einer Amazon.com-Aktie Ende 1999 auf 12,42 $. Der Marktpreis für Amazon.com-Aktien lag zu diesem Zeitpunkt bei 76,125 $ (obwohl er im Jahr 2000 drastisch fiel). Einer der Hauptvorteile des Realoptions-Ansatzes liegt

> darin, dass die Hauptannahmen genau identifiziert werden. Schwartz und Moon stellten fest, dass der ermittelte Aktienkurs sehr empfindlich gegenüber $\eta(t)$, der Volatilität der Wachstumsrate, war. Hier zeigte sich der Optionscharakter. Ein geringfügiger Anstieg von $\eta(t)$ verursachte einen größeren Wert der Optionalität und damit einem höheren Preis der Amazon.com-Aktien.

35.5 Bewertung von Optionen in Investitionsmöglichkeiten

Die meisten Investitionsvorhaben beinhalten Optionen. Diese Optionen können einen beachtlichen Wert zum Projekt beitragen und werden häufig entweder vernachlässigt oder fehlerhaft bewertet. Beispiele für in Projekte eingebettete Optionen sind:

1. *Abbruchoption.* Dies ist eine Option, ein Projekt zu verkaufen oder zu schließen. Es handelt sich um eine amerikanische Verkaufsoption auf den Wert des Projekts. Der Basispreis der Option ist der Liquidationswert (oder Wiederverkaufswert) des Projekts abzüglich aller schließungsbedingter Kosten. Wenn der Liquidationswert niedrig ist, kann der Basispreis negativ werden. Abbruchoptionen mildern den Einfluss sehr dürftiger Ergebnisse der Investition und erhöhen den Anfangswert eines Projekts.
2. *Erweiterungsoption.* Dies ist eine Option, bei günstigen Bedingungen weitere Investitionen zu tätigen und die Produktionsleistung zu steigern. Es handelt sich dabei um eine amerikanische Kaufoption auf den Wert zusätzlicher Kapazitäten. Der Basispreis der Kaufoption entspricht den Kosten für die Bereitstellung dieser zusätzlichen Kapazitäten, diskontiert auf den Zeitpunkt der Optionsausübung. Der Basispreis hängt häufig von der Anfangsinvestition ab. Wenn das Management zu Beginn entscheidet, über das erwartete Produktionsniveau hinaus Kapazitäten zu bilden, kann der Basispreis relativ niedrig sein.
3. *Reduktionsoption.* Dies ist eine Option zur Reduzierung des Projektumfangs. Sie stellt eine amerikanische Verkaufsoption auf den Wert der verloren gegangenen Kapazitäten dar. Der Basispreis ist der Barwert der zukünftigen Aufwendungen zum Zeitpunkt der Ausübung der Option.
4. *Aufschuboption.* Dies ist eine der wichtigsten Optionen, die Managern zur Verfügung steht: die Option, ein Projekt zu einem späteren Zeitpunkt durchzuführen. Sie ist eine amerikanische Kaufoption auf den Wert des Projekts.
5. *Verlängerungsoption.* Mitunter ist es möglich, die Laufzeit eines Assets zu verlängern, indem man einen festen Betrag zahlt. Hierbei handelt es sich um eine europäische Kaufoption auf den zukünftigen Wert des Assets.

Veranschaulichung

Als einfaches Beispiel einer Bewertung einer Investition mit eingebetteten Optionen betrachten wir ein Unternehmen, das entscheiden muss, ob es 15 Millionen $ investiert, um 6 Millionen Einheiten eines Rohstoffs aus einer bestimmten Quelle

(2 Millionen Einheiten pro Jahr für drei Jahre) zu erhalten. Die Fixkosten für das Betreiben der Anlage liegen bei 6 Millionen $ pro Jahr und die variablen Kosten betragen 17 $ pro Einheit des Rohstoffs. Wir nehmen an, dass für alle Laufzeiten ein risikoloser Zinssatz von 10% per annum gilt, der Spotkurs des Rohstoffs 20 $ ist und die Futures-Preise für ein, zwei und drei Jahre Laufzeit 22 $, 23 $ bzw. 24 $ betragen.

Bewertung ohne eingebettete Optionen

Zunächst wird unterstellt, dass das Projekt keine eingebetteten Optionen beinhaltet. Die in einem, zwei und drei Jahren erwarteten Preise des Rohstoffs in einer risikoneutralen Welt liegen bei 22 $, 23 $ bzw. 24 $. Die erwartete Auszahlung (in Millionen Dollar) des Projekts in einer risikoneutralen Welt kann als 4,0, 6,0 und 8,0 in den Jahren 1, 2 bzw. 3 berechnet werden. Der Wert des Projekts beträgt daher

$$-15{,}0 + 4{,}0 e^{-0{,}1 \cdot 1} + 6{,}0 e^{-0{,}1 \cdot 2} + 8{,}0 e^{0{,}1 \cdot 3} = -0{,}54 \, .$$

Diese Analyse ergibt, dass das Projekt nicht durchgeführt werden sollte, da es das Vermögen der Anteilseigner um 0,54 Millionen reduzieren würde.

Verwendung eines Baumes

Wir nehmen nun an, dass der stochastische Prozess für den Preis des Rohstoffs dem Prozess

$$\mathrm{d}\ln S = [\theta(t) - a \ln S]\,\mathrm{d}t + \sigma\,\mathrm{d}z \tag{35.3}$$

folgt, wobei $a = 0{,}1$ und $\sigma = 0{,}2$. In Abschnitt 34.4 zeigten wir an dem gleichen Beispiel, wie man einen Baum für die Rohstoffpreise erzeugen kann. Dieser Baum ist in Abbildung 35.1 (identisch mit Abbildung 34.2) dargestellt. Der im Baum abgebildete

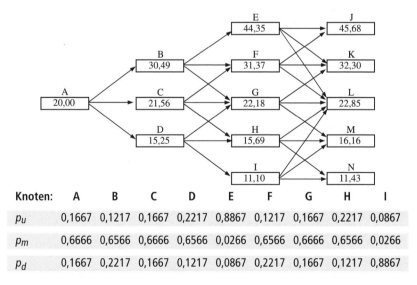

Abbildung 35.1: Baum für den Spotkurs eines Rohstoffs. Die Wahrscheinlichkeiten für eine Aufwärts-, Abwärts- oder gleichbleibende Bewegung von einem Knoten sind p_u, p_d und p_m

Prozess stimmt überein mit dem Prozess für S, den unterstellten Werten für a und σ und den angenommenen Preisen für ein-, zwei- und dreijährige Futures.

Zur Bewertung des Projekts benötigen wir keinen Baum, wenn es keine eingebetteten Optionen gibt. (Wir haben bereits gezeigt, dass der Grundwert des Projekts ohne Optionen $-0{,}54$ beträgt.) Bevor wir zur Betrachtung von Optionen übergehen, ist es jedoch instruktiv und auch nützlich für weitere Berechnungen, wenn wir das Projekt ohne eingebettete Optionen mithilfe des Baums bewerten und das oben erhaltene Resultat verifizieren.

Abbildung 35.2 zeigt den Wert des Projekts an jedem Knoten von Abbildung 35.1. Betrachten wir beispielsweise den Knoten H. Hier wird eine Wahrscheinlichkeit von 0,2217 dafür angegeben, dass der Preis des Rohstoffs am Ende des dritten Jahres bei 22,85 liegt, sodass der Gewinn im dritten Jahr $2 \cdot 22{,}85 - 2 \cdot 17 - 6 = 5{,}70$ beträgt. Entsprechend gibt es eine Wahrscheinlichkeit von 0,6566, dass der Preis des Rohstoffs am Ende des dritten Jahres bei 16,16 liegt, sodass der Gewinn $-7{,}68$ beträgt, und es besteht eine Wahrscheinlichkeit von 0,1217, dass der Preis des Rohstoffs am Ende des dritten Jahres bei 11,43 liegt, sodass der Gewinn $-17{,}14$ beträgt. Der Wert des Projekts im Knoten H in Abbildung 35.2 ist daher

$$[0{,}2217 \cdot 5{,}70 + 0{,}6566 \cdot (-7{,}68) + 0{,}1217 \cdot (-17{,}14)]e^{-0{,}1 \cdot 1} = -5{,}31 \ .$$

Als weiteres Beispiel betrachten wir Knoten C. Hier gibt es für eine Bewegung zum Knoten F, wo der Preis des Rohstoffs bei 31,37 liegt, eine Wahrscheinlichkeit von 0,1667. Der Cash Flow für das zweite Jahr ist daher

$$2 \cdot 31{,}37 - 2 \cdot 17 - 6 = 22{,}74 \ .$$

Der Wert des dem Knoten F nachgelagerten Cash Flow beträgt 21,42. Wenn wir uns zum Knoten F bewegen, ist daher der Gesamtwert des Projekts $21{,}42 + 22{,}74 = 44{,}16$.

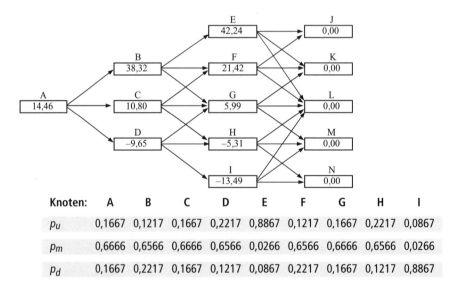

Knoten:	A	B	C	D	E	F	G	H	I
p_u	0,1667	0,1217	0,1667	0,2217	0,8867	0,1217	0,1667	0,2217	0,0867
p_m	0,6666	0,6566	0,6666	0,6566	0,0266	0,6566	0,6666	0,6566	0,0266
p_d	0,1667	0,2217	0,1667	0,1217	0,0867	0,2217	0,1667	0,1217	0,8867

Abbildung 35.2: Bewertung des Grundprojekts ohne eingebettete Optionen. Die Wahrscheinlichkeiten für eine Aufwärts-, Abwärts- oder gleichbleibende Bewegung von einem Knoten sind p_u, p_d und p_m

35.5 Bewertung von Optionen in Investitionsmöglichkeiten

Entsprechend ergibt sich ein Gesamtwert des Projekts, wenn wir uns zu den Knoten G und H bewegen, von 10,35 bzw. −13,93. Der Wert des Projekts am Knoten C ist deshalb

$$[0{,}1667 \cdot 44{,}16 + 0{,}6666 \cdot 10{,}35 + 0{,}1667 \cdot (-13{,}93)]e^{-0{,}1 \cdot 1} = 10{,}80 \,.$$

Abbildung 35.2 zeigt, dass der Wert des Projekts am Anfangsknoten A 14,46 beträgt. Wird die Anfangsinvestition berücksichtigt, ergibt sich ein Wert von −0,54. Dies stimmt mit unseren vorherigen Berechnungen überein.

Abbruchoption

Wir unterstellen nun, dass das Unternehmen die Option hat, das Projekt zu jedem beliebigen Zeitpunkt abzubrechen. Wir setzen voraus, dass es keinen Restwert und keine weiteren Zahlungen gibt, die nach Projektabbruch anfallen. Die Abbruchoption ist eine amerikanische Verkaufsoption mit einem Basispreis von null und wird in Abbildung 35.3 bewertet. Die Verkaufsoption sollte nicht an den Knoten E, F und G ausgeübt werden, da der Wert des Projekts an diesen Knoten positiv ist. Sie sollte jedoch an den Knoten H und I ausgeübt werden, an denen der Wert der Verkaufsoption bei 5,31 bzw. 13,49 liegt. Wenn wir uns durch den Baum zurückarbeiten, sehen wir, dass für den Fall, dass, wenn die Abbruchoption nicht ausgeübt wurde, ihr Wert am Knoten D

$$(0{,}1217 \cdot 13{,}49 + 0{,}6566 \cdot 5{,}31 + 0{,}2217 \cdot 0)e^{-0{,}1 \cdot 1} = 4{,}64$$

beträgt. Bei Ausübung der Option liegt ihr Wert bei 9,65. Da dieser größer als 4,64 ist, sollte die Verkaufsoption am Knoten D ausgeübt werden. Der Wert der Verkaufs-

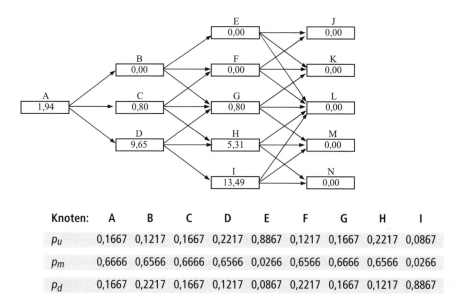

Knoten:	A	B	C	D	E	F	G	H	I
p_u	0,1667	0,1217	0,1667	0,2217	0,8867	0,1217	0,1667	0,2217	0,0867
p_m	0,6666	0,6566	0,6666	0,6566	0,0266	0,6566	0,6666	0,6566	0,0266
p_d	0,1667	0,2217	0,1667	0,1217	0,0867	0,2217	0,1667	0,1217	0,8867

Abbildung 35.3: Bewertung einer Option, das Projekt abzubrechen. Die Wahrscheinlichkeiten für eine Aufwärts-, Abwärts- oder gleichbleibende Bewegung von einem Knoten sind p_u, p_d und p_m

option am Knoten C ist

$$[0{,}1667 \cdot 0 + 0{,}6666 \cdot 0 + 0{,}1667 \cdot (5{,}31)]e^{-0{,}1 \cdot 1} = 0{,}80$$

und am Knoten A ergibt sich

$$(0{,}1667 \cdot 0 + 0{,}6666 \cdot 0{,}80 + 0{,}1667 \cdot 9{,}65)e^{-0{,}1 \cdot 1} = 1{,}94 \;.$$

Die Abbruchoption ist daher 1,94 Millionen $ wert. Sie erhöht den Wert des Projekts von $-0{,}54$ Millionen $ auf $+1{,}40$ Millionen $. Ein Projekt, das vorher für die Anteilseigner unattraktiv war, hat nun einen positiven Wert.

Erweiterungsoption

Als Nächstes nehmen wir an, dass das Unternehmen keine Abbruchoption besitzt. Stattdessen hat es eine Option, zu einem beliebigen Zeitpunkt den Umfang des Projekts um 20% auszuweiten. Die Kosten hierfür betragen 2 Millionen $. Die Ölförderung steigt dann jeweils von 2,0 auf 2,4 Million Barrel. Die variablen Kosten bleiben bei 17 $ pro Barrel und die Fixkosten steigen um 20% von 6,0 Millionen $ auf 7,2 Millionen $. Hierbei handelt es sich um eine amerikanische Kaufoption auf einen Erwerb von 20% des Grundprojekts aus Abbildung 35.2 für 2 Millionen $. Diese Option ist in Abbildung 35.4 bewertet. Sie sollte am Knoten E ausgeübt werden. Die Auszahlung beträgt in diesem Falle $0{,}2 \cdot 42{,}24 - 2 = 6{,}45$. Am Knoten F sollte sie wegen einer Auszahlung von $0{,}2 \cdot 21{,}42 - 2 = 2{,}28$ ebenfalls ausgeübt werden. Dagegen sollte die Option an den Knoten G, H und I nicht ausgeübt werden. Am Knoten B ist eine Ausübung der Option mehr wert als weiteres Abwarten. Der Optionswert beträgt $0{,}2 \cdot 38{,}32 - 2 = 5{,}66$. Wenn die Option nicht ausgeübt wurde, ist sie am Knoten C

$$(0{,}1667 \cdot 2{,}28 + 0{,}6666 \cdot 0{,}00 + 0{,}1667 \cdot 0{,}00)e^{-0{,}1 \cdot 1} = 0{,}34$$

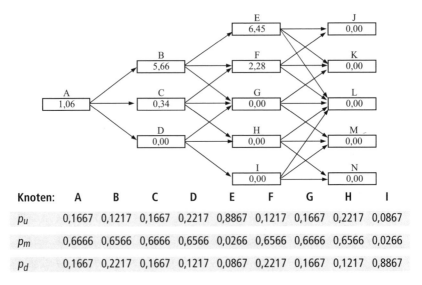

Knoten:	A	B	C	D	E	F	G	H	I
p_u	0,1667	0,1217	0,1667	0,2217	0,8867	0,1217	0,1667	0,2217	0,0867
p_m	0,6666	0,6566	0,6666	0,6566	0,0266	0,6566	0,6666	0,6566	0,0266
p_d	0,1667	0,2217	0,1667	0,1217	0,0867	0,2217	0,1667	0,1217	0,8867

Abbildung 35.4: Bewertung einer Option zur Erweiterung des Projekts. Die Wahrscheinlichkeiten für eine Aufwärts-, Abwärts- oder gleichbleibende Bewegung von einem Knoten sind p_u, p_d und p_m

wert. Im Falle einer Ausübung hingegen beträgt ihr Wert $0{,}2 \cdot 10{,}80 - 2 = 0{,}16$. Die Option sollte daher am Knoten C nicht ausgeübt werden. Am Knoten A ist die Option

$$(0{,}1667 \cdot 5{,}66 + 0{,}6666 \cdot 0{,}34 + 0{,}1667 \cdot 0{,}00)e^{-0{,}1 \cdot 1} = 1{,}06$$

wert. Im Falle einer Ausübung beträgt ihr Wert $0{,}2 \cdot 14{,}46 - 2 = 0{,}89$. Eine vorzeitige Ausübung ist daher am Knoten A nicht optimal. In diesem Fall steigt der Wert des Projekts von $-0{,}54$ auf $+0{,}52$. Wir stellen wiederum fest, dass ein Projekt, das vorher einen negativen Wert hatte, nun einen positiven Wert besitzt.

Die Erweiterungsoption aus Abbildung 35.4 ist relativ einfach zu bewerten, da alle nachfolgenden Mittelzu- und -abflüsse um 20% steigen, falls die Option ausgeübt wurde. Wenn die Fixkosten gleich bleiben oder um weniger als 20% steigen, ist es notwendig, auf weitere Informationen über die Knoten aus Abbildung 35.2 zurückzugreifen. Insbesondere müssen bei der Berechnung der Auszahlung bei Ausübung der Option berücksichtigt werden:

1. der Barwert nachfolgender Fixkosten
2. der Barwert nachfolgender Umsätze abzüglich variabler Kosten

Mehrere Optionen

Wenn ein Projekt zwei oder mehr Optionen besitzt, sind diese im Allgemeinen nicht unabhängig. Der sich aus beiden Optionen ergebende Wert ist üblicherweise nicht die Summe der Werte der beiden Optionen. Um dies zu veranschaulichen, nehmen wir an, dass das betrachtete Unternehmen sowohl eine Abbruch- als auch eine Erweiterungsoption besitzt. Das Projekt kann natürlich nicht erweitert werden, wenn es bereits abgebrochen wurde. Außerdem hängt der Wert der Verkaufsoption bei Abbruch davon ab, ob das Projekt erweitert wurde.[3]

Diese Wechselwirkungen zwischen den Optionen in unserem Beispiel können gehandhabt werden, indem man an jedem Knoten vier verschiedene Zustände definiert:

1. noch nicht abgebrochen; noch nicht erweitert
2. noch nicht abgebrochen; bereits erweitert
3. bereits abgebrochen; noch nicht erweitert
4. bereits abgebrochen; bereits erweitert

Wenn wir uns durch den Baum zurückarbeiten, berechnen wir an jedem Knoten den kombinierten Optionswert für alle vier Alternativen. Dieses Verfahren zur Bewertung pfadabhängiger Optionen wurde in Abschnitt 27.5 detaillierter behandelt.

Verschiedene stochastische Variablen

Wenn verschiedene stochastische Variablen vorhanden sind, wird der Wert des Grundprojekts gewöhnlich über Monte-Carlo-Simulation bestimmt. Die Bewertung der eingebetteten Optionen ist dann komplizierter, da eine Monte-Carlo-Simulation

---

[3] Die beiden Optionen in Abbildung 35.3 und Abbildung 35.4 beeinflussen sich nicht gegenseitig. Die Wechselwirkungen zwischen den Optionen rücken jedoch in den Vordergrund, wenn ein größerer Baum mit kürzeren Zeitschritten verwendet wird.

das Projekt vom Anfang bis zum Ende durchrechnet. Wenn wir einen bestimmten Punkt erreichen, besitzen wir keine Informationen über den Barwert der zukünftigen Cash Flows des Projekts. Mitunter können jedoch die in Abschnitt 27.8 erwähnten Techniken zur Bewertung amerikanischer Optionen mit der Monte-Carlo-Simulation verwendet werden.

Zur Illustration dieses Sachverhalts erläuterten Schwartz und Moon (2000), wie ihre in Business Snapshot 35.1 behandelte Analyse von Amazon.com unter Beachtung der Abbruchoption (d. h. der Option, Insolvenz anzumelden) verallgemeinert werden kann, wenn der Wert zukünftiger Cash Flows negativ ist.[4] Für jeden Zeitschritt wird angenommen, dass eine polynomiale Beziehung zwischen dem Wert des Nichtabbruchs und Variablen wie den gegenwärtigen Umsätzen, den Wachstumsraten der Einkünfte, Volatilitäten, Kassenbeständen und Verlustvorträgen besteht. Jeder Simulationslauf liefert einen Wert, um für jeden Zeitpunkt einen Kleinste-Quadrate-Schätzer für die Beziehung zu erhalten. Dies entspricht dem Verfahren von Longstaff und Schwartz aus Abschnitt 27.8.[5]

ZUSAMMENFASSUNG

In diesem Kapitel haben wir untersucht, wie die in den vorherigen Kapiteln entwickelten Konzepte auf die Bewertung von realen Vermögensgegenständen sowie auf die Bewertung von Optionen auf reale Vermögensgegenstände angewendet werden können. Wir haben gezeigt, wie mit dem Prinzip der risikoneutralen Bewertung ein Asset bewertet werden kann, das von einer Reihe von Variablen abhängt, die Diffusionsprozessen folgen. Die Driftrate jeder einzelnen Variablen wird so angepasst, dass sie den Marktpreis des Risikos korrekt widerspiegelt. Der Wert des Assets ergibt sich dann als der mit dem risikolosen Zinssatz diskontierte Barwert der erwarteten Cash Flows.

Die risikoneutrale Bewertung bietet ein in sich konsistentes Verfahren zur Bewertung von Investitionen. Sie ermöglicht es außerdem, Optionen zu bewerten, die in zahlreiche, in der Praxis anzutreffende Projekte eingebettet sind. Wir haben das Verfahren veranschaulicht, indem wir es zur Bewertung von Amazon.com am Ende des Jahres 1999 sowie zur Bewertung eines Projekts zur Rohstoffgewinnung herangezogen haben.

Literaturempfehlungen

Amran, M. und N. Kulatilaka, *Real Options*, Harvard Business School Press, Boston, MA, 1999.

Copeland, T. und V. Antikarov, *Real Options: A Practitioners Guide*, Texere, New York, 2003.

---

[4] Bei der Analyse in Abschnitt 35.4 wird unterstellt, dass die Insolvenz eintritt, wenn der Kassenbestand unter null fällt, dies ist jedoch für Amazon.com nicht notwendigerweise optimal.

[5] F.A. Longstaff und E.S. Schwartz, „Valuing American Options by Simulation: A Simple Least-Squares Approach", *Review of Financial Studies*, 14, Nr. 1 (Frühjahr 2001), 113–47.

Koller, T., M. Goedhard und D. Wessels, *Valuation: Measuring and Managing the Value of Companies*, 5. Aufl., Wiley, New York, 2010.

Mun, J., *Real Options Analysis*, Wiley, Hoboken, NJ, 2006.

Schwartz, E.S. und M. Moon, „Rational Pricing of Internet Companies", *Financial Analysts Journal*, Mai/Juni 2000, 62–75.

Trigeorgis, L., *Real Options: Managerial Flexibility and Strategy in Resource Allocation*, MIT Press, Cambridge, MA, 1996.

Praktische Fragestellungen

35.1 Erläutern Sie den Unterschied zwischen einer Bewertung neuer Investitionsvorhaben mit einer einfachen Kapitalwertmethode oder der Methode einer risikoneutralen Bewertung. Worin bestehen die Vorteile des risikoneutralen Ansatzes bei der Bewertung von Realoptionen?

35.2 Der Marktpreis des Risikos für Kupfer ist 0,5, die Volatilität des Kupferpreises beträgt 20% per annum, der Spotkurs ist 80 Cent pro Pfund und der sechsmonatige Futures-Preis liegt bei 75 Cent pro Pfund. Wie hoch ist die erwartete prozentuale Wachstumsrate des Kupferpreises während der nächsten sechs Monate?

35.3 Wir bezeichnen die Convenience Yield eines Rohstoffes mit y, seine Lagerkosten mit u. Zeigen Sie, dass die Wachstumsrate des Rohstoffes in der klassischen risikoneutralen Welt $r-y+u$ ist, r ist dabei der risikolose Zinssatz. Leiten Sie eine Beziehung zwischen dem Marktpreis des Risikos für den Rohstoff, seiner realen Wachstumsrate, seiner Volatilität, y und u her.

35.4 Die Korrelation zwischen den Bruttoumsätzen eines Unternehmens und dem Marktindex liegt bei 0,2. Die Überrendite des Marktes über dem risikolosen Zinssatz beträgt 6% und die Volatilität des Marktindex liegt bei 18%. Wie groß ist der Marktpreis des Risikos der Umsätze des Unternehmens?

35.5 Ein Unternehmen kann eine Option auf die Lieferung von einer Million Einheiten eines Rohstoffs in drei Jahren für 25 \$ pro Einheit kaufen. Der 3-Jahres-Futureskurs liegt bei 24 \$. Der risikolose Zinssatz liegt bei 5% per annum bei stetiger Verzinsung und die Volatilität des Futures-Preises ist 20% per annum. Wie viel ist die Option wert?

35.6 Ein Autofahrer, der einen Auto-Leasingvertrag abschließt, kann das Auto in vier Jahren für 10 000 \$ kaufen. Der gegenwärtige Wert des Fahrzeugs beträgt 30 000 \$. Es wird erwartet, dass der Wert S des Autos dem Prozess $dS = \mu S\, dt + \sigma S\, dz$ folgt, wobei $\mu = -0{,}25$ und $\sigma = 0{,}15$ gilt und dz ein Wiener-Prozess ist. Der Marktpreis des Risikos für den Fahrzeugpreis wird mit $-0{,}1$ geschätzt. Wie groß ist der Optionswert? Nehmen Sie an, dass der risikolose Zinssatz für alle Laufzeiten konstant 6% beträgt.

Zur weiteren Vertiefung

35.7 Nehmen Sie an, dass für Weizen der Spotkurs sowie der Futures-Preis mit sechs und zwölf Monaten Laufzeit bei 250, 260 bzw. 270 Cent pro Barrel liegen. Nehmen Sie außerdem an, dass der Weizenpreis dem Prozess aus Gleichung (34.2) folgt und $a = 0{,}05$ und $\sigma = 0{,}15$ gilt. Bestimmen Sie einen zweiperiodigen Baum für den Weizenpreis in einer risikoneutralen Welt.

Ein Farmer hat ein Projekt, das Aufwendungen von 10 000 $ und weitere Aufwendungen von 90 000 $ in sechs Monaten beinhaltet. Dabei sollen die Ernte und der Verkauf von Weizen in einem Jahr um 40 000 Bushel erweitert werden. Welchen Wert hat das Projekt? Nehmen Sie an, dass der Farmer das Projekt in sechs Monaten abbrechen kann und so vermeidet, die Kosten von 90 000 $ zu zahlen. Welchen Wert hat die Abbruchoption? Unterstellen Sie einen risikolosen Zinssatz von 5% bei stetiger Verzinsung.

35.8 Betrachten Sie nochmals das in Abschnitt 35.5 behandelte Beispiel:

a. Welchen Wert hat eine Abbruchoption, wenn der Abbruch 3 Millionen $ kostet, statt kostenlos zu sein?

b. Welchen Wert hat eine Erweiterungsoption, wenn die Erweiterung 5 Millionen $ statt 2 Millionen $ kostet?

Große Verluste bei Derivatgeschäften und ihre Lehren

36

36.1	**Allgemeine Lehren für Nutzer von Derivaten**	983
36.2	**Lehren für Finanzinstitute**	985
36.3	**Lehren für andere Organisationen**	991
	Zusammenfassung	993
	Literaturempfehlungen	993

ÜBERBLICK

Seit Mitte der 1980er Jahre hat es in einigen Fällen massive Verluste im Rahmen von Engagements auf den Derivatemärkten gegeben. Die größten Verluste resultierten aus dem Handel mit Privathypotheken in den USA; sie wurden in Kapitel 8 diskutiert. Einige weitere der von Finanzinstituten erlittenen Verluste sind in Business Snapshot 36.1 aufgeführt, einige der Verluste von anderen Organisationen in Business Snapshot 36.2. Bemerkenswert an dieser Auflistung ist die Anzahl der Fälle, bei denen große Verluste durch die Aktivitäten eines einzelnen Angestellten ausgelöst wurden. Beispielsweise zwang Nick Leesons Handelsgebaren 1995 die 200 Jahre alte britische Barings Bank in die Knie. 1994 entstand durch die Geschäfte von Robert Citron der Gemeinde Orange County in Kalifornien ein Schaden von 2 Milliarden $. Joseph Jetts Handelsaktivitäten für Kidder Peabody führten zu einem Minus von 350 Millionen $. John Rusnaks 700-Millionen-$-Verlust für die Allied Irish Bank kam 2002 ans Licht. 2006 verlor der Hedge-Fonds Amaranth durch die riskante Handelstätigkeit von Brian Hunter 6 Milliarden Dollar. Jérôme Kerviel verlor beim Handel mit Aktienindex-Futures für die Société Générale im Jahr 2008 7 Milliarden Dollar. Auch die gewaltigen Verluste bei UBS, Shell und Sumitomo waren das Ergebnis der Aktivitäten von Einzelpersonen.

Die Verluste sollten nicht als Pauschalanklage der gesamten Derivatbranche aufgefasst werden. Der Derivatmarkt ist ein gewaltiger Markt mit Umsätzen im Bereich vieler Billionen Dollar, der zumeist außerordentlich erfolgreich war und den Bedürfnissen der Marktteilnehmer sehr entgegen kam. Die in den Business Snapshots 36.1 und 36.2 beschriebenen Ereignisse machen (sowohl in der Anzahl als auch im Wert) nur einen winzigen Teil des gesamten Handelsvolumens aus. Nichtsdestotrotz lohnt es sich, die Lehren, die wir aus diesen Vorkommnissen ziehen können, aufmerksam zu studieren.

Business Snapshot 36.1 – Große Verluste von Finanzinstituten

Allied Irish Bank
Diese Bank verlor etwa 700 Millionen $ durch Spekulationen ihres Devisenhändlers John Rusnak, die mehrere Jahre andauerten. Rusnak verschleierte seine Verluste durch fiktive Optionsgeschäfte.

Amaranth
Dieser Hedge-Fonds verlor 6 Milliarden $ im Jahr 2006, als auf die zukünftige Richtung des Erdgaspreises gewettet wurde.

Barings Bank
Diese 200 Jahre alte britische Bank wurde 1995 durch die Aktivitäten ihres Mitarbeiters in Singapur, Nick Leeson, ausgelöscht. Dessen Aufgabengebiet waren eigentlich Arbitragegeschäfte zwischen den Nikkei-225 Futures-Notierungen in Singapur und Osaka. Stattdessen wettete er mit Futures und Optionen erhebliche Beträge auf die zukünftige Entwicklung des Nikkei-225. Der Gesamtverlust betrug fast 1 Milliarde $.

Daiwa Bank
Ein in New York für diese japanische Bank arbeitender Händler verlor in den 1990er Jahren über eine Milliarde $.

Geschäftspartner von Enron
Mit kreativ gestalteten Kontrakten konnte Enron seine tatsächliche Situation erfolgreich vor seinen Aktionären verbergen. Einige Finanzinstitute, welche Enron dabei geholfen haben sollen, haben nach Aktionärsklagen über eine Milliarde Dollar gezahlt.

Kidder Peabody (siehe S. 150)
Die Aktivitäten des Händlers Joseph Jett führten dazu, dass diese New Yorker Investmentfirma beim Handel mit Staatsanleihen und deren Strips 350 Millionen $ einbüßte. (Strips werden geschaffen, wenn die einer Anleihe zugrunde liegenden Cash Flows als separate Wertpapiere verkauft werden.) Der Verlust entstand dadurch, dass sich in die Abrechnung der Gewinne und Verluste durch das Computersystem des Unternehmens ein Fehler eingeschlichen hatte.

Long-Term Capital Management (siehe S. 63)
Dieser Hedge Fonds verlor 1998 etwa 4 Milliarden $. Der Fonds betrieb vor allem Arbitragegeschäfte. Dabei wird versucht, zwei fast identische Wertpapiere zu finden, deren Preise kurzzeitig nicht übereinstimmen. Das Unternehmen kauft dabei das billigere und verkauft das teurere der beiden Wertpapiere und sichert sämtliche Restrisiken ab. Mitte 1998 wurde Long-Term Capital Management von der Vergrößerung des Credit Spread infolge der Zahlungsausfälle bei russischen Anleihen schwer getroffen. Die New York Federal Reserve organisierte eine Soforthilfe in Höhe von 3,5 Millionen $, indem sie 14 Banken dazu bewegte, in den Fonds zu investieren.

Midland Bank
Diese britische Bank verlor Anfang der 1990er Jahre 500 Millionen $ hauptsächlich durch eine Wette auf die Entwicklung der Zinsen. Sie wurde später von der Hong Kong and Shanghai Bank übernommen.

Société Générale (siehe S. 43)
Im Januar 2008 verspekulierte Jérôme Kerviel 7 Milliarden $ mit Futures auf Aktien-Indizes.

Die Subprime-Krise (siehe Kapitel 8)
2007 verloren die Anleger das Vertrauen in die strukturierten Produkte am US-Subprime-Hypothekenmarkt. Dies führte zu einer Kreditkrise, in deren Folge Finanzinstitute Verluste im zweistelligen Milliardenbereich erlitten.

UBS
Kweku Adoboli häufte 2011 einen Verlust von 2,3 Milliarden Dollar an, indem er nicht autorisierte spekulative Positionen in Aktienmarktindizes einnahm.

Business Snapshot 36.2 – Große Verluste anderer Organisationen

Allied Lyons
Die Finanzabteilung dieses Lebensmittelunternehmens verlor 1991 durch den Verkauf von Kaufoptionen auf den US-Dollar-Pfund-Wechselkurs 150 Millionen $.

Gibson Greetings
Die Finanzabteilung dieses Grußkartenherstellers verlor 1994 durch den Handel von sehr exotischen Zinsderivat-Kontrakten mit Bankers Trust etwa 20 Millionen $. Später verklagte Gibson Greetings Bankers Trust und es kam zu einem außergerichtlichen Vergleich.

Hammersmith and Fulham (siehe S. 232)
Diese britische Kommunalbehörde büßte 1988 umgerechnet etwa 600 Millionen $ aufgrund von Zinsswaps und Optionen ein. Sämtliche Verträge wurden später zum großen Ärger der als Gegenparteien agierenden Banken von britischen Gerichten für null und nichtig erklärt.

Metallgesellschaft (siehe S. 104)
Dieses deutsche Unternehmen ging langfristige Kontrakte über die Bereitstellung von Öl und Kraftstoff ein und sicherte diese durch den Rollover von kurzfristigen Futures-Kontrakten ab. 1,3 Milliarden $ Verlust waren entstanden, als das Unternehmen gezwungen wurde, diese Art der Absicherung einzustellen.

Orange County (siehe S. 126)
Die Aktivitäten des Kämmerers Robert Citron führten dazu, dass diese kalifornische Gemeinde 1994 etwa 2 Milliarden $ verlor. Er hatte mit Derivaten darauf spekuliert, dass die Zinssätze nicht ansteigen.

Procter and Gamble (siehe S. 938)
Die Finanzabteilung dieses großen US-Unternehmens verlor 1994 durch den Handel von sehr exotischen Zinsderivat-Kontrakten mit Bankers Trust etwa 90 Millionen $. Später verklagte Procter and Gamble Bankers Trust und man einigte sich außergerichtlich.

Shell
Ein einzelner Angestellter einer japanischen Tochtergesellschaft dieses Unternehmens verlor 1 Milliarde $ beim nichtautorisierten Handel mit Währungs-Futures.

Sumitomo
Ein einzelner für diese japanische Bank arbeitender Händler verlor in den 1990er Jahren auf den Spot-, Futures- und Optionsmärkten für Kupfer etwa 2 Milliarden $.

36.1 Allgemeine Lehren für Nutzer von Derivaten

Zuerst betrachten wir die Lehren, die alle Nutzer von Derivaten, egal ob es sich dabei um Finanzinstitute handelt oder nicht, beherzigen sollten.

Definieren Sie Risikolimits

Es ist unbedingt notwendig, dass jedes Unternehmen in klarer und unmissverständlicher Weise Grenzen für die tragbaren Risiken definiert. Auch sollten Prozesse eingerichtet werden, die sicherstellen, dass diese Grenzen eingehalten werden. Im Idealfall sollten auf der Vorstandsebene Limits für das Gesamtrisiko beschlossen werden. Diese Grenzen sollten dann auf individuelle Limits für Personen, die für das Management bestimmter Risiken verantwortlich sind, heruntergebrochen werden. Tägliche Berichte sollten den erwarteten Gewinn oder Verlust aus bestimmten Veränderungen der Marktvariablen wiedergeben. Diese Werte sollten mit den tatsächlichen eingetretenen Verlusten abgeglichen werden, um sicherzustellen, dass die den Berichten zugrunde liegenden Bewertungsverfahren korrekt sind.

Besonders wichtig ist die aufmerksame Beobachtung von Risiken, wenn Derivate verwendet werden. Der Grund dafür ist, wie wir in Kapitel 1 gesehen haben, dass Derivate für Hedging, Spekulation und Arbitrage genutzt werden können. Ohne genaue Überwachung kann man unmöglich sagen, ob sich ein Derivathändler von einem Absicherer von Unternehmensrisiken zu einem Spekulant oder von einem Arbitrageur zu einem Spekulant wandelt. Die Verluste von Barings, Société Générale und UBS stellen klassische Beispiele dafür dar, wo Probleme auftreten können. In allen Fällen bestanden die Aufgaben der Händler darin, Arbitragegeschäfte mit geringem Risiko durchzuführen. Ohne Wissen ihrer Vorgesetzten gingen die Händler dazu über, große Beträge auf die zukünftige Entwicklung von Aktienindizes zu wetten. Die Überwachungssysteme ihrer Banken waren so schlecht, dass niemand genau wusste, was sie taten.

Wir fordern nicht, dass keine Risiken eingegangen werden sollen. Ein für ein Finanzinstitut arbeitender Händler oder ein Fondsmanager sollte Positionen auf die zukünftige Entwicklung relevanter Marktvariablen einnehmen dürfen. Allerdings sollte die Größe der Positionen, die eingenommen werden können, begrenzt sein und die verwendeten Systeme sollten die eingegangenen Risiken exakt wiedergeben.

Nehmen Sie Risikolimits ernst

Was geschieht, wenn eine Einzelperson Risikolimits überschreitet und einen Gewinn erzielt? Das ist ein schwieriger Sachverhalt für Führungskräfte. Die Versuchung ist groß, bei der Übertretung von Risikolimits ein Auge zuzudrücken, wenn dabei Gewinne entstanden sind. Dies ist allerdings kurzsichtig, denn es führt zu einer Unternehmenskultur, in der Risikolimits nicht mehr ernst genommen werden, und ebnet damit den Weg für Katastrophen. In vielen der in den Business Snapshots 36.1 und 36.2 dargestellten Situationen waren die Unternehmen gegenüber Risiken nachlässig geworden, da sie in den vorangegangenen Jahren ähnliche Risiken eingegangen waren und Gewinne erzielt hatten.

Orange County ist hierfür das klassische Beispiel. Die Aktivitäten Robert Citrons in den Jahren 1991–1993 waren für Orange County sehr profitabel gewesen, so dass sich die Gemeindeverwaltung auf seine Geschäfte zur Erwirtschaftung zusätzlicher Mittel verließ. Diese Leute ignorierten die eingegangenen Risiken, weil er Gewinne erzielt hatte. Bedauerlicherweise überstiegen die Verluste im Jahre 1994 die Gewinne der Vorjahre bei weitem.

Die Strafen für die Überschreitung von Risikolimits sollten im Gewinnfall genauso hoch sein wie im Verlustfall. Sonst würden Händler, welche Verluste erzielen, ihren Einsatz in der Hoffnung erhöhen, dass sie schließlich einen Gewinn machen und alles verziehen wird.

Glauben Sie nicht, Sie könnten den Markt schlagen

Manche Händler sind wahrscheinlich besser als andere. Doch kein Händler hat immer recht. Ein Händler, der in 60% der Fälle die Entwicklung von Marktvariablen korrekt prognostiziert, ist bereits gut. Hat ein Händler eine außergewöhnliche Erfolgsgeschichte (wie Robert Citron in den frühen 1990ern), so ist sehr wahrscheinlich Glück und nicht überlegenes Können die Ursache.

Angenommen, ein Finanzinstitut beschäftigt 16 Händler und einer von ihnen erzielt in jedem Quartal eines Jahres einen Gewinn. Sollte der Händler einen Bonus erhalten? Sollte man sein Risikolimit erhöhen? Die Antwort auf die erste Frage lautet zwangsläufig, dass der Händler hohe Bonuszahlungen erhalten wird. Auf die zweite Frage sollte die Antwort „nein" lauten. Die Wahrscheinlichkeit, in vier aufeinander folgenden Quartalen einen Gewinn durch zufälliges Agieren zu erzielen, beträgt $0{,}5^4$ bzw. $1/16$. Das heißt, allein aus Zufall wird einer von 16 Händlern in jedem einzelnen Quartal des Jahres richtig liegen. Man sollte weder annehmen, dass sich das Glück dieses Händlers fortsetzt, noch sollte das Risikolimit des Händlers erhöht werden.

Unterschätzen Sie nicht den Vorteil der Diversifikation

Wenn ein Händler scheinbar in der Prognose einer bestimmten Marktvariablen besonders gut ist, neigt man dazu, sein Risikolimit zu erhöhen. Wie wir gerade argumentiert haben, ist dies eine schlechte Idee, da es ziemlich wahrscheinlich ist, dass der Händler eher glücklich als clever war. Angenommen, ein Fonds ist wirklich davon überzeugt, dass der Händler ein besonderes Talent besitzt. In welchem Ausmaß sollte er sich bei der Diversifikation einschränken, um von den besonderen Fähigkeiten des Händlers zu profitieren? Die Antwort darauf lautet: Der Nutzen aus der Diversifikation ist sehr groß und es ist vermutlich nicht die beste Strategie, aufgrund von erheblichen Spekulationen auf eine Marktvariable auf diesen Nutzen zu verzichten.

Ein Beispiel soll diese Aussage veranschaulichen. Angenommen, wir haben 20 Aktien, von denen jede eine erwartete Rendite von 10% per annum und eine Standardabweichung der Renditen von 30% aufweist. Die Korrelation zwischen zwei beliebigen Renditen beträgt 0,2. Bei gleichmäßiger Aufteilung einer Anlage auf die 20 Aktien hat der Investor eine erwartete Rendite von 10% per annum und eine Standardabweichung der Renditen von 14,7%. Die Diversifikation ermöglicht dem Anleger, sein Risiko um mehr als die Hälfte zu reduzieren. Man kann es auch so ausdrücken, dass die Diversifikation den Investor in die Lage versetzt, die erwartete Rendite pro Einheit an eingegangenem Risiko zu verdoppeln. Der Anleger müsste schon außerordentlich fähig bei der Aktienauswahl sein, um das gleiche Resultat durch Investition in nur eine Aktie zu erzielen.

Führen Sie Szenario-Analysen und Stress-Tests durch

Die Berechnung von Risikomaßen wie dem VaR sollte immer von Szenario-Analysen und Stress-Tests begleitet werden, um ein Verständnis dafür zu bekommen, was alles schiefgehen kann. Diese sehr wichtigen Techniken wurden in Kapitel 22 behandelt. Menschen neigen leider dazu, bei der Bewertung von Entscheidungen nur ein oder zwei Szenarien einzubeziehen. In den Jahren 1993 und 1994 waren beispielsweise Procter and Gamble sowie Gibson Greetings wahrscheinlich so überzeugt davon, dass die Zinsen niedrig bleiben würden, dass sie bei ihrer Entscheidung einen Anstieg um 100 Basispunkte überhaupt nicht in Betracht zogen.

Bei der Erzeugung von Szenarien sind Kreativität und die Urteilskraft erfahrener Manager von Bedeutung. Eine Möglichkeit besteht darin, die Daten von 10 oder 20 Jahren zu nehmen und die extremsten Ereignisse als Szenarios auszuwählen. Manchmal liegen für eine Schlüsselvariable nur wenige Daten vor. Es ist dann sinnvoll, eine gleichartige Variable, über die mehr Informationen vorliegen, zu wählen und die historischen täglichen prozentualen Änderungen dieser Variablen als Stellvertreter für mögliche tägliche prozentuale Änderungen der Schlüsselvariablen heranzuziehen. Wenn beispielsweise nur wenige Daten über Preise von Anleihen, die von einem bestimmten Land emittiert werden, existieren, können wir auf die historischen Preisinformationen über Anleihen aus ähnlichen Ländern zurückgreifen, um mögliche Szenarien zu erstellen.

36.2 Lehren für Finanzinstitute

Wir gehen nun zur Betrachtung von Lehren, die vor allem für Finanzinstitute relevant sind, über.

Überwachen Sie die Händler aufmerksam

In den Handelsabteilungen gibt es eine Tendenz, erfolgreiche Händler als „unantastbar" anzusehen und ihre Aktivitäten nicht der gleichen gründlichen Prüfung zu unterziehen wie die anderer Händler. Offenbar war Joseph Jett, der Starhändler von Kidder Peabody für Treasuries oft „zu beschäftigt", um Fragen zu beantworten und seine Positionen mit den Risikomanagern des Unternehmens zu diskutieren.

Alle Händler, insbesondere diejenigen, die hohe Gewinne erzielen, sollten in vollem Umfang rechenschaftspflichtig sein. Ein Finanzinstitut muss wissen, ob die hohen Gewinne durch das Eingehen unvernünftig hoher Risiken zustande gekommen sind. Es ist weiterhin von Bedeutung, sicherzustellen, dass die vom Unternehmen verwendeten Computersysteme und Bewertungsmodelle korrekt sind und nicht in irgendeiner Weise manipuliert werden.

Trennen Sie Front, Middle und Back Office

Das *Front Office* eines Finanzinstituts bilden die Händler, die Geschäfte abschließen, Positionen einnehmen usw. Das *Middle Office* besteht aus den Risikomanagern, welche die eingegangenen Risiken überwachen. Im *Back Office* finden die Aufzeichnung der Transaktionen und deren Verbuchung statt. Einige der schlimmsten Katastrophen im Derivathandel geschahen, weil diese Bereiche nicht sauber voneinander getrennt wurden. Nick Leeson kontrollierte in Singapur Front und Back Office von Barings und konnte deswegen seine verheerenden Geschäfte einige Zeit lang vor seinen Londoner Vorgesetzten verbergen. Jérôme Kerviel hatte bei Société Générale im Back Office gearbeitet, bevor er als Händler auftrat, und verwendete sein dort erlangtes Wissen zur Verschleierung seiner Positionen.

Vertrauen Sie nicht blind den Modellen

Einige der großen Verluste bei Finanzinstituten entstanden aufgrund der verwendeten Modelle und Computersysteme. Wie Kidder Peabody von seinen eigenen Systemen in die Irre geführt wurde, haben wir auf S. 150 beschrieben.

Wenn mit relativ einfachen Geschäftsstrategien große Gewinne erzielt werden, ist es gut möglich, dass die Modelle, welche der Gewinnermittlung zugrunde liegen, nicht richtig sind. Ähnlich gelagert ist der Fall, wenn ein Finanzinstitut bei bestimmten Geschäften besonders günstige Angebote zu unterbreiten scheint. Dann verwendet es wahrscheinlich ein anderes Modell als die anderen Marktteilnehmer, und die Hintergründe sollten genau analysiert werden. Für den Chef einer Handelsabteilung kann zu viel Geschäft einer bestimmten Art genauso Anlass zur Besorgnis sein wie zu wenig Geschäft dieser Art.

Seien Sie konservativ bei der Verbuchung von anfänglichen Gewinnen

Wenn ein Finanzinstitut ein sehr exotisches Finanzinstrument an ein Unternehmen verkauft, kann die Bewertung sehr stark vom zugrunde liegenden Modell abhängig sein. Beispielsweise können Instrumente mit eingebetteten langfristigen Zinsoptionen stark vom verwendeten Zinsmodell abhängen. Unter diesen Umständen wird zur Beschreibung der täglichen Bewertung zu Marktpreisen (Marking to Market) des betreffenden Geschäfts die Bezeichnung *Marking to Model* benutzt, weil es keine Marktpreise von gleichartigen Geschäften als Maßstab gibt.

Angenommen, einem Finanzinstitut gelingt der Verkauf eines Finanzinstruments für 10 Millionen $ über seinem Wert – zumindest für 10 Millionen $ über dem Wert, den das von ihm verwendete Modell angibt. Diesen Betrag von 10 Millionen $ nennt man Anfangsgewinn. Wann sollte dieser Gewinn verbucht werden? In dieser Hinsicht unterscheiden sich die Vorgehensweisen verschiedener Investmentbanken teilweise deutlich. Einige verbuchen die 10 Millionen Dollar sofort, während andere viel konservativer agieren und den Betrag allmählich über die Laufzeit des Geschäfts hinweg verbuchen.

Die sofortige Verbuchung von Anfangsgewinnen ist sehr gefährlich. Diese Praxis ermutigt Händler dazu, aggressive Bewertungsmodelle zu verwenden, Boni einzustreichen und das Unternehmen zu verlassen, bevor das Modell und der Wert des Geschäfts genauer begutachtet werden können. Es ist bei weitem günstiger, die Anfangsgewinne nur allmählich zu verbuchen, damit die Händler einen Anreiz haben, die Auswirkungen verschiedener Modelle und verschiedener Annahmen zu untersuchen, bevor sie ein Geschäft tätigen.

Verkaufen Sie Ihren Kunden keine unpassenden Produkte

Es ist verlockend, Unternehmenskunden unpassende Produkte zu verkaufen, besonders wenn diese scheinbar gerne die zugrunde liegenden Risiken tragen wollen. Dies ist jedoch kurzsichtig. Das dramatischste Beispiel hierfür sind die Aktivitäten von Bankers Trust (BT) im Zeitraum vor dem Frühjahr 1994. Damals wurden viele Kunden von BT davon überzeugt, äußerst riskante und unpassende Produkte zu kaufen. Ein typisches Produkt (z. B. der auf S. 938 diskutierte „5/30-Swap") versprach dem Kunden mit hoher Wahrscheinlichkeit die Einsparung einiger Basispunkte auf seine Verbindlichkeiten und mit niedriger Wahrscheinlichkeit den Verlust eines großen Geldbetrages. Diese Produkte liefen in den Jahren 1992 und 1993 gut für die Kunden von BT. Im Jahre 1994, als die Zinssätze stark anstiegen, sorgten diese Produkte allerdings für massive Verluste. Die folgenden negativen Schlagzeilen setzten BT sehr zu. Die ganzen Jahre, die es zum Aufbau einer vertrauensvollen Beziehung zu den Unternehmenskunden und zur Entwicklung einer beneidenswerten Reputation für Innovationen in der Derivatbranche gebraucht hatte, waren aufgrund der Aktivitäten einiger überaggressiver Verkäufer größtenteils umsonst gewesen. BT musste große Beträge an seine Kunden zahlen, um Anklagen über außergerichtliche Vergleiche abzuwehren. 1999 wurde BT von der Deutschen Bank übernommen.

Vorsicht bei leichten Gewinnen!

Enron ist ein Beispiel dafür, wie überaggressive Händler Milliardenverluste für ihre Banken erzielen können. Geschäfte mit Enron schienen sehr profitabel und die Banken wetteiferten miteinander um diese Geschäfte. Doch die Tatsache, dass viele Banken sich stark um bestimmte Geschäfte bemühen, muss kein Indikator dafür sein, dass diese Geschäfte letztlich gewinnbringend sind. Die Geschäfte zwischen Enron und den Banken mündeten in zahlreiche, für die Banken sehr teure Aktionärsklagen. Allgemein sollte man bei scheinbar einfach zu erzielenden Gewinnen akribisch nach versteckten Risiken suchen.

Die Anlage in AAA-Tranchen von ABS CDOs, die aus Subprime-Hypotheken gebildet wurden (siehe Kapitel 8), schien eine fantastische Gelegenheit zu sein. Die versprochenen Renditen lagen über denen normaler AAA-Instrumente. Nur wenige Anleger fragten sich, ob das ein Zeichen für Risiken war, die die Rating-Agenturen nicht berücksichtigt hatten.

Ignorieren Sie nicht das Liquiditätsrisiko

Gewöhnlich werden der Bewertung exotischer und selten gehandelter Wertpapiere im Rahmen des Financial Engineering die Preise aktiv gehandelter Wertpapiere zugrunde gelegt, z. B. in folgenden Situationen:

1. Ein Financial Engineer ermittelt die Spot-Rate-Strukturkurve oft aus aktiv gehandelten Staatsanleihen (On-the-Run Bonds) und verwendet diese zur Bepreisung von seltener gehandelten Staatsanleihen (Off-the-Run Bonds).
2. Ein Financial Engineer ermittelt oftmals die Volatilität eines Vermögensgegenstands aus aktiv gehandelten Optionen und verwendet sie zur Bepreisung von seltener gehandelten Optionen.

3. Ein Financial Engineer ermittelt oft die Parameter des Prozesses für Zinssätze aus aktiv gehandelten Zinscaps und Swaptions und bepreist dann mit ihnen strukturierte Produkte.

Diese Praktiken sind nicht unsinnig. Es ist jedoch gefährlich anzunehmen, dass selten gehandelte Wertpapiere immer nahe ihrem theoretischen Preis gehandelt werden können. Wenn die Finanzmärkte auf die eine oder andere Weise einen Schock erfahren, tritt meistens eine „Flucht in Qualitätspapiere" auf. Für die Anleger erhöht sich der Stellenwert von Liquidität, und illiquide Wertpapiere werden mit einem großen Rabatt auf ihre theoretischen Werte verkauft. Genau das passierte 2007–2009 im Nachgang des Schocks auf den Kreditmärkten in Folge des Vertrauensverlusts für Wertpapiere, die auf Subprime-Hypotheken beruhten.

Ein anderes Beispiel für das Liquiditätsrisiko liefert Long-Term Capital Management (LTCM) (siehe Abschnitt 2.4). Dieser Hedge Fonds verfolgte die Strategie der *Arbitrage*. Er versuchte, zwei Wertpapiere (oder Portfolios von Wertpapieren) aufzuspüren, die theoretisch den gleichen Preis haben sollten. War der Marktpreis eines der beiden Wertpapiere kleiner als der des anderen, so wurde immer dieses billigere Papier gekauft und das teurere verkauft. Die Strategie basierte auf der Idee, dass sich die Marktpreise zweier Wertpapiere, die theoretisch den gleichen Preis haben, schließlich auch angleichen.

Im Sommer 1998 erlitt LCTM einen riesigen Verlust. Hauptgrund war, dass die Zahlungsunfähigkeit von Russland eine Flucht in Qualitätspapiere verursachte. LTCM selbst besaß gegenüber den Verbindlichkeiten Russlands kein großes Exposure, nahm jedoch größtenteils Long-Positionen in illiquiden Instrumenten und Short-Positionen in den entsprechenden liquiden Instrumenten ein. (Das heißt, es besaß Long-Positionen in Off-the-Run Bonds und Short-Positionen in On-the-Run Bonds.) Die Spreads zwischen den Preisen der illiquiden und der korrespondierenden liquiden Instrumente klafften nach der Zahlungsunfähigkeit Russlands weit auseinander. Außerdem stiegen die Credit Spreads an. LTCM war in hohem Maße fremdfinanziert und erlitt riesige Verluste. Auch konnte der Hedge Fonds Forderungen nach Sicherheiten nur mit Mühe erfüllen.

Die Geschichte von LTCM unterstreicht noch einmal die Wichtigkeit der Durchführung von Szenario-Analysen und Stress-Tests, um zu wissen, was im schlimmsten Fall wahrscheinlich geschehen wird. LTCM hätte andere vergangene Ereignisse, bei denen eine extreme Flucht in Qualitätspapiere auftrat, untersuchen können, um das von ihm getragene Liquiditätsrisiko zu bestimmen.

Seien Sie vorsichtig, wenn alle die gleiche Handelsstrategie befolgen

Es kommt gelegentlich vor, dass viele Marktteilnehmer im Prinzip die gleiche Handelsstrategie verfolgen. Dadurch wird ein gefährliches Umfeld geschaffen, in der große Marktbewegungen, instabile Märkte und große Verluste für die Marktteilnehmer entstehen können.

Ein Beispiel dafür haben wir in Kapitel 19 gegeben, als wir die Portfolio Insurance und den Börsencrash vom Oktober 1987 erörterten. In den Monaten vor dem Crash hatte eine steigende Zahl von Portfolio-Managern versucht, ihre Portfolios durch die synthetische Nachbildung von Verkaufsoptionen zu versichern. Sie kauften Aktien oder Futures auf einen Aktienindex nach einem allgemeinen Kursanstieg und verkauften diese nach einem Kursrückgang. Dadurch entstand ein instabiler Markt. Ein relativ geringer Rückgang der Aktienkurse konnte zu einer Verkaufswelle seitens der Portfolio-Absicherer führen. Dadurch konnte der Markt weiter fallen, was eine weitere Verkaufswelle nach sich zog usw. Es gibt kaum Zweifel, dass der Crash von 1987 ohne Portfolio Insurance weniger dramatisch ausgefallen wäre.

Ein weiteres Beispiel lieferte LTCM im Jahre 1998. Dessen Position wurde durch die Tatsache, dass viele andere Hedge Fonds ähnliche Strategien wie LTCM verfolgten, noch schwieriger. Nach der Zahlungsunfähigkeit Russlands und der Flucht in Qualitätspapiere versuchte LTCM, einen Teil seines Portfolios zu liquidieren, um seinen Kapitalbedarf befriedigen zu können. Unglücklicherweise standen andere Hedge Fonds vor ähnlichen Problemen wie LTCM und versuchten, ähnliche Geschäfte auszuführen. Dadurch verschärfte sich die Situation, indem die Liquiditätsprämien noch höhere Werte annahmen und die Flucht in Qualitätspapiere noch verstärkten. Betrachten wir das Geschehen anhand der Positionen von LTCM in US-Treasury Bonds. LTCM hatte die Long-Position in illiquiden Off-the-Run Bonds und die Short-Position in liquiden On-the-Run Bonds inne. Als die Flucht in Qualitätspapiere dazu führte, dass sich die Spreads zwischen den Renditen der beiden Anleihearten erhöhten, musste LTCM seine Positionen durch den Verkauf von Off-the-Run Bonds und den Kauf von On-the-Run Bonds schließen. Andere große Hedge Fonds machten dasselbe. In der Folge stiegen die Preise der On-the-Run Bonds im Vergleich zu denen der Off-the-Run Bonds und der Spread zwischen beiden Renditen wurde noch größer als zuvor.

Auch die Aktivitäten britischer Versicherungsunternehmen Ende der 1990er Jahre lassen sich als Beispiel anführen. Diese Unternehmen hatten viele Kontrakte abgeschlossen, welche versprachen, dass für die Berechnung von Renten der höhere Zinssatz von Marktzins und einem garantierten Zins herangezogen wird. Die Versicherungsunternehmen hatten einen Verlust zu erwarten, wenn die langfristigen Zinssätze unter den Garantiezinssatz fallen würden. Aus verschiedenen Gründen entschlossen sich alle Versicherungsunternehmen etwa zur selben Zeit, einen Teil ihrer Risiken auf diese Kontrakte über Derivategeschäfte abzusichern. Die Finanzinstitute auf der Gegenseite dieser Transaktionen sicherten ihre Risiken ihrerseits durch den Kauf großer Mengen langfristiger, auf Pfund Sterling lautender Anleihen ab. Infolgedessen stiegen die Anleihepreise und der langfristige Zinssatz sank. Um die dynamische Absicherung aufrechtzuerhalten, mussten weitere Anleihen erworben werden, der langfristige Zinssatz sank daraufhin noch weiter usw. Die Finanzinstitute verloren viel Geld und die Versicherungsunternehmen befanden sich bei den Risiken, die sie nicht abgesichert hatten, in einer schlechteren Position.

Die Hauptlehre aus diesen Begebenheiten lautet: In Situationen, bei denen viele Marktteilnehmer der gleichen Handelsstrategie folgen, können große Risiken auftreten.

Finanzieren Sie langfristige Assets nicht überproportional mit kurzfristigen Verbindlichkeiten

Alle Finanzinstitute finanzieren in gewissem Ausmaß langfristige Assets mit kurzfristigen Verbindlichkeiten. Wenn ein Finanzinstitut jedoch zu sehr auf kurzfristige Verbindlichkeiten baut, setzt es sich unakzeptablen Liquiditätsrisiken aus.

Angenommen, ein Finanzinstitut finanziert langfristigen Kapitalbedarf durch monatliche Prolongation von Commercial Papers. 1. April emittierte Commercial Papers wurden mit den Erlösen der Emission eines neuen Commercial Papers am 1. Mai abgelöst. Diese Neuemission wiederum wurde am 1. Juni durch eine weitere Neuemission ausbezahlt. Solange das Finanzinstitut als gesund angesehen wird, ist alles in Ordnung. Wenn jedoch die Anleger (berechtigt oder unberechtigt) das Vertrauen in das Finanzinstitut verlieren, können die Commercial Papers nicht mehr gerollt werden und es entstehen gravierende Liquiditätsengpässe.

Viele Insolvenzen von Finanzinstituten während der Kreditkrise (z. B. Lehman Brothers und Northern Rock) waren größtenteils die Folge übermäßigen Vertrauens auf kurzfristige Verbindlichkeiten. Es überrascht daher nicht, dass der international für die Bankenaufsicht zuständige Basler Ausschuss Liquiditätsanforderungen für Banken einführt.

Die Wichtigkeit der Markttransparenz

Eine der Lehren aus der Kreditkrise von 2007 ist die Wichtigkeit der Markttransparenz. Im Vorfeld der Krise hatten die Anleger strukturierte Produkte gehandelt, ohne zu wissen, was diesen Produkten tatsächlich zugrunde lag. Sie kannten nur das Kreditrating des gehandelten Wertpapiers. Rückblickend lässt sich sagen, dass die Anleger mehr Informationen über die zugrunde liegenden Assets hätten verlangen sollen und die eingegangenen Risiken sorgfältiger hätten betrachten sollen.

Der Subprime-Kollaps vom August 2007 bewegte die Anleger dazu, das Vertrauen in alle strukturierten Produkten zu verlieren und sich von diesem Markt zurückzuziehen. Dadurch brach der Markt zusammen und die Tranchen der strukturierten Produkte konnten nur weit unter ihrem theoretischen Wert verkauft werden. Eine Flucht in Qualitätspapiere setzte ein und die Credit Spreads erhöhten sich. Hätte Markttransparenz bestanden, so dass die Anleger die Wirkungsweise der von ihnen gekauften ABS-Papiere verstanden hätten, dann hätte es zwar trotzdem Verluste auf dem Subprime-Markt gegeben, die Flucht in Qualitätspapiere und die Marktverwerfungen wären aber schwächer ausgefallen.

Managen Sie die Anreize

Eine wesentliche Lehre aus der Kreditkrise von 2007 und 2008 ist die Bedeutung der Anreize. Die Bonussysteme der Banken neigen dazu, kurzfristige Performance höher zu gewichten. Einige Finanzinstitute sind dazu übergegangen, Boni auf der Grundlage der Performance über ein längeres Zeitfenster als ein Jahr (z. B. fünf Jahre) zu berechnen. Die Vorteile sind offensichtlich. Die Händler werden davon abgehalten, Trades durchzuführen, die kurzfristig gut aussehen, aber in einigen Jahren platzen können.

Bei der Verbriefung von Darlehen ist es wichtig, dass die Interessen des Originators und der Partei, die letztlich das Risiko trägt, in Übereinklang gebracht werden, damit der Originator nicht versucht ist, falsche Angaben über das Darlehen zu machen. Eine Möglichkeit besteht darin, dass der Originator eines Darlehen-Portfolios regulatorisch verpflichtet wird, einen Anteil in allen Tranchen und den anderen aus diesem Portfolio erzeugten Instrumenten zu behalten.

Ignorieren Sie niemals die Risikomanagement-Abteilung

Wenn das Geschäft gut läuft (oder zu laufen scheint), neigt man dazu anzunehmen, dass nichts schief gehen kann. In der Folge werden die Ergebnisse von Stresstests und anderen von der Risikomanagement-Abteilung durchgeführten Analysen ignoriert. Für den Zeitraum vor der Kreditkrise von 2007 gibt es viele Beispiele von Risikomanagern, auf welche nicht gehört wurde. Der Kommentar von Chuck Prince, CEO der Citigroup, im Juli 2007 (unmittelbar vor der Kreditkrise) liefert ein Beispiel für genau diese falsche Einstellung gegenüber dem Risikomanagement:

> Wenn in Sachen Liquidität die Musik aufhört, wird es schwierig. Doch solange die Musik spielt, muss man aufstehen und tanzen. Noch tanzen wir.

Mr. Prince musste noch im selben Jahr seinen Job an den Nagel hängen. Die Verluste von Citigroup in der Kreditkrise überstiegen 50 Milliarden Dollar.

36.3 Lehren für andere Organisationen

Nun wollen wir noch Lehren betrachten, die vorrangig für Organisationen gelten, die keine Finanzinstitute sind.

Stellen Sie sicher, dass Sie Ihre Geschäfte in vollem Umfang nachvollziehen können

Organisationen sollten nie Geschäfte bzw. Handelsstrategien durchführen, die sie nicht voll und ganz verstehen. Das klingt irgendwie offensichtlich, aber es ist erstaunlich, wie oft ein Händler, der für eine Organisation arbeitet, nach einem großen Verlust angibt, dass er nicht wusste, was tatsächlich vor sich ging, und behauptet, von Investmentbankern getäuscht worden zu sein. Robert Citron, der Kämmerer von Orange County, verfuhr genauso. Ebenso erging es den für Hammersmith and Fulham tätigen Händlern, die ungeachtet ihrer riesigen Positionen überraschend wenig über die Funktionsweise der von ihnen gehandelten Swaps und anderer Zinsderivate wussten.

Wenn ein leitender Manager einer Organisation ein von einem seiner Mitarbeiter vorgeschlagenes Geschäft nicht begreift, sollte die Ausführung dieses Geschäfts nicht genehmigt werden. Eine einfache Faustregel besagt: Falls ein Geschäft und die Gründe für seinen Abschluss so kompliziert sind, dass sie der Manager nicht versteht, so ist es mit an Sicherheit grenzender Wahrscheinlichkeit untauglich für die Organisation. Bei Anwendung dieses Kriteriums wären die von Procter and Gamble sowie von Gibson Greetings durchgeführten Geschäfte nie genehmigt worden.

Eine Möglichkeit sicherzustellen, dass man die Funktionsweise eines Finanzinstruments vollständig begriffen hat, besteht darin, es zu bewerten. Besitzt eine Organisation nicht in den eigenen Reihen die Fähigkeit zur Bewertung eines Instruments, sollte sie dieses nicht handeln. In der Realität verlassen sich Organisationen bei der Bewertung oft auf die Ratschläge ihrer Investmentbanker. Dass dies gefährlich ist, mussten Procter and Gamble sowie Gibson Greetings erfahren, als sie ihre Geschäfte rückgängig machen wollten. Sie wurden mit Preisen konfrontiert, die von den für sie nicht nachvollziehbaren proprietären Modellen von Bankers Trust vorgegeben wurden.

Stellen Sie sicher, dass aus einem Hedger kein Spekulant wird

Ein Problem besteht darin, dass Hedging relativ langweilig und Spekulation aufregend ist. Wenn ein Unternehmen einen Händler engagiert, um das Risiko bei Wechselkursen, Rohstoffpreisen oder Zinssätzen zu managen, besteht die Gefahr, dass Folgendes passiert: Zunächst erledigt der Händler seinen Job gewissenhaft und gewinnt das Vertrauen des Managements. Er schätzt die verschiedenen Exposures des Unternehmens und sichert sie ab. Im Laufe der Zeit kommt der Händler zu der Überzeugung, dass er den Markt schlagen kann. Langsam, aber sicher wird der Händler zum Spekulant. Dies funktioniert zunächst gut, aber dann tritt ein Verlust auf. Um diesen auszugleichen, verdoppelt der Händler den Einsatz. Weitere Verluste werden erzielt usw. Das Ganze endet wahrscheinlich in einer Katastrophe.

Wie bereits erwähnt, sollte die Unternehmensführung eindeutige Limits für die Risiken, die eingegangen werden können, festlegen. Auch muss durch Kontrollen sichergestellt werden, dass diese Grenzen eingehalten werden. Die Handelsstrategie einer Organisation sollte mit einer Analyse der für sie relevanten Risiken auf dem Währungs-, dem Zins-, dem Rohstoffmarkt usw. beginnen. Dann sollte eine Entscheidung getroffen werden, wie die Risiken auf ein akzeptables Niveau reduziert werden können. Ein deutliches Zeichen dafür, dass in der Organisation etwas nicht stimmt, ist, wenn die Handelsstrategie sich nicht auf direktem Weg aus ihren Exposures ableiten lässt.

Zögern Sie, aus der Finanzabteilung ein Profit Center zu machen

In den letzten 20 Jahren gab es Bestrebungen, aus der Finanzabteilung einer Organisation ein Profit Center zu machen. Es scheint zunächst auch viel für ein solches Vorgehen zu sprechen. Der Finanzmanager ist bestrebt, die Finanzierungskosten zu reduzieren und Risiken so profitabel wie möglich zu managen. Allerdings hat der Finanzmanager nur begrenzte Möglichkeiten zur Gewinnerzielung. Bei der Kapitalaufnahme und der Anlage überschüssiger Geldbeträge trifft er auf einen effizienten Markt. Er kann gewöhnlich das Gesamtergebnis nur durch das Eingehen höherer Risiken verbessern. Die Hedging-Strategie des Unternehmens bietet dem Finanzmanager etwas Raum, den Gewinn mit geschickten Entscheidungen zu erhöhen. Man sollte sich jedoch immer im Klaren darüber sein, dass das Ziel der Absicherung die Risikoreduzierung und nicht die Erhöhung der erweiterten Gewinne ist. Wie in Kapitel 3 betont wurde, wird die Entscheidung für eine Absicherung in etwa 50% der Fälle zu einem schlechteren Ergebnis führen als die Entscheidung gegen eine Absicherung. Wenn man aus der Finanzabteilung ein Profit Center macht, besteht die Gefahr, dass der Finanzmanager zum Spekulanten wird. Und dann kann leicht ein Ergebnis wie bei Orange County, Procter & Gamble oder Gibson Greetings auftreten.

> **ZUSAMMENFASSUNG**
>
> Die riesigen Verluste, die durch den Einsatz von Derivaten entstanden sind, haben viele Finanzmanager misstrauisch gemacht. Aufgrund der vielen negativen Beispiele haben einige Nichtfinanzorganisationen angekündigt, ihre Aktivitäten mit Derivaten zu reduzieren oder gar ganz einzustellen. Das ist bedauerlich, weil Derivate den Finanzmanagern sehr effektive Möglichkeiten des Risikomanagements bieten.
>
> Wie wir bereits in Kapitel 1 gesehen haben, zeigen die beschriebenen Verluste deutlich: Derivate können entweder zu Absicherungs- oder zu Spekulationszwecken eingesetzt werden, d. h. sie können entweder zur Reduzierung von Risiken oder zur Übernahme von Risiken herangezogen werden. Die meisten Verluste entstanden wegen unsachgemäßer Verwendung von Derivaten. Angestellte, die implizit oder explizit den Auftrag zur Absicherung des Unternehmensrisikos besaßen, hatten sich stattdessen für Spekulation entschieden.
>
> Die wichtigste Lehre, die man aus den Verlusten ziehen sollte, ist die große Bedeutung *interner Kontrollen*. Die Unternehmensführung sollte eine klare und unmissverständliche Richtlinie herausgeben, wie Derivate einzusetzen sind und in welchem Ausmaß Angestellte Positionen auf die Entwicklung von Marktvariablen einnehmen dürfen. Das Management sollte Kontrollen installieren, um sicherzustellen, dass ihre Anweisungen auch befolgt werden. Der Weg in eine Katastrophe beginnt oft, wenn man Personen zum Derivathandel berechtigt, ohne die eingegangenen Risiken genau zu überwachen.

Literaturempfehlungen

Dunbar, N., *Inventing Money: The Story of Long-Term Capital Management and the Legends Behind It*, Wiley, Chichester, 2000.

Jorion, P., *Big Bets Gone Bad: Derivatives and Bankruptcy in Orange County*, Academic Press, New York, 1995.

Jorion, P., „How Long-Term Lost Its Capital", *Risk*, September 1999.

Persaud, A.D. (Ed.), *Liquidity Black Holes: Understanding, Quantifying and Managing Financial Liquidity Risk*, London, Risk Books, 2003.

Sorkin, A.R., *Too Big to Fail*, New York: Penguin, 2009.

Tett, G., *Fool's Gold: How the Bold Dream of a Small Tribe at J.P. Morgan Was Corrupted by Wall Street Greed and Unleashed a Catastrophe*, New York: Free Press, 2009.

Glossar der Fachbegriffe

Abrechnungspreis 1. (Eventuell zu einem früheren Zeitpunkt) vereinbarter Preis in einem Forward-Kontrakt. 2. *Siehe* Settlement-Preis.

ABS *Siehe* Asset-Backed Security.

ABS CDO Instrument, dessen Tranchen aus den Tranchen von ABS gebildet werden

Absicherer Person, die Absicherungsgeschäfte abschließt.

Absicherung Geschäft zum Zweck der Risikoreduzierung.

Accrual Swap Zinsswap, bei dem der Zinssatz auf einer Seite nur bei Erfüllung einer bestimmten Bedingung anfällt.

Adaptive-Mesh-Modell Von Figlewski und Gao entwickeltes Modell, welches einen Baum mit hoher Auflösung auf einen Baum mit niedriger Auflösung aufsetzt, um damit eine genauere Modellierung des Underlying-Preises in kritischen Bereichen vorzunehmen.

Agency Costs Kosten, die entstehen, wenn die Agenten (z. B. Manager) nicht motiviert sind, im besten Interesse der Aktionäre zu handeln.

Aktienindex Index, der den Wert eines Aktienportfolios wiedergibt.

Aktienindex-Futures Futures-Kontrakt auf einen Aktienindex.

Aktienindex-Option Option auf einen Aktienindex.

Aktienoption Option auf eine Aktie.

Aktiensplit Umwandlung jeder existierenden Aktie in mehrere neue Aktien.

Allgemeiner Wiener-Prozess Stochastischer Prozess, bei dem die Änderung einer Variablen in einem Zeitraum der Länge t normalverteilt ist, wobei Mittelwert und Standardabweichung jeweils proportional zu t sind.

Amerikanische Option Option, die jederzeit während der Restlaufzeit ausgeübt werden kann.

Amortizing Swap Swap, bei dem der fiktive Nominalbetrag im Zeitablauf auf eine vorher festgelegte Weise abnimmt.

Analytische Lösung Resultat, das in Form einer Gleichung angegeben werden kann.

Anfangsgewinn Gewinn aus dem Verkauf eines Derivats zu einem über dem theoretischen Wert liegenden Preis.

Anleiheoption Option, deren Underlying eine Anleihe ist.

Anleiherendite Diskontierungssatz, der bei Anwendung auf alle Cash Flows einer Anleihe zur Folge hat, dass der Barwert der Cash Flows gleich dem Marktpreis der Anleihe ist.

Anpassungstermin Datum, an dem der variable Zinssatz für den nächsten Zeitraum eines Swaps, Caps oder Floors festgelegt wird.

Äquivalenz Jahreszinssatz Zinssatz bei jährlicher Verzinsung.

Arbitrage Handelsstrategie, welche ausnutzt, dass zwei oder mehr Wertpapiere im Verhältnis zueinander falsch bepreist sind.

Arbitrageur Person, die eine Arbitrage durchführen möchte.

As-You-Like-It Option *Siehe* Chooser Option.

Asiatische Option Option, deren Auszahlung vom Durchschnittspreis des Underlyings in einem festgelegten Zeitraum abhängt.

Asset Backed Security Wertpapier, das sich aus einem Portfolio von Darlehen, Anleihen, Kreditkartenforderungen und anderen Assets zusammensetzt.

Asset-or-Nothing Call Option Option, deren Auszahlung gleich dem Assetpreis ist, falls dieser über dem Basispreis liegt, und sonst bei null liegt.

Asset-or-Nothing Put Option Option, deren Auszahlung gleich dem Assetpreis ist, falls dieser unter dem Basispreis liegt, und sonst bei null liegt.

Asset Swap Tausch eines Anleihekupons gegen den LIBOR-Satz zuzüglich eines Spreads.

At-the-Money Option Option am Geld. Option, bei der der Basispreis gleich dem Preis des Underlyings ist.

Ausfallintensität Gibt die Wahrscheinlichkeit eines Zahlungsausfalls in einem kurzen Zeitraum unter der Bedingung an, dass zuvor kein Ausfall stattfand.

Ausfallkorrelation Beschreibt die Tendenz zweier Unternehmen, ungefähr zum selben Zeitpunkt auszufallen.

Ausfallwahrscheinlichkeitsdichte Gibt die unbedingte Ausfallwahrscheinlichkeit in einem kurzen zukünftigen Zeitraum an.

Ausschüttungstermin Bei Ankündigung einer Dividende wird ein Ausschüttungstermin festgelegt. Anleger, die die Aktie bis zum Ausschüttungstermin halten, erhalten die Dividendenzahlung.

Ausübungsgrenze Maximale Anzahl an Optionen, die an einer Börse in einer bestimmten Frist ausgeübt werden können.

Auszahlung Geldbetrag, den der Inhaber einer Option oder eines anderen Derivats bei Fälligkeit erhält.

Average Price Call Option, deren Auszahlung der Differenz von Durchschnittspreis des Assets und Basispreis entspricht, wenn diese positiv ist, und sonst gleich null ist.

Average Price Put Option, deren Auszahlung der Differenz von Basispreis und Durchschnittspreis des Assets entspricht, wenn diese positiv ist, und sonst gleich null ist.

Average Strike Option Option, die eine von der Differenz zwischen dem Preis bei Fälligkeit und dem Durchschnittspreis des Assets abhängige Auszahlung liefert.

Back Testing Test eines Value-at-Risk- oder eines anderen Modells unter Verwendung historischer Daten.

Barabwicklung Verfahren zur Auszahlung des Wertes eines Futures-Kontrakts statt der Lieferung des Underlyings.

Barrier Option Option, deren Auszahlung davon abhängt, ob der Pfad des Underlyings eine Barrier (d. h. ein bestimmtes vorher festgelegtes Niveau) erreicht.

Base Correlation Korrelationswert, der dazu führt, dass die 0% bis X%-Tranche einer CDO für einen bestimmten Wert von X übereinstimmend mit dem Markt bepreist wird.

Basis Differenz zwischen Spotkurs und Futures-Kurs eines Rohstoffs.

Basispreis Preis, zu welchem das Underlying eines Optionskontrakts gekauft oder verkauft werden kann. (Wird auch Bezugs- oder Ausübungspreis genannt.)

Basispunkt Bei der Beschreibung von Zinssätzen entspricht ein Basispunkt dem hundertsten Teil eines Prozents (= 0,01%).

Basisrisiko Risiko eines Absicherers, das aus der Unsicherheit über die Entwicklung der Basis in der Zukunft entsteht.

Basisswap Swap, bei dem die durch einen variablen Referenzzinssatz bestimmten Cash Flows gegen die durch einen anderen variablen Referenzzinssatz bestimmten Cash Flows ausgetauscht werden.

Basket Credit Default Swap Credit Default Swap mit mehreren Referenzschuldnern.

Basket Option Option, deren Auszahlung vom Wert eines Portfolios von Vermögensgegenständen abhängt.

Basler Ausschuss Internationaler Ausschuss für Bankenaufsicht

Baum Darstellung der Entwicklung des Wertes einer Marktvariablen zum Zweck der Bewertung einer Option oder eines anderen Derivats.

Bear Spread Kombination aus einer Short-Position in einer Verkaufsoption mit Basispreis K_1 und einer Long-Position in einer Verkaufsoption mit Basispreis K_2, wobei $K_2 > K_1$. (Ein Bear Spread aus Kaufoptionen ist ebenfalls möglich.)

Bermuda-Option Option, die während der Laufzeit zu bestimmten Terminen ausgeübt werden kann.

Besicherung System zur Hinterlegung von Sicherheiten durch eine oder beide Parteien in einem Derivatgeschäft.

Beta Maß für das systematische Risiko eines Assets.

Bezugspreis Preis, zu welchem das Underlying eines Optionskontrakts gekauft oder verkauft werden kann. (Wird auch Basispreis genannt.)

Bezugsrecht Recht der Inhaber eines Wertpapiers, neue Anteile zu einem bestimmten Preis zu kaufen.

Bid-Ask Spread *Siehe* Geld-Brief-Spanne.

Bilaterale Abrechnung Abmachung zwischen zwei Parteien über Geschäfte am OTC-Markt, beinhaltet oft eine ISDA-Rahmenvereinbarung.

Binary Credit Default Swap Wertpapier mit Auszahlung in festgelegter Höhe bei Ausfall eines bestimmten Unternehmens.

Binomialbaum Baum, der die Entwicklungsmöglichkeiten eines Assetpreises im Binomialmodell darstellt.

Binomialmodell Modell, bei dem der Preis eines Assets über aufeinander folgende kurze Zeiträume beobachtet wird. Es wird angenommen, dass in jedem Zeitraum nur zwei Preisbewegungen möglich sind.

Black-Approximation Von Fischer Black entwickeltes Näherungsverfahren zur Bewertung einer Kaufoption auf eine Aktie mit Dividendenzahlung.

Black-Modell Erweiterung des Black-Scholes-Modells zur Bewertung europäischer Optionen auf Futures-Kontrakte. Wie in Kapitel 26 beschrieben, wird es in der Realität häufig zur Bewertung von europäischen Optionen benutzt, wenn der Assetpreis bei Fälligkeit als lognormalverteilt angenommen wird.

Black-Scholes-Merton-Modell Modell zur Bewertung europäischer Optionen auf Aktien, entwickelt von Fischer Black, Myron Scholes und Robert Merton.

Bootstrap-Methode Verfahren zur Ermittlung der Spot-Rate-Strukturkurve aus Marktdaten.

Boston Option *Siehe* Option mit verzögerter Zahlung.

Box Spread Kombination aus einem Bull Spread aus Calls und einem Bear Spread aus Puts.

Break Forward *Siehe* Option mit verzögerter Zahlung.

Briefkurs Preis, zu dem ein Händler ein Asset verkaufen will. Auch Verkaufskurs.

Brownsche Bewegung *Siehe* Wiener-Prozess.

Bull Spread Kombination von Long-Position in einer Kaufoption mit Basispreis K_1 und Short-Position in einer Kaufoption mit Basispreis K_2, wobei $K_2 > K_1$. (Ein Bull Spread aus Verkaufsoptionen ist ebenfalls möglich.)

Butterfly Spread Position, die aus einer Long-Position in einem Call mit Basispreis K_1, einer Long-Position in einem Call mit Basispreis K_3 und einer Short-Position in zwei Calls mit Basispreis K_2 besteht. Dabei gilt $K_3 > K_2 > K_1$ und $K_2 = 0{,}5(K_1 + K_3)$. (Ein Butterfly Spread aus Puts ist ebenfalls möglich.)

Calendar Spread Position, die aus der Einnahme einer Long-Position in einem Call mit bestimmter Laufzeit und der Short-Position in einem ähnlichen Call mit anderer Laufzeit besteht. (Ein Calendar Spread aus Puts ist ebenfalls möglich.)

Callable Bond Anleihe, die dem Emittenten zu bestimmten Zeitpunkten während der Laufzeit den Rückkauf zu einem vorher festgelegten Preis erlaubt.

Call Kaufoption. Option auf den Kauf eines Assets zu einem bestimmten Preis an einem bestimmten Termin.

Cap Rate Zinssatz, welcher die Auszahlungen eines Zinscaps bestimmt.

Capital Asset Pricing Model Modell, welches die erwartete Rendite eines Vermögensgegenstands zu dessen Beta in Beziehung setzt.

Caplet Eine Komponente eines Zinscaps.

Cap Zinscap.

Case-Shiller-Index Index für Immobilienpreise in den USA.

Cash-Flow Mapping Verfahren zur Darstellung eines Wertpapiers als Portfolio von Zerobonds für die Berechnung des Value at Risk.

Cash-or-Nothing Call Option, die einen vorher festgelegten Betrag auszahlt, falls der Preis des Assets bei Fälligkeit über dem Basispreis liegt, andernfalls nichts.

Cash-or-Nothing Put Option, die einen vorher festgelegten Betrag auszahlt, falls der Preis des Assets bei Fälligkeit unter dem Basispreis liegt, andernfalls nichts.

CAT Bond Anleihe, bei der die Zinsen und möglicherweise auch der gezahlte Nominalwert reduziert werden, falls eine bestimmte Kategorie von Versicherungsansprüchen im „Katastrophenfall" einen festgelegten Betrag übersteigt.

CCP *Siehe* Central Counterparty.

CDD Cooling Degree Days (Kühlungsgradtage). Maximum aus null und dem Betrag, um welchen die Tagesdurchschnittstemperatur über 65 °F liegt. Die Durchschnittstemperatur ergibt sich als Mittelwert der höchsten und der niedrigsten Temperatur an einem Tag (von Mitternacht bis Mitternacht).

CDO *Siehe* Collateralized Debt Obligation.

CDO Squared Wertpapier, bei dem die Ausfallrisiken in einem Portfolio von CDO-Tranchen neuen Wertpapieren zugeordnet werden.

CDS *Siehe* Credit Default Swap.

CDS Spread Betrag (in Basispunkten), der jährlich für den CDS-Schutz zu zahlen ist.

CDX NA IG Portfolio von CDS auf 125 nordamerikanische Unternehmen (Investment Grade).

CEBO *Siehe* Credit Event Binary Option.

Central Clearing Zentrale Abrechnung von OTC-Derivaten über eine Clearingstelle.

Central Counterparty Zentrale Clearingstelle für OTC-Kontrakte.

CEV (Modell der konstanten Elastizität der Varianz) Modell, bei dem die Varianz der Änderung einer Variablen über einen kurzen Zeitraum proportional zum Wert der Variablen ist.

Cheapest-to-Deliver-Anleihe Anleihe, die unter einem Anleihe-Futures-Kontrakt am kostengünstigsten zu liefern ist.

Cholesky-Zerlegung Verfahren für die Simulation aus einer mehrdimensionalen Normalverteilung.

Chooser Option Option, deren Inhaber zu einem Zeitpunkt während der Laufzeit entscheiden kann, ob die Option ein Call oder ein Put sein soll.

Clean Price einer Anleihe Angegebener Preis einer Anleihe. Der Barpreis für die Anleihe (Dirty Price) wird durch Addition der Stückzinsen zum Clean Price berechnet.

Clearing Margin Von einem Mitglied einer Clearingstelle eingezahlte Margin.

Clearingstelle Firma, die die Leistung der Parteien in einer Derivat-Transaktion an der Börse sicherstellt.

Cliquet Option Reihe von Calls oder Puts mit Regeln zur Bestimmung des Basispreises. Typischerweise beginnt die Laufzeit einer Option am Verfallstermin der vorhergehenden Option.

CMO *Siehe* Collateralized Mortgage Obligation.

Collar *Siehe* Zinscollar.

Collateralized Debt Obligation (CDO) Möglichkeit zur Bündelung von Kreditrisiken. Aus einem Anleihe-Portfolio werden verschiedene Klassen von Wertpapieren gebildet. Es werden Regeln festgelegt, wie Ausfälle den Klassen zugewiesen werden.

Collateralized Mortgage Obligation (CMO) Eine Mortgage-Backed Security, bei der die Anleger in Klassen eingeteilt werden und Regeln existieren, wie Rückzahlungen des Nominalkapitals auf die Klassen aufgeteilt werden.

Commodity Futures Trading Commission Organisation zur Regulierung des Handels mit Futures-Kontrakten in den USA.

Commodity Swap Swap, bei dem die Cash Flows vom Preis eines Rohstoffs abhängen.

Compound Correlation Korrelationswert, der sich aus dem Marktpreis einer CDO ergibt.

Compound Option Option auf eine Option.

Compounding Swap Swap, bei dem der Zins angesammelt statt ausgezahlt wird.

Conditional Value at Risk (C-VaR) Erwarteter Verlust in N Tagen unter der Bedingung, dass man sich am $(100-X)\%$-Ende der Verteilung der Gewinne/Verluste befindet. Die Variable N bezeichnet den Zeithorizont, $X\%$ das Konfidenzniveau.

Confirmation Vertrag, der eine mündliche Geschäftsabsprache zweier Parteien auf dem OTC-Markt festhält.

Constant Maturity Swap Swap, bei dem zu jedem Zahlungstermin die Swap Rate entweder gegen einen festen oder einen variablen Zinssatz ausgetauscht wird.

Constant Maturity Treasury Swap Swap, bei dem zu jedem Zahlungstermin die Rendite eines Treasury Bond entweder gegen einen festen oder einen variablen Zinssatz ausgetauscht wird.

Contango Situation, in der der Futures-Kurs über dem erwarteten zukünftigen Spotkurs liegt.

Control-Variate-Technik Technik, die zur Erhöhung der Genauigkeit eines numerischen Verfahrens benutzt werden kann.

Convenience Yield Ein Maß für die Vorteile, die der Besitz eines Assets gegenüber der Long-Position in einem Futures-Kontrakt auf das Asset aufweist.

Copula Eine Möglichkeit zur Festlegung der Abhängigkeit zwischen Variablen mit bekannter Verteilung.

Cornish-Fisher-Entwicklung Näherungsweiser Zusammenhang zwischen den Quantilen einer Wahrscheinlichkeitsverteilung und ihren Momenten.

Cost of Carry Lagerkosten plus Finanzierungskosten minus erzieltes Einkommen auf ein Asset.

Covered Call Kombination einer Short-Position in einer Kaufoption auf ein Asset und einer Long-Position in dem Asset.

Crash-Phobie Angst vor einem Börsencrash, die nach Ansicht einiger Leute dazu führt, dass Marktteilnehmer den Preis für weit aus dem Geld liegende Put-Optionen erhöhen.

Credit Default Swap Instrument, welches seinem Inhaber das Recht gibt, bei einem Zahlungsausfall des Emittenten eine Anleihe zum Nennwert zu verkaufen.

Credit Event Binary Option Börsengehandelte Option, die eine feste Auszahlung liefert, wenn ein der Referenzschuldner ein Kreditereignis erleidet.

CreditMetrics Verfahren zur Bestimmung des Credit Value at Risk.

Credit Rating Maß für die Kreditwürdigkeit einer Anleiheemission.

Credit-Rating-Migrationsmatrix Matrix mit den Wahrscheinlichkeiten, dass ein Unternehmen innerhalb eines bestimmten Zeitraums von einer Rating-Kategorie in eine andere wechselt.

Credit Spread Option Option, deren Auszahlung von dem Unterschied zwischen den auf zwei Assets erzielten Renditen abhängt.

Credit Valuation Adjustment (CVA) Anpassung der Bewertung von offenen Kontrakten mit einer Gegenpartei in Bezug auf deren Ausfallrisiko.

Credit Value at Risk Verlust aufgrund von Kreditausfällen, der bei einem bestimmten Konfidenzniveau nicht überschritten wird.

Cross Hedging Absicherung des Exposures gegenüber dem Preis eines Assets durch einen Kontrakt auf ein anderes Asset.

CVA *Siehe* Credit Valuation Adjustment.

Day Trade Geschäft, dass innerhalb eines Tages vollständig abgewickelt, d. h. eingegangen und wieder beendet, wird.

Deferred Swap Verpflichtung, zu einem zukünftigen Zeitpunkt in einen Swap einzutreten. Auch Forward Swap genannt.

Delta Prozentuale Veränderung des Preises eines Derivates bei einer Veränderung des Preises des Underlyings.

Delta Hedging Hedging-Strategie, die den Preis eines Portfolios aus Derivaten unempfindlich gegenüber kleinen Änderungen im Preis des Underlyings macht.

Deltaneutrales Portfolio Portfolio mit einem Delta von null. Somit besteht keine Sensitivität gegenüber kleinen Änderungen im Preis des Underlyings.

DerivaGem Software zum Buch: www.pearson-studium.de.

Derivat Wertpapier, dessen Preis vom Preis eines anderen Assets abhängt oder abgeleitet wird.

Deterministische Variable Variable, deren zukünftiger Wert bekannt ist.

Diagonal Spread Position in zwei Calls, in denen sowohl Basispreise als auch Restlaufzeiten unterschiedlich sind. (Ein Diagonal Spread aus Puts ist ebenfalls möglich.)

Glossar der Fachbegriffe

Differential Swap   Swap, bei dem ein variabler Zinssatz in einer Währung gegen den variablen Zinssatz in einer anderen Währung ausgetauscht wird und beide Zinssätze für den gleichen Nominalbetrag gelten.

Diffusions-Prozess   Modell, bei dem sich der Wert eines Assets stetig (ohne Sprünge) ändert.

Digitale Option   Option mit diskontinuierlichen Auszahlungen. Beispiele: Cash-or-Nothing Option, Asset-or-Nothing Option.

Dirty Price einer Anleihe   Barpreis der Anleihe.

Diskontanleihe   *Siehe* Zerobond.

Diskontierungssatz   Jährliche Dollarrendite eines Treasury Bill oder eines ähnlichen Instruments, ausgedrückt als Prozentsatz des Nennwerts bei Fälligkeit.

Diskontinstrument   Instrument (z. B. Treasury Bill), das keinen Kupon trägt.

Diversifikation   Risikoreduzierung durch Aufteilung eines Portfolios auf viele verschiedene Assets.

Dividende   Barauszahlung an den Inhaber einer Aktie.

Dividendenrendite   Dividende als Prozentsatz des Aktienkurses.

Dodd-Frank Act   Ein seit 2010 geltendes US-Gesetz zum Schutz von Verbrauchern und Anlegern, zur Vermeidung zukünftiger Notverkäufe und zur besseren Überwachung des Finanzsystems.

Dollar-Duration   Produkt aus Modified Duration und Preis einer Anleihe.

DOOM-Option   Weit aus dem Geld (Deep Out Of the Money) liegende Put-Option.

Down-and-In Option   Option, die in Kraft tritt, wenn der Preis des Underlyings ein vorher festgelegtes Niveau unterschreitet.

Down-and-Out Option   Option, deren Laufzeit endet, wenn der Preis des Underlyings ein vorher festgelegtes Niveau unterschreitet.

Downgrade Trigger   Vertragsklausel, die besagt, dass der Kontrakt durch eine Barabwicklung beendet wird, falls das Credit Rating einer Seite unter ein bestimmtes Niveau fällt.

Dreifacher Hexen-Sabbat   Eine Bezeichnung dafür, dass zum gleichen Termin Aktienindex-Futures, Aktienindex-Optionen und Optionen auf Aktienindex-Futures verfallen.

Driftrate   Durchschnittlicher Zuwachs einer Zufallsvariablen pro Zeiteinheit.

Duration   Maß für die durchschnittliche Laufzeit einer Anleihe. Die Duration ist auch eine Näherung für den Quotienten von proportionaler Änderung des Anleihepreises und absoluter Änderung der Rendite.

Duration Matching   Verfahren zur Gleichsetzung der Durationen von Aktiva und Passiva eines Finanzinstituts.

DV01   Absoluter Wert einer Erhöhung aller Zinssätze um einen Basispunkt.

DVA   *Siehe* Schuldenbewertung.

Dynamisches Hedging Verfahren zur Absicherung einer Optionsposition durch regelmäßige Änderung der Position in den Underlyings. Das Ziel besteht gewöhnlich darin, eine deltaneutrale Position aufrechtzuerhalten.

Effektive Federal Funds Rate Gewichtete durchschnittliche Federal Fund Rate für Finanztransaktionen.

Effizienzmarkt-Hypothese Hypothese, dass Assetpreise zu jeder Zeit alle relevanten Informationen beinhalten.

Eingebettete Option Option, die untrennbarer Bestandteil eines anderen Instruments ist.

Elektronischer Handel Handelssystem, bei dem Käufer und Verkäufer rechnergestützt zusammengeführt werden.

Empirische Forschung Auf historischen Marktdaten basierende Forschung.

Endwert Wert bei Fälligkeit.

Equity Swap Swap, bei dem die Rendite eines Aktien-Portfolios gegen einen festen oder variablen Zinssatz ausgetauscht wird.

Equity Tranche Tranche, welche zuerst von Verlusten betroffen ist.

Erwartungstheorie Theorie, die besagt, dass Forward Rates gleich den erwarteten zukünftigen Spot Rates sind.

Erwartungswert einer Variablen Mittelwert der Variablen, wenn die einzelnen Werte entsprechend ihrer Wahrscheinlichkeit gewichtet werden.

Eurocurrency Zahlungsmittel, die sich außerhalb der formalen Kontrolle der Finanzbehörden des emittierenden Landes befinden.

Euribor Verrechnungszinssatz auf dem Interbankenmarkt der Eurozone.

Eurodollar Ein Dollar, der auf einem Konto außerhalb der USA gehalten wird.

Eurodollar-Futures-Kontrakt Ein auf ein Eurodollar-Guthaben lautender Futures-Kontrakt.

Eurodollar-Zinssatz Zinssatz auf ein Eurodollar-Guthaben.

Euro LIBOR LIBOR-Satz für Euros.

Europäische Option Option, die nur am Ende ihrer Laufzeit ausgeübt werden kann.

EWMA-Modell Modell zur Prognose durch exponentiell gewichtete Durchschnitte der historischen Daten. Das EWMA-Modell wird manchmal in VaR-Berechnungen auf die Varianz angewendet.

Exchange Option Option auf den Austausch zweier Assets gegeneinander.

Ex-Dividende-Zeitpunkt *Siehe* Ausschüttungstermin.

Exercise Multiple Verhältnis Aktienkurs/Basispreis, zum Zeitpunkt der Ausübung einer Mitarbeiteroption.

Exotische Option Nichtstandard-Option.

Expected Shortfall *Siehe* Conditional Value at Risk.

Explizite Finite-Differenzen-Methode Methode zur Bewertung eines Derivats durch Lösung der zugrunde liegenden Differentialgleichung. Der Wert des Derivats zum Zeitpunkt t wird mit drei Werten zum Zeitpunkt $t + \delta t$ in Beziehung gesetzt. Entspricht im Prinzip dem Trinomialmodell.

Exponentiell gewichteter gleitender Durchschnitt *Siehe* EWMA-Modell.

Exponentielle Gewichtung Gewichtungsschema, bei dem das Gewicht einer Beobachtung davon abhängt, wie alt sie ist. Das Gewicht einer Beobachtung, die t Zeitintervalle zurückliegt, ist das λ-fache ($\lambda < 1$) des Gewichts einer Beobachtung, die $i-1$ Zeitintervalle zurückliegt.

Exposure Maximal möglicher Verlust bei Ausfall einer Gegenpartei.

Extendable Bond Anleihe, deren Laufzeit vom Inhaber verlängert werden kann.

Extendable Swap Swap, dessen Laufzeit von einer Partei verlängert werden kann.

Faktoranalyse Analysemethode, um eine kleine Zahl von Faktoren zu identifizieren, die den Großteil der Schwankungen einer großen Zahl korrelierter Variablen beschreiben. (Ähnelt der Hauptkomponenten-Analyse.)

Faktor Quelle von Unsicherheit.

Fälligkeitsdatum *Siehe* Verfallsdatum.

FAS 123 US-Bilanzierungsstandard für Mitarbeiteroptionen.

FAS 133 US-Bilanzierungsstandard für Absicherungsinstrumente.

FASB Financial Accounting Standards Board.

FCMs Futures-Händler, welche im Auftrag von Kunden aktiv sind.

Federal Funds Rate Zinssatz für Interbank-Tagesgeldgeschäfte.

Feiertagskalender Kalender, welcher die Feiertage festlegt. Wichtig für die Bestimmung von Zahlungsterminen bei einem Swap.

FICO Kreditpunktesystem, entwickelt von der Fair Isaac Corporation.

Fiktiver Nominalbetrag Nominalbetrag, der zur Berechnung der Zahlungen in einem Zinsswap verwendet wird. Er ist fiktiv, weil er von keiner Partei bezahlt wird.

Finanzintermediär Bank oder anderes Finanzinstitut, das monetäre Transaktionen zwischen verschiedenen Wirtschaftseinheiten erleichtert.

Finite-Differenzen-Methode Methode zur Lösung von Differentialgleichungen.

Flat Volatility Volatilität für die Bepreisung eines Caps, wobei jedes Caplet dieselbe Volatilität aufweist.

Flex Option An einer Börse gehandelte Option mit Bestimmungen, die von Standardoptionen dieser Börse abweichen.

Flexi Cap Zinscap, bei dem die Gesamtzahl der ausübbaren Caplets beschränkt ist.

Floor *Siehe* Zinsfloor.

Floor-Ceiling Agreement *Siehe* Zinscollar.

Floorlet Komponente eines Floors.

Floor Rate Zinssatz in einem Zinsfloor.

Forward-Kontrakt Ein Kontrakt, welcher den Inhaber verpflichtet, zu einem festgelegten zukünftigen Zeitpunkt ein Asset zu einem ebenfalls festgelegten Abrechnungspreis zu kaufen bzw. zu verkaufen.

Forward-Preis Abrechnungspreis eines Forward-Kontrakts, der den Wert des Kontrakts null werden lässt.

Forward Rate Zinssatz für einen zukünftigen Zeitraum, der durch die heutigen Spot Rates impliziert wird.

Forward Rate Agreement (FRA) Vereinbarung, dass während eines bestimmten zukünftigen Zeitraums ein bestimmter Zinssatz für einen bestimmten Nominalbetrag bezahlt wird.

Forward-risikoneutrale Welt Eine Welt ist in Bezug auf ein bestimmtes Asset risikoneutral, wenn der Marktpreis des Risikos gleich der Volatilität dieses Assets ist.

Forward Start Option Option, die so gestaltet ist, dass sie irgendwann in der Zukunft am Geld liegt.

Forward Swap *Siehe* Deferred Swap.

Forward-Wechselkurs Forward-Kurs einer Geldeinheit in Fremdwährung.

Forward-Zinssatz Zinssatz für einen zukünftigen Zeitraum, der durch die heutigen am Markt vorherrschenden Zinssätze impliziert wird.

Funding Value Adjustment Anpassung an den Derivatepreis aufgrund von Finanzierungskosten.

Futures-Kontrakt Ein Kontrakt, welcher den Inhaber verpflichtet, innerhalb eines festgelegten zukünftigen Zeitraums ein Asset zu einem ebenfalls festgelegten Abrechnungspreis zu kaufen bzw. zu verkaufen. Der Kontrakt wird täglich zu Marktpreisen bewertet.

Futures Option Option auf einen Futures-Kontrakt.

Futures-Preis Gegenwärtiger Abrechnungspreis für einen Futures-Kontrakt.

Futures-Style-Option Futures-Kontrakt auf die Auszahlung aus einer Option.

Gamma Änderungsrate von Delta bezüglich des Assetpreises.

Gammaneutrales Portfolio Portfolio mit einem Gamma von null.

GAP Management Verfahren zur Laufzeitsynchronisierung von Assets und Verbindlichkeiten.

Gap Option Europäische Kauf- oder Verkaufsoption mit zwei Basispreisen. Der eine bestimmt, ob die Option ausgeübt wird, der andere die Auszahlung.

Garantiefonds Fonds, in den Mitglieder einer Börse oder einer CCP einzahlen. Kann bei Ausfällen zur Deckung der Verluste eingesetzt werden.

GARCH-Modell Modell zur Prognose der Volatilität, bei dem die Varianz einem Prozess mit Mean Reversion folgt.

Gauß-Quadratur Näherungsverfahren zur Integration über die Normalverteilung.

Glossar der Fachbegriffe

Gaußsches-Copula-Modell Modell zur Definition einer Korrelationsstruktur zwischen zwei oder mehr Variablen. In einigen Modellen für Kreditderivative wird das Gaußsche-Copula-Modell zur Festlegung der Korrelationsstruktur für die Zeiten bis zum Ausfall verwendet.

Gegenpartei Gegenseite bei einem Finanzgeschäft.

Geld-Brief-Spanne Betrag, um welchen der Verkaufskurs (Briefkurs) den Ankaufkurs (Geldkurs) übersteigt.

Geldkurs Preis, den ein Händler für ein Asset zu zahlen bereit ist. Auch Ankaufkurs genannt.

Geldmarktkonto Investment, welches anfänglich einen Wert von 1 $ hat und zum Zeitpunkt t mit dem jeweils gültigen kurzfristigen Zinssatz wächst.

Geometrische Brownsche Bewegung Ein oft für Assetpreise angenommener stochastischer Prozess, bei dem der Logarithmus der zugrunde liegenden Variablen einem allgemeinen Wiener-Prozess folgt.

Geometrisches Mittel n-te Wurzel des Produkts von n Zahlen.

Girsanov-Theorem Resultat, das zeigt, dass bei einem Maßwechsel (etwa wenn wir von der Realwelt zur risikoneutralen Welt übergehen) sich die erwartete Rendite einer Variablen verändert, ihre Volatilität aber dieselbe bleibt.

Gleichgewichtsmodell Modell für das Verhalten von Zinssätzen, das aus einem ökonomischen Modell abgeleitet wird.

Gratisaktien Aktien, die im Rahmen einer Kapitalerhöhung aus Gesellschaftsmitteln emittiert werden.

Greeks *Siehe* Sensitivitätskennzahlen.

Haircut Sicherheitsabschlag auf den Wert eines Assets.

Hauptkomponenten-Analyse Analyse mit dem Ziel, eine kleine Zahl von Faktoren zu finden, die den Großteil der Schwankungen einer großen Zahl korrelierter Variabler beschreiben (ähnlich der Faktoranalyse).

Hazard Rate *Siehe* Ausfallintensität.

HDD Heating Degree Days (Heizgradtage). Maximum aus null und dem Betrag, um welchen die Tagesdurchschnittstemperatur unter 65 °F liegt. Die Durchschnittstemperatur ergibt sich als Mittelwert der höchsten und der niedrigsten Temperatur an einem Tag (von Mitternacht bis Mitternacht).

Hedge Ratio Quotient aus dem Volumen einer Position in einem Absicherungsinstrument und dem Volumen der abgesicherten Position.

Hedgefonds Fonds, die weniger Beschränkungen und Regulierungen unterliegen als Investmentfonds. Sie können Short-Positionen einnehmen, Derivate benutzen, sie dürfen jedoch ihre Anteile nicht öffentlich anbieten.

Historische Simulation Auf historischen Daten basierende Simulation.

Historische Volatilität Aus historischen Daten geschätzte Volatilität.

IMM-Termine Jeweils der dritte Mittwoch im März, Juni, September und Dezember.

Implied-Tree-Modell Baummodell zur Beschreibung der Entwicklung eines Assetpreises, welches so konstruiert ist, dass es mit den beobachteten Optionspreisen konsistent ist.

Implied-Volatility-Function-Modell (IVF-Modell) Modell, das die Marktpreise aller europäischen Optionen korrekt wiedergibt.

Implizite Dividendenrendite Aus Preisen von Calls und Puts mit gleichem Basispreis und gleicher Restlaufzeit mithilfe der Put-Call-Parität geschätzte Dividendenrendite.

Implizite Finite-Differenzen-Methode Methode zur Bewertung eines Derivats durch Lösung der zugrunde liegenden Differentialgleichung. Der Wert des Derivats zum Zeitpunkt $t + \delta t$ wird mit drei Werten zum Zeitpunkt t in Beziehung gesetzt.

Implizite Korrelation Korrelationswert, der mit dem Gaußschen-Copula-Modell oder einem ähnlichen Modell aus dem Preis eines Kreditderivats gewonnen wird.

Implizite Verteilung Aus Optionspreisen abgeleitete Verteilung eines zukünftigen Assetpreises.

Implizite Volatilität Durch einen Optionspreis unter Verwendung des Black-Scholes- oder eines ähnlichen Modells implizierte Volatilität.

In-the-Money Option Option im Geld. Entweder (a) eine Kaufoption, bei der der Underlying-Preis über dem Basispreis liegt, oder (b) eine Verkaufsoption, bei der der Underlying-Preis unter dem Basispreis liegt.

Index Amortizing Swap *Siehe* Indexed Principal Swap.

Index-Arbitrage Arbitrage, die aus einer Position in Aktien eines Aktienindex und einer Position in einem Futures-Kontrakt auf den Aktienindex besteht.

Index Futures Futures-Kontrakt auf einen Aktien- oder einen anderen Index.

Index Option Option auf einen Aktien- oder einen anderen Index.

Indexed Principal Swap Swap, bei dem der Nominalwert im Lauf der Zeit abnimmt. Die Reduzierung des Nominalwerts an einem Zahlungstermin hängt vom Zinsniveau ab.

Initial Margin Geldbetrag, den ein Futures-Händler bei Geschäftsabschluss hinterlegen muss (Anfangseinschuss).

Innerer Wert Bei einer Kaufoption: Maximum aus null und der Differenz zwischen Assetpreis und Basispreis. Bei einer Verkaufsoption: Maximum aus null und der Differenz zwischen Basispreis und Assetpreis.

International Swaps and Derivatives Association Verband für OTC-Derivate; entwickelt Musterkontrakte für den OTC-Handel.

Inverser Markt Markt, auf dem die Futures-Kurse mit der Laufzeit fallen.

Investitionsgut Asset, das zumindest von einigen Marktteilnehmern zu Investitionszwecken gehalten wird.

IO Interest Only. Mortgage-Backed Security, deren Inhaber nur die Cash Flows und die Zinsen auf den zugrunde liegenden Hypothekenpool erhält.

ISDA *Siehe* International Swaps and Derivatives Association.

Itô-Prozess Stochastischer Prozess, bei dem die Änderung einer Variablen in jedem kleinen Zeitintervall der Länge δt normalverteilt ist. Mittelwert und Varianz der Verteilung sind proportional zu δt und müssen nicht konstant sein.

Itôs Lemma Hiermit ist es möglich, den stochastischen Prozess für eine Funktion einer Variablen aus dem stochastischen Prozess der Variablen selbst zu berechnen.

iTraxx Europe Portofolio von CDS auf 125 europäische Unternehmen (Investment Grade).

Jump-Diffusions-Modell Modell, bei dem ein Diffusionsprozess wie die geometrische Brownsche Bewegung durch Sprünge überlagert wird.

Kalibrierung Methode zur Gewinnung der Modellparameter aus den Preisen von gehandelten Wertpapieren.

Kombination Position aus Calls und Puts auf das gleiche Underlying.

Konsumgut Gut, das zu Verbrauchs- statt zu Investitionszwecken gehalten wird.

Konversionsfaktor Faktor, der zur Bestimmung der in einem Futures-Kontrakt zu liefernden Anzahl an Anleihen verwendet wird.

Konvexität Maß für die Krümmung des Zusammenhangs zwischen Anleihepreis und Anleiherendite.

Konvexitätsanpassung Ein Begriff mit vielen Bedeutungen. Er kann sich z. B. auf die Anpassung beziehen, die notwendig ist, um einen Futures-Zinssatz in einen Forward-Zinssatz umzurechnen. Er kann aber auch die Anpassung an eine Forward Rate bedeuten, welche gelegentlich bei Verwendung des Black-Modells nötig ist.

Kovarianz Maß für den linearen Zusammenhang zwischen zwei Variablen (entspricht der Korrelation der beiden Variablen multipliziert mit dem Produkt ihrer Standardabweichungen).

Kredit-Contagion Tendenz, dass der Zahlungsausfall eines Unternehmens Zahlungsausfälle anderer Unternehmen nach sich zieht.

Kreditderivat Derivat, dessen Auszahlung von der Kreditwürdigkeit eines oder mehrerer Referenzschuldner abhängt.

Kreditereignis Auslösendes Ereignis für eine Auszahlung bei einem Kreditderivat (z. B. Ausfall oder Umstrukturierung).

Kreditindex Index, der die Kosten einer Absicherung für alle Unternehmen in einem Portfolio nachbildet (Beispiele: CDX NA IG, iTraxx Europe).

Kreditrisiko Risiko, dass aufgrund eines Zahlungsausfalls der Gegenpartei in einer Finanztransaktion ein Verlust entsteht.

Kreditsicherungsanhang (CSA) Anhang zu einer ISDA-Rahmenvereinbarung, der die Collateralanforderungen festlegt.

Kumulierte Verteilungsfunktion Als Funktion von x ausgedrückte Wahrscheinlichkeit, dass eine Variable kleiner als x ist.

Kündbarer Swap Swap, der zu bestimmten vorher festgelegten Zeitpunkten von einer Seite gekündigt werden kann.

Kupon Zinszahlung auf eine Anleihe.

Kurtosis Maß der Schwere der Ränder.

Kurzfristiger risikoloser Zinssatz *Siehe* Kurzfristiger Zinssatz.

Kurzfristiger Zinssatz Zinssatz, der nur für eine sehr kurze Zeitspanne gilt.

Lagerkosten Kosten für die Lagerung eines Rohstoffs.

Laufzeitstruktur der Volatilitäten Änderung der impliziten Volatilität mit der Laufzeit.

LEAPS Long-term equity anticipation securities. Relativ langfristige Optionen auf Einzelaktien oder Aktienindizes.

Leerverkauf Verkauf von Anteilen, die von anderen Anlegern geliehen wurden, am Markt.

LIBID London Interbank Bid Rate. Zinssatz, der von Banken auf Eurocurrency-Einlagen nachgefragt wird (d. h. Zinssatz, zu welchem eine Bank von anderen Banken Kredit aufzunehmen bereit ist).

LIBOR London Interbank Offered Rate. Zinssatz, der von Banken auf Eurocurrency-Einlagen angeboten wird (d. h. Zinssatz, zu welchem eine Bank anderen Banken Kredit zu gewähren bereit ist).

LIBOR-In-Arrears Swap Swap, bei dem der gezahlte Zins von dem am Zahlungstermin selbst (und nicht am vorherigen Zahlungstermin) beobachteten Zinssatz bestimmt wird.

LIBOR-OIS Spread Differenz zwischen LIBOR-Satz und Overnight-Satz für eine bestimmte Laufzeit.

LIBOR-Spot-Rate-Strukturkurve LIBOR Spot Rates als Funktion der Laufzeit.

Limit Order Auftrag, der nur ausgeführt werden darf, wenn der Kurs einen vorher festgelegten (oder einen für den Anleger noch günstigeren) Wert erreicht hat.

Limitbewegung Erlaubte maximale Preisbewegungen einer Börse über einen Handelstag.

Liquiditätspräferenztheorie Theorie, die zu dem Schluss kommt, dass Forward Rates über den erwarteten zukünftigen Spot Rates liegen.

Liquiditätsprämie Betrag, um den die Forward Rates über den erwarteten zukünftigen Spot Rates liegen.

Liquiditätsrisiko Risiko, dass man ein bestimmtes Instrument nicht zu dessen theoretischem Wert verkaufen kann.

Locals Händler an der Börse, die auf eigene Rechnung arbeiten (Eigenhändler).

Lognormalverteilung Eine Variable ist lognormalverteilt, wenn der Logarithmus der Variablen normalverteilt ist.

Long Hedge Absicherung, die aus einer Long-Position in Futures besteht.

Long-Position Position, die den Kauf eines Vermögensgegenstandes beinhaltet.

Lookback Option Option, deren Auszahlung vom Maximum oder Minimum des Assetpreises während eines bestimmten Zeitraums abhängt.

Glossar der Fachbegriffe

Maintenance Margin (Mindestsaldo) Fällt der Saldo des Margin-Kontos eines Händlers unter dieses Niveau, erhält der Händler einen Margin Call, der ihn auffordert, das Konto wieder auf das Niveau der Initial Margin anzuheben.

Margin (Einschuss) Kassenbestand (oder Wertpapiereinlage) die von Futures- und Optionshändlern verlangt wird.

Margin Call (Nachschussforderung) Aufforderung zu einer zusätzlichen Marginzahlung, wenn der Saldo des Margin-Kontos unter die Maintenance Margin fällt.

Market-Leveraged Stock Unit (MSU) Zusage, die den Besitzer zum Erhalt von Aktienanteilen zu einem zukünftigen Zeitpunkten berechtigt. Die Anzahl der Anteile hängt vom Aktienkurs ab.

Market Maker Händler, der bereit ist, für ein Asset Ankaufs- und Verkaufskurs anzugeben.

Market-Modell Modell, das unter Händlern weit verbreitet ist.

Marking to Market Neubewertung eines Instruments, bei der die aktuellen Werte der relevanten Marktvariablen einbezogen werden.

Markov-Prozess Stochastischer Prozess, bei dem das Verhalten einer Variablen während eines kurzen Zeitraums nur vom Wert der Variablen zu Beginn dieses Zeitraums und nicht von Werten in der Vergangenheit abhängt.

Marktpreis des Risikos Maß für das Austauschverhältnis von Risiko und Rendite.

Marktsegmentierungstheorie Theorie, die besagt, dass am Markt die kurzfristigen Zinssätze unabhängig von den langfristigen Zinssätzen bestimmt werden.

Martingal Stochastischer Prozess mit einer Drift von null.

Maß Auch Wahrscheinlichkeitsmaß genannt. Es definiert den Marktpreis des Risikos.

Maximum-Likelihood-Methode Auswahlverfahren für Parameterwerte durch Maximierung der Eintrittswahrscheinlichkeit für eine Reihe von Beobachtungen.

Mean Reversion Tendenz einer Marktvariablen (z. B. eines Zinssatzes), sich auf ein langfristiges Durchschnittsniveau zurückzubewegen.

Mezzanine-Tranche Tranche, welcher Verluste nach der Equity-Tranche, aber vor der Senior-Tranche zugerechnet werden.

Mitarbeiteroption Von einem Unternehmen auf die eigenen Aktien herausgegebene Aktienoption, die an Mitarbeiter als Teil der Entlohnung verteilt wird.

Modified Duration Modifizierung der Standard-Duration zur genaueren Beschreibung der Beziehung zwischen den proportionalen Änderungen eines Anleihepreises und den absoluten Änderungen ihrer Rendite. Die Modifizierung berücksichtigt die Verzinsungshäufigkeit, mit der die Rendite angegeben ist.

Momentane Forward Rate Forward Rate für einen sehr kurzen zukünftigen Zeitraum.

Monte-Carlo-Simulation Verfahren zur Simulation der Veränderung von Marktvariablen im Rahmen der Bewertung eines Derivats.

Glossar der Fachbegriffe

Mortgage-Backed Security Wertpapier, das dem Inhaber eine Beteiligung an den Cash Flows aus einem Hypothekenpool verspricht.

Nennwert Nominalbetrag einer Anleihe.

Netting Möglichkeit der Aufrechnung von Kontrakten mit positiven und negativen Werten bei einem Zahlungsausfall einer Gegenpartei.

Newton-Raphson-Methode Iteratives Verfahren zur Lösung nichtlinearer Gleichungen.

Nichtstationäres Modell Modell, bei dem die Volatilitätsparameter eine Funktion der Zeit sind.

NINJA Begriff zur Beschreibung eines hohen Kreditrisikos: No Income, No Job, no Assets (kein Einkommen, keine Arbeit, kein Besitz).

No-Arbitrage-Annahme Annahme, dass keine Arbitragemöglichkeiten in den Marktpreisen existieren.

No-Arbitrage-Zinsmodell Modell für das Verhalten von Zinssätzen, welches exakt mit der anfänglichen Zinsstruktur konsistent ist.

Nominalbetrag Nennwert eines Fremdkapitalinstruments.

Normal Backwardation Situation, in der der Futures-Kurs unter dem erwarteten zukünftigen Spotkurs liegt.

Normaler Markt Markt, auf dem die Futures-Kurse mit der Laufzeit ansteigen.

Normalverteilung Die glockenförmige Standardverteilung aus der Statistik.

Nullkupon-Zinsstrukturkurve *Siehe* Spot-Rate-Strukturkurve.

Numeraire Legt fest, in welchen Einheiten Wertpapierpreise angegeben werden. Bildet beispielsweise der IBM-Kurs das Numeraire, werden alle Wertpapierkurse relativ zu IBM angegeben. Beträgt der Kurs von IBM 80 $ und ein bestimmter anderer Wertpapierkurs 50 $, dann lautet der Wertpapierkurs mit IBM als Numeraire 0,625.

Numerisches Verfahren Methode zur Bewertung einer Option, wenn keine geschlossene Formel zur Verfügung steht.

OCC Options Clearing Corporation. *Siehe* Clearingstelle.

OIS *Siehe* Overnight Indexed Swap.

Open Interest Gesamtzahl der in Umlauf befindlichen Long-Positionen eines Futures-Kontrakts (entspricht der Gesamtzahl der Short-Positionen).

Open Outcry Handelssystem, bei dem die Händler auf dem Börsenparkett zusammentreffen.

Option Recht, ein Asset zu kaufen oder zu verkaufen.

Option mit verzögerter Zahlung Option, bei der die Zahlung des Preises bis zum Ende der Optionslaufzeit herausgezögert wird.

Option-Adjusted Spread Spread über der Treasury-Strukturkurve, der den theoretischen Preis eines Zinsderivats an den Marktpreis angleicht.

Optionsklasse Class of Options. Alle Optionen des gleichen Typs (Call oder Put) auf eine bestimmte Aktie.

Optionsprämie Preis einer Option.

Optionsschein Option, die von einem Unternehmen oder einem Finanzinstitut emittiert wird. Häufig werden Call-Optionsscheine von Unternehmen auf eigene Aktien emittiert.

Optionsserie Alle Optionen einer bestimmten Optionsklasse mit demselben Basispreis und dem gleichen Fälligkeitsdatum.

Out-of-the-Money Option Option aus dem Geld. Entweder (a) eine Kaufoption, bei der der Assetpreis unter dem Basispreis liegt, oder (b) eine Verkaufsoption, bei der der Assetpreis über dem Basispreis liegt.

Overnight Indexed Swap Swap, bei welchem ein fester Zinssatz für einen gewissen Zeitraum (etwa 1 Monat) gegen das geometrische Mittel der Tagesgeldsätze während dieses Zeitraums ausgetauscht wird.

Over-the-Counter-Markt (OTC-Markt) Markt, auf dem die Geschäfte telefonisch getätigt werden. Händler sind gewöhnlich Finanzinstitute, Unternehmen und Fondsmanager.

Package Portfolio von Standard-Calls und -Puts, eventuell in Kombination mit einer Position in Forward-Kontrakten und dem Asset selbst.

Parallelverschiebung Verschiebung der Renditekurve, bei der sich jeder Punkt um denselben Betrag ändert.

Pariser Option Barrier Option, bei welcher der Assetpreis für einen bestimmten Zeitraum über bzw. unter der Barrier liegen muss, ehe die Option in Kraft tritt bzw. verfällt.

Par Yield Jener Kupon einer Anleihe, der den Preis mit dem Nominalwert gleichsetzt.

Pfadabhängige Option Option, deren Auszahlung vom gesamten Pfad, dem das Underlying folgt, abhängt – nicht nur von dessen Wert bei Fälligkeit.

Plain Vanilla Begriff zur Beschreibung eines Standardgeschäfts.

P-Maß Maß in der Realwelt.

PO Principal Only. Mortgage-Backed Security, deren Inhaber nur die Cash Flows für den Nominalbetrag auf den zugrunde liegenden Hypothekenpool erhält.

Poisson-Prozess Prozess zur Beschreibung von Zufallsereignissen. Die Wahrscheinlichkeit eines Ereignisses im Zeitraum δt beträgt $\lambda \, dt$, wobei λ die Intensität des Prozesses bezeichnet.

Portfolio-Immunisierung Macht ein Portfolio weitgehend unempfindlich gegenüber Zinssätzen.

Portfolio-Insurance Abschluss von Geschäften, um sicherzustellen, dass der Wert eines Portfolios nicht unter ein bestimmtes Niveau fällt.

Positionslimit Maximal erlaubte Position für einen Händler (oder eine Gruppe von Händlern).

Principal Protected Note Produkt, bei welchem der Erlös von der Performance eines risikobehafteten Assets abhängt, jedoch nicht negativ werden kann, also das ursprüngliche Nominalkapital des Anlegers sicher ist.

Protective Put   Verkaufsoption kombiniert mit der Long-Position im Underlying.

Pseudo-Zufallsfolge   Low Discrepancy Sequence. Im Rahmen einer Monte-Carlo-Simulation verwendete Zahlen, die verschiedene mögliche Entwicklungen bzw. Ergebnisse repräsentieren, aber nicht zufällig sind.

Pull-to-Par   Bewegung des Preises einer Anleihe zum Nennwert bei Fälligkeit.

Put   Option auf den Verkauf eines Assets zu einem bestimmten Preis und zu einem bestimmten Zeitpunkt.

Put-Call-Parität   Beziehung zwischen dem Preis eines europäischen Calls und dem Preis eines europäischen Puts, wenn beide den gleichen Basispreis und das gleiche Fälligkeitsdatum haben.

Puttable Bond   Anleihe, deren Inhaber das Recht hat, diese zu bestimmten Zeitpunkten zu einem festgelegten Preis an den Emittenten zu verkaufen.

Puttable Swap   Swap, der von einer Seite vorzeitig beendet werden darf.

Q-Maß   Maß in der risikoneutralen Welt.

Quanto   Derivat, bei dem die Höhe der Auszahlung durch Variablen definiert ist, die mit einer Währung zusammenhängen, die Auszahlung selbst aber in einer anderen Währung erfolgt.

Rainbow Option   Option, deren Auszahlung von zwei oder mehreren zugrunde liegenden Variablen abhängt.

Range-Forward-Kontrakt   Kombination von Long Call und Short Put oder von Short Call und Long Put.

Ratchet Cap   Zinscap, bei dem die für einen Verzinsungszeitraum geltende Cap Rate gleich dem Zinssatz für den vorhergehenden Verzinsungszeitraum plus einem Spread ist.

Realoption   Option, die sich auf reale (im Gegensatz zu finanziellen) Vermögensgegenstände (wie Land, Ausrüstung und Maschinen) bezieht.

Rebalancing   Prozess der regelmäßigen Anpassung einer Handelsposition. Zweck ist gewöhnlich die Aufrechterhaltung der Deltaneutralität.

Recovery Rate   Betrag, der bei Zahlungsausfall als Prozentsatz des ausstehenden Anspruchs wieder eingebracht werden kann.

Referenzunternehmen   Unternehmen, für das bei einem Credit Default Swap Absicherung gekauft wird.

Rekursive Bewertung   Durchlaufen eines Baumes vom Ende zum Anfang zum Zweck der Bewertung einer Option.

Rendite   Rendite, die ein Instrument erwirtschaftet.

Renditekurve   *Siehe* Zinsstrukturkurve.

Repo   Rückkaufvereinbarung. Verfahren der Kapitalaufnahme durch Wertpapierverkauf an eine Gegenpartei und vereinbartem späteren Rückkauf zu einem leicht höheren Preis.

Repo Rate   Zinssatz in einem Repo-Geschäft.

Restricted Stock Unit (RSU) Zusage, die den Besitzer zum Erhalt eines Aktienanteils zu einem zukünftigen Zeitpunkten berechtigt.

Reversionsniveau Niveau, auf welches der Wert einer Marktvariablen (z. B. eines Zinssatzes) zurücktendiert.

Rho Prozentuale Veränderung des Preises eines Derivats bei einer Veränderung des Zinssatzes.

Risikoloser Zinssatz Zinssatz, der ohne Risiko erzielt werden kann.

Risikoneutrale Bewertung Bewertung einer Option oder eines anderen Derivats unter der Annahme, dass die Welt risikoneutral ist. Die risikoneutrale Bewertung liefert nicht nur in der risikoneutralen Welt den korrekten Preis eines Derivats, sondern in allen Welten.

Risikoneutrale Welt Welt, in der angenommen wird, dass die Anleger keine zusätzliche Rendite für die Übernahme von Risiken fordern.

Roll Back *Siehe* Rekursive Bewertung.

Rückdatierung (Oftmals illegale) Praxis, Dokumente mit einem zurückliegenden Datum zu versehen.

Scalper Händler, der Positionen nur für sehr kurze Zeit einnimmt.

Schuldenbewertung Wertzuwachs für ein Unternehmen durch eigene Ausfallmöglichkeit auf offene Derivatetransaktionen.

SEC Securities and Exchange Commission.

SEF *Siehe* Swap Execution Facility.

Sensitivitätskennzahlen Absicherungsparameter wie z. B. Delta, Gamma, Vega, Theta und Rho.

Settlement-Preis Durchschnitt der Preise, zu denen ein Futures-Kontrakt unmittelbar vor Börsenschluss gehandelt wurde. Wird bei der täglichen Bewertung zu Marktpreisen (Marking to Market) verwendet.

Sharpe Ratio Quotient aus Überrendite über dem risikolosen Zinssatz und Standardabweichung der Überrendite.

Short Hedge Absicherung, bei der eine Short-Position in Futures eingenommen wird.

Short-Position Position, in der Händler Anteile verkaufen, die sie nicht besitzen.

Short Rate Siehe kurzfristiger Zinssatz.

Shout Option Option, deren Inhaber einmal während der Laufzeit einen Mindestwert für die Auszahlung festsetzen kann.

Simulation *Siehe* Monte-Carlo-Simulation.

Specialist An einigen Börsen bezeichnet man damit die Person, die für die Berücksichtigung von Limit Orders verantwortlich ist. Er gibt keine Informationen über im Umlauf befindliche Limit Orders an andere Händler weiter.

Spekulant Person, die eine bestimmte Position einnimmt und dabei gewöhnlich auf die Entwicklung des Preises eines Assets wettet.

Sperrfrist Zeitraum, in dem eine Option nicht ausgeübt werden kann.

Spotkurs Preis für sofortige Lieferung.

Spot Rate *Siehe* Zerobond-Effektivverzinsung.

Spot-Rate-Strukturkurve Zusammenhang zwischen Spot Rate und Laufzeit.

Spotvolatilitäten Volatilitäten, die zur Bepreisung eines Caps verwendet werden, wenn die Volatilitäten der einzelnen Caplets unterschiedlich sind.

Spread-Geschäft Position in zwei oder mehr Optionen des gleichen Typs.

Spread Option Option, deren Auszahlung von der Differenz zweier Marktvariablen abhängt.

Sprungprozess Stochastischer Prozess für eine Variable, welcher Sprünge im Wert der Variablen beinhaltet.

Stack and Roll Verfahren, bei welchem kurzfristige Futures rolliert werden, sodass langfristige Absicherungen entstehen.

Static Hedge Absicherung, die nach Abschluss nicht weiter angepasst werden muss.

Statische Nachbildung von Optionen Verfahren zur Absicherung eines Portfolios über ein anderes Portfolio, welches zu einem bestimmten Zeitpunkt einen nahezu identischen Wert aufweist.

Step-up Swap Swap, dessen Nominalwert im Lauf der Zeit auf vorher festgelegte Weise steigt.

Stetige Verzinsung Eine Möglichkeit der Angabe von Zinssätzen. Stetige Verzinsung ergibt sich, wenn die Verzinsungshäufigkeit gegen unendlich geht.

Sticky Cap Zinscap, bei dem die für einen Verzinsungszeitraum geltende Cap Rate gleich der Cap Rate für den vorhergehenden Verzinsungszeitraum plus einem Spread ist.

Stochastischer Prozess Eine Formel, die das Verhalten einer Zufallsvariablen beschreibt.

Straddle Long-Position in einem Call und in einem Put mit dem gleichen Basispreis.

Strangle Long-Position in einem Call und in einem Put mit unterschiedlichen Basispreisen.

Strap Long-Position in zwei Calls und in einem Put mit dem gleichen Basispreis.

Stressed VaR VaR, welcher auf einer historischen Simulation aus einem Zeitraum mit schwierigen Marktbedingungen beruht.

Stress-Test Untersuchung der Auswirkungen extremer Marktentwicklungen auf den Wert eines Portfolios.

Strip Long-Position in zwei Puts und in einem Call mit dem gleichen Basispreis.

Strip-Anleihen Zerobonds, die durch Verkauf der Kupons auf Treasury Bonds als eigenständige Wertpapiere generiert werden.

Glossar der Fachbegriffe

Stückzinsen Zinsen, die seit der letzten Kupon-Zahlung für eine Anleihe angefallen sind.

Subprime-Hypothek Hypothek, die einem Kreditnehmer mit schlechter oder fehlender Kredithistorie gewährt wird.

Swap Vereinbarung über den zukünftigen Austausch von Cash Flows gemäß einer festgelegten Formel.

Swap Execution Facility Elektronische Plattform für den Handel mit OTC-Derivaten.

Swap Rate Jener feste Zinssatz in einem Zinsswap, der den Wert des Swaps null werden lässt.

Swaption Option auf den Abschluss eines Zinsswaps, bei dem ein bestimmter fester Zinssatz gegen einen variablen eingetauscht wird.

Swing Option Stromoption, bei der die Strommenge zwischen einem Minimum und einem Maximum liegen muss. Es gibt gewöhnlich eine Beschränkung dafür, wie oft der Optionsinhaber die Strommenge ändern kann.

Synthetische CDO CDO, die durch den Verkauf von Credit Default Swaps entsteht.

Synthetische Option Durch Handel mit dem Underlying entstehende Option.

Systematisches Risiko Risiko, dass nicht durch Diversifikation eliminiert werden kann.

Szenarioanalyse Analyse der Auswirkungen möglicher zukünftiger Entwicklungen von Marktvariablen auf den Wert eines Portfolios.

Tagzählung Konvention für die Angabe von Zinssätzen.

Tailing Verfahren zur Anpassung der Anzahl der zur Absicherung verwendeten Futures-Kontrakte an die tägliche Abrechnung.

Tail Loss *Siehe* Conditional Value at Risk.

Take-and-Pay Option *Siehe* Swing Option.

TED Spread Differenz zwischen 3-Monats-LIBOR und 3-Monats Treasury Rate.

Tenor Häufigkeit von Zahlungen.

Theta Prozentuale Veränderung des Preises einer Option oder eines anderen Derivats im Zeitablauf.

Tilgungsfunktion In anderen Variablen ausgedrückte Funktion zur Schätzung der vorzeitigen Tilgung eines Nominalbetrags auf ein Hypotheken-Portfolio.

Total Return Swap Swap, bei dem die Rendite eines Assets, z. B. einer Anleihe, gegen LIBOR plus einen Spread ausgetauscht wird. Die Rendite des Assets schließt Einkommen (wie Kupons) und Änderungen im Wert des Assets ein.

Tranche Eines von mehreren Wertpapieren, die verschiedene Risikoattribute besitzen. Es gibt z. B. Tranchen einer CDO oder einer CMO.

Transaktionskosten Kosten für die Ausführung eines Geschäfts (Provisionen plus Differenz zwischen erzieltem Preis und der Mitte des Bid-Ask-Spreads).

Treasury Bill Kurzfristiges Instrument ohne Kupons, das von der US-Regierung zur Finanzierung der Staatsschulden emittiert wird.

Treasury Bond Langfristiges, kupontragendes Instrument, das von der US-Regierung zur Finanzierung der Staatsschulden emittiert wird.

Treasury Bond Futures Futures-Kontrakt auf US-Treasury-Bonds.

Treasury Note *Siehe* Treasury Bond. (Treasury Notes haben Laufzeiten unter zehn Jahren.)

Treasury Note Futures Futures-Kontrakt auf US-Treasury-Notes.

Trinomialbaum Baum, bei dem von jedem Knoten drei Verzweigungen ausgehen. Wird wie ein Binomialbaum zur Bewertung von Derivaten verwendet.

Unbefristetes Derivat Derivat mit unendlicher Laufzeit.

Ungedeckte Position Short-Position in einer Kaufoption, die nicht mit einer Long-Position im Underlying kombiniert ist.

Unsystematisches Risiko Unsystematic Risk. Risiko, das durch Diversifikation eliminiert werden kann.

Up-and-In Option Option, welche in Kraft tritt, wenn der Preis des Underlyings ein vorher festgelegtes Niveau überschreitet.

Up-and-Out Option Option, die verfällt, wenn der Preis des Underlyings ein vorher festgelegtes Niveau überschreitet.

Uptick Kursanstieg.

Value at Risk Verlust, der mit einem bestimmten Konfidenzniveau nicht überschritten wird.

Varianz Quadrat der Volatilität.

Varianz-Gamma-Modell Ein reines Jump-Modell, bei dem kleine Sprünge oft und große Sprünge selten auftreten.

Varianz-Kovarianz-Matrix Matrix, welche die Varianzen und Kovarianzen von bzw. zwischen mehreren Marktvariablen angibt.

Varianzreduzierende Verfahren Verfahren zur Reduzierung des Fehlers in einer Monte-Carlo-Simulation.

Varianz-Swap Swap, bei dem die während eines bestimmten Zeitraums realisierte Varianz gegen eine feste Varianz (jeweils auf einen Nominalbetrag bezogen) getauscht wird.

Variation Margin (Nachschusszahlung) Zusätzliche Margin, die nach erfolgtem Margin Call nötig ist, um das Margin-Konto wieder auf die Höhe der Initial Margin zu bringen.

Vega Prozentuale Veränderung des Preises einer Option oder eines anderen Derivats bei einer Veränderung der Volatilität.

Veganeutrales Portfolio Portfolio mit einem Vega von null.

Verbriefung Verfahren der Aufteilung des Risikos eines Asset-Portfolios.

Verfallsdatum Ende der Laufzeit eines Kontrakts.

Verkaufskurs *Siehe* Briefkurs.

Verzinsungshäufigkeit   Die Verzinsungshäufigkeit gibt an, in welchen Abständen Zinsen dem Kapital zugeschlagen werden.

VIX-Index   Volatilitätsindex des S&P 500.

Volatilität   Maß für die Unsicherheit der Rendite eines Assets.

Volatility Skew   Beschreibung für nichtssymmetrische Volatility Smiles.

Volatility Smile   Variation der impliziten Volatilität mit dem Basispreis.

Volatility Surface   Struktur, welche die Änderung der impliziten Volatilitäten mit Basispreis und Laufzeit ausweist.

Volatility Swap   Swap, bei dem die Volatilität einer Periode gegen eine feste Volatilität ausgetauscht wird. Die beiden prozentualen Volatilitäten gelten für einen fiktiven Nominalbetrag.

Volcker Rule   Regelung im Dodd-Frank Act zur Eingrenzug spekulativer Aktivitäten von Banken, vorgeschlagen vom ehemaligen US-Notenbankchef Paul Volcker.

Vorzeitige Ausübung   Ausübung vor dem Fälligkeitsdatum.

Wandelanleihe   Unternehmensanleihe, die zu bestimmten Zeitpunkten während der Laufzeit in einen bestimmten Anteil des Eigenkapitals des Unternehmens umgewandelt werden kann.

Währungs-Option   Option auf einen Wechselkurs.

Währungsswap   Swap, bei dem Zinsen und Nominalbetrag in einer Währung gegen Zinsen und Nominalbetrag in einer anderen Währung ausgetauscht werden.

Wasserfall   Regeln zur Verteilung der Cash Flows aus dem zugrunde liegenden Portfolio auf Tranchen.

Weekly   Option, die an einem Donnerstag generiert wird und am Freitag der darauf folgenden Woche verfällt.

Wetterderivate   Derivate, deren Auszahlung vom Wetter abhängt.

Wiener-Prozess   Stochastischer Prozess, bei dem die Änderung einer Variablen in jedem kurzen Zeitintervall der Länge δt mit Mittelwert null und Varianz δt normalverteilt ist.

Wild-Card-Option   Recht, das Underlying nach dem Ende des Handels zum Schlusspreis in einem Futures-Kontrakt zu liefern.

Zeitwert   Optionswert, der sich aus der Restlaufzeit ergibt (entspricht dem Optionspreis abzüglich des inneren Werts).

Zeitwertverlust   *Siehe* Theta.

Zerobond   Anleihe, welche keine Kupon-Zahlungen vorsieht.

Zerobond-Effektivverzinsung   Zinssatz, den man auf eine Anleihe ohne Kupons erhalten würde.

Zerobond-Zinssatz   *Siehe* Zerobond-Effektivverzinsung.

Zinscap   Option, die eine Auszahlung bietet, wenn ein bestimmter Zinssatz über einem festgelegten Niveau liegt. Der Zinssatz ist variabel und wird regelmäßig angepasst.

Zinscollar Kombination aus Zinscap und Zinsfloor.

Zinsderivat Derivat, dessen Auszahlungen von den zukünftigen Zinssätzen abhängen.

Zinsfloor Option, die eine Auszahlung bietet, wenn ein bestimmter Zinssatz unter einem festgelegten Niveau liegt. Der Zinssatz ist variabel und wird regelmäßig angepasst.

Zinsoption Option, deren Auszahlung vom Zinsniveau abhängt.

Zinsstrukturkurve Beziehung zwischen Zinssätzen und ihren Laufzeiten.

Zinsswap Austausch eines festen Zinssatzes auf einen bestimmten fiktiven Nominalbetrag gegen einen variablen Zinssatz auf denselben Betrag.

Zufallsvariable Variable, deren zukünftiger Wert unsicher ist.

Zugrunde liegende Variable Variable, von der der Preis einer Option oder eines anderen Derivats abhängt.

Zweidimensionale Normalverteilung Gemeinsame Verteilung zweier korrelierter Variablen, von denen jede normalverteilt ist.

Die DerivaGem-Software

DerivaGem enthält eine Reihe neuer Funktionen für die Leser dieses Buches. Europäische Optionen können mit dem CEV-Modell, dem gemischten Jump-Diffusions-Modell nach Merton und dem Varianz-Gamma-Modell (alle in Kapitel 27 diskutiert) bewertet werden. Man kann Monte-Carlo-Simulationen durchführen, LIBOR- und OIS-Zinsstrukturkurven aus Marktdaten ermitteln sowie Swaps und Anleihen bewerten. Bei der Bewertung von Swaps, Caps und Swaptions kann man zwischen LIBOR- oder OIS-Diskontierung wählen.

Erste Schritte

Bei der Verwendung von Software besteht die größte Schwierigkeit in den ersten Schritten. Wir beschreiben daher hier Schritt für Schritt die Bewertung einer Option mithilfe von DerivaGem 3.00.

1. Laden Sie auf der begleitenden Website über www.pearson-studium.de die Dateien DG300.xls, DG300 functions.xls und DG300 applications.xls auf Ihren Computer. Öffnen Sie die Excel-Datei DG300.xls.
2. Stellen Sie sicher, dass Makros aktiviert sind. Wenn über dem Tabellenblatt *Zur Bearbeitung freigeben* und *Makros aktivieren* erscheint, bestätigen Sie dies durch einen Mausklick. Bei einigen Windows- bzw. Office-Versionen müssen Sie eventuell sicherstellen, dass die Sicherheit für Makros auf *mittel* oder *niedrig* eingestellt ist.
3. Klicken Sie am unteren Rand der Seite auf das Tabellenblatt *Equity_FX_Indx_Fut_Opts_Calc*.
4. Wählen Sie *Currency* als Underlying und *Binomial American* als Optionstyp. Klicken Sie auf den *Put*-Button und setzen Sie keinen Haken bei *Imply Volatility*.
5. Jetzt sind alle Vorkehrungen zur Bewertung einer amerikanischen Währungs-Put-Option getroffen. Geben Sie nun die sieben Parameter wie folgt ein:

Parameter	Bezeichnung in Datei	Zelle	Wert
Wechselkurs	Exchange Rate ($/foreign)	D5	1,61
Volatilität	Volatility (% per year)	D6	12%
inländischer risikoloser Zinssatz	Risk-Free Rate (% per year)	D7	8%
ausländischer risikoloser Zinssatz	Foreign Risk-Free Rate (% per year)	D8	9%
Restlaufzeit (in Jahren)	Time to Expiration	D13	1,0
Bezugspreis	Exercise Price	D14	1,60
Anzahl der Zeitschritte	Time Steps	D15	4

6. Klicken Sie nach Abschluss der Eingaben auf *Calculate*. In Zelle D20 sollte nun der Optionspreis 0,07099 erscheinen, gefolgt von den Sensitivitätskennzahlen in

Die DerivaGem-Software

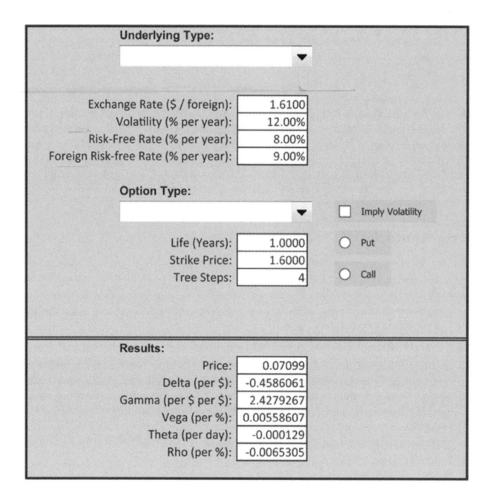

den Zellen D21 bis D25. Oben auf dieser Seite ist der Screenshot zu sehen, der sich ergeben haben sollte.
7. Klicken Sie nun auf *Display Tree*. Es erscheint der für die Bewertung der Option benutzte Binomialbaum. Er entspricht Abbildung 21.6 in Kapitel 21.

Nächste Schritte

Es sollte Ihnen nun keine Schwierigkeiten bereiten, mit diesem Tabellenblatt andere Optionstypen mit anderen Underlyings zu bewerten. Soll die implizite Volatilität ermittelt werden, aktivieren Sie die Box neben *Implied Volatility* und geben in Zelle D20 den Optionspreis ein. Nach Klick auf *Calculate* wird die implizite Volatilität in Zelle D6 ausgegeben.

Im nächsten Tabellenblatt kann eine Vielzahl von Diagrammen erzeugt werden. Um ein Diagramm zu zeichnen, müssen Sie zunächst die Variablen für die vertikale und die horizontale Achse sowie den Definitionsbereich für die horizontale

Achse auswählen. Im Anschluss betätigen Sie die Eingabe-Taste und klicken auf *Draw Graph*.

Weiterhin sind beim Tabellenblatt *Equity_FX_Indx_Fut_Opts_Calc* folgende Dinge zu beachten:

1. Für europäische und amerikanische Aktienoptionen können bis zu 10 Dividenden in eine kleine Tabelle eingegeben werden. Geben Sie dabei in die erste Spalte die Ex-Dividende-Zeitpunkte (in Jahren) und in die zweite Spalte die Höhe der Dividende ein.
2. Bis zu 500 Zeitschritte können bei der Bewertung amerikanischer Optionen verwendet werden, doch es können maximal 10 Zeitschritte dargestellt werden.
3. Für alle Optionen außer Standard-Calls und -Puts werden die Greeks nicht durch analytische Formeln, sondern durch Veränderung der Eingabewerte berechnet.
4. Bei Asian Option bezeichnet *Current Average* den Durchschnittspreis seit Beginn. Bei einer neuen asiatischen Option (Zeit seit Beginn gleich null) hat die Zelle *Current Average* keine Bedeutung.
5. Bei einer Lookback Option wird bei der Bewertung eines Calls die Zelle *Minimum to Date* und bei der Bewertung eines Puts die Zelle *Maximum to Date* verwendet. Bei einer neuen Option müssen diese Werte dem aktuellen Preis des Underlyings gleichgesetzt werden.
6. Zinssätze sind bei stetiger Verzinsung und Actual/Actual-Tagzählung angegeben.

Das Tabellenblatt *Alternative Models* funktioniert wie das Tabellenblatt *Equity_FX_Indx_Fut_Opts_Calc*. Optionen können mit dem CEV-Modell, dem gemischten Jump-Diffusions-Modell nach Merton und dem Varianz-Gamma-Modell bewertet werden. Diagramme werden im gleichen Tabellenblatt angezeigt. Man kann Volatility Smiles ausgeben lassen, indem man auf der *y*-Achse die implizite Volatilität abträgt und auf der *x*-Achse den Basispreis.

Monte-Carlo-Simulation

Im Tabellenblatt *Monte-Carlo-Simulation* können verschiedene Optionsarten mit dem Lognormal-Modell, dem gemischten Jump-Diffusions-Modell nach Merton und dem Varianz-Gamma-Modell bewertet werden. Es werden die vollständigen Resultate von zehn Simulationsdurchläufen angezeigt. Bei Aktivierung der Schaltfläche *Do AntiThetic* werden diese paarweise gemittelt, so dass sich fünf Zufallswerte ergeben. Ist die Schaltfläche nicht aktiviert, erhält man zehn Zufallswerte. Angegeben werden außerdem die Standardfehler der gesamten Simulation und der zehn angezeigten Simulationsschritte.

Zinsstrukturkurve

Aus den LIBOR-Einlagensätzen und den LIBOR-for-Fixed-Swap Rates wird die LIBOR-Zinsstrukturkurve ermittelt. Die OIS-Zinsstrukturkurve wird aus Overnight-Sätzen berechnet. Aus pädagogischen Erwägungen wird eine vereinfachte Version der realen Welt unterstellt, bei der die Kumulationszeiträume Bruchteile eines Jahres sind (z. B. 1,0, 0,5, 0,25 usw. Jahre) und die Actual/Actual-Tagzählung benutzt wird. Die LIBOR-Zinsstrukturkurve kann, wie in Kapitel 9 beschrieben, mit LIBOR-Diskontierung oder mit OIS-Diskontierung ermittelt werden. Man kann daher mit diesem Tabellenblatt die Auswirkung untersuchen, die ein Wechsel von der LIBOR-Diskontierung zur OIS-Diskontierung auf die LIBOR-Zinsstrukturkurve hat.

Anleihen und Swaps

Das Tabellenblatt *Bond_and_Swap_Price* funktioniert ähnlich wie die bereits beschriebenen Tabellenblätter. Swaps können entweder mit LIBOR-Diskontierung oder mit OIS-Diskontierung bewertet werden. Bei OIS-Diskontierung muss zusätzlich zur OIS-Zinsstrukturkurve eine LIBOR-Zinsstrukturkurve eingegeben werden. Die LIBOR-Zinsstrukturkurve wird man gewöhnlich im Tabellenblatt *Zero Curve* bestimmen.

Anleiheoptionen

Die Bedienung des Tabellenblatts *Bond_Options* geschieht analog zu den bereits beschriebenen Tabellenblättern. Alternativ stehen Black-Modell (siehe Abschnitt 29.1), Short-Rate-Modell mit Normalverteilung (siehe Gleichung (31.12)) und Short-Rate-Modell mit Lognormalverteilung (siehe Gleichung (31.17)) zur Verfügung. Das erste Modell ist nur auf europäische Optionen anwendbar, die anderen beiden können für europäische und amerikanische Optionen verwendet werden. Der Kupon wird als jährlicher Zinssatz eingegeben, als Zahlungshäufigkeit kann Quarterly, Semi-Annual oder Annual ausgewählt werden. Die Spot-Rate-Strukturkurve wird in die Tabelle mit der Bezeichnung Term Structure eingegeben. Tragen Sie die Laufzeiten (in Jahren) in die erste Spalte und die entsprechenden stetigen Zinssätze in die zweite Spalte ein. DerivaGem unterstellt zwischen den vorgegebenen Zinssätzen einen linearen Verlauf der Spot-Rate-Strukturkurve analog zu Abbildung 4.1. Der Basispreis kann als Clean Price oder Dirty Price angegeben werden (siehe Abschnitt 29.1). Der von der Software berechnete notierte Anleihepreis und der eingegebene Basispreis werden als Preis pro 100 $ Nennwert angesehen.

Caps und Swaptions

Die Bedienung des Tabellenblatts (Caps_and_Swap_Options) geschieht analog zu den bereits beschriebenen Tabellenblättern. Das Tabellenblatt wird zur Bewertung von Zinscaps und -floors sowie von Swaptions benutzt. Das Black-Modell für Caps und Floors wird in Abschnitt 29.2 erläutert, das Black-Modell für Swaptions in Abschnitt 29.3. Die Short-Rate-Modelle der Normal- bzw. Lognormalverteilung sind in den Gleichungen (31.12) und (31.17) angegeben. Die Spot-Rate-Strukturkurve wird auf die gleiche Weise eingegeben wie für Anleiheoptionen. Für die Zahlungshäufigkeit sind die Einstellungen Annual, Semi-Annual, Quarterly und Monthly möglich. Die Software ermittelt die Zahlungstermine durch rekursives Vorgehen vom Ende der Laufzeit des Instruments. Die erste Verzinsungsperiode darf eine nicht standardisierte Länge haben (zwischen dem 0,5- und dem 1,5fachen einer normalen Verzinsungsperiode). Man kann entweder LIBOR-Diskontierung oder OIS-Diskontierung verwenden.

CDSs

Mit dem CDS-Tabellenblatt lassen sich Hazard Rates aus CDS Spreads berechnen, und umgekehrt. Man muss dazu Daten für die Zinsstruktur (stetige Verzinsung) und für die Struktur entweder der CDS Spreads oder der Hazard Rates eingeben. Die anfängliche Hazard Rate gilt vom Zeitpunkt null bis zum ersten angegebenen Zeitpunkt; die zweite Hazard Rate gilt vom ersten bis zum zweiten Zeitpunkt, usw. Die Berechnungen werden unter der Annahme durchgeführt, dass Ausfälle nur zur Halbzeit zwischen zwei Zahlungsterminen auftreten können. Dies korrespondiert mit den Berechnungen für das Beispiel in Abschnitt 24.2.

CDOs

Das CDO-Tabellenblatt ermittelt Tranchen-Notierungen von CDOs anhand der vom Benutzer eingegebenen Tranche-Korrelationen. Die Attachment- und Detachment-Punkte für die Tranchen muss man eingeben. Die Notierungen können in Basispunkten dargestellt werden oder aber eine Vorauszahlung beinhalten. In diesem Fall ist der Spread in Basispunkten fest, während die Vorauszahlung, als prozentualer Anteil des Tranchennominals, entweder eingegeben oder implizit ermittelt wird. (Für die Equity-Tranche des iTraxx Europe oder des CDX NA IG beträgt der feste Spread 500 Basispunkte.) Die Anzahl der Stützstellen (siehe Gleichung (25.12)) beeinflusst die Genauigkeit der Berechnungen und kann für die meisten Fälle bei 10 belassen werden (maximal sind 30 Stützstellen möglich). Die Software gibt den erwarteten Verlust als prozentualen Anteil des Tranchennominals aus (ExpLoss) und den Barwert der erwarteten Zahlungen (PVPmts) als Vielfaches von 10 000 Basispunkten pro Jahr an. Spread und Vorauszahlung betragen dann:

$$\text{ExpLoss} \cdot 10\,000/\text{PVPmts} \quad \text{bzw.} \quad \text{ExpLoss} - (\text{Spread} \cdot \text{PVPmts}/10\,000).$$

Man kann nun mit dem Tabellenblatt die (zusammengesetzten) Tranchen-Korrelationen oder aus den Eingaben des Benutzers die Base Correlations ermitteln. Zur Bestimmung der Base Correlations muss der erste Attachment-Punkt bei 0% liegen und der Detachment-Punkt einer Tranche muss mit dem Attachment-Punkt der nächsten Tranche übereinstimmen.

Definition der Greeks

Im Tabellenblatt *Equity_FX_Index_Futures* werden die Greeks folgendermaßen ermittelt:

Delta: Änderung des Optionspreises bei einem Preisanstieg des Underlyings um einen Dollar

Gamma: Änderung von Delta bei einem Preisanstieg des Underlyings um einen Dollar

Vega: Änderung des Optionspreises bei Anstieg der Volatilität um einen Prozentpunkt (z. B. von 20% auf 21%)

Rho: Änderung des Optionspreises bei Anstieg des Zinssatzes um einen Prozentpunkt (z. B. von 5% auf 6%)

Theta: Änderung des Optionspreises pro Kalendertag

In den Tabellenblättern *Bond_Options* und *Caps_and_Swap_Options* werden die Greeks folgendermaßen ermittelt:

DV01: Änderung des Optionspreises bei Parallelverschiebung der Zinsstrukturkurve um einen Basispunkt nach oben

Gamma: Änderung von DV01 bei Parallelverschiebung der Zinsstrukturkurve (in % pro %)

Vega: Änderung des Optionspreises bei Anstieg des Volatilitätsparameters um einen Prozentpunkt (z. B. von 20% auf 21%)

Der Applications Builder

Wenn Sie sich mit der Optionsbewertung in der Datei DG300.xls vertraut gemacht haben, werden sie als Nächstes den Applications Builder (DG300 applications.xls) verwenden wollen. Sie können auch mit DG300 functions.xls eigene Anwendungen entwickeln. Diese Datei enthält die Funktionen, die DerivaGem zugrunde liegen, einschließlich des VBA-Quellcodes. Die in der Software enthaltenen Anwendungen sind:

A. **Binomial Convergence.** Untersucht die Konvergenz des Binomialmodells aus den Kapiteln 13 und 21.

B. **Greek Letters.** Liefert Diagramme, welche die Greeks von Kapitel 19 zeigen.

C. **Delta Hedge.** Untersucht die Performance des Delta-Hedging wie in den Tabellen 19.2 und 19.3.

D. **Delta and Gamma Hedge.** Untersucht die Performance eines gleichzeitigen Delta- und Gamma-Hedgings für eine Position in einer digitalen Option.

E. **Value at Risk.** Berechnet den Value at Risk für ein aus drei Optionen bestehendes Portfolio auf eine Einzelaktie mit drei verschiedenen Verfahren.

F. **Barrier Replication.** Führt Berechnungen für das Beispiel einer statischen Nachbildung von Optionen in Abschnitt 26.17 durch.

G. **Trinomial Convergence.** Untersucht die Konvergenz eines Trinomialbaum-Modells.

Die wichtigsten Börsen für Futures und Optionen

Australian Securities Exchange (ASX)	www.asx.com.au
BM&FBOVESPA (BMF)	www.bmfbovespa.com.br
Bombay Stock Exchange (BSE)	www.bseindia.com
Boston Options Exchange (BOX)	www.bostonoptions.com
Bursa Malaysia (BM)	www.bursamalaysia.com
Chicago Board Options Exchange (CBOE)	www.cboe.com
China Financial Futures Exchange (CFFEX)	www.cffex.com.cn
CME Group	www.cmegroup.com
Dalian Commodity Exchange (DCE)	www.dce.com.cn
Eurex	www.eurexchange.com
Hong Kong Futures Exchange (HKFE)	www.hkfe.com.hk
IntercontinentalExchange (ICE)	www.theice.com
International Securities Exchange (ISE)	www.iseoptions.com
Kansas City Board of Trade (KCBT)	www.kcbt.com
London Metal Exchange (LME)	www.lme.co.uk
MEFF Renta Fija and Variable, Spain	www.meff.es
Mexican Derivatives Exchange (MEXDER)	www.mexder.com
Minneapolis Grain Exchange (MGE)	www.mgex.com
Montreal Exchange (ME)	www.m-x.ca
NASDAQ OMX	www.nasdaqomx.com
National Stock Exchange, Mumbai (NSE)	www.nseindia.com
NYSE Euronext	www.nyse.com
Osaka Securities Exchange (OSE)	www.ose.or.jp
Shanghai Futures Exchange (SHFE)	www.shfe.com.cn
Singapore Exchange (SGX)	www.sgx.com
Tokyo Grain Exchange (TGE)	www.tge.or.jp
Tokyo Financial Exchange (TFX)	www.tfx.co.jp
Zhengzhou Commodity Exchange (ZCE)	www.zce.cn

In den letzten Jahren hat eine internationale Konsolidierung an den Derivatebörsen stattgefunden. So haben sich die Chicago Board of Trade und die Chicago Mercantile Exchange zur CME Group zusammengeschlossen, zu welcher auch die New York Mercantile Exchange (NYMEX) gehört. Euronext und NYSE formten zusammen die NYSE Euronext, welche nun mehr Besitzer der American Stock Exchange (AMEX), der Pacific Exchange (PXS), der London Internationl Financial Futures Exchange (LIFFE) sowie zweier französischer Börsen ist. Die Australian Stock Exchange und die Sydney Futures Exchange (SFE) fusionierten zur Australian Securities Exchange (ASX). Die IntercontinentalExchange (ICE) hat die New York Board of Trade (NYBOT), die International Petroleum Exchange (IPE) und die Winnipeg Commodity Exchange (WCE) erworben und fusioniert mit NYSE Euronext. EUREX, gemeinsam von der Deutschen Börse AG und SIX Swiss Exchange betrieben, besitzt jetzt die International Securities Exchange (ISE). Zweifelsohne geschieht diese Konsolidierung vor allem wegen der Skaleneffekte, die zu niedrigeren Handelskosten führen.

Wertetabelle der Standardnormalverteilung $N(x)$ für $x \leq 0$

Diese Tabelle beinhaltet die Werte von $N(x)$ für $x \leq 0$. Es sollte, wenn notwendig, zwischen den Werten interpoliert werden. So ist z. B.

$$N(-0{,}1234) = N(-0{,}12) - 0{,}34[N(-0{,}12) - N(-0{,}13)]$$
$$= 0{,}4522 - 0{,}34 \cdot (0{,}4522 - 0{,}4483) = 0{,}4509 \,.$$

x	,00	,01	,02	,03	,04	,05	,06	,07	,08	,09
−0,0	0,5000	0,4960	0,4920	0,4880	0,4840	0,4801	0,4761	0,4721	0,4681	0,4641
−0,1	0,4602	0,4562	0,4522	0,4483	0,4443	0,4404	0,4364	0,4325	0,4286	0,4247
−0,2	0,4207	0,4168	0,4129	0,4090	0,4052	0,4013	0,3974	0,3936	0,3897	0,3859
−0,3	0,3821	0,3783	0,3745	0,3707	0,3669	0,3632	0,3594	0,3557	0,3520	0,3483
−0,4	0,3446	0,3409	0,3372	0,3336	0,3300	0,3264	0,3228	0,3192	0,3156	0,3121
−0,5	0,3085	0,3050	0,3015	0,2981	0,2946	0,2912	0,2877	0,2843	0,2810	0,2776
−0,6	0,2743	0,2709	0,2676	0,2643	0,2611	0,2578	0,2546	0,2514	0,2483	0,2451
−0,7	0,2420	0,2389	0,2358	0,2327	0,2296	0,2266	0,2236	0,2206	0,2177	0,2148
−0,8	0,2119	0,2090	0,2061	0,2033	0,2005	0,1977	0,1949	0,1922	0,1894	0,1867
−0,9	0,1841	0,1814	0,1788	0,1762	0,1736	0,1711	0,1685	0,1660	0,1635	0,1611
−1,0	0,1587	0,1562	0,1539	0,1515	0,1492	0,1469	0,1446	0,1423	0,1401	0,1379
−1,1	0,1357	0,1335	0,1314	0,1292	0,1271	0,1251	0,1230	0,1210	0,1190	0,1170
−1,2	0,1151	0,1131	0,1112	0,1093	0,1075	0,1056	0,1038	0,1020	0,1003	0,0985
−1,3	0,0968	0,0951	0,0934	0,0918	0,0901	0,0885	0,0869	0,0853	0,0838	0,0823
−1,4	0,0808	0,0793	0,0778	0,0764	0,0749	0,0735	0,0721	0,0708	0,0694	0,0681
−1,5	0,0668	0,0655	0,0643	0,0630	0,0618	0,0606	0,0594	0,0582	0,0571	0,0559
−1,6	0,0548	0,0537	0,0526	0,0516	0,0505	0,0495	0,0485	0,0475	0,0465	0,0455
−1,7	0,0446	0,0436	0,0427	0,0418	0,0409	0,0401	0,0392	0,0384	0,0375	0,0367
−1,8	0,0359	0,0351	0,0344	0,0336	0,0329	0,0322	0,0314	0,0307	0,0301	0,0294
−1,9	0,0287	0,0281	0,0274	0,0268	0,0262	0,0256	0,0250	0,0244	0,0239	0,0233
−2,0	0,0228	0,0222	0,0217	0,0212	0,0207	0,0202	0,0197	0,0192	0,0188	0,0183
−2,1	0,0179	0,0174	0,0170	0,0166	0,0162	0,0158	0,0154	0,0150	0,0146	0,0143
−2,2	0,0139	0,0136	0,0132	0,0129	0,0125	0,0122	0,0119	0,0116	0,0113	0,0110
−2,3	0,0107	0,0104	0,0102	0,0099	0,0096	0,0094	0,0091	0,0089	0,0087	0,0084
−2,4	0,0082	0,0080	0,0078	0,0075	0,0073	0,0071	0,0069	0,0068	0,0066	0,0064
−2,5	0,0062	0,0060	0,0059	0,0057	0,0055	0,0054	0,0052	0,0051	0,0049	0,0048
−2,6	0,0047	0,0045	0,0044	0,0043	0,0041	0,0040	0,0039	0,0038	0,0037	0,0036
−2,7	0,0035	0,0034	0,0033	0,0032	0,0031	0,0030	0,0029	0,0028	0,0027	0,0026
−2,8	0,0026	0,0025	0,0024	0,0023	0,0023	0,0022	0,0021	0,0021	0,0020	0,0019
−2,9	0,0019	0,0018	0,0018	0,0017	0,0016	0,0016	0,0015	0,0015	0,0014	0,0014
−3,0	0,0014	0,0013	0,0013	0,0012	0,0012	0,0011	0,0011	0,0011	0,0010	0,0010
−3,1	0,0010	0,0009	0,0009	0,0009	0,0008	0,0008	0,0008	0,0008	0,0007	0,0007
−3,2	0,0007	0,0007	0,0006	0,0006	0,0006	0,0006	0,0006	0,0005	0,0005	0,0005
−3,3	0,0005	0,0005	0,0005	0,0004	0,0004	0,0004	0,0004	0,0004	0,0004	0,0003
−3,4	0,0003	0,0003	0,0003	0,0003	0,0003	0,0003	0,0003	0,0003	0,0003	0,0002
−3,5	0,0002	0,0002	0,0002	0,0002	0,0002	0,0002	0,0002	0,0002	0,0002	0,0002
−3,6	0,0002	0,0002	0,0001	0,0001	0,0001	0,0001	0,0001	0,0001	0,0001	0,0001
−3,7	0,0001	0,0001	0,0001	0,0001	0,0001	0,0001	0,0001	0,0001	0,0001	0,0001
−3,8	0,0001	0,0001	0,0001	0,0001	0,0001	0,0001	0,0001	0,0001	0,0001	0,0001
−3,9	0,0000	0,0000	0,0000	0,0000	0,0000	0,0000	0,0000	0,0000	0,0000	0,0000
−4,0	0,0000	0,0000	0,0000	0,0000	0,0000	0,0000	0,0000	0,0000	0,0000	0,0000

Wertetabelle der Standardnormalverteilung $N(x)$ für $x \geq 0$

Diese Tabelle beinhaltet die Werte von $N(x)$ für $x \geq 0$. Es sollte, wenn notwendig, zwischen den Werten interpoliert werden. So ist z. B.

$$N(0{,}6278) = N(0{,}62) + 0{,}78[N(0{,}63) - N(0{,}62)]$$
$$= 0{,}7324 + 0{,}78 \cdot (0{,}7357 - 0{,}7324) = 0{,}7350 \,.$$

x	,00	,01	,02	,03	,04	,05	,06	,07	,08	,09
0,0	0,5000	0,5040	0,5080	0,5120	0,5160	0,5199	0,5239	0,5279	0,5319	0,5359
0,1	0,5398	0,5438	0,5478	0,5517	0,5557	0,5596	0,5636	0,5675	0,5714	0,5753
0,2	0,5793	0,5832	0,5871	0,5910	0,5948	0,5987	0,6026	0,6064	0,6103	0,6141
0,3	0,6179	0,6217	0,6255	0,6293	0,6331	0,6368	0,6406	0,6443	0,6480	0,6517
0,4	0,6554	0,6591	0,6628	0,6664	0,6700	0,6736	0,6772	0,6808	0,6844	0,6879
0,5	0,6915	0,6950	0,6985	0,7019	0,7054	0,7088	0,7123	0,7157	0,7190	0,7224
0,6	0,7257	0,7291	0,7324	0,7357	0,7389	0,7422	0,7454	0,7486	0,7517	0,7549
0,7	0,7580	0,7611	0,7642	0,7673	0,7704	0,7734	0,7764	0,7794	0,7823	0,7852
0,8	0,7881	0,7910	0,7939	0,7967	0,7995	0,8023	0,8051	0,8078	0,8106	0,8133
0,9	0,8159	0,8186	0,8212	0,8238	0,8264	0,8289	0,8315	0,8340	0,8365	0,8389
1,0	0,8413	0,8438	0,8461	0,8485	0,8508	0,8531	0,8554	0,8577	0,8599	0,8621
1,1	0,8643	0,8665	0,8686	0,8708	0,8729	0,8749	0,8770	0,8790	0,8810	0,8830
1,2	0,8849	0,8869	0,8888	0,8907	0,8925	0,8944	0,8962	0,8980	0,8997	0,9015
1,3	0,9032	0,9049	0,9066	0,9082	0,9099	0,9115	0,9131	0,9147	0,9162	0,9177
1,4	0,9192	0,9207	0,9222	0,9236	0,9251	0,9265	0,9279	0,9292	0,9306	0,9319
1,5	0,9332	0,9345	0,9357	0,9370	0,9382	0,9394	0,9406	0,9418	0,9429	0,9441
1,6	0,9452	0,9463	0,9474	0,9484	0,9495	0,9505	0,9515	0,9525	0,9535	0,9545
1,7	0,9554	0,9564	0,9573	0,9582	0,9591	0,9599	0,9608	0,9616	0,9625	0,9633
1,8	0,9641	0,9649	0,9656	0,9664	0,9671	0,9678	0,9686	0,9693	0,9699	0,9706
1,9	0,9713	0,9719	0,9726	0,9732	0,9738	0,9744	0,9750	0,9756	0,9761	0,9767
2,0	0,9772	0,9778	0,9783	0,9788	0,9793	0,9798	0,9803	0,9808	0,9812	0,9817
2,1	0,9821	0,9826	0,9830	0,9834	0,9838	0,9842	0,9846	0,9850	0,9854	0,9857
2,2	0,9861	0,9864	0,9868	0,9871	0,9875	0,9878	0,9881	0,9884	0,9887	0,9890
2,3	0,9893	0,9896	0,9898	0,9901	0,9904	0,9906	0,9909	0,9911	0,9913	0,9916
2,4	0,9918	0,9920	0,9922	0,9925	0,9927	0,9929	0,9931	0,9932	0,9934	0,9936
2,5	0,9938	0,9940	0,9941	0,9943	0,9945	0,9946	0,9948	0,9949	0,9951	0,9952
2,6	0,9953	0,9955	0,9956	0,9957	0,9959	0,9960	0,9961	0,9962	0,9963	0,9964
2,7	0,9965	0,9966	0,9967	0,9968	0,9969	0,9970	0,9971	0,9972	0,9973	0,9974
2,8	0,9974	0,9975	0,9976	0,9977	0,9977	0,9978	0,9979	0,9979	0,9980	0,9981
2,9	0,9981	0,9982	0,9982	0,9983	0,9984	0,9984	0,9985	0,9985	0,9986	0,9986
3,0	0,9986	0,9987	0,9987	0,9988	0,9988	0,9989	0,9989	0,9989	0,9990	0,9990
3,1	0,9990	0,9991	0,9991	0,9991	0,9992	0,9992	0,9992	0,9992	0,9993	0,9993
3,2	0,9993	0,9993	0,9994	0,9994	0,9994	0,9994	0,9994	0,9995	0,9995	0,9995
3,3	0,9995	0,9995	0,9995	0,9996	0,9996	0,9996	0,9996	0,9996	0,9996	0,9997
3,4	0,9997	0,9997	0,9997	0,9997	0,9997	0,9997	0,9997	0,9997	0,9997	0,9998
3,5	0,9998	0,9998	0,9998	0,9998	0,9998	0,9998	0,9998	0,9998	0,9998	0,9998
3,6	0,9998	0,9998	0,9999	0,9999	0,9999	0,9999	0,9999	0,9999	0,9999	0,9999
3,7	0,9999	0,9999	0,9999	0,9999	0,9999	0,9999	0,9999	0,9999	0,9999	0,9999
3,8	0,9999	0,9999	0,9999	0,9999	0,9999	0,9999	0,9999	0,9999	0,9999	0,9999
3,9	1,0000	1,0000	1,0000	1,0000	1,0000	1,0000	1,0000	1,0000	1,0000	1,0000
4,0	1,0000	1,0000	1,0000	1,0000	1,0000	1,0000	1,0000	1,0000	1,0000	1,0000

Register

A

Abbruchoption, 970
Abrechnungspreis, 65, **995**
ABS, *siehe* Asset Backed Security
ABS CDO, **995**
Absicherer, **995**, *siehe* Hedger
Absicherung, **995**
  Aktienportfolio, 98–101
  Aktionäre und ~, 85
  Basisrisiko, 88–92
  Effektivität, *siehe* Hedge Effectiveness
  Exotische Optionen, 751, 752, 754
  ~ im Goldbergbau, 87
  Grundprinzipien, 82–84
  Hedge Ratio, 92
  ~ mit Index-Futures, 98–101
  Konkurrenten und ~, 85
  Long Hedge, 83, 84
  Metallgesellschaft (MG) und ~, 104
  Perfect Hedge, 82
  Pro- und Kontra-Argumente, 84–88
  Prolongieren, 103, 104
  Short Hedge, 82
  Zinsderivat, 891
Absicherungsquotient, 92
Accrual Swap, 234, 935, **995**
Adaptive-Mesh-Modell, 579, **995**
  Bewertung einer Barrier Option, 782
Add-up Basket Credit Default Swap, 711
Agency Costs, **995**
Aitchison, J., 406
Aktienindex, 97, **995**
Aktienindex-Futures, **995**
Aktienindex-Option, **995**
Aktienkurse
  Aktienrendite, Verteilung, 407
  Definition, 305
  erwartete Rendite, 407–409
  Lognormalverteilung, 395, 404–407
  Prozess, 389–391
  Volatilität, 409–414, 543–545

Aktienoption, **995**
  amerikanische Option auf Aktie mit Dividendenzahlung, 318, 319, 430, 432
  amerikanische Option auf dividendenlose Aktie, 314–318, 421
  Annahmen, 306
  Binomialbaum, 350
  Binomialbaum-Bewertungsformeln, 352, 354
  Black-Approximation, 432
  Dividenden, 285, 286, 305, 318, 319, 428
  Dividendenrendite, 465, 466
  Einflussfaktoren auf Optionspreise, 302–305
  erwartete Aktienrendite und ~, 354
  europäische Option auf Aktie mit bekannter Dividendenrendite, 465, 466
  europäische Option auf Aktie mit Dividendenzahlung, 318, 319, 429, 465, 466
  europäische Option auf dividendenlose Aktie, 314–318, 420
  Grenzen für Aktien mit Dividendenzahlung, 318, 319, 465
  Grenzen für dividendenlose Aktien, 306–310
  Put-Call-Parität, 302, 310–314, 329, 338, 466, 538
  risikoneutrale Bewertung, 467
Aktiensplit, 285, **995**
Allayannis, G., 106
Allgemeiner Wiener-Prozess, 385, **995**
Allied Irish Bank, 980
Allied Lyons, 982
Altman, E.I., 671, 694
Amaranth, 980
Amato, J.D., 678
Amazon.com, Bewertung, 969
American Stock Exchange, 281

Amerikanische Option, 32, 276, 560, **995**
  analytische Approximation der Preise, 560
  Binomialbaum, 361, 362
  Black-Approximation, 432
  Dividendenzahlungen, 318, 319
  Futures-Option im Vergleich zu Spot-Option, 484–492
  Monte-Carlo-Simulation und ~, 786–790
  Nichtstandard-Option, 734
  Option auf Aktie mit Dividendenzahlung, 318, 319, 430, 432
  Option auf dividendenlose Aktie, 314–318, 421, 563, 565
  Put-Call-Parität, 310–314
  vorzeitige Ausübung, 278, 314–318, 430–432
Amortizing Swap, 234, 924, **995**
Amran, M., 976
Analytische Lösung, **995**
Andersen, L.B.G., 727, 771, 775, 789–792, 910, 913, 919
Andreasen, J., 910, 913, 919
Anfänglicher Einschuss, *siehe* Initial Margin
Anfangsgewinn, 986, **995**
Angebot, 27, 287
Ankaufkurs, 27, 216, 287
Anleihebewertung, 119, 120
Anleiheoption, 820–824, 875, **995**
  Baum für amerikanische Optionen auf Anleihen, 888
  Bewertung mit Vasicek-Modell, 863, 865
  eingebettete ~, 820, 821
  europäische ~, 821–823
  Kupon-Anleihen, 875
  Renditevolatilität, 824
Anleiherendite, **995**
Anpassung an Zahlungstermine, 848–850
  Accrual Swap, 935
  Constant Maturity Swap (CMS), 930–932
Anpassungstermin, **995**
Anschlussdeckung, 955

Antikarov, V., 976
Antithetic Variates-Technik, varianzreduzierendes Verfahren, 588
Äquivalentes Martingalmaß, 804
Arbitrage, 988, **996**
Arbitrageur, 35, 41, 149, 150, 152, 154, **996**
Arditti, F., 960
Artzner, P., 612, 636
Asiatische Option, 744, 746, **996**
Asset Backed Security, **996**
Asset Swap, 674, **996**
Asset-Liability-Management-(ALM), 197
Asset-or-Nothing Call, 741, **996**
Asset-or-Nothing Put, 741, **996**
„Assigned" Anleger, 291
As-You-Like-It Option, 737, 738, **996**
At-the-Money Option, 283, 512, 513, 516, 544, **996**
Aufschuboption, 970
Ausfallintensität, 670, **996**
Ausfallkorrelation, 689, **996**
  Faktoren für die Festlegung der Korrelationsstrukturen, 691
  Gaußsche-Copula-Modell für die Zeit bis zum Ausfall, 688–690
  Reduktionsmodelle, 688
  Strukturmodelle, 688
Ausfallwahrscheinlichkeit
  aus CDS errechnet, 705, 706, 708
  historische Ausfallwahrscheinlichkeiten, 668, 670
  reale Welt und risikoneutrale Welt, 676, 678
  Schätzung aus Anleihedaten, 671, 673
  Schätzung aus Anleihepreisen, 673
  Schätzung aus Bond Yield Spreads, 671
  Schätzung mit Eigenkapital, 678–680
  Vergleich der Schätzer für Ausfallwahrscheinlichkeiten, 674–676, 678
Ausfallwahrscheinlichkeitsdichte, **996**
Ausschüttungstermin, **996**
Äußere Barrier, 780
Austausch des Numeraires, 812
Ausübungsgrenze, 286, **996**
Ausübungspreis, 32
Auszahlung, **996**

Average Price Call, 744, **996**
Average Price Put, 744, **996**
Average Strike Call, 746
Average Strike Option, **996**
Average Strike Put, 746

B
Back Office, 986
Back Testing, 630, **996**
Bakshi, G., 551
Bankers Trust (BT), 938, 982, 987
Barabwicklung, 68, **997**
Barings Bank, 980, 983
Barrier Option, 739, 740, 779, 780, 782, **997**
  Äußere Barrier, 780
  Bewertung mit Adaptive-Mesh-Modell, 782
  Innere Barrier, 780
Bartter, B., 373, 603, 862
Basak, S., 636
Base Correlation, **997**
Basis, 88, **997**
Basispreis, 32, **997**
Basispunkt, 131, **997**
Basisrisiko, **997**
  Absicherung und ~, 88–92
Basis-Swap, **997**
Basis-Swap, 925
Basket Credit Default Swap, **997**
  Add-up Basket CDS, 711
  Bewertung, 715
  First-to-Default CDS, 711
  nth-to-Default CDS, 711
Basket Option, 748, **997**
Basler Ausschuss, **997**
Basu, S., 727
Bates, D.S., 551
Baum, **997**
Baxter, M., 814
Beaglehole, D.R., 958, 960
Bear Calendar Spread, 339
Bear Spread, 332, **997**
Bermuda-Option, 734, **997**
Bermuda-Swaption, 913
Besicherung, **997**
Beta, **997**
Bewertung
  Amazon.com, 969

  Geschäftsgebietes, 968, 969
  Zinscaps und Zinsfloors, 828, 829
Bewertung zu Marktpreisen, *siehe*
  Marking to Market
Bezugspreis, **997**
Bezugsrecht, **997**
BGM-Modell, *siehe*
  LIBOR-Market-Modell (LMM),
  Zinsderivate
Bharadwaj, A., 345
Bid-Ask Spread, *siehe*
  Geld-Brief-Spanne
Biger, N., 474
Bilanzierung, 71
Binary Credit Default Swap, 708, **997**
Binomialbaum, 560, **998**
  Aktie mit bekannter absoluter
    Dividende, 571, 572
  Aktie mit bekannter
    Dividendenrendite, 465, 466
  Aktie mit bekannter Rendite, 571
  alternative Konstruktionsverfahren, 577
  amerikanische Option, 361, 362
  Anpassung an die Volatilität, 363
  Control Variates -Technik, 575
  Definition, 350
  Delta und ~, 362, 363
  dividendenlose Aktie, 560–568
  Einperiodenmodell, 350–354
  europäische Option, 350–361
  Futures-Option, 486–488
  Optionen auf Index, Währung und
    Futures, 568–571
  risikoneutrale Bewertung und ~, 354, 356
  zeitabhängige Parameter, 579, 580
  Zweiperiodenmodell, 357–360
Binomialmodell, **998**
Black, F., 312, 404, 432, 434, 490, 494, 538, 839, 873, 892
Black-Approximation, **998**
  amerikanische Kaufoption, 432
Black-Modell, 490, **998**
  Forward-risikoneutrale Bewertung, 830, 831, 836
Black-Scholes-Merton-Differentialgleichung, 414

Register

Black-Scholes-Merton-Modell, 404–441, **998**
  Delta und ~, 505
  Dividende, 428–432
  erwartete Rendite, 407–409
  europäische Option auf dividendenlose Aktie, 420–423
  kumulierte Normalverteilungsfunktion, 423
  Unterschiede zum Binomialmodell, 414
Blattberg, R., 434
Board-Order, 69
Bodie, Z., 474
Bodurtha, J.N., 792
Bollerslev, T., 646, 662
Bolsa de Mercadorias y Futuros (BM&F), 52
Bootstrap-Methode, 121–123, **998**
Börsenhandel, 24, 27
  ~ für Optionen, 285
  Unterschied zum OTC-Handel, 27, 29
Boston Option, *siehe* Option mit verzögerter Zahlung
Bottom Straddle, 341
Bottom Vertical Combination, 342
Boudoukh, J., 636
Box Spread, 334, 335, **998**
Box, G.E.P., 653
Boyle, P.P., 604, 780, 792
Brace, A., 903, 910, 919
Brady, B., 671
Break Forward, 733, *siehe* Option mit verzögerter Zahlung
Brealey, R.A., 397
Breeden, D.T., 555
Briefkurs, **998**
Brigo, D., 893
Broadie, M., 321, 604, 740, 744, 790
Broker, 68
Brotherton-Ratcliffe, R., 591, 771, 792, 854
Brown, G.W., 106
Brown, J.A.C., 406
Brownsche Bewegung, 384, *siehe* Wiener-Prozess
Buffum, D., 775
Bull Calendar Spread, 339
Bull Spread, 330, **998**

Burghardt, G., 198
Butterfly Spread, 336, **998**
Buying on Margin, 289

C

Cai, L., 960
Calendar Spread, 338, 340, **998**
Call, 32, 33, 276, **998**
Callable Bond, 820, **998**
Campbell, J.Y., 106
Cancelable Swap, *siehe* Kündbarer Swap
Canter, M.S., 106, 960
Cao, C., 551
Cao, M., 960
Cap, **998**
Cap Rate, 825, **998**
Capital Asset Pricing Model (CAPM), 99, 169, 803, **998**
  Zusammenhang mit Investitionsbewertung, 964, 967
  Zusammenhang mit Marktpreis des Risikos, 800
Caplet, **998**
Carpenter, J., 456
Carr, P., 755
Carr, P.P., 766, 792
Case-Shiller-Index, **999**
Cash CDO, 713
Cash Flow Mapping, 623, **999**
Cash-or-Nothing Call, 741, **999**
Cash-or-Nothing Put, 741, **999**
CAT Bond, 958, **999**
CBOEdirect, 287
CDD, *siehe* Kühlungsgradtage (CDD)
CDO, *siehe* Collateralized Debt Obligation (CDO)
CDS Spread, 702
CDX NA IG, **999**
Central Counterparty, **999**
CEV-Modell, 763, 764, **999**
Chance, D., 939
Chancellor, E., 44
Chang, E.C., 766, 792
Chaput, J.S., 345
Cheapest-to-Deliver-Anleihe, 185, **999**
Chen, Z., 551
Chicago Board of Trade (CBOT), 25, 32

Chicago Board Options Exchange (CBOE), 25, 32, 460, 482
Chicago Mercantile Exchange (CME), 25, 32, 955
Cholesky-Zerlegung, 585, **999**
Chooser Option, 737, 738, **999**
Chriss, N., 755
Clean Price einer Anleihe, **999**
Clearing Margin, **999**
Clearingstelle, 60, **999**
Clewlow, L., 603, 755, 959
Cliquet Option, **1000**
CMO, siehe Collateralized Mortgage Obligation (CMO)
Cole, J.B., 960
Collar, siehe Zinscollar
Collateralized Debt Obligation (CDO), 713, **1000**
Collateralized Mortgage Obligation (CMO), 917, **1000**
Combination
  Handelsstrategie, 340, 341
Commodity Futures Trading Commission (CFTC), 70, **1000**
Commodity Swap, 235, 938, **1000**
Compound Correlation, **1000**
Compound Option, 736, 737, **1000**
Compounding Swap, 234, 926–928, **1000**
Conditional Value at Risk (C-VaR), 612, **1000**
Confirmation, 211, 925, 926, 933
Constant Maturity Swap (CMS), 234, 930–932, **1000**
Constant Maturity Treasury Swap (CMT Swap), 234, 930–932, **1000**
Constructive Sale, 293
Contango, 171, **1000**
Control Variates-Technik, varianzreduzierendes Verfahren, 575, 589, **1000**
Convenience Yield, 167, **1000**
Cootner, P.H., 397
Copeland, T., 976
Copula, 688, **1000**
Core, J.E., 456
Cornish-Fisher-Entwicklung, 629, **1000**
Cost of Carry, 168, **1000**
Cotter, J., 106

Coval, J.E., 372
Covered Call, 291, 328, **1001**
Cox, D.R., 397
Cox, J.C., 173, 372, 434, 562, 577, 603, 763, 783, 792, 814, 863, 874, 884, 892
Crank-Nicolson-Schema, 602
Crash-Phobie, 545, **1001**
Credit Default Swap (CDS), 701, 704, **1001**
  Bewertung, 705, 706, 708, 715
  Forward-Kontrakt und Option, 711
Credit Default Swap-Option, 711
Credit-Rating-Migrationsmatrix, 668, **1001**
  Reduzierung, 684
Credit Spread Option, **1001**
Credit Valuation Adjustment, **1001**
Credit Value at Risk, 691–693, **1001**
CreditMetrics, 692, **1001**
Cross Currency-Derivat, 850
Cross Currency-Zinsswap, 928
Cross-Gamma, 629
Cross Hedging, 92–95, **1001**
Culp, C., 106
Cumby, R., 662
CVA, siehe Credit Valuation Adjustment
Cylinder Option, 732

D

Daiwa Bank, 981
Das, S., 727
Day Trade, 60, **1001**
Day Trader, 68
Deferred Swap, **1001**
Delbaen, F., 612, 636
Delta, 362, 503, **1001**
  Abschätzung unter Verwendung eines Binomialbaumes, 567
  Beziehung zu Theta und Gamma, 517
  europäische Option, 505, 506
  Forward, 523
  Futures, 523, 524
  Portfolio, 510
  Zinsderivat, 837
Delta Hedging, 362, 503–510, **1001**
  dynamische Aspekte, 506–509
  Performance-Maß, 507
  Transaktionskosten, 510

Delta-Hedging
  Auswirkung der stochastische
    Volatilität, 770
  exotische Optionen, 752
Deltaneutrales Portfolio, 504, 510, **1001**
DerivaGem, **1001**, 1021–1026
Derivat, 24, **1001**
  Nichtstandard-~, 284
  Plain Vanilla~, 204
Derivategeschäft
  Kreditrisiko, 680
Derman, E., 545, 551, 751, 755, 770, 792
Detemple, J., 321
Deterministische Variable, **1001**
Deutsche Bank, 987
Diagonal Spread, 339, **1001**
Differential Swap (Diff Swap), 234, 932
Differential Swap (DiffSwap), **1002**
Diffusions-Modell, 763
Diffusions-Prozess, **1002**
Digitale Option, 741, **1002**
Dirty Price einer Anleihe, **1002**
Discount-Broker, 288
Diskontanleihe, *siehe* Zerobond
Diskontierungssatz, 182, **1002**
Diskontinstrument, **1002**
Diskrete Variable, 382
Diversifikation, 984, **1002**
  Effekt, 620
Dividende, 412, 571–576, **1002**
  Aktienkurse und ~, 282–287, 305
  Aktienoption und ~, 282–287, 305, 428
  Aktiensplits und ~, 282–287
  Bewertung einer europäischen Option
    mit dem Black-Scholes-Modell, 429
  Bewertung eines amerikanischen Calls
    mit dem
    Black-Scholes–Merton-Modell,
    430–432
  Binomialmodell mit bekannter
    absoluter Dividendenzahlung,
    571–576
  Wertgrenzen für Optionspreise, 318,
    319
Dividendenrendite, 571, **1002**
  Binomialbaum und ~, 466, 467, 571
Dollar-Duration, **1002**

Dow Jones Industrial Average Index
  (DJX), 97, 281
  Optionen, 394
Dowd, K., 636
Down-and-In Call, 739
Down-and-In Option, **1002**
Down-and-In Put, 740
Down-and-Out Call, 739
Down-and-Out Option, **1002**
Down-and-Out Put, 740
Downgrade Trigger, 684, **1002**
Dreifacher Hexen-Sabbat, **1002**
Driftrate, 385, **1002**
Duan, J.-C., 770, 792
Dufey, G., 474
Duffie, D., 636, 694, 814, 919
Dunbar, N., 993
Dupire, B., 770, 771, 792
Duration, 129, **1002**
  Anleihe, 131
  Anleihe-Portofolios, 132
  Modified ~, 131
Duration Matching, 196, **1002**
Durationsbasierte Hedge Ratio, 195
Durationsbasierte Hedging-Strategien,
  194
DV01, **1002**
Dynamische Absicherungsstrategie, 504
Dynamisches Hedging, 520, **1003**

E

Eber, J.-M., 612, 636
Ederington, L.H., 345, 551
Edwards, F.R., 106
Effektivverzinsung, 120
Effizienzmarkt-Hypothese, **1003**
Eigenkapitalvereinbarung, 610
Eingebettete Option, 934–937, **1003**
Einschusskonto, *siehe* Margin-Konto
Elektrizitätsderivat, 24, 947
Elektronischer Handel, 26, 287, **1003**
Embrechts, P., 636
Empirische Forschung, **1003**
Endwert, **1003**
Energiederivat, 945–947, 958
  Absicherung von Risiken, 958
Energieministerium USA, 954
Engle, R.F., 644, 646, 652, 659, 662, 663
Enron, 981, 987

Enron-Insolvenz, 684
Equity Swap, 234, 933, 934, **1003**
Equity Tranche, **1003**
Erdölderivat, 946
Ergener, D., 751, 755
Erster Ankündigungstag, 68
Erwartete Aktienrendite, 407–409
  Irrelevanz der ~, 354
  Preis der Aktienoption und ~, 354
Erwarteter zukünftiger Spotkurs, 169
Erwartungstheorie, **1003**
Erwartungswert einer Variablen, **1003**
Erweiterungsoption, 970
Eurex, 287
Eurocurrency, **1003**
Eurodollar, **1003**
Eurodollar-Futures-Kontrakt, 188–190,
  192–194, 216, **1003**
Eurodollar-Zinssatz, **1003**
Europäische Option, 32, 276, **1003**
  Aktie mit Dividendenzahlung, 318,
    319, 429, 465, 466
  Binomialbaum, 350–361, 486–488,
    571–576
  Black-Scholes-Merton-Modell für
    Aktien mit bekannter
    Dividendenrendite, 466
  Black-Scholes-Modell für dividenden-
    lose Aktie, 420–423
  Delta, 362, 363
  dividendenlose Aktie, 314–318, 420
  Futures-Option im Vergleich zu
    Spot-Option, 484
EWMA-Modell, **1003**
Exchange Option, 746, 747, 811, 812,
  1003
Ex-Dividende-Zeitpunkt, 429, 468, *siehe*
  Ausschüttungstermin
Exercise Multiple, **1003**
Exotische Option, 295, 732, **1003**
  amerikanische Nichtstandard-Option,
    734
  asiatische Option, 744, 746, 775, **996**
  Barrier Option, 738–740, 752, 779, 780,
    782, **997**
  Basket Option, 748, **997**
  Chooser Option, 737, 738, **999**
  Compound Option, 736, 737, **1000**
  Digitale Option, 741, **1002**

Exchange Option, 746, 747
Forward Start Option, 736, **1005**
Lookback Option, 742, 743, 775, 777,
  1009
Package, 732, **1012**
Shout Option, 744, **1014**
Expected Shortfall, *siehe* Conditional
  Value at Risk (C-VaR)
Explizite Finite-Differenzen-Methode,
  595–599, **1004**
  andere Finite-Differenzen-Methoden,
    601, 602
  Zusammenhang mit Trinomialmodell,
    599–601
Exponentiell gewichteter gleitender
  Durchschnitt, 644, 645, *siehe*
  EWMA-Modell
Exponentielle Gewichtung, **1004**
Exposure, 231, **1004**
Extendable Bond, **1004**
Extendable Swap, 234, **1004**
Eydeland, A., 959

F

Fabozzi, F.J., 138
Faktor, 632, 633, **1004**
Faktoranalyse, 632, **1004**
Faktorladung, 632
Faktorwerte, 632
Fälligkeit, 32
Fälligkeitsdatum, **1004**
Fama, E.F., 413, 434
FAS 123, **1004**
FAS 133, 72, **1004**
FBI, 71
FCMs, **1004**
Federal National Mortgage Association
  (FNMA), 916
Feiertagskalender, **1004**
Feller, W., 397
FICO, **1004**
Figlewski, S., 579, 603, 662, 782, 792
Fiktiver Nominalbetrag, 206, 701, **1004**
Fill-Or-Kill-Order, 70
Financial Accounting Standards Board
  (FASB), 72, **1004**
Finanzintermediär, 209, **1004**
Finger, C.C., 694

Finite-Differenzen-Methode, 592, **1004**
  andere Finite-Differenzen-Methoden, 601, 602
  Anwendungen, 602
  Explizite ~, 595–599
  Zusammenhang mit Trinomialmodell, 599–601
First-to-Default Credit Default Swap, 711
Flannery, B.P., 591, 592, 603, 650, 890
Flat Volatility, 829, **1004**
Flavell, R., 236
Flex Option, 284, **1004**
Flexi Cap, 908, **1004**
Flexible Forward, 732
Floor, *siehe* Zinscaps and Zinsfloors
Floor Rate, **1005**
Floor-Ceiling Agreement, *siehe* Zinscollar
Floorlet, **1004**
Flucht in Qualitätspapiere, 988
Forward Band, 732
Forward Rate, 123, 220, 844, **1005**
Forward Rate Agreement (FRA), 126, 128, **1005**
Forward Rate-Volatilität, 905
Forward Start Option, **1005**
Forward Swap, 234, *siehe* Deferred Swap
Forward- und Futures-Kontrakte auf Währungen, 161–163
Forward-Kontrakt, 29, 30, **1005**
  Abrechnungspreis, 30, 31
  Angabe von Devisenkursen, 74
  Bewertung, 155–157, 395
  Delta, 523
  Hedging, 36
  Lieferung, 168
  Unterschied zum Futures-Kontrakt, 31, 52, 73, 157, 158
  Unterschied zur Option, 32, 276
Forward-Kurs, 30, 31
Forward-Preis, **1005**
  ~ für ein Investitionsgut mit bekannter Rendite, 154, 155
  ~ für ein Investitionsgut ohne Ertrag, 149–151
  Zusammenhang mit Futures-Preis, 157, 158

Forward-risikoneutral, 806, 810, 811, 845, 848, 850, 851, 904
Forward-risikoneutrale Welt, 805, **1005**
Forward-Wechselkurs, **1005**
French, K.R., 413, 434
Front Office, 985
Froot, K.A., 960
Funktion der vorzeitigen Tilgungen, 916
Futures Option, **1005**
Futures-Kontrakt, **1005**
  Angabe von Devisenkursen, 74
  Delta, 523
  Kontraktgröße, 55
  Liefermonat, 55
  Lieferung, 53, 55, 67, 68, 168
  Long-Position, 53
  Margins und ~, 57, 58, 60
  Marking to Market, 58, 60
  Preisangabe, 56
  Rohstoffe, 165–167
  Schließen von Positionen, 53
  Underlying, 54, 55
  Unterschied zum Forward-Kontrakt, 31, 52, 73, 157, 158
  Unterschied zur Option, 32, 276
  Währungen, 161–163
Futures-Kurs, 52
  Annäherung an Spotkurs, 56
  erwartete Wachstumsrate und ~, 489, 490
  Muster, 57
Futures-Markt
  Regulierung, 70
Futures-Option, 281, 480
  Bewertung mit Binomialbaum, 486–488, 568–571
  Bewertung mit Binomialbäumen, 370
  Bewertung mit dem Black-Modell, 490
  Notierungen, 481, 482
  Option auf Zinsfutures, 482
  Popularität, 483
  Put-Call-Parität, 484, 485
  Vergleich zu Spot-Optionen, 484
Futures-Preis, **1005**
  Cost of Carry, 168
  erwarteter zukünftiger Spotkurs und ~, 169, 171
  Zusammenhang mit Forward-Preis, 157, 158

Futures-Style-Option, **1005**
Futures-Zinssatz, 180–182, 184–197

G

Gamma, 513, **1005**
  Abschätzung unter Verwendung eines Binomialbaumes, 567
  Auswirkung auf die Wahrscheinlichkeitsverteilung des Portfoliowertes, 626
  Beziehung zu Theta und Delta, 517
  Cross-Gamma, 629
  Formel, 515–517
  Zinsderivat, 838
Gamma-Hedging, 513–517
Gammaneutrales Portfolio, 514, 515, **1005**
Gao, B., 579, 603, 782, 792
GAP Management, 197
Gap Option, **1005**
GARCH-Modell, 646, **1005**
  Parameterermittlung, Maximum-Likelihood-Methode, 648
  Prognose der zukünftigen Volatilität, 654–656
  Vergleich mit EWMA, 647–649
Garman, M.B., 474, 742
Gastineau, G.L., 75
Gatarek, D., 903, 910, 919
Gatto, M.A., 742, 755
Gauß-Quadratur, **1005**
Gaußsches-Copula-Modell, 688–690, 693, **1006**
Gedeckte Position, 500
Gegenpartei, **1006**
Gehandeltes Derivat, Preis, 418
Geld-Brief-Spanne, 211, 287, 289, **1006**
Geldkurs, **1006**
Geldmarktkonto, 805, **1006**
Geman, H., 960
Gemischtes Jump-Diffusions-Modell, 763–765
Geometrische Brownsche Bewegung, **1006**
Geometrisches Mittel, **1006**
Geschäftskonvention, 211, 213
Geschichtetes Stichprobenverfahren, varianzreduzierendes Verfahren, 590
Geske, R., 432, 737, 755

Gibson Greetings, 982, 985, 991, 992
Giddy, I.H., 474
Girsanov-Theorem, 365, **1006**
Glasserman, P., 604, 740, 744
Glattstellungsorder, 287
Gleichgewichtsmodell, Zinssätze, 861, **1006**
Goldman, B., 742, 755
Gonedes, N., 434
Good-Till-Cancelled-Order, 70
Gorton, G., 255
Government National Mortgage Association (GNMA), 916
Grabbe, J.O., 474
Graham, J.R., 106
Gratisaktien, **1006**
Greeks, *siehe* Sensitivitätskennzahlen
Gregory, J., 727
Grinblatt, M., 138, 198
Guan, W., 551
Guay, W.R., 456

H

Haircut, **1006**
Hammersmith and Fulham, 232, 982, 991
Handelsstrategien mit Optionen, 326
  ~ für einzelne Option und Aktie, 328–330
  Combination, 340–344
  Spreads, 330–340
Handelsverstöße, 70
Händlertypen, 35, 37–39, 41, 68
Hanly, J., 106
Harrison, J.M., 814
Hasbrook, J., 662
Hauptkomponentenanalyse, 631, **1006**
Haushalter, G.D., 106
Hazard Rate, *siehe* Ausfallintensität
HDD, *siehe* Heizgradtage (HDD)
Heath, D., 612, 636, 900, 919
Hedge Accounting, 71
Hedge Effectiveness, 94
Hedge Ratio, **1006**
Hedge-and-Forget-Strategie, 82, 505, 523
Hedgefonds, 35, **1006**
Hedger, 35–38, 82, 992
Hedging, *siehe* Absicherung
  ~ in der Praxis, 520, 521

Delta-Hedging, 503–510
Gamma-Hedging, 513–517
Performance-Maß, 507
Rho, 520
Stop-Loss-Strategie, 501–503
Theta-Hedging, 510–513
ungedeckte und gedeckte Position, 500, 501
Vega, 517–519
Zinsderivat, 837, 838
Heizgradtage (HDD), 954
Herleitung der Black-Scholes-Merton-Differentialgleichung, 415
Heron, R., 456
Heston, S.L., 769, 792
Hicks, J.R., 169
Historische Simulation, **1006**
  Value at Risk, 613
Historische Volatilität, 410–412, **1006**
HJM-Modell, 900
Ho, T.S.Y., 193, 870, 893
Hopscotch-Methode, 602
Hoskins, W., 198
Hull J.C., 255
Hull, J., 456, 612, 839
Hull, J.C., 474, 519, 541, 575, 589, 601, 603, 604, 630, 636, 673, 694, 711, 727, 769–771, 775, 784, 785, 792, 871, 873, 878, 884, 886, 893, 907, 910, 911, 913, 919
Hunt-Brüder, 70
Hurrikan Andrew, 956

I

IAS 39, 72
Iben, B., 854
IMM-Termine, **1006**
Implied-Tree-Modell, **1007**
Implied-Volatility-Function-Modell (IVF-Modell), **1007**
Implizite Finite-Differenzen-Methode, 592–595, **1007**
  Zusammenhang mit Expliziter Finite-Differenzen-Methode, 595
Implizite Korrelation, **1007**
Implizite Verteilung, **1007**
  Aktienoption, 543
  Währungsoption, 540–543

Implizite Volatilität, 426, **1007**
Importance Sampling, varianzreduzierendes Verfahren, 589
Index Amortizing Swap, 937, *siehe* Indexed Principal Swap
Index Currency Option Note (ICON), 47
Index Futures, 526, **1007**
  Aktienindex-Futures, 97–99, 101, 102
  Hedging mit Index-Futures, 97–101
  Notierungen, 98
  Protfolio-Insurance, 526, 527
Index Option, 460, 461, **1007**
  Bewertung mit Binomialbaum, 368, 568–571
  Bewertung, Black-Scholes-Modell, 469
  Portfolio-Absicherung, 460
Index-Arbitrage, 160, 161, **1007**
Indexed Principal Swap, 937, **1007**
Indexoption, 281
Ingersoll, J.E., 173, 772, 814, 863, 874, 884, 892
Initial Margin, 58, 61, **1007**
Innere Barrier, 780
Innerer Wert, 283, **1007**
Intercontinental Exchange, 54
Interessewahrender Auftrag, 69
Interest Only (IO), 917, **1007**
International Accounting Standards Board (IASB), 72
International Swaps and Derivatives Association (ISDA), **1007**
  Rahmenvereinbarung, 211
In-the-Money Option, 283, 505, 506, 512, 513, 544, **1007**
Inverser Markt, **1007**
Investitionsbewertung, 964, 965
Investitionsgut, 146, 799, **1007**
  Forward-Preis, 149–151
  Marktpreis des Risikos, 799, 800
Investment Grade, 668
ISDA, *siehe* International Swaps and Derivatives Association (ISDA)
Itô, K., 394
Itô-Prozess, 388, **1008**
Itôs Lemma, 394, 802, 804, **1008**
  Herleitung, 401, 402
iTraxx Europe, **1008**
IVF-Modell, 770, 771

J

Jackson, P., 636
Jackwerth, J.C., 551
Jahresbruchteil, 832
Jain, G., 604
Jamshidian, F., 630, 636, 854, 903, 919
Jarrow, R.A., 173, 900, 919, 920
Jegadeesh, N., 198
Jermakyan, M., 792
Jorion, P., 75, 138, 636, 993
JP Morgan, 645
Jump-Diffusions-Modell, 764, 765, **1008**
Jump-Modell, 763

K

Kalibrierung, 890, 891, 912, **1008**
Kalibrierungsinstrument, 890
Kan, R., 919
Kane, A., 663
Kani, I., 751, 755, 770, 792
Kapitalwertmethode, 964
Karasinski, P., 873, 892
Karlin, S., 397
Kassageschäft, 29
Kaufabsicherung, *siehe* Long Hedge
Kaufoption, *siehe* Call
Kealhofer, S., 694
Keynes, J.M., 169
Kidder Peabody, 151, 981, 985, 986
Klassische risikoneutrale Welt, 798, 802
Kleinman, G., 75
Kleinste-Quadrate-Methode
  Monte-Carlo-Simulation für amerikanische Optionen, 786–788
Klüppelberg, C., 636
Knock in Option, 738
Knock out Option, 738
Kohlhagen, S.W., 474
Komparative Vorteile
  Währungsswap, 224–226
  Zinsswap, 216–222
Kon, S.J., 434
Konsumgut, 146, **1008**
Kontraktgröße, 54
Kontrollen, interne, 992
Kontrollgebiete, stromerzeugende Region, 947
Konversionsfaktor, 183, 185, **1008**
Konvexität, 133, 134, **1008**

Konvexitätsanpassung, 844–846, 857, **1008**
  Swap Rate, 847
  Zinssätze, 846, 847
Korrelation, 657
Kou, S.G., 740, 744
Kovarianz, 657, **1008**
Kredit-Contagion, **1008**
Kreditderivat, 701, **1008**
Kreditereignis, 701
Kreditindex, **1008**
Kreditrisiko, 61, 668, **1008**
  ~ in Derivategeschäften, 680
  Ausfallkorrelation und ~, 687, 689–691
  Credit Ratings und ~, 668
  Credit Value at Risk, 691–693
  historische Ausfallwahrscheinlichkeiten, 668, 670
  Reduzierung, 684
  Schätzung von Ausfallwahrscheinlichkeit aus Bond Yield Spreads, 671
  Vergleich der Schätzer für Ausfallwahrscheinlichkeiten, 674–676, 678
  Zinssatz und ~, 114
Kreps, D.M., 814
Krümmung, 513
Kühlungsgradtage (CDD), 954
Kulatilaka, N., 976
Kumulierte Normalverteilungsfunktion, 423
  Approximation durch Polynome, 423
Kumulierte Verteilungsfunktion, **1008**
Kündbarer Compounding Swap, 936, 937
Kündbarer Forward, 733
Kündbarer Swap, 936, **1008**
Kupon, **1008**
Kurse
  Abrechnungspreis, 65
  Eröffnungskurs, 65
Kurtosis, 541, **1009**
Kurzfristiger risikoloser Zinssatz, *siehe* Short Rate
Kurzfristiger Zinssatz, *siehe* Short Rate

L

Lagerhaltungskosten, 165, 167, 168, **1009**
Lau, S.H., 780, 792
Laufzeitstruktur der Volatilitäten, **1009**
Laurent, J.-P., 727
LEAPS (Long-term Equity Anticipation Securities), 282
Lee, R., 755
Lee, S.-B., 193, 870, 893
Leerverkauf, 146–148, **1009**
Letzter Ankündigungstag, 68
Letzter Handelstag, 68
Levenberg-Marquardt-Verfahren, 890
Levy-Prozess, 763
Li, D.X., 694, 727
LIBID, **1009**
LIBOR, 114, **1009**
  Spot-Rate-Strukturkurve, **1009**
LIBOR-In-Arrears Swap, 234, 929, 930, **1009**
LIBOR-Market-Modell (LMM), Zinsderivate, 903
LIBOR-Spot-Rate-Strukturkurve, 216, 217, **1009**
Lie, E., 456
Lieferung, 29, 52–55, 168
Limitbewegung, **1009**
  oberes Limit, 56
  unteres Limit, 56
Limit-Order, 69, **1009**
Lineares Modell, 621–625
Liquiditätspräferenztheorie, **1009**
Liquiditätsprämie, **1009**
Liquiditätsrisiko, 987, 988, **1009**
Litzenberger, R.H., 236, 555, 958, 960
Ljung, G.M., 653
Locals, 68, **1009**
Lognormalverteilung, 395, 404, **1009**
London Interbank Offered Rate, 205, siehe LIBOR
London Stock Exchange, 41
Long Hedge, 83, 84, **1009**
Longin, F.M., 636
Long-Position, 29, 35, **1009**
Longstaff, F.A., 138, 786, 792, 865, 892, 913, 976
Long-Term Capital Management (LTCM), 63, 981, 988, 989
Long-term equity anticipation securities, siehe LEAPS (Long-term Equity Anticipation Securities)
Lookback Option, 742, 743, 777, **1009**
Lowenstein, R., 75

M

Madan, D.B., 766, 768, 792
Maintenance Margin, 58, 289, **1010**
Margin, 58, 61, 289, **1010**
  Aktienoptionen, 289, 291
  Buying on Margin, 289
  Clearing Margin, 60
  Futures-Kontrakt, 58, 59
  Initial Margin, 58–60, 289
  Maintenance Margin, 58, 60, 289
  Margin Call, 58, **1010**
  Nettobasis, 61
  Variation Margin, 58
Margin Call, 58
Margin-Konto, 39, 57, 58, 147, 289
Margrabe, W., 747, 755
Market Maker, 210, 287, **1010**
Market-If-Touched-Order (MIT-Order), 69
Market-Modell, **1010**
Market-Not-Held-Order, 69
Marking to Market, 58, 986, **1010**
Markov-Eigenschaft, 382, 383, **1010**
Markowitz, H., 621
Marktpreis des Risikos, 799–802, 967, 968, **1010**
Marktsegmentierungstheorie, **1010**
Marshall, C., 636
Martingal, 798, 803–805, **1010**
  äquivalentes Martingalmaß, 798, 804
Maß, 798, **1010**
Maßwechsel, 365
Maude, D.J., 636
Maximum-Likelihood-Methode, 648, **1010**
McDonald, R., 960
McMillan, L.G., 345
Mean Reversion, 647, 862, 949–951, **1010**
Melick, W.R., 551
Mello, A.S., 106
Mercurio, F., 893
Merton, R., 538

Merton, R.C., 44, 312, 321, 404, 434, 467, 474, 678, 694, 764, 772, 792
Metallgesellschaft (MG), 104, 982
Mezrich, J., 652, 659, 662
Mezzanine-Tranche, **1010**
Mid-Curve-Eurodollar-Futures-Option, 482
Middle Office, 986
Midland Bank, 981
Mikosch, T., 636
Miller, H.D., 397
Miller, M.H., 44, 106
Miltersen, K.R., 903, 920
Mindestsaldo, *siehe* Maintenance Margin
Minimum-Varianz-Hedge-Ratio, 94, 95
Min-Max, 732
Mintz, D., 587
Mitarbeiteroption, 294, 424, **1010**
Mittelwerttendenz, 862
Modell mit stochastischer Volatilität, 768, 770
Modellbildungsansatz, 618, 630
Modified Duration, 131, 132, **1010**
Moment Matching, 590
  varianzreduzierendes Verfahren, 590
Momentane Forward Rate, **1010**
Monte-Carlo-Simulation, 503, 560, 580–588, 629, 630, 775, 786, 788, 790, 798, **1010**
  amerikanische Optionen und ~, 786, 788, 790
  Ansatz der kleinsten Quadrate, 663
  Anzahl der Simulationen, 585
  Bewertung neuer Geschäftsgebiete, 969, 975
  Bewertung von Derivaten, die von mehreren Marktvariablen abhängig sind, 584
  Erzeugen von Zufallszahlen, 585
  LIBOR-Market-Modell für Short Rate, 909, 911
  Parametrisierung der Ausübungsschranke, 790
  Sensitivitätsmaße und ~, 587
  Value at Risk-Maß, 629
Moody's, 668
Moon, M., 969, 976, 977

Mortgage-Backed Security (MBS), 916, **1011**
  Bewertung, 918
  Bewertung von Mortgage-Backed Securities, 918
  Collateralized Mortgage Obligation (CMO), 917
  Option-Adjusted Spread, 918
  Stripped MBS, 917
Morton, A., 900, 919
Musiela, M., 903, 910, 919

N

Nachschusszahlung, *siehe* Variation Margin
Nasdaq 100 Index (NDX), 55, 98, 281
  Indexoption, 281
Mini Nasdaq 100 Index Futures, 98
Mini-Nasdaq-100 Kontrakt, 55
National Association of Securities Dealers Automatic Quotation Service, 98
National Futures Association (NFA), 70
Neftci, S.N., 636
Nelson, D., 646
Nennwert, **1011**
Net Present Value, NPV, 964, 965
Netting, 684, **1011**
Nettobasis, 61
Neuberger, A.J., 106
Neutraler Calendar Spread, 339
New York Federal Reserve, 981
New York Stock Exchange (NYSE), 41
Newton-Raphson-Methode, 120, 427, 885, **1011**
Ng, V., 646, 662
Nichtstationäres Modell, 891, **1011**
Nikkei
  Futures, 159, 850, 980
NINJA, **1011**
No-Arbitrage-Annahme, **1011**
No-Arbitrage-Zinsmodell, 869, **1011**
  Black-Karasinski-Modell, 873
  HJM-Modell, 900
  Ho-Lee-Modell, 870, 871
  Hull-White-Modell (Einfaktormodell), 871
  Hull-White-Modell (Zweifaktoren-

modell), 873, 874
LIBOR-Market-Modell, 903
Noh, J., 663
Nominalbetrag, **1011**
Normal Backwardation, 171, **1011**
Normaler Markt, **1011**
Normalverteilung, 383–391, 404, **1011**
Notierungen
  Aktienindex-Futures, 98
  Futures-Option, 481, 482
  Rohstoff-Futures, 66
  Treasury Bill, 184
  Treasury Bond, 182, 184
  Treasury Bond- und
    Treasury-Note-Futures, 184
  USD-GBP-Wechselkurs, 30
  US-Dollar-Swap, 211
  Währungs-Futures, 74, 164
  Zins-Futures, 184
Nullkupon-Zinsstrukturkurve, *siehe*
  Spot-Rate-Strukturkurve
Numeraire, 804, **1011**
  Annuitätenfaktor als Numeraire, 808, 809
  Auswirkung eines Austauschs des Numeraires, 812, 813
  Geldmarktkonto als Numeraire, 805
  Preis einer Nullkupon-Anleihe als Numeraire, 806, 807
  Zinssätze bei einem Anleihepreis als Numeraire, 807, 808
Numerisches Verfahren, 560, **1011**

O

OCC, *siehe* Clearingstelle
Off-the-Run Bond, 988
OIS, *siehe* Overnight Indexed Swap
Oldfield, G.S., 173
On-the-Run Bond, 988
Open Interest, 65, **1011**
Open Outcry System, 26, **1011**
Option, 32, **1011**
  ~ auf mehrere Assets, 747
  ~ auf zwei korrelierte Assets, 783–785
  ~ in Investitionsmöglichkeiten, 970, 972, 973, 975, 976
  Ausübung, 291
  Ausübungsgrenze, 286
  Fence, 732

Hedging, 37, 38
Klasse, 283, **1011**
Serie, **1012**
Unterschied zu Futures- und
  Forward-Kontrakten, 32, 276
Option auf Zinsfutures, 482
Option mit verzögerter Zahlung, 733, **1011**
Option-Adjusted Spread (OAS), 918, **1011**
Options Clearing Corporation (OCC), 291
Optionsprämie, **1012**
Optionsschein, 294, 424, **1012**
Orange County, 126, 982, 983, 991, 992
Order, 69
OTC-Handel, *siehe*
  Over-the-Counter-Handel
Out-of-the-Money Option, 283, 505, 506, 512, 513, 516, **1012**
Overnight Indexed Swap, **1012**
Overnight Repo, 116
Over-the-Counter-Handel, 27
Over-the-Counter-Markt (OTC-Markt), **1012**

P

Package, 732, **1012**
Pan, J., 636
Panaretou, A., 75
Par Yield, 120, **1012**
Parallelverschiebung, 623, 624, 633, 634, **1012**
Parametrisierung der
  Ausübungsschranke
  Monte-Carlo-Simulation für
    amerikanische Optionen, 789, 790
Pariser Option, **1012**
Parsons, J.E., 106
Pass Through-Struktur, 917
Perfect Hedge, 82
Perfekte Absicherung, *siehe* Perfect Hedge
Perraudin, W., 636
Persaud, A.D., 993
Petersen, M.A., 107
Pfadabhängige Option, **1012**
Pfadabhängiges Derivat, 775, 777–779

Philadelphia Stock Exchange (PHLX), 281
Plain Vanilla, **1012**
  Produkte, 732
Pliska, S.R., 814
P-Maß, 365, **1012**
Poisson-Prozess, 764, **1012**
Portfolio-Absicherung, 460, 461
Portfolio-Immunisierung, 196, **1012**
Portfolio-Insurance, 524, 988, **1012**
  Aktienmarktvolatilität und ~, 528
Position Trader, 69
Positionsgrenze, 56, 286
Positionslimit, **1012**
Positiv semidefinit, 659
Predescu, M., 673, 694
Preissensitivitäts-Hedge-Ratio, 195
Prepayment-Funktion, 916
Press, W.H., 591, 592, 603, 650, 890
Principal Only (PO), 917, **1012**
Principal Protected Note, **1012**
Procter and Gamble, 938, 982, 985, 991, 992
Protective Put, 328, **1013**
Pseudo-Zufallsfolge, **1013**
Pull-to-Par, **1013**
Put, 25, 32, 276–278, **1013**
Put-Call-Parität, 302, 310, 329, 471, 484, 501, 538, 738, 827, **1013**
Puttable Bond, 821, **1013**
Puttable Swap, 234, **1013**

Q

Q-Maß, 365, **1013**
Quadratisches Modell, 626–629
Quadratisches Resampling
  Varianzreduzierendes Verfahren, 590–592
Quanto, 234, 850–853, **1013**

R

Rainbow Option, 747, **1013**
Randbedingungen, 417
Random Walk, 350
Range-Forward-Kontrakt, 732, **1013**
Ratchet Cap, 908, **1013**
Rating-Migrationsmatrix, 692, 693
Realoption, 24, 948–950, 964–970, 972, 973, 975, 976, **1013**

Rebalancing, 414, 504, **1013**
Rebonato, R., 792, 893, 920
Recovery Rate, 708, **1013**
Reduktionsoption, 970
Referenzunternehmen, 701, **1013**
Reiner, E., 755, 854
Rekursive Bewertung, **1013**
Remolona, E.M., 678
Rendite, 120, **1013**
Renditekurve, *siehe* Zinsstrukturkurve
  Orange County und ~, 126
Renditevolatilität von Anleihen, 824
Rendleman, R., 107
Rendleman, R.J., 195, 345, 373, 603, 862
Rennie, A., 814
Repo, 115, **1013**
Repo Rate, 115, **1013**
  Overnight Repo, 116
  Term Repo, 116
Repo-Zinssatz, *siehe* Repo Rate
Resti, A., 671
Restlaufzeiteffekte, 304
Reversionsniveau, **1014**
Reynolds, C.E., 958, 960
Rho, 520, **1014**
  Bestimmung mit Binomialbaum, 568
Rich, D., 636, 939
Richard, S., 173
Richardson, M., 434, 636
Risiko
  Basis, 88–92
  systematisches ~, 170, 803
  unsystematisches ~, 170, 803
Risiko und Rendite, Zusammenhang, 169
Risikolimits, 983, 984
Risikoloser Zinssatz, 114, 148, 673, **1014**
Risikolose-Spot-Rate-Strukturkurve, 216, 217
Risikoneutrale Bewertung, 354, 418, 560, 965–967, **1014**
Risikoneutrale Welt, 355, **1014**
  klassische Welt, 798, 802
  Reale Welt versus ~, 356
  Rollierend Forward-risikoneutral, 904
RiskMetrics, 645
Ritchken, P., 792
Robinson, F.L., 138
Roll Back, *siehe* Rekursive Bewertung

Roll, R., 413, 432, 434
Rollierend Forward-risikoneutral, 904
Ronn, A.G., 345
Ronn, E.I., 345
Ross, S.A., 173, 372, 434, 562, 577, 603, 763, 783, 792, 803, 814, 863, 874, 884, 892
Routledge, B.R., 173
Rubinstein, M., 372, 551, 562, 577, 603, 737, 747, 755, 770, 783, 784, 792
Rückdatierung, **1014**
Rückkaufvereinbarung, 115

S

S&P, 668
Sandmann, K., 903, 920
Sandor, R.L., 960
Santa-Clara, P., 913
Scalper, 68, **1014**
Schadensexzedenten-Rückversicherungsvertrag, 956
Scholes, M., 312, 404, 434, 538
Schönbucher, P.J., 727
Schreiben eines Covered Call, 328
Schwartz, E.S., 786, 792, 865, 892, 913, 969, 976, 977
SEC, *siehe* Securities and Exchange Commission (SEC)
Securities and Exchange Commission (SEC), 292, **1014**
Sensitivitätskennzahlen, **1014**
Seppi, D.J., 173
Serfaty-de Medeiros, K., 106
Settlement-Preis, *siehe* Abrechnungspreis
Shackleton, M.B., 75
Shapiro, A., 636
Sharpe Ratio, **1014**
Shell, 982
Short Hedge, 82, **1014**
Short Rate, 860, 1014
  Allgemeines
    Baumkonstruktionsverfahren, 878
  Anleiheoption, 874
  Gleichgewichtsmodell, 861
  Hedging mit Einfaktor-Modell, 891
  Kalibrierung, 890, 891
  Kupon-Anleihen, 875
  No-Arbitrage-Modell, 869
  Volatilitätsstrukturen, 875
  Zinsbäume, 876–878
Shorting, *siehe* Leerverkauf
Short-Position, 29, 35, 60, **1014**
Shout Option, 744, **1014**
Shreve, S.E., 373
Shumway, T., 372
Sidenius, J., 727
Siegel, M., 636
Siegel-Paradoxon, 852, 853
Simulation, *siehe* Monte-Carlo-Simulation
Single Tranche-Handel, 714
Singleton, K., 694
Sironi, A., 671
Smith jr., C.W., 106
Smith, C.W., 434
Smith, D.J., 75, 938, 939
Smith, T., 434
Sobol, I.M., 592
Société Générale, 981
Sondermann, D., 903, 920
Sosin, H., 742, 755
Spatt, C.S., 173
Specialist, **1014**
Spekulant, 39, 68, 992, **1014**
Spekulanten, 35, 38, 39
Spekulation
  ~ mit Futures, 38, 39
  ~ mit Optionen, 39–41
Sperrfrist, 734, 820, **1015**
Spot Rate, 119, 121–123, **1015**
Spot Rate-Strukturkurve, 122
  Erklärungen, 134
  Erwartungstheorie, 134
  Gestalt, 134
  Liquiditätspräferenztheorie, 134
  Marktsegmentierungstheorie, 134
  Zinsstruktur-Theorien, 134
Spot Volatility, 829
Spotkurs, **1015**
  ~ und Forward-Kurs, 31
  Futures-Kurse und erwartete zukünftige Spotkurse, 56
  Futures-Preis und erwarteter zukünftiger Spotkurs, 169, 171
  Konvergenz von Futures-Kurs und ~, 56

Spot-Option
  Vergleich mit Futures-Optionen, 484
Spot-Rate-Strukturkurve, **1015**
Spot-Trader, 29
Spot-Volatilität, 829, **1015**
Spread Option, **1015**
Spread-Geschäft, 60, **1015**
Spread-Handelsstrategie, 330
Sprungprozess, **1015**
Stack and Roll, **1015**
Standard and Poor's (S&P) Index, 97
  100 Index (OEX), 281
  500 Index (SPX), 61, 97, 98, 281
  500 Index Futures, 61, 68
  MidCap 400 Index, 97
  Mini S&P 500 Futures, 97
  Option, 281
Static Hedge, **1015**
Statische Nachbildung von Optionen, 751, 752, 754, **1015**
Statischen Absicherungsstrategie, 504
Step-up Swap, 234, 924, **1015**
Stetige Variable, 382
Stetige Verzinsung, 117, 118, **1015**
Steuern, 72
  Optimierungsstrategie, 293
Sticky Cap, 908, **1015**
Stigum, M., 138
Stochastische Volatilität, 768, 770
Stochastischer Prozess, 382, **1015**
  ~ in diskreter Zeit, 382, 390, 391
  ~ in stetiger Zeit, 382–389
Stoll, H.R., 321
Stop-and-Limit-Order, 69
Stop-Loss-Order, 69
Stop-Loss-Strategie, 501–503
Stop-Order, 69
Straddle, 340, **1015**
Strangle, 342, **1015**
Strap, 341, **1015**
Stressed VaR, **1015**
Stress-Test, 985, **1015**
Strickland, C., 603, 755, 959
Strip, 150, 341, 981, **1015**
Strip-Anleihen, **1015**
Stripped MBS, 917
Stückzinsen, **1016**
Stulz, R.M., 107, 755
Stutzer, M., 792

Subprime-Hypothek, **1016**
Subprime-Krise, 981
Sumitomo, 982, 986
Sundaresan, M., 173
Suo, W., 770, 771, 792
Swap, 204, **1016**
  Accrual Swap, 234, 935
  Amortizing Swap, 234, 924
  Basis-Swap, 925
  Commodity Swap, 235, 938
  Compounding Swap, 234, 926–928
  Confirmation, 211
  Confirmations, 213
  Constant Maturity Swap (CMS), 234, 930–932
  Constant Maturity Treasury Swap (CMT Swap), 234, 930–932
  Deferred Swap, 832
  Differential Swap, 932
  Eingebettete Option, 934–937
  Equity Swap, 234, 933, 934
  Forward Swap, 234, 832
  Index Amortizing Swap, 937
  Indexed Principal Swap, 937
  komparative Vorteile, 216–220, 224–226
  Kreditrisiko und ~, 230–233
  Kündbare Compounding Swap, 936, 937
  Kündbarer Swap, 936
  Währungsswap, 222–224, 226–229, 928, 929
Swap Rate, 211, 833, 847, **1016**
Swapoption, *siehe* Swaption
Swaption, 234, 832, **1016**
  Bermuda-Swaption, 913
  Beziehung zu Anleiheoptionen, 833
  europäische Swaption, 832–836, 910, 911
  Forward-risikoneutrale Bewertung und Black-Modell, 836
  implizite Volatilitäten, 835
Swing Option, **1016**
Synthetische CDO, 713, **1016**
Synthetische Option, 524, 525, **1016**
Systematisches Risiko, 170, 171, 677, 803, **1016**
Szenarioanalyse, 521, 985, **1016**

T

Tagesauftrag, 69
Tagzählung, **1016**
Tagzählungskonventionen, 180–182
Tail Loss
 , *siehe* Conditional Value at Risk (C-VaR)
Tailing, **1016**
Take-and-Pay Option, *siehe* Swing Option
Taleb, N.N., 530
Tavakoli, J.M., 727
Taxpayer Relief Act 1997, 293
Taylor, H.M., 397
Taylor, P.A., 75
TED Spread, **1016**
Tenor, 825
Term Repo, 116
Teukolsky, S.A., 591, 592, 603, 650, 890
Theta, **1016**
  Bestimmung mit Binomialbaum, 567
  Beziehung zu Delta und Gamma, 517
Theta-Hedging, 510–513
Thiagarajan, S.R., 107
Thomas, C.P., 551
Tilgungsfunktion, **1016**
Tilley, J.A., 786, 792
Time-Of-Day-Order, 69
To-arrive-Kontrakt, 25
Todd, R., 75
Tokyo International Financial Futures Exchange, 52
Top Straddle, 341
Top-Vertical-Combination, 343
Total Return Swap, 712, **1016**
Tranche, **1016**
Transaktionskosten, 510, **1016**
Treasury Bill, 114, **1016**
Treasury Bond, 114, 183, 1017
Treasury Bond-Futures-Option, 481
Treasury Rate, 114
  Spot Rate, 119, 121, 122
Treasury-Bond-Futures, 183, 185, 187, 188, **1017**
  Futures-Kurs, 187, 188
  Konversionsfaktoren, 183, 185
  Kursangaben, 183, 184
  Wild-Card-Option, 186, 187
Trevor, R., 792

Trigeorgis, L., 977
Trinomialbaum, 578, 579, 876, **1017**
  Zusammenhang mit Finite-Differenzen-Methode, 599–601
Tufano, P., 107
Turnbull, S.M., 745, 755, 920

U

UBS, 981
Umgekehrter Calendar Spread, 339
Umtauschverhältnis, 771
Unbedingte Ausfallwahrscheinlichkeit, 669
Ungedeckte Option, 289, 290
Ungedeckte Position, **1017**
Unlimitierter Auftrag, *siehe* Order
Unsystematisches Risiko, 170, 803, **1017**
Up-and-In Call, 739
Up-and-In Option, **1017**
Up-and-In Put, 740
Up-and-Out Call, 739
Up-and-Out Option, **1017**
Up-and-Out Put, 739
Uptick, 148, **1017**

V

Value at Risk
  RiskMetrics, 645
  Stress-Test, 985
Value at Risk (VaR), 610, **1017**
  Back Testing, 630
  Bankenaufsicht, 610
  Conditional VaR (C-VaR), 612
  Diversifikationseffekt, 620, 621
  Ein-Asset-Fall, 618
  Hauptkomponentenanalyse, 631
  historische Simulation, 613–618
  lineares Modell, 621–625
  Modellbildungsansatz, 618
  Monte-Carlo-Simulation, 629, 630
  Quadratisches Modell, 626–629
  Stress-Test, 630
  Vergleich der Ansätze, 630
  Vergleich mit historischer Simulation, 630
  Volatilität und ~, 618
  Zeithorizont, 612
  Zwei-Asset-Fall, 620

Variance Targeting, 652
Varianz, 642, **1017**
　konstante Elastizität, 763
　Schätzung einer konstanten Varianz,
　　Maximum-Likelihood-Methode, 648
Varianz-Gamma-Modell, 766–768, **1017**
Varianz-Kovarianz-Matrix, 659, **1017**
Varianzreduzierendes Verfahren, 588, **1017**
　Antithetic Variates-Technik, 588
　Control Variates-Technik, 588
　Geschichtetes Stichprobenverfahren, 590
　Importance Sampling, 589
　Quadratisches Resampling, 590–592
　Verwendung von
　　Pseudo-Zufallsfolgen, 590
Varianz-Swap, **1017**
Variation Margin, 58, **1017**
Vasicek, O., 694
Vasicek, O.A., 691, 863, 892
Vega, 517–519, **1017**
　Bestimmung mit Binomialbaum, 567
　Zinsderivat, 838
Veganeutrales Portfolio, 517–519, **1017**
Verbriefung, **1017**
Verfalldatum, 32
Verfallsdatum, **1017**
Verfalltermin, 276
Vergangenheitsabhängiges Derivat, 775
Vergleich der Ansätze, 630
Verkaufsabsicherung, *siehe* Short Hedge
Verkaufskurs, *siehe* Briefkurs
Verkaufsoptionen, *siehe* Put
Verlängerungsoption, 970
Vermittlungsprovision, Aktienoption, 288
Versicherungsderivat, 24, 955, 956, 958
Verwendung von Pseudo-Zufallsfolgen,
　varianzreduzierendes Verfahren, 590
Verzinsungshäufigkeit, 117, **1018**
Vetterling, W.T., 591, 592, 603, 650, 890
Viceira, L.M., 106
VIX-Index, **1018**
Volatilität, 618, **1018**
　Definition, 305
Volatilität, Aktienkurse
　Black-Scholes-Merton-Modell und ~, 409

Black-Scholes-Modell und ~, 538
　Ursachen, 413, 414
　Zinsstrukturkurve, Volatilität der Aktienrendite, 655
Volatilität, Zinsderivat
　Flat-Volatility, 829
　Forward Rate-Volatilität, 905
　Spot-Volatilität, 829
　Strukturen, 875
　Volatilitätsstruktur, **1018**
　Volatility Skew, 913
Volatilitätsstruktur, **1018**
Volatility Skew, 543, 913, **1018**
Volatility Smile, **1018**
　Aktienoptionen, 543
　Implizite Verteilung und
　　Lognormalverteilung, 540–543
Volatility Surface, 546, **1018**
Volatility Swap, **1018**
Vorwärtsinduktion, 778
Vorzeitige Ausübung, 278, 314, 319, **1018**

W

Wachstumsfaktor, 562
Wahrscheinlichkeitsmaß, 798, 802
Währungsoption, 281, 462, **1018**
　Bewertung, Binomialbaum, 369, 370, 568–571
　Bewertung, Black-Scholes-Modell, 462–472
　Put-Call-Parität, 484, 485
　Volatility Smile, 540–543
Währungsswap, 222, 928, 929, **1018**
　komparative Vorteile, 224–226
Wakeman, L.M., 745, 755
Wall Street Journal, 98, 183
Wandelanleihe, 294, 771–774, **1018**
Wash-Sale-Regel, 292
Wasserfall, **1018**
Weather Risk Management Association
　(WRMA), 955
Wechselkurse, Black-Scholes-Modell
　und, 539–543
Wei, J., 960
Wert
　Put-Call-Parität, 302
Weston, J., 106
Wetterderivat, 24, 954, **1018**

Register

Whaley, R., 432
White, A., 456, 519, 541, 575, 589, 601, 603, 604, 630, 636, 673, 694, 711, 727, 769, 775, 784, 785, 792, 839, 871, 873, 878, 884, 886, 893, 907, 910, 911, 913, 919
Whitelaw, R., 636
Wiener-Prozess, 384, **1018**
Wiggins, J.B., 345
Wild-Card-Option, 186, 187, **1018**
Wilmott, P., 604
Writing, 35

Y

Yermack, D., 456

Z

Zeitabhängige Parameter, 579, 580
Zeitwert, 284, **1018**
Zeitwertverfall, *siehe* Theta
Zeitwertverlust, *siehe* Theta
Zerobond, 119, 121, **1018**
Zerobond-Effektivverzinsung, **1018**
Zerobond-Zinssatz, *siehe* Spot Rate; Zerobond-Effektivverzinsung
Zero-Cost-Collar, 732
Zhu, Y., 630, 636
Zingales, L., 44
Zins, *siehe* Zinssatz
Zinsbaum, 876, 877
Zinscap
  Ratchet Cap, **1013**
  Sticky Cap, **1015**
Zinscaps and Zinsfloors, **1019**
Zinscaps und Zinsfloors, 825, 828, 829, 831
  Cap als Portfolio von Anleiheoption, 826
  Cap als Portfolio von Zinsoption, 826
  Einfluss von Konventionen der Tagzählung, 831
  Flexi Cap, 908
  Floorlet, 827
  Floors und Collars, 827
  Forward-risikoneutrale Bewertung und Black-Modell, 830, 831
  Put-Call-Parität, 827
  Ratchet Cap, 908
  Spot-Volatilitäten und Flat Volatilities, 829, 830
  Sticky Cap, 908
Zinscollar, 827, **1019**
Zinsderivat, 820, **1019**
  Absicherung, 837, 838, 891
  Anleiheoption, 820–824, 874
  Baumkonstruktionsverfahren, 878
  europäische Swaption, 832–836
  Gleichgewichtsmodell, 861
  Kalibrierung, 890, 891
  Kupon-Anleihen, 875
  Mortgage-Backed Securities, 916
  No-Arbitrage-Modell, 869
  Spot-Volatilitäten und Flat Volatilities, 829, 830
  Volatilitätsstrukturen, 875
  Zinsbäume, 876–878
  Zinscaps und Zinsfloors, 825, 827, 828, 831, 832
Zinsfutures, 180, 181, 183–197
  Beziehung zur Forward Rate, 191–194
  Eurodollar-Futures, 189, 190, 192–194
  Eurodollar-Kontrakt, 188
  Treasury-Bond-Futures, 183, 185, 187, 188
Zinsmodell
  Black-Karasinski-Modell, 873
  Cox-Ingersoll-Ross, 863
  Heath-Jarrow-Modell, 900
  Ho-Lee-Modell, 870, 871, 874, 876
  Hull-White-Modell (Zweifaktorenmodell), 871, 873, 874, 876
  Kalibrierung, 890, 891
  LIBOR-Market-Modell, 903
  Rendleman-Bartter-Modell, 862
  Vasicek-Modell, 863, 865
Zinsoption, **1019**
Zinsparität, 162
Zinssatz, 117, 118
  Forward Rate, 123–125
  Forward Rate Agreement, 126, 128, 129
  Nullkupon-Zinsstrukturkurve, 119–122
  stetige Verzinsung, 117, 118
  Tagzählungskonventionen, 180–182, 211
Zinsstrukturtheorien, 134
Zinsstrukturkurve, **1019**

Zinsstrukturtheorien, 134
Zinsswap, 204, 233–235, **1019**
  Anpassung einer Verbindlichkeit, 207, 208
  Anpassung eines Assets, 208
  Bewertung, 218–222
  Confirmation, 211, 213
  Cross Currency-Zinsswap, 928
  Flexi Cap, **1004**
  Funktionsweise, 204–211
  komparative Vorteile, 216–220
  LIBOR-In-Arrears Swap, 929, 930
  Plain-Vanilla-Zinsswap, 204
  Rolle des Finanzintermediärs, 209, 210
  Step-up Swap, 924
  Tagzählungskonventionen, 211
Zinsterminkontrakt, *siehe* Forward Rate Agreement (FRA)
Zufallsvariable, **1019**
Zugrunde liegende Variable, **1019**
Zweidimensionale Normalverteilung, **1019**

John Hull

Risikomanagement
ISBN 978-3-8689-4202-6
59.95 EUR [D], 61.70 EUR [A], 69.90 sFr*
672 Seiten

Risikomanagement

BESONDERHEITEN

Das Lehrwerk Risikomanagement von John C. Hull bietet eine umfassende Einführung in das Thema Risikomanagement für Banken und Finanzinstitute. Vieles ist seit der Veröffentlichung der zweiten Auflage dieses Buches auf den Finanzmärkten passiert. Wir haben die schlimmste Krise seit 70 Jahren erlebt. Risikomanagement hat für Finanzinstitute mehr Bedeutung als jemals zuvor. Die Marktteilnehmer haben mit Initiativen wie Basel III und Dodd-Frank zu kämpfen. Liquiditätsrisiko und Szenarioanalyse erfahren nun größere Aufmerksamkeit. Die dritte, vollständig aktualisierte Auflage des Buches Risikomanagement greift diese Punkte auf und bietet Verbesserungen bei der Deriva-Gem-Software, welche auf der Webseite heruntergeladen werden kann.

EXTRAS ONLINE

Für Dozenten:

- Alle Abbildungen aus dem Buch zum Download

Für Studenten:

- Lösungen zu den Übungsaufgaben im Buch
- Excel-Datensätze
- Software DerivaGem für Excel
- Umfassendes Glossar
- Literaturliste zum Thema Risikomanagement

http://www.pearson-studium.de/4202